中国引领世界
文明优势、历史演进与未来方略

CHINA LEADS THE WORLD
Civilization Advantage, Historical Evolution and Future Strategy

戴熙宁 著

（上册）

中央编译出版社
Central Compilation & Translation Press

图书在版编目（CIP）数据

中国引领世界——文明优势、历史演进与未来方略 / 戴熙宁著 .
北京：中央编译出版社，2017.7
ISBN 978-7-5117-3183-8

Ⅰ．①中…
Ⅱ．①戴…
Ⅲ．①中华文化—研究
Ⅳ．① K203

中国版本图书馆 CIP 数据核字 (2016) 第 271377 号

中国引领世界——文明优势、历史演进与未来方略

出 版 人：	葛海彦
出版统筹：	贾宇琰
责任编辑：	邓永标
执行编辑：	舒　心
责任印制：	尹　珺
出版发行：	中央编译出版社
地　　址：	北京市西城区车公庄大街乙 5 号鸿儒大厦 B 座（100044）
电　　话：	（010）52612345（总编室）　（010）52612371（编辑室） （010）52612316（发行部）　（010）52612346（馆配部）
传　　真：	（010）66515838
经　　销：	全国新华书店
印　　刷：	北京紫瑞利印刷有限公司
开　　本：	710 毫米 ×1000 毫米　1/16
字　　数：	1280 千字
印　　张：	87
版　　次：	2017 年 7 月第 1 版第 2 次印刷
定　　价：	188.00 元（上中下）
网　　址：	www.cctphome.com　　邮　箱：cctp@cctphome.com
新浪微博：	@ 中央编译出版社　　微　信：中央编译出版社（ID:cctphome）
淘宝店铺：	中央编译出版社直销店（http://shop108367160.taobao.com） （010）55626985

本社常年法律顾问：北京市吴栾赵阎律师事务所律师　闫军　梁勤
凡有印装质量问题，本社负责调换，电话：010-55626985

简 目

导论 ··· 1

上篇　文明根基

第一章　语言与文字 ·· 27
第一节　人类语言的起源 ··· 28
第二节　中西语音的比较 ··· 35
第三节　中西语法的比较 ··· 45
第四节　中西文字的比较 ··· 55

第二章　思维与科学 ·· 73
第一节　人类思维演化的历程 ·· 74
第二节　中西科学思维的比较 ·· 202
第三节　中西数学思维的比较 ·· 283
第四节　中国传统科学的主体 ·· 322

中篇　历史演进

导言 ··· 397

第三章　氏族部落社会 ·· 409
第一节　氏族部落社会的一般情形 ··· 410
第二节　氏族部落社会的中国谱系 ··· 423

第四章　城邦封建社会 ·· 444
第一节　城邦封建社会的生成 ·· 445
第二节　城邦封建社会的演化 ·· 457
第三节　城邦封建社会的"正名" ·· 480

第五章　军国主义社会 ·· 490
第一节　军国主义社会的生成 ·· 491

第二节　军国主义社会的史实序列 494

第六章　德本主义社会与资本主义社会——生成演化 510
第一节　德本主义社会与资本主义社会的生成 513
第二节　德本主义社会与资本主义社会的演化环节 538
第三节　德本主义社会与资本主义社会的形成期 544
第四节　德本主义社会与资本主义社会的发展期 592
第五节　德本主义社会与资本主义社会的成熟期 651
第六节　德本主义社会与资本主义社会的繁荣期 735

第七章　德本主义社会与资本主义社会——组织机理 861
第一节　政治制度 862
第二节　社会文化 911
第三节　经济模式 988
第四节　国际关系 1055

下篇　未来方略

第八章　预测 1117
第一节　中国近现代史回顾 1118
第二节　发展预测 1141

第九章　国策 1163
第一节　意识形态 1164
第二节　政治制度 1185
第三节　文化教育 1208
第四节　经济社会 1252
第五节　国际政治 1303

全书结语 1338
重要图表一览 1344

总　目

导论 ·· 1
一、问题指向 ·· 1
（一）中国崛起改变世界形势 ·· 1
（二）中国模式面临多重困境 ·· 3
（三）现代文明亟须全面转型 ·· 6
（四）未来中国引领世界变革 ·· 10
二、研究理路 ·· 15
（一）研究宗旨 ·· 15
（二）基本方法 ·· 15
（三）论述框架 ·· 16

上篇　文明根基

第一章　语言与文字 ·· 27
第一节　人类语言的起源 ·· 28
一、人类语言出现的标志 ·· 28
二、人类语言出现的生理基础 ·· 31
三、人类语言的早期形态 ·· 32

第二节　中西语音的比较 ·· 35
一、人类早期语词的相似性 ·· 35
（一）人类语言行为的最小耗能性 ···································· 35
（二）人类早期语言的音义同源性 ···································· 37
二、中西语音差异的原因 ·· 40
三、中西语音差异的效应 ·· 42

第三节　中西语法的比较
一、词法 ⋯⋯ 45
二、句法 ⋯⋯ 48
三、实例 ⋯⋯ 51
（一）语词在组合中灵活多变的"兼类性" ⋯⋯ 51
（二）语词在流动中虚实相间的"写意性" ⋯⋯ 51
（三）语词在行进中顺乎认知的"自然性" ⋯⋯ 52
（四）文句在展开中互文见义的"耦合性" ⋯⋯ 53

第四节　中西文字的比较 ⋯⋯ 55
一、人类文字的共同源头 ⋯⋯ 55
二、人类文字的分岔发展 ⋯⋯ 59
三、汉语构型文字的发展 ⋯⋯ 63
四、拼音字母文字的发展 ⋯⋯ 66

第二章　思维与科学 ⋯⋯ 73
第一节　人类思维演化的历程 ⋯⋯ 74
一、占有行为——个人观念 ⋯⋯ 74
二、图腾神话——社会意识 ⋯⋯ 76
（一）图腾的产生 ⋯⋯ 76
（二）图腾与神话 ⋯⋯ 79
（三）中华文明的原初图腾 ⋯⋯ 81
三、占卜问事——理智选择 ⋯⋯ 82
四、数字文字——理性思维 ⋯⋯ 86
五、价值评估、归类整合、经验比较——理性发展 ⋯⋯ 88
（一）价值评估 ⋯⋯ 90
（二）归类整合 ⋯⋯ 94

（三）经验比较	102

六、诗歌艺术——情感升华 …… 103
- （一）中国的诗歌艺术经典及其情感趋向 …… 104
- （二）西方的诗歌艺术经典及其情感趋向 …… 108

七、抽象思维——范畴思辨 …… 114
- （一）中华文明的早期思辨：象数思辨的发展 …… 116
- （二）西方文明的早期思辨：线性思辨的发展 …… 126

八、追寻本体——形而上学 …… 131
- （一）中华先哲"追寻本体" …… 133
- （二）希腊先哲"追寻本体" …… 141

九、开发内心——价值体系 …… 152
- （一）认知情绪 …… 152
- （二）中华先哲创建的价值体系 …… 156
- （三）希腊先哲创建的价值体系 …… 164

十、反省认知——明辨（逻辑）体系 …… 174
- （一）墨辩6部 …… 175
- （二）工具6篇 …… 191

第二节　中西科学思维的比较 …… 202
前言："科学"之正名 …… 202

一、中西科学思维的发源 …… 206
- （一）人类科学思维产生的标志 …… 206
- （二）中西科学思维发源的数学比较 …… 207
- （三）中西科学思维发源的历法比较 …… 211

二、中西科学思维的演化 …… 216
- （一）西方科学思维的演化 …… 216
- （二）中国科学思维的演化 …… 227

（三）中西科学思维演化之比较 ··································· 236

三、中西科学思维的适用对象：简单现象 vs. 复杂现象 ··············· 238
（一）从简单到复杂的现象范例 ··································· 239
（二）从简单到复杂的变化机理 ··································· 243
（三）简单现象与复杂现象的相关定义 ······························ 246
（四）简单现象与复杂现象的认知方法 ······························ 247

四、中西科学思维的推理方法：分析还原法 vs. 构造整合法 ············ 249
（一）推理起点：识别事实和关联事实 ······························ 249
（二）推理路径：事实归纳和演绎推理 ······························ 251
（三）异同比较 ·· 272

五、中西科学思维的整体影响 ······································ 278
（一）学统 ·· 278
（二）道统 ·· 279
（三）国统 ·· 280
（四）政统 ·· 280
（五）治统 ·· 281

第三节 中西数学思维的比较 ·· 283

一、中西数学思维的演化 ·· 284
（一）相同源头：测量出数，数形统一 ······························ 284
（二）不同路径：构造整合 vs. 分析还原 ···························· 287

二、中国传统数学的体系 ·· 293
（一）基础框架 ·· 293
（二）公理体系 ·· 305
（三）后续发展 ·· 306
（四）运算方法 ·· 307

三、中西数学思维的异同 ·· 318

第四节 中国传统科学的主体 … 322

一、概要 … 323
（一）三纲领 … 323
（二）八条目 … 324

二、经典 … 331
（一）六经之本——史实 … 331
（二）六经之体——道理 … 332
（三）六经之用——政教 … 335
（四）六经之大——衍育国学，统摄西学 … 337

三、主要定律 … 340
（一）基本模型——摹略万物之然 … 340
（二）重要定义——论求群言之比，以名举实 … 340
（三）社会五公理——以辞抒意，以说出故 … 351
（四）复杂三规律——以类取，以类予 … 355
（五）五行结构表——从整体到局部的生克制约 … 361

四、基本义理 … 370
（一）道德首出，仁为根本 … 370
（二）建中立极，理一分殊 … 371
（三）王道理想，贯通三才 … 372
（四）社会教化，礼为基础 … 373
（五）德主刑辅，明刑弼教 … 374
（六）内圣外王，止于至善 … 374
（七）不求来世，当下圆成 … 375
（八）历史未济，现世拯救 … 376
（九）保合太和，世界大同 … 377
（十）自力立教，良知希望 … 378

中篇　历史演进

导言：复杂科学（儒学）的历史"观法" ⋯⋯⋯⋯⋯⋯⋯⋯⋯⋯⋯⋯ 397

一、复杂科学（儒学）的史学方法论 ⋯⋯⋯⋯⋯⋯⋯⋯⋯⋯⋯⋯ 397

（一）宗旨：天人合一，永续发展⋯⋯⋯⋯⋯⋯⋯⋯⋯⋯⋯⋯ 397

（二）原则：述而不作，信而好古⋯⋯⋯⋯⋯⋯⋯⋯⋯⋯⋯⋯ 397

（三）方法：默识好学，经史合参⋯⋯⋯⋯⋯⋯⋯⋯⋯⋯⋯⋯ 397

二、复杂科学（儒学）的历史发展观 ⋯⋯⋯⋯⋯⋯⋯⋯⋯⋯⋯⋯ 400

（一）历史发展的动力：天人互动，自作天命⋯⋯⋯⋯⋯⋯⋯ 400

（二）历史发展的目的：文致太平，世界大同⋯⋯⋯⋯⋯⋯⋯ 401

（三）历史发展的规律：生生大业，文质再复⋯⋯⋯⋯⋯⋯⋯ 402

三、复杂科学（儒学）的社会形态说 ⋯⋯⋯⋯⋯⋯⋯⋯⋯⋯⋯⋯ 405

（一）群内调剂的氏族部落社会⋯⋯⋯⋯⋯⋯⋯⋯⋯⋯⋯⋯ 405

（二）同域分层的城邦封建社会⋯⋯⋯⋯⋯⋯⋯⋯⋯⋯⋯⋯ 406

（三）异域整合的四种社会形态⋯⋯⋯⋯⋯⋯⋯⋯⋯⋯⋯⋯ 406

第三章　氏族部落社会 ⋯⋯⋯⋯⋯⋯⋯⋯⋯⋯⋯⋯⋯⋯⋯⋯⋯ 409

第一节　氏族部落社会的一般情形 ⋯⋯⋯⋯⋯⋯⋯⋯⋯⋯⋯⋯ 410

一、生成演化⋯⋯⋯⋯⋯⋯⋯⋯⋯⋯⋯⋯⋯⋯⋯⋯⋯⋯⋯ 410

二、组织结构⋯⋯⋯⋯⋯⋯⋯⋯⋯⋯⋯⋯⋯⋯⋯⋯⋯⋯⋯ 413

三、经济分析⋯⋯⋯⋯⋯⋯⋯⋯⋯⋯⋯⋯⋯⋯⋯⋯⋯⋯⋯ 415

（一）需求⋯⋯⋯⋯⋯⋯⋯⋯⋯⋯⋯⋯⋯⋯⋯⋯⋯⋯⋯ 415

（二）对策⋯⋯⋯⋯⋯⋯⋯⋯⋯⋯⋯⋯⋯⋯⋯⋯⋯⋯⋯ 416

第二节　氏族部落社会的中国谱系 ⋯⋯⋯⋯⋯⋯⋯⋯⋯⋯⋯⋯ 423

一、史前文化分期⋯⋯⋯⋯⋯⋯⋯⋯⋯⋯⋯⋯⋯⋯⋯⋯⋯⋯ 423

（一）旧石器时代 423
（二）新石器时代 424

二、"早期中国"演进 425

三、中华文明奠基 433
（一）价值观念 433
（二）科学技术 438
（三）组织管理 442

第四章 城邦封建社会 444

第一节 城邦封建社会的生成 445

一、生成过程 445

二、生成机制 450

三、组织结构 451

四、经济分析 452
（一）分层分工 452
（二）结构变迁 453
（三）城邦比较——希腊与中国 454

第二节 城邦封建社会的演化 457

一、环境制约 457

二、演化历程 459
（一）演化环节 459
（二）史实序列 461

三、绵延存续 477
（一）中国 477
（二）欧洲 478

第三节　城邦封建社会的"正名" ……………………………………………… 480
一、还原"封建"之本义 ……………………………………………… 480
二、溯源"封建"之滥用 ……………………………………………… 483

第五章　军国主义社会 ……………………………………………… 490

第一节　军国主义社会的生成 ……………………………………………… 491
一、生成机制 ……………………………………………… 491
二、组织结构 ……………………………………………… 493

第二节　军国主义社会的史实序列 ……………………………………………… 494
一、演化环节 ……………………………………………… 494
二、史实序列 ……………………………………………… 495
三、中西比较 ……………………………………………… 505
（一）帝国存续 ……………………………………………… 505
（二）社会整合 ……………………………………………… 507
（三）文明记忆 ……………………………………………… 508

第六章　德本主义社会与资本主义社会——生成演化 ……………………………………………… 510

第一节　德本主义社会与资本主义社会的生成 ……………………………………………… 513
一、生成环节 ……………………………………………… 513
二、史实序列 ……………………………………………… 515
三、结构变化 ……………………………………………… 522
（一）中国："士"之崛起 ……………………………………………… 522
（二）西方："商"之崛起 ……………………………………………… 526
四、五行结构 ……………………………………………… 529
五、中西比较 ……………………………………………… 531

第二节　德本主义社会与资本主义社会的演化环节 ……… 538

第三节　德本主义社会与资本主义社会的形成期 ……… 544

一、国家秩序稳定 ……… 544

二、政经制度建设 ……… 544

（一）选举制度：察举制度 vs. 民选制度 ……… 545

（二）政权组织：中朝外朝 vs. 王室政府 ……… 548

（三）经济政策：重农抑商 vs. 重商主义 ……… 551

三、科学技术进步 ……… 557

（一）科学发展：群性儒学 vs. 经典力学，中国医学 vs. 西方医学，丹道学 vs. 化学 … 557

（二）技术革新：农业技术革新，工业技术革新 ……… 562

四、社会组织演化 ……… 568

（一）德本主义社会：士族门第 ……… 568

（二）资本主义社会：特许公司 ……… 571

五、国际关系发展 ……… 575

（一）德本主义社会：贡赐体系的建立 ……… 575

（二）资本主义社会：条约体系与殖民体系的建立 ……… 578

六、问题积累爆发 ……… 582

（一）德本主义社会 ……… 582

（二）资本主义社会 ……… 584

第四节　德本主义社会与资本主义社会的发展期 ……… 592

一、国家秩序稳定 ……… 592

（一）德本主义社会：新朝代，新一统 ……… 592

（二）资本主义社会：新国家，新制衡 ……… 593

二、政经制度建设 ……… 595

（一）选举制度：科举选官制度+学校教育体系 vs. 民选代议制度+政党竞选体系 … 595

- （二）政权组织：君相共治 + 三省六部 vs. 君政分离 + 分权制衡 ………… 603
- （三）经济政策：均平主义政策 vs. 自由主义政策 ………………………… 607

三、科学技术进步 ………………………………………………………… 612
- （一）科学进步：儒学 vs. 力学，中医 vs. 西医 …………………………… 612
- （二）技术革新：文化传媒 vs. 动力机械 …………………………………… 618

四、社会组织演化 ………………………………………………………… 622
- （一）德本主义社会：新兴士族发展 ………………………………………… 623
- （二）资本主义社会：新兴公司发展 ………………………………………… 624

五、国际关系发展 ………………………………………………………… 627
- （一）国际体系扩张：贡赐体系扩张 vs. 殖民体系扩张 …………………… 627
- （二）文化制度输出：新兴德本主义国家形成 vs. 新兴资本主义国家形成 … 635

六、问题积累爆发 ………………………………………………………… 639
- （一）德本主义社会 …………………………………………………………… 639
- （二）资本主义社会 …………………………………………………………… 644

第五节　德本主义社会与资本主义社会的成熟期 ……………………… 651

一、国家秩序稳定 ………………………………………………………… 651
- （一）德本主义社会 …………………………………………………………… 651
- （二）资本主义社会 …………………………………………………………… 651

二、政经制度建设 ………………………………………………………… 652
- （一）选举制度：科举选官制度的成熟 vs. 民选代议制度的成熟 ………… 652
- （二）政权组织：德本主义社会的中央集权 vs. 资本主义社会的中央集权 … 657
- （三）经济政策：政府管制与市场调节的结合（促发展 vs. 促公平）…… 661

三、科学技术进步 ………………………………………………………… 672
- （一）科学发展：儒学 vs. 物理，中医 vs. 西医，从复杂走向简单 vs. 从简单走向复杂 …………………………………………………………… 673

（二）技术革新：火药火器 + 造船航海 + 印刷出版 vs. 核弹核能 + 航天造星 + 电子信息 …………………………………………………………………… 678

四、社会组织演化 …………………………………………………………… 685
（一）基层组织：宗族组织 vs. 公司组织 ………………………………… 686
（二）精英组织：民间书院 vs. 投资银行 ………………………………… 694
（三）中间组织：民间会社 vs. 第三部门 ………………………………… 703

五、国际关系发展 …………………………………………………………… 707
（一）政权对峙：德本主义下的政权对峙 vs. 资本主义下的政权对峙 …… 708
（二）经贸发展：贡赐体系下的经贸发展 vs. 条约体系下的经贸发展 …… 715

六、问题积累爆发 …………………………………………………………… 727

第六节 德本主义社会与资本主义社会的繁荣期 ……………………………… 735

一、国家秩序稳定 …………………………………………………………… 735
（一）德本主义体系的重构——前蒙元地区纳入德本主义体系 ………… 735
（二）资本主义体系的重构——前苏东地区纳入资本主义体系 ………… 738

二、政经制度建设 …………………………………………………………… 741
（一）政治制度：学选 + 学治体系完善 vs. 钱选 + 钱治体系完善 ……… 741
（二）经济政策：德本主义混合经济模式 vs. 资本主义混合经济模式 …… 761

三、科学技术进步 …………………………………………………………… 770
（一）科学发展：从复杂走向简单 vs. 从简单走向复杂 ………………… 771
（二）技术革新：生态工程 + 生态园林 vs. 生物工程 + 信息网络 ……… 777

四、社会组织演化 …………………………………………………………… 791
（一）德本主义社会：宗族组织的规模扩展 + 宗族治理与国家治理一体化 … 792
（二）资本主义社会：公司组织的规模扩展 + 公司扩张与国家扩张一体化 … 801

五、国际关系发展 …………………………………………………………… 806
（一）国际体系发展：中国主导的贡赐体系 vs. 美国主导的条约体系 …… 806

（二）国际经贸发展：白银主导的全球经贸体系 vs. 美元主导的全球经贸体系…… 813

六、问题积累爆发 …… 823
（一）德本主义社会 …… 823
（二）资本主义社会 …… 833

第七章 德本主义社会与资本主义社会——组织机理 …… 861
第一节 政治制度 …… 862
一、形态概述 …… 862
（一）德本主义政治形态概述 …… 863
（二）资本主义政治形态概述 …… 864
（三）异同比较 …… 866

二、思想基础 …… 867
（一）王道政治：主权在天 …… 867
（二）民主政治：主权在民 …… 870
（三）异同比较 …… 874

三、政权组织 …… 875
（一）政体与政制：王道政治 vs. 民主政治，德政礼制 vs. 宪政法制 …… 875
（二）国体与君权：君相共治 vs. 君政分离 …… 882

四、选举制度 …… 889
（一）主权委托：默示委托 vs. 明示委托 …… 889
（二）官员选举：科举考试 vs. 民选投票 …… 890

五、治理体系：礼治体系 vs. 法治体系 …… 893
（一）演化历程 …… 894
（二）思想基础 …… 895
（三）实施体系 …… 901

第二节 社会文化 …… 911
一、核心价值：儒教价值 vs. 新教价值 …… 911

（一）德本主义社会的主流信仰与核心价值……911
（二）资本主义社会的主流信仰与核心价值……921
（三）核心价值体系的异同比较……938

二、基本规范……940

（一）宪法规范……941
（二）行政法规范……941
（三）刑法规范……942
（四）民法规范……943
（五）礼仪规范……944

三、社会分层：士农工商 vs. 商士农工……952

（一）分层结构……953
（二）演进历程……955
（三）主导阶层……957

四、基层组织：宗族组织 vs. 公司组织……959

（一）发展历程……960
（二）组织特征……961
（三）生活场景……963

五、社会治理……964

（一）信用体系……964
（二）社会保障……966
（三）纠纷解决……972
（四）社会控制……978

第三节 经济模式……988

一、经济伦理……988

（一）德本主义社会的经济伦理：道德主义……988
（二）资本主义社会的经济伦理：功利主义……992

二、发展路径 ··· 997
（一）经济发展的核心指标：生态生产率 vs. 劳动生产率 ···················· 997
（二）经济发展的历史路径：内源发展 vs. 外源发展 ························ 999

三、技术体系 ··· 1005
（一）德本主义社会的技术体系：生态中心 ································· 1005
（二）资本主义社会的技术体系：效率中心 ································· 1012

四、产业结构 ··· 1016
（一）德本主义社会的产业结构：重农抑商 ································· 1016
（二）资本主义社会的产业结构：重商贬农 ································· 1018

五、城乡格局 ··· 1025
（一）德本主义社会的城乡格局：城乡一体 ································· 1025
（二）资本主义社会的城乡格局：城乡分立 ································· 1029

六、产权制度 ··· 1033
（一）产权概念的内涵外延 ··· 1034
（二）产权形态的历史演化 ··· 1037
（三）产权制度的比较分析：族有产权 vs. 私有产权 ······················· 1040

七、消费形态 ··· 1044
（一）消费政策：适度消费 vs. 无度消费 ··································· 1044
（二）消费结构：高品位 vs. 高技术 ······································· 1048

第四节　国际关系 ·· 1055

一、历史渊源：天下一统 vs. 族国分立 ······································ 1055
（一）国家形成的历史过程 ··· 1055
（二）国家缔造的动力机制 ··· 1057

二、思想基础：天下主义 vs. 族国主义 ······································ 1061
（一）天下主义的思想基础 ··· 1061
（二）族国主义的思想基础 ··· 1069

三、国际体系：贡赐体系 vs. 条约体系 ……………………………… 1074
  （一）天下主义的国际体系——贡赐体系 …………………………… 1074
  （二）族国主义的国际体系——条约体系 …………………………… 1082

四、国际冲突：有限冲突 vs. 全面冲突 ……………………………… 1098
  （一）国际冲突的格局 ………………………………………………… 1098
  （二）战争形态的变化 ………………………………………………… 1099
  （三）武器技术的发展 ………………………………………………… 1103

五、国防军事：王道战略 vs. 霸道战略 ……………………………… 1105
  （一）国防战略思想 …………………………………………………… 1105
  （二）军事建设导向 …………………………………………………… 1109

下篇　未来方略

第八章　预测 ……………………………………………………… 1117

第一节　中国近现代史回顾 ………………………………………… 1118

一、在西方文明扩张的视域下探究中国近现代史 …………………… 1118
  （一）西方的扩张路径 ………………………………………………… 1118
  （二）中国的变革历程 ………………………………………………… 1121
  （三）现代化进程比较 ………………………………………………… 1130

二、在中华文明岐出的视域下探究中国近现代史 …………………… 1136
  （一）文化岐出的历史追溯 …………………………………………… 1136
  （二）文化岐出的现代重演 …………………………………………… 1139

第二节　发展预测 …………………………………………………… 1141

一、运用复杂第一规律预测 …………………………………………… 1141
  （一）预测依据 ………………………………………………………… 1141
  （二）现实基础 ………………………………………………………… 1142

（三）发展路径 ··· 1154

　二、运用复杂第二规律预测 ··· 1158

　　（一）推演过程 ··· 1158

　　（二）发展路径 ··· 1161

第九章　国策 ·· 1163

第一节　意识形态 ··· 1164

一、社会理想——论道经邦，法天而治 ·· 1164

　（一）传统中国的社会理想 ·· 1165

　（二）当代中国的社会理想 ·· 1168

　（三）意识形态的转轨路径 ·· 1172

二、价值体系——道德仁义，伦理纲常 ·· 1175

　（一）中国传统价值的崩溃 ·· 1175

　（二）中国传统价值的重建 ·· 1177

第二节　政治制度 ··· 1185

一、政道（政体）——王道政治容融并超越民主政治 ······························ 1186

　（一）民主政治的弊端 ·· 1186

　（二）王道政治的优越 ·· 1190

二、治道（政制）——德政礼制容融并超越宪政法制 ······························ 1194

　（一）政治体制的改易更化 ·· 1194

　（二）德政礼制的重建路径 ·· 1200

第三节　文化教育 ··· 1208

一、学术重建 ··· 1210

　（一）中国传统学术的解构 ·· 1210

　（二）中国传统学术的复兴 ·· 1217

二、教育改革——普及经典，培养通才 ·· 1227

（一）普及经典教育…………………………………………………… 1227
　　（二）提升语文教育…………………………………………………… 1231
　　（三）改进数学教育…………………………………………………… 1236
　　（四）发展通才教育…………………………………………………… 1243

第四节　经济社会……………………………………………………… 1252

一、经济发展……………………………………………………………… 1252
　　（一）中国当代经济发展经验………………………………………… 1252
　　（二）中国未来经济模式转型………………………………………… 1267

二、社会治理——敬宗收族，集约自治………………………………… 1292
　　（一）社会信用体系的重建…………………………………………… 1292
　　（二）社会保障体系的优化…………………………………………… 1297
　　（三）纠纷解决机制的改善…………………………………………… 1298
　　（四）社会治安体系的提升…………………………………………… 1300

第五节　国际政治……………………………………………………… 1303

一、现代困境——从天下主义到族国主义，从天下国家到民族国家… 1303
　　（一）从贡赐体系到条约体系………………………………………… 1303
　　（二）从天下国家到民族国家………………………………………… 1309
　　（三）中国民族主义与民族国家模式的困境………………………… 1315

二、未来方略——以天下主义超越族国主义，以天下体系超越族国体系… 1321
　　（一）变革国际政治理念……………………………………………… 1322
　　（二）转化民族国家模式……………………………………………… 1327
　　（三）打造天下体系样板……………………………………………… 1330

全书结语……………………………………………………………… 1338
重要图表一览………………………………………………………… 1344

导 论

一、问题指向

（一）中国崛起改变世界形势[①]

近几十年，中国经济的崛起以及中国的发展模式，对于世界，无疑是一场石破天惊的历史巨变。

有学者认为，在过去300年的世界历史中，只有三个历史事件的重要性可与中国崛起相提并论。

一是"法国大革命"。这场革命摧毁了欧洲旧世界的政治秩序，开启了现代政治形态。无论是现代的独裁、现代的民主共和，以及民族国家的原型，都滥觞于法国大革命。

二是俄国"十月革命"。虽然苏维埃开始仅建立了"一国社会主义"，但苏联的社会主义模式向后起工业化国家展示了迈向现代化的另一条道路，而且导致了西欧资产阶级的生存危机，并激化了其社会内部的阶级矛盾。这个激化过程冲撞出两个非常不同的响应模式：一方面，在德国、日本与意大利导致极右的法西斯政权兴起；另一方面，在西欧、北欧许多国家导致民主社会主义改良运动的兴起，催生出接纳工人参政与兴办福利国家的阶级妥协模式；另外，俄国"十月革命"也催生出中国的社会主义政权。

三是美国崛起。美国崛起改变了资本主义的扩张模式，也加深了欧洲殖民主义的危机。美国后来替代了英国的金融霸权，延续了英国的自由放任式资本主义与个人至上的经济自由主义，为后殖民时代资本主义的全球扩张，

[①] 朱云汉：《中国模式与全球秩序重组》，载潘维：《中国模式：解读人民共和国的60年》，中央编译出版社2009年版，第603—630页。

打造了一个新的政治基础。美国完成了西班牙、荷兰及英国都不曾完成的霸业，它同时贯穿生产与贸易、军事与安全、货币与金融，以及意识形态领域，建立了深度整合全球资源的资本主义秩序。

中国崛起的历史意义，与上述世界历史分水岭事件相比，有过之而无不及。中国经济崛起与中国发展模式已经成为撼动全球秩序的重要转型力量。在这个转型时期，西方主导的现代世界正面临着四大趋势性的历史反转。

趋势一，以美国为核心的单极体系式微。冷战后美国成为世界公认的唯一超级大国，主导了苏联解体后的新国际秩序，造就了被视为理所当然、势所必然的单极世界体系。但不到20年，单极体系的根基在美国次贷危机后已然松动。

趋势二，"第三波民主"的退潮。"第三波民主"的起点是20世纪70年代中期，20世纪90年代初达到高峰，曾被日裔美籍学者弗朗西斯·福山断言为人类文明演变的终点，没有其他体制可以超越，然维持不到40年，随着新兴民主国家普遍陷入严重的治理危机，"第三波民主"已经退潮。

趋势三，资本主义全球化陷入困境。二战后由美国主导的国际经济重建为资本主义全球化扩张打下基础。苏东剧变后，经济自由化空前发展，几乎所有国家的政治与社会秩序都被资本主义的逻辑所支配。但金融危机后，随着"华盛顿共识"的破灭，反全球化运动兴起，加之全球日益悬殊的贫富差距引起激进的变革呼声，近60年的国际经济自由化趋势面临逆转。

趋势四，西方中心世界的日益没落。这是四大历史趋势逆转中最本质的变化，也是300年来历史发展趋势的大逆转。直至18世纪初，中华文明、伊斯兰文明仍与西方基督教文明分享世界舞台。随着西方的殖民主义扩张，以基督新教为核心的现代西方文明主导人类历史长达300年。然而，进入21世纪以后，世界权力重心明显东移，亚洲正成为推动人类文明发展的主导力量，"新亚洲半球"的崛起，预示西方文明主导的时代已近尾声。

上述四大历史趋势性的反转，都与中国经济的崛起与中国的发展模式密切关联，以下略作分梳。

美国主导的单极体系式微，一方面是因为美国的科技优势与产业优势减弱，越来越依赖金融扩张与虚拟财富来支撑国内消费与经济增长；同时，美国基于本国利益而肆意对外用武，使得其软力量大幅消退。另一方面，则是中国崛起在不断削弱美国独霸的战略格局，让急欲摆脱美国战略围堵或政治支配的国家找到了依托，无论是俄罗斯普京的独立自主外交路线，还是委内瑞拉的21世纪社会主义路线，甚至是欧洲所倡导的多极世界，背后都有中国力量的支撑。

"第三波民主化"出现退潮，一方面是因为美国自身的"民主政治"遭遇市场原教旨主义与基督教原教旨主义的双重侵蚀，与此同时，新兴民主国家普遍陷入严重的治理危机；另一方面，则是因为中国的崛起带动了能源与原材料出口国经济地位的上升。而中国模式的出现，又让抗拒来自西方压力或是试图突破民主治理危机而尝试建立其他政治模式的国家，在物质条件或意识形态空间上得到腾挪空间。

自由主义经济秩序的逆转也与中国崛起有关。中国的崛起，导致全球经济体系内工业产能急遽扩张和贸易格局快速变化，致使原来积极推行全球化自由化政策的西方国家都重新设置贸易壁垒，国际经济自由化进程因此面临难以为继的困境。

中国经济崛起与中国发展模式几乎打破了所有西方经济学教科书的定律，震惊了西方主流经济学界，也撼动了西方国家对于世界经济发展与国际社会治理的话语垄断权。过去在西方主导的"现代化"框架下，衡量"进步"与"落后"的坐标是明确的，现在这个历史坐标开始受到质疑。它还意味着，非西方社会在面对社会制度与价值体系的选择时，享有更大的空间，同化于西方文明再也未必是"进步"，弘扬自身的传统文化未必是"落伍"，非西方世界更有条件展开"文化自觉"。

总之，中国经济崛起与中国发展模式正影响着全球秩序的转型重组，正改变着现代世界的历史进程。

（二）中国模式面临多重困境

在中国经济崛起与中国发展模式影响了全球秩序重组、改变了世界历史进程的同时，中国经济与中国模式也面临复杂的发展困境。

中国近几十年的高速经济增长是以资源大量消耗和环境严重污染为代价的，中国的环境资源条件日趋恶化，"高代价的高增长"已不可持续。

同时，高增长导致了日益扩大的贫富差距和严重的社会冲突，政府为维持社会稳定投入巨大，高增长所付出的社会管理成本太高，"高成本的高增长"也不可持续。

事实上，中国当前的经济增速放缓具有长期化的趋势，过去三十多年平均接近10%的高增长已难重现。

然而，就业形势持续严峻、居民收入明显偏低、社会建设严重滞后和精英人才大量流失等问题使中国社会患上了"高增长依赖症"。

"蛋糕已经不能再继续做大"，而中国存在的种种问题又要求"把蛋糕继续做大"。高代价、高成本的高增长不可持续与"高增长依赖症"之间的强烈冲突，造成了中国经济面临的增长困境。①

中国经济面临增长困境的同时，政治秩序也遭到侵蚀。

在强调"以经济建设为中心"的增长主义模式下，地方官员考核机制②和事权财权倒挂的财税体制③极大地调动了地方政府发展经济的热情。地方政府将

---

① 陈彦斌：《中国经济增长困境的形成机理与应对策略》，载《中国人民大学学报》，2013年第4期，第27—35页

② 改革开放后，全党工作重心从阶级斗争转向经济建设，这使得地方政府官员的考核标准发生了实质性变化：不再像以往那样高度强调政治表现，而是将地方官员在任期内取得的经济绩效作为政治升迁的主要依据。在这种考核机制下，地方官员为了获取晋升机遇必然高度重视经济增速。而且，中央在考核地方官员的绩效时倾向于使用相对绩效评估的方式，使得地方官员热衷于GDP和与之相关经济指标的排名，进而引发了地方政府之间的竞争，进一步强化了其推动经济增长的意愿。

③ 1994年实行分税制改革后，中国地方政府的事权大于财权，事权财权倒挂的现象非常严重。1993年地方政府财政收入占全国财政总收入的比重为77.9%，1994年骤降至44%，此后始终在45%—50%间波动。与此同时，地方政府财政支出占全国财政总支出的比重则由1993年的71.7%提高到2011年的84.9%。而且，地方政府的事权财权不平衡难以通过政府间转移支付得到有效纠正。因为，专项转移支付资金在中国的转移支付体系中所占比重很高，而这部分资金是随着项目运行的，项目审批的不规范和不透明导致了"跑部钱进"的现象，真正需要转移支付资金的地区无法获得稳定的资金支持。地方政府需要获得足够的财政收入以（转下页）

发展经济作为首要任务,并动用其强大的权力资源推动投资扩张、刺激经济增长。这导致有些地方官员为了升迁不择手段追求GDP增长。尽管中央政府发出各种文件和指令禁止地方官员采取不当措施(如强行拆迁,非法征地,污染环境等)发展经济,但有些地方官员对中央政策阳奉阴违,上有政策下有对策,因为他们认定国家必须依靠高经济增长来稳固政治秩序。①权钱高度结合还导致贪污腐败事件高发,成为影响政治健康的毒瘤。

经济增长困境、政治秩序困境的背后,还隐藏着社会道德的困境。

改革开放以后,特别是冷战结束、苏联瓦解以后,共产主义在全球陷入低潮,多数国人丧失了对共产主义的信仰。信仰的缺失必然伴随着道德的下滑,因为人类的社会道德都是在特定信仰中存在并体现的。由于信仰缺失,国人甚至不知道按什么样的道德标准来规范自己的行为,出现了孔子所说的"无所措手足"的状况。加之三十多年来市场经济的金钱腐蚀,中国人的社会道德状况出现了严重问题。"天下熙熙,皆为利来;天下攘攘,皆为利往","唯利是图"成为流行一时的社会准则。在欧美国家,作为救赎信仰的基督宗教与作为市场法则的"唯利是图"相互制衡,从而维持了西方社会的道德不至于崩解。中国没有这种救赎宗教的传统,没有相应的文化力量制衡,这种唯利是图的泛滥足以摧毁社会道德。于是乎,人们听到看到的失德现象随处可见:假冒伪劣层出不穷,毒奶粉、黑心棉、假药、假酒、假文凭、假论文、假博士、假医疗器械、豆腐渣工程,医生收红包,教育乱收费,学校卖文凭,学者剽窃论文,官商权钱勾结,买官卖官风行,恶性刑事案件高发……

经济增长困境、政治秩序困境和社会道德困境的交织,意味着曾经的"中

(接上页)满足经济社会发展和民生支出,因此具有推高经济增速以增加税收来源的强烈意愿。1986—2010年间,中国各省GDP增速和财政收入增速具有很高正相关性(相关系数达到0.63),说明经济增长是地方政府财政收入的最重要源泉。此外,地方政府公务人员的收入也直接取决于地方政府的财政状况,因此,公务人员提高自身收益的动机也为其推动经济增长以改善该地区财政状况提供了额外的激励。

① 陈彦斌:《中国经济增长困境的形成机理与应对策略》,载《中国人民大学学报》,2013年第4期,第27—35页。

国模式"需要全面调整和优化。

（三）现代文明亟须全面转型

理解当代中国的成功及困境，把握未来中国的转型及超越，必须将中国的发展置于"现代化"的世界进程中来认识。

中国的"现代化"进程，是在西方资本主义扩张的背景下，在西方列强的坚船利炮的逼迫下开启的，是被"裹挟"着进入"现代化"的世界进程中的。

中国"现代化"历程之艰辛，代价之惨重，在当今世界大国中首屈一指。全球其他大国的"现代化"历程，皆伴随着大规模地对外扩张，对外扩张的成功与"现代化"的推进是两面一体的。中国却是遭受长达百年的掠夺、侵略和内乱后，才建立统一的现代国家，才赢得完整的国家主权，才能自主展开工业体系的建设。与同样是以被动型、外生型、后发型的方式实现"现代化"的国家比较，如德国、俄国、日本等，中国无疑是社会损耗最大、变乱时间最长、民族灾难最重的国家。

与西方列强始于殖民扩张的现代化进程不同，中国的现代化是"通过政府对本民族进行剥夺的内向型积累方式，追求工业化及现代化的经验过程"。[①]从世界主要大国工业化、现代化的历史来看，工业化、现代化的进程往往需要通过转嫁社会风险来进行内部动员和原始积累。资本主义先发达的国家，如英、法、美，以殖民扩张为主要转嫁方式（同时也有如圈地运动的"内部转嫁"方式）；资本主义后发达的国家，如德、日，以战争侵夺邻国为主要转嫁方式（日本曾侵夺中国台湾、东北、朝鲜，德国曾侵夺波兰、法国）。后发展的国家，由于既无法殖民扩张，也不能侵夺他国，就只能通过"内向剥夺"的方式转嫁风险，如俄国、中国等通过"革命"，剥夺"阶级敌人"（包括旧贵族、地富反坏右、叛徒工贼资本家等）与环境资源来提取剩余、转嫁风险以进行内部动员和原始积累（俄国因之前几个世纪持续的领土扩张，其"原始积累"相对容易）。"中国不可能再有西方早期工业化国家通过殖

---

① 温铁军：《我们到底要什么？》，华夏出版社2004年版，第4页。

扩张对外占有资源和转移国内矛盾冲突，以改善制度环境的条件。因此，这客观上决定了中国作为一个资源禀赋极差的、农民人口占绝对比重的发展中的人口大国，不得不通过内向自我剥夺完成资本原始积累，以便跟得上西方以工业化为主要内容的现代化"。① 然而，内向剥夺型的中国的经济增长，不仅导致资源大量消耗和环境严重污染，还导致贫富差距日益扩大和社会冲突日趋严重。在经历一段高速的"现代化"发展后，中国陷入了经济增长困境、政治秩序困境和意识形态困境错综交织的局面。

当代中国发展面临的重重困境，在很大程度上，就是现代文明发展面临的困境。

现代文明的主流是资本主义文明。资本主义文明的形成可溯源自欧洲中世纪的社会变革。先有意大利城邦国家如佛罗伦萨、威尼斯等的海外成功殖民，引发了文艺复兴与宗教改革；后有葡萄牙、西班牙谋求海外扩张的所谓"地理大发现"，为西欧的海外殖民开辟了广阔空间。西欧在海外殖民扩张的过程中，在"发动战争、资源汲取和资本积累三者交互作用"② 下，逐渐完成了由城邦封建社会向资本主义社会的转型。

资本主义社会以追求物质财富为社会主导价值观念，以追求资本收益为社会运行核心机制。资本主义社会对所有内部成员，提供了以"市场"为主要竞争平台、以"赚钱"（确切地说，是"借钱生钱"，是"资本生利润"）为核心能力的公开公正的社会升层通道，是迄今人类文明发展的最高级形态之一。资本主义文明在较大地域（主要在西欧、北美）、较长时间（近三百年）内，以相对公平公正的方式，维护了群体的生存延续。（上述"群体"是以西欧、北美为主的群体，"公平公正"也仅面向西欧、北美的社会成员，对外则讲强权主义，用丛林规则。）

然而，资本主义文明的存续与发展是以持续的经济增长为前提的。"资

---

① 温铁军、杨殿闯：《中国工业化资本原始积累的负外部性及化解机制研究》，载《毛泽东邓小平理论研究》，2010 年第 8 期。
② 〔美〕查尔斯·梯利：《发动战争缔造国家类似于有组织的犯罪》，载〔美〕埃文斯等编：《找回国家》，方力维等译，生活·读书·新知三联书店 2009 年版，第 232 页。

本主义的主要特征是，它是一个自我扩张的价值体系，经济剩余价值的积累由于根植于掠夺性的开发和竞争法则赋予的力量，必然要在越来越大的规模上进行"。① 如果资本不再扩张，利润不再增长，资本主义社会的危机就必然爆发。因为一旦经济不能持续增长，资本主义社会的主升层通道便会淤塞，资本主义制度便失去了整合社会、维持秩序的力量。（资本主义社会的历次大规模经济危机都造成了大规模社会动荡，一战如此，二战也是如此。）

资本主义毫无节制的经济扩张需求必然对生态系统造成巨大损害："资本主义经济把追求利润增长作为首要目的，所以要不惜任何代价追求经济增长，包括剥削和牺牲世界上绝大多数人的利益。这种迅猛增长，通常意味着迅速消耗能源和材料，同时向环境倾倒越来越多的废物，导致环境急剧恶化。"② 然而，地球生态系统的有限性却决定了人类向自然的索取终将是有限的，"在有限的环境中实现无限扩张本身是一个矛盾，因而在全球资本主义和全球环境之间形成了潜在的灾难性冲突"③，"'资本主义无法用一种合乎环境要求的可持续方式来协调社会与自然之间的代谢关系。其行为违反了自然和代谢修复的法则。不断进行的资本积累过程加剧了对社会代谢的破坏，把资本的追求强加给自然，而不顾对自然循环造成的后果。'面对生态危机，资本主义体制没有进行任何尝试去探询社会关系问题的根源，而这个问题正在摧毁马克思所称的'人类生存的重要条件'。相反，资本主义'一次又一次地继续执行着同样的失败战略'，把这个问题转移至别处，结果导致多种生态灾难的发生"。④

资本主义经济危机的爆发，实际表明了生态阀不可逾越的事实。因为经济危机的实质是资源配置失衡，而资源合理配置的重要性则是源于生态系统

---

① 〔美〕约翰·贝拉米·福斯特：《生态危机与资本主义》，耿建新、宋兴无译，上海译文出版社2006年版，第30页。

② 同上书，第3页。

③ 同上书，第2页。

④ 〔美〕约翰·贝拉米·福斯特：《失败的制度：资本主义全球化的世界危机及其影响》，转载于《马克思主义与现实》，2009年版第3期。

资源供给能力的有限性。[①] 或许，在一定时期，可以通过科技创新、制度变革等方法优化资源配置，摆脱经济危机，重获经济增长。但是，放纵人类无止境的物质欲望，追求无止境的经济增长，而人类又只能生存于一个地球，那必将最终导致全球生态系统的崩溃，人类文明也必将毁于一旦。

全球生态危机愈演愈烈应该成为现代文明转型的警示。西元20世纪30至60年代，在西方发达国家发生了所谓"八大公害事件"（马斯河谷事件、多诺拉烟雾事件、伦敦烟雾事件、水俣病事件、四日市哮喘事件、米糠油事件、痛痛病事件、洛杉矶光化学烟雾事件），成千上万的人被环境污染夺去生命。环境问题由此引起西方国家的高度重视，各国一方面大力进行国内环境的治理改善，一方面大力组织污染产业的全球转移。一段时间后，西方国家的环境污染得到控制，环境质量得以改善。然而，西方国家以"全球经济一体化"之名进行的产业转移与污染转移，却使得环境问题在全球范围不断恶化——局部性的地区问题打破了国家的疆界后演变成全球问题。从20世纪70年代末80年代初开始，全球性环境危机出现，更为严重的环境污染和更大范围的生态破坏事件频繁发生，包括酸雨、臭氧层破坏、全球性气候变化、生物多样性锐减、有毒化学品的污染及越境转移、土壤退化加速、淡水资源的枯竭与污染、污染导致的海洋生态危机、森林面积急剧减少、突发性环境污染事故及大规模生态破坏等。与此同时，全球范围的资源危机、能源危机频现。

文明，应该是有利于较大地域、较多人口延续的文化。今天看来，资本主义已经趋向于越来越不"文明"，因为它已经越来越不利于较大地域、较多人口的延续。要超越因资本主义扩张导致的全球生态困境，要超越因经济增长依赖导致的中国发展困境，必须变革个人主义和物质主义主导的价值观念体系，必须变革自由主义和民主主义主导的社会运行机制，必须变革民族主义和国家主义主导的全球治理体系。一言以蔽之，必须推动"现代文明"全面转型。

[①] 林卿：《金融危机、经济危机与生态危机》，载《福建师范大学学报》（哲学社会科学版），2010年第1期，第18—22页。

（四）未来中国引领世界变革

认识和理解"现代文明"的转型，需要将"现代文明"置于整个人类文明的历史进程中观照之。

前文述及，现代文明模式是不可持续的。而纵观人类文明发展史，能持续发展的文明也寥寥无几——迄今，除中华文明以外，所有的古代文明都已死亡，被尘封在历史中。"最近六千年以来的历史记载表明，除少数例外，文明人从未能在一个地区内持续文明进步长达30—60代人以上（800—2000年）……文明人主宰环境的优势仅仅持续几代人，他们的文明在一个相当优越的环境中经过几个世纪的成长与进步后就迅速衰落、覆灭，不得不转向新的土地。其平均生存周期为40—60代人（1000—1500年）。大多数的情况下，文明越是灿烂，它持续存在的时间就越短。文明之所以会在孕育了这些文明的故乡衰落，主要是人类糟蹋或毁坏了帮助人类发展文明的环境。"[1]"有史以来，已有10—30种不同的文明（具体数目依据文明分类方式而定）沿着这条道路走向衰亡。"[2]

许多历史学家将古代文明消亡的原因归咎于统治阶层的荒淫腐败或是外族侵略，而生态学家认为：古代战争往往以争夺土地、人力等资源为目的，战争短期内不可能将一个文明完全毁灭。只要支撑文明的环境资源存在，统治阶层的荒淫腐败或外族侵略战争只能是导致朝代变迁或民族更替。真正导致古代文明彻底消亡的原因，是支撑文明社会的生态基础彻底被破坏，使文明社会的环境资源彻底枯竭。所以，不同类型的古代文明的崩溃历程惊人地相似：都曾面临不同形式的环境恶化与资源枯竭，最终导致所在地区不再适宜人类生存。[3]

复活节岛的历史对于理解古代文明的消亡、警示世人敬畏"天命"具有

---

[1] 〔美〕费·卡特、汤姆·戴尔：《表土与人类文明》，庄崚、鱼姗玲译，中国环境科学出版社1987年版，第4—5页。

[2] 同上书，第5页。

[3] 刘树华：《人类环境生态学》，北京大学出版社2009年版，第17页；关于古代文明衰亡与环境演变的关系研究，见吴文祥等：《气候突变与古文明衰落》，载《古地理学报》，2009年8月第11卷第4期，第456—463页。

典型意义。复活节岛的面积约 150 平方英里，位于南太平洋中，距离南美西海岸约 2000 英里，距离最近的有人居住的皮特凯恩岛也有 1250 英里。据考古学家研究，最早有人到达岛上定居大约在西元 5 世纪，是来自东南亚的波利尼西亚人。人们聚族而居，部落周围是耕种的土地，最重要的集体活动是祭祀。祭祀活动中心是巨大的石像平台，被称为"阿胡"。"阿胡"通常朝向冬夏二至点中的一个或者是昼夜平分点。每一处这样的平台，都建造了巨大的石像，从 1 个到 15 个不等。这些石像留存至今，成为复活节岛文明的标志。建造石像需要投入大量劳力：需要在采石场开采石料，需要长年累月的雕刻，最富挑战性的则是运输。一尊石像高达 20 米，重达数十吨，由于岛上没有任何拉曳用的牲畜，只能靠人力，主要方法是用树干作为滚木"传输"。到西元 16 世纪，岛上建造了数以百计的"阿胡"，约有六百尊以上的巨大石像。然而，复活节岛文明却在此时突然崩溃，采石场还留下许多尚未完成的石像。崩溃的原因，正是因为大肆采伐森林而导致全岛环境恶化。当欧洲人于西元 18 世纪首次登岛时，岛上已没有任何树木，只剩下若干棵树的标本留存在死火山的坑底。最初的定居者上岛时，岛上森林茂密。但随着人口数量增长，人们不断砍伐树木，腾出空地用于耕种，同时也用木材作为取暖做饭的燃料，还作为建造房屋、制作用具和造船的材料，最大量的消耗则是用于铺设从采石场到岛上各处祭坛的运输石像的"轨道"。结果，到西元 16 世纪时，岛上的森林砍伐殆尽，建造石像的工作也被迫终止。由于岛上森林生长周期很长，上百年都无法恢复。于是，人们再也无法建造木构房屋，只得设法挖掘石洞作为居所、利用芦苇搭建草棚；船只也无从建造，打渔也就更为困难。森林砍伐还导致土地被雨水侵蚀，农业产量急剧下降，经济体系渐趋崩溃。同时，整个社会的分层分工体系与信仰体系也渐趋崩溃。结果导致了越来越多的社会冲突，直至无休无止的族群战争。社会退回野蛮状态，吃人甚至变得司空见惯。[①]

复活节岛文明的生存延续依赖于岛上的有限资源，在一个只需一两天就

[①] 〔英〕克莱夫·庞廷：《绿色世界史：环境与伟大文明的衰落》，王毅译，上海人民出版社 2002 年版，第 1—8 页。

可以走遍的岛屿，人们应该能觉知环境发生的恶化。然而，复活节岛的定居者们在维持了一种相对稳定的生产生活方式上千年之后，却终因未能维持生态平衡而导致文明瞬间崩溃。复活节岛文明的命运当令世人警醒：地球正如同复活节岛，只有有限的资源来支撑人类文明的生存延续；人类也正如同岛上的居民，无法逃离地球。因此，人类应该时时刻刻敬畏"天命"，不能理所当然地认为现在的生产生活方式可以"天长地久"，否则难免重蹈复活节岛文明的覆辙！

文明发展是人类与环境良性互动保持生态平衡、同时适应性不断提高的过程。这种"平衡"与"适应"的智慧是人类的最高智慧，因为它决定了人类文明的命运，不管是过去还是未来，在人与环境的互动中，唯遵循"天命"（演化着的天球生物圈予人的使命）者方能生存。

谨遵"天命"，维持人类社会与生态环境的良性互动，追求人类文明的永续发展，是中华传统文化的最高价值，即"天人合一"之道。以"天人合一"之道为基本遵循，中华民族几千年来，在政治、经济、科学、技术、思想、文化等方面积累了丰富深厚的经验。正因为此，中国成为人类文明史上唯一存续至今且生生不息的文明体。尽管近现代中国经历了一百多年逐渐"西化"的过程，但中华文明的历史积淀却依然在土壤底层支撑和滋养着中华民族的成长。当代中国经济的崛起与中国的发展模式，也无不与中华文明历史的积淀息息相关。①

英国历史学家汤因比曾对人类历史上主要文明的起源、兴起、衰落和解体过程作过完整深入地研究。他发现，在人类文明的历史中，中华民族"比世界任何民族都成功地把几亿民众从政治文化上团结起来。他们显示出在政治、文化上统一的本领，具有无与伦比的成功经验。这样的统一正是今天世界的绝对要求"。② 西方的政治传统是民族主义的，而不是世界主义的，而资

---

① 潘维：《当代中华体制——中国模式的政治、经济、社会解析》，见潘维主编：《中国模式：解读人民共和国的60年》，中央编译出版社2009年版，第3—85页；张维为：《中国震撼——一个"文明型国家"的崛起》，上海人民出版社2010年版，第三、四章。

② 〔英〕汤因比、〔日〕池田大作：《展望二十一世纪——汤因比与池田大作对话录》，荀春生等译，国际文化出版公司1985年版，第294页。

本主义的全球扩张却"把世界统一成为一个整体"。① 人类生存发展亟须全球意识,民族国家意志却导致世界纷争。"世界统一是避免人类集体自杀之路。在这点上,现在各民族中具有最充分准备的,是两千年来培育了独特思维方法的中华民族"。②"将来统一世界的大概不是西欧国家,也不是西欧化的国家,而是中国。并且正因为中国有担任这样的未来政治任务的征兆,所以今天中国人在世界上才有令人惊叹的威望"。③

汤因比基于人类文明史研究得出的上述结论发表在半个世纪以前,在当今世界形势下,则更凸显其睿智。随着全球化进程的加速,居住在地球上的人类越来越成为一个你中有我、我中有你的整体,越来越需要以整体人类福祉为目标建立起全球治理体系。然而,以民族国家制度为基础的资本扩张,不但导致全球生态危机加剧,随同资本扩张而持续扩张的"军事——工业复合体"还进一步造成了人类的生存危机。军工为少数大国创造了巨量经济效益,其所具有的垄断性高额经济回报使得高端武器(特别是大规模杀伤性武器)难以控制供给,而军事冲突则产生了对高端武器源源不断的需求。因此高端武器必然会扩散,并推动创新更高端武器,把原来的高端武器变成中端甚至低端武器。高端武器扩散使得美国的军事垄断地位不但受到其他军事强国的挑战,而且使得更次级国家以及恐怖组织乃至于海盗的军事能力也"水涨船高"。最高端的军备多是威慑性的,而次级甚至更次级的军备才较多被应用。"水涨船高"到一定程度,"军工争强"形成的级差秩序(美国→核大国→更次级国家→恐怖组织→海盗→黑社会)就难以维系:一方面,高端武器缺少用武之地;另一方面,中低端武器(即原来的高中端武器)遍地开花,最后导致"集体闯红灯",或"人类集体自杀"。④

人类亟须建立全新的经济发展模式和全球治理模式,新模式的根本则必须建基于整体人类福祉之上。整体人类福祉的核心是人类的永续发展,因

---

① 〔英〕汤因比、〔日〕池田大作:《展望二十一世纪——汤因比与池田大作对话录》,荀春生等译,国际文化出版公司1985年版,第288页。
② 同上书,第295页。
③ 同上书,第289页。
④ 张祥平:《经典复杂科学》,中国社会科学出版社2013年版,第377页(页下注)。

为无"永续",则其他"福祉"也就荡然无存。追求整体人类社会的永续发展,就是中国传统文化中的"天人合一";以"整体人类福祉"为决策导向,就是中国传统文化中的"天下主义"。这就是汤因比所说的中华民族的"独特思维方法"。以此为遵循而治国平天下,中华民族"具有无与伦比的成功经验"。

然而,具有成功的历史经验并不意味着就一定能担当推进现代文明转型、引领世界变革的使命和责任。推进现代文明转型、引领世界变革的国家,还应该具备以下条件。

其一,具有足够强大的经济和军事实力。因为在当今仍是丛林规则主导的国际社会,没有足够强大的经济和军事实力,国家自身安全就没有足够的保障,遑论推进现代文明转型、引领世界变革。

其二,具有创新驱动的科技和工业体系。因为持续创新的科学技术和工业体系是"现代化"的精华,是人类文明的成果,在当今瞬息万变的信息时代,没有创新驱动的科技和工业体系,国家发展就缺乏后继支撑,更遑论推进现代文明转型、引领世界变革。

其三,具有普适(或普世)意义的思想和价值体系。因为西方文明(或现代文明)倡导的个人本位的"自由""人权""平等""民主"等思想和价值体系,造成了天人割裂,导致了全球生态危机,人类不可持续。而且,西方发达国家常以上述"普适价值"为由,行"自私自利"之实,广泛采用"二重标准",已使得上述"普适价值"的普适性饱受质疑。

其四,具有值得效仿、可以推广的国家和社会治理体系。因为西方发达国家建立的以"一人一票普选"为基础的民主法治体系,无法从根本上解决全球环境问题,也无法建立真正和谐有序、长治久安的国际秩序,无法保障人类文明的永续发展。

综合上述条件,纵观当代世界,中国确乎是最有可能成为推进现代文明转型、引领世界变革的国家。一方面,中国已经具有了足够强大的经济和军事实力,创新驱动的科技和工业体系也正在成型;另一方面,中国的传统文化正在复兴,完全有可能在其深厚的历史文化资源中开掘出现代性的具有普遍意义的思想和价值体系，以及与之相应的国家和社会治理体系。特别是，中国的环境资源相较于欧美更为严酷，对于推进现代文明转型的需求因而更为迫切。迫切的现实需求与丰富的历史资源相互催化，将成为未来中国引领世界变革的持续动力！

另外，需要强调的一个基本事实是：中华文明是世界历史上唯一的自文明诞生而传承至今且生生不息持续发展的文明，本身就是人类文明史上"永续发展"的唯一样板。

中国真能推进现代文明转型、引领世界变革吗？如果能，转型的路径将是怎样？变革后的发展模式又将怎样？对于关注中国命运及人类命运的人而言，上述问题无疑是当代最令人瞩目、最激动人心的问题。这也是本书的问题指向。

二、研究理路

（一）研究宗旨

探究现代文明转型和世界发展变革的问题，其核心是要追求人类与环境的良性互动，追求人类文明的永续发展，即中国传统文化所谓"天人合一"。追求"天人合一"之道，则要"究天人之际，通古今之变"，即：探究人类与环境良性互动的普适规律，力求通晓人类社会从古到今、从简单到复杂的变化发展——这是中国传统学术的根本遵循，也是本书的研究宗旨。

（二）基本方法

探究人类与环境良性互动的普适规律，认识和理解人类社会从简单到复杂的发展变化，需要遵循的基本方法是孔子提出的"述而不作，信而好古"，即：准确地确认事实、表述事实而不作任意主观增减改动（述而不作），并相信历史事实系列所昭示的内在规律，汲取历史发展的经验教训（信而好古）。[①]

[①] 张祥平：《经典复杂科学》，中国社会科学出版社2013年版，第342页。

因为只有真正认识过去，才能真正理解现在，也才能真正面向未来！

认识历史规律，需要运用整体的方法，即：对人类社会在不同地域、不同时期的历史事实求同存异，进行整合（从简单到复杂，与长程历史相关），从整体（人类永续发展）到局部（局地历史兴衰）逐层细化，适度留余。进一步说，是要在"默识"人类历史整体（演化历程及演化结果）的基础上，从整体到局部对不同地域、不同时期的历史事实进行定位（既包括从简单到复杂的层次，又包括从整体到局部的位置），然后探究其事件关联，揭示其发展规律，从而为人类社会的发展提供"科学预测"的依据，为国家社会的治理提供"科学决策"的依据或相关参照。

上述方法的详细阐释涉及中西科学思维的比较分析，详见第二章，兹不具论。

需要强调的是，本书不仅在研究理路上遵循"述而不作"，在论述方法上也尽量遵循"述而不作"：本书引述的内容逾千处，源自数百论著论文，尽管多有删削，但对于原著的行文风格，则多有保留，以备读者体察原著之"性情"与"风貌"。

（三）论述框架

探究未来中国引领现代文明转型和世界秩序变革，需要将中华文明置于整个人类文明的历史进程中观照，需要对构成中西文明的核心要素进行深入辨析、比较：从语言到文字，从思维到科学，从价值观念到社会制度，等等。由此，在人类文明比较的整体视域中理解中华文明的内在优势，在世界历史演进的整体进程中认识中国的发展道路，在全球秩序转型的背景中探究中国的未来方略。

第一章"语言与文字"，探究语言文字对中华文明和西方文明的思维模式的影响，内容包括：人类语言的起源、中西语音的比较、中西语法的比较、中西文字的比较等。指出：在人与环境互动的过程中，原始人类语音与识别对象的对应发声模式因为"耗能最小原则"，被环境所"决定"。生活在亚欧大陆东部的人们因为环境相对严酷，"选择"了元辅音整合的语音模式；

而生活在亚欧大陆西部的人们因为环境相对温和，"选择"了辅音组合的语音模式。这造成了汉语与西语的根本性差异。语音模式深刻地影响了句法模式：汉语发展出"整体关联"的句法模式，语义主要通过语句内语词之间的关系来表达，没有语词形态的变化；而西语发展出"词形（语音）变化"的句法模式，主要通过语词形态的变化表达语词的关联意义。人类思维的内在过程就是语词的组合过程，因此，语言模式一定程度上就是思维模式。由于语言模式的影响，习汉语者发展出在不变中应变、在不同中求同、在整体中解决局部问题的整合型思维；习西语者则发展出以变应变、以异对异的从局部解决问题的分异型思维。中国构型文字的发展进一步强化了整合型思维模式，西方拼音文字的发展则进一步强化了分异型思维模式。

第二章"思维与科学"，探究思维和科学对中华文明和西方文明的影响。首先，通过对中西文明的思维演化历程进行比较研究，揭示了中西思维演化的相似环节。然后，对中西文明的最有序也最重要的思维形式——科学思维——展开比较研究。内容包括：中西科学思维的发源、中西科学思维的演化、中西科学思维的适用对象和中西科学思维的推理方法。指出：中国传统的科学思维方法是构造整合法（即对事实求同存异，进行整合，从整体到局部，适度留余），主要应用于复杂现象的研究，也可应用于研究相对简单的现象；西方的主流科学方法是分析还原法（即对事实分隔解剖，进行还原，用基本因子或孤立事实返构布局，不留余地），主要适用于简单现象的研究。二者的科学标准（或言"科学精神"）是相同的，即：都要准确地鉴定事实，准确地表述事实，慎重地筛选事实，慎重地推理，并付诸实践或实验检验（这是普适的科学标准，是科学精神的基本内涵）。二者的推理起点也相同，即识别事实和关联事实。但二者的推理路径不同，即对于事实的归纳和演绎推理不同。构造整合法对事实的筛选归纳主要运用"求同存异"的方式进行整合，然后从整体到局部一层一层展开推理，适度留余；而分析还原法对于事实的筛选归纳主要运用"分割解剖"的方式进行分析，然后用被筛选的孤立事实进行布局，或是对被筛选的事实进行还原，找到基本因子之后再作布局。构造整合法是整体公理化的方法，把最复杂的状态作为研究的起点，从最复杂的状态到次复杂的状态，再到三级复杂的状态，依次类推，越来越简单，在一定级次上与分析还原法描述的状态相重合；分析还原法则是因子公理化的方法，把最简单的状态（初态）作为研究起点，从最简单的状态到次简单的状态，再到三级简单的状态，依次类推，越来越复杂，在一定级次上与构造整合法描述的状态相重合。之后，进一步对中西数学思维进行比较研究：首先追溯了中西数学思维的演化，接着简要论述了中国传统数学的体系，再后是综合比较中西数学思维的异同。在阐明了中国科学思维与数学思维的基础上，最后对中国传统科学的主体——儒学，用现代科学术语和表述方式进行了重新诠释，包括概要、经典、主要定律、基本义理等。本章旨在阐明中华民族永续发展的"科学基础"。

以上两章内容关乎人类文明的根基，构成本书"上篇"。

本书"中篇"则聚焦于人类文明形态的历史演进。

首先，在"中篇"的"前言"部分，概述了复杂科学（儒学）的史学方法论、历史发展观和社会形态说，指出：通过对人类社会发展的史实求同存异，进行整合（从简单到复杂，与长程历史相关），从整体（人类永续发展）到局部（局地历史兴衰），可以发现，人类社会形态从简单到复杂的演进，可分为三大类。第一类是无分层的氏族部落社会，即通常所说的原始社会；第二类是简单分层的同域整合社会，即通常所说的城邦社会、封建社会；第三类是复杂分层的异域整合社会，有相对公开公平公正的升层通道，包括四种形态：军国主义社会、神本主义社会、资本主义社会以及中国自汉代尊儒后建立的大一统社会，本书称之为"德本主义社会"。[①]

然后，对上述从简单到复杂的三类社会形态依次展开探究。探究以复杂科学的思维方法、科学模型和基本规律为基础，先论述该类社会的生成模型，继而探讨该类社会的演化规律，最后研究该类社会的组织结构。

---

① "德本主义"源于《礼记·大学》："德者，本也；财者，末也。"上下文为："道得众则得国，失众则失国。是故君子先慎乎德。有德此有人，有人此有土，有土此有财，有财此有用。德者本也，财者末也，外本内末，争民施夺。""德"不是纯粹的精神范畴，而是物质性与精神性合一的价值观念。"德"的字源和字义详见本书第二章第一节·九·（二）《中华先哲创建的价值体系》。

第三章专述"氏族部落社会"。先论氏族部落社会的一般情形，内容包括生成演化、组织结构和经济分析；然后，简述氏族部落社会的中国谱系，包括分期描述、分区描述和文明起源探讨，指出：中华文明的价值观念、科学技术和组织管理的发展模式都在中国氏族部落社会的转型时期——尧舜时期得以奠基。

第四章专述"城邦封建社会"。先论城邦封建社会的生成，包括生成过程、生成机制、组织结构和经济分析；次论城邦封建社会的演化，主要是中西封建社会演化历程的比较。指出：中西文明发展模式在城邦封建社会已基本成型；然后，基于城邦封建社会生成与演化的研究，还原"封建"之本义，溯源"封建"之滥用，为近现代以来被"污秽化"、"妖魔化"的"封建社会"正名。

第五章专述"军国主义社会"。先论军国主义社会的生成机制和组织结构；然后探讨军国主义社会的演化，主要对中西两大军事帝国（秦帝国和罗马帝国）进行比较研究。指出：军国主义的历史记忆对中西文明的影响截然不同，秦帝国模式是后来中国要竭力避免重蹈覆辙的"前车之鉴"，而罗马帝国的辉煌却一直是西方追求的"理想"。

第六章和第七章专述"德本主义社会与资本主义社会"，是全书的重心之所在。

第六章论述"德本主义社会与资本主义社会的生成演化"。先论德本主义社会与资本主义社会的生成，包括生成环节、史实序列和结构变化；次述演化环节：通过对德本主义社会与资本主义社会的演进历史求同存异，进行整合，从整体到局部，可以发现二者的演化历程，有着数目相对稳定的演化环节（极数），而且在序数相同的环节达到相似的序化程度和变异幅度（通变），依此制成《德本主义社会与资本主义社会的演化路径表》。根据此表，分"形成期→发展期→成熟期→繁荣期"四期进行论述，每期则再分"国家秩序稳定→政经制度建设→科学技术进步→社会组织演化→国际关系发展→问题积累爆发"六个环节，依序展开。德本主义社会与资本主义社会演化的史实序列凸显出东西方两大文明的内在特质与演化规律，是本书进行预测与相关推论的基础。

第七章论述"德本主义社会与资本主义社会的组织机理"。先论政治制度，包括德本主义社会与资本主义社会政治形态的概述、思想基础、政权组织、选举制度和治理体系五方面；次论社会文化，内容包括德本主义社会与资本主义社会的核心价值、基本规范、社会分层、基层组织和社会治理五方面；再论经济模式，内容包括德本主义社会与资本主义社会的经济伦理、发展路径、技术体系、产业结构、城乡格局、产权制度和消费形态七个方面；最后，论述德本主义社会与资本主义社会的国际关系，包括二者国际关系的历史渊源、义理模型、国际体系、国际冲突和国防军事五方面。

第六章是从纵向的历史演进的维度对德本主义社会与资本主义社会进行比类研究，第七章则是从横向的组织机理的维度再对二者进行比类研究。这样，就在纵向演化的"经线"上，再织以横向机理的"纬线"，通过"经纬交织"而勾勒出德本主义社会与资本主义社会的"立体图像"。此"立体图像"清晰地昭示：资本主义社会与德本主义社会是复杂层次相同的社会形态，经历了相似的演化环节，具有相似的复杂结构，其政治制度、价值观念、经济模式、社会组织等在特定历史时期与环境条件下都具有高度的合理性。然而，随着生态环境日益恶化，资本主义发展难以维持，其政治制度、价值观念、经济模式、社会组织形态的合理性已经受到约束（局限于局部环境资源条件相对优裕的地区，如北美、澳洲等，然而由于难以扩张，其维持时间也将必然有限）。要保障人类社会永续发展，需要重新认识德本主义社会的合理性和优越性。

本书"中篇"的内容主要是"史实"，本书"下篇"的内容则主要是基于"中篇"所述史实的预测及相关策论，聚焦于中国的未来方略。

第八章"预测"先是对中国近现代史进行梳理。指出：中国近现代社会之变革源于西方文明的扩张，中国的变革历程由"中体西用"而"西体西用"，导致了中华文明的歧出，却并未修成资本主义现代化的"正果"，而且绝无修成资本主义现代化"正果"之可能！之后，回溯了中国历史上经历的两次文化危机，并与中国近现代的历史求同存异进行整合，应用复杂第一律，发现三者有着极为相似的演化环节，断定中国未来的发展必然要回归中国历史文化的正统之路，即德本主义的"老路"，这也正是"中国特色社会主义"

之路（中国的历史文化和基本国情决定了"中国特色"的内涵，而"德本主义"则是本原意义上的"社会主义"——真正以"社会"为本位）。然后，分析了中华文明复位（回归中国历史文化的正统）的现实基础。指出：自改革开放以来，在最高层的政治话语中，从经济、政治到社会、文化，全面回归中华文明正统的指向已愈趋明显；在社会基层，一场复兴中华文化的"社会运动"已蓬勃展开。最后，简述了中华文明复位的三阶段，并应用复杂第二规律进一步勾勒了中国未来的发展路径。

第九章"国策"。

先论意识形态的更化，指出：中国正在推进的马克思主义中国化，最终必将是马克思主义与中国传统文化的深度融合，即：一方面，是回归中国自古以来的文明正统，以尧舜孔孟之道作为治理国家的纲领，论"道"经邦；另一方面，革除国家意识形态中西方文化的不良影响，特别是民主政治文化中民意合法性一重独大的不良影响，用"主权在天"的"王道政治"理想更化"主权在民"的"民主政治"理想，法"天"而治。论"道"经邦赋予治国理念超越性与神圣性，法"天"而治则赋予治国理念科学性与永续性。论"道"经邦，法"天"而治，是以王道政治理想发展中国特色的社会主义。同时，要用中国传统文化的"道""德""仁""义"的价值体系容融且超越西方源于基督新教的"自由""人权""平等""民主"的价值体系（"道德仁义"具有真正的"普适"性质，因而具有真正的"普世"能力），以此为基础，重建社会道德。

次论政治制度的变革。指出：中国未来必将在政道（政体）层面，以"主权在天"的王道政治容融并超越"主权在民"的民主政治；在治道（政制）层面，必将以选贤举能的德政礼制容融并超越平民普选的宪政法制。并勾勒了德政礼制的重建路径，即：国学重建→科举选士→变通改制→礼乐复兴。

再论文化教育的发展。指出：中国学术界亟须重建中国学术的义理结构与解释系统，需要在义理结构与解释系统上回归中国文化的自性，这将是中国历史上又一次巨大的文化整合与文化创新，是在吸取西方文明精华成分的基础上，推陈出新、融汇中西创造的具有鲜活生命力的新文化、新国学，将为中华民族与中华文明的复兴提供真正的理论自信、道路自信与制度自信，为当今世界因西学造成的可持续问题提供可能的解决方案，为当今人类社会解决各种危机提供一种更优的文明选择。教育体系也亟须因应时代需要，普及经典，培养通才，破解现行教育科研体制因学术分科造成的"学科壁垒"或"学术壁垒"，用复杂科学统领简单科学，用通才管理专才，造就推动制度转型和社会变革的组织管理人才，奠定大一统礼乐文明的政治文化基础。

再论经济模式与社会治理的创新。指出：中国当代的经济发展凭借"内向剥夺"模式和成本转嫁，在人口红利和土地红利愈趋耗尽的情形下，已面临持续发展的困境，中国未来经济发展必然将向"内源发展"模式转型；推行族有产权制度是建立"内源发展"模式的基础。推行族有产权制后，中国将顺利完成政府职能的调整、三农问题的化解和经济结构的优化，并将率先确立第三次工业革命的制度优势和文化优势，由此进一步赢得第三次工业革命的技术优势，成为全球经济变革的引领者。经济模式转型的同时也意味着社会治理体系的变革，在"敬宗收族、集约自治"的基础上，中国的社会信用体系将得以重建，社会保障体系将得以优化，纠纷解决机制将得以改善，社会治安体系将得以提升。

最后论述国际政治的转型。指出：中国未来必将以天下主义超越民族国家主义，以天下体系超越民族国家体系，引领世界秩序转型。

综上所述，本书力求在人类文明比较的整体视域中理解中华文明，在世界历史演进的整体进程中认识中国道路，在全球秩序转型的宏观背景中探究中国方略。在论述方法上，力求根据中华文明自身的思维模式、义理架构与解释系统来言说历史，认识现在，思考未来，以彰显中国近代西学东渐后逐渐被摧抑的"文明自信"和被遮蔽的"文明自性"。所谓"文明自性"，是一种文明内在的根本特性，核心是思维模式及相关的科学体系，价值观念及相关的制度形态，此乃文明之"体"。中国近现代由"中体西用"而"西体西用"，特别是"新文化运动"后，"科学"（实为"简单科学"）和"民主"（实为一人一票选举代议）渐成主流价值，中国的传统思维模式（构造整合法）和学术体系（主体为"复杂科学"）被"边缘化"和"隐晦化"，中国的传统价值观念（道德仁义）和制度形态（大一统的礼乐刑政制度）被"污秽化"和"妖魔化"，中华文明自此暗而不彰。然而，理解今天中国的成功及困境，认识未来中国的转型及超越，都亟须理解中华传统的"文明自性"。如果中国不能解释与理解自身的文明，就绝不可能解释与理解今天中国的成功及困境，也绝不可能认识与把握未来中国的转型及超越，遑论推进现代文明转型和引领世界变革！

中国的最高领导层也已深谙中华传统的"文明自性"对于当今中国的重要意义。习近平指出："阐释中国特色，要讲清楚每个国家和民族的历史传统、文化积淀、基本国情不同，其发展道路必然有着自己的特色；讲清楚中华文化积淀着中华民族最深沉的精神追求，是中华民族生生不息、发展壮大的丰厚滋养；讲清楚中华优秀传统文化是中华民族的突出优势，是我们最深厚的文化软实力；讲清楚中国特色社会主义植根于中华文化沃土、反映中国人民意愿、适应中国和时代发展进步要求，有着深厚历史渊源和广泛现实基础。中华民族创造了源远流长的中华文化，中华民族也一定能够创造出中华文化新的辉煌。独特的文化传统，独特的历史命运，独特的基本国情，注定了我们必然要走适合自己特点的发展道路。"①

下面，我们将从中华文明的源头开始，循着中华文明生发、成型、发展、繁荣的历史脉络，来认识中国"独特的文化传统"，理解中国"独特的历史命运"，把握中国"独特的基本国情"，探寻适合中国特点的"发展道路"，以期造就中华文明"新的辉煌"！

---

① 习近平2013年8月在全国宣传思想工作会议上的讲话。

上篇
文明根基

第一章　语言与文字

　　本章主要探究语言和文字对中西文明的思维模式的影响。先追溯人类语言的起源，探究人类语言的早期形态（第一节）；然后，进一步探讨人类语言早期发展的共同特征——音义同源性，并对中西语音差异及其对思维模式的影响深入辨析（第二节）；再后，在语音模式研究的基础上，对中西语言的词法和句法模式及相关思维进行比较分析（第三节）；最后，对中西文字展开比较研究：先探讨人类文字的共同源头及之后的分岔发展，再分述中国汉语构型文字的发展和西方拼音字母文字的发展及其对思维模式的影响（第四节）。

第一节　人类语言的起源

一、人类语言出现的标志

大多数语言学家认为，只有人类才拥有真正的语言，并将语言作为区分人和动物的主要特征。但有动物学家认为动物也有自己的"语言"，他们发现动物都具备群体间的交流手段，或是声响（机械波），或是气味（微量化学物质），或是触觉感受（机械能），或是视觉感受（光能）。如鸟类的鸣叫、蚂蚁的触角接触、蜜蜂的舞蹈、海豚的哨音、黑猩猩的呼叫等。甚至通过特殊训练，人和动物也可以做些简单沟通。然而，上述所有这些动物"语言"，都只表达现场的、当下的信息，只是"即时通讯信号"，事过境迁之后，脱离特定场景的通讯信号就不再有效。而人类语言中的大多数"名词"都不是"即时通讯信号"，而是反映过期场景的"符号"——过期语词。换言之，人的"语言"与动物的"通讯"有一根本差异，即能否超越当下的场景，通过"符号"唤起过去的记忆，与现在甚至未来建立起一种关联。

人的"语言"与动物的"通讯"的上述差异是怎样起源的？要回答这个问题，需要回到自然进化史的一个关键时刻——人与动物的分野之际。

许多学者将制造工具并使用工具作为人与动物分野的标志，但动物学家的研究发现，黑猩猩也会制造并使用工具——利用树枝取食白蚁、用石块杂碎坚果等。所以，"制造工具并使用工具是人与动物的根本区别"这个命题已被证伪。

最新的科学结论是："只有人类才能把那些原来属于自然的物质（如经过挑选的石块、木棒等）保留在身边，除非以后有了更加合意的工具，不会随意抛弃……只有原始人能够把燃烧的木枝带回宿地并尽量使火不熄灭。这样，那一簇簇火焰就不再属于大自然，而是属于人了。"① 这个结论与目前所有已知的事实相符：一方面在原始人遗址上发现了石器，说明他们把石器"保留在身边"，至死也不分离；另一方面，黑猩猩"在用过之后就把那些没有'食用价值'的自然物弃置了，不能完成原始人保有工具的复杂行为……也不曾出现使用火的行为"。②

"占有"是一种相当复杂的行为，它意味着人类演化在精神上跨过了一个重要的里程碑——人类思维开始出现。"占有意识"的出现，意味着人的心理活动开始超越当下的场景，在过去、现在与未来之间建立起一种关联：保留工具的动因来源于"当下"对"过去"经验的感悟，是为了"将来"之需。这是人类追求普适性的源头，也是人类智力的源头。在第一个"人"完成"占有"的复杂行为时，全人类的思维只有一个内容："占有工具（不能丢弃工具）。"有人质疑：人类思维至少还应加上"制造工具"，没有"制造"，哪来的工具？然而，如前文所述，"制造"不是人类独具的成就。所以，真正区分"人"和动物的行为就只是"占有"。"占有行为"的出现，是人与动物的分野之际，也是人类思维出现之际，当然也就是人类语言出现之际。

要理解"占有"行为给人类心理的惊喜与愉悦，可以从"有"这一语词的语音来体会。各种语言中的"有"字的发音都很简单，而且与欢呼声或惊叹声同源，如汉语的"有"（哟），英语的"have"（嗨）——人类用最自然的声音来表达最初的思维，充分说明了"有"的重要地位，这一地位似乎至今未变。

要理解"占有"行为对人类生活的重要意义，还可以从"有"的汉字字源来分析。汉字"有"创生的时候，中华文明早已进入农耕时期。"早期甲骨文大量地见到这个字，它究竟像什么形？谁也不知道。然而大家都知道'𠂇'相当于现在的'又''有''侑'等字"。③ 一旦认识到人与动物的

---

① 张祥平：《人的文化指令》，上海人民出版社1987年版，第52页。
② 同上。
③ 姚孝遂：《古汉字的形体结构及其发展阶段》，见《姚孝遂古文字论集》，中华书局2010年版，第9—33页。

最初区别是占有工具，就很容易识别出"㠯"的构型像倒置的农具木耒——向上伸出的两个长齿，在早期带尖，表示经过削修；柄在二齿之间的突出部表示木材经加工后的残留部分，早期文字用一短线示出树木或树枝被折断后加装的横档，最下的横线表示土地（"土"的甲骨文构型是"一"之上接一个菱形小圈——"󰀀"，下横线表示土地，小圈表示种子）。为什么要倒置？因为表示"占有"——即不是表示这一工具被使用，而是表示被保留——在农具被人们占有而非使用时，可以倒置，也可以以其他方式闲置。造字时选择倒置，一方面是区别于正在翻土的情况，另一方面是使字的左右对称——这既是早期文字的特征，又是"指事（不同于象形）"文字的特征（在较后的"耤"（jí）字中，耒取侧面且齿尖向下，旁有一人，也是侧面，是典型的象形字——"像人持耒耕地之形"）。为什么是木耒而不是石器？一是因为人类最初的工具是木器而不是石器，现存的最早期工具是石器，仅仅是因为石器较难腐化；二是因为在古人拥有的工具之中，木器大大多于石器，木器易于制造，尤其在冲积平原地区，比石器易于获取，所以更有代表性，更易于指示出"占有"这个含意；三是因为文字产生于农耕民族，除汉文明外，巴比伦和埃及也是这样，所以最古老的翻土的用具——木耒就是我们的祖先用来表示"占有"的象征了。"有"即是"具"，"具"即是"有"，后来合称"具有"。二十二个天干地支用字，除第一个"甲"表示上弦月和最后一个"亥"字是作牺牲用的猪之外，其余二十个字都表示各种器具。[①] 由此可见，人类"占有"的对象在早期主要是"工具"（食物在原始社会是共享的，不能被个人"占有"），并一直延续到文明社会初期。总之，"有"体现着人类原始思维的最重要内容——占有工具，化物为奴，它使人类超出芸芸众"生"。

要理解"占有"这一意识与行为对人类精神发展的重要意义，我们可以从后来哲人们对人类"占有"心理的反思来体会。"占有"意识是人类精神与文化发育的原点，后来人类社会的精神领袖们——宗教家、哲学家等，在反思人类本质、追求人类超越时，总会回到这个原点。释迦牟尼强调的"去

---

① 张祥平：《易与人类思维》（第2版），重庆出版社2004年版，第32—33页。

二执"（我执、法执），孔子强调的"四毋"（毋意、毋必、毋固、毋我），老子强调的"四不"（不自见故明，不自是故彰，不自伐故有功，不自矜故长），庄子强调的"三无"（至人无己,神人无功,圣人无名），耶稣强调的"爱神""爱人"等，都是在对人类深层心理进行观照、反省后，渴望完成对"占有"的超越的"解决方案"。当然，上述不同的"解决方案"，因其背后的思维模式不同和价值观念不同，其内涵、目标与操作方式皆有区别，然此非本节主题，不再展开申述。

总之，人与动物的分野之际，即是人类"占有意识"与"占有行为"出现之际。"占有"这一行为与意识的出现，标志着人类思维的出现，也标志着人类语言的出现。"占有"的行为与意识，大大地促进了人类语言的发展——对于"物"的占有大大刺激了对于"物"的识别，相应过程则刺激了用语词去与"物"或状态或事件相对应。进一步，是用语句去与事件或状态相对应。人类语言正是从"占有"这个起点开始，伴随人类一起成长，走向文明！

二、人类语言出现的生理基础

人类学的研究表明,在"人"成为"人"以前,人类的直系祖先——古猿——已为人类语言的发展奠定了生理基础，具体包括下达演化。

直立行走：使古猿的动作分工更精细、协调，行为更敏捷、灵活，特别是使古猿的目光看得更远，声音听得更清，接受的信息量更多，因而对外界的识别能力增强，于是发展出各种语音去和被识别物（包括各种现象、行为等）相对应。直立行走早于"占有"的行为，因为只有在直立之后，古猿或猿人才有可能用空闲下来的双手去保有工具，以及保有火。

发音器官的演变：许多动物都具备短时效的喉口发声的能力。短时效的喉口发声是表达现场主观感受（如食欲、性欲、疼痛、惧怕、惊恐、喜悦等）的声音，或对当前环境变化发生反应（如"有食物""有天敌""有灾变"等）所发出的声音。古猿直立行走后，需要用更多的语音去和被识别物相对应，因而发展出通过活动舌后部来改变声带形状的能力，其他哺乳动物（包括黑猩猩）却不能这样。所以，古猿能够发出多得多的语音。当然，如果这些语音只表达现场主观感受或当前环境变化，那么就仍然只是一种短时效的喉口发声。

大脑语言中枢的生成：在大脑皮质上发育出对语言机能具有调节作用的神经细胞群。语言中枢的特定功能区分为运动性语言中枢（说话中枢）、听觉性语言中枢、视觉性语言中枢（阅读中枢）、视运动性语言中枢（书写中枢）。听觉中枢发育较早，而书写中枢发育较迟。

三、人类语言的早期形态

在直立行走、发音器官演变与语言中枢生成的基础上，在"占有"这一人类独有的复杂行为出现后，人类语言的大发展时期来临了。

人类语言的早期发展，主要表现为"对象识别—语词对应"能力的高度发达。他们用"语词"去和被"识别"的客观事物建立起"一一对应"的关系，即用同一个语词与同一事物相对应，而用不同语词与不同事物相对应。

"对象识别—语词对应"中的语词，是通过发音器官发出的声音符号，这种声音符号与动物喉口发声有着本质的区别。动物喉口发声"只表达现场主观感受或当前环境变化"，而人类语词的出现，把"当前环境变化"与"过去"和"未来"联系起来。也就是说，人类语词对应的识别对象可以不在现场，它所负载与传达的信息可以把"过去"的场景带回来——它可以再现过去的事件，还能进一步把"过去"的场景带到未来——可以预设未来的事件。所以，人类语言初期的大多数词语（如专有名词、类别名词、动词、形容词等），都可以称其为"过期语词"，因为它们可以再现过去的事件，描述当前事件与过去事件的关联，以及利用语词时态来预期未来的事件。

比如，专有名词唤醒"一一对应"，一说"太阳"，就知道是天上的火球；类别名词则唤醒"一多对应"，一说起"花"，很少有谁只想起在什么地方什么时间见到的一朵花儿，世界上有好多个体都能叫作"花"；动词唤醒的记忆也都是"一多对应"，一说起"吃"，很少有人只想起自己吃东西，更不去想是哪一天在哪儿"吃"。把类别（或专有）名词和行为动词放在一起组成句子，加上地点和表示过去的时间，就能唤醒"过期事实"，人们能判断这个事实是真的还是假的。如果句中的时间表示将来，就成了"预期事实"，人们可以判断这个事实会不会发生，还可能判断这个事实对自己有益还是有害，该怎么做才能趋利避害……

需要指出，早期人类的分类思维尚未发育成型。法国人类学家列维·布留尔发现，原始语言"既没有类，也没有种：各样橡树、松树、草都有自己单独的名字"，"koko 鸟或者 tui 鸟根据一年四季的不同而有四种名称（雄的两种、雌的两种）"，"他们对家乡的任何一种地理事实都有名称，甚至地质特点也逃不出他们的注意：他们对每一种土壤，对每一种石头或岩石都有专门的称呼……在他们的语言中，没有什么树、灌木或植物是叫不出名字来的。甚至每种草他们也能叫出不同的名称"。[①]

因此，在原始思维中不存在"同一"与否——没有"是"，也没有"类别"，人们只是"识别"与"对应"。有时是多元识别，也有时只是单一性质的识别。例如，当俾斯麦群岛的原始人不能识别某物与 kotkot（乌鸦）的颜色差异时，就把"所有黑色的东西，特别是有光泽的黑色的东西都叫 kotkot"；同样，当波罗罗人不能识别出自己与金刚鹦哥之间在精神方面的差异时，就把自己叫作金刚鹦哥（与金刚鹦哥相对应）。[②]"几乎所有原始民族的语言……（都）没有动词'是'。'代替'是'的动词……实际上是指示代词……（这个，这里的）的动词化形式"。[③]

对于现代人来说，如果不在自己的思维中"恢复那些与原始人的状态相似的状态"，那么就难以进行合乎逻辑的思维——由于没有抽象的分类，也没有"是"，逻辑中最基本的三段论推理就不能实施了——大前提不存在，小前提也没有，只剩下独立存在的具体描述，去表现那些为我们的语言所省略、或者不予表现的具体细节。列维·布留尔举了个生动的例子："……想要说'一

---

① 〔法〕列维·布留尔：《原始思维》，丁由译，商务印书馆 1981 年版，第 165—166、140—141 页。

② 张祥平：《易与人类思维》（第 2 版），重庆出版社 2004 年版，第 35 页。

③ 〔法〕列维·布留尔：《原始思维》，丁由译，商务印书馆 1981 年版，第 140 页。

个人打死了家兔',就应当这样说:'人,他,一个,活的,站着的(用主格),故意打死,放箭,家兔,它,一个,动物,坐着的(用受格)'"。① 而且,"在大多数原始语言中,人称代词或指示代词拥有极大量的形式,以便表现主语和补语之间的距离关系、相对位置、可见程度、在场或不在场等",② 对细节的描述能力极强。人类早期发展出的"对象识别——语词对应"能力让现代人惊叹!

---

① 〔法〕列维·布留尔:《原始思维》,丁由译,商务印书馆1981年版,第132页。
② 同上书,第142页。

第二节　中西语音的比较

一、人类早期语词的相似性

（一）人类语言行为的最小耗能性

人类行为有一个规律：在达到目标（满足需求）的各种途径中，人们一般都选择耗能最小的途径。此规律可简称为人类行为的"最小耗能原则"。[①]

人类的言语行为当然也是如此，人们总是趋向以最小耗能的语音来传达信息。所以，人类语言中最早的一批语词都是用简单发音去和具体、切身的事物相对应；反过来，发音简单的语词也往往出现较早（但其含意有可能发生变迁）。因此，人类不同文明的早期语词具有一定的相似性。

通过婴幼儿的语言学习过程来"观照"原始人类的语言发展过程，能发现人类早期语词的大量相似性特征。[②]

[①] 张祥平：《经典复杂科学》，中国社会科学出版社2013年版，第458页。
[②] 通过婴幼儿的语言学习过程来"观照"原始人类的语言发展过程，依据的是"重演律"。"重演律"（recapitulation law）也叫"生物发生律"（biogenetic law），由德国生物学家缪勒（1821—1897）和海克尔（1834—1919）所揭示。缪勒发现，许多极不相同的甲壳类均具有无节幼体型的幼虫阶段，并认为个体发育是其祖先经历的变化的历史记录。海克尔在《有机体普通形态学》一书中，把胚胎史和种系史的关系概括为"生物发生基本律"，他认为个体发育是系统发育的简短而迅速的重演，这种重演为遗传（生殖）和适应（营养）的生理机能所制约。有机体在它的个体发育的简短而迅速的过程中重复着最重要的类型变异，这些变异是其祖先在漫长进化的过程中按照遗传和适应的规律所经历的。在高等脊椎动物和人类胚胎发育的器官发生阶段，可以看到许多低等动物所具有的某些特征，如人体胚胎的脊索、鳃和尾等。按照海克尔的重演概念，受精卵相当于原始单细胞动物，卵裂相当于从单细胞发展到多细胞的过程，囊胚期是原始多细胞动物阶段，原肠期是原始二胚层动物阶段，等等。重演不是简单的重复，由于在胚胎发育史中所保存的种的历史阶段常有遗漏，胚胎因适应特殊生存环境可获得其祖先类型所没有的性状，因此胚胎发育不完全重复系统发育。海克尔把从远古祖先遗传下来的原始性状的发育（转下页）

如婴儿出生时的哇哇啼叫，主成分是单元音"啊"或"a"，辅音"w"并不十分突出——只是由于气流断续喷出而导致唇部自然缩张。这种极为自然的发音显然并不是人类特有的语音，与其他哺乳动物的特征发音同样原始，是一种引起母体注意的原始通讯本能，例如狗的"汪汪"、猫的"喵喵"、羊的"咩咩"。然而，"爸爸"和"妈妈"却可能是最古老的人类语词，因为它们所对应的被识别物是与幼儿关系最亲密的个体。另一方面，各种语言中都用"baba""mama"这样的发音去和父亲、母亲对应，所以这两个语词及其中的辅音"b"和"m"一定是在最早的古猿群体中就基本定型了。继发的人类语词应是和子女相对应的发音，因为对于父母来说，最重要的被识别物是子女。英语中，很容易判定"baby"是极古的语词，其中的辅音"b"正是"baba"中的那个辅音。汉语中，与子女相对应的早期语词是"弟"，女孩也称"娣"——与"弟"同音，后来写成文字时左旁加"女"。"弟"字发音中的辅音"d"对中华先民来说是极古的，这在婴儿中的"重演"体现在民谚"七坐八爬、九个月喊大大"之中——"大"字中的辅音"d"是婴儿较早学会的发音之一。[1]

通过分析反映人类最基本需求的语词，也可以发现人类早期语词的相似性特征。[2]

（接上页）称为重演性发生，以区别于胚胎由于适应所获得的性状的发育，即新性发生，如人体胚胎的卵膜、卵黄囊和胎盘等。他认为，只有重演性发生保持了系统发育的重演，而新性发生只是暂时的适应性状，不具有系统发育意义。海克尔的"生物发生律"是在19世纪胚胎学发展的基础上概括的——胚胎学的研究成果，揭示了个体发育与系统发育之间存在着一定的联系，如：倍尔已发现高等动物早期的胚胎阶段与低等动物胚胎阶段的相似性，指出在胚胎发育中首先出现门的性状，而后出现纲、目、科的性状，最后才表现出属和种的特征。科瓦列夫斯基和梅奇尼科夫关于无脊椎动物胚胎发育的研究发现，所有的无脊椎和脊椎动物基本上有着共同一致的发育方式。海克尔的"生物发生律"多年来一直是胚胎学的指导原则，并被作为生物进化的重要证据之一。后来，"重演律"被推广到心理学、人类学等领域，用来研究揭示人类个体成长过程与人类群体进化过程的相关性。在复杂科学中，生物"重演律"与复杂第一规律（即自相似规律，又称极数通变规律）（详见第二章第四节·三·（四）《复杂三规律》）密切相关。

[1] 张祥平：《美好的中国人》，华夏出版社1995年版，第54—55页。

[2] 以下语词实例引自《美好的中国人》第58—60页。

如人类的基本需要——食物——最初来自某一类可供采食的树木之上，所以"木"字发生较早，发音简单。英语的"树"（tree）的发音也很简单——早期人类都处在森林环境，都要与树打交道。又如：人类的另一个基本需要——"水"。中华先民主要从黄河中取水，所以"河"的发音也很简单（"黄河"在早期文献中只称为"河"）。除了"河"之外，水的来源还有"雨"——它的古音声母与"河"相同，韵母相近。与此类似，英语中的"rain"（雨）与"river"（河）也很相近。不过，与汉语不同的是，英语中"rain"（雨）是单音节，比双音节的"river"（河）的发音简单，这揭示了两种语言与不同气候环境的关联：地处在大西洋东岸的西北欧，受中纬度常规西风所携带的海洋湿气的惠泽，降雨在一年中均匀分布，所以人们对于"河"就不像中华先民那样重视。与此相反，地处太平洋西岸的中国，常规西风从大陆吹向海洋，海洋湿气只在春夏之交因陆海温差而吹向大陆，造成中国降雨的明显季节性差异，以及频繁的水旱灾害，因此人们对于"河"的重视甚至超过了"雨"。（常规西风的形成与地球自西向东自转及地理纬度相关，亚欧古文明都处于中纬度地区，都受到常规西风的影响。）

再如，从古猿向人类进化分野的标志是"占有"行为，与这一行为对应的动词是"有"，在汉语中"有"的发音与表达兴奋的叹词"哟"相当。而在英语中"有"（have）的发音也与表达正向主观情感的叹词"Hi"相近。这展示出早期人类对于"占有"的自豪和信心，同时揭示了二者语源学上的关联。（"有"在初期只与"占有"这一行为相对应，而与"存在"无关。汉语"山上有树"的说法是拟人化的变迁，与中华文化的整合型思维相关。英语中与"有"相当的"have"，是不能与表示"存在"的"There be"句式混用的。）

又再如，数字"一"和"二"，在早期分别与危机状态和安全状态相对应。"1"与"2"在古希腊、古拉丁、德英法意等各种语言中，都是发音简单的语词。

（二）人类早期语言的音义同源性

当代主流语言学理论认为，语言符号是任意的，音义之间不存在必然联系，即使有某种联系，如拟声和语音象征，也是语言的例外。现代语言学理论的奠基者索绪尔在研究符号的"能指"和"所指"时，将两者关系主要归于任意性、不可论证性。乔姆斯基所代表的形式语言学流派则将索绪尔的"任意说"发扬光大，认为语言是独立于其他认知能力之外的一种任意的、自治的形式系统，语言的能指和所指之间毫无联系可言。①

当代主流语言学之外还有"另类"语言学。一些语言学家认为，人类语言中诸多音义关联的现象，说明人类语言与客观世界的关系并非任意的。语言结构，包括语音、词汇、语法、语义、语用等与客观世界都有一种深刻的对应关系。如果说语言是任意的，那就意味着与人类语言相关的生理心理活动与客观世界的互动是无序的、混乱的、盲目的，这相当于否定了语言的内在有序性。音义学因此成为一门研究语言符号的音和义，或者说语言的形式和意义之间关系的一门学科。② 根据对语言音义关系的研究发现，人类早期语言的产生有共同的心理基础：人类的语音感觉（包括发声的生理感觉与听声的生理感觉）与人类对客观世界的视觉、听觉、嗅觉、触觉、动觉等有着"联觉通感"的现象。也就是说，人们在认知活动过程中，各种感觉功能是联通互动、整合感知的，由此催生了类比联想，并导致了人类语言"异物同构则同音"的现象，从而为语音系统的有序生成创造了可能。③

有学者进一步研究发现，人类初始语言中有大量"肢体语言"，用来复制和模仿所表达的"对象"。语音语言与"肢体语言"互为配合，互为补充。人类口腔发音与"肢体语言"有着诸多共同特征，发音器官的肌肉似乎是肢体运动姿态的微缩化。④

比如，在汉语、波利尼西亚语和闪语中有大量所谓动作意念词（gesture symbolism），这些词反映了发音器官摹拟外部世界动态与形状的能力，而且与肢体语言一脉相承，发音器官的肌肉只不过把这些姿态微缩化了。换句

---

① 岑运强主编：《语言学概论》，中国人民大学出版社2004年版，第6—10页。
② 贺川生：《音义学：研究音义关系的一门学科》，载《外语教学与研究》，2002年第1期。
③ 申小龙：《语言学纲要》，复旦大学出版社2006年版，第95页。
④ 杨小文：《探索人类语言起源的奥秘》，青海人民出版社2009年版。

话说，肌肉运动导致的发音产生了意念化的话语，如"卡"就是以舌根在喉部的收缩呈现物体的受阻状。再如，用统计方法进行语音的口型特征对比分析，发现语音的口形特征倾向于事物的形象特征。如表示具有圆形特征的汉字圆、环、圈、球、珠、柱、弧、曲等，它们都是圆唇音，其对应的英文：圆—circularity, round；环—annulus, loop, ring, tach；圈—circle, enclose, fold, loop, ring；球—ball, globe, orb, sphere；珠—bead, pearl；柱 columniation, mast, pole, post；弧—arc；曲—bent, crooked；旋转—circumgyrate, circumrotate, circumvolve eddy；轮—wheel, annulus, ring；滚—roll, trundle 等，大部分也都是圆唇音。更多例子如："大"字之声大，"小"字之声小，"长"字之声长，"短"字之声短。又如："酸"的发音如口食酸之形，"苦"的发音若口食苦之形，"辛"的发音如口食辛之形，"甘"的发音如口食甘之形，"咸"的发音如口食咸之形。[①] 再如：喉（throat）、舌（tongue）、齿（tooth）、唇（lip）等词的主发音部位与所指对象就是一一对应的。还有，许多语音本身是对事物特征的摹拟，"河"（哗哗）与 water（哗啦啦）摹拟了水的流动性，"山"与 mountain 可使听者感受到地势的隆起，three 的两个语音正与较多的数量状态相对应，等等。

总之，人类语言的音义联系具有普遍性，这是一个无可辩驳的事实。人类语音具有与所指对象的某种"共同"品质，则是原始构词的基础。因此，人类早期的语词在不同文明中都具有内在的相似性。然而，由于环境的差异，以及后来族群迁徙融合，导致不同语言的相互影响，不免由小变异而逐渐发展成大差别。这些差别积累起来，最终形成了不同地域、五花八门的语言类型。

主流语言学说之所以忽视语言音义关系，主要源于两个因素：第一，来自于印欧语系的主流语言学家的母语系统，因历史流转变迁，语言古今变异极大，其语言本源所蕴涵的音义联系传统和文化历史记忆被逐渐遗忘，导致其不容易观察到语言本来具有的音义联系特征；第二，来自于印欧语系的主流语言学家的思维模式，因其母语的分异性（语音中元音与辅音分离，文字

---

① 杨小文：《探索人类语言起源的奥秘》，青海人民出版社 2009 年版。

中形与音义分离），导致"分异型"思维，而"分异型"思维导致了"偏至型""还原型"的研究方法。于是，在语言研究中将"音义关系"的事实简化、忽略直至割裂：否定；就成为主流倾向；而研究中将语言"还原"成"音素""语素""义素"等"语言原子"，就成为主流方法。（关于分异型思维，详见本章下文；关于分析还原研究方法，详见第二章第二节·四《中西科学思维的推理方法——分析还原法与构造整合法》）

二、中西语音差异的原因

从音质的角度对人类语言进行分析，所得最小语音单位是音素。音素分为元音和辅音两种：元音音素相对响亮，可以构成音节（听觉可区分清楚的语音基本单位）；辅音音素相对不响亮，不能构成音节。从发音学来看，不发声或少发声的辅音比元音的能量消耗少，所以人类早期的语词都是尽量利用辅音。西语如此，汉语也曾是如此。例如，古汉语中"入"声语词是含有"p""t""k"等辅音词尾的语词，它们是更早期汉语中辅音组合现象的遗存。

然而，由于亚欧大陆东西部环境的差异，导致了西语与汉语的语音演化路径不同。

汉语发源于亚欧大陆东部，以温带季风气候和亚热带季风气候为主，是热带海洋气团和极地大陆气团交替控制、互相角逐的地带。气温的年变化和日变化较大，极值温度出现的时间比温带海洋性气候地区早（即冬天冷得早，夏天热得早），而且降水量的季节分配极不均匀。与温带海洋性气候相比，显得天气变化无常，且经常出现极端天气，导致水、旱、冰、雪等灾害频发。

日耳曼语和拉丁语等西语发源于亚欧大陆西岸，以温带海洋性气候为主，终年处在西风带，深受海洋气团影响，沿岸又有暖流经过，冬无严寒，夏无酷暑，最冷月平均气温在0℃以上，最热月平均气温在22℃以下，年气温、日气温的温差都小。全年都有降水，但降水强度很小。温和湿润、温差较小为其主要特征。

亚欧大陆东部相对严酷的气候条件，使得中华先民难以主要利用耗能较少的辅音来传达信息，因为在风雨频现的环境中辅音无法实现远距离传播。当中华先民在较广阔而又气候多变的环境中用语音通讯时，只有那些与元音相结合的辅音才能有效荷载并传播信息。所以，先民将早期的简单语词发展成辅、元音整合的语音系统，每个语词与一个独立的音节相对应。

亚欧大陆西部相对温和的气候条件，使得日耳曼、拉丁等先民主要利用耗能较少的辅音就足以传达信息，所以他们将早期的简单语词发展成辅音组合的语音系统，每个语词可以与若干个辅音的组合相对应，其中只有一个"响度峰值"，多音节组合另加"次峰值"。"响度峰值"可以标出被组合的若干辅音，但却不能标出那些与元音相分离的辅音。这些辅音对于识别语词的作用不小于那些紧邻着元音的辅音，甚至在某些情况下大于元音，即大于"响度峰值"本身。比如，在英语不规则动词中，也就是较早期动词的时态变化中，辅音常保留，而元音常变化。可以说，西方语音系统最主要的特征是辅音组合，元音的功能是分断辅音。

汉语发音以字（即早期的词）为单位，一个音节对应一个字。绝大部分由声母（即辅音）+韵母（即元音）拼合而成。如，汉语"快"，发音"kuai"，其标注方式是一个声母字母加三个韵母字母，但发出的却只是一个音；英语"fast"，也只有一个音节，发出的却是三个音"fa:""s""t"。汉语中的韵母，无论其标注方式是一个韵母字母（如"a""o""e"），还是由两个或三个韵母字母组成（如"ai""ei""iou"等），发出的都是一个音。而英语在国际音标里同样标注为"ai"的音，在发音时须由第一个元音音素"a"滑向第二个元音音素"i"。汉语中部分韵母音素的标注方式虽然含有声母（如"an"中的"n"、"ing"中的"ng"），发出来的音素仍然只是一个母音。也就是说，每个字的尾部都不会发出与英语辅音相当的音素。如"三"在汉语中是由声母（辅音）"s"和鼻音化的韵母（元音）"an"整合而成（古音韵尾为m）。鼻音化的元音"an"，在"老外"读来往往由于强化了"n"而变成元音"a"和鼻辅音"n"的接续发音。作为第二语言来学习的人，最初只能依靠音标来正音,所以在中国人听来,"老外"说的汉语总有些"拿腔拿调"。[①]

总之,一种语言的语音模式不是一个人或几个人有目的地制造出来的,而是一个族群一代又一代地在特定环境中求生存的进化产物。耗能较少的辅音组合模式是一种早期形态,耗能较多的辅音元音整合模式是环境约束使然——是因环境逼迫而不得不扬弃辅音组合模式的结果。

三、中西语音差异的效应

汉语与西语不同的语音模式,强化了不同的"模式识别",进而导致了不同的思维模式。

"模式识别"中的"模式",是指来自对象的刺激的空间组合和时间组合。三条直线组成一个三角形,是一个视觉模式;几个音素组成一个音节,几个音节组成一个单词,是一个听觉模式;闻到一种菜的芳香,是一个嗅觉模式。总之,在实际生活中,作用于我们感官的刺激物,不是个别的光点、音素、气味,而是刺激的各种组合。人类能够确认某种模式是什么,并把它与其他模式区别开来,这在心理学中被称为"模式识别"。模式识别是动物和人的基本能力之一。低等动物的生存,依赖于对外部条件特定的生理反应。从进化的历程来看,由于动物自身的运动,使模式识别问题显得更重要,也更复杂。动物有机体能够识别在不断变化的外界环境中的稳定的模式,是保证动物生存的重要条件。例如,分辨有益和有害的刺激、选择伴侣、辨认道路、构筑巢穴,都需要模式识别的能力。[②] 至于人类,由于占有行为、言语交流等,催生了人类特有的模式识别能力,特别是前文所述的"对象识别——语词对应"能力,导致了人类的"模式识别"与"语词"直接相关。

汉语发展的辅音元音"整合"的语音模式,在强化了对语音信息整合处

[①] 张祥平:《美好的中国人》,华夏出版社 1995 年版,第 61—62 页。
[②] 彭聃龄:《认知心理学关于模式识别的研究》,载《北京师范大学学报(社会科学版)》,1986 年版,第 1 期第 35—42 页;参见:〔美〕贝斯特:《认知心理学》,黄希庭译,中国轻工业出版社 2000 年版,第 59—67 页。

理能力的同时，也强化了其他模式识别过程中，对识别对象的信息整合处理能力（源于人类心理的通感特性）；西语发展的辅音组合语音模式，在强化了对语音信息分异处理能力的同时，也强化了其他模式识别过程中对识别对象的信息分异处理能力。例如，在对一个由多人组成的群体的识别过程中，习汉语者对"群体"图像信息整合处理的结果（即识别模式）是"大家"——一个整体，而习英语者对"群体"图像信息分异处理的结果却是"everyone"——一个个分异的个体。上述不同的信息处理方式（或信息编码方式）自然延伸到"重设名词"领域，如习汉语者对重设名词"人民"的潜意识图像仍然是一个整体，而习英语者对重设名词"people"的潜意识图像却是一个个分异的个体；习汉语者对重设名词"十"的潜意识图像也是一个整体，而习英语者对重设名词"ten"的潜意识图像却是十个分异的个体。[①]

习汉语者的整合型"对象识别——语词对应"过程，强化了汉语语词的实体性。因为语词对应的对象是整体的，所以给人的感觉是坚固的和实在的；习西语者的分异型"对象识别——语词对应"过程，则弱化了西语语词的实体性。因为语词对应的对象是分异的，所以给人的感觉是离散的和飘忽的。习汉语者在一遍遍地使用语词的过程中，渐渐地把语词与其所对应的识别对象融为一体：语词虽是人造的，却也是客观的，是"实体性"的符号，与识别对象没有"主客之分"；而习西语者在一遍遍地使用语词的过程中，下意识地将语词与其对应的识别对象区分开来："语词"是人造的工具性符号，"实体"是外在于符号的客观存在，与识别对象是"二元对立"的。

由此，汉语辅、元音整合的语音模式与语词系统奠定了整合型思维的基础：语音与语词整合为一（一个音节对应一个语词），语词与实体整合为一（作为"整体"的被识别对象与一个"整体"的音节对应），二者在人的头脑中被整合为一体；而西语辅音组合的语音模式与语词系统则奠定了分异型思维的基础：语音与语义并非一一对应，语词与实体也渐渐分离，作为整体的被

---

① 田辰山：《掀开英语背后的文化纱幕》，载孙有中编《英语教育与人文通识教育》，外语教学与研究出版社 2008 年版。

识别对象在人的头脑中被一个个辅音解构成分异的图像,甚至是"基本因子"。中国的整合型思维模式与西方的分异型思维模式由此定型。[1]

语音模式对于思维发育的影响可以类比于遗传基因对于体质发育的影响:人们受到强力支配,却很少有人能感知这种影响的存在。[2] 语音模式导致了东西方不同的思维方式,并进一步导致了价值观念的差异及相关社会制度的差异,从而造成了不同文明的命运。

---

[1] 张祥平:《美好的中国人》,华夏出版社 1995 年版,第 63—67 页。

[2] 同上书,第 67 页。

第三节　中西语法的比较

前文已述，人类语言的早期形态，主要表现为"对象识别—语词对应"能力的高度发展，正如刚刚认知世界、牙牙学语的婴幼儿。人类早期的语言形态（对象识别—语词对应），反映了人类对世界的早期认知模式。随着人类"识别"对象增多，"关联"能力得到发展：将对象在时间或空间上的运动轨迹联系起来，便发展出叙事能力；将有共同特性的事物在时间或空间上联系起来，便发展出归类能力；将在时间或空间上有关联的事件联系起来，便发展出推理能力等。表述"关联"需要语词的组合，语词的组合有一定的规则，即所谓"语法"。语词的组合模式自然地、惯性地继承了已有的认知模式（也即相应的语音模式），也就是说，"语法规则"密切相关于"语音模式"。下面就进一步探究中西语法规则及其与语音模式的关系。

一、词法

在现代语言学的概念体系中，语素是语言中最小的音义结合单位，根据其在构词中的作用，分为词根、词缀、词尾。词是语言中可以独立运用的最小音义结合单位。由一个语素构成的词称为单纯词，由两个或两个以上的语素构成的词，称为合成词。上述现代语言学的定义主要是以拼音文字为背景的。因为汉语几乎所有语素本身就是词，即单纯词，一音一字（词）一义，只有少量的拟声拟貌词例外。汉语还可以以单纯词为基础构建几乎无限的合成词，也就是说，汉语的绝大部分语素（即单纯词）是成词语素。而西语有大量的语素是不成词语素，即不是词，或者说西语的单纯词较少。在合成词中，汉语的合成词主要由两个或两个以上词根组成，即所谓复合词；西语的合成词主要是由词根加词缀组成的，即所谓派生词，尽管复合词也有很大比例，但较于派生词则为次要。

以"教师"这个词为例。汉语"教师"中的"教"与"师",本身都是"词":"教"字是动词,表达特定的行为;"师"字是名词,表达特定的人(早期表示军队或军人,同时也表示有较多知识的人——当时的"知识",除了部落社会多数人都知道的日常生活知识之外,就是需要诉诸专门教学的军事知识)。"教"和"师"都不是无意义的"音素",而是有意义的"词根",二者"整合"组成的新词,不仅具有原一字词的含义,还使得新整合的语词内容更丰富,表达更生动。与此不同,英语的"teacher",只有"teach"是"词",而"er"只是后缀,只是一种"形态标志"。英语由词根"teach"加词缀"er"派生的"teacher",二者的结合方法是"形变";汉语由词根"教"与"师"合成的"教师",二者的结合方法是"意合"。"形变"的实质是"局部音变"而分异,"意合"的实质是"音义重构"而整合。汉语主要的构词法(合成词)是"意合"型,也就是"整合"型的;西语主要的构词法(派生词)是"音变"型,也就是"分异"型的(详见下文关于句法的论述)。

为了表示语词在组合中所产生的关系意义,西语语词也需要"形变"——词形的复杂变化,一般包括性(名词、形容词用词尾标志或词形变化表现的性别,如俄语、法语的阴性与阳性)、数(用词形变化表明某类词的数目,如英语的单复数)、格(用词形变化表示名词、代词、形容词在句中与其他词的关系,英语名词有普通格与所有格,代词有主格如"I"、属格如"my"、宾格如"me"等)、体(动词依词形变化表示行为动作进行状态,如英语有普通体、进行体、完成体,俄语有完成体与未完成体)、时(表示行为发生时间,如英语、俄语的现在时、过去时、将来时)、态(以动词词形变化表明主体或客体与动作关系,如英语、俄语的主动态与被动态)、人称(以动词词形变化表示行为发生者,如英语动词的现在时单数第三人称加词尾"s",动词"to be"和"你""我""他"连用时词形发生变化,"I am""you are""he(she、It)is")等。汉语语词则基本没有词形的"形变",其在组合中所产生的关系意义,需要根据语词组合后的整体意义加以判别。(详见下文关于句法的论述)

上述词法差异的源头可追溯到两种语言不同的语音模式（参见上述《中西语音差异的原因》）：汉语辅音，元音整合的语词系统奠定了整合型思维的基础，导致了汉语的词法也是"整合型"的；西语辅音组合的语词系统奠定了分异型思维的基础，导致了西语的词法也是"分异型"的。

汉语的词法是"整合思维"的结果，同时反过来又进一步强化了"求同存异""同中辨异"的整合型思维。而西语词汇中的类别信息只能通过"词音"变异实现，例如增加前缀或后缀，或者变异得根本看不出类别。以与"牛"相关的英语词汇与汉语比较：cattle 牛、calf 小牛、beef 牛肉、veal 小牛肉、cow 母牛、bull 或者 ox 公牛、buffalo 水牛、milk 牛奶、butter 牛油……这是"分异思维"的结果，同时反过来又进一步强化了"以异辨异"的分异型思维。

需要指出，汉字与拼音文字的造型不同（详见下节《中西文字的比较》），也对构词有重要影响。汉字是"形、音、义"两两对应的构型文字系统，而拼音文字系统是"音、义"单线对应的系统（见图 1-1）。因此，一个"形"的参与，导致了净增二线对应。这样，就使得汉字系统内部的构词能力以相应的几何级数增加。比如，近代化学元素及有机物命名系统，不但采用了一音一义、一字一义的一一对应方式，而且利用"形符"和"声符"——形符会意，声符与原初发音吻合（与其他的语言系统相关联），如锂、镭、氢、氖、烃、烷等。这些外来词汇经过汉字系统的消化吸收之后，相应文字荷载的信息已超出原有词汇：从锂、镭二字可知它们是金属元素，从氢氖二字可知它们是气体元素，从烃烷二字可知它们是易燃有机物，等等。汉语消化外来语汇的构词能力，西语难以望其项背，只有极少数外来词汇能够以原初语音孤立于汉语词义之外。如曾经风靡一时的译名"盘尼西林""维他命"，经过汉语系统的消化吸收，如今都"名实相符"地成了"青霉素""维生素"。西方拼音文字系统缺少"词形"，构词能力以几何级数少于汉字。[①] 汉字系统与拼音文字系统的构造方式之不同如图 1-1 所示。

---

① 张祥平：《美好的中国人》，华夏出版社 1995 年版，第 82—84 页。

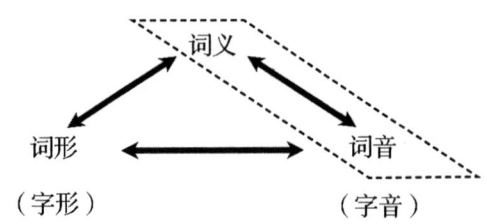

图 1-1　汉字系统与拼音文字系统的构造示意图
（虚线框内是拼音文字的示意）

即使造型相同的汉字，仅仅位置排列不同，就可组成语义不同的词，相比于拼音文字，更凸显了汉字的"整合"构词能力，如：语言（language）与言语（speech），法学（jurisprudence）与学法（learning methord），事故（accident）与故事（story），简化（reduced）与化简（simplify），来历（origin）与历来（constantly），科学（science）与学科（subject），奶牛（milch cow）与牛奶（milk），等等，不计其数。上述汉语的"整合型"构词方法形成了记读相对简单、内容却极为丰富的语词体系。

二、句法

句法指句子的内部结构方法，基本单位是词语。西语句法多以主谓结构为主干，以谓语动词为中心，通过词形变化以及大量反映形式关系的介词、关联词、形式主语等，来表达词语间的相互关系；汉语句法多通过语序即词语排列顺序来表达词语间的相互关系，一般按照事件发生的先后次序、认知的自然顺序、或事理推移的内外顺序等来遣词造句。

以《墨子·经上》中的"狗吠"与"叱狗"为例。"狗吠"与"叱狗"是最简单的"词——词"关联或述事，"狗吠"中的狗是行为的主体，而"叱狗"中的狗是行为的对象。"狗吠"的英语是"A dog barks"其中的不定冠词"A"是类别概念出现之后的现象，以便把"述事"与"聚类"分异开来。此句中的"A dog"，可被一个具体的名字如"Dick"或代词"He"替换，由此可知这一句是述事的简单句。"叱狗"在英语中是"shout at a dog"。英语"狗吠"句中,狗作为行为的主体不发生语音变化,而其行为"bark"增加辅音"s";英语"叱狗"句中,狗作为行为的对象则需用介词"at"——使"狗"作为宾格出现。如果使用代词,是him而非"he",由此可知这是动宾词组。换言之,"at a dog"作为整体是"a dog"的音变——在更早期的西语以及近代发现的较原始的语言中,只存在发生音变的宾格形式,不存在介词——介词是从变宾语的进化产物。由于人称代词出现较早,使用上又频繁,所以在英语中保存了宾格的音变。而俄语、德语,主格与宾格的发音差异保存得更多,不只是人称代词[①],其他词形变化,如性、数、体、时、态等,莫不如此。

"如果把人类语言作二元分割的话,那么一端是形态语言,即具有丰富的形态变化的语言,如印欧系诸语言;另一端是非形态语言,即没有形态屈折变化,词语块然孤立、以意相合的语言,如汉语。形态语言的词形屈折变化为语义意图的呈现,规定了一套形式感很强的秩序。这既是一种便捷,也是一种束缚。与之相比,汉语语法显得简易而灵活。汉语语词单位的大小和性质往往无一定规,有常有变,可常可变,随上下文的声气、逻辑环境而加以自由运用。语素在意会组合中形成丰富多彩的语汇,词组在铺排包孕中形成千变万化的句子格局。汉语这种尚简的组织战略,放弃了西方形态语言视为生命之躯的关系框架,把受冷漠的形态框架制约的词语解放出来,使它们能动地随表达意图穿插开合,随修辞语境增省显隐,体现出强烈的立言造句的主体意识。……如果说西方语言的句子脉络是一种以动词为中心的物理(形合)空间体,那么汉语的句子脉络是一种以事理逻辑为基础的心理(意合)时间流。"[②]

追溯上述汉语与西语的句法差异的根源,可以发现,西语语词在句中产生形态变化,其实质是语音的变化,语音变化则是为了表达语词对应对象的关联意义,如人称、时态、语态等。这是西语"辅音组合的语音模式"的自然发展,当需要表达语词对应对象的不同关联意义的时候,自然延续了"局

---

① 张祥平:《美好的中国人》,华夏出版社1995年版,第69—70页。
② 申小龙:《语言学纲要》,复旦大学出版社2006年版,第161页。

部音变"而分异的方法。这种局部的音变反映在语法中,就是语词形态的变化。这种以变应变、以异对异的从局部解决问题的分异型思维模式,由此扎根在西语系统与西语思维中。汉语语词在句中没有词形的变化,语词对应对象的关联意义,取决于语词组合的顺序以及语词之间的语义相关,这是汉语"辅音、元音整合的语音模式"的自然发展。当需要表达语词对应对象的不同关联意义的时候,自然延续了"音义重构"而整合的方法,即不是通过单个语词的形变,而是通过整个句子内部语词间的关系来表达。这种整体关联的方式反映在语法中,就是没有语词形态的变化,而语词间的组合顺序却有主导性的作用。这种在不变中应变、在不同中求同、在整体中解决局部问题的整合型思维模式,从此扎根在汉语系统与汉语思维中。

其实,上述汉语与西语的句法差异,既是"语音模式"延续的结果,也密切相关于环境。由于东亚大陆气候相对严酷,发生语音变化的语词在传播过程中更易受到干扰或导致误解,中华先民在与环境的互动中,不得不发展出从"整体关联"中而不是从"语音变化"中获得语词组合的句子所负载信息的能力。"整体关联"型的句式就在中华先民与环境的适应过程中被筛选成型。有西方语言学家也认识到汉语的这种"整体关联"特征。"在汉语的句子里,每个词排在那儿,要你斟酌,要你从不同的关系中考虑,然后才能往下读。由于思想的联系是由这些关系产生的,因此这一纯粹的默想就代替了一部分语法。"[①]下面的由"小""山""上""羊""吃""草"六个汉字变换位置排列组合造的句子,生动地反映了汉语句法的"整体关联"特征:小山上羊吃草,小羊山上吃草,山上小羊吃草,羊上山吃小草,羊上小山吃草,小羊上山吃草,小羊吃山上草,羊吃山上小草,上小山羊吃草,等等。

汉语句子中的语词在形式上是相互"孤立"的,获取准确信息就必须在头脑中完成全句语词的整合,而不仅仅是对应。由此可见,汉语是一种在进化上更为成熟的形式。这一点,从东、西方幼儿精神发育的重演过程也可得

---

① 〔德〕威廉·冯·洪堡特:《论语法形式的性质和汉语的特性》,转引自徐志民《欧美语言学简史》,学林出版社 1990 年版,第 69 页。

到佐证：习汉语幼儿的生理反抗期一般迟于习西语幼儿。根据重演律，生理反抗期，是重演早期人类在语言上基本定型之后所出现的离散倾向及重新凝聚历程（见第二章第一节之《人类思维的演化历程》）。由于辅、元音整合的语音系统定型较迟，所以习汉语幼儿的生理反抗期出现较迟。①

三、实例②

要进一步体会汉语语法的"整体关联"特征，需要通过一些语言实例来"身临其境"。

（一）语词在组合中灵活多变的"兼类性"

汉语的同一语词在不同的语词组合中可以是不同的词性，换言之，汉语语词在组合中具有灵活多变的"兼类性"。汉语语词"是一种多面功能的零件：譬如一个螺丝钉，可以左右旋转，也可以钻进、退出，更可以用锤直接钉入或用钳直接拔掉。例如'衣'和'食'，作为名词，是衣服、食物；作为动词则穿衣的'穿'、吃饭的'吃'。所以可以说'解衣衣我，推食食我'。如果说'衣我食我'，即是'给我衣穿，给我饭吃'，那么这句中的'衣''食'二字中即同时各具有动、名两种性质"③。现代汉语中的语词"兼类"也比比皆是，如：策划（"担任策划""策划阴谋"）、关系（"师生关系""关系你我"）、意思（"有点意思""意思一下"）、精神（"打起精神""精神起来"），等等。

（二）语词在流动中虚实相间的"写意性"

启功先生说："古代文章和诗词作品的句式真是五花八门，没有主语的，没有谓语的，没有宾语的，可谓触目惊心。我回忆小时学英语语法有一条：

---

① 张祥平：《美好的中国人》，华夏出版社 1995 年版，第 70 页。
② 申小龙：《汉语与中国文化》，复旦大学出版社 2008 年版，第四章。
③ 启功：《古代诗歌、骈文的语法问题》，载《北京师范大学学报》，1980 年 1 月。

一个句子如在主语、谓语、宾语三项中缺少任何一项时，这就不算一个完整的句子。我国古代作者怎么作了这么多未完成的句子呢？真不减于小孩唱的一首儿歌：'两只老虎，两只老虎。跑得快，跑得快。一只没有尾巴，一只没有脑袋，真奇怪，真奇怪。'我努力翻捡一些有关古代汉语语法修辞的书，得知没有的部分叫作'省略'，但使我困惑不解的是为什么那么多的省略之后的那些'老虎'那么欢蹦乱跳地活着？"[1]确实，汉语的句子组织大多是虚实相间的。所谓"虚"，即只要能够意会，语词的安排就可以省略。例如，他有个女儿，在郊区工作，已经打电话去了，下午就能赶到。这个句子每一段都暗换主语，意思却很清楚。虚实相间的结果是使汉语句子句读简短，音节铿锵。又如，这屯子还是数老孙头能干，又会赶车，又会骑马，摔跤也摔得漂亮，吧嗒一声，掉下地来，又响亮又干脆！再如，好友是白领丽人，天天一身紧绷绷的套裙高跟鞋，埋下头报表数字，抬起头老板脸色。

如果按西语的思维习惯和语法规范，把那些"虚"的成分一一补上，个个句读段主动宾俱全，那么实是实了，句子却笨重僵滞了。汉语句子语词虚实相间的特点与中国写意画的结构是类似的。国画不像西方绘画以色彩铺满全幅画纸，而是在线、皴、擦、点之外留下许多空白，"白"是"黑"的自然延伸，更是"黑"的传神之处。"白"与"黑"通过意会整合成完整而仍然留有想象空间的画面。

（三）语词在行进中顺乎认知的"自然性"

汉语句子的词语组合顺序，往往表现为顺乎认知行为的自然次序。比如，假定咱们两人都在房子外面，你想知道我的书在哪里。我告诉你 The book is in-side the drawer of the table in the house（书在房子里的桌子的抽屉里）。为了证实我的话，你可以先进入 house（房子），找到 table（桌子），弄清其 drawer（抽屉）的位置，找到那 book（书）。于是汉语就按这个时间顺序说

---

[1] 启功：《古代诗歌、骈文的语法问题》，载《北京师范大学学报》，1980年1月。

成"书在房子里的桌子的抽屉里"。①这句话中,英语的语词排序是由小(局部)到大(整体),汉语的语词排序是由大(整体)到小(局部)。汉语句子中的语词顺序与认知顺序是整合一体的。此句鲜明反映出两种语言背后不同的思维差异,分异型思维强调"辨异",是从局部到整体,所以由小到大;整合型思维强调"求同",是从整体到局部,所以由大到小。上述例句是关于空间顺序的,在时间顺序上也是如此。如英语说"in Sep, 1998",汉语说"1998年9月",英语由局部(小)到整体(大),汉语由整体(大)到局部(小)。

再看一个古汉语的例子。《春秋·僖公十六年》:"春王正月戊申朔,陨石于宋五。是月,六鹢退飞,过宋都。"对于"陨石于宋五",《穀梁传》释曰:"先陨而后石何也?陨而后石也。于宋四境之内,曰宋。后数,散辞也,耳治也。"《公羊传》解释得更为清晰:"曷为先言陨而后言石?陨石记闻,闻其磌然,视之则石,察之则五。"先闻"陨",后见"石",数之则"五",这是一个人对现象的观察过程。"耳治"("耳治也者,谓陨石先以耳闻。"杨士勋疏)的顺序造就了句法的结构。数词"五"的后置是"散辞也",即"耳治"过程最后对陨石的分析。对于"六鹢退飞",《穀梁传》释曰:"先数,聚辞也,目治也。"《公羊传》的解释是:"曷为先言六而后言鹢?六鹢退飞,记见也。视之则六,察之则鹢,徐而察之则退飞。"先见"六",后见"鹢",察之则"退飞",这是一个"目治"过程。"目治"的顺序造就了句法的结构。数词"六"的前置是"聚辞也",即"目治"过程开始时对飞鹢数量的综合。由此可见汉语句法结构与认知过程的一致性。

(四)文句在展开中互文见义的"耦合性"

汉语语句在文章中展开,往往通过语词义义相互映衬"互文见义",通过对比性语句的整合,使语义表达更为鲜明、圆满,正所谓"文必相辅,气不孤申"。《文心雕龙》对汉语的"耦合性"特征作了鞭辟入里的阐释,其阐释的语句本身也就是"耦合"句式"互文见义"的精彩范例。

---

① 谢信一:《汉语中的时间和意象》,载《国外语言学》,1991年4月。

"造化赋形，支体必双，神理为用，事不孤立。夫心生文辞，运裁百虑，高下相须，自然成对。唐虞之世，辞未极文，而皋陶赞云：'罪疑惟轻，功疑惟重。'益陈谟云：'满招损，谦受益。'岂营丽辞，率然对尔。《易》之《文》《系》，圣人之妙思也。序《乾》四德，则句句相衔；龙虎类感，则字字相俪；乾坤易简，则宛转相承；日月往来，则隔行悬合。虽句字或殊，而偶意一也。至于诗人偶章，大夫联辞，奇偶适变，不劳经营。自扬马张蔡，崇盛丽辞，如宋画吴冶，刻形镂法，丽句与深采并流，偶意共逸韵俱发。"

第四节　中西文字的比较

一、人类文字的共同源头

人类社会形成后，文字的产生经历了极其漫长的过程——直到五六千年前，文字才出现，文明随之诞生。那么，五六千年前的文字是如何生成的呢？要回答这个问题，需要回到文明前的原始文化环境中。

根据人类学对于现代遗存部落社会的研究发现，在原始文化环境中，人们对于环境状况的识别能力和记忆能力远远高于现代人。"近似一种奇迹，他们只要在什么地方待过一次，就足可永远准确地记住它……即使从来还没有走出过自己村庄的孩子，也像那些走遍全国的人一样蛮有把握地走着……他们能在矮草地上，在硬土地上，甚至在石头上发现足印，而且按照足印的形状，按照它们的走向，按照它们彼此间的距离，分辨出各种部族的人的足迹，而且分辨出是男是女。"[①]"对地点的记忆……奠基于对于无数细节的识记上，这种识记使人能立刻忆起那个地方……他脑子里有……一幅地图；或者更正确地说，他是在自己的记忆中按顺序保持住了若干表面看来不重要的事实，例如，这里是树，那里放了一枪，更远点地方有些蜜蜂，等等。"[②]"他们精确地注意到了陆地和海洋生物的一切物种的种属特性，以及像风、光和天色、水波和海浪变化、水流和气流等自然现象的最细微的变异。"[③]"他们在对树木或作物的叶子作形态学的描述时，运用了四十个名称，对一株玉米的不同部分竟用十五个不同的名称来表示。"[④]"他们对周围生态环境的高度熟悉，

---

① 〔法〕列维·布留尔：《原始思维》，丁由译，商务印书馆1981年版，第106页。
② 同上书，第107—108页。
③ 〔法〕克洛德·列维·斯特劳斯：《野性的思维》，李幼蒸译，商务印书馆1987年版，第6页。
④ 同上书，第11页。

热心关切，以及关于它的精确知识化，往往使调查者们感到惊异。"① 但是，"就是这些人……拥有这种记忆的人……却不能数出多于 2 或 3 的数"②。

这些在 19 世纪中叶前后发现于美洲和澳洲的原始文化，与五六千年前三大河流域的文化有着诸多相似。当然，也有重要差别。之所以"相似"，是因为那些美澳的土著居民确实保留着人类原始文化的特征，而人类社会的原始文化往往很相似（源于重演律）。之所以"有重要差别"，是因为五六千年前三大河流域的居民已跨越原始思维阶段，开始发展计数与文字；而美澳原始居民却强化了原始思维的特征，即强化了识别和记忆能力，而没有把数与物分离开来。在原始思维中，对于"人或物与其数是不可分开的：没有什么东西能让数的存在得到单独的表现……没有一个阿比朋人这样问……'你带回家来多少马？'而是问：'你赶回家来的一群马要占多大地方'"，"如果要计算的数目很大，土人们就会求助于身体的各个部位，每个部位在这个计算中都有一个公认的名称和明确规定的位置。从一只手的小指开始计算的这许多身体部位，就是按情况所要求的那样表示了同样多的站数、天数或月数"。③ 识别（发现差异）和记忆（凭借表象）能力的高度发展抑制了对于归类（发现相似性）和记录（诉诸外物，如通过结绳、图形、文字等）的需求——"只要是抽象的推理，不管多么简单，稍微费点脑筋，就会惹得他们讨厌，以至他们立刻就声称累了，于是不再推下去了。"④

五千年前三大河流域的居民，正处在文明进程的交叉路口，他们没有致力于发展"对于无数细节的识记"能力，而是在另一个方向上拓展开来：模糊细节、抽象概括、简化记忆。模糊细节、抽象概括的必然结果就是"归纳"，而归纳的第一个重大成就便是"数"。把"占有"的各种具体细节统统略去，只"总结"每次狩猎或每年收获的动植物的多少。简化记忆的办法，可以是"结绳"，也可以是"刻划"。于是，继"占有"之后人类精神上的又一项伟大成

---

① 〔法〕列维·斯特劳斯：《野性的思维》，李幼蒸译，商务印书馆 1987 年版，第 9 页。
② 〔法〕列维·布留尔：《原始思维》，丁由译，商务印书馆 1981 年版，第 109 页。
③ 张祥平：《易与人类思维》（第 2 版），重庆出版社 2004 年版，第 37 页。
④ 〔法〕列维·布留尔：《原始思维》，丁由译，商务印书馆 1981 年版，第 109 页。

就——文字——便豁然出现在人类文明的地平线上。①

  1、2、3、4这4个数，在甲骨文中是分别是一条、二条、三条、四条短横线，在古埃及文中则分别是一条、二条、三条、四条短竖线。它们唯一的区别是形式上的横或纵。如果把它们放到文句中，那么就连这一点区别也没有了。甲骨文是由上向下（或由下向上）纵写，所以就是由上向下（或由下向上）一划一划地数（shu 第三声）那些横线；古埃及文是由左向右横写，所以就是由左向右一划一划地数（shu 第三声）那些纵线。（详见第二章第二节一（二）1《数字》）虽然几个积划字极其简单，但又极其重要。因为它是人类文字之创始，后来才逐渐发展到文字记事以代表语言。

  积划数字之所以被采用，只是由于它们最简单——不但比其他的曲线、折线简单，从识别的角度来看，也比"点"简单，因为线比点易于识别。实验心理学的研究表明："几个棒体细胞的效果要累积起来才能产生感觉""从一个较宽的表面上，比从一个有同样明度而较窄的表面上，要有较多的光进入眼睛"。②人们所能刻划出来的任何线条，在实验心理学中都可以认为是"表面"，因为它的宽度不等于零。另一方面，比线刻更复杂的图形是不需要的，因为线刻可以提供大大超出"视觉阈值"（或最小识别值）的反差，足够人类的视觉系统进行识别。迄今为止，人们仍在使用"每毫米的线条数"来描述光学系统和照相胶片的分辨率。③

  对现代遗存部落的调查也给出了进一步的证据。在对普米族（我国最古老的民族之一，约有两万多人，主要分布在云南、四川两省，属古羌人移民的后裔，社会发展属于氏族社会阶段）的调查中发现，他们"有了数十种以至近百种之多的刻划符号。如果按内容的性质划分，可分为占有符号、方位符号和数字符号等三大类""数字符号已趋向统一。数字符号都具有简单明了的特点，不论符号写成横、竖、斜道，每个数字都有相应的道数。每加一数，就添一道。有二十层的，就划二十个道。其中又以竖道居多，这是数字符号

---

① 张祥平：《易与人类思维》（第2版），重庆出版社2004年版，第38—39页。
② 同上书，第40页；〔美〕武德沃斯、R.S.施洛斯贝格，《实验心理学》（1955），曹日昌等译，科学出版社1965年版。
③ 同上书，第40页。

最原始的形态"。①

也许由于上述的4个数字太简单了，似乎不足以"代表"文字的发明，后人便想象出种种复杂解释。如东汉的许慎在《说文解字》（中国第一部系统分析汉字字形和考究字源的字书，也是首部按部首编排的汉语字典）中写到："一，惟初大（即太）极，道立于一，造分天地，化成万物。""二，地之数也。""三，天地人之道也。""四，阴数也，象四分之形。"也有现代学者推测："请以手作数，于无心之间，必先出右手，倒其拇指为一，次指为二，中指为三，无名指为四，一拳为五……一二三四均倒指，故横书也。""实字求是"的学者曾对这类杜撰提出批评，但由于缺少证据，只能说"不尽可据"，或是凭直觉推理："一之为指事，不待言也。"② 其实，无论是人类的进化，还是文明的发展，以至宇宙的演化，都是"从简单到复杂"。所以，由"数字"到"文字"的演化，也同样遵循"从简单到复杂"的规律。

"数字"的发明标志着归纳思维的产生，即不拘泥于具体对象，而是寻求发生在各种不同对象上的同类特征——占有多少。从此以后，古文明民族就与那些"只有1、2，偶尔也有3的数词的社会集体"分道扬镳了。③

与"占有"直接相关的"数字"（表示"有多少"），是人类最早期的文字符号。数"字"中的最初四个在不同地区的古文字中如出一辙，说明人类在文明初期思维的相似性。因为当时的精神创新"是被人类心灵的自然逻辑及其能力的必然界限所限制于狭窄的范围以内的"④，进展往往很相似。正如上述的普米族，没有文字，却有表示"数字"、"占有"和"方位"（与空间识别相关）的符号。⑤

---

① 严汝娴：《普米族的刻划符号——兼谈对仰韶文化刻划符号的看法》，载《考古》1982年第3期，第312—315页。

② 张祥平：《易与人类思维》（第2版），重庆出版社2004年版，第40页。

③ 同上书，第40—41页。

④ 〔美〕摩尔根：《古代社会》，杨东莼等译，商务印书馆1971年版，第26—30、970页，转引自《易与人类思维》（第2版）第32页。

⑤ 严汝娴：《普米族的刻划符号——兼谈对仰韶文化刻划符号的看法》，载《考古》1982年第3期，第312—315页。

几乎所有的原始民族都能描摹出娱乐性的绘画，却只有很少的民族能够写出记录性的数字。有许多学者认为文字源于绘画，而事实上，研究汉字的早期发展，就缺乏有关"文字画"的资料，用"象形"的方法去创造文字则是更后来的事情。

总之，人类文字的"正宗"起源只能是数字。而结绳记事、原始图画、陶刻符号等形式，因其方法的随意性、变动性（往往因操作者的情境变化而变化），以及所表达内容的模糊性，无法成为复杂信息传播的载体，还只是文字前的"个性化符号"。从数字开始，具有"精确"而"稳定"的对应性（所指对象）的"文字符号"才真正确立下来。

我们需要追问：为什么不同地区原始人类的思维发展方向会有不同？为什么三大河流域的人类文字的源头又是相同的？

人类文明的进展如同生命基因的突变，有其特定契机。除了遗传变异的随机影响之外，特定的环境约束起着决定性的作用。三大河流域都处于北半球中纬度四季分明的地区，居住在此地的先民们都需要面对同一个问题，即每年秋收后必须储存粮食准备越冬。粮食储备是文明发展、社会分工的基础。道理很简单，只有一定数量的粮食储备与供给，一部分有特殊才智的人才有可能从无分工状态的"社群"中分离出来，专门从事天文气象观测、水利设施营建等专业研究与组织管理，才有可能出现脑力劳动与体力劳动的分工，才有可能逐步形成社会的分层而导致"社会复杂化"。五千年前的三大河流域的居民都遭受着四季交替、秋去冬来的环境逼迫，不储存粮食，就无法越冬。而要储存粮食，就必须记数。目前人类所发现的最早的文字符号正是"用于农牧业的记账"[①]。人类在与环境的互动中，在挑战与应战中，不得不发展出"归纳"的思维能力，不得不创造出数字——人类文字的先驱。

二、人类文字的分岔发展

前文论述了三大河流域文明的文字有着共同源头——都源于人类最早期

[①] 〔法〕Georges Jean：《文字与书写：思想的符号》，曹锦清、马振聘译，上海书店出版社2001年版，第13页。

的数字符号,且数"字"中的最初四个,在不同地区的古文明中如出一辙。然而,源头相同的文字,怎么后来却变成了完全不同的文字类型呢?我们仍然可以通过东西方古文字比较研究,即古埃及文与甲骨文的比较研究,探析其分岔发展的脉络。

古埃及文中,用5、6、7、8、9道纵线的积累来作为文字五、六、七、八、九。这是一、二、三、四的自然发展。如果中华先民也用5、6、7、8、9道横线的堆积来表示相应数字,那么,中华文明与埃及文明的发展方向是否会有分岔,就无法论定了。①

中华先民确曾试用过五条横线的堆积来表示"五"②,但后来放弃了,创造了一个新字——"X"——取而代之,由此奠定了构型字的发展方向,确立了中华文化的独特风格——注重整体,推崇整合。③

积累的线条一定会导致新的文字表达吗?是的。因为线条积累越多,识别起来就越困难。在文化初创时期,"简单"是规范一切创新的"卡尺",甚至可以用"凡事求简"来概括。即使是五条平行线搁在一起,视觉也容易混淆。所以,为了识别上的简单和高效,必须用其他方式来表达——这才是文字的真正起源。④

甲骨文的"X"是对一、二、三、四的创新性继承(这是中华民族的一种文化基因)——"X"是在五条堆积的短横线的基础上创造的,它仍由5划线条组成:"X"=—+/+\+\+—=—+\+/+/+—。斜线为什么分成两半?因为古代的文字载体(泥、竹、甲、骨等)迫使"捉刀"的古人分成两划来刻出其中的一条斜线,即不能一刀跨过已刻出的另一划斜线,否则交叉处可能崩裂。在与甲骨文同时代的河北藁城的一片陶文上,至今留有五笔刻划的"陶证"(在没有"铁"的时代,陶证不亚于"铁证"——陶证如山),形如"X"。⑤

---

① 张祥平:《易与人类思维》(第2版),重庆出版社2004年版,第41页。
② 王延林:《常用古文字字典》,上海书画出版社1987年版,第736页。
③ 张祥平:《易与人类思维》(第2版),重庆出版社2004年版,第41页。
④ 同上书,第42页。
⑤ 同上书,第42—43页。

然而，"𐎏"确是崭新的文字——人们不必一划一划地通过数（shu 第三声）敩（shu 第四声）来识别它，只要看上一眼，就不会把它与四条短横线（四）相混淆。"𐎏"的最大特点是不再与上下两线平行的叉形"✕"，因此，又用"✕"来作为简写的"𐎏"（"✕，古文五省"①）。

"𐎏"中的斜线为创造后继的构型字提示了一个"90度的转变"——构型字可以由不同取向的线条组成。6字就是这样创造的，"𠆢"或"大"或"介"或"𠆢"——六字的构型之多，在甲骨文中首屈一指，充分说明了造字之初的摸索过程，在"𠆢"中有6划，在"大"中减至五划（上边的一划表示2——最初刻成顶接二条向上的短竖，后来把相距很近的两条纵线合刻为一。由于它不影响识别，所以沿用不衰），而在"介"中只有四划（两条斜线各表示2，正如"大"中的一条斜线由两划组成），到了"𠆢"中，左右两半已见平滑，提示着每一半表示"3"。于是，进一步将平滑的曲线拉直，就创造出古字7，"十"——三划之中的第一线表示1，后刻的两条半线各表示"3"。②

与7的古字一样，8、9、10在甲骨文中的字形）(、𐎹、丨相当稳定，说明经过6的造字摸索之后，古人对于数字的创造已经掌握了规律：既然一条斜线（在五和六中）或一条短纵线（在六中）可以表示2，一条凸曲线（在六中）和半横线（在七中）可以表示3，那么，用一条凹曲线表示4就不会有什么困难。于是：二四得八——"八"便顺理成章了。③

"八"字的构形虽然简单，却说明先民们的思维进入一个更高的层次——字形与外物的直接对应消失了（在"八"中没有表示"1"的线划），代之以间接对应——用"）"和"("各表示"四"。这是简单的新形符号对应着复杂的旧形符号，不妨称前者为符号的符号，或第二层符号，或第二层抽象，或间接指事。它有利于识别，也锤炼了先民们的思维——在这个基础上，他们创造了第一个象形字：𐎹或𐎺（在甲骨文中，因书写顺序不同，文字的左右

---

① 王延林：《常用古文字字典》，上海书画出版社1987年版，第736页。
② 同上书，第43页。
③ 同上书，第48页。

取向可以颠倒，但字的构形不变）。①

九是甲骨文 1—10 这 10 个数字中唯一的一个左右不对称的文字——它是象形字。像什么形？牛的跪姿轮廓（休息状态）。牛的甲骨文"🐂"是正面的线描，"🐂"或"🐂"则是侧面的线描。在人类文明初期，牛曾是许多地区的财富象征，这是"由于经济计算的需要而产生"文字的又一证据——"九"象征大量财富。

甲骨文的 10 是简单的一竖，正如古埃及的 10 是简单的一横。如前所述，考虑到甲骨文纵向书写，埃及文横向书写，二者之间其实没有任何区别。这一竖切实地证明：至少从殷商时期开始，十进位就已确立。

甲骨文的"🐂""🐂""🐂""🐂""🐂"的构型揭示了中华民族整合型思维模式发展的重要节点。中华文明的基础载体——汉字——也由此走向形音义整合的发展道路。

上述甲骨文 1—10 的数字构造中，汉字最基本的构造方法——"指事"与"象形"——已经基本成型。然而，现代大多学者称汉字为"象形字"，实在是以偏概全，因为汉字的"形"不只是用来描摹事物的"象"，还可以是用来"指事"，以及"会意"与"形声"。汉字将"形音义"整合一体，应称为"构型字"，而不是"象形字"。构型文字所荷载的信息多于语音，其词义的准确性又大于图画（象形），其审美功能还不低于图画。所以，"形音义"整合的汉字是结合了象形文字和拼音文字的优点而发展出的高级文字体系。

这与古埃及的独立于口头语言之外的象形文字或"程式化了的、简化了的图画系统"不同。古埃及的文字发展在简单的数字之后，徘徊于"符号"与"图像"之间，由于"符号"与"图像"不敷应用而不得不另辟新途，直接为每个辅音确定一个符号，并用辅音的组合来加注"象形文字"。由此，古埃及的文字发展出三种相对独立的符号：第一种是图像文字，也就是直接模拟物象的图式化符号，将这些符号作各种组合，也可以表示种种观念；第二种是表音文字，即借用各种象形文字来表示语音，大致相当于汉字中的假借字；第

---

① 王延林：《常用古文字字典》，上海书画出版社 1987 年版，第 48 页。

三类限定符号（或称意符），用来表示所表达的物象是哪一种类型或属性。①埃及的古文字以"符号"与"图像"开始，却发展出了"拼音文字的原理"和"以音节为单位的符号……把音节再分析成真正的字母……所有辅音都有了符号，元音则听凭读者去揣摩"。②

上述东西方文字的分岔发展，其根源也可追溯到两种语言的语音模式差异：汉语辅、元音整合的语音模式强化了整合型的模式识别能力，同时也强化了整合型的模式构造能力。具体反映到文字创造方面，在甲骨文中的五、六、七、八、九、十标志着整合型文字的初创，并最终孕育出完全意义的"整合型"（即"形、音、义"整合）文字；西语辅音组合的语音模式强化了分异型的模式识别能力，同时也强化了分异型的模式构造能力，具体反映到文字创造方面，古埃及文字在简单的数字之后，发展出分异的"符号"与"图像"，表象的只表象，表音的只表音，表意的只表意，并最终孕育出完全意义的"分异型"拼音文字（即"音、义"分裂）。中西两种文字不同的发展路向，反过来更强化或固化了语音模式的差异，因而也强化或固化了思维模式的差异。

三、汉语构型文字的发展

汉字形体的演变以秦隶的出现为转折点，分为古文字与今文字两阶段：通常把秦代统一推行的小篆及以前的汉字统称为古文字，包括甲骨文、金文、六国古文、大篆、小篆；秦代隶书出现以后的汉字，总称为今文字，包括隶书、楷书及草书、行书。隶书把小篆文字不规则的曲线或匀圆的线条变成方折的笔画，从而根本改变了古文字的风貌，所以成为古今文字的分水岭。大体言之，从古文字到今文字的发展历程，是汉字由"繁"到"简"的演化过程，更是汉字"形音义"体系整合优化的过程。

甲骨文、金文的象形程度较高，有些字就是直接描摹实物形状得来的。

---

① 〔法〕Georges Jean：《文字与书写：思想的符号》，曹锦清、马振聘译，上海书店出版社2001年版，第27—28页。
② 〔美〕罗伯特·路威：《文明与野蛮》，吕叔湘译，三联书店1984年版，第181页。

如甲骨文的"马"字作"🐎"，马的头、耳、躯干、足、尾全有，甚至鬣毛也有所体现，尽管已经省略了细部，仍可谓"画成其物，随体诘诎"，刻写起来十分费事。古人为了书写方便，逐渐把这些图绘性很强的字符整合简化，改为由点、横、竖、撇、捺等笔画组成的符号。从古文字演变为今文字的过程中，汉字的写法发生了很大变化，图绘性逐渐淡化，符号性逐渐增强，形体逐渐简化。

在图绘性淡化、符号性增强的基础上，汉字又进一步经历了笔画简省的演化，主要表现在两方面：一是减少重复部分，如"星"字甲骨文作"✦"，五个小块儿表示繁星，后来简化为"星"；二是省去不重要的部分，如"车"字的甲骨文"车"，包含有双轮、辕、厢、衡、轭等形状，后来只保留了最重要的轮部，简化作"车"。在笔画简省的基础上，汉字还进行了偏旁的归并。古文字中已有许多构型是由两个或两个以上的部件构成（即所谓"合体字"），但综观各种部件，同者少，异者多，造成了书写辨认的记忆负担。如甲骨文中"汝"字作"汝"，从"𠂇"；"河"字作"河"，从"𠃉"；"沈"字作"沈"，从"⺡"；后来统统归并作"氵"。偏旁部首的归并，大大减少了汉字部件的数目。①

上述汉字淡化图绘性、强化符号性、简省笔画、归并偏旁的过程，是汉字形体由繁趋简的过程，也是为了方便读写而推进汉字构型优化、记忆简化的过程。

然而，为了方便识读与书写，为了适应语言的变化与发展，汉字并不只是简化，有时也需要"繁化"。汉字的"繁化"主要通过增加笔画或增加偏旁。增加笔画或是为了使结构更疏密匀称，或是为了避免相互混淆。增加偏旁或是增加义符，使得增加义符后的字义更明显，如"暴—曝""前—剪"；或是为了区别同音异义的词，如"师—狮""吴公—蜈蚣"，又如用"戋"做声符，加"氵"成"浅"，加"贝"成"贱"，加"竹"成"笺"，加"皿"成"盏"，加"足"成"践"，加"木"成"栈"，加"纟"成"线"等。

---

① 班吉庆：《汉字学纲要》，江苏古籍出版社 2001 年版，第 53—55 页。

汉字中的大多数形声字正是这样构造出来的。另一种是增加声符，如"凤"由早期的象形字变为加声符"缶"的形声字，"宝"由早期的会意字变为加声符"缶"的形声字等。①

上述汉字的演化，无论是"简化"还是"繁化"，其实质都是对汉字体系"形音义"的整合优化。而汉字初创时期的构型特质，则一以贯之地蕴涵其中，是汉字迄今生生不息的内在基因。

需要指出，汉字形音义整合模式的发展，又进一步强化了汉语发音的整合性——早期汉语中辅音组合现象的遗存，在汉字演化过程中被逐渐"肃清"。更重要的是，文字的构型确定后，一般不再随语音变化而变化，这反过来减缓了语音的变化。也就是说，文字的定型对语言有一定的"定型"作用。今人依然能够享受汉赋唐诗宋词的优美腔调与和谐韵律，也正归因于此。同时，构型文字可以利用"形"而不只是利用"音"来与不同地域的语音对应，因而可以满足不同方言的记录需求。由此，千百年来，不同地域、不同方言的中国人一直共享一种文字，这对于中华文明的历史传承（时间整合）与中华民族的融合发展（空间整合），有着不可估量的重要意义。

有西方语言学家也认识到了这一点，他们感叹道："如果中国人屈从西方国家的再三要求，引进一种字母文字，充其量不过为小学生（和欧洲人）省出一两年学习时间。但是为了这点微小的收获，中国人就会失掉他们对持续了四千年的丰富的文化典籍的继承权。而且，用北京话（应为'普通话'）写的文件在别的地方就会读不懂。……高本汉说得好：'中国不废除自己的特殊文字而采用我们的拼音文字，并非出于任何愚蠢的或顽固的保守性。……中国抛弃汉字之日，就是他们放弃自己的文化基础之时。'"②

整合型的汉语和汉字，是中华文明整合型思维模式的内在基因。中华文明以此为起点，创造出特有的科学体系、价值观念与社会制度，绵延至今，生生不息。它揭示了人类历史最大的一个秘密：为什么在三大古文明之中，

---

① 班吉庆：《汉字学纲要》，江苏古籍出版社 2001 年版，第 55 页。
② 〔英〕L.R. 帕默尔：《语言学概论》，李荣等译，商务印书馆 1983 年版，第 99 页。

只有中华文明至今未衰——不但"源远",而且"流长"。①

四、拼音字母文字的发展

古埃及文字"符号"与"图像"分异的特性,最终孕育出"音、义"完全分裂的拼音文字。

西元前13世纪,腓尼基人借用古埃及文字来书写自己的语言,只采用表音符号而放弃了表意符号。这样,就出现了不同于以往意音文字的辅音文字,也就是只写辅音音位不写元音音位的拼音文字。由于辅音文字只表示辅音音位,不表示元音音位,还不是一种全音位文字,所以传统上就把它叫做辅音文字。腓尼基人创造了辅音文字以后,逐渐向世界扩散。② 学术界现在公认,世界各种字母文字共同的祖先是以腓尼基字母为代表的闪族文字。

据史学家研究,腓尼基人是近东闪族的一支,西元2000多年前居住在地中海东岸的今黎巴嫩一带,是一个以航海贸易为主业的民族。腓尼基是希腊人对迦南人的称呼,迦南在希腊文中的意译便是腓尼基(Phoenicia)。腓尼基和犹太人是近亲,同属西闪米特民族,对希腊和希伯来文化都有巨大影响,而后者又是现代欧美文明的源头。在流传下来的古希腊和古罗马的著作中,对腓尼基人都颇有微词:他们苛刻而又狡诈,对居住在非洲内陆的黑人横征暴敛,毫无恻隐之心;他们不耻于做强盗,公开拦截航行的船只,抢劫船上的财物;他们还贩卖奴隶,甚至耍诡计诱骗自由人为奴,比如将靠岸者的船推入大海,使其失去交通工具而被迫沦为奴隶,周边民族对之恨之入骨但又无可奈何。正是靠着这些卑劣的手段,古代腓尼基人积聚了巨额财富。到西元前1200年左右,埃及势微,腓尼基人成为地中海霸主。(上述腓尼基人的历史,与西欧民族大航海后殖民扩张的历史如出一辙,令人不由得惊叹历史之惊人的相似,同时令人不由得掂量文字作为文化基因所具有的潜在的巨

---

① 张祥平:《易与人类思维》(第2版),重庆出版社2004年版,第43页。
② 岑运强:《语言学概论》,中国人民大学出版社2004年版,第201页。

影响力！）

考古学家在乌加里特古城发现了数以千计的用楔形符号写的字母文字泥版，并发现了世界上第一本有字母文字表的《识字读本》。腓尼基文字由 22 个辅音音符所组成的字母就是由此演进而来的。这 22 个字母借自古埃及文字，在作为记音符号的同时，保留了部分"形"的意义。腓尼基字母 A 叫 aleph，意思是牛。当时 A 的写法是 V，样子像牛的双角，当中并有斜斜的一横。牛是腓尼基人的衣食之源，是任劳任怨的劳动力，一群牛对他们来说就意味着一大笔财富。希腊人把它翻转过来，成为现在的"A"。D 在腓尼基语中叫 deleth，是从埃及象形文字那儿吸收过来的。埃及象形文字 D，意思是门，样子也很像门。图 1-2 显示了 A、D、K、R 四个字母产生到早期希腊字母成型的历史。①

埃及文	西奈文书	闪族多种文字	早期希腊文	希腊字母名称	闪族字母名称	闪族名称意义
			MOABITE STONE	ἄλφα	'ALF	牛
				δέλτα	DELT	门
				κάπα	KAF	曲掌
				μῦ	MEM	水
				ῥῶ	ROSH	头

图 1-2　字母 A、D、K、R 产生到早期希腊字母成型

腓尼基人的航海经商活动遍及地中海沿岸各国、中东地区，远至英伦三岛沿岸，同时就把字母文字传播开来。其传播分为东西两大分支。在西方，它派生出古希腊字母，后者又发展为拉丁字母和斯拉夫字母，而希腊字母和拉丁字母是所有西方国家字母的基础。在东方，它派生出阿拉米亚字母，由此演化出印度、阿拉伯、希伯来、波斯等民族字母，中国的维吾尔、蒙古、满文字母也是由此派生演化而来。当希腊人借用腓尼基字母书写时，由于希

---

① 〔英〕L.R. 帕默尔：《语言学概论》，李荣等译，商务印书馆 1983 年版，第 97 页。

腊语跟腓尼基语不同，词根中的辅音和元音都有区别意义，不写出元音就无法区分不同的词语，因而就增添了元音字母。这样，字符代表语言中全部音位的音位文字就产生了。[①]

在上述拼音字母的流转变迁中，源头符号（古埃及文字）的原有表意动机和造型意象被逐渐切断，古埃及文字蕴涵的文化传统和历史记忆被记音符号完全抽空。这种断裂，意味着文字与它所关联的民族文化的彻底断裂。

由上可见，拼音文字与象形文字的彻底分离，纯拼音字母的产生，可以说是文明中断与变迁的产物。而拼音文字的特性，也注定将造成文明的代沟，甚至断裂。拼音文字只表音，语音变化必然要求文字随同变化，否则"形音"不符，会造成视觉与听觉的不一致。"口头语言通过称为语言演变的过程，在不知不觉中变化着。如果文字保持不变，经过一段时间，一种语言的书面形式和口头形式就会完全脱节，现代希腊就存在这种情况。旅游者在那儿发现，在和本地人交谈时，报纸上的退化的古代雅典语一点用处也没有。英语的情况也正相同。我们为什么要在 light（光），right（右），sight（眼光）中写上 gh 呢？答案是，现代英语的拼法代表十五世纪的读音，当时 gh 是用来表示一个腭擦音 [x] 的（类似于汉语'喝'的辅音，形象地说，现代英语'光芒'一词的发音中已经失去了'喝彩'之声——笔者注）……自从那个时候以来，英语的拼法基本保持不变，而读音已经经历了如此深刻的变化，以致言语和文字的联系已经几乎被切断了……我们简直可以说，一个人可以笔底下写'牛津'，而嘴里念成'剑桥'。这种读写的困难对于某几类人来说是如此巨大，以致过去每隔一段时间就有人大声疾呼要实行拼法改革。但是有几种考虑会阻止轻率的行动。……语言研究者首先注意到，任何革新的拼法都会在五十年后又成为过时的东西。其次……拼法现代化任何见效的措施，都会向博学者以外的所有人锁起英国文学的大门。"[②]

拼音字母文字的形成历史及内在特性，预示了拼音文字所负载的文明的

[①] 岑运强：《语言学概论》，北京：中国人民大学出版社 2004 年版，第 201 页。
[②] 〔英〕L.R. 帕默尔：《语言学概论》，李荣等译，商务印书馆 1983 年版，第 98—100 页。

发展路径：西方文明的历史发展，正如拼音文字的形成，是在文明的断裂——新生——断裂中反复前行。在一定程度上，拼音文字就是西方文明断裂的"肇事者"。西方的古代文明早已陨落，中世纪文明在文艺复兴、宗教改革与工业革命后，也仅仅是在文化遗产的意义上留存至今。

结语

综上所述，在人类进化之初，在人与环境互动的过程中，由于不同的生存环境，原始人类语言与识别对象所对应发音模式因为"耗能最小原则"，被环境所"决定"。生活在亚欧大陆东部的人们因为环境的相对严酷，不得不选择了元、辅音整合的发音模式；生活在亚欧大陆西部的人们因为环境的相对温和，选择了辅音组合的发音模式。这是汉语与西语的根本差异所在。人类发展初期对世界的认知行为，主要表现为"对象识别——语词对应"行为。人类发展初期的语音模式（"对象识别——语词对应"），反映了人对世界的认知模式。

习汉语者的整合型"对象识别——语词对应"过程，强化了汉语语词的实体性。因为语词对应的对象是整体的，所以给人的感觉是坚固和实在的；习西语者的分异型"对象识别——语词对应"过程，则弱化了西语语词的实体性。因为语词对应的对象是分异的，所以给人的感觉是离散和飘忽的。习汉语者在一遍遍地使用语词的过程中，渐渐地把语词与其所对应的识别对象融为一体。语词虽是人造的，却也是客观的，是"实体性"的符号，与识别对象没有"主客之分"；而习西语者在一遍遍地使用语词的过程中，下意识地将语词与其对应的识别对象区分开来。"语词"是人造的工具性符号，"实体"是外在于符号的客观存在，与识别对象是"二元对立"的。

"语音模式"直接影响了"句法模式"。汉语发展出"整体关联"的"句法模式"，语义主要通过整句内语词之间的关系来表达，没有语词形态的变化；西语发展出"词形（语音）变化"的"句法模式"，主要通过语词形态的变化来表达语词的关联意义，即语义。

人类思维的内在过程就是语词的组合过程，语言模式在很大程度上决定了思维模式。由此，习汉语者发展出在不变中应变、在不同中求同、在整体中解决局部问题的整合型思维模式；习西语者则发展出以变应变、以异对异的从局部解决问题的分异型思维模式。

在人类思维追寻普适性的过程中，整合型思维整合的对象越来越"大"（此"大"非指空间之"大"，而是统合时间空间之"大"），"大"到极致，即达致所谓"遍虚空，尽宇宙"，在最大的整体中寻求最大的普适性，这种思辨理性与历史实践结合起来，形成了以构造整合法为核心的复杂科学体系，最终造就了源远流长的中华文明。分异型思维分异的对象越来越"小"（此"小"包括空间之"小"和时间之"小"），"小"到极致，即达致所谓构成物质的基本粒子（及物体运动的最小"瞬间"），并通过最小的"始基"或"原子"来寻求最大的普适性，这种思辨理性与实验观察结合起来，形成了以分析还原法为核心的西方简单科学体系，最终造就了席卷全球的现代文明。然而，"分异型"思维不仅仅引导人们去探究原子和细胞，也引导人们将人类与自然分异而离异，把不同族群分异而离异，把不同个体也分异而离异。（详见第二章）

总之，汉语以"元辅音整合"的语音模式、"语词整合"的语法模式及"形音义整合"的文字模式（构型文字），建构起"整合型"的语言体系，其影响到语言中枢的发育和识别模式的建立，最终发展出整合型思维模式；而西语则是以"辅音组合"的语音模式、"词形变异"的语法模式及"形音义分离"的文字模式，建构起"分异型"的语言体系，其影响到语言中枢的发育和识别模式的建立，最终发展出分异型思维模式。如表1-1所示：

表1-1　中西语文思维演化路径表

演化路径	中	西
①语音	"元辅音整合"的语音模式	"辅音组合"的语音模式
②语法	"语词整合"的语法模式	"词形变异"的语法模式
③文字	"形音义整合"的文字模式（构型文字）	"形音义分离"的文字模式（拼音文字）
④识别	整合型识别模式	分异型识别模式
⑤思维	整合型思维模式	分异型思维模式

关于语言与思维、科学、文化的关系，语言学家、哲学家对此论述颇多，兹举几例。

洪堡特发现语言特性与民族精神的关联。语言的特性是民族精神特性对语言不断施予影响的自然结果。一个民族的人民总是以同样的独特方式理解词的一般意义，把同样的附带意义和情感色彩添加到词上，朝同一个方向联结观念，组织思想，并且在民族智力独创性与理解力相协调的范围内同样自由地构造语言。于是，这个民族便逐步地使其语言获得了一种独一无二的色彩和情调。而语言则把它所获得的这类特征固定下来，并以此对该民族产生反作用。所以，从一种语言可以推知与它相关联的民族性。①

沃尔夫发现语言与哲学、科学的关联。作为"西方世界"主要传统特征的西方哲学，其主要的支柱是西方语言的二项式，即将事物表述为形式加物质，由此产生了唯物主义、心理物理平行论、传统物理学和宇宙二元论。由于这些观点在语言结构中获得巨大的支持，它们几乎成了不容置疑的常识。而与之相对的一元论、整体论、相对论的观点，由于得不到语言结构的肯定，或者说不能通过语言的"言说"而使人们理解，它们对一般人就没有吸引力，因为它们有悖于"常识"或"直觉"。事实上，由牛顿的空间、时间和物质概念建立起来的经典物理之所以能被人们普遍接受，是由于牛顿在文化和语言中模铸了这些概念。这些概念与同样在文化和语言中模铸的西方人的"直觉"具有文化通约性。这就是为什么每一个人出于直觉都可以理解牛顿的概念，而相对论却用数学分析表明西方人的直觉是错误的。显然，谈论一元论、整体论和相对论的观点，几乎要使用一种的新的语言。它成了主要是哲学家和一部分科学家感兴趣的事情。②

海德格尔由于东西方语言的差异，甚至怀疑东西方文化对话的可能性："我至今还闹不清楚，我当作语言的本质加以思考的东西，是否也适合于东

---

① 〔德〕威廉·冯·洪堡特：《论人类语言结构的差异及其对人类精神发展的影响》，姚小平译，商务印书馆1997年版，第201页；转引自申小龙：《汉语与中国文化》，复旦大学出版社2008年版，第36—37页。

② 转引自申小龙：《汉语与中国文化》，复旦大学出版社2008年版，第105—106页。

方语言的本质。一些时间以前，我曾经极其粗略地称语言是存在的家。如果人通过他的语言居于存在的宣告和召唤中，那么，我们欧洲人和东方人也许居于完全不同的家中。……因此，两家的对话仍然近于不可能。"①

其实，东西方文化的对话是可能的，但需要以"整合型思维"为基础（或是为主导）展开。如果依西方"分异型思维"，则确然不可能。原因何在？这正是本书论述的核心主题之一，将在后续章节逐步展开，兹不具论。

---

① 〔德〕海德格尔：《通向语言之路》，转引自《人，诗意地安居——海德格尔语要》，上海远东出版社1996年版，第76—77页。

第二章　思维与科学

本章主要探究思维和科学对中西文明的影响。首先,在人类学成果、考古学成果和经典文献研究的基础上,比较研究中西文明的思维演化历程,揭示中西思维演化的相似环节及其对中西文明的深远影响(第一节);然后,对中西文明中最重要的思维形式——科学思维——展开比较研究,内容包括:中西科学思维的发源、中西科学思维的演化、中西科学思维的适用对象、中西科学思维的推理方法(第二节);之后,对中西文明中最有序的思维形式——数学思维——展开比较研究,内容包括:中西数学思维的演化、中国传统数学的体系、中西数学思维的异同(第三节);最后,对中国传统科学的主体——儒学,用现代科学术语和表述方式进行重新诠释(第四节)。

第一节 人类思维演化的历程

一、占有行为——个人观念

如前所述,在第一个原始"人"完成"占有"的行为之时,正是人从芸芸众"生"中脱颖而出之时。只有"人"才把那些原本属于自然的物质(如经过挑选的石块、木棒等)保留在身边,除非以后有了更加合意的工具,否则不会随意抛弃。相反,灵长类中有些较高级动物,虽然也能使用合手的石块、木棒甚至经过修整的草棍,但它们在用过之后就把那些没有"食用价值"的自然物质丢弃了,不能完成原始人保存工具的复杂行为。同样,在较高级的非人类的灵长类动物中,也不曾出现使用火的行为,只有原始人能够把燃烧的木枝带回宿地并尽量使火不熄灭。那一簇簇火焰不再属于大自然的控制,而是由人类操纵其生灭。

占有工具可称为"化物为奴",此类行为与人类后来驯养动物——"化生物为奴",役使战俘与贫民——"化同类为奴",发明水车、蒸汽机等——"化能量为奴",以及发明计算机——"化信息为奴",都是生产工具的创新(从人道主义的立场,"化同类为奴"的创新不值得肯定,但这却是人类历史发展的事实)。

此时人类的思维只有一个内容:"占有工具(不能丢弃工具)。""占有"是一种相当复杂的行为,它意味着人们在精神或智能上跨过了一个重要的里程碑——人类思维开始出现。"占有观念"的出现,意味着人的意识开始超越当下,在过去、现在与未来之间建立起一种关联。保留工具的动因来源于"当下"对"过去"经验的感悟,是为了"将来"之需,时序观念由此生成。这是人类思维发展的源头,也是人类智力发展的源头。

在人类社会初期,原始人制造工具保留工具的"技能",是通过模仿"学习",

而不是靠"语言教学"完成传播与继承的。模仿是对他人或外物所显示的行为或形态特征进行有选择的重复，它是人类和动物学习新行为的有效方式，是人类固有的一种基本能力。用心理学的术语说，此时人类对占有行为的学习主要是基于"感知——运动智慧"。然而，由于"化物为奴"的占有行为与生物的本能及欲望并不直接相关，对于这一复杂行为的模仿促进了比较高级的神经活动，如联想、记忆、迁移、推理等，并发展出"直观行动思维"（或称直觉行动思维）。这种思维是在直接感知中进行的，不能离开对具体事物的直接感知；同时也是在实际行动中进行的，不能离开原始人类的动作。也就是说，动作感知与思维不可分，动作不但为行动主体提供触觉形象，而且提供不断更新的视觉和听觉形象，由此使其能够认识到单凭感知所不能揭露的知识。

"占有行为"的出现，还促进了口声语言的发展，口声语言与被识别物的对应又促进了识别能力的发达。人类早期的智力成就，主要表现在"对象识别——语词对应"能力的高度发展，用"语词"去和被"识别"的事物建立起一一对应的关系。（详见第一章第一节·三《人类语言的早期发展》及第四节·一《人类文字的共同源头》）

原始人类"占有行为"出现之后，由于能够制造工具和占有工具，大大提高了他们的捕食能力与抵御兽害的能力。同时，由于"占有观念"的发展，原始人的"个人观念"开始形成。个人观念的形成导致原始人一度自我中心，个人主义膨胀。外在环境与秩序被"降格"，自己被"升格"，个体经常反抗群体首领的约束，爱顶撞获胜的雄性成年个体。此时的人类处于一个发展的关键时期：原群体的"内聚力"（灵长目动物首领都是成年雄性，如黑猩猩首领，主要依靠"武力"维持地位与群体秩序）崩溃了，旧秩序瓦解了，新的群体秩序尚未建立。能够创造新的"内聚力"从而建立起新秩序的群落将延续下去。而群体分裂的部落，在与环境的互动中，将面临被淘汰的命运，永远消失在人类演化的初期。

二、图腾神话——社会意识

在原始人类成为能够"占有工具"、"化物为奴"的"人"之后，不同于动物群体的"人类社会"尚未出现。因为初期的占有观念仅限于人类个体，如果没有新的内聚力出现，原始人群与一般动物群体并没有实质性的差异。原始人类群体的通讯系统、集体觅食、瓜分猎物、亲子关系、甚至等级分工等特征，在动物群体中并不罕见。原始人类"占有行为"出现之后，由于占有观念的发展，原有的原始人类群体秩序逐渐崩溃。

经过一段漫长时期的演化，那些形成了新的内聚力的原始人群生存下来。而在一切遗存下来的原始社会中，都可以观察到完全不同于动物群体的内聚力——共有图腾（包括图腾符号、图腾信仰、图腾神话、图腾仪式等层面）。共有图腾的主要特征是：氏族采用一个特殊的物神；这个物神由母系世代相传；这个物神同氏族制度相关联。可以说，共有图腾就是具有上述特征的"拜物教"，这种"拜物教"是对"生命现象"以及"激发行动的精神"的一种原始解释方式。①

凡是没有这种"激发行动的精神"（即内聚力）的原始人群都灭亡了，被历史所淘汰！凡是有这种内聚力的群体则新生了，形成了原始人类社会。这样的社会不再把武力征服作为群体首领的必要条件，"心智"成为凝聚族群的核心（参见第四章第二节《氏族部落（原始）社会》）。可以说，图腾是原始人类社会形成的标志，是继"占有观念"出现后，原始人类重大的智力成就。

（一）图腾的产生

我们需要追问：图腾是怎么产生的？

前文曾述（详见第一章第一节·三《人类语言的早期发展》及第四节·一《人类文字的共同源头》），原始人类思维的主要内容是对象识别——语词对应，用语词对被识别的事物的不同侧面及相关因素命名，赋予种种主观性

---

① 〔英〕埃里克·J.夏普：《比较宗教学史》，吕大吉等译，上海人民出版社1988年版，第99页。

质，使人类对于事物的认知被"染上一层情绪色调（这种情绪出自原始认同作用）"，同时也使人类行为和价值判断都与自然物密不可分。如风（一个'白种人'氏族的名称）带来好的，即和平的天气；熊和狼是极其警觉的动物，因而它们对于维护和平是有用的。这些与自然认同的民族，自身与自然之间的中介物仍属于自然。"鹰和松鼠列为他们的'图腾'……是作为它们各自栖息的树木的象征而被纳入的——铁杉树和雪松。"虽然他们发展过归纳思维而建立起某种归纳系统，如"奥撒格人把活动物和不活动物分为三类，它们分别与天空（太阳、星星、鹤、天体、夜、昴宿星团等）、水（贻贝、龟类、宽叶香蒲［一种灯心草］、雾、鱼等）和旱陆（黑熊、白熊、美洲狮、豪猪、鹿、鹰等）相联系"，但是他们一直处在一种"与世界相像的心智系统……可以说是一种模拟式的（analogigue）思维……嵌于形象中的一种概念系统……把动植物界的可感特性看成是某种信息的元素……"[①] 在原始人类的心智图像中，所谓"主体"的人类与"客体"的环境还没有清晰的边界，很多时候几乎是融于一体的。

在原始人类与环境的互动中，当人们认为与自己关系特别密切的某种动物、植物或非生物与其自身的来源相关的时候——是自己的亲属、祖先与保护神（"图腾"一词原是印第安语，本义即是"亲戚"之义）——此类"客体"便不再与其他客体以及单个"主体"平等，而被"升格"为具有超越现世力量的"神物"——"图腾"。于是，对"图腾"的群体认同与崇拜就产生了。正因于此，图腾具有一种覆盖个体的内聚力，在原本相互疏远的个体之间建立起强烈地认同感，使他们认识到他们是命运共同体，从而结合为一个氏族，形成较稳固的原始氏族社会。

几乎所有氏族起源的神话都体现了图腾与氏族的亲缘关系。例如，"天命玄鸟，降而生商"，玄鸟便成为商族的图腾。又如，鄂伦春族称公熊为"雅亚"，意为祖父，称母熊为"太帖"，意为祖母。鄂温克族人称公熊为"和克"（祖

[①] 〔法〕列维·斯特劳斯：《野性的思维》，李幼蒸译，商务印书馆1987年版，第47页、第71页、第69页、第301—302、307—308页。

父），母熊为"恶我"（祖母）。又如，匈奴历史中关于狼的传说，载于《魏书·高车传》："匈奴单于生二女，姿容甚美，国人皆以为神，单于曰：'吾有此女安可配人，将以与天。'乃筑高台，置二女其上，曰：'请天自迎之'。经三年，复一年，乃有一老狼，昼夜守台嗥呼。其小女曰：'吾父使我处此，欲以与天，而今狼来，或神物天使之然。'下为狼妻，而产子。后遂繁衍成国，故其人好引声长歌，又似狼嗥。"

上述"图腾"观念在现代人看来，或是愚昧的、离奇的、夸大的想象，是"以想象过程本身为满足，因而富有幻想的性质"。但对于原始人来说，他们"不能把想象的事物跟现实的事物清楚地区分开来"。① "图腾"是具体的、真实的、切身的且必需听从的实体对象。

图腾都是类别名词（过期语词），这个语词对应着一种客观存在的东西，可以被人观察到："火""玄鸟"（燕子）"熊""狼""金刚鹦哥""蝴蝶"等等。决不会出现一种人们看不见的图腾，绝不会是"上帝"、"真主"或"道"——那是人类思维发展到青春期才会出现的语词。在图腾阶段，人类思维还处在婴幼儿时期。

图腾的意义于通过确认群体成员在血缘上的共同性，建立起人类的"社会关系"："属于同一个部落图腾下的所有男人和女人都深信自己是来自于相同的祖先，并且具有共同的血缘，他们之间由于一种共同的义务和对图腾的共同信仰而紧密地结合在一起。图腾崇拜不但是一种宗教信仰，同时也是一种社会结构。就宗教信仰方面来说，人们对图腾具有一种出自本能的尊敬和保护关系；就社会观点来说，它不仅表示出同部族内各族民之间的相互关系，同时，也标明了与其他部族之间应有的关系。"②

图腾不仅是群体的祖先（群体所有成员都是由图腾繁衍而来），还是群体的保护神（群体所有成员都受图腾的庇佑），还是群体的归宿（群体所有成员死后将归于图腾而生命永恒）。图腾既是生命的源头，也是生命

---

① 朱智贤：《儿童心理学》，人民教育出版社1980年版，第213页。
② 〔奥〕弗洛伊德：《图腾与禁忌》，文良文化译，中央编译出版社2005年版，第113—114页。

的归宿,还是命运的主宰。正因于此,群体所有成员的命运被紧密联结起来,相互负有援助和血仇等义务。正是通过这些义务,"社会关系"才最终得以确立。

图腾的产生,不仅在人类社会进化史上有重要意义——它标志着人类社会的形成,也是人类思维发展过程中的重要阶段——它标志着人类思维追求"普适性"的进程跨越了一大步。如果说,"占有观念"的出现,意味着人的思维开始超越当下具体的环境,在过去经验、现在行为与未来需要之间建立起一种关联(保留工具的动因来源于"当下"对"过去"经验的感悟,是为了"将来"之需),建立了基本的时序观念(纵向),是人类追求普适性的源头,那么,"图腾观念"的出现,则意味着人类思维具有了基本的社会观念(横向),并已经超越了个体生命的存在时间的界限(纵横交织)——她指向生命的来源与归宿,覆盖了整个氏族群体,从而赋予生命决然不同的意义。这是人类追求"不朽""永恒""超越"的开端,也是促使原始人类社群昂然屹立于动物群体之上而成为万物之灵的主导力量。

(二)图腾与神话

如果说,占有行为的出现、传播与继承是基于"感知——运动智慧"发展出来的直观行动思维,那么,图腾的出现、传播与继承,则是基于直观行动思维发展出来的具体形象思维。具体形象思维是依靠表象[①],即依靠事物的具体形象的联想进行的。表象是在感知觉的基础上发展出来的,但它比感知觉更进了一步,可以在脑中保持事物的相关形象,从而可能对表象进行加工。正如幼儿在游戏中扮演角色,按照一定规则与主题来行动,就是依靠在头脑中的关于角色、规则和行动的表象进行思维和解决问题。

随着原始人类对共有图腾及氏族生活表象的加工,丰富多彩的神话世界出现了。

---

① 表象又称意象,指当事物不在面前时,在人们头脑中出现的事物的形象。从认知心理学来看,表象是物体或事件在人头脑中的一种表征形式,这种表征具有鲜明的形象性。——张积家《普通心理学》,广东高等教育出版社 2004 年版,第 319 页。

日、月、云、雾、风、雨、雷、电、河、山、水、火、草、木、鸟、兽都有可能被赋予人格的想象和超越的灵性。这些各种各样的神灵往往同人类一样有意志、愿望甚至情欲，也有善恶之分，不能违拗、触犯。各类神灵具有不同的属性和功能，各主其事，各行一方。各类神灵的地位大体平等，极少统属，绝大多数无等级差别，还没有主宰一切的最高神。一言以蔽之，简直就是氏族社会生活的翻版。

"神话世界"里的重要角色往往是人类的祖先。例如：希腊神话中"充满着神人交欢的故事""每一家庭，每一种族的祖先，可以溯源于某个英雄……神的后裔"；① 古巴比伦主神阿努"派一神妓同恩启都住了六天七夜，使他去掉兽性，有了智慧，开阔了思路"，② 同样是"神人交欢"；亚当夏娃偷食禁果的神话，至今还在教诲基督徒们通过"悔罪"来求得永生。如此普遍的现象，使得历史学家感叹："定居的民族只要想出一个神，就要为神虚构一个妻子。"③ 但此种说法并不尽然，因为那些"神"并非是被"空想"出来的，他们的妻子也不是"虚构"的——神话创生时代的人们的思维能力还不足以使他们凭空捏造。相反，他们只不过是按照自己的"理解"（这种"理解"则是被加工后的"表象"，在现代人看来，可能是荒诞和诡异的）向后代讲说他们所见过、所记得的具有特殊禀赋与特异功能的人物：其中有些是力气过人的，有些是胆识过人的，还有些是具有其他方面的特异禀赋与特异功能。虽然有关人类特异功能的科学研究到现代才展开，但是在人类中存在着具有特异禀赋与特异功能的个体，这应该是可以上溯至人类创始之初（或更早）的事实。原始社会的巫师、酋长，几大文明的宗教创始人如释迦牟尼、耶稣、穆罕默德，后来的某些僧侣和预言家，以及现代的某些气功大师，都可能是

---

① 〔美〕柳无忌：《西洋文学研究》，中国友谊出版公司1985年版，第85、51页，转引自《易与人类思维》（第2版），第98页。

② 彭端智等：《东方文学史话》，湖北教育出版社1986年版，第16页，转引自《易与人类思维》（第2版）第98页。

③ 〔英〕韦尔斯：《世界史纲》，人民出版社1982年版，第222页，转引自《易与人类思维》（第2版）第98页。

具有特异禀赋与特异功能的人。

神话以其生动可感的形象、可歌可泣的故事，在世世代代口耳相传中，深化着族群的认同感，强化着族群的内聚力，延续着族群的文化血脉，成为一个族群世代传承、共同信仰、敬奉不坠的神圣记忆。英国人类学家马林诺夫斯基认为："神话在原始文化中有必不可少的功用，那就是将信仰表现出来，提高了而加以制定；给道德以保障而加以执行；证明仪式的功效而有实用的规律以指导人群。所以神话乃是人类文明中一项重要的成分，不是闲话，而是吃苦的积极力量；不是理智的解说或艺术的想象，而是原始信仰与道德智慧上实用的特许证书。"[1]

随着氏族的发展、迁移和融合，有的氏族分化为多个"子"氏族，他们发展出新的图腾与新的"神"。于是乎，图腾也逐渐分化，有部族联盟图腾、部落图腾、胞族图腾、氏族图腾等等。[2]有的氏族在部落的融合过程中逐渐消亡，但这些氏族的图腾或"神"却可能流传下来。新"神"与旧"神"交织融合，形成了多"神"共存的局面，诸神间甚至建立了"谱系"，造就了古文明时期人类的多神"信仰"或多神"宗教"。

（三）中华文明的原初图腾[3]

根据文献能够提供的线索，中华文明的原初图腾应该是"火"，"火"图腾的创立者是华胥。

华胥是女性，传说葬在陕西蓝田。其创立的"图腾"，帮助人们从祖先那里继承生存知识，还帮助人们安排死后归宿。当时的人们，只知其母，不知其父。所以，能够悟出传承关系的人，只能是女性。

这个女性悟出来的图腾是"火"，把牺牲放到火前履行祭祀，就是"胥"。当时没有文字，可是有发达的口声语言，能够一代又一代地传承语词语句，

---

[1] 〔英〕马林诺夫斯基：《巫术科学宗教与神化》，李安宅译，中国民间文艺出版社1986年版，第86页。

[2] 高明强：《神秘的图腾》，江苏人民出版社1989年版，第18—21页。

[3] 张祥平：《人生六境——心智》，辽宁人民出版社1998年版，第10—12页。

就像燃起一堆又一堆的火焰。一代又一代地传到了周初，人们才为传说的内容造了"胥"字，把这个字浇铸在青铜器上。"胥"字的构型是""：字的上半表示柴火燃烧，火光熠熠；字的下半表示野兽的肉，用作牺牲。它勾勒出"胥族"的人们把牺牲放到火图腾前履行祭祀的生动场景。

为先人树碑立"字"，至今仍屡见不鲜，何况当初？周人发祥于陕西，与华胥氏血脉相连，所以为祖先造字。商殷早于周人崛起，是甲骨文的创造者，但他们与华胥非亲非故，所以甲骨文中无"胥"字。

历史属于能够延续的群体。"胥"就是"续"，茹毛饮血的时代是"胥"，传承火，传承肉；衣冠交往的时代成了"续"，传承"丝"，传承"贝"。"续"字在简化前不但有"丝"，而且有"贝"。造字时期的"贝"，就是今人的"钱"，是"宝贝"。"胥"是姓，"华"是名。从"胥"时代的华胥，到"续"时代的皋陶，人们都是姓在后，名在前，正像现代的西方。

在中国典籍中，记载皋陶的《尚书》在前，记载华胥的《列子》在后。这不是因为华胥"子虚乌有"，而是因为第一个整理古文献的孔子认真严谨，他对中原的史料核实得较多，对关西的史料核实得较少，就删去了他不能肯定的内容。后人的活动范围扩大，核实了更多的史料，就补充了史实。不但《列子》中记下了华胥，《庄子》里两次写到的"赫胥氏"，也是"华胥"。"赫"与"华"都是"胥"字上端余燃的火光，直接描述是"赫"，是"亮"，用植物顶端的花朵来比喻，就是"华"，是花。现代人更容易理解，"光华"早已用来描述火光。"胥"是姓，不只用于一个人，也不只用于一代人，所以在口传过程中没有走样。

历史属于能够延续的群体！

三、占卜问事——理智选择

前文已述，原始人类的思维在"感知——运动"的基础上，由直观行动思维逐渐发展为具体形象思维。具体形象思维是原始人类凭借表象并对表象进行加工来展开的。比如，原始人虽然能对 1+2=3 进行计算，但实际上他们在进行计算时，并非对抽象数字进行运算，而是依靠头脑中再现的实物表象，如1个苹果，加1个苹果，再加1个苹果，或数自己的手指才计算出3来。随着原始人类具体形象思维的发展，特别是联想能力的发展，人们试图通过把控事件之间的因果关联，调控自身的行为方式，从而趋吉避害。这"迫使"人们按照一定的标准来"选择"自己的行为方式。

"选择"思维的出现，意味着人类不再是任由环境改变自己而被环境所选择（即所谓"天择"），而是开始"自觉"地、"理智"地选择自己的行为以主动适应环境，或是改变环境。如果说，此前的原始人类几乎纯任"天择"，可称之为"天真时代"；那么此后，人类开始运用自己的智力与"天"共舞，追求与环境良性互动，便是进入了"理智时代"。

智力是指人类运用知识、经验等解决问题的能力，包括记忆、观察、想象、思考、判断等。人类的智力活动中，最重要的是"决策"。决策就是"选择"：首先是解决"做什么"的问题，然后是解决"怎么做"的问题。"智力"之所以有"力"，是因为"智（即思维）"能解决问题。正如儿童，在只能完全听从大人的指令行事时，还不能说有了真正的"智力"。在开始能自问"做什么"的时候，"智力"就萌生了。

有了"选择"过程的行为，与之前的"占有工具"以及"图腾崇拜"的行为有很大的不同。有读者会问：难道"占有工具"不是在"占有"还是"放弃"之间做出选择吗？"图腾崇拜"不是在"信"还是"不信"之间做出选择吗？答曰：不是。正如前所言，"占有工具"是在"感知——运动"基础上发展出的直观行动思维，而"图腾观念"则是在直观行动思维基础上发展出的具体形象思维。无论是直观行动思维还是具体形象思维，此时的人类行为指令直接来源于人与环境的互动，而不会是完全脱离行为的"内部思考"。"选择"思维的出现，意味着人类行为的自觉的目的性形成。自觉的行为目的的形成，则必须依靠"内部思考"。因为自觉的行为目的，指向行为的未来结果，而这事实上尚不存在，只能在头脑中出现。

原始先民在多种可能性中选择一种行为的时候，是怎么决策的呢，或者说，选择的依据是什么呢？答曰："预测。"这与人们今天决策的基础并无不同，只是今天人们预测的依据主要是科学推理或理性思辨，而原始先民预测的依据，根据人类学、考古学与现有的古文献资料，我们发现：是占卜。那么，占卜又是怎么产生的？

许多事件在发生前，作为引起其产生的另一种事件——原因，会以外在感官很容易察觉到的形式——征兆出现。如电闪雷鸣是暴雨到来的征兆，对于此类征兆，先民是容易认识到的。"原始先民对引起后果的原因的认识，首先是从认识其形式——征兆开始。认识了某种征兆，也就在不同程度上认识了某一事物所发生的原因。如此反复多次的'征兆'认识，就可以通过某一'征兆'的出现，而预测到可能要发生的事情。应当说，通过认识征兆而达到对事物后果的预测，这是原始先民的智慧结晶"。[1] 然而，更多的引起后果的原因，却不是以外在感官所能察觉到的"征兆"形式出现。因此，先民对这类事物的征兆，就难以认识或难以正确认识。然而，具体形象思维高度发达的先民，又极富想象力。他们对行为的抉择，都力求找出一种直观的"征兆"进行预测。为达到这种主动求"征兆"的目的，先民探索人工操控的方法，就导致了"占卜"的产生。[2]

占卜的种类与方法多种多样，因生存环境和生产生活方式不同而有不同。常见的占卜方式有骨卜、龟卜、鸟卜、鸟占、水占，后来还发展出星占、纸牌占卜等。

《史记·龟策列传》载："自古圣王将建国受命，兴动事业，何尝不宝卜筮以助善，唐虞以上不可记。自三代之兴，各有祯祥：涂山之兆从，而夏启世；飞燕之卜顺，故殷兴；百谷之筮吉，故周王。"涂山之兆、飞燕之卜、百谷之筮，为夏商周三代不同的占卜方法。卜与筮不同，"卜"通过观察龟甲、兽骨等的兆象来断吉凶，"筮"通过操作揲蓍（算筹）得出的数列来定休咎。卜与筮构成古代中国流行的两种主要占卜法。

甲骨占卜，一般是在骨板的一面施以灼爇，使另一面因受热作用而裂变

---

[1] 刘玉健：《中国古代龟卜文化》，广西师范大学出版社1992年版，第44页。

[2] 同上书，第45—48页。

出现坼纹，依其坼纹多寡、长短、纵横等所谓兆象变化，进行占断，以决定事情的可行性。目前所知最早的卜骨，是豫西南地区淅川下王岗遗址出土的仰韶三期羊肩胛骨，上有烧灼痕，距今约六千年。最早的卜龟，出诸南京北阴阳营遗址，为一块大龟的腹甲，背面有火烧过的斑疤，正面有坼纹，距今约五六千年前。甲骨占卜"夏商时最为鼎盛，春秋战国以降是其末声。早先卜用骨料很杂，有龟甲及猪、羊、牛、鹿肩胛骨等。龟卜主要流行于江淮和东部滨海地区，骨卜则为中原和北方地区所通见，应与来源或产地有关"。[①] 骨卜在某些少数民族地区存续至今，如彝、羌、纳西等民族，占卜的材料，以羊肩胛骨为主。彝族也有使用少量牛、猪肩胛骨的。

占卜是人类文明初期重要的政治经济决策活动，也是重要的宗教祭祀活动。《礼记·表记》载："昔三代明王皆事天地之神明，无非卜筮之用。"《周礼·春官·筮人》载："凡国之大事，先筮而后卜。"《史记·龟策列传》载："蛮夷氐羌虽无君臣之序，亦有决疑之卜。或以金石，或以草木，国不同俗，然皆可以战伐攻击，推兵求胜，各信其神，以知来事。"殷墟甲骨卜辞中的内容，涉及上古社会祭祀、畋猎、畜牧、农业、战争、天文、历法、医药、年成等多方面。殷墟甲骨卜辞是专业贞卜机构进行占卜的记录。贞卜机构是王室的下属机构，贞人（占卜操作者）代替"王"进行贞问，而且"王"本人常常就是判定卜兆吉凶的"占者"。

在人们根据火灼出的甲骨的裂纹进行占卜时，由于裂纹的形状受到许多不可控因素的影响，并无规律可循，因而只能是想象、臆测。随着人们"理智"程度的提升，占卜活动与天象观测（天象观测也是古文明的重要活动）关联起来，发展出占星术。此时的占卜，开始使用一种相对稳定的标准——天体的运行。占星者认为，人类活动与天体运行规律相关。今天看来，这种做法并不"理智"，但它却是人类走向文明与科学的重要一步——它激发了后来的探索者，去进一步寻找世间万物与人类活动的规律性。

在中国，占卜从 6000 年以前直至春秋战国，兴盛了约五千年。而在西方

[①] 宋镇豪：《夏商社会生活史》，商务印书馆 1992 年版，第 319—320 页。

古文明中，无论是古巴比伦文明还是古埃及文明，占卜也都被作为国家大事来操办。古巴比伦曾有极发达的星占学："据现今所知，巴比伦——亚述时期的星占学纯属军国星占学。欧洲各博物馆中如今已收藏了数以千计的出土星占学楔形文字泥板，据说其中还未发现一块属于生辰星占学内容的。"（生辰星占学专据个人出生时刻的各种天象来推测其人一生的穷通祸福，军国星占学则以战争胜负、年成丰歉、王朝盛衰、帝王君主的安危善恶等事项为待占对象。）至于古埃及文明，"在现今所见的古埃及纸草书与考古文物中，军国星占学和生辰星占学的材料都可见到……在纸草文书中，军国星占学的材料比较丰富"。[①] 这些历史材料，揭示了早期人类社会发展在思维层面的内在相同。

四、数字文字——理性思维

前文已述，"占卜问事"是人类进行"决策"的开端，标志着人类思维进入了"理智时代"。今天看来，"占卜"行为似乎并不"理智"，因为"占卜"决策缺乏"事实根据"。事实上，"占卜问事"还只能算是"理智"行为（非"直观"行为），而非"理智"（或"理性"）思维。"理智"或"理性"是不与事实相矛盾的无歧义的思维。在"占卜问事"的过程中，预测难免与事实不符。人类思维开始从"事实"经验中寻找"决策"依据，才是"理性"思维的开端。其标志，则是数字与文字的发明。

前文曾述，早期发展阶段的人类并没有清晰的数字概念，只有对大小、多少的笼统感知，对明显的大小、多少的差别能区分，对不明显的差别便"模糊"过去。（详见第一章第四节·一《人类文学的共同源头》）这是因为在氏族社会，氏族成员分工狩猎、捕食，并均分所得。这个时期的食物分配当然无需"精确"计算，只要"够"各取所需，便可完全满足"社会需求"。正因为没有计算

[①] 路甬祥：《走进殿堂的中国古代科技史》（上册），上海交通大学出版社2009年版，第46—47页。

的需要，数字便没有存在的意义。

数字是在环境的逼迫下产生的。五千多年前的三大河流域，在四季交替的气候条件下生活的人们，因环境与人口变化，如果不储存粮食，就无法越冬；要储存粮食，就必须记数。人们在挑战与应战中，不得不超越单纯的"识别——对应"而发展出"归纳"的思维能力，不得不超越直观的"占卜决策"而发展出理性的"运算决策"能力，不得不创造出数字——最早的文字（详见第一章第四节之《人类文字的共同源头》）。

"数字"的出现，标志着人类思维朝一个新的方向展开——模糊细微差异、识别整体、简化记忆。模糊细节、寻求相似性的必然结果就是学会归纳，而归纳的第一个成就便是"数"。把"占有"的各种具体细节统统略去，只"总结"每次出猎或每年收获的动、植物的多少。人们在数词和物体数量间建立联系，开始能分辨大小、多少，然后能逐步认识第几、前后顺序，形成数序的观念，再然后能逐步认识数与数之间的关系，能比较数目大小，能应用实物进行数的组成分解，能做简单的实物运算。再后来，从表象运算过渡到抽象运算。总之，人类数概念的发展是一个从模糊到清晰、从具体到抽象的发展过程。最初是通过具体感知来认识实物的数量的，其后不用实物仅用数词也能引起相应数量的实物表象，最后才能脱离表象，在抽象概括水平上真正掌握数的概念。

"数字"的出现，标志着人类的行为决策由直观的"占卜决策"而进入理性的"运算决策"。如果说，占卜问事是借助外物"莫名其妙"的启示作为决策的标准，"运算决策"则是借助于人们自己过去的行为经验作为决策的依据。如以过去的粮食消费为依据，计算推理出越冬备荒所需的粮食储备。

"数字"的出现，标志着文字的产生。当然，文字的发展成型则经历了漫长的过程。从文字的数量和结构方式来看，中国的甲骨文可以说是具有完整体系的成熟文字，但仍然带有原始文字的痕迹。如：在字的构造方面，有些象形字只注重突出实物的特征，而笔画多少、正反向背却不统一；有些会意字，只要求偏旁会合起来含义明确，而不要求固定。因此甲骨文的异体字非常多，有的一个字可有十几个甚至几十个写法；形体往往以所表示实物的繁简决定大小，有的一个字可以占上几个字的位置，也可有长有短。这些特点反映了文明早期人类知觉与思维发展的重要特征，在入学儿童的身上也能得到验证。

文字的发明对人类思维发展的促进作用不可估量。文字的生成过程即是对世界的抽象与概括过程，而文字的使用反过来又大大强化和深化了这一进程——学习文字和应用文字的过程中，文字潜移默化地推动着人类思维的抽象化、精确化、复杂化。可以说，文字是人类从具体形象思维走向抽象逻辑思维的催化剂，是人类思维走向理性的加速器。

文字使得人类社会生活的经验与智慧能跨时间、跨地域的储存与传播，从而促进了人类文明的跨时间、跨地域整合。人类从氏族部落社会整合进入封建城邦社会就直接"源"于文字（造成社会的分层分工），从封建城邦社会进入异域整合社会也依赖于"文书体系"。无怪乎学者多将文字作为人类社会"野蛮"（或蒙昧）与"文明"的分界线。

文字是文明的载体。文字的消亡，则意味着文明的消亡。消亡的文字也许能被考古学家所"解读"，如古埃及文字、古巴比伦文字，但"解读"的却只能是已经消亡的文明的历史。流传至今的活文字，意味着文明的活体生生不息，即使如巴利语或希伯来语，也因佛教与犹太教生机不绝于今。

文字体系的建立，标志着人类进入文明时代。而东西方两大不同文字体系的形成，预示了两大文明不同的发展路径（详见第一章第四节）。

五、价值评估、归类整合、经验比较——理性发展

数字与文字出现后，人类的理性思维逐步演进（在很长一段时期，"占卜"仍然在人类行为的决策方式中占有重要的地位）。距今约三千年前，人类文明的发展进入一个新的历史时期——轴心文明前期，人类理性思维的发展也进入一个新的时期。

对于轴心文明前人类思维发展的探究，依据的材料，主要是人类学对原始遗存社会的研究（如图腾观念与图腾制度）以及考古学对出土文物的考证（主

要涉及中国甲骨文、古埃及纸草书、古巴比伦楔形文字泥板等）。而此后对人类思维发展的探究，依据的材料，则主要是流传至今的东西方古典文献。

揭示人类在轴心文明前期思维发展轨迹的最重要文献，是中国文化经典——《周易》。

《周易》被誉为中华传统文化的"群经之首，大道之源"，同时却又被认为是源自上古的卜筮之书。最著名的说法来自《汉书·艺文志》："《易》道深矣，人更三圣，世历三古。""三圣"、"三古"之说大意是：上古时代，伏羲仰观天文、俯察地理，"临摹"而做"八卦"；中古时代，周文王被商纣王囚禁于羑里，体察天道人伦阴阳消息，重八卦为六十四卦，并作卦爻辞，即所谓"文王拘而演《周易》"；下古时代，孔子喜《易》，韦编三绝，序彖系象，说卦文言，撰《易传》十篇。在长沙马王堆西汉古墓帛书《易》出土后，《易》的本来面目被揭示出来：根据帛书《易》的卦序，运用模式识别技术，可还原《易》卦的原序以及原初文字，研究发现，这是一本三千多年前（商周交替之际）的"日记"——从某个冬季的一天（古历 10 月 14 日）开始，一天接一天，连续 64 周（6 日一周）、384 天（古历闰年）逐日记录当天的重要事情。《易》作者发明用来记日的符号与符码后来被称之为"卦"和"爻"（首见于《系辞》），记录的文辞后来被称之为"卦辞"和"爻辞"。内容既有当时的社会生活，也有前朝（殷商）的传闻故事，还有作者对于所见所闻所作所为的感受——无一不与发生在他身边的事件相关。文辞的内容清晰地反映了事件的逐日进程，更重要的是，文辞的内容还清晰地揭示了时间的逐日迁移——月相、季节、物候（多年生草本植物的生长期、候鸟的迁移），等等。①

---

① 张祥平：《易与人类思维》（第二版），重庆出版社 2004 年版。书中关于"《易经》是三千年前的日记"的论断似有"标新立异"之嫌。然而，作者据长沙马王堆三号汉墓出土的帛书《易》破译 64 "卦"的原初顺序，并根据原初顺序排列的 64×6 段文字所记录的事件揭示其呈现的时序合理性（冬春夏秋；侦察、出征、作战、收兵；婚配和家居；赶路、迎宾、安置，等等）；同时，将《易》置于三千年前的文明背景中，根据轴心文明前期的文明进展理解作者的文明程度和情感倾向，合情合理揭示文献的语境与原意，令人不得不服膺于其论据之充分、论证之严密、论断之可信。

根据《尚书》以及战国楚简牍《周易·繇》的记载，可以推断《易》作者应是周武王的哥哥召公。召公姓姬名奭（读氏），乃周文王的长子伯邑考，伯邑考是后人对召公的尊称，即经营城邑的第一任（考）总（伯）工程师或总指挥(参见《尚书·召诰》)。太公(姜子牙)与召公合称二公(《尚书·金縢》)。周公(老四)称大哥为君奭(《尚书·君奭》)。召公曾经辅助周武王经营土地，营建城市，以及"建邦"时期的其他事务，精于经济管理和工程建设。[①]

作为三千年前的纪实性文献，《易》记事简约，语言古朴，清晰地展现了人类思维的新发展。"新发展"主要包括三方面内容，即理性地对真实事件进行价值评估、归类整合、经验比较，以求总结经验、优化决策，也就是"实事求是"。当然，此所谓"求是"还不能以"寻找规律"言之。然而，"是"所内涵的根本意义——"正确决策"，却是完全相同。要真切理解上述理性思维的"新发展"，我们就需要深入解读《易》之原典，要将《易》置于三千年前的文明背景中，原汁原味地体味其语境与语意。

（一）价值评估[②]

从《易》记载的内容来看，占卜仍是当时非常重要的生活内容——日记中随处可见的"贞"就是占卜，而出现在"贞"后的"吉""凶""悔""吝"等便是占卜的结果。《易》中共有103个"贞"字，"贞"的甲骨文构型"𣂁"象形于占问用的龟甲。由于占卜前的制作工艺及占卜过程中的烧灼，在龟甲中部常出现横贯的纹路，即构型中部的两条平行线，四条斜线呈示了龟甲的坡面，符合于一般的透视规律，类似于机械制图中的顶视图。实际上，《易》的64周记录中，只有9周没有占卜。但更为重要的是，《易》细致地记录了大量的"实事"，而且，作者以其超乎其同时代人的敏锐和智慧对这些"实事"进行了系统地价值评估（即"求是"）。事实上，价值评估对于决策的作用，在《易》作者那里已经可以与占卜问事平分秋色，甚至占了更大比重。

[①] 张祥平：《易与人类思维》（第二版），重庆出版社2004年版，第1—8页；以及张祥平：《经典复杂科学》，中国社会科学出版社2013年版，第3—5页。

[②] 同上书，第88—96页。

《易》对事件的价值评估已经形成了一个完整的系统，可以简单地按程度列为：吉凶＞亨厉＞利悔＞无咎和吝。如果从出现的频次来看（参见表2-1），则正向价值判断（吉、亨、利、无咎）大于相应的负向价值判断（凶、厉、悔、吝）。

表 2-1 《易》中正、反向价值判断的频次

判断术语（正）	出现频次	判断术语（负）	出现频次
吉	144	凶	57
亨	45	厉	27
利	83	有悔	3
无不利	13	悔厉	1
无咎	92	悔夷	1
无大咎	2	吝	19
非咎	1	无攸利	10
何咎	3	不利	7
悔亡	19	利己	1
无悔	6	为咎	1
总计	408		137

《易》中"吉"字出现最多，共144次。其中出现在"贞"后的吉字40个，约占1/4。约有3/4的吉字（104个）都不表示占问的结果，而是表示《易》作者对有关事件的价值评估。吉在甲骨文中的构型是"🗝"，"表示把兵器盛放在器具中不用……后来引申为吉利的好事"。吉在殷代多用于兆辞，即商王对于卜纹的正向理解，到了周《易》写作的时代，吉字超出了单纯的征兆含意，成为最常用的一般化的正向价值判断；如果加上修饰语，可以成为最高的价值判断，如"大吉"（频次5）、"元吉"（频次13）。用现代汉语来说就是"极好""太好了"，用北京方言来说就是"盖了帽了""没治了"，用英语来说就是 marvelous。

与"吉"相应的反向价值判断是"凶"，但在《易》中从来不加修饰语，即不说"大凶"和"元凶"，说明《易》作者的性格趋向乐观，不强化和负面情感有关的价值，这正是中华民族的文化心理特征之一。从总体来看，汉文明不像西方基督教文明那样强调"悔罪"，也不像"神道设教"的日本文明那样强调"知耻"，而是走"中庸"之道，采用不太刺激的语词如"仁""义"。

然而，周代毕竟比殷代更加重视事件的反面教训。凶字在甲骨文中不曾见到，人们对于反向理解的卜纹，只是采用更加具体的说法，如不要（"勿"）去做某事，某事"有祟"等。在《易》中，凶字已成为最常见的负向价值判断，说明已开始形成比较完整的价值判断系统。与"吉"相应，最一般化的反向评估和征兆是"凶"。"凶，恶也……象地穿交陷其中"，正如现在所谓"天塌地陷"一样，"凶"表示恶劣和大灾大难。周人遭受过地震之苦，在周人看来，至高无上的天是不会塌的，所以世上最糟糕的事情莫过于地陷，最险恶的境况就是"凶"！在57个"凶"字中，除了约1/4（12个）处在"贞"之后，表示占问的结果外，其余都是《易》作者对有关事件的评估。

"亨"在《易》中的频次（45）虽然小于"利"（83次）和"无咎"（92次），但从全文来看，它所表示的正向价值比后两者强——除了"吉"之外，只有"亨"字之前加有修饰语，即"元亨"（频次10），意为"太美了"（wonderful）、"大大地顺利"。从《易》的上下文来看，"亨"主要用于对事件过程或暂态的评估，有较强的主观体验色彩；而"吉"则用于对事件结果的评估，更加客观现实（"吉凶者，失得之象也"《易·系辞上》）。

与"亨"相应的反向价值判断是"厉"——危险，感到了危机。像"亨"一样，"厉"用于对事件过程和暂态的评估，带有主观体验的性质。而"凶"则用于对事件结果的评估，更加客观。甲骨文中没有"厉"字，说明周人比殷人更多地从负向事件中吸取教训。"厉"的金文为"𠪳"，"厂"是石崖，"𧉚"是两螯多足的毒蝎，表示石间毒蝎，引申为危险。《易》中的27个"厉"字之中有8个出现在"贞"之后，表示占问后的征兆，有关事项充满了危险。

"利"和"无咎"都是对具体行为的正向价值评估，很少用作征兆意义；"利"只有4次处于"贞"字之后（约占总数83的4.8%），而其前的"利贞"（"恒""屯""泰畜"）和"利居贞"（"屯"）都可以独立成句；"无咎"也只有6次处于"贞"字之后，约占总数92的6.5%。"利"和"无咎"在程度和范围上比"吉"和"亨"小。"利"表示顺利和有所收益，正像"用刀割禾"，侧重于有关行为过程的评估，如"顺利地进行了占问"（"《"），"顺利地去了某个地方"（"复"），"顺利地见到某个人"（登），"顺利地涉过大川"（"襦"）等。"无咎"表示没有过失，没有出现差错，侧重于有关行为的结果，如"为周王办事没出差错"（"巛"），"外出侦察没出差错"（"复"），"在军队里供职没出差错"（"师"），"到达某地没出差错"（"林"）等等。二者在程度上具有明显的差异，即"利"比"无咎"的肯定程度大。此外，采用双重的负价值"无"和"咎"来构成接近于中性的价值评估，说明《易》中的价值判断系统相当完备。"咎"作为负价值，在《易》中只有一次，而与"无"字连用有92次，与"何"连用3次，与"非"连用一次，可以说基本上不再使用"咎"来进行负向价值评估。

在《易》的正向价值中，值得注意的还有"无大咎"（频次2）和"无不利"（频次13），它们都接近于中性，是更为微妙的评估。"无大咎"表示既认识到有关行为的负向现实，又意识到该行为对事件整体的影响较小。如"少有悔，无大咎"，"厉，无大咎"。"无不利"则具有希望的意义，也是意识到某种负向的可能。如"直、方、大，不习，无不利"，"用侵伐，无不利"。尤其值得提出的是一次"利已"，说明《易》的价值系统中已有了动态评估——对于正反向价值的临界状况不只作中性评估，还要说明其趋向是从正到负——"初九，有厉，利已"。[星期一，有危险，顺利（的过程）结束了。]

与"利"和"无咎"相对应的，对于具体行为的负向价值评估是"悔"和"吝"，它们在程度和范围上比"凶"和"厉"小。

"悔"字大多与"有"、"无"或"亡"连用，这指示出"悔"的主体感受性很强——对于具体行为过程的担心和忧虑（"有悔"，如"键"、"困"），没有忧虑（"无悔"，如"复"等）、忧虑消失了（"悔亡"，如"根"等）。与此相反，"吝"字却总是单独使用，仅具提醒的意义，要顾惜，要注意，要当心。如"同人"中"同人于宗，吝"：人们在祖庙汇集，要十分注意。"悔"字在前32周只出现过4次（"复"中2次，"节"与"根"中各一次），后32周出现了32次，而其他各种价值评估都是均匀分布在各周内，说明"悔"这个字是在《易》写作过程中逐渐成为常用价值评估的。虽然"无悔"具有正向价值，但在《易》中仅出现6次，大量出现的是描述从负到正的动态状况的评估："悔亡"（频次19）。"无悔"对应于"无攸利（没有那么顺利）"

（频次 10），"悔亡"则对应于"利己"（见上文）。

《易》中只有一次"利己"，却有 19 次"悔亡"，说明《易》作者具有进取乐观的性格——注意到点点滴滴地从负到正的迹象"悔亡"，而只有在危险来临时，才不得不承认从正到负的事实"利己"。这种心态最生动的表现是"困"之上六："曰悔夷，有悔，贞吉"——刚说忧虑平息了，却又有了忧虑，卜问的结果还是吉利的。

"悔亡"中的"亡"字描述动态过程（灭亡、消亡、忘记），在早期只与生命相关，如"予及汝皆亡"（《书·汤誓》）；到了殷末周初才与抽象的心理过程相关。"悔"字在甲骨文中与"每"字同，其构型 ![字] 由 ![字]（生，产育）和 ![字]（女）组成，表示妇女生育。生育安全无疑是最让妇女担心、忧虑之事（"悔吝者，忧虞之象也"，《易·系辞上》），因而引申为担忧。"家人"中的"悔厉"就是担心出现危机。这一用法与其他文献相似："不我以，其后也悔"（《诗·召南·江有汜》），"亦余心之所善兮，虽九死其犹未悔"（《楚辞·屈原·离骚》）。现代汉语中的"后悔"即是"事后的忧虑"，"悔过"是"忧虑过失从而改正"。

"闻"是十分生动的会意字："门里进了鸟（隹）"，是福是祸说不清，可是必须谨慎小心——鸟习惯在天上飞，进了门很容易受惊，说不定会撞翻杯碗罐坛。汉传宋本把"闻"改成"吝"，体现着商周文化的交融过程。在周初，《易》作者选用生动直接的"闻"字，接下来，汉传宋本编纂者选用商殷文化中较间接的会意字"吝"。

综上所述，《易》作者已经建立了一个完整的价值判断系统，几乎把一切行为都放在被评估之列，这套价值评估系统成为行为"决策"的新的标准。相对于"占卜问事"而言，无疑是人类思维的重大进展。

（二）归类整合[①]

《易》作者除了系统地对事件进行价值评估之外，还进一步对时序关联

[①] 张祥平：《易与人类思维》（第二版），重庆出版社 2004 年版，第 80—96 页。

事件进行了"整合"。"整合"的方式在今人看来很特别，甚至很怪异——大量的语言重复。

《易》中随处可见对于日常生活中的同类事物、行为或场景进行重复记述。纷繁复杂的日常生活中，许多同类事物、行为或场景重复出现，在现代人看来，那也许只是"鸡毛蒜皮"的小事，不值得"车轱辘话来回说"，然而，在文明早期，对于最初关注和记述这些重复现象的"知识分子"来说，其重要性不亚于科学时代的"实验、观测与记录"。"实验、观测与记录"，是科学理论形成的客观基础；"生活、观察与记录"，是《易》时代步入"理性思维"的必经过程。

《易》中的语言重复是在真实场景中"自然生出"的，重复使用同一个词，是因为那个"词"所代表的事物、行为或场景一遍又一遍地出现，它一遍又一遍地刺激着作者的感官与心灵，使得作者"不由自主"地关注它、记录它、回味它，这与诗歌中的反复咏叹有些相似。但由于在《易》中主要被用来记述事件而不是宣泄感情，就对思维产生了强大的影响力。因为重复记述不仅仅是一种强调的方式，也是一种"整合"性质的归类求同的方式：同类的行为（复），同样的集体（师），同一种动作（嗛），相似的过程（登），雷同的现象（月夷），同一个景观（林），同样过多的频次（馀），同样的时刻（辰）……这些"词"由于在逐日记录中反复使用，通常被作者选出作为各周（卦）的标题，后被称之为"卦名"。

让我们来看看《易》的重复记述、整合求同是怎样展开的。

"复"中的6天，每一天都记有"复"字，因为在侦察敌情（见上节）的行动中，只有"复"（向回走），才使人们精神上的紧张得到缓解，也才有心境去回顾那充满危险的历程。作者抓住一个"复"字，可以说恰到好处。再从6天的具体情况来看，第1天走了"不远"，第二天在外面"休"息了一阵，都是没有发现敌情；从第3天开始出现敌情："六三：编，复；厉，无咎。"［星期三：整编好队伍，向回走；危险，（但）没有出差错。］汉传宋本把"编"改为"频"，夸大了第三天的敌情。"频"字的古意是危急——"于乎有哀，国步斯频"（《诗·大雅·桑柔》）。如果把"频"解释为"颦（皱眉）"，不仅是一个孤证,而且从《易》的上下文来看十分勉强,因为在《易》中没有另一个例证是由动作来修饰动作:"皱着眉向回走。"第4天走到中途就一个人向回走,第5天则侦察了一番,第6天进入更加生疏的地域而迷了路——这6天完全是一个自然进程。事件是自然的,《易》作者的记述是写实的,《易》作者每天都记下"复"字也是意到笔随,没有什么"编织"的痕迹。

"师"的6天日记,只有前5天提及"师",更说明《易》不是刻意编纂的文字——既没有为了所谓的"中心思想"而强求每段"爻"辞都有"师"字,也没有把记有"师"字的"复2"之上六"编"到"师3"之中。相反,这6天仍是如实记录,而且不可避免地与"师(军队)"有关联。第1天出兵,"师出"。第2天"在师中"。第3天军队有了伤亡,甚至没有带回死者的遗体:"师或与尸"(汉传宋本把"与"改成"舆",两天之后的分工就成了画蛇添足)。第4天调整队形,"师左次"。第5天补充给养并进行内部分工:"田有禽……弟子舆尸。"其中的"田"包括农耕面积和毗邻的非农耕面积,在农耕面积上进行农作,在非农耕面积上获取柴薪野菜野禽等。田可作动词,相当于猎。"田"的甲骨文构型与现代汉字相同,是"四里为酇(读赞)"的地貌轮廓。据《周礼·地官·遂人》记载:"遂人掌邦之野,以土地之图经田野,造县鄙。形体之法:五家为邻,五邻为里,四里为酇,五酇为鄙,五鄙为县,五县为遂。皆有地域沟树之。""经田野"就是规划出田(包括非农耕地)和野(没有农耕地)的轮廓,用沟树来区分边界。"田"字中的每一个空格显示一"里"。里的方形分为九个较小的正方形,其中的四个是非农耕地(可供猎牧等),另外五个中的每一个再分为九个更小的正方形,其中四个更小的正方形仍是非农耕地(可供猎牧等),另外五个更小的正方形是农耕地,归属于一家农户。鄙以上的方形面积也都分为九个较小的正方形。总的来看,一县的非农耕面积大约是农耕面积的9倍略弱(5936∶625)。"里"相当于村中的小队。酇是基层组织单位,相当于现在说的村,每酇一百户;田是该单位的地貌。"周"的甲骨文构型是"田"的左竖向上下伸出,右竖也向上下伸出,且"田"的四个空格中各有一孤立的短线段,整个构型是较大面积上统一区划的农田农户,周王朝以这样的区划组织为基础而发展壮大。所以,"周"的引申词义是为心胸开阔且行为周到。"禽"在甲骨文中是"✡"或"✡",象形于开口向上的"网","即捕取动物之工具",指"擒获",后来泛指被捕获的动物。第6天重振旗鼓,"大人君有命……"虽然没有提到"师"字,但无疑是军中之事,是前5天事件的自然发展。不仅如此,这6天的事件还是"复"事件的自然进程——从"复2"中6天的行为来看,出兵打仗已是必不可免。

同样,"嗛"中的事件也紧接着"师":按照君王大人的命令,军队继续进发。由于已进入敌境,所以人人都紧闭了嘴巴——嗛。这个字的两个构成成分自右向左读为:"兼口",其中"兼"字在金文中构型为"✡","✡"是两株稻禾,"✡"是用手抓着,一手持二禾,引申为兼并。兼口即是把两片嘴唇并在一起,后来引申为"嘴中含物"或"怀恨",如"鸟嗛肉,蜚其上"(《史记·大宛传》),"景帝恚,心嗛之而未发"(《史记·外戚世家》)。《易》中强调"兼口",一方面由于紧张,另一方面军事行动要求不惊动对方。《易》作者重复地使用"嗛"字,不但真实地记录了进军过程中的实况,也传达了《易》作者身处其境的最鲜明的感受,不能不说是绝妙好文。其中第5天没有"嗛"字,说明《易》不是供检索用的"底本"——只是由于前4天没有发生战事,军风有所懈怠,所以《易》作者不再记录行军中的事件,而是记录自己的感想,并为这次出征找理由:"(我们)不富裕,是因为那个邻国太顺利了,(所以我们)实施侵伐行动,就不会有什么不顺利。"——"不富,以其邻利;用侵伐,无不利。"若在邻、利之间句读,全句意为:我们不富裕,是因为那个邻国,顺利地实施侵伐行动,没有不顺利。现代的人们不会同意《易》作者的战争逻辑,不过,现代的人们应该感谢《易》作者如此坦率,使我们知道在几千年前存在过这样一种逻辑。不但如此,如果现代的人们足够坦率的话,也能在许多近现代战争以及一些妒忌成性的"红眼病"患者那里,甚至就在我们自己身上找到同样的逻辑。

在"月夷"中,由于通行本把"月"字改成了"明",文中又连缺带改了几个字,使得"明夷一卦,内容复杂,而明夷二字,词义不一"。其实,只要根据帛书还"明"为"月",补齐缺字,纠正篡改字,那么全部6个"月夷"(六四中两个,上六中没有)都只有一个含意:月亮从圆变缺——由于《易》

作者连夜赶路，所以"月夷"就成了一个重要的记录对象。

"初九：月夷于蜚，垂其左（汉传宋本无'左'字）翼；君子于行，三日不食，有攸往，主人有言。"[星期一：月亮在飞行中变平了，垂下了它左边的翅膀；君子在途中赶路，三个白天没有吃饭，有那么一个地方要去，（那地方的）主人有约言。]太阳和月亮像鸟一样在空中飞行，古人不能区分"航空"与"航天"，只能根据视角大小来判断太阳和月亮的尺度，这个尺度正处于鸟类尺度变异范围内，所以把太阳和月亮想象成鸟，这种观念体现在许多传说中，如把太阳称为"金乌"，后羿射九鸟等，也体现在"垂其左翼"之中——垂下左边的翅膀，也就是月的两边不再对称，左边略缺，从圆月变为老月；若是右边略缺，则为新月。"夷"的本意是"平"。

"六二：月夷，夷于左股；用拯，马壮，吉。"[星期二，月亮变平了，平到了左边的大腿处；实施救援行动，马匹强壮，吉利。]月亮进一步变缺，作为想象中的鸟，就不仅是垂下了左翅，还收起了左腿；此外，《易》作者把这一次接应归降者的使命看作一项救援行动，而在救援行动中，"马匹强壮"当然意味着吉利——兵贵神速，何况是"救人如救火"。

"九三：月夷，夷（汉传宋本无'夷'字）于南守（汉传宋本为'狩'），得其大首，不可疾，贞。"[星期三，月亮变平了，平到了南半边；找到了那条大道，（可以及时到达，但）不能生病，进行了占问。]"南守"二字按字面意义是南边的"守龟"，守龟是占卜用的龟甲："知伯曰：'君子告于天子，而卜之以守龟于宗祧，吉矣，吾又何卜焉。'"（《左传·哀二三年》）南守在这里表示月亮进一步变缺，几乎成了半个，正如占卜用的龟甲用完了半面，需在另外一半上刻写卜辞；而冬季的月亮从圆变缺时，是从左上半或西北半开始，所以初亏可以说"垂其左翼"，进一步亏缺就可以说"夷于南守"。至于《易》作者从呈椭圆形的月亮联想到形状相似的龟甲，正合于当时重视占问的文化背景。

"六四：月夷（汉传宋本无此二字），夷（汉传宋本为'入'）于左腹，获。月夷，之心，于出门庭。"[星期四，月亮变平了，平到了左边的肚子。（我）到了目的地。月亮平了，到了心上了，（这是）出门庭时（看到的）。]"获"

字的原意为"出猎而得"，引申为"射中鹄的"或"达到目的"。由于到了目的地，下一句中的"出门庭"才合情合理，初九中的"三日不食"也才有了着落——《易》作者常有些文字上的修饰或前后的增补，以说明有关事件的全过程。另一个很明显的例子是"辰"六二中提到"意亡贝……七日得"。（揣摸丢失的货币……七日后得到。）所谓"七日得"即指七天之后，"解11"六三中记载的"得黄矢"——得到黄铜箭，这在《易》作者看来，可以补偿货币的损失。"月夷"六四这一段中"之心"的"之"字，古意是"至"——"之死矢靡它"（《诗经·鄘风·柏舟》）。之的甲骨文中构型为"𡳿"，即在"𡳾（脚）"下面加一横指事符号"—"，表示足履平地，徒步前往，"从止从一，人所之也"。而"至"的甲骨文构型是"𡴆"，"乃矢之倒文，（下横）一像地"，全字"象矢远来降至地之形"。"之"表示人类或动物主动地到某处，而"至"表示无生物被动地到达某处，这种区分在人类早期思维中是常见的。六四中的这个"之"字，更说明从初九开始记录的"月夷"是以弦月或半月为归宿的——当月亮变成半圆时，就是"之心"，即现代汉语的"至心"，到了中间，到达了预期状态。月亮被看成一只鸟，所以是主动到达预期状态。

"六五：箕子之，月夷，利贞。"（星期五，箕子到了，月亮平了，顺利地进行了占问。）此句中的"之"也是"至"意，同样表示预期的动态结果；"月夷"仍是记录月相，但这个"夷"字后面没有紧跟着"夷于××"，所以不具有动态意义。这一天的月相与前一天很相似，因为时间间隔很短——六四是"出门庭"时才看见"之心"，很可能已是凌晨，而六五中先记录"箕子之"，说明是白天发生的事情，然后才看见"月夷"。冬天白昼较短，再加上傍晚即可见到月亮，所以六四的"之心"与六五的"月夷"是极为相似的月相。

"上六：不明海，初登于天，后入于地。"〔星期六，（我看见的）不是海中的月亮，（月亮）升起时在天上，落下时入地中。〕"（吾之）不明海"是倒装句，由于是日记，还省去了写作主体，这个句型与《论语·学而》"人之不己知"相同。〔汉传宋本把"明海"改为"明晦"，是为了用日记内容解释六码符号：上六是最高的六，就像在天上，一定要找个理由，才能说出为什么后入于地。"不明晦"就是这个理由："不明其德，以至于晦。"（句读断在明之后）这一段还用来解释整个六码符号：上外坤属阴柔暗，下内离属火日明，明亮的太阳被遮蔽，"自晦其明"。〕

以上6个"月夷"，词义是统一的，其中的区别则借助于上下文写出，相当于英语中的进行时态、现在时态和完成时态，记述翔实自然，语言古朴简约，充分地显示了《易》的纪实性质，生动地反映了当时的文化风貌。

《易》中的语言重复现象，提供了历史证据，揭示出人类思维从"具体形象思维"走向"抽象逻辑思维"的过渡形态——这正是人类占卜活动兴盛的后期，轴心文明的前期。如果认识不到人类思维的发展必然经过这一阶段，就难以理解《易》中出现的重复字词，或是不顾及《易》的上下文，认为《易》是"由许多占筮辞经编著者的选择、分析、改写和组织"而成。[1] 这一工作比后来为了检索方便而编词典还要复杂，因为其中的词条"大多数有它的中心思想，每一卦像一篇简短的论文"[2]——这绝不是《易》时代的文化特征！那个时代既不可能出现千年之后才出现的"字典"（《说文解字》），更不可能出现三千年后的《词源》。何况"灵谶符咒一样"的"卜筮的底本"，[3] 决不会讲求编排上的规律性。相反，却往往需要"随机性"——正由于没有规律可循，人们才需要占问天帝。总之，"实时求是"地看，《易》中的语言现象不是精心"编织在卦、爻辞里"[4] 的结果，而是人类思维和语言在特定文化时代中自然发育的结果。

《易》所重复记述的事物、行为或场景，其实质是对有时序关联事件的"归类求同"。这种"归类求同"，凸现出《易》作者"整合型"思维的特征——通过同类的行为（复），同样的集体（师），同一种动作（嗛），相似的过程（登），雷同的现象（月夷），同一个景观（林），同样过多的频次（馀），

---

[1] 李镜池：《周易探源》，中华书局1978年版，第6页。
[2] 同上。
[3] 郭沫若：《中国古代社会研究》，人民出版社1964年版，28页。
[4] 李镜池：《周易探源》，中华书局1978年版，第10页。

同样的时刻（辰）等来归类整合一周的事件。尽管这种"类同"的标准不是内在的、抽象的、普遍的，而是外在的、具体的、特殊的，但这正是人类从"具体形象思维"向"抽象逻辑思维"过渡的特征。《易》作者"整合"的对象，是亲历的事件，是"具体形象"的；"整合"的方法，主要是"就事记事"，还没有归纳演绎的事理"逻辑"；"整合"的标准，仅仅是上述重复出现的事物、行为或场景，还没有"抽象"出所谓的"本质"。

这种"归类整合"的源头，在于汉语言文字内在的"整合"特性；而这种"归类整合"的结果，则进一步促进了中华民族"整合型"思维的发展。

我们知道，人类思维演进到科学理性，有两个前提：一是思维必须以事实为基础（上述"实事评估"便是人类思维在这个方向的发展），即"一切从实际出发"；二是对事实进行归类、整合，然后才有归纳、演绎。对事实归类、整合是归纳、演绎的前提。对事实的归类整合模式决定性地影响了推理模式（详见本章第二节·四《中西科学思维的推理方法——分析还原法与构造整合法》）。

对事实的归类整合模式，深层相关于认知心理学所谓的"模式识别"。"模式识别"是人类具有的一种基本智能，是人类认知的一种内在结构。人类对外界事物的识别都是通过"模式识别"进行的（参见第一章第二节·三《中西语音差异的效应》所述）。"模式识别既依赖于感官直接输入的信息，又依赖于人的记忆系统中保存的信息，即人们已有的、有组织的知识经验或图式。人对模式的识别是一种积极的、主动的、有选择的过程。知觉者根据头脑中已有的知识结构把大量信息带入当前的知觉情境，并决定他们对外部世界刺激信息的拾取"。同时，"期待、假设、推理构成了人类模式识别中的高级变量"，导致相同的刺激模式在人们的心理上可能引起不同的认识。[①] 可以说，不同的模式识别决定了人们视野中的不同世界，进而导致了人们头脑中的不同逻辑。正如黑格尔所言："认识起始于理解当前的对象而得到其特定的

---

① 彭聃龄：《认知心理学关于模式识别的研究》，载《北京师范大学学报》（社会科学版），1986年，第1期第35—42页。

区别。"①

《易》作者的"模式识别"特征是典型的汉语言环境下的"整合型"特征——注重求同存异，异中求同，而且推进了一大步——在真实事件中求同存异，在时序关联中异中求同。这种对时序关联的亲历事实的"整合"，凸现出《易》作者对真实事件"时间周期"的敏感性，类似于现代知识分子对历史事件"时间周期"的敏感性。这无疑是一种复杂性极高的识别，因为识别对象是自然界最复杂的"人事"。这种"模式识别"的特征，深刻地影响了中华民族以后的文明进程：中华文明后来发展的复杂科学最高模型，可以说是此种"模式识别"的升级版，再后来发展的复杂科学三规律，可以说是此种"模式识别"的深化版。（详见本章第二节《中西科学思维的比较》）

（三）经验比较

在对事件进行价值评估和归类整合的基础上，《易》作者还开始了更富于理性意义的思维：相关事件的经验比较。

《易》中的比较术语"不如"（汉传宋本）或"不若"（帛书）共出现三次："归妹"六五"帝乙归妹，其君之袂不若其娣之袂良，〔（想起当年）帝乙把少女嫁给周王，（看来）君子之间的关系不如女子之间的关系密切。〕""屯"六三"即鹿毋虞，入于林中，君子几不若舍，往吝。〔袭击鹿时不穿鲜艳的服装，不相互招呼，（鹿）进了树林中，君子还不如舍弃（不追），去邻近的其他地方。（'按叟即邻字'）〕"；"既济"九五"东邻杀牛，以祭，不若西邻之禴祭，实受其福"。〔东边的邻居杀牛，用（牛）祭（祖），不如西边的邻居洗个澡祭（祖），实实在在地得到他们的福利。〕

"归妹"是一次较大规模战争的后期，这次战争从"馀"的"利建侯，行师"〔顺利地建立诸侯（爵位），出兵（打仗），（立大功者可获爵位）〕开始，到"归妹"的"征凶，无攸利"〔打了恶仗，不像过去那么顺利〕时，已经48天，进展不大，所以采用"和亲"方式解决："归妹"六三"归妹

---

① 〔德〕格奥尔格·威廉·弗里德里希·黑格尔：《小逻辑》，贺麟译，商务印书馆1980年版，第173页。

以嬃，反归以娣。"〔（一方）以姊嫁，（另一方）以娣回嫁。〕九四"归妹愆期，迟归有时。"〔嫁女延期了，（但）迟嫁（的日子）已有约定。〕也就是说，战争基本上结束了。因此，《易》作者在翌日（六五）想起了"帝乙归妹"的故事，把过去与现在的事件联系起来，便总结出了"其君之袂不若其娣之袂良"。如上所述，这一个"不若"，意味着理性思维的又一项进展：从"贞"和"评"，进展到了"比"。10 天后，当《易》作者在行猎中进退两难时，便通过比较来在可能的两种不同行为模式（"舍"与"往"）之间进行选择。

通过对相关事件的经验比较来归纳教益和总结教训，是一种比实事评估和归类整合更为进步的思维。如果说，价值评估还限于对"独立事件"进行"封闭"评估，归类整合还限于对具有外在"关联"的事件进行"求同"识别，经验比较则已经是在更大的视野中对具有内在"关联"的事件进行"开放"的评价。这无疑是一种普适性与复杂度更高的思维。可以推断，价值评估、归类整合和经验比较，是人类思维发展过程必经的阶段。人类不同地域的文明，都会在某种契机推动下，促使这种更高级的思维从"占卜问事"中脱颖生出。只是人类古文明中，唯有中华文明流传至今，也唯有中华典籍《易》，以其无比珍贵的历史实录，使今人可以探其脉络。

《易》所展现的，是中华民族心智成长史的一段重要轨迹，揭示了人类思维进化史的一个重要阶段。《易》为后期中华文明的发展开辟了崭新的路径——中华文明的"诗歌时代"与"思辨时代"即将来临。

六、诗歌艺术——情感升华

人类思维的发展遵循着一定的轨迹：从占有行为到个人观念，从图腾神话到社会意识，从占卜问事到理智选择，从数字文字到理性思维，从价值评估、归类整合到经验比较……如此历程经过几百万年，人类思维仍处于少儿时代。跨越少儿时代之后，人类思维进入"青春期"，其标志是"诗歌艺术"喷薄而出。在人类文明进程中，"诗歌艺术"所孕育所激荡的情感和价值趋向，深远影响了其后人类在抽象思辨、追寻本体、开发内心等思维发展进程中的价值取向。

"诗歌艺术"出现前的人类思维发展历程，就目前所知，仅在中华文化中可以得到系统的、确切的证据，如甲骨文和《易》。其他的古文明遗存，如巴比伦、埃及，因文明断裂、史料缺乏，难有成体系的脉络可循。"诗歌艺术"出现后，人类思维的发展就可以在东西方不同文明——特别是在中华文明和欧洲文明——之间相互参照。以下关于"诗歌艺术——情感升华"的论述，将从比较的视域，通过对中华文明和希腊文明的诗歌艺术的经典文献的参照探究而逐次展开。

（一）中国的诗歌艺术经典及其情感趋向

中国的诗歌艺术经典是《诗经》。学界通常认为《诗经》是收录西周初年至春秋中叶大约五百多年间民众创作的诗歌总集、民歌总集。然早有学者质疑之。[①] 据台湾学者李辰冬考证，《诗经》是尹吉甫一人所作。[②] 据张祥平先生研究，汉传宋本《诗经》是以尹吉甫夫妇及其诗友为主要作者的诗集，《诗经》的形成与传播过程当与汉传宋本《周易》相似。[③]

"诗"因何而起？南宋大儒朱熹在《诗经传序》中曰："人生而静，天之性也。感于物而动，性之欲也。夫既有欲矣，则不能无思；既有思矣，则不能无言；既有言矣，则言之所不能尽，而发于咨嗟咏叹之余者，必有自然之音响节族（音奏）而不能已也。此诗之所以作也。"王夫之则直截了当地指出："诗达情。"[④]《诗经》以诗达情，以情咏性，展示了中华先民丰富的情感世界。那么，"诗"所"达"的何种情感趋向，影响了中华民族在抽象思辨、追寻本体、开发内心等思维发展进程中的价值取向呢？大体言之，主要有三类：宗教情感、政治情感、和伦理情感。以下分述之。

---

① 魏炯若：《读风知新记》，陕西人民出版社 1987 年版。
② 李辰冬：《诗经通译》，水牛出版社民国 85 年（西历 1996 年），自序第 1 页。
③ 张祥平：《经典复杂科学》，中国社会科学出版社 2013 年版，第 291 页（注）。
④ 王夫之：《诗广传》（卷一），见《船山全书》，（第 3 册），岳麓书社 1996 年版，第 325 页。

宗教意义上的情感，在《诗经》中首先表现为对"天"的敬畏。在西周时代，中华先民对"天"的观念，已超越单纯自然的、物理的意义，而赋予了"天"人格的、神灵的色彩，"天"具有主宰性的力量（见第七章第二节·一·（一）·1·《儒教信仰的基本观念——天》）。《诗经》中，"天之主宰"的重要表现，是兼用威福。"天"一方面广施福泽，造福万民。如《小雅·天保》云："俾尔单厚，何福不除，俾尔多益，以莫不庶。"又如《桑扈》云："君子乐胥，受天之祜。"另一方面，则明察善恶，惩恶扬善，警诫世人。如《小雅·节南山》云："天方荐瘥，丧乱弘多。"又云："不吊昊天，乱靡有定，式月斯生，俾民不宁。""天"的恩德，堪比父母。如《小雅·巧言》云："悠悠昊天，曰父母且。"又如《蓼莪》言及父母养育之恩，"欲报之德，昊天罔极。""天"的神威，又难以揣测。如《小雅·小弁》中对天命时运的焦虑，"我独于罹，何辜于天。""天之生我，我辰安在。"人对天要心存敬畏，如《小雅·节南山》云："凡百君子，各敬尔身。胡不相畏，不畏于天？"对"天"的敬畏，不是消极悔罪忏悔，而是以积极自律的精神，顺天应人，把握命运。如《大雅·文王》所言："永言配命，自求多福。""自求多福"把人类的主体创造能力放在了突出位置。敬畏天帝的同时，《诗经》并不排斥其他的神灵，而是同其他各种神灵和谐共存。正如《周颂·时迈》云："怀柔百神，及河乔岳。"其中，对于祖先的崇拜尤为突出。《诗经·周颂》是武王、成王时期的祭祀祖先的诗歌，如《思文》祀后稷，《天作》祀太王，《维清》《维天之命》《我将》祀文王，着重颂"文王之典（德）"，这是周族子孙崇拜文王之根本处。又如，《雝》是武王祭祀文王的乐歌，《潜》是献鱼祭祖诗，《执竞》是祭祀武、成、康三王之诗，等等。总之，《周颂》三十一篇，都是表达崇拜先祖进行祭祀之诗。《鲁颂》四篇，则都是歌颂僖公功德、祭祀先公的"颂祷之辞"。《商颂》五篇，也都是缅怀先祖功德、祈求先祖神灵佑助的祭祀诗歌。《诗经·大雅》所收录的八篇有关周族历史的诗篇，是周族后人在庙堂祭祀时歌颂先祖建功立业不朽功勋的祭辞。《生民》叙述了始祖后稷诞生、成长及发明耕种，教民稼穑，发展农业的经过；《公刘》叙述了祖先公刘率族众于西北夷狄之间迁至豳地的经过和安家落户的情形；

《绵》叙述了太王古公亶父由豳地迁往岐山开发周原，歌颂了他奠定周族基业的功绩；《皇矣》歌颂文王秉承天帝旨意开疆辟土。雅颂所反映的宗教情感，融天帝信仰、万物有灵信仰、祖先信仰于一体，体现了寓神恩于政教的人文倾向。

政治意义上的情感，在《诗经》中首先表现为对"君子"之"德"的推崇。"君子"本意为"君"之"子"，后泛指兼有地位和才德的人。《大雅·洞酌》云："岂弟君子，民之父母"，"岂弟君子，民之攸归"。表明君子享有一定的社会地位，具有道德上的感召力。"君子"之"德"的核心是"爱民"，有父之尊，母之亲。具有此道德，才能为民之父母，若不行此道德，就不配做民之父母。爱民之德，在于使人民衣食无忧。"民之质矣，日用饮食。群黎百姓，遍为尔德。"满足人民的基本要求，保障人们的日用和饮食，就是上下皆善的德行。"帝谓文王，予怀明德，不大声以色，不长夏以革。"上帝眷顾文王之德，他不贪图声色之乐，也不轻启兵革之争，体现了爱民之德。所以，"皇矣上帝，临下有赫，监观四方，求民之莫。"上帝威明地监视天下，观察四方，以求人民安定。殷纣没有安定人民，失去了民心，导致天命转移。上帝看到周国善于养民养物和大伯王季（文王父）的德行高尚："继此王季，帝度其心，貊其德音，其德克明，克明克类，克长克君，王此大邦。克顺克比，比于文王。"上帝能度王季的心，使其有分寸，又清静其德，使其具有能察是非、能分善恶、教诲不倦、赏庆刑威、善和遍服、上下相亲的六德。"君子"之"德"主要表现为"德治"："明明天子，令闻不已，矢其文德，洽此四国。"明显天子的善德，使之长久称闻，又布施其经纬天地之德，和洽天下四方之国。周公率众人祭祀文王，称"济济多士，秉文之德，对越在天"。作为有德之士，传承文王之德，文王的精神已度越在天。"明昭有周，式序在位。载戢干戈，载櫜弓矢。我求懿德，肆于时夏。允王保之。"收敛起干戈弓矢，而益求懿美德行，以布陈于中国，这样王就能保住天命。要社会安定、人民安居，就不要战争，战争带给人民痛苦，不是德治。"德治"的关键是"德教"，即进行道德教化。"温柔敦厚"是推行德教的表现："温温恭人，维德之基。其维哲人，告之话言，顺德之行。其维愚人，复谓我僭，民各有心。"聪明君主，能听取善言的劝告，并顺其道德之行，实行德治。愚笨的君主，反认为告其善言的人，僭起职守，心怀异志。"申伯之德，柔惠且直，揉此万邦，闻于四国。""仲山甫之德，柔嘉维则，令仪令色，小心翼翼。"柔和美善的德行，能善其动止的威仪，善其容貌的颜色，又能小心翼翼地遵守法律。有德的君子必得上帝的眷顾，如《假乐》云："假乐君子，显显令德，宜民宜人，受禄于天，保右命之，自天申之。"《诗经》中，经常"德"与"寿"并举，强调善"德"有"寿"报。如《小雅·蓼萧》云："其德不爽，寿考不忘。""宜兄宜弟，令德寿岂"。又如《南山有台》云："乐只君子，遐不眉寿；乐只君子，德音是茂。"君子之"德""福""禄""寿"，都与"得民"有关，都需要修德爱民。[①]

　　伦理意义上的情感，在《诗经》中首先表现为对"孝悌"的关切。"哀哀父母，生我劳瘁"，表达的是对父母因生育、养育自己而过度劳累所表示的伤痛之情。"无父何怙，无母何恃，出则衔恤，入则靡至。父兮生我，母兮鞠我，拊我蓄我，长我育我，顾我复我，出入腹我。欲报之德，昊天罔极"，表达的是对父母含辛茹苦养育之恩的回顾，由于父母早逝却无以回报，哀痛不已。"有冯有翼，有孝有德，以引为翼，岂弟君子，四方为则"，强调有孝德者能感化人。武王有孝德而继先祖的功德，庶民信王道，然后天下依以为法。武王以孝德尊崇先人，亦望后人能永存孝心而传承先人的德业。在兄弟国家和家族家庭的兄弟之间，"既有君子，孔燕岂弟。宜兄宜弟，令德寿岂"。远国的君子访见君子，为君子所接待，彼此都很快乐，既宜为兄，亦宜为弟，兄友弟恭，喜乐融融。对于友邦或朋友，要知德必报。若能惠于朋友、庶民、小子，则子孙、万民都会继承此惠于朋友之美德而行于天下。《诗经》中也有着丰富多彩的男女情爱的表达，比如："窈窕淑女，寤寐求之。求之不得，寤寐思服。悠哉游哉，辗转反侧"，表达了对心仪之人思慕不已；"有美一人，清扬婉兮。邂逅相遇，适我愿兮"，表达了邂逅相遇，一见钟情，难以忘怀；"未见君子，忧心忡忡"，

---

① 张立文：《〈诗经〉之德》，光明日报 2009 年 8 月 17 日 12 版。

表达了妻子对远在他乡的丈夫的思念;"念彼共人,涕零如雨。岂不怀归?畏此罪罟",表达了奉命远出的官吏对家中妻子的思念。但上述情爱的表达皆有相当的分寸感,正所谓"乐而不淫",或"忧而不伤",既有真情实感的自然流露,又不过度放纵、肆无忌惮。

《诗经》中所展现出的上述鲜明的情感趋向,无论是宗教意义上的,还是政治意义上的,或伦理意义上的,概而言之,都是"道德"意义上的。《诗经》强调敬畏天帝,而敬畏天帝最重要的表现就是在政治上实行德治,"以德配天",所谓"皇天无亲,唯德是辅",所谓"无念尔祖,聿修厥德,永言配命,自求多福",皆是此意。文王敬事上帝,其德正而不违,四方的国家都来归附。周受"天命"而代商的原因,正在于文王有德。"天命靡常",上帝的意志将根据有德与无德而做出予或夺的改变。德治的关键是要推行道德教化,而进行道德教化首先要求教化者自身要有道德修养,行为端正。"有孝有德,以引为翼,岂弟君子,四方为则。"有孝德者才可以感化人,才能使天下依以为法。《诗经》言"修德配命""爱民之德""为政以德""忠孝道德"等,都是以"德"为核心,"德"在其中一以贯之。

《诗经》中所展现出的道德情感在其流传与解读中得以强化与升华。因"其所感者无不正,而其言皆足以为教"(朱熹:《诗经传序》),因此《诗经》自春秋时期,就被"用之乡人,用之邦国,以化天下",成为贵族教育的经典读本。"此诗之为经,所以人事浃于下,天道备于上,而无一理之不具也……察之情性隐微之闲,审之言行枢机之始,则修身及家,平均天下之道,其亦不待他求而得之于此矣。"(同上)《诗经》中所强化与升华的情感趋向,由此便深刻地影响了中华文明在其后的抽象思辨、追寻本体、开发内心等思维发展进程中的价值取向。

(二)西方的诗歌艺术经典及其情感趋向

西方的诗歌艺术经典是《荷马史诗》,相传由古希腊盲诗人荷马创作,是《伊利亚特》和《奥德赛》两部长篇史诗的统称。其在西方古典文学中享有最高地位,正如《诗经》在中国文学中的地位。史诗所展现的自由主义、个人主义与英雄主义的情感趋向，影响了西方古典文明在抽象思辨、追寻本体、开发内心等思维发展进程中的价值取向。文艺复兴后，也深刻地影响了西方现代文明的价值取向。以下将从与《诗经》比较的视角，从宗教情感、政治情感、伦理情感三方面分别述之。

在宗教情感方面。如果说，《诗经》展现的是"人"对"天"的敬畏之情，以及与天地万物各种神灵的和谐相处（天人合一），那么，《荷马史诗》展现的却是"人与自然分离对立的倾向"。荷马时代航海贸易与海外殖民已蔚然成风，"在人与自然环境的关系上，经过技术、贸易等新因素的产生而造成一种对自然生态系统束缚的突破"。[1] 这导致了古希腊人与自然分离对立的态度。于是，在《荷马史诗》三万行鸿篇巨制中，有骁勇善战、足智多谋的英雄厮杀肉搏，有惊心动魄的海上历险，有痛杀情敌的残酷血腥……唯独缺少对自然的赞美。因此，古希腊人不敬畏"天"，而是崇拜具有操纵自然力量的"奥林匹斯神系"。"奥林普斯宗教的基本特点是直观的自然崇拜和明朗的感觉主义"。[2] "自然崇拜主要表现为对人的自然形体的崇拜，感觉主义主要表现为对美的事物和现实生活的热爱"。[3] 他们"对肉体的重视更甚于对精神的关怀，对现实生活的关注更甚于对彼岸世界的向往。具有一副强壮而矫健的身躯，这对于希腊人来说是莫大的光荣。对人的自然形体的热爱和赞美，使希腊青年把大多数时间都用在练身场和运动场上，参加各种体育竞技活动，如角斗、跳跃、拳击、赛跑、掷铁饼等，目的是要练成一副最结实、最健美的身体。这样一种健壮的体魄，对于曾经作为征服者而入主希腊地区、而后又经常面对着战争的威胁的希腊人来说是非常重要的。"[4] 希腊人对肉体健美的崇拜反映到信仰中，就产生了与人同形貌同性情的奥林匹斯诸神形象："希腊人竭力以美丽的人体为模范，结果竟奉为偶像，在地上颂之为英雄，

---

[1] 张光直：《考古学专题六讲》（第一版），文物出版社1986年版，第17—18页。
[2] 赵林：《西方宗教文化》（第2版），武汉大学出版社2005年版，第49—50页。
[3] 同上书，第62页。
[4] 同上书，第50—51页。

在天上敬之如神明。"① "宙斯、波赛冬、阿波罗、阿佛洛狄忒等之所以是神,并非由于在精神或道德方面有什么值得炫耀的地方,而是由于在肉体方面具有令人羡慕的优势。神只是比人更强壮、更健美,而且能够长生不死;他们战斗起来比人更勇猛,享乐起来比人更奢侈。希腊宗教具有极其强烈的肉感色彩,这一点不仅在迷狂放纵的狄奥尼索斯崇拜仪式(即酒神祭奠活动)中充分显现,而且也表现在崇高典雅的奥林匹斯诸神的形象上面。"② 希腊神灵虽然比人更强大、更有能力,但是人所具有的各种欲望和弱点神都具有,而且往往是以一种典型化的方式表现出来。滋生是非、尔虞吾诈、巧取豪夺、偷花摘柳,这些不光彩的行径在诸神身上屡见不鲜。③ "对人的自然形体的崇拜",其实也是对武力征服的崇拜;而"对美的事物和现实生活的热爱",其实也是对人类无限欲望的肯定。二者的自由主义情感倾向尽显无遗!这种自由主义倾向的"基本精神最初以粗糙和朦胧的形式萌发于奥林匹斯神话中,它贯穿于西方文化的整个历史过程,并且在从古代到现代的各个历史阶段中以不同的形式表现出来。每一种文化都有自己独特的基本精神,正是这种文化基本精神而不是那些表面性的文化现象,导致了不同文化之间的真正分野。它潜藏在纷纭芜杂的文化现象背后,决定着一种文化的总体面貌和发展方向,并通过宗教、哲学、文学艺术、法权体系和现实生活等文化形态表现出来"。④

在政治情感方面。如果说,《诗经》展现的是对"君子"之"德"的敬重,那么,《荷马史诗》展现的却是对"英雄"之"力"的推崇,政治领域几无道德可言。在《伊利亚特》中,特洛伊似乎是保家卫国,但特洛伊战争却是因特洛伊王子柏拉斯拐走海伦引起争端。这是赤裸裸的掠夺,不惜暴力流血、灭家亡国。阿伽门农统帅的联军则完全是以利合、以利散的乌合之众。特罗伊城的女人、财宝、肥沃的土地、成群的牛羊才是发动战争的真正目的,夺

---

① 赵林:《西方宗教文化》(第2版),武汉大学出版社2005年版,第52页。

② 同上书,第52页。

③ 同上书,第54页。

④ 同上书,第62—63页。

回海伦只是借口。阿喀琉斯愤然退出战斗，作壁上观，只因主帅阿伽门农抢走了战利品性质的女俘布里塞伊斯。直到战场告急，阿伽门农被迫奉还布里塞伊斯，阿喀琉斯才重新参战。《伊利亚特》里的战争英雄们，几乎都在名字前被冠以"伟大"，如"伟大的珀琉斯之子阿喀琉斯""伟大的赫克托耳""伟大的伊多墨纽斯""伟大的忒拉蒙之子埃阿斯""伟大的枪手奥托墨冬"等——战争孕育了"伟大"！更令人称奇的是，"伟大"的战争英雄居然可以斗胆跟天神交锋，刀枪相见：狄俄墨得斯把爱神阿芙洛蒂特追杀得狼狈不堪，威名赫赫的战神阿瑞斯也败在狄俄墨得斯的长矛下，可见即使是神灵的威严也无法抑制战争的狂热。（而在《诗经》中，战争要顺从天帝的意志，如《鲁颂·閟宫》云："无贰无虞，上帝临女，敦商之旅。"——周武王说："别疑惑别顾虑，上帝看着你们，打败商纣大军。"）《荷马史诗》中展现的战争场面甚至是"诗情画意"的，令人心旷神怡的诗画境界与野蛮血腥气息不可思议地联系起来，惨无人道的战争场面可以描绘得赏心悦目。描绘冲锋陷阵："现在一大队一大队的达那俄斯人冷酷无情地冲入战阵了，就像巨大的波涛，在一阵西来飓风的催逼下，一个接一个地冲到那轰然回响的海滩上……"描写两军格斗："盾牌、矛子和披甲战士们都冲突起来了。那些盾牌的肚脐互相碰撞，发出轰然巨响，怕死者的尖叫混合着毁灭他们的人的大言，地上流着血。如冬天两条泛滥的山涧，从高处的大源泉出来，滚到一个深潭里去汇合……"描写武器和头盔："他的盾牌和头盔都闪出一派光焰，好像那天狼星刚刚从大洋里洗澡出来，照耀得其他的一切星都黯然失色……"凡此种种，不胜枚举。《荷马史诗》对战争作不受任何道德制约的暴力审美令东方文明难以企及。化痛苦残酷为悲壮，是《荷马史诗》暴力审美的又一特点。鲜血横溢的肉搏、惨不忍睹的屠杀，如阿喀琉斯残戕赫克托耳的尸体，帕特洛克罗斯尸体旁的血腥厮杀，以及对杀人细节细致入微的描绘，此外还有克律塞斯掳女之恨，普里阿摩斯失子之痛，阿喀琉斯亡友之悲，安德洛玛丧夫之哀，等等。然而，这一切战争的不幸并没有形成反战意识和厌战情绪，相反却在浓烈的暴力审美意识催化下，难以置信地升华为崇高和悲壮。这种崇高和悲壮又进而成为激励战争狂热的精神动力。（《诗经》中的反战情绪则随处可见，如《国风·东山》：我徂东山，慆慆不归；我来自东，零雨其濛。鹳鸣于垤，妇叹于室。洒扫穹窒，我征聿至。有敦瓜苦，烝在栗薪。自我不见，于今三年！)《荷马史诗》中除了赞美英雄之尚武，也赞美其智谋。在《奥德赛》中，主人公不仅勇敢，更重要的是善用智谋。智谋包括狡黠、欺诈等手段。被称为智慧之神的雅典娜很欣赏奥德赛的骗人本事，赞扬他说："就是天神们也没有你心眼多主意多。你这个家伙处处想骗人，就在你自己家乡也还要说谎话；我看你是喜欢这样做吧。"又说："我们彼此都是善用智谋的：你在凡人中是最能出谋献策的，我在天神中也以智谋巧艺著名……"把崇尚武力、善于欺诈标榜为领袖人物的美德予以赞颂，揭示了古希腊在政治领域的功利主义、现实主义倾向。

在伦理情感方面，如果说，《诗经》着重展现的是基于血缘亲情延展开来的"二人本位"的伦理情感（如孝、悌、忠、信等），那么，《荷马史诗》着重展现的则是基于"个人本位"的"感觉主义"，特别是对"浪漫"的追求。以宙斯为首的奥林匹斯诸神，以健美的形体和超凡的能力成为希腊人的生活理想。宙斯三兄弟的威严、太阳神阿波罗的俊美、战神阿瑞斯的彪悍、神后赫拉的美丽、智慧女神雅典娜的高傲、美神阿佛洛狄忒的娇艳、先知普罗米修斯的机智，成为讴歌的对象。希腊人普遍地为一种美的"浪漫理想"所吸引。黑格尔总结道："诸凡客观地美丽的个性，便是希腊人的神祇。"[1] 然而，希腊人的神祇在道德方面并无值得称道之处，终日宴饮娱乐、游手好闲。他们像凡人一样具有七情六欲，一样爱冲动和犯错误，而且还经常到人间来干些风流勾当和滋生是非。伦理意识早已置之度外。他们以神的身份制定种种律法，然后又像凡人一样随心所欲地践踏这些律法。"他们大多是一些风月场上的老手，常常到人间来拈花惹草；而作为希腊传说中的主人公的英雄们，如赫拉克勒斯、帕耳修斯、阿喀琉斯等，正是神灵们的风流韵事的产物"[2]。在《奥德赛》中，美丽的阿佛洛狄忒背着丈夫锻造之神赫淮斯托斯与风流偶

---

[1] 赵林：《西方宗教文化》（第2版），武汉大学出版社2005年版，第64页。
[2] 同上书，第53—54页。

傥的战神阿瑞斯幽会，赫淮斯托斯暗中布下了一张大网，把奸夫淫妇当场抓住。咆哮如雷的赫淮斯托斯召集了所有的神灵，请他们来作见证，众神却对这件风流韵事大笑不止。高贵的阿波罗悄声问身边的赫耳墨斯，他是否也愿意冒着被罗网缚住的风险而领略一下与阿佛洛狄忒同床共枕的欢乐。那位年轻的信使之神回答道："尊贵的远射神阿波罗，我当然愿意呀；哪怕有三重弄不断的锁链把我绑住，哪怕有你们全体男神和女神都看着我，我也愿意同金光灿烂的阿佛洛狄忒同床睡觉哩。"赫耳墨斯的回答在众神中又引起一阵哄堂大笑。① "古代希腊人既赋予他们的神以超人的力量，也赋予人的弱点。在他们眼里，宙斯既是律法的制定者，也是个调戏妇女的伟人"。在荷马史诗以及其后的悲剧和喜剧中，不仅可以看到对神的力量和健美的赞誉，也可以看到对神的卑劣行径的讽嘲。希腊的神都具有双重品质，如宙斯的威严和荒淫，赫拉的端庄与嫉妒，波赛冬的气势宏伟与心胸狭窄等等。在荷马和希腊剧作家们的笔下，既可以看到威风凛凛的宙斯有时凶残暴戾得像暴君，有时又愚蠢可笑得像小丑。阿佛洛狄忒的轻佻风流撩拨着希腊人的情欲，而赫拉的嫉妒和褊狭常使街头悍妇也自愧不如。与崇高悲壮的英雄业绩相比，神明们的行为往往显得既粗陋又平庸。"神的生活显得那样粗俗和低庸。他们忌刻成性、动辄发怒；只有在强力的胁迫下，才可勉强相安无事……诸神所遇的种种问题，平庸低俗。阿喀琉斯甘愿一死，以便为挚友复仇，并维护自己的尊严；至于永生者，则不会面临这样的抉择，其行为的动机势必微不足道"。②

《荷马史诗》中对男人的最高赞誉之词是"agathos"，意指"具有装备精良、强壮威猛、迅疾如风、骁勇善战且足智多谋等素质的勇士……这类人不必因为是勇士而一定需要具备安宁的品质：勇士不必非得可靠、贤明、心智健全或行为正当"，彰显了一种以竞争为导向的价值结构。其中，"道德责任没有用武之地……道德责任赖以存在的更宁静的品质，既不足以吸引史

---

① 赵林：《西方宗教文化》（第2版），武汉大学出版社2005年版，第54页。
② 同上书，第66—67页。

诗的听众,也不足以得到强有力的支撑,更不能驱策某人采取行动"。[①](在《诗经》中,对人的最高赞誉之词是"德",彰显了一种以和谐为导向的价值结构。"和"是《诗经》中所颂扬、所追求的美好境界,如《小雅》中的"鼓瑟鼓琴,和乐且湛"(《鹿鸣》)"妻子好合,如鼓瑟琴。兄弟既翕,和乐且湛"(《常棣》)"神之听之,终和且平"(《伐木》)"和鸾雍雍,万福攸同"(《蓼萧》),"喤喤厥声,肃雍和鸣"(《有瞽》)"既和且平,依我磬声"(《那》)等。《诗经》中的"德"与"宁"密切相关,如《大雅》中的"怀德维宁,宗子维城"(《生民之什·板》)"瞻卬昊天,曷惠其宁"(《荡之什·云汉》)"四方既平,王国庶定,时靡有争,王心载宁"(《荡之什·江汉》)等。中西文明在诗歌时代价值取向之不同若此!)

《荷马史诗》后来成为古希腊教育后人的标准文本[②],其中所展现出的道德情感在其流传与解读中得以强化与升华。正如一位雅典人所言:"我父亲热切地盼望我成长为一位了不起的人物,为了这个目的,他强迫我要把荷马所有的东西印在脑海中。"[③]《荷马史诗》中所强化与升华的情感趋向,由此深刻地影响了西方文明在其后的抽象思辨、追寻本体、开发内心等思维发展进程中的价值取向。

七、抽象思维——范畴思辨

人类思维有着追求"普适性"的禀赋。然而,直至诗歌艺术时代,人类思维的"普适性"发展仍处在"量变"阶段。人类思维"普适性"发展的"质变",需要从具体思维进入抽象思维。

具体思维的对象对应的主要是"类别名词"和"专有名词",抽象思维

---

① C.J.Rowe:《荷马史诗的道德本质》,载刘小枫、陈少明:《荷马笔下的伦理》,华夏出版社 2010 年版,第 114—115 页。

② 〔美〕斯皮瓦格尔:《西方文明简史上》(第四版),董仲瑜译,北京大学出版社 2010 年版,第 60 页。

③ 同上。

对应的则主要是"重设名词"（指借助类别名词、专有名词或其他重设名词才能识别其对应的名词），即通常所谓的"概念"，或曰"名"。"概念"（或"名"）不能凭空"捏造"，而是从不同事物中抽取出来的"相似性"或"共性"。概念的形成以识别为基础，首先要识别出不同事物的差异，然后异类求同，抽取其"相似性"或"共性"，即所谓"抽象"。"相似性"或"共性"就是"象"。

在抽象概念发展的基础上，人类思维的"普适性"火光急剧迸发——人们甚至企图在宇宙万事万物中抽取一个共同的"象"（所谓"本体"）。在抽象概念的基础上，人们开始"用思维去辨明事物"——思辨。思辨与"用感官去识别事物"不同："识别事物"的结果要用"名称"（口声语言）去对应，"思辨"却是先立下"概念"，再把事物附会到"概念"之上——"开而当名、辨物正言，断辞则备矣"（《易·系辞下》）。也就是说，"他们不是拿自己的概念去符合事物，而是相反地拿事物去附会自己的概念"。[①] 人类力求通过"思辨"，以简驭繁，在思维领域统领世界万物。

迄今为止的人类社会的"文明思想"或"文明观念"（指有利于较大地域、较多人口延续的文明思想或文明观念，以宗教信仰为其内核），正是从"思辨"开始的。在此之前，人类已拥有了众多的文明成果，如天象观测、土地测量、数字文字、度量标准、洪水治理、城邦建造、诗歌艺术等，但那是科学、技术或艺术，还不是可以区分一种文明与另一种文明的"文明思想"或"文明观念"。"文明思想"或"文明观念"，需要通过高度的抽象概括，从而创造出普适性、思辨性的观念体系。人类进入科学时代前最重要的思维方式就是"思辨"。哲人们通过"思辨"，从概念世界推衍出客观世界，将客观世界隶属于概念世界，将世界的发展变化纳入思辨建构出来的法则之中。下面，我们将通过对人类思辨时代的经典文献的探究，从中华文明和希腊文明比较的视域，论述中西先哲们是如何构建思辨体系、将客观世界纳入概念世界中的。

---

① 〔德〕路德维奇·费尔巴哈：《费尔巴哈哲学著作选集》（下卷），三联书店1962年版，第526页；转引自张祥平：《易与人类思维》（第2版），重庆出版社2004年版，第109页。

（一）中华文明的早期思辨：象数思辨的发展

中华文明的思辨是在《易》的土壤中成长起来的。"思辨时代"的代表文献《象》《彖》，就是作为《易》的《传》而产生的。现今《易经》通行本中的《象》《彖》附在每卦卦辞后，而当初都是独立成篇的。

《象》《彖》通常认为是孔子所撰，依据主要是《史记·孔子世家》的记载："孔子晚而喜易，序彖系象说卦文言。"这句话的后八个字通常被断为"序彖、系、象、说卦、文言"，这样，《易传》中的《彖》《系辞》《象》《说卦》《文言》就成了孔子依次作的。其实，此句的断句应为"孔子晚而喜《易》，序《彖》系《象》，说（读悦）卦文言"。译为现代汉语是："孔子晚年喜读《易》，按照《易》的顺序把《彖》关联到《象（大象）》，乐于欣赏《象（大象）》和《彖》关于'卦'的有文采的议论（描述'卦'这个六码符号的内在动态和相关人事及万物）。"① 如此句读的依据在于对《象》《彖》文献内容之内在关联的分析。

关于《象》《彖》文献内容的关联，《易经·系辞》已指明："《彖》者，言乎《象》者也"。《彖》中多次引用《易》中"贞"、"吉"等术语并采用"位"来进行预卜，确实发挥（言乎）了《象（大象）》，如："木上有火，鼎；君子以正位、凝命"；"随风，巽；君子以申命、行事"；"天在山中，大畜；君子以多识、前言、往行，以畜其德"。《彖》中多次论及的"时"、"中"，也确实发挥（言乎）了《象（大象）》，如："泽中有火，革。君子以治历明时"；"天下雷行，物与亡忘（简文，汉传宋本改为无妄）；先王以茂对时，育万物"。《彖》中论及的"养贤"，确实发挥（言乎）了《象（大象）》，如："地中有水，师；君子以容民畜众。"《彖》中论及的"志应""通天下之志"和"正其志"，同样发挥（言乎）了《象（大象）》，如："泽无水，困；君子以致命遂志"等。② 还有，《彖》中涉及的思辨方法的发展，则更是发挥（言乎）了《象（大象）》。

以下依次论《象》《彖》。

---

① 张祥平：《经典复杂科学》，中国社会科学出版社 2013 年版，第 5—6 页。

② 同上书，第 5 页。

1.《象》

"象"字在卜辞中用作兽名、国名、人名,但在周代之后主要指"形象、相貌",其原因是气候变迁,作为动物的象向南方迁徙,人们只能模拟其形象来唤起记忆。如文献记载的"维清,奏象舞也"(《诗·周颂·维清序》),"成童舞象"(《礼·内则》),"乃审厥象"《尚书·说命上》,皆是此意。[1]

《象(大象)》作者的创新,是把《易》作者创造的记日六码符号看成一个图像,把这个图像的局部(一上一下的两个三码符号)也看成一个图像,并将三码符号作为基本单元(后被《系辞》作者定名为卦),然后将符号的图像(后被称为"卦象")、符号的名称(后被称为"卦名")与自然现象、社会现象整合起来,给每个六码符号(后被称为"重卦")"打造"一段言简意赅的辞句——"象辞",总计64句。

上述说法过于粗简,不熟悉《易》的读者可能会不知所云。下面,就对《象(大象)》作者的创作思路逐步分解进行阐释。

《象(大象)》作者先是把《易》记日的六码符号(重卦)分解出"八个"基本构成单元——三码符号(卦),也就是说,"八个"基本单元(卦)的组合即可构成全部64个六码符号(重卦),即$8^2=64$。

然后,再把人们最常见、最基本的自然现象(八种)与"八个"基本单元(卦)整合:天=☰、地=☷、山=☶、泽=☱、水=☵、火=☲、风=☴、雷=☳。

然后,对每一个由两个基本单元(三码符号——卦)组成的记日符号(六码符号——重卦),用上述八种基本自然现象加以"整合",如☰上+☰下="天行健"(乾)、☷上+☷下="地势坤"(坤)、☵上+☳下="云雷屯"(屯,"云"指水)、☶上+☵下="山下出泉蒙"(蒙)、☴上+☰下="风行天上小畜"(小畜)、☰上+☱下="上天下泽履"(履)、☰上+☲下="天与火同人"(同人)等等。

最后,更进一步地,把上述自然现象与社会现象进行整合——这种整合

---

[1] 张祥平:《易与人类思维》(第2版),重庆出版社2004年版,第115—116页。

密切相关于《易经》文句（日记）中的所体现的人文精神，从而将"共性"推广到社会伦理，涉及君子（成熟的人，53 次）、先王（7 次）、后（不是简化字，在《象》中表示帝妻，2 次）、上（地位较高的人，1 次）、大人（1次）等。由是，完成"象辞"的创作。①

所谓"象"，是观测所得到的事物印象（如地势、天行），以及把观测结果整合在一起而得到的图形、模型和相关延伸（包括对图形和模型的再整合与再延伸，如雷在地中）。这不是简单的识别对应，而是用"思辨"去对应，形象地说，是"想方设法"地去对应。不"想方设法"，按一般的模式识别，实在对应不出"☰"是天、"☷"是地，更对应不出"☰上 + ☰下"是"天行健"，"☷上 + ☷下"是"地势坤"。虽然"☶"与山的形象有些类似（山顶下的山坡分为两侧），"☱"与沼泽地的形象有些类似（土地之上有浅水），"☵"与水的形象有些类似（靠岸的两侧水流因受阻而不再保持畅通），但如果不"想方设法"，很难把符号与实物对应起来。而"☲"与火（柔火能分开刚物）、"☴"与风（柔风在刚天之下吹动）、"☳"与雷（刚雷在柔云之下发生），更非感官所能识别，只能是思辨的产物。②

"象辞"的句法遵循一定的格式，一般分为两部分，前一部分是卦象和卦名的整合，后一部分是基于卦象对社会人生的思索或感悟。如：天行健，君子以自强不息；地势坤，君子以厚德载物；云雷屯，君子以经纶；山下出泉，蒙，君子以果行育德……无不如此。

"象辞"的思想强调社会伦理与人文关怀，"德"是核心，如《坤》象："以厚德载物。"《蒙》象："以果行育德。"《小畜》象："以懿文德。"《否》象："以俭德避难。"《豫》象："以作乐崇德。"《蛊》象："以振民育德。"《大畜》象："以多识前言往行，以畜其德。"《坎》象："以常德行习教事。"《晋》象："以自昭明德。"《蹇》象："以反身修德。"《夬》象："以施禄及下，居德则忌。"《升》象："以顺德积小以高大。"《渐》象："以居贤德善俗。"《节》

---

① 张祥平：《经典复杂科学》，中国社会科学出版社 2013 年版，第 10 页。
② 张祥平：《易与人类思维》（第 2 版），重庆出版社 2004 年版，第 115—116 页。

象:"以制数度议德行"即使辞中无"德",如《乾》象:"君子以自强不息。"《屯》象:"君子以经纶。"《讼》象:"君子以作事谋始。"《师》象:"君子以容民畜众"等,也无不关乎"德"。

"象辞"的格式与思想,"形象"地表达出中华文化特有的对"天人"关系的深切关怀:前一部分的卦象展示的是一种"天象",后一部分的阐述则是与此"天象"感应的"人事"。追求"天人合一"的思想在《象(大象)》中已昭然若揭。《象(大象)》因之成为中华文明史第一部"思辨录",并对中华价值观的形成具有不可估量的影响。

以上对《象(大象)》作者的创作思路做了一个粗略梳理。许多读者可能仍然难以理解《象(大象)》作者究竟是怎样完成上述整合、进行"象辞"创作的。下面举例说明。

设想《象(大象)》作者面临解答下题①——

已知:☷,巛(读穿)。

求:①一个汉字,几何构型和笔画数量接近于"巛",且把"已知"中的两个符号关联起来。②与人事相关的推论。

解:把三个"--"叠成的图形"☷"(符号)作为观测陆地而得到的图形(象),称为"地"。每个"地"(☷)都是在一个地点观测陆地而得到的图形(象),六码符号"☷"是把两个地点的观测结果合在一起而得到的图形(象),可作为"地势"的图形(象),把图形(六码)相关于"川":就像陆地有高有低,于是有了川流不息(地势川)。

说明:三码符号"☷"与金文"平"中的土地非常相似。"平"的金文是"𠂆",简化的构型有去掉最下两短横的,还有把最上短横也去掉的,象形指事:各测点与基点的高差为零的平整地面。"𠂆"字构型中的五个短横显出土地原貌,七个测点和六条测线合为"工"及短斜线。起测点是左下的斜线端点,即现代土地测量中的控制点,其他六个点依次(中间"工"字的下中,下左,下右,上中,上左,上右)与控制点核对高差,"工"字中控制点的

---

① 张祥平:《经典复杂科学》,中国社会科学出版社2013年版,第10—11页。

高程通常是相对于天文点或大地点而言。中华先民的高差测量技术在禹治水的时期已趋成熟。所以《象（大象）》作者从三码符号"☷"想到了"平地"，再从两个"平地"想到了"地势"和"川"。

答：所求的汉字是"川"。相关推论是：成熟的人从中感悟到，要特别重视公开公正地获取收益且仗义疏财，以这样的方式来荷载万物（君子以厚德载物）。

仿此，《象（大象）》作者把"☰"作为观测天空而得到的图形（象），称为"天"，另外，把"☶"称为"山"、"☱"称为"泽"、"☵"称为"水"、"☲"称为"火"、"☴"称为"风"、"☳"称为"雷"。

每个"☰"都是观测一次天空而得到的图形，"≡"则是把两次观测结果合在一起而得到的图形（象），可以作为"天行"的图形（象），《象（大象）》作者把"≡"的图形相关于"健"：就像演化着的天球生物圈生气勃勃地走向前（天行健）。这样的象与成熟的人整合在一起，就是：成熟的人从中汲取动力，像演化着的天球生物圈那样自发地不断地开拓新境界（君子以自强不息）。

《象（大象）》作者还把上述八个三码符号中的其他六个自行叠加而成的六码符号分别作为加重的雷或震天动地（震）、蓄积的水或重复蓄水的坑（习坎）、并立（兼）的山或阻挡阻止（艮）、相互紧随的风或合并计算（巽，巽的词义是计算求和）、照人的光（丽）泽或使人快乐（兑）、两处燃烧或必然分隔（离，两处火场若烧至一处，则火熄，此一现象常用于救火）。①

《象（大象）》作者采用八种自然事物来代表、概括一切自然现象与社会现象，无疑是通过高度的抽象概括而创造的普适性的思维成果。这无疑已经进入了范畴思辨的境界。"范畴"是源于希腊文"κατηγορια"的哲学用语，中文翻译取自"洪范九畴"，指的是"最一般的基本概念"，是"最高层次的类的统称"，是"对所有存在的最广义的分类"，比如说物质、运动、时间、空间、数量、质量、关系、性质等。如果说，《象（大象）》中的"天地山泽水火风雷"单个还不是范畴，其组合成整体后却不能不说是范畴了，因为

---

① 张祥平：《经典复杂科学》，中国社会科学出版社2013年版，第10—11页。

这已经是"对所有存在的最广义的分类"。

还有一个对读者来说费解的问题：为什么《象（大象）》作者从对自然现象的观察、感悟中抽象出来的思辨成果非要与六码符号（卦符）"强行"整合在一起，这不是无谓的作茧自缚吗？其实，这正是《象（大象）》作者成为中华文明思辨时代开创者的原因。具体言之有三：1. "思辨"的基础是识别，而识别的结果主要是图像（因为视觉识别在人的识别中占有绝大部分），所以最初的思辨一定都是以图像为基础进行归类整合而展开的思辨（后文《西方文明的早期思辨》将再论及）；2. 通过"天地山泽水火风雷"与六码符号（卦符）的整合，《象（大象）》的思辨成果得到了"数学表述"，更为简洁、明晰；3. 更重要的是，汉语言文字环境下的整合型思维使得《象（大象）》作者力求"整合"历史上已有的思维成果，因而继承《易》的重要创新——六码符号及其文句内涵的人文精神，并将其发扬光大，便成为一种自觉。也正因此，《象（大象）》成为中华民族思维发展承先（《易》——理性时代的开端）启后（《象》——走向本体思辨）的重要著作。

《象（大象）》中的思辨形态，可以称之为"象数思辨"，即：以几何图像为基础进行归类整合而展开的思辨。"象"与"数"的统一是"象数思辨"的重要特点。象、数密不可分，象中含数，数中蕴象。"象数思辨"是中华文明思想发展史中的重要成就，其后的"本体思辨"正是在"象数思辨"的土壤中生发出来。

《象（大象）》作者开创了中国学术史上的一个重要领域——象数易。象数易中的"象"，就是把观测结果整合在一起而得到的图形①、模型和相关

---

① "象"的甲骨文是陆上最大哺乳动物的象形，引申为阳光下的投影结构：不但易于分辨躯体四肢，还可分辨长鼻。《尚书·尧典 101103》"历象日月星辰"中的象也取意于投影。《周易·系辞上，第一章》"在天成像，在地成形"中的"象"指较直接地相关于光的几何图形（如日月星，再如晴天才可见到的日影月影，以及最简单的投影 — 和 -- 及其组合）；"形"指较间接地相关于光的几何图形（凡是几何图形，都需要光照才能被人眼识别）。甲骨文和金文中开没有"形"，形的小篆构型是"形"，即阳光（彡）下两根等高的立竿" "（《说文解字·卷14上，开部》）。（张祥平：《经典复杂科学》，中国社会科学出版社2013年版，第35页）象数易的"数"首见于《周易·象（大象），节602400》"泽上有水，节；（转下页）

延伸（包括对图形和模型的再整合与再延伸）。象数，就是以几何图形（象）为基础的构造性数学，是培养构造整合法（整体公理化）思维的重要手段，就如不变式数学是培养分析还原法（因子公理化）思维的重要手段。① （详见本章第三节《中西数学思维的比较》）

2.《彖》

前文言及，"《彖》者，言乎《象》者也"，也就是说，《彖》是对《象（大象）》的继承与发展。《彖》发挥（言乎）《象》的方法是：在《象》对符号（重卦）、符名（卦名）与自然现象、社会人文整合的基础上，更进一步，将《易》的文辞与符名（即卦名）、符号（重卦）进行整合（符文整合），同时，弘扬《象（大象）》的思辨精神，向本体思辨的境界推进。

为了进行更深入地整合，需要采取更多样的整合方法，如：在继承《象（大象）》首创的以三码符号（卦）为一个"取象"单位的基础上，把"取象"的对象扩展，将天称为刚、健、乾（与六码符号同名），把地称为柔、顺，雷称为动，水称为险，山称为止，风称为巽（与六码符号同名），泽称为说或兑（与六码符号同名）；把《象（大象）》中六码符号（重卦）所相关的"健"和"川"分别改为相关于"乾"和"坤"，此外，把离解释为丽；用单个符码"--（六）"和"一（九）"（后在《系辞》被称为"爻"）的性质与位置作为整合依据……总之，对《象（大象）》已有的整合方法进行了扩展。②

《彖》的创作"格式"同样"有迹可循"：一般是在六码符号之后先给出自己的整合结果（如"屯，刚柔始交而难生"），然后引入一段《易》的文辞（如"动乎险中，大亨贞"），最后将整合的结果与引入的文辞相关联，

（接上页）君子以制数度，议德行。"译为现代汉语是："下面那个三码符号像沼泽，上面那个三码符号像流水，合在一起是六码符号的名称所表达的状态：从一种状态向另一种状态转折；成熟的人借助这样的状态转折来制定数量化的尺度，讨论公开公正地获取收益且仗义疏财的行为规范。"用近代数学术语来说："象数"是几何（象）与代数（数）统一处理，如为八卦配数，以及易图中的其他处理方式。（张祥平：《经典复杂科学》，中国社会科学出版社2013年版，第12—13页）。

① 张祥平：《经典复杂科学》，中国社会科学出版社2013年版，第10页。
② 同上书，第6、92—93页。

进行阐发（如"雷雨之动满盈，天造草昧，宜建侯而不宁"）。①

《象》为了突出自己的思辨意图，调整了《易》原来的记日顺序（后被称之为"卦序"），把"☰乾"置于"☷坤"之前。

第一个单元是（原文无标点，下同）："☰'乾元，亨，利贞。'大哉'乾元'！万物资始，乃统天！云行雨施，品物流形。大明终始，六位时成，时乘六龙以御天。乾道变化，各正性命，保合大（读太）和，乃'利贞'：首出庶物，万国咸宁。"

第二个单元是："☷'坤元，亨，利牝（读品）马之贞，君子有攸往，先迷后得主，利；西南得朋，东北亡（丧）朋。安贞吉。'至哉'坤元'！万物滋生，乃顺承天。坤厚载物，德合无疆，含弘光大，品物咸亨，牝马地类，行地无疆，柔顺利贞，君子攸行。先迷失道，后顺得常。'西南得朋'，乃与类行。'东北丧朋'，乃终有庆。安贞之吉，应地无疆。"

把"乾"列于《易》之首，作为"万物资始"，是《象》作者意味深长的编辑；把"键"改为"乾"，把"巛"改为"坤"，也是如此。"乾"字的右半"乞"在甲骨文中与"气"相同，都是"☰"。左半表示"日在草中"，气中有太阳从草木中升起，从而"统天"；"坤"字的右半"申"的甲骨文作"𠃊"，象形于掐头去尾的一段薰草，用于占卜，相当于现代尚存的"烧香"，来自天上的占问结果通过"申"到"土"或"地"，地上的人就"顺承天"。"土"正是"坤"的左半。"乾"字和"坤"字都应先读右半，后读左半。②

"乾道变化，各正性命"是《象》置《乾》于全篇之首的原因。"道"的"变"与"化"，分别有正"性"与"命"的功能。"变"与"化"大致相当于现代所说的量变和质变。甲骨文中没有"变"，"变"的金文构型是"𥫃"：上半是丝夹言，下半是手执小枝（攴），会意为从一种状态到另一种状态的动态。动态不同可以源于不同的原因，既可能是诱导（丝）出来的，也可能是外力迫使的（攴），但是保存着"言"的共性。"化"的甲骨文构型是"𠣎"，

---

① 张祥平：《经典复杂科学》，中国社会科学出版社2013年版，第93页。
② 张祥平：《易与人类思维》（第2版），重庆出版社2004年版，第112页。

象形背对背的两个人，不但背对背，而且头脚也颠倒，会意为外部的共性已经没有了。《墨子·经说上》用蝌蚪和青蛙的区别来说明"化"。① "性命"不是二字词，而是两个一字词（不然就不能理解"各"）。"乾道变"则正性，"乾道化"则正命。在"乾道"不断的"变"与"化"的过程中，有了万事万物的"性"与"命"的演化，换言之，万事万物都可自"乾道"中生发出来。《彖》于此，已将思辨推向"本体论"的境界。

《彖》从"☰"和"☷"对应的《易》的文辞中抽取同一个字"元"："大哉乾元"和"至哉坤元"（这是《彖》为了求同整合而有意误断句读：把"乾，元亨，利贞"读成"乾元、亨、利、贞"，把"坤，元亨，利牝马之贞"读成"坤元、亨、利、牝马之贞"）。然后以"乾元""统天"为前提，推演出"坤元""顺承天"进而"滋生万物"。"乾元"与"坤元"的地位有主次——"乾元""统天"而"坤元""顺承天"，但在功能上又是一体的，也就是说，主次只是相对的（"元"的本意是"大"②，二者皆为大）——"乾元"只是"万物资始"，有了"坤元"，才能"万物资生"。"乾道变化，各正性命"，需要"乾元"与"坤元"的组合作用，"乾元"与"坤元"的关系是"你中有我，我中有你"——因为"乾元"与"坤元"皆有"元"。

《彖》作者进行了一元思辨与二元思辨的整合，"乾道"（一元）与"乾元"、"坤元"（二元）的关系思辨，应是后来"一阴一阳之谓道"的雏型。"一阴（坤元）一阳（乾元）之谓道（乾道）"是哲学的最高命题，也可说成："唯一的绝对就是不绝对"。

第三个单元是："☷ '复亨，出入无疾，朋来无咎。反复其道。七日来复，利有攸往'。'复亨'，刚反动而以顺行，是以'出入无疾，朋来无咎'。'反复其道，七日来复'，天行也。'利有攸往'，刚长也。复，其见天地之心乎！"由此，单个符码被用来进行整合："刚"指符码"━（九）"。相应地，"柔"指符码"━ ━（六）"。"刚反动而以顺行"中的"刚"指六码符号最下面的

---

① 张祥平：《易与人类思维》（第2版），重庆出版社2004年版，第113页。

② 同上书，第111页。

符码"━(九)","顺"是对上半三码符号的解释,发挥了《象(大象)》中的"地势,川"。①

随着《彖》思辨的展开,"━"和"--"后来成为一系列现象和事物的"共性"。这些现象和事物包括:健和顺、阳和阴、君子和小人、男和女等,当然,刚和柔最为突出。这是"乾元"与"坤元"关系的一种细化、具化。此后,几乎每一段彖辞都要用"刚柔"为两节符号作注解:如"需"(䷄),"险在前也,刚健而不陷":"险"指"䷄"中的上节符号"☵","刚健"指下节"☰";"讼"(䷅),"上刚下险":分别指"䷅"中的上节"☰"和下节"☵";"比"(䷇),"下顺从也",指"䷇"中的下节"☷";"小畜"(䷈),"柔得位……刚中……","柔"指"䷈"中的第4个符码"--"。《彖》作者认为:"--"在偶数位和"━"在奇数位,都是"得位"(从下向上数),"刚中"是指"䷈"中上节符号和下节符号中间的符码都是"━";"履"(䷉),"柔履刚也",指"䷉"中的下节符号,"--"在"━"的上面……②

《彖》作者把乾置于坤之前,又参考乾坤而把后继单元之中两两相耦(非复则变)的单元放到一起,得到一个新的64个单元的顺序,这个顺序成为《序卦》作者编定汉传宋本顺序的参考底本。③"两两相耦"明确地显示出成双对的"奇偶"内部的差异性,小于双对与双对之间的差异性,即双对内部有更多的共性。另一方面,正因为是二元的,所以就有了相互作用而派生出更多现象的可能性——这样的共性才是彻底的,这正如万种命题之中,唯一绝对的就是不绝对。④

总之,《彖》作者展开的是一种一元论与二元论相整合的思辨,意味着中华文化的整合型思维方式在思辨层次上的成型。整合型思维方式是中华文化的重要特征,也是中西文化差异的重要原因。不论是学术研究,还是日常

---

① 张祥平:《经典复杂科学》,中国社会科学出版社2013年版,第94页。
② 张祥平:《易与人类思维》(第2版),重庆出版社2004年版,第112页。
③ 张祥平:《经典复杂科学》,中国社会科学出版社2013年版,第92—93页。
④ 张祥平:《易与人类思维》(第2版),重庆出版社2004年版,第113页。

处事，中国人的思维通常是"阴中有阳，阳中有阴"，"你中有我，我中有你"；而西方人的思维则通常是"一是一，二是二"，"你的就是你的，我的就是我的"。这两种不同的思维模式决定性地影响了两种文明的科学发展路径、价值观念体系及至于社会制度选择。（详见后文）

（二）西方文明的早期思辨：线性思辨的发展

1. 米利都学派[①]

西方文明的思辨是伴随古希腊哲学一同成长起来的。古希腊最早期的哲学发源地是在爱奥尼亚的希腊殖民地米利都，所以这个时期的主要哲学家又被称做米利都学派。这个时期主要有三个代表人物：泰利士、阿那克西曼德和阿那克西美尼。

古希腊最早期的哲人泰利士（约西元前624—547年）"把水看成始基"[②]，是"感性的现象使他们得出了这个结论"[③]——"万物都以湿的东西为滋养料，以及热本身就是从潮湿中产生，并且靠潮湿来保持的（万物从其中产生的东西就是万物的始基）。"[④]

由于开始了寻求普遍共性（"始基"）的努力，可以认为在泰利士时代已开始了"思辨"。泰利士"没有留下任何著作"[⑤]，仅凭着若干传说和片断诗句，很难知道他是否发展出了《象（大象）》时代的象数思辨模式，但是从后人引述的泰利士的若干结论来看，其思维发展与《象（大象）》有相同之处。如"地被假定为静止的，因为它浮在那里，就像木头和其他类似的东西一样，这些东西的构造使它们浮在水上而不浮在空气上"[⑥]。这类似于《象（大象）·坤》中的"地……厚德载物"。

[①] 本题内容编自张祥平：《易与人类思维》（第2版），重庆出版社2004年版，第192—195页。
[②] 北京大学哲学系外国哲学史教研室编：《古希腊罗马哲学》，商务印书馆1982年版，第4页。
[③] 同上书，第5页。
[④] 同上书，第4页。
[⑤] 同上书，第1页。
[⑥] 同上书，第3页。

"泰利士的继承人"①阿那克西曼德(约西元前611—546年)更进了一步:"他说始基并不是水……而是另一种不同的本体,这种本体是无限的;从这个始基中产生出一切的天,以及其中所包含的一切世界。"②

"无限"是相对"有限"而说的。作为整体的无限,自有限图形衍生。阿那克西曼德的思辨方法近似于象数思辨——近似于《象(大象)》的思辨模式,但比《象(大象)》的图像"模糊":他"没有指明这个'无限'究竟是空气,是水,还是别的东西。他认为'无限'变换其部分,而全体则常住不变"。③

《象(大象)》作者开创了"天人合一"的学术传统,但他不是通过否定先贤而立论,而是尽量整合先贤的成果,甚至以"注释"先贤的面貌出现。后来者如《彖》,同样以"言乎《象》者"的方式来展开论述。即使到孔子,也是"述而不作",集华夏先古文明之大成而开创出一个崭新的局面——这成为中国传统文化的基本精神和"学术范式"。与《象(大象)》作者相反,阿那克西曼德仍在寻找"始基",却以否定前人彰显自我的"独立"面貌出现,然后又被后来者阿那克西美尼所否定,继而又有毕达哥拉斯的另起炉灶。"否定之否定"成为西方文明的基本精神和"学术范式",西方文明后来的断裂式发展也正与此一脉相承。

象数思辨的火花在阿那克西曼德的思想中"灵光一现"之后,就被他的学生或同伴阿那克西美尼(约西元前586—525年)否定性地超越了。阿那克西美尼"不同意阿那克西曼德认基质为不定的主张","认为空气在水之先,并且是一切物体的最简单的始基"④,并对"始基"生发万物的过程加以阐述:"空气……借稀薄和浓厚而形成不同的实体。当它很稀薄的时候,便形成火;当它浓厚的时候,则形成风,然后形成云,而当它更浓厚的时候,便形成水、土和石头;别的东西都是从这些东西产生出来的"。⑤ 这种直线的、单向的、

---

① 北京大学哲学系外国哲学史教研室编:《古希腊罗马哲学》,商务印书馆1982年版,第5—6页。
② 同上书,第7页。
③ 同上书,第6页。
④ 同上书,第11页。
⑤ 同上书,第11—12页。

单维的思辨方式可称之为"线性思辨"（或"过程思辨"）。

把这一段论述与《象》中"天地山泽水火风雷"相比，可以看出早期的东西方文化中思维对象是如此相似：阿那克西美尼在若干自然物中选出一种"气"（相应于"天"）作为"始基"，按照稀浓的"性质"设想了一个渐变过程，从而排出了一个"生成顺序"：气（天）→火→风→云（雷）→水→土（地）→石头（山）。"云"在《象》中与"水"同符号，是由于与雨水有关，此处云与雷对应，是考虑到古希腊的气候比亚洲东部温和，所以天空中的自然物就以"云"为代表，但亚洲东部常有雷雨，所以天空中的自然物就以"雷"为代表。至于"土"与"地"相应，"石"与"山"相应，则更为显然。在甲骨文中，"土"就是"地"，而"石"也是"山坡"或"河岸"的象形。《象》中的"泽"在阿那克西美尼那里没有对应——对《象》来说，由于两种符码三个一组，共排成8种符号，所以必须找到8种自然物，其中"泽"是相当勉强的一种，因为它可以由"地"和"水"合成。阿那克西美尼不受数量"8"的约束，所以没有把"泽"引入线性思辨。除此而外，其他7种自然物在东西方全都"不谋而合"地成为人们思辨的图像。《象》"思辨"出的"刚柔"，如果除去古今语言和中外文翻译上的差异，就是阿那克西美尼的"稀浓"。这是因为，在模式识别中，人们首先注意到的都是与物态（气、液、固）相关的稀浓、柔刚或软硬的性质。在各项"识别因子"中，只有这种性质最为稳定，既与几何形状、尺寸大小、照明条件无关，又不像色调色彩、气味音响那样千差万别。

另一方面，早期的东西方文化的思维方式却十分不同：《象》中的"刚柔"其实是生发万物的作用，不是"始基"，不是用来形成自然物的"材料"。"刚柔"是性质，自然物是实体，二者的关联是不同层次上的——性质与人类感官和大脑中枢的分析系统的作用协同相关，即性质是"主观性"与"客观性"整合的结果，而实体却主要靠人类感官的识别，即具有相对更多的"客观性"。从刚柔到万物，犹如从整体到局部，整体不等于局部之和，后来的《系辞》正是借助这种整合法发展复杂科学（详见本章第二节）。相反，阿那克西美尼的"气"及其生成物"火风云水土石"都是同层次的关联，只把"性质"

作为一种"判据"来划分自然物的生成阶段,试图把除了气之外的万物全都还原为气。这种还原法奠定了线性思辨的基础。

2. 毕达哥拉斯学派

阿那克西美尼之后的毕达哥拉斯(约西元前580—500年)学派,则展开了以"数"为"始基"的思辨。

他们认为,一切事物"就其整个本性来说都是以数目为范型的,数目本身则先于自然中的一切其他事物,所以他们从这一切进行推论,认为数目的元素就是万物的元素,认为整个的天是一个和谐,一个数目"。他们把数目"既看作存在物的质料因,又拿来描写存在物的性质和状态。他们把数目的元素描述为奇和偶,认为前者是有限的,后者是无限的;'一'这个数目他们认为是由这两个元素合成的(因为它既是奇数又是偶数),并且由'一'这个数目产生出其他一切数目,整个的天只不过是一些数目"。"万物的本原是一。从一产生出二,二是从属于一的不定的质料。一则是原因,从完满的一与不定的二中产生出各种数目;从数产生出点;从点产生出线;从线产生出面;从面产生出体;从体产生出感觉所及的一切形体,产生出四种元素:水、火、土、气。这四种元素以各种不同的方式互相转化,于是创造出有生命的、精神的、球形的世界,以地为中心,地也是球形的,在地面上住着人。"①

这是以"数"为"始基"展开的"线性思辨"。但是,其中"完满的一与不定的二"的关系,让我们不得不联想起"乾道"与"乾元"、"坤元"的关系;同时,点、线、面、体又似乎是毕氏对先哲"否定之否定"后向"象数思辨"的某种回归。

线性思辨是单线的,象数思辨却将复杂世界的万事万物系于一体。线性思辨与象数思辨的差别,既可以描述为直线与圆的差别,也可以描述为一维时间演进与立体(三维)空间延展的差别,还可以描述为纵深发掘与高远登攀的差别。西方文艺复兴之后,线性思辨在自然科学中获得长足发展。线性

---

① 北京大学哲学系外国哲学史教研室编:《西方哲学原著选读》,商务印书馆1981年版,第19—20页。

相关、线性方程、线性模型，无不带有单线的连续的思维特征。从伽利略的连续时空，到牛顿的连续函数和微积分，再到爱因斯坦的相对论方程，全都是实数连续的。直到刘绍光认识到"断续线面体占百分之百，而连续线面体所占不到百分之一"，扬弃微积分，返归数论，才使物理学获得进一步发展。量子力学和耗散结构混沌学对经典力学提出的挑战，要用"断续时空"应战。这促使人们认识到象数思辨比线性思辨更有助于认识复杂现象的规律，更有助于预测复杂现象的变化。①

　　如果没有《象》《彖》，人们也许不会认识到古希腊早期的哲人们的文化学地位——他们的重要贡献决不只在于"水"、"无限"、"空气"或"数"这样一些朴素的"始基"，而在于一种思维模式和心理导向，在于线性思辨和"超越"意识——古希腊的哲人们无不是通过"否定"前人而发展。另一方面，如果没有泰利士、阿那克西曼德、阿那克西美尼和毕达哥拉斯，人们也许难以认识到《易》在人类文化史上的独特地位——在古希腊文明中，以及在其他任何一个古文明中，都没有出现过可与《易》相媲美的文献，只出现过可与《诗经》相比的古希腊文献《伊利亚特》和《奥德赛》，他们是人类思维发展中从具体思维走向抽象思维的过渡阶段——情感升华阶段。然后，就是可与《象》《彖》作者相比的哲人。再后，就是东方复杂科学与西方简单科学的科学家。②

　　需要指出：当思维高度发展起来之后，象数思辨与线性思辨之间的差别将逐渐减小，在极限状况下，其间差别归于消失。这正如圆的半径越大，则与直线的差别越小，而当圆的半径无穷大时，圆就是直线，或：直线是具有无穷大半径的圆。这又如在爱因斯坦的广义相对论看来，时间与空间同属于四维时空构型。这还如在地球上，以及在"大爆炸"形成的宇宙中，纵深发掘与横向开拓必会相交于特定位置。总之，象数思辨与线性思辨是人类思维发展到同一阶段的产物，不能简单地判定孰优孰劣。③

---

① 张祥平：《易与人类思维》（第2版），重庆出版社2004年版，第195页。
② 同上书，第195—196页。
③ 同上书，第196页。

东西方文化差异逐步扩大的同时，也都朝着更高的思维阶段——本体思辨进展。人类思维进入了一个群星璀璨的时代——轴心文明时代。

八、追寻本体——形而上学

"轴心文明时代"是德国思想家卡尔·雅斯贝尔斯在其1949年出版的《历史的起源与目标》中提出的概念。他指出，西元前800至西元前200年之间，尤其是西元前600至前300年间，在地球北纬25度至35度区间的地域，人类文明发生了一次质变。古希腊、以色列、古印度、中国等各个文明都发生了"终极关怀的觉醒"，涌现出一大批伟大的人类精神导师：古希腊出现了泰利士、阿那克西曼德、阿那克西美尼、毕达哥拉斯、赫拉克利特、德谟克里特、苏格拉底、柏拉图、亚里士多德等；以色列出现了犹太教的先知们；古印度出现了释迦牟尼、毗诃跋提、筏驮摩那等；中国出现了老子、孔子、墨子、孟子等。他们的思想塑造了不同的文化传统，迄今仍深刻地影响着人类社会的发展。这个时代可称之为人类文明的"轴心时代"。"人类一直靠轴心时代所产生的思考和创造的一切而生存，每一次新的飞跃都回顾这一时期，并被它重燃火焰……轴心时代潜力的苏醒和对轴心时代潜力的回归，或者说复兴，总是提供了精神的动力。"[①]

在"轴心文明时代"，欧亚大陆的先哲们展开了对人类诸多根本性问题的理性探究，主要聚焦于三方面：世界本原问题，即宇宙论与本体论问题；道德规范问题，即人性论与价值论问题；认识规律问题，即认识论与方法论问题。而关于"世界本原"问题的探究则首当其冲。上述中国的《象（大象）》《彖》作者，希腊的泰利士、阿那克西曼德与阿那克西美尼，已经在追问世界的本原，只是他们给出的答案尚不清晰：无论是"各正性命"的"乾道"，还是作为"始基"的"水""无限""气"，都还不能自成体系地、圆满究竟地解释"世界本原"问题，即本原是如何生发万物且融

---

① 〔德〕卡尔·雅斯贝尔斯：《历史的起源和目标》，魏楚雄、俞新天译，华夏出版社1989年版，第14页。

容万物的。

生发万物且容融万物的东西，现代学术称为"超越的存在"，或是"本体"。西方的上帝，印度的梵，中国的道，都是"超越的存在"，都是"本体"。佛学的空——万物都不是东西，是超越的不存在，同样也是本体。"本体思维"超越了感官经验，力求把统一性融入万事万物之中——这是人类思维追求普适性所达到的一种极致。然而，本体的"发明"与"领悟"，又非纯思辨可得。生发万物且容融万物的本体，含摄了生命的来源与归处（生命当然属于"万物"），规定了生命的价值与方向。真正"领悟"本体，意味着整个生命已融入其中。而通常所说的"思辨"，却是主客两分的。因此，从人类思维发展的角度探究古圣先哲们"追寻本体"，只能是一种"权便性"论述。

之所以是"权便性"论述，乃是因为：欲要洞悉2000多年前轴心时代"发明"本体的先圣大哲的心路历程，后人难以企及。这个问题，对于信仰道、上帝、梵、佛的人而言，等于是企图论证道、上帝、梵、佛是如何被"思维"出来的？对于信仰道、上帝、梵、佛的人而言，他/她所信仰的本体是先于思维的存在。思维的存在只是印证了本体的存在，而不是相反。

之所以要"权便性"论述，乃是因为"本体"的"发明"，确实与人类的思维方式密切相关。更重要的是，欲要辨析人类不同文明的来源与去向，我们就不得不追问人类不同文明"本体"的"发明"。"本体"是一种文明最高价值之所在，其决定性地铸造了人类不同的文明形态，更决定性地影响了人类不同文明间的交流互鉴——这正是本书的探究主题。

中华文明与西方文明"本体"的发明与流传，在一定程度上决定了两大文明的历史进程。中华文明的"本体"，从轴心时代"发明"出来，作为中华文明的核心价值，流传两千多年至今生生不息。西方文明的"本体"，则经历了断裂式的发展与糅合：在轴心时代，犹太民族的人格神"GOD"成为犹太文明的本体（受波斯琐罗亚斯德教的影响），同期希腊大哲发明了"逻各斯"、"存在物"等思辨性的"本体"（然并未被公众信奉）；其后亚历山大帝国与罗马帝国相继统治欧洲导致了人格神"GOD"与思辨性的"逻各斯"、"存在物"的糅合；再其后中世纪基督教"GOD"成为一统欧洲的最高"本体";中世纪之后文艺复兴推动了西方现代理性的发展,众多哲人重新思辨追寻新的"本体"。

下面,让我们回到轴心文明时代,比较探究中华文明与希腊文明的先哲"追寻本体"的路径。

(一)中华先哲"追寻本体"

在中华传统文化中,"道"就是生发万物且融容万物的本体。中华文明的"道"主要由两位大哲——老子和孔子——"发明",由此成为中华传统文化的核心理念。

1. 老子——玄而又玄之道

老子的"道"在《道德经》开篇就予以标示:"道可道,非常道……玄之又玄,众妙之门。"(《道德经·第1章》)

"道"字的甲骨文构型是"󰳾",可说是睁大眼睛寻路的头部特写。好一幅翘首寻路的神态:眼睛张望着,嘴半张着,仿佛因赶路劳累而喘息,头发被风吹起来,可谓风尘仆仆,求路心切。"道即导之初文"。[①] "常道"的含意是引导众人走上可以通往目的地的路,"非常道"的含意是引导众人走上稳固永恒的生发万物且容融万物的路。[②]

"玄"字则关乎上古时期的天文观测。

著名物理学家李政道先生曾发现:中国红山文化和良渚文化中被发掘出来的玉璇玑,可以与另外两件传统玉器——玉璧和玉琮,装配成一台天文仪器,即璇玑仪。璇玑仪用来定位天球北极,与现代天文仪器的观测原理完全一致,如图2-1[③]:

---

① 张祥平:《易与人类思维》(第2版),重庆出版社2004年版,第86页。
② 同上书,第205页
③ 张祥平:《经典复杂科学》,中国社会科学出版社2013年版,前言第1页。

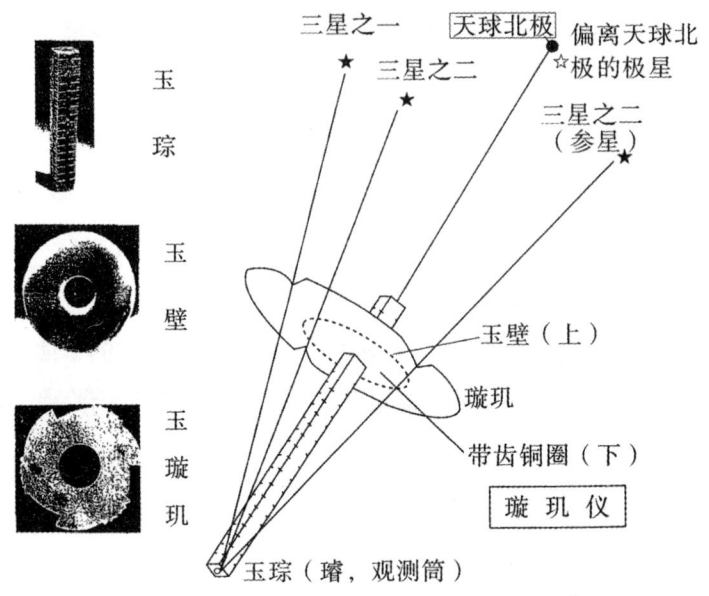

图 2-1　璇玑仪定位天球北极示意图①

说明：观察者转动璇玑，如果三星整夜都在三个缺口中，那么从观测筒璿中看见的天空是天球北极。第一个甲子（西历纪元前2697）年前后，极星正在天球北极。玉琮的最低端放在特筑的土台边缘（礼地），观测者在台下向上观测。玉琮的上部被木杆撑住。玉琮的最高端安装璇玑和玉璧（礼天），即用另一个带凸的短玉琮从上向下依次穿入玉璧、璇玑、长玉琮的孔，使得玉璧和璇玑不会下落。玉璧的作用类似于螺钉垫圈。璇玑可用手转动，璇玑边缘的粗糙部分是手扶处。两侧各一人协助观测者。璇玑的"盘越大，圆形越精确，圆柱筒越长，定位就越准"（引文见李政道《艺术与科学》）。在良渚文化和红山文化的出土文物中，有一件玉琮高过一尺（高达33.5厘米）。（玉器彩照见梁玉泉主编：《中国艺术博物馆》，浙江少年儿童出版社，2003年，第5页玉璇玑，第6页玉璧，第8页玉琮。）良渚文化的时间的终点与舜大约同时代。出土的玉琮玉璧既可能是小型仪器，也可能是仪器零件的小型模型，用作装饰，正如现代有人把汽车、飞机、火箭等高科技产品用于装饰。②

---

① 张祥平：《经典复杂科学》，中国社会科学出版社2013年版，第420页。
② 同上书，第420—421页（图十一说明）。

璇玑仪在中国古代文献中首见于儒家经典《尚书·舜典》："在璇玑玉衡，以齐七政"，意为"借助璇玑仪来整合日月五星的运行"。"璇玑玉衡"是旋玑仪的早期名称，即用组成旋玑仪的三个主要零件（参见上图）来指称璇玑仪。这三个零件都用玉制成，即：玉琮（璇）、玉璇玑（玑）、玉璧（玉衡）。"以齐七政"之"七政"是太阳、月亮、定位天球北极的三星、北极星、季节星（春天星鸟，夏天星火／夏夜最明显的恒星，不是今人熟知的那颗行星＞，秋天星虚，冬天星昴，见《尚书·尧典》）。①

根据现代天文学推算，尧舜时期（约四千七百年前）的极星与天球北极基本重合，上图所示为春秋时期。图中示出了《舜典》"七政"中的四颗星，但未示出日月和第五颗星：春鸟，夏火，秋虚，冬昴。②

近代考古发现的玉琮、玉璧、玉璇玑，最初都是简单的观测仪器，后来经过舜的改进，把它们组合在一起，成为更加精密的璇玑仪。在出土文物中尚未发现大型璇玑仪，是因为璇玑仪在华夏文明中被赋予较多人文社会内涵，实用的璇玑仪零件不作为礼器或装饰品，而是作为郑重场合的陈设，代代相传，不作陪葬品。③

"玄"字在甲骨文中没有，金文构型是"8"，象形于璇玑仪观测筒的上下两口。郭店竹简中的玄（第 8 枚尺四简和第 28 尺四简），上圈的上弧向上凸，表示观测方向，下圈的上弧也向上凸，与上圈的下弧相套，表示这两个圈是同一个仪器的两个观测孔。当时的极星已经偏离天球北极，所以从观测筒的下口向上看出去。看不见星光，只能看见深远的黑（玄）。东汉《说文解字》"幽远……黑而有赤色者"是对"玄"的生动描述。赤是人的眼睛适应深远的黑穹之后产生的主观感觉。虽然"玄"表示空无一物，但是夜空的星星围绕"玄"和极轴旋转，它是人类视力所及范围内唯一的不动点——只有"玄"是稳固的，永恒的。④

---

① 张祥平：《经典复杂科学》，中国社会科学出版社 2013 年版，第 421 页。
② 张祥平：《〈尚书〉与璇玑仪》，载《科技日报》，1997 年 10 月 2 日第 4 版。
③ 同上书，第 325—326 页。
④ 张祥平：《易与人类思维》（第 2 版），重庆出版社 2004 年版，第 205—206 页。

只说玄，含意是空无一物，幽远黝黑，也可以说是分不清有无，加上一个玄（玄之又玄），就不只是观测结果，而是冥想的（想象的、推理的或感悟的、理想的）结果——宇宙的万事万物皆以"玄"为中心运行。"玄之又玄"是从可观测的幽远之黑到不可观测的幽远之黑，把观测结果和冥想的结果合在一起，就成了超越天文观测的道。①

此"道"生发万物而容融万物："道生一，一生二，二生三，三生万物。"（《道德经》第42章）"有物混成，先天地生。寂兮寥兮，独立而不改，周行而不殆，可以为天地母。吾不知其名，强字之曰道，强为之名曰大。……道大、天大、地大、人亦大。域中有大，而人居其一焉。人法地，地法天，天法道，道法自然。"（《道德经》第25章）

此"道"玄妙而神秘，但又并非全然不可揣摩："道之为物，惟恍惟惚。惚兮恍兮，其中有象；恍兮惚兮，其中有物；窈兮冥兮，其中有精；其精甚真，其中有信。"（《道德经》第42章）

此"道"超乎人类通常的感官经验："视之不见，名曰夷；听之不闻，名曰希；搏之不得，名曰微。此三者，不可致诘，故混而为一。"（《道德经》第14章）也超乎人类通常的思维和语言："道，可道，非常道。名，可名，非常名。"（《道德经》第1章）

欲阐释此"玄而又玄"之道，需要特别的语言表述方法，即上述"非常道"。如何"非常道"呢？答曰："故为乱辞，孔窍其门"。这八个字出自道教早期经典，"万古丹经之祖"——《周易参同契》下篇《圣贤伏炼章第三十一》。"玄之又玄"可以从现世的天文观测（璇玑仪）和生理控制（吐纳气功）来冥思，来感悟。"故为乱辞，孔窍其门"则是一种复杂的思辨方式，可用之来启发人们去冥思，去感悟。不同的人从不同的孔入门，或从不同的窍叩门。其复杂性在于：若不言说此"道"，此"道"则无法现于世，存于世；若言说此"道"，此"道"却将因之失去本原意义的真实性；故要强说此"道"，便只能打破固有的语言规范与沟通法则，

---

① 张祥平：《易与人类思维》（第2版），重庆出版社2004年版，第206页。

使闻者在"失序"中凭自己的"悟性"自行寻找"道",建立新"秩序"。需要说明的是,对于"玄之又玄"的如此解说,从道家"明道"的角度,却已是悖离其"道"了。

2. 孔子——北辰尧舜之道

孔子之"道"也与"天",特别是"天文观测"有关。《论语》载:"夫子之文章,可得而闻也,夫子之言性与天道,不可得而闻也。""道""不可得而闻",但"天"却是"可得而闻"的。

在孔子删述传世的儒家经典及《论语》的记载中,可以发现"天"有三重意义:自然的物理的天,人格的神灵的天,形上的义理的天。自然的物理的天,用现代科学解释就是"演化着的天球生物圈",如《尚书》中"钦若昊天,历象日月星辰,敬授民时"的天; 人格的神灵的天,是指具有"准人格神"特征的外在超越的天,创造、主宰、意志、性情都是"天"之人格体现,如《尚书》中福善祸淫的天,《春秋》中天人感应的天,《论语》中获罪于天无所祷、天生德于予的天;形上的义理的天,是指贯注终极关怀的内在超越的天,如《论语》中性与天道、五十而知天命的天。(见第七章第二节·一·(一)·1《儒教信仰的基本观念:"天"》)。

孔子面对春秋时期礼崩乐坏、社会动荡的痛苦现实,悲天悯人,圣心独运,参通天地人,整合天文观测、数学推算与历史文献的探究,将上述三重"天"贯通于一体,"发明"了昭示天道的北辰模型:"为政以德,譬如北辰:居其所而众星共(读拱)之。"(《论语·为政》)意为:"从事政治要公开公正地获取收益且仗义疏财,既要得财富又要得人心,可以类比于北极星驻留时的天球北极:那时的北极星没有离开家,别的星斗永远拱卫它。"①

"北辰"是孔子首创的二字词,如同老子的"玄",关乎古代的天文观测成果,词义是北极星驻留时的天球北极。在孔子时代,这颗星已经偏离了

---

① 张祥平:《经典复杂科学》,中国社会科学出版社2013年版,第216页。

天球北极。在孔子时代之后，这颗星较多地偏离了天球北极。①

根据现代天文学观测与推算，在黄帝纪元的第一个甲子（西元前2697年）前后，天球北极处不但能看见夜空，还能看见一颗星。孔子采用构造性数学的方法推算出尧舜时期北极星正好驻留于天球北极（现代天文学采用不变式数学的方法进行推算），并称此星为北辰："北"相关于方位，"辰"相关于时间，特指尧舜时期，即第七第八个甲子。孔子编定的《尚书》从《尧典》开始与此密切相关。孔子的推算处于璇玑仪允许的观测误差之内。孔子精通六艺（礼乐射御书数），其中包括数学②（中国的数学是构造性数学，用来解决天文物理、土木工程及社会分配等问题，与欧美近代的不变式数学有区别，详见本章第三节）。逆推北辰的年代不但需要数学，还需要积累较精确的观测数据。孔子依据的数据是尧舜至西周的观测数据。《尚书》第一篇《尧典》记录了季节星：星鸟（春）、星火（夏夜最明显的恒星，不是今人熟知的那颗行星）、星虚（秋）、星昴（冬）；《尚书》第二篇《舜典》记录了天文观测仪器璇玑仪（璇玑玉衡）和日月五星（七政）。璇玑仪是舜把大汶口文化和红山文化的简单仪器组合而成。季节星是五星中的一颗。有了璇玑仪，先民们每天晚上还关注另外四颗星，其中的三颗星处于璇玑仪圆盘上的三个缺口中。圆盘套在观测筒的外面，观测筒用来定位天球北极。孔子用二字词

---

① 战国编定的《尔雅·释天八》"北极谓之北辰"的意思是："北极的另一个名称是北辰"，没有说明北极之处是否有星。东晋郭璞注"北极，天之中，以正四时"，当时的"天之中"没有星。宋代朱熹"北辰，北极，天之枢也"比郭璞说得更准确。但是后来有"小注"认为朱熹所说是天枢星。明末清初的王夫之（船山）明确指出"小注……误矣……辰非星，星非辰也。北极有其所而无其迹，可以仪测而不可以像观"。王夫之的结论对于明代观测来说完全正确。见张祥平：《经典复杂科学》，中国社会科学出版社2013年版，第218页。

② 自商周以来，中国数学集中于天文计算。孔子推算极星处于天球北极（北辰）的年代的方法与后来推算"上元"的方法相同，古代称为"大衍求一术"，近代称为"中国剩余定理"，即"一次同余式问题"。这个问题"是为适应天文学家修改历法的要求而产生的……古代天文学家假设在远古时代有一年的冬至节气恰恰在甲子日的上午零时，并且日月合朔也与冬至节气一个时刻。有这么一天的年度称为上元，从上元到本年经过的年数称为上元积年……在既知本年冬至的日名（平支）、时刻、和十一月平朔的日名时刻的条件下，推算这一年的上元积年是一个一次同余式问题。"引自《吴文俊论数学机械化》，山东教育出版社，1996年版，第444页。

"北辰"来替换极星,才能说"居其所"。春秋时代的极星围绕天球北极(玄)而转动,不是"居其所"。尧舜时期的极星(即"北辰")处于天球北极,才是"居其所"。①

孔子谙熟上古流传下来的历史文献(述而不作,信而好古),敏悟到华夏民族在尧舜时期的社会治理显示出永续发展、生生不息之"道"。尧舜领导人们谨遵传统信仰、强调均分所得、组织观测天象、指导农业生产、协调分配与抗灾、选举贤能担任首脑等,在传承优良习俗(或传统文化)的基础上,根据环境变迁进行科学决策,保障了群体与环境的良性互动,维护了华夏民族的世代延续。(详见第三章第二节·三《中华文明奠基》)唐尧,由于敏感到环境变迁,作出"历象日月星辰,敬授人时"的科学决策(《尚书·尧典》),还敏感到自己年老之后不宜再担任首席决策者,作出"咨,尔舜,天之历数在尔躬"的人事决策(《论语·尧曰》)。虞舜,由于敏感到环境变迁,作出"在璇玑玉衡,以齐七政"的科学决策(《尚书·舜典》),还敏感到自己年老之后不宜再担任首席决策者,作出"咨,尔禹,天之历数在尔躬"的

---

① 张祥平:《经典复杂科学》,中国社会科学出版社2013年版,第218—219页。

后来,在《尚书》至老子孔子时代的记载基础上积累了更多更准的天文观测数据,经过孔子的学生子张、后传邹衍和西汉前期(第42个甲子)张苍等的矫订,最后确定北极星正处在天球北极的时间是黄帝时期。同上书,第218页。

汉代之后有的学者把天球北极和北辰星混为一谈,甚至把北辰和汉代之后观测的太极星混为一谈,原因是中国学术界发展了复杂科学之后,一度忽视了简单科学的观测结果。有的近代学者误认为"孔子所说的北辰,不是指天球北极,而是指北极星",原因是受到新文化运动的误导,想当然地认为先秦天文学远远落后于西方的简单科学(含天文观测)。这些学者都忽视了先秦汉语一字一义的特点:二字词往往需要特别深究。如上所述,北辰是指尧舜(黄帝)时代的北极星,位置正处在天球北极,既不同于汉代之后的北极(该位置已观测不到北极星),也不同于西方意义上的北极星(不强调其曾处于天球北极的历史)。汉语中最早的无生命二字词是"玉衡",即璇玑仪的关键部件之一,是专有名词,后来才成了类别名词。在早期文献中,除了自然流露的语气词(如钦若,钦哉等)和二字相同的形容词(如安安,汤汤,荡荡,浩浩,穆穆等)之外,都是华夏民族谋生存谋延续过程中十分重要的专有名词(如玉衡,北辰,岱宗,以及人的名字和职务,如皋陶,共工,四岳)和类别名词(如黎民,朋友)。现代汉语中有了三字词,如北极星,沿用了早期名称"极"。北极星已经更多地偏离了天球北极。同上书,第219—220页。

人事决策(《论语·尧曰2001》)。因此，孔子感叹："大哉，尧之为君也。巍巍乎，唯天为大，唯尧则之。荡荡乎，民无能名焉。巍巍乎，其有成功也。焕乎，其有文章。"(《论语·泰伯》)"巍巍乎，舜禹之有天下也，而不与焉。"孔子其时所面临的社会现实是：春秋时期的政治领袖不够敏锐智慧，即使敏锐智慧的领袖，年老之后也变成固执糊涂，如果仍然作为首席决策者，就会危害群体延续（礼坏乐崩）。①

孔子整合上述天文观测、数学推算、历史文献与社会治乱的研究成果，面对社会乱局，以洞彻天机的智慧，悲天悯人的情怀，圣心感悟，总结出人类社会永续发展的宏观模型——北辰模型，也是复杂科学的最高一级模型，昭示了天地宇宙的演化秩序，奠定了天人合一的理论基础（详见第七章第三节·四·（二）之《天下主义的思想基础》)，勾画出人类文明的发展蓝图。北辰把变化与永恒整合在一起，把空间与时间整合在一起，把人类与自然整合在一起，把历史与现实整合在一起，把黑暗（玄，阴）与光明（星光，阳）整合在一起。北辰模型昭示的不是脱离人类的纯粹客观存在，而是与人类相伴相合、天人合一的灵性有机组成。一言以蔽之，北辰模型是一个圆融地整合了天、地、人的动态模型。②北辰模型彰显出孔子的"道"。孔子的"道"因此可称之为北辰尧舜之道。③

北辰尧舜之道统系宇宙万物，使宇宙万事万物成为一合理的存在与有意义的生化过程。宇宙中的万事万物与人类社会由此获得了意义与价值。这是对人类追求形上意义与超越理据的终极关切，体现了人类生命深处对永恒的渴求。"北辰尧舜之道"的确立，是为天地立心，为宇宙正位，为人类提供

---

① 张祥平：《经典复杂科学》，中国社会科学出版社2013年版，第219页，注②。

② "北辰模型"乃理解中华文明"道统""学统""政统"之核心，义理精深，难能尽言。根据本书逻辑结构，关于"北辰模型"的阐述将分布于五个不同的章节部分：本处着重论述"北辰模型"彰显的"道统"，本章第二节·二·（二）·1之《模型构建》及本章第二节·四·（二）·2·（1）之《北辰模型》着重论述"北辰模型"彰显的"学统"，第七章第一节·二·（一）之《王道政治——主权在天》及第七章第四节·二·（一）之《天下主义的思想基础》着重论述"北辰模型"彰显的"政统"。

③ 张祥平：《经典复杂科学》，中国社会科学出版社2013年版，第219页。

一形上的价值基础,使形下的世界上通于"天道",从而获得纯正的意义和价值。人类依此"天道"进行政治经济活动和社会制度建构,从而使"天道"下贯到人类历史与政治社会中,或者说使人类历史与政治社会上系于"天道",就能实现天人合一、天下太平。(详见第七章第一节·二·(一)之《王道政治——主权在天》,以及第七章第四节·二·(一)之《天下主义的思想基础》)

孔子"发明"的北辰尧舜之道在中华文明的历史演进中,逐渐被"定格"为中华文明的最高价值。两千五百多年来,中华文明以"北辰尧舜之道"为基本遵循成就的盛德大业,至今生生不息,成为人类历史上唯一持续至今的文明!孔子因之成为中华文明史以至于世界文明史中最伟大的人物。一千多年前的朱熹由是感叹:"天不生仲尼,万古如长夜"。

(二)希腊先哲"追寻本体"

早期的希腊先哲的思想常常只留下残篇片语,这不能不说与他们的"否定"与"独立"意识(见前文《抽象思维——范畴思辨》之《西方文明的早期思辨》)有关——后哲不愿为先哲作传、作注,也就无须系统传抄或记载他人的言论。结果,许多智慧的论述被历史遗忘,即使零星传世的,其思想探索的历程与智慧碰撞的语境也付诸东流。于是,造成了希腊先哲早期范畴人各一名的现象。其实,这些范畴大同小异,都是"把统一性加到"万事万物之上。[①]

1. 赫拉克利特——逻各斯[②]

毕达哥拉斯之后的赫拉克利特(约西元前540—470年)主张:"这个世界……过去、现在和未来永远是一团永恒的活火,在一定的分寸上($\mu\varepsilon\tau\rho c\alpha$)燃烧,在一定的分寸上熄灭。"[③]火是万物的太始,一切物质不过是火的变形,火产生了一切,而最后也都将复归于火。火在性质上是一种物质性元素——这与米利都学派的先哲们观点一致。但为什么要选择火作为万物的本原呢?

---

① 张祥平:《易与人类思维》(第2版),重庆出版社2004年版,第224—225页。
② 本题内容编自张祥平:《易与人类思维》(第2版),重庆出版社2004年版,第225—226页。
③ 北京大学哲学系外国哲学史教研室编:《古希腊罗马哲学》,商务印书馆1982年版,第21页。

因为火在各种物质元素中最具有生机，最富于变动性，"一团永恒的活火"正彰明了宇宙万物变化不居的特性。"火的转化是：首先成为海，海的一半成为土，另一半成为旋风"；① 又如循环过程："火生于土之死，气生于火之死，水生于气之死，土生于水之死"。② 这无疑是线性思辨的继续。但赫氏不止于线性思辨，他认为宇宙万物虽然变化不居，却是按照一定的规律来运行的，其秩序表现为"在一定的分寸上燃烧，在一定的分寸上熄灭"。这个规律就是"逻各斯"（λογos 希腊文）。

他论述道："这个'逻各斯'（λογos），虽然永恒地存在着，但是在听见人说到它以前，以及在初次听见人说到它以后，都不能了解它。"③ "对于'逻各斯'，对于他们顷刻不能离的那个东西，对于那个指导一切的东西，他们格格不入……"④ 这简直就是"道可道，非常道"（《道德经》第1章）的翻版。"万物都根据这个'逻各斯'而产生"⑤，"从一切产生一，从一产生一切"⑥，这也类似于"道生一，一生二，二生三，三生万物"（《道德经》第42章）。万物都依据"逻各斯"生成变化，互相转化；人人都应遵循"逻各斯"来理智地说话，来与他人共同生活。因此，理解有关"逻各斯"的知识与人通过感觉经验来认识万物是不同的，承认一切是一，即承认万物的变化统一于一个共同法则，才是智慧的——"如果你不听从我本人而听从我的'逻各斯'，承认一切是一，那就是智慧的"。⑦ 而"博学并不能使人智慧，否则它就已经使赫西阿德，毕泰戈拉（即毕达哥拉斯——笔者）以及克塞诺芬尼和赫卡泰智慧了"。⑧ 这不就是"智者不博，博者不智"（《道德经》第81章）吗？

赫氏不只是承认感官世界千变万化的现实，而且认为必须要透过理性去

---

① 北京大学哲学系外国哲学史教研室编：《古希腊罗马哲学》，商务印书馆1982年版，第21页。
② 同上书，第26页。
③ 同上书，第18页。
④ 同上书，第26页。
⑤ 同上书，第18页。
⑥ 同上书，第19页。
⑦ 同上书，第23、22页。
⑧ 同上书，第14、22页。

掌握变化现象内在的原理，即一切变化不离"逻各斯"的贯通，"逻各斯"不仅是真正的知识对象，而且是常住不变的永恒存在。相比于米利都学派只关注宇宙本原及生成过程，赫氏已经开始探究宇宙运行的原理了。

2. 巴门尼德——存在物①

与赫拉克利特同时代的巴门尼德（约西元前515年—前5世纪中叶以后），也像赫氏一样达到了本体思辨："只有存在物是存在的"——"存在物"涵盖一切，"非存在物的存在则不可能"。② 不仅如此，巴门尼德还赋予"存在物"这个"思维的对象"以"各种性质"。"它不是产生出来的，所以也不会消灭，完整、唯一、不动、无限。它没有过去和未来，因为它整个在现在，作为完整、统一、联系的（连续的）东西……存在物也不可分，因为它的各部分都是完全同一的，居留在自身之内，并且永远固定在同一个地方。"③ "存在物各方面都是锁闭的，很像一个滚圆的球体"——这是象数思辨的回归："滚圆的球体"正与象数思辨的"圆"巧合。更巧合的是，巴门尼德也如《象》《彖》作者那样继承先贤而不是"否定"先贤。不仅如此，巴门尼德的学生芝诺（与苏格拉底同时代）也承其师教——"述而不作"，其学说几乎是把巴门尼德的话"用另一种方式说出来"：巴氏"认为一切是'一'"，芝诺就论证"没有多"。④ 巴门尼德的另一个学生麦里梭也如是：巴氏认为存在物"不动"，麦里梭就论证"如果存在物分开了，它也就运动了。如果它运动了，它的存在就消失了"。⑤

3. 德谟克里特——原子与宇宙

德谟克里特（西元前460—370年）认为，万物的本原是原子与虚空。宇宙的一切事物都是由在虚空中运动着的原子构成。原子是一种最基本的不可分的物质微粒，处在永恒的运动之中。虚空是原子运动的场所。原子叫做"存

---

① 本题内容编自张祥平：《易与人类思维》（第2版），重庆出版社2004年版，第227—228页。
② 同上书，第48页。
③ 同上书，第51页。
④ 同上书，第53页。
⑤ 同上书，第59页。

在"，虚空叫做"非存在"，但"非存在"不等于不存在，只是相对于充实的原子而言，虚空是没有充实性的。所以"非存在"与"存在"都是实在的。原子在数量上是无限的，在形式上是多样的。一切物体的不同，只是由于构成它们的原子在数量、形状和排列上的不同造成的。事物之所以有生灭，就是原子运动的结果。原子在虚空中相互碰撞，"它们在宇宙中处于涡旋运动之中，因此形成各种复合物：火、水、气、土。"[1] 原子在虚空中相互碰撞造成的涡旋运动是宇宙万事万物形成变化的原因。世界上的一切事物因此是相互联系的，而且受因果必然性和客观规律的制约。德氏深受毕达哥拉斯学派用"数"来建构宇宙系统的影响，但把数学质点改造成了物理质点。德氏的"原子论"对西方文明思维模式的发展有极其重要的影响，是西方分析还原法（因子公理化）发展过程中的第二个里程碑（第一个里程碑就是毕达哥拉斯的"数"，见本节七《抽象思维——范畴思辨》；及本章第二节·二·（一）·1·1）《数学基础：万物皆数》）

4. 柏拉图——理念（扼多）[2] 与创世

柏拉图（西元前427—347年）被称为西方哲学乃至整个西方文化最伟大的哲学家和思想家之一，他和老师苏格拉底、学生亚里士多德并称为古希腊三大哲学家。柏拉图主张，"人应当通过理性，把纷然杂陈的感官知觉集纳成一个统一体，从而认识理念"。[3] 只有"理念"才是真实的实在，而现象界中一切个别事物的存在，只是"理念"世界的摹本："这些理念好像模型一样树立在自然里,其他事物与它们类似,是它们的摹本。"[4] "美"如是，"善"、"正义"莫不如是。理念是在万物的一切假象和幻影之中，那绝对的终极的实在，是万物可由之以说明的东西。理念论将世界区分为二，一个是感觉经验所对

---

[1] 北京大学哲学系外国哲学史教研室编：《西方哲学原著选读》（上卷），商务印书馆1985年版，第47页。

[2] 张祥平：《经典复杂科学》，中国社会科学出版社2013年版，第124—126页。

[3] 北京大学哲学系外国哲学史教研室编：《西方哲学原著选读》（上卷），商务印书馆1985年版，第75页。

[4] 同上书，第98页。

的感官世界，一个是思想所对的理念世界。理念世界是绝对的实在，绝对的存在；现象世界则并不具有绝对的实在性，并非最真实的存在。因为理念恒存不变，自成一个超越世界。感官世界的可觉事物受制于生灭变化，不具有永恒的存在性，而感官世界的一切存在，都是由于理念流注其中的结果，换言之，它们都是理念的摹本。它们实在的程度，依赖于它们与理念类似的程度，而它们非实在的程度，也视它们与理念相距多远而定。因此，感官世界和理念世界的关系，是"分有"，万物各以不同的程度"分有"、体现理念而存在，如美的事物之所以存在，是因为"分有"了美的理念。这些诸多的理念自成一个完整的系统，有高级低级之分，统合在"一"的原理之中。柏拉图说：理念是万物的本质的成因，而"一"是理念的本质之成因。如白、红、黑，就必须归纳在"色"之下，而色、味等理念又必须归纳在"性质"的理念之下。于是理念世界便也像一个金字塔，理念的抽象性逐级高升，其中，最高的理念是善。①

柏拉图深受毕达哥拉斯学派的影响，但察觉到毕达哥拉斯的不足，所以不以数目为本原，而以"理念"为本原。"理念"是以几何图形（形，理）为基础而抽象（超越）出来的形而上的重设名词②。不懂几何就不可能理解"理念"，所以柏拉图的学园入口处有"不习几何学者不得入内"的字样。西方人文学者认为超越于感性的东西才是真实的（永恒的），所以柏拉图另造"理念"（永恒，真实）来把握"现世的"感性世界（多变，不够真实），正如毕达哥拉斯用数（永恒，真实）来把握感性世界（多变，不够真实）。究其原因，在于西方语词由辅音组合而成，西方文字是拼音文字，西语语法是分异型的，所以西方的人文学者认为感性的东西（可观测，可测量，是科学的基础）不够真实（详见第一章第二节至第四节相关论述）。

把短暂多变的感性事物（个体，事实，等）还原为稳定持久的、超越感性的"理念"，是西方文明中分析还原法发展过程中的第三个里程碑。如果说，

---

① 邬昆如：《哲学概论》，中国人民大学出版社2005年版，第196页。
② 北京大学哲学系外国哲学史教研室编：《西方哲学原著选读》（上卷），商务印书馆1985年版，第129页注5、第92—93页。

德谟克里特运用分析还原法,开创了西方简单科学的传统(分析还原法发展的第二个里程碑)。那么,柏拉图运用分析还原法,则开创了西方人文理性的传统。柏拉图的"理念"与感性事物形成二元对立,深深地影响了其后的西方文化。

"理念"比相互类似的数目(1,2,3……)更有个性(单一性),比只此一家的"逻各斯"更为多样。因此,"理念"更复杂,每一类感性事物都有一个"理念",成组的东西还有较高层次的"理念",即"管多的一('逻各斯'是'管最多的一')","不管那'多'是这个世界里的(感性事物:多变的事实,生灭的个体等)还是永恒的(低层次的"理念",本身是被管的多,即使被管,仍稳定永恒)"[①]。

"理念"的原文为 idea 和 eidos(多数时候用前者),它们均出自动词 idein(看),本义指"看见的东西",即形状,转义为灵魂所见的东西。哲学概念的形成,大多有其感性的来源,因此,"理念"也被意译为"形相""形式""相"等。其实,上述所有意译都无法完整表达柏拉图的原意,既然如此,应该以音译为主,意译为辅,如译为"扼多"。"扼多"是音译为主(尽量接近原初发音),意译为辅(统扼"多")的中文术语。西文中超越性较强的重设名词,因为思维模式以及文化背景的差异,许多都在汉语中无法找到完全对应的词,所以应该以音译为主,意译为辅。[②]

需要指出,柏拉图的"理念"(扼多)并不是"本体",因为"理念"(扼多)自身并不能生发万物。柏拉图所谓的"造物者",也称为神或父亲,是理念(扼多)与感性事物结合的媒介。"造物者"创世依照的范型是永恒不动、自我同一的理念(扼多)。仅有理念(扼多),神还创造不出宇宙,因为他不可能无中生有。他还需要材料和场所。材料(或"载体")指水、火、土、气,它们在创世之先就已混沌地存在着。场所即空间,它是接受器或容器,犹如宇宙万物之母。神首先创造出世界灵魂。它是弥漫于世界并在内部推动形体运动的力量,由同和异两个部分构成,按相反方向做圆周运动,它是神的影

[①] 上引《西方哲学原著选读》(上卷)第 125 页,括号中内容为张祥平先生所加。

[②] 张祥平:《经典复杂科学》,中国社会科学出版社 2013 年版,第 124—125 页。

像，也是理念（扼多）世界和可感世界的中介，其职责便是使事物受理念（扼多）支配。然后，神用全部材料按一定比例和几何结构创造出天体。神在创世的同也创造了时间，所以，可感世界的一切都发生在时间之中。神接着创造了各种动物，它们按居住领域被分成四类，天上的小神、空中的有翼动物、水栖动物和陆地动物。神最后造人，首先是人的理性灵魂，接着是灵魂的非理性部分，然后再创造肉体。人是大宇宙的缩小，身体各部分都合乎目的而具有了完满性。由于独具理性灵魂，人成为万物之灵。柏拉图的创世纪，成为西方后来基督教神学的重要来源。①

5. 亚里士多德——实体（亚希）

亚里士多德（西元前384—前322）是古希腊哲学的集大成者，是西方历史上第一位百科全书式的思想家。他是柏拉图的嫡传弟子，却是批判其老师最深刻的人，柏拉图说他"像小马驹生下来对它母亲那样踢我"。亚里士多德充分论述了柏拉图提出的"理念"（扼多）与感性事物分离形成的二元对立是不妥的。② 他说："毕泰戈拉派说事物之所以存在是靠'模仿'数，柏拉图换了一个名词，说是靠'分有'理念。至于这个'分有'或'模仿'到底是什么意思，他们都没说清。"③ 亚氏认为，能够"说清"的东西是"存在"或"有"，大致相当于可用感觉器官识别的"实"或"事实"。也就是说，亚氏在原子与扼多之间进行调和。为了把"实"或"事实"说得超越于感性，亚氏强调"有"本身（界种），把特殊科学的"有"放在较低的层次（属科）上，强调"寻求本原和最初的原因"，于是有了"永恒的不动实体"。④

"实体"一词的希腊原文是ousia。ousia除有"实体"（英语substance）之意外，还有"本质"（英语essence）之意，前者侧重载体，后者侧重本性。西方语言对ousia的翻译皆出于拉丁语之substantia，因而误解甚深，尽管这种

---

① 苗力田：《古希腊哲学》，中国人民大学出版社1995年版，第374—391页。

② 北京大学哲学系外国哲学史教研室编：《西方哲学原著选读》（上卷），商务印书馆1985年版，第125—133页。

③ 同上书，第72页。

④ 同上书，第122、143—145页。

误解并非毫无意义的。如英语 substance 直接的含义是"站在下面的东西",因而是事物的支撑者,所以译为"实体"。然而,亚氏的 ousia 其实既不"实"也无"体",是亚氏"希望具有支撑作用的东西",相对确定,能够自立存在,不依附于其他更确定的东西,此意在汉语中同样无法找到完全对应的词,所以也应该以音译为主,意译为辅,可译为"亚希"。①

亚氏认为,"实体有三种,两种是自然的,一种是不运动的"。所谓两种自然实体,一是非永恒的感性实体,即有生灭的具体事物。二是永恒的感性实体,即天体。这两类自然实体都是运动的,属于自然哲学即物理学的研究对象。亚氏强调的,则是"永恒的不动实体"。"永恒的不动实体"(亚希),是无质料的纯形式,乃永恒运动的原因,即第一动者。它是被向往和被思想的对象,并以这种方式使事物运动。向往的对象是"善"(直译为"好"),因此,善是第一动者,也是事物所要达到的目的,它作为事物追求的"所为因"引导事物的运动。这个善,也是思想(理性)的对象,因为"最高层次的思想,是以至善为对象的思想"。思想由于接触和想到这个对象,也就分享它而成为对象。所以,思想和被思想的东西是同一的,"思想就是对思想的思想"。这样的思想,是人生的最大快乐,是至高无上的。它之所以是至高无上的最大快乐,是因为这个东西就是神,能分享神所永享的至福。"神是赋有生命的,生命就是思想的现实活动,神就是现实性,是就其自身的现实性,他的生命是至善和永恒。我们说,神是有生命的、永恒的至善,由于他永远不断地生活着,永恒归于神,这就是神"。②

于是,亚氏从概念分类、事物分析推进到逻辑分析建立了神实体说。神是无质料的纯形式、无潜能的完全现实、不动的第一动者、万物的终极目的、"独立于可感事物而存在"的最高实体(亚希)。它永恒、至善,以自己为对象,充满永恒的生命活力,但又"没有体积、没有部分,不可分",也"不承受作用,不被改变"。形式因、动力因、所为因三因合一,在这里得到了完全的实现。

---

① 张祥平:《经典复杂科学》,中国社会科学出版社 2013 年版,第 125 页。

② 张志伟:《西方哲学史》,中国人民大学出版社 2002 年版,第 132—133 页。

当然，此"神"非人格神而是哲学神。它既是逻辑分析的产物，又是思想（理性）的代名词。亚氏把思想本身推到至高无上地位，并以自身为对象进行活动，"只有在思维里面，才有客观和主观的真正相符……这是亚里士多德哲学中的最高点"。① 由此可见，亚氏尽管批判柏拉图提出的"理念"（扼多）与感性事物分离，力图在理性思辨与感性事物之间进行调和，然而其提出的神实体说，最终依然难脱"纯粹理性"的窠臼。

从赫拉克利特提出"逻各斯"，到巴门尼德将"存在"确立为哲学的研究对象，再到柏拉图对"理念"（扼多）问题的探索，发展到亚氏的神实体说，可以看作是西方哲学本体论的形成过程，为整个西方古典哲学定下了基调。②

超越感官经验而追寻本体的思辨成果，后来被称之"形而上学"。"形而上学"一词源于《周易·系辞》中的"形而上者谓之道，形而下者谓之器"。"形而上学"被西哲亚里士多德称为"第一哲学"，是探讨最高智慧的学问。在亚里士多德看来，其他所有学问（被称为"第二哲学"）都是在探讨"存在"的某一领域，唯有"形而上学"才是探讨"存在"的总体。然而，在中华传统文化中，由于构造整合法的主导，纯粹的形而上探究（哲学）难有其生长空间。或者说，中华传统文化中的形而上探究，与复杂科学的发展融为一体，是作为总体"存在"的。所以，中华文化中原本无"哲学"一说，"哲学"是随西学传入而有的新词。

中华文明的"本体"——道，自轴心时代"发明"后的两千多年中，一直是中华文明最核心的理念和价值，中华文明的发展基本上是循"道"而行，唯"道"是彰，并由此发展出博大高明、统贯天人的复杂科学（详见本章第二、三、四节），成为治国理政的基础。而西方文明的"本体"，在轴心时代由希腊大哲"发明"后，由于一味追寻"理性"，缺乏历史基础，并未被公众所信奉，随希腊文明消亡而隐匿。此后，犹太教的"GOD"经耶稣"道成肉身"，成为广受信奉的新"本体"，主宰了欧洲中世纪的信仰。文艺复兴后，

---

① 张志伟：《西方哲学史》，中国人民大学出版社2002年版，第132—134页。
② 同上书，第135页。

西方文明推崇以"理性"追寻新的"本体",因而层出不穷的思辨性"本体"被后来的哲学家们"发明",然也仅为哲学家及其"小众"追随者所奉持,由此导致了西方文明中"本体"的断裂与分异。

参阅

孔子《春秋》与柏拉图《理想国》的理性差异[①]

通过比较孔子所著《春秋》与柏拉图所著《理想国》的思维模式,可以更深入地理解中西人文理性的差异。

柏拉图同孔子一样,都生活在政治动乱衰敝的年代,都怀着救世的热忱,希望在现实中实现自己的政治抱负,都被世人讥笑陷害而希望落空,最后都通过写作来表达自己的政治理想。柏拉图是一位典型的希腊哲学家,认为现实的经验世界是不真实的虚假世界,是理念世界的不完全的摹本,只有绝对超越的理念世界才是真实的世界。所以,柏拉图按照其理念论通过思辨的方式依纯理构想出了一个理想的社会,形诸于《理想国》。由于此理想国完全是建立在逻辑推理的基础上而缺乏历史与现实的依据,此理想国只有理论上(逻辑上)的可能性而无历史上与现实上的可能性,因而只是观念的虚构与逻辑的空想。《理想国》一书也就成了西方思想史上最典型的乌托邦著作,对后世的政治没有实际的借鉴作用。

孔子则不然。孔子不认为理念世界与经验世界截然对立,即不认为天道与王道不能相通,而是打通天人,融合理事,于历史文化中来体现超越的真理。这表现在孔子用"假托历史以表现真理的方式"来作《春秋》,而不是如柏拉图用"理论思辨以表现真理的方式"来写《理想国》。

现在读《春秋》的人都会奇怪,为何孔子不通过简单明了的理论方式来阐述自己的王道理想,来表达治理天下的王义王法,而要通过隐晦曲折的假托方式来阐述自己的王道理想,来表达治理天下的王义王法。解释《春秋》

[①] 蒋庆:《公羊学引论》,辽宁教育出版社1995年版,第105—107页。

为何要托王于鲁，孔子自己曾说："我欲载之空言，不如见之于行事之深切著明也。"也就是说，孔子认为以理论的方式来阐述自己的王道理想与王义王法只是空言，空言是纯粹的逻辑推理与观念铺设，没有具体的历史内容，所以不深切著明。假托鲁国的史文来阐述王道理想与王义王法，于《春秋》二百四十二年的行事中贯穿新王治世的总纲，有具体的历史内容，所以深切著明。孔子为什么会认为在空言中见王义王法不如在行事中见王义王法深切著明呢？或者说，孔子为什么会认为王道理想不能离开历史而超然独在呢？这涉及孔子对天道性理与人类历史关系的看法，即涉及超验真理与经验世界的关系的看法。

　　孔子不是希腊式的哲学家，孔子追求的不是纯理的超验世界（理念世界）。在孔子看来，超验的真理（天道性理）是绝对存在的。但是，超验的真理却不是离开历史文化而超然独在的，而是通过历史文化在人类的现实生活中体现出来的。也就是说，天道必须进入历史文化变为王道，才能被人类所理解而成为历史文化中的真理。所以，孔子所理解的真理就不是纯逻辑的理念的真理，而是表现在历史事件中的活生生的真理。孔子认为真理总是具体的，要贯穿在人类创造历史的活动中才有意义；而不是抽象的，只存在于哲学家空泛的思想中。孔子的这种具体的真理观无疑是受到了中国古代经典的影响，因为《诗》《书》《礼》《易》诸经都是在具体的历史文化中来体现真理（王道理想）的。由于孔子认为真理只有在具体的历史文化与人类活动中体现才有真实意义（才能被人类所接受而且具有实践效用），所以孔子在阐述历史文化的普遍真理（王道王义）时就采取假托历史的方式，而不采取理论思辨的方式。

　　在《春秋》一经中，孔子上下打通，理事不遗（不像柏拉图据上遗下，据理遗事），既肯定历史与现实有承担真理的功能，不是真理的障碍（柏拉图以为历史与现实是纯粹惰性的存在，只能障碍真理），又肯定真理可以超越历史与现实而存在于圣人的"王心"中，而不是历史理性的必然逻辑发展。这样，真理不仅具有存在于"王心"中的超越的合理性（区别于存在于理性中的逻辑的合理性），还具有历史与现实的可能性。孔子遵循中道，不偏不倚，允执其中，历史与王心两不遗，而得大道之全。正是因为这一原因，《春秋》才成为治世之王法，礼义之大宗，才没有成为空想的乌托邦著作，而是被后人奉为经世致用的治国圣典。

九、开发内心——价值体系

人类的感觉经验对外界事物进行识别——对应得到的名词和行为动词，不同于通过内省和反思得到的名词和心理动词。在人类文明的发展历程中，思维是在把统一性加在前者之上从而超越感官经验之后，才把统一性加在后者之上。① 人类通过内省和反思得到的名词和心理动词，开拓出一个崭新的思维领域——内心世界。

（一）认知情绪

人类思维从外物世界跨入内心世界之前，经历了一段漫长的对人类自身情绪的认知过程——这是人类开发内心世界的基础。汉字的演化历史揭示了其发展脉络（西方文明缺乏文献，只能付之阙如）。

汉字中关于情绪反应的早期概念只有与"化物为奴"相关的"兑（悦）"字，以及与"紧张状态"相关的"悔（忧）"字。兑字甲骨文作"𠑽"，是人们咧开口发笑时的相貌或表情（特写面部）。至于"悔（忧）"字，则是母亲们焦虑状况的象形。在甲骨文中，有几个用作人名的字，后来转为表达情绪的概念。如"畏（威）"，"甲文作'𢀖'……像鬼执杖之形"，这当然令人生畏。畏字到了金文中就有了情绪意义："孟鼎'畏天畏'，其后之畏用作威。"（"威"是一种外貌或神情。）再如"喜""良""乐""美"等也与早期社会中特定的分工有关，分别是"鼓手""乐师""乐器"和"饰者"的名称，后来才具有了情绪意义。喜字的甲骨文构型是"𠴗"，"置鼓于 ⼐ 中，因是古乐器，故训乐也，卜辞中作人名、地名、祭名"。"良，甲文作'𣆶'……

---

① 张祥平：《易与人类思维》（第2版），重庆出版社2004年版，第228页。

卜辞中有的作人名……有的作地名",其构型象形于两根琴弦同时被击键打中,发出和谐的乐音,现代术语是奏出和声,有的构型中小圈空内有短横,示出击键与键柄的衔接部,还有的圈空上右角和下左角各一竖线取代二弦,且线端各有二小折,示出击键之后用手抚琴,这种手法多在乐曲收尾时采用,取得和谐温馨的效果。"乐"字则是整个乐器的象形,"甲文作'❦'……从丝附木上,琴瑟之象也"。"美,甲文作'❦',大是正面的人,像人头上有毛羽装饰……卜辞中常有'子美'是人名"。①

　　金文中出现了一批甲骨文中未曾出现过的表示"情绪"或"情感"的字(此阶段正是"诗歌艺术——情感升华"时期),它们的构型都与"人"相关。其中,除了"字(慈)"之外,都含有"言(口)"或"心"的构型,如哀、善;又如恁、慕、忌、爱、宁、德等。这表明了人们对内心世界的认知逐渐丰富,而且认识到了"言"和"心"与精神生活有着密切的关系。人类对内心世界的认知深入,伴随着相关语词的发展,这正如人类对外物的认知拓展,伴随着与被识别物对应语词的发展。先人们已认识到,在精神生活中,"心"的参与是不可少的。有现代学者认为:"心肺之为循环系之中枢,心思之心为神经系之中枢,二者截然不同,古人不知,昧为一事,后人习用,视为固然。"其实,造字时代的先人并不"昧"。现代科学的发展也已证明,大脑在思考的时候必须增加供血,必须有"循环系之中枢"参与,"智商"的基础是"情商"。把"心"与"思"关联在一起不但不是"昧",而且与多数人的经验一致,得到多数人的"承认"。这是一个跨文化的共识,英语中也说"变心"(a change of heart),不说"变脑"(brain);说"心灵平静"(peaceful heart),不说"大脑平静";说"半心半意"(with half a heart),不说"半脑半意"。正是在对"心"的认识的基础上,一批早期的内省概念被识别出来。②

　　"字,金文作'❦'……'从子在下'(即'子女在室内'),爱抚子也。

---

① 张祥平:《易与人类思维》(第2版),重庆出版社2004年版,第228—229页。
② 同上书,第229—230页。

铭文有的用为子……有的用为慈"——天下父母之心，举世都能"会意"。把"慈"作为内心世界的情绪基础也是不过分的，而它的原初构型竟成了汉文的基础——"文字"的"字"，这简直不能说是"巧合"，而是深刻地揭示了中华文化一脉相承的人文传统。

"哀字"金文作"󰀀"，构型是在"衣"的两襟之间有一个"口"，象形于给婴儿喂奶，会意为爱、怜悯，早期指母爱，不同于父爱（构型中有胡须，见下文）。爱是哀的本意，不只是"哀通爱"。由爱而生的怜悯则是引申义，"《诗·小雅·鸿雁》'哀此鳏寡'中，哀即怜悯之意。"

"善"，金文作"󰀀"，羊作"祥"解（用羊祭祀或宰食羊都是在良好境况下进行，其他动物往往不那么驯顺），"󰀀"即为两人用吉祥之言对讲——最初是在宴请宾客的场合，用作"膳"，后来则把那良好的气氛迁移到日常待人之中。这种文化氛围导致了一种乐于接受"吉祥之言"的心理习惯，进而促就了一种达观处世的积极心态。中华文化对于"吉祥之言"的重视，与希腊文化对于凶险之言的重视，以及后来基督教文化对于"原罪""悔罪"之重视，并成为东西方文化心理差异的深层原因之一。

甲骨文时代出现的"󰀀（心，其构型表示二心室二心房）"在金文中以"󰀀"（在包形器官󰀀基础上增加动脉和静脉的入口管道形象󰀀）、"󰀀"（简化血管形状）、"󰀀"（省去表示血液的指事符号"󰀀"）等构型参与了许多文字的创构。"恖"金文为"󰀀"，在"铭文中训思念"。"慕"金文为"󰀀"，在铭文作"谋"解。二字构型的共同点是"心"在下，不同点是前者上半与"人"相关，后者上部则是"日在草中"。总之"思"及人，"谋"及事，有所不同，所指则皆为内在的心理活动。至于"忌"字，金文为"󰀀"，即上"己"下"心"——自己的心，"有的作畏忌意……有的用为己"。"己"的原意是绳索，用绳索捆住心，就是"畏忌"，能够捆住别人的心，才能体现出"自己"。正如早期的第一人称"予"，能够"给予"，才是有尊严的主体。

"爱"字金文作"󰀀"，像一个喃喃倾诉的人（󰀀）伸出手捧着（󰀀）自己的心（󰀀）。其中的人（󰀀）的嘴上有一根线，表示胡须或皱纹。因为初期的"爱"发生在长幼之间，而不是现代的"情人"之间——情人之间的性交在早期无须"心"来参与。

"宁"也是加"心"而成。"宁"的甲骨文为"𤨠","像室内桌上安放器皿,以表安定,安静",加"心"之后,那表象世界中的静室就与内心世界相关了(简化之前的"宁"字中就有"心")。"余不暇妄宁"——我没有闲暇,也就没有(内心的)安宁。宁字还"作人姓名"——那是拥有闲暇或心中安宁的人。①

"德"的甲骨文构型是"𢔌",构型是"彳(路)"旁有"目(眼)",目上连一竖线,象形指事会意:竖线指事为目光,直盯着某物,会意为人人都能看见该物。"德"与"得"词义微分:"得"表示拿在手上,而"德"表示近在眼前,即将到手。②"得,甲文作'𠭖','𠭖'是贝,古人作钱币,'又'是人手,手持贝表人手中有钱财……金文加彳作'𢔌',表在道路上拾到贝",简言之是表示"占有"。③"德"的构型中被"直盯"的对象是可得之物,此物在道路上,人人都能看见。与已经到手的"得"不同,"德"在到手之前,还需要决定该谁拿,怎么拿,拿多少。此时,一个人的目光常常流露出内心的活动。所以,甲文"德"字表示人在众目睽睽下"得物",这与"得人"、"得己"密切相关。在部落社会中,凡公开得到的收益都是公正分享,这样才能"得人"、"得己"。加"心"之"德",与内心的安宁相关。因为"得"对于先民们来说实在太重要了,而均分所得又是部落时代的"义",所以"德"逐渐成为美好行为的代名词。如"非我有周秉德不康宁"(《书·周书·多方》),又如"大邦维屏,大宗维翰,怀德维宁,宗子维城"(《诗·大雅·板》)。"德"与"宁"的密切相关,大致相当于"手中有粮,心中不慌"。④"德"与"宁"不仅有文字上的源流,而且说明当时人类的内心世界亟待开发。

随着人类文明的进步,特别是理性思维的发展,基于表象思维的图腾已不能满足人们内心世界的需求,如果没有基于理性精神的价值体系的确立,

---

① 以上文字考订阐释编自张祥平:《易与人类思维》(第2版),重庆出版社2004年版,第230—232页。
② 张祥平:《经典复杂科学》,中国社会科学出版社2013年版,第199页。
③ 张祥平:《易与人类思维》(第2版),重庆出版社2004年版,第236页。
④ 张祥平:《经典复杂科学》,中国社会科学出版社2013年版,第201页。

"人心"就会无法安顿、浮躁不宁。特别是，人类思维在超越感官经验，追寻到生发万物且容融万物的"本体"之后，必然面临这样一个无法回避的问题：生发万物且容融万物的本体，含摄了人类生命的来源与归处（人类当然属于"万物"），决定了人类生命的方向与价值。那么人类依据什么样的准则，才能与"本体"合而为一，达到超越与永恒的境界呢？这是安顿人类心灵的重大命题！东西方先哲们对上述"准则"的探索，形成了异中见同、同中有异的"解决方案"。

（二）中华先哲创建的价值体系

1. 儒家：孔子和孟子

中华先哲在对人类自身情绪的认知的基础上，通过内省而概括出内心范畴——"德"。

与人类思维的第一个表象概念"有"——"得物"（见本书第一章第一节·一《人类语言出现的标志》）相表里，第一个内省概念"德"的内涵就是"得人"。前者主要是指物质上的占有（化物为奴），后者则包涵精神上的感召，即在获取物质收益的基础上同时获得精神上的占有（化实为虚），也即所谓"得人心"。[①]

"德"在中华文明的价值体系中意义极为重大。在《尚书》中，《尧典》《舜典》《皋陶谟》《益稷》《盘庚》中的"德"字都表示"得"，而《皋陶谟》阐述最为明确："亦行有九德；亦言其人有德，乃言曰：载采，采。"可译为："人的行为有九种'德'；然而概括地说某人有德，只说：载物采物，甚至只说采物。"皋陶把载采之德扩充为"九德"，也就是九种处理"得"的方法：

① 交易互利：让别人得到，可是要有原则，即宽而栗；

② 谦让，但要有规则，即柔而立；

③ 自己想要，可是尊重长幼先后的次序，即愿而恭；

④ 尊重总体秩序，敬畏更高的制约，即乱而敬；

[①] 张祥平：《易与人类思维》（第 2 版），重庆出版社 2004 年版，第 233 页。

⑤对于不守规则的人，应该坚持原则，即扰而毅；
⑥主持分配的人要正直，还要体谅弱者，即直而温；
⑦分配规则公开透明，不假公济私，即简而廉；
⑧执行规则刚正不阿，诚实可信，即刚而塞；
⑨有能力公开公正地较多地"得"，分一些给亲友和邻居，即彊而义。①

均分所得是部落时代的"义"。甲骨文"德"的造字时代，"德"与"得"词义微分，正是强调此"义"。到了春秋时期，礼崩乐坏，社会动荡，孔子敏锐地认识到自上古传承下来的"德"之大"义"乃人类群体延续、社会稳定和谐的根本性的大纲大法，必须大力弘扬之。

孔子弘扬的"德"之大"义"，一言以蔽之，即公正公开地获取收益且仗义疏财。之所以说"德"之大"义"乃人类群体延续、社会稳定和谐的根本性的大纲大法，是因为"德"之大"义"统摄了经济与政治的根本原则。在经济上，"德"要求公开公正地"得"，即发展经济建设，保障基本需求；在政治上，"德"要求社会成员皆有所"得"，即维护社会和谐，保证群体延续。于是，"德"成为以物质生产与分配为基础的精神范畴，是既得财富又得人心。

孔子弘扬的"德"，是"先事后得"，即先为人民服务，贡献在前，索取在后。(《论语·颜渊1221》载，樊迟……曰："敢问崇德……"子曰："善哉问。先事后得，非崇德与……'")关于"为人民服务"——"先事"，要"敬事而信，节用而爱人，使民以时"(《论语·学而0105》)，即：要通过一丝不苟地做好公益事业来取信于民；同时还要节约自己的费用，爱惜下级干部；对农民的调度要顾及农时(农民农忙时不要指派其他事务而妨害了生产)，要"先之，劳之"(《论语·子路1301》)，即要以身作则、身体力行，指导生产，作出示范。关于"后得"，要"见得思义"(《论语·季氏》载："君子有九思：视思明，听思聪，色思温，貌思恭，言思忠，事思敬，疑思问，忿思难，见得思义。"《论语·子张》载："士见危致命，见得思义，祭思敬，丧思哀，其可已矣。")，不能患得患失(《论语·阳货》)。

---

① 张祥平：《经典复杂科学》，中国社会科学出版社2013年版，第200—201页。

孔子弘扬的"德",是社会组织管理的基本原则,是平治家国天下的大政方针。孔子认为,治理国家要"为政以德,譬如北辰,居其所,而众星共之"(从事政治要靠公正公开地获取收益并且仗义疏财,既得财富又得人心,可以类比于北极星驻留时的天球北极:那时的北极星没有离开家,别的星斗全都拱卫它。);要"导之以德,齐之以礼,有耻且格"。(倡导公正公开地获取收益和仗义疏财,大家都践行分层分工的资源分配规则及再分配协调规则,培植起廉耻心,这样就能保证子孙不衰落。)

孔子弘扬的"德",在当时的社会现实中已殊不易行。孔子曰:"德之不修,学之不讲,闻义不能徙,不善不能改,是吾忧也。"(《论语·述而》)又曰:"知德者鲜矣。"(《论语·卫灵公》)正因此,孔子才要大力宣扬"德",特别是向执政者宣扬"德"。季康子问政于孔子曰:"如杀无道,以就有道,何如?"孔子对曰:"子为政,焉用杀。子欲善,而民善矣。君子之德风,小人之德草,草上之风,必偃。"《论语·颜渊》)孔子还曾对弟子说:"君子怀德,小人怀土。"(《论语·里仁》)孔子自己,则是"志于道,据于德,依于仁,游于艺。"(《论语·述而》)

一言以蔽之,孔子以德立教,讲求要以德正心、以德修身、以德齐家、以德治国、以德平天下。"德"是求道、学道、修道、传道、行道的核心。可以说,孔子之教就是道德之教,孔子之学就是道德之学。

但是,孔子推崇的"德",在礼崩乐坏的当时已被弃之如敝屣。德之"义"蔽而不彰——"知德者鲜矣"。要匡时济世,警醒世人,孔子继而高标出"仁"的大旗,直指人心。

仁的内涵就是"爱人"(《论语·颜渊》)。如果把人类"化物为奴"的内心动力归诸"爱物",那么在孔子看来,人类社会行为的内心动力就应当归之于"爱人"。① "爱人"始于父母子女(参见上文关于"爱"的字源分析),继之以兄弟姊妹,进入青春期萌生男女爱情,阴阳和合而有夫妻关系,成年后进入社会则有上下级关系与朋友关系。也就是说,"爱人"的

---

① 张祥平:《易与人类思维》(第2版),重庆出版社2004年版,第236页。

情感生发有着一定的自然秩序,"爱人"的情感程度也有着一定的差等秩序。"仁"者之爱,正是源于人类最原初最内在的血缘亲情,由近及远,推而广之,故"仁"者之爱极注重"五伦"(父子、兄弟、夫妇、君臣、朋友)次第关系。

仁的外延就是"将心比心""能近取譬"——通过内省来确定如何对待别人,自己想要得到的,应该让他人也能得到,自己不愿意要的,不能强迫别人要,也即孔子所谓"忠恕"。"忠",即"己欲立而立人,己欲达而达人"(自己想要得到的,应该让他人也能得到);"恕",即"己所不欲,勿施于人"(自己不愿意要的,不能强迫别人要)。关于"立",孔子谈到要"立于礼","不知礼"则"无以立也"(《论语·泰伯、尧曰》)。这是因为环境资源有限,在"己欲立"与"立人"(即自己要得与让别人能得)之间存在利益平衡的问题,这就需要用"礼"来进行节制。这对于人类社会来说具有极为重要的意义:因为经济发展带来的物质财富并不一定能带来人类的幸福。如果人们面对物质财富不是内省自己的真实需求,而是与富人比多少,那可以肯定,绝大多数人都会感到自己是穷人,正应了老子所说"祸莫大于不知足,咎莫大于欲得,故知足之足常足矣"。不过,若以"知足常乐"为理想境界,又走到了另一个极端,不是内省自己,而是与穷人、愚人对比,与老弱病残相比,也不是"仁"。孔子不主张"知足",相反,他肯定"立"和"达"。"达",即有所作为、处境良好;"达人",即成人之美、助人成功。如果一个事业需要许多人一起完成,却只能有一个人"达",那能力相当的两个领袖之间,就必须有一个能够"达人",例如鲍叔牙之于管仲、吴广之于陈胜、冯云山之于洪秀全、黄兴之于孙中山、周恩来之于毛泽东。"达人"的人甚至比"被达"的人更有能力,如周公之于成王,诸葛亮之于刘备。尤其是对于那些"欲达"而又"达"不了的人,或是虽然自己"达"到了小小的成就,而又看见别人"达"到了大于自己的成就的人,应该成人之美,而不该犯"红眼病"。对于"立"不起来、"达"不起来的人,起码应该做到"己所不欲,勿施于人"。[①]

---

① 张祥平:《易与人类思维》(第2版),重庆出版社 2004 年版,第 238—239 页。

需要强调的是,"己所不欲,勿施于人",绝不意味着"己所欲"就能强"施于人"。这是中华传统文化的基本精神,中华文明的传播与扩散也正是以此为原则——中华文明在强盛时期也并未将自己的文明形态强加于人。而五百年来西方文明的扩张却远非如此——五百年前是暴力扩张,直至今天仍在世界强行推广源于西方传统的"民主"和"自由"。"己所不欲,勿施于人"应是"放之四海而皆准"的人类文明的基本准则。

"仁"是一个直指内心体验的范畴。子曰:"巧言令色,鲜矣仁。"(《论语·述而》),又曰:"惟仁者能好人,能恶人。"(《论语·里仁》)因为"人与人之相处,首贵直心由中,以真情相感通。致饰于外以求悦人,非仁道也。仁者直心由中,以真情示人,故能自有好恶。不仁者以有自私自利之心,故求悦人,则同流俗,合污世,而不能自有好恶。仁者之好恶,即是好仁而恶不仁。仁者直心由中,以真情相见。故见仁人则好之,见不仁人则恶之。遇仁道即好之,不仁之道即恶之。好恶发于至诚,绝无掩饰顾忌。故曰仁者能有好恶,异乎巧言令色之徒也"。[①] 有仁德的人,可致无忧无虑、心灵安宁的境界:"仁者不忧""仁者静。"(《论语·雍也、子罕》)

"仁"不像"道"那样超越感官经验,需要上根利器方能悟解;不像"德"那样关注社会管理,需要组织实践才能贯彻。"仁"是一种体现在日常行为之中、人人皆可感受得到的精神。应指出,在孔子的心中,仁并不是最高标准,道和德都在仁之上。孔子不仅"志于道,据于德,依于仁,游于艺",而且明确指出"博施于民,而能济众"(《论语·雍也》)的"圣"之境界,在仁之上。孔子本人"述而不作"——不去标新立异,而是弘扬传统的"道""德""圣"等观念,正是身体力行"己欲达而达人"。孔子对"仁"的弘扬符合了中华民族发展的历史之需。"仁"由此成为中华文明的核心价值之一。加上极为重视教育,与学生们分享自己的思想成果,所以孔子的思想从先秦诸子思想中脱颖而出,把中华民族引上了"仁"道主义的达

---

① 钱穆:《四书释义》,九州出版社 2010 年版,第 56 页。

观处世的文明之路。①

孔子的"重孙"辈弟子——孟子把内心范畴进一步区分为两个层次：仁和义，减少"仁"的表象指令作用（"立人""达人"），使仁进一步内在化为"有所不忍"，而用"义"或"有所不为"（不同于彻底"无为"）来规范人们的具体行为："人皆有所不忍，达之于其所忍，仁也。人皆有所不为，达之于其所为，义也。人能充无欲害人之心，而仁不可胜用也。人能充无穿箭之心，而义不可胜用也。"（《孟子·尽心下》）"义"用现代汉语可表述为"良好的习俗"，既表现为外在的传统性社会规范，也表现为内化的制约性精神指令。因为人若不"义"，会遭人耻笑，内心生起羞恶之感。这当然也是内化的精神指令。孟子所说"恻隐之心，仁之端也；羞恶之心，义之端也"正是此意。中华传统文化中"义"的精神内核与"仁"并无不同，皆是"二人本位"；但"义"与"仁"有层次高低之分："仁"源于"恻隐之心"，相对主动；"义"源于"羞恶之心"，相对被动。可以说，"仁"的觉悟层次高于"义"。还可以说，"仁"的情感层次要深于"义"。孟子曰："亲亲仁也，敬长义也"（《孟子·尽心上》），"亲亲"的情感层次显然要深于"敬长"。由于有了层次上的不同，就有可能开发不同素质的人的内心世界。②但"仁"与"义"同为行"道"与立"德"的基础无异。道德仁义由是成为儒家的核心价值体系，并在历史的跌宕发展中，最终被定格为中华文明的核心价值体系。（参见第七章第二节·一·（一）之《德本主义社会的主流信仰与核心价值》）

2. 道家：老子

与孔子弘扬自上古传承下来的"德"之大"义"不同，《老子》中，将"德"分成两类，即"上德"与"下德"："上德不德，是以有德；下德不失德，是以无德；上德无为而无以为，下德为之而有以为。上仁为之而无以为，上义为之而有以为，上礼为之而莫之应，则攘臂而仍之。故失道而后德，

---

① 张祥平：《易与人类思维》（第2版），重庆出版社2004年版，第237、240页。
② 同上书，第240页。

失德而后仁，失仁而后义，失义而后礼。夫礼者，忠信之薄而乱之首也；前识者，道之华而愚之始也。是以大丈夫处其厚，不处其薄；居其实，不居其华；故去彼取此。"（《老子·帛书第 1 章》，通行本第 38 章》）。

据《老子·帛书》上下文来看，"德"分上下是为了引出"道"——"上德"其实就是"道"，"下德"才是通常所说的"德"，即上述的精神上的"得"。"上仁""上义""上礼"中的"上"字则形同虚设，因为全文未曾论及"下"。而且，除帛书开篇的两个"上德"和两个"下德"之外，全书再也没有论及过"上德"和"下德"，也再未论及"上仁""上义""上礼"，它们分别被"道""德""仁""义""礼"代替。事实上，就在帛书第 1 章中，从"故失道而后德"开始，这种替换就完成了。"上德"与"道"一样是"无为"或"无为而无以为"。

确认了"上德"是"道"，"德"含意为"得"，上段文意便可明了："道"不去占有（得），所以反而处处都占有（得人心）；"德"不愿失去其占有，所以反而不能得到（人心）；"道"不去做什么，而且对它来说根本就没有什么需要去做；"德"去争取人心，而且确实有那么一些内心世界被占据；"仁"也想争取人心，却不存在被占据的对象（老子否认"仁"是内心世界的高层范畴）；"义"去打动人，并且确实有人会被感动；"礼"去要求人们听从却没人响应，就是拉着人家的胳膊也没用。所以说失去了"道"之后才值得追求"德"，失去了"德"之后才值得追求"仁"，失去了"仁"之后才追求"义"，失去了"义"才诉诸"礼"。所谓"礼"，不过是缺乏忠信从而出现混乱的代名词罢了；对于表象世界的认识（前识），不过是"道"的表皮从而导致愚蠢的代名词罢了。因此，大丈夫应该开拓内心世界（处其厚、居其实），而不能只限于表象世界（处其薄、居其华）；应该抛弃表象世界，追求超越的内心世界（故去彼取此），最终达到"道"（上德）的境界。此段文意之"逻辑"，颇有"故乱其辞，孔窍其门"的风格。

老子的德道观是对人类"占有观念"的全面反思，即把世上的混乱和愚蠢都归结为这个使人类脱离了芸芸众"生"的观念，从而予以否定，代之以"道"。这十分相似于佛学把人类的种种苦难归结于人类的基本生理需求，从而予以否定，代之以"涅槃"。不过，老子却无法否认"得"是必要的，所以在帛书第2（万历本39）章中专题讨论"得一"，在第3、4（万历本40、41）章中讨论"反"（"明道若昧，进道若退……有生于无"），总之是要论证"道"为什么可以"不得"和"无为"："道生一、一生二、二生三，三生万物……"（《帛书第5章》，万历本第42章）[1]

老子"道"的归宿也是内心安宁——帛书最后一章（第81章，即万历本第37章）的最后一句话是"不辱以情，天地将自正"；其中"不辱以情"即没有任何事物来干扰情绪的稳定，与万历本的"不欲以静"意境相同。不过，由于老子主张"无为"，就不只是追求内心的宁静，而是追求身心都静。帛书最后一章的第一句话是"道恒无名"，是最彻底的"无为"——连识别对应都不进行，即不命名。这需要特殊的"调身、调气、调神"的操作功夫，即道家的内丹功夫。事实上，不仅道教内丹修炼者可以做到"无为而无以为"，印度教的瑜伽、佛教禅宗的"四禅八定"等，在断绝"眼耳鼻舌身意"的识别对应方面，都有类似之处。[2]

老子的"道法自然"（帛书第69章，万历本第25章）与孔子的"能近取譬"都是求诸内而不求诸外。不同之处在于孔子立足于人的内心，老子揣摩"道"的内在秉性——与人的"内气"相关，"自然二字，《老子》书中曾数用之……所谓自然，皆系自己如尔之意，非一专名……其意为道更无所取法，道之法是其自己如此"。这一点与现代的"自我"观念、"自由"观念十分合拍。不过，如果人人都自成其"道"，结果将是天下无"道"。因为"道"已不再是涵盖万物的范畴，反倒异化成了自生自灭的个体。[3]

在中华传统文化中，儒家之学属阳，道家之学属阴，二者形成一种文化的内部张力，合在一起造就了高层次上的"一阴一阳之道"。这在春秋战国时期百家争鸣的时代氛围中已基本成型。

---

[1] 张祥平：《易与人类思维》（第2版），重庆出版社2004年版，第234—236页。
[2] 同上书，第237页。
[3] 同上书，第240页。

（三）希腊先哲创建的价值体系

1. 阿那克萨戈拉和恩培多克勒[①]

古希腊的先哲也是在超越感官经验之后才"把'心灵'（Voνs）加在物质上面"[②]。

阿那克萨戈拉（约西元前500—428年）不是通过"内省"来观照心灵，而是通过"演绎"来论证心灵："在小的东西中……总是还有更小的东西。因为绝不可能使存在物不复存在"[③]，"大的和小的都同等地有许多的部分"，结论是"在每一件事物中，都包含着每一件事物的一部分，只是不包含'心灵'的一部分"，"因为它（心灵）如果不是自为的……那么它就要分有一切事物……与心灵相混的东西会妨碍心灵，使它不能同在独立自为的情况下一样好地支配一切事物"[④]。"心灵是同类的，无论大的或小的都一样"，"这个永恒的心灵，确乎现在也存在于其他一切事物存在的地方，以及周围的物质中，曾与这物质相连的东西中，和业已与它分离的东西中"[⑤]。

虽然，上述的"心灵"只是一种实体性的"发现"，没有"进入"内心，但它毕竟奠定了方向，使得恩培多克勒（西元前495—435年）着手开发内心世界："在一个时候，万物在'爱'中结合为一体，在另一个时候，个别的事物又在冲突的'恨'中分开。""友爱思想的产生，统一工作的完成，就是凭借着爱；因此人们称它为喜乐之神或爱神。""用你的精神去考察'爱'吧（不要睁着惊讶的眼睛坐在那里）。"[⑥] 这与铭文中的"爱"字从"心"而不从"目"（见上节）真是不谋而合。

[①] 张祥平：《易与人类思维》（第2版），重庆出版社2004年版，第241—242。
[②] 北京大学哲学系外国哲学史教研室编：《古希腊罗马哲学》，商务印书馆1982年版，第65页。
[③] 同上书，第69页。
[④] 同上书，第70页。
[⑤] 同上书，第71页。
[⑥] 同上书，第82页。

2. 德谟克里特（与老子之比较）①

正如提出了"道生一、一生二、二生三、三生万物"的老子（约西元前571—477年）同时也是"德"的研究者，提出了"一切事物的始基是原子和虚空"②的德谟克里特（约西元前460—370年）同时也是"三种德性：很好地思想，很好地说话，很好地行动"③的研究者。事实上，德谟克里特的学说和为人，简直就是一个"希腊的老子"："他毫不在意于名望，因为他看不起那种荣耀"④，"法莱勒的德梅特留在'苏格拉底的申辩'中说他根本没有去过雅典……他看不起这样有名的一个城市，这是为了表明他不要沾一个地方的光，而毋宁以他的光荣使一个地方增光……他有时常到荒凉的地方去，并住在墓地之中，来以各种各样的方式尝试他的想象"⑤。不过，由于文化氛围的不同，德氏的学术遭际不像老子——希腊的"苏"门弟子（苏格拉底是"希腊的孔子"，见下文）不能做到"己欲达而达人"。"柏拉图的作品差不多引到古代所有的哲学家，但却从来没有一处提到德谟克里特，甚至于在那正应该反对他的地方也没有提，这无疑是因为他感觉到他斗争的对象是哲学家中最强的一位。"⑥

虽然德氏不像老子那样彻底地主张"无为"，但确实具有同一思想倾向："凡想安宁地生活的人，就不应该担负很多的事，不论是私事或公事，也不应该担负超乎他的能力和本性的事。甚至当命运向他微笑并似乎要把他引向高处时，也还是小心为妙，不要去触动那超过他的能力的事。"⑦"人们通过享乐上的有节制和生活的宁静淡泊，才得到愉快……因此，应该定心于那可能的东西，满足于我们力所能及的事物，不要太注意那些作为人所嫉妒和羡

---

① 张祥平：《易与人类思维》（第2版），重庆出版社2004年版，第242—244页。
② 北京大学哲学系外国哲学史教研室编：《古希腊罗马哲学》，商务印书馆1982年版，第96页。
③ 同上书，第107页。
④ 同上书，第94页。
⑤ 同上书，第94—95页。
⑥ 同上书，第96页。
⑦ 同上书，第107页。

慕的对象的人，思想上也不要老是惦念着他们……应该满足于自己所有的，并且把自己的生活和那些更不幸的人去比一比。想想他们的痛苦，你就会因自己有比他们较好的命运而庆幸了。如果接受了这一原则，你就能生活得更愉快，并且驱除了生活中不少的恶：嫉妒、仇恨和怨毒。"① 这样的论述，不正是"罪莫大于可欲……故知足之足常足矣"的正面解释吗？至于"幸福不在于占有畜群，也不在于占有黄金，它的居处是在我们的灵魂之中"②、"知道预防一件迫在眉睫的不义之事，是有见识的表现"③、"当人过度时，最适意的东西也变成了最不适意的东西"④等等，也与老子的"生而不有，为而不恃，长而不宰，是谓玄德"（第51章）、"为之于未有，治之于未乱"（第64章）和"多言数穷，不如守中（过多的说教，一次次走极端，不如掌握适当的分寸）"（第5章）等等，不谋而合。

需要指出，德氏与老子的重要区别在于，在立意方面，德氏缺少老子"为天下立言"的气魄，更注重于个人的"德性"与"幸福"。《老子》中的危机感远大于德氏言论，这源于东西方的资源环境及社会的"紧张状态"之不同。由于中国的环境资源相对紧张，其引发的社会失序更为严酷，《老子》的立意密切关乎"天下太平"，屡屡言及"天下事"，如"圣人抱一为天下式……夫唯不争，故天下莫能与之争"，"将欲取天下而为之，吾见其不得已。天下神器，不可为也"，"知其雄，守其雌，为天下溪……知其荣，守其辱，为天下谷……知其白，守其黑，为天下式"，等等。同时，这也导致《老子》更加彻底地主张"无欲""无为"，甚至"无知"（见素抱朴，少思寡欲，绝学无忧）。德氏则把知性的欠缺作为恶与不幸的原因，认为那是由于人的"无知"所致，开启苏格拉底"知识即德性"思想的先声。

总的来看，老子与德谟克里特是东西方思想史上的一代宗师。正如老子的思想呼应于孔子，并影响了后来的庄子以及现代思想家一样，德氏的思想

---

① 北京大学哲学系外国哲学史教研室编：《古希腊罗马哲学》，商务印书馆1982年版，第115页。

② 同上书，第113页。

③ 同上书，第115页。

④ 同上书，第118页。

不仅以某种方式影响了"苏"门弟子如柏拉图,而且影响了西方的一代代思想家。例如从德氏的"优秀的人是本性命定了来发号施令的"[1]之中,就可以窥见尼采"求权力的意志"的基因。老庄的"道法自然"和孔孟的"道德仁义"一阴一阳,奠定了中华文化自强不息、达观处世的根基;而德氏"快乐和不适构成了那应该做或不应该做的事的标准"[2]与苏格拉底"我首先假定某种我认为最强有力的原则……凡是显得和这原则相合的就是真的"[3],也是一阴一阳,奠定了古希腊追求自由、理性主义的文化趋向。

3. 普罗泰戈拉和苏格拉底(与孔子之比较)[4]

古希腊的"智者"普罗泰戈拉(西元前481—411年)"自己承认是一个智者(作为职业),是一个人们的教师"[5]。"他是第一个要人缴纳一百米乃学费的人……他也是第一个采用所谓苏格拉底式的讨论方法的人。"[6]这正如同孔子(西元前551—479年)的"退而修诗书礼乐,弟子弥众,至自远方,莫不受业焉"(《史记》),"自行束脩(十条干肉)以上,吾未尝无诲焉","不愤不启,不悱不发"(《论语·述而》)。普氏也像"不语怪力乱神"(《论语·述而》)的孔子那样,认为"至于神,我既不知道他们是否存在,也不知道他们像什么东西。有许多东西是我们认识不了的;问题是晦涩的,人生是短促的"[7]。普氏与孔子的最重要的共同点在于开发内心世界:"人是万物的尺度,是存在的事物存在的尺度,也是不存在的事物不存在的尺度。"[8]然而,作为"万物的尺度"的"人",在古希腊先哲的思想中主要指单个的人;而"尺度",则主要是指"感觉"而非"理性"。按照柏拉图的理解,这一命题的含义是:"对我来说,事物就是对我所呈现的样子,对你来说,事物又是对你所呈现的样

---

[1] 北京大学哲学系外国哲学史教研室编:《古希腊罗马哲学》,商务印书馆1982年版,第122页。
[2] 同上书,第107—175页。
[3] 同上。
[4] 张祥平:《易与人类思维》(第2版),重庆出版社2004年版,第244—250页。
[5] 北京大学哲学系外国哲学史教研室编:《古希腊罗马哲学》,商务印书馆1982年版,第131页。
[6] 同上书,第125页。
[7] 同上书,第138页。
[8] 同上书,第132—133页。

子，而你和我都是人"，"因而可以说，对于每个感知者来说，事物就是他所感知的那个样子"。毫无疑问，普氏命题具有明显的个人主义和相对主义色彩，它对"个人"的强调，将不可避免地导致价值判断的功利主义与现实主义。①孔子规范"人"的尺度则是强调二人本位的"仁"，是强调历史传统的"义"。可见，普氏与孔子是"形似（人类思维的发展历程相似）而神不似（精神内核不同）"。

与孔子"神似"的希腊先哲是苏格拉底（西元前468—400年）。

苏氏与孔子的"神似"首先表现在人品方面。正如强调"克己复礼""不逾矩"（《论语·为政、颜渊》）的孔子，"没有比苏格拉底更清白的人了"，"他的一生符合于道德准则"："他实践自制并劝勉别人实践"。苏格拉底还用另一种方式说出了"何有于我哉"："听了我的话的人总是想象着那种我发现别人所缺乏的智慧，我自己一定是有的：但其实是，雅典人啊！只有神才是聪明的……他只是用我的名字来作个例子，好像是说：人们啊！一个人，就像苏格拉底那样，知道他的智慧真正说来是丝毫不值什么的，这就是最聪明的人。"②这与孔子的使命感如出一炉："畏天命"，"天将以夫子为木铎"（仪封人语），"天之未丧斯文也，匡人其如予何"（《论语·季氏、八佾、子罕》）？苏格拉底"重视预兆"，"服从神"③："我相信国内从来没有出现过比我对神的服役更好的事了。因此我此外什么也不做……我，如果我可以用这样一种可笑的比喻的话，是一种牛虻，是神赐给这国家的；而这国家是一头伟大而高贵的牲口，就因为很大，所以动作迟缓，需要刺激来使它活跃起来……我的使命的证明是这样：——如果我过去也像别人一样，我就不会忽视一切我自己的事……而我则对我所说的话的真实性有充分的证据——这就是我的贫穷"④。这也就是孔子的"君子固穷"（《论语·卫灵公》）。使命感"给孔子以道德的勇气与内心的安慰，使他能超脱生死与世间一切苦难，

---

① 宋希仁：《西方伦理思想史》，中国人民大学出版社2000年版，第24—25。
② 北京大学哲学系外国哲学史教研室编：《古希腊罗马哲学》，商务印书馆1982年版，第148页。
③ 同上。
④ 同上书，第149—151页。

而发射出一种伟大崇高的精神……使人轻视外在的、物质的、暂时的、世俗的享受，而转向于内在的、心灵的、永久的、道德的陶冶"[1]。用苏格拉底的话来说，就是："只要我还有生命和气力，我将永不停止哲学的实践和教诲，劝勉我所遇到的任何一个人……首先并且主要地要注意到心灵的最大程度的改善……我是决不会改变我的行为的，即使要我死多少次，也不会改变。"[2]

苏氏与孔子的"神似"更重要的是在思想方面。苏氏思想关注的重心"不是自然，而是人事"，开发了与"仁"相当的内心范畴——善（或"善生"）："让我们考察一下灵魂的善：它们是节制、正义、勇敢、敏悟、强记、豪爽……"[3]其中尤以节制和正义受到苏氏推重。节制是约束自己，即"克己"；正义是既不违反基本制度规则，又不违背基本文化价值，即"复礼"（苏氏强调"要热爱正义……空谈正义不如躬行正义……服从法律是正义的一部分……有些不成文法，如果违犯了就不能不受惩罚……遵守神的律法就是正义"）[4]。二者合起来相当于"克己复礼"——仁。（《论语·颜渊》载：颜渊问仁。子曰："克己复礼为仁。"）苏氏开发"善"的目的是要用价值范畴来规范人的心理与行为：在寻求"美德的共同本性"[5]的过程中，苏氏郑重地提问："照你说，美德是'支配的力量'，而你不加上'正义地和不是不正义地'吗？"[6]苏氏还引导学生承认："那么不论男人或女人，如果他们要成为好的男人或女人，就必须有同样的节制和正义的美德了。"[7]"凡伴随着正义或正当的是美德，而凡缺乏正义的就是罪恶。"[8]苏氏还曾"给勇敢、明智、自制、疯狂、忌妒、懒惰、指挥、幸福下了不同定义"[9]。这正如孔子曾讨论勇、知、

---

[1] 周予同：《周予同经学史论著选集》，上海人民出版社1983年版，第362—363页。
[2] 北京大学哲学系外国哲学史教研室编：《古希腊罗马哲学》，商务印书馆1982年版，第148—149页。
[3] 同上书，第148、165页。
[4] 〔古希腊〕色诺芬：《回忆苏格拉底》，吴永泉译，商务印书馆1986年版，第161页。
[5] 北京大学哲学系外国哲学史教研室编：《古希腊罗马哲学》，商务印书馆1982年版，第153页。
[6] 同上书，第155页。
[7] 同上书，第154页。
[8] 同上书，第161页。
[9] 〔古希腊〕色诺芬：《回忆苏格拉底》，吴永泉译，商务印书馆1986年版，第115页。

克己、狂、比、画、军旅之事、"求仁得仁……乐在其中"（《论语·为政、为政、颜渊、阳货、为政、雍也、卫灵公、述而》），其中除"指挥"或"军旅之事"外，都是人们已识别出的内心概念。苏氏认为"实际指挥的……是那些知道怎样指挥的人"①，孔子则言"军旅之事，未之学也"，说明孔苏二人都认为内心世界的开发与规范较于战争成败对人类更为重要。在他们的言谈中，属于内心世界的概念俯拾皆是，远远不止上述这些；但只有"仁"或"善"是涵盖其他的最高范畴。苏氏在一些具体伦理主张上也与孔子如出一辙。例如孔子提倡"孝悌"（《论语·学而、为政、里仁》），苏氏也认为"忘恩负义的人应该认为是不义的人……人所受到的好处没有比子女从父母所受的好处更大的了……不尽为子之道的罪过是多么大，可以从律法刑罚，人类诅咒不孝之人这件事上看出来"②"要有手足之情……兄弟友爱是自然所规定的"③；又如孔子"主忠信"，即"曾子曰：吾日三省吾身，为人谋而不忠乎，与朋友交而不信乎，传不习乎"中的前两"省"（《论语·学而、公冶长》），苏氏也提倡"人们应当进行自我检查，确定自己在朋友心目中应当得到什么样的评价"；④再如孔子注意到"君子"和"小人"的个体差异，苏氏也认为"友谊只能存在于善良而高尚的人们之间……在这样的人之间尽管有意见的不同，友谊却仍能继续存在下去"⑤——这正相当于孔子所说的"君子周而不比，小人比而不周"（《论语·为政》）。在人生追求方面，孔子曰："君子谋道不谋食……君子忧道不忧贫"（《论语·卫灵公》）；苏氏也只谈"君子"："任何受过高等教育的人，当他为贫乏所困的时候，都可以光荣地运用自己的才能和成就而自力更生。"⑥

　　苏氏与孔子的"神似"还表现在理性精神与逻辑方法方面。面对智者学

---

① 〔古希腊〕色诺芬：《回忆苏格拉底》，吴永泉译，商务印书馆1986年版，第116页。
② 同上书，第51页。
③ 同上书，第55页。
④ 同上书，第62页。
⑤ 同上书，第63页。
⑥ 同上书，第73页。

派的相对主义思潮泛滥，苏氏强调，价值标准必须从普遍的道德理性中得来，"德性即知识"。那么知识又是什么？换言之，究竟什么样的知识才能被看作是真正的知识？苏氏的回答是，真正的知识在于认识事物"是什么"，即所谓"本质"。据柏拉图所述，苏氏的对话多以追问"是什么"为主题，如"什么是德性""什么是节制""什么是正义""什么是勇敢""什么是美"等，而且他追问的并不是具体的和特殊的"勇敢"或"美"，而是"勇敢自身"或"美自身"，亦即"勇敢"或"美"的本质。表面看来，苏氏是要从逻辑上澄清与道德相关的概念，而实际上，它具有深刻的本体论和认识论的意义。正是苏氏对"是什么"的探索导致了柏拉图"理念论"的产生。所以，亚里士多德评价："苏格拉底寻求事物的本质即事物是什么是很自然的；因为他正在寻求推理，而本质是推理的出发点。那时尚不存在一种辩证能力可以使人们即便没有关于本质的知识，也能思考对立物并探讨对立物是否属于同一门科学。可以把两件事情公平地归于苏格拉底，即归纳论证和普遍定义。这两者都涉及科学知识的出发点。"[①] 孔子也极为强调"归纳论证和普遍定义"的重要，当孔子的学生询问治国要务时，孔子回答："必也正名乎……君子名之必可言也，言之必可行也。君子于其言，无所苟而已矣。"（《论语·子路》）孔子的"正名"就是"归纳论证和普遍定义"。苏氏对"归纳论证和普遍定义"的强调，推进了后学亚里士多德对逻辑体系的探究，正如孔子对"正名"的强调导致了后学墨子对明辨体系的探究。（详见下文《反省认知——明辨原则》）

　　需要指出，苏氏与孔子的思想也有着因文化背景不同而形成的巨大差异。由于东西方语言模式与思维模式不同（汉语以"元辅音整合"的语音模式、"语词整合"的语法模式及"形音义整合"的文字模式，建构起"整合型"的语言体系，发展出整合型思维模式；西语则以"辅音组合"的语音模式、"词形变异"的语法模式及"形音义分离"的文字模式，建构起"分异型"的语言体系，发展出分异型思维模式；详见第一章），导致了东西方范畴思辨（中国是象数思辨，希腊是线性思辨）、特别是本体思辨的差异（见上文《追

[①] 张志伟：《西方哲学史》，中国人民大学出版社2002年版，第77—78页。

寻本体——形而上学》)。孔子对本体的探究——"道"——是将天文观测、复杂科学、历史人文与生命感悟融会贯通的结果,其下的价值范畴"德"、"仁"与"道"是一体的,所谓"天地之大德曰生"、"天地万物一体之仁"正是此意(参见第七章第三节·二·(一)之《德本主义社会的核心价值体系》)。苏氏对本体的探究,则因"线性思辨"的分异性特质,致其自认"完全没有能力作这种研究"①,只能将"德性探究"与"本体探究"分隔;而其提出的"德性即知识"、"美德即智慧"的命题,却又因其"最高智慧是知道自己无知"而陷入悖论,最终只能将"智慧"归之于"神谕"。②将孔、苏二人创建的价值体系进行对比:

  孔子:本体(道)—德—仁—义
  苏氏:本体(神)—德性—善生—正义

  可以发现,在二者构建的价值体系中,本体之后的范畴高度近似,不同在于:孔子弘扬的价值范畴"德""仁""义",有着深厚悠久的历史文化传统的基础;而苏氏弘扬的价值范畴"德性""善生""正义",则缺乏历史文化传统基础,主要源于"神谕"。其中,孔子的"德"与苏氏的"德性"差异尤大:前者建基于传统大义,后者建基于个人悟解(所谓"知识")。上述差异导致了二人的人生命运也不同:孔子由于尊重历史传统,尽管终其一生未能遂其大志,但仍能赢得许多王侯贵族及民众的尊重,得享天年;而苏氏却因过于特立独行,尽管其智也高、其德也美、其行也善,却终遭杀戮!

  孔、苏二人还有一个超出他们本身的共同点,那就是他们开发的内心世界都被得意弟子或门生继续耕耘,发扬光大:"孔子传之孟轲……故求观圣人之道者,必自孟子始";"他(柏拉图)笔下的苏格拉底是一个始终一贯而又极其有趣的人物,是一个远非大多数人所能创作出来的人物"③。

---

① 北京大学哲学系外国哲学史教研室编:《西方哲学原著选读》(上卷),商务印书馆1985年版,第61页。
② 同上书,第65—68页。
③ 〔英〕罗素:《西方哲学史》(上卷),何兆武译,商务印书馆1976年版,第119页。

4. 柏拉图（与孟子之比较）①

孟子（西元前372—289年）在肯定"仁，人之安宅也"的基础上提出了"义，人之正路也"（《孟子·离娄上》），柏拉图（西元前429—347年）在肯定"'善'是具有更高的价值和荣誉的"基础上，提出了"给予认识的对象以真理，并给予认识的主体以认识能力的东西，就是善的理念"。② 柏氏用光和太阳来说明"善的理念"和"善本身"，也正如孟子用路和宅来说明"义"和"仁"。柏、孟二人都是要把开发内心价值所获得的精神上的成就，"落实"为更具体的直接影响人们行为的精神——柏氏提出了"他的乌托邦"或理想国③，孟子提出了"仁政"或"王政"或"先王之道"（《孟子·公孙丑上、梁惠王上、下、离娄上》）——"善（节制和正义）"或"仁""必定是可能想象得到的最好的国家的属性之一"④。与此相应，柏、孟二人都极为重视国家元首：柏拉图"所达到的结论之一乃是，统治者必须是哲学家"，"如果一个人要做一个好政治家，他就必须知道'善'"⑤；孟子也认为："夫国君好仁，天下无敌"。（《离娄上》）

除了这些最重要的侧面之外，柏孟二人还不约而同地探讨了开发内心世界的必要条件。"柏拉图，和绝大多数的希腊哲学家相同，认为闲暇乃是智慧的主要条件，因此智慧就不能求之于那些为了生活而不得不从事劳动的人们，而只能求之于那些享有独立的生活资料的人们，或者是那些由国家来负担而不必为生活担忧的人们。"⑥ 孟子也注意到："民之为道也，有恒产者有恒心，无恒产者无恒心。苟无恒心，放辟邪侈"；"是故明君制民之产，必

---

① 本题内容编自张祥平：《易与人类思维》（第2版），重庆出版社2004年版，第250—251页。
② 北京大学哲学系外国哲学史教研室编：《古希腊罗马哲学》，商务印书馆1982年版，第181页。
③ 〔英〕罗素：《西方哲学史》（上卷），吴兆武译，商务印书馆1976年版，第143、147—160页。
④ 北京大学哲学系外国哲学史教研室编：《古希腊罗马哲学》，商务印书馆1982年版，第225、227、228、229页。
⑤ 〔英〕罗素：《西方哲学史》（上卷），吴兆武译，商务印书馆1976年版，第147、145页。
⑥ 同上书，第145页。

使仰足以事父母,俯足以畜妻子,乐岁终身饱,凶年免于死亡,然后驱而之善。"(《孟子·滕文公上、梁惠王上》)。除了外在的条件之外,柏、孟二人都注意到了内在条件,如柏拉图所说的"灵魂中的金银"、"天赋的神圣本质"[①]与孟子的"浩然之气"、"性善"(《孟子·公孙丑上、滕文公上》)。

柏拉图与孟子的差别在于对自然(天或神)与人的评估不同,其实是反映了东西自然环境的差异:希腊得天独厚,所以柏氏竭力论证"至善的神""创造出这个生灭变化的世界"[②];而黄河流域风雨频出,所以孟子提出了一个与汉文明有关的至理名言:"天时不如地利、地利不如人和"。(《孟子·公孙丑下》)这方面的差异与二人的师承较少相关,也不影响他们在开发内心世界方面的一致。

十、反省认知——明辨(逻辑)体系

人类对外部事件、外部信息的回忆、提取和再现称之为"回忆",对内部心理事件、心理活动、心理现象的回忆、提取和再现称之为"反省"。随着人类思维的进展,继"追寻本体"和"开发内心"之后,东西方都出现了以反省人类认知活动为重要内容的学派:中国有墨子创立之"明辩",希腊有亚里士多德创立之"逻辑"。反省认知活动是"追寻本体"和"开发内心"等范畴思辨的自然进展,是探究知识之源。剖析各层次的概念,追求命题真确及推论合理,从而使得思维本身有利于而不是有害于人类的生存和进步。

一般来说,人类早期的对象识别——语词对应并不会导致语义学上所说的"错误图像"。但人类自从在被识别对象之间寻求共性,展开抽象思辨之后,就播下了可能引向"错误图像"的种子:因为"共性"可能从不同的侧面被找到,却又不可能包括复杂现象所有的方面(不是同一),如果分寸把握不当,思维的混乱由是滋生。至于超越经验及开发内心所获得的种种概念,往往具有相当强的个人色彩和学派色彩,更难以在不同人们的头脑里形成

---

① 北京大学哲学系外国哲学史教研室编:《古希腊罗马哲学》,商务印书馆1982年版,第232页。
② 同上书,第207—210页。

清晰"图像"。① 于是，导致了"名守慢，奇辞起，名实乱"（《荀子·正名》），即名词的应有词义被轻视，花样翻新的行为指令层出不穷，名称和现实的关系混乱不堪。其中，"辞"的原意是管理者发布口头指令进行指挥，相应地，被管理者对口令的否定性表态也称为辞。从表态引申为语气辞。从发布口头指令引申为直接简明的表述。发布的口头指令之中，包括纠正不当操作，引申为指责对方行为不当。因此，反省人类认知的心理过程，揭示人类认知的心理规律，从而规范思维本身，变得极为重要。

（一）墨辩6部②

前文述及，孔子极为强调"正名"的重要。春秋时期，"名守慢，奇辞起，名实乱"的情形，增大了社会管理成本，干扰了社会正常秩序，影响到社会的稳定及和谐发展。于是，正名成为社会治理的亟须。所以，当孔子的学生询问治国的首要任务时，孔子答："必也正名乎……名不正，则言不顺；言不顺，则事不成；事不成，则礼乐不兴；礼乐不兴，则刑罚不中／读众＞；刑罚不中，则民无所措手足。故君子名之必可言也，言之必可行也。君子于其言，无所苟而已矣。"（《论语·子路》）意为：一定要用准确的名称和句子，去表达众所周知的事实……名称不准确，说出的句子就与事实对不上；句子与事实对不上，公益事业就办不成；办不成公益事业，分层分工的资源分配规则和再分配协调规则就不会被多数人遵守，用音乐歌舞宣泄不平的渠道也不会畅通；规则不被多数人遵守，人们的不满不能宣泄，重的刑和轻的罚就不能公正恰当；重的刑和轻的罚不能公正恰当，老百姓就会手足无措。所以，成熟的人说一个名称，必须是句子的有机组成，句子说出来之后，必须能够付诸实施。成熟的人对于自己说的话，不能有一点儿含糊，不能用来应急而不顾长远。孔子的上述论述，是普适的明辨（逻辑）原则，可称为正名言行原则。所谓"普适"，就是不分古今中外，只要诉诸理性，就要遵循

---

① 张祥平：《易与人类思维》（第2版），重庆出版社2004年版，第251页。

② 同上书，第252—269页。

正名言行原则。用"中效"与否来判断"言"和"行"的利害得失，对于各文明民族都是一样的，是普适的。"效"的最高标准都是群体延续，即在较大地域上较多人口中维持较长时段的相对公正人道的社会秩序。因为一旦不能保障群体延续，也就不会再有其他任何"效"了。①

孔子的学生曾子和子张把正名言行原则加以细化，分别教授给了子思和墨子（墨子是子张的学生）；子思和墨子进一步细化，成果分别表述在《礼记·中庸》和《墨子·小取》的开篇中②，使得孔子的方法能够被多数人掌握。③（详见本章第二节·四·（二）·2·2）

墨子基于孔子的正名言行原则，深刻反省人类认知的心理过程，探究人类认知的心理规律，从而建立了旨在规范人类思维的明辨（逻辑）体系。其内容详载于"墨辩6部"：《经》上下、《经说》上下、《大取》《小取》，以下简述之。

1.《经上》

《墨子·经上1—6》是构造性公理化体系的最初6个定义，《墨子·经上7—96》则是公理化体系中近取诸身，远取诸物，然后从整体到局部，适度留余的"论物"，使如下的"被识别的事物秩序井然"。

（1）6个基本定义

《经上》开篇是最根本的理性探究，首先点题，之后直奔人类认知的源头：

---

① 张祥平：《经典复杂科学》，中国社会科学出版社2013年版，第167—169页。
② 墨翟生于孔子去世之后，曾在儒门学习，从其知识结构和对禹的推崇来看，属于子张之儒。墨不是姓，正如儒不是姓。墨是土木工程的第一道工序，即割草堆在绳旁，烧出宅居的轮廓（营），仿佛是黑土，后来指用于书写的黑色颜料，以及木工在木上打墨线用的颜料等。把墨说成刑，是东汉之后的事。《庄子·天下篇》说墨家"以绳墨自矫"，相当于现代说某些人要求自己像机器零件一样，当一颗螺丝钉，所以接下去是"而备世之急"。墨家推崇水工之祖禹："日夜不休，以自苦为极，曰不能如此，非禹之道也，不足谓墨"，十分类似耶稣"服事人""舍命、作多人的赎价"（《新约·马可福音》第十章四五）。这与知书达礼的君子之道有所不同。子张虽然注重推演辞言，可是孝悌为本、克己复礼的基本原则并没动摇。墨翟为了区别于所出之门，把原门称为儒，自称为墨引自张祥平《易与人类思维》第184—185页。
③ 张祥平：《经典复杂科学》，中国社会科学出版社2013年版，第169—173页。

从识别对应开始，首先是识别的客体条件（"体"）和主体条件（"知材"），其次是主体与客体间的作用（"虑"和"知接"），最后才是认知（"恕"）。具体如下：

①"故，所得而后成也"（《经上·1》）：原因（原理），是得到之后能够理解结果（整体）的东西。例如"小故，有之不必然，无之必不然"（即必要条件）和"大故，有之必然"（即充分条件）（《经说上·1》）。

（"故，所得而后成也"本是《墨子》第一句，因为《经上》这一标题明确指出这一篇本是《墨子》的第一篇。后来的《墨子》开篇《亲士》是后人编纂的，历史上已有许多学者认识到了。①）

②"体，分于兼也。"（《经上·2》）：局部（个体），是分开整体而得到的东西。例如，把二视作"兼"，那么其中的一就是"体"；又如把尺作为"兼"，那么尺的端部就是体："体，若二之一，尺之端也。"（《经说上·2》）总之，识别的客观条件就是存在着被分开的"体"，如果外部世界不可分，就不能加以识别。外部世界的"初始面貌"相对于人类或生物来说是"一团混沌"，这种先验"图像"似乎植根于人类心理的最深层，甚至可能追溯到原生生物的形成或创世之初②，而当人们能够把这"一团混沌"分开的时候，识别就开始了。从这一点来看，墨辩6部确实是追本溯源地从"源头"开始讨论的。

（初读《墨子·经上》的读者会发现：在"故，所得而后成也"之后，不是"体，分于兼也"，而是"止，以久也"：能够停止，是因为只要有足够的时间就能完成测量（参见后文）。在《经说上》之中，这是第50条经文，不是第2条。与此类似，"体，分于兼也"之后的"必，不已也"（能确定测量结果，却永远完不成测量）是第51条经文，不是第4条……这种排序是把全部经文写好之后，在第49条和50条之间截断，把50—96条与第1—49条穿插排列。直到第38条和紧接的第87条，上一条序号加上49就是下一条

---

① 孙诒让：《墨子闲诂》，〔日〕富山房大正二年版。
② 〔美〕E. 拉兹洛：《进化——广义综合理论》，闵家胤译，社会科学文献出版社，1988年版，第43、44、33页。

的序号。第 87 条之后稍有变化。有不少学者认为这是文献编排或竹简抄写中的技术原因造成的,但从《经上》的严密性来看,这种序次是有意安排的。人类认识大千世界,最基础的两种方法是定性识别和定量测量,《经上》把这两种方法穿插排序,促使人们意识到测量的重要性。这类似于现代的物理学家:一切物理实验都以识别和测量为基础,缺一不可,而且两者并重,不能偏颇。第 70 条之后的讨论与测量无关,转而讨论明辨(逻辑)判断,但仍与第 21 条之后的经文穿插排序,因为明辨(逻辑)与测量结果"数"都要借助"重设名词"。①

③ "知,材也"(《经上·3》):对整体的认知,是人类特有的能力。但作为"特有的能力"的"知"是认知整体的必要条件(所以知),还不是充分条件(不必知),正如眼睛是感知光明的必要条件,不是充分条件。"知材,知也者所以知也而(不)必知,若明。"(《经说上·3》,从上下文来看,此段中"必"字之前缺了"不"字)

④ "虑,求也"(《经上·4》):虑是主动求索,表现在精神上就是"大大超出了趋利避害的生物本能……去寻找更为久远的精神实体或存在",② 表现在行为上就是主动"占有",而不是被动地生存。具体来说,虑就是用人的"知材"去试图理解整体,是人的主动求索,但不一定总能有所成就。正如眼珠瞟来瞟去寻找目标,却不一定总能找到。"虑也者,以其知有求也,而不必得之;若睨。"(《经说上·4》)

⑤ "知,接也"(《经上·5》):对整体的初步理解,是主体从客体接受信号和处理信号。人类认识生发的前提是主体与客体的相互作用。例如,识别就是把认识能力用到有关对象之上(过),从而能够用语言加以对应,并把对象描述出来,使人如见其物:"知也者,以其过物而能貌之,若见。"(《经说上·5》)

⑥ "恕,明也"(《经上·6》):达到对整体的理解,要明辨整体的内在秩序。识别对应只是认识的第一步,其次还需要发现事物之间的相关度,

---

① 重设名词是借助类别名词、专有名词或其他重设名词才能识别其对应的名词。

② 张祥平:《人的文化指令》,上海人民出版社 1987 年版,第 101、99 页。

这往往是"接"无法获得的,"所以就创造出一个新字'恕'来了……可以解为'心知'"。[①] 也就是说,要用人的认识能力去发现事物的相互关系并加以研究(论),从而使人的认识清晰无误,这正如清楚地看见某物及其环境。"论"读"伦",含意是"秩序"和"选择"。"论语"直译成现代汉语是"使讨论的语句秩序井然",作为书名,还可译为"精心编辑的讨论对话"。同样,"论物"是"使被识别的事物秩序井然"。"恕也者,以其知论物而其知之也著,若明。"(《经说上·6》)

《经上1—6》是最根本的理性探究:结果与原因、整体与局部、认知整体的能力、洞察整体的欲求、识别整体的形象、理解整体的秩序。

上述探究脱胎于子张的《周易·系辞·下传》:

是故,易者象也。象也者,像也。彖者材也。爻也者,效天下之动也。是故,吉凶生,而悔吝著也。

阳卦多阴,阴卦多阳,其故何也?阳卦奇,阴卦耦。其德行何也?阳一君而二民,君子之道也。阴二君而一民,小人之道也。

易曰:"憧憧往来,朋从尔思。"子曰:"天下何思何虑?天下同归而殊途,一致而百虑,天下何思何虑!日往则月来,月往则日来,日月相推而明生焉。寒往则暑来,暑往则寒来,寒暑相推而岁成焉。往者屈也,来者信也,屈信相感而利生焉。尺蠖之屈,以求信也。龙蛇之蛰,以存身也。精义入神,以致用也。利用安身,以崇德也。过此以往,未之或知也。穷神知化,德之盛也。"

墨子直接采用其中的故、像(体)、材、虑、感(接)、精义入神(明)等,接续了河图洛书→北辰模型→太极生卦的构造整合法(整体公理化)的火炬,所以墨子能够"理解整体秩序(恕,明也)"(详见本章第二、三节)。

(2)反省内心

"恕"即心知的功用不只是"论物",还包括认识人类的内心世界。

《经上》和《经说上》第7—20条都是定义当时流行的内省性质的概念及其与人类行为的关系,包括:二体之间的秩序(仁)、多体之间的秩序(义)、

[①] 胡适:《先秦名学史》,学林出版社1983年版,第79页。

制度秩序（礼）、行为序化（行，实，忠，孝，信）、序中留余（狂，狷，廉，令，任，勇）。上述概念依次排列而成的谱系有着意义上的递推关联。由于表象世界的识别对应较少歧义，而内省性质的概念却容易引致"错误的图像"，所以墨辩6部用了较多的条款定义内省概念。以"仁"为例："仁，体爱也"（《经上·7》），仁是爱的一部分（体爱），例如，爱自己的人不是为了利用自己（这可以算是仁），不像爱马的人是为了利用马（这不能算仁）——"仁，爱己者非为用己也，不若爱马者。"（《经说上·7》）"体爱"的"体"字，绝不可混同于现代汉语的"体验"。就在这一条经文之前，相距不过5条，明确定义了"体，分于兼也"。如果把"体爱"解释为"体验自己去爱他人"，那么这一条经文在思维上的严谨性就化为乌有，上下文也破绽毕露了。此外，"以爱为体"的训诂也同样忽视了墨辩6部对"体"字的定义。

（3）进化历程

构造整合法的思维方法是从整体到局部，最大的"整体"是演化着的天球生物圈（动态的时空整合）。从第21条开始，探究"天演"（或曰"进化"）历程，顺序是从简单到复杂，从无序到有序。

首先是无生命世界中的基本作用："力，刑（形）之所以奋也"（《经上·21》）：力就是使有形物体产生加速度（奋）的东西,例如"重"就是"力"——向下拉，向上举，"重"可以使物体从静止变为运动："力，重之谓；下，與重奋也。"（《经说上·21》）虽然在墨子时代不可能发现万有引力，但是风力、水流、石头坠落量以及动物的行为等，都足以启发人们认识到"力，形之所以奋也。"

然后是生物出现："生，刑（形）与知处也"（《经上·22》），即生命是形体与感知本能的同时存在。一切生物，包括微生物和植物，都能感知环境变化而作出相应的反响（生理反响或行为反响）。

下一个复杂层次是"人"。人最简单的状态是睡眠："卧，知无知也"（《经上·23》）——睡眠，就是感知能力不起作用，从而不能感知。第一个"知"字是名词，即"形与知处之知"，第二个"知"字是动词。介于睡眠与清醒之间的状态是做梦："梦，卧而以为然也"（《经上·24》）——

梦，就是在睡眠时进行感知并且觉得真有其事："梦中所知，以为实然"。刚从梦中醒来的状态是："平，知无欲恶也"（《经上·25》）——梦醒时分，人与外界没有高下之分（平），在感知的时候没有情感倾向，既不"欲"（盼望），也不"恶"（讨厌），即"欲恶两忘"。人类不可能止于此，情感倾向随之而来："利，所得而喜也；害，所得而恶也。"（《经上·26、27》）由此而付诸行动："治，求得也。"（《经上·28》）如果说，"卧""梦""平"的状态是动物和人共有的，那么，"求得"（即"占有"）的行为则是人类脱离芸芸众"生"的标志。（见第一章第一节·一《人类语言出现的标志》）

此后，人类语言迅速发展："誉，明美也；诽，明恶也"（《经上·29、30》）——人们通过语言来识别（明，即"心知"，见前第6条）"美"与"恶"。最初是肢体语言（举），然后才是口声语言（言）："举，拟实也；言，出举也。"（《经上·31、32》）举是模拟实物，虽然《经说上·31》的解释是"告以文名，举彼实也"，但从"言，出举也"可知，《经》中的"举"只是模拟实物，到了"言"，才把那个模拟说了出来（出举）。早期文献中的"举"字并不伴有口声语言，如"举棋不定"（《左传·襄25年》）、"举一隅不以三隅反"（《论语·述而》）。"举"字本作"擧"，即"与手"或"给予手"，因为人手的功能很多，所以引申出许多含义。手最复杂的功能莫过于用来传达信息，因为肢体语言是语言前期发展的重要内容（见第一章第二节·一《人类早期语词的相似性》）。"举"的这一含义与后文第79条中表示行为的"举"是一致的。"彼实"不一定当场可见，但是告诉别人一个名称，就模拟了那么一个实物，就把那个实物"举"了出来。"告以文名，举彼实也"中的"文名"是指"礼"约定的名，相当于现在的"书面语言"——"文名从礼"。（《荀子·正名2201》）

口声语言的第一功能就是对事物进行确认或加以肯定（识别对应）："且，言然也"（《经上·33》）——"且"就是用语言表示肯定。进一步说，前面的或将来的"肯定"就说"且"，后面的或过去的"肯定"就说"已"，刚才的"肯定"也可说"且"（"自前曰且，自后曰已，方然亦且"《经说上·33》)。且与已相当于英语中的将来(现在)时态与过去时态,也类似于"此"和"彼"——"且已"是时态化的"此彼"。"然"字用作表示肯定意义的"是",不是作为系动词的"是",相当于英语的 yes 或 ok,不是"to be"。用"然"表示肯定,因为"然"是"燃"之本字,中华先民崇拜烟火图腾,"燃"被仪式化了,大致相当于现代的"宣誓就职",庄重地予以确认。

有了(口声)语言,人类精神财富(包括化物为奴方面的精神财富)才开始大幅度增长。母系社会的最初纽带就是口声语言催生的"图腾"(见本节·二《图腾神话——社会意识》)。人类社会最初也仅以"共有图腾"的特征而与动物群体相区别,到了墨子时代则发展为相当复杂的等级结构。不但有了君、臣、子民的分化,而且有了功、赏、罪、罚(《经上》及《经说上》35—38)等强制性力量。"君,臣萌通约也"(《经上,34》)——君是臣民们共同约定的(萌取"萌生"之意)。人类社会与环境"磨合"的过程中,受到自然灾害的"逼迫",不得不"萌生"社会分层的"通约",即"国家……由公民同意所造成……天子……由万民所选择而立也"。[①]

(4)数形探究

人类不同于其他动物的心理特征是具有理性思维,而人类理性思维的基础则是由数学探究奠定的(见本章第二节·五《中西科学思维的数学基础——不变式数学与构造性数学》)。《经上》和《经说上》的第39—69条讨论数学——时空及其构型(几何)。

①时空出数(39久,宇,穷,尽,始,化)与动态认知(45损,益,环,障,动)

"久,弥异时也;宇,弥异所也"。(《经上·39、40》)——时间(久)就是不同时刻的总合,空间(宇)就是不同处所的总合。"弥"字意为"遍及,满",有"终竟联合之意"。与此有关的"穷(有限性和无限性)"、"尽(一致性和整合性)"和"始(连续性中的特殊点)"、"化(变化)"(《经上》及《经说上》·41—44)可说是人们识别出来的关于空间和时间的最初性质;

---

① 梁启超:《子墨子学说》,中华书局民国25年版,第38—39页。

而"损（减）""益（增）""儇（环）""库（廲或障）""动"（同前，45—49）则是"变化"的5种情况。其中"环"是行星上乃至宇宙中普遍存在的周期性变化，"障"是突发性干扰所导致的变化。

②测量出数（50止，必，平，同长，中，厚，日中，直，圜，方，倍，端，有间，间，纑）。

接下去"止，以久也；必，不已也"（《经上·50，51》）开始讨论测量，与前面49条穿插排列（参见上文）。测量是用测量单位如"尺"与被测对象比较。止，是停止比较，也就是有限次比较能得到结果，如整数和有限小数——只要有足够的时间（久），就能完成测量。"必"，是多次努力中的确定性——对应确定的数，测量过程却不可能在有限时间内完成，如无限循环小数和无理数。"久"见上文第39条，"已"见第33条。"不已"就是不会成为过去，不会终止。

用"尺"这样的测量单位与被测对象比较，结果可分为如下三种情况：其一，"平，同高也"（《经上52》），被测对象与测量单位正好一样，测量结果是"1"；其二，"同长，以缶相尽也"（《53》），测量单位经过有限次依序对应之后与被测对象相合，测量结果是整数，"缶"是测量单位，过去把这个字解释为"正"，类似于现代选举计票时划"正"字，每个字表示整数"五"；其三，"中，（中）同长也"（《54》），测量单位与被测对象的最后一次对应处在被测对象之中，还剩下一部分，也可能一开始测量就发现被测对象处在测量单位之中，不是一个单位，不能得到整数。古文献刻写不易，相同的两个邻接字只刻一个，下面加两条短线，表示这个字要重复一遍。传抄者丢失了短线，《经上·54》中只有一个"中"字，如果不补上第二个"中"，这一条经文就与上一条一样了，也与第62条"有间，中也"不符。

如果测量单位不只用一个维度与被测对象相比，就是"厚，有所大也"。（《经上55》）除了三维空间的测量之外，在测量方向时要事先选定参照点："日中，正南也；直，参也。"（《56，57》）有中心参照点的测量对象可能是圆形，也可能是方形。"圜，一中同长也；方，柱隅四谨也。"（《58，59》）。

比整数"1"稍微复杂一点儿的测量结果是"倍，为二也"（《经上60》），也就是"二尺与尺但去一"（《经说上60》）。倍，就是测量之后去掉量纲（为）的二，例如用尺测量长度，测出"二尺"的结果，因为是用（与）尺测量出的，但是"二"没有量纲，所以要把结果中的"尺"（一）去掉。为了测出二尺长度，用一把尺去比较的时候，不管尺处在被测对象的哪一部分（体，参见第2条经文），都必须确认尺的端点在被测对象上的对应位置："端，体之无序而最前者也"（《经上61》）。如果最后的端点与被测对象不合，就要用亚单位"寸"或"分"等等来测——"有间，中也；间，不及㪷也"（《经上62，63》）。"有间"的意思是"夹之者"（《经说上62》）——尺端与被测对象端点把不足一单位的"区穴"夹在中间。"间"的意思是"夹者"（《经说上63》），相当于亚单位"寸"或"分"等等。《经上63》中的"㪷"是墨子自造的文字，由两个"方"相套而成，读音是"倍方"的合音"傍"，"不及㪷"就是超过了一个"方"，却达不到第二个"方"，所以是"间"。要测量"间"，就要把第二个方按进位分成更小的单位，如十进位就把第二个方分成十等份，依此类推为更小的亚单位。①

最复杂的测量结果是无限不循环小数，即无理数："纑，间虚也"（《经上64》），"两木之间谓其无木者也"（《经说上64》）——能够把测量单位的最后端点与被测对象的端点分开，可是无论把亚单位取得多么小，都不可能与被测对象完全对应，也不能得到循环的结果，中间总有"虚"。现代学者用"戴德金划分"来定义无理数，与墨子用"纑"来定义基本一致。②

③ 连续性和一致性。（65 盈，坚白，撄，似，次）

测量的结果是数——整数、有限小数、无限循环小数和无理数，近代数学家把它们都叫做"实数"，而且假定"实数是连续的"，③ 也就是墨经定义

---

① 张祥平：《数·测量·复连续——兼论刘绍光"一元数理论"的基本假设》，载《大自然探索》1994年第3期第81—86页。

② 同上书。

③ 同上书。

的"盈，莫不有也"（《经上 65》）——把各种测量结果放到一起（莫不有）就是连续（盈）。如果不连续，就不能积累，用尺去测量的时候，端点就可能落在分断的地方，得不到任何测量结果："无盈无厚，于尺无所往而不得。"（《经说上 65》）坚硬和白色的被测对象，在测量中的任何一点都不可能把坚硬和白色分开："坚白，不相外也。"（《经上 66》）这些性质与每一个测量结果同在一处，是"撄，相得也"（《67》），不同的尺与尺相互不对应，只有端与端相对应，尺与被测对象可能对应也可能不对应，可是坚硬与白色还是永远在一起，被测对象的局部却不是在一起。"尺与尺俱不尽，端与端俱尽，尺与（端）或尽或不尽，坚白之撄相尽，体撄不相尽。"（《经说上 67》）

测量是一种特殊的识别，区分识别对象"量"的异同。白色与坚硬是特性识别或模式识别，如色彩和质地等等。对真实个体的识别则是更为复杂的心理识别。同一类事物必须在各方面都一致，否则，如果有些侧面相互一致，另一些侧面不一致，就只能说"似"（"似，有以相撄，有不相撄也"《68》）。至于依次排列，只能说没有空间分隔，而不涉及是否一致的问题（"次,无闲〈间〉而不撄〈相〉撄也。"《69》）。

综上，《经上 39—69》是探究数学，包括时空几何对应、测量、测量单位、被测对象、测量结果、数。由于把河图洛书和太极模型作为基础，《经上》省略了如下一些内容：视觉信号、几何图形、最小耗能的行为、瞬间表出、点、重复表出、过程表出、点关联、方位、线段、长度单位、长度单位的长度、被测量的有限局部两点间的长度、线段关联、自相似线段关联等。

（5）辩说规则

继数形探究之后，从第 70 条开始，具体论述思维与辩论的基本原则。

① 判断与推理（70 法，佴，说，攸，辩）

正确的命题，依据事实原貌加以肯定。"法，所若而然也。"（《70》）而没有实体对象可资凭借（若）的命题，如内省命题，则是直接给以肯定。"佴，所然也。"（《71》）判断之后是推理（说），其目的是探究事件的因果关联："说，所以明也。"（《72》）判断和推理需要明辨真假，"攸，不、可，两不（不两）可也；辩，争彼（攸）也，辩胜，当也。"（《73、74》，第74条中的"辩"与"辩胜"可分为两条）。明辨真假（攸），必须是或者否定，或者肯定，而不能又否定又肯定（相当于形式逻辑的排中律）；辩论的目的就是要争取得到真确的认识，获胜就证明其合理性。①

得到正确知识的基础首先要准确地观察事实，准确地表述事实。

② 观察事实（75 观为，已，使）

观察事实要尽量全面，并与人类的基本需求相联系："〈观〉为，穷知，而縶于欲也。"《75》（《经说》中有"观"字，《经》中脱漏））凡已发生的事件，无论成败，都可用来总结因果关系："已，成，亡；使，谓〈为〉故。"（《76、77》）

③ 表述事实（78 名，谓，知，闻，见；83 合，盂，为）

准确地表述事实需要准确地组合使用名词和动词。

"名，达、类、私"（《经上·78》），"物，达也……马，类也……臧，私也"（《经说上·78》）：名词可分为达名、类名、私名三类，例如："物"是达名，"马"是类名，"臧"是私名，即给某人或给某一匹马取的名字。

"谓，移、举、加"（《经上·79》），"狗犬，命也；狗犬（吠），举也；叱狗，加也"（《经说上·79》）：谓语动词可分为系动词（移或命，如"狗是犬"）、不及物动词（举，如"狗吠"）和及物动词（加，如"呵斥狗"）三类。这与现代语法没有什么区别。

通过名词与动（谓）词表述事实，分为听到的、推论的和亲见的三类："知，闻、说、亲"，名词必须是专有名词或类别名词，对应于实体，与名词合成

---

① 从上下文来看，不是第73条"误作攸"，而是第74条误作了"彼"——在吴抄本中就是"攸"。虽然《经说》中用"彼"字，但《经》文本身应该作为校对的主要依据，《经说》中的误漏不止此一处："攸"字具有的真确意义远大于"彼"——"攸"是居住之所（"为韩［姞］相攸，莫如韩乐"《诗·大雅·韩奕》），又表示"自发地，非强迫地"（"约之阁阁，［椓］之橐橐，风雨攸除，鸟鼠攸去，君子攸芋"《小雅·斯干》）。只有"争攸"，才合乎"辩"在全部墨辩6部中的含意，相反，"彼"实在不值得去"争"（参见下文83条"非彼"）。

句子的动词必须是行为动词:"名实,合为。"(《80》)("为"见第75条)此外,"听到的"又分为别人告诉的和自己听见的(例如某日听见狗叫)两类:"闻,传、亲";而"亲见的"也分为只看见一部分和全部看见两类:"见、体、尽"。(《81、82》,参见上文关于"体"与"尽"的定义)

名词与动词组合所构成的命题或句型也分为三类,"合:㤅(正)、宜、必"。(《经上·83》)"兵(并)立、反中、志工,正也;臧之为,宜也;非彼,必不有,必也。"(《经说上·83》)正命题是对一类事物的概括,又细分为三类,即两个类别名词并列(系动结构,如狗是犬)、类别名词与不及物动词连用("反中"即有关动作不涉及外物,反求于中,只与施动者本身有关,如狗叫)、及物动词与名词连用("志工"即有关动作涉及对外经营。工,"功之省"①);宜命题是关于个体(私名)行为的命题(如"臧"的行为);必命题是抽象命题(多用达名,如:不是"彼",参见第74条"争攸";又如,不断寻求的确定性不存在,参见第51条"必,不已也""必命题"本身可以理解为"争不到头的命题"或"争论不休的命题")。

名词与动词合起来所构成的正命题还有其他的分类方法,可以分为两类:人们盼望的正命题和人们讨厌的正命题,前者是经权衡后发现对人们有利,后者则对人们有害:"合:㤅②,欲㤅,权利;恶㤅,权害。"(《84》)

宜命题可按其中的行为动词(为,不包括心理感知)分为三大类六细类:"为,存亡、易荡、治化"(《85》)——第一大类的两细类是存在与死亡。第二大类的两细类是位移(易位、行走)和动作(摇荡、操作)。第三大类的两细类是生长(治)和发育(化)。这里的"治"是对于第28条"求得"的引申理解,即万物的生长都需要获得并摄取物质和能量。"顺长,治也;鼃黾,化也。"(《经说上·85》)"顺长"就是出生后只有尺寸比例的增长而无形态变化,如鸟类和哺乳动物(包括人),而某些两栖动物则有形态

---

① 孙诒让:《墨子闲诂》,(日)富山房大正二年版,第十卷第7页。
② 唐戒甫:《墨经分类译注》,中华书局1981年版,第182页。

上的改变，即"化"，如从蝌蚪（鼁）到青蛙（鼃）；所谓"在水者鼁"，就是指只能生活在水中的蝌蚪，而不是指可陆可水的成年鼁或蛙。

墨子没有对于必命题分类，源于抽象的必命题在墨子时代还是"新生事物"，尚未成熟到需要进一步区分的程度。

④ 辨分同异（86 同，异，同异，同异交得）

在准确观察事实与准确表述事实的基础上，需要进一步对事实进行归纳整理。对事实归纳整理的关键在于如何处理事实的"同"与"异"。

"同，重、体、合、类"（《86》）——"同"分为四类：一个物体有两个名称，这是"重同"；部分与整体之间是"体同"；不同物体同处在一个房间内，它们之间是"合同"；不同的物体有共性，这是"类同"（"二名一实，重同也；不外于兼，体同也；俱处于室，合同也；有以同，类同也"《经说上·86》）。其中的"合同"用现代话语来说就是同一系统内的元素至少有一个共同点——同属于该系统，又如名词与动词同处于一个句子（命题）之中，参见第 80、83 条；而"类同"中的"有以同"则是除此广义的共同点之外，还有更多的共同点，或共性，或最小差异性，即"同，异而俱之于一也"（《经上·88》）[①]，这一条可与第 86 条合并，作为第 86 条最后一词"类同"的解说）。与"同"相应，"异"也分为四类："异，二、不体、不合、不类"（《经上·87》）——不同物体永远有不同的名称，这是"二"；不是部分与整体的关系，这是"不体"；不属于同一系统，这是"不合"；毫无共同点，这是"不类"（"二必异，二也；不连属，不体也；不同所，不合也；不有同，不类也"《经说上·87》）。总的来说，同与异是相对而言，互为定义的，正如"有"和"无"是互为定义一样（"同异交得，放〈仿[②]〉有无"《经上·89》）。

⑤ 辩说方法（90 闻，言，诺，服；94 法同，法异，正）

辩说交流需要用语言传递信息（"听"和"说"），"闻，耳之聪也；言，

[①] 唐戒甫：《墨经分类译注》，中华书局 1981 年版，第 117 页。

[②] 同上书，第 118 页。

口之利也。"①（《经上》90、91）前述第 81 条的"闻"是根据外在的传输过程对"听"进行分类，而第 90 条的"闻"则反省认知机制：耳朵接收的声音信号需要进一步提取信息（"聪"字的本意是"察"，其构型为"囱心耳"，可释为"开了窗户的心通过耳朵去察知世界"，也就是"循所闻而得其意，心之察也"（《经说上·90》）。前述第 32 条的"言"是描述功能（出举），而第 91 条的"言"则揭示机制。口里说出来的声音信号是经过加工处理的——"口之利也"的"利"字即是第 26 条"所得而喜也"的那个"利"，"口之利"是因为"执所言而意得见，心之辩也"（《经说上·91》）。总之，语言信号的一进（闻）一出（言）都有"心"的参与；因此，在论说中不能人云亦云（不一），而是"循所闻"、"执所言"（利用）。"诺，不一，利用。"（《经上·92》）"循所闻而得其意"是根据听到的话来理解对方的本意，"执所言而意得见"是自己的言辞表达得使大家都能"见"到自己的本意；后者既要求自圆其说（服），又需要分析彼说（说）："执，服、说"（《经上·93》）。

辩说交流有一定的规则（"法"），"法同则观其同"（《经上·94》）。这个"法"就是"所若而然也"（见 70 条）——如果辩说双方的依据（所若）相同，那么就应该看清其中的"同"，不要进行无意义的争论；"巧转则求其故"（《经上·94》）——对于投机取巧、偷换概念的，则要把它的错误及其原因找出来；而对于重大分歧（法异），则有必要看清双方的推论依据分别适用于哪种情况，要具体情况具体分析——"法异则观其宜止，因以别道"（《95》）。其中的"宜"字就是第 83 条"正、宜、必"的那个"宜"，表示与私名有关的行为，用现代话语来说，就是"具体情况"或"特殊情况"。对于特殊情况，一般法则不适用，只能按照别的逻辑依据进行判断。相反，对于"正命题"来说，是不能有例外的，"正，无非"（《经上·96》）。"非"是上文所述"然"的反义词，表示逻辑判断的否定，不同于表示状况的"不"，后者是"有"的反义词。"非"和"然"都不见于甲文而见于金文，"非"的金文构形"**非**"是对称构形的指事字，表示互相矛盾的两个方向，"取其相背"。

---

① 唐戒甫：《墨经分类译注》，中华书局 1981 年版，第 126—127 页。

综上，从"故，所得而后成也"到"正，无非"，《经上》层次井然。近取诸身，远取诸物，然后从整体到局部，从复杂到简单，从无序到有序，全文首尾相应，一气呵成，揭示了理性认知的各个层面，创建了构造整合的公理体系（整体公理化），奠定了严谨思维的坚实基础。（"整体公理化"详见本章第二节）

2.《经下》

《经下》的每一命题都附以"说在……"——"以说出故"，把《经上》的研究成果发扬光大。其中的许多条款都是进一步研究《经上》的课题。如《经下》第1—7条讨论"类"，就是为了确认"正命题"中的"类名"（见上文）；第8—10条讨论"假""然（真）""疑"则是为了判断命题及推理的真确性。从第11条讨论"力"的性质开始，关于时空、几何光学等的讨论，也都把《经上》中的"力"、时空背景和几何知识等等加以深化或应用。《经下》的最后6条（77—82）则从反面来讨论"无非"（即没有自相矛盾）对于真确知识的重要性："学之益也，说在诽者"（《经下·77》）——"学习有益"的真确性正在于否定这一点的人本身是自相矛盾的；因为当他告诉人家"学习无益"的时候，正是要让人学习"学习无益"这个命题（"也以为：不知'学之无益也'，故告之也；是使智'学之无益也'，是教也。以'学为无益也'教，悖"《经说下·77》）。这种见解当然是可以否定的，其原因不在于说多说少，而在于可以指出其自相矛盾（"诽之可否，不以众寡，说在可非"《经下·78》）。自相矛盾的批评家是站不住的，因为真确的命题不能有矛盾（"非，'诽者'悖。说在'弗非'"《79》）。事情说得太过分，就和说得不够一样，因为两者都要以特定的尺度为标准（"物甚，不甚；说在若'是'"《80》）。用"下"来说明"上"，只是因为位置是相对而言的，正如"泽"与"山"（"取下以求上也，说在泽"《81》），但是"上"与"下"互为标准，与已讨论过的标准是不同的，因为前述的标准不涉及相对的两个不同概念（"是与是〈不〉同，说在不州"《82》，其中"州之为言殊也"）。

3.《大取》与《小取》

从现代的角度来看，《大取》的"逻辑性"不如墨辩6部中的其他5部（其中有许多内容脱落了),但它却涉及墨家时代的大课题:爱、利、权、害、义、富、圣人、名实……正因为如此,称之为"大取"。相反,文献中广泛讨论的逻辑学问题,如辟、侔、援、推以及推理规律(见下文)等等,反被列入《小取》。这正如现代认为"科学性"很强的文字学、训诂学、语言学在早期被称为"小学",而那些"明明德""亲民""止于至善"的讨论被称为"大学"。原因很简单:采用线性思维的简单科学只适宜应对简单现象,而不适宜应对复杂现象。(见本章第二节·三《中西科学思维的适用对象——简单现象与复杂现象》)

墨辩 6 部是划时代的反省人类认知活动的巨著,在人类思维的进步史上占有极其重要的位置。从简单科学的观点来看,"墨翟也许是在中国出现过的最伟大人物"[①]。但是,在复杂科学已经兴起的春秋时期,"强调中间步骤和结果"[②]的墨家比起"强调终极理想和第一原理"[③]("如""道")的儒学和老子之学来,确是"与时代的需要不适应"[④]。遗憾的是,在两千年中,墨家的精神财富一直少有发挥,实在值得反省。"呜呼,以全世界论理学一大祖师,而两千年来莫或知之!若鲁胜者,其亦空谷足音也已;惜其所注,今亦已亡(史复称鲁胜,精天算,殆亦一好学深思之士也),无以助我张目。吾草此篇,恨不能起其人于九原而共语之也。吾草此篇,吾自信未尝有所丝毫缘饰附会,以诬我先圣墨子,吾附以誓证。"[⑤]

(二)工具 6 篇[⑥]

反省认知是超越经验、开发内心等范畴思辨的自然进展,这个进展在古希腊由亚里士多德完成。亚氏可称为西方的墨子——二人不仅在学术领域上

---

① 胡适:《先秦名学史》,学林出版社 1983 年版,第 53 页。
② 同上书,第 60—66 页。
③ 同上书,第 60—61 页。
④ 同上书,第 58 页。
⑤ 梁启超:《子墨子学说》,中华书局民国 25 年版,第 71—72 页。
⑥ 本题主要内容编自张祥平:《易与人类思维》(第 2 版),重庆出版社 2004 年版,第 269—278 页;另参崔清田:《墨家逻辑与亚里士多德逻辑比较研究——兼论逻辑与文化》,人民出版社,2004 年版。

东西呼应，而且在学术背景上也十分相似：墨子在机械技术上有很高造诣，可与公输班（鲁班）相争相媲（《墨子·公输》），"以绳墨自矫，而备世之急"；亚氏出身于医生世家，酷爱动物研究。机械技术与医学的共同点就是取诸自然，用诸自然。如观察、模仿，又如扩大人类能力、控制疾病危害等。总之是源于实践，且用于实践。实践的制约必然要求思维更严谨、更彻底。墨、亚之间的相似之处，决不逊于老（聃）、德（谟克利特）之间，孔（丘）、苏（格拉底）之间，以及孟（轲）、柏（拉图）之间（见前文）。东西方大哲之间的相互对应现象，提示了人类思维进化的内在规律。

与"墨辩6部"相应的著述是亚氏的《工具论》6篇：《范畴篇》《解释篇》《前分析篇》《后分析篇》《论辩篇》和《辨谬篇》。《范畴篇》讨论范畴；《解释篇》主要讨论命题；《前分析篇》是亚氏最重要的逻辑论著，讨论三段论；《后分析篇》论述证明、定义、演绎方法等问题；《论辩篇》讨论"论辩的"推理；《辨谬篇》揭示和分析各种谬误和诡辩，并提出反驳的方法。以下简述工具6篇的思想，并与墨氏进行比较。

1. 名与实

《范畴篇》开篇讨论同名异义，也就是《墨子·经上·86》所述的"合同"与"类同"。不同之处在于：墨家将它们都归入"同"，亚氏却只承认"类同"。例如，"人"和"牛"都可以叫做"动物"，而对于"合同"，却强调其"同名异义"。例如，"人"和"肖像"都可以叫做"动物"，但这只是它们的共同名称，而和名称相当的实体的定义则是有所区别的，因为如若要定义，指出人和肖像作为动物是什么，那么就得对每一种情况加以适当的定义。①

中西思维方式的差异在此已凸显：东方注重整体，强调求同存异；西方注重解析，强调同中辩异。若比较墨、亚的整体构思，则差异更为明显：《经上》把具体辨分同异的问题放到最后才讨论，《范畴篇》却首先加以辨明。相反，墨家注重的"故""体""知"（见上文）等，亚氏却在工具6篇及《物理学》之后，在《形而上学》（原意是"后物理学"）第1卷开篇讨论"求知是所

---

① 〔古希腊〕亚里士多德：《工具论》，余纪元等译，中国人民大学出版社2003年版，第3页。

有人的本性"①（即"知，材也"），其次讨论"对最初本原和原因的思辨科学"②（即"故，所得而后成也"），到第12卷才开始"实体的原理与原因的探索。倘宇宙是个整体，实体就是最初的部分"③（即"体，分于兼也"）。然统而言之，二者学术主体基本相同，都是反省人类认知活动，从语言分析出发（严格语词含义），并通过对于命题、推理的研究而规范人类思维。

因为视野不同，在墨家看来不言自明或了了几字即可澄清的问题，亚氏往往需要条分缕析地反复探讨。例如：关于"定义"，《经上·31、32》"举，拟实也；言，出举也"用8个字明确了一个过程，亚氏却追问其中的关键词"实"或"存在"绝非自明："不懂得事物的存在，就不懂得事物的可定义形式。"如此，便"一言难尽"了，但其可行性却值得商榷："因为通常我们总是获得那些已经存在着的东西的知识。"既然如此，反复论证"要找出一门知识其开始存在乃是与它的对象的开始存在同时的，这件事如果不是绝不可能，也是很困难的"。

墨家注重通观整体，亚氏虽在整体识别方面逊于墨家，但在剖辨细微方面略胜一筹。例如，《范畴篇》明确提出"实体、数量、性质、关系、何地、何时、所处、所有、动作、承受"④等十范畴，给具体事物的识别对应提供了可资剖辨的不同侧面。墨家虽没有指明十范畴，但也进行了相应的讨论。十范畴的最后两个范畴相应于《经上·79》中的"举"和"加"（见上文，下同），《经上·65、66》指出"性质"的广义性："盈，莫不有也；坚白，不相外也"；《经上·53、60》给出了"关系"的狭义描述："同长""倍"；《经上·39、40》中的"久"和"宇"相应于"何时"和"何地"；与"所处"、"所有"、"数量"相应的则是"存亡、易荡、治化"（《经上·85》）。中国的自然环境不像希腊那么稳定，所以墨家更注重临界性的姿态（存亡）、变动的状况（易荡）和数量（治化）。对于"状况"或者"占有"这个范畴，在《经上·28》

---

① 〔古希腊〕亚里士多德：《形而上学》，苗力田译，中国人民大学出版社2003年版，第1页。
② 同上书，第5页。
③ 同上书，第242页。
④ 〔古希腊〕亚里士多德：《工具论》，余纪元等译，中国人民大学出版社2003年版，第5页。

中还以动态方式描述过:"治,求得也。"

《范畴篇》第2—5章专论"实体",正如《经上》追溯知识的源头而讨论"名、达、类、私"(《78》)。其差异仅在于《范畴篇》是从"某一个别的人或某匹马"向"外"扩展,讨论"作为'属'而包含着第一实体的东西"[①],再向"外"讨论"第二实体。"[②]《经上·78》的次序与《范畴篇》相反:从作为达名的"物"(比"界"还广义的"一切实体")向"内"分割,讨论作为类名的"马"(相当于上述的"属"),再向"内"讨论作为私名的"臧"(相当于上述的第一实体,"某一个别的人或某匹马")——这也显示出墨家重整体求同(从整体到局部)、亚氏重个体分析(从局部到整体)的不同特征。

2. 逻辑律

亚、墨都意识到排中律、矛盾律和同一律对于真确命题的重要意义:"凡以实为实、以假为假者,这就是真的";"一个肯定命题是关于某一事物正面地断言了某些东西,一个否定命题是关于某一事物作了一种反面的断言";"在肯定和否定那里,不论主体存在与否,则一方必定是正确的,而他方是错误的"。上述三段关于排中律的引文之和,相当于《经上·73》的7个字:"攸,不,可,不两可也。"(见上文)这7个字同时又可译为表述矛盾律的现代汉语:"让两个相反的命题与两个对立的命题以及一个肯定和一个否定命题绝对地属于同一事物乃是不可能的。"在同一律方面,亚、墨的论述更如出一辙:"任何真实的事物,必定在任何方面与它自身一致"相当于"攖,相得也"(《经上·67》见上文);"人们对于一个事物一定不能作出关于几个事物的肯定或否定,对于几个事物也一定不能作出关于一个事物的肯定或否定,而只能一个对一个"相当于"似,以有相攖,有不相攖也;次,无间而不相攖也"(《经上·68、69》,见上文)。不仅如此,亚、墨都注意限定逻辑规律的适用范围:"关于那些可能存在而不是实在存在着的东西,那适用于实在存在着的东西的规律乃是不适用的"相当于"法,所若而然也;

---

① 〔古希腊〕亚里士多德:《工具论》,余纪元等译,中国人民大学出版社,第6页。
② 同上。

佴，所然也"。（《经上·70》，见上文）"所若"即指"实在存在着的东西"，《经上》中的这一段文字上接同一律，下接推论与矛盾律，正是对于逻辑规律的适用范围加以限定。

3. 三段论

亚氏在《前分析篇》第一卷中，对三段论作了说明："三段论是一种论证，其中只要确定某些论断，某些异于它们的事物，便可以必然地从如此确定的论断中推出。所谓'如此确定的论断'，我的意思是指结论通过他们得出的东西，就是说，不需要其他任何词项就可以得出必然的结论。"[①] 每个三段论都是从两个前提并且只是从两个前提中推出的，两个前提加一个结论，总计三个命题。作为前提与结论的命题，都是对事物的陈述，表述为主谓句，主谓句由词项构成。"所谓词项我是指一个前提分解后的成分，即谓项和主项，以及被加上或去掉的系词'是'或'不是'"。[②] 每个证明都是通过三个词项，而且只能是通过三个词项得到的。

亚氏把三段论区分为完善的三段论和不完善的三段论（还区分了模态三段论与非模态三段论，下文仅讨论直言三段论。）"如果一个三段论除了所说的东西以外不需要其他什么就可明确得出必然的结论，那么，我们就称这个三段论是完满的；如果一个三段论需要一个或多个尽管可以必然从已设定的词项中推出，但却不包含在前提中的因素，那么，我们就称这个三段论是不完满的"。[③] 亚氏还把三段论区分为三个格，并指出第一格为完满的三段论，其余各格均可通过换位法、归谬法、阐释法等化归为第一格。亚氏对第一格、第二格、第三格分别表述如下："如若三个词项相互间具有这样的联系，即小词整个包含在中词中，中词整个包含在或不包含在大词中，那么，这两个端词必定能构成一个完满的三段论。"[④] "如果相同的词属于一个主项的全部，而不属于另一个主项的任何部分，或属于两个主项的全部，或不属于两个主

---

① 〔古希腊〕亚里士多德：《工具论》，余纪元等译，中国人民大学出版社，第 85 页。
② 同上书，第 84—85 页。
③ 同上书，第 85 页。
④ 同上书，第 88—89 页。

项的任何部分，我就把这个格叫做第二格。"① "如果一个词项属于一个主项的全部，另一个词项不属于这一主项的任何部分，或两个词项都属于同一主项的全部，或两个词项都不属于同一主项的任何部分，那么，我把这个格称为第三格。"② 实际上，亚氏的格是按中词位置做的区分。亚氏总结上述三个格时指出，通过中词使一个词项同另一个词项联系而成立三段论，"这有三种方法，即以 A 表述 C，以 C 表述 B；或以 C 表述 A、B 两者；或以 A、B 两者表述 C。这就是已经论述过的格"③。

按照亚里士多德的说明，第一格三个词项间有包含关系。由词项间包含关系表明的事物彼此间的包含关系是显而易见、无须证明的。以这种最普遍也最明显的关系为依据的推理，其必然性和有效性不容置疑。反之，其他格的有效性都可以第一格为基础推出，各格都可以化归为第一格并由此获得对自己的证明。这就是亚里士多德所说的"第一格独立于其他格，而其他格则为它所补充和增加，直到它们获得直接前提为止。十分显然，第一格对于知识来说是最关键的"④。这样，三段论第一格实际上被赋予了公理的性质，成为三段论推理的依据和三段论系统的基础。

亚氏认为："我们无论如何都是通过证明获得知识的。我所谓的证明是指产生科学知识的三段论。所谓科学知识，是指只要我们把握了它，就能据此知道事物的东西。如若知识就是我们所规定的那样，那么，作为证明知识出发点的前提必须是真实的、首要的、直接的，是先于结果，比结果更容易了解的，并且是结果的原因。只有具备这样的条件，本原才能适当地适用于有待证明的事实。"⑤ 亚氏还认为："并不是所有知识都可以证明。直接前提的知识就不是通过证明获得的，这很显然，并且是必然的。因为如果必须知道证明由已出发的在先的前提，如果直接前提是系列后退

---

① 〔古希腊〕亚里士多德：《工具论》，余纪元等译，中国人民大学出版社，第 92—93 页。
② 同上书，第 97 页。
③ 同上书，第 142 页。
④ 同上书，第 276 页。
⑤ 同上书，第 247—248 页。

的终点，那么直接前提必然是不可证明的。"① "任何知识的获得都必须把握的东西我叫做'公理'。确实存在着一些具有这种性质的东西，我们习惯于用'公理这个名称来指称它们。"② 可见，亚里士多德"头一次对逻辑做出了某种公理化"③。

亚氏的三段论奠定了西方形式逻辑的基础，其关键在于亚氏把语言分割解剖为"词项"，并将其作为变项返构布局。"在亚里士多德对其三段论的系统阐述中，没有举过用具体词项构成的三段论的例子。仅仅对不正确的前提组合，才用具体词项来举例说明。……在正确的三段论中，所有的词项都由字母代表，也就是由变项代表"；"把变项引入逻辑是亚里士多德的最伟大的发明之一"④。

在揭示思维规律方面，与亚氏的"三段论"相对应的是墨家的"取予论"（见下文）——"以说出故，以类取，以类予"（《墨子·小取》），即用推理（说）得出正确结论（故），必须确定（取）大前提（第一个"类"字）和给出（予）小前提（第二个"类"字）。虽然墨家没有使用"全称肯定""全称否定""大词""小词""特称命题""格"等术语，但却直接给出了与三段论4格相应的4类："夫物或乃是而然，或是而不然，或一周而一不周，或一是而一不是也。"（《小取》下同）

"白马，马也，乘白马，乘马也……此乃是而然者也"相当于三段论的第1格，区别在于顺序。按照三段论顺序，并译为现代表述（"乘"取被动意义），就是：所有的马都能骑，白马是马，所以白马能骑。

"车，木也；乘车，非乘木也……此乃是而不然者也"对应于三段论的第2格。按三段论表述应为：车是可乘的，木不可乘，所以木不是车。在这里，墨、亚的表述大不一样，然二者在反省认知方面的作用完全相同：亚氏正面论述"木不是车"，墨家则反过来说"乘车非乘木"（或：乘的是车，乘的

---

① 〔古希腊〕亚里士多德：《工具论》，余纪元等译，中国人民大学出版社，第251页。
② 同上书，第249页。
③ 〔德〕亨利希·肖尔兹：《简明逻辑史》，张家龙译，商务印书馆1977年版，第10页。
④ 〔德〕文德尔班：《哲学史教程》（上册），罗达仁译，商务印书馆1987年版，第183页。

不是木，分别为两个前提）。区别在于亚氏从功能不同（可乘与不可乘）出发，以异得异（木不是车）；墨家则从人们易于混淆的概念（车由木制）出发，同中辨异（乘车非乘木）。值得指出：决不可认为亚氏优于墨家，相反，墨家不像亚氏形式逻辑那样割断概念之间的复杂联系，这就"先天地"避免了"虚假三段论"。不仅如此，有关表述还清楚地显示了"是而不然"对于反省认知、明确思路的作用。正由于诡辩家可能借车与木的共性来扰乱思路，所以有必要指明其间的差异。如果只在形式上做文章，那么就可以制造出无数的"大实话式"的三段论，如"车是可乘的，山不可乘，所以山不是车"，其中的"山"可以换成"石头""屋子""米饭""馒头"等等。

"爱人，待周爱人，而后为爱人；不爱人，不待周不爱人，失周爱，因为不爱人矣……此一周而一不周者也"对应于三段论的第3格。按三段论表述应为：爱人是爱所有的人（"待周爱人"），不爱人不是不爱所有的人（"不待周不爱人"），所以不爱人不必不爱被爱的人。推论是：只爱某些人，即"失周爱"，可以说是不爱人。①

4. 论证和反驳

关于论证和反驳，亚氏所说"反驳乃是建立一个与原来同一谓词相矛盾的谓词的命题……是以已经作出的前提为基础，并在同一方面，同一关系，同一方式和同一时间上从这些前提……必然产生的"，相当于《小取》的"援也者，曰子然（即'已经作出的前提'），我奚独不可以然也"？（对方可以采用这个前提来建立命题，我为什么就不可以如法炮制呢？）亚氏所说"有些论证，是把两个问题结合成一个问题了，它们是在没注意到问题多于一个，

---

① 墨家的"兼爱"理想，就是这个逻辑推论的结果。它的失误不在于推论过程，而在于大前提："爱人，待周爱人。"这个大前提已经预设了"兼爱"的结论。为什么一定要爱所有的人才能叫做"爱人"？"爱"是心理动词，"爱人"还是"不爱人"，要得到多数人的承认或否认才能判定，多数人的判定还会受到历史的淘汰，只有那些长期延续的群体的判定，才能作为科学的基础。以群体延续为标准，以千百年中的多数实事来检验，结论是："不兼爱"并不等于"不爱"，而是遵循人类情感生发的自然次序，不是对每个人都平等，更不能主次颠倒，违背人之常情。"执等差之爱说的人，也并不是不普爱众人，不过他注重在一个'推'字，要推己及人，所谓'老吾老以及人之老，幼吾幼以及人之幼'……须依次推去，不可躐等，也不可舍己耘人。"

却像仅仅有一个简单问题的样子，仅仅作出一个答复时出现的"，相当于《小取》的"推也者，以其所不取之同于其所取者予之也"——把对方"所不取"的，而实际上是包括在（同于）对方"所取"前提之内的前提给他（她）指出来（予之）。亚氏所说"一个人应该先作出归纳，然后再要求别人提出反驳"，相当于《小取》的"是犹谓也（它）者同也，吾岂谓也（它）者异也"——如果"一个人已经以若干情形为根据，作出了归纳（即'谓它者同'），而答辩者（即'吾'）拒绝承认这一个一般的命题，则要求他提出反驳的意见（即'谓它者异'）是公平的"。

需要指出，关于"辟、侔、援、推，都是类推法"，① 或者"它们是说明，描写，但不是发现"② 的看法，都忽视了《小取》中"辟""侔"语境与"援""推"语境的明显差异：前者行文中不涉及第三者，也不使用第一人称，只是作者与读者对话。但后者出现了第三者，即"子""其"，相应地出现了第一人称，即"我""吾"，完全是处在辩论、反驳中的语境。《小取》开篇（见上文）之后即讨论了辟、侔、援、推等，正相当于亚氏讨论了三段论、"模态"、归纳法之后讨论反驳或"辩谬"。不同之处在于：亚氏对每一部分都详加讨论之后才开始另一部分，而《小取》直到最后才讨论"取予论"的4类（见上文），其思路仍是着眼于整体，而把细部放到最后，正如前述的"达、类、私"，从整体到局部。《小取》在"吾岂谓它者异也"与"夫物或是而然也"（见上文）之间，还指出了"类比"与"反驳"都不是获取真确命题的可靠方法（"辟侔援推，皆非自然而成"③），因为类比是在"同""异"之间走钢丝（见上文），"反驳"则只是"破"，并不等于"立"。

综上所述，亚、墨二氏反省人类认知活动、揭示人类思维规律的深度及广度大体相当。在概念与语词、判断与命题、推理与论证方面都进行了系统而深入的探究，并构建了较完善的逻辑学（或明辨学）体系。其不同在于，墨子构建的明辨学采用的是"构造整合法"（对事实求同存异，进行整合，

---

① 张岱年：《中国哲学史》，中国社会科学出版社1982年版，第573页。
② 胡适：《先秦名学史》，学林出版社1983年版，第89页。
③ 孙诒让：《墨子闲诂》，〔日〕富山房大正二年版，第十一卷第24页。

从整体到局部,适度留余),是象数思辨的自然发展;而亚氏构建的逻辑学采用的则是"分析还原法"(对事实分割解剖,进行还原,用基本因子——词项——返构布局,不留余地),是线性思辨的自然发展。前者是"整体公理化",后者则是"因子公理化"。(详见本章第二节)

结语

本节通过东西方两大文明的思维演化历程的比较,揭示出人类思维演化的内在规律,或曰相似路径,即都经历了如表2-2所示的数目相对稳定的演化环节,且在相应环节达到了相似的文明程度。

表 2-2 人类思维演化路径表

序数	演化环节	
	中	西
1	占有行为——个人观念	
2	图腾神话——社会意识	
3	占卜问事——理智选择	
4	数字文字——理性思维	
5	实事求是(价值评估、归类整合、经验比较)——理性发展	
6	诗歌艺术——情感升华	
	敬天敬祖,崇德崇和,二人本位	张扬人欲,尚武尚争,个人本位
7	抽象思维——范畴思辨	
	象数思辨	线性思辨
8	追寻本体——形而上学	
	理性感性融通,天人合一	理性感性对立,主客二元
9	开发内心——价值体系	
	本体(道)——德——仁——义	本体(神)——德性——善生——正义
10	反省认知——逻辑体系	
	明辨体系 (构造整合法,整体公理化)	逻辑体系 (分析还原法,因子公理化)

理解人类思维演化的上述历程和规律，对于原汁原味地理解东西方古代文明的成就，对于追根溯源地探究中西文明的差异，具有极其重要的意义。

以上关于人类思维发展历程的论述，尚未涉及人类最有序的思维形式——科学思维。科学思维对于人类的生存与发展而言最为重要：因为人类只有运用科学思维，才能真确地认知环境和适应环境，也才能保障与环境良性互动，从而保障人类群体的生存与延续。（详见本章第二节）

第二节　中西科学思维的比较

前言："科学"之正名[①]

探究科学思维，首先要明确何为"科学"？

科学是用事实预测事实的可检验的未被证伪的推理过程。[②] 科学的三要素是：事实、推理、检验。其中，事实的三要素是：当事人亲历、感觉器官识别、多数人确认；推理三要素是：加工事实、建立模型、返回事实；检验三要素是：预测、核对、结论（伪、未伪）；检验三大类是：日常重复、观测实验、述比事件。

事实是当事人亲身经历（有时间，有地点）的事件，事件是可用感觉器官（眼耳鼻舌身，看听嗅尝触）或测量仪器识别的对象和动态，也可称之为"现象"。通俗地说：事实与人合一，事件（现象）相对独立。事实不需要科学承认（例如处在存疑区间的事实，很可能被多数人确认为真），科学要接受事实检验（不被证伪）。

检验是不同时间（含未来时间）、不同地点的非当事人能够判断当事人经历的事件或推理预测的事件的真假。

"真"是过期事实被确认为发生过。"确认为"通常是指多数人确认。"过期"是指当事人经历的时间属于过去。把当事人观察到的现象或亲身参与的现象用类别名词（或专有名词）、行为动词、时间地点表达成语句，就是事实。如果其中的时间属于过去，就是过期事实。这样的语句是完全可判句。其中，

[①] 张祥平：《经典复杂科学》，中国社会科学出版社 2013 年版，第 398—403 页。

[②] 参见 Longman Dictionary of contemporary English《朗曼当代英语词典》，Longman Group Limited, Harlow and London, 1978, 第 993 页, 以及《波普尔的证伪理论》载施太格缪勒：《当代哲学主流》，商务印书馆 1986 年版，第 410—414 页。

专有名词的对应（所指）是可被感觉器官识别的真实个体。类别名词的对应（所指）是可被感觉器官识别的真实群体。行为动词的对应（所指）是可被感觉器官识别的动态（详见本节·四·（一）《推理起点——识别事实和关联事实》）。如果完全可判句被多数社会成员确认为真，就可以作为科学研究的基础或起点（即格物），用来归纳出重设名词、公理、定理、规律等。

　　重设名词是借助类别名词、专有名词或其他重设名词才能识别其对应的名词。科学选用重设名词，应遵循正名言行原则（详见本节·四·（二）·2·（1）之《孔子的方法论》）。①

　　用作预测和检验的事实是多数社会成员确认为真的事实。确认这些事实为真，有益于群体延续，至少是无害于群体延续。群体延续是最重要的事实。不能延续的群体一定会不再有事实。反过来看，即使多数社会成员把某人非事实的亲身经历（如悟道，又如见到上帝等，学术上称为宗教体验）确认为真，只要这样的确认有益于群体延续，也具有其合理性。现存的文明社会之中，都有这样的现象发生：借靠虚设名词来凝聚社会成员。

　　虚设名词是难以借助类别名词或专有名词来识别其对应的名词，"只可意会，不可言传"，即使"言传"，也很难借助类别名词、专有名词或重设名词来识别其对应，如："'道'是生发万物且容融万物的东西"，其中，"东西"似乎可以当作泛化的类别名词，但是这个定义的核心内容其实不是可被感觉器官识别的真实群体，而是其中的动态（生发，容融）之源。

　　如果把虚设名词看作"形而上"（大致相当于"最普遍的公理"），那么，不妨把重设名词看作"形本身"（大致相当于"中间的公理"），把专有名

---

① 参见培根《新工具》："必须制定一种与一向所用的不同的归纳形式……这种归纳法（博学之，审问之，慎思之，明辨之）不只是要用来发现公理，并且还要用来形成概念（重设名词）。"引自北京大学哲学系外国哲学史教研室编译：《西方哲学原著选读》，商务印书馆，1981年，上卷第360—361页，引文括号中内容为张祥平先生所加。又：中世纪哲学家阿伯拉尔认为类别名词（如"玫瑰花"）是"共相"概念而不是名词，同上文献第255页。这一类讨论可上溯到波爱修沿袭古希腊的分析还原法（因子公理化）而把"线、面"当作无形体（没有三度广延），同上文献第229页。要采用构造整合法（整体公理化）才能正确理解专有名词、类别名词、重设名词。

词和类别名词看作"形而下"。①

可重复事实是科学认识的起点和归宿。"可重复"是指：在不同时间或地点，出现了可被忽略其不同点的相似的事实。如太阳从东方升起是一个可重复事实，尽管太阳内部发生着核反应，每天都在变化，今天的太阳和昨天的太阳不同，但是对于多数人（天体物理学家除外）来说，这些不同可以被忽略。所以，太阳从东方升起是一个可重复事实。可重复事实本身只是事实，不是科学，必须加上推理未被证伪，才是科学。推理是由此及彼的理性。理性是普适性高于直陈句且不与事实相矛盾的无歧义语句组合及相关思维。

综上所述，可以对"科学"、"不科学"、"非科学"、"伪科学"和"反科学"作明确区分：

科学 = 可重复事实 + 推理 + 预测未被证伪。

不科学 = 可重复事实 + 预测被证伪。

非科学 = 难重复的事实 + 无推理或无检验 + 推理指令。非科学介于科学和不科学之间：事实本身难于肯定，推理难于否定。

伪科学 = 伪装或歪曲的事实（谎骗虚构，还原返构）+ 推理指令。

反科学 = 攻击科学结论。

科学精神不但要区分是（科学）非（不科学），还要区分出介于是与非之间的非科学（见上述）和伪科学。

伪科学是在源头部分作假（即伪装或歪曲的事实）：谎骗虚构是无中生虚有，即制造骗局却不承认是特技表演。还原返构是有中生假有，即把已有的事实还原为事实中的一个局部或更细小的部分，然后用局部来重新制造一个事实，类似于瞎子摸象：摸到象鼻子的瞎子重新制造的大象是一根水管，后者是假有。假有比虚有的欺骗性更大，因为分析还原法确实得到过一些真

---

① 类别名词大致相当于"较低的公理"，专有名词大致相当于"工作"，参见培根：《新工具》。要把公理"下降到工作"，"因为最低的公理和赤裸裸的经验只有很少的区别，而（我们现在所有的）最高和最普遍的公理则是概念性的、抽象而不坚固的，但是中间的公理则是真正的、坚固的、活的公理，人的事情和幸福都以之为依据。"引自上述《西方哲学原著选读》第359—360页。

有。如果被制造的事实接受预测检验且未被证伪，那么是科学（真有）。此外，在一定的条件下，被还原的部分也接近于真有：如果瞎子说：在一臂长的范围内大象是水管，那么就接近于真有。接近真有的小范围被线性地（不变式地）推广到大范围，才成了假有。缺少科学精神的人以为分析还原法放之四海皆准，于是把假有也当成真有。

难重复的事实与伪装的事实较难区分。科学的态度是暂时不讨论（"子不语怪力乱神"，引自《论语·述而》），等待时间筛选。随着科学发展，过去有一些难重复的事实会成为可重复事实，或成为可重复事实的推理结果。如果有人（包括个别很真诚的科学院院士）试图证明当前的难重复的事实都是伪装的事实，本身就会变成伪科学：用还原返构的事实（假有）来否证难重复的事实（真有）。

对于非科学的另一种态度是某些宗教：难重复的事实，尤其是一些不可测量的心理事实（如某人在某时某地见到了耶和华），被内部的多数人确认为可重复。只有在危及自身延续的情况下，信奉这类宗教的智者才会反省其可重复性。如基督教，在十字军东征受阻之后出现文艺复兴和宗教改革。表达心理事实的句子之中含有心理动词（如看听嗅，爱恨痛），不同于行为动词，所以心理事实属于难重复事实，不同于可重复事实（参见上文）。有一部分心理事实可以间接测量，被测量的对象不是整个个体，而是局部的指征，包括许多错觉[①]。最复杂的心理事实相关于灵感（顿悟），[②] 其次相关于爱（≠

---

① 详见〔英〕武德沃斯·R.、〔英〕施洛斯贝格·H.：《实验心理学》，曹日昌译，北京：科学出版社1965年版，第400—408页。
② 从复杂科学来看，顿悟过程伴随非线性放大和非平衡态秩序的形成。如"保留工具"（参见上文所述），首先发生于某一个古猿的大脑中，在一定环境条件下被其他古猿模仿。又如"图腾"（参见本书3.3中的表一），首先发生于某一个猿人母亲的大脑中，在一定环境条件下被她的子女和孙代接受；父系人类社会与古猿及黑猩猩社会的重大区别是：黑猩猩和古猿的社会纽带是雄力纽带，而父系人类社会是时间纽带或文化纽带，在雄力纽带和时间纽带之间，隔着母系时间纽带（图腾）（详见张祥平：《生命之歌——从细胞到万物之灵》，广东人民出版社2001年版，第147~152页）。从简单到复杂的进化一定是渐进的（如顿悟），反之则可能突变，如人的死亡，群体的灭绝。

色或性欲），都难于测量。

科学的"真"不但知其然（事实），也知其所以然（推理过程）。因此，科学有助于"求真"，即借助"可重复的实验"或"可述比的事件"以及相关推理来帮助多数人判断"非日常重复"和"难以用仪器直接观测"的事实为真。另一方面，这个方法无法帮助多数人判断"非日常重复"和"难以用仪器直接观测"的事实为假，因为很可能设计出新的实验或寻找出新的述比事件来帮助多数人判断那些事实为真。也就是说，在真假之间，要留出一个存疑的区间。

一、中西科学思维的发源

（一）人类科学思维产生的标志

人类进入文明社会的标志——发明数字以计算储粮备荒，也是科学思维产生的标志。从往年无存粮忍饥挨饿的事实，可以预测不存粮又将面临饥荒，于是根据现有人口的粮食消耗计算推理得出需要储存粮食数量，之后利用储粮顺利度过春荒。前面的预测得到检验，未被"证伪"——这是一个完整的科学过程，即用事实预测事实的可检验的未被证伪的推理过程。储粮备荒是人类第一次真正意义上的"科学决策"（之前的"决策"或许同样正确，但没有"科学思维"的参与，所以不能称之为"科学决策"），人类的科学思维由此发端。

人类科学思维最先产生于第一个甲子（西元前2697年）年前后。其时，旧大陆中纬度三大河流域（埃及、中国、美索不达米亚，即三大古文明地域）的先人们都运用已有事件和数字计算来预测未来事件——储粮备荒。在储粮备荒、社会分层的基础上，三大古文明在天文历法制定、水利设施建设、城市规划建设、宫殿寝陵建筑、医药医疗技术、农业耕种、动物饲养、金属冶炼等方面，取得了"大同小异"的科学成就。所谓"大同"，是因为三大古文明科学的发展都属于简单科学（关于"简单科学"见本节下文）。比如，通过观测冬至、春分、夏至、秋分的日照变化以及月亮盈亏的周期，制定历法，要运用算术、几何知识；进行水利工程（如大禹治水）、城市建设（如夏邑商城，巴比伦空中花园）和寝陵建筑（如埃及金字塔），要运用大量的测量知识和力学知识。所谓"小异"，则是因为不同文明的环境资源及语言差异，已导致科学思维方式差异的出现。数学与历法，是最能反映中西科学思维方式在发源期即出现差异的两个领域。

（二）中西科学思维发源的数学比较

1. 数字

前文论述《中西文字的比较》（第一章第四节）时，已提及中西数字之不同：古埃及文中，数字1—9是用1—9道纵线的积累来表示；甲骨文中，数字1—4是用1—4道横线的积累来表示，其后的5—9则是用不同的构型分别表示。之后更大的数字，二者延续了各自的"造型"风格：古埃及文字以"数"的积累为主，甲骨文则以"型"的重构为主，如图2-2、图2-3。

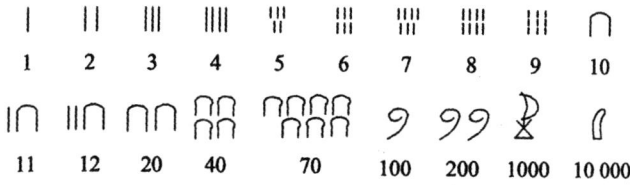

图 2-2 古埃及数字（西元前 3400 年）[①]

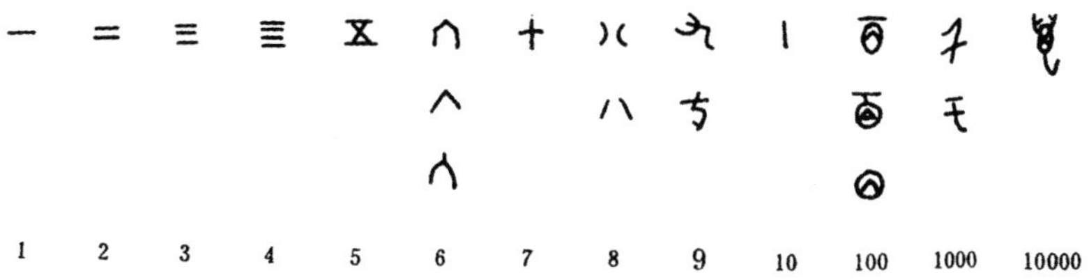

图 2-3 甲骨文数字（西元前 1600 年）[②]

甲骨文中十、百、千、万的倍数用合文表示，例如"山"表示30，"吾"表示300；现已发现的最大数字是30000，写作"𠂤"。对于较大的多位数字，

[①] 李文林：《数学史概论》（第二版），高等教育出版社2002年版，第13页。
[②] 刘钝：《大哉言数》，辽宁教育出版社1993年版，第34页。

一般采用分位合书的形式，例如 2656 就写作""；有时又以""字或""字隔开多位数字，如 56 写作""。①古埃及文字对于复杂的记数，则是通过记数符号的简单累积来表示，如 12345 被记作""。②

2. 位值

上述数字表示方法的不同，导致中国自然地走向"位值制"，即每个数码所表示的数值，不仅取决于这个数码本身，而且取决于它在记数中所处的位置。如甲骨文数字""中，把表示位值的符号""、""、""等去掉，再引入表示 0 的空位或符号，就成了地道的十进位值制了。③位值制的出现，可说是整合型思维发展的结果："数值"与"位值"的结合，实质是"数"与"形"的整合。而西方数学位值制的出现，则要迟至文艺复兴时期才开始出现。

3. 算术

位值制的出现，又促进了中国古代运算技术的发展——"筹算"出现了。筹算，就是以"筹"为工具来记数、列式和进行各种数与式的演算。筹，又称为策、筹策、算筹，后来又称之为算子。"筹"最初是小竹棍一类的自然物，以后逐渐发展成为专门的计算工具。据文献记载，算筹除竹筹外，还有木筹、铁筹、骨筹、玉筹和牙筹，并且有盛装算筹的算袋和算子筒。用算筹来表示数目有纵、横两种方式，如图 2-4。

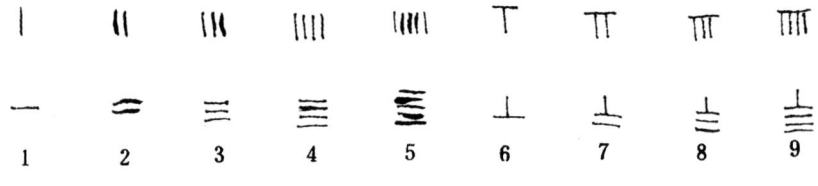

图 2-4 算筹表示数目的两种方式

这是九个基数，零则以空位显示。用算筹表示多位数字，高位到低位从左到右横排，但相邻两位的筹式须纵横相间。对此规则《孙子算经》写道："凡算之法，先识其位。一纵十横，百立千僵。千、十相望，万、百相当。"

---

① 刘钝：《大哉言数》，辽宁教育出版社 1993 年版，第 34 页。
② 李文林：《数学史概论》（第二版），高等教育出版社 2002 年版，第 18 页。
③ 刘钝：《大哉言数》，辽宁教育出版社 1993 年版，第 35 页。

举例来说，2656 用算筹表示出来是"〓 丅 ☰ 丨"，86037 用算筹表示出来是"ℿ ⊥ □ ☰ ℿ"。由于算筹纵、横相间布列，以空位显示的零很容易识别。筹算的出现使十进位值制得以完备和最终确立。除符号不同以外，算筹记数制所表示的自然数与现今使用的十进位值制完全一样。①

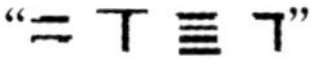

筹算的四则运算皆由高位向低位进行。作加、减法先将两数上、下对齐，和或差置于第三行中。作乘法将相乘两数分别置于上、下两行，上行最高位与下行最低位对齐，然后用上行各位数字依次乘下行各位数字，乘得结果随时加到中行之中，最后中行的得数便是二数之积。如图 2-5 显示的是 25×13 的筹算过程：

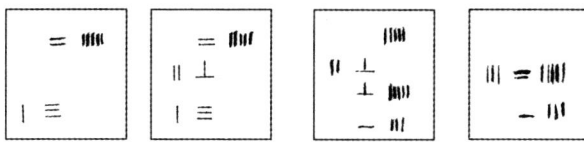

图 2-5　25×13 的筹算示意图

除法运算与此类似：中行置被除数，下行置除数，上行置商，施行运算时将上、下两行随乘随减中行，直至中行之余数小于下行之除数为止；中行不能减尽则表示不能整除。如图 2-6 显示的是 326÷13 的筹算过程：

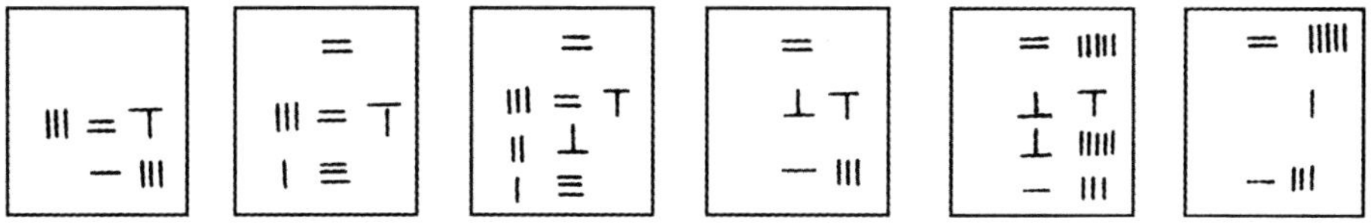

图 2-6　326÷13 的筹算示意图

上面最后一图就是结果，表示带分数。算筹中分数的表示法有两种：一种源于除法，在上例中可以看到除数置下、被除数或余数置其上的结果导致了与今日分数表达法一致的形式；另一种则与多个分数的四则运算有关，对此有的算书采用左、右分置子、母的形式来表达每一个分数，例如 $\frac{1}{3}+\frac{2}{5}$ 就写作。在筹算中，负数和小数也都有一定的表示方法。②

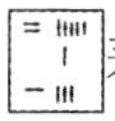

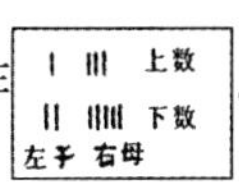

---

① 刘钝：《大哉言数》，辽宁教育出版社 1993 年版，第 36—37 页。
② 同上书，第 41—42 页。

在古埃及，尽管很早采用了十进制记数法，但由于数字"造型"与记数方法的不同（没有位值制），导致了算术方法的差异——乘除法需要化成加减法来做。例如69乘以19是这样来进行的：将69加倍得138；又将这个结果加倍得276；再加倍得552；再加倍得1104，此即69的16倍．因为19=16＋2＋1，所以69乘以19的答数应为1104＋138＋69=1311．在除法运算中，加倍程序被倒过来执行，即除数取代了被除数的地位而被拿来逐次加倍。①

由于没有位值制，单位分数的广泛使用成为埃及数学一个重要特色。埃及人将所有的真分数都表示为一些单位分数的和（$\frac{2}{3}$例外，$\frac{2}{3}$在埃及算术运算中扮演着特殊角色，并用一个专门的记号 ﾟ 来表示），为了使这种分解过程做起来更容易，埃及人给出了一张形如$\frac{2}{K}$（K为从5到101的奇数）的分数分解为单位分数之和的表。其中$\frac{2}{5}$等价于$\frac{1}{3}$加$\frac{1}{15}$；$\frac{2}{11}$被写成$\frac{1}{6}$加$\frac{1}{66}$……最后一项是将$\frac{2}{101}$分解为$\frac{1}{101}$、$\frac{1}{202}$、$\frac{1}{303}$和$\frac{1}{606}$之和。利用这张表，可以把例如$\frac{7}{29}$这样一个分数表示成单位分数之和：

$$\frac{7}{29} = \frac{1}{6} + \frac{1}{24} + \frac{1}{58} + \frac{1}{87} + \frac{1}{232}$$ ②

又如，求100除以$7+\frac{1}{2}+\frac{1}{4}+\frac{1}{8}$的商，答数$12+\frac{2}{3}+\frac{1}{42}+\frac{1}{126}$是这样获得的：将除数逐次加倍，第一步得$15+\frac{1}{2}+\frac{1}{4}$；第二步得$31+\frac{1}{2}$；最后得63，此乃除数的8倍；另一方面，已知除数的$\frac{2}{3}$等于$5+\frac{1}{4}$，故除数与$8+4+\frac{2}{3}$相乘得$99\frac{3}{4}$，比已知乘积100小$\frac{1}{4}$。之后要作一个调整：因为除数的8倍是63，所以它与$\frac{2}{63}$相乘得$\frac{1}{4}$。由$\frac{2}{K}$数表查得$\frac{2}{63}=\frac{1}{42}+\frac{1}{126}$，于是得到所求商数$12+\frac{2}{3}+\frac{1}{42}+\frac{1}{126}$。③

古埃及对分数的探究是古希腊数学中"无限"概念产生的源头：如毕达哥拉斯学派的"一既是奇数又是偶数且产生其他一切数"相关于拆分后的分子都是一，"一和多分别相应于有限和无限、奇和偶"相关于拆分中的迭代过程似乎因分母及分子的增大而不断延伸，以及"2"（偶数）与"1"的对称重要性。例如"$\frac{7}{29}$"可表示为"$\frac{1}{29}$"与3个"$\frac{2}{29}$"之和，其中第一个"$\frac{2}{29}$"

---

① 李文林：《数学史概论》（第二版），高等教育出版社2002年版，第20页。

② 同上书，第19页。

③ 同上书，第20页。

可从拆分表中查出，第二、三个"$\frac{2}{29}$"可利用第一次查出的结果（分子乘2，再查拆分表），等等。①

总之，东西方的数字"造型"不同，导致了记数体系的不同，并进而导致了算术思维的不同，尤其是除法思维的不同。在中国，由于有十进位值制与筹算技术，除法的计算是由整体到局部，结果适度留余；在埃及，由于没有位值制，除法的计算是从局部（除数加倍）着手，由局部到整体，力求精确，不留余地（例如$\frac{7}{29}$，粗估是大于$\frac{1}{6}$，接下来的分母依次是24、58、87、232；加到$\frac{1}{87}$的时候，精度已超过995‰）。上述算术方法的不同，导致了中西科学思维演化之数学基础的不同（详见第三节《中西数学思维的比较》）。

（三）中西科学思维发源的历法比较

1. 制定历法的基本原则②

先民发展农业是靠"天"吃饭，要看"天"行事，因而天文学成为"与人类文明同时发端的一门古老科学"。③ 而历法则是古代天文学最重要的科学成果。

历法是推算日、月、年的时间长度和它们之间的关系，制定时间顺序的法则。历法中的日是平太阳日，它是平太阳在天球上周日运行的时间长度。历法中的年和月，其长度有的是按日月运行周期定出的，有的是人为规定的。不论中外，最早制定的历法，多视月相的盈亏变化，规定月初晦朔，月半圆满。后来，由于农业的需要，四季和节气受到重视，制定历法则规定寒暑有常，时节有序。这些规定，就使得历书上的月日次序和太阳、月亮在天球上的视位置完全一致。如不一致，将会造成寒暑颠倒、月相失常的混乱现象。于是就得修改历法，务使历书上的月、日次序再回复到所规定的月亮、太阳在天球上的视位置上。

回归年是四季更迭周期，朔望月是月相变化周期。因此，制定历法，必

---

① 张祥平：《经典复杂科学》，中国社会科学出版社2013年版，第112页。
② 余明：《简明天文学教程》，科学出版社2001年版，第53—54页。
③ 同上书，第10页。

须精确定出这两个周期的长度。但是，回归年（365.2422日）和朔望月（29.5306日）都不是整数，都不能简单通约。如按实际长度作为历法中的年和月，那么年和月开始时刻在一日中将是不固定的，这对人们的生产和生活都很不方便。因此，历法中的年和月都是人为规定的整日数。这种整日数的年和月，称为历年和历月。既然历年不等于回归年，历月不等于朔望月，它们之间存在着一定的差值。如果对差值置之不理，长年累月之后，将会造成历法的混乱。对差值的适当处理，在历法中叫置闰。置闰的目的，是要使历法的起算点总是接近所规定的日期。

综上所述，如何把历月和朔望月的差数搭配妥当，如何平衡历年和回归年的差数，使之既能使历书上的月日次序符合月、日在天球上的视位置，又能便利生产生活，就是制定历法的基本原则。

根据选定天体（太阳或月亮）运动的实况和人为定出的年、月长度，以及选取的不同历元——起算点，历法有太阴历（以月球绕行地球的运动周期为基础制定，力求以朔望月为历月长度，历年长度由人为规定，阴历月份与四季寒暑无关）、太阳历（以地球绕行太阳的运动周期为基础制定，力求以回归年为历年长度，月的日数和年的月数由人为规定，与朔望月无关）和阴阳历（兼顾日月的周期运动，一方面把朔望月作为历月长度，一方面通过设置闰月，力求把回归年作为历年长度）。

2. 中国的阴阳历

黄河流域的中华先民很早就发明了阴阳历。据《尚书·尧典》记载："乃命羲和，钦若昊（昊）天，历象日月星辰，敬授人时。"意为：帝尧指派羲、和二人，以日影观天，要以农事去符合日月星的运行规律，慎重地传授给大家什么时间进行耕作与收获。还记载："帝曰：咨汝羲及和，期三百有六旬有六日。以闰月定。四时成岁，允厘百工，庶绩咸熙。"意为：帝尧说，根据（咨询）你们羲、和二人的观测结果，每一周期是366天，用闰月使月份的周期（即通过置闰月的方法，使正月总是初春、四月总是初夏，等等）定下来，四个季节构成一年。这就能给各种工作提供确切的时间标准，有利于大家更好地完成各自的事项。可见，在距今四千多年前的帝尧时代，中国已经有了专职天文官员,专业从事观测天象以确定农时,而且观测数据已经比较准确:一年366天。为了与月份和季节的周期吻合,已经采取置"闰月"的方法。甲骨卜辞也证实殷商时代采用是大月30日,小月29日,闰月置于年终。

需要指出,"阴阳历"与"阴历"(太阴历)不同(常有把中国传统的"阴阳历"称为"阴历"的)。阴历以月球绕行地球的运动周期为基础,力求以朔望月为历月长度,历年长度由人为规定,阴历月份与四季寒暑无关。朔望月长度是29.5306日,所以阴历的历月,通常规定(以现在伊斯兰教国家和地区仍通行的阴历为例):单数月为30天,双数月为29天,平均29.5天,并以新月始见为月首。12个月为一年,共354天。然而12个朔望月的长度是354.3671天,比历年长0.3671天,30年共长11.053天。因此,阴历以每30年为一个置闰周期,安排在第2、5、7、10、13、16、18、21、24、26、29各年12月底,有闰日的年称为闰年,计355天。经过闰日安插,在30年内有0.013天的尾数没有处理,不过这要经过2400余年方能积累一天,届时只要增加一个闰日就行了。现行伊斯兰教国家的阴历元年是教主穆罕默德从麦加迁到麦地那的一天,即儒略历西元622年7月16日(星期五)作为纪元和岁首。这种历法平年只有354日,闰年也只有355日,比回归年少11天左右,3年就要短1个月,约17年就会出现月序与季节倒置的现象。比如原来1月份在冬天,17年后,1月份就在夏天了。农业生产需要历法的月份和四季气候配合,然而,阴历却满足不了这种需求。解决的办法:或是放弃阴历,采用以气候变化周期的太阳回归年为基础制定新的历法,这就是下文述及的古埃及的解决办法;或是阴历阳历并行使用,如伊斯兰教的民族,在宗教节日上用阴历,在农业生产上用阳历;或是协调阴历和阳历,即仍以朔望月为历月长度,同时力求历年的平均长度为回归年,经过置闰的办法调整后,使之基本符合寒暑变化的常规,这也就是中国传统的阴阳历。①

可见,阴阳历的实质是整合阴历和阳历,把朔望月和回归年合理地协调起来。回归年的日数是朔望月的日数的12.368倍,就是说,一个回归年不是

---

① 余明:《简明天文学教程》,科学出版社2001年版,第54—55页。

朔望月的整倍数，它多于 12 个朔望月而少于 13 个朔望月。为了使历年的平均值总是接近于回归年的整倍数，阴阳历平年是 12 个月，闰年是 13 个月，增加的一个月叫闰月。经过推算，19 年加 7 个闰月较为符合实际，因为：

19 个回归年 =19×365.2422=6939.6018 日

12×19+7 个朔望月 =235×29.5306=6939.6910 日

两者非常接近，相差甚少。这样阴阳历的月份和季节可以在较长时期内保持大体一致，不会出现冬夏倒置、寒暑失序的现象。19 年 7 闰的方法，中国在春秋时期已经应用。阴阳历最显著的优点是兼容了两个天赐的周期，平均历月是月球公转周期，平均历年是地球公转周期。因而使用阴阳历，对日、地、月三者的关系清清楚楚：看到月份，就可知道在这一年中月球已绕地球转了几圈，看到日期就可知道月相。缺点是平年与闰年有一个月的差值，平年 353—355 天，闰年 383—384 天，日期与季节的对应关系有一个月错动。①

此后，中国的阴阳历通过设置二十四节气的办法，使得时令仍然可以准确掌握，非常利于安排农事。同时，通过逐年逐月推算，以月相定日序（以合朔为初一，以两朔间隔日数定大、小月），以中气定月序（据所含中气定月序，无中气为闰月），使得历法愈趋精确。而且，通过采用干支纪年法，60 年一循环，清清楚楚，传承至今。兹不赘述。②

3. 西方的太阴历与太阳历

古埃及较早时期曾使用太阴历，并结合星象（特别是天狼星）的季节变化而进行优化。由于太阴历的年长与回归年不一致带来的种种问题，逐渐被政治活动废弃，少见于历史文献中的纪年，主要用于宗教性事务。古埃及主要的民用历法是所谓的 Annus Vagus（徘徊年），每年 365 天。民用历法根据尼罗河的水位变化设置季度（因为尼罗河的泛滥对农业有至关重要的意义），分为 Akhet（洪水）、Proyet（生长，相当于冬季）与 Shomu（收获，相当于夏季）三个季度。每年 12 个月，每月 3 周，每周 10 天，另有 5 天设在年末（也

---

① 余明：《简明天文学教程》，科学出版社 2001 年版，第 57 页。

② 同上书，第 59—64 页。

有说是年初)作为节庆时间。民用历以天狼星与太阳同时出现在地平线的时刻作为一年开端(此法沿袭太阴历),这标志着尼罗河在旧王国国都——孟菲斯泛滥。由于 365 日比实际回归年要短约 $\frac{1}{4}$ 天左右,每隔 4 年,新年时间就要比实际提前 1 天,每过 1460 个回归年则提前一年,这就是所谓的天狼星周期。据说古埃及历年与回归年之间的差异正是"徘徊年"之名的由来。西元前 3 世纪,托勒密三世颁布命令,要求每 4 年设置一个闰年,不过未能执行,直到西元前 1 世纪,置闰规则才得以采用。西元前 1 世纪,古罗马以埃及历法为基础,制定"儒略历";到 16 世纪又经改革,产生"格里高利历",这是当今世界上大多数国家所采用的所谓"公历"的由来。[1]

太阳历与阴阳历相比,最显著的优点是历年与回归年同步,月序与季节匹配较好。然而,由于历月是人为安排的,历月的天数不等(现行所谓"公历"历月的天数有 28、29、30 和 31 天 4 种,且大小月排列不规律),四季长度也不一(有 90、91 和 92 天 3 种,上下半年的日数也不相等),岁首没有天文意义,最重要的是,阳历与月相变化无关,白白浪费了天赐的月相变化周期。[2]

西方使用太阴历、太阳历,中国使用阴阳历,确切地反映出不同的思维模式在科学探究方面的差异:西方因其分异型、偏执型的思维模式,历法制定中,在朔望月和回归年周期中偏执于一面、单究其一点,不顾其余以求精确;中国因其整合型、兼容型的思维模式,历法制定中,在朔望月和回归年周期中是兼容并蓄、求同存异,从整体(年)到局部(月、节气),适度留余(置闰)。

值得一提的是,在人类文明发源时期,两河流域地区的美索不达米亚人也发明了阴阳历。西元前 1700 年,巴比伦统一历法,该历以月相循环周期为基础,一年 12 个月,其中 6 个大月,每月 30 天;6 个小月,每月 29 天,再用闰月协调与季节的关系。西元前 383 年,已使用 19 年 7 闰的方法。同时值得注意的是,美索不达米亚的楔形数字虽是"笔画"累计型的(见前文),但也发明了位值制。不过,其除法运算则需要借助预先编制的"倒数表",

---

[1] 余明:《简明天文学教程》,科学出版社 2001 年版,第 55—56 页。

[2] 同上书,第 66 页。

以将除数改为乘数再进行计算。或许,由于美索不达米亚文明的环境类型处于中华文明与埃及文明之间,所以其文明特性似乎兼具二者的特点。

在古文明时期,中西科学思维的差异主要表现在数字造型、记数体系、算术方法、历法制定等方面。历史进入轴心文明时代,人类思维发展逐次进入抽象思辨、追寻本体、开发内心、反省认知等阶段,差异逐步扩大。同时,随着科学理性探究的深入,中西科学思维的发展也基本成型,从而走向异路。

二、中西科学思维的演化

中西科学思维的发展成型,经历了类似的演化历程。二者都是先有数学理性的发展,中西两大文明的科学思维方法由此奠基;之后是有关物质运动的观测与探究(追求对宇宙运动规律的认识);继而是关于认识论与方法论的总结与提炼,确立了认识论与方法论的基本原则;再后是科学模型的构建,将对事实的观测与数学推理结合,中西科学思维方法基本成型;最后是科学推理体系的建立,完成公理化体系的创建,中西科学思维范式由此定型。中西科学思维演化的历程虽相似,但"方向"却不同:中国的发展方向是构造、整合;西方的发展方向则是分析、还原。以下分述之。

(考虑到当代大多数人更熟悉西方科学思维,以下先论述西方科学思维的演化历程,然后以此为参照,再比较论述中国传统科学思维的演化历程。)

(一)西方科学思维的演化

1. 西方科学思维演化的历史轨迹

古希腊与古埃及同属地中海式气候,古希腊语言与古埃及语言同是辅音组合的语音模式,古希腊文字是源于古埃及文字的拼音文字。在一定程度上,古希腊文明是古埃及文明的继承与开拓。

(1)数学理性——万物皆数

古希腊最早期的哲人泰利士(或译泰勒斯)不仅是西方哲学传统的开创者,也是西方科学"分析还原"传统的开创者。他探究宇宙的基本质料和运行原则为何的问题,将万物的"原质"(或译"始基")还原为"水"。这从根本上改变了希腊人观察、了解世界的角度和方向。在西元前 6 世纪之前,希腊人的宇宙观基本由诗歌、神话塑造。《荷马史诗》就描述了历代相传的众多神祇各凭喜好直接干涉、影响、改变人类生活,对此无论凡人或英雄都无能为力,只能接受命运安排。而泰勒斯抛开神祇的意志来解释自然现象,直接从自然本身寻求其背后的原理。在西方思想史上,这是崭新的、革命性的观念。① 同时,泰勒斯还在数学和天文学方面有着诸多贡献。数学方面,他被认为是把几何学从埃及传入希腊的第一人,并原创性地提出了诸多几何定理,如"圆为其直径所等分""等腰三角形两对应角相等""两直线相交所形成的对顶角相等""三角形为其任何一边及其旁两角所决定""半圆中对应于半径的内接角是直角"等;在天文学方面,他曾经测定冬至与夏至点,并准确预言了西元前 585 年的日蚀等。②

如果说,泰勒斯在理性探究宇宙秩序方面迈出了第一步,毕达哥拉斯学派则是将理性探究与终极关怀结合于一体,"从宇宙秩序寻求永生",将西方宇宙体系的构建推入全新的境界。③

毕氏学派也致力于探究"宇宙万物如何生成"这个中心问题。但相对于泰勒斯之以水,阿那克西米尼之以气,赫拉克利特之以火,或者恩培多克勒之以四元素为宇宙"原质",毕氏学派作出了两个基本转变:首先,他们舍弃实体,转而以"抽象"范畴作为宇宙生成的解释;其次,他们所提出的并非限于一个简单的原则或者观念,而是有数学理性支撑的一整套观念,从而为整个宇宙体系的建立奠定基础。这两个基本转变,使得毕氏学派成为西方哲学与科学的主流源头。④ 毕氏学派认为"万物皆数",去掉量纲的抽象的"数"是了解宇宙的关键,一切事物"就其整个本性来说都是以数目为范型的,数

---

① 陈方正:《继承与叛逆——现代科学为何出现于西方》,北京:生活·读书·新知三联书店 2009 年版,第 83 页。
② 同上书,第 82 页。
③ 同上书,第 123—124 页。
④ 同上书,第 124 页。

目本身则先于自然中的一切其他事物，所以他们从这一切进行推论，认为数目的元素就是万物的元素，认为整个的天是一个和谐，一个数目"。他们把数目"既看作存在物的质料因，又拿来描写存在物的性质和状态。他们把数目的元素描述为奇和偶，认为前者是有限的，后者是无限的；'一'这个数目他们认为是由这两个元素合成的（因为它既是奇数又是偶数），并且由'一'这个数目产生出其他一切数目"。① 毕派认为数目序列的衍生和几何元素的衍生是一致的：首先是"1"，相当于无大小的理想点；其次是"2"，由于两点决定一直线，所以相当于无宽度的线；再其次是"3"，由于三点决定一个平面，所以相当于三角形或者无厚度的平面；然后是"4"，相当于四面体或者空间。这样随着数目序列的前进，可依次得到维度逐步增加的空间，以及在此空间中越来越复杂的几何形体，乃至形成万事万物。② 上述从"数"而生发出万事万物的过程是一个"线性发展"的模型，其中去掉量纲的抽象的"数"是承上启下的关键。这为西方科学分析还原的思维方法奠定了数学基础。毕派认为最后形成的宇宙结构是球形的，中心是"中央火球"，环绕其运行的最外层是恒星，其内是五大行星，然后依次是日、月、地球，以及最接近火球的"反地球"，所有的天体都绕"中央火球"转动。③ 这种球体宇宙论是西方科学宇宙模型的源头。

（2）物质运动论——原子论

毕氏之后的德谟克里特对于"宇宙万物生成"问题，提出了"原子论"。德氏认为"充满"和"虚空"是万物的基本元素。"充实"即是"原子"，其数无限，其小至极，无法为人所感知，其自身不可再分。而"虚空"，用现代语言来说即是"真空"，亦即"空间"。它之所以重要，是因为古希腊先哲本来只有物质的观念而没有作为物质存有背景的空间观念。这从泰勒斯开始就是如此。对他们来说，宇宙充斥着无空隙的物质，因而物质无处不相

---

① 北京大学哲学系外国哲学史教研室编：《西方哲学原著选读》，商务印书馆1981年版，第19—20页。
② 陈方正：《继承与叛逆——现代科学为何出现于西方》，生活·读书·新知三联书店2009年版，第128页。
③ 同上书，第132—133页。

互挤压，物质的运动也就只能是不同部分的位置对换。但何以会有这种对换，则难以解释。"虚空"解决了这个困难，因为在虚空中，物质不再挤压在一起，而可以是分散的，运动只是个别物质块粒位置的变换而已。而且，运动也不再需要特殊原因。很容易想象，所有不同物质块粒都是在无休止运动之中，而且彼此碰撞之后会反弹而继续运动。这似乎相当接近于现代物理学的气体分子运动的图像。[①] 原子论用机械性的原因来解释宇宙的一切运动，从而把神性的（或目的性的）作用，完全排除于宇宙之外，成为西方机械自然观的源头。

（3）认识论与方法论——理念论和分析法

柏拉图传承了毕氏学派的"科学精神"，且将其发扬光大。柏氏与毕氏最大的共同点，就是对数学的极端重视。这里所言"数学"，是泛指算术、几何、天文、乐理等"四艺"，即以数学为核心的数理科学。[②] 这几个部分并非独立，而是互相关联，能够促进清晰、有条理的思考，一方面可以由之通往宇宙奥秘，另一方面可以作为制定与施行法律者的思维训练。柏氏创办的学园的研讨也是以数学为主，而非其本人最感兴趣的理念哲学，所以学园门楣上刻凿了"不习几何学者不得入内"。[③] 柏氏哲学的核心范畴——"理念（扼多）"，正是以几何图形（形、理）为基础而抽象（超越）出来的形而上的重设名词。[④] 柏氏认为理念（扼多）是"在万物的一切假象和幻影之中，那绝对的终极的实在，是万物可由之以说明的东西"。理念（扼多）将世界区分为二，一个是感觉经验所对的感官世界，一个是思想所对的理念世界（详见上节·八之《柏拉图——理念（扼多）与创世》）。因此，柏氏与毕氏一样相信，神圣和高贵的天体运动应该是匀速的圆周运动。可天文观测的结果却令其失望：因为在当时众所周知的日、月、行星等天体的运行轨道并不是完全规则的，有些星星恒定不动地做周日运转，而有些星星却时东时西、时快时慢地漫游——

[①] 陈方正：《继承与叛逆——现代科学为何出现于西方》，生活·读书·新知三联书店2009年版，第99—100页。

[②] 同上书，第148页。

[③] 同上书，第152页。

[④] 张祥平：《经典复杂科学》，中国社会科学出版社2013年版，第126页。

人们称之为行星（行星在希腊文中意为"漫游者"）。但柏氏认为行星也定会遵循某种规则："那些关于日月和其他星辰游离（正轨）的教导并非真理，而是真理的反面。它们每一个都依循同样轨道——不是许多轨道，而仅仅是一条轨道，那是圆形的；所有其他变异（轨道）都只是表象而已。"柏氏要求学生发现那些"均匀有序的（圆形）运动，根据其假设行星的表象运动是可以得到解释的"。这就是著名的"拯救现象"方法。"拯救"的意思是，行星的现象如此地无规则、如此地"不体面"，只有找出其所遵循的规则的运动方式，才能洗刷这种"不体面"。这是关键一步："天体运行轨道是由某些基本圆形轨道复合而成"这一思想自此统治西方天文学几乎两千年之久。而更重要的，是这思想背后的认识论与方法论的意义，即"表象背后有单一和不变的基本规律存在"。[1] 这是柏氏"理念论"的自然延续，凸显出西方先哲们追求纯粹理性世界的特质。为了追求纯粹的"理念"，柏拉图"关心证明，关心推理过程的方法论……第一类是分析方法……第二类是归谬法或间接法"。[2]"理念论"和"分析法"成为西方科学认识论与方法论的基础。

（4）模型构建——同心球面模型

柏拉图的高足尤多索斯被学者称为"古希腊的牛顿"，[3] 提供了"拯救"的方案：他建构了西方历史上第一个天体运行的几何学模型，这是一个将天体运行还原为无质料的"球面"后建构的机械运动模型，将西方天文学带到一个全新境界，空间模型建构理念自此成为西方科学的主导思想。

尤氏建构的是一个复杂的"同心球面"模型。它的基本假设是：地球居中不动，每个天体的运动都是由同以地球为中心，但围绕不同轴向旋转的球面复合产生。他的构想是从柏拉图而来，因此这些球面纯粹被视为数学计算工具，而并非天空中的实体，质料、支撑、旋转动力等因此都不需要考虑，

---

[1] 陈方正：《继承与叛逆——现代科学为何出现于西方》，生活·读书·新知三联书店2009年版，第173页。

[2] 〔美〕M. 克莱因：《古今数学思想》（一），张理京译，上海科学技术出版社2002年版，第51页。

[3] 陈方正：《继承与叛逆——现代科学为何出现于西方》，生活·读书·新知三联书店2009年版，第162页。

这与牛顿力学的质点有异曲同工之妙。此系统的基本观念可以从以下的举例来说明。（1）最简单，当时学者大概早已经想到的模型是：众多恒星是固定在以地球 E 为中心的球面 A 上，A 依固定的轴 A_1A_2 以每日一周的速率旋转，因此恒星轨迹都是圆圈，这些圆圈的中心同在 A_1A_2 轴上，但由于恒星在球面上位置不同，所以其圆形轨迹的半径也不同。很明显，这样一个模型相当准确地重现了地球自转所产生的视觉效应。（如下图 a）（2）稍为复杂一点的是日的运动，它可以视为由上述球面 A 和另一个同心但较小的球面 B 这两者的均匀转动复合而成：日球 H 附在球面 B 的赤道上，B 以每年一周的速率旋转，而其旋转轴 B_1B_2 的两端则固定在球面 A 上随 A 转动。这样产生的日轨迹仍然是圆圈，可是它有两个不同周期：由球面 A 的旋转所产生的日周期，以及由 B 的旋转产生的年周期，前者重现日球每日出没的现象，后者则重现每年四季日照方向、角度的周期性变化——这是由 A_1A_2 和 B_1B_2 两根旋转轴的方向不同所造成，即 A_1A_2 是垂直于地球的赤道面，而 B_1B_2 则是垂直于日轨迹的黄道面，两者之间有固定的夹角（如图 2-7）。[①]

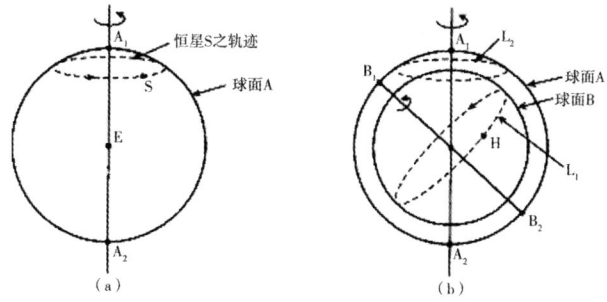

图 2-7　尤多索斯的"同心球面"模型图

尤氏的模型较上述的更为复杂。此模型描述日和月的运动各需要三个球面。即是在上述的 B 球面以内还要有 C 球面，它的旋转轴是支撑在 B 球面上，而且周期特别长，日或者月则附在 C 球面的赤道上。就月球而言，这不难理解，

---

① 陈方正：《继承与叛逆——现代科学为何出现于西方》，北京：生活·读书·新知三联书店 2009 年版，第 174—175 页。

因为除地球的自转和月球（在白道）的绕地运动以外，还有白道在黄道上的缓慢运动，所以统共需要三球面。就日球而言，这却很特别，因为重现地球的（均匀）自转和公转只各需要一球面就够了，第三个球面的需要实际上是出于误认为日球轨道和月球、行星一样，在黄道上也有缓慢改变。至于行星，则每颗各需四个球面，以分别照顾地球的自转、公转，以及行星的公转，即其绕日运动，包括它们的留驻、逆行和纬度变化（偏离黄道面）等现象。"同心球面"系统当时被认为最成功的一点，就是当行星四个同心球面的最内部两个球面的旋转轴夹角超过某临界值时，行星轨迹呈现为贴在球面上的"8"字形"双纽线"，在此轨迹上运行的行星显然就会呈现留驻、逆行和偏离黄道等现象（如图2-8）。①

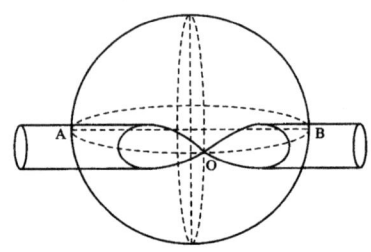

图2-8　尤多索斯的"同心球面"模型在内外两个旋转轴为垂直时所产生的"绊马索"形行星轨迹

同心球面系统不但可以重现天体运行轨道的大致形状，还可用以实际计算轨道的特征数值，例如逆行部分的弧度。此模型对于日、月、土星、木星、水星都相当有效，但对金星、火星颇有问题。但是无论如何，尤氏的工作创立了一个重要典范：自然现象可以在分解还原后用几何模型加以解释和"重现"。也就是说，模型不但是想象中的构造，而且其表现是可以根据其构造而推算的，推算结果与观测数据吻合就可以显示模型为合理。在这个典范中，数学推理、科学理论和实际观测结合于一体，西方数理科学的思维方法基本

---

① 陈方正：《继承与叛逆——现代科学为何出现于西方》，生活·读书·新知三联书店2009年版，第175—176页。

成型。① 尽管尤氏的模型与实际情况符合得并不太好，后人对此有诸多改进，但其创立的科学方法，则被完全继承下来，后来托勒密的地心模型、哥白尼的日心模型直至牛顿的万有引力模型，皆源于此。

（5）公理体系——几何原本

同为柏拉图高足的亚里士多德被称为"百科全书式的学者"，其最重要的贡献则是对思维活动规律的探究（详见《反省认知——明辨（逻辑）原则》）。亚氏构建了以三段论为主要内容的演绎推理体系，并由此创造了形式逻辑，"头一次对逻辑做出了某种公理化"。②（详见本章第一节·十·（二）·3《三段论》）在数学领域，亚氏深入研究了作为数学推理的出发点的基本原理，将它们区分为公理和公设：公理是一切科学公有的真理，而公设则是为某一门科学所接受的第一性原理。他的公理化方法及其形式逻辑体系，为西方科学公理体系的构建奠定了方法论基础。

集古希腊数学之大成的欧几里得以其十三卷本巨著《几何原本》成为西方科学公理体系构建的范式。《几何原本》并非原创性著作，而是将此前的数学成果加以编纂，并且纳入同一逻辑结构的集大成之作。此书最重要的贡献，是将此前许多数学家以不同方式、不同途径所得到的推论、定理、结果，以统一的逻辑结构熔铸于一炉，使之形成浑然整体——最少，这是他的目标和理想。他这理想深深影响了后世的数学与科学发展。科学并非许多不相干的事实、观念、知识的集合，而是一个具有逻辑结构的系统，在其中基本观念、原理、推论、观测结果各有其位置，并且是通过逻辑与数学严格地联系起来的——这样的理想首次在《几何原本》中得到实现，而这个范式在后世科学作品中不断重现（虽然也不断被修订），直至牛顿撰写《自然哲学之数学原理》也仍是以《原本》为模范。事实上，现代科学的整体结构也同样是反映这个理想的。《几何原本》的第一卷开宗明义，列出了23条"定义"，5条"公设"，还有5条"共同观念"，也就是"公理"，这三者构成了全书的理论基础；

---

① 陈方正：《继承与叛逆——现代科学为何出现于西方》，生活·读书·新知三联书店2009年版，第176—177页。
② 〔德〕亨利希·肖尔兹：《简明逻辑史》，张家龙译，商务印书馆1977年版，第10页。

之后是 48 道"命题",那可能是"定理",也可能是问题:每一道命题都是先叙述最终结果或者要求,然后给出证明或者解决方法,那是根据上述定义、公设、公理,以及先前已经证明过的命题而逐步推论,以迄得到命题本身的过程。第二以至十三卷的结构与第一卷相同,但没有另外的公设和公理,而只是因应新题材而设立新定义,并且在证明过程中应用前面已经证明过的命题。这就是所谓"公理体系"。全书总共近五百道命题都是根据 10 条公设公理以及相关定义推断得出,构成了一个庞大而严密的逻辑结构,其精密完整的演绎推理体系成为西方科学思维的典范,直至两千三百年后的今天。①

2.西方科学思维演化的重要节点

以上粗略勾勒了西方科学思维演化的历史轨迹,其中的五个重要节点至关重要。第一个节点,是数学方面,毕氏学派将去掉量纲的抽象的"数"作为宇宙的"原质",认为"万物皆数",奠定了西方科学分析还原方法的理性基础(详见本章第三节);第二个节点,是物质运动论方面,德谟克里特提出了"原子论",用自然的(或机械性的)原因来解释宇宙的一切运动,成为西方科学机械自然观的源头;第三个节点,是认识论与方法论方面,柏拉图以几何图形(形,理)为基础而抽象得出其哲学思想的核心范畴——理念,将世界区分为二元对立的感官世界与理念世界,要求"拯救现象",寻求超越现象的纯粹理念,注重在分析的基础上严格演绎推理,"理念论"和"分析法"成为西方科学认识论和方法论的基本原则(也成为西方人文理性的源头);第四个节点,是将数学推理与天体观测结合,柏氏的高足尤多索斯建构了天体运行的几何学模型,奠定了西方科学模型建构思想的基础;第五个节点,是西方科学推理体系的建立,欧几里得的《几何原本》从基本定义、公设、公理出发,逐次推论,建立了一个庞大严密的演绎推理体系,最终完成了西方科学思维范式的定型。

由《原本》确立的西方科学思维范式可称为"分析还原法"或"因子公理化"。这种范式通过对事实分割解剖,进行还原(如将真实点还原成没有

---

① 〔美〕M. 克莱因:《古今数学思想》(一),张理京译,上海科学技术出版社 2009 年版,第 191—192 页。

大小的点，将真实线还原成有长度没有宽度的线，将真实物体还原成有质量没大小的质点，将真实的天体运动还原成球面），用基本因子或孤立事实返构布局（外延的线性组合，如《原本》从点、线、面等基本因子出发而建立的几何演绎推理体系，尤多索斯建立的以地球为中心、围绕不同轴向旋转的球面复合成"同心球面"模型），不留余地（以布局为整体，出现在布局中的事实已被简化，较少简化的事实出现在若干布局的交汇处，不被简化的事实需要无穷多个布局来交汇）。①

西方科学思维的发展在西元5世纪之后，随着西罗马帝国在蛮族冲击下崩溃，古代希腊的科学传统也随之断裂。伊斯兰文明在8世纪吸收继承了希腊科学，并发展出自己的伊斯兰科学。到12世纪西欧复兴，欧洲人再把阿拉伯典籍翻译成拉丁文，才接上古代希腊科学的传统（也吸收了新出现的伊斯兰科学），成为近代科学的基础，引发西方的"第二次科学革命"。②上述古希腊科学思维的演化是西方"第一次科学革命"。③两次科学革命具有相同的演化环节，或者说，相同的发展节点。第一个节点，是在欧洲数学复兴与发展的基础上，重建数学理性，开启了"第二次科学革命"的序幕④（毕达哥拉斯学派开启了"第一次科学革命"的序幕）。开普勒是承上启下的关键人物。他早期受毕达哥拉斯和柏拉图的影响，致力于以数学的"和谐性"探索宇宙，根据"匀速圆周运动"的传统思路，用五个正多面体与当时已知的行星轨道套迭，解释太阳系的行星运行。后来，根据第谷·布拉赫的天文观测数据，否定了匀速圆周运动的传统思路，发现行星运动三定律，以简明的数学公式重建了天体运行的有序图景。其间，开普勒以"极薄的圆盘体积之和"（无限多个无限小元素之和）求旋转体的体积。之后，又有博纳文图拉·卡瓦列里提出不可分量原理，成为微积分发展的先驱，启动了西方科学

---

① 张祥平：《经典复杂科学》，中国社会科学出版社2013年版，前言第10页。
② 陈方正：《继承与叛逆——现代科学为何出现于西方》，北京：生活·读书·新知三联书店2009年版，第八—十章。
③ 同上书，第140—182页。
④ 同上书，第526—538页。

分析还原方法的新数学工具。① 第二个节点，是物质运动论方面，"伽利略通过采纳物质的原子论，进一步发展了这个学说"，② 他的力学中的原子被称为"质点"；不同于中世纪经院哲学家"旨在回答为什么运动而不是怎样运动的问题"，"对伽利略来说，怎样运动才是分析的目标，这种分析是用严格的数学方法进行的"③，"真实世界是处于可以在数学上化简的运动之中的物体的世界"④。"物理世界开始被设想为一部完美的机器，每个人如果对现在的运动有详尽的知识和支配能力，他就能充分预言和支配这部机器的未来事件。由于把人从真实世界中排除，这样真实世界似乎是受机械必然性制约。沿着这个趋势开始思考，在近两个世纪之后便导致了拉普拉斯那段著名的评论：了解原子在任何时刻的位置和运动的一种超人智慧能够预言未来事件的整个进程"。⑤ 伽利略的动力学，奠定了西方近现代科学机械自然论的基础。第三个节点，是认识论与方法论方面，笛卡尔如同柏拉图，极端重视数学，认为数学是人类知识的钥匙。他将世界区分为二元对立的物质实体与精神实体（正如柏拉图将世界区分为二元对立的感官世界与理念世界）："一方面是物体的世界，其本质是广延；每个物体都是空间的一部分，是一个有限的空间量，它只是由于不同的广延方式而不同于其他物体；它们构成一个几何世界，一个只能而且完全能按照纯数学来了解的世界……整个空间世界变成一部巨大的机器，这部机器甚至还包括肉体的运动，包括人类生理学中那些不依赖于意识注意的过程。这个世界与任何思想都没有依赖性；即使在存在之物中根本就没有人类，它的整个机构仍然会继续存在和运转。另一方面是内在王国，其本质是思想，其样态是知觉、意愿、

---

① 李文林：《数学史概论》，高等教育出版社2002年版，第146—149页。
② 〔美〕埃德蒙·伯特：《近代物理科学的形而上学基础》，徐向东译，北京大学出版社2003年版，第49页（电子版）。
③ 同上书，第52页。
④ 同上书，第53页。
⑤ 同上书，第54页。

感觉、想象这样的辅助过程……它与另一个王国是相独立的。"① 为认识上述"广延世界",笛卡尔发明出"一种最富有成效的新数学工具——解析几何学",并企图"把整个物理学王国还原为纯粹的几何特性"。他强调要对一切知识采取怀疑态度,知识必须从确知的基本原理出发,通过严格的数学演绎推理出来。② 笛卡尔的上述理论被称为"唯理论","普遍怀疑"是其方法论的基础,"唯理论"与"怀疑法"成为西方现代科学认识论和方法论的基本原则。第四、五个节点,由西方近现代科学体系的奠基者牛顿独力完成:即将数学推理与天体观测的结合,完成万有引力模型的构建;而且,从基本定义、公设、公理出发,逐次推论,建立起一个严密的演绎推理体系。

上述西方科学思维两次类似的演化历程,被学者称为"一个传统,两次革命":"这先后两次革命分别开创和结束了西方的古代——中古科学传统。"③

需要指出,现在通常认为哥白尼开启了西方近代科学革命,但哥白尼的"日心说"并非创新,反而是"复古"。他所超越前人并不在于提出新观念或者新证据,而是在于在以日为宇宙中心的假设之下,大体依循托勒密的架构(可上溯至尤多索斯)。也就是说,哥白尼的模型与一千八百年以来的传统模型相比较,既无决定性的新证据支持,也无决定性的新方法创造。④ 其最重要的意义,则在于动摇了西方中世纪传统宗教观念的基础。因此,在上述西方科学思维演化的重要节点中,并无其位置。

(二)中国科学思维的演化

1. 中国科学思维演化的历史轨迹

中国科学思维的发展,也经历了与西方类似的演化轨迹,只是"方向"

---

① 〔美〕埃德蒙·伯特:《近代物理科学的形而上学基础》,徐向东译,北京大学出版社2003年版,第68页。
② 张志伟:《西方哲学史》,中国人民大学出版社2002年版,第360—363页。
③ 陈方正:《一个传统,两次革命——论现代科学的渊源与李约瑟问题》,载《科学文化评论》第6卷第2期(2009):5—25。
④ 陈方正:《继承与叛逆——现代科学为何出现于西方》,生活·读书·新知三联书店2009年版,第501、597页。

不同：西方的发展方向是分析、还原，中国的发展方向则是构造、整合。

（1）数学理性——象数整合

《象（大象）》作者是中国抽象思辨传统（也可说是哲学传统，只是中国传统上并无西方意义的哲学，参见上节·八之《小结》）开创者，同时也是中国科学"构造整合"思维传统的开创者。正如古希腊的最早期哲人泰勒斯是西方哲学传统的开创者，同时也是西方科学"分析还原"思维传统的开创者。与泰勒斯将万物的"原质"（或译"始基"）还原为"水"，然后展开"线性思辨"不同，《象（大象）》归纳出自然界的八种基本事物，用"八个"基本数学符号——三码符号（卦），与之一一对应。然后以其组合与互动来模拟万事万物的演化，开启了复杂科学"整合化"研究的方向。（详见上节·七《抽象思维——范畴思辨》）

《象（大象）》作者开创的"象数易"，是中国传统科学思维发展的里程碑。象，是观测所得到的印象（如地势、天行），以及把观测结果整合在一起得到的图形、模型和相关延伸（包括对图形和模型的再整合与再延伸，如雷在地中）；象数，是以几何图形（象）为基础的构造性数学（内涵大于不变式数学，详见本章第三节），用现代数学术语来说，"象数"是几何（象）与代数（数）统一处理。《象（大象）》作者开创的"象数易"，不仅将几何（象）与代数（数）相整合，还将象数与自然环境及历史人文相整合[①]，显示出中华文明特有的对"天人"关系的深切关怀。（见上节·七）

《象》作者在中国科学思维演进历程中的贡献，正如同古希腊的泰勒斯、毕达哥拉斯等。毕氏将去掉量纲的抽象的"数"还原为宇宙万事万物的"原质"，认为"万物皆数"，为西方科学分析还原的思维方法奠定了数学基础。"象数易"却在"数"与"形"构造整合处理的基础上，进一步与宇宙万事万物相整合，为中国传统科学构造整合的思维方法奠定了数学基础。毕派勾勒的球形宇宙图景成为西方"客观"宇宙模型的源头，《象》作者勾勒的"天行健，君子以自强不息""地势川，君子以厚德载物"的图景则是中国传统科学"天

[①] 张祥平：《经典复杂科学》，中国社会科学出版社 2013 年版，第 91 页。

人合一"宇宙模型的源头。需要指出，人类思维发展在此阶段，东西方还有着诸多相似之处，如毕氏学派也有着对于"数"与"形"的关系以及"数""形"与物质基本元素、社会价值观念的关系的探究①。但随着历史的演进，西方早期的"整合性"探究被逐渐屏蔽。

（2）物质运动论——乾坤论

《彖》作者在《象（大象）》整合的图形、模型和相关推论的基础上，进一步发挥，把"取象"的对象扩展，如将天称为刚、健、乾，把地称为柔、顺，把《象（大象）》中六码符号（重卦）所相关的"健"和"川"分别改为相关的"乾"和"坤"，并创造出"乾道"（一元）与"乾元""坤元"（二元）相整合的思辨性的宇宙万物生成演化模型。

《彖》作者提出"乾道变化，各正性命"。"乾道变"则正性，"乾道化"则正命。在"乾道"不断的"变"与"化"的过程中，有了万事万物的"性"与"命"的演化。"乾道变化"是"乾元"与"坤元"的统一作用：由"乾元"而有"万物资始"，由"坤元"而有"万物资生"（见上节·七）。"乾坤论"乃是面向宇宙万事万物的演化事实，思辨整合而得出的自然有机运行论。

中国传统的自然有机运行思想，可追溯至《尚书·洪范》记载的"五行论"："鲧堙洪水，汩陈其五行。帝乃震怒，不畀洪范九畴……天乃锡禹洪范九畴，彝伦攸叙……一、五行：一曰水，二曰火，三曰木，四曰金，五曰土。水曰润下，火曰炎上，木曰曲直，金曰从革，土爰稼穑。"大意为：鲧用堵塞的办法治理洪水，没有科学地处理水、火、木、金、土五种物质运动的关系。帝震怒，九种治国大法无以彰显……天把九种治国大法赐给禹，治国之道得以确定……第一是五种基本物质的运动规律：一是水，二是火，三是木，四是金，五是土。水向下浸润，火向上燃烧，木能曲能伸，金可插可切而可加工皮革，土可撑可推而可生发百谷。水火木金土"五行"不仅抽象概括出五种基本物质元素，也概括出五种基本运动状态，同时还概括出五种主要功能效用，一言以蔽之，

---

① 陈方正：《继承与叛逆——现代科学为何出现于西方》，生活·读书·新知三联书店2009年版，第124—129页。

"五行"将物质元素、运动状态、功能效用整合于一体,概括了宇宙的物质运行规律。所谓"行",郑玄注曰:"行者,顺天行气也。"也就是说,"行"所指称的就是宇宙万事万物的"运行",是依循"天"(演化着的天球生物圈)固有规则而进行的运动,是有规律、有秩序可循的。正因"五行"是宇宙运行的规律,所以也就成为治国大法洪范九畴的第一要义。鲧堙洪水,是违反了自然规律,所以天帝会震怒;天命降于禹,是因为禹治水能够因势利导,遵循了科学规律。"五行"一词源出于《尚书·甘誓》"有扈氏威侮五行,怠弃三正,天用剿绝其命,今予惟恭行天之罚"。引文中的"五行"是指《尚书·舜典》"七政(日月五星)"中的五星(极星偏离天球北极,像其他四星一样围绕北极而"行")。《甘誓》中的"三正"是指天球北极(极轴垂直于赤道面)、日(黄道)、月(白道)。五行三正都相关于天,所以下文是"天用"和"天之罚"。《尚书·洪范》中的五行已不在天上,而是贯通天地。[①]

"五行论"与"乾坤论"在中国传统科学(复杂科学)的发展中逐渐融合,而有"阴阳五行论"(此处暂不展开)。"乾坤论"及"五行论"与古希腊德谟克利特的"原子论"的不同在于:前者是将自然事物整合后的参赞天地之化育的有机运行论,后者是将自然事物还原后的完全无目的的机械运动论。

(3)认识论与方法论——"天人论"和"述识法"

春秋时期,孔子集当时中华科学文化发展之大成,精通礼、乐、射、御、书、数六艺(其中的"数"是构造性数学),将简单科学提升为复杂科学,明确了复杂科学的研究原则(正名言行原则)与研究方向,并创立了复杂科学的基础框架和最高模型,由此奠定了中国传统科学以至于中华文明的发展格局。

孔子在中国科学思维演进历程中的作用,类似于柏拉图及其弟子在西方科学思维演化中的作用。孔子与柏拉图都是"承先启后,综汇百代的人物":孔子删述诗书,"述而不作,信而好古"(《论语·述而》),杏坛设教,收弟子三千,授六艺之学;柏拉图汲取古希腊"各流派的自然哲学、苏格拉底的道德追求,还有毕派的宗教意识与数理向往,以及对'智者运动'的驳斥",

---

[①] 张祥平:《经典复杂科学》,中国社会科学出版社2013年版,第429页。

创办学园，主要教授算术、几何、天文、乐理等"四艺"，"自亚里士多德和欧几里得以降的西方学术各流派分支，都是从学园开出"。他们的学术影响与爱智精神，随着社会历史演进，从社会边缘逐渐进入核心并最终成为东西方两大文明的思想主流。[①] 孔子与柏拉图同样高度重视数学与天文：数学同是教育的核心内容，天文观测与推算则同是科学探究的重要内容。与柏拉图及其弟子注重探究那些"均匀有序的圆周运动"、建构"拯救现象"的纯粹理性方案不同，孔子注重的是"天之历数"（《论语·尧曰》）——即天球生物圈演进变化的周期——的探究。探究"天之历数"，关注的不是纯粹的"客观规律"，而是"天人关系"：人是万物之灵，人类社会是天球生物圈演进的最高成果（或曰最复杂现象）。"天之历数"是"人"参与其中的，或者说，是"天人互动"的结果。探究"天之历数"的目的，不是要建构一个清明的、永恒的"理念世界"（如"拯救现象"的"科学"方案），而是要为"天人互动"，即人类社会与天球生物圈的良性互动，提供一个理性的、普适的"科学指南"，追求的是人类与天球生物圈永续的良性互动——"天人合一"。可见，孔子与柏拉图科学探究的"问题意识"大不相同，因而导致了认识论与方法论的不同。探究人类社会与天球生物圈永续良性互动的"科学方案"，需要面向的事实，不能仅囿于天体的"客观运行"，更重要的，是人类社会与天球生物圈良性互动的历史经验，所以孔子极端强调"述而不作，信而好古"。"述而不作，信而好古"，是强调要准确地确认事实、表述事实而不作任意主观增减改动（即述而不作）——这是复杂科学研究的前提，并相信事实系列显示的内在规律（以此作为决策的依据或参照），汲取历史发展的经验教训（信而好古）。发现事实系列显示的内在规律，需要"默而识之"的功夫。"默而识之"是指心领神会地把相关事实整合为几何图形进行识记，可用公式表述为：默而识之≈心领神会＋图形记忆。在"默而识之"的基础上，还需要"学而不厌"，即学习科学文献与历史文献不厌倦，用文献中的事实充实、细化

[①] 陈方正：《继承与叛逆——现代科学为何出现于西方》，生活·读书·新知三联书店2009年版，第144—145页。

心中的几何图形,并矫正心中不当的图形,从整体到局部地筛选事实。[1] 上述方法可称之为"述识法"。

由上可见,柏氏(及其弟子)与孔子科学探究的问题意识不同,导致探究面向的事实不同,以及处理事实的方法也不同:前者追求"纯粹理念",需要对事实分割解剖、进行还原,继而用基本因子或孤立事实来返构布局、"拯救现象"(如"同心球面"模型);后者追求"天人合一",需要对事实求同存异、进行整合,用从整体到局部的事实关联,显示"天人互动"(人类社会与天球生物圈的良性互动)的内在规律。前者的认识论与方法论是"理念论"与"分析法"——这是西方科学认识论与方法论的基础,后者的认识论与方法论是"天人论"与"述识法"——这是中国传统科学的认识论与方法论的基础。

(4)模型构建——北辰模型

中国传统科学思维发展最关键的一步,是事实观测与数学推理的结合——模型的构建。

孔子在整合天文观测、数学推算、历史文献与国家社会治理的相关研究成果的基础上,述而不作、信而好古、默而识之。身处春秋时代的社会乱局,孔子以洞彻天机的智慧,悲天悯人的情怀,圣心妙悟,总结出宇宙中复杂现象的最高模型——北辰模型:"为政以德,譬如北辰。居其所而众星共(读拱)之。"(《论语·为政》),如表2-3:

表2-3 北辰模型(五行)内涵表[2]

模型\五行	平衡态意义微观粒子(水)	输出(金)	输入(土)	动态核心(火)	非平衡态秩序(木)
社会运行	各种人类社会	礼乐教化—齐之以礼	为政以德—道之以德	尧舜之道	协和万邦黎民,永续发展
宇宙运行	众星日月万物	生生不息	天地大德	北辰	拱之
宇宙生成	混沌质能分化,信息	时间*	空间*	爆炸	星系疏离,自组织

---

[1] 张祥平:《经典复杂科学》,中国社会科学出版社2013年版,第342—343页。

[2] 参见张祥平《经典复杂科学》表一,中国社会科学出版社2013年版,第430页。

＊大爆炸之前没有时间空间，爆炸瞬间出现的空间可视为宇宙之外的输入，接下来的过程既有空间输入，又有时间输出。

北辰模型内涵宇宙的生成演化与复杂现象的五行结构（详见本节下文《中西科学思维的适用对象——简单现象与复杂现象》），是天人合一的科学模型。它将人类社会的良性运行（治理）建基于"天道"、"天理"之上，奠定了天人合一的理论基础，揭示了人类社会永续发展的基本规律，勾画出人类文明的发展蓝图，是一个圆融整合了天、地、人的动态模型。（北辰模型的构建理路见本节·四·（二）·2·（1）之《北辰模型》）

如果说，在西方科学思维演化历程中，德谟克里特以"原子论"开创了西方简单科学"分析还原法"与机械运动论的传统，柏拉图以"理念论"开创了西方追求纯粹客观理性、科学与人文二元对立的传统，柏氏弟子尤多索斯以"同心球面模型"开创了西方科学的模型建构传统。那么，孔子构建的"北辰模型"则将上述三大"开创"融于一体，但"开创"的方向不是分析还原、二元对立，而是构造整合、一统多元。"北辰模型"整合构造了最复杂的整体（"原子"是还原后最简单的基本因子），统摄贯通了感性与理性、科学与人文，以最简约最清晰的几何模型揭示了宇宙的生成、演化及其结构，揭示了天人合一的基本规律。北辰模型是中华文明的义藏理窟，妙义难能言尽。

（5）公理体系——《周易·系辞》

孔子的高足子张基于北辰模型，进一步展开了形而上的探究，建立了复杂科学的公理化演绎推理体系。

子张姓颛（读专）孙，名师，陈国人，比孔子小四十八岁。颛孙师的祖上很可能是颛臾氏，祭祀伏羲。[①] 子张相貌堂堂，天资很高，心宽博学，但是因为他不太拘礼，待人接物很随和，所以虽然有很多好朋友，可是同学们

[①] 钱穆：《国史大纲》（修订版）（上册），商务印书馆1996年版，第56页。

并不尊敬他。① 孔子说他推理演绎（《论语·先进》载："师也辟"），汉代学者说他才华过人，却"邪辟文过"。② 子张身通六艺（礼乐射御书数），数学尤其高明，所以推演（辟言）较多，十分重视《易经》，创作了复杂科学的经典——《系辞》。③

与欧几里得的《原本》、牛顿的《原理》类似，《系辞》也是从基本概

---

① 王肃注：《孔子家语》，上海古籍出版社 1990 年版，第 96 页。
② 《宋本十三经注疏附校勘记·论语》，光绪丁亥脉望仙馆石印（何晏集解，邢昺疏，阮元校勘）第 13 页。
③ 张祥平：《经典复杂科学》，中国社会科学出版社 2013 年版，第 248—249 页。
另：孔子——子张之儒的特征在《庄子·天下篇》中被概括为："以天（天文观测，环境条件）为宗，以德（最高层复杂现象，可持续的为政，含教化）为本，以道（一阴一阳）为门，兆于变化（预测检验），谓之圣人。"圣人不同于君子（以仁为恩，以义为理，以礼为行，以乐为和，薰然慈仁）。对应于君子的王（君王）"以法为分，以名为表，以参（天文观测和相关计算）为验，以稽为决，其数一二三四（河图中不作为加数），百官以此相齿；以事（公益事业）为常，以衣食为主，蓄息畜藏，老弱孤寡为意，皆有以养。"对应于圣人的王（圣王）"配神明，醇天地，育万物，和天下，泽及百姓，明于本数（加法表为五，减法表为十），系于末度（一二三四），六通（五加一等于六，五和一都在河图的下方，五加二三四仿此）四辟（十减四等于六，六在洛书的右下角，四在左上角，十减三二一仿此），小大精粗，其运（算）无乎不在。其明而在数度（简单科学）者，旧法（加法减法）、世传之史（史官）尚多有之。其在于诗书礼乐者，邹鲁之士（孔子曾子子思等），缙绅先生（子贡冉有子路等）多能明之。《诗》以道志，《书》以道事，《礼》以道行，《乐》以道和，《易》以道阴阳，《春秋》以道名分。其数（本数末度等）散于天下而设（复杂科学阴阳五行）于中国者（子张之儒，陈国在邹鲁之西，属中原的中部），百家之学时或称而道之。天下大乱（之后），贤（君子，君王）圣（圣人，圣王）不明（不能照亮世人），道（物性）德（群性）不一（不能天人合一），天下多得一察焉（简单科学的模型）以自好。譬如耳目鼻口皆有所明（简单信息），不能相通（不能整合在一起）。犹百家众技（简单科技）也，皆有所长，时有所用。虽然（尽管如此），（这些简单科学家却）不该不偏（不能有机地整合，不能相生相克），一曲之士也（分科的专家只能治方术，不能治道术）。（他们）判（剖分）天地之美，析（割裂）万物之理，察（用简单模型推论）古人之全，寡能备于天地之美，称神明之容（《天下篇》认为天人、神人和至人比圣人更接近于'一'：天人不离于宗，神人不离于精，至人不离于真）。是故（下面这话有人说过）内圣外王之道（圣人之道和君子之道合称内圣之道，圣王之道和君王之道合称外王之道）阇而不明，郁而不发。"张祥平：《易与人类思维》，重庆出版社 2004 年版，第 183—184 页。

念、公设公理出发，逐次推论，从而建立了一个完整严密的演绎推理体系。但与《原本》《原理》基于分析、还原（如将真实点还原成无大小的点，将真实物体还原成有质量没大小的质点）的推理路径不同，《系辞》的推演体系是基于构造、整合的最大整体而展开的。《系辞》创建的构造性公理体系，成为中国传统科学思维的典范，直至两千五百年后的今天，光彩熠熠。（详见本节·四·（二）·2·（1）之《公理体系》）

2．中国科学思维演化的重要节点

以上粗略勾勒了中国科学思维演化的历史轨迹，其中的五个重要节点至关重要。第一个节点，是数学方面。《象（大象）》作者开创、《彖》作者发挥的"象数易"，将几何（象）与代数（数）相整合，还将象数与自然环境及历史人文相整合，把数学符号、环境图像与人文历史融为一体，奠定了中国传统科学构造整合思维方法的理性基础（详见本章第三节）；第二个节点，是物质运动论方面。《彖》作者发明"乾道"（一元）与"乾元""坤元"（二元）相整合的思辨性的宇宙万物生成演化模型，加上《尚书·洪范》的"五行论"（将物质元素、运动状态、功能效用等整合于一体），成为中国传统科学有机生成论的源头。第三个节点，是认识论与方法论方面。孔子强调探究"天之历数"，追求"天人合一"的科学方案（而不是"拯救现象"的纯粹理念世界），因而强调"述而不作，信而好古"，这成为中国传统科学认识论和方法论的基本原则；第四个节点，是模型的构建。孔子整合天文观测、数学推算与历史文献的研究成果，述而不作、信而好古、默而识之，此总结出宇宙中复杂现象的最高模型——北辰模型，奠定了中国传统科学模型建构的思想基础；第五个节点，是科学推理体系的建立。孔子的高足子张以《系辞》完成了构造性公理体系的创建，其精密而完整的演绎推理体系成为中国传统科学思维的典范，中国传统科学思维演绎范式由此定型。

由《系辞》确立的中国传统科学思维范式，可称为"构造整合法"或"整体公理化"。这种范式通过对事实求同存异，进行整合（如将几何／象＞与代数／数＞整合，将象数与自然环境及历史人文相整合，将天文与人文整合为"北辰模型"),从整体到一层又一层相生相克(非线性相关)的局部,适度留余(以事实为因子,出现在各层的事实未被简化,理性余地留给下一层次细节/局部的局部>及本层的动态核心/非平衡态吸引子>)。①

(三)中西科学思维演化之比较

1. 中西科学思维演化之历程比较

综上所述,中西科学思维的发展有着相同的演化环节,但"方向"不同:一是构造、整合,一是分析、还原,如下表所示(见表2-4)。

2. 中西科学思维演化之成因追溯

西方科学分析还原法(或因子公理化)的成因,可追溯到西方"辅音组合"的语音模式、"词形变异"的语法模式以及"形音义分离"的文字模式导致的分异型思维模式,这使西方的学者认为感性的东西(可观测,可测量,是科学的基础)不够真实(见本书第一章《语言与文字》)。西方学者认为超越于感性的东西才是真实的(永恒的),所以毕达哥拉斯用"数"(永恒,真实)来把握感性世界(多变,不够真实),柏拉图另造"理念(扼多)"(永恒,真实)来把握"现世的"感性世界(多变,不够真实)。毕达哥拉斯之前的对本原的理性探究(如水,无限者等),对西方学者来说都显得不够真实。欧几里得承上(毕达哥拉斯、柏拉图)启下(哥白尼、伽利略、牛顿等),《几何原本》中建立的严谨的因子公理体系,才使欧美学者看到了"真实"。这种"真实"的起点是把可观测的"点"还原为"理想点(三维线度都为零)",而理想点本身不可被观测,因此是不真实的。这种二元对立凸显了西方科学思维的特征:分隔解剖,建构布局,布局内外相对立。这种二元对立在西方地图中得到具体的表现:西方地图的方位是上北下南,源于定位正北方向的过程(太阳投影的末端是视线的末端,观测者背对太阳);而北半球居民的日常生活(建筑方位)一般是坐北朝南,面向太阳。地图布局的标准对立于(或说是无关于)真实生活。②

---

① 张祥平:《经典复杂科学》,中国社会科学出版社2013年版,前言第7—8页。

② 同上书,第126—127页。

表 2—4 中西科学思维演化路径表

演化环节	中国科学思维的演化历程			西方科学思维的演化历程					
				古希腊（第一次科学革命）			近代欧洲（第二次科学革命）		
	时间	人物	内容	时间	人物	内容	时间	人物	内容
①数学理性↓	?	《象》作者	数与形的构造整合 象数思辨模型	西元前6世纪	泰勒斯、毕达哥拉斯	数与形的分析还原 线性思辨模型	西元1615、1635	开普勒、卡反列里	微积分的酝酿 天体运行模型
②物质运动论↓	?	《彖》作者	乾坤论	西元前5世纪上半期	德谟克利特	原子论	西元1632、1638	伽利略	动力学
③认识论、方法论↓	西元前6世纪-5世纪	孔子	天人论 述识法 地乘图	西元前5世纪下半期	柏拉图	理念论 分析法	西元1637、1644	笛卡尔	唯理论 怀疑法 坐标系
④模型构建↓	同上	孔子	北辰模型	西元前4世纪上半期	尤多索斯	同心球面模型	西元1684	牛顿	万有引力模型
⑤公理体系	西元前5世纪	子张	《系辞》 构造性的公理体系 复杂科学三规律 探颐钩深	西元前4世纪-3世纪初	欧几里得	《原本》 不变式数学的公理体系	西元1687	牛顿	《原理》 力学公理体系 经典力学三定律 微积分

注：①表中"近代欧洲（第二次科学革命）"的时间序列据以下学术著作的发表时间确定：1615年开普勒的《测量酒桶的新立体几何》；1635年卡瓦列里的《用新方法促进的连续不可分量的几何学》；1632年伽利略的《关于两大世界体系的对话》；1638年的《关于两门新科学的谈话和数学证明》；1637年笛卡尔的《方法论》；1644年的《哲学原理》；1685年牛顿的《论运动》；1687年牛顿的《自然哲学的数学原理》。②表中的数学内容，如"微积分"与"坐标系"、"微积分"、"探赜钩深"，中西科学思维的数学基础——不变式数学与构造性数学在本节、表中的科学内容，如"乾坤论"与"动力学"、"北辰模型"与"万有引力模型"等，中西科学思维的推理方法——分析还原法与构造整合法，中西科学思维的规律——"复杂三规律"与"力学三定律"等，将在本节六（三）.4将在本节五"万有引力模型"等，将在本节六（三）.4《复杂三规律》中论述。

中国传统科学构造整合法（或整体公理化）的成因，可追溯到汉语"元辅音整合"的语音模式、"语词整合"的语法模式以及"形音义整合"的文字模式所导致的整合型思维模式。正因此，传统中国的学者认为感性事物是真实的，理性的绝顶是"北辰"。图形（象）被用来表达那些不够真实的东西，如内心活动（意），形而上的东西，如"太极（阴阳五行）"。子张承上（河洛北辰）启下（复杂科学三规律、中医等），在《系辞》中建立了适度留余的整体公理体系，起点是三码符号（乾、坤），以可观测的真实"点扩展（符码）"为基础，进行二层次整合，三码符号是低层次，乾䗬合为道是高层次。这种二元互补显示了中国（复杂）科学思维方法的特征：不细究理想点本身（适度留余），却具有理性上的明确性（易识别），不会引发歧义。这种二元互补在中国地图中得到生动具体的表现：地图方位是下北上南，不限于定位正北方向的过程（太阳投影的末端是视线的末端，背对太阳），而是更多地考虑真实生活——北半球居民的日常生活（建筑方位）一般是坐北朝南，面向太阳。用定位正北方向的起点（即背对定位的过程）来整合四方：背对定位的过程，面向日常生活；既有理性，又有本能。①

欲深入理解中西科学思维的差异，则需要进一步理解：二者面向的事实不同，适用的对象也不同——前者主要适用于认识复杂现象，后者主要适用于认识简单现象。

三、中西科学思维的适用对象：简单现象 vs. 复杂现象

中西科学思维的差异，首先在于二者适用的对象不同，即面向的事实不同：前者主要面向复杂事实，适用于认识复杂现象；后者主要面向简单事实，适用于认识简单现象。那么，究竟什么是复杂现象？什么是简单现象？又，究竟如何认识复杂现象？如何认识简单现象？

---

① 张祥平：《经典复杂科学》，中国社会科学出版社2013年版，第128—129页。

(一)从简单到复杂的现象范例

西方近现代以来建立的经典物理学理论,以及现代科学的两大支柱——相对论和量子力学,面向的都是"简单现象":其研究的主要是线性问题,即运动方程和物质方程(物质对运动的响应)为线性方程的情况。而人类生活所面对的,如天气现象、生命现象、社会现象等,却是大量的非线性现象。世界表现出如此的丰富多彩和复杂多变正是非线性存在的结果。可以说,对于人类社会而言,线性是特殊的、相对的,而非线性才是普遍的、绝对的。

诺贝尔奖获得者、比利时科学家普利高津在《探索复杂性》一书中,细致描述了一些从简单到复杂的现象范例,最典型的是热对流导致的温差液花现象。

热对流是太阳传递能量、并导致地球天气变化与洋流变化等现象发生的基础。可以通过实验来研究热对流的机理。假设一层液体(如水)被两块尺寸远大于液层厚度的水平平板隔开,静态放置,其中的液体将趋向各部分完全相同的状态,即平衡态。如果有一个极小的观察者在液层中观察自己的周围,他将无法知道自己究竟是在小体积 V_A 中还是在小体积 V_B 中(见图2-9)。①

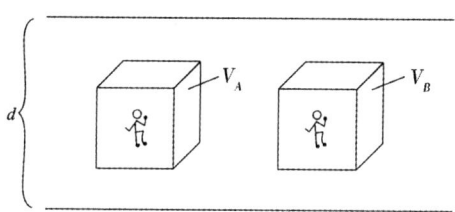

图 2-9 在平衡态液层中注视着小体积 V_A 和 V_B 的小观察者发现它们的状态没有区别并得出结论:液体沿水平方向表现出平移不变性。

液体中任意确定的小体积无法区别,知道了其中一个小体积的状态就足以了解整体的状态,而与小体积形状和大小无关。从观察者的角度,他处在

---

① 〔比〕尼可里斯、普利高津:《探索复杂性》,罗久里译,四川教育出版社1986年版,第4—5页。

什么位置毫无关系，也就是说，没有办法能使他觉察出空间概念。这一系统的同一性当然扩展到它的全部性质，特别是温度：液体所有部分的温度相同，而且与容器壁的温度相同，或者说，与"外部世界"的温度相同。在容器下面徐徐加热，向此体系输入热量，液体内部将产生温度梯度。若温度梯度不太大，液体中就只有热传导，即热量通过热传导方式由下向上输运，这个输运的变化是线性的，其机制是分子不通过宏观运动而仅与分子发生碰撞，通过热振动的方式实现热传递，体系呈现的仍然是简单状态。继续加热，如果液体中的温度梯度不断增大且超过某一临界值时，即体系远离平衡态一定距离时，液体的静止热传导状态会突然被打破，液体开始作整体运动：液体呈现出许多规则的对流"水花"（如图 2-10 所示，其中图（a）表示竖截面上所观察到的对流线；图（b）是对流状态俯视图）。"水花"的结构是右旋和左旋交替排列，且一旦旋转方向确定，则保持不变。此时，体系由平衡态转变成非平衡态。

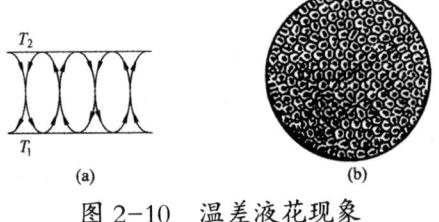

图 2-10　温差液花现象

在近平衡态下，液体分子在各个方向作无规则热运动，通过无规则的碰撞传递能量。而在非平衡态下，千千万万个分子被组织起来，参加了统一的宏观运动，不仅能量得到了更好的、更有效的传递，而且空间的对称性被打破了，在无序的热运动中自发地产生出了整齐的组织。此时液体中的小观察者将发现，他能通过观察所在位置的水花旋转的方向判断自己的位置；而且，当他移动时，通过计算穿越的水花数目，将获得清楚的空间概念——对称破缺出现了。

在这种从简单过程到复杂过程的突然转变中，最引人注目的是体系的秩序和相干性。当低于临界值时，液体在水平方向上的均匀性表现为各个部分互不相关。把体积 V_A 与体积 V_B 置换也毫无关系。而当超过临界值以后，情况完全不同了，似乎每一个体积元都在"观察"隔壁体积元的行为，把它"记录在案"以称职地发挥自己的作用，并且参与构成整体形式。这意味着关联作用的存在。通过同样的实验条件，这个实验可以完全重复，人们将总是在同一临界值看到"水花"结构。需要指出，"水花"的旋转方向是不可预知和不可控制的：只有偶然性（表现为实验中经常在一瞬间发生的扰动）将决定某个水花究竟是右旋还是左旋。在此，偶然性和必然性协同呈现。上述体系从平衡态转变成非平衡态的过程，就是从简单现象到复杂现象的生成过程，也成为自组织过程。①

化学反应中也有复杂现象，如变色反应现象。用金属铈离子作催化剂进行柠檬酸的溴酸氧化反应实验，通过控制某些外部条件，可以发现上述两个实验中的反应介质浓度会做周期性的变化，从而使介质的颜色前者在黄色和无色之间、后者在红色和蓝色之间发生周期性的变化。在某种远离平衡条件下，体系的空间浓度分布并不总是均匀的，会出现浓度花纹。在某些条件下花纹会成为同心圆或螺旋状，且像波那样向外扩散，如图 2-11 所示。还有许多其他反应也会出现这种变色反应、浓度花纹和化学波。②

图 2-11 变色反应现象

按传统的化学热力学观点，化学反应是单向不可逆地趋于平衡态，因此化学振荡是违反热力学第二定律的。从经典化学动力学的观点看，振荡现象也难以理解。化学反应是由无规则运动的反应物分子间的碰撞引起的，因而

---

① 〔比〕尼可里斯、普利高津：《探索复杂性》，罗久里译，四川教育出版社 1986 年版，第 4—10 页。
② 谢东等：《人文物理》，清华大学出版社 2006 年版，第 351 页。

在反应概率上，不同地点和不同时刻应没有差别。反应物和生成物必定要混杂在一起，呈均匀分布。然而在形成变色反应和化学波的过程中，这种时间或空间的对称性发生了破缺，反应分子在空间距离和时间间隔上呈现出一系列长程的和一致的相关性。体系中的分子似乎受到某种统一的命令，从而自己组织起来形成宏观的空间上和时间上的一致行动，结果使其浓度在某个特定的时间和空间一致地增多或减少，形成宏观的有序现象。[①]

  电磁现象中也有复杂现象，如激光现象。普通光源发光，是由于原子中的电子受到某种激发（加热）跃迁到高能级，并很快地跳回到低能级，同时发出一个光子。这种发射是光源中各原子各自独立进行的，相互间无联系，而电子跃迁的数目不多，发出的光强度小，且频率、初相、偏振方向、传播方向均不相同，称为自然光。而激光是一种频率、初相、偏振方向均一致的相干性极好的单色光，且强度大。产生激光的物质一般具有两个以上的能级，最简单的是三能级物质，如图2-12所示。可用光泵将原子中的基态电子泵到高能级 E_1 上去，由于三能级物质的特点，E_1 是不稳定的，E_2 是亚稳激发态能级，激发到 E_1 能级上的电子纷纷跃迁到 E_2 亚稳能级上。随着光泵的作用，E_2 能级上的电子越来越多，甚至超过了基态 E_0 上的电子数，形成粒子数反转。在某一粒子数反转的情况下，由于外加的激发或系统内的涨落，一个电子从 E_2 能级跳回到 E_0 能级上发出频率为 $\nu = \dfrac{E_2-E_1}{h}$ 的光子，这个光子可激发另一个 E_2 能级上的电子跃迁，形成两个同频率、同相位、同偏振方向的光子，继而又激发出另外的电子跃迁，形成四个光子。依次下去，出现雪崩式的电子跃迁和光子发射，这就形成了激光。激光是一种典型的处于远离平衡状态时由无序转变为有序的现象。当外界光泵的能量低于一定的临界阈值时，每一个原子都作为一微观辐射源，独立地、无规则地发射光子。光子的频率和相位均是无序的，整个光场系统处于无序状态。当泵浦能量增强到某一临界阈值时，激光器会发射出相干性极好的受激发射光，频率和相位均变成有序，光场系统处于非平衡的有序状态，一旦光泵能量弱于临界阈值，这种非平衡的有序状态就立即消失。

---

① 谢东等：《人文物理》，清华大学出版社2006年版，第351—352页。

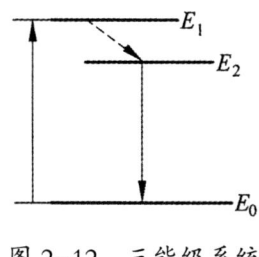

图 2-12 三能级系统

更常见的复杂现象则是各种天气现象、生命现象和社会现象。温差液花现象是迄今所知最简单的复杂现象，变色反应现象和激光现象是化学和光学中简单的复杂现象，生命现象是更高级的复杂现象，而人类社会则是最复杂的复杂现象。

欲了解更多复杂现象，见本节之四·（三）之《复杂现象列表》。

（二）从简单到复杂的变化机理

综合上述温差液花现象、变色反应现象、激光现象，以及更常见的天气现象、生命现象、社会现象等，可发现从简单现象到复杂现象的过程，其生成演化机理有以下四方面共同特征。

1. 开放系统——与外界交换能量与物质

在物理学中，习惯于把选作研究对象的物质部分称为"系统"，而把系统以外的物质部分称为外界。相应于力学、电磁学、量子力学、热学等的研究对象就分别称为力学系统、电磁学系统、量子力学系统和热力学系统。以热力学为例，系统可分为三类：孤立系统、封闭系统和开放系统。孤立系统是与外界没有物质和能量交换的系统（理想模型），或与外界的物质能量交换与它的总质量和总能量相比可忽略的系统。封闭系统是与外界有能量交换，但无物质交换的系统（地球可视为一个近似的封闭系统，除零星的陨石外，它只接受来自太阳的能量与微量的宇宙辐射）。开放系统是与外界既有能量交换又有物质交换的系统。

根据热力学第二定律，一个孤立系统的熵（熵是系统无序程度的量度）

是不能减少的。孤立系统中的不可逆过程沿着熵增的方向进行，也就是说，系统内部运动越来越无序，熵极大时，系统状态达到最无序。所以孤立系统不可能自发地从无序的无组织状态走向有序的有组织状态，不可能出现非平衡态秩序。即使原有的系统自组织化程度较高，也会由于系统处于孤立状态而使组织结构逐步瓦解。例如：温差液花现象中，如果没有系统与外界持续的能量交换，对流的花纹结构就不会生成；如果隔断液体与外界的能量交换，对流就逐渐停息，花纹结构也随之消失。又如：生物体的组织化程度很高，如果割断生物体与外界环境的联系，不让它从外界摄取生存必需的空气、水和食物，也不让它向外界环境排放代谢物，那么，生物体的组织化程度很快就会降低，直到突变为无组织结构的无序状态——死亡。换言之，开放的新陈代谢是生物存在的基本条件。由此可见，"开放"对于自组织而言具有决定性的意义。

系统的开放度一定要适宜。完全地开放，意味着系统与外部环境没有边界，系统丧失独立性，无从说自组织；开放度太小，系统的熵交换恰好抵消熵产生或不足以抵消熵产生，自组织也不能形成。如，温差液花现象中，如果没有容器，系统丧失独立性；又如，没有细胞膜，则细胞质、细胞器等就无法组成一个有序的"活"细胞。系统不能完全开放，也不能低于某一阈值。

2. 输入不等于输出——远离平衡态

开放系统是形成自组织的必要条件，但非充分条件。根据热力学理论，近平衡态的线性区域内，热力学系统总要朝平衡态的目标演化，即朝着无序、均匀、低级和复杂性降低的方向发展。因此，处于平衡态的稳定开放系统或近平衡态的稳定开放系统的"秩序"是被组织起来的，而不是自组织起来的。系统实现自组织，必须要求外界驱动开放系统（即输入不等于输出）越出近平衡态的线性区域，达到远离平衡态的非线性区域。例如：温差液花现象中，输入的热源必须使温差超过一个临界值，才会出现对流花纹。又如，在激光现象中，若泵浦能量不足便不足以使原子形成协作，只有当泵浦能量强到使系统发生粒子数反转，远离平衡态时，激光才能产生。再如，在变色反应现象中，反应物 A、B 的比例也必须是非平衡的。

输入不等于输出并使系统远离平衡态，不仅是复杂现象发生的必要条件，也是复杂现象的内在结构得以维持的必要条件。以前人们认为平衡态才有序，非平衡态会导致混乱，自组织理论则说明，在一定条件下，非平衡、甚至远离平衡，可以导致新的有序。所以普里高津感叹："非平衡是有序之源。"

3. 涨落及其关联放大（非线性放大）——出现动态核心

涨落是统计物理学中的概念，表示系统状态量对平均值的偏离。在自组织过程中，涨落是一种内在的随机性因素。正是由于涨落的存在，使得系统内平衡态意义的微观粒子（如温差液花现象中的水分子）在获取能量、物质及信息时不"平等"，且差别逐步加大。涨落在临界点附近被关联放大，从而急速加剧这一过程，像雪崩一样，促使系统的非平衡态秩序形成。

物理学家的共识是：从平衡态意义的大量微观粒子，到宏观有序的非平衡态秩序之间，存在动态核心。核心的原初动态（即在涨落中获取能量与物质时具有"优势"的微观粒子）被非线性放大，就使得整体从相对无序演化为相对有序，原初动态就成了动态核心。非线性放大过程的细节对初始条件极端敏感，初始条件的差异在非线性动态系统中按指数律增长。正如中国成语所说的"差之毫厘，失之千里"，西方也有类似民谣：钉子缺，蹄铁卸；蹄铁卸，战马蹶；战马蹶，骑士绝；骑士绝，战事折；战事折，国家末。马蹄铁缺钉子本是微不足道的小事，经过逐级放大，竟然可以导致整个国家灭亡。

4. 形成相对稳定的内在结构——五因子相互作用

自组织过程中，非平衡态秩序一旦建立，就形成相对稳定的内在结构。维持这个结构的有序和稳定，必须靠外界不断供给能量和物质。这是一种新型的结构，完全不同于平衡结构。平衡结构（如一块晶体、一张桌子）是一种静的结构、死的结构，维持其有序和稳定不需要消耗能量和物质，而非平衡态秩序的结构则是一种动的结构、活的结构。

这个结构包括五项内容，以温差液花现象为例。容器中的液体在恒温条件下，液体分子作相对无序的布朗运动，只存在平衡态意义的大量微观粒子。对容器加热，不再恒温，有了输入（热源）和输出（散热）。加热到一定条件时，涨落在临界点附近被非线性放大（动态核心突现），容器里出现有规则的液流水花，即非平衡态秩序。平衡态意义的大量微观粒子、输入、输出、动态核心和非平衡态秩序，这五项内容在任何一个复杂现象中都会出现，且五项内容之间产生极其复杂的关系：任一项都与其他四项相关，分别产生或正向促进（正反馈）、或负向制约（负反馈）的相互作用。（详见本章第四节之三·（四）《复杂第三规律》）

综上所述，复杂现象是在开放系统中生成的，必须与外界保持能量交换、物质交换与信息交换，输入与输出不对称，从而出现非线性放大现象而形成非平衡态秩序。也就是说，复杂现象是一个动态过程，此过程发生的前提是开放系统（不可与环境隔离），此过程发生的必要条件是系统与外界进行能量、物质与信息的不对称交换，此过程发生的关键是涨落在临界点附近的非线性放大，此过程被确立的标志是非平衡态秩序的出现。

（三）简单现象与复杂现象的相关定义

综合上述从简单到复杂的现象范例描述与变化机理探析，可给出简单现象与复杂现象的相关定义。

简单现象是不呈现非平衡态秩序的现象。平衡态秩序是平衡态意义的微观粒子，在输入等于输出的条件下形成的相对稳定的状态。

复杂现象是非平衡态秩序不为零的现象。非平衡态秩序是平衡态意义的微观粒子，在输入不等于输出的条件下形成的相对稳定的具有内在结构的状态。

平衡态意义的微观粒子是未被还原为质点的观测单元，如原子、分子、无生命聚合体、细胞、动植物的个体、植物群落、动物群体、家庭、家族、村落、公司、心理现象中的个别事件识别、个别信息传递、个别理性探究、个体心理动态等。

内在结构是被整合（吸引）在一起的同类个体之间的差别层级数（不为零，不平等）和个体数目的层间比例。整合（吸引）是把相对稳定的现象与环境区分开来的内在动态。

万有引力、电磁力、核力等可使平衡态意义的微观粒子处于平衡态秩序，对秩序而言的力是平衡态吸引子。动态核心可使平衡态意义的微观粒子处于非平衡态秩序，对秩序而言的动态核心是非平衡态吸引子，不规范的称谓是奇怪吸引子。

相对简单现象是非平衡态秩序的层次数较少的现象。

相对复杂现象是非平衡态秩序的层次数较多的现象。

简单科学是用简单事实预测简单事实的可检验的未被证伪的推理过程。

复杂科学是用复杂事实预测复杂事实的可检验的未被证伪的推理过程。

（四）简单现象与复杂现象的认知方法

根据上述简单现象与复杂现象的定义，可知简单现象与复杂现象之不同，关键在于是否出现"非平衡态秩序"。对于"非平衡态秩序"的观察与识别，应该在一个开放的、整体的、动态的、关联的视域中进行，而不能在一种封闭的、局部的、静态的、分隔的视域中进行。因为复杂现象是在开放系统中生成的整体性的动态过程，过程不可分解——对过程的分解即意味着动态的消失，过程中的诸要素（包括平衡态意义的大量微观粒子、输入、输出、动态核心和非平衡态秩序）更不可分解——要素的成立本身基于相互的关系，对要素的分解即意味着要素的消解。例如，若通过对活的生物体进行分解来进行生命现象的研究，结果将是导致生命现象的消失——生物由正常状态而死亡。因为生命现象是在开放环境中生成的新陈代谢过程，即使是生物体的基本单元（如细胞）之间的相互作用也绝非如机械运动可叠加求得，更不用说复杂的生命过程。所谓一加一大于二，是复杂现象的基本特征。

现代科学的主流方法是源自古希腊毕达哥拉斯、德谟克利特等开创的分析还原法。分析还原法的基本思想是复杂事实都可以分解为简单的基本单元之和。假如基本单元的运动规律相对简单，而基本单元之间的相互作用可以忽略，则它们的整体运动可以通过简单叠加求得，于是可以将复杂事实的运动规律简化，还原为基本单元的运动规律。即所谓一加一等于二，是简单现象的线性求和。

如果将分析还原法应用于复杂现象的研究，将面临困局。在现代科学面对相对简单的复杂现象进行的研究中，分析还原法已是捉襟见肘，疲于应对（如面对量子现象），甚至束手无策。现代科学中发展出的拓扑图形、分数维、迭代方程等，都仅是模拟一种从混沌走向有序的"可能性"，回避预测（如面对温差液花和变色反应），更不用说面对生物现象和人类社会现象。① 分析还原法存在的片面性越来越被科学家们所认识，面对复杂性，有西方科学家坦言："上帝的整体性再一次提醒我们，不管物理学家对世界的构造和质料了解得多么清楚，任何纯粹的还原论思路总是把握不了整体性特点的。"②

寻找新的科学方法已成为许多科学家的重要目标。如英国科学家彼得·柯文尼认为：在贯穿整个科学的旅行之中，我们已经看到需要把宇宙作为一个整体来考虑，并由此采用一种更为综合的观点。正如美国未来学家托夫勒的评论："当代西方文明最高度发展的技巧之一是分析——把问题分解成它们的最小组成单元。我们精于此道，并为此而津津乐道。但是我们常常忘记把这些支离碎片再拼合回去。"现代科学的发展需要有一个新的方法，它能够使我们对时间之箭作深入理解。由于过度使用简单化、理想化的模型，使得物理学家们所采用的科学方法，即使对于解释日常现象也显得过于狭隘。我们必须认识到现实世界的内禀复杂性，并接受一个根本性的概念更新。③ 普利高津进一步指出：西方科学和西方哲学一贯强调主体与客体之间的二元性，这与注重天人合一的中国哲学相悖。自组织的宇宙是"自发"的世界，它表达一种与西方科学的经典还原论不同的整体自然观。我们必须保留已证明相当成功的西方科学的分析观点，同时必须重新表述把自然的自发性和创造性囊括在内的自然法则。④

要正确认知复杂现象的运行规律，"表述把自然的自发性和创造性囊括在内的自然法则"，就必须采用构造整合法——对事实求同存异，进行整合，从整体到局部，适度留余，而不能生搬硬套分析还原法——对事实分割解剖，进行还原，用基本因子或孤立事实返构布局，不留余地。分析还原法只适用

---

① 〔比〕尼科里斯、普利高津：《探索复杂性》，罗久里译，四川教育出版社 1986 年版，第 119、125、139 页。
② 〔英〕戴维斯：《上帝与新物理学》，徐培译，湖南科学技术出版社 1992 年版，第 244 页。
③ 〔英〕彼得·柯文尼、罗杰·海菲尔德：《时间之箭》，江涛译，湖南科学技术出版社 1995 年版，第 302 页。
④ 〔比〕普里高津：《确定性的终结》（中文版序），湛敏译，上海科技教育出版社 1998 年版。

于认知简单现象或相对简单现象,一旦越界,则必面临困局。

那么,面对简单现象和复杂现象,究竟如何运用分析还原法和构造整合法来探寻规律、深化认知呢?

这就需要进一步展开论述中西科学思维的推理方法——分析还原法与构造整合法。

四、中西科学思维的推理方法:分析还原法 vs. 构造整合法

(一)推理起点:识别事实和关联事实

科学思维的起点是识别事实和关联事实,依中国传统术语,曰"格物"。一方面,人类的生存需要识别事实,关联事实;另一方面,人类的错误识别和关联不利于生存延续,会被淘汰。优胜的识别和关联会被后人延续下来,如在动物识别和关联的基础上增加过期语词的识别,以及由过期语词组成的句子的识别。即使最高级的哺乳动物(如黑猩猩)也不能识别过期语词,所以黑猩猩没有发展出科学。古猿因之与黑猩猩分道扬镳而成为猿人,动态核心是保留工具(化物为奴),相关于预期性地应对不利环境[1],从而促进了过期语词的出现和发展。猿人社会的动态核心是图腾,相关于共同抗灾,图腾是被赋予特定场景(相关于生死)的过期语词。[2]

过期语词(名)是能够组成句子(言)以重建过期场景(没有当场利害关系的场景)的非独白语词。如果句子之中加入未来时间,就可以预测事实。[3]哺乳动物的推理能力(利用记忆来适应当前环境)不是科学。如猴或狼在依序摆放的若干食盒(盆)之中选择唯一的非空食盒(盆)的能力,超出一定

---

[1] 张祥平:《用当代科学探索人类精神财富的创造历程》,载《河北学刊》1984年第5期第98—102页;《人的文化指令》,上海人民出版社1987年版,第26页;《〈易〉与人类思维》(第二版),重庆出版社2004年版,第31页;《人生六境—心智》,辽宁人民出版社1998年版,第8—10页;《生命之歌—从细胞到万物之灵》,广东人民出版社2000年版,第132页。

[2] 详见张祥平:《生命之歌——从细胞到万物之灵》,广东人民出版社2001年版,第149—152页。

[3] 同上书,第140—154页。

限度（如超出 7）就失败，更不会在改变场景的条件下重建场景，[①] 说明猴或狼只是在实验条件下发展出比自然状态中更复杂的推理能力，但是没有出现过期语词（名）。

事实的识别与关联（格物）包括以下四类：识别个体且信号表出，即用专有名词（过期语词之一）表示可被感觉器官识别的真实个体（专有名词的所指），如太阳、月亮、张三、李四等；识别若干相似的个体且用同一信号表出，即用类别名词（过期语词之二）表示可被感觉器官识别的真实群体（类别名词的所指），如女、男、人、虎、牛、鼠等；识别动态且信号表出，即用行为动词（过期语词之三）表示可被感觉器官识别的动态（行为动词所指），如升、降、生、死等；识别事实（可言）且用完全可判句（可行）表出，即把当事人观察到的现象或亲身参与的现象用专有名词或类别名词、行为动词、时间地点表达出来。时间源于生物钟，地点源于巢穴和方位，动物和高等植物都有生物钟，植物的方位感表现于趋光性。

多数人确认为真的完全可判句是真完全句，也就是事实。其中的可重复部分是可重复事实。

可重复事实是科学认识的起点和归宿。"可重复"是指：在不同时间或地点，出现了可被忽略其不同点的相似的事实。如太阳从东方升起是一个可重复事实。尽管太阳内部发生着核反应，每天都在变化，今天的太阳和昨天的太阳不同，但是对于多数人（天体物理学家除外）来说，这些不同可以被忽略，所以太阳从东方升起是一个可重复事实。可重复事实本身只是事实，不是科学，必须加上推理未被证伪，才是科学（详见本节《前言》的科学定义）。

除了日常重复的事实（生食宿衣行言日月星，储粮渡春荒，三大流域）之外，被多数人确认为真的事件主要有：仪器观测（璇玑仪，望远镜，显微镜等）、理化实验（墨子，周易参同契，伽利略，牛顿，动力热流料，声光电化核，温差液花）、室内生物实验（黄帝内经，感官阈值等，心理咨询则不属于科学，但不是无价值，正如宗教宣讲）、田间实验（齐民要术，豌豆实验等）、

---

① 张祥平：《生命之歌——从细胞到万物之录》，广东人民出版社 2001 年版，第 140—143、182—184 页。

医用动物实验（小白鼠，猪，等）、临床药物实验、双盲实验、霍桑社会实验、博弈实验（trust game）、述比事件（考定，考察，考古，观察实录，筛选分层，极数公度，进化论，儿童心理，以史为鉴）等。这些事件得到科学推理的支持。如述比社会事件得到构造性整合推理的支持。

中西科学思维的起点是共同的：即准确地鉴定事实，准确地表述事实。以此为基础，科学推理的展开需要慎重地筛选归纳事实，然后慎重地进行演绎推理，并付诸实践或实践检验。

（二）推理路径：事实归纳和演绎推理

中西科学思维在鉴定事实与表述事实方面并无二致，但在筛选归纳事实和演绎推理方面则路径不同。中国传统的科学思维方法（即构造整合法）对于事实的筛选归纳主要采用"求同存异"的方式进行整合，然后从整体到局部，一层一层展开推理，适度留余；而西方的科学思维方法（即分析还原法）对于事实的筛选归纳主要采用"分割解剖"的方式进行分析，然后用被筛选的孤立事实进行布局，或对被筛选的事实进行还原，找到基本因子之后再作布局。欲深切理解二者之不同，需对中西科学思维演化的重要节点再做进一步阐述，作为二者的经典案例剖析与基本方法模版。考虑到当代多数人更熟悉分析还原法，故先述之。

1. 分析还原法的推理路径

（1）经典案例与方法模版

前文述及，西方"第二次科学革命"经历了"物质运动论→认识论与方法论→模型构建→公理体系"等重要发展节点，分别以伽利略的动力学、笛卡尔的方法论、牛顿的万有引力模型以及《自然哲学的数学原理》为标志（本节·二《中西科学思维的演化》）。上述重要发展节点，是理解分析还原法的经典案例与方法模版。

① 伽利略的动力学

"近代物理学之父"伽利略是现代科学分析还原法的重要奠基者，其研究方法大体可分为三个步骤：直观分解→数学推理→实验证明。第一步，通过直观隔离出标准样本；第二步，将标准样本处理成数学上容易处理的"量"，通过对这些"量"展开数学推理，建立线性模型，从而预测其他一些现象；第三步，用实验检验预测的正确与否。①

在伽利略的科学研究方法中，第一步"直观分解"是前提，它将纷繁的感性世界"分割解剖"为孤立事实或基本因子——这是下一步展开演绎推理的基础。

"理想实验"是"直观分解"的典型表现。以落体运动的实验为例。对同样重量、不同形状的物体，以及同样形状、不同重量的物体，做落体实验，测定其下落高度与下落时间的数量关系。在此实验基础上思考，如果在没有空气阻力的极限情况下，物体将怎样下落？为此引入虚空这个抽象概念。物体在虚空中下落，是可以想象，却无法实现的"理想实验"。它会有助于对实际的实验有深刻的理解，得到在虚空中下落的物体，其加速度同重量无关的普遍结论。再以水平运动的实验为例，对在不同光滑程度平面上运动的物体能滑行多远，做实验分析，并思考在没有摩擦的极限条件下，物体将滑行多远？为此引入理想平面的抽象概念。物体在理想平面上的滑行是一个可以设想，但无法实现的"理想实验"，通过它，获得一切物体具有惯性的普遍结论。实验对研究对象的条件，按研究目的加以控制。通过测量，对现象做定量分析。在此基础上引入抽象概念，诸如"理想平面"、"虚空"和"质点"等，从而获得精确的数学定律。②

"质点"概念的出现是对被分隔筛选的事实进行还原的结果。伽利略继承并发展了源自古希腊德谟克利特的原子论思想。伽利略认为："假设物质可分解成为无限小的不可分的原子，那是很方便的，由此他就能说明固体是如何转变为液体和气体的，从而勿需承认在固体中有空旷的空间，也勿需承认物质的可渗透性，就能解决凝聚、膨胀、收缩这样的问题。这些原子只具有数学特性，正是它们的不断变化的运动，对感官的作用，引起了扰乱人心

---

① 〔美〕埃德蒙·伯特：《近代物理科学的形而上学基础》，徐向东译，北京大学出版社2003年版，第46页（电子版）。
② 朱荣华：《物理学基本概念的历史发展》，冶金工业出版社1987年版，第65页。

的附属经验。"① 伽利略力学中的原子,便是"质点"。他的以下陈述可资理解"质点"概念的形成:"当我设想一种物质或一个有形体时……它是有界限的,有形状的,和旁的东西比较起来,有大小,处于什么地方和什么时间,在运动还是静止,与其他物体接触还是分离,是单个、少数还是多数。总之,无论怎样,我不能想象一个物体不具有这些条件。但关于白或红,苦或甜,有声或无声,香或臭,我却不觉得我的心灵必须承认这些情况与物体一定有关系;如果感官不传达,也许推理和想象始终不会达到这些。所以我想物体方面的这些味、臭、色等等,似乎真的存在于物体中,其实只不过是名称而已,仅仅存在于有感觉的物体中。因此,如果把动物拿走,一切这样的特性也就消除或消灭了,不过,只要已对其命名,给予它们与其他基本而真实的事物的名称不同的特殊名称,我们忍不住就会相信它们也像那些第一性质一样真实地存在着。"② 第一性质的东西是绝对的,客观的,不变的和数学的;第二性质的东西则是相对的,主观的,起伏不定和感觉得到的。前者是神和人的知识的王国;后者是意见和假象的王国。③ 对于平常人而言,第二性质的色、声、味等特性是可以真切感觉到的,实实在在的。而原子与虚空却是无法感觉到的,仅仅是一种猜测而已。但伽利略却认为,原子在时空中的运动,才是真正的实在。

　　正是基于"质点",伽利略建立起匀速运动和匀加速运动的定量概念:"匀速运动是指运动质点在任何相等的时间间隔里经过的距离相等","匀加速运动是指运动质点在相等的时间间隔里获得相等的速率增量"。有了这两个新概念,从斜面实验中可以获得更多的教益。当铜球从斜面上滚下后,继续沿着桌面滚动,这时斜度为零,重力的作用也为零,不再有加速度,球就会永远保持它的匀速运动。这意味着,外力并不是维持运动状态的原因,而只是改变运动状态的原因(牛顿后来将之概括为运动第一和第二定律)。④ 若把斜度推至极限,斜面光滑度推至极限,即是自由落体。伽利略根据观察到的运动距离与时间的

---

① 〔美〕埃德蒙·伯特:《近代物理科学的形而上学基础》,徐向东译,北京大学出版社2003年版,第49页(电子版)。
② 同上书,第48—49页。
③ 同上书,第48页。
④ 吴国盛:《科学的历程》(第二版),北京大学出版社2002年版,第199页。

数学关系，得出了物体下落过程中速度不断增大的结论，进而提出假投：这一运动速度与对间成正比，然后通过数学推导，建立了落体定律。①

落体定律是分析还原方法的一个范例，经历了一般观察→实验观测→分析整理观测数据→理想实验（直观分解）→提出假设→演绎推理→实验验证→修正假说→建立理论等一系列环节，"理想实验"是承上（事实）启下（理论）的关键。伽利略意识到这种方法的价值，他相信："这是第一次为新的方法打开了大门。这种将带来大量奇妙成果的新方法，在未来的年代里，会博得许多人重视。"②

② 笛卡尔的方法论

笛卡尔的方法论有四条原则："第一条是，决不把任何我没有明确地认识其为真的东西当作真的加从接受，也就是说，小心避免仓促的判断和偏见，只把那些十分清楚明白地呈现在我的心智之前，使我根本无法怀疑的东西放进我的判断之中；第二条是，把我所考察的每一个难题，都尽可能地分成细小的部分，直到可以而且适于加以圆满解决的程度为止；第三条是，按照次序引导我的思想，以便从最简单、最容易认识的对象开始，一点一点上升到对复杂的对象的认识，即便是那些彼此间并没有自然的先后次序的对象，我也给它们设定一小次序；最后一条是把一切情形尽量完全地列举出来，尽量普遍地加以审视，使我确信毫无遗漏。"③

上述四条原则，概括了分析还原法的推理路径。第一条概括了推理的基点，即对一切知识采取怀疑的态度，只接受"那些十分清楚明白地呈现在我的心智之前"的东西，这东西被笛卡尔称为"理智直观"，是"天赋"观念，源于纯粹理智。第二条原则概括了对事实分隔解剖、进行还原的方法，即将复杂的对象逐步分解为不可再分的简单对象，弄清楚其内部的性质和结构。第三条原则概括了在分隔解剖进行还原的基础上推导布局的方法，即利用被

---

① 朱荣华：《物理学基本概念的历史发展》，冶金工业出版社 1987 年版，第 36—37 页。
② 同上书，第 37—38 页。
③ 北京大学哲学系外国哲学史教研室编译：《西方哲学原著选读》，商务印书馆 1981 年版，上卷第 364 页。

分解的要素，返构布局，揭示因果规律，从最简单处着眼，逐步推导走向复杂。第四条原则概括了对推理布局的检验方法，即看是不是有超出布局的事实或布局内被忽略留出的余地，若是，则需对推理布局进行修正。

基于上述方法论，笛卡尔认为"全宇宙只有一种同样的物质"，"物质的本性仅仅在于它是一个广延的东西，它把可能有这些其他世界存在的一切可以想象的空间都占据了"，"物质中的多样性全都是依靠物质各小部分的运动"，"物质是可以按照它的部分分割和推动的，它能够获得的各种性向，我们发现都可以由部分的运动引起"，"物质中的全部形态差异都是依靠位置运动的"。[1] 笛卡尔的世界观成为推动牛顿建立其"世界体系"的重要力量。

③ 万有引力模型

笛卡尔认为，物质"获得的各种性向"与"全部形态差异都是依靠位置运动"，牛顿则对"位置运动"的规律给出了答案。

牛顿认为世界上的一切现象源于质点组成的物质在时空中按一定规律运动。牛顿在《光学》中写道："上帝在一开始把物质造成固实、坚硬、不可贯穿而可活动的质点。它的大小、形状及其他性质，对空间的比例，都是适合于上帝创造它们时所要达到的目的。原子质点既属固实，就比用它们造成的有孔物体要不可比拟的坚硬，坚硬到不能损坏或分割。""质点不仅有一种惯性，以及由此产生出来的被动定律，它们并且为一些主动的原理所拖动。如像万有引力、发酵原因以及物体内聚力等。"显然，牛顿的力学是关于质点的力学。任何原子学说中，首要的是给出原子运动的规律，作为解释一切自然现象的基础。牛顿力学是在牛顿时代的原子物理学。[2]

牛顿正是基于质点论（原子论）的物质观而建立了质量、惯性、引力等概念。牛顿认为：所有物质由原子组成；原子是运动变化的不变单体；物质是由原子排列的疏密来决定物质含量的。密度概念被解释为用单位体积粒子数确定的，而物质的量则是用它的密度和体积一起来量度的。牛顿还认为：

---

[1] 北京大学哲学系外国哲学史教研室编译：《西方哲学原著选读》，高务印书馆年1981版，第381—382页。

[2] 朱荣华：《物理学基本概念的历史发展》，冶金工业出版社1987年版，第56页。

物质具有一种固有的力，是每个物体按其一定的量而存在于其中的一种抵抗能力。在这种力的作用下，物体保持其原来的静止状态或者在匀速直线运动的状态。并假设：这种力同具有这种力的物质的量成正比，即物质的惯性的大小由物质含量的多少决定。于是，牛顿把两个不同的概念——质量与惯性——统一起来，使质量成为可测量值。从测量意义上讲，用惯性来量度的质量叫惯性质量。惯性是物体的固有性质，与其他物体无关。而引力则与其他物体有关，是物体之间存在相互作用的一种性质。引力与惯性质量成正比，惯性质量同物质的含量成正比。因此，引力与物质的含量在数值上一致，可称为引力质量，在量上直接用惯性质量表示。[①]

上述质点、质量、惯性、引力等概念不是直接观察得到的事实，而是笛卡尔所谓"清楚明白地呈现在我的心智之前"的"理智直观"。以这种"理智直观"为基础，牛顿确立了一系列定义、运动公理（定律），然后将这些定律应用于高度简化、理想化的虚构世界——在其中，单个质点在源于固定中心的向心吸引力作用下运动。此问题充分解决后，将现实世界的复杂情况逐步引入，依次考虑：两个质点互相吸引的运动；多个质点围绕巨大中心质点的运动；球体（而非质点）所产生的万有引力；球体在万有引力作用下的运动；乃至变形球体（旋转椭圆体）所产生的引力等。这由简而繁，从理想和虚构而逼近现实的方法，正是牛顿在撰写《原理》过程中所实际经历的过程[②]，也正是上述笛卡尔方法论所述的推理路径。

牛顿建立了万有引力模型，把上至天体下至地面的一切物体运动纳入统一的力学体系。同时，其分析还原、推导布局的方法，成为简单科学研究的基本范式，对此后三百年人类科学的发展产生了极其深远的影响。

④ 公理体系

以少数不言自明的基本概念和原始命题（公理）为基础，通过一系列定义的概念与严格的逻辑演绎，将科学推理构建成一个完整严密的演绎系统的方

[①] 朱荣华：《物理学基本概念的历史发展》，冶金工业出版社1987年版，第45—46页。
[②] 陈方正：《继承与叛逆——现代科学为何出现于西方》，生活·读书·新知三联书店2009年版，第591页。

法，称为"公理化方法"。由"公理化方法"构建的科学推理体系被称为"公理体系"，或"公理化体系"。"公理化方法"的思想和原则在西方由亚里士多德首倡，欧几里得的《几何原本》从古代量地术和关于几何体的"理智直观"中，用分析还原法提炼出一系列基本定义和公理，包括23条"定义"、5条"公设"和5条"公理"，然后由此出发，运用演绎方法将当时几乎全部的几何学知识逐次推演出来，成为西方"公理体系"的范本。牛顿的《自然哲学的数学原理》则是以《几何原本》为范本，以公理化方法构建了经典力学的理论体系。

《原理》共分三篇。在导论部分，先给出了一系列基本定义和公理，包括"定义和注释"及"运动的公理或定律"。八个定义分别是："物质的量"、"运动的量"、"固有的力"、"外加的力"以及关于"向心力"的四个定义。注释中给出了绝对时间、绝对空间、绝对运动和绝对静止的概念。上述定义是从对物质机械运动的"理智直观"中，用分析还原法提炼出来的。在"运动的公理或定律"部分，则给出了著名的力学三定律，以及力的合成和分解法则、运动叠加性原理、动量守恒原理、伽利略相对性原理等。作为"运动的公理"，力学三定律是在对大量事实和数据进行分析之后，再进行总结归纳所得的普适性的规律。导论奠定了推理演绎的基础：第一篇，运用导论确立的基本定义和定律研究引力问题，第二篇和第三篇分别是"论物体在介质中的运动"和"论宇宙体系"，是对牛顿力学的具体应用的推导结果。

（2）步骤分解

综上所述，运用分析还原法的推理路径可以概括为以下三个主要步骤[①]。

① 把局部的研究对象还原为孤立事实或基本因子（重设名词）。如把具有颜色、大小、形状、质料、气味等特征的物体还原为只有质量而无形状、大小的质点（基本因子）。

② 用因果关系建立线性模型，通过建构的模型返回研究对象。如用力学三定律、万有引力定律等建立线性模型，并将之应用于天体质量的计算、天体运动轨迹的研究等。

---

① 张祥平：《经典复杂科学》，中国社会科学出版社2013年版，第401页。

③ 研究结果落实为预测并接受实验检验。如运用力学定律计算，预言天王星之外有一颗未知的行星及其质量和围绕太阳的运行轨道，并接受天文观测结果的检验。

简言之，分析还原法（因子公理化）是对事实分隔解剖（控制条件做实验），进行还原（论求万物之本），用基本因子或孤立事实返构布局（外延的线性组合，以名建模，以方程式抒规律，以重设名词和方程式推演万物），不留余地（如果发现了推演中没有出现的物，就要重新建模）。[①] 这个方法以布局为整体，出现在布局中的事实已被简化，较少简化的事实出现在若干布局的交汇处，不被简化的事实需要无穷多个布局来交汇。

2. 构造整合法的推理路径

（1）经典案例与方法模版

中国传统科学思维的发展同样经历了"物质运动论→认识论与方法论→模型构建——公理体系"等重要发展节点，分别以《象》的乾坤论、孔子的方法论与北辰模型、子张的《系辞》为标志。上述节点是理解构造整合法的经典案例与方法模版。前文《中西科学思维的演化》中已略有述及，下面将从中西比较的视域作进一步申述。

①《象》的乾坤论

前文述及，《象》在《象（大象）》整合的图形、模型和相关推论的基础上，发挥创造，提出了"乾道"（一元）与"乾元""坤元"（二元）相整合的宇宙万物生成演化模型。现在要追问：此模型是如何推导得出？

先看《象》中关于"乾"与"坤"的原文。

关于"乾"，《象》曰：大哉"乾元"！万物资始，乃统天！云行雨施，品物流形。大明终始，六位时成，时乘六龙以御天。乾道变化，各正性命，保合大（读太）和，乃"利贞"：首出庶物，万国咸宁。可译为：后人在《象》中说：伟大呀，"六个刚码组成的符号（乾）超出了最大尺寸（元）"！万物依凭着这样的空间才开始出现，是你把演化着的天球生物圈和你自己整合

[①] 张祥平：《经典复杂科学》，中国社会科学出版社 2003 年版，第 173 页。

在一起！于是，云朵飘在天上，雨水撒到地上，各种各样的地产草木鸟兽男女互动成形。最大的光明是贯穿开始和结尾的时间，六个刚码的位置之间有五个空间，成就了春、夏、长夏、秋、冬这五个季节，季节的变化借助六个龙一样的条状符码来调控天球生物圈的演化。六个刚码组成的符号（乾）作为空间和时间而生发万物且容融万物，一方面演变（为坤元和其他62个六码符号），另一方面演化（为不同于六码符号的万物），演变使万物有共性，演化使万物各有使命，保留住整合了最大尺寸和最大光明的和谐状态，这就是你"顺利地进行郑重占问"所得到的预测结论：最初生发出来的各种平衡态意义的微观粒子（庶物），经过自组织过程而形成的各种非平衡态秩序（万国）都达到良性的相对稳态。①

关于"坤"，《象》曰：至哉"坤元"！万物滋生，乃顺承天。坤厚载物，德合无疆，含弘光大，品物咸亨，牝马地类，行地无疆……安贞之吉，应地无疆。可译为：后人在《象》中说：到了呀，比一切可到达的地方都能荷载万物的东西是六个柔码组成的符号"坤元"！万物凭借（坤元）发生，你和顺地展现了天球生物圈的演化过程。坤本身厚重，所以能荷载万物，还能把各种公开公正地获取收益且仗义疏财的行为整合在一起，无边无际，容纳最高的东西、最有光彩的东西和最大的东西，各种各样的事物全都相互沟通。（例如）母马与地是一类，在地上行走不受限制……关于安居的郑重占问得到吉祥的预测，与土地的无边无际相一致。②

可以看出，《象》作者与伽利略对事物运动的观察视域有所不同：前者的观察视域是整体性的宇宙的有机运行，后者的观察视域是局部性的物体的机械运动（伽利略于西元1638年出版的物理学研究的总结性著作名称就是《关于两门新科学（力学和局部运动）的谈话和数学证明》）。因为观察研究局部性的物体的机械运动，所以伽利略需要对观察对象进行直观分解，并还原为"质点"；因为观察研究整体性的宇宙的有机运行，所以《象》作者需要对观察对象进行统观整合，并整合为"乾坤"。"质点"是有质量而无大小

---

① 张祥平：《经典复杂科学》，中国社会科学出版社2013年版，第32页。

② 同上书，第43—44页。

形状的理想几何点,是可被分解的最小的因子;"乾坤"则是统摄了天地万事万物的几何代数化的符号(详见本章第三节),是可被整合的最大的整体。在上引文句中,"乾坤"对应"万物资始,乃统天"和"万物滋生,乃顺承天",由"始"到"生"的过程,乃是"乾坤"互动协调作用的过程,乃是"乾道变化,各正性命"的过程,也就是宇宙万事万物生成演化的过程。伽利略通过对"质点"运动的观测、分析、假设、推理,探究物体的机械运动规律,用因果关系建立线性模型(如惯性概念、落体定律);《彖》作者则通过对"乾坤"运行的观察、默识、构造、推理,探究宇宙的有机演化规律,用因果关系、周期关系、生克关系等建立了非线性模型(如"乾道变化,各正性命,保合大和"、"首出庶物,万国咸宁")。

《彖》作者建立"乾坤模型"后,接下去从整体到局部细化讨论,且与天乾地坤(整体)密切相关,或可说是以天乾地坤"一以贯之":如"天地之心"(复)、"君子尚消息盈虚,天行也"(剥);再接下去是天下(各种人类社会)和上下(与人间的上下相整合):"以此毒天下"(师)"上下应也"(比)……①《彖》文由天道下贯人道,探究"天人互动"的规律,即人类社会与天球生物圈良性互动的"科学规律",追求的是人类与天球生物圈永续的良性互动——"天人合一"。《彖》文显示出作者乐观进取的心态②,特别是"参赞天地之化育"的精神——这是复杂科学要求的实践精神(简单科学要求的则是实验验证)。如,《彖》文最后的单元是"革",文句是"汤武革命,顺乎天而应乎人",成为中国历史"命"脉的经典解释:秦汉之后,江山易姓(如汉代姓刘,唐代姓李等)与商汤和周武王一样,常常诉诸武力变革,但只要"顺天应人",那么其中的"天命"是一脉相承的,不同姓氏只是不同的面具。文句中的"革命"是二字词组(用新的皮革面具戴到"命"上),也就是说,武力打下天下之后,需要完成"顺天应人"的相关程序,新的天子才算是"革命成功",取得完全的合法性,才能"奉天承运"。③

---

① 张祥平:《经典复杂科学》,中国社会科学出版社2003年版,第93页;《彖》的顺序见同页。
② 同上书,第94页。
③ 同上书,第94页。

正如伽利略研究局部运动的"质点动力学",创造了分析还原推理方法的范例,《彖》作者研究宇宙运行天人互动的"乾坤生化论",则创造了构造整合推理方法的范例。《彖》显示了构造整合推理过程由一般观察→切己体察→默而识之→统观整合→整体公理→演绎推理(从整体到局部)直至实践验证等一系列环节,其中,"统观整合"是承上(事实)启下(理论)的关键。《彖》的方法源自《象(大象)》,且发扬光大之,为中国传统科学(复杂科学)的发展开辟出新的境界。

需要指出,正如伽利略的惯性概念还是模糊的、落体定律还是局部的,需要到牛顿时代才得以清晰化(力学第一定律)、普适化(万有引力模型);"乾道变化,各正性命,保合大和"、"首出庶物,万国咸宁"等复杂现象的演化规律的表述也需要更为精确化、普适化的发展,直到子张时代才得以完整地表述为复杂第一规律、太极生卦模型(详见本章第四节《中国传统科学的主体》)。

② 孔子的方法论

中国传统科学思维方法发展至春秋时期,孔子进行了认识论与方法论的概括、提炼:强调科学探究应注重"天之历数",追求人类群体与天球生物圈永续的良性互动——"天人合一"。这奠定了中国传统科学认识论与方法论的基础,如同笛卡尔的"唯理论"奠定了西方科学认识论与方法论的基础。此在本节·二之《中国科学思维的演化》中已有述及,以下再通过与笛卡尔的方法论比较,作进一步申述。

孔子提出的方法论原则,首先是"述而不作,信而好古"(《论语·述而0701》)。"述而不作,信而好古",是强调要准确地确认事实、表述事实而不作任意主观增减改动(述而不作)——这是复杂科学研究的前提,并相信事实系列显示的内在规律,汲取历史发展的经验教训,以此作为决策的依据或参照(信而好古)。[①] 复杂现象的合理性应该溯源于自然演化过程,探究人类社会永续发展(天人合一)的规律,则应该溯源于人与环境的互动过

---

① 张祥平:《经典复杂科学》,中国社会科学出版社 2013 年版,第 342 页。

程。从构造整合法来看，面对人与环境互动的历史"述而不作"（关注"过程"中的事实），以"异"为主；从中归纳规律性（信而好古，对"过程"本身的肯定），以"同"为主。① 这是构造整合法推理的出发点，即认识到人类个体理性的有限性，不能仅凭个体理性的突破与创新认识真理，应该首先关注人类社会与环境互动的历史事实，从人类社会长期积累的历史经验中寻求真理的起点，在具体推理中通常表现为"基本公理"。这与笛卡尔方法论首要原则——怀疑法——形成鲜明对比：前者强调"信"，后者强调"疑"。但无论是强调"信"还是强调"疑"，目的则一：确立推理的基点。

孔子提出的方法论第二原则，是"默而识之，学而不厌"（《论语·述而》），即心领神会地把真实的事物整合为几何图形来识记（默而识之），孜孜不倦地学习文献（学而不厌），用文献中的事实细化心中的几何图形，矫正不当的图形，从整体到局部地筛选事实。"默而识之"大致相当于"心领神会 + 图形记忆"。宋代朱熹把这个方法中的"默"表述为"虚心涵泳，切己体察"（《朱子语类·卷11》）。② 在"述而不作，信而好古"的基础上，求同存异而得到整体，并从整体到局部，需要"默而识之"的工夫。这样才能统观而得到"整体"，也才能从整体到局部适度留余。对"余"中发现的"异"，首先要考察"异"的背后是否有"同"；否则，见"异"而"作"，试图减少"余"，则往往不能"适度"。这与笛卡尔方法论的第二原则也形成鲜明对比：前者强调"整合"，后者强调"分析"。分析还原法见"异"而"作"，缺少述、信、默、识，更难"适度"，虽然对简单现象的认识和推理链条的延伸有其可取之处，但是很难认识复杂现象的"理"。③

孔子提出的方法论第三原则，是"正名，顺言"，即"君子名之必可言也，言之必可行也。君子于其言，无所苟而已矣"（《论语·子路》），强调成熟的人说一个名称，要能够普适性地作为句子的有机组成，（用来表述规则的）句子说出来之后，要能够普适性地付诸实施。成熟的人对于自己说的话，不

---

① 张祥平：《经典复杂科学》，中国社会科学出版社2013年版，第100页（页下注）。
② 同上书，第342—343页。
③ 同上书，第100页（页下注）。

能有一点儿含糊，不能用来应付一时而不顾长远。这是在求同存异而得到整体的基础上，从整体到局部推理的原则，即用因果关系、周期关系、生克关系等把正名的语词与研究对象及次级现象用复杂规律（或简单规律）关联起来，逐步推导，走向决策。此与笛卡尔方法论的第三原则相比，都是通过推理寻求"次序"（规律），只不过前者是从整体到局部、从复杂到简单，后者是从简单到复杂。

孔子提出的方法论第四原则与笛卡尔的第四原则一样，是对推理结果的检验，但检验的方法不同。孔子强调："名不正，则言不顺；言不顺，则事不成；事不成，则礼乐不兴；礼乐不兴，则刑罚不中；刑罚不中，则民无所措手足。"（《论语·子路》），可译为：名称不准确，说出的句子就与事实对不上；句子与事实对不上，公益事业就办不成；办不成公益事业，分层分工的资源分配规则和再分配协调规则就不会被多数人遵守，用音乐歌舞宣泄不平促成和谐的渠道也不会畅通；规则不被多数人遵守，人们的不满不能宣泄，重的刑和轻的罚就不能公正恰当；重的刑和轻的罚不能公正恰当，老百姓就会手足无措。[①] 此原则可简称"成事"原则。也就是说，推理结果（决策）的检验要看是不是有利于群体延续，达到兴礼乐，中刑罚，安民治国平天下的群体延续目的。[②] 如果实践证明推理结果（决策）最终达到了目标，就说明上述的整合模型和推理过程是对的。如果没有达到决策目标，那么一定有问题：模型错，推理错，或两者都错。[③]

孔子的上述方法论四条原则，概括了构造整合法的推理路径，正如笛卡尔的方法论四原则概括了分析还原法的推理路径。

③北辰模型

基于上述方法论的四条原则，孔子创建了复杂科学的最高模型——北辰模型。下面，将根据上述孔子的方法论四原则，探析"北辰模型"的创建思路。

首先，"述而不作，信而好古"。孔子观察各种事物、博览各种文献，

---

① 张祥平：《经典复杂科学》，中国社会科学出版社2013年版，第167页。

② 同上。

③ 同上书，第172页。

"多闻""多见""多识"（详见《论语》中《学而》篇及《阳货》篇），尤为关注人类社会与自然环境互动的历史，突出表现在其删述的《尚书》中。孔子通过悉心研究上古流传下来的历史文献，认识到在华夏民族的尧舜时期，由于尧舜密切关注环境变迁，组织天文气象观测，指导农业生产，协调百姓抗灾，强调均分所得，选举贤能担任首脑等，保障了群体与环境的良性互动，维护了华夏民族的世代延续，显示出人类文明生生不息之"道"。同时，孔子注重天文观测，而且精通数学（孔子精通"礼乐射御书数"六艺）。依据尧舜至西周时期的天文观测数据，孔子推算出尧舜时期的北极星正处于天球北极的位置。（见本章第一节·八·（一）·之《孔子——北辰尧舜之道》）

其次，"默而识之，学而不厌"。孔子在"述而不作，信而好古"的基础上，将观察的万事万物与博览的文献史实求同存异，融会贯通，统观整合，以洞彻天机的智慧、悲天悯人的情怀，悟出"天人合一"的整体。

再次，"正名，顺言"。孔子将悟得的"整体"名之曰"北辰"。"北辰"的内涵是"居其所而众星拱之"的星，外延是尧舜时期的北极星。"北辰"把变化与永恒整合在一起，把空间与时间整合在一起，把人类与自然整合在一起，把历史与现实整合在一起，把黑暗（玄，阴）与光明（星光，阳）整合在一起。通过将北辰与众星的关系（拱之）类比于人类社会管理者与被管理者的关系，孔子将认识到的宇宙演化与人类进化的复杂现象最根本规律表述为"北辰模型"："为政以德，譬如北辰，居其所而众星共之"。（《论语·为政》）"众星"是平衡态意义的大量微观粒子，"拱之"是宏观有序的非平衡态秩序，"北辰"是动态核心，"德"中包括输入（公正公开地获取收益）和输出（仗义疏财）。任何一种复杂现象都有这五个要素组成的相对稳定的动态结构，且五要素两两单向正负相关，即"五行"（详见本章第四节·三·（四）·2·3）《复杂第三规律》）。北辰模型，概括了宇宙生成演化的过程与秩序，揭示了人类社会永续发展的规律与蓝图，把上至宇宙万物演化，下至人类社会进化的基本规律纳入统一的"天人合一"的模型之中。

最后，"成事"。孔子将"北辰模型"落实到编撰《春秋》的"成事"中。"孔子曰：'吾因其行事，而加王心焉。'以为见之空言，不如行事博深切明也"。(董仲舒:《春秋繁露·俞序第十七》)孔子所言王心"见之空言",大致相当于模型、公理、规律等;王心见之"行事",大致相当于"关于历史问题的决议"。[①] 中国历史的发展早已验证,"孔子成《春秋》而乱臣贼子惧"(《孟子·滕文公下》)。"北辰模型"与《春秋》精神"成为中华文明两千多年生生不息永续发展的科学指南。

  北辰模型,概括了宇宙生成演化的过程与秩序,揭示了人类社会永续发展的规律与蓝图,把上至宇宙演化下,至人类进化的基本规律纳入统一的"天人合一"的模型之中。同时,其构造整合的科学推理方法,成为复杂科学研究的基本范式,为此后两千年中国传统科学(复杂科学)的发展奠定了基础,指明了道路。

  下面对北辰模型与万有引力模型的创建思路略作比较:前者创建的基点是"述而不作"的复杂事实(第一步),然后对事实进行"默而识之"的整合(第二步);后者创建的基点是"理智直观"的抽象概念(第一步),然后对事实进行"理想化"地分解还原(第二步)。前者用"默而识之"的整体建立复杂关联的五行结构模型(非线性),从整体到局部地应用于复杂现象,适度留余(第三步); 后者用"理想化"的孤立事实或基本因子建立精确的线性模型,从简单到复杂地应用于简单现象,不留余地(第三步)。前者落实为决策并接受实践检验(第四步),后者落实为预测并接受实验检验(第四步)。

  北辰模型与万有引力模型的创建皆为人类理性的最高成就,是引领人类文明进步的永恒灯塔,东西方诗人对孔子与牛顿的赞誉竟也如出一辙:"天不生仲尼,万古如长夜"(朱熹); "自然和它的规律/隐藏在黑暗之中/上帝说:让牛顿来吧/于是,一切变为光明。(英国诗人波普)

  ④公理体系

  前文述及,孔子的高足子张写就《系辞》,创建了复杂科学的公理体系。与欧几里得的《原本》、牛顿的《原理》类似,《系辞》也是从基本概念、公理出发,逐次推论,建立了一个完整严密的演绎推理体系。但与《原本》《原

[①] 张祥平:《经典复杂科学》,中国社会科学出版社2013年版,第335页(页下注)。

理》基于分析还原的推理路径不同,《系辞》的推演体系是基于构造整合的最大整体而展开的。

《系辞》开篇载:"天尊地卑,乾坤定矣;卑高以陈,贵贱位矣。动静有常,刚柔断矣。方以类聚,物以群分,吉凶生矣。在天成象,在地成形,变化见矣。是故刚柔相摩,八卦相荡:鼓之以雷霆,润之以风雨,日月运行,一寒一暑。乾道成男,坤道成女。乾知大始,坤作成物。乾以易知,坤以简能。易则易知,简则易从。易知则有亲,易从则有功。有亲则可久,有功则可大。可久则贤人之德,可大则贤人之业。易简而天下之理得矣。天下之理得而成位乎其中矣。"用现代汉语表述是:"演化着的天球生物圈最值得关注,立足之处是脚下的土地,分别用三层线段连续的几何符号(乾)和三层线段中缺的几何符号(坤)来进行数学模拟。六层的几何符号用来模拟(自然演化的动态和)人类社会高低贵贱的分层秩序(以上概括《大象》)。动态本身用一层线段连续(刚)来模拟,相对稳态用一层线段中缺(柔)来模拟。聚集方形(正方、长方、立方、乾、坤等)要借靠内在共性来归类(直角类,比聚集之前复杂,从而默识整体),区分生物要借靠自然种群来分隔(马群、牛群、羊群、植物群落等,比区分之前简单,从整体到局部),(用几何图形模拟各群动态来进行决策)会产生或吉或凶的结果(以上概括《象》)。天上的几何图形(象)直接相关于光,地上的几何图形(形)间接地相关于光,分别由(刚的)量变(仍为刚)和(柔的)质变(亦为刚)来模拟。过去(《象·复、剥、屯等》)所说的三层刚柔互动,产生八种互不相同的三码符号(八卦)之间的互动(八卦叠磊):(就像在天地两卦之间增加了另外六种模拟)鼓动在天地之间的雷霆(震)、滋润土地的风雨(巽)、昼来夜住的太阳(离)、夜来昼往的月亮(坎)、冬天的寒冷(艮)、夏天的暑热(兑)。乾经过高层次复杂化而成为男人,坤经过高层次复杂化而成为女人。借助乾可以理解从简单到复杂的动态核心(大始),(动态核心)使坤变得相对有序(作)就成了复杂现象(成物)。动态核心(较难直接观察)要借助从简单到复杂的变化过程'易'(太极生卦)才能理解,对复杂现象的认识必须留出余地才能落实到操作。'易(从简单到复杂的变化过程)作为理性认识有助于理解复杂现象,留出余地有助于付诸实行。理论上容易理解，人们就容易被动员起来，从而取得长久效果，在明事勤事善察多劳的贤人带领下，公开公正地获取收益且仗义疏财，齐家治国。从简单到复杂的理论'易'留有余地，还能适用于各种人类社会，形成相对稳定的大范围秩序结构。"①

《系辞》开篇提出的公理有"天尊"、"地卑"与"贵贱"，用现代语言可概括为："环境（天、地）与人的互动造就了社会的分层秩序（位）"——这是可识别的最大的整体，并给出了对应"天""地"的数学符号："乾""坤"；其后的公理是"动静有常"，用现代语言可解释为："宇宙的演化（动态）有着相对稳定的秩序"——这是可识别的最大整体的动态，并给出了对应"动态""相对稳态"的数学符号："刚""柔"。其中，"天""地"和"动""静"都是不可定义的基本概念（或原始概念、真理概念）。之后提出：人的识别、思维与决策关乎人类群体的吉凶存亡——这乃是人类最大的关注。然后，根据前文已给出的公理与数学符号，提出宇宙演化的基本模型：从"刚柔相摩，八卦相荡"直至"乾道成男，坤道成女"，是宇宙从简单到复杂、从无生命到有生命到人类社会的演化过程。最后强调，对上述天地生人的演化规律的认识，是人类正确思维与决策（有功）、获取永续发展（可久、可大）的保障。

由上可知子张的《系辞》与牛顿的《原理》所示之公理化方法之同异。同：二者皆以少数不言自明的基本概念和原始命题（公理）作为出发点，通过一系列定义的概念与严格的逻辑演绎，来构建完整严密的演绎系统。异：前者的少数基本概念是源自"述而不作"的可识别的复杂事实（如"乾""坤"所对应的天尊地卑，"刚""柔"所对应的动静有常等），原始命题（公理）则是对事实"默而识之"进行整合，达致整体（如天人）后，总结归纳得出的事实间的复杂（非线性）关联；后者的少数基本概念是源自"理智直观"的抽象概念（如物质的量、固有的力等），原始命题（公理）则是源自对事实进行"理想化"地分解、还原，达致基本因子（如质点）后，总结归纳得出的事实间的线性关联。二者的公理皆是归纳得出，但前者的归纳相对直接，

---

① 张祥平：《经典复杂科学》，中国社会科学出版社2013年版，第95—97页。

后者的归纳相对间接。前者的方法可称为"整体公理化",后者的方法则可称为"因子公理化"。

《系辞》中,对复杂现象"默而识之"、整合归纳得出的重要结论,包括复杂现象演化的基本规律,并给出了其推导应用的相关数学工具"探赜沟深"(构造性微积分),正如牛顿分析、归纳得出了物体运动的基本规律(力学三规律),并给出了推导应用的相关数学工具——微积分。但前者的推导过程相对间接和复杂,而后者的推导过程则相对直接和简单。此待后文详解(见本章第三节及第四节·三·(四)《复杂三规律——以类取,以类予》),此处不赘。

子张的学生墨子对构造性公理化方法进行了更细化地探究。《墨子·经上》开篇给出了构造性公理化体系的最初6个定义:1."故,所得而后成也"(结果与原因);2."体,分于兼也"(整体与局部);3."知,材也"(认知整体的能力);4."虑,求也"(洞察整体的欲求);5."知,接也"(识别整体的形象);6."恕,明也"(理解整体的秩序)。(见本章第一节·十·(一)·1之《6个基本定义》)

西哲斯宾诺莎在《伦理学·第一部分》的前5个探究与墨子完全相同:1.我把自身的原因理解为这样的东西,它的本质就包含着存在,或者它的本性只能被设想为存在着。2.凡是可以为同性质的另一事物所限制的事物,就叫做在类中有限。例如一个物体被称为有限,就是因为除了这个物体之外,我们常常可以设想另一个更大的物体。同样地,一个思想也可以为另一个思想所限制。但是形体不能限制思想,思想也不能限制形体。3.我把实体理解为在自身内并通过自身而被认识的东西。换言之,形成实体的概念可以无须借助于别的事物的概念。4.我把属性理解为从理智看来是构成实体的本质的东西。5.我把样式理解为实体的特殊状态,亦即在别的事物内并通过别的事物而被认识的东西。6.我把神理解为绝对无限的东西,亦即具有无限多的属性的实体,其中每一个属性都各自表现永恒无限的本质。[1]

---

[1] 北京大学哲学系外国哲学史教研室编译:《西方哲学原著选读》(上卷),商务印书馆1981年,第415页。

斯氏的以上论述中，1."存在"可以译为"成"或"结果"；2."有限"可以译为"体（分于兼也）"或"局部"；3."通过自身而被认识的东西"可以译为"知材"所得或"认知整体的能力"，能够理解实体（实体）；4."从理智来看"的属性可以译为"虑（求也）"或"试图理解整体"；5."在别的事物内并通过别的事物而被认识"的"实体（实体（亚希））的特殊状态"或样式可以译为"知接"或"识别整体的形象"。墨子和斯宾诺莎不约而同地认识（对社会人文等复杂现象的理性探究必须运用整体公理化的方法）不是孤立的，而是普遍的。但斯宾诺莎只是西哲闪现的构造整合法（整体公理化）的一次火花，所以第6个探究回归于"绝对无限"的神。[①]

（2）步骤分解

上述孔子提出的"正名，顺言，成事"的推理原则（以下简称"正名言行原则"）在《礼记·中庸》第二十章中，被子思（曾子的学生，孔子的孙子）细化为五环节："博学之，审问之，慎思之，明辨之，笃行之。"译为现代汉语是（译文括号中的内容为补充说明，另加序号表示五环节的顺序）。

①在博学的基础上设置普适性较高的名词（如北辰，现代表述为观察各种事物，博览群书，扩大见闻，扩展心理体验，包括审美的体验，伦理的体验，智慧的体验，超越的体验，在这样的基础上归纳总结，进行整合，设置重设名词）；②追问这个名词的内涵外延（如北辰的内涵是居其所而众星拱之的星，外延是尧舜时期的北极星；现代表述为：明确该名词的内涵和外延）；③慎重地用这个名词与其他语词组成无歧义的语句，并相关于其他语句（如为政以德，譬如北辰，居其所而众星共之。现代表述为：用普适性最高的语句来把确实发生过的过去时叙述句／完整可判句＞、与自己感受相一致的过去时描写句／准可判句＞、其他普适性较高的无歧义语句／思辨可判句＞整合在一起）；④明确认定那些相互自洽而且不与事实矛盾的语句（如大哉尧之为君也，详见《论语·泰伯》。现代表述为：推理清晰，寻找规律，检验规律，明确规律的边界条件，意识到边界之外还有未被认知的事物和规律）；

---

① 张祥平：《经典复杂科学》，中国社会科学出版社2013年版，第15—16页。

⑤落实这些语句中有利于群体延续的语句（如接续尧舜道统，详见《论语·尧曰1》；现代表述为：运用规律，付诸实践实验及技术操作，寻找新的规律，扩展理性的边界，保证群体延续）。①

"正名言行原则"在《墨子·小取》的开篇中，被细化为"明辨原则"："夫辩者，将以明是非之分，审治乱之纪，明同异之处，察名实之理；处利害，决嫌疑焉。摹略万物之然，论求群言之比：以名举实，以辞抒意，以说（读睡）出故，以类取，以类予。有诸己不非诸人，无诸己不求诸人（有诸己可求诸人，无诸己可非诸人。）或也者，不尽也。假者，今不然也。效者，为之法也，所效者，所以为之法也。故中（读仲）效，则是也。不中效，则非也。"（括号中内容为补充说明）译为现代汉语是。

明辨是什么？明辨是用来明确对和错的边界，用来揭示一种整合秩序和另一种整合秩序的更替环节，用来明确不同整合秩序的相同之处和不同之处，用来考察从整体性的重设名词到行为实践实验之间的推理过程，看一看哪些言行能够在利害交关的场合中有助于良性决策。（为此，要）用整合模型（如北辰模型）来概览万物，在整合模型中定位专家们的合理论述（分为三步）：（第一步）用一个重设名词（如北辰）来整合相关的行为实践（如尧舜时期的社会状态就像众星拱北辰）；（第二步）用行为指令（如为政以德）来表达科学结论或相关判断（如大哉尧之为君也，见《论语·泰伯》）；（第三步）用普适原理和推理过程（如易佑太极，是生两仪等）来显示上述重设名词与行为指令的因果相关。推理过程的起点（如尧舜）和终点（如众星），只包括类别名词（或专有名词）。（以下讨论第一步：为了判断整合模型孰是孰非，要建立标准）自己用到了某个标准，就不能反对别人也用到这个标准。自己没有用到某个标准，就不能用这个标准去要求别人（基本标准如上述：自己的重设名词概览了某个类别名词，就不能反对别人也概览这个类别名词。自己的重设名词没有概览某个类别名词，就不能要求别人概览这个类别名词；如果若干重设名词概览同样的万物，就不要浪费时间去争论孰是孰非，只需

---

① 张祥平：《经典复杂科学》，中国社会科学出版社2013年版，第169—170页。

要商定其中的一个名词来作为规范的术语。接下来考察从这个术语到行为指令之间的推理过程中有哪些标准，是否只有一个推理路径，是否应该增减标准等。如果若干重设名词概览万物有区别，那么，概览较多者为大道理，其他为小道理。除了基本标准之外，还可以建立更多的标准，如《墨子·经上，经下，经说上，经说下，小取，大取》和《荀子·正名》中的许多标准）。（类别名词是日常语词中最常见的名词，所以，是非利害治乱的判定要落实到类别名词。另一方面，如果重设名词不是概览万物的整体，那么即使能够落实到类别名词，是非利害治乱的判定）也有其他可能性，不一定是充分的（而是受到其他同层次重设名词的制约）。（是非利害治乱的判定还相关于演化过程的不同阶段），过去某个阶段上的事实，今天可能不是事实。（以下讨论上述的第二步）从最高层开始，层层顾及生克制约，确认演化阶段，落实为决策及相关指令，）需要订立规程，明确指令，规范行为。（以下讨论上述的第三步）订立规程所依据的是决策目标、过去的经验和普适性高于经验的规律性。按照规程完成行为指令而达到了决策目标，就说明上述的整合模型和推理是对的。如果没有达到决策目标，那么一定有错：模型错，推理错，或两者都错。[1]（括号中为补充说明）

《墨子·小取》开篇的一头一尾都讲"是非之分"。尾部的"中效"与《论语·子路》中的"刑罚不中"是一正一反的表述。"中效"相当于"中刑罚"，以及其他的良性效果，即检验结果为正不为负，为真不为伪。[2]

综上所述，运用构造整合法的推理路径可概括为以下三个主要步骤[3]：

① 把全部研究对象整合到一个重设名词之下，这个名词和整合过程中所使用的其他重设名词都要准确定义（博学正名，审问摹比，凌绝顶而小众山）。如把人类社会永续发展所密切关联的自然与人文事实整合为"北辰"。

② 用因果关系、周期关系、生克关系等把正名的语词与研究对象及次级现象用复杂规律（或简单规律）关联起来（顺言，慎思明辨，从整体到局部）。

---

[1] 张祥平：《经典复杂科学》，中国社会科学出版社2013年版，第171—172页。
[2] 同上书，第173页。
[3] 同上书，第401页。

如将对人类社会历史进行理性探究得到的基本框架整合为北辰模型:"为政以德,譬如北辰,居其所而众星共之。"

③ 研究结果落实为方案并接受实践(实验)的检验(成事,笃行)。如中国历史发展一次次检验了孔子关于久续社会的预测:"为政以德",则能"众星共之"而长治久安。西汉"独尊儒术"后,将"为政以德"落实为制度决策,唐、宋、明、清继承之,发扬之。西汉存续了215年,东汉存续了196年,两汉之间只隔了17年,唐290年,宋320年,明277年,清268年。以在较长的时间、较大的地域上维护相对公正人道的和平秩序为标准,汉唐宋明清的社会治理效果直至现在仍是人类文明史之冠。孔子因之成为天下文官祖,累代帝王师,这是复杂科学最高层次的检验。

简言之,构造整合法(整体公理化)是对事实求同存异(摹略万物之然),进行整合(论求群言之比),从整体到一层又一层相生相克(非线性相关)的局部(以名举实,以辞抒意,以说出故,以类取,以类予),适度留余(或也者,不尽也。假者,今不然也)。① 这个方法以事实为因子,出现在各层的事实未被简化,理性余地留给下一层次细节(局部的局部)及本层的动态核心(非平衡态吸引子)。

(三) 异同比较

构造整合法与分析还原法的科学标准,或者说科学精神,是相同的:即都要准确地鉴定事实(博学),准确地表述事实(前提是正名,审问),慎重地筛选事实(慎思,敏于事),慎重地推理(明辨),并付诸实践或实验检验(笃行)。这是普适的科学标准,是科学精神的基本内涵。科学精神是人类最普适的价值,因为科学精神越多,越可能与环境长久(可持续)地良性互动。缺少科学精神的群体,注定在与环境互动的过程中被淘汰。

但构造整合法与分析还原法的科学"观法"(借用佛学名词,意为观察世界、理解世界的方法)却大有不同,具体到二者的思维过程:构造整合法

---

① 张祥平:《经典复杂科学》,中国社会科学出版社2013年版,第173页。

强调首先直接"观照"天人相关的复杂事实整体（天人合一，主客一体），对于事实的筛选归纳主要运用"求同存异"的方式进行整合，然后以此为基础建立复杂生克关联的数理模型（非线性，适合用图表呈现），再从整体到局部一层一层展开演绎推理，力求减少留余（适度），形成预测或实践方案，并接受检验；而分析还原法则强调首先区分研究对象、学科分门别类（天人割裂，主客二元），对于事实的筛选归纳主要运用"分割解剖"的方式进行分析，然后以此为基础（用还原的基本因子或孤立事实返构布局）建立简单因果关联的数理模型（线性，适合用公式呈现），再用模型（公式）进行演绎推理，力求精确（不留余地），形成预测或实验方案，并接受检验。上述思维过程的异同如表 2-5 所示。

表 2-5　中西科学思维推理过程表

推理过程 \ 思维方法	构造整合法（中）	分析还原法（西）
①模式识别	直接观照天人相关的复杂事实整体（天人合一，主客一体）	区分研究对象，学科分门别类（天人割裂，主客二元）
②事实归纳	主要用求同存异的方式进行整合	主要用分割解剖的方式进行分析
③模型建构	复杂生克关联的数理模型（非线性，适合用图表呈现）	简单因果关联的数理模型（线性，适合用公式呈现）
④演绎推理	从整体到局部一层一层展开推理，力求留余适度，形成预测或实践方案	用模型（公式）进行演绎，力求精确（不留余地），形成预测或实验方案
⑤检验反馈	预测准确或实践检验"中效"（良性效果），未被证伪，否则重新建模	预测准确或实验验证正确，未被证伪，否则重新建模

由上可见，构造整合法和分析还原法都需要归纳（从已知事实中得出相对普适的结论）和演绎（把相对普适的结论用到相对具体的事物）。不同在于：构造整合法采用"求同存异"的方式来归纳，相对直接，而演绎过程相对间接（需要适度留余）；分析还原法采用"分隔解剖"的方式来归纳，相对间接（假设基本因子、作布局等），而演绎过程相对直接。

构造整合法把事实区分为从整体到局部的事实和适度留余的事实，一层一层地落实到决策（组织管理）、诊治方案（医学）、实验方案（物理化学生物学）和相关行为。对于适度留余的事实，以社会实践、临床效果、实验结果来检验推理过程，把新的事实也作为准确表述和慎重筛选的对象，再推理，再落实，权衡决策之"度"、诊治方案之"度"、实验方案之"度"、相关行为之"度"，履行中庸之道。

分析还原法则把事实区分为布局中的事实和布局外的事实，对布局中的事实精密控制，不留余地。对布局外的事实另行探究，学派林立，对复杂事实隔靴搔痒，自说自话，甚至不承认布局外的事实发生过，斥之为伪科学（见前言）。

采用构造整合法推动复杂科学的发展，大多是在整体（即北辰模型）所留出的余地中增加新的事实（述比）、层次（默识）、理解（不惑），减小现实中被留出的余地。①

采用分析还原法推动简单科学的发展，大多是发现了原有因子返构布局之外的事实（或是重视原有布局内曾被忽视的事实）、因子、公理、原理、定律。②

已知的物理化学生物现象显示：初态最简单，最近被观察到的状态最复杂。

构造整合法（整体公理化）把最复杂的状态作为研究的起点，重设（假设）整体模型（五个一级组成，相生相克，合为整体，缺一不可），总结出复杂三规律。

分析还原法（因子公理化）把最简单的状态（初态）作为研究的起点，重设（假设）质点（无大小，有质量，可在空间中定位，可移动），总结出牛顿三定律。

构造整合法（整体公理化）从最复杂的状态到次复杂的状态，再到三级复杂的状态，依次类推，越来越简单，在一定级次上与分析还原法描述的状态相重合。

分析还原法（因子公理化）从最简单的状态到次简单的状态，再到三级简单的状态，依次类推，越来越复杂，在一定级次上与构造整合法描述的状

---

① 张祥平：《经典复杂科学》，中国社会科学出版社，第477页。

② 同上。

态相重合。

对于构造整合法（整体公理化）来说，除了最复杂的整体现象之外，被观测的任何现象都是特定复杂整体的次级现象，且与另外四个次级现象同为该整体的次级现象。每个次级现象都是五个三级现象的整体现象，或是简单现象。对于三级现象，次级现象相对有序；但是对于整体现象，次级现象相对无序。当且仅当五个次级现象的状态概率被确定且互成生克反馈（生反馈是一种收敛的正反馈，克反馈是一种收敛的负反馈。见下述）时，整体被确定（被识别为整体，可观测，可预测检验）。当且仅当三级现象的状态概率被确定且互成生克反馈时，次级现象被确定。依此类推。直至温差液花（耗散结构），再次一级的现象是简单现象，与分析还原法的描述相重合。

对于分析还原法（因子公理化）来说，除了简单的基本因子之外，被观测的任何现象都是基本因子的特定组合。物理学中，基本因子是质点。最简单的状态是一个质点，质量极大。次级状态是突变（如爆炸）而成的状态，质点数量剧增且质点之间的距离增大，每个质点的质量远小于初态的质点质量，较小质量的质点不全相同，近于正态分布。三级状态是质点之间发生相变（等离子，固液气等），四级之后的状态既有质点数的增加（每个质点的质量减少）和距离增大，也包括逆过程，如化合反应，逆向相变，耗散结构现象等。可用马尔科夫过程、平稳过程或自组织过程描述。至此，与构造整合法描述的状态相重合。

温差液花现象是最简单的复杂事实［见表 2-6 在宇宙（天）之下的第二种复杂现象］，最复杂的复杂事实是下表中的文明社会。

表 2-6 复杂现象列表（按生成时间排序）[①]

耗散结构使得物理学从简单走向复杂，与中医学相衔接。物理学是认识简单现象的基础知识，中医学是认识复杂现象的基础知识。二者都基于大量的观察识别，都建立了相对普适的数量模型，都接受了大量的实践检验。

---

① 编自张祥平：《经典复杂科学》，中国社会科学出版社 2013 年版，第 430—431 页。

五因子两两单一单向相关	微观相对无序（阴）			宏观相对有序（阳）	
	平衡态意义的大量微观粒子或个体（肾，津液）	输出（肺，气）	输入（脾，血）	动态核心[1]非衡吸引子（心，神）	非平衡态秩序（肝→命门，精）
五行	水	金	土	火	木
正宇宙（天）	混沌质能分化，信息众星日月百物	时间生生不息	空间[2]厚德大业	爆炸北辰	星系相疏离，自组织拱之无邪）
温差液花	热运动的液体分子	冷面	热源	?[3]	动态的稳定图案
气象变化	O_2，CO_2，N_2等	外层空间	阳光地热	?	云雨风雷雪等
变色反应	液态反应物生成物	抽出	泵入	?	相对稳定的彩图
生物细胞（有机物）	细胞质、细胞器等碳C	膜出氢H	膜入氮N	?氧化还原+?	新陈代谢，分裂繁殖有机分子）
被子植物	细胞、维管束、花等	O_2，水蒸气等	光水CO_2等	?	光合作用，开花结果
森林群落	草，木，动物等良土，小气候	地质	气候	?	代际更替，灾后恢复
猩猩	细胞，血液，体液等	排泄呼气散热	果氧水等	?	饮食性交，雄猩争王
猿人	（黑猩猩+语言中枢）	废工具，燃灰	猎区农地	化物为奴	自造工具用后不弃，自然火被维持不熄
部落社会	男人，女人，儿童等	尸体	村落环境	图腾	祭祀仪式，酋长巫师
文明社会[4]	供养人，受养人	敌犯及污染	村加城市	经典升层规则	合作抗灾，首脑官员

说明：

［1］动态核心是一个系统从相对简单无序变为相对复杂有序过程中的关键动态。

〔2〕大爆炸之前没有时间空间，爆炸瞬间出现的空间可视为宇宙之外的输入，接下来的过程既有空间输入，又有时间输出。

〔3〕"？"表示尚未用术语表达的动态核心，即使取得科学共识的宇宙大爆炸、占有行为（化物为奴，保留工具使用火）、图腾和经典等，产生的源头细节也难以揭晓。

〔4〕详见第二章第四节·三·（五）之《社会人文现象的复杂结构（五行）内涵表》。

构造整合法不仅可以应用于研究复杂现象，也可以应用于研究相对简单的现象。如阴阳合历兼顾太阳和月亮，有助于社会成员在日常生活中更科学地感知环境，全面的体察日月运行、光照变化、天气冷暖、物候消长。[①] 分析还原法主要适用于研究简单现象，如果应用于研究复杂现象，一定要认识"有效"的边界。因为用分析还原法来认识复杂现象，是把已有的事实还原为事实中的一个局部，然后用局部来重新"制造"一个事实，相当于瞎子摸象：摸到象鼻子的瞎子重新制造的大象是一根水管，摸到象耳朵的瞎子重新制造的大象是一只扇子。"水管"和"扇子"是"假有"：摸到的鼻子和耳朵确有其事，此为"有"；但鼻子和耳朵并非就是大象，此为"假"。假有的欺骗性很大，因为在一定的条件下，被还原的部分接近于真有。如果瞎子说：在一臂长的范围内大象是水管，或者，一巴掌的范围内大象是扇子，那么就接近于真有。也就是说，如果被制造的事实接受预测检验而且未被证伪，那么就成为科学（真有）。接近真有的小范围被线性地推广到大范围，就成了假有。如果以为分析还原法放之四海而皆准，就会把假有当成真有，弄假成

[①] 黄历（农历）不但记日月（月绕地，白道），还可用一个字记节令（地绕日，黄道），该字之后的数字（1—15，夏天或有 16，冬天或只有 14，因为黄道是椭圆）表示该节令的第几天。除"立（春、夏、秋、冬）"用季节名之外，其他 20 个节气名的一字如下：雨惊分清谷，满芒至小暑，处白分露霜，小雪至寒大。虽然"分、至、小"三字各有一次重复，但加上月份之后不会混淆，参见正文中的"小 2"。黄历的第一甲子是西历纪元前 2697 年，孔子生于 36 庚戌，即西历纪元前 551 年）。

真，自欺欺人。将分析还原法应用于社会人文现象的研究，大抵如此。所以，西方社会人文学术领域，公说公有理，婆说婆有理，莫衷一是。如果用于预测和检验，几乎都面临被证伪的命运。

五、中西科学思维的整体影响

中西科学思维的不同方法——构造整合法（整体公理化）和分析还原法（因子公理化），不仅造就了不同的科学体系，还整体性地影响了中西两大文明的历史进程，从而造就了中西两大文明的不同传统，具体表现在学统（学术传统）、道统（道德传统或价值传统）、国统（国家观念和国家形态之传统）、政统（政体或政道传统）和治统（政制或治道传统）等五方面，下面分别略述之，以示科学思维对文明整体影响之脉络。（"五统"在后续章节分别有详述）

（一）学统

构造整合法（整体公理化）注重求同存异的整合，将宇宙统合为一统多元的感性与理性融合的整体，使得中国传统学术的主流是探究"天人"之学，追求人与环境良性互动的规律，"天人合一"、"主客一体"成为中国传统学术的基本特征。分析还原法（因子公理化）注重同中辨异的分析，将世界分隔为二元对立的感官世界与理念世界，由此，使得西方学术传统的主流是探究寻求超越感官经验的纯粹客观规律，"天人对立"、"主客二元"成为西方学术的基本特征。

体现在研究对象上，中国传统学术主要面对复杂现象，首先是最复杂的人类社会现象，探究社会与环境良性互动的规律，相关知识形成儒学体系（详见本章第四节），应用于国家和社会的治理；其次是面对次复杂的人类生命现象，探究个体与环境良性互动的规律，相关知识形成中医科学体系（参见本章附《中医科学的公理体系》），应用于养生和医疗；还有面对人类基本的经济需求，探究生产建设与环境良性互动的规律，发展了以提升生态生产率为核心的科技体系（参见第六章第三节至第六节中之《科学技术进步》相关内容）。西方的自然科学主要面对简单现象，探究自然界的客观规律，基于质点力学而发展出一套涉及声、光、电、化、热、核等一系列各有专攻的学科；面向社会人文现象的研究则由于分析还原法的局限，公说公有理，婆说婆有理，莫衷一是。

体现在学术分类上，中国传统学术注重"统类是一、总别不异（统是总相，类是别相，总不离别，别不离总，举总以该别，由别以见总）"①，强调会合融通；西学分类则注重界定清晰、分科细密，发展为包括理（学）、工（学）、农（学）、医（学）、文（学）、史（学）、哲（学）、法（学）、经（济学）、管（理学）、军（事学）、教（育学）、艺（术学）等门类庞大的分科体系，然不免各自为阵（布局）、畛域自限，导致有分类而无会通，即有类无统、有别无总。

（二）道统

前文已述，孔子融汇天文观测、数学推算与历史文献探究等构造整合而成的北辰模型，昭示了北辰尧舜之道（天道），在中华文明的历史演进中，逐渐被"定格"为中华文明的最高价值，并由此衍生出"道—德—仁—义—礼—智—信"的核心价值体系，中华文明的道统由此定型。（详见第七章第二节·一·（一）《德本主义社会的主流信仰与核心价值》）

西方文明的最高价值皆源出于犹太教的唯一至上神"雅赫维（YHWH）"，具体到基督教文明中，则是"高德（God）"。由于分异型思维的影响，"高德（God）"对于人类而言，是绝对的"他者"；"高德（God）"与人的关系，是二元对立的关系，不同于儒教中的天人关系。儒教中的"天"与"人"可以整合为一体，即"天人合一"，而"高德（God）"与人永远是"分异"的，不能"合一"，只能"和好"。宗教改革后，"因信称义"成为基督新教的基本教义。"因信称义"主张通过个人信仰与基督建立直接关系，相信只凭对上帝的虔诚信仰就可以得到灵魂的拯救——灵魂得救成为完全个人的事情，

---

① 马一浮：《群经大义总说·判教与分科之别》，见刘梦溪主编《中国现代学术经典·马一浮》，河北教育出版社 1996 年版，第 136 页。

个人意志因而具有了空前的独立性与神圣性。在此基础上，西方思想家将存在于具体的复杂社会系统中的人抽象还原为一个个的独立原子，个体的自由成为西方的最高价值，并衍生出"自由—人权—平等—民主—法治—科学—诚信"的核心价值体系，西方现代文明的道统由此定型。（详见第七章第二节·一·（二）《资本主义社会的主流信仰与核心价值》）

（三）国统

中西科学思维模式的差异，深刻影响了"国家"的观念与形态。在传统中国构造整合法的视域中，人类同处一个演化着的天球生物圈之中（即"天下"），是同一个"命运共同体"。"人类命运共同体"的秩序应建基于普世的"天道""天理"之上，此谓"大一统"。同时，也应承认"天下"不同的社会在不同环境条件下形成的多元的历史文化和制度形态的价值，此谓"一统多元"。"天道""天理"的护持者自然是天下文明之中心，即"中国"。"中国"不是指具有明确疆界领土的民族主权国家，而是负载"天道""天理"和文明传承的"天下国家"。"中国"与其他国家通过"贡赐关系"，厚往薄来怀柔远人，以求天下太平。在西方分析还原法的视域中，国家成为抽象还原后的"个人"为追求"自由"和"权利"而形成的契约组织，是现世"人民"简单理性构造与利益权衡算计的产物。在西欧"人民"的殖民扩张过程中，同一民族因语言与习俗相同可降低内部"交易成本"，同时亦能增强对外扩张所需的凝聚力，于是在相互竞争中（系列战争）演化形成了一系列具有明确疆界领土和最高主权的"民族国家"，"民族国家"间通过达成的一系列"条约"相互制衡而维持一种暂态均衡的国际秩序。（详见第七章第四节《国际体系》）

（四）政统

中西科学思维模式的差异，深刻影响了政治权力的合法性观念与运行机制。在传统中国构造整合法的视域中，政治权力的运行一定要秉承"天道"。因为"天"是宇宙万物之所出，人类社会之本原，当然也是政治权力来源的根本，可谓之"主权在天"。"天道"统摄人类政治权力运行的义理模型便是复杂科学的最高模型——北辰模型。北辰模型揭示了人类社会和宇宙运行的规律，涵盖天地人三才（详见第二章第一节·八·（一）·2《孔子——北辰尧舜之道》和第二节·二·（二）·1·4）《模型构建：北辰模型》），指明了政治权力的运行必须同时具有三重合法性，即神圣超越的天的合法性、历史文化的地的合法性、人心民意的人的合法性，三重合法性同时共存又相互制衡。"主权在天"的政治传统上通天道下贯地道，将政治理解为人类生命与宇宙生命永恒之贯通与和谐，以求天人合一、永续发展。（详见第七章第一节·二·（一）之《王道政治——主权在天》）

在西方分析还原法的视域中，存在于具体的复杂社会系统中的人被抽象还原为原子化的个体，然后，以想像虚构的个体的"自然权利"作为基本因子返构布局，而有所谓人与人之间的"社会契约"，即人因要保护"自然权利"而必须达成"社会契约"，从而形成国家与政府。以上述自然权利论与社会契约论为基础，推演得出"主权在民论"，即人民把自己的权利让渡给了主权者，主权者因而获得了统治的权力，然而国家的最高权力仍然属于人民。人民主权至高无上，不受任何其他权力的约束和支配，却可以约束和支配其他权力。"主权在民"的政治传统蔽于人而不知天，难免造成"天人对立"，最终必然导致生态危机。（详见第七章第一节·二·（二）之《民主政治——主权在民》）

（五）治统

中西科学思维模式的差异，深刻影响了国家和社会治理的理念与模式。在传统中国构造整合法的视域中，社会秩序的构建应遵循人类社会关系生成演化的自然规律。人类社会关系按生成演化的自然顺序可分为五类：最原初最内在的关系是基于血缘的亲情关系，首为父（母）子（女），次为兄弟（姊妹），进入青春期后，萌生男女爱情，阴阳和合而有夫妻关系，成年后进入社会又有上下级（君臣）关系与朋友关系。人类所有的社会关系无外乎父子、兄弟、夫妇、君臣、朋友五类，是为"五伦"。五伦有常，则社会有序。国家和社会的治理，关键是根据五伦关系来确立社会分层与分工的资源分配规则及再分配协调规则,此谓"礼"。通过道德教化,社会成员明礼守礼,即理解和履行自己在五伦中应尽的责任和义务,天下便可得大治,是谓"礼治"。在西方分析还原法的视域中,人是生而自由平等的原子化个体,社会秩序的构建应该以保障个体的自由为最高目标,其关键则是要保障个体的权利,而保障权利的关键则是设立惩罚侵犯个体自由和权利行为的法规条文和审判执行程序,此谓"法"。在法律限制之外,人们可以任性尽情而为,追求自己的"自由",即"法不禁即可为",是谓"法治"。(详见第七章第一节·五《治理体系:礼治体系与法治体系》)

上述学统、道统、国统、政统和治统五方面密切关联,相生相克,构成中西文明传统之整体,如表2-7所示:

表2-7　中西文明传统比较一览表

文明传统	中	西
学统	构造整合,复杂科学 统类是一,总别不异	分析还原,简单科学 各自布局,畛域自限
道统	道一德一仁一义	高德(God)—蒙恩得救—爱神爱人—称义成义 自由—人权—平等—民主
国统	天下主义,贡赐体系	族国主义,条约体系
政统	主权在天,三才制衡 天人合一,永续发展	主权在民,民意独大 天人对立,生态危机
治统	伦常为本(二人本位) 礼乐教化(内在维持模式)	权利为本(个人本位) 法不禁即可为(外在维持模式)

第三节 中西数学思维的比较

"数"的发明是人类理性思维（确切地说，是归纳思维）出现的标志，也是人类文字出现、文明诞生的标志。（见本章第一节·三《数字文字——理性思维》）随着人类文明的发展，由于"数"所独具的高度精确性、简洁性、抽象性和普适性，"数"的运用超越了测量与计算的范畴，成为人类用以描摹宇宙运行、揭示宇宙规律的最重要的理性工具。"数学公认为科学的科学。任何学问要想成为科学，最要紧的即在于使该学问受数学的洗礼，采用数学的方法"[1]；数学也深刻地影响了社会人文学科，"数学决定了大部分哲学思想的内容和研究方法，摧毁和构建了诸多宗教教义，为政治学说和经济理论提供了依据，塑造了众多流派的绘画、音乐、建筑和文学风格，创立了逻辑学，而且为我们必须回答的人和宇宙的基本问题提供了最好的答案……作为理性精神的化身，数学已经渗透到以前由权威、习惯、风俗所统治的领域，而且取代它们成为思想和行动的指南。最为重要的是，作为一种宝贵的、无可比拟的人类成就，数学在使人赏心悦目和提供审美价值方面，至少可与其他任何一种文化门类媲美"[2]。

人类文明最有序的理性思维是由数学家奠定的。东西方的科学家与思想家都需要借助数学成果来进行理性探究。中国历代大哲无不具备深厚的构造性数学知识，如孔子、子张、墨子、董仲舒、周敦颐、朱熹等；西方古代大哲如柏拉图、亚里士多德、欧几里得，也无不如此；西方的近现代大科学家与哲学家也都具有高深的数学修养，科学家如开普勒、伽利略、牛顿、爱因斯坦等，哲学家如笛卡尔、斯宾诺莎、莱布尼茨、康德、黑格尔、罗素等。

---

[1] 贺麟：《近代唯心论简释》，世纪出版集团，上海人民出版社2009年版，第95页。
[2] 〔美〕M.克莱因：《西方文化中的数学》，张祖贵译，复旦大学出版社2005年版，前言。

上述中西思想家与科学家中的大部分，本身甚至就是卓越的数学家。数学被称为"科学之父"，"科学之母"——事实——只有与"数学"充分结合，才能孕育、产生出"科学"。数学也是"哲学之父"，"哲学之母"——思辨——只有与"数学"充分结合，才能孕育、产生出"哲学"。因此，欲深入理解中西文明的思维模式，必深入理解中西文明的数学思维。

人类最早期的数学都是构造性的。在轴心文明时期，中西数学的发展路径有了分异：前者依然遵循了构造性数学的路径，后者则走向了不变式数学。[1] 以下先论中西数学思维的演化路径，之后概述中国传统数学的体系，最后进行中西数学思维的比较。

一、中西数学思维的演化

欲理解中西文明的数学思维之不同，先需探究中西数学思维的相同源头，再辨析演化的不同路径。

（一）相同源头：测量出数，数形统一[2]

数学是关于数与形的理性探究，即用元素（如数中的 1，2，3，4……再如形中的点，线段，圆……）及元素之间的关系（如大于、小于、等于、加、

---

[1] 参见《吴文俊论数学机械化》，山东教育出版社 1996 年版，第 440 页："中国古代数学基本上是构造性的"（即："要证明存在就必须同时给出求法"，第 442 页）、第 78 页："几何与代数统一处理乃是我国古代数学的一个传统特色"（即证明存在的同时给出求法）。不变式是"……考虑 N 个点……造出一些式子"，合乎一些条件，只证明存在性（第 442 页）；如果找到了求法，就可以认为是构造性的（第 442—443 页）。本书所说的"构造整合法"与"构造性数学"（尤其是其中的几何与代数统一处理）的方法基本一致；本书所说的"分析还原法"则与"不变式数学"中将几何图形还原为 N 个点且"造出一些式子"相通（无论找到求法与否），即：返构布局时采用造出式子的方法，如牛顿定律、波动方程等。另一方面，分析还原法在不变式数学中的体现不止于"造出一些式子"，还包括对数字和图形分割解剖，进行还原。（张祥平：《经典复杂科学》，中国社会科学出版社，2013，第 8 页下注）。

[2] 编自张祥平：《经典复杂科学》，中国社会科学出版社 2013 版，第 117—119 页。

减……再如点在线上，点在线外，相交，平行……）作出互不矛盾的语句组合（如运算与结果，定律与公理，定理与推论……）。

数是测量的结果。测量是如下过程：选择测量单位，与被测对象对应，对应的结果是数量[①]。

带量纲（测量单位）的数（即数量，如"二尺"）是形而下的技术表述，去掉量纲的数（即数本身，如"二"）是形而上的思辨表述[②]。

"一尺之棰，日取其半，万世不竭"（《庄子·杂篇·天下》）是从形而下（一尺、半尺、四分之一尺等）到形而上（不竭），即无穷减半之后仍对应一个形而上的数。此时所"取"，是形而上的"棰"。真实的棰可视为理想点的线状扩展，即长度远大于宽度和厚度。当长度减小到一定程度，就不能视为理想点的线状扩展（宽度与厚度太小，测量单位难以厘定），只能视为理想点的片状扩展或球状扩展。从实际测量来看，在有限次对应（含发现循环对应之后停止测量）之后应当得到测量结果（带量纲的数），而"万世不竭"意为推算出的结果（不必带量纲）。

形是几何图形，是人类与环境互动过程中所进行的最基本的识别之一。人的识别能力相关于人类进化历程。最基本的识别是指：缺少相关识别能力的人在进化过程中被淘汰。例如，不能识别几何图形的人被淘汰。

最小的几何图形是点，可观测的真实点既不能长度为零，也不能宽度为零或厚度为零；但是可以假设"理想点的三维线度都是零"，即"至小无内，谓之小一"。中国战国时期的《庄子·杂篇·天下，惠施》和古希腊欧几里得的《几何原本》不约而同地给出了这个假设。不同之处是：中国在春秋时期从简单科学迅速提升为复杂科学，发展出构造整合法（整体公理化），所以惠施在这个假设之前还假设"至大无外，谓之大一"。

东西方的数学在早期（先于惠施和欧几里德）都是构造性的，即几何

[①] 详见张祥平：《数·测量·复连续——兼论刘绍光"一元数理论"的基本假设》，载《大自然探索》1994 第 3 期。

[②] 《墨子·经上》："倍，为二也。"《墨子·经说上》："二尺与尺但去一。"

与代数统一处理。① 例如，阿拉伯数字中的 1，罗马数字的 II，III。汉字中的一、二、三，都是几何与代数统一处理：短竖线或短横线是几何图形，表示的东西却是数。竖横的区别相关于文字书写顺序：横写用竖线，竖写用横线②。西方数学家也认识到了这一点："数字可以被替换或还原为一串短竖线。"③

中国先民采用的筹算方法是"几何与代数统一处理"的典型表现。将算筹（筴，箸）作为计算工具，把短竖线与测量统一处理。算筹本身可以看作为测量结果（表示数的短竖线），也可以作为测量单位（用来与被测对象相对应）。例如把两个苹果放在一起作为同一个测量对象，用两根算筹分别与两个苹果对应，就完成了测量，测量结果是 2。可以表达为作为同一组出现的两根算筹。这样的统一处理使得数学最基础的部分很容易在"出入相补原理"（见下文简述）的基础上完成理性自洽。例如，从"1+1=2"、"1+1+1=3"和"1+2=3"，很容易（构造性地）证明交换律"2+1=3"和结合律"1+(1+1)=(1+1)+1"。（上面五个引号中的"1"都表示把一个苹果作为一个测量对象，以及把其他的测量对象如一个馒头，一个男人等，作为测量对象，进行测量，最后进行归纳，表述为无量纲的数字"1"；"2"都表示把两个苹果作为同一个测量对象，以及把其他的测量对象如两个馒头，两个男人等，作为同一个测量对象进行测量，最后进行归纳，表述为无量纲的数字"2"；"3"都表示把三个苹果作为同一个测量对象，以及把其他的测量对象如三个馒头，三个男人等，作为同一个测量对象进行测量，最后进行归纳，得到无量纲的数字"3"；"+"都表示把符号左边的几根算筹和符号右边的几根算筹放在一起表述为一个数字；"="都表示左边的一个数字与右边的一个数字是同一个数字）。④

---

① 吴文俊：《吴文俊论数学机械化》，山东教育出版社 1996 年版，第 442、78 页。
② 张祥平：《〈易〉与人类思维》（第二版），重庆出版社 2004 年版，第 119 页。
③ 〔美〕王浩：《哥德尔》，康宏逵译，上海世纪出版集团译文出版社 2002 年版，第 202 页。
④ 张祥平：《经典复杂科学》，中国社会科学出版社 2013 年版，第 117—119 页。

（二）不同路径：构造整合 vs. 分析还原

前文曾述，由于中西数字"造型"的发展不同，导致记数体系不同，并进而导致了算术思维不同，尤其是除法的不同。在中国，由于有十进位值制与筹算技术，除法的计算是由整体到局部，结果适度留余；在埃及，由于没有位值制，除法的计算是从局部（除数加倍）着手，由局部到整体，力求精确，不留余地（见本节·一·（二）《中西科学思维发源的数学比较》）。

中西算术思维的不同，还特别表现在数学图表方面：前者出现了构造性的加法表和减法表（即河图洛书，详见下文），后者出现了拆分表（古埃及）[①]。

进入轴心文明时期，中西数学思维的演化经历了相同的演化环节：二者都是先有以数学为基础的抽象思辨，奠定了两大文明的数学理性精神；继之是关于思维方法的反思、总结与提炼，从而确立了思维方法的基本原则；之后，出现了数学观念与数学工具的伟大创新，数学从"静态性"的演算工具成为"动态性"的理性探究利器；最后是构建公理体系，中西数学思维方法基本成型。中西数学思维演化历程虽相似，但"方向"不同：中国的发展方向以构造、整合为主流，西方的发展方向则以分析、还原为主流。

以下将对二者分别梳理。虑及当代大多数人更熟悉西方数学思维，先论述西方数学思维的演化路径，然后以此为参照，再论述中国传统数学思维的演化路径。

需要指出，数学思维的演化与科学思维的发展密切关联、不可分隔，因而理解中西数学思维的演化应在中西科学思维演化的大背景下观之。

1. 西方数学思维的演化路径

（1）数学理性奠基——数形分离

前文曾述，古希腊的毕达哥拉斯将去掉量纲的抽象的"数"（自然数）作为世界的本原，并认为数目序列的衍生和几何元素的衍生一致。随着数目序列推进，可依次得到维度逐步增加的空间，以及在此空间中越来越复杂的几何形体，乃至形成万事万物（见本节·二·（一）·1 之《数学基础》）。

---

① 李文林：《数学史概论》（第二版），高等教育出版社 2002 年版，第 19 页。

毕派将万事万物还原为无量纲的"数",导致数与形的分离,这奠定了西方数学分析还原思维方法的基础,影响直至近代,使得西方数学家认识不到"数是测量的结果"。①数与形的分离导致了西方数学的"第一次危机",即无理数的发现:边长为1的正方形的对角线,无法用"数"(自然数或自然数之比——分数)来表示,动摇了毕派"万物皆数"的信条。②(在中国传统的构造性数学中,"数学的一些重要概念,可由古算法来定义或导出……顺理成章。如:分数源于除法和开方:'微数无名者以为分子,其一退以十为母,其再退以百为母……';负数源于解线性方程组的加减消元法:'今两算得失相反,要令正负以名之';无理方根源于开方:'若开之不尽为不可开,当以面命之。'等等"。③)

(2)思维方法提炼——分析法

柏拉图认识到毕达哥拉斯的不足,所以不以数目为本原,而以"理念(扼多)"为本原。"理念(扼多)"是以几何图形(形,理)为基础而抽象(超越)出来的形而上的重设名词(见本节·二·(一)·1之《认识论与方法论》)。为了追求完美的永恒的"理念",柏拉图"关心证明,关心推理过程的方法论……第一类是分析方法……第二类是归谬法或间接法"。④柏拉图"是第一个把严密推理法则加以系统化的人……至少从柏拉图时代起,数学要求根据一些公认的原理作出演绎证明"。⑤

(3)数学观念创新——比例理论(实数理论)和极限观念

柏拉图的高足尤多索斯提出比例理论和极限观念,使西方数学的"第一次危机"得以化解,成为现代数学分析的先驱(实数理论与极限方法正是数学分析的基础)。

---

① 张祥平:《经典复杂科学》,中国社会科学出版社2013年版,第124页。
② 李文林:《数学史概论》(第二版),高等教育出版社2002年版,第38页。
③ 傅海伦:《中国传统数学构造性思维及其现代意义》,载《自然杂志》2001年04期,第237—240页。
④ 〔美〕M.克莱因:《古今数学思想》(一),张理京译,上海科学技术出版社,第51页。
⑤ 同上书,第52页。

尤多索斯比例理论的核心是：倘若 a，b，c，d 四个量成比例（即 a:b=c:d），那么无论整数 m，n 为何，倘若 ma／nb，则 mc／nd；倘若 ma>nb，则 mc>nd。表面上看来，这里说的好像只不过是四者成比例则有交叉相乘关系而已。其实不然，因为这里涉及的"量" a，b，c，d 可能是对角线长度或圆面积，也就是无法以有理分数界定的无理数。倘若如此，那么对古希腊数学家而言，说这些量"成比例"到底是什么意思就无法严格界定。上述定义等同于将所有有理分数 n/m 划分为 ma ≤ nb 或 ma>nb 两类，亦即 a/b ≤ n/m 和 a/b>n/m 两类，由此就为比值 a/b 找到了严格定义，即是划分两组有理分数（这些是可以清楚界定的）的"分割数"。事实上，19 世纪狄德金（戴德金）为普遍的无理数所提出来的定义，即所谓"狄德金分割"，和尤多索斯的这个定义在观念上完全相同。所不同者，仅仅是古希腊数学中只有比例而并没有普通分数这名称而已。比例理论把"数"从自然数和自然数之比（分数）扩展到"实数"，即包括有理数和无理数的"连续统"，化解了无理数的出现引起的数学危机，使得希腊数学可以在稳固的逻辑基础上，精确测度几何学中所涉及的各种线段、面积、体积。[①]

尤多索斯极限方法的核心是：从任何数值减去其本身的一部分，再从余数减去同样部分，如此反复，那么至终所剩余数必将小于任何预先决定的数值。用现代数学语言来说就是：给予任何正整数 A，那么预先决定的 ε 无论如何小，必然可以找到整数 N，使 n>N 时 A（1—r）n／ε，其中 0／r／1。换而言之，A（1—r）n 在 n 趋于无穷大时的极限为 0。这个方法本身的证明并不困难，但它的应用非常广泛，主要在于以两组多边形分别逼近两条不同曲线，然后通过多边形面积的比较来做相应曲线所围面积的比较，并且用归谬法（即倘若 A 既不大于亦不小于 B，则两者必然相等）来严格证明后两者的精确关系。以下三个关系在今天看来只不过是常识，但它们的严格证明最初都是尤多索斯用上述归谬法得到的：不同大小的两个圆面积之比等于其直径平方之比；

---

① 陈方正：《继承与叛逆——现代科学为何出现于西方》，生活·读书·新知三联书店 2009 年版，第 163—164 页。

方锥体的体积等于同底同高的方柱体的 1/3；圆锥体的体积等于同底同高的圆柱体的 1/3。后两个关系其实最初是由德谟克利特发现，但严格证明则有赖尤多索斯的方法之出现。①

至此，西方数学思维的精神内核得以确立，即以直观分析为基础，通过演绎推理追求严格证明，并专注于数学元素之间的线性组合关系，如几何形体的测比。

（4）公理体系构建——几何原本

欧几里得集古希腊数学之大成，在《几何原本》中构建了严谨的公理化体系，西方数学思维方法基本成型（见本节·二·（一）·1 之《公理体系》）。

西方数学思维的上述演化路径发生于轴心时期古希腊的"第一次科学革命"，在近代西方的"第二次科学革命"期间②，历史重演：①数学理性奠基：开普勒致力于以数学的"和谐性"探索宇宙，以简明的数学公式重建天体运行的有序图景，是"从古希腊天文学的柏拉图偏执转向物理性原则的决定性一步"，③为西方数学理性精神的重建奠定了基础。他以"无限多个无限小元素之和"求旋转体体积，后来卡瓦列里提出不可分量原理，二人成为现代微积分的先驱。④②思维方法提炼：笛卡尔如同柏拉图，强调知识必须通过严格的数学演绎推理得出，并概括了分析还原法的基本原则，其创立的坐标系将变量引进数学，使运动与变化的定量表述成为可能，为微积分的创立搭建了平台。③数学观念创新：牛顿、莱布尼茨完成了微积分的观念创新，澄清了微分与积分之间的关系，使计算系统化，为描述、研究运动现象提供了强有力的数学方法，被誉为"人类精神的最高胜利"。⑤④公理体系构建：包括康托尔、戴德金等建立的实数公理体系，希尔伯特建立的几何公理体系等。

---

① 陈方正：《继承与叛逆——现代科学为何出现于西方》，生活·读书·新知三联书店 2009 年版，第 164—165 页。

② 同上书，第八—十章。

③ 同上书，第 546 页。

④ 李文林：《数学史概论》，高等教育出版社 2002 年版，第 146—149 页。

⑤ 同上书，第 176 页。

2．中国数学思维的演化路径

（1）数学理性奠基——象数整合

前文曾述，《象》作者开创了"象数易"。与毕达哥拉斯将万物还原为无量纲的"数"，导致数形分离相反，"象数"是几何（象）与代数（数）统一处理。"象数易"不仅将几何（象）与代数（数）相整合，还将象数与自然环境及历史人文相整合，奠定了中国传统数学构造整合思维方法的基础。《象》作者勾勒的"天行健，君子以自强不息"、"地势川，君子以厚德载物"的图景则是中国传统科学"天人合一"宇宙模型的源头。（见本节·二·（二）·1之《数学基础》）

（2）思维方法提炼——述识法

孔子强调在"述而不作，信而好古"（包括河图洛书、《象》《彖》数理）的基础上，需要"默而识之"。"默而识之"是指心领神会地把相关事实整合为几何图形进行识记，可视为：默而识之≈心领神会＋图形记忆。孔子的"述识法"与柏拉图的"分析法"都是基于"几何"而提炼出来的方法论，但前者强调的是"心领神会"的求同存异、进行整合，后者强调的是直观分解、进行还原。孔子提出"正名言行"，概括了构造整合法的基本原则，正如笛卡尔概括了分析还原法的基本原则。孔子发明的地乘图将复杂演化引入数学，成为创立太极生卦、探赜沟深的平台，正如笛卡尔发明的坐标系成为创立微积分的平台。（见本节·四·（二）·2之《孔子的方法论》及下文）

（3）数学观念创新——太极生卦和探赜沟深

孔子的高足子张创立太极生卦和探赜沟深（构造性微积分），是中国传统数学观念的重大创新与突破，为描述、研究复杂现象的生成演化提供了强有力的数学方法，其意义如同不变式微积分的创立，是"人类精神的最高胜利"。（详见下文）

（4）公理体系构建——易图六帧和墨辩六部

子张在《系辞》中构建了以"易图六帧"为框架的图示公理体系，墨子则在墨辩六部中构建了文字的公理体系，中国传统数学的思维方法基本成型。（详见表2-8）

表 2-8 中西数学思维演化路径表

演化环节	中国数学思维的演化历程			西方数学思维的演化历程					
				古希腊（第一次科学革命）			近代欧洲（第二次科学革命）		
	时间	人物	内容	时间	人物	内容	时间	人物	内容
数学理性奠基	西元前10世纪	《象》作者	数与形的构造整合象数思辨模型	西元前6世纪	泰勒斯、毕达哥拉斯	数与形的分析还原线性思辨模型	西元1615、1635	开普勒、卡瓦列里	微积分的酝酿天体运行模型
思维方法提炼	西元前6世纪下半期	孔子	天人论述识法地乘图	西元前5世纪下半期	柏拉图	理念论分析法	西元1644年	笛卡尔	唯理论怀疑法坐标系
数学观念创新	西元前5世纪	子张	探赜沟深（构造性微积分）	西元前4世纪上半期	尤多索斯	比例理论极限方法	西元1685年—1687年	牛顿、莱布尼茨	不变式微积分
公理体系构建	西元前5世纪下半期	子张、墨子	构造性数学的公理体系	西元前4世纪—3世纪之交	欧几里德	不变式数学的公理体系	西元19世纪下半期	康托尔、戴德金/希尔伯特	不变式数学的公理体系

注：表中"近代欧洲（第二次科学革命）"的"时间"序列根据以下科学著作的发表时间确定：1615年开普勒的《测量酒桶的新立体几何》；1635年卡瓦列里的《用新方法促进的连续不可分量的几何学》；1638年伽利略的《关于两门新科学的谈话和数学证明》；1644年笛卡尔的《哲学原理》；1685年牛顿的《论运动》《论物体的运动》；1687年牛顿的《自然哲学的数学原理》。1883年康托尔的《一般集合论基础》1888年戴德金的《什么是数，什么是数的目的》1899年希尔伯特的《几何基础》

二、中国传统数学的体系

从对中西数学思维演化的梳理中，可见中国传统数学源远流长。而且，中国数学随着中华文明传播域外，对世界数学的发展贡献巨大。然而，当代中外算家，往往或拘泥于西方数学的先入之见，或着眼于以现代的数学方法与成就理解古人著作，以西释中，以今议古，致使面目全非，掩盖甚至歪曲了中国传统数学的真实面目。要了解中国传统数学，必须撇开西方数学的先入之见，依据中国传统数学的原始资料，设法分析与复原中国传统的思维方式和方法，才有可能认识其真实面目。[①]

以下略述中国传统数学固有的体系与内容，以期为中国的传统数学勾勒一简明轮廓。

（一）基础框架[②]

易图六帧搭建了构造性数学（代数几何化，几何代数化）的基础框架。

1. 易图一：河图

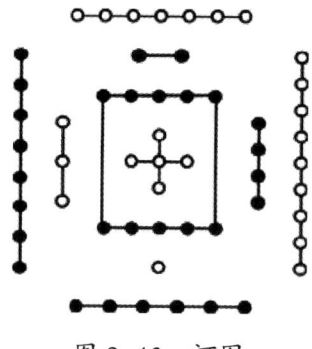

图 2-13　河图

河图是构造性加法表：$y=5+x$（x 是整数，从 1 到 5）。

最早记载见《尚书·周书·顾命》。河图的首制者当是商代武丁时期的

---

① 吴文俊：《对中国传统数学的再认识》，载《吴文俊论数学机械化》，山东教育出版社1996年版，第30页。
② 张祥平：《经典复杂科学》，中国社会科学出版社2013年版，第111—113、133—142页。

名臣傅说，曾在黄河边居住。方形（四方+中央）的记载见《周易·系辞上》第十章"天数五，地数五，五位相得而各有合"。另见《庄子·杂篇·天下》"明于本数，系于末度，六通四辟"，河图的本数为五，末度为一，合而为六，与一同在下位（通）。

把 y=5+x 几何化之后，5（本数）在中心，x 中的 1，2，3，4 在四边，y 在 x 的外侧（通）；5+5=10 在中心上下两侧。中国古图下北上南，左东右西。一在北，对应于极星。三在东，对应于参星。二在南，对应于观测筒的上下两个孔。剩下的四在西。全球各地的数学在早期都是构造性的，数学与几何互动，也与其他实际问题互动，证明存在就必须给出解法。参见《吴文俊论数学机械化》，山东教育出版社，1996年，第442页。清代江永在《河洛精蕴》中把加数称为生数，和数称为成数。

2. 易图二：洛书

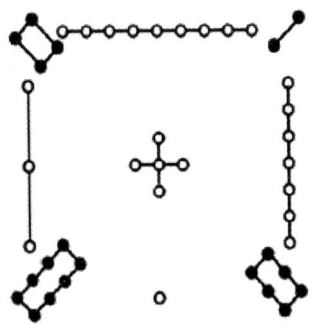

图 2-14　洛书

洛书是构造性减法表：y=10-x（x 是整数，从 1 到 9）。

最早记载见《周易·系辞上》。洛书的首制者当是主持洛邑建设的周初召公姬奭。另见《庄子·杂篇·天下33》"明于本数，系于末度，六通四辟"，洛书的本数为十，十减六为四，四与六处于对角（辟）。洛书的末度与河图一样，也是一，但在行文中，减数取上文所言的六（河图中 5+1=6）。

把 y=10-x 几何化之后，10 不示出，x 中除了 5 之外的八个在四边四角，5 在中心，y 在 x 的中心对称处（辟，5 仍在中心）。

3. 易图三：地乘

1	2	3	4	5	6	7	8
2	4	6	8	1	3	5	7
3	6	9	3	6	9	3	6
4	8	3	7	2	6	1	5
5	1	6	2	7	3	8	4
6	3	9	6	3	9	6	3
7	5	3	1	8	6	4	2
8	7	6	5	4	3	2	1

图 2-15 地乘

地乘是构造性乘法表（并显示除法和分数）：z=xy（x 和 y 都是整数，分别从 1 到 8）。

最早记载见《周易·系辞上》第 7 章所记"知崇礼卑，崇效天，卑法地"中的"法地"。地乘的首制者是孔子，即《周易·系辞上》第 11 章所记"河出图，洛出书，圣人则之"中的"圣人"（孔子则河洛而制地乘）。但在先秦，时人认为地乘设于陈国（见下引《庄子·天下篇》），原因是子张学派发展了六艺（礼乐射御书数）中的数（构造性数学），把地乘的内涵扩展到除法和分数（用乘积除以乘数，不拆分算筹，那么可以得到 28 个整数和 36 个分数，其中同分母的对称位置上的两个真分数之和为一，"对称"是指不含分母的 7 个数中的第 1 与 7、2 与 6、3 与 5 位），时人关于地乘的知识来自子张学派。《庄子·天下篇》记有："其数散于天下而设于中国者，百家之学时或称而道之。""中国"指陈国：东宋鲁，西许郑，北晋燕，南蔡楚。子张是陈国人。关于"称而道之"，参见《管子·小匡》："河出图，洛出书，地出乘黄。"《墨子·非攻下》："河出绿图，地出乘黄。"

把 z=xy 几何化之后，x 在最上第一行（设），y 在最左第一列（设），z 在相应的行列交汇处（位），z 的取值规则（设）是：x 和 y 的乘积的个位与十位相加之和；若相加后大于 9（散），则再相加。这个图是隐式的乘法表。未隐的乘积只有 21 个：1 乘任何数与自身相等，以及 2 乘 2 等于 4，2 乘 3 等于 6，2 乘 4 等于 8，3 乘 3 等于 9。其他的 43 个乘积都是两位数，但在表中是一位数。编制原则源于筹算，即把十位上的筹和个位上的筹合在一起作为表中的数字，如果合在一起超过十，那么就把第二次筹算的十位上的筹和个位上的筹合在一起作为表中的数字。图中有 37 个两位数积的十位与个位相加之和小于十，所以用图中数减去相应的十位（依次为 1 到 4，下述 6 个数为 4 到 6），就得到个位。右下角的 6 个数是二次相加所得，还原为一次相加之和的方法是：十位为一，个位为表中之数减一。这个乘法表中没有以 9 为乘数的乘积，因为以 9 为乘数的乘积全是二位数，而且十位与个位相加都是 9，只要记住这个本数，用 9 减 1 到 8，就得到 9 乘 2 到 9 的积的个位数，十位与减数相同。除法显示是由 z 除以 x，z 按表中取值，可从表中查到 21 个 y，其他 43 个之中有 36 个分数。

从检索乘积来看，地乘不是直接的，而是间接的（非线性）；但是从构造性数学的内在明辨（逻辑）来看，地乘是构造性数学的里程碑。承上（河图、洛书、线性）启下（大极生卦、九宫探赜、指掌钩深），在较高的层次上促进空间（象）思维能力，促进构造性整合的能力。

注：此图传自近代中医梁致堂先生，78 己未年（西历 1979 年）公之于世。引自吕嘉戈《易经新探》附录一：梁致堂撰《中医理论核心问题的探讨·三./内经＞数理问题的探索和推衍》，中国文联出版公司，1994 年版第 262 页。该页图下只有三个字"运算法"。梁致堂先生表述了中心对称规律，与近代数论中的一些情况十分相似：有些东西，似乎是从结构本身冒出来的，而不是数学家们预先放进去之后再推算出来的，参见罗杰·彭罗斯：《皇帝新脑》，长沙：湖南科技出版社，1995，第 111 页。构造性数学显示出复杂世界的多样性和谐：地乘正如河图洛书。河图不只是加法表，从河图中还可以看到许多其他的信息。同样，洛书不只是减法表，从洛书中还可以看到许多其他的信息。参见华明：《〈河图〉〈洛书〉——中华文化起源千古谜》，载《科学智囊》1996 年第 6 期第 58—64 页。梁致堂先生为运算法（地乘）提供了如下信息："盖八为圭表之定位，子午之准绳也，汉刘歆谓八卦九章相为表里，故可按八方图式以纪九数，

亦即灵枢九宫八风篇之九宫，综观12方位之气数，类经谓'气者气候也，数者气数也'。图中以4、5两数居中，执其中则得一矣，古谓'唯精唯一，允执厥中'，故或以4之式，顺纪4、8、3、7、2、6、1、5、9之序，或以5式逆纪9、5、1、6、2、7、3、8、4之序。通理各宫各数，顺逆相成，正负相因，古今中外，理无二致。"梁致堂先生提供的信息可以概括如下：图中的数字是八乘八矩阵，只用了九个数，而且全图呈现中心对称的规律，即第4与第5行的数字排序呈中心对称，第1与8、2与7、3与6仿此。

4．易图四：太极生卦

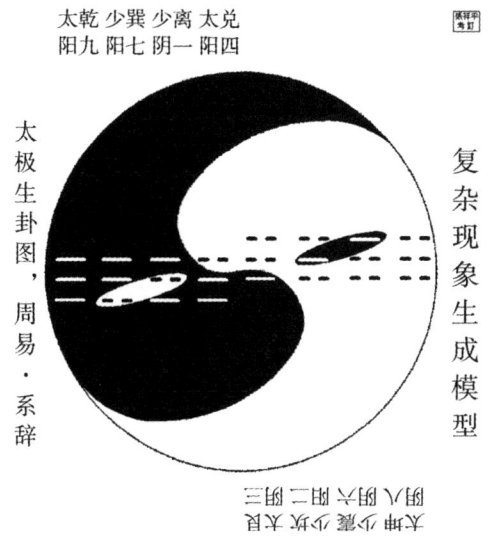

图 2-16　太极生卦

太极生卦是复杂现象的生成模型（自组织过程），是构造性紧致收敛的非齐次随机过程：$P_{ij}(t,\tau)=1$ 当 $K>\tau-t>1$。首制者当是《周易·系辞》的作者子张，见《周易·系辞》第7章"天地设位而易行乎其中矣"和第11章"易有四象，所以示也"中的"易"，以及第11章所记太极两仪四象八卦吉凶大业。

随机过程与信息论一样，是不变式数学的一个前沿分支，其中的平稳过程是紧致的马尔科夫过程；马尔科夫过程是无后效的；平稳过程有后效，前后的相关是齐次的；自组织过程不但有后效，而且前后之间以非齐次相关。把自组织过程几何化之后，太极生卦图用几何图形显示相关过程，八卦配数显示非齐次。

"相关过程"是（以温差液花现象过程为例）：①平衡态意义微观粒子相对无序的简单状态（太极，几何图形是大圆圈，马尔科夫过程）；在温差液花现象中，容器中的液体在恒温条件下，液体分子"无差别"地作相对无序的布朗运动。②输入影响较大的部分和输出影响较大的部分（两仪，几何图形是S形曲线与半圆弧围成的两个封闭图形，一白一黑，平稳过程）；在温差液花现象中，加热容器，液体内部产生温度梯度，热量通过热传导方式由下向上输运，体系呈现的仍然是简单状态（近平衡态）。③以上两部分加上较少受影响的部分和非线性放大的动态核心（四象，几何图形是两个椭圆加上挖去椭圆的两仪，白仪中的椭圆为黑，黑仪中的椭圆为白，开始自组织）；在温差液花现象中，由于容器内的水分子在获取能量、物质及信息时不"平等"，涨落在临界点附近被非线性放大，系统远离平衡态秩序。④非平衡态秩序（由八卦整合的全图，完成自组织，八卦由四象生出：白色部分全都生出阴爻"--"，黑色部分全都生出阳爻"—"。黑白椭圆各生二爻，另外的两个象各生十爻，共24爻；每卦三爻，共八卦。八卦贯通四象）；在温差液花现象中，液体呈现出许多规则的对流"水花"，对称破缺出现。

"非齐次"是指：一二三次方出现在同一个随机过程中，借助八卦配数显示。八卦配数是几何代数化，即以最短的几何线段"-"作为测量单位（明而生蓍），测得"--"为2，"—"为3（参天两地而倚数）；三码符号的配数规则是：2的3次方，3的2次方（观变于阴阳而立卦），奇偶相消作减法（发挥于刚柔而生爻），下码减数为2，中码减数为小于被减数的最大偶数，上码减数为2+3=3+2=5，结果是：坤8、震6、坎2、艮3、乾9、巽7、离1、兑4。上述的八卦符名配置数字的计算原则是说卦原则，见《周易·说卦》："幽赞于神，明而生蓍，参天两地而倚数，观变于阴阳而立卦，发挥于刚柔而生爻。"关于八卦配数，还有其他原则，如清代的江永原则、当代的北大原则[1] 等。

---

[1] 张祥平：《从"极、仪、象、器"到"八卦成列，象在其中"》，载《哲学、宗教、艺术两岸三地文化交流研讨会》论文，成都，1998年11月26—28日。

太极生卦图可由地乘和八卦推演而成：地乘中 4 个 "9" 的外围连成一个正方形（其他 8 个数字都不能连成正方形："3" 和 "6" 各有 12 个，1、2、4、5、7、8 各有 6 个），以这个正方形的对角线为直径作圆，圆内和圆周上共有 24 个数字：9、3、6、1、8 各有 4 个，2、7 各有 2 个；互不相同的数字有 7 个，加上作为频率而多次出现的 "4"，正好是八卦测量配数（几何代数化）； 在这个意义上，可以看作太极（圆）生八卦。更高层次的构造整合是，不借助代数而从圆中生出八卦，过程如下：一，4 个 "9" 连成的正方形内，把 4 个 "3" 用平滑曲线连接并延伸到圆，使得圆被分成两个全等的图形（两仪），这条平滑曲线呈 "S" 形（不用 4 个 "6" 来得到镜面对称的 S 形，因为 2 和 3 是八卦配数的源头），两仪用不同的色调（一白一黑）来区分（相当于不变式数学中笛卡尔坐标的正负区分）；二，4 个 "9" 连成的正方形内，把 2 个 "2" 分别用椭圆圈起，白仪中的椭圆为黑色，黑仪中的椭圆为白色，得到 4 象中的两个象（相当于纵坐标）：黑椭象和白椭象。另外两个像是挖去椭圆的两仪（相当于横坐标）：白仪象和黑仪象；三，在四象中去掉数字，在白仪象中生出 10 个 "--"（六，阴爻），黑仪象中生出 10 个 "—"（九，阳爻），白椭象中生出 2 个 "--"，黑椭象中生出 2 个 "—"，以上 24 个符码（爻）组成八卦。

5. 易图五：九宫探赜

31 (四4)	76 (四9)	13 (四2)	36 (九4)	81 (九9)	18 (九2)	29 (二4)	74 (二9)	11 (二2)
22 (四3)	40 (四5)	58 (四7)	27 (九3)	45 (九5)	63 (九7)	20 (二3)	38 (二5)	56 (二7)
67 (四8)	4 (四1)	49 (四6)	72 (九8)	9 (九1)	54 (九6)	65 (二8)	2 (二1)	47 (二6)
30 (三4)	75 (三9)	12 (三2)	32 (五4)	77 (五9)	14 (五2)	34 (七4)	79 (七9)	16 (七2)
21 (三3)	39 (三5)	57 (三7)	23 (五3)	41 (五5)	59 (五7)	25 (七3)	43 (七5)	61 (七7)
66 (三8)	3 (三1)	48 (三6)	68 (五8)	5 (五1)	50 (五6)	70 (七8)	7 (七1)	52 (七6)
35 (八4)	80 (八9)	17 (八2)	28 (一4)	73 (一9)	10 (一2)	33 (六4)	78 (六9)	15 (六2)
26 (八3)	44 (八5)	62 (八7)	19 (一3)	37 (一5)	55 (一7)	24 (六3)	42 (六5)	60 (六7)
71 (八8)	8 (八1)	53 (八6)	64 (一8)	1 (一1)	46 (一6)	69 (六8)	6 (六1)	51 (六6)

图例

j
(G d)

说明

j=(d-1)×9+G

图 2-17 九宫探赜

九宫探赜是构造性微分或分数维：$\frac{du}{dxdy}$。首制者当是《周易·系辞》的作者子张，见《周易·系辞上》第11章"探赜索隐"。

图中每个单元内含三个数：如图例所示，j是九宫总序数，G是宫位序，d是单宫内部序。九宫总序数从1到81，宫位序从一到九，单宫内部序从1到9。把每个单元的内部数字去掉，改为正交的"十"字线，四端与四边相交。九宫探赜就成为中国围棋的棋盘（19×19）。中国音律中的宫商角徵羽也相关于九宫探赜。[①]

单宫内部序和宫位序相同，都是洛书的内部序。洛书可视为一个大单宫，从一个大单宫到9宫，再到81个宫位或小单宫，相当于从整体到局部的二元微分。九宫与单宫相似，在现代复杂科学中称为自相似，即局部与整体相似。九宫几何与现代的分数维几何都是构造性自相似。用现代数学的术语来说，九宫几何是零维几何或无限维几何。从整数的离散性（理想点）来看是零维。从自相似的扩展性（真实点）来看是无限维。近代几何中的每一维都是连续的，无限的。扩展和缩减都不到一维，即分数维。分数维几何学中的"席尔地毯"是如下构成的几何图形：把一个正方体中央的二十七分之一的小正方体去掉，再把剩下的二十六个小正方体中央的二十七分之一的小小正方体去掉，如此继续下去以至无穷。九宫几何与分数维几何的最大区别是：分数维几何只是几何，九宫几何却与代数学整合在一起。不大于九的九个九宫总序数与宫位序相同，单宫内部序都是1。几何与数学的整合还表现在：按照九宫总序数依次联结，得到九个自相似的几何图形。不大于九的九个九宫总序数都位于九个单宫的下方中间，从1到9依次联结，几何图形是三对平行线段内含一个平行四边形，以及一根两节贯通的线段。从10到18的九个数都位于九个单宫的右上角，依次联结，几何图形也是三对平行线段内含一个平行四边形，以及一根两节贯通的线段。等等。这九个自相似几何图形之间的连线构成四

[①] 参见《礼记·乐记371902》唐代孔颖达疏："宫弦最大用八十一丝……商七十二丝……角六十四丝……半清半浊……徵五十四丝……羽四十八丝"；元代陈[氵皓]集说："刘氏曰：五声之本，生于黄钟之律，其长九寸，每寸九分，九九八十一，是为宫声之数"；81X（2/3）=54，为徵；54+54X（1/3）=72，为商；72-72X（1/3）=48，为羽；48+48X（1/3）=64，为角。

对平行线段,即 9 连 10 平行于 72 连 73,18 连 19 平行于 63 连 64,27 连 28 平行于 54 连 55,36 连 37 平行于 45 连 46。九宫几何比分数维几何更有助于提高复杂科学的数学造诣。全球各地的数学在早期都是构造性的,数学与其他实际问题互动,证明存在就必须给出解法。中国自河图开始,把算术及代数与几何统一处理。每一个数学用图都给出多元的较复杂的信息,不同于不变式数学的公式,只给出线性的简单规则。①

九宫探赜图可由地乘推演而成:把地乘图中由 369 构成的"井"形部分去掉,剩下 9 个小方形,每个小方形都用洛书替换。这样的过程可以向微观或向宏观扩展(在不变式数学的分数维模型中,相关过程是无限的)。在九宫图中,每两个洛书的边或角的邻接处至少有一个 3、6、或 9,唯一的例外是中心洛书 28 对角线及其延伸,这条直线把九宫图分为不对称的两半,差值之和为 6。

注:此图传自近代中医梁致堂先生,梁图名为《太乙九宫图:(九九图)宫位数一览图》,78 己未年即西历 1979 年公之于世。本书的九宫图引自吕嘉戈《易经新探》附录一:《中医理论核心问题的探讨·三./内经>数理问题的探索和推衍》,中国文联出版公司,1994 年版第 304 页。

原图说明:

①表中所列每小方格中心之阿拉伯数字,表示洛书九宫 81 之数。

②表中所列每小方格内括弧中之大中文数字表示九宫之宫位,小阿拉伯数字表示所属宫之位次,共成宫、位、数三才关系。

③单位数即九宫九数,$\begin{cases} 147 \\ 258 \\ 369 \end{cases}$ 三才一宗,内经:"三而三之,合为九野。"

④两位数寓仪象义 $\begin{cases} (两仪四象) & (太极生两仪) \\ & (两仪生四象) \\ (无独有偶) & (四象生八卦) \end{cases}$

八八 64 卦则象数俱务九宫即八卦之方图。

另附:64 卦象数图,宫位数在本稿文中写法稍异,如 81 九 9,21 三 3。

---

① 吴文俊:《吴文俊论数学机械化》,山东教育出版社 1996 年版,第 442、78 页。

6．易图六：指掌钩深

			狗38 44姤					(上半卦)	太史本卦名 太史本序号
		蒙31 22贲	键37 1乾	渐44 53渐		图例		汉传宋本序号	汉传宋本卦名
四月十一		筮30 18蛊	掾36 33遯	涣43 59涣	潜49 35晋				闰七月初七
		泰畜29 26大畜	讼35 6讼	益42 42益	中复48 61中孚				
		艮28 52艮	无孟34 25无孟	观41 20观	家人47 37家人				
		蒙27 4蒙	妇33 12否	礼40 10履	巽46 57巽				
		颐26 27颐	损32 41损	同人39 13同人	少蓄45 9小畜	1 第一周运	2 第二周运	3 第三周运	4 第四周运	5 第五周运
					巳	午	未	申	筮50 21噬	未济51 64未济	旅52 56旅	大有53 14大有	鼎54 50鼎
彖25 23剥	节24 60节	既济 63既济	井22 48井	襦21 5需	辰			酉	罗55 30离	乖56 38睽	卒57 45萃	隋58 17随	困59 47困
塞20 39蹇	习艮19 29坎	屯18 3屯	比17 8比	归妹16 54归妹	卯			戌					
					寅	丑	子	亥					
			解11 40解	登6 46升	巛1 2坤	钦60 31咸			
		少过12 62小过	月夷7 36明夷	复2 24复	夬61 43夬				
		泰壮13 34大壮	林8 19临	师3 7师	泰过62 28大过				
		恒14 32恒	馀9 16豫	嗛4 15谦	勒63 49革				
正月初十		粤15 55丰	辰10 51震	泰5 11泰	夺64 58兑				十月初八

图 2-18　指掌钩深

指掌钩深是构造性积分或周期自组织过程：$\int fi(t)dt = Fi(i=1\cdots5)$。首制者当是《周易·系辞》的作者子张，见《周易·系辞上》第11章"钩深致远"。

图中心的十二地支可视为不变式数学积分的自变量，64卦是函数，"周运"是构造性的不定积分，全图是北半球中纬度一个闰年或一个昼夜的构造性定积分（见下文）。

"巛"读川，是初六三的合音。汉传宋本《周易·易经》中的"坤"在帛书中是"巛"。"巛"是太史本中召公使用的原字，汉传宋本改用"坤"，但是直到汉代仍多用"巛"。图中太史本序号表示64个星期依序相接。图中汉传宋本序号表示汉传宋本的 64 卦顺序。"⦀"在召公日记中是第一个六天，农历 10 月 14 至 19，第一天的帛书是"礼霜，坚冰至"，在冬初，子位，农历 10 月 14。"坤"单元中的三码符号是六码符号的上半。其他仿此，略去相同的三码符号。太史本序的第 1 个到第 8 个六天的六码符号的上半都相同，第 9 个六天才改变最下一个符码，即图中的"馀"，丑位，农历 12 月初 3 的帛书"济于石"显示：仍在冬天，石上的苔藓干枯色杂。从第 9 到第 16 个六天的六码符号的上半都相同。第 17 个六天改变⦀的中码，即图中的"比"，卯位，农历正月 22 的帛书"失前禽"（与汉宋传本相同）显示：鸟兽已出。从第 17 到第 24 个六天的六码符号的上半都相同。依此类推。六码符号的下半也是按照上半的顺序配加。如⦀的下半与⦀的上半相同，复的下半与馀的上半相同，师的下半与比的上半相同，依此类推。馀的下半又与⦀的上半相同，辰的下半又与馀的上半相同，即辰的上下两半全等，少过的下半又与比的上半相同。依此类推。比的下半又与⦀的上半相同，屯的下半又与馀的上半相同，习赣的下半又与比的上半相同，即习赣的上下两半全等。依此类推。

图中的十二地支表示十二个月，下北上南，左东右西，子位在北方，相应于冬季之始，冬至，即冬天到了。冬至这天，从地心向北的自转轴与地心到太阳连线的夹角是钝角，且最大。夏至是锐角，且最小。春分和秋分是直角。地球的自转轴与黄道平面不垂直，所以四季日照的时间不同。在上图中，十二个月的季节运行与第 1 到第 5 个周运都相似。每个周运含十二个六天，共 72 天。第六个周运含三个六天，共 18 天，一个六天无运。图中所示是农历的闰年，共 384 天。地球绕日的轨道呈椭圆形，黄河流域的夏天较长，即长夏。图形似食指无名指和中指。其下似手掌。十二地支还可以表示一天中的十二个时辰，与十二个月自相似，中午相似于夏天，也存在类似于长夏的规律性。地球上的人在每天中午与太阳的距离比这一天中其他时间的距离短，每天子夜与太阳的距离比其他时间的距离长。比 12 个月更长的时间自相似相关于一个甲子，60 个月，或 60 年等。一个甲子是整数，内含五个周运，但是时间自相似要包括类似长夏的规律性或复杂性，略多于 60，不是简单的 60 象数。依此类推。

指掌钩深可由地乘推演而成：地乘图中 4 个 "9" 相连而成的正方形四边上的 12 个小方框（每框内一个数字）作为 12 个月，外围的 "1" 和 "8" 是第一周运，再外围的 "4" 和 "5" 是第二周运，不难继续扩展到第三至第五周运，以及四分之一第六周运和 12 分之一第七周运（图八）。

注：此图根据近代中医梁致堂先生的传图整理。梁的图名为《六十四卦象数指掌方位图》，本书的指掌图引自吕嘉戈《易经新探》附录一：《中医理论核心问题的探讨·三。／内经＞数理问题的探索和推衍》，中国文联出版公司，1994 年版第 305 页。梁图右上角有文字（"四旁"），表示此图的四旁是指掌方位图。原图上方有文字"附十二方位，分为三个坐标示意图（中间）"，表示此图的中间显示方位和坐标。本书指掌图中"周运标志"在梁图中是"行列标志"。第 6 个行列只含四卦。梁图中没有帛书卦名和太史本序号，也没有示出三码符号和月日，只有汉传宋本卦名和序号。梁图按照汉传宋本序号在行列内排序。如乾排在梁图第一行列子位，坤排在梁图第一行列丑位，屯排在梁图第一行列寅位，直到否排在第一行列亥位，接下去同人排在第二行列子位，依此类推。梁图排序中只有数字呈现时间自相似，即 1 到 12，13 到 24，25 到 32 等等。梁图中的 64 个卦名只"作为记数之用"，此句引自吕嘉戈第 210 页。该书第 214 到 215 页的 14 句口诀中都没有卦名。这 14 句的主要内容是：用 "日" 作为十或零，"一" 是测量单位，十的平方到 12 次方除以 81 之后都归入九宫中的第一宫，都处于子午—卯酉赤道坐标轴上，全都相关于洛书及河洛知识论。第 215 页的第 15 句原文是"原始一二立三临"。"原始"指十的零次方，即 1，宫位序和单宫内部序也是 1；"一"指十的一次方，即 10，10 是九宫总序数，宫位序是一，单宫内部序是 2；"二"指十的二次方，即 100，100 除以 81 的余数是 19，19 是九宫总序数，"立三"指第一宫的单宫内部序为 3，"临"指九宫总序数 19。"临"在口诀中只用作记数 "19"。梁著中的其他口诀仿此。梁图中记数的卦名与《周易》中的常用涵义无关，如梁图中的 "乾" 排在属阴的北方，子位。整理后的本书指掌图之中，"乾"排在属阳的南方，午位，农历 5 月 24 至 29，帛书的卦辞内容也相关于夏天，多雨乞停："漫龙""君子终日键键，夕泥"。本书指掌图依照太史本序整

理。太史本序中的卦名也可以用来记数，替换梁传口诀中的记数卦名，如上引原句改为"原始一二立三坎"。逆推可知，梁致堂先生传图中的卦名和口诀出于汉代之后，而整理后的本书指掌钩深由子张的孙代或重孙代学生编制，先于秦始皇焚书坑儒。本书指掌钩深可能另有内传。

原图说明：

①八卦及其方（8的平方）之数64卦既是纪数（数量关系），又是寓象（空间形式），故旧称象数之学。

②三个坐标：赤道坐标子1午7卯4酉10；黄道坐标丑2未8辰5戌11；白道坐标（地平坐标）寅3申9巳6亥12（非指月道）。

以上六图合称易图六帧，是构造性数学的基础，是复杂科学用以描述复杂现象、探究复杂规律的基本数学工具。

（二）公理体系[①]

易图六帧本身是图示的公理化体系，墨辩六部则构建了文字的公理化体系。

墨辩六部中的数学是对易图六帧的图示内容求同存异，进行整合，得到最普适的结果，然后用公理化的明辨语言表述出来。

《墨子·经上1—6》是构造性公理化体系的最初6个定义：①原因（原理），是得到之后能够理解结果（整体）的东西（"故，所得而后成也"）；②局部（个体），是分开整体而得到的东西（"体，分于兼也"）；③对整体的理解，是人类特有的能力（"知，材也"）；④试图理解整体，是人的主动性（"虑，求也"）；⑤对整体的初步理解，是主体从客体接受信号和处理信号（"知，接也"）；⑥达到对整体的理解，是明辨整体的内在秩序（"恕，明也"）。

第一个定义把理性与数学统一处理。第二个定义从整体到局部。其中，"整体"和"分开"都是不可定义的真理概念。但是"局部"是可定义的真

[①] 张祥平：《经典复杂科学》，中国社会科学出版社2013年版，第121—122页。

理概念。在任何一个公理化体系中都会出现体系内不能定义的前提："真理概念在同一语言自身中不可定义。"① "局部，是分开整体而得到的东西"（上述定义2）之后，构造性数学的公理化体系还有许多定义（信号，识别，对应……），以及若干公理、定理。构造性数学的最普适的成果，是上述的河图、洛书、地乘、太极生卦、九宫探赜、指掌钩深。

《墨子·经上7—96》是公理化体系中近取诸身，远取诸物，然后从整体到局部，适度留余的"论物"，使如下的"被识别的事物秩序井然"：二体之间的秩序（仁）、多体之间的秩序（义）、制度秩序（礼）、行为序化（10行，实，忠，孝，信）、序中留余（15狂，狷，廉，令，任，勇）、层间序化与留余（21力，生，卧，梦，平，利，害，治）、情感序化与留余（29誉，诽）、理智序化（31举，言，且，君，功，赏，罪，罚）、时空认知（39久，宇，穷，尽，始，化）、动态认知（45损，益，环，障，动）、测量出数（50止，必，平，同长，中，厚，日中，直，圜，方，倍，端，有间，间，舻）、连续性和一致性（65盈，坚白，撄，似，次）、明辨（70法，佴，说，攸，辩）、观察（75观为，已，使）、语词对应（78名，谓，知，闻，见）、命题表述（83合，舌，为）、集合归属（86同，异，同异，同异交得）、感官心理（90闻，言，诺，服）、命题断定（94法同，法异，正）。（详见本章第一节·十·（一）《墨子的明辨体系——墨辩6部》）从现代的分科之学来看，前六条和第39—69条可以相对独立（当作一座小山），作为构造性数学公理化体系的大框架，也就是数学整体（道）。这个公理化体系的其他部分是：次一级的原理（从整体到局部），以及解决具体数学问题的方法（术）。

（三）后续发展②

构造性数学在构建公理体系之后的发展有两个方向：一是代数统合几何（几何代数化），即《九章算术》的方向，这个方向的细化与不变式数学有

---

① 〔美〕王浩：《哥德尔》，康宏逵译，上海世纪出版集团译文出版社2002年版。
② 张祥平：《经典复杂科学》，中国社会科学出版社2013年版，第114页。

交汇（如吴文俊先生所作的机器证明几何定理），多应用于简单科学；二是几何统合代数（代数几何化），即卦变图的方向，这个方向的细化是在八卦测量配数的基础上，河洛生卦位（先天，后天，先地，或：天道，人道，地道）、卦列生河洛（八卦成列，象在其中）[1]、八卦先天配数（以背景作为太极，仪象皆长方形，兼为下码和中码，中码之上生上码而成卦，依次为：乾1、兑2、离3、震4、巽5、坎6、艮7、坤8）等，应用部分既有简单科学（如用纳甲图卦气图来模拟天文气象地理五行），也有复杂科学（如用卦变来辅助《易经》文本的考订，又如构造性的概率统计[2]）。

构造性数学中具有习题价值的内容（类似于不变式数学中的习题）有：八卦后天配数（人道方位的各卦配数与洛书相应位置上的数字相同，自下右行是：坎1、乾6、兑7、坤2、离9、巽4、震3、艮8）、八卦二进制配数（符码 -- 为零，--- 为1，以上码为个位，则：坤0、艮1、坎2、巽3、震4、离5、兑6、乾7；以下码为个位，则：坤0、震1、坎2、兑3、艮4、离5、巽6、乾7）等。构造性数学和不变式数学都有一些探究，虽有实际应用，但是分支过细，限于狭小领域，如爻辰卦象用于解说《易经》文本，王弼扫象后式微；再如不变式数学中的非标准分析，未得长足发展。

（四）运算方法[3]

"大体说来，古代中华民族以竹（和蓍草）为筹，以筹运算，自然地导致十进位值制的产生，计算（工具和）方法的优越有助于对实际问题的具体解决（把问题中的不同条件对应于不同的几堆筹，求同存异，进行整合）。由此发展起来的数学形成了一个以构造性（从整体到局部，适度留余，大框架，道）、计算性（从局部到操作，减少预留的余地，术）、程序化与机械化（程序化之后，易于编译，达致机械化）为其特色，以从问题出发从而解决问题为主要目标的独特体系（在解决问题的过程中，较少涉及道的层面，较多用

---

[1] 张祥平：《〈易〉与人类思维》（第二版），重庆出版社2004年版，第150—151、166、148—149页。

[2] 同上书，第138—147页。

[3] 张祥平：《经典复杂科学》，中国社会科学出版社2013年版，第122—124页。

术,即解决一大类问题的一般方法,如勾股术、更相减损术、大衍求一术;公理体系的大框架用于提高思维能力,把握整体,总结原理,探索大类方法,而不是直接用于解决问题,最重要的原理是出入相补原理和刘祖原理)。而在古希腊则着重思维(直接解决数学问题),追求对宇宙(各个局部)的了解(把实际问题中的不同条件分隔开来,进行还原)。由此发展成以抽象了的数学概念(扛普)与性质及其相互间的逻辑(明辨)依存关系为研究对象的(不变式)公理化演绎体系(用基本因子返构布局,不留余地,引入无限,无穷等概念,解决问题的过程是运用公理定理的过程)……中国古代的几何学,没有(不变式的)公理体系,但有(构造性的公理体系,体系与具体数学问题之间的沟通之桥)原理。"①

例如下面这个数学问题:已知我方每发炮弹的摧毁范围是65平方米,每门火炮占地65平方米,敌方每发炮弹的摧毁范围是83平方米,每门火炮占地83平方米,为了在一次性打击中以一平方米的优势胜过敌方,问:我方至少要配置多少门火炮?

不变式数学家把这个问题还原为数论中两两互质的中国剩余定理问题(问题本身是汉代之后中国数学家进行历法计算时提出来的,但原初问题不以两两互质为前提条件),可表述为:$65X-83Y=1$,求正整数X和Y。通过返构布局,作出唯一性和存在性的证明,可以得到精确结果:X等于65的82次方,Y等于这个乘方减1再除以83,但是如果要把乘方计算成具体的数字,"简直无法计算"。②

构造性数学家则对问题中的两个数(奇数65,定母83,母的意思是大于奇数)求同存异,进行整合,求出乘率(正整数X,使$65X=1+83Y$,Y也是正整数),运用大衍求一术,"同样解决了这一问题,而且原理浅显,计算简易,甚至解决得更彻底——包括了……不必两两互质的情形",见下面这七个方框,

---

① 吴文俊:《吴文俊论数学机械化》,山东教育出版社1996年版,第7、50页,引文括号中内容为张祥平先生所加。

② 同上书,第86—88、103—110、447—448页。

最后得到精确结果：X=23，Y=18。①

$$\begin{bmatrix} 1 & 65 \\ 0 & 83 \end{bmatrix} \begin{matrix} \\ 1 \end{matrix} \rightarrow \begin{bmatrix} 1 & 65 \\ 1 & 18 \end{bmatrix} \begin{matrix} 3 \\ 1 \end{matrix} \rightarrow \begin{bmatrix} 4 & 11 \\ 1 & 18 \end{bmatrix} \begin{matrix} \\ 1 \end{matrix} \rightarrow \begin{bmatrix} 4 & 11 \\ 5 & 7 \end{bmatrix} \begin{matrix} 1 \\ \end{matrix} \rightarrow \begin{bmatrix} 9 & 4 \\ 5 & 7 \end{bmatrix} \begin{matrix} \\ 1 \end{matrix} \rightarrow \begin{bmatrix} 9 & 4 \\ 14 & 3 \end{bmatrix} \begin{matrix} 1 \\ \end{matrix} \rightarrow \begin{bmatrix} 23 & 1 \\ 14 & 3 \end{bmatrix}$$

这个结果不依赖于普适的返构布局，但是其中的方法是普适的。这正如在构造性数学中没有"无穷"，但是不论取一个多大的数，构造性数学都能用"有限"的方式加以处理：面对数学问题的时候，构造性数学家对已知条件中的不同部分求同存异，进行整合，从整体到局部，适度留余，然后一步步地减少余地，得到一定程度的精确结果，如果条件适当，就得到最精确的结果（如上述问题）。

参阅

认识中国传统数学②

中国传统数学的表述

中国数学的经典著作，大都以依据不同方法或不同类型分成章节的问题集的形式出现。每一个别问题又都分成若干个条目。条目一是"问"，提出有具体数值的问题。条目二是"答"，给出这一问题的具体数值答案。条目三是"术"，一般来说乃是解答与条目一同种类型问题的普遍方法，实际上相当于现在计算机科学中的"算法"，但有时也相当于一个公式或一个定理。条目四是"注"，说明"术"的依据与理由，实质上相当于一种证明。宋元以来的著作，往往加上条目五"草"，记述依据"术"得出答案的详细计算过程。

这里应该特别指出条目三"术"的作用。虽然条目一、二的问与答都以具体数值表达，有时甚至术文本身的问与答也是如此，但不难看出所有术文都具有普遍意义。术文中即使带有具体数值，这些数值并不起重要作用。如

---

① 吴文俊：《吴文俊论数学机械化》，山东教育出版社1996年版，第105、447—448页。
② 吴文俊：《对中国传统数学的再认识》，载《吴文俊论数学机械化》，山东教育出版社1996年版，第30—44页。

果以其他同类型的数值来代替，术文也依然行之有效。条目四的"注"或证明也是如此。论证的正确性，完全不依赖于原设数值的特殊性。例如《九章算术》第九章勾股的第一、二、三的三个问题，都是以勾三、股四、弦五为例，知其二而求第三者。求法名为勾股术，术文说："勾、股各自相乘，并而开方除之，即弦。"显然，这是从勾股求弦的一般方法，与具体数值三、四、五无关。勾股术的注或证明也是如此。因此，问、答甚或术文中的具体数值只起着一种举例说明作用，同时也指出了术即一般方法的来历与动机。

实数系统的建立

实际问题的解答通常需要通过数量来表达。因此，达到这一目标的先决条件是要有一个良好的数系以及简易的运算工具与运算法则。首先是一个可以表达任意大整数的方法。中国远古时就创立了完善的 10 进位值制。世界古代的各个民族，都有不同形式不同程度的进位制记数法，如巴比伦的 60 进位制、埃及与希腊的 10 进位制以及中美与南美玛雅民族的 20 进位制等。但是，它们的进位制有时是不完全的，更谈不上位值制。至于印度，至少在 6 世纪以前，其以位值制表达的记数方法，即使是个别数字也还没有发现过。当时的记数方法是杂乱无章的，不妨参阅印人 Datta-Singer 的《印度数学史》以及范德瓦尔登（Vander Waerden）《科学的觉醒》等著作。没有一个像样的进位制或即使有但没有完善的位值制，则哪怕是简单的算术运算也难以完成。要在这样的基础上建立数学大厦，就更是匪夷所思。

在我国，由于古黄河流域气候温暖，遍地多竹，人们就地取材，采取以竹为筹，置筹于盘来进行各种运算。在盘上，不同位置的同型算筹不仅代表某一绝对数值，而且还代表不同的位置数值，由此从 10 进制进化为具有位值的 10 进位位值制记数法是颇为自然的。在这种记数法中，自然出现以空格表零的法则，这与后世书写方式中印度之以"0"或"·"、我国之以"囗"和玛雅民族之以眼形符号表示零者并无实质之不同。早在《九章算术》中已经有开平、立方根的算法，其中位值制以及空位作零的作用极为明显，更不用说其他算术运算了。正是由于这种位值制的发明，才使古代中国的数学有可能蓬勃发展。

位值制的数字表示方法极其简单，因而掩盖了它的伟大业绩。其重要作用与重要意义，非但为一般人所不了解，甚至众多数学专家对它的重要性也熟视无睹。法国数学家拉普拉斯则独具慧眼，提出算术应在一切有用的发明中列于首位。中华民族是这一发明当之无愧独一无二的发明者。这一发明对人类文化贡献之巨，至少可与"四大发明"相媲美。

在整数位值制表达的基础上，又逐步扩大数的系统。《九章算术》在方田第一章与少广第四章中，详细叙述了分数各种运算与大小比较的法则。在方程第八章中则引进了负数。同在少广章中，又叙述了非位值制无从进行的开平、立方法的详细步骤。在开方不尽时则加一分数以为其余，即所谓命分。刘徽在《九章注》中对开方不尽以及求圆周率的问题提出以 10 进小数逼近的想法。至宋元之际，这种正负 10 进小数已被普遍使用。在欧洲，直至 1584 年才由斯蒂文（S.Stevin）（1548—1620 年）引入 10 进位小数，又迟至 18 世纪才获得通行，并被认为是继位值制之后的又一重大创造。至于西方数学史家历来把这些都归之于印度的发明，则是张冠李戴。这是一种历史性的错误，在此不能不辩。

整数位值制的建立，负数以及分数与小数的引入，使整个实数系统得以完成。而有无实数无理数之类的概念与名称，则是另一问题。对于实数的现代认识，本来还是 19 世纪中叶才有的事。完善而使用方便的数系统，创造了十分优越的条件，使我国的传统数学于一千数百年间大放异彩。

数论的辉煌成就

中国从来没有素数与分解因子的概念，但这并不妨碍以自己独有的方式发展数论。

中国虽没有素数与分解因子的概念，但有最大公因子的概念及其求法。只是当时称两数的最大公因子为"等"，求法是"以少减多，更相减损，求其等也"。这一方法见于《九章算术》方田章的约分术并不是偶然的。现代为了求分数之和而先通分时，往往先将诸分母分解成素因子的乘积，但分解因子在整数较大时并非易事，相反求"等"即求两数的最大公因子则要容易得多。《九章算术》少广术就避开了分解因子这一步，巧妙地只利用求等得出了分数之和，这比现行方法要简便许多。

勾股形（即直角三角形）的三边何时成整数比，自然是数论中颇具代表性的问题。《九章算术》勾股第九章出现这样可能的分数比有 8 组之多。由求等法容易化分数比为整数比，即刘徽《九章注》中所谓"如是或有分，当通而约之乃定"。出现这样多的整数比决非偶然，事实上勾股章已提出了构造这种比的一般方法与一般公式，刘徽《九章注》中还给出了公式的几何证明。至于中国以外，则上述问题最早是在 12 世纪也以分数的形式出现于印度婆什伽罗（Bhaskara）（1114—1185 年）的著作中。

我国在数论上的又一杰作是大衍求一术，即现代通称的中国剩余定理，用现代术语相当于一组同余式的解法。大衍求一术初见于宋时秦九韶的《数书九章》，其来源则是天文历法中上元积年计算问题，且从汉以来历代的历法中均有一条颇为清晰的发展路线。至秦书时则不仅有详细的算法，还把应用推广到历法计算以外的河堤修筑、财物计算、租税分配、谷物出售、军队计点、土木建筑等问题上。现代解决这一同余式问题，通常限于各同余式诸模数两两互素的情形。方法是先将诸模数分解成素因子的乘积，并求出其欧拉数，最后得出所求的解。因为分解因子比较繁难，所以对于秦书诸题中出现的天文数字般的大数，这种方法由于计算量的庞大，即使用现代计算机要完成也不容易。对于根本没有素数概念的中国传统数学，秦九韶却利用了求等的方法，首先将模数的情形化成模数两两无等即两两互素的情形，再用与求等类似的方法巧妙地得出其解法，这在世界数学史上是很了不起的一举。当时计算用筹，即使如此，对于有着天文数字般大数的各个问题，也都轻易地获得了答案。秦书中并记载了所有计算过程的详章。

代数学的蓬勃发展

代数学是中国传统数学中又一个值得骄傲与自豪的领域。与现代理解的代数学有所不同，它完全可以等同于方程求解。而且，即使是方程，着眼点也是求出解答，至于解答的存在唯一、解答的性质、解答与系数间的关系以及解答可否用系数的开方式来表示一类问题，都非关注所在。

早在《九章算术》中，第八方程章全章就是线性联立方程组的解法。依刘徽注:"并列为行,故谓之方程。"又说:"令每行为率,二物者再程,三物者三程,皆如物数程之。"当时以筹作算,依题意将数据按物数排成各行,然后进行运算。《九章算术》中还载有某些具体实例的详细计算过程,完全类似于现在的所谓矩阵运算与消去法。列方程时需要相当于移项一类的手续,因此引进了负数以及相当于正负数加减运算法则的正负术。刘徽在注中又引入了新术与又术,对同一问题还指出不同方法的计算步数以比较算法的复杂程度。中学教科书解线性方程组的消元法,最早即见之于《九章算术》。

在现代,这种解法通称为高斯消元法。它的最早来源是高斯在1826年所著的关于天文观测误差估计的一篇文章,文中提到的线性方程组具有特殊形式。此外,Cramer 在1750年也曾发现过后来以他命名的公式。有趣的是 Cramer 发现在前而高斯在后。而且,在计算机发展的早期,一位计算机科学家曾撰文举例指出:在计算机上求解一个26个未知数的线性方程组,如果用 Cramer 方法需时将近1017年;而用消元法则3秒钟就够了。以 Gramer 法则与中国传统数学中的消去法相比较,一尚优美,一尚实效,两者旨趣各异,代表了两种不同的风格。这样的例子并不少见。

从勾股术求弦要开平方,这相当于解一个最简单形式的二次方程。在中国古籍中历来称解方程为开方,可能即导源于此。《九章算术》中不仅有开平、立方的详细算法,并有一题涉及较一般形式的二次方程,称为开带从平方。约在三国时期赵爽的现存残文中即有解一般二次方程的痕迹。南北朝祖冲之,按《隋书》有开差幂、开差立之设,称为"算氏之最",有可能是开带从立方即解某种形式三次方程的方法,可惜已失传。唐初王孝通的《缉古算经》则是关于三次方程的专门著作。我国传统数学以解决问题为主要目标,对方程的要求是求出数值解答,而不在形式上的一般公式。而后者据近代的数学研究本来就是无法实现的。王著在说明如何对诸问题列出三次方程后,求具体答案只用"开立方除之"一语带过。可见,三次方程的数值求解问题已为当时仕人所熟知,故不必多加辞费。此外,在历法与河防的典籍中,也出现过需要求解三次或四次方程的问题。至宋代,出现贾宪"增乘开方"、刘益"正负开方"等术,到秦九韶已完成一般方程的数值解法。笔者在袖珍计算器上依据这一方法解高至五次的方程,其效率极为显著。

宋元时期天元一概念的引入以及天元术的创立,是我国传统数学的又一重大成就。天元一即是现在的未知数,这一概念的引入提供了依题意建立方程的简便而系统的方法,较之旧法"省功数倍"。由此逐步发展至元朱世杰的四元术,已可解多至四个未知数的高次联立方程组。由于当时用筹算,方程各不同类型项的系数须布置在算盘的特定位置来进行运算,因而未知数的个数只能限于四个。如果改用纸笔运算,则四个未知数的限制完全可以打破。至于原来四元术的原理与方法,则仍可适用于解任意多个未知数的高次联立方程组。

在近代,解高次联立方程组的方法直到近一二十年才有重大进展。据笔者所知,在去年曾出现过一些文章,对当前某一最有成效的方法加以改进,并在计算机上进行了试验。其中至少有两个经过不同改进看来很简单的方程组,竟然在计算器上有一个未能解出,另一个也要动用计算机很大容量和花费很长时间才能勉强算出。笔者依据本人创立的方法,对这两个方程组在一些小得多的机器上即可容易地求解。这里所谓本人创立的方法,实质上无非是朱世杰四元术的现代化推广形式。上述两个方程组论次数不过二三次,论未知数或方程个数也只有三个(附带若干个参数,其中一个方程组只有一个参数),鉴于朱世杰著作中就出现过有三个未知数高至三次的方程组,可以想见中国古代算家着眼解题,重视实效,其思想之深邃与效率之高是为一般人所难以想象的。

别具一格的几何学

几何学乃是中国传统数学中最不为人所理解的一个领域。其根本原因是人们对欧几里得几何已经先入为主,而我国古时的几何却与欧几里得几何大相径庭,有着一个迥然不同的体系。

与欧几里得几何不同,我国传统几何从来不考虑平行线的问题。与之相反,以垂直性为特征的勾股形,在我国古代几何学的研究中却占据着中心位置。数学概念来自现实世界。过直线外一点可以作几条平行线的问题,至少在当时的现实经验看来是近于"无病呻吟",毫无意义的。对于重视解决实际问题的中国古代算家来说，完全排除这一类考虑是理所当然的。

与欧几里得几何不同，我国古代几何极少考虑角度，而把距离与长度放在首要地位。如果考虑到现代黎曼几何的从无限小距离出发，可以导出角度的概念与性质，则中国古时把距离的位置置于角度之上也就不足为奇了。

欧几里得几何来说最有代表性的是它首次建立了在公理系统基础上的演绎体系，成为现代数学的一种典范。但应该注意，这种体系与方法即使在纯粹数学的研究中，其作用也颇有局限性。就是对几何学来说，公理系统的建立也基本上局限于初等几何。对于现代研究中极为活跃的代数几何与微分几何，并没有什么公理系统。拓扑学虽然出现过某些成功的公理系统，但拓扑学中的重大成果，并非单纯地从这些公理系统经过逻辑推导而得。现代数学家已经严格证明，要单纯地从某一公理系统出发去证明系统中的定理，不仅实际上难以做到，在理论上也无此可能。

中国的传统几何有着与欧氏几何完全不同的发展道路，有着自己的问题与方法，以及自己的理论体系。

首先，我国古代几何重视的是解决实际问题，因而测量、面积、体积及圆周率等都是几何学的中心问题。对于圆周率知者甚多，可以不论。对于测量，则由于我国古时重距离而不重角度，因而所用仪器、方法与西方大不相同。至迟在汉初，即已出现用距离两侧以测角的方法求得太阳高度这样的难题。至三国刘徽，更发展成一般的重差方法，所著《海岛算经》包括了多种复杂测量的漂亮公式。即使在现代，要设计某种测量方案以获得答案恐怕也不是那么轻而易举的。

我国古代成就中最值得骄傲的是体积理论。欧几里得体系以许多定义与公理为出发点，然后据此进行逻辑推理求体积。与之不同，我国古代几何着眼于总结经验，综合事实，提炼出聊聊几条普遍而平凡的一般原理，然后用逻辑推理推导出多种多样求体积的结果来。这种方法与经典力学可以建立在三条牛顿定律上相类似。在这种思想指导下，三国时期刘徽与赵爽的著作中已出现了出入相补原理。据此可建立测量理论与多角形的面积理论。开平、立方的算法及勾股形三边整数比公式的证明也奠基于这一原理。《海岛算经》

诸公式形式奇特,其证明早已失传,但依据出入相补原理可轻而易举地推导出这些公式。如果用添平行线甚至用三角术等方法来证明,则不仅违背历史,尽失古意,还要费不少心机才能迂回曲折地求得那些公式。

多面体的体积比之多角形的面积是一个艰深的问题。据现代的数学研究,当时要建立体积理论,不可避免地要引入相当于今日极限、连续这类的概念,因之与面积理论有本质上的区别。我国古代算家敏锐地认识到这一点,并由刘徽予以彻底解决。刘徽依据任意多面体由某些基本形体阳马、鳖臑等拼合而成,并从长方体的解体剖析,通过极限过程建立了"阳马居二、鳖臑居一,不易之率也"这一个二比一原理。这一原理与出入相补原理相结合,即可定多面体体积理论的基础,并如《九章算术》所示,可容易地获得各种多面体的体积公式。整个理论简单优美,与古希腊处理同类问题用穷竭法之拖沓繁琐者相比,优劣判然。这是我国古代几何学的一项杰作。

曲体特别是球体的体积,显然不能仅用上面两个原理解决。刘徽指出了某一特异曲体所谓"牟合方盖"在这一问题中的作用以及解决整个问题的途径。后终于在南北朝时由祖冲之之子祖暅提炼出"缘幂势既同,则积不容异"这一原理以作为求曲体体积的基础,并且彻底解决了球体体积问题。我们称这一原理为刘祖原理。至17世纪时,它又为意大利Cavalieri所重新发现而被称为Cavalieri原理,成为微积分建立的基石之一。

结语

数学是一门研究现实世界中的空间形式与数量关系,即研究数与形的科学。几何学致力于形的研究,因而也可称为形学。欧氏几何脱离形来自现实世界的实质,而着眼于抽象出来的概念与性质及其相互间的逻辑关系。与之相反,我国古代几何的对象都直接来自现实世界,问题也大都来自实际需要。欧氏几何的形数脱节,实际上排斥了数量关系。与之相反,我国几何学的整个发展,始终形数合一,互助互益。开平、立方与解二次方程,都以出入相补原理为其几何背景,即其一例。

宋元之际,引进了天元一的概念。各种几何量都用天元一的格式表达。这种表达式相当现代的多项式。几何问题变为求解方程组的问题。四元术更发展了源于《九章算术》方程术的消元法，使多至四个方程组可逐步化为只有一个未知数的方程以逐一求解。这种几何的代数化为解析几何的出现迈出了重要的、也是决定性的一步。

解析几何的创立者笛卡尔，有一篇直到死后才刊印的未完成著作《指导思维方向的法则》（Rules for the direction of the mind）。在这一著作中，笛卡尔拟议了一个解决问题的普遍方法，期望它能适用于一切类型的问题。其方法大致如下：第一步，把任一问题化为一数学问题；第二步，把任一数学问题化为一代数问题；第三步，把任一代数问题化为一解单独一个方程的问题。笛卡尔还提出应按未知数的个数建立同样多的方程而每一方程都是某一多项式等于零的形式。显然，笛卡尔的计划过于宏伟也过于粗疏，事实上无法做到。可能正因为如此，笛卡尔无法完成他的《指导思维方法的法则》这一著作，但却从这一宏伟计划中抽出一部分来写成了《方法论》，并在附录中阐述了现在被称作解析几何的概念与方法。顺便指出，这一附录中还没有引进坐标，线段也不分正负，因而实质上只是一种有系统的几何代数化方法。

回顾我国从秦汉到宋元间数学发展的历程，可谓我国传统数学所走过的道路正好与笛卡尔的计划若合一契；反过来，笛卡尔的计划，也无异于为中国传统数学作了一个很好的总结。

数学在中国古时历来称为算术。这反映了中国古算构造性、计算性与机械化的特色数学不仅为了应用，即使为了在纯数学范畴内获得具体结果，也一不能无算，二必须有术。对于概念与概念间逻辑关系的认识，不仅在过去而且在将来都起着重要作用，但也不能不有所警惕，追求过甚则有陷入推理游戏甚至数字游戏的危险。算术两字，决非对数学的卑词。试对 17 世纪数学上的两大成就解析几阿与微积分略加分析：解析几何为使欧几里得式的几何证明化为中国传统数学的计算方式开辟了道路，无非是把几何化为算术的一种方法。微积分按西文名词不妨直译为无穷小算法。在牛顿与莱布尼兹之前作为微积分的先驱者瓦尔利斯（Wallis）的一部著作，其名称直截了当就叫做《无穷的算术》。由于计算机的出现，算术化的倾向在近代数学中的作用也日益显著，越来越为人们所认识。不少著名数学家，近年来纷纷转向计算机代数、计算性几何一类新兴学科。中国古代算术的思想与方法，正好与近代计算机的使用融合无间，也必将因此而重返青春，以另一种崭新面貌在未来的数学发展中扮演重要角色。

三、中西数学思维的异同[①]

（一）思维方法

中国传统数学的思维方法，是将构造整合法（整体公理化）用于数学，即对数字和图形求同存异，进行整合（如河图洛书），从整体到局部（如加减运算），适度留余（如算筹空位）；不断地从简单到复杂，合（数字线条）中有分（运算），分（运算）中有合（图示），无大分而有大合：加—减—乘—筹数突显复杂—非线性—大整合（河图、洛书、地乘、太极生卦、九宫探赜、指掌钩深）。

西方数学的思维方法，是将分析还原法（因子公理化）用于数学，即对数字和图形分隔解剖，进行还原，如还原为自然数、理想点或概念字符、关系字符，用字符外延的线性组合（如四则运算，合取，析取，蕴涵，否定等）返构布局，如分数、无理数、谓词语句等，不留余地；数与形分道扬镳，把数学还原到自然数、序、无限、理想点、直线等，采用分析还原法建立不变式的公理化体系，返构布局，有大分（每一个布局都自成体系，与其他体系泾渭分明），无大合，代数与几何的小合是：解析几何、应用数学（概率统计，控制论，随机过程）、机械证明。

（二）成因溯源

中西数学思维的不同，可溯源至东西方的数字"造型"不同，导致了记数体系的不同，并进而导致了算术方法的不同。

在中国，古代先哲在测量出数的基础上，发明了"数值"与"位值"相结合（即"数"与"形"整合）的记数体系，以及相应的筹算技术；通过把不带量纲的数字与几何图形、方位空间和季节时间相配，发明了加法表河图

[①] 张祥平：《经典复杂科学》，中国社会科学出版社2013年版，第120—121、114—117页。

及减法表洛书（显示加减乘的正方形）。这成为中国传统构造性数学的源头活水，由此滋生出隐式乘法表（地乘图）、太极生卦图、九宫探赜图（构造性微分图或分数维图）、指掌钩深图（构造性积分图或周期自组织过程图），构成构造性数学的基础。

在西方，古埃及尽管很早采用了十进制记数法，但由于数字"造型"与记数方法的不同（没有位值制），导致了算术方法的差异。由于没有位值制，单位分数被广泛使用，并成为古希腊数学中的"无限"概念的源头。古希腊先哲把去掉量纲的抽象的"数"作为万事万物的"本原"，导致"数"与"形"分离，成为不变式数学的源头，下出代数符号，数理逻辑中的初始记号及其配数，戴德金无理数定义和康托尔无理数定义、公式及命题、公式证明及一致性证明，直到哥德尔的不完全性定理，构成不变式数学的基础。

在西方，不但数与形分道扬镳，数学与物理也分道扬镳：欧几里得《几何原本》中的"几何直觉不是数学直觉，而是先验的物理直觉"，"我们是在数学的范围之外判定'欧几里得第五公设是否真'"。

在哥德尔不完全性定理被证明之后，完全不留余地的不变式数学（如弗雷格和希尔伯特设想的数理逻辑）研究寿终（到达尽头：失去进一步发展的生命力）正寝（原有活力仍有助于训练分析还原法，包括罗素发现的弗雷格逻辑悖论，但不包括罗素对悖论的"解决"：指出悖论本身就是"解决"，即"不应该有悖论"，其他的"解决方案"已经不是悖论，属于其他的探索，不可以说成原有悖论的"解决"，只可以说成规避悖论的技巧）。

（三）中西会通

从哥德尔不完全性定理来看，哥德尔所说的数学系统的一致性有赖于几何学，即有赖于在哥德尔所说的数学之外来"判定［欧几里得第五公设是否真］"。内外合在一起可称为数几何学（在哥德尔的意义上）。同样，哥德尔意义上的数几何学的一致性有赖于"数几何学之外"的识别和测量（与物理交融），合在一起是构造性数学。最后，构造性数学的一致性有赖于"识别之外"的人类进化过程和生理过程，合在一起是演化生理学和实验生理学。至此，才达到数学的边界（或限度），即构造性数学仍是数学，而演化生理学和实验生理学不是数学，两座小山在边界上有交融。

哥德尔不完全性定理显示：用分析还原法（因子公理化）所得到的一切不留余地的"完备观点"都是"不理性的"。唯一理性的"完备观点"是"以不完备为前提的观点"，通俗地说："唯一的绝对就是不绝对"。"不完备""不绝对"，还要有理性，有绝对（以不绝对为前提的绝对），这只有构造整合法（整体公理化）才能办到：一阴一阳之谓道：有阳，相对有序，也有阴，相对无序，合在一起是"唯一的绝对"（以不绝对为前提的绝对）。

构造性的公理化体系，从整体到局部。从数学来看，不但把哥德尔意义上的边界交融部分纳入体系，还把更复杂的认识对象纳入体系。先登绝顶，再看小山。相对于"近取诸身，远取诸物"（《周易·系辞》）所得到的知识整体来说，数学只是小山。

（四）思维训练

从人类生理和心理来看，视觉系统（含眼睛）对图形的识别、记忆、探究能力远远大于对数学公式的识别、记忆、探究能力。

不变式数学促进布局能力，最大的布局是偏微分方程，面临具体问题时要增加约束条件和相关因子，用来试探布局是否与具体问题准确（不留余地）地拟合。确认为拟合无误的布局只对特定的试探对象适用，因此很难用于复杂科学。即使同一类复杂现象，也会出现个体差异，既不像物理研究中可以不考虑同一质量的质点之间的差异，也不像化学研究中可以不考虑同元素同质量的原子差异。反过来说，要靠构造性数学和象数思维能力来明晰较高层次的约束条件和相关因子，不变式的布局才能扩展对复杂现象的拟合。

即使研究简单现象的优秀物理学家，也往往在自己的头脑中把微分方程或其他理性探究转化为几何图形。量子力学中海森堡矩阵兼容了薛定谔波动方程的结论，但不变式思维定势使得物理学界普遍采用方程推理，不采用矩阵推理。构造性数学（河洛系辞体系）将有助于矩阵推理（地乘即是一个8×8矩阵），有助于减少波动方程对量子现象的遮蔽。

其实，化学中的门捷列夫元素周期表，博物学中的植物亲缘系统图、生物进化的灌木图，在整体结构上也都是几何图形，只是"求同"的程度有大有小。

更复杂一些,从整体到局部,则有社会的结构图(详见本章第四节·三·(五)《五行结构表——从整体到局部的生克制约》)以及更常见的管理机构组织图、目标管理流程图、工程调度网络图[①]、农田水利图、城市规划图、园林设计图、建筑施工图、室内装修图、机械图、电气图等。

用易图六帧(及后续发展)和相关习题来促进较高层次上的数理空间思维能力和构造性整合的能力,有助于在头脑中用几何图形来统合多维相关,面临具体问题时迅速搜索出这个问题所处的层次和位置,较全面(且适度留余)地进行理解、判断、预测。也就是说,借助象与数,一方面习惯于非线性相关,另一方面受到确定的数理规则的约束:规则尽量少,推论尽量多,习惯于拟合数学模型与事实,从而向上关联整体,向下进一步细化,旁涉五行中的其他四行(见本章第四节·三·(四)之《复杂第三规律(相生相克规律,五因子两两单一单向相关规律)》),复杂三规律的预测都针对同层次复杂现象。

现代学人掌握构造整合法(整体公理化)可以从易图六帧入手,不必从符号与文字的整合入手。正如现代人要掌握分析还原法,可以从欧几里得和牛顿入手,不必从毕达哥拉斯和托勒密入手。入手之后,把符号与文字整合,有助于提高构造整合法(整体公理化)的造诣,古希腊毕达哥拉斯和托勒密却很少有助于提高分析还原法的造诣。这是中西文明求同存异之后显示的"异"。

[①] 张祥平、黄凯编:《园林经济管理》,气象出版社2001年版,第70、68、64页。

第四节　中国传统科学的主体

前文在中西文明比较的视域下，阐述了中国传统科学思维适用的主要对象（复杂现象）、面临的核心问题（人类永续发展）、采用的推理方法（构造整合法）、依据的数学基础（构造性数学）。下面，将探讨中国传统科学的主体内容。

大概言之，中国传统科学的发展主要在以下三个领域：

其一，面对最复杂的人类社会现象，探究社会组织的运行规律与管理方法，以及社会个体的行为规律与调适方法，建立了中国传统儒学体系，应用于国家社会治理实践，实践检验是：中华文明成为迄今为止世界唯一的持续发展至今的文明，且是在较大地域、较多人口、较长时期中维护了相对人道、相对公正、相对稳定的分层秩序的文明。

其二，面对次复杂的人类生命现象，探究人体生命的运行规律与养生健体、治病疗伤的方法，建立了中国传统医学体系，实践检验是：中华民族在历史上相当长时期内（和平时期），是平均人口寿命最长的民族，也是人口数量最多的民族。

其三，面对较简单的经济技术需求，探究经济生产的规律与改善效率的方法，在农林、水利、建筑、园林、家居、饮食、纺织、陶瓷、造纸、印刷、交通、矿冶等领域，建立了中国传统生态型的科技体系，实践检验是：中国在历史上相当长时期，是经济发展水平最高、人民生活质量最好、同时维持了良好生态环境的经济体。

中国传统科学在上述三个领域构建了完整的科学体系，取得了辉煌的科学成果，得到了上千年的实践检验，是中华民族持续发展至今的科学基础。

中国传统儒学则是中国传统科学的主体：一则在于中国传统科学的思维方法（即构造整合法）与研究原则（即正名言行原则）由儒学确立，一则在于中国传统科学的基本框架（即北辰模型）与发展路径（即从整体到局部）由儒学规范。

因此，欲理解中国传统科学，关键在于理解中国传统科学的主体——儒学。

近代以来，由于伴随西方殖民入侵的西方学术入侵，以"构造整合法"建构的中国传统儒学被西方的"分析还原法"所解构，整全的儒学体系被分解为历史学、文献学、人类学、民俗学、政治学、伦理学等，中国传统儒学的义理结构与解释系统被西方的分科学术肢解而面目全非。于是乎，作为中国传统科学主体的儒学被"边缘化"，甚至完全丧失了"科学"的身份与地位。当今中国，中华文明亟待复兴，恢复儒学的"本来面目"已是迫在眉睫。（详见第九章第三节·一·（一）·1《中国传统学术的解构》）

下面，将分四步阐述中国传统科学的主体——儒学。先是概要，即儒学的三纲领、八条目；再论经典——六经，从四个方面展开，包括六经之本、六经之体、六经之用与六经之大；然后，从古为今用的角度，以"古文今述"的方式，论述儒学的主要"定律"，包括基本模型、重要定义、社会五公理、复杂三规律、五行结构表等五部分；最后，综述儒学的基本义理。

一、概要

儒家经典文献《大学》的开篇阐明了儒学的纲领与条目。

（一）三纲领

儒学的纲领是："大学之道，在明明德，在亲民，在止于至善。"意为：把生存延续的文献知识扩展为群体性的天人合一，接续北辰尧舜之道，有三个基本原则，第一，用明文规定和事后明察来维护公正公开地获取收益且仗义疏财；第二，像对待家里人一样对待其他人；第三，多数人都说效果很好的时候，就适可而止。

"大学之道"，是儒学的最高宗旨，"明明德""亲民""止于至善"，是儒学的基本原则。理解儒学的纲领——"大学之道"（整体），需要从整体（明明德，弘道是指"欲明明德于天下"）到局部（亲民），适度留余（止于至善）。

（二）八条目

"纲举"之后，有"目张"："古之欲明明德于天下者，先治其国。欲治其国者，先齐其家。欲齐其家者，先修其身。欲修其身者，先正其心。欲正其心者，先诚其意。欲诚其意者，先致其知。致知在格物。物格而后知至，知至而后意诚，意诚而后心正，心正而后身修，身修而后家齐，家齐而后国治，国治而后天下平。自天子以至于庶人，壹是皆以修身为本。"意为：古时候想要各种人类社会都能在较长时间中公开公正地获取物质收益并且仗义疏财的人，一定先在自己的国家中维护相对人道，相对公正，相对稳定的分层秩序。要在自己的国家中维护相对人道，相对公正，相对稳定的分层秩序，一定先在自己的家族中保持同辈人的相同待遇和文明行为。要在自己的家族中保持同辈人有相同待遇和文明行为的人，一定先在自己的身上减少缺点，增加优点。想要减少缺点，增加优点的人，一定先确立正确的人生目标。想要确立正确人生目标的人，一定先把内在的理性贯注到行为指令之中（培养实事求是的科学精神）。想要培养实事求是的科学精神，把适度留余的理性精神贯注到行为指令之中，一定先理解理性边界之内的事物。理解理性边界之内事物的基础是识别事物和测量事物。识别事物和测量事物之后，才可能理解理性边界之内的事物。理解理性边界之内的事物之后，才可能把内在的理性贯注到行为指令之中。把内在的理性贯注到行为指令之后，才可能确立正确的人生目标。确立正确的人生目标之后，才能在自己的身上减少缺点，增加优点。减少缺点，增加优点之后，才能在自己的家族中保持同辈人有相同的待遇和文明行为。在自己的家族中保持同辈人有相同待遇和文明行为之后，才能在自己的国家中维护相对人道，相对公正，相对稳定的分层秩序。在自己的国家中维护相对人道，相对公正，相对稳定的分层秩序，才能使各种人类社会都能在较长时间中公开公正地获取物质收益并且仗义疏财，和平共处。从最高的决策者到最普通的社会成员，无例外地都要以在自己的身上减少缺点，增加优点作为基础。

"格物""致知""诚意""正心""修身""齐家""治国""平天下"

即是儒学的八条目，具体内涵分别是：①

"所谓格其物者，'历象日月星辰，敬授人时'也。"意为：上文说的识别事物和测量事物，就是《尚书·尧典》中的记载："根据日照长短的时间序列和日照影象来掌握日月星的运行规律，把这些规律用于及时地耕作、收获、储藏。"格物始于识别测量，测量源于天文观测：北半球中纬度四季变化，迫使黄河流域、两河流域、尼罗河流域的人们储粮渡春荒。

"所谓致其知者，'在璇玑玉衡，以齐七政'也。此谓知本。'为政以德，譬如北辰，居其所而众星拱之'，此谓知之至也。"意为：上文所说理解理性边界之内的事物，一指《尚书·舜典》中说的"借助璇玑仪来整合日月五星的运行"，这是理性认识的基础；一指《论语·为政》中说的："从事政治要靠公正公开地获取收益并且仗义疏财，既得财富又得人心，可以类比于北极星驻留时的天球北极：那时的北极星没有离开家，别的星斗全都拱卫它。"这是理性认识的最高智慧。宋代朱熹在《大学章句》注曰："所谓致知在格物者，言欲极（像天球北极一样居高临下从整体到局部地获取）吾之知，在（于）即（接近）物（从而识别物测量物）而穷（一览众山小地建立）其理（构造性的数学模型）也。盖人心之灵，莫不有知。而天下之物，莫不有理。惟于理有未穷（不在绝顶，不能一览众山小），故其知有不尽也。是以《大学》始教，必使学者即（接近）凡（最广博的）天下之物，莫不因其已知之理而益穷之。以求至乎其极（像天球北极一样，凌绝顶而小众山）。至于用力之久，而一旦豁然贯通焉，则物之表里精粗无不到，而吾心之全体大用无不明矣。此谓格物（仿原文此谓知本），此谓知之至也。"格物与致知合在一起，相当于现代说的"科学＋智慧"。

"所谓诚其意者，毋自欺也。如恶（读务）恶（读鄂）臭，如好（读耗）好（读郝）色。此之谓自谦。故君子必慎其独也。"意为：上文所说培养实事求是的科学精神，把适度留余的理性精神贯注到行为指令之中，是指不要自己欺骗自己。例如讨厌粪便的臭气，喜爱年轻美貌的异性，（都是与生俱来的非理性的本能，承认自己有这些本能）可以说是自己兼顾了理性和非理性（从而

---

① 张祥平：《经典复杂科学》，中国社会科学出版社2013年版，第418—428页。

增强理性，减少非理性）。所以成熟的人一定要把观察所得的理性判断贯彻到行为之中，认真对待自己一个人独处时的行为。对于"科学精神（诚意）"，现代人多理解为对"客观事物"的探究，但从复杂科学来看，最重要的科学精神应该是对"主观精神"的反省和纠正。用现代心理学的术语来说：要减少不客观的心理定势（主观精神）。最重要的主观精神是在无意之中忽视自己的负面，例如指责别人"好色"的时候"自欺"，仿佛自己完全不好色。这不是科学精神。首先承认自己好色，经克己复礼而"慎独"，才落实了科学精神。①

"所谓正其心者，贫而乐道，富而好礼也"。意为：上文所说确立正确的人生目标，指《论语·学而》中说的："缺钱的时候把体认北辰尧舜之道（生发万物且容融万物的东西）作为乐趣，有余钱的时候把落实分层分工的资源分配规则及再分配协调规则当作嗜好（主办公益活动，进行资源再分配，与其他人共享和谐，保持健康的心态）。"正心的人把个人的精神生活放在有利于群体延续的基础上，注重长效行为，大致相当于现代说的"高尚文明"。儒家所说的正心，是以孝悌谨信为基础，以志士仁人为榜样，从文献中汲取精神营养，立下人生的长远志向，明确终极追求（宗教感悟），达到较高的精神境界。

"所谓修其身者，克己复礼也"。意为：上文所说在自己身上减少缺点，增加优点，指《论语·颜渊》中说的"使自己遵守分层分工的资源分配规则及再分配协调规则（真诚待人）"。修身是通过与他人互动使自己减少缺点，增加优点，达成社会和谐，并提高自己的生活质量，提升人生境界，以求达致知行合一的真诚待人境界。为了在自己的身上减少缺点，需要通过反省来克服（克己）。不断认识到自己的缺点，常存敬畏之心，感恩之心，宽容之心，改正之心，常有改正之行，这本身就是健康的心理状态和生活状态。

"所谓齐其家者，'克明俊德，以亲九族'也。"意为：上文所说在自己家族中保持同辈人有相同待遇和文明行为，指《尚书·尧典》中说的"能够公开地平均分享所得物品，才能亲近（从高祖至玄孙九代）全体氏族成员"。

---

① 复杂科学所说的科学精神在道德层面的体现常被西方哲学家称为"自由意志"，大致相当于中国先贤所说的"求放心""知几""尽性"。详见《贺麟全集·近代唯心论简释·九，论自由意志》，世纪出版集团，上海人民出版社2009年版，第169—171页。

齐家是要在家族中保持同辈人的相同待遇和文明行为，使家族内部像家庭内部一样同心同德，和谐和美。前提是：家族内部的多数家庭和谐和美。家庭和谐和美，这在人类社会早期不难达到。随着社会生活复杂化，需要主人修身，家庭内部才能和谐和美。家族内部像家庭一样同心同德、和谐和美，既是教化的结果，也是为后代提供良好教化的条件，还是治理好国家的基础：激励多数人爱家乡，族群与环境良性互动。如果人类希望在地球上永续发展，全球都必须激励多数人爱家乡。激励的方式是尊重族有产权，敬宗收族。（参见第六章第二节之四《基层组织：宗族组织与公司组织》及第九章第四节）

"所谓治其国者，道之以德，齐之以礼，有耻且格也"。意为：上文所说在自己的国家中维护相对人道，相对公正，相对稳定的分层秩序，是指《论语·为政》中说的"倡导公正公开地获取收益和仗义疏财，大家都践行分层分工的资源分配规则及再分配协调规则，培植起廉耻心，保障子孙不衰落"。治国是在较大地域较多人口中维护相对稳定的分层秩序，前提是相对人道，相对公正。为此，必须正名，顺言，成事，兴礼乐，中刑罚。在相对严酷的环境条件中，需要提倡"道德至上"，推行礼乐教化，通过注重维持良好的社会风尚以抑制刑案作乱，减少国家治理成本，保障长治久安。（参见第七章第一节·五·（二）·1《礼治的思想基础》）

"所谓平天下者，协和万邦黎民，于变时雍也"。意为：上文所说使各种人类社会都能在较长时间中公开公正地获取物质收益并且仗义疏财，和平共处，指《尚书·尧典》中说的"通过协祭来感召（威摄）各地的人民，即使在灾变动乱时也能维持相对稳定"。平天下是使各种人类社会都能和平相处，增加互利，减少战争。为此，需要一统多元、和而不同的观念价值和政治制度，还需要在公共决策中加强先人（列祖列宗）与后人（子子孙孙）的权重，遵循"主权在天"的决策管理，才能维护可持续的地球。也就是说，必须齐家，治国，平天下。（参见第七章第一节·二·（一）《王道政治——主权在天》）

上述八条目可概括如下：

①格物——研究万物：识别关联测量观测，名、言、行，实践，实验；

②致知——科学结论＋本体论：北辰尧舜之道，摹略万物之然，论求群

言之比；

③诚意——科学精神：勿自欺，言无苟；

④正心——孝悌谨信，终极追求，宗教感悟；

⑤修身——知行合一，真诚待人；

⑥齐家——夫妇之道，敬上爱下；

⑦治国——正名，顺言，成事，兴礼乐，中刑罚；

⑧平天下——大一统多元化，和而不同，大一统不同于大一律。①

从科学研究的过程而言：上述八条目中述及的"格物"是亲历事实和厘定事实（博学之）；"致知"是整合事实，进行推理预测（审问之）；"诚意"是严格检验，不要自欺（慎思之）；"正心"是把科学结论作为个体生存和关联于其他人的基础（明辨之）；"修身"是在日常行为中落实科学结论；"齐家""治国""平天下"是把科学结论落实到小群体、相对独立的正式组织、各种人类社会的管理之中（笃行之）。（参见本节·四·（二）·2·4）之《步骤分解》）

从学养提升的境界而言：上述八条目从"物格而后知致"到"国治而后天下平"，是一个"自本至末"、循序渐进的功夫修炼过程，但本末之间并非是线性的，而是"相生相克，共成整体"的关系，如图2-19：

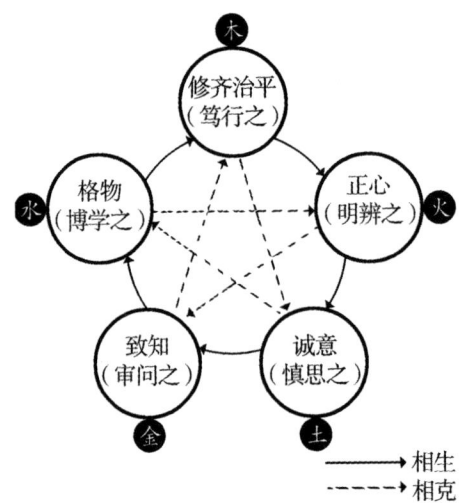

图2-19 儒家功夫修炼模型图

---

① 蒋庆：《公羊学引论》，沈阳：辽宁教育出版社1995年版。

从学理体系的架构而言,理解上述八条目,要从整体到局部,即从"天"到"天下",到"国"再到"家",最后及于"个人",如图2-20所示:

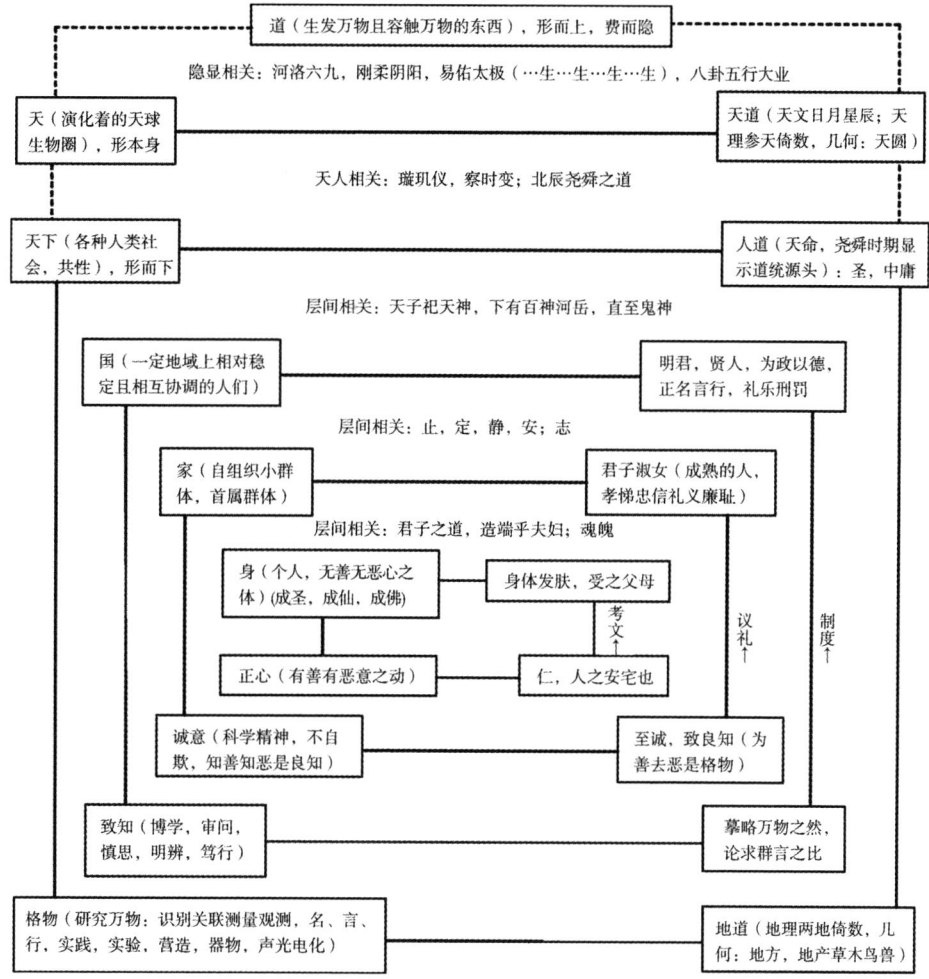

图2-20 儒学学理体系架构图[1]

---

[1] 张祥平:《经典复杂科学》图二《经典中的社会人文(被整合的复杂现象)》,中国社会科学出版社2013年版,第30页。

从学术分类的判别而言：上述八条目中，①格物＋②致知＋③诚意＝物性儒学，④正心＋⑤修身＝心性儒学，⑥齐家＋⑦治国＋⑧平天下＝群性儒学，正好对应于西方社会的四大主流学科。西学的四大主流学科是自然科学、宗教神学、经济学与法学，这四大学科是西方社会理性精神的基础，同时也是其信仰体系建设与制度体系建设的基础，儒学是中国传统社会理性精神的基础，同时也是其信仰体系建设与制度体系建设的基础。物性儒学，大体对应西学中的自然科学；心性儒学，大体对应西学中的宗教神学；在群性儒学中，"齐家"的核心问题是"产权族有"及相关制度建设（西方主流经济学中制度学派的核心问题是"产权私有"及相关制度建设），"治国平天下"的核心问题是"主权在天"及相关制度建设（西方法学的核心问题是"主权在民"及相关制度建设）。因此，群性儒学可分为"经济儒学（齐家）"与政治儒学（治国平天下），大体对应西学中的经济学与法学。但是，上述物性儒学、心性儒学、经济儒学与政治儒学的分类与关联，与西学的"分科"不同：儒学之分类"统类是一、总别不异（统是总相，类是别相，总不离别，别不离总，举总以该别，由别以见总）"，[①] 强调会合融通；西学之分科则各自为阵（布局）、畛域自限、分隔孤立、专已斥人，不能会合融通，即有分类而无会通，有类无统、有别无总。

上述八条目之后，再次言及"修身"："自天子以至于庶人，壹是皆以修身为本"，凸显出儒学与西学"主客二元分立"的"客观研究"之不同。儒学作为追求天人合一的复杂科学，与个体的社会生活与生命成长息息相关，"主客二分"的简单科学则往往只能在实验室或其他实验场合学以致用，无助于良好道德品行的养成。

据上述八条目，"儒学"可定义为：儒学是认识事实（格物）、理解事实（致知）、弘扬实事求是的理性精神（诚意）、服膺真理并上升为信仰（正心）、在现实生活中减少自身的缺点（修身）、和睦家庭家族（齐家）、治理国家（治国）、为全人类带来久续和谐（平天下）的理性探究和社会实践。

[①] 马一浮：《群经大义总说》，《中国现代学术经典·马一浮》（刘梦溪主编），湖北教育出版社1996年版，第136页。

二、经典

认识事实（格物）、理解事实（致知）、弘扬实事求是的理性精神（诚意）是儒学的基础，也是科学的基础。科学是用事实预测事实的可检验的未被证伪的推理过程。那么，作为中国传统科学主体的儒学，究竟构建在怎样的事实材料的基础上？又是怎样对事实材料进行整理加工的？整理形成的学术体系又是怎样？这些，涉及儒学的根本经典——六经。

（一）六经之本——史实

儒学的根本经典是孔子所删定的六经（宋代定型的"十三经"源于"六经"，非"根本经典"）。其中，《诗》《书》《礼》《乐》《易》（包括《象》《彖》）在孔子生前既已有之，孔子所撰只有《春秋》。《诗》《书》《礼》《乐》在西周时期是教育贵族子弟的教材，《易》及《象》《彖》在西周也已成书。《礼记·王制》载："乐正崇四术，立四教，顺先王《诗》《书》《礼》《乐》以造士。春秋教以《礼》《乐》，冬夏教以《诗》《书》。"以现代眼光观之，《诗》是诗歌艺术，《书》是历史文献，《礼》是社会规范，《乐》是音乐艺术。这些作为王官之学内容的诗歌艺术、历史文献、社会规范、音乐艺术，皆蕴涵着丰富深沉的人与环境良性互动的历史经验。《易》（包括《象》《彖》）更是如此（详见第二章第一节·五《实事求是（价值评估、归类整合、经验比较）——理性发展》以及七《抽象思维——范畴思辨》）。对于孔子而言，《诗》《书》《礼》《乐》《易》（包括《象》《彖》），皆是先人与环境互动过程中历史传承下来的弥足珍贵的经验事实。

孔子对待上述事实材料的态度，首先是准确地确认事实、表述事实而不作主观增减与改动（述而不作）——这是复杂科学研究的前提，并相信事实系列显示的内在规律可作为决策依据或参照，把筛选古往今来的历史事实作为嗜好（信而好古）。探究人类社会永续发展（天人合一）的规律，要本于人与环境的互动过程。从构造整合法来看，面对先人与环境互动的历史"述而不作"（关注"过程"中的事实），以"异"为主；从中归纳规律性（信而好古，对"过程"本身的肯定），以"同"为主。① 对事实求同存异，这是构造整合法推理的出发点。在"述而不作，信而好古"的基础上，加以"默而识之，学而不厌"的功夫，即心领神会地把事实材料整合为几何图形来识记（默而识之），孜孜不倦地学习文献（学而不厌），用文献中的事实再细化心中的几何图形，矫正不当图形，从整体到局部筛选事实。对事实筛选以及加工的结果，便有了孔子"删诗书，定礼乐，赞周易，修春秋"。（参见本节·四·（二）·2·1）之《孔子的方法论》）

《春秋》的事实材料，是鲁国的近现代史（对孔子当时而言），而《春秋》则是孔子默识了从尧舜（上探天端——董仲舒：《春秋繁露·俞序第十七》）至当代（鲁哀公）的历史整体之后，借助近代（《鲁春秋》）和当代"行事"的著述：述而不作，适度留余，从而达到信而好古（尧舜）的效果。② 孔子不以"一己之心思，离事物而特著一书，以谓明道"（章学诚《文史通义》卷一《易教上》），因为空讲理论，不如借助历史事实来显示其内在的规律，正所谓"见之空言，不如行事博深切明也"。（董仲舒：《春秋繁露·俞序第十七》）。这也是儒学强调"经史合参"的道理所在。

（二）六经之体——道理

孔子托事明义，因史制经，寓褒贬于事中，"事"因此而成为"象"，"史"也因此而成为"经"。

明代大儒王阳明曾言，六经"以事言谓之史，以道言谓之经，事即道，道即事，《春秋》亦经，五经亦史。"（《传习录上》）"事"与"道"的联结是"默识"而得的"象"与"理"（数学模型）。明末王夫之曾言"六经皆象"："《诗》之比兴，《书》之政事，《春秋》之名分，《礼》之仪，《乐》之律，莫非象也。而《易》统会其理。"（《周易外传》卷六）清代史学大家章学诚也说："象之所包广矣，非徒《易》而已矣，六艺莫不兼之。"（《文

---

① 张祥平：《经典复杂科学》，中国社会科学出版社2013年版，第100页（页下注）。
② 同上书，第250页（页下注）。

史通义·易教下》)所谓"象",是观测所得到的印象,以及把观测结果整合在一起而得到的图形、模型和相关延伸,包括对图形和模型的再整合与再延伸。(详见本章第一节·七《抽象思维——范畴思辨》以及本节·二·(二)·1之《数学基础》)"象"超越了简单的物象和事象,是具有数理意义与价值意义的"意象"。六经的编修是"圣人立象以尽意"(《周易·系辞上传》),六经的具体内容则是"意象"的集成。

于是乎,呈现于"经"中的事实不再是杂乱无章的材料堆砌,而是经孔子(及其弟子)"默识"整理,昭示出人类与环境良性互动的演化规律的科学体系,彰显出人类社会永续发展的普适道理("道理"的原意是道的数学模型,或伴有数学模型的道①,即北辰尧舜之道)的文明经典。"经"由此超越出"形而下"的"事"与"器",具有了"形而上"的"理"与"道"。(《周易·系辞》曰:"形而上者谓之道,形而下者谓之器。")

需要指出,儒学(复杂科学)的"理"与简单科学的"理"不同,尽管二者都是"数理",但前者是主客一体、天人合一的"道"之"理"、"天"之"理",即"道理""天理"(详见前述"北辰尧舜之道"与"北辰模型",及下述儒学"定律",包括基本模型、重要定义、社会五公理、复杂三规律、五行结构表等),后者是主客二分、天人对立的"物"之"理"。也就是说,六经中昭示的道理是"天经地义"的,是保障人类社会永续发展的"万世义法"。"经"正因此而成为"经"!("经"者常也,"经"字具有"常理""常道"之义,是永恒不变的普遍真理,适应于人类历史的所有阶段与人类生活的所有领域。)

如《春秋经》昭示了人类社会的演化规律与永续发展的"万世义法"。《春秋经》以元之气正天之端,以天之端正王之政,以王之政正诸侯之即位,人类历史必须有一纯正的开始,故圣人作《春秋》变一为元,立人元在天前,确立了人类历史的纯正开端,将无意义无价值的自然史转化为一有意义有价值的人类史,作为历史存在的人类生活从此有了意义。若历史无意义,人类

---

① 张祥平:《经典复杂科学》,中国社会科学出版社2013年版,第60页。

将不堪在其中生活。故《春秋经》彰显出的"义法"是永恒不变的普遍真理。又，《诗经》昭示了"正夫妇之始"的"义法"。《周南》讲"文王之化"熏陶出"后妃之德"，而"后妃之德"是"正道之始，王化之基"，人类一切良好的政治、历史、文化都必须建立在统治者夫妇关系符合"正道"上，夫妇关系一坏一切坏。因统治者身居上位，为"风化之所出"，与民众的关系是"上风下草"的感应关系，统治者个人道德若不符合"正道"，会直接败坏整个社会风气，古今中外因"夫妇不正"造成的政治灾祸史不绝书。故《诗经》昭示的"正夫妇之始"的"义法"是永恒不变的普遍真理。再，《书经》昭示的"天下非一姓所有，有德者有天下"的"义法"，《易经》昭示的"乾健坤顺阴阳合和"创生万物的"义法"、万物"各正性命，保合太和"的"义法"，都是常理常道，是永恒普遍的"万世法"，即都是"经"。①

还需要指出，孔子托事明义，因史制经，呈现于"经"中不仅有"事"、"象"、"道"、"理"，还有"情"。此"情"，乃民胞物与之情，乃天地万物一体之情，此"情"即孔门所谓"仁"也。"圣人心体光明，寂然太极，含藏万德，圆满具足，此圣人之所以为圣人也。然圣人之所以为圣人，又不仅此。圣人在世，不忍天下滔滔，生民涂炭；不忍逸居无教，不修德讲学；不忍礼崩乐坏，学绝道丧；不忍王道陵夷，邪暴横行。其不忍也，扩而充之，有因山陵崩颓者，有因鸟兽哀鸣者，有因草木摧折者，有因瓦石毁坏者；其寂然不动之心体，以此不忍之情感之，遂通天下之故也……此'情'一动，天地以分，乾坤以序，文教以立，万化以成。若无此'情'，心物不通，人我永隔，天塞地闭，生机澌灭，故知'情'由'诚'出，'情'乃天地万化之几也。……此非'理'可喻也，唯'情'而已矣。"②

"事""情""象""道""理"，五者密切关联，你中有我，我中有你，相生相克，成为六经"意义"之全体，如图2-21：

---

① 蒋庆：《读经与中国文化复兴》，载《儒学的时代价值》，四川人民出版社2009年版，第106—110页。
② 蒋庆：《心学散论》，见《儒学的时代价值》，四川人民出版社2009年版，第1—2页。

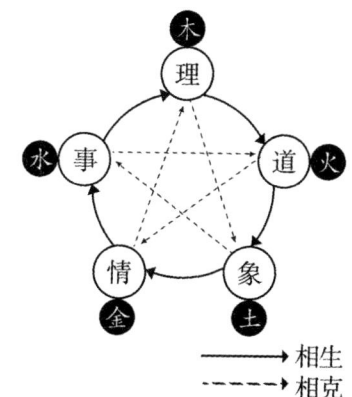

图 2-21 六经"意义"的内在结构图

(三)六经之用——政教

孔子删述六经,是要昭示天地万物与人类社会的演化规律,是要彰显人类参赞天地之化育的生命意义,是要承继二帝(尧舜)三王(夏禹商汤周文)以来中华民族与环境良性互动的历史传统,是要奠定人类社会永续发展、万世太平的科学理论与制度框架。六经勾勒了人类理想社会的美好蓝图(北辰模型),涵括了人类理想政治的基本原则(主权在天,三重合法性,详见第七章第一节·二·(一)《王道政治——主权在天》),是具有宪政意义的治国平天下的政典。

然孔子在世之时,以其学干七十二君而不遇,遂退而兴教办学,因为政治之根本在于为政之人。孔门教育的基本内容就是"六经"。故"六经"亦称"六艺":以道言,谓之经; 以教言,谓之艺(艺犹树艺,即培育植物,后引申为培养人才)。"六经"也称"六籍",即六种课本书籍(教材)。孔子因材施教、因机设教,用"六经"所蕴含的科学理性、人生理想、政治智慧与历史教训,力图把学生教育培养成具有严谨的理性精神、高尚的品德修养、可以治国平天下的理想人才。

孔子论及六经之教的功用,曰:"其为人也,温柔敦厚,《诗》教也;疏通知远,《书》教也;广博易良,《乐》教也;絜静精微,《易》教也;恭俭庄敬,《礼》教也;属辞比事,《春秋》教也。"因为《诗》美刺委婉,讽喻规谏,不指切事情,又可歌咏以陶冶性情,故教育出来的人具有温柔敦厚的性格；《书》记载上古二帝三王之事，其事疏阔遥远，故教育出来的人具有通达深远的性格；《乐》的特征是和同，有潜移默化之功能，故教育出来的人具有心怀宽容易于从善的性格；《易》洗心藏密而贞固守正，穷理尽性而探赜索隐，故教育出来的人具有清洁安静思想精细的性格；《礼》以恭逊、节俭、庄重、诚敬为本，故教育出来的人具有恭俭庄敬的性格；《春秋》道名分，以书法条例作为治世义法，即把历史中许多相同的事件聚合在一个统一的语辞下，如聚合在讥贬绝、日月时、三科九旨之类的书法条例下，此即"属辞"。这些书法条例实际就是统一的道德标准，属是聚合义，辞是书法条例义，然后依此"辞"书法条例来推比、衡量、判别历史事件中的是非善恶，此即"比事"。故《春秋》教育出来的人具有以统一的道德标准判别是非善恶的能力。①孔子教下"及门之徒三千，身通六艺者七十有二人"，弟子中如子夏、子贡、曾子等，皆名传天下之士。

"六经"的教育功用在孔子身后亦盛而不衰，被孔门弟子发扬光大。战国时期的大儒荀子劝学，曰："学恶乎始？恶乎终？曰：其数则始乎诵经，终乎读礼……《书》者，政事之纪也；《诗》者，中声之所止也；《礼》者，法之大兮，类之纲纪也。……《礼》之敬文也，《乐》之中和也，《诗》《书》之博也，《春秋》之微也，在天地之间者毕矣。"（《荀子·劝学》）又曰："圣人也者，道之管也。天下之道管是矣，百王之道一是矣，故《诗》《书》《礼》《乐》之归是矣。《诗》言是，其志也；《书》言是，其事也；《礼》言是，其行也；《乐》言是，其和也；《春秋》言是，其微也。故《风》之所以为不逐者，取是以节之也；《小雅》之所以为小者，取是而文之也；《大雅》之所以为大者，取是而光之也；《颂》之所以为至者，取是而通之也。天下之道毕是矣。乡是者臧，倍是者亡。乡是如不臧、倍是如不亡者，自古及今，未尝有也。"（《荀子·儒效》）与荀子同期的"非儒"的庄子亦曾论及："《诗》以道志，《书》以道事，《礼》以道行，《乐》以道和，《易》以道阴阳，《春秋》以道名分。其数散

---

① 蒋庆：《读经与中国文化的复兴》，载《儒学的时代价值》，四川人民出版社2009年版，第106—109页。

于天下而设于中国者,百家之学时或称而道之。"(《庄子·天下》)庄子言"百家之学时或称而道之",可见六经的学术影响绝非囿于儒家,而是遍及百家。

圣人殁后,历经了逾三百年的社会动荡。至西汉,"六经"之"天地之常经,古今之通谊"(《汉书·董仲舒传》)的科学价值终于被最高决策者所认识、接受,遂有"诸不在六艺之科、孔子之术者,皆绝其道,勿使并进"(同上),即"罢黜百家,表彰六经"("罢黜"非禁绝,"百家"仍然可以自由开展学术活动,只是不可作为国家意识形态),源于"王官学"的"六经"复归"王官学"的地位。《诗》《书》《礼》《易》《春秋》成为"法定"经典(《乐》失传),其书名添上了"经"字,曰:《诗经》《书经》《礼经》《易经》和《春秋经》。"王官学"官师合一、政教合一的传统得以恢复:以"五经"为本设立"五经博士",且"兴太学,置明师,以养天下之士"(《汉书·董仲舒传》)。(三代之时,"有官斯有法,故法具于官;有法斯有书,故官守其书;有书斯有学,故师传其学;有学斯有业,故弟子习其业。官守学业皆出于一,而天下以同文为治"。[①])由此,"五经"成为中国政治合法性的文本依据。孔子在"经"中勾画的大一统礼乐制度由此基本得以建立。中国成为以儒学为科学指南、五经为宪政基础、政教合一从而得以持续发展的文明国家。(详见第七章第一节)

之后两千余年,以"五经"的科学理性与传统智慧所涵养的决策者与管理者们,使得中国在相当长的历史时期(汉唐宋明清)维护了相对人道、相对公正、相对稳定的分层秩序,同时与周边国家和平共处、互惠互利,使中华文明成为世界上唯一持续发展至今的文明。这一历史事实,是"五经"历经两千年实践检验,向世人昭示其"科学性"的铁证。

(四)六经之大——衍育国学,统摄西学[②]

作为中华文明的原典,六经是中国一切传统学术(即国学)的源头活水,

[①] 章学诚:《文史通义校注》,中华书局 1985 年版,第 951 页。
[②] 马一浮:《论六艺该摄一切学术》及《论西来学术亦统于六艺》,见刘梦溪《中国现代学术经典·马一浮卷》,湖北教育出版社 1996 年版。

国学中经、史、子、集四大部类皆由六经衍育而成。对此，近代大儒马一浮先生有"六艺该摄一切学术"之专论①，不赘。

六经不仅衍育了国学，亦可统摄西学。言六经"统摄西学"，主要体现在三方面：其一，以学术研究对象言之，"六经"主要适用于复杂现象，西学主要适用于简单现象，"复杂"中包涵"简单"，故可"统（括）"之；其二，以学术研究精神言之，"六经"追求"天人合一"、永续发展，西学追求客观真理、工具理性，然而，不受制约的追求客观真理、工具理性，一旦伤及人类永续发展，本身就是最大的不理性，故本于人类之永续发展，西学之研究需以六经"统（率）"之；其三，以学术研究成果言之，"六经"构造整合而成的整体是人类理性的"绝顶"，西学分析还原而作的布局是理性的"小山"，"会当凌绝顶，一览众山小"，故"六经"可"摄（取）"西学。马一浮先生曾作《论西来学术亦统于六艺》，对上述三方面皆有阐发，迄今读之亦觉鲜活，兹摘编于下以飨读者：

举其大概言之，如自然科学，可统于《易》，社会科学或人文学科可统于《春秋》。因《易》明天道，凡研究自然界一切现象者，皆属之。《春秋》明人事，凡研究人类社会一切组织形态者，皆属之。董生言："不明乎《易》，不能明《春秋》。"如今治社会科学者，亦须明自然科学，其理一也。物生而后有象，象而后有滋，滋而后有数。今人以数学、物理为基本科学，是皆《易》之支与流裔。以其言，皆源于象数。而其用，在于制器。《易传》曰："以制器者尚其象，凡言象数者，不能外于《易》也。"人类历史过程，皆由野而进于文，由乱而趋于治。其间，盛衰兴废、分合存亡之迹，蕃变错综。欲识其因应之宜正变之理者，必比类以求之，是即《春秋》之比事也。说明其故，即《春秋》之属辞也。属辞以正名，比事以定分。社会科学之义，亦是以道名分为归。凡言名分者，不能外于《春秋》也。文学艺术统于《诗》《乐》，政治法律经济统于《书》《礼》，此最易知。宗教虽信仰不同，亦统于《礼》。所谓亡于礼者之礼也。哲学思想派别虽殊，浅深小大亦皆各有所见。……凡

---

① 刘梦溪：《中国现代学术经典：马一浮卷》，湖北教育出版社1996年版，第12—17页。

言宇宙观者，皆有《易》之意。言人生观者，皆有《春秋》之意。但彼皆各有封执，而不能观其会通。庄子所谓"各得一察焉以自好"。各为其所欲以自为方者，由其习使然。若能进之以圣人之道，固皆六艺之材也。

道一而已。因有得失，故有同异。同者得之，异者失之。《易》曰："天下同归而殊途，一致而百虑。天下何思何虑？"暌而知其类，异而知其通，夫何隔碍之有。克实言之，全部人类之心灵，其所表现者，不能离乎六艺也。全部人类之生活，其所演变者，不能外乎六艺也。故曰"道外无事，事外无道。"因其心智有明有昧，故见之行事有得有失。孟子曰："行矣而不著，习矣而不察，终身由之，而不知其道者，众也。"彼虽或得或失，皆在六艺之中，而不自知其为六艺之道。《易》曰："百姓日用而不知。"其此之谓矣。苏子瞻有诗云："不识庐山真面目，只缘身在此山中。"岂不信然哉。

学者当知，六艺之教，固是中国至高特殊之文化。唯其可以推行于全人类放之四海而皆准，所以至高。唯其为现在人类中尚有多数未能瞭解，百姓日用而不知，所以特殊。故今日欲弘六艺之道，并不是狭义的保存国粹，单独的发挥自己民族精神而止，是要使此种文化普遍的及于全人类，革新全人类习气上之流失，而复其本然之善，全其性德之真。方是成己成物，尽己之性，尽人之性。方是圣人之盛德大业。若于此信不及，则是于六艺之道，犹未能有所入，于此至高特殊的文化，尚未能真正认识也。诸君勿疑此为估价太高，圣人之道实是如此。世界无尽，众生无尽，圣人之愿力亦无有尽。人类未来之生命方长，历史经过之时间尚短。天地之道，只是个至诚无息。圣人之道，只是个纯亦不已。往者过，来者续，本无一息之停。此理决不会中断，人心决定是同然。……吾敢断言：天地一日不毁，人心一日不灭，则六艺之道炳然常存。世界人类一切文化最后之归宿，必归于六艺。而有资格为此文化之领导者，则中国也。今人舍弃自己无上之家珍，而拾人之土苴绪余以为宝，自居于下劣，时奉西洋人为神圣，岂非至愚而可哀？诸生勉之。慎勿安于卑陋。而以经济落后为耻，以能增高国际地位，遂以为可矜，须知今日所名为头等国者，在文化上实是疑问。须是进于六艺之教，而后始为有道之邦也。不独望吾国人兴起，亦望全人类兴起，相与坐进此道。勉之，勉之。

三、主要定律

作为中国传统科学的主体，儒学通过"述而不作，信而好古"、"默而识之，学而不厌"所得到的"正名"、"顺言"、"成事"的科学结论是怎样的？或者说，儒学何以能正确解释人类社会的历史（"科学"首先要能正确解释已发生的事实）？何以能正确预测人类社会的发展（"科学"还要能正确预测将发生的事实）？何以能提供国家社会治理的正确决策（"科学"最终要能付诸实践检验）？

下面，将用现代科学的表述方式，对儒学的科学体系加以梳理，揭示儒学的主要科学定律（儒文今述）。包括基本模型、重要定义、社会五公理、复杂三规律与五行结构表等五部分。基本模型是"摹略万物之然"；重要定义是"论求群言之比"，"以名举实"；社会五公理是"以辞抒意"（整合过去），相关定理及推论是"以说出故"；复杂三规律是"以类取，以类予"（预测未来），五行结构表是"从最高层开始，层层顾及生克制约，确认演化阶段，落实为决策及相关指令"（决策现在）。理解五部分之间的关系，需要运用构造整合法（见本节·四·（二）·2·2）《步骤分解》）。以下分述之。

（一）基本模型——摹略万物之然

儒学的科学定律，要用来"明是非之分，审治乱之纪，明同异之处，察名实之理；处利害，决嫌疑"，因而，要"摹略万物之然"，即用整合模型来概览万物。

儒学概览万物的基本模型是北辰模型与太极模型，前文已述，此不再赘。

（二）重要定义——论求群言之比，以名举实[①]

遵循"正名言行原则"，对社会人文学科的术语通过"论求群言之比"

---

① 张祥平：《经典复杂科学》，中国社会科学出版社2013年版，第467—477页。

给出严格定义,"以名举实",是"儒文今述"的前提。

社会动荡或转型时期,常出现"名守慢,奇辞起,名实乱"[①](名词的应有词义被轻视,花样翻新的行为指令层出不穷,名称和现实的关系混乱不堪)的情形。近代以来西学东渐,分析还原法成为主流,"名实乱"已成为社会人文学科的普遍情形。社会人文学科不能"正名"的重要原因是"不全宁无":试图不留余地,反而没有公义,只能公说公有理,婆说婆有理。正名之路是:适度留余地给出定义(内涵,本质),据此而相对确切地与其他重设语词区分开来,随着研究深入,语词所对应的内容(外延,事实)逐渐细化,余地逐渐减少,如果最初的定义所留余地不适度,那么就要修改定义。对复杂现象来说,不可能给出不留余地的(周延的、绝对确切的)定义。

以下是 55 个较重要名词(及相关的次重要名词)的定义(正名),运用构造整合法,从整体到局部,适度留余。

01 **社会**是一定地域上相互协调且相对稳定的人们。(环境与人的良性互动造就社会,内含制度和文化。)**社会主义**是以社会为本位,而不是以分解后的局部为本位的组织管理目标或决策导向。社会分为以下类别:0101 氏族部落社会(社会没有分层)。0102 城邦封建社会(没有面向全社会的升层规则)。0103 异域整合社会(有面向全社会的升层规则)。异域整合社会分为以下类别:军国主义(军制战选)社会,神本主义(神制教选)社会,德本主义(德制学选)社会,资本主义(法制钱选)社会;中国的汉唐宋明清是德本主义(德制学选)社会,不是封建社会。0104 黑社会是较长期地寄生在德本主义(德制学选)社会或资本主义(法制钱选)社会之内的小型社会。寄生:从寄主获取基本需要,但不与寄主协调。寄生者的稳定性一定低于寄主。不够稳定的制度和文化也是环境与人的互动造就的,但是互动不够良性。

02 **制度**是规则的组合及相关行为。规则分为以下类别:0201 资源分配规则。0202 再分配协调规则。0203 不协调处置规则。0204 升层规则。0205 降

---

① 《荀子·正名》。"辞"的原意是管理者发布口头指令进行指挥,相应地,被管理者对口令的否定性表态也称为辞。从表态引申为语气辞。从发布口头指令引申为直接简明的表述。发布的口头指令之中,包括纠正不当的操作,引申为指责对方行为不当。

层规则。

03 **行为**是可用感觉器官（或测量仪器）识别的相关于动物和人类的动词对应。行为分为以下类别：0301 生理行为。0302 武力行为。0303 经济行为。0304 文化行为。0305 消闲行为。

04 **文化**是人类在一定的环境条件下形成的语言文字、思维方式、观念价值、制度模式（主要包括婚育丧葬模式、社交覆盖模式）和相关物化形态[①]的有机构成。文化分为以下类别：0401 民间文化纯俗生雅。0402 宗教文化可雅可俗。0403 礼乐文化以雅带俗。0404 金钱文化闹俗燥雅。0405 文士文化纯雅不俗。**高雅文化**是有益于身心健康从而一代代传承发扬的文化。**低俗文化**是民间文化中不能生雅的部分或金钱文化中不能燥雅的部分。**中华文化**是以儒教文化为主流并与其他文化互动而形成的文化。**国学**是认同于中华文化的理性探究。**美国文化**是以基督教为主流并与其他文化互动而形成的文化。

05 **创新**是首次出现的有利于群体延续的人类行为或行为组合，"群体延续"是指：社会成员的数目不出现不可逆的减少，促成社会成员相对协调的规则不出现不可逆的失效。创新分为以下类别：0501 科技创新。0502 制度创新。0503 方法创新。0504 媒介创新。0505 尚未危及群体延续的短效泡沫创新。**㕚孽**是反创新。

以上是 5 个最复杂的正名。

06 **政治**是以合法暴力为后盾的分层人群的组织管理或分层秩序的维护和调节（执政者以维护为主，在野者以调节为主）。"组织"是同类个体数目不少于两个，而且个体之间既有分化（差异）又有关联（协调）的相对稳定的群体。政治分为以下类别：0601 民意合法性政治。0602 文化合法性政治。0603 超越合法性政治。0604 二重合法性政治。0605 三重合法性政治。

[①] 以上五个要素（水土火木金）相生相克而为文化之道或文化之体。见《贺麟全集·近代唯心论简释·十一，文化的体与用》，世纪出版集团，上海人民出版社 2009 年版，第 194 页："道是文化之体，文化是道之用"，第 201 页："以精神或理性为体，而以古今中外的文化为用"。引文中的"道"指文化之道，参见本书前言图二中的"君子之道"，以及下文正名 28 "精神"和正名 25 "理性"。

07 **宗教**或**信仰**是以生发（或虚化）万物且容融（或否定）万物的语词而凝聚起来的人群。**广义信仰**是借助理想状态凝聚起来的人群（易混同于邪教）。宗教分为两大类：0701 人格神宗教：基督，伊斯兰，佛教中的若干教派，民间道教；0702 非人格神宗教：儒教，金教（拜金，拜物），佛教中的若干教派，修仙道教。

08 **经济**是群体性获取、建设、控制一定形式的物质、能量、信息的人类行为。**技术**是非**群体性**地获取、建设、控制一定形式的物质、能量、信息的人类行为。群体性是指：个体行为相关于人际协调或群体延续；**产权（地权）**是礼法或习俗认可的对一定形式（面积，非人口）的物质、能量、信息的控制权（闲置或销毁权、允许他用权、赠予权、自用权、排斥他用权）。**人权**是正常成年人不受非义务无合约的他人控制的权力；义务是与自己之外的其他人相处的习俗（长效准则，如孝敬父母、抚养子女、不害他人、不负恩人等）。**生存权**是为了温饱抗死而行动的权力。**权力**是制度赋予的对人的控制权：处置权、交给他人控制权、任命权、直接调动使用权、排斥他人使用权。**人道主义**是多数人的生存权高于人权和产权的决策导向。经济分为以下类别：0801 小群体经济。0802 群间交易经济。0803 良性混合经济。0804 恶性混合经济。0805 贡赐经济。0806 市场经济。0807 计划经济。

09 **军事**是以兵戎经济和将帅军卒来维护社会的人类行为。军事分为以下类别：0901 抗敌军事。0902 抗灾军事。0903 殖民军事。0904 护商军事。

10 **人文**是有助于人际沟通交往的信念、知识、技艺。人文的两大类形是：1001 儒家六艺：礼乐射御书数；诚之者：博学之，审问之，慎思之，明辨之，笃行之。1002 文艺复兴七艺（the liberal arts）：语法、明辨（逻辑）、修辞、算术、几何、音乐、天文；利博主义者（liberal，曾错译为自由主义者）：博学而且主张变化的人。**人文精神**是久续大群体的核心观念及相关价值，包括：**德本主义的人文精神**：万般皆下品，唯有读书高；文章本六经得来，事业从五伦做起；处处留心都是学，生活就是消解困惑，真诚待人，勇于实践；时间就是学问，寸金难买寸光阴；**资本主义的人文精神**：没有钱是万万不能的，上帝帮助自助者挣钱；金钱本交易得来，事业从打工做起；处处留心都是商机，生活就是交易，时间就是金钱，寸寸光阴变成金。

以上是5个次复杂的正名。

11 **家乡**是既决策又执行地管理了一代以上的成片土地。① **家族**是血缘相关而且相互协调的若干家庭的组合。**家庭**是习俗或法律认可的非个体的最小社会单元。**氏族**是较大的家庭，由作为个体的氏族成员组成。**氏族社会**是相互联姻的若干氏族的组合，即部落，氏族社会也称为部落社会。同域分层而且上层父系家族作为相对独立的决策者的社会是**封建社会**。**家天下**是尊重而且保护家乡、家族、家庭的组织管理。为了全球可持续，必须激励多数人爱家乡。首先是制度保障多数人有家乡。

12 **决策**是为了一定的目的而确认人、财、物的组成成分，比例结构及相关行为的时间、地点。决策分为以下类别：1201民主决策是决策涉及的社会成年成员多数同意后才执行决策的程序。1202专权决策是决策涉及的社会成年成员多数不同意却能够执行决策的程序。1203学优决策是在民主决策中加强子孙后代权重的决策程序。

13 **执行**是听从指挥的行为。

14 **指挥**是管理者用示范（训练）和语言（指令）带领被管理者完成一定的决策。

15 **管理**是群体性行为的程序制定、执行和调节。

以上是5个最有序行为及相关语词的正名。

16 **法律**是用法规条文和审判执行来减少刑案作乱率的具有确定程序的行为。低成本的管理是以最少的审判执行来减少刑案作乱率，理想状态是不借助审判执行就能减少作乱刑案率。介于理想状态和法规条文之间是分层分工的资源分配规则和再分配协调规则（礼）。除了礼之外，基督教的文化背景也能有效减少管理成本。

17 **交易**是发生了经济覆盖或文化覆盖的人类行为。**覆盖**是排他性地占有

---

① 空间（成片土地）与时间（一代以上）相整合，源于母系社会和父系社会。现代社会中的旅游以满足空间扩展的需要为主，源于哺乳动物的生态位；宗教信仰以满足时间扩展的需要为主，源于早期人类（母系社会形成期）的图腾。

他人时间。覆盖包括：生理覆盖、武力覆盖、经济覆盖、文化覆盖和组织覆盖。交易包括：市场交易和非市场交易。1701 **市场交易**是整体不等于部分之和的若干交易的总合。非市场交易包括：1702 **家庭（族）交易**（如男耕女织、扶老携幼）。1703 **企业交易或管理交易**（委托人与代理人之间的非市场交易）。1704 **配额交易**（利益集团之间的非市场交易，利益集团是被共同利益凝聚在一起的人群）。1705 **正式组织与自组织之间的交易**。市场包括：1706 **非封闭市场**（多数交易者都知道存在着大量的自己未曾交易过的个体交易者）。1707 **良性市场**（＝非封闭市场＋健全法制＋环境资源相对稳定）。1708 **抑商市场**（环境资源约束较多的良性市场）。1709 **重商市场**（环境资源约束较少的良性市场）。1710 **货币市场**（＝金融资本市场）。

18 **有信用**是兑现承诺。

19 **有道德**是恪守信条。最基本的信条是诚实。**诚实**是真实地表述亲历的事实。

20 **历史**是按时序记载重要事件和事件关联。连续记载最长期的大地域历史是中国历史：从孔子编尚书著春秋，到二十四史，直到近现代；最小地域的历史是中国的地方志和族谱。

以上是 5 个次有序行为及相关语词的正名。

21 **科学**是用事实预测事实的可检验的未被证伪的推理过程。**不科学**，预测被证伪；**非科学**，不检验或无推理；**伪科学**，用虚构或返构替换事实；**反科学**，攻击科学结论。**科学精神**是尊重事实、理解事实、筛选事实；适度留余，与环境良性互动：接受教训，总结经验，中庸权衡；尽量不自欺、不受骗；一定不骗人。

22 **事实**是人在一定的时间节段和空间范围内识别的形状（或压强，如风雨）、体积、温度及其变化（如声响、气味，等）。或：**事实**是当事人亲身经历（有时间，有地点）的事件。**事件（现象）**是可用感觉器官（眼耳鼻舌身，看听嗅尝触）或测量仪器识别的对象和动态。**信息**是事件的信号或信号组合。**信号**是作用于感觉器官或传感器的物理刺激或化学刺激。**认知**是对事件的识别和强化。强化包括：遗传强化、条件反射强化、周期或重复强化、理性强化、科学强化、顿悟强化。**知识**是被熟悉（被周期重复强化、理性强化、或科学强化）的事件。

23 **检验**是不同时间（含未来时间）不同地点的非当事人能够判断当事人经历的事件或推理预测的事件的真假。判断真假的方法有：2301 日常重复。2302 仪器观测。2303 理化实验。2304 室内生物实验。2305 田间实验。2306 医用动物实验。2307 临床药物实验。2308 双盲实验。2309 霍桑社会实验。2310 博弈实验。2311 述比事件等。

24 **推理**是由此及彼的理性。

25 **理性**是不与事实相矛盾的无歧义思维。理论是理性的语言表述或文字表述。理性包括：2501 数学。2502 明辨或逻辑。**智慧**是理性与信仰的平衡。**致知**是对事实的理性探究。

26 **思维**是普适性高于直陈句的语句组合及相关精神。

27 **直陈句**是直接陈述当事人经历（含观测结果）的句子。

28 **精神**是人不同于其他灵长目动物的心理。**性格**是与先天遗传相关较密的精神（性相近，处于同一平面）。**人格**是与后天成长相关较密的精神（习相远，处于同一立体，不同平面）。**感情**是当事人难以用语言清晰表述的精神。**理想**是愿意放弃个人短期利益而争取群体共同利益的精神。**责任感**是在群体中承担一定的角色分工（不同于简单分工中的最低层）且与其他人协调的精神。

29 **心理**是人或动物非器质非行为的动态。

30 **科学推理过程**是千年以来接受过检验且未被证伪的推理过程。**构造整合法（整体公理化）**是对事实求同存异，进行整合，从整体到一层又一层相生相克（非线性相关）的局部，适度留余。这个方法以事实为因子，出现在各层的事实未被简化，理性余地留给下一层次细节（局部的局部）及本层的动态核心（非平衡态吸引子）。**分析还原法（因子公理化）**是对事实分隔解剖，进行还原，用基本因子或孤立事实返构布局（外延的线性组合），不留余地。这个方法以布局为整体，出现在布局中的事实已被简化，较少简化的事实出现在若干布局的交汇处，不被简化的事实需要无穷多个布局来交汇。**现代思潮**是对实验科学和工业革命运用分析还原法而作出的因子公理化的大布局。**后现代思潮**是用因子公理化的小布局蚕食因子公理化的大布局，以及怀疑一切布局。**整合思潮**是对大小布局求同存异地进行关联且重现事实本身的整体公理化。

以上是 10 个最有序思维及相关语词的正名。

31 **理性推理过程**是有事实根据但难以诉诸预测检验的推理过程，以及对过去事实的真伪判定。**虚空玄思法**是对事实虚化空化，进行玄思，用极端的状态表述（空，虚，无，玄之又玄等）解脱现实状态（生老病死，温饱抗灾，人际覆盖）的束缚。**实用性整合法**是把事实并联串联，摸索效用，步步为营（主要是线性扩展），扩大战果，效用以中效为主。这个方法中的"效用"和"效果"以中效为主：短效无须摸索，长效需要构造整合法（非线性关联）。**矛盾思辨法（辩证法）**是试图不留余地的构造整合法，或简化的构造整合法[①]。**感悟想象法**是对事实若即若离，专注于自己的需要，进行感悟想象，付诸行为（较少推理），或付诸联想（拼凑推理）。**现象学还原法**是把事实拔光剥尽，只留下纯粹意识，魂化事实独来独往，进进出出。（此法从"内部"与事实若即若离言之，接近于从"外部"与事实若即若离的感悟想象法，从对事实拔光剥尽言之，接近于对事实虚化空化的虚空玄思法。）

32 **可判句**是可用感觉器官（或测量仪器）识别真假的语句。必要条件是有时间，有地点，主词是专有名词或类别名词，谓语是行为动词。

33 **专有名词**（太阳，月亮，孔子等）和**类别名词**（人，男人，女人，小孩等）是可用感觉器官（或测量仪器）识别其对应的名词。**重设名词**是借助类别名词和专有名词或其他重设名词才能识别其对应的名词。**行为动词**（升、降、生、死、坐、卧、说、笑等）是可用感觉器官（或测量仪器）识别其对应的动词。

[①] 贺麟：《贺麟全集·近代唯心论简释·六，辩证法与辩证观》，世纪出版集团，上海人民出版社 2009 年版，第 113 页引哈特曼（以下引文括号中为张祥平先生所加）："不能否认辩证法中有暧昧不明处（有阴阳而无五行，未分层次）……是一种高远的洞观，能于事物的不同方面（阴、阳）看出其进展的矛盾（两仪、四象）的谐和……联系或统一……勉强说出几条概括的原则（因缺八卦而只是洞观），亦决不会深入完备（如果适度留余，则不追求分析还原法的深入完备）。但每当别的方法（具有分析还原法特点的方法）穷尽时，则辩证法显得有神奇的功用（因为接近于构造整合法）。"

34 **哲学**是形而上的非数学的理性探究。

35 **形而上**是生发万物且容融万物的虚设名词（本体）及其衍生语词。**虚设语词**是难以借助类别名词或专有名词来识别其对应的名词。

以上是 5 个次有序思维及相关语词的正名。

36 **覆盖**是排他性地占有他人时间。覆盖中介分为以下类别：3601 生理武力覆盖的中介是肢体器官、毒品药品、武器刑具医具；3602 经济覆盖的中介是产品、服务、金钱（交易工具，或交易对象，甚至相关于文化覆盖的中介"观念价值"，见下文）； 3603 文化覆盖的中介是语言文字、文献（"文"是交易工具，也称能指；"献"是交易对象，也称所指）、思维方式、观念价值及相关行为。**尊严**是大于平均覆盖的不对称覆盖的感觉。**自尊**是把小于平均覆盖的覆盖转化为尊严的努力。**平等**是把尊严说成等于平均覆盖，或在一定时段内把其他时段中互不相同的覆盖转化为本时段的相同覆盖。**私利**是只顾个人温饱、个人无病无灾、个人消闲，以及只顾扩展个人的生理武力覆盖和经济覆盖，即个人扩展的同时，不顾及被覆盖者的相应扩展。

37 **幸福**是每一个欲望都被满足或处在被满足的过程中。

38 **追时髦**是被覆盖而生的短效少利害行为。

39 **猎奇**是借助奇迹的消闲行为。**奇迹**是被分析还原法（返构布局）遮蔽的事实。构造整合法为这类事实留出余地，所以没有奇迹。

40 **消闲**是人类行为之中的非温饱非抗灾非覆盖行为。

以上是 5 个内驱力意向的正名。

41 **真**是过期事实被确认为发生过。**确认为**通常是指多数人确认；**过期**是指当事人经历的时间属于过去。**真理**是理性涉及的过期事实被确认为发生过，且理性涉及的其他事实不会被证伪。**假**是过期事实被确认为没有发生。**存疑**是过期事实既没有被确认为发生过，也不能被确认为没有发生，有待进一步的检验。

42 **善**是被多数人称赞。**道德**是有益于群体延续且受到多数人称赞的行为指令及相关价值。**正义**是既不违反基本制度规则又不违背基本文化价值。**基本规则**是在相对稳态的非转型社会中，被多数人习以为常的行为规则。**基本**

价值是潜移默化于多数人的文化价值。**公正**是公共秩序的明文规定都正确落实；如果不能落实，就要改变规定或改变公共秩序的管理者。

43 **观念价值**（也称**价值观念**，简称**价值**，不同于商品价值）是用来选择或支配**行为指令**的精神。行为指令是直接影响人类行为的精神。**天真指令**是未经选择程序就被接受的行为指令，如化物为奴（保留工具和使用火）、图腾崇拜、成年礼、丧礼、歌舞图画竞技等。**决疑指令**是经过选择程序但未经检验程序而被接受的行为指令，如巫师决疑、激情决疑、占卜决疑、习俗（官场）经验决疑、理性思辨（经典警句）决疑、首长直觉决疑、投票多数决疑、五合决疑或三合决疑①等。**科学指令**是经过实践检验或实验检验才被接受的行为指令，如秋天储粮、仲春仲秋改善伙食、用纸、用蒸汽机、中医、西医等。**本能**是人或动物与环境互动时的直接反应或反射，相关行为不需要其他的心理动态或精神动态来支配或选择。

44 **美**是直接的精神满足。

45 **亲情**是基于血缘的精神。

46 **爱情**是成人之间的排他之爱。

47 **爱**是因近而美的心理。**博爱**是不近也美的心理。

48 **灵魂超越**是精神作为一种动态超越肉体生存时期而保持相对有序的良性状态。**灵魂**是正常人拥有且不限于肉体生存时期的精神。精神动态的载体首先是肉体，但不能排除其他载体。② **自由**（freedom，liberty）是不受约束

---

① 参见《尚书·洪范432112》："汝则有大疑，谋及乃心，谋及卿士，谋及庶人，谋及卜（占卜）、筮（算筹）。"（引文括号中为张祥平先生文所加）即"卜（龟）"不同于"筮"："汝则从，龟从，筮逆，卿士逆，庶民逆，作内吉，作外凶。"引文"谋及庶人"中的"人"似当为"民"，参见下文"庶民逆"（及未引之"庶民从"）。五合决疑是首长直觉、占卜、理性思辨、官场经验、投票多数全都"从"："是之谓大同，身其康疆，子孙其逢吉。"

② 例如简单科学没有深入探究的"存（虚）空间"或"存时间"，即对应于"存（虚）数"（如负一开平方）的空间或时间，参见本书前言中关于河洛系辞的页下注，张祥平：《数·测量·复连续——兼论刘绍光"一元数理论"的基本假设》，载《大自然探索》1994第3期，第83、85页；另参见《人生追求永恒——儒实佛虚》，载《社会科学论坛》2000年第11期。"与生命现象相关的测量单位"参见本书前言中关于"拓扑"的页下注）源于把宇宙作为一个整体来认（转下页）

的状态。

49 文明是有利于较大地域较多人口延续的文化，或接受长效的文化覆盖。

50 进步（前进，进化，发展）是从简单到复杂。封建化、军事化、礼法化、文明化、现代化都是进步。**封建化**是北半球中纬度地区三大河流域四季变化引发的部落氏族内部分层和封建城堡崛起。**军事化**是人口增密引发的不同封建城堡之间的武力争霸和军事帝国崛起。**礼法化**是战争流血引发的管理规则世俗化和德本主义社会崛起及资本主义社会崛起。**文明化**是社会科学造纸术洲际陆路通商引发的三阶段社会变迁，即文书体系、分层治理、相对稳态（农业服务业消化河工、土木、骑射、盐铁、居玩、匠艺、赏析）。**现代化**是实验科学蒸汽机洲际海路通商引发的三阶段社会变迁，即工业体系、军工争强、相对稳态（农业服务业消化热、电、核力、化工、旅游、信息、传媒）。

51 平衡态意义的微观粒子是未被还原为质点的观测单元，如原子、分子、无生命聚合体、细胞、动植物的个体、植物群落、动物群体、家庭、家族、村落、公司、心理现象中的个别事件识别、个别信息传递、个别理性探究、个体心理动态等。

52 平衡态秩序是平衡态意义的微观粒子在输入等于输出的条件下形成的相对稳定的状态。

(接上页)识，其五行结构是：平衡态意义的微观粒子（水）是无中生有＋反有＋有★反有；输入（土）是大爆炸（空间）；输出（金）对正世界来说是反世界（正时间），对反世界来说是正世界（反时间，正反互成万有斥力，与万有引力对称）；动态核心（火）是有中生（残留？隧道效应逸出？）反有，或反有中生（残留？隧道效应逸出？）有；非平衡态秩序（木）是分层（有与反有的相对稳定的组合及其再组合），如银河系——太阳系——地球——生物圈。生命现象是最复杂的分层结果，兼容"有"和"有★反有"以及孤立波的自组织（对反世界来说是兼容"反有"和"有★反有"以及孤立波的自组织）；可以类比于一个立体，底面是"有"，顶点是最高层的"有★反有"以及孤立波的自组织。分析还原法建构的线性布局与非线性的立体只能交出一个平面，即使在这个平面上没有灵魂，也不能确认其他平面上没有灵魂。从理论上说，把平面的数目增加到无穷多个，可以与立体重合，可是在有限的时期之内，不可能做出"无穷多个"布局，因此，简单科学不可能证明没有灵魂。构造整合法留出存疑的区间。从复杂科学来看，文明社会需要"灵魂超越"这个普适价值，因为迄今为止，凡是长久延续的文明社会都有"灵魂超越"这个普适价值发挥良性的作用；而凡是消除了"灵魂超越"这个普适价值的社会都因内部动乱而不能长久延续。

53 **非平衡态秩序**是平衡态意义的微观粒子在输入不等于输出的条件下形成的相对稳定的具有内在结构的状态。**内在结构**是被整合（吸引）在一起的同类个体之间的差别层级数（不为零，不平等）和个体数目的层间比例。**整合（吸引）**是把相对稳定的现象与环境区分开来的内在动态。万有引力、电磁力、核力等可使平衡态意义的微观粒子处于平衡态秩序，对秩序而言的力是平衡态吸引子；动态核心可使平衡态意义的微观粒子处于非平衡态秩序，对秩序而言的动态核心是非平衡态吸引子，不规范的称谓是奇怪吸引子。**理论模型**（**模式**，pattern）是一定数量的信息在人的心理过程中显示的非平衡态秩序或其简化。学术范式（**范例**，paradigm）是文献中各种微观理性在一定数量范围内显示的非平衡态秩序或其简化。**范畴**（category）是对研究对象进行区分的大类重设名词。

54 **简单现象**是不呈现非平衡态秩序的现象。**相对简单现象**是非平衡态秩序的层次数较少的现象。

55 **复杂现象**是非平衡态秩序不为零的现象。**相对复杂现象**是非平衡态秩序的层次数较多的现象。

以上是 10 个价值正名及 5 个相关探究的正名。

（三）社会五公理——以辞抒意，以说出故[①]

下面的社会五公理，是根据《墨子·经上 1—5》的构造性公理体系，用社会科学中的内容表述出来。斯宾诺莎也采用了同样的公理化顺序（见第二章第二节·四·（二）·2·（1）·④《公理体系》）。墨子和斯宾诺莎不约而同的认识（对社会人文的理性探究必须进行整体公理化）不是孤立的，而是普遍的。

公理源于归纳事实，无须证明。反过来，对公理的否定也无须证明，只需要指出与公理相矛盾的事实。若无法指出与公理相矛盾的事实，则公理就是普遍性的真理。

---

① 张祥平：《经典复杂科学》，中国社会科学出版社 2013 年版，第 457—464 页。

社会公理1（天人合一原则）： 环境与人的互动造就了制度与文化，从而形成社会。

其中，"社会"是一定地域上相互协调且相对稳定的人们。"造就"是指逐渐形成相对稳态。"制度"是规则的组合及相关行为。"文化"是人类在一定的环境条件下形成的语言文字、思维方式、观念价值、婚育丧葬模式、社交覆盖模式和相关物化形态的有机构成。

社会公理2（人皆有之原则）： 多数社会成员都有四大类需求：温饱、抗灾、消闲、覆盖和精神满足。其中，"覆盖"是排他性地占有他人时间，表现为五大形式——生理覆盖、武力覆盖、经济覆盖、文化覆盖和组织覆盖。

其中，对称的生理覆盖称作性行为（医患之间的生理覆盖不对称），对称的武力覆盖包括二人之间的决斗、团体之间的战争；对称的文化覆盖包括二人之间的吵架、闲谈、学术切磋等，对称的经济覆盖包括男耕女织、以物易物等；经济覆盖与文化覆盖合称交易。

青春期到更年期（老年期）之间的生理武力覆盖除以三类覆盖的总和是生理系数。一般来说（医生、军警等特殊职业除外），正常的社会成员的生理系数越小，文明素质越高。

社会越复杂，高层管理组织与基层自组织（家庭、宗族、企业、基层宗教团体等）之间的重叠（对称）覆盖所占比例越大，中层导向组织（教化、传教、传媒等）所占比例也越大。

社会公理3（最小耗能原则，简则易从原则）： 在达到目标（满足需求）的各种途径之中，多数社会成员都选择耗能最小的途径[①]。

社会公理4（走向高层原则，有功可大原则）： 在分层社会中，处在高层的社会成员可以用少于低层社会成员的耗能来达到同样的目标（满足需求）。等价命题是：在分层社会中，多数社会成员都愿意付出努力来使自己处于高层。

---

① 张祥平：《生命之歌——从细胞到万物之灵》，广东人民出版社2000年版，第129—130、178—179页。

社会公理 5（水涨船高原则，庶富教之原则）： 分层社会的温饱抗灾需要基本满足之后，要保持有利于现存社会秩序的规则有效，就必须扩大消闲规模或不断扩大分合覆盖（有利于现存社会秩序的覆盖），或在分合覆盖下降到低于合分覆盖（有害于现存社会秩序的覆盖）之前，重新扩大分合覆盖。

下面的社会定理与相关推论可由社会公理证明，即由社会公理推理演绎得出。若公理是普遍性的真理，那么，用公理证明的定理和推论，如果没有逻辑（明辨）疏漏，同样是具有普遍性的真理。

社会定理 1（一言蔽之，群体延续标准）： 社会成员与环境互动的最高标准是维护群体延续。其中，"群体延续"是指社会成员的数目不出现不可逆的减少，促成社会成员相对协调的规则不出现不可逆的失效。

社会定理 2（征诸庶民标准，民意合法性）： 在相对公正人道的社会中，为了维护群体延续，促成社会成员相对协调的规则必须取得多数社会成员的同意。

社会定理 3（考诸三王标准，文化合法性）： 为了维护群体延续，促成社会成员相对协调的规则必须接受较长期的环境与人的互动经验和教训。

社会定理 4（天地鬼神标准，超越合法性）： 为了维护群体延续，不但需要促成社会成员相对协调的规则，还需要保护生态环境的规则和灵魂超越的观念价值。

上述 4 个社会定理的前三个较易用社会公理 1—5 来证明，第 4 个社会定理的证明还要定义 6 个语词，即"观念价值""行为指令""精神""普适""灵魂""超越"。以下略去定理证明的讨论。

社会定理 5（至动不乱标准）： 在只有一个地球的前提下，不允许不断扩大经济覆盖和生理武力覆盖。

社会定理 6（说使难易标准）： 环境较宽松且法制较健全的国家，能在较多的领域中公正选拔专才型精英，但是精英之间较难在复杂决策中达成长治久安的共识；更换最高决策者的周期较短，短效政治家较易升层。

社会定理 7（天地人和标准）： 环境较严酷的国家，只能在较少的领域中公正选拔精英，最重要的精英是能够促成多数人与环境良性（长久延续）

互动的通才；更换最高决策者的周期相对较长，如果通才精英升层受阻，则不成熟的人（非精英）能够升层且排挤精英；决策层的精英越来越少。

"在较少的领域中公正选拔"出来的精英介于专才型精英和通才精英之间，在"专"的基础上对背景知识具有跨专业的关联能力，尽管达不到通才的知识广度，却往往能够事半功倍。

社会定理 8（礼乐刑罚标准）： 社会成员之间利害冲突的解决案例，经过长期积淀而总结为法律规则或协调规则；解决民事争端的法规条文一定存在可以规避的漏洞，为了减少规避行为，需要自组织约束来提升尊严和自律（既是规避行为，就很难依靠公正廉明的法官或较高素质的陪审员来把规避行为绳之以法）。

社会推论 1（隐恶扬善，价值生克权衡）： 为了维护群体延续，普适 5 价值（求真、积善、审美、泛爱／博爱＞、灵魂超越）之中的任何一个价值都应该受到其他四个价值的生克制约。

普适 5 价值中的某一个价值不受其他价值的生克制约而"有害于群体延续"的事实，在近代以来主要表现为："求真"时采用分析还原法的简单科学和相关技术危害生态，引发贫富分化（不受"积善"和"泛爱或博爱"制约），引发竞技娱乐商业化（不受"审美"制约），催生理性利己主义者（不受"灵魂超越"制约，通俗说法是：法律制定之后首先被坏人利用，然后逼迫好人变坏，也去利用）等。

社会推论 2（敬事而信权衡）： 为了维护群体延续，社会交易效率应该受到社会生产及抗灾效率的制约；社会交易效率中的任何一个局部效率都应该受到其他几个局部效率的制约。其中：社会交易效率 = 男耕女织的交易效率 + 扶携携扶的交易效率 + 企业交易效率 + 市场交易效率 + 配额交易效率 + 正式组织与自组织之间的交易效率。"扶携携扶"是如下的非市场交易：中年扶老携幼，幼年被携，老年被扶。"企业交易"是委托人与代理人之间的非市场交易。"市场交易"是整体不等于部分之和的若干交易的总合。"配额交易"是利益集团之间的非市场交易。（"低效"常指生产或抗灾效率低或积压浪费大；"泡沫"常指更新换代浪费或大材小用浪费所支撑的金融虚拟高效。）

社会推论3（义之与比权衡）： 存在着三种可持续社会，一是不能满足温饱或抗灾，但也总不会出现社会解体或灭绝的社会；二是被扩大的消闲规模或覆盖规模以文化覆盖为主的社会；三是不以文化覆盖为主，但在分合覆盖下降到低于合分覆盖之前，能够重新扩大分合覆盖的社会。

理解社会五公理及相关定理、推论要用构造整合法：社会五公理是对人类社会全部历史事实求同存异，进行整合所得到的最普适的结论，相关定理与推论则是从整体到局部，适度留有余地，其中的"度"要到付诸具体的管理或操作时才体现出来。

（四）复杂三规律——以类取，以类予[①]

儒学除了认识"复杂事实"，还要认识"复杂规律"，这样才能进行预测，诉诸检验。孔门弟子子张及其再传弟子发现了复杂三规律。

1. 文献记载

复杂第一、第二规律见于《易经·系辞上传》："生生之谓易，成象之谓乾，效法之谓坤，极数知来之谓占，通变之谓事，阴阳不测之谓神。夫易，广矣大矣！以言乎远，则不御；以言乎迩，则静而正；以言乎天地之间，则备矣！夫乾，其静也专，其动也直，是以大生焉。夫坤，其静也翕，其动也辟，是以广生焉。子曰：'易其至矣乎！'夫易，圣人所以崇德而广业也。知崇礼卑，崇效天，卑法地，天地设位，而易行乎其中矣。成性存存，道义之门。"意为：回溯从简单到复杂的生成过程（生生之谓易），数学表述从动态核心（成象之谓乾）到非线性放大（效法之谓坤），对于同层次的复杂现象来说，甲过程和乙过程具有相对稳定的演化环节的数目（极数），甲过程和乙过程的相应环节的变异幅度也相近（通变），但是甲过程和乙过程不会完全相同（阴阳不测），这是复杂第一规律。这个理论模型（易）是普适的（夫易，广矣，大矣），复杂第一规律适用于一切复杂现象（天地之间备矣）。动态核心（乾，专，直）

[①] 张祥平：《经典复杂科学》，中国社会科学出版社2013年版，第444—449页。

带动（大生）其他的局部（坤，禽，癖）而完成整合（广生），这样的动态从自然界的整体（天地）到局部（四时，日月），也从人类社会的整体（至德）到局部（崇德，广业），直到具体的数学模型：八卦（崇效天，几何模型，象，配数为几何代数化）、地乘（卑法地：计算土地面积的乘法表，代数几何化）、太极生卦（易，即八卦与地乘推演而成的从简单到复杂的数学模型，原文：天地设位而易行乎其中，由此可以认识到：复杂秩序生成（成性）之后会超越对称的解体条件而存在（存存，地乘与太极生卦显示），这是复杂第二规律，是理解生发万物且容融万物的东西（道）和好的习俗（义）的门径。

复杂第三规律的认识经历了"从《尚书·舜典》七政（日月五星，相关于璇玑仪），到《洪范》五行，到《左传·文公七年》六府九功，到《周易·说卦》八类，到《要》五行（克与生分立），到《墨子·经下，经说下》无常胜，到《阴阳令》五行相生相克，到《礼记·月令》和《吕氏春秋·十二纪》以阴阳五行总领复杂现象，再到《黄帝内经·素问》和《春秋繁露·五行之义》落实到操作层次，是一个渐进的过程，有深化，有升华，有扩展"。① 完整表述首见于《阴阳令》，把五行排序为木火土金水，既有相生（比顺生），也有相克（间顺克）。②

综上所述，复杂三规律（three rules for complex phenomena）可分别名之为：极数通变规律（self-similar rule）、成性存存规律（non-symmetry rule）、相生相克规律（give- while-exploit rule）。

2. 现代表述

以下对复杂三规律用现代科学术语分别说明。

（1）复杂第一规律（极数通变规律，自相似规律）

一切同层次复杂现象都呈现自相似规律，即演化环节的数目相对稳定（极数），甲结构第一环节与乙结构第一环节达到相似的序化程度和变异幅度（通变）；甲结构第二环节与乙结构第二环节达到相似的序化程度和变异幅度；余类推。

---

① 张祥平：《易与人类思维》，重庆出版社 2004 年版，第 173 页。

② 同上。

最低层次复杂现象的微观粒子是液体分子或气体分子，更复杂现象的微观粒子依次增加固体颗粒、生物单细胞、器官、个体、小群体、大群落或正式组织等，其中还可以分为亚层次，如黑猩猩小群体的复杂性低于男人女人组成的小群体（参见本章第二节·四·（三）《复杂现象列表》）。

复杂第一规律的构造性数学表述是指掌钩深[①]，不变式数学表述是自组织随机过程中的状态数目相同，参量取值相当。

俗语"七坐八爬，九个月喊大大""男大当婚，女大当嫁""龙生龙，凤生凤，老鼠生儿打地洞"，都是复杂第一规律在日常生活中的体现。

本章第一节关于"人类思维演化的历程"的探究、第二节关于"中西科学思维演化历程"的探究，都是复杂第一规律的具体应用。本书中篇关于"社会与制度"的探究，更是大量应用了复杂第一规律，第四章、第五章、第六章的内容就是以复杂第一规律为主干构成。

面对复杂现象，一定要寻找可测实事系列定位案例，即"述而不作"，而不能寻找基本因子返构布局建立线性模型。定位案例之后，要参照实事系列中的相应案例来探究规律，实事求是，即"信而好古"。返构布局建立线性模型不适于复杂现象，因为复杂现象伴有非线性放大过程（自组织过程）。而返构布局的努力受阻于动态核心（参见下述复杂第三规律）。必须用事实本身作模型（如北辰模型，又如可测实事系列中的事实，再如中医所说的"证"等），才使复杂科学成为可诉诸实践检验的科学，而不是电脑中的数学游戏（如迭代程序，分数维图形等）。

复杂第一规律的形而上表述是象卦返象和否定之否定："四象生八卦"，"八卦成列，象在其中"（《周易·系辞，上传第11章，下传第1章》）；"哲学就俨然是一个自己（象）返回到自己（象）的圆圈……它包含作为对象的思维（象）与一个（似乎外在的）哲学思考的主体（卦）间的分离（及较高层次的整合）"，"作为否定之否定的肯定（较高层次的整合）……经历了

[①] 见上节·五·（二）·1之《易图六：指掌钩深图》：掌部的第1—5周运的极数是12，与指尖同层次的现象是简单现象，没有自组织过程，与指尖之下同层的复杂现象的极数是3（正、反、合，参见正文）。

中介（八卦）过程"。①

（2）复杂第二规律（成性存存规律，对称破缺规律）

一切复杂现象的初始核心动态被非线性放大为动态核心（成性，带动其他粒子）之后，非平衡态秩序将超越对称于成性条件的解体条件而存在（存存）。

复杂第二规律的构造性数学表述是地乘的左上角从乘数到乘积与右下角从乘积到乘数的对称破缺，② 不变式数学表述是自组织随机过程中从简单状态到复杂状态的正向转型和逆向转型的取值不同。

成语"百足之虫，死而不僵"和"病来如山倒，病去如抽丝"都是复杂第二规律在日常生活中的体现。"春捂秋冻"是把复杂第二规律落实到黄河流域的操作层面：成性于冬天的生活秩序（穿衣较多）到了春分前后应该超越于秋分前后的同样日照条件而存在，秋分的生活秩序是成性于夏天的生活秩序（穿衣较少）的延伸。

本书下篇关于"中国发展之预测"有复杂第二规律的具体应用（详见第八章第二节之二《运用复杂第二规律预测》）。图中的 U 形，左半线是西方文化移植到中国而"成性"，右半线是"存存"，尽管移植的负效果早已明显，但要经历一个渐退的过程才能被消解。

复杂第二规律既是尊重传统的科学基础，也是内部改革应该采用微调方式（中庸权衡）的基础。上一次发生的重大事件会影响到下一次事件，事件与事件之间不是独立的，也不是线性相关，而是非线性相关，所以一定要掌握分寸，履行中庸之道。

复杂第二规律的形而上表述是仪象生卦和质量互变："两仪生四象，四

---

① 〔德〕黑格尔：《哲学全书·导言》（第 17 节，第一部第 111 节），梁志学译，人民出版社 2002 年版。
② 见本书上节·五·（二）·1 之《易图三：地乘》：从左上角到右下角的对角线可视为构造性数学所模拟的从简单到复杂再到简单的自组织过程和解体过程：左上的 1、4、9 是非线性放大，7、7 是"成性"，右下的 9、4、1 是"存存"或对称破缺。例如左上的 9 可视为 3 和 3 以"乘"的方式自组织，但右下的 9 却不是解体为两个 3，而是解体为（3，6），再解为两个 6。

象生八卦"。① "不影响质的量之增减（从仪到象）……一超出其限度，就会引起质的改变（从象到卦）"。②

（3）复杂第三规律（相生相克规律，五因子两两单一单向相关规律）

作为整体的复杂现象由五个非线性相关的第一层局部组成（五因子两两单一单向相关）：平衡态意义的大量微观粒子（水）、输出（金）、输入（土）、动态核心（非平衡态的吸引子，火）、非平衡态秩序（木）；这五个局部按照木、火、土、金、水、木的顺序正向促进（生）；按照木、土、水、火、金、木的顺序负向制约（克），如图2-22：

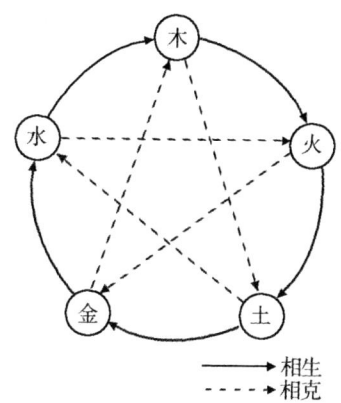

图2-22 复杂现象五行生克示意图

其构造性数学的表述是太极生卦，③ 不变式数学的表述是自组织随机过程

---

① 《周易·系辞》（上传第11章），其中，仪与象都由一条封闭的曲线围成，卦由三个分立的符码垒成。
② 〔德〕黑格尔：《哲学全书·第一部第108节》，梁志学译，人民出版社2002年版。
③ 见《周易·系辞，上传第四章》"一阴一阳之谓道"，克为阴，生为阳；从数学来看，如果限定两种关系，那么容易证明：能够保证两两单一单向相关的因子数目是五且只是五；从五行来看，太极为源头之水（阴），"易"是从简单到复杂的变化（阳，以上是太极阶段，道，以下各阶段都是道所生，也是一阴一阳）。从太极生卦来看，两仪阶段中的白仪（输入）是土克水（阴），黑仪（输出）是金生水（阳，以上是"正"，以下是四象阶段，为"返"，白仪中的黑椭圆属水）；黑椭圆水克火（阴），白椭圆火生土（阳），火克金（阴），四象阶段的最后（参见下文）是土生金（阳）。（以下是八卦阶段，为"合"，）白仪之合为金（转下页）

的五个主要参数的正负相关。

生反馈与克反馈相互构成收敛条件，即：正反馈进行的同时，负反馈也在进行，但是二者相位不同，大致类似于五个正弦函数或余弦函数叠加而成的动态（横坐标视为时间）。

任一局部（我）都与其他四个局部相关：生我（正向促进）、克我（负向制约）、我生（正向促进）、我克（负向制约）。不正常的制约分为"乘（过克）""侮（反克）""胜（过生）""复（反生）"。如果第一层局部的个数少于五，就是简单现象，不够复杂；如果超出于五，则有第二层或更低层的局部混入，需要筛选或归并。复杂第三规律从整体到局部的表现是：较低层次的不同局部之间可借助较高层次的局部来相互促进或制约。如（较高层次的）水中之土（较低层次的局部）生出（较高层次的）土中之木（较低层次的局部）。与此类似，水中之火生出火中之木，水中之金生出金中之木（参见下表及下文下表）。

前文关于"按时间排序的十四种复杂现象"的探究，以及下面关于"社会人文现象的复杂结构内涵"的探究，就是复杂第三规律的具体应用。本节关于儒学条目"格、致、诚、正、修齐治平"五者的关系、六经"事、情、象、道、理"五者的关系以及本文"模型、定义、五公理、三规律、五行表"的关系，也都是复杂第三规律的应用。本书中篇和下篇关于"社会与制度""预测与国策"的探究中，也大量应用了复杂第三规律。

相生相克（五因子两两单一单向相关）规律有助于决策者先抱西瓜，后拣芝麻，一级一级地找到有助于整体秩序的操作方案。

复杂第三规律的形而上表述是道统阴阳和对立统一："一阴一阳之谓道"（《周易·系辞，上传第 4 章，朱注第 5 章》）；"每一方（阴，或阳）都

（接上页）克木（阴），黑椭圆之合为水生木（阳），黑仪之合为木克土（阴），白椭圆之合为木生火（阳）。四象是封闭图形（逐个生成），八卦是开放图形（一齐生成），拓扑结构不同（一阴一阳）；两仪阶段尚未完成封闭图形，所以"土生金"属于四象阶段（完成"反"）。黑椭圆之合下接黑仪之合，具有一定的可替换性（从不变式的明辨来看，也可下接白椭圆之合），相应于从整体（八卦生成）到局部直至操作前的中庸权衡，适度留余。

是它自己的对方（阳，或阴）的对方（合为道）"。①

3. 实际应用

这三个规律可分别用于相对长期、中期和短期的预测。

理解和应用复杂三规律要用构造整合法，对事实求同存异，进行整合，从整体到一层又一层相生相克（非线性相关）的局部，适度留余。"对事实求同存异进行整合"的结果是"类"，即《墨子·小取》中的"以类取"，"从整体到一层又一层相生相克（非线性相关）的局部"的结果也是"类"，即"以类予"。从"以类取"到"以类予"需要"默识"功夫，将"一层又一层相生相克（非线性相关）的局部"在头脑中图形化（象），统合多维相关，展开多维比对，从而确定具体对象所在的层次及其位置，曰"比象"。这种思维方法在中医研究中称为"取类比象"。

复杂三规律可类比于简单科学中的牛顿三定律（惯性定律、加速度定律和作用力等于反作用力的定律）。复杂科学从大框架（极数通变）到细节（相生相克），简单科学从最自由（惯性）到最不自由（作用力等于反作用力）。需要指出二者思维方法之不同：前者是"以类取，以类予"，后者是"以因子取，以布局予"（对事实分隔解剖，进行还原，用基本因子或孤立事实返构布局，不留余地）。

（五）五行结构表——从整体到局部的生克制约②

儒学要用复杂事实预测复杂事实，更重要的是付诸现实决策与管理操作。社会人文现象极其纷繁复杂，面临具体问题，需要从整体到局部，即从最高层（最大的整体）开始，纵观层层生克制约，确定具体问题在一层又一层的相生相克（非线性相关）的局部中的层次与位置。因此，有必要对复杂现象，特别是重要的社会人文现象，从简单到复杂、从整体到局部地进行归纳和定位（层次与位置）。归纳和定位所得，可称为"中间的公理"，③ 有助于把

---

① 〔德〕黑格尔：《哲学全书》（第一部 119 节），梁志学译，人民出版社 2002 年版。
② 张祥平：《经典复杂科学》，中国社会科学出版社 2013 年版，第 432—440 页。
③ 〔英〕培根：《新工具》："借助于适当安排好的并且看来富于生气的'发现表'，把一切与研究的问题有关的特殊事例调动和排列起来,使人的心灵在这些表适当准备好和消（转下页）

前述模型、公理、规律等付诸现实决策与管理操作。

下面的《社会人文现象的复杂结构（五行）内涵表》（简称"五行结构表"）就是社会科学的"中间的公理"。"五行结构表"提供了认知复杂事实的更多维度，运用此表进行具体问题的评估与决策，可使认识问题更加全面，有助于既考虑到整体的长远效益（普遍的公理），又考虑到当下的生克制约（从而与较低的公理相衔接）。

表2-9 社会人文的复杂结构（五行）内涵表①

最复杂的社会是德本主义社会和资本主义社会（详见中篇），本表从整体到局部逐渐示出二者的复杂结构。表中阿拉伯数字及其侧旁的小写字母表示层间联接。其中阿拉伯数字表示层次数，侧旁的小写字母表示该层次中被联接的顺序。第N层的局部个数是5的N次方。第1层有5个局部，皆示出。第2层有25个局部，皆示出。其他示出25个"局部的局部"的有："五学"内含的第4层、"五事"内含的第6层、"五教"内含的第7层。

五因子两两单一单向相关	微观相对无序（阴）			宏观相对有序（阳）	
	平衡态意义的大量微观粒子或个体（肾，津液）	输出（肺，气）	输入（脾，血）	动态核心非衡吸引子（心，神）	非平衡态秩序（肝→命门，精）
五行	水	金	土	火	木
1.五脏	自组织群2a，宗族会社，公司俱乐部#	制度敌犯污染原料产品服务2b	生态环境同左2c	轴心经典金榜2d 金融#	学优政府+贡赐#2e. 商优政府+和约#

（接上页）化过的帮助之下来进行工作。"也就是说，要借助"中间的公理"把理论"下降到工作"。"因为最低的公理和赤裸裸的经验只有很少区别，而（我们现在所有的）最高和最普遍的公理则是概念性的、抽象而不坚固的。但是中间的公理则是真正的、坚固的、活的公理，人的事情和幸福都以之为依据。"引自北京大学哲学系外国哲学史教研室编译：《西方哲学原著选读》（上卷），商务印书馆1981年版，第359—360页；

① 张祥平：《经典复杂科学》，中国社会科学出版社2013年版，第431—441页。

（续表）

五因子两两单一单向相关	微观相对无序（阴）			宏观相对有序（阳）	
	平衡态意义的大量微观粒子或个体（肾，津液）	输出（肺，气）	输入（脾，血）	动态核心非衡吸引子（心，神）	非平衡态秩序（肝→命门，精）
五行	水	金	土	火	木
2a. 五微	社会成员 3a 正态分布	立德立功立言 立业基金传教	地权，衣食住行，金钱	孝悌谨信爱学 清教资本	士绅君臣 3b 董议法首
2b 五出	出境人，尸体	产品服务资金污染	对外往来	感召，扩张	外交履约
2c 五新	新生儿，入境民	经济，军备	遗产入，生境入，外境入	历史，文化	制度形成存存
2d. 五榜 五执	学子 执币者	榜上名次 财富名次	经史 货币知识	标准+殿试 市场规则	天子+考官 银行
2e. 五县 五选 五制	县府道州 基层选区 神制教选	刑部，兵部 警察，军队 军制战选	户部，工部 税收，海关 法制钱选	礼部，吏部 民选，法院 变法选强	天子，阁宰 总官，银行 德制学选
3a. 五先 五后 五成	先天遗传出 胞时空 后天保养 4a 天赋	抗灾，子女 教人，关注 人 勤奋	受养，立业 受教，受关 注 教养	重演 扩覆盖，创新 机会	覆盖 升层 成就
3b. 五学	格物（博学，信息）4b	致知（明辨，哲学）4c	诚意（慎思，言说）4d	正心（审问，心志）4e	修齐治平（笃行，政治经济）4f
4a 五有	寒热有调	烟酒欲劳有节 择医中西	饮食有度	心态中和	作息有时
4b. 五物 五博	识别 5a，关联 测量观测 博涉真善美	预测或指令 博涉中外	语词语句 5b 博涉古今	实验实践 筛选程序 博涉文理	经史子集 5c 博涉圣俗
4c. 五知 五理	纷无定论的 各言 感悟想象，现象还原	数、哲探究 5d 分析还原	自然科学（参见表一） 实用整合	追寻可靠认识（理性）5e 虚空玄思	谓言整合（阴阳五行）构造整合 5f

（续表）

五因子两两单一单向相关	微观相对无序（阴）			宏观相对有序（阳）	
	平衡态意义的大量微观粒子或个体（肾，津液）	输出（肺，气）	输入（脾，血）	动态核心非衡吸引子（心，神）	非平衡态秩序（肝→命门，精）
五行	水	金	土	火	木
4c. 五知 五理	纷无定论的各言 感悟想象	数、哲探究 5d 不变式还原	自然科学（参见表一） 判定事实	追寻可靠认识（理性）5e 虚空玄思	谓言整合（阴阳五行）构造性整合 5f
4d. 五意 五基	正名 5g 认识论 基本心理需要	兴礼乐 宗教哲学 情绪	顺言 逻辑学 感官知觉	志于道 5h 形而上学 意志	事成 伦理学 5i 统观理性
4e. 五心 五魂	消闲性，本我 精气游魂	个人抗灾 素其位，自我 知死	温饱 有耻，卑我 知生	精神满足 5j 乐道，超我 思（嗣）无邪	个人覆盖 好礼，族我 知鬼神情状
4f. 五治	对称覆盖 一对一交易	不对称覆盖 商品生产	文化覆盖 5k 创新，投入	升层指标 目标函数	分层覆盖 5l 均衡价格 5m
5a 五识	识别心理模板	识别结果语词	特征刺激	识别意向	结构，整合
5b. 五譬 五言	举中远譬 正名之言	直言 顺言	譬方譬如 以名举实	述言 论求群言	谓言 辞决嫌疑
5c. 五解	被解的本文 6a （训诂，意义）	新体验	注解者的阅历	意境（得意忘言）	出神入化 文以载道
5d. 五数 五纯	实数 纯动物	虚数 纯生产	四则乘开方 纯理性	运算结果 纯体验	复数 纯检验
5e. 五证	论证	验证 6b	体证 6c	敏锐	智慧
5f. 五表	复杂结构表★	构造性数学	非线性物理	周易练习	正名明辨
5g. 五名	名之可言	置重设名词	名词外延	名词内涵	言之可行
5h. 五儒	民间儒（道、佛、基督、儒商）	志士儒（志愿惩罚违规者）	知识儒（儒文儒理工）6d	性命儒（修心修身者）	政治儒（弘道政治家）
5i. 五人	不伤常人	推己及人	不负恩人	舍己救群	克己助人
5j. 五灵	灵魂超越 6e	泛爱	审美 6f	积善	求真

（续表）

五因子两两单一单向相关	微观相对无序（阴）			宏观相对有序（阳）	
	平衡态意义的大量微观粒子或个体（肾，津液）	输出（肺，气）	输入（脾，血）	动态核心非衡吸引子（心，神）	非平衡态秩序（肝→命门，精）
五行	水	金	土	火	木
5l. 五事 五需 五业 五悬	衣食住行 6h 消费需求 工具，加工 人数不继	国防抗灾医卫 6i 无乡企业 回补生境 悬崖催马	教育，生态 6j 环境资源 农林矿渔 天崩地裂	信用念信仰 6k 乡土企业 抗灾，交易 人心涣散信 用念信仰 6k 乡土企业 抗灾，交易 人心涣散	选举，行政 6l 国营企业 家乡，自组 织 人群解体
5m. 五币	供给融通 6m	汇率	利率	货币财政政策	货币购买力 6n
6a. 五经 五辅 五伊 五浮	诗经 三字经 伊利亚特 浮士德	周礼仪礼礼记 尔雅甲古文 金文 圣经新约 哥白尼天体	尚书 山海经 圣经旧约 达·芬奇图解	周易 黄帝内经 几何原本 牛顿普利高津	春秋 三国红楼 希罗多德历史 蜜蜂的寓言，国富论
6b. 五验	日常重复	实验（室内，田间，双盲）	仪器观测	实践（抗灾，医疗，教育）	述比事件
6c. 五体	体动技艺 7a	饥病痛郁	赤子含厚	喜怒哀乐	从心所欲不逾矩
6d 五述	述而不作 古文学派	规划未来 和道德理于义	已有实践 训诂文献	述比默识 物性心性群性	王心加于行事 今文学派
6e 五修	改过克己修行	担责宽容弃争	感恩物动心	视死惜命信仰	好学集义养心
6f. 五妙	乡土乡亲山川	青春作品	童趣谣图画	居安乐玩	感通物妙
6g. 五等	人格平等	主持正义	博由覆盖	多数称善 7b	权利合法
6h. 五饱 五产	底线温饱 生产建设 质量数量	医疗丧葬 产品仓储服务 自用交易捐赠	婚配育后 原料能源储采制交易受	地权房产需求，效益 人员信息财务	交往旅游 7c 产品服务效果 必需消闲奢侈

（续表）

五因子两两单一单向相关	微观相对无序（阴）			宏观相对有序（阳）	
	平衡态意义的大量微观粒子或个体（肾，津液）	输出（肺，气）	输入（脾，血）	动态核心非衡吸引子（心，神）	非平衡态秩序（肝→命门，精）
五行	水	金	土	火	木
6i. 五军	将帅军卒纪律	装备，形势	战略，时机	正义人心	管理实施
6j. 五育 五植	义务教育 护植被	职业教育 洁大气	家庭教育 清水域	升层教育 爱乡土	终生教育 顺时则天
6k. 五教 五用 五主	潜移默化 7d 居民信用 民粹主义 无政府主义	布德传教 7e 游民信用 纳慎/国家>主义 纳粹/国社>主义	核心价值 7f 家庭信念 资本主义 共产主义	家庭化育 7g 文化信仰 社会主义 生态主义	约法刑律 7h 政府信用 天下主义 博/自>由主义
6l. 五乡	乡县省 封疆实体	上报中枢 下安百姓	中枢转入 取之于民	上行下效 官员收益 7i	常态行政 7j 奖惩升降
6m. 五费	消费	借贷生利	直投五事	预算减债赤	保险，储蓄
6n. 五价	内销价格	出口价格	进口价格	土地价格 7k	护序价格
7a. 五技	农工礼炊	竞技骑驾	吹拉弹唱	数学计算	书写绘画
7b. 五同	同情弱小	行善助弱	接受善意	轴心结善缘	礼乐施善
7c. 五游	景观意境 非闲目的地	空间扩展 攀比消费	时间扩展 避祸趋吉	求美求新异 求学求职	出神入化 亲友公务
7d. 五活 五喜	生活用语 8a 喜闻乐见	乐舞画塑影 8b 消解哀怨	故事新闻 8c 经济方便	诗文载道 8d 隐恶扬善	园堂殿坛禅 执两用中
7e. 五观	知言观行 8e	义之与比	立人达人	仁义至诚	守死善道
7f. 五信	信用	诚实	禁忌	核心语词 8f	信仰
7g. 五子 五企	妻子（丈夫） 企业成员	功业，污染 商务，污染	用度，新欢 用度，竞争	父母子女 8g 信誉，利润	丈夫（妻子）8h 董事，经理
7h. 五访 五法	上访 诉讼	官断情理 审判执行	习俗，良心 法律条文	天理，礼乐 典型案例	循礼守法率 刑案作乱率 8i
7i. 五禄	禄米薪金	官阶覆盖	情讯机密	志向得酬 8j	群中定位
7j. 五职	职务履行	调度人财物	预算及规章	成竹机变	监督纠偏
7k 五土	乡土名义价格	市土价格	圈地价格	乡土实际价格	领土价格

（续表）

五因子两两单一单向相关	微观相对无序（阴）			宏观相对有序（阳）	
	平衡态意义的大量微观粒子或个体（肾，津液）	输出（肺，气）	输入（脾，血）	动态核心非衡吸引子（心，神）	非平衡态秩序（肝→命门，精）
五行	水	金	土	火	木
8a. 五语 五词 五字	方言沟通 语词 基本构型	祈使指令 语意 字意	书面语句 识别 数字，语音	箴言警句 语言中枢 阅读中枢	新闻传媒 语句 文字体系
8b 五歌	民歌情歌，风	军歌赞歌，诵	儿歌朴歌，池	雅歌，心声	韶乐宗教音乐
8c. 五性 五作	故事性习作	趣味性 同年（代）力作	激情 闻说讲述	灵性 人以文传	复杂性 跨时（世）代大作
8d. 五文	散文 9a	论文论著	应用文	诗词歌赋	经典阐释
8e. 五止	言谈举止 9b	处事待人 9c	家教学历 9d	长久信念	退省其私 9e
8f. 五道	梵	安拉	上帝	空	道
8g. 五孝 五习 五课	赡养和色 同伴熏习 课业课考课余	立身扬名 成绩行迹 竞争名次 9h	爱惜身体 9f 师长言教 9g 入门，方法	育后为大 理想志向兴趣 自律，勤奋	嗣无邪 师长身教 习惯成自然
8h. 五温	温饱消闲	抗病抗灾	食色教养	夫妇之道 9i	家和事兴
8i. 五害	小偷小摸	财色害命	坑蒙拐骗贪	报复夺爱恶变	团伙作乱 9j
8j. 五志	升官发财	望重势重	心中楷模	风气使命	覆盖的人数
9a. 五征	征于物发于情	遣词造句	谋篇布局	选题立意	贯通一气
9b. 五音	口音，语速	雅言，举投	方言，家规	贤贤，追星 10a	处闲，处尊
9c. 五和	和同疏密	强弱争让	长幼尊卑	男女夫妇	处利害决嫌疑
9d. 五亲	亲情浓淡	生理反抗	父母教养 10b	养成印记	学位学养
9e. 五及	由表及里	由此及彼	由文及质	由今及昔	及顶观位
9f. 五不	不敢毁伤	不入危邦	欲不可纵	乐不可极	傲不可长
9g. 五问	授业问学	析疑时评	事事关心	机锋默识	创新专著
9h. 五练 五力	母语训练 观察记忆力	应对考核 毅力	记识课本 注意力	时有心得 关联能力	梳理整合 解决能力
9i. 五诚	诚实可信 10c	处理外遇 10d	情欲禁忌	缘分修炼 10e	化解内困

（续表）

五因子两两单一单向相关	微观相对无序（阴）			宏观相对有序（阳）	
	平衡态意义的大量微观粒子或个体（肾,津液）	输出（肺,气）	输入（脾,血）	动态核心非衡吸引子（心,神）	非平衡态秩序（肝→命门,精）
五行	水	金	土	火	木
9j. 五骚	足球骚乱	黑社会骚乱	粮食骚乱	信念宗教骚乱	弱势群体骚乱
10a. 五称 五倩 五罪	称孝称悌 亮男倩女表演 悔罪求恕	谨信果行 评分胜出 信上帝耶稣	亲亲爱众 搏击胜出 爱人如己	好学立命 物竞天择 末日审判不罪	行己佐君 射御足篮 蒙恩于上帝
10b 五悌	血浓于水	一致对外	幼长磨合	承上启下	兄弟姐妹默契
10c. 五实	亲历往事实述	亲定来事实述	赤子含德厚	言可复恭近礼	兑现承诺笃行
10d. 五慰	自慰	他慰	非性交他慰	炼精化气	炼气化神
10e 五缘 五友	印度教缘 青梅竹马	伊斯兰缘 同仇敌忾	基督教缘 哥们姐们	佛居士缘 志同道合	儒君淑缘 11a 和而不同
11a 五才 五命 五流 五原	游于艺 多才多艺 天命之性 随波逐流 有意之动原罪	依于仁 真诚待人 敬爱和睦 慈悲施舍 自我实现救赎	重演母语 民族历程 乐天知命 因果报应 险恐惧定罪	志于道 核心价值 12a 安土敦仁 虔信 人生一搏不罪	据于德 仗义疏财 范围而知 积善 重器行事蒙恩
12a. 五殉	殉情	死节	人为财死	殉名	殉道

说明：

#德本主义社会在第一层局部中的水木火分别是宗族会社、学优政府＋贡赐、金榜；资本主义社会在第一层局部中的水木火分别是公司俱乐部、商优政府＋和约、金融。

*英国学者培根设想过存在表和等级表，大致相当于表一和表二，但是培根受制于分析还原法，不允许不同等级中貌似重复的内容（这些内容可显示复杂的生克相关），培根甚至试图列出缺乏表，不留余地，所以培根只能设想，不能落实。

需要指出，从整体到局部的方法，一定需要适度留余。适度留余才是智慧（付诸实行之前要进行中庸权衡，在实行过程中，随着约束条件增加，余地逐渐减少），留余过多不够智慧（理性不足，跟着感觉走），不留余地也不智慧（用理性预先排除复杂性，甚至预先排除小概率事件）。留余适"度"，需要"好学不厌"地长期积累，通过用文献中的事实细化"默识"的几何图形，矫正不当的图形，使"度"的把握日益精确。

结语

上述基本模型、重要定义、社会五公理、复杂三规律与五行结构表，五者密切相关、相生相克、成为一体（如图2-23）。以此，儒学能正确解释人类社会的历史（"科学"首先要能正确解释已发生的事实），能正确预测人类社会的发展（"科学"还要能正确预测将发生的事实），能提供国家社会治理的正确决策方法。可见，儒学是"货真价实"的社会科学，或者说，是"通才型"的管理科学。历经两千多年的历史检验，儒学用复杂事实预测复杂事实的推理过程未被证伪。

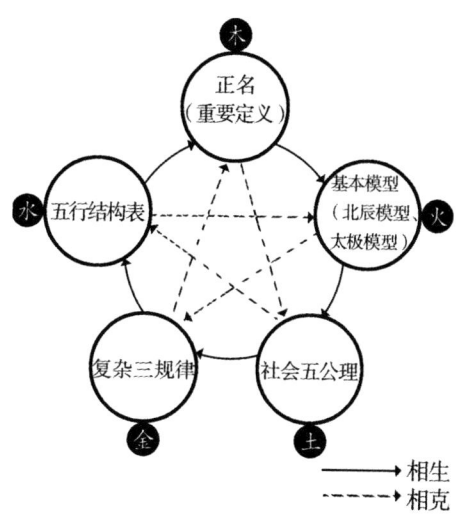

图2-23 社会科学体系的内在结构图

四、基本义理[①]

借助以上基本模型、重要定义、社会五公理、复杂三规律与五行结构表，有过现代科学"训练"的读者，可以相对容易地理解、领会以下用中国传统学术话语表述的儒学基本义理。

（一）道德首出，仁为根本

儒学的一个最基本的特征就是把道德放在首位，突出道德在人类生活中的优先地位，儒学所推崇的"五常"（仁义礼智信）、"四端"（恻隐之心、是非之心、辞让之心、羞恶之心，）、"三达德"（仁智勇）、"恕道"（己所不欲勿施于人）、"絜矩之道"（将心比心站在对方角度思考问题）以及正心诚意、正己正人、成己成物、修己安人、仁民爱物等，讲的都是人类的普遍道德。儒学主张以德正心、以德修身、以德立教、以德治国，以德治天下，对道德推崇备至，可以说儒学就是道德之学（需要强调的是，儒学推崇的"德"不是纯粹的精神性范畴，而是物质性和精神性合一的，政治、经济和文化意义交融的范畴，详见本章第一节·九·（二）·1《儒家：孔子和孟子》）。儒学之所以如此推崇道德，是因为儒学认为人是道德的存在，道德是人的本性，人的生命意义与存在价值均存在于道德中，孟子所谓"人禽几希"就是因为人有道德而动物没有道德，如果人不按自己的道德本性生活，人就降到了动物的存在，人的生命就丧失了意义与价值。此外，在社会生活层面，道德也具有非常重要的功能，如果社会生活中缺乏道德，人类良好的群体生活就不可能持续，人类相处的规则就会变为弱肉强食的"丛林规则"，人类社会就会变成一个"动物社会"，也就是变成儒学经常说的"强凌弱、众暴寡、智诈愚、勇苦怯"的"无道"社会，这样人类不可能过上稳定和睦的社会生活，社会必定不可能长期存在，必会崩溃。正是因为这一原因，儒学非常推崇道德，

[①] 蒋庆：《儒学的时代价值》，载《儒学的真精神与真价值》，四川人民出版社2009年版，第21—30页。

把道德看作是维系人类群体生活的纽带和建构社会生活的基石。有人说儒学有"道德情结",是"道德至上主义",这并没有错,推崇道德确实是儒学最根本的特征。

在儒学推崇的诸多道德中,儒学又把"仁"放在首位,特别突出"仁"在诸多道德中的优先性与重要性,即所谓"仁为根本"。所以"五常""四端"(不忍人之心恻隐之心)"三达德"都把"仁"放在首位。孔子认为"仁"是"礼"的基础,没有"仁","礼"就徒有形式而没有实质的价值,实质的价值就是"仁"。孟子说是"不忍人之心、恻隐之心",张子说是"民胞物与之情",朱子说是"浑然温和的天地阳春生育之气",是"天地生物之心",王阳明说是"良知真诚恻怛的万物一体之情",总之,"仁"既是天地生化养育万物的生生之德,又是人类慈爱悲悯的深厚情感。人类如果丧失了这种"仁"的情感,人就成为木石,社会就会冷酷,和谐的人际关系就无法维系(因为人类社会最终要靠仁爱的情感来维系,而不能靠权力、法律、金钱、物质来维系),这样人也就不成其人。(孟子说"人者仁也",无"仁"就不成其为人。)正是因为这一原因,儒学才把"仁"提得这么高,放在人类道德之首。

(二)建中立极,理一分殊

建中立极,就是说人类世界与宇宙万物必须有一个最高的价值本源,在西方哲学上叫"本体","中"和"极"(以璇玑仪的定向/天球北极>为中心,不偏离群体延续的最高目标)就是儒学所建立的最高价值本源,人类世界与宇宙万物有了这个最高的价值本源,才是一个合理的充满意义的人类世界与宇宙,因而人类的社会生活与宇宙万物的存在才不会荒唐,人类的生存才能得到意义与价值上的安顿。但是,人类世界与宇宙万物又充满着多样性,又各各不同而相互区别,这样,虽然人类社会与宇宙万物在价值本源上都具有一个共同的"理",即"中"和"极",但具体到每一个事物又有每一个事物各自的"理",即每一个事物都具有各自的规定性,使每一个事物与另外的事物区别开来,从而使我们对复杂多样的万事万物得以准确的认识与了解。这样,人类世界与宇宙万物既有统一的最高价值而得到安顿,又有各自的具体价值而不相混同。这就叫"一多无碍，总别互摄"。儒学用"月印万川"来作比喻。因此，按照"理一分殊"建立的社会，是一个既遵循统一价值又承认各别价值的社会。而按照西方社会学家马克斯·韦伯与哈贝马斯的看法，现代性的社会是一个"价值分殊"的社会，而不存在"价值统一"，即只有"分殊"而无"理一"。社会生活的每一个领域都有独立的价值而不能在更高的价值上沟通统一，即政治、法律、道德、艺术、科学、宗教等领域各自独立不能沟通，因而使现代性的社会不能为人类世界与宇宙万物"建中立极"，即不能为人类世界与宇宙万物建立一个最高的价值本源，人类世界与宇宙万物在本源上将无意义无价值，人类生活将陷入荒唐。现代社会只有"分殊"而无"理一"，导致了"价值多元"，"价值多元"又必然导致"价值相对"（即墨子所说的一人一义十人十义百人百义，没有一个统一普遍的价值"中"和"极"），而"价值相对"又必然会导致"价值冲突"，"价值冲突"如果得不到解决又必然导致"价值虚无"，整个人类世界与宇宙万物不再有人类共同认同遵守的统一价值，人类的生活将不再可能（因为人类生活必须有统一价值才能维系）。造成这一后果的原因就是现代社会中的所谓"现代性"只有"分殊"而无"理一"，所以，儒学"建中立极，理一分殊"的思想对解决"现代性"的"价值冲突"与"价值虚无"具有非常重要的意义，值得我们在今天发扬光大。

（三）王道理想，贯通三才

儒学讲"王道通三"，《中庸》讲"王三重"，"三"是"天地人三才"，"通三"是贯通或者说同时包含"天地人三才"。"天地人三才"是讲人类三重最高的价值，即超越神圣的天的价值，历史文化的地的价值，人心民意的人的价值。这三重价值是规范人类行为的最高道德标准，是人类所有生活都不能违背的常理常道（永恒不变的普遍原则）。具体落实到政治上，王道理想的"三才之道"就形成了政治秩序的三重合法性，即神圣天道的合法性、历史文化的合法性、人心民意的合法性。一个政治秩序必须同时具备这三重合法性才完全合法，否则合法性就要打折扣，如具备一重或两重就不能完全合法。合法性是解决人类政治秩序的权威与服从的问题，是卢梭所说的"把统治变为权利，把服从变为义务"的问题。人有理性，要追问服从权威的正当理由才会自愿服从，动物无此问题。合法性是政治中最重要的问题，中国古代叫"政道"，一切政治制度的建构设计都必须为合法性服务，即为"政道"服务。政治制度的具体安排在中国古代叫"治道"。"政道"是目的，"治道"则是手段，如西方民主政治"主权在民""人民同意"是"政道"上的目的，而三权分离制衡的制度安排则是"治道"上的手段。王道理想的"三重合法性"是人类政治生活中最周全最完满的合法性，体现了儒家文化的"中和精神"，而西方民主政治只体现民意一重合法性，是一种不周全的一重独大的合法性，体现了西方文化的"偏至精神"。王道理想的义理模型的构建方法是构造整合法，民主理想的义理模型的构建则是分析还原法。（详见第七章第一节·二《思想基础》）此外，王道理想在国内政治和国际关系上都主张"任德不任力"，所以，王道理想是具有普适意义的最高的社会政治理想。

（四）社会教化，礼为基础

对士大夫而言，儒学强调个人要对高深的道德价值进行深刻的体认和领悟，这在古代叫做"为学工夫"（这很难，如阳明先生弟子罗洪先石莲洞中打坐十年，体认阳明先生龙场悟道所悟良知为何）；对一般老百姓，儒学则强调社会教化，社会教化就是通过外在道德力量的熏习或者说道德习惯的遵循慢慢地不知不觉地转变人。这是因为儒学的高深道德学理一般老百姓很难理解，这就是孔子说的百姓"可由之"（可以按照道德习惯与圣人教化去做），而"不可使知之"（不可能使他们了解高深的道德学理）。那么，怎样进行社会教化呢？那就要通过"礼"来进行，"礼"就是长期遵循道德而凝聚成的社会习惯或习俗，就是通常所说的"社会善良风俗"。由于"礼"是道德的外在化和形式化，"礼"与道德就有所不同，道德的约束力在人的内心，而"礼"虽不像法律完全靠外在力量约束，但长期形成的风俗习惯对人也具有某种外在的约束力，所以"礼"是居于道德与法律之间的一种有约束力的社会规范形式，其原则产生于道德而非法理。因此，用"礼"来治理社会成本最低，"礼"就是自发产生的道德秩序，一个"礼治"的社会实际上就是一个"德治"的社会，所以"礼治"在古代就是儒家所说的"无为之治"，即不通过国家政府人为硬性规定的强制性法律治理社会，而是靠自然形成的道德习俗来社会治理。儒学重视用"礼"来进行社会教化，最终目的是要建立一个道德的社会。（详见第七章第一节·五《治理体系》）

（五）德主刑辅，明刑弼教

儒学并不反对用法律治国，但反对法律至上，独任法律治理国家，而传统的法家正是主张法律至上，独任法律治理国家。因为独任法律治理国家就是只用强力治理国家，是儒学所反对的"任力不任德"的"霸道"，必然会导致严刑峻法，产生残酷暴政。孔子曾任鲁国的大法官（鲁司寇），不是不懂得治国需要法律，但是，独任法律治理国家会因为法律的强制力产生于功利的计算，会败破人的心术，所以绝不能把法律放在治国的首位。（孔子言："导之以政，齐之以刑，民免而无耻；导之以德，齐之以礼，有耻且格。"）因此，儒学主张治国必须以道德为主，法律只能是治国的辅助手段，居于治国的次要地位。当然，从社会教化的角度讲，法律并不只有消极的作用，而是有积极的作用，这就是"明刑弼教"，即公正的法律可以起到辅助社会教化的作用，法律是实现道德教化的积极手段。也就是说，儒学主张在"德治"为主的前提下来包容"法治"，并不是完全反对"法治"。（详见第七章第一节·五《治理体系》）

（六）内圣外王，止于至善

"内圣外王，止于至善"是儒学所推崇的人格理想，"内圣"是指个体生命上达天德，体认到了生命的终极意义与最高价值；"外王"是指个人在社会上成就了"博施广济"的事功，为民众带来了巨大的福利。按照王阳明先生对《大学》思想的解释，"内圣"就是"明明德"，"外王"就是"亲民"，"内圣外王合一"就是"止于至善"（达到最高的善）。阳明先生认为佛道两家人物只有"内圣"而无"外王"，即佛家只追求自己生命的涅槃无生，道家只追求自己生命的长生久视（梁漱溟先生言佛家怕生，道家怕死，儒家不怕生也不怕死，要看怎样生怎样死），都不关心家国天下的治理与现世世界的福利；而法家、纵横家虽关心家国天下的治理与现世世界的福利，似乎合乎"外王"的要求，但人品甚低，人格卑污，对生命的终极意义与最高价值没有体认，在为人做事中往往违背人类的普遍道德，所以，法家、纵横家达不到"内圣"的要求。从中国历史来看，只有儒家的古代圣王尧、舜、禹、汤、文、武等既体认到了生命的终极意义与最高价值而成就了高尚的道德人格，又建立了"博施广济"的事功为广大民众带来了巨大福利，即做到了"内圣外王"合一。所以，古代圣王"内圣外王"的人格典范历来都是中国人追求效法的榜样，是中国人最高最完满的人格理想。不管今天的中国发生了多大变化，"内圣外王"仍然是中国人最高的人格理想。达到了"内圣外王"就是"古今完人"，就实现了"兼三不朽"的永恒生命（"三不朽"是立德、立功、立言，做到了其中一项就足以使生命达到永恒，实现生命的意义与价值。其中立德是内圣，立功、立言是外王）。

（七）不求来世，当下圆成

儒学有很强的宗教性，宗教的一个最大特征就是西方宗教学家蒂利希所说的"终极关怀"以及"终极福报"，即关怀人类宇宙的最高价值本源和个体生命的超越神圣意义以及生命最终的完善和回报。但是，儒学的这一"终极关怀"与"终极福报"，与其他宗教的"终极关怀"与"终极福报"不同，具有当世性（或说"实世性"），即在人活着的当世来解决人的"终极关怀"与"终极福报"问题，而不像基督教、佛教的"终极关怀"与"终极福报"具有来世性（或说"虚世性"），"终极关怀"与"终极福报"都放在来世解决，如基督教的拯救与做义人放在末世审判上帝之国来临时解决，佛教的出离（出离生死苦海）与改变生命的物质形态（天、人、畜生、饿鬼等）放在来世灵魂不死的六道轮回中解决。但是，在儒学的宗教观中人没有来世，人只有当世（包括子子孙孙的"当世"），所以人的生命的完善、生命意义的获得、人通过道德努力而得到的回报（福报），都在当世解决（并体现于子子孙孙的延续，所谓"积善之家，必有余庆"）。所以，儒学的宗教关怀不求来世，而是在每日每时的当下生活中追求并获得生命的意义与价值，在当下生活中达到生命的完善和回报（实现了生命的终极意义与价值就是回报、福报，就是"圆成"）。

这一问题涉及宗教学上讲的"德福不一致"问题：有德未必有福，有福未必有德，而"德福不一致"会造成人心灵深度的焦虑不安，人无法在心灵深度焦虑不安中生活。怎么办呢？基督教通过灵魂不死的末世审判、佛教通过灵魂不死的因果报应把"德""福"回报的时间拉长来解决，即通过灵魂来世的回报实现"福德一致"，化解心灵的不安与焦虑。而儒学不把"德"与"福"分开，而是把"福"纳入"德"中来解决"德福不一致"问题。因为儒学认为人没有来世，就不会有来世的"福"，人的"福"就在当世，就存在于当世的"德"中。所以儒学认为"德"就是"福"，"福"就是"德"。比如，颜子是孔门德行第一，但早死，表面看有德无福，"德福不一致"。但颜子因德行第一"优入圣域"，成了圣人（复圣），进入孔庙配祀孔子，得到两千多年来中国人的祀奉，永远活在中国人的心中。这样，颜子没有通过来世达到生命永生，而是在今世因为道德的修养得到"配祀"孔子的福报而达到了生命永生，即道德生命的永生。儒家讲"三不朽"，只要在今世达到一项就永生不朽，不需要等到来世，当世就可以达到永生。所以，儒家的生命追求是"不求来世，当下圆成"，"圆成"就是生命获得了终极的意义与完满的价值，在今世达到了永生。

（八）历史未济，现世拯救

《易经》的最后一卦是"未济"，代表了中国人的历史观。这种儒学的历史观认为：历史永远不会完结，永远存在着各种可能性与机会，而不像基督教的历史观是"有济"的历史观，即整个人类历史是上帝的计划与安排，有一个创世纪的开始到最后上帝之国来临，然后人类历史终结。正因为儒学认为历史不会终结，儒学认为对人类社会政治等问题的拯救就在现世的历史之中来进行，而不是在历史之外的彼岸世界来进行。这样，人类历史向好的方面发展还是向坏的方面陷落，完全取决于人类的行为，即人类选择了善的行为（参赞天地之化育），历史就有好的结果（天人合一，永续发展）；人类选择了恶的行为，历史就有坏的结果（社会失序甚至文明衰亡）。拯救历史的希望就寄托在人类现世的行为上。所以，儒学肯定人类在历史中有希望，即有"向上一几"。而历史中的这"一几"（可能性）完全取决于人类行为的善恶（是遵循"天理"还是放纵"人欲"），人类自己才是自己命运的决定者。所以，儒学认为人类只有努力改善今世的道德状态，才能创造出人类美善的历史与未来。而西方文化注重"来世拯救"或者说"彼岸拯救"，不承认历史中有"向上一几"，所以西方人认为社会不可能道德（尼布尔），历史的动力是恶（人类私利、阶级斗争等），是恶推动了历史发展。但儒学认为历史中有善，社会是可能道德的，善与道德自古以来深刻地影响着人类历史，历史之中是有希望的，关键在于人类选择了什么样的行为。

（九）保合太和，世界大同

儒学的最高理想就是天地宇宙的"太和"与人类世界的"大同"，"太和"就是最大的和谐，"大同"也是最大的和谐。但是，"太和""大同"不是铁板一块的齐一（一模一样完全相同），而是在承认事物差别不同的基础上达到的和谐。《易经》说的"各正性命"又"保合太和"，《春秋经》说的"多元中的一统"，就是这种大和谐。和谐是人类的最高价值，一个充满冲突、矛盾、争斗、对抗的宇宙与世界是人类不堪居住的宇宙与世界，而且，也是一个注定要崩溃的宇宙与世界。因此，追求和谐不只是儒学的理想，也是人类共同的理想。具体说来，追求天地宇宙的和谐（"太和"，天人合一），用今天的话说，就是追求人与自然的和谐，这是今天生态学、环保学的最高理想。此外，追求人类世界的和谐（"大同"），就是追求人与人的和谐，就是《礼记·礼运》篇所讲的"天下为公，选贤举能，讲信修睦"，就是"老有所终，壮有所用，幼有所长，矜寡孤独废疾者皆有所养"。这也就是《春秋经》所说的"人人有士君子之行"的社会，"士君子之行"是符合道德的善行，有了符合道德的善行才能建立一个和谐的社会与世界。

人类还有一个基本特性，就是人是一种希望的存在，没有希望，人类的存在与历史将无意义，没有希望的生活是人类痛苦不堪的生活，所以人类注定要在历史中追求希望，实现理想。而反观动物，动物则是按自身的自然规律生活，不会追求希望，也不会去实现理想。所以，追求"太和""大同"就是追求希望，儒学"太和""大同"的理想为人类提供了希望，因而儒学就是为人类提供希望的学说，这是儒学非常重要的功能。在当今极端世俗化没有理想的社会，在冷战结束后乌托邦希望消亡的时代，人们麻痹在眼前短暂的物质欲望中，丧失了生命的激情与意义的追求，不再有希望和理想。因此，儒学追求"太和""大同"的希望，将激发起人们的生命激情与道德理想，将赋予人们平庸的现实生活以超越神圣的意义与价值。所以，"保合太和，世界大同"既是儒学的重要特征，又是儒学改造世界的重大功能。

（十）自力立教，良知希望

按照中国人的划分，对人类问题的解决，有两种方式，一种叫他力教，一种叫自力教。他力教是通过人之外的力量来解决人类的问题，如基督教通过上帝的拯救、佛教净土宗通过佛的愿力来解决人类的问题；自力教则是通过人自身的力量来解决人类的问题，如佛教禅宗通过明心见性的觉悟，儒家心性之学通过心性的修养来解决人类的问题。儒学的历史观中没有上帝的拯救，也不靠佛的愿力，不主张通过人之外的力量来解决人类的问题，而主张通过人自身的力量来解决人类的问题，所以儒学不属他力教，而属自力教。那么，人靠什么来解决人类的问题呢？靠人的良知。照王阳明先生的说法，良知就是天道天理，就是人的心性本体，就是人的明师天则，就是人的道德本源。人类一切为善去恶的行为之所以可能，就是因为人有良知，良知能够使人知是知非，推动人类去过"为善去恶"的道德的生活。虽然在现实中，人的良知有时会被私欲障蔽，使人的良知不能呈现而做出不善的行为，就像有时乌云会遮蔽太阳使太阳的光芒不能照射出来一样。

但是，私欲只能暂时障蔽良知，如乌云只能暂时遮蔽太阳，一旦云开雾散，良知冲破私欲的障蔽，人类行为又会由良知做主，人又会按照道德的本性生活。那么，良知靠什么冲破私欲的障蔽呢？良知冲破私欲的障蔽不靠良知之外的力量，按照阳明先生的说法靠良知自身，靠"良知的自我振动""良知的自我觉醒"，即靠良知自身的力量来冲破私欲，来呈现良知。所以儒家的良知学说是典型的自力教。由于儒学中没有上帝拯救的他力教，人类问题的解决以及人类历史的善恶完全寄托在人类的良知上，而不寄托在任何外在的力量上。儒家相信，良知障蔽，人类就会出现恶的历史；良知呈现，人类就会出现善的历史。所以我们说，没有上帝能够拯救我们，良知才是拯救人类历史的最后希望。[1]

本章综述

诺贝尔奖获得者李政道先生认为："中国的古文化以科学为基本，观天测地，没有（人格神）宗教的土壤。"李政道先生这样说，并非因为他作为诺贝尔物理学奖的获得者而偏爱科学，而是因为他发现：红山文化和良渚文化中被发掘出来的玉璇玑，可以与另外两件传统玉器，玉璧和玉琮，装配成一台天文仪器，即璇玑仪。璇玑仪用来定位天球北极，与现代天文仪器的观测原理完全一致。

中华民族三千年来既不是无科学，也不是科学落后。科学史上的真实情况是：从简单科学到复杂科学的迅速提升过程，使得中华民族没有深掘简单科学的潜力，但却使中华民族在复杂科学领域获得长足发展。至今，中华民族的复杂科学仍然遥遥领先于其他民族。其中最复杂的是中国传统儒学，其次是中国传统医学。中国传统儒学和传统医学的最简单内容与现代物理学的最复杂内容（非线性物理）相同，只是术语不同（详见前述"复杂三规律"）：阴（相对无序）、阳（相对有序）、木（非平衡态秩序）、火（动态核心）、

---

[1] 蒋庆：《良知是人类历史的最后希望》，见《儒学的时代价值》，四川人民出版社2009年版，第131—144页。

土（输入）、金（输出）、水（平衡态意义的大量微观粒子）、极数通变（自相似）、成性存存（对称破缺）、阴阳五行相生相克（五因子两两单一单向相关）。

复杂科学的史料散存于儒学的根本经典（五经）和后续的经史子集之中，前文的梳理，使得这些史料贯穿连通。运用复杂第一规律，通过与简单科学的发展相对应，可以加深对中西两大文明科学发展历程的理解。如在数学理性奠基方面，《易·象（大象）》作者与毕达哥拉斯（及开普勒）相对应；在物质运动论方面，《易·彖》作者与德谟克利特（及伽利略）相对应；在认识论与方法论方面，孔子与柏拉图（及笛卡尔）相对应；在科学模型方面，孔子与尤多索斯（及牛顿）相对应；在公理化体系方面，子张与欧几里得（及牛顿）相对应；在科学定律方面，复杂三规律与牛顿三定律相对应；在数学工具方面，地乘图与坐标系相对应，探赜沟深与微积分相对应等。

从中西两大文明的科学发展史来看，共同点是对事实的观测和记录，不同点是对事实的筛选归纳以及演绎推理：中国发展了构造整合法（整体公理化）来对复杂事实进行推理、预测和检验；西方发展了分析还原法（因子公理化）来对简单事实进行推理、预测和检验。

自普利高津于西元20世纪20年代因非线性物理的研究而获得诺贝尔奖以来，西方关于复杂现象的研究很多，但是大多数都延续了线性物理研究中的分析还原法（因子公理化）。诺贝尔物理奖获奖者格罗斯在《纪念爱因斯坦相对论百周年》的研讨会上（德国，西元2005年）呼吁：反思还原法。因为面对较复杂的物理现象，从牛顿到爱因斯坦的分析还原法捉襟见肘，疲于应对（如面对量子现象），甚至束手无策，回避预测（如面对温差液花和变色反应），更不用说面对生物现象和人类社会现象。

当代社会面临的许多问题，特别是全球可持续问题，都是复杂现象产生的问题，都需要从整体到局部、适度留余的智慧，要解决相关问题都要运用复杂科学。

中华文明是迄今为止世界唯一的持续发展至今的文明，且是在较大地域、较多人口、较长时期维护了相对人道、相对公正、相对稳定的分层秩序的文明。因此，中国有责任（作为全球人口最多的大国）、也有能力（作为文明资源最为悠久深厚的大国）引领世界文明的转型，以保障人类社会永续发展。中国之"能力"的根基所在，就是构造整合法的科学思维，以及在此基础上发展的复杂科学，主体是儒学。复兴构造整合法，复兴复杂科学，才能真正复兴中华文明，中国也才能真正担当引领世界的责任。

附一

中医科学的公理体系[①]

人体公理 1（八纲辨证原则，阴阳五行原则）：

环境与个人的互动显示为生理和病理，即中医八纲辨证。"八纲"是：阴（相对无序，或有序动态衰减）、阳（相对有序，或有序动态增加）、表（与环境直接互动）、里（不与环境直接互动，以上四纲是生理，以下四纲是病理）、虚（输入太少，或输出太多，生理活力不足）、实（输入太多，或输出太少，生理通道不畅）、寒（环境温度太低，输出热量太多，或免疫调动不足）、热（环境温度太高，输出热量太少，或免疫调动过度）。八纲可以分为四组，每组之中的两纲为一阴一阳，所以"阴阳"是总纲。这四组加上个体（"我"），是"五行"（参见前述复杂第三规律）：八纲中的阴阳（卵子精子[②]）生我（个体），我生（生长发育）表里，虚实克我，我克寒热。"证"是整合各种症状之后得到的总的判断，即偏离生理常态（见下述人体公理 5）的病态，通常是指介于生理常态和极端病态（见下述人体公理 5）之间的病态。

人体公理 2（脏腑经络原则）：

肝经木（肝为脏，胆为腑）、心经火（心为脏，小肠为腑）、脾经土（脾为脏，胃为腑）、肺经金（肺为脏，大肠为腑）、肾经水（肾为脏，膀胱为腑）分别最密切地相关于整体秩序（阴阳）、动态核心（"我"）、饮食输入（表里）、呼吸排泄输出（寒热）、局部组织和细胞（虚实）。"最密切地相关"相对于"生克相关"而言，以肝经为例："肝经木"中的"肝经"包括肝脏在内的人的整体秩序，主要功能是把序化的微观粒子分别输向各个局部，即主疏泄；而"肝经木"中的"木"表示人的整体秩序（肝经）通过"络"与其他四"经"相生相克（参见前述复杂第三规律）。"经"是从整体到局部的纵向相关，"络"是局部之间的横向相关。"心包络"（也称心包）是心脏的横向壁垒护层（心

[①] 张祥平：《经典复杂科学》，中国社会科学出版社 2013 年版，第 516—525 页。

[②] 卵子相对无序，精子相对有序；这种秩序结构影响人的一生，但不是决定人的一生，因为还有其他同层次的三组及个体"我"影响人的一生。

的亚层次，参见上述复杂第三规律），最难庇护的是"热"："热入心包"会引发神（见下述人体公理3）昏谵语。"三焦"是第六腑（有腑无脏），最密切地相关于输送水液养料和输送废料（五脏六腑的亚层次之亚层次）。"女子胞（胞宫）"也是有腑（子宫及其附件，肝的亚层次，参见上述复杂第三规律）无脏，最密切地相关于任脉（腹中轴）和督脉（背中轴）。"脉"（也称经脉）是整合"血""气"（参见下文人体公理3）的通道（较重要的络，高于三焦的亚层次）。除任督二脉之外，还有左右对称分布的12经脉，依连接顺序为：肺大胃脾，心小膀肾，包焦胆肝，回至肺；阴阳阳阴，为三组；二手二足，为六组。男性有五脏六腑14经脉，女性有五脏七腑14经脉。另有"奇"腑（脑、髓、骨等）"奇"脉（冲、带、阴维、阳维、阴跷、阳跷等，加上督任，合称奇经八脉）。（手太阴肺经→手阳明大肠经→足阳明胃经→足太阴脾经→手少阴心经→手太阳小肠经→足太阳膀胱经→足少阴肾经→手厥阴心包经→手少阳三焦经→足少阳胆经→足厥阴肝经→手太阴肺经。）

人体公理3（精神血气原则，卫气营血原则）：

精、神、血、气、津液分别最密切地相关于整体秩序（阴阳）的动态、动态核心（"我"）的动态、饮食输入（表里）的动态、呼吸排泄输出（寒热）的动态、局部组织和细胞（虚实）的动态，正常动态在中医学中的术语是"通"。[①] 其中，"精"是内在于表象的好东西，对于个体来说，是整体生理秩序的正常动态，包括生殖动态（更新换代），如果偏离常态（见下述公理5），就需要加入修饰语，如"精气不足"；"神"是可传承的心灵，对于个体来说，是最有序的心理动态；"血"是人体中相对内在的活性液态物质，较易被观

[①] 病态常表现为"不通"和"疼痛"。人工医学的止痛只对单纯的外伤或外部感染是良性的。其他的止痛会掩盖"不通"。浅显地说，内生代谢产物（腐肉）不能排出，身体又因无痛而失去警觉，就会养痈遗患，严重者发展为癌症。疼痛是人与环境互动过程中的重要信息，愿意忍受小痛和中痛的人，可以大大减少出现大痛的概率。借助吐纳（气功）来缓解疼痛，是吐纳气功创新（传统名称是"修道有成"）的重要动力（需求）——有成就的创新者（大师）常常是因为治病而学吐纳（气功），因敏悟（关注"通则不痛，痛则不通"的信息来进行调节吐纳）而创新。

测，如割伤手指即有血滴出；"气"是食物转化而成的内在活性微粒[①]；津液是人体中相对外在的活性液态物质，如汗、涕、泪、唾液、胃液、其他分泌物。疾病由表入里，可辨别为四个层次（"表"的辨别较细，"里"的辨别较粗，因为医生所获得的病人信息来自望闻问切，即"四诊"）：卫分（津液层次偏离常态，治疗时解表发汗）、气分（气层次偏离常态，治疗时清热泻火）、营分（气血之间偏离常态，治疗时清营泄热）、血分（血层次神层次精层次偏离常态，治疗时凉血解毒）。

人体公理4（命门驱动原则，水火相济原则）：

人体公理1中的"阴阳"体现在人体公理2中的每一"经"，其中，肾经水是五经中最阴的经，即肾阴最阴，相应地（作为平衡，一阴一阳），肾阳最阳，即肾中之阳是命门之火，是维持生命的主要驱动力，命门之火与肾水合在一起的阴阳最密切地相关于生殖、生长发育、脏腑功能；藏在肾水之中的命门火还与心经火相协调（水火相济）["木（肝）生火"与"水（肾）火相济"使心脏具有较多的代偿余地，可知进化过程中心脏的重要作用。人工医学用电击去除房颤，是摆脱进化过程中的其他约束来启动超常代偿机制。应该进行"保留其他机制"与"电击去除房颤"相对照的双盲实验，以评价利弊。房颤当是"心脏跟不上肉体"的信号。出现这种信号的人可以借助适度休息和心态中和（参见下文）来控制房颤。心态中和是在较高层次上发挥作用，例如，心态中和的人常常较少抽烟喝酒，较少拼命，较少麻痹供血不足引起的疼痛。供血不足是心绞痛、冠心病和心脏神经官能症的共同点，不同点是：前者心脏想动，血管太重，动不起来，后者是心脏自己不想动；前者是"心

[①] 此"气"的正（繁）体字为"氣"，即气字加米，是农耕民族对于植物生长的一种认识：气是可以从地表上下转移到种子之中且使种子成为植株和果实的活性物质。气的活性基础是血（血为气母），"血气"是最基础的生命活力（气为血帅）。血气自组织为脏腑血气（生理基础）、少年血气（色，生理覆盖）、中年血气（斗，武力覆盖）、老年血气（得，经济覆盖）、成熟血气（义，文化覆盖）（孔子曰："君子有三戒：少之时，血气未定，戒之在色；及其壮也，血气方刚，戒之在斗；及其老也，血气既衰，戒之在得。"《论语·季氏》，另见上述社会公理2）。呼出的气和说话时吐出的气（辞气）是活性最低的气，不是血气。从复杂科学来看，"气"可以视为对生理现象和社会现象进行求同存异之后所认识到的一个科学术语（重设名词）。

血虚"作乱成性而导致梗死（水生木，参见后表"4c 五梗"），后者尚未"成性"。对于心态不中和的人来说，烟酒引发的猝死少于纯拼命引发的猝死，原因是烟酒外部麻痹不像自励内部麻痹那么彻底。有人认为猝死于岗位上或运动场上是一种生活质量较高的人生。如果"生活质量"定义为自我感觉良好的生存时间与遭受病痛折磨的时间之比，那么心态中和的人能够把遭受病痛折磨的时间转化为自我感觉良好的生存时间，如孟子所说："动心忍性，增益其所不能。"（《孟子·告子下 1215》）即使不考虑这种转化，也应区分"因信仰而自我感觉良好"和"因毒品而自我感觉良好"。对于"因信仰而自我感觉良好"来说，文天祥、谭嗣同这样的烈士的生活质量最高。若无构造性理性积淀，则不免出现日本神道教支撑的军国主义、"基地"式伊斯兰教支撑的恐怖主义、"优等种族"或"先进阶级"支撑的纳粹主义或科粹（无产阶级专政）主义。]。命门之火在一定条件下汇聚在距脐下三指宽的小腹处，称为元阳（相关于胎中的脐动脉）；与命门火相关较密的活性微粒称为元气。

人体公理 5（阴平阳秘原则）：

"（人的生理常态是）相对无序的局部之中没有动态核心，相对有序的局部没有过度开放，这样，整体生理秩序的动态和动态核心的动态就能够相辅相成。（人的极端病态是）相对无序的局部之中形成动态核心，与相对有序部分的动态核心分离甚至分裂，这样，原来从属于整体生理秩序的内在活性微粒就会丧失内在活性（逐渐演化为脱离整体生理秩序的最简单的局部或平衡态意义的微观粒子）。"（译自《黄帝内经·素问·生气通天论》："阴平阳秘，精神乃治。阴阳离决，精气乃绝"。注：脱离整体生理秩序的最简单的局部或平衡态意义的微观粒子不是"精气"，而是"气"减去"精气"，也就是相对无序之气，现代术语是呈现随机布朗运动的微观粒子或平衡态意义的微观粒子。）[①]

[①] 人体公理5中描述的极端病态过程大致相当于从癌到死到分解为无机物和无生命的有机物。正常的死亡过程是精气渐竭，如 90 岁以上老人无痛苦地由眼部浮肿到手部足部（或由足部到手部），可比拟为心脏作为水泵（动态核心，火）因磨损致使压力越来越小，水头越来越低，血流不畅，引起浮肿。可用石斛夜光丸、复方丹参片等延缓浮肿发展。尽量在原有常态生（转下页）

可以用人体公理证明人体定理，正如用社会公理证明社会定理。

人体定理1（四气顺逆标准）：

春发夏长，秋收冬藏，是中纬度个体长期适应环境的生理节奏。春夏养阳，强化秩序，秋冬养阴，减少失调，可以减少疾病。

用人体公理1较易证明人体定理1，略。需要说明的是：从复杂科学史来看，人体定理1先于人体公理1，即西汉岐伯《黄帝内经·素问·四气调神大论》中"阴阳四时者，万物之终始也，死生之本也，逆之则灾害生，从之则苛疾不起，是谓得道"先于东汉张仲景《伤寒论》"观其脉证，知犯何逆，随证治之"，显示了构造整合法（整体公理化）对事实进行整合的渐进过程。①其中的"证"="正言"，即正名基础上的言；"随证治之"="言之必可行"。"随证治之"不同于"随症治之"。"随症治之"是头痛医头，脚痛医脚；而"随证治之"是把许多"症"整合为一个"证"，然后决定治疗方案。

人体定理1的延伸结论是把人的青少年、壮年、成年、老年分别作为春、夏、秋、冬。如青少年需防金（肺）克木（肝），壮年需防水（肾）克火（心），等。

（接上页）活的基础上逐渐减慢节奏；过多的人工干扰则可能增大心脏负担，医中圣手除外。另参见《黄帝内经·素问·生气通天论》："阴者，藏精（有序之微）而起亟（动态核心）也；阳者，卫外（输入输出）而为固（稳态）也。阴不胜（给，滞）其阳，则脉流薄疾，并乃狂。阳不胜（约，通）其阴，则五脏争气，九窍不通。"（括号中文字为张祥平先生所加）若阳不卫外而寒入，则表不固而汗出，大汗则亡阳，治当温阳助阳（如服姜，又如适度体育运动）而驱寒；驱寒过程中内有阳升（含体温略升）而出汗，寒渐尽而外渐固。阳之升，或有成性存存，身热不畏寒，年轻体强者可用适度体育活动消散余热，老年体弱者则需提防二次受寒：阳升过程已消耗体力，一方面不宜多动而致过劳，另一方面身热而易贪凉。折中的方法是借助适度（不因过度投入而忽视室温冷藏、通风强弱）的脑力活动（读书、写作、书画等）来消耗多余的热量。若寒乘风而入，"中风"成病，再重则"伤寒"，即为《伤寒论》所述太阳病桂枝汤证、麻黄汤证。

① 在中纬度地区，如果夏季贪凉，则阳不长，为卫不固，尤其老年人，寒气积累侵蚀易引发肾功能失调（见下表3f）；冬季过暖，则阳不藏，精难起亟。贪凉的人不需要长阳来维持机体与环境之间的温差；与此类似，过暖的环境不需要机体藏精；机体与前述温差液花现象的共同点是都要维持一定的温差，不同点是：机体可以根据外界温度来调节自身热量从而维持温差，而温差液花现象要求外界温度相对恒定。老年人对外界的敏感和调节能力都下降，需要及时调节心态，参见下述人体定理1延伸结论，并落实到操作环节，如冬天洗澡换衣尽量避开晚上睡前，以免因睡后局部（尤其是肩部）受凉而引发心血管痉挛甚至猝死。

现代人较易"逆"秋冬之时，不承认老，不服老，原因是源于西方文化的"青春崇拜"和人工医学采用止痛剂激素等遮蔽老年生理信号。结果是男性狂躁，"焕发青春"（物极而反为猝倒不起）；女性抑郁，"多愁善感"（物极而反为多动易怒）。"顺"秋冬之时的做法当以"脑动"代"体动"，如孔子所说："发奋忘食，乐以忘忧，不知老之将至云尔"（《论语·述而》）；"吾尝终日不食，终夜不寝，以思，无益，不如学也"（《论语·卫灵公》）；"及其老也，血气既衰，戒之在得"（《论语·季氏》）。

人体定理 2（正气存内，邪不可干标准）：

人体的生理常态在一定的环境变化范围内具有维护常态的能力。（用人体公理 5 和复杂第二规律较易证明人体定理 2，略。）

人体定理 2 在临床医治中的应用是：医生用药或手术都要留出余地，让病人自身的免疫力参与抵抗疾病。中西医结合的最佳领域是西医的康复医学：康复医学不是手术本身，而且较少借助抗生素，所以，在中医留出的余地中，西医的措施大有用武之地。例如在"伤筋动骨一百天"之中，借助外科器具的帮助，可以提前实施中医的导引运动或太极拳辅助治疗及恢复。再如，对于因不能自控而缺乏吐纳（气功）能力的病人，借助高压氧舱来康复。又如，对于职业性姿势僵硬引发的损害（如用电脑，开车，脊柱僵硬），如果相关的专业人员没有耐心打太极，作导引，不妨接受西医的建议，做一些简单的恢复性动作。又如，对于人群中较少发生的一些现象（如习惯性单臂抱幼童引发的脊椎侧弯），也不妨接受西医的建议（如采用特制吊带把婴儿吊在胸前）或加以注意（如轮换双臂抱婴儿）。中西医结合的次佳领域是西医的应急措施和外科（含镶牙，但不含内脏及信息传感开窍，参见下文相关讨论）。

人体定理 3（内阴外阳标准）：

最严重的病态是最内在（属阴）的主管动态核心的局部（心经火，主神志，即人的动态核心最密切地相关于最有序的精神现象）与最外层（属阳）的主管呼吸皮毛输出的局部（肺经金，主气，主皮毛，主通调水道）之间不协调。（用人体公理 5、人体公理 2 和复杂第三规律较易证明人体定理 3，略。）

人体定理 3 的典型案例是运动过量导致心脏猝死：人在进行体育运动的

时候，呼吸加速，心跳加快，运动过量会引发二者之间不协调，最严重的表现是心脏猝死（心脏跟不上肉体而不跟）；其次是全身性秩序失调（肝脏超前于肉体而失其根，即最严重的肝失条达，肝经木主疏泄，见人体公理 2）。运动过量引起的心脏猝死很难救治（所以最严重），运动过量引起的全身性秩序失调首先表现于眼睛及其周边组织的症状（肝经开窍于目，即眼睛是全身整体秩序的信号传感器），如果只按眼疾治疗，也会死亡。介于内阴外阳之间是脾土若脾湿不暖，运化不力，则水道不调，渐渐汗出（参见下文下表中的 2c 与 2d：土中之金当克金中之水，因不克而汗出），服姜（汤）可暖脾止汗。

人体定理 4（一般健康标准）：

健康个体在和谐的社会环境中能够心态中和，在正常的自然环境中能够适度（秘）运动。在证明过程中，除运用人体公理 1 和人体公理 2 之外，还要运用如下前提："寒"的防线在外（皮毛，属阳）为常态，"热"的防线在内（神志，属阴）为常态；心主神志，肺主气，主皮毛（参见上文）。

人体定理 4 在临床医治中表现为：有些体质弱的人，个体自身维护常态的能力在表层很弱，外感风寒之后表现为腹泻（由表入里），这说明呼气输出这个局部与排泄输出这个局部相关较密，即肺经与大肠经相表里。人工医学的许多失误，都相关于不顾相对复杂的表里相关 ["肺经与大肠经相表里"（相对复杂）的基础是"肺属于呼吸系统，大肠属于消化系统"（相对简单）。]。

"肺经与大肠经相表里"是对临床观察的一个总结，经过构造性整合（整体公理化），就表述为人体公理 2 的一部分（见上述）。上述人体 5 公里中的其他内容、"肝经开窍于目"、下文的"肺经开窍于鼻"等，也都是对临床观察进行构造性整合而得到的结论。例如有的医生曾借助灸温元阳而救活极度危重（几无活力）的病人。

用上述人体定理 2 和人体定理 4 可以推论。

人体推论 1（形气神制权衡）：

对于最健康的个人来说，在不和谐的社会环境中也能心态中和，但是对于多数人来说，在不和谐的社会环境中不能心态中和，需要寻找心理安慰来缓解心态失和［有些相关于健康长寿的"时髦热点"其实是心理安慰的需求之热，如近几十年相继出现的打鸡血、吃红茶菌、转呼啦圈、甩手摇头、吃保健品、吃绿豆、吃没有药理成分的"药"丸（奸商谎称有药效）等］；还有的人在相对和谐的社会环境中自寻烦恼，于是就会生病。

人体推论 2（升降出入权衡）：

最健康的个人在不够正常的自然环境中也能适度运动，但是对于多数人来说，在不够正常的自然环境中不能适度运动，或在正常的自然环境中运动太少或太多，于是就会生病。

表 2-10 人体生理病理（病症心理）复杂结构（五行）内涵表

整体是活着的个人，本表示出两层及部分第 3 层、第 4 层。表中阿拉伯数字及其侧旁的小写字母表示层间联接。其中阿拉伯数字表示层次数，侧旁的小写字母表示该层次中被联接的顺序。

五因子两两单一单向相关	宏观相对有序（阳）		微观相对无序（阴）		
	非平衡态秩序	动态核心非衡吸引子	输入	输出	平衡态意义的大量微观粒子
五行	木	火	土	金	水
1. 五脏	肝（生理整合，精）2a	心（动力心理，神）2b	脾（生理营养，血）2c	肺（生理吐纳，气）2d	肾（生理基础，津液）2e
2a. 五胆	胆（奇恒之腑）	条达，肝阳 3a	藏血，肝阴	气机	胆汁
2b. 五小	小肠	神志，心阳 3b	脉	气母，心阴	血
2c. 五胃	胃	后天之本 3c	统血	运化	纳水谷
2d. 五大	大肠	咽喉肺阳 3d	朝百脉	呼吸肺阴	调水道
2e. 五膀	膀胱	命门火 3e	精髓 3f, 脑	纳气	二便
3a. 五筋	筋	怒，息怒	青酸春风，外风 4a	目，内风 4b	爪，泪
3b. 五脉	脉动 4c	喜，不过 4d	赤苦夏暑	舌	面，汗
3c. 五肌	肌肉	思，静思	黄甘长夏湿	口	唇，涎
3d. 五皮	皮肤	忧，不忧	白辛秋燥	鼻	毛，涕，声

（续表）

五因子两两单一单向相关	宏观相对有序（阳）		微观相对无序（阴）		
	非平衡态秩序	动态核心非衡吸引子	输入	输出	平衡态意义的大量微观粒子
五行	木	火	土	金	水
3e. 五元	元气	元阳	日暖营分血分	气分	卫分
3f. 五骨	骨	恐，不恐	黑咸冬寒地气	耳	发，唾，齿，肾阴4e，齿
4a 五风	风湿	风痹	风寒	风热	风疹，伤风
4b 五晕	突然晕厥	眩晕	震颤抽搐	癫痫角弓反张	四肢麻木头痛
4c 五梗	心阳虚脱梗死	心阳不振房颤	心血淤阻心痛	心阴虚	心血虚
4d 五维	人类思维情感	天人互动协调	睡眠消闲序内	醒觉温饱抗灾覆盖	动物心理
4e 五虚	阴阳两虚	心肾不交	（脾）肺肾两虚	肾阳不振	肾阴虚湿热嗜睡

说明：

中医采用构造整合法（整体公理化），生理与病理统一处理，适度动态表现为生理，过度动态或不足动态表现为病理。例如处在一定范围内的心跳是正常生理现象，超过范围是病理现象，处在范围边缘的心跳对某些人是正常生理现象，对另一些人是病理现象，相关于个体差异，如体质、年龄、劳力劳心、性别孕否、情绪波动、用药与否等。再如春末秋初打喷嚏，对体质较强的人来说是应激生理现象，对体质较弱的人来说是伤风（尚未感冒）病理现象（见上表"4a 五风"），需要添衣，否则易出现类似牙痛的飘性疼痛，以及风寒等。这类"外风"（参见上表3a）起于微末，相关于全身秩序（木，肝），介于有病无病之间，加重之后才表现为肺卫（卫分）或肺胃（气分）之病。另一方面，同样归属于肝木的"内风"则是相当严重的疾病（参见上表4b）。从复杂科学来看，作为整体秩序（木）的最泛化病理是外风，最核心病理是内风，其他四行（火土金水）介于其间。中医和西医的共同点是：

都要进行"症状诊断(辨证)"(西医所说的"诊断结果"相当于中医所说的"证"),都要根据"症(状)"来归纳,都要"望""问""切(仪器检测)";不同点是:中医有"闻",西医有"化验"。中医的"望"和"问"比西医细致,"切(切脉,触诊)"对动态诊断强于西医;西医的仪器(听诊器、血压计、CT、B超、内窥镜等)检测对静态诊断(如病灶定位)强于中医。中医的"闻"较难标准化(医师之间差异较大),西医的"化验"较易标准化。中医强调"正气存内,邪不可干(读甘)"(《黄帝内经·素问(遗篇)刺法论》),重在培植正气,没有必要了解"邪"的细微分类(化验结果)。中医对"邪"的分类是六淫(风寒暑湿燥火)和疠气(浊秽,可引发疫疠)。另有可干正气的病因:外伤(含虫兽伤)七情(喜怒忧思悲恐惊)饮食不节、劳倦,识别这些病因更不需要化验。

附二

表 2-11 复杂视界表（从整体到局部排序）[①]

本表将《复杂现象列表（按生成时间排序）》（第二章第二节·四·（三））与《人体生理病理复杂结构（五行）内涵表》按从整体到局部的理路重新排序，可勾勒出从宇宙到人体的"天人合一"的"复杂视界"——这是应用构造整合法观察和理解世界所得的自然科学图景。

五因子两两单一单向相关	微观相对无序（阴）			宏观相对有序（阳）	
	平衡态意义的大量微观粒子或个体（肾，津液）	输出（肺，气）	输入（脾，血）	动态核心非衡吸引子（心，神）	非平衡态秩序（肝→命门，精）
五行	水	金	土	火	木
1 正宇宙（天）	混沌质能分化，信息众星日月百物	时间生生不息	空间厚德大业	爆炸北辰 2a	星系相疏离，自组织（拱之无邪）
2a 人们	村庄部落 3a	林缘田边屋旁	森林群落 3b	有序生克 3c	文明社会 3d
3a 村庄部落	男人，女人，儿童等 4a	尸体	村落环境	图腾	祭祀仪式，酋长巫师等
3b 森林群落	草，木，动物等 4b 良土，小气候	地质	气候	?	代际更替，灾后恢复
3c 温差液花	热运动的液体分子	冷面	热源	?	动态的稳定图案
3c 地球台风	O_2，CO_2，N_2 等	海陆空间	阳光地热	蝴蝶效应	云雨风雷雪等
4a 五脏	肾（生理基础，津液）5e	肺（生理吐纳，气）5d	脾（生理营养，血）5c	心（动力心理，神）5b	肝（生理整合，精）5a
4b 生物	单细胞生物 5f	代谢产物	营养吸收	变色反应	被子植物，动物 5g
4c 猿人	（黑猩猩＋语言中枢）	废工具，燃灰	猎区农地	化物为奴	自造工具用后不弃，自然火被维持不熄

[①] 张祥平：《经典复杂科学》，中国社会科学出版社 2013 年版。

（续表）

	微观相对无序（阴）			宏观相对有序（阳）	
五因子两两单一单向相关	平衡态意义的大量微观粒子或个体（肾，津液）	输出（肺，气）	输入（脾，血）	动态核心非衡吸引子（心，神）	非平衡态秩序（肝→命门，精）
五行	水	金	土	火	木
4g 文明人	（猿人+阅读中枢）	覆盖他人	习俗，文句等	志向	守规竞争，志愿惩恶
4g 经济人	（猿人+阅读中枢）	创业理财探险	交易及简单科学	布局	市场博弈，征服殖民
4g 成熟人	（猿人+阅读中枢）	立德立功立言	敬事及复杂科学	整合	安居乐业，学优而仕
5a 五胆	胆汁	气机	藏血，肝阴	条达，肝阳 6a	胆（奇恒之腑）
5b 五小	血	气母，心阴	脉	神志，心阳 6b	小肠
5c 五胃	纳水谷	运化	统血	后天之本 6c	胃
5d 五大	调水道	呼吸肺阴	朝百脉	咽喉肺阳 6d	大肠
5e 五膀	二便	纳气	精髓 6f，脑	命门火 6e	膀胱
5f 生物细胞（有机物	细胞质，细胞核等 碳 C	膜出 氢 H	膜入 氮 N	？ 氧化还原+？	新陈代谢，分裂繁殖有机分子）61g
5g 被子植物黑猩猩	细胞，维管束，花等 细胞，血液，体液等	O_2，水蒸气等 排泄呼气散热	光水 CO_2 等 果氧水等	？ ？	光合作用，开花结果 饮食性交，雄猩争王
6a 五筋	爪，泪	目，内风 7b	青酸春风，外风 7a	怒，息怒	筋
6b 五脉	面，汗	舌	赤苦夏暑	喜，不过 7d	脉动 7c
6c 五肌	唇，涎	口	黄甘长夏湿	思，静思	肌肉
6d 五皮	毛，涕，声	鼻	白辛秋燥	忧，不忧	皮肤
6e 五元	卫分	气分	日暖营分血分	元阳	元气
6f 五骨	发，唾，齿，肾阴 7e	耳	黑咸冬寒地气	恐，不恐	骨
7b 五晕	四肢麻木头痛	癫痫角弓反张	震颤抽搐	眩晕	突然晕厥
7c 五梗	心血虚	心阴虚	心血瘀阻心痛	心阳不振房颤	心阳虚脱梗死
7d 五维	动物心理	醒觉温饱抗灾覆盖	睡眠消闲序内	天人互动协调	人类思维情感
7e 五虚	肾阴虚湿热嗜睡	肾阳不振	（脾）肺肾两虚	心肾不交	阴阳两虚

中国引领世界
文明优势、历史演进与未来方略

CHINA LEADS THE WORLD
Civilization Advantage, Historical Evolution and Future Strategy

戴熙宁 著

（中册）

目　录

中篇　历史演进

导言：复杂科学（儒学）的历史"观法" …… 397
- 一、复杂科学（儒学）的史学方法论 …… 397
  - （一）宗旨：天人合一，永续发展 …… 397
  - （二）原则：述而不作，信而好古 …… 397
  - （三）方法：默识好学，经史合参 …… 397
- 二、复杂科学（儒学）的历史发展观 …… 400
  - （一）历史发展的动力：天人互动，自作天命 …… 400
  - （二）历史发展的目的：文致太平，世界大同 …… 401
  - （三）历史发展的规律：生生大业，文质再复 …… 402
- 三、复杂科学（儒学）的社会形态说 …… 405
  - （一）群内调剂的氏族部落社会 …… 405
  - （二）同域分层的城邦封建社会 …… 406
  - （三）异域整合的四种社会形态 …… 406

第三章　氏族部落社会 …… 409

第一节　氏族部落社会的一般情形 …… 410
- 一、生成演化 …… 410
- 二、组织结构 …… 413
- 三、经济分析 …… 415
  - （一）需求 …… 415

（二）对策 …………………………………………………………… 416

第二节　氏族部落社会的中国谱系 …………………………………… 423

一、史前文化分期 ……………………………………………………… 423
（一）旧石器时代 …………………………………………………… 423
（二）新石器时代 …………………………………………………… 424

二、"早期中国"演进 …………………………………………………… 425

三、中华文明奠基 ……………………………………………………… 433
（一）价值观念 ……………………………………………………… 433
（二）科学技术 ……………………………………………………… 438
（三）组织管理 ……………………………………………………… 442

第四章　城邦封建社会 …………………………………………………… 444

第一节　城邦封建社会的生成 ………………………………………… 445

一、生成过程 …………………………………………………………… 445

二、生成机制 …………………………………………………………… 450

三、组织结构 …………………………………………………………… 451

四、经济分析 …………………………………………………………… 452
（一）分层分工 ……………………………………………………… 452
（二）结构变迁 ……………………………………………………… 453
（三）城邦比较——希腊与中国 …………………………………… 454

第二节　城邦封建社会的演化 ………………………………………… 457

一、环境制约 …………………………………………………………… 457

二、演化历程 …………………………………………………………… 459
（一）演化环节 ……………………………………………………… 459
（二）史实序列 ……………………………………………………… 461

三、绵延存续 · 477
（一）中国 · 477
（二）欧洲 · 478

第三节　城邦封建社会的"正名" · 480
一、还原"封建"之本义 · 480
二、溯源"封建"之滥用 · 483

第五章　军国主义社会 · 490

第一节　军国主义社会的生成 · 491
一、生成机制 · 491
二、组织结构 · 493

第二节　军国主义社会的史实序列 · 494
一、演化环节 · 494
二、史实序列 · 495
三、中西比较 · 505
（一）帝国存续 · 505
（二）社会整合 · 507
（三）文明记忆 · 508

第六章　德本主义社会与资本主义社会——生成演化 · 510

第一节　德本主义社会与资本主义社会的生成 · 513
一、生成环节 · 513
二、史实序列 · 515
三、结构变化 · 522
（一）中国："士"之崛起 · 522

（二）西方："商"之崛起 ··· 526

四、五行结构 ·· 529

五、中西比较 ·· 531

第二节 德本主义社会与资本主义社会的演化环节 ············· 538

第三节 德本主义社会与资本主义社会的形成期 ··············· 544

一、国家秩序稳定 ··· 544

二、政经制度建设 ··· 544

（一）选举制度：察举制度 vs. 民选制度 ····················· 545

（二）政权组织：中朝外朝 vs. 王室政府 ····················· 548

（三）经济政策：重农抑商 vs. 重商主义 ····················· 551

三、科学技术进步 ··· 557

（一）科学发展：群性儒学 vs. 经典力学，中国医学 vs. 西方医学，丹道学 vs. 化学⋯ 557

（二）技术革新：农业技术革新，工业技术革新 ············· 562

四、社会组织演化 ··· 568

（一）德本主义社会：士族门第 ································ 568

（二）资本主义社会：特许公司 ································ 571

五、国际关系发展 ··· 575

（一）德本主义社会：贡赐体系的建立 ························ 575

（二）资本主义社会：条约体系与殖民体系的建立 ·········· 578

六、问题积累爆发 ··· 582

（一）德本主义社会 ··· 582

（二）资本主义社会 ··· 584

第四节 德本主义社会与资本主义社会的发展期 ··············· 592

一、国家秩序稳定 ··· 592

（一）德本主义社会：新朝代，新一统 … 592
（二）资本主义社会：新国家，新制衡 … 593

二、政经制度建设 … 595
（一）选举制度：科举选官制度+学校教育体系 vs. 民选代议制度+政党竞选体系 … 595
（二）政权组织：君相共治 + 三省六部 vs. 君政分离 + 分权制衡 … 603
（三）经济政策：均平主义政策 vs. 自由主义政策 … 607

三、科学技术进步 … 612
（一）科学进步：儒学 vs. 力学，中医 vs. 西医 … 612
（二）技术革新：文化传媒 vs. 动力机械 … 618

四、社会组织演化 … 622
（一）德本主义社会：新兴士族发展 … 623
（二）资本主义社会：新兴公司发展 … 624

五、国际关系发展 … 627
（一）国际体系扩张：贡赐体系扩张 vs. 殖民体系扩张 … 627
（二）文化制度输出：新兴德本主义国家形成 vs. 新兴资本主义国家形成 … 635

六、问题积累爆发 … 639
（一）德本主义社会 … 639
（二）资本主义社会 … 644

第五节 德本主义社会与资本主义社会的成熟期 … 651

一、国家秩序稳定 … 651
（一）德本主义社会 … 651
（二）资本主义社会 … 651

二、政经制度建设 … 652
（一）选举制度：科举选官制度的成熟 vs. 民选代议制度的成熟 … 652
（二）政权组织：德本主义社会的中央集权 vs. 资本主义社会的中央集权 … 657

（三）经济政策：政府管制与市场调节的结合（促发展 vs. 促公平）……………… 661

三、科学技术进步 ……………………………………………………………………… 672

（一）科学发展：儒学 vs. 物理，中医 vs. 西医，从复杂走向简单 vs. 从简单
走向复杂 ………………………………………………………………………… 673

（二）技术革新：火药火器 + 造船航海 + 印刷出版 vs. 核弹核能 + 航天造星
+ 电子信息 ……………………………………………………………………… 678

四、社会组织演化 ……………………………………………………………………… 685

（一）基层组织：宗族组织 vs. 公司组织 ………………………………………… 686

（二）精英组织：民间书院 vs. 投资银行 ………………………………………… 694

（三）中间组织：民间会社 vs. 第三部门 ………………………………………… 703

五、国际关系发展 ……………………………………………………………………… 707

（一）政权对峙：德本主义下的政权对峙 vs. 资本主义下的政权对峙 ………… 708

（二）经贸发展：贡赐体系下的经贸发展 vs. 条约体系下的经贸发展 ………… 715

六、问题积累爆发 ……………………………………………………………………… 727

第六节　德本主义社会与资本主义社会的繁荣期 …………………………………… 735

一、国家秩序稳定 ……………………………………………………………………… 735

（一）德本主义体系的重构——前蒙元地区纳入德本主义体系 ………………… 735

（二）资本主义体系的重构——前苏东地区纳入资本主义体系 ………………… 738

二、政经制度建设 ……………………………………………………………………… 741

（一）政治制度：学选 + 学治体系完善 vs. 钱选 + 钱治体系完善 …………… 741

（二）经济政策：德本主义混合经济模式 vs. 资本主义混合经济模式 ………… 761

三、科学技术进步 ……………………………………………………………………… 770

（一）科学发展：从复杂走向简单 vs. 从简单走向复杂 ………………………… 771

（二）技术革新：生态工程 + 生态园林 vs. 生物工程 + 信息网络 …………… 777

四、社会组织演化 ……………………………………………………………………… 791

（一）德本主义社会：宗族组织的规模扩展 + 宗族治理与国家治理一体化 … 792

（二）资本主义社会：公司组织的规模扩展 + 公司扩张与国家扩张一体化 … 801

五、国际关系发展 …………………………………………………………… 806

（一）国际体系发展：中国主导的贡赐体系 vs. 美国主导的条约体系 ……… 806

（二）国际经贸发展：白银主导的全球经贸体系 vs. 美元主导的全球经贸体系 … 813

六、问题积累爆发 …………………………………………………………… 823

（一）德本主义社会 …………………………………………………………… 823

（二）资本主义社会 …………………………………………………………… 833

中篇

历史演进

导言：复杂科学（儒学）的历史"观法"

一、复杂科学（儒学）的史学方法论

前文已述，人类社会是最复杂的复杂现象，而研究复杂现象要用构造整合法。中国传统科学的主体——儒学，就是研究社会现象的复杂科学，是"货真价实"的社会科学。研究人类文明的发展，需要遵循复杂科学（儒学）的方法论。

复杂科学的方法论，在上一章已有充分阐释。现将其宗旨、原则和方法再简述如下。

（一）宗旨：天人合一，永续发展

复杂科学（儒学）研究的最高宗旨，是追求人类社会的永续发展。因为人类社会若不能永续发展，则必然再无其他"宗旨"可言。追求人类社会永续发展，就是追求人类与环境的可持续良性互动，即"天人合一"。追求"天人合一"，必须探究人类与环境良性互动的普适规律，力求通晓人类社会从古到今、从简单到复杂的变化发展，即"究天人之际，通古今之变"。

（二）原则：述而不作，信而好古

"究天人之际，通古今之变"的基本原则，是"述而不作，信而好古"，即准确地确认事实、表述事实而不作任意主观增减与改动（述而不作，这是社会科学研究的前提），并相信历史事实系列所显示的内在规律，汲取历史发展的经验教训，以此作为决策的依据或参照（信而好古）。

（三）方法：默识好学，经史合参

"述而不作，信而好古"需要用构造整合法，即对人类社会在不同地域、不同时期的历史事实求同存异，进行整合（从简单到复杂，与长程历史相关），从整体（人类永续发展）到局部（局地历史兴衰），适度留余。进一步说，是要在"默识"人类历史整体（演化历程及演化结果）的基础上，通过孜孜不倦地学习文献（学而不厌），借助"五经"昭示的"道理"（包括模型、定义、公理、规律、用表等），从整体到局部地对不同地域、不同时期的历史事实进行定位（既包括从简单到复杂的层次，又包括从整体到局部的位置），探究其事件关联、揭示其发展规律，并科学预测人类社会的未来发展，从而为国家社会治理提供决策依据或参照，即所谓"经史合参"。

　　复杂科学（儒学）的研究方法，可容融西学各种社会研究方法的长处，同时对治其弊端。因本篇聚焦于人类历史研究，下面就以历史研究方法为例说明。

　　复杂科学（儒学）的历史研究方法，可容融西方比较史学研究方法的长处，同时对治其弊端。西方比较史学的发展大体上经历了三个阶段：第一阶段，主要是文明体系的比较研究，有施本格勒、汤因比等；第二阶段，主要是历史进程的比较研究，有布洛克对中世纪法兰克王国和西哥特王国的国家与教会关系的比较研究，布林顿对英国革命、美国革命、法国革命和俄国革命等"革命模式"的比较研究，罗斯托对英国和美国经济增长模式的比较研究等；第三阶段，主要是社会结构的比较研究，如美国布莱克的现代化模式比较研究。上述西方比较史学发展的三个阶段，可视为"从整体到局部"的发展，各有所长，却亦各有所偏，且难以融于一体。由于研究观念所限，比较方法局限于平面的、简单的现象归纳，即使归纳的事实确实存在，也只能是局限性的"经验模式"，而不能成为普适性的"科学规律"，无法从整体到局部进行推理，更无法进行预测。复杂科学用构造整合法，从整体到局部，可将文明体系的比较、历史进程的比较与社会结构的比较融会贯通，将复杂科学方法应用于历史事实整理（"整"是求同整合，"理"是数学模型或数学规律），可以预测和诉诸检验。

　　复杂科学（儒学）的历史研究方法，可容融西方计量史学研究方法的长处，同时对治其弊端。西方的计量史学方法，有助于把历史研究中常见的定性论断中隐含的模糊的数量判断明晰化，从而对那些包含着模糊的数量判断的定性论断加以验证、修正或否定，并在此基础上提出新的论断。例如，在历史研究中，经常使用"重要的""占据主要地位的""微不足道的""影响不大的"等用语，无不隐含着计量内涵。计量史学家通过大量运用计量分析，可以对历史事件的关联提出更有力、更清晰地论断，这体现了计量史学方法的优越性。西方史学家巴勒克拉夫认为："就方法论而言，当代史学的突出特征可以说是计量革命"，"这种（对计量的）关注使1955年前后发展起来的新的历史学有别于旧的历史学。"西方的新经济史学和历史人口学就是基于历史计量分析而发展起来的。然而由于人类历史的复杂性，完全量化根本不可能，计量史学方法因而只能限于有关"局部性"地探索，无法进行"整体性"地研究。而且，对于计量结果的解释，也因无法理解历史事件的复杂关联，难以自圆其说。复杂科学用构造整合法，可在从整体到局部的研究中，定位计量史学方法的应用（局部性研究），并在相生相克的要素关联结构中理解和应用计量结果，从而将历史研究与计量分析更紧密地结合，扬其长、补其短。

复杂科学（儒学）的历史研究方法，可容融西方心理史学研究方法的长处，同时对治其弊端。西方心理史学方法最初运用精神分析理论解释历史中的个人或群体的历史行为，把历史看作"个人心理的景象或射流的表现"；后来的发展，由强调内在的心理力量转向强调外在的社会文化的力量，把人们的心理看作"外在的历史力量的产物"，认为"家庭、文化、社会、政治、经济——所有这些环境在个体内心创造了一种感情、认知和知识的动力模型，这一模型决定了生活中的动机和行动"。前者强调个人心理的作用，得出心理驱力决定社会现实的"驱力——现实"模式，陷入了心理因素决定论；后者强调社会文化的作用，得出社会现实决定心理驱力的"现实——驱力"模式，陷入了外在环境决定论。复杂科学用构造整合法，可在从整体到局部的研究中定位心理史学方法的应用（如研究历史人物），并在相生相克的关联中把握个人心理和社会文化的相互作用，从而将历史研究与心理分析科学地结合。

二、复杂科学（儒学）的历史发展观[①]

复杂科学（儒学）的历史发展观可从历史发展的动力、目的与规律三方面加以概括。

（一）历史发展的动力：天人互动，自作天命

复杂科学（儒学）没有历史必然性的思想，没有历史命定论的思想，也没有人格神（上帝、真主、基督、弥勒、明王等）救世的思想。复杂科学认为人类历史中并无理性力量、宿命力量与神格力量主宰，历史是一个无穷变化的过程，充满着各种变化的可能性。历史如何发展，全由人的意志行为与环境互动而决定，由人类自己创造，即人可以创造出幸福美善的历史，亦可以造作出痛苦邪恶的历史。

此一思想，在《易经》最后一卦"未济"卦的卦义中有明确表达。"未济"象征"事未成"，即没有一个终结，将永远变化下去。《序卦传》解"未济"时所说"物不可穷"正是此义。人类历史"未成"、"不穷"，也就是说，人类的意志行为决定着历史变化的可能。若人类能于历史变化中明辨物性，审慎进取（"慎辨物居方"），追求与自然环境良性互动，则人类历史"亨通可济"，可朝完美方向发展；若人类于历史变化中迷失自性，不辨物性，无视自然环境的限制，狂妄造作，则人类历史必如"小狐濡尾"、"征凶位不当"，即朝"危咎"方向发展。由此可见，复杂科学（儒学）认为人类"未济"历史的命运完全掌握在人的手中，人创造历史的自由，决定人对历史的变化发展具有不可推卸的责任，此责任从正面讲即是人负有创造历史的使命。复杂科学（儒学）"自作天命"的历史观正由此提出。

"自作天命"的观念源自《尚书》。《尚书》曰："唯克天德，自作元命。"（《周书·吕刑》）元者，始也，大也，善也，天赋予人之命为始为大为善，故元命即天命。《春秋》言"人元在天前"，言"以元正天，变一为元"，即是认为历

[①] 蒋庆：《政治儒学》，生活·读书·新知三联书店 2003 年版，第 241—249 页。

史本身并无意义，必须由人赋予历史以意义。人通过其人文活动赋予历史以意义，即是人自觉地创造历史。"天命"本身不会创造历史，"天命"必须通过人的实践活动才能创造历史，正是在此意义上，人可以"自作天命"，即人可以自己确立天命、改变天命、实践天命，人有创造改变历史的自由。然而，人虽有创造改变历史的自由，但此自由绝非无限制的自由，人创造改变历史的自由必须受到"天德"的限制，即必须按照《尚书》所谓"克（效）天德"的要求创造改变的历史才是"天之所命"的历史，才能维持与自然环境的良性互动，如此创造历史才称得上"自作天命"，而"天命"才称得上"元命"，即善命。否则，人完全按照自己的私欲创造历史，只能是造作妄为，不可称作"自作天命"。

（二）历史发展的目的：文致太平，世界大同

儒学认为历史由人类"自作天命"创造，永远"未济"，并不意味着历史的演进没有目的，没有方向。没有目的、没有方向的历史毫无意义，人类的生存与发展将陷入黑暗与虚无。因此，儒学高标出太平大同的理想，作为人类在历史中的希望。

《春秋》假鲁二百四十二年的历史代表一部人类史，用"托"的"书法"表达了历史演变的"三世观"，表明人类在历史中有其希望。《春秋》将鲁公十二世的历史依孔子诞生为基点，按史实划分为孔子所传闻世、孔子所闻世与孔子所见世，并依"托事明义"的"书法"，托孔子所传闻世为据乱世，托孔子所闻世为升平世，托孔子所见世为太平世，此即据乱、升平、太平三世之由来。在此"三世"中，儒学自然倾心于太平世，以太平世（即《礼记·礼运》所说的大同世）为自己追求的最终目标，或者说最终希望。因太平世王道大明，王化普被，天下归仁，万国崇义，天下一家，中国一人，人人讲信修睦，有士君子之行。

儒学追求"三世说"的太平大同的理想，并不意味着三世的演变是理性的逻辑过程，即并不意味着三世的演变必然朝太平世进化，三世演变的关系是一复杂的吊诡关系，太平大同的希望要靠信仰的力量去把握。《春秋》用

"文"的"书法"表达了这种超越简单理性的局限、用信仰去把握历史希望的观法。

依《春秋》之史实,鲁之十二世一世不如一世,至鲁哀公时(即孔子所见世时)鲁衰乱愈甚,实是据乱之世,然《春秋》于此据乱之世则书鲁无鄙疆,诸侯之伐哀者皆言伐我,又远夷之君,内而不外,即是言此世已是太平之世,王化普被,及于天下,鲁已无西鄙北鄙之通界,人类进入了天下一家、中国一人之大同世界,故远处夷狄已同化于中国,人类种族已平等而无文明落后之差别。在此,显然是一吊诡:《春秋》之史实是据乱,而《春秋》之书法则是太平。《春秋》以其"文"的书法超越了理性的逻辑与历史的现实,表达了一种建立在历史信仰上的希望。此"文"的书法所表征者即是,"依儒学《春秋》之历史信仰应当如此",即鲁之世虽衰乱,依儒学历史信仰应当广被王化而治;孔子所见世虽不太平,依儒学历史信仰可"文致太平"(应当太平)。因儒学明察简单理性在把握历史希望上的局限,故儒学中无历史必然进步或必然退步的观点,使儒学既区别于天真的进步论者,又区别于悲观的退步论者。又因儒学的历史希望是打破简单理性而建立在信仰与信心上的希望,因而是真正的希望,永远不会被简单理性所否定、所驳倒,反而永远是驳正理性狂妄乖谬的力量。

(三)历史发展的规律:生生大业,文质再复

人类社会发展是一个从简单到复杂的生成演化过程,即《易经·系辞》中所谓"生生之谓易"的过程。历史发展的基本规律就是从简单到复杂。但从简单到复杂的演化并不是直线发展的过程,用儒学术语来说,是在"文"与"质"两种要素中交替演变的过程。

在儒学看来,人类文明史不外由两种要素构成,即由"文""质"两种要素构成。"文",是指人类文明的外在表现形式;"质",是指人类文明的内在精神实质。如周代的礼乐典章制度是周代文明的外在表现形式,即"周文",而此礼乐典章制度中所蕴含的"尊""敬""仁"等要素是其精神实质,即《礼记》所谓"礼之质"。在人类文明的演变过程中,"文"与"质"两

种要素交互主导，人类历史就在此两种要素作主导的形态中交替演变，即所谓"文质再复"，主导要素的性质决定了每一文明的特质。正因为人类文明史具有"文质再复"的特性，故治理者必须按照其所处历史时代的文明特征来进行治理。

孔子曰："虞夏之质，殷周之文，至矣。虞夏之文不胜其质，殷者也，《春秋》救周之敝，当复返殷之质，而驯致乎君子之道。"（《礼记·表记》）董仲舒曰："王者之制，一商一夏，一质一文。商质者主天，夏文者主地。"（《春秋繁露·三代改制质文》）又曰："《春秋》之救文以质。"（《春秋繁露·王道》）《白虎通》曰："天质地文。质者据质，文者据文。周反统天正何也？质文再而复，正朔三而改。"又曰："王者必一质一文者何？所以承天地，顺阴阳。阳之道极，则阴道受；阴之道极，则阳道受；明二阴二阳不能相继也。质法天，文法地而已。故天为质，地受而化之，养而成之，故为文。《尚书大传》曰：'王者一质一文，据天地之道。'"（《白虎通德论·三正》）

人类历史就是在"文""质"两要素中交替演变，就是在此一文一质中表现其文明形态，即人类文明或是"文的形态"，或是"质的形态"。然"文"与"质"并非截然二分，而是文中有质，质中有文。又，某一文明形态，相对于前形态是"文"，而相对于后一形态则是"质"。如殷商文明相对于夏是"文"，相对于周则是"质"。

"文质再复"变易观的理据是天地阴阳：天生地成，故"质"是文明的创造源泉与再生动力，"文"则是文明的表现形式与外在成果。阴阳之道极必返，故"文"极必"质"，"质"极必"文"。然人类文明并非以"文""质"两极为佳，因"文"之敝"史"，"质"之敝"野"，应走中庸之道文质彬彬才是最佳的文明形态。

人类历史在"文质再复"的变易过程中从简单到复杂，而从简单到复杂的演化又必遵循复杂现象的普适规律，即极数通变、成性存存、相生相克等规律。对此前文已有详述，兹不再赘。

上述复杂科学（儒学）的历史发展观，建基于对天人合一、永续发展的追求，可以对治现代流行的各种历史发展观的短视与弊端。

首先，当今建立在辩证理性上的历史观认为，人类历史是遵循理性规律发展的必然结果，历史有其不可改变的客观规律，人只是历史理性（必然规律）的被动接受者，人不能自由地创造历史。这是典型的历史决定论，即历史由逻各斯、世界理性、必然规律所决定。正因其是历史决定论，亦是历史宿命论，即历史由人之外的客观力量所预定，人不能自由地改变自己的命运。此种历史观最大的弊病是把历史中的恶当作客观规律来接受、甚至来颂扬，不承认人能依善来创造历史。儒学强调天人互动、自作天命，表明人类历史非由外在命运预定，人可由天德自由创造历史，故可对治建立在辩证理性（历史必然性）上的历史观。

其次，当今建立在简单理性上的历史观认为历史必然进化，历史越往后人类就越幸福，此是启蒙运动所鼓吹的历史进化观，使人迷信历史正在向美好的未来进化。此种历史观看不到理性的吊诡与逻辑的局限，把人类的希望建立在简单逻辑演绎的基础上，从而使其所追求的希望是一种经不起历史考验的伪希望。最后又幡然醒悟走到理性的反面，认为历史必然退化，如存在主义，看不到人类光明的前途，心中一片黑暗，对历史悲观失望，使人处在一种末日无救的极度痛苦中。儒学认为历史并非必然进化，亦非必然退化，而是在信仰中坚信人类历史有其希望，其高标的太平大同理想超越了简单理性的局限，故可对治此种启蒙运动所鼓吹的历史进化观。

再次，当今建立在启蒙思想上的历史观认为，历史直线向上发展，故人类不断进步，历史日益文明，而看不到文明发展到一定程度会出现"文敝"，即会衰老疲敝而丧失其活生生的创造力量与再生能力。当今人类面临的最大问题是"西文疲弊"，即西文发展到了极端，丧失了创造力量与再生能力，须"救之以质"，回到其创造原点与精神实质上来重建文明。然建立在启蒙思想上的直线发展观，看不到人类历史是在"一文一质"中交替演变，而是在"西方疲敝"的情况下仍对"文"抱着无限的乐观，企图通过所谓"再启蒙"即"再文"来解决"西文疲弊"的问题，看不到人类文明史出现"文敝"时必须回到"质"来解决问题。此种"再启蒙"的历史观相信历史的直线发展，弃绝了西方文明回到其创造原点来寻求其再生能力的可能，当今史学界流行的文明史观、全球史观、现代化史观等,皆是如此。儒学文质再复的变易观标明人类历史非直线发展,而是在"文""质"两种要素中交替演变,故可对治此种建立在启蒙思想上不断追求"文"(启蒙)的线性历史观。

三、复杂科学(儒学)的社会形态说

用构造整合法,对人类社会在不同地域不同时期的历史事实求同存异,进行整合(从简单到复杂,与长程历史相关),从整体(人类永续发展)到局部(局地历史兴衰),可以发现,人类社会形态从简单到复杂,可分为三大类。

(一)群内调剂的氏族部落社会

人类是因"占有工具"而从芸芸众生中脱离出来成为"人"的(见第一章第一节),人类社会则是因"共有图腾"而从动物群落中脱离出来成为"社会"的(见第二章第一节)。

从考古学和人类学资料来看,原始社会的成员在物质财富与社会地位方面基本是相同的、平等的,社会没有分层,是这个阶段的显著特征。"每个家庭都拥有生产生活用品所必需的技能和工具;而且,同样重要的是,每个家庭都有权利使用维持生活所必不可少的基本自然资源。这一点有着充分的保证,因为所有的农田、牧场和其他自然资源皆为村社所有,而村社则是由各家庭自动组成的。所以在部落社会,既没有土地拥有者,也没有无地的耕种者……不可能村子的一头是饥饿与贫困……而村子的其他地方却生活富裕"。[①] 也就是说,此阶段人类社会的基本经济需求的满足主要依靠社群内部的共享来调剂——这是没有分层(但并非没有分工)的、人人平等的社会。原始社会的组织形态是氏族部落,因而可称之为氏族部落社会。

---

① 〔美〕斯塔夫里阿诺斯:《全球通史》(第7版修订版),吴象婴译,北京大学出版社2007年版,第37页。

（二）同域分层的城邦封建社会

随着人口数量的增加、人均土地数量的减少以及气候环境的变迁，定居农业出现了；气候变化要求定居的人们必须储备食物，而储备食物对计数与记录提出要求，便有了数字与文字的出现；要应对气候变化、人口增加、抗灾御敌等等，对社会分工提出要求，便有了劳心者与劳力者的阶层分化，社会结构开始复杂化；为了防御外来部落的抢夺，人们不得不开始构筑城墙，组织军队，便有了城邦国家的出现。城邦国家的基本经济需求的满足，必须通过同地域人群的分层、分工合作完成——贵族及仆臣为受养人（上层），辖区的平民为供养人（下层），两个阶层之间一般缺乏流动渠道。

城邦国家的形成，意味着人类进入了"文明"。"文明"是人与特定环境互动而形成的，历史上的"原生文明"产生于北纬30度附近的大河地域，包括古代埃及的尼罗河流域、西亚的两河（底格里斯河与幼发拉底河）流域、中国的两河（长江与黄河）流域，且皆出现于距今5000年前后。随着文明的传播，古印度、古希腊等也进入了城邦社会，成为人类"轴心文明"的发源地。

城邦国家的社会经济发展，必然导致城邦的扩张。城邦的扩张又必然会导致邦国间的战争，从而导致了"共主"与"封建"的产生。所谓"封建"，是邦国战争的胜者，作为被征服土地的"共主"，分侯建国、授土授民，即把被征服的土地和土地上的居民分赐给诸侯，诸侯还可以再分封给下一级的卿大夫，于是以土地为枢纽，形成了多级委托治理。授封者与受封者之间互有权利义务，主要是受封者要向授封者纳贡服役。但"封建"之后的城邦国家之间的政治经济关系，仍然是基本独立的：尽管"共主"对于受封的邦国可以要求纳贡和服役，但对于邦国的内部事务，则无权直接管理，如不能直接向邦国派驻官吏、抽取税赋、调遣军队等。因此，城邦社会和封建社会可统称"城邦封建社会"，其外延统摄了通常所说的"城邦社会""城堡社会"、"封建社会"。

（三）异域整合的四种社会形态

随着人口数量增加与人均土地数量减少，封建城邦之间往往为了争夺生存空间而发起战争，如中国的春秋战国时期、希腊的古典时期、印度的列国时代（以上正是轴心文明时期）及欧洲的中世纪后期。人类为避免战争，整合相邻的不同地域的封建邦国为一体，成为必需。也就是说，人类社会必须把相邻的不同地域的封建城邦社会整合到同一个经济实体内，重新制定分层、分工的资源分配规则以及再分配协调规则，才能保障基本需求的满足，才能维护人类群体的延续。于是，一种新的社会形态产生了。相对于上述"同域分层社会"，可称之为"异域整合社会"。

异域整合社会因主导社会整合的要素不同，以及社会升层机制与政权组织形态的不同，可分为以下四种：其中，相对简单的形态是军国主义（军制战选）社会与神本主义（神制教选）社会，其主导社会整合的要素分别是军事征服与宗教信仰，相对复杂的形态则是德本主义[1]（德制学选）社会与资本主义（法制钱选）社会，主导社会整合的要素分别是学养德行与金钱财富。异域整合社会相较于同域整合的城邦封建社会，最主要的不同是有相对公平公开公正的升层机制与流动渠道，如军国主义（军制战选）社会的成员可以通过战场拼杀、赢得战功升层，神本主义（神制教选）社会的成员可以通过学校培养、教会选拔升层，德本主义（德制学选）社会的成员可以通过科场竞争、金榜题名升层，资本主义（法制钱选）社会的成员则可以通过市场竞争、赚取金钱升层。另外，异域整合社会还具有更为复杂的、多个层次的分层体系：上层是中央政府，中间有中央下辖的各级地方政府，下层是基层自治组织，如教区、社区、宗族、企业等。若简单理解，可将军国主义（军制战选）社会、神本主义（神制教选）社会、德本主义（德制学选）社会、资本主义（法制钱选）社会视为军队、教会、学校、公司的"放大版"。军国主义（军制战选）社会包括西亚两河流域的古巴比伦王国、亚述帝国、波斯帝国，东亚两河流域的秦帝国，欧洲的亚历山大帝国、罗马帝国等；神本主义（神制教选）社会有古埃及王国，伊斯兰国家；德本主义（德制学选）社会包括中国的汉唐宋明清；

---

[1] "德本主义"源于《礼记·大学》："德者，本也；财者，末也。"上下文为："道得众则得国，失众则失国。是故君子先慎乎德。有德此有人，有人此有土，有土此有财，有财此有用。德者本也，财者末也，外本内末，争民施夺。"

资本主义（法制钱选）社会有近代文艺复兴和宗教改革之后的欧美诸国。

总体来说，人类社会的发展是一个复杂层次逐步增加（但并非直线型的）的演化过程。上述以复杂科学的视角，用构造整合法概括的三类社会形态，可兼容下述流行的"社会形态"概念：第一类——群内调剂的氏族部落社会，乃通常所说的原始社会；第二类——同域分层的城邦封建社会，囊括了通常所说的城邦社会、封建社会；第三类——异域整合的四种社会形态中，则包括了通常所说的军国主义（军制战选）社会、神本主义（神制教选）社会、资本主义社会，而德本主义社会是真正以"社会"为本位的社会形态，是真正意义上的"社会主义社会"（社会主义的核心内涵应是以"社会永续发展"为本位），相较于"资本主义社会"，故名之曰"德本主义社会"。在上述社会形态的命名中，采用"X制X选"，是为了更明确揭示所指社会的基本特征，即政治制度的根本性质与社会升层的主要路径。

本篇将对上述从简单到复杂的三类社会形态分三阶段依次展开探究。探究以复杂科学的思维方法（构造整合法）、科学模型和基本规律为基础，先论述该类社会的生成模型（即复杂现象的生成过程，将多次运用太极模型），继而探讨该类社会的演化规律（即复杂现象的演化环节，将多次运用极数通变规律做此类研究），最后研究该类社会的组织结构（即复杂现象的五行结构，将多次运用相生相克规律做关联研究）。简而言之，对每类社会形态分为三部分探讨，三部分的关系，大致是从整体到局部。

第三章 氏族部落社会

本章探究人类社会最简单的形态——氏族部落社会及中华文明的起源。先论述氏族部落社会的一般情形（第一节），内容包括生成演化、组织结构和经济分析；然后，通过整合最新的考古发现和文化人类学研究，论述氏族部落社会的中国谱系（第二节），内容包括分期描述、分区描述和文明起源探讨，结论是：中华文明的价值观念、科学技术和组织管理模式在中国氏族部落社会的转型时期——尧舜时期得以奠基。

第一节　氏族部落社会的一般情形

一、生成演化

三百万年前，人类因"占有工具"的能力而从芸芸众生中脱颖而出——成为"人"。之后，又经历了由猿人到智人的漫长演化。

在此演化阶段，原始人群与动物群体在"群性"层面的区别尚不明显。原始人群的结合并不十分固定，时分时合，男女杂交。原始人群的秩序结构与其他灵长目动物相似：最有力量的雄性个体为最高首领，其在食物、交配等方面享有的优先权，是群体秩序的核心。但是，当首领年老体衰之际，总会面临群外的年轻雄性挑战，争夺首领地位。"改朝换代"是必然的，此时可能会发生重大悲剧，新上台的首领有可能灭绝不是自己亲生的小孩。这种现象在现在印度的叶猴群体中仍然存在，成为新首领的雄叶猴总是杀死不是自己亲生的小猴。雌叶猴为了保护小猴，不得不运用心智：她们寻找机会与好几个雄叶猴"做爱"，不管哪个雄叶猴"上台"，都以为小猴是自己亲生的，不轻易杀害。[①]

约五万年前，人类由早期智人演化为晚期智人，基本完成了体质上的进化，达到现代人的水平。人类进入旧石器时代晚期。

在人类由早期智人演化为晚期智人之后，生存能力增强，女性智人不依靠男性智人就能养活子女，也不怕其他野兽，可是为了保护子女，要防止子女被非亲缘的男性智人杀害。女性智人比雌叶猴更有"心智"，"发展"起组织性的力量：一旦自己的"嫡系子女部队"强大起来，就把非亲非故的男性

[①] 〔美〕托马斯·A.巴斯：《再创未来——世界杰出科学家访谈录·之一：访莎拉·赫迪》，李尧译，生活·读书·新知三联书店1997年版，第9—39页。

智人全都"驱逐出境",除了性交,不许"越界"。正如老虎,不到交配时节,不许别的老虎闯入。不同之处是:"虎界"内只准一只老虎称王称霸,"人界"内准许所有的"血亲"共同生活。辨认"血亲"的依据是共有图腾,不但会说那个语音,还能履行有关仪式,说出图腾与自己的祖先的传说,理解图腾是自己死后的归宿……(见第一章第一节·二·(一)《图腾的产生》)

族外婚制度由此形成:一个氏族的男性只与其他氏族的女性婚配。这是人类演化历史的重大进步。较之亲缘杂交,没有血缘关系的氏族之间的婚姻,创造出体质上和智力上都更强健的人种。族外婚既可以是男子走婚,夜出早归,也可以从妻居住,但夫妻关系并不固定。子女从母亲居住,由母亲抚养。子女只能确认生母而不能确认生父。所以,氏族成员的世系也只能根据母系血统来决定。同一始祖母生下的若干后代,便形成一个氏族。母系血统是维系母系氏族存在的纽带。氏族扩大之后,再分离开来,另建立新氏族。彼此通婚的氏族则组成部落。

于是,人类群体的首领由男性变为女性,凝聚族群的核心力量由"武力"变为"血缘"。人类群体以"共有图腾"为"动态核心",形成真正意义的"人类社会"——母系氏族社会出现了。

人类社会的形成是一个复杂的自组织过程,是诸多因素相互作用影响,并发生"非线性放大"的结果。如果古猿不占有工具,将不能演化为人,而可能只是成为现代的猩猩。"化物为奴"的人,生存能力增强,便可以以雌性为首,而不再必须依靠雄性首领的"武力"去驱赶猛兽、寻食避灾。如果男性智人与雄猩猩一样"宽容",不杀死非亲生的小智人,女性智人就没有"内驱力"自当首领,就不会"发明"图腾,就不会形成人类社会……

理解上述人类社会的复杂生成过程,可借助温差液花实验与太极生卦模型:以雄力纽带结成的原始人(平衡态意义的微观粒子,太极状态),在与自然环境互动、维持生存延续的过程中,男性是受输入(自然环境)影响较大的部分(阳仪),女性是受输出(生产后代)影响较大的部分(阴仪),女性智人因保护后代"发明"图腾(初始的核心动态),产生"突变",成为群体的核心(即动态核心,四象出现),新型的群体制度——母系氏族制度得以确立，非平衡态秩序形成（八卦生成）。

共有图腾与氏族制度打造出凝聚人群的时间纽带，比动物群体的雄力纽带更有凝聚力，更加可持续，所以人是万物之灵。母系氏族社会存在了很长时期，并不是"偶然"；时间纽带一直存在至今，更不是"偶然"。从最早的氏族部落，到现代的文明社会，都不是靠"雄力纽带"。人的本性不只是"食""色"，还有"群"。群体延续，从一开始就是，而且永远都是人类社会发展的最高目标。道理再简单不过,不能延续的群体再也没有其他目标可言(详见第三章第三节·三·(三) 之社会定理一)。人类"群性"的根基不是"雄力"，也不是"物质"，而是在自然演化中形成的"心智模式"，在历史进程中形成的"时间纽带"——这也是人类社会文化传统的根本意义。

母系氏族时间纽带的重要标志，是人类个体最主要的身份符号——姓氏。在母系氏族社会，同一氏族的成员同姓，子女从母姓。《说文·女部》："姓，人所生也。古之神圣人母感天而生子，故生天子，因生以为姓。"说明从生母而姓。《说文·女部》所列古姓，如婚、嬴、妫、妘、姺、㜣、妞、媒、媚、妄、娥、娃、姒、娴、始、嫪、姜、姬等，皆从女，皆是母系氏族的姓。古代文献关于亲属称谓制度的记载中，也保留了母系氏族制的痕迹。《尔雅·释亲》："男子谓姊妹之子为出，女子谓晜弟之子为侄，谓出之子为离孙，谓侄之子为归孙。"母系氏族实行的族外婚中，一个氏族可以同其他许多氏族通婚，也可在两个氏族之间通婚。《尔雅》中所说的就属于后者。因姊妹之子必须离开自己的氏族到对方氏族中去婚配，故曰出。出之子，不生于己族，但是以辈分而论为孙，故曰离孙。因兄弟婚配至对方氏族，与对方氏族女子所生之子，又要回到兄弟的氏族来婚配，故曰侄。侄之子又生于己族，所以称归孙。

母系氏族社会里，存在着按性别和年龄区别的简单的分工。妇女主要担当采集果实，看守住所，加工食物，缝制衣服，管理杂务，养护老幼等工作。青壮年男子主要外出狩猎、捕鱼。因为当时的采集经济比渔猎经济收获稳定，成为氏族成员生活资料的重要来源，所以是维系氏族生活的基本保证。妇女在生育上的特殊作用，以及氏族成员的世系均按母系计算，更使妇女在氏族中具有崇高的威望，居于主导的地位。中国古代关于女娲氏炼石补天、积灰止水的传说，展示了母系氏族社会的女性领袖带领先民进行艰苦卓绝奋斗的情景，反映了女性在人类社会早期发展中的核心作用。现代遗存的母系氏族部落（如中国川滇交界处泸沽湖畔的摩梭人部落），显示出母系氏族部落在特定环境下持久的生命力。

约一万年前，全球气候变冷，人类生存环境发生变化。由于可采集植物减少，在经济生活中采集经济的比例下降，渔猎经济的比例提高。在环境逐渐严酷的情况下，如果男性还要花费大量的时间与精力经常"走婚"，将直接影响群体的生存与延续。同时，由于男性在经济生活中的重要性增大，社会地位也因之逐步提高。于是，人类社会逐渐由男性走婚或从妻居住的母系氏族形态转变为从夫居住的父系氏族形态。

在人类社会由母系氏族形态转为父系氏族形态前后，人类的经济活动由采集和渔猎为主发展为以农业和畜牧为主，人类的居住方式由天然洞穴为主发展为以人造建筑为主，人类的生产工具由打制的"旧石器"为主发展为以磨制的"新石器"为主。上述生产方式创新、生活方式创新、生产工具创新，为人类社会向"文明"跃迁奠定了基础。

二、组织结构

氏族以血缘关系和共有图腾为凝聚成员的纽带，成员间社会地位平等，任何人都没有特权，财产也是共同拥有。每个成员都依靠氏族而生存，同一氏族的人有互相保护、互相援助、互相复仇的义务。

氏族会议是氏族的最高权力机关，氏族的所有成员都有权参加。氏族会议所拥有的权力和人们之间的平等关系不是靠强制性的规范或机构来维持，而是按照世代相传下来的各种习俗来调整。氏族的"首领们由于特殊的目的而自然地产生：熟悉宗教仪式的老人被大家推举为司仪，而狩猎本领出众的年轻人则当选为狩猎团体的首领。但最重要的是，所有这些首领都不是运用权力而是通过自身的影响来完成自己的职责，因为当时还没有任何制度规定有谁可将自己的意志强加于他人。"① "团体首领的权力受到严格的限制,那时还不存在由制度确立、为大家公认的强制性的权力。"②

祭祀是凝聚氏族成员最重要的组织活动。参加祭祀的人必须是血缘关系确定的本氏族成员。血缘关系不确定的氏族成员,会被氏族除名,不准进入庄重神圣的祭祀行列——这等于被驱逐出氏族组织。《蒙古秘史》中记载的成吉思汗先祖的故事就是一个生动的案例。蒙古族孛儿只斤氏的始祖(成吉思汗的十世祖)——孛端察儿时期为父系氏族阶段。其正妻生有一子,叫把林·失亦剌秃·合必赤;随正妻从嫁来的妇人为妾,生子名沼兀列歹。孛端察儿在世时,沼兀列歹参加了氏族以竿悬肉祭天的礼仪。孛端察儿死后,合必赤怀疑从嫁来的妇人曾与阿当合·兀良哈歹人来往甚密,沼兀列歹可能是兀良哈歹氏人之子,于是将他赶出以竿悬肉祭天的祭礼。在十二世纪前,以竿悬肉祭天乃全氏族的大典,是氏族成员对氏族神或祖先的祭祀,凡大典中除名者,等于逐出族外,可见祭祀活动在其氏族社会生活中占有何等重要的地位。参加祭祀与否关系到氏族成员有无资格分胙肉和供酒——即分份子,事关切身利益和成员名誉,故为全体成员所关注。通过祭祀仪式,在氏族社会内部达到了纯洁组织、增强凝聚力的目的。

全盛时期的氏族制度包括氏族、胞族、部落、部落联盟。氏族是这个组织系列的基本单位,在氏族之上有由若干个氏族组成的胞族,胞族之上有由若干胞族组成的部落,发展到后期,出现了由若干个部落组成的部落联盟。由各氏族酋长组成的部落议事会负责部落的公共事务,包括处理氏族之间或胞族之间的关系。部落成员之间也有着亲密的血缘关系。他们在寻找食物、躲避灾害和防御敌人的过程中互相帮助。虽然部落与部落之间也会因争夺狩猎、捕鱼的地盘或者个人世仇而发生一些争斗,但是原始社会大部分时期尚缺乏展开规模战争所必不可少的人力和物力,所以规模战争直到农业发展、

---

① 〔美〕斯塔夫里阿诺斯:《全球通史》(第7版修订版),吴象婴译,北京大学出版社2007年版,第8页。

② 同上。

人口增长时才成为可能。①

理解氏族部落社会的组织结构和运行机制,可借助五行模型(复杂第三规律,或相生相克规律):氏族部落社会的最高组织秩序体现为祭祀仪式与氏族会议(木)——这即是氏族部落社会的"政治",其动态核心是共有图腾与外婚制度(火)——这即是氏族部落社会的"宗教",氏族村落环境及生产生活(包括人口繁衍)是输入(土),生产生活的废弃物质(包括尸体)与部落战争是输出(金),血缘关系、男人女人是平衡态微观粒子(水)。以上构成氏族部落社会的五行结构,五行之间相生相克,成一整体。

三、经济分析②

(一)需求

经济活动是人类获取、建设、控制一定形式的物质、能量和信息的群体性行为。人类的经济需求主要是指群体需求或社会需求,而不是个体需求或个体欲望,即不是西方经济学设为前提的亚伯拉罕·马斯洛关于欲望和需要层次的解释。

人类群体的最基本经济需求是维持群体的生存与延续,即该群体所获得的可供消费的产品不仅要保证个体数目不出现毁灭性减少(不可逆的死亡率大于成活率),而且要保证该群体能够作为一个群体而不是作为离散的个体存在。因此,需要将一定数量的产品用于维持或增强群体的凝聚力,在氏族部落社会中,有祭宴、仪式、集会等。在人类社会的后期发展中,用于维持或增强群体的凝聚力的产品需求一直都占有相当大的比例,如宗教祭祀、组织管理、社会礼仪……

考古发现和人类学资料证实:原始人类社群的基本需求除了食物,获取

---

① 〔美〕斯塔夫里阿诺斯:《全球通史》(第7版修订版),吴象婴译,北京大学出版社2007年版,第9页。

② 编自张祥平:《经济需求的变迁与对策——适度经济学导论》,载《美好的中国人》,华夏出版社1995年版,附录二。

食物的工具与火，以及住（洞穴或房屋）、衣、船等适应不同地理环境的物品，还包括与信仰、婚丧相关的物质需求。

在中国发现的最早墓葬——旧石器时代晚期的山顶洞遗址中，就已经出现了专门的墓地，而且还出现了在死者的身上、周围的土壤上以及随葬的装饰品上涂抹朱砂的现象。

在灵魂观念产生前，人们一般不会对死者进行有意埋葬，而是随意丢弃，如《孟子·滕文公》中所载："上世尝有不葬其亲者，其亲死，则举而委之于壑。"人们对死者的尸体从随意抛弃到有意识埋葬，这种转变意味着灵魂不灭观念的产生。人们认为死者在灵魂世界中仍然生存，而且其灵魂具有强大的能力，能够影响活着的人。于是，生者给死者提供墓穴以及生产生活用品，并在埋葬时举行特定的仪式。

例如西安半坡遗址中距今六千年前，即使是小孩的安葬，也伴有大粗陶瓮的瓮棺和细泥陶钵或陶盆的棺盖，其上留有小孔，作为灵魂的出入口；至于商周之后的墓葬中大量出现各种器物、文片，更是举世皆知。游牧民族也不例外，如山戎墓葬。

与此不同，竞技歌舞绘画娱乐等需求不是"基本"需求，因为这一类需求可多可少，可有可无。相反，信仰、婚丧的需求却很基本——它们为一个社群提供凝聚力和延续力，对消费品具有一定的数量和质量要求，必要时倾家荡产也在所不惜。

这种情况一直延续到近代甚至现代，例如新中国成立前不少地方的农民破产是因为借债埋葬亲人或借债完婚；再如印尼某些父系社会为了婚宴、丧礼、头人建名及公共礼堂（与信仰相关）而典当及许多人为了去麦加朝圣而沦为无地农民等。

（二）对策

在早期人类社会，为了满足基本需求，"只要粗放的、较少劳力的方法能满足其生产目的"，人们在利用自然资源时总是"避免采用强烈的做法"[①]。只

[①] 张祥平：《经济需求的变迁与对策——适度经济学导论》，载《美好的中国人》，华夏出版社1995年版，第335页。

有在资源环境趋于严酷、"紧张状态"出现时，才会发展出相应对策，从而导致人类经济技术的发展和社会结构的变迁。

1. 采集渔猎

在氏族部落社会早期，人类的经济生活可以说"与其他动物仍是十分相近的：他们仍像猎食其他动物的野兽那样，靠捕捉小动物为生；仍像完全倚靠大自然施舍的无数生物那样，靠采集食物谋生。由于他们依赖大自然，所以就为大自然所支配。为了追猎动物、寻找野果或渔猎场地，他们不得不经常过着流动的生活。由于一块地方所能提供的食物有限，他们只好分成小群行动。据估计，即使在那些冬季气候也很温暖、物产丰饶的地区，每平方英里也只能养活1-2名食物采集者；如果在气候寒冷的地方，在热带丛林地区或沙漠地带，那么每养活1名食物采集者则需有20-30平方英里的地盘。"[1]

"如果当地的动植物食物来源异常丰富，当地居民也可能长年定居于村庄，即便他们完全靠狩猎和采集为生。这一情形曾在叙利亚北部的阿布·哈热耶地区出现过。那里野生的谷物和豆类长得非常稠密，产量极高，就像把它们种在田里时一样。因此，这就使一个人数多达300-400人的狩猎采集者村庄有可能在该地区兴盛数百年。同样优越的条件也使食物采集者在其他地区如大西洋西北部沿海地区（俄勒冈州、华盛顿州和英属哥伦比亚）永久地定居下来，那些地区长年盛产鱼类。同样，在太平洋南部地区，沿秘鲁海岸一线，合适的洋流养育了涵盖整个生态系统的海洋生物：从浮游植物到鸟类和海洋哺乳动物。因此，在这些地方，食物采集者也定居于永久性的村庄，以采食海岸边各种海洋生物为生。不过，这类村庄只能算是一种例外情况，一般说来，游牧生活是食物采集的自然结果，就像定居生活是食物生产的自然结果一样"。[2]

如果资源环境优越，那么，"从历史情况看，靠（采集）、捕猎为生的原始人的食物来源最可靠，因为他们能够从种类繁多的动植物中获取食物。相

---

[1] 〔美〕斯塔夫里阿诺斯：《全球通史》（第7版修订版），吴象婴译，北京大学出版社2007年版，第21页。

[2] 同上书，第31页。

比之下，农民经常面临挨饿的危险，如果天公不作美，导致庄稼歉收的话"。①"比起种养食物的农民，靠采集、捕猎为生的原始人不但有着更好更可靠的食物来源，而且为获取食物所需劳作的时间也更短。再以生活在环境恶劣的沙漠中的布希曼人为例，他们当中的成年人平均每周仅花15个小时去狩猎和采集食物，也就是说，他们每天只工作两个小时多一点点。这样，我们对他们超常的健康状况也就不会感到惊奇了。事实上，有10%的布希曼人能活过60岁。当然游牧生活也有助于他们的健康，由于他们不断地搬迁，他们能够避免因环境不卫生而染上的疾病；而农民们则相反，在集满了人粪和垃圾的村落中度过一生"。②

简而言之，在人类社会早期，地大、物博、人少，人们满足基本经济需求的对策就是采集、渔猎和群内调剂——这是一种"人均占地面积"最大而"人均劳动时间"最小的经济系统。这种经济"运行"方式，在保持类似条件的地区，直到现代社会仍然可以持续存在——如50年代之前的东北鄂伦春族，又如热带雨林中某些"小的不定社会组群"。而"由于上述原因，尽管人类在很早以前就已懂得如何种养食物，但直到10000年前才转向农业"。③

2. 游耕农业

"在距今10000年前到距今2000年前这段人类发展史上相对短暂的时间里，全世界大部分的人类都转向农业。显然这是一次强制性的转变，因为没有一个靠捕猎为生的原始人会自愿抛弃他那舒适而又可靠的生活方式，去做终日被禁锢在自己的地或牧场上、无休无止地劳作的农民。迫使人们发生转变的是人口压力。上万年前，人类的数量增长缓慢，但还是造成了非洲、亚洲、大洋洲乃至美洲的人口迁移。最后，除南极洲外的各大洲都住满了人。随着此后人口缓慢但不断地增长，靠捕猎为生的原始人不得不以自己种植的食物来补充采集食物的不足。毫无疑问，他们并不喜欢待在一个地方种庄稼或者

---

① 〔美〕斯塔夫里阿诺斯：《全球通史》（第7版修订版），吴象婴译，北京大学出版社2007年版，第24页。

② 同上书，第25页。

③ 同上书，第25页。

养牲畜，但事实是，就每平方英里所能养活的人口而言，农业远远超过了食物采集"。①

上述人口数量的增多应该只是农业产生的可能因素之一，一万年前更新世、全新世交替之际的气候恶化，加上旧石器时代人类采集和狩猎生活对农业和畜牧知识的积累，诸多因素相互影响，于是，人类不得不转向农业，因为农耕技术的生产率比狩猎活动要高得多。同一块地所能养活的农民比所能养活的狩猎者要多得多。

最初的农业生产方式是游牧游耕，最早的农耕技术是"刀耕火种"。

"这种技术是用来对付森林的，农民们利用这种方法清空树丛和灌木以便播种。但是，在人类历史早期，对于只有石制工具的农民们来说，清空树丛是一项相当艰难的工作。于是，农民们就利用火烧光树丛，以便开辟出空地来从事农业。不过，由于活树本身存有大量的树汁，不易烧着，所以早期的农民就先围着树干削一圈，中断树汁的输送，让树木死去。干枯的树木很容易点燃，而且燃烧后的灰烬也是很好的肥料。然后，农民们就在已经清空、肥力又增加了的土地上播种，为迅速成长的作物浇水、除草，建起篱笆防止野兔或鹿之类的野生动物闯进田地，最后，在作物成熟时收割它们。这种'刀耕火种'技术使农业得以大规模地拓展到原本为森林所覆盖的地区。这一技术至今仍在世界的许多地区得到沿用"。②

"一块土地经开垦、种植若干年之后，就得放弃，让它在8年、10年、甚至更长的一段时间里处于自然生长状态，以恢复土壤的肥力。农业的这种粗放性，使得被放弃（即休耕）的土地与正在种植的土地的比例在任何时候总是处于5∶1至10∶1之间。这一点再加上人口不断增长，就产生了这样一种必要性，即必须经常进入新的区域，以扩大耕地面积。而这样一来也就有了一个连续的发展，即脱离原来的农业居留地，进入食物采集者居住的人口比较稀少的地区。农业就是以这种方式从其发源地向四面八方传播"。③

---

① 〔美〕斯塔夫里阿诺斯：《全球通史》（第7版修订版），吴象婴译，北京大学出版社2007年版，第25页。
② 同上书，第31—32页。
③ 同上书，第26—27页。

农业的出现，导致人口数量更快的增长。"最先转向农业生产的那些民族，其人口往往也增长得最快。……作为食物采集者的妇女只有少数几个孩子，因为她们要用自己的乳房为每个孩子哺乳达数年之久，而且在哺乳期间她们一般不会再怀孕。但是，随着农业革命的到来，母亲们除了利用自己的乳汁外，还能利用母牛、绵羊和山羊来给孩子们提供充足的奶水，因此，她们再也不必自己为每个孩子哺乳好几年。而一旦停止哺乳，她们重新怀孕的机会也就大大增加了。生活在拥有驯化了的牲畜的村子中的妇女平均每人生 6 个孩子，这与漫长的数世纪中过着游牧生活的食物采集者平均每人生 4 个小孩的情况形成了明显对照。这就是我们前面已看到的在距今 2,000 到 10,000 年间全球人口剧增的原因"。①

"当农业人口快速增长并迁徙到世界各地时，食物采集者的人数远远落后了，而且被排挤出大部分土壤肥沃的地区。由于早期农业的生产率并不高，所以村庄中很快就出现人口压力，过剩的人口只好移居到附近食物采集者所在的地区"。而"数量上占劣势的食物采集者被迫逃到不适于农耕的其他地区。在非洲就出现过这种情形：布希曼人最终居住在卡拉哈里沙漠，而俾格米人现在则住在茂密的丛林中"。②

"……一次又一次的迁移使农业传播到全球各地，迁移的最后结果是，西元前 8000 年时组成全体人类的狩猎者，到西元前 1500 年时，减少到几乎只占人口的 1%"。③

3. 定耕农业

随着人口数量的增长和可供农业开发用地的减少，导致了在已开发地域越来越频繁的耕种。而越来越频繁的耕种则导致土地休闲期越来越短，最后形成一年一收、一年双收或一年多收的定耕农业。定耕农业需要定居，因此，作为人类生存基地的聚落开始发展。

考古学发现，有一定布局规划的聚落随着史前农业的发生而大量出现，

---

① 〔美〕斯塔夫里阿诺斯：《全球通史》（第 7 版修订版），吴象婴译，北京大学出版社 2007 年版，第 39 页。

② 同上书，第 39 页。

③ 同上书，第 41 页。

而且，随着时间的推移，聚落空间规模不断扩大，每个聚落内部的家庭单元和氏族数量不断增加。到新石器时代晚期，聚落面积多在数万至10余万平方米之间。半坡、姜寨、北首岭遗址的面积均在5万或5万平方米以上。特别在仰韶文化庙底沟期，超过10万平方米者不为罕见，以庙底沟类型遗存为主的庙底沟聚落遗址面积即达24万平方米，而华阴西关堡庙底沟类型聚落遗址的规模则达92万平方米。仰韶文化晚期以后，更有面积在百万平方米以上者。龙山时代出现了不少超大型聚落。

定耕农业的高密度耕种，往往导致土壤肥力难以恢复，收成减少。此时，有三种解决问题的方法[①]。

其一，发展技术。如通过灌溉及疏浚来有效地控制土壤湿度，通过梯田及整平山地来利用斜坡，通过堆肥或粪肥来增加土壤肥力等。

其二，控制人口。通过控制资源利用强度（如不许饲养超出冬天可存活的牛，又如以家庭为单位使用一定的土地）来控制人口："晚婚、高单身率、长生育间隔以及可观的移民，甚至包括堕胎和杀婴。"

其三，开疆辟土。清除更多的森林及其他植被以从事更大面积的种植；或者，诉诸战争，直接掠夺或侵占土地（征服）。

在当时条件下，发展技术与控制人口潜力有限，所以开疆辟土就势在必行。随着可开发土地逐渐减少，人口密度逐渐增加，当不同部落争夺同一块土地的时候，部落之间的战争往往不可避免。

这从聚落防御设施的发展过程可以得到印证。目前考古学所知防御设施一般出现于新石器时代中期，其最初形态多是壕沟，呈环形结构分布于聚落居住区周围，故名"环壕聚落"。新石器时代早期多为无壕聚落。新石器时代晚期壕沟宽度和深度不断加大（已超过防御野兽的功能），直至城垣——史前城址出现（明显为战争防御之用）。

定耕农业的发展与部落间的战争开始促使氏族部落社会结构出现分

---

① 张祥平：《经济需求的变迁与对策——适度经济学导论》，载《美好的中国人》，华夏出版社1995年版，第338页。

化——这正是导致人类社会结构发生下一次变迁的重要原因。

综上所述，人类发展出农业文明并不是主动追求生产力"进步"的结果，在很大程度上，是因环境逼迫而不得不放弃"闲适"的采集游猎生活，先是采集狩猎与游耕结合，之后才发展出家畜饲养与定耕农业结合的农业文明。一言以蔽之，是人与环境的互动造就了农业发展。

4. 分配方式

从分配方面来看，为满足基本经济需求的早期对策是群内调剂、均分所得。

"每个家庭都拥有生产生活用品所必需的技能和工具；而且，同样重要的是，每个家庭都有权利使用维持生活所必不可少的基本自然资源。这一点有着充分的保证，因为所有的农田、牧场和其他自然资源皆为村社所有，而村社则是由各家庭自动组成的。所以在部落社会，既没有土地拥有者，也没有无地的耕种者……不可能村子的一头是饥饿与贫困……而村子的其他地方却生活富裕"。[1]

这种调剂或分配方式对于每个人都是一种保障，也是社群凝聚力的重要来源。因为一个人在某个余年把自己的食物分给他人，也就有权在另一个歉年向他人索取。因此，主妇们不需要进行预算，"因为她们的食物不仅为了自家之用，而且必须养活处于同一个相互帮助系统中的许多亲戚。"即使首领也"不能把一块好肉留给自家享用。他的议员们围坐在他周围议论那块肉，直到他实在不好意思，不得不分给他们"。[2]

我国最早的典籍《尚书·尧典》中也记载了类似的群内调剂系统："克明俊德，以亲九族。"意为能够公开地平均分享所得，从而使高祖至玄孙辈的氏族成员都满意。

---

[1] 〔美〕斯塔夫里阿诺斯：《全球通史》（第7版修订版），吴象婴译，北京大学出版社2007年版，第36—37页。

[2] 张祥平：《经济需求的变迁与对策——适度经济学导论》，载《美好的中国人》，华夏出版社1995年版，（附录二），第338页。

第二节　氏族部落社会的中国谱系

中国目前已知最早的人类化石和文化遗存距今约 200 万年，经过一个漫长的演进过程，大约在距今 5000 年前，出现了文字和早期国家，由氏族部落社会发展为城邦封建社会。以下依据中国史前考古学的最新发现和研究成果，先对中国氏族部落社会的发展（即中国史前文化）作分期简述，然后进一步勾勒中国史前文化的演进轨迹，论述中华文明之奠基。

一、史前文化分期[①]

氏族部落社会可分为旧石器时代和新石器时代两阶段。

（一）旧石器时代

中国史前文化的旧石器时代从距今约 200 万年前开始，到距今 1 万年前后结束，属史前时代的早期，是主要使用打制石器进行采集、渔猎等经济活动的阶段。据石器制作技术的进步和人类体质的演进，又可再分为初期、早期、中期、晚期四个发展阶段。

初期：距今约 200—100 万年，相当于地质年代的更新世早期。此时的人类，刚从其动物祖先中分离出来，还保留有较多的猿的性状，脑量只有 700 毫升左右，属早期直立人（早期猿人）。早期猿人已能用直接打击法制作原始、简单、粗糙的石器。从事采集与狩猎经济，但尚未发现可靠的用火证据。

早期：距今约 100—20 万年前，相当于地质年代的更新世中期的大部分时间。这一时期的人类体质上有了一定的进步，以北京猿人为代表的古人类，

[①] 张宏彦：《中国史前考古学》（第二版），科学出版社 2011 年版，第 35—37 页。

脑量有所增加，但仍保留有较多的原始性，属晚期直立人（晚期猿人）。晚期猿人的石器制作仍较粗糙，但类型增多，而且有了可靠的用火证据。实行血缘群婚，处于前氏族公社阶段。

中期：距今约20—5万年前，相当于地质年代的中更新世之末到晚更新世前一阶段。这一时期的人类体质有了较大的进步，以大荔人、丁村人等为代表的古人类的体质特征，间于直立人和现代人之间，属于早期智人。早期智人在石器制作方面，虽沿用传统的直接打击技术，但在加工的规范化和类型的多样化上，有显著进步。采集和狩猎经济有了一定的发展，并可能有了捕鱼活动和发明了人工取火方法。在社会组织方面，开始由前氏族公社向氏族公社过渡。

晚期：距今约5—1.2万年前，相当于地质年代的更新世晚期后一阶段。以山顶洞人、柳江人为代表的人类，已基本完成了体质上的进化，达到了现代人的水平，属于晚期智人。晚期智人在石器制作方面，除了沿用直接打击法外，还发明了新的剥片与加工技术——间接打击法，出现了主要用于装备复合工具的细石器。在骨器和装饰品制作方面，开始使用刮、磨、钻孔等技术。采集和狩猎业都发展到了较高阶段，捕鱼业成为社会经济的重要组成部分。在社会组织方面，也发展到了一个全新的阶段——氏族公社时期。

（二）新石器时代

新石器时代距今约12000—4000年前，属史前时代的晚期。人类主要使用磨制石器从事种植（农业），养殖（家畜饲养）经济开始出现，并开始制作和使用陶器。其文化发展的阶段性特征，也可分为初期、早期、中期、晚期四个阶段。

初期：距今约12000—9000年前。开始使用磨制石器,在广东阳春独石仔、封开黄岩洞、广西柳州白莲洞遗址等，均发现有局部磨制石器，但多数仍为打制石器或细石器。开始制作陶器，在江西万年仙人洞和吊桶环、湖南道县玉蟾岩、广东贵德庙岩、河北徐水南庄头和阳原于家沟遗址等，均发现距今1万年前的少量陶器。在仙人洞、吊桶环和玉蟾岩，还发现有稻的遗存，原始农业已经萌发。

早期：约距今9000—7000年前。磨制石器的使用已普遍。在华北的磁山、裴李岗、老官台等文化，东北地区的兴隆洼文化，长江流域的湖南澧县彭头山文化等，普遍发现有磨制石器，但仍多为局部磨制。陶器已成为日常生活的必需品，以红陶为主，陶色还不纯正，陶质较粗疏。出现了有一定规模的定居聚落和氏族公共墓地。原始农业有了一定程度的发展，并形成了以黄河流域为中心的粟作农业和以长江流域为中心的稻作农业两大文化体系，原始农业已经确立。

中期：距今约7000—5000年前。磨制石器由局部磨光向通体磨光过渡。陶器仍以红陶为主，彩陶的大量流行是这一时期制陶业的鲜明特征；陶器制作技术有明显进步，出现了慢轮修整口沿的技术。聚落形态进一步发展，各地遗址分布的密度大大增加，反映出农业生产的提高和人口的增多，开始出现一些规模较大的中心聚落。黄河流域普遍发现粟类作物遗存，长江流域普遍发现稻类作物遗存，原始农业已经扩展开来。

晚期：约距今5000—4000年前。石器的制作技术进一步提高，多为通体磨光，还出现了较多玉器。在黄河流域龙山时期诸遗存中，发现了一些小型铜工具。陶器制作中轮制技术已普遍应用，陶器以灰陶为主，烧造的火候较高，陶质较硬。聚落进一步分化，防卫设施进一步加强，在黄河中下游龙山时代诸文化、江汉平原的屈家岭文化、石家河文化中和长江上游的成都平原，均发现有原始城址。粟作农业进一步发展，稻作农业开始向北方传播，原始农业发展兴盛。

二、"早期中国"演进[①]

在中国史前时期，逐渐形成了一个文化上的"早期中国"，或"早期中国

[①] 韩建业：《略论文化上"早期中国"的起源、形成和发展》，载《江汉考古》2015第3期（总第138期），第67—74页；另见韩著：《早期中国：中国文化圈的形成和发展》，上海古籍出版社2015年版。

文化圈"。

文化上的"早期中国"植根于遥远的旧石器时代和新石器时代早期。在持续约200万年的中国旧石器时代，铲形门齿等后世蒙古人种的特征普遍存在，砾石——石片技术传统贯穿始终，而南方砾石石器、北方小石器的差别也长期延续，表现出人类进化和文化发展上显著的连续性、统一性和多样性特征。

距今约1万年前，新石器文化在中国形成了五大文化区或五大文化系统，即华南文化区的绳纹圜底釜文化系统、长江下游文化区的平底盆——圈足盘——双耳罐文化系统、原腹地文化区的深腹罐文化系统、黄河下游文化区的素面圜底釜文化系统和华北东北文化区的筒形罐文化系统。五大文化系统之外其他地区仍停留在旧石器时代末期或中石器时代。总体而言，中国是世界上最早发明农业、陶器（容具）和磨制石器的地区，这为中国此后成为世界上最发达、最稳定的农业大国和最先进、最繁荣的陶瓷大国奠定了坚实基础。

距今八千年前后的新石器时代中期，文化上的早期中国开始萌芽。随着农业发展，各文化区交流逐渐频繁，中原裴李岗文化强势扩张，长江流域彭头山文化和跨湖桥文化东进西渐，从而形成四个文化区或文化系统，即黄河和淮河上中游文化区的深腹罐——双耳壶——钵文化系统、长江中下游——华南文化区的釜——圈足盘——豆文化系统、华北——东北文化区的筒形罐文化系统三个大文化系统，以及泰沂以北地区的素面圜底釜文化系统一个小文化系统。此外，各文化区边缘也互相接触，几个文化系统发生一定的联系。无论是长江中游的彭头山文化，还是华北的磁山文化，其临近裴李岗文化的边缘地区都开始出现较多泥质素面的壶、钵等裴李岗文化因素。由此，几个文化系统就具有了一定共性，从而形成雏形的初具圈层结构的"早期中国文化圈"。这个雏形的早期中国文化圈，已经存在互补型的南稻北粟二元谷物农业体系，兼养家猪，是当时世界上最大的农业文化圈；有丰富的陶器和讲究的器用生活，尤其核心区裴李岗文化发明了早期中国第一标型器——专门炊器鼎；出现早熟的木器手工业和梁架结构房屋；出现东西二元彩陶、似文字符号及八角星纹、兽面纹等蕴含深意的图像；形成以祖先崇拜为核心的世俗化的信仰体系和整体性多层次的思维方式。

距今七千年前后，进入新石器时代晚期，文化交流得以加强。其一，黄河下游和淮河中游地区文化整合为北辛文化，后在北辛文化影响推动下产生初期仰韶文化，使得黄河流域和淮河上中游地区文化出现较为统一的面貌，形成瓶（壶）——钵（盆）——罐——鼎文化系统。其二，长江中下游——华南文化区的釜——圈足盘——豆文化系统在古老传统的基础上继续交融发展。长江中游的汤家岗文化、大溪文化一期的印纹白陶传播到下游马家浜文化，反之，马家浜文化的石钺、三足盘等因素见于长江中游。此外，发源于长江中游的印纹白陶等还见于华南珠江口沿岸。其三，随着仰韶文化北向扩展，华北地区形成了瓶（壶）——钵（盆）——罐——鼎文化系统，筒形罐文化系统北向退缩形成东北文化区。这样，早期中国三大文化系统正式成型。新石器时代晚期各文化区基本平行发展，中原地区核心作用反而不如前明显，但文化交流更加频繁，雏形的"早期中国文化圈"继续发展。此时两大农业体系进一步壮大，农业在黄河、长江流域大部地区的地位越来越重要。玉器崭露头角，中国特有的玉文化逐渐形成。无论是仰韶文化的分组房屋和凝聚向心聚落结构，还是大溪文化和河姆渡文化的排房，都将主要建筑井然有序地置于一个特定空间内，有的外周还有环壕或者城垣，在强调集体利益和公共秩序方面有异曲同工之妙。

距今六千年前后，文化上的早期中国基本形成。仰韶文化东庄——庙底沟类型从晋南豫西核心区向外强力扩张影响，以前的三大文化系统的格局大为改观，中国大部分地区文化交融联系而成为相对的文化共同体，其空间结构自内而外至少可以分为三个层次：核心区在晋西南豫西以及关中东部，即仰韶文化东庄类型——庙底沟类型分布区和泉护类型东部，最具代表性的花瓣纹彩陶线条流畅，色彩典雅。向外是主体区即黄河中游地区，也就是除核心区之外的整个仰韶文化分布区，花瓣纹彩陶造型因地略异，线条稚嫩迟滞，其中偏东部彩陶多色搭配，活泼有余而沉稳不足。再向外是边缘区即黄河下游、长江中下游和东北等仰韶文化的邻境地区，时见正宗或变体花瓣纹彩陶，但主体器类仍为当地传统。这个三层次结构共同体的核心区和主体区基本就是此前的黄河流域、华北和淮河上中游文化区，换句话说它主要是在瓶（壶）——钵（盆）——罐——鼎文化系统的基础上发展而来，其边缘区则包括了新整合而成的长江中下游——黄河下游地区的鼎——豆——壶——杯文化系统，及东北南部和西部的筒形罐——彩陶罐——钵文化系统。另外，还有华南的釜——圈足盘——豆文化系统、东北的筒形罐文化系统，这些文化系统都和上述三层次结构共同体互有联系。庙底沟时代的这个三层次的文化共同体，无论在地理还是文化上，都为夏商乃至于秦汉以后的中国奠定了基础。因此可称为最早的"早期中国文化圈"，标志着文化上的"早期中国"基本形成。此时两大农业体系走向成熟，陶器、玉器、漆器和丝织品等"中国"特色器物繁荣发达，彩陶盛行。庙底沟时代中原核心区仰韶文化出现大型"宫殿式"建筑，社会地位分化显著而贫富分化、社会分工有限；东部诸文化，包括大汶口文化、崧泽文化、北阴阳营文化等，出现随葬大量玉器陶器的大墓，社会贫富分化、地位分化和社会分工都很明显；而北方仰韶文化则看不出贫富分化、社会分工，社会地位分化也不太明显。三种不同的社会发展模式——"中原模式"、"东方模式"和"北方模式"，正逐渐形成。

距今 5500 年前，进入铜石并用时代早期即仰韶后期。中原核心区对周围文化的影响减弱，而且吸收了更多周围文化的因素，周围文化则有了更多变革和创新。文化上的早期中国继续发展，并未因为中原核心区的影响减弱而解体；相反，由于周围文化向外缘扩展，早期中国的范围也得到更大扩展。仰韶后期粟作农业扩展至河西走廊东部和青藏高原东部地区，稻作农业扩展至广东北部，甘青等地则出现源自西方的家羊养殖。大汶口文化和良渚文化的磨光黑陶、马家窑文化的彩陶，及红山文化、薛家岗文化、良渚文化的玉器，都精美绝伦。玉器尤其发达，成为早期中国东部地区最有代表性的文化遗存。"中原模式"、"东方模式"和"北方模式"的特征更加凸显，同时普遍存在社会分化、军权凸显等一般趋势。东方模式如良渚文化、屈家岭文化、大汶口文化等在距今 5000 年左右已出现初始国家组织，能够对较大地域实行一定程度的控制和管理，进入初始文明阶段；中原模式和北方模式贫富分化虽然不很明显，但也能够对较大地域实行一定程度的控制和管理，社会发展阶段与东方模式大体一致。出现了很多地区中心和强势文化，如以良渚遗址群为核心的良渚文化、以石家河遗址群为核心的屈家岭文化、以大汶口墓地和丹土城址为代表的大汶口文化、以牛河梁遗址群为核心的红山文化、以西坡大墓为代表的仰韶文化西王类型、以大地湾乙址为代表的马家窑文化石岭下类型等。

距今4500年前，进入铜石并用时代晚期。在新兴的海岱龙山文化的带动下，黄河长江流域大部地区明显加强了整合。龙山时代诸文化实际是早期中国的主体文化，而西部的马家窑文化等则已变成早期中国的边缘文化。鼎、鬲、盉、甗、斝等典型"中国"式三足器的大范围扩展，说明"中国"式烹饪饮食方式走向成熟并逐渐普及。长江流域及以北地区普遍发现铜器，特别是中原地区铜容器的发现，表明已具有泥质复合范铸造技术。文字明确出现，且还不止一个系统。社会变革趋势加剧，"中原模式"、"东方模式"和"北方模式"三种模式得以延续且相互交融。龙山时代大江南北形成多个以大型城垣等中心聚落为核心的地区中心，多已进入初始国家或文明阶段。每个考古学文化至少有一两个这样的中心，中心之间虽互有影响，但总体并非统属关系。此时长江中下游地区趋于衰落，曾经辉煌一时的良渚文化风光不再，石家河文化也开始走下坡路，中原核心区则再度崛起，其对外影响逐渐加强：龙山前期陶寺文化的发展程度难有其匹，其影响及于中原龙山文化大部地区，颇有核心文化的气象；龙山后期王湾三期文化向周围大幅度扩张，造成石家河文化衰亡及中原文化范围的空前扩大。文化上的早期中国由此得到进一步发展，而且又大致形成以中原为核心的不同层次的文化圈。

综上所述，早期中国经历了有起伏有分合的连续发展进程，具有多元一体的文化结构。早期中国文化结构的形成，与中国相对独立、广大多样、以两大河流域为主体、以中原地区为中心的地理环境密切相关。而其起源、形成和早期发展过程，也与自然环境变迁息息相关。距今六千年左右的暖湿气候推动了中原文化的蓬勃发展和早期中国的形成，距今五千五百年左右的气候转冷导致初始文明社会全面兴起，而距今四千年左右的冷期则引发中国的

"青铜时代革命"和文明的成熟。无论气候转暖或趋冷,相对于地理环境广大多样的早期中国来说,并非整体趋于适宜或恶化。气候变迁本身并未引起整个早期中国文化的兴盛或衰落,而是成为文化变迁发展的契机,并逐步铸就了以追求天人合一、永续发展为特质的中华文明。

总之,夏代以前文化上的早期中国根植于旧石器时代,萌芽于距今八千年前左右的新石器时代中期,形成于距今六千年左右的庙底沟时代。距今五千年左右,早期中国的范围得以扩展,文明出现,并逐渐形成以中原为核心的多层次文化圈。由此可知,中华文明上下五千年的历史有着坚实的事实根据。

参阅

东方文明的摇篮[①]

中国由于黄河流域和长江流域特殊的自然环境和地理条件,远在1万多年以前就成为世界少有的两种农业起源的温床,并以此为契机,经过一段时期的发展而产生了东方最古老的文明。正如西亚有一个古老的两河流域文明一样,东方的这个古老文明也是一个两河流域文明,不过是一个大得多的两河流域文明。因为黄河和长江比底格里斯河和幼法拉底河都大得多,自然资源也丰富得多。这里的史前文化很早就形成了多元一体的格局,因而这里文明的起源和早期发展便走过了一条由大体上是平等的多元一体到以中原为核心的多元一体,再发展到多元一统的道路,这在世界文明发展史上可说是独一无二的。

西亚两河流域周围没有难以逾越的地理障碍,所以那里以种植小麦为主的旱地农业体系形成以后,很快就向东西两个方向传播到纬度相近、地形和气候条件相似的尼罗河流域和印度河流域。在这三个地区农业充分发展的基

---

① 严文明:《东方文明的摇篮》,载《农业发生与文明起源》,科学出版社2000年版,第172—174页。

础上分别产生了美索不达米亚文明、尼罗河文明和印度河文明。但这三个文明在地理上是分离的，无法形成相互补充和促进的统一体。它们每一个都可以发展到相当的高度，但是经不起外来势力的冲击，一个个都像流星似的消逝了，只有借助于考古学家的锄头才把它们恢复起来。

东亚大两河流域古老文明的命运完全不同，她后来也经历过外来势力的严重冲击，不但没有灭亡，还从来没有中断过，虽有波折，却连绵不断地发展下来了。究其原因，可以从整个中国的自然环境和文化结构来看。中国的周围有高山和海洋作为屏障，本身是一个大型的地理单元。其中黄河流域和长江流域不但自然环境条件最好，文化最为发达，而且位置适中。中部地区先进的文化不断地吸引和影响周围地区，周围地区也会向往中部先进的地区，这就很自然地产生一种向心作用。中国古代文化的整体结构也就是一种向心结构，是中国文明得以连续不断发展的根本。具体来说，当东方大两河流域文明兴起之时，外部环境是比较安定的，因为她距离其他早期文明发达的地区十分遥远，中间又有高山等严重的地理障碍；她的周边地区自然环境条件较差，文化发展相对滞后，在很长时期内都不曾对她形成威胁。加之她本身幅员广大，资源丰富，有足够的回旋余地，外部的冲击不容易把她压倒。即使一时在军事、政治上受到挫折，也会反过来在经济文化上把对方征服和同化，把外部问题变成内部问题来加以消化，从而保持文化发展的连续性。

东亚大两河流域早期文明本身从多元一体到多元一统的格局，把文化的多样性和统一性辩证地结合起来，也是一个十分重要的特点。因为有多样性，就会有竞争，就会不断地打破旧平衡而实现新平衡，因而有无限的生命力和自我更新的能力。历史上的改朝换代并不是一种循环或简单的重复，而是一种曲折式的发展形式。把中国古代文化看作是保守的和停滞的说法，不符合历史的实际。

当东亚大两河流域的早期文明成熟后，其他地区的文明也陆续发展起来。在中国境内，南方的闽越、南越、滇和北方的匈奴等都先后进入文明并很快成为秦汉帝国的组成部分，或至少是在其势力的控制之下，以后又陆续产生了一些地方性文明。虽然中国古代文明的结构是向心的或内向的，因而是非扩张性的；但文化的传播却很活跃。在东北亚，黄河流域和长江流域的两种农业体系先后传入朝鲜半岛，大大促进了当地经济文化的发展，加速了文明化的进程。同时稻作农业通过朝鲜传入日本，加上其他文化因素的影响，也促使日本社会发生深刻变化而走上了文明发展的道路。在东南亚，各地文明的发生几乎都与稻作农业的发展有关。但当地稻作农业究竟是本地起源的还是从中国或印度传入的，至今还难有定论。不过那里早期文明的发生，特别是中南半岛早期文明的发生，是与中国大两河流域文明的传播与影响分不开的。此后各地之间的文化交流日益频繁，各民族在相互往来的过程中逐渐接近，以至于在风俗习惯、宗教信仰、思想感情、文化背景等方面都有许多相似或相通的地方，在物质文化上也有许多相近或相同的因素，这样实际上就形成了一个不同于西方文化的东方文化圈，或者称之为东方文明体系，而这个文明体系的摇篮就是黄河流域和长江流域。

现在看来，东方文明孕育和发生的时期与西方三个古老文明不相上下，只是充分发展的时期稍晚。此外，美洲的玛雅文明也是在当地以玉米为主的农业体系发展到一定阶段后独立发生的，但农业起源的时间和文明起源的时间相对较晚，发展的程度相对较低，对后世历史的影响也较小。再说美洲的原住民本来是从东北亚经白令海峡迁移过去的，他们与远东蒙古人种有相同的文化上的根基，所以张光直提出了一个中国——玛雅连续体的概念，在这个连续体中中国居于主导地位（张光直《考古学专题六讲》第一讲，文物出版社，1986，第1—24页）。

综上所述，从整个人类文明史来说，最主要的是两极，即以西亚两河流域为根基发展起来的西方文明和以东亚大两河流域为根基发展起来的东方文明。这是两个文明体系，它们是独立起源，在早期基本上也是自行发展，只是到了西汉和罗马帝国时期才发生具有重要意义的接触和交往。此后这两个文明体系本身的发展和相互关系，便构成了世界历史的主要内容。

三、中华文明奠基[①]

前文曾述，距今约 4500 年前后，中原文化作为"早期中国"的核心区强势崛起，并向周围强力辐射，导致周边地区的社会文化发展被逐渐纳入以中原为天下中心的轨道，最终融入到中华文明的大熔炉之中。造成上述社会演进格局的原因，除了地理环境和气候变迁之外，还有更为内在的文化和制度的因素。中国最早的典籍《尚书·尧典》揭示了其时中原地区文化和制度的发展。

《尧典》是《尚书》第一部《虞书》中的第一篇，是有关中华文明史的最早文献。全文可分为三部分：第一部分从"曰若"到"时雍"，记载了唐尧部落中人与图腾的关系和人与人的关系，反映了当时的核心价值观念；第二部分从"乃命"到"咸熙"，记载了唐尧部落中的早期社会分工——通过专人观察季节和环境的变化规律以求"科学发展"（社群全体与之适应），反映了当时的科技进步；第三部分从"帝曰"到"钦哉"，记载了部落首领会议讨论生产、分配、抗灾、选举等，反映了当时的组织管理。

（一）价值观念

《尚书·尧典》的第一段译为现代汉语："话说古时的酋长尧，那正是：放散熏烟，柴火通明，以文（烟火）为图腾的氏族子孙们平平安安，虔信恭敬就能够（使柴薪）燃烧起来，光辉洒向四方，达到天上地下。"原文是："曰若稽古帝尧，曰：放熏（勋），薪（钦）明，文嗣（思），安安。允恭克燃（让），光被四表，格于上下。"从"放熏（勋）"到"上下"，共 20 个字，四字一顿，很可能是当时人们祝祷时的合唱词，生动地描述了尧部落的盛大仪式。

由于尧典在初期只是口头流传，后来的文字只记录了原文的字音，改动

[①] 编自张祥平：《〈尧典〉记载的文化人类学史实》，载《美好的中国人》，华夏出版社 1995 年版，附录三。

了若干字义（见上段括弧中的"勋、钦、思、让"四字），使得文句难以相互贯通衔接。尽管曾有许多学者进行训诂注释，而且把上述 20 字的前 8 个字改为"2、4、2"句读，仍有学者怀疑尧典的真实性，甚至认为它是后人编修的文献。其实，只要根据通行本尧典中的字音恢复原来的字义（见上段中的"熏、薪、嗣、燃"四字），并恢复四字一顿的简明格调，就会认识到尧典的真实性不容怀疑——它所记录的内容正是部落社会末期的生活写照。而在文字产生之前，人们的记忆力和口头传承能力，往往强于现代人。

"放散熏烟,柴火通明"所描述的场面,与下一句"文嗣安安"正相呼应——"文"是堆起的木柴与烟火的象形。在甲骨文"🔥（文）"[①]之中，柴中的火焰与升起的烟柱栩栩如生，是"烧柴而祭"的象形字。它与"寮"[②]祭的区别在于，后者不需要烟，所以火焰没有被柴木围实盖严；而前者在书写时常略去柴中的火焰构形，只保留最有特征的周边堆柴的构形。直到殷商时期，"文"字也还不具有"文章"的内涵，它在卜辞中只用作殷先王之名号，如"文武丁"。[③] 至于更早的尧舜时期，"文"则是相关于祖先崇拜或图腾崇拜（图腾崇拜与氏族远祖及人死后的归宿有关）——在《尚书·舜典》中，"受终于文祖"一句中的"文祖"，就是指"尧始祖之庙"。《尧典》中的"文嗣安安"，是"文（烟火）"的后代向祖先祈求平安。这样，尧典与舜典的记载就一致了。它们给我们提供了重要的文化人类学史实。

"放熏薪明，文嗣安安"这 8 个字，与下文的"允恭克燃，光被四表，格于上下"这 12 个字也契合——它们都在描述同一个场景或史实。过去由于通行本尧典中"放勋，钦明文思，安安"这 8 个字的误记，使得后继的 12 个字不得不作牵强理解：不但把"燃"改为"让"，而且把名词"光"引申为动词"显"。其实，只要恢复了"放熏薪明，文嗣安安"的原意，那么，"燃"和"光"就是必然发生的现象了。相反，"让"在早期部落中并不是美德，因此也不会

---

① 王延林：《常用古文字字典》，上海书画出版社 1987 年版，第 503 页。
② 同上书，第 545 页。
③ 同上书，第 503 页。

"显"示其感召力——同一氏族部落的人们全都有血缘关系，都是源于同一图腾的亲族（"亲"的古音读"薪"，说明以烟火为图腾的氏族将"柴"视为"亲"，以此为图腾的人们都是"亲"），所以不存在一定要由某人的子女继承首领地位的问题，因此也就无所谓"让"。

不但尧典开篇中"允恭克让"中的"让"字应该还原为"燃"字；而且通行本舜典中的多处"让"字也应该还原为"燃"字——下级接受上级的重大命令、之后，履行"燃"的仪式，然后去完成有关事项。例如，尧委派舜来继承首领地位之后，舜在"德（得）"处［类似于现在的仓库，即所得物品的存放地点；早期文献中"得""德"不分的现象很多，见第二章第一节·九·（二）《中华先哲创建的价值体系》］履行了"燃"的仪式（"燃于得"），当时没有"接"，直到"正月上日"，才"受终于文祖"（在文祖庙正式继承帝位）。按照通行本舜典中"让"的解释，舜听了尧的委派没有说话就不干了，过了几天又干上了，难免前后矛盾。又如，舜委派禹、共工、益、伯等人去从事各种工作之后，这四个人都是"垂拜稽首"，在有关主管人员面前履行"燃"的仪式；等到舜说"好了，去吧"（"俞，汝往哉"）之后就去完成任务。按照通行本舜典中的"让"字，这四个人就更不是什么"美德"，而是拒绝完成任务了。可他们后来又都没有"让"。显然，原文不是"让"，而是"燃"——"燃"是最重要的表示肯定的仪式，相当于现代的宣誓就职。后来，"然"字用作表示肯定的"是"，其语源即在于此——"然是燃之本字、通假为语词，训是，如'教使之然也'（《荀子·劝学》）"。再如：《益稷》中"虞宾在位，群后德让"一句中的"德让"应为"得燃"——用所得物品加以燃烧或在储存地点举行燃烧仪式。相反，"以德相让"的解释，对于该句上下文所描述的琴瑟管鼓的场面来说，实在是过于生硬。

燃，作为以烟火为图腾的尧氏族（部落）的重要仪式，还可从"帝"字的甲骨文构型"𤇾"得到旁证：象形于将积柴束之于支架，"燔柴为礼……祭天也"。直至今日，塞北仍保留"大烟过后，火苗燃起"的元宵节赛火龙风俗。

种种证据都显示：中华先民崇拜"烟火"图腾。正因如此，与火焰相关的"炎""黄""华"等字成为炎黄子孙或中华民族的"名"。以"华"作为总称,其源可溯至尧典中"光被四表"一句,而其证则在舜典中"重华协于帝"一句(含此句的舜典开篇28字发现较迟,但从尧舜在其他古籍中的地位来看,确应有独立的舜典)——"华,光华也……言尧既有光华,而舜又有光华"——由于崇拜烟火及其光华,所以首长或首领用有光华或有光泽的物质涂敷装饰。后来所说的"华夏","华"字即指尧舜,"夏"字则指第一个世袭王朝夏朝。这正如"汉族"及"唐人"中的"汉"字和"唐"字,分别是两个鼎盛朝代的名称一样。

《尚书·尧典》是中华历史正式记载的第一页,其关于中华先民崇拜烟火的史实记载,昭示中华民族正是"文嗣"——以烟火为图腾的氏族的后代。不仅《尧典》中"文思"的"思"应恢复为"嗣"字,而且《皋陶谟》中"慎厥身修,思永,惇叙九族","予未有知,思曰:赞赞襄哉",及《益稷》中"予何言?予思日孜孜"的"思"字,也都应恢复为"嗣"字。在《皋陶谟》开篇中,"慎厥身修,思永,惇叙九族"一句,只有"嗣永"才能使上文的"身修"与下文的"九姨"贯通起来。《皋陶谟》尾"予未有知,思曰:赞赞襄哉"中,以"嗣曰"代"思曰"全句才能贯通为:我并没有很多知识,孩子们说:"赞助于帝,以成其治而已。"(后半句也可译为:但愿后人说我赞助舜帝治理了天下就足够了)又如《益稷》中禹所说"予何言?予思日孜孜"中的"思"换为"嗣",全句才能贯通为:"我能说什么呢?我和孩子们每天都是忙忙碌碌。"这样,就更与下文相符:皋陶问禹忙些什么(如何),禹答"洪水滔滔……决九川,距四海……蒸民乃粒,万邦作乂"——禹回答的内容都是他和他的亲族及子民(嗣)已完成的事情,早已不是"思"了。总之,《虞书》中的"思"皆应为"嗣"。

《尧典》第一部分还记载了"均分所得"对于氏族组织的凝聚作用:"能够公开地平均分享所得物品,才能亲近(从高祖至玄孙九代)全体氏族成员;氏族内部和睦相处,才能给其他氏族(百姓)作出榜样;部落内部各氏族同心相照,就能通过协祭来感召(威摄)各地的黎民。即使在灾变动乱时也能维持稳定。"原文是:"克明均(俊)得(德),以亲九族;九族既睦,平章百姓;

百姓昭明，协和万邦黎民，于变时庸（雍）。"这段文字紧接在祝祷图腾的唱词之后，像是一种祖训或家（氏族）规。正像古老的唱词一样，它在初期只是口头流传。后来的文字只记录了原文的字音，改动了若干字义（见上段括弧中的"俊、德、雍"三字），使得这一段有关部落社会末期的史实记录染上了重重的古文明社会的人文色彩。

"俊"字有两个古音被字书记载，即 zun（尊）和 shun（舜），[①] 现代的两个读音是 jun 和 zun 的四声。由于 jun 的声母发音部位正处于 zun 和 shun 的发音部位之间，所以，虽然 jun 的字音未收入古字书，却也是古音之一。因为从语音发声规律来看，无论从 zun 到 shun，还是 shun 到 zun，都必有 jun 音出现，所以，"俊"字后来定型为"均"的四声是必然的。尽管古字书只记了一前一后的两个发音部位，jun 音却是由来已久。由于《尧典》最初是口头流传，后人便将"均"记做了"俊"。"俊德"本是"均得"——平均分享所得物品。"俊"应为"均"，对于《皋陶谟》中"俊乂在官"一句也是如此——由官来均分物品和治理民事。

"德"在二典中多次出现，皆应为"得"。将"德"还原为"得"，就不但可以理解儒家"化俗为雅，推重文明"的良苦用心，而且可以理解二典的真实内容——早期社会中最重要的人类行为，即获得物品。例如《尧典》末段中"岳曰，否德，忝帝位"。一句接在尧征询四岳（是一个人，不是四个人）能否继承首领的话语之后。四岳的回答是：我在获得物品（解决经济问题）方面能力欠缺，（如果我当了首领），就辱没了首领地位。再如《舜典》中"玄德升闻"接在"睿哲文明，温恭允塞"之后，也是一种好品质——把人家或上级（即尧）都不知道（玄）的"得"也拿出来告诉别人或上级。（"玄，幽潜也；升，上也。"）又如，"食哉惟时，柔远能迩，惇德允元；而难任人，蛮夷率服"一句中的"德"也是物质获取——种植粮食要不误农时，比远处（的人们）强（使远柔），就要自己有能力（使近能），可靠的收获（惇得）应该是很大的；不能轻易地把这种事交托给他人，这样才能叫蛮夷都信服。《皋陶

[①] 段玉裁：《段氏说文解字注》，扫叶书房民国14年版，第八卷上第一页及第五卷下第十一页。

谟》与《益稷》中的"德"字也多应释为"得"。由于"得"对于先民来说实在太重要了,所以逐渐扩展为美好行为的代名词,另字之为"德"。将"俊德"恢复成"均得",《尧典》第二段的记载就与其时代背景完全合拍了——在早期社会中,抽象的"德"是不存在的。相反,能够凝聚氏族的纽带,除了"共有图腾",便是"均享所得"。这在文化人类学的资料记载中没有例外,有学者称之为"原始共产主义"。

帝尧时期强调的"均得"价值后来成为中华民族的核心价值——"德"(公开公正的获取收益且仗义疏财)——的基础内容。[见第二章第一节·九·(二)《中华先哲创建的价值体系》]

(二)科学技术

《尧典》第二部分第一段原文是:"乃命羲和,钦若昊(昊)天,历象日月星辰,敬授人时。"可译为:"您('乃'字是第二人称的尊称)指派羲、和去吧,以日影观天,要以农事去符合日月星的运行规律('辰'字意为日夜之交,在这里表示动态变化),提醒并传授给大家什么时间进行耕作与收获。"其中,"钦若"二字紧接在"乃命羲和"之后,是尧开始说话时的发语词,以引起对方注意,译为"去吧"。这与《尧典》开篇用"曰若"二字引起听众注意的作用是一样的。所不同的是,"钦"字有可能是一种委婉表示,类似于用"钦哉"短语来表示正向的肯定。二典中的"钦哉"中的"钦",只是肯定性短语中的一个成分,不是"恭敬"。"昊天"就是"用物体的影子来观测天象",也就是下文中的"秩"——"昊"的甲骨文构型"𠂆"象人影之侧斜。①"昊"字不见于甲骨文,用"广大的(昊)"来形容"天"是画蛇添足,这种没有实际内容的修辞方式在早期文献中不存在。通行本《尚书》之所以记错,有可能是传抄笔误(因二字构型相近),或是避讳汉武帝刘彻的名(自汉武帝时开始设五经博士,昊与彻音相近。)"历"原字是"歷",甲骨文作"𣥉","从

---

① 王延林:《常用古文字字典》,上海书画出版社1987年版,第387页。

甲骨文字形分析……其本义为有人经过长满禾苗的田地。"① 这里译为"农事"。"象"字意为模仿、模拟——由于气候变迁，真象南移，中原地带只能模拟象舞，"象"字的意义也就演变为"模仿、模拟"②，这里译为"以……去符合……"。把"历"说成"所以纪数之书；象，所以观天之器"③ 不合于时代背景——《尧典》本身是后人所记，羲、和刚开始专职观天，文字也未成熟，绝不可能先已有人写出"记数之书"。至于"观天之器"，也不是"象"，而是"寅"——箭头朝上立在屋前的箭。人们根据它在墙上的日照投影来寻找规律。

这正是后续文字记载的内容。为了便于对比，下面将四段文句平行排出 33 列：

1	5	8	11	15	19	23	27	30
分命羲仲，	宅嵎夷，	曰旸谷；	寅宾出日，	平秩东作；	日中星鸟，	以殷仲春。	厥民析，	鸟兽孳尾。
申命羲叔，	宅南交；			平秩南讹，敬致；	日永星火，	以正仲夏。	厥民因，	鸟兽希革。
分命和仲，	宅西，	曰昧谷；	寅饯纳日，	平秩西成；	宵中星虚，	以殷仲秋。	厥民夷，	鸟兽毛毯。
申命和叔，	宅朔方，	曰幽都；		平在朔易；	日短星昴，	以正仲冬。	厥民隩，	鸟兽氄毛。

比较这四段的第 1、6、17 等列可以了解如下史实：与晋南地形和风向相适应，先民们的住房和村落都是南北布局，所以向南和向北建房（"宅"）就是"伸"，（申即伸之古文），偏离了南北中轴线的新建房则是"分"——"分命羲仲"和"申命羲叔"可更进一步句读为"分，命羲仲"和"申，命羲叔"。比较第 5—10 列，可知"南交"就是"南郊"——由于不是新的地域，所以没有另外取名（地名或"官次之名"）。比较第 11—26 列，可知"平秩"就是"投在墙上且与立物等高的投影"。这里的立物是"寅"或"箭"——"寅"的甲骨文构型为"↑"，与"矢"同，箭头朝上，有的"寅"字箭杆下加方框为"↥"④，表示用重物固定，立于地上。"秩"字右半的"失"与"矢"古音相同；"矢"与"禾"并列，便是会意"等高"——箭的长度与禾本科农作物成熟期的高度相当（甲

---

① 王延林：《常用古文字字典》，上海书画出版社 1987 年版，第 78 页。
② 同上书，第 108 页。
③ 宋元人注：《四书五经·书经》，世界书局版，第 1 页。
④ 王延林：《常用古文字字典》，上海书画出版社 1987 年版，第 762 页。

金文中都无"秩"字,造字古人按高度排序时,依更古的古人所说的"禾"与"矢"的关联而写为"秩",其原意就是"序"①)。"寅宾出日"就是"寅"把出来的太阳当作宾客(使动用法),于是,"平秩东作"——在春分(仲春)之日,太阳把箭影投在墙上,与立在地上的箭高相同。与此类似,"寅饯纳日"就是"寅"为回去的太阳("纳日"即"内日"或"入日"②)饯行,于是,"平秩西成"——在秋分(仲秋)那天,太阳把箭影投在墙上,也与立在地上的箭高相同。与此不同,太阳在南方时,墙上的投影不会与立物等高,所以没有像东方那样"作",也没有像西方那样"成",而是"南讹"——由于投影标志不易识别,所以要特别注意夏至日的其他特征:白天(第19列的"日"表示"白天",第14列的"日"表示"太阳")最长(永),夜里看到火星。("夏"朝之名相关于火星——禹也属于尧的部落联盟,也崇拜烟火图腾,所以用可以看到火星的季节来命名。)至于北方,不可能有太阳的投影,所以第四行中没有"秩"字——"平在朔易"一句,描述了万物淹没于黑暗中的景象,由于太阳不从北方照来,所以万物都没有投影,也可以说投影全都一样("平")。从第23—26列还可以看出,先人们在温和的春秋两季食欲很好(现代人似乎也是这样)——"宴(燕)"。甲骨文中没有"殷"和"宴",而"燕"字就用作"宴享",③以"燕"(玄鸟)为图腾的商部落也自称为"殷",第24列的"殷"字即为"宴"(此二字在上古的发音相同,中古的发音也很相近,因此经口头流传之后被记为"殷"字)。与春秋两季不同,先人们对于夏天的酷热和冬天的严寒,就像对付战争一样——"征"("正"的古文同"征"④)。上面四段文句的第27—29列,描绘了先民们的劳作与生息:春天开荒耕种("析"的构型是以斧砍木⑤),夏天避开酷热("因"的构型是人有所隐⑥),秋天

---

① 高树藩:《正中形音义综合大字典》,台北正中书局1984年版,第1191页。
② 同上书,第1295页。
③ 王延林:《常用古文字字典》,上海书画出版社1987年版,第611页。
④ 同上书,第83—84、87页。
⑤ 同上书,第346页。
⑥ 高树藩:《正中形音义综合大字典》,台北正中书局1984年版,第225页。

采猎收获("夷"的构型是人用弓箭①),冬天聚集于室内。②

上述活动与季节和气候密切相关,所以接下去的文句直接引用尧的原话(这是《尧典》中的第二次):"帝曰:咨汝羲及和,期三百有六旬有六日。以闰月定。四时成岁。允厘百工,庶绩咸熙。"译为现代汉语就是:"尧说:根据(咨询了)你们羲、和二家的观测结果,每一周期是366天,用闰月使月份的周期(即正月总是初春、四月总是初夏等)也能定下来。四个季节构成一年。这就给各种工作提供了确切的时间标准,有利于大家更好地完成各自的事项。"汉代孔安国传本的句读"以闰月定四时成岁"和宋代蔡沈传本的句读"以闰月定四时,成岁"都忽视了"闰月"所"定"的宾语应该是上文中的"期"——"周期性"——这个"周期性"是由太阳的视运动决定的,为了使得从正月开始的月份周期(常年12个月,闰年13个月)与这一周期相配,所以要置闰("以闰月定"可进一步句读为"以闰,月定")。相反,"四时成岁"本是完整的句子,描述了气候变化与太阳视运动的关系,并非是被"闰月定"出来的现象。

从"乃命羲和"到"帝曰",在时间上应该经过了十来年甚至更多——在这一段漫长的岁月中,月相变化周期与日相变化周期(现代术语是月绕地球的周期与地球绕日的周期)的关系才有可能被发现。帝尧时期确立的阴阳历整合了月相周期与日相周期,成为中国复杂科学发展的源头,是人类历史上伟大的科学成就。[见第二章第二节·一·(三)·2《中国的阴阳历》]

同时,尧部落组织的天象观测促进了中华先民对"天"的观念的变化,即由自然的、物理的"天"到人格的、神灵的"天"的转变。"帝"字的甲骨文构型"🔆"揭示了这一转变:"🔆"表示把柴薪堆积捆扎在架子上,"燔柴为礼……祭天也"。③烟火图腾上达于"天",与"天"合一,也就是"天"与"神"合一。于是,"天帝"或"上帝"出现了。由纯粹自然的、物理的"天",

---

① 高树藩:《正中形音义综合大字典》,台北正中书局1984年版,第0010页。
② 宋元人注:《四书五经·书经》,世界书局1985年版,第2页。
③ 张祥平:《人生六境——心智》,辽宁人民出版社1998年版,第55页。

向人格的、神灵的"天"转化与融合，对于中华文明的发展有着极重要的意义：它意味着中华文明的"动态核心"，从简单的部族性的图腾崇拜开始转向为更复杂的普适性的"天"的信仰。显然，科学观测与理性思维的发展推动了这一转变。反过来，对于"天"的信仰，又进一步推动了中华文明对"天"的理性探究。[见第七章第二节·一·(一)·1《儒教信仰的基本观念：天》]

（三）组织管理

《尧典》第三部分记载了首领会议讨论生产、分配、抗灾、选举等事项，其中，最重要的是推选最高首领。

帝曰：咨四岳，朕在位七十载，汝能庸命，巽朕位。（尧说：四岳，我和你商量一件事，稳定政策。现在让你接班（巽：经营，计算）

岳曰：否德，忝帝位，曰明明，扬侧陋。（四岳说：我在组织生产保障生活[德：得]方面不行，不适合当首领。又说，我们可以公开选举贤明之士担任首领，特别是提拔[扬]居于下位的人[侧陋]。

师锡帝曰：有鳏在下曰：虞舜。（众人向尧推荐道："有个单身汉现在下民之中的叫虞舜。"）

帝曰：俞。予闻。如何？（尧说：对了，我也听说过，他到底怎么样？）

岳曰：瞽子、父顽、母嚚、象傲，克谐以孝，烝烝乂不格奸。（四岳说：他是个盲人的儿子，父亲不通事理，后母多嘴饶舌，异母弟弟骄横，可是他仍然能维护家庭和睦，尽自己的孝心，使他们渐进于善，不至于干出奸恶之事。）

帝曰：我其试哉。女于时，观厥刑于二女。（尧说：我们应该考察他。[正好我的]女儿到了该出嫁的时候，看看这小伙子用什么方法[刑：法]对待她们。）（"我，在早期文献中的含意是""我们"，"予"的含意是"我"。）

厘降二女于妫汭，嫔于虞。（于是，会上决定让尧的两个女儿下嫁到妫水汭水交汇的地方，去做虞氏族的媳妇。）

帝曰：钦哉。（尧说：好，就这样吧。）

上述记载所提供的史实与近代对遗存部落的调查一致——新首脑的两个

必备条件是：第一，政教方面，凝聚人心；第二，经济方面，保障温饱。由于尧部落已经开始分工与分层，管理知识日益复杂，所以需要对备选的首领进一步加以考察和培训；又由于早期社会不存在普及教育，所以往往只能在家族内部通过经常接触来进行考察培训——尧收舜为女婿便是通过女儿来进行考察培训的途径。后来禹的儿子启开创世袭制，说明管理知识更趋复杂，所以"半路出家"的女婿就不如自幼耳濡目染的儿女。（这在近代某些民选政治国家中也曾出现，如印度尼赫鲁的女儿甘地夫人继承父业，巴基斯坦布托的女儿贝·布托也如是。）

尧帝推动的社会分工与分层，大大促进了社会经济和科学技术的发展。一方面，是因为专职分工可以促进科技进步，如算术、天文、几何等开始萌芽；另一方面，是因为经济生产的组织化、规模化可以促进能力提升和效率提高，如城垣防御、水利灌溉等较大型的工程得以实施。这使得氏族部落的整体力量增强，可以更好地防灾和御敌，并向城邦社会转型。更重要的是，帝尧时期确立的分层分工的原则，传承和弘扬了上古以来的均分所得、群内调剂的精神：在经济上，注重公开公正地"得"，发展经济建设，保障基本需求；在政治上，则注重社会成员皆有所"得"，维护社会和谐，保证群体延续。尧帝所建立的社会秩序，首先通过自己的品行感召、教化自己的氏族，再通过自己的氏族感召本部落的其他氏族，再通过本部落感召其他部落（即"克明均德，以亲九族；九族既睦，平章百姓；百姓昭明，协和万邦黎民"），力图建立和谐共处、天下太平的社会秩序。这后来被孔子升华为"为政以德，譬如北辰，居其所而众星共之"，成为中华文明组织管理的基本原则。（详见第二章第一节·八·（一）·2《孔子——北辰尧舜之道》）帝尧时期确立的分层分工，成为尧部落崛起和繁荣的文化基础和制度基础，并逐渐铸就了周边地区的社会发展被逐渐纳入以尧部落为天下中心的政治格局。

因此，孔子感叹道："大哉，尧之为君也。巍巍乎，唯天为大，唯尧则之。荡荡乎，民无能名焉。巍巍乎，其有成功也。焕乎，其有文章。"（《论语·泰伯第八》）

第四章　城邦封建社会

　　本章探究人类社会次简单的形态——城邦封建社会。先论述城邦封建社会的生成（第一节），内容包括生成过程、生成机制、组织结构及经济分析；然后论述城邦封建社会的演化（第二节），主要基于中西比较的视域，揭示中西封建社会演化的环境制约和相似历程；最后，基于城邦封建社会生成与演化的研究，还原"封建"之本义，溯源"封建"之滥用，为近现代以来被"污秽化"、"妖魔化"的"封建社会"正名（第三节）。

第一节　城邦封建社会的生成

一、生成过程

前文曾述，在氏族部落社会，由于技术限制，人口的增长往往伴随着土地的开发。而随着人口密度的逐渐增加和可开发土地的逐渐减少，当不同部落争夺同一块土地时，往往导致部落战争。距今5500年前后，由于全球性气候的变化，氏族部落的争夺在北半球中纬度地区的大河流域尤为剧烈。

彼时，全球开始了一次较大范围的气候变动：由高温期向低温期转变，与降温相伴的还有严重的气候干化。由于气温降低，降水减少，土地干旱，原来散布于旧大陆的部落不得不离开家园，纷纷迁往大河流域，主要有北非尼罗河流域、西亚底格里斯河和幼发拉底河流域以及东亚的黄河和长江流域。[①]

在气候变化之前，这些地区早已有"原住民"。"新移民"与"原住民"之间的冲突造成了社会的急剧变化：人口增加而土地减少，对耕作技术提出要求，原始粗放的"游耕农业"改进为定点的"轮耕农业"，定居农业出现了；为了防御外来部落的抢夺，人们不得不构筑城墙，城市出现了；气候变化导致食物来源减少，食物储备要求计数与记录，于是数字与文字在大河流域被"发明"出来；要应对复杂的气候变化、防御工程建设等，对社会分工提出要求，需要专业的天文气象观测者、农业技术指导者、工程建设管理

---

① 吴文祥、刘东生：《5500aBP气候事件在三大文明古国古文明和古文化演化中的作用》，载《地学前缘》第9卷第1期（2002年3月），第155—160页（注：原文对中国地区在5500aBP未能形成文明判断有误，详见下文）。

者等，劳心者与劳力者开始分化出阶层，社会结构复杂化。而在"新移民"与"原住民"之间的互动或冲突过程中，"新移民"有的成为寄人篱下的"难民"，有的因战败成为"俘虏"，或战胜后将"原住民"变为"俘虏"。"难民"或"俘虏"成为廉价劳动力——奴隶的来源，大量奴隶从事各种生产劳动及建筑工程等，从而使得大河流域的建筑无论从质量上还是从数量上有了迅猛发展，如埃及的金字塔、巴比伦的空中花园、黄河流域与长江流域的众多古城等。

在上述社会变化过程中，原来的氏族酋长、部落首领、祭司、巫师以及具有特别能力的人，逐渐脱离为满足基本需求而进行的采集、渔猎、游牧、农耕等具体生产活动，而肩负起粮食储备、财物管理、天象测算、工程组织等管理工作。他们成为被其他人"供养"的人（受养人），其他人则成为供养人。受养人因"工作需要"，逐渐拥有了对于财物与人员的特别使用权与处置权。社会分层出现了。中国典籍《尚书》中的《尧典》《舜典》《大禹谟》等，就记载了由于气象条件而迫使人们所进行的天象测算和治理水患等活动。

目前已知世界最早的文明遗址，皆位于上述大河流域，亦皆出现于距今5000年前后。

西亚两河流域的早期城址出现于乌鲁克文化期（距今约5500—5100年），"各地出现小城市和神庙建筑。晚期出现象形文字和标志所有权的陶制圆筒印章。""在苏美尔地区形成了众多小国家，如埃利都、乌尔、拉尔萨、乌鲁克、拉伽什、乌玛、舒鲁帕克、尼普尔、基什和西帕尔等。它们一般以一个城市为中心，城市周围有若干个村镇。城内包括王宫建筑、神庙和贵族住宅等，周围建有城墙。国家的规模都不大，人口也不多。例如，著名的乌尔初期由三个城镇和若干村庄组成，面积不过90平方公里，人口只有6000人。其他国家也大致如此"。①

北非尼罗河流域的早期城址出现于古埃及前王朝时代第二时期，即格尔

---

① 周启迪：《世界上古史》，北京师范大学出版社1994年版，第92页。

塞时期（即涅伽达文化Ⅱ时期，距今约5500年—5100年）。从墓葬情况及其他资料可以看出，这时已有明显的社会分化。在涅伽达和希拉康波里两地，发现了与普通人的简单坑穴墓极不相同的用砖坯砌成的画墓。希拉康波里画墓中的水陆战场面、阿拉克出土的象牙刀柄上的水陆战雕刻、战场调色板上的战斗场面，以及关于"城"的象形符号（有围墙保护的居民点），反映了战争的频繁和城邦的出现。这时在埃及形成了若干版图很小、人口不多的国家，埃及人称之为斯帕特，其象形文字为一块被纵横的河渠分隔开的土地。它们以一个城堡为中心，包括周围若干农业地区。城堡是政府、王宫、神庙所在地，有围墙或护城河保护。①

东亚黄河流域和长江流域的最早期城址出现于仰韶文化晚期和大溪文化早期。处于长江中游湖南澧县彭头山第一期城址距今约六千年，是迄今发现的最早城址。稍晚一些则有湖北江陵阴湘城一期城址、河南郑州西山仰韶文化晚期城址和山东大汶口文化的个别城址。这个时期的城址数量少、规模小，分布范围限于黄河流域的中下游和长江流域中游。距今5000年至4000年前，城址在中华大地各处涌现。由于数量多，分布面广，明显地形成了一些地方特色。大体说来，长江中下游城址的年代比较早，最发达的时期在屈家岭文化至石河文化早中期及良渚文化早中期。一般有较大的环壕，水道常与外河相通，以利给排水与运输。城垣筑造技术相对原始，坡度较缓。各城址规模相差甚大，说明可能有等级区分。长江中下游城址发展到距今4600年前后相继衰败，而黄河流域中下游城址则进入大发展时期。一些城址的建筑技术明显较长江流域的为高，尤以中原地区最为突出。例如河南新密市（原密县）古城寨的板夯技术就十分先进，淮阳平粮台的城门两边有建筑得很好的门卫房和向城外排水的陶制地下管道等。② 上述城址有少数是单纯的军事性城堡，多数则是设防的中心聚落。这种新型的聚落形态，是区别于简单村落的城邦：不但人口相对集中，而且居民结构也实行了重新组合，城市统治乡村，同时依

---

① 周启迪：《世界上古史》，北京师范大学出版社1994年版，第39—40页。
② 严文明：《中国史前城址与文明起源研究》（序）（钱耀鹏著），西北大学出版社2001年版。

赖乡村提供人力和食品。这种城乡结合体代表了一种新的社会组织形式。处于长江流域下游的庄桥坟遗址发现的良渚原始文字，明显超越刻画符号的思路，出现了有序排列、重复出现的字符，距今约五千多年，是迄今所知的最早中国文字。①

上述文明遗址中除了城址与文字的出现，反映当时社会阶层分化的，还有聚落布局、墓葬规格、陪葬物品、房屋建筑等。一个庞大的城垣，以及城垣之内宫殿宗庙之类的大型房屋建筑的建设，需要大规模地组织调动人力物力，而且需要较长时期地营建——这必须有强力的社会协调和支配机制以保障其建设与运营。大型城址及其城内的大型建筑并不是为该地域内整个聚落群的人口居住而修建，它是为贵族及其附属的人口所营建，但却有权调动和支配整个聚落群的劳动力，显然这种支配力具有某种程度的强制色彩。这种具有强制性的权力导致的社会分层，完全不同于氏族部落社会以平等为前提的社会分工。以强制权力（或合法暴力）为后盾的分层人群的组织管理（或国家政权）出现了，一种不同于平等的氏族部落的新型社会——具有分层结构的城邦社会生成了。

汉字"国"的构型直接与城密切相关。"国"字的甲骨文构型为"可"，其左边方块表示城，右边是戈，表示守城的武装；金文构型为"囗"，外方框表示外城，内框表示内城，其右之"戈"表示守城武装（可见金文时期的"城"相较于甲骨文时期的"城"更为复杂）。《周礼·考工记》有载："匠人营国，方九里，旁三门。国中九经九纬。"这里的国是指城。许慎《说文》释"国"为"邦"。《六书故·工事二》云："邦，国也。别而言之，则城郭之内曰国，四境之内曰邦。"古人还常常把城里人称作"国人"。由此可见城与周围的乡村聚落共同构成了邦，邦即是城以及城里人（主要是贵族及仆臣）统治的郊野之合称，城则是邦的重要象征和中心所在，所以邦、国可以相通，而邦、国都与城有关。这些文献记载充分说明了城与国的内在联系：城是古代国家

---

① 徐新民等：《平湖庄桥坟遗址发现良渚文化原始文字》，载《中国文物报》2013 年 6 月 21 日 6 版。

的重要象征和统治中心所在。作为统治阶层的贵族住在城里，置身于严密的防御体系之中。

城邦社会一般具有以下的共同特征：（一）范围和人口均有一定规模；（二）分工专业化；（三）生产剩余物资能够集中；（四）社会阶级分化明显，上层阶级成员（包括宗教、政治、军事）组织并且统治社会；（五）国家和政府组织成型；（六）有公共建筑物，如神庙、宫殿、仓库、灌溉沟渠等；（七）有远程的贸易活动,所交易的货品不论在数量和专业化程度上均增加；（八）具有纪念性质的大型工艺品（或曰"礼器"）开始出现，而这些工艺品具有一致的形制；（九）文字出现，使得组织和管理的工作比较容易进行；（十）算术、天文、几何等较抽象的科学开始萌芽。当然，在每一个早期的城邦国家中，上述这些特征以不同的比重存在，造成各文明的不同面貌。[①]

城邦社会的出现，大大推动了文明的发展。一方面，是专业分工促进了科学发展与技术进步，如算术、天文、几何等科学技术开始萌芽；另一方面，是经济生产的组织化、规模化促进了效率提高，如城垣防御、水利灌溉、宫庙建筑等较大型的工程开始出现。经济基本需求的紧张状态得以缓解，更多的社会成员得以脱离生产。而这又使得城邦作为整体的组织力量增强，可以更好地防灾、御敌。所以，从人类演化历程来看，城邦封建社会相对氏族部落社会无疑是巨大的进步。

城邦国家的扩展会导致邦国之间的战争，并进而导致"共主"与"封建"的产生。所谓"封建"，是邦国战争的胜者，作为被征服土地的"共主"，分侯建国、授土授民，即把被征服的土地和土地上的居民分赐给诸侯，诸侯还可以再分封给下一级的卿大夫，于是以土地为枢纽，形成了多级委托治理。授封者与受封者之间互有权利义务，主要是受封者要向授封者纳贡服役。汉语中的"封建"一词，最早见于《左传》僖公二十四年："周公……封建亲戚，以藩屏周。""封建"的本义，即"封"土而"建"国。

[①] 马克垚主编：《世界文明史》（上），北京大学出版社2004年版，第26页。

"封"字甲骨文作"𡉚",形如"植树于土堆",即"疆界""田界"之意。"建"指"建国立法"。"封建"之后的城邦国家之间的政治经济关系,仍然是基本独立的:尽管"共主"对于受封的邦国可以要求纳贡和服役,但对于邦国的内部事务,则无权直接管理,如不能直接向邦国派驻官吏、抽取税赋、调遣军队等。①

因此,从社会分层的复杂程度而言,城邦社会和封建社会可统称"城邦封建社会",其外延统摄了通常所说的"城邦社会""城堡社会""封建社会"等,不仅包括上述大河流域古文明早期的社会形态,还包括古代希腊、中世纪欧洲等社会形态。

二、生成机制

理解上述城邦封建社会的生成机制,可借助温差液花实验与太极生卦模型:以血缘关系与共有图腾为纽带结成的氏族部落(平衡态意义的微观粒子,太极状态),在与环境互动、维持族群延续的过程中,因生态环境(即输入)变迁逐渐产生分工、分层:专事农耕者为受输入(环境)影响较大的部分(阳仪),组织和从事仓储保管(包括发明文字进行记录)、天象观测、工程建造等的人是受输出影响较大的部分(阴仪);后者在防御自然灾害、抗击外敌入侵的过程中成为初始核心动态,并逐渐成为动态核心(四象出现);随着军事组织建立,国家政权产生,特别是世袭王权的最终确立,标志着非平衡态秩序出现(八卦生成),城邦封建社会由是生成。

在上述过程中,"合法暴力"的确立至关重要。唯有确立"合法暴力",社会分工与分层才能最终稳定(或曰"强制")确立,从氏族部落社会到城邦封建社会转型过程中的分化才完成跃迁(或曰"从量变到质变"),代表国家

---

① 关于中国封建制度的较新研究可参看许倬云:《西周史》,生活·读书·新知三联书店1994年版,第5章;李雪山:《商代分封制度研究》,中国社会科学出版社2004年版;葛志毅:《周代分封制度研究》,黑龙江人民出版社2005年版。

的王权才最终确立，并在选举、禅让等"磨合"过程中，逐步建立王权世袭制度。

三、组织结构

理解城邦封建社会的组织结构和运行机制，可借助五行模型（复杂第三规律，或相生相克规律）：城邦封建社会的最高组织秩序体现为世袭王权与分封贵族（木）——这是城邦封建社会的基本政治形态，其动态核心是宗教祭祀（源于氏族部落社会的共有图腾）与合法暴力（火），自然生态环境及生产生活（包括人口繁衍）和外敌侵犯是输入（土），生产生活的废弃物质（包括尸体）与对外战争是输出（金），社会分工与分层后形成的平民家族与贵族家族是平衡态微观粒子（水）。以上构成城邦封建社会的五行结构，五行之间相生相克，成一整体。

关于城邦封建社会组织结构的具体内容，可参阅法国年鉴学派名家马克·布洛赫的《封建社会》。此书采取整体史学观，通过学科整合，大量引进社会学、人类学、地理学、心理学等领域的概念，广泛使用教会档案、考古、诗歌、遗嘱、祷文、传奇、绘画、雕塑等多门类的史料，对城邦封建社会的"组织结构及把它联为一体的各原则进行了剖析并做出解释"。还可参阅瞿同祖所著的《中国封建社会》。此书以西方封建社会来比照、分析中国的封建社会，分析了周代封建社会形成以至崩溃的过程，解剖了封建社会的内在组织的功能及其关系，对周代城邦封建社会的土地、宗法、阶级、政治、军事等制度皆有详述。另有台湾学者杜正胜所著的《周代城邦》，对周代城邦封建社会之组织结构的形成与演进亦有深入阐释。关于中国封建制度更深入的研究，有李雪山的《商代分封制度研究》和葛志毅的《周代分封制度研究》。此不再赘。

四、经济分析[1]

（一）分层分工

社会分工和分层的出现，会极大推动技术和经济的发展。一方面，是由于受养者的"闲暇"为技术发明和经验总结提供了客观条件，提高了经济生产效率，缓解了基本需求的"紧张状态"，从而使得更多的社群成员可以脱离生产；一方面，是由于人类的生产生活进入了更有组织的阶段，使得社群作为整体的力量增强，可以通过征服的方式满足基本需求。

因此，具有分层分工的城邦封建模式成为三大河流域古文明，以及古印度、古希腊以及中世纪欧洲的主要经济模式。其中的受养者除前述因紧张状态而必须专职脱产的人员之外，还有城邦（堡）首领家族及其仆臣（家臣、武士或军队，发达形态中还包括文化艺术竞技等各方面的"门人"）。这就是经典意义上的"封建系统"——城邦（堡）首领家族常被称为"封建主"，他们将其辖区的土地交给仆人控制或交给农民耕种，并向后者索取物质或劳力回报。劳力回报主要用于兵役及建设城堡或其他私人设施。在"国"或"城"中，封建主可以过一种与众不同的养尊处优的生活。与整个系统相关的经济行为，除了满足基本经济需求之外，还包括掌握农时、储存食物、抗御自然灾害（含疾病）、抵抗外部侵袭等。

度量城邦封建社会分层强度的指标是供养系数，即在一年内城邦封建社会中全体成员生存时间与实际生产、经营（如储存粮食、分发运输粮食等）时间的比值。

在一定的生态、人口与技术条件下，为维系经济系统所必需的最少的实际生产经营时间的总和，称为临界供养时间；相应的供养系数，称为临界系数。

初期的城邦封建社会中，供养系数与临界系数都较小，即接近于群内调

---

[1] 编自张祥平：《经济需求的变迁与对策——适度经济学导论》，载《美好的中国人》（附录二），华夏出版社1995年版。

济系统（只有极少数终身受养人）。但是随着专职军队以及其他专职人员（如历史记载及档案保存等文人，以及与其他区域相沟通的使者及商人等）的不断涌现，供养系数不断增大。其原因在于上述人员的平均实际生产经营时间小于正常劳力的平均实际生产经营时间。为了简化讨论，下面把实际生产经营时间明显小于平均生产经营时间的人称为受养人，把实际生产经营时间接近于或多于平均生产经营时间的人称为供养人。

（二）结构变迁

在早期的封建社会中，城邦封建社会的临界系数提高缓慢，而通过提高技术水平和组织水平来提高临界系数的潜力也十分有限，但其供养系数却随着人口增长而不断地自然增长。因为受养人在生活条件及婚姻状况等方面总是优于供养人，又由于层间转换主要是单向的，即由供养人转为受养人（如通过婚姻或专长），所以受养人数的增长率总是高于供养人口的增长率，即供养系数自然增大，从而不可避免地出现供养系数超过临界系数的趋势。即使城堡辖区能够无阻碍地扩展，该同域分层系统也会因供养人比例减小而难以满足基本经济需求。

因此，早期城邦封建社会的维持和发展往往需要诉诸战争，通过战争进行掠夺或征服。对外掠夺的财物越多，相当于供养人的数量越多。对外征服的土地成为被开发的资源，被征服者通常被作为供养人或只作为一种权数较大的工具——最初的奴隶仅仅是活的、具有不同语言的工具；后来，随着人类语言能力与组织能力的提高，征服同类才成为人与人之间的行为指令——把某一个部落、种族的行为以不平等的方式强加给其他部落、种族。相反，对于群内调剂系统来说，是不知道有所谓奴隶的——在战争中所捕获的俘虏，不是杀死即是收养于氏族之内。后来的一些世系亲族社会，则把陌生人及早期奴隶的后代合并到亲族成员之中。如此便扩大了供养人基数及辖区范围，从而满足其基本经济需求。否则，就必然有一批受养人要转为供养人。即使对供养人来说，参与战争虽有危险，但也提供了由供养人转为受养人的途径。因此，城邦封建社会是战争的摇篮，这在工业时代之前的人类历史上是从无例外的。(即使到了近代,许多区域冲突,甚至两次世界大战,都可见其遗风。)

如果早期的征服者有足够的组织能力控制或管理人数众多的被征服者及相应区域,那么新的供养系数将大大缩小;尤其是如果在供养系数上升到临界系数之前,技术水平和组织水平得到改进从而使临界系数得到提高,那么新的一批城邦封建社会(由征服者"封地而建")可以维持一个相当长的发展时期。例如商、周、古希腊和中世纪欧洲。其中的"王都"或首府不过是比其他封地或城邦大一些的城邦封建社会,"国君"、"国王"或首领在世系名义上受到贵族或其他封建主的拥戴。前者可以要求后者在军事上的支援和经济上的朝贡,但无权自行调动后者的军队和直接向后者的供养人征税。从经济行为来看,前者与后者没有任何不同(前者也有义务在军事上支援后者,而且通过"赏赐"的形式回报"朝贡")。

但由于供养系数自然增长快于临界系数的增长,异域整合时代之前的城邦封建社会不可避免地会重新陷入战争。

(三)城邦比较——希腊与中国

古希腊城邦以平民和奴隶为主要供养人,而中国商、周的城邦常以农"人"或农"民"为主要供养人。其区别主要是因为古希腊征服者与被征服者之间的语言差异较大,被征服者被视为工具;而中国封建主与"黎民"(见《尚书·尧典》)语言差异较小,经同化后,农民被视为"人"。目前尚无具体数字显示上述两类城邦经济的供养系数及临界系数是否具有显著差异。应该指出,供养系数主要取决于供养人的数目及每日从事生产的时间(此二数愈大,供养系数愈小);而临界系数主要取于技术与组织水平,这二者常由受养人中的一部分提供,有关水平愈高,则临界系数愈大。

周代城邦可供参考的数据有《汉书·食货志》所载"李悝为魏侯作尽地力之教",原文数据见表4-1。

表 4-1 城邦封建社会的李悝模式（数据来源：《汉书·食货志》）

	区域面积	山泽邑居	田	因勤懒致每畮最高增减	因勤懒致总增减
总项	100平方里（9万顷）	3万顷	6万顷（600）	3升	180万石
	每户人口 5	每户田 100畮			
平常年份每户收入	每畮平年收入 1.5石	每户年收 150石	纳税 15石	净入 135石	年余 45石	粟价 30钱/石	共入 1350钱
每户支出	食/人月 1.5石	每户年耗 90石	年余 45石	社间尝新春秋之祠 300钱	衣/人 300钱	共需 1800钱
丰欠年份供受对策	上孰 供养人 600石 受养人出 300石	中孰 供养人 450 受养人出 200	下孰 供养人 300 受养人出 100	小饥 供养人 100 受养人出 100	中饥 供养人 70 受养人出 200	大饥 供养人 30 受养人出 300

从表中可知，这一城邦封建经济体最多可有 6 万农户（约 30 万农业人口；以下按每户 2 个劳力，每个劳力的实际生产时间占其生存时间的一半推算）。从每户收入与支出来看，每户基本经济需求为 150 石粟（在平常收成的年份，交税后则入不敷出），最多受养人数为 6 千户（纳税总数除以 150），因此临界系数为 5.5=（6 万 +6 千）×5/6 万 ×2×1/2。制衣人及社间尝新、春秋之祠的服务人员不算作受养人，因为这些经济活动属于基本经济需求，故在表中未进行统计。此外，表中没有计入农具制作人，他们与农人、制衣人等一样是供养人，由于早期农具简单且使用周期长，因此专职人员在系统中所占比例极小。表中也没有计入技术管理性的专职人员，他们在早期大多属于受养人而不是供养人。

从表中丰歉年份供受对策来看，城邦封建社会内含粮食储备系统以保障灾年之需。在李悝模式中，同域分层后，城邦封建社会以提高供养系数十分之一（若不存在受养人，该系统为群内调剂系统，其最大供养系数为 5）的代价，换取了抵抗收成不稳定的对策。（丰歉年份供受对策中的数字与表中的总项数字略有出处，不作详细讨论。）

十分类似的是：古希腊最大的城市之一雅典，"在它全盛时期，也不过拥有大约三十几万的人口。……这个数目里一半或过半是奴隶和异邦人……"其中，奴隶约占总人口的三分之一，它们是被征服的"遗留下来的早期居民"（地中海民族），语言与征服者（南下的雅利安人）大不相同，因此很难参与社会事务，被视为牲畜——奴隶并不是古希腊社会的主要特征。古希腊城邦还有许多其他的"劳动者"或"供养人"（按上述李悝模式计算，至少另有二十万左右的供养人）。可见，古希腊社会仍是一种城邦封建社会，正如每户平均蓄养 2 头或 3 头畜力的其他城邦封建社会一样。

第二节　城邦封建社会的演化

一、环境制约

随着城邦社会的发展与人口的增加，邦国秩序的维持必然需要经济的扩张。扩张的途径，首先是拓殖新土地，直至建立新邦国；但如果拓殖地域受限，则将导致邦国间的争夺与兼并。争夺的结果，在资源环境相对宽松的地域，是产生征服或是慑服众邦的中心邦国，从而构建新的邦国政治格局，即封邦建国、分土建侯；在资源环境相对严酷的地域，则往往是邦国兼并整合，直至形成复杂分层的新的社会形态。也就是说，城邦封建社会的演化受到资源环境状况严格制约，这在上述三大原生性城邦封建社会的演化路径中可以得到明确印证。

古代埃及的资源环境相对严酷，北临地中海、东临红海和印度洋、西接撒哈拉沙漠、南边是东非高原和埃塞俄比亚高原，这一系列天然地理屏障将古代埃及的生存空间限制于狭长的尼罗河流域，其扩张地域极其有限，因而城邦封建社会的存续时间十分短暂，邦国间的争夺迅速导致了邦国之间的兼并整合。约在西元前3100年，美尼斯即统一了埃及，开启了法老统治时代，建立了复杂分层的新社会形态（神权主义社会）。

西亚两河流域的资源环境相对埃及较为宽松。首先，西亚两河流域适于人类生存的地域面积大于埃及的尼罗河流域；其次，还有一定的扩张空间——尽管东边的伊朗高原、南边的波斯湾、西边的沙漠构成了不利的地理屏障，但北边的亚美尼亚山区却可以跨越。因此，西亚两河流域城邦封建社会的存续时间相对较长，直至西元前2371年萨尔贡创立阿卡德王国，才建立复杂分层的新社会形态（军国主义社会）。

东亚两河流域的资源环境在三大古文明中相对而言是最为宽松的。首先，东亚两河流域适于人类生存的地域面积远大于西亚两河流域，发展空间在当时可谓十分广阔；而且，由黄河流域往北、长江流域往南，还有辽阔的扩张空间。因此，东亚两河流域城邦封建社会的存续时间相对最长，直至西元前221年秦始皇统一中国、建立了复杂分层的新社会形态（军国主义社会），城邦封建社会的历史才基本结束。

古代希腊与中世纪欧洲的城邦封建社会的演化路径，同样受到资源环境状况的严格制约。

作为古代希腊文明中心地区的希腊半岛，被一系列崎岖的山地与巴尔干半岛的北部分割开，三面环海。希腊半岛本身面积狭小，又被山脉和丘陵分割成一小块一小块的地区，陆路交通的极为不便和地域的分割，造就了希腊古风时代城邦出现时小国林立的局面。但环希腊半岛港湾众多，岛屿遍布，这些港湾与岛屿为古希腊向外拓展提供了空间。因此，在西元前8世纪左右，随着城邦人口增加，出现了广泛的殖民运动，殖民者的足迹遍及整个地中海、黑海沿岸,殖民成为古风时代希腊史的主要内容之一。到西元前550年左右,"共约44个城邦的公民在异族境内建起139个殖民地，环绕在地中海和黑海沿岸。对于希腊人来说，殖民运动极大地拓展了希腊世界的'生存空间'，缓解了希腊本土城邦的社会与经济矛盾，在一定时期内避免了城邦之间频繁的征伐与兼并,同时导致大批新城邦的形成"。这是在前述三大古文明地区未曾有过的。殖民城邦在文化上承袭原邦，但政治上与母邦没有隶属关系。随着殖民空间的减少，古典时期的希腊半岛便陷入邦国之间的武力争夺，最典型者如伯罗奔尼撒战争，战火几乎遍及整个希腊。西元前336年，古希腊被马其顿"一统天下"，被纳入复杂分层的新的社会形态（军国主义社会）。

罗马帝国崩溃后的西欧，重回城邦封建社会。自西元476年到1500年，中世纪欧洲的城邦封建社会绵延达千年之久，自然要"归功"于西欧资源环境的宽裕。西欧适于人类生存的地理空间，相较于古埃及、古希腊以及西亚两河流域，无疑更为广阔，自然条件也更优裕。因此，城邦封建社会在中世纪欧洲的存续时间，相较于上述地区更为长久。西元11世纪末期，随着西欧城邦资源环境的日趋紧张，便有了谋求往东扩张的十字军东征。失败后，西欧国家转头向西，谋求通过海路扩张，而有了 15 世纪的大航海。地理大发现后，随着欧洲大规模海外殖民，其资源环境又重新趋于宽裕。直至西元 1648 年英国光荣革命之后，复杂分层的新的社会形态（资本主义社会）才得以确立。

二、演化历程

（一）演化环节

关于上述城邦封建社会的具体演化历程，古埃及、古西亚、古希腊等皆已"史不足徵"，仅有中国的周朝与欧洲中世纪时期的历史资料较为翔实。通过对这两个时期的城邦封建社会历史的求同存异，进行整合，从整体到局部，可以发现二者有着数目相对稳定的演化环节（极数），而且，在序数相同的演化环节达到相似的序化程度和变异幅度（通变）。如表 4-2 所示。

表 4-2　城邦封建社会的演化路径表（中国周朝与欧洲中世纪）

序数	演化环节	中国周朝	欧洲中世纪	
			法国	英国
1.	前王失势	商纣无道	"懒王"当政	奥发暴政
2.	建立新朝	武王伐纣	铁锤查理征战 8 世纪上半期	埃格伯特征战 西元 9 世纪上半期
3.	平息战乱	周公东征	查理曼征服欧洲 8 世纪下半期至 9 世纪初期	艾尔弗雷德大帝打败丹麦人 西元 9 世纪下半期
4.	实行封建	周公分封诸侯	查理曼分封 9 世纪初期	艾尔弗雷德建城堡 西元 9 世纪末
5.	确立规范 推行文教	周公制礼作乐	查理曼立法、兴教、办学 9 世纪初期	艾尔弗雷德立法、兴文、修史 西元 9 世纪末
6.	朝政衰乱	厉王衰乱	卡洛林王朝衰乱 9 世纪中后期至 10 世纪	韦塞克斯王朝衰乱 10 世纪末至 11 世纪初
7.	重建秩序	共和行政	卡佩王朝渐兴 10 世纪末至 11 世纪	克努特统一英格兰 西元 11 世纪上半期

（续表）

序数	演化环节	中国周朝	欧洲中世纪	
			法国	英国
8.	对外扩张	宣王征伐	路易六世出征 西元12世纪上半期	克努特扩张 西元11世纪上半期
9.	商贸发展	新城市兴起	新市镇兴起 路易七世时期（西元12世纪）	新市镇兴起 西元11世纪
10.	邦国兼并	春秋五霸	菲利普二世（奥古斯都）智胜金雀花王朝 12世纪末13世纪初	威廉一世诺曼底征服 （西元11世纪下半期）
11.	制度变革	春秋变法（齐桓、晋文改革，等）	路易九世改革 西元13世纪下半期	亨利二世改革 西元12世纪下半期
12.	争夺加剧	魏霸中原 齐秦对峙	菲利普四世扩张 13世纪末14世纪初	狮心王理查十字军东征 西元12世纪末期
13.	变革深化	战国变法 李悝变法、商鞅变法等	行政改革 立法改革 三级会议 13世纪末14世纪初	大宪章 西元1215 牛津条例 西元1258 西门议会 西元1264
14.	战争升级	六国合纵连横 秦国远交近攻	菲利普六世等 英法百年战争 1337—1453	爱德华一世等 征服威尔士、出征苏格兰、英法百年战争等
15.	新国雏形	秦王嬴政 秦帝国逐渐形成	路易十一世（15世纪下半期） 法兰西民族国家逐渐形成	爱德华四世…亨利七世 英格兰民族国家逐渐形成

注：上表中关于欧洲中世纪的史实序列，因篇幅所限，仅列举法国和英国。其中，因环境资源不同，法国与中国的史实序列的序化程度和变异幅度（通变）更为相似（同属大陆环境），英国与中国的史实序列的序化程度和变异幅度的相似性略弱（英国属海岛环境）。

上表对中国周朝与欧洲中世纪时期历史事实的整理，方法基础是复杂第一规律（极数通变规律，或自相似规律），即一切同层次复杂现象都呈现自相似规律，其演化环节的数目相对稳定（极数），甲结构第一环节与乙结构第一环节达到相似的序化程度和变异幅度（通变）；甲结构第二环节与乙结构第二环节达到相似的序化程度和变异幅度；余类推。运用复杂第一规律，首先要对人类社会在不同地域、不同时期的历史事实求同存异，进行整合（从简单到复杂，与长程历史相关），从整体（人类永续发展）到局部（局地历史兴衰），适度留余。要在"默识"人类历史整体（演化历程及演化结果）的基础上，借助复杂科学的"道理"或"定律"（包括模型、定义、公理、规律、用表等），从整体到局部对不同地域、不同时期的历史事实进行定位（即包括从简单到复杂的层次，又包括从整体到局部的位置），然后探究其事件关联、揭示其发展规律。

（二）史实序列

对于上表所列举的史实序列，下文仅略作陈述（基于"默而识之"的素描）。要深入理解中国周朝与欧洲中世纪时期城邦封建社会演化的自相似，则要在概揽历史全局的基础上更深入地了解相关史实（参阅相关通史）。唯如此，方能更确切地领悟表中所指涉历史事实之"同"。而一旦深入了解相关史实之后，则又能进一步丰富和细化"默识"所得的"极数通变"图形。

1. 前王失势

中国：商朝末年，诸侯时附时叛，侵扰不断。纣王荒淫无道，丧失人心。

法国：罗马帝国崩溃后，蛮族徙居高卢，众多"蛮国"建立。克洛维建立的法兰克王国存在时间最长、影响最大。法兰克王国在墨洛温王朝末年，"懒王"当政，政事混乱。

英国：罗马帝国崩溃后，盎格鲁——撒克逊人在不列颠建立了诸多蛮族国家。至西元八世纪时，麦西亚王国成为霸主，国王奥发（757-796 年在位）推行血腥统治。

2. 建立新朝

中国：商朝西部的周国日渐崛起。文王励精图治，发展经济，施行德政。先征服了北边的犬戎和西边的密须，再谋求向东扩展。文王之后的武王审时度势，待时机成熟，一战而胜（"武王征商，唯甲子朝，岁鼎，克，昏夙有商"《利簋》铭文），"革殷受天明命"（《逸周书·克殷》），是为周王朝之始。

法国：查理·丕平任宫相后，先是率军粉碎了撒克逊人、弗里松人等对高卢的入侵，继而在苏瓦松战役击败叛军，后又在普瓦提埃击溃阿拉伯人，威名大振，被称为"铁锤查理"。此后，又征伐兼并勃艮第，并把南部普罗旺斯置于囊中。"铁锤查理"亡后，长子加尔洛曼和次子矮子丕平分别以宫相名义执政。矮子丕平独揽大权后，在罗马教皇的支持下，被加冕成为法兰克国王，是为卡洛林王朝之始。①

英国：九世纪上半期，威塞克斯王国在埃格伯特国王统领下，战胜麦西亚王国，苏塞克斯、肯特、埃塞克斯和东盎格利亚等地的"王"皆向埃格伯特称臣，尊其为"不列颠统治者"，是为韦塞克斯王朝之始。②

3. 平息战乱

中国：武王克殷二年，天下未宁而崩，子尚幼，不足以支撑危局，弟周公摄政。《逸周书·度邑》载，武王灭商后忧心忡忡，担心殷之残余势力："维天建殷，厥征天民名三百六十夫，弗顾，亦不宾灭，用戾于今。呜呼！予忧兹难。"他嘱周公："乃今我兄弟相及，我筮龟其何所即，令用建庶建。"可见，周公当政也是武王所愿。武王灭商后曾经分商王畿为三部分，让其弟管叔、蔡叔和纣王子武庚分别管理，称为"三监"。管叔为周公之兄，按长幼次序应由他主政，然其德行不足膺此重任，故被遣往商王畿地。周公奉孺子王摄政，苦心孤诣，然管、蔡不解周公之苦心，心怀忿恨，武庚乘机煽惑，遂有"三监之乱"。周公决然东征平叛，历时三年。平定"三监之乱"之后，继续挥兵东进，势力及于东海之滨。③

法国：卡洛林王朝的开国君主丕平临终前把王国的土地平分给二子。由于次子早逝，长子查理兼并了其弟的领土，随后展开了一系列平叛与征服。查理即位之初，发动三次战争平息了阿基坦人的反叛，立其子路易为阿基坦国王。后应罗马教皇请求，率军远征意大利，征服兼并了伦巴底王国，自称"法兰克人和伦巴底人的国王"。再后，又发动与占领西班牙的阿拉伯人的战争，

---

① 吕一民：《法国通史》，上海社会科学院出版社 2002 年版，第 13—20 页
② 钱乘旦、许洁明：《英国通史》，上海社会科学院出版社 2002 年版，第 23—25 页
③ 钱穆：《国史大纲》（修订本），商务印书馆 1996 年版，第 40—46 页

占领了巴塞罗那。规模最大的军事行动是对萨克森人的征服，历时三十余年，多达十八次征伐。为使撒克逊人彻底臣服，查理组织了大规模屠杀，并强制撒克逊人信仰基督教。他颁布法令，对于"凡反对基督教，或参加反对基督教的阴谋者"、"反对国王与基督教人民者"、"凡不受洗礼，轻视洗礼，继续信奉异教者"等皆杀无赦。查理还征伐了巴伐利亚。历经数十年战争，查理在欧洲大陆建立了一个庞大国家：东起易北河和多瑙河，西至大西洋，南起比利牛斯山和意大利，北至北海，皆纳入法兰克国家版图。查理因而被称为"查理大帝"。①

英国：埃格伯特之孙艾尔弗雷德继位后，在军事贵族"塞恩"的竭力支持下，最终战胜丹麦王古斯伦，并将麦西亚王国的西部、伦敦和英格兰南部并入威塞克斯王国的版图。艾尔弗雷德因之被称为"大帝"。②

注：同是兄弟亡故导致政局生变，中国是周公摄政，及兄子成年后归政；西方则是查理吞并亡弟领土——"文明"的性格形成于历史，由此可见一斑。

4. 实行封建

中国：周公摄政及成康时期，大规模分封诸侯。《荀子·儒效》载："周公兼制天下，立七十一国，姬姓独居五十三人。"姬姓诸侯多是文王、武王和周公的后裔。异姓诸侯多是周人的亲戚，还有一些归附周朝的方国部落首领。分封诸侯要举行隆重的册命仪式。《左传》定公四年记载了册封鲁国的情况："分鲁公以大路、大旂，夏后氏之璜，封父之繁弱，殷民六族：条氏、徐氏、萧氏、索氏、长勺氏、尾勺氏，使帅其宗氏，辑其分族，将其丑类，以法则周公，用即命于周。是之职事于鲁，以昭周公之明德。分之土田陪敦、祝、宗、卜、史、备物、典册，官司、彝器，因商奄之民，命以《伯禽》而封于少昊之虚。"封赐虽多，最重要的莫过于土地和民众，因此在仪式上要由专门的官员"授土""授民"。诸侯对于周王有捍卫王室、镇守疆土、朝觐述职、缴纳贡物、奉命征伐等义务。在诸侯国内，诸侯可以将本封国的土地和民众封赐给卿大夫，

---

① 吕一民：《法国通史》，上海社会科学院出版社2002年版，2002第21—22页。
② 同上书，第25—26页。

卿大夫也可以再将土地和民众分封给自己的子弟和家臣，从而形成不同层次的分封。

法国：查理曼将全国分为数百个伯爵区，分封伯爵、授予采邑，伯爵们则必须宣誓效忠、恪守义务。伯爵是辖区的大领主，全权负责辖区内的税收、司法、军事、治安等。为防止伯爵坐大，查理曼还规定每位伯爵只能领辖一地，严禁兼并，而且要经常向皇帝参觐。查理曼还建立巡按史制度，定期派出巡按史巡行各地，进行监督、调查。①

英国：艾尔弗雷德组织在王国境内每隔二十英里组织修建一座城堡，作为军事防御中心与战时避居场所。城堡及周边土地由被分封的贵族领有。其时修建的城堡，后来大多成为军事战略要地和经济文化中心。因为城墙和军队的安全保障，商人与工匠随之迁来。这样，军事防卫与经济发展融为一体，加上艾尔弗雷德建设的道路体系，这些"防卫中心"成为英格兰城镇的起源地。②

5. 确立规范、推行文教

中国：《尚书大传》载："周公摄政，一年救乱，二年克殷，三年践奄，四年建侯卫，五年营成周，六年制作礼乐，七年致政成王。"《礼记·明堂位》载："周公践天子之位以治天下，六年朝诸侯于明堂，制礼作乐，颁度量而天下大服。""制礼"的内容，包括前述的"授土""授民"封建制度，以及与之相辅的宗法制度。宗法制度规定由嫡长子传宗继统，是为大宗。周天子以嫡长子继位，历代周天子是为大宗，众庶子封为诸侯，是为小宗。诸侯亦以嫡长子继位，众庶子封为大夫，大夫亦是小宗，而诸侯则为其大宗。大夫也以嫡长子继位为大宗，众庶子为士，即小宗。大宗和小宗的区分与贵族等级的层层封建完全一致。宗法制度主要是为防止贵族间对于财产和权力的无序争夺，对于保障封建社会秩序的稳定具有重要意义。基于封建制度与宗法制度，形成了畿服制度与爵位制度。畿服制度指京畿（都城周边）及战略要地由天

---

① 吕一民：《法国通史》，上海社会科学院出版社2002年版，第23页。

② 同上书，第26页。

子直接治理，其余地方根据亲疏尊卑关系、按距离远近册封诸侯管辖，诸侯共事天子，以其不同爵位，担当不同的职贡义务。"作乐"与"制礼"相辅相成。"制礼"重在规范差等秩序，"作乐"则重在促进社会和谐，所谓"乐者为同，礼者为异。同则相亲，异则相敬"（《礼记》）。在玉帛荐献、进退揖让、黄钟大吕、干戚羽旄中，"礼""乐"相得益彰。周公制礼作乐，既是对前人制度的创新改造，也是对前人文化的升华发展，特别是对商代"尊神""事鬼"（《礼记·表记》载："殷人尊神，率民以事神，先鬼而后礼，先罚而后赏，尊而不亲，其民之敝，荡而不静，胜而无耻。"）的制度和文化的改造和发展。孔子因之赞叹："周监于二代，郁郁乎文哉！吾从周。"

法国：查理曼极为重视立法，力图在政治和社会生活各方面制定出具有普遍适用性的法规。他先后制定的65个敕令中含有的法规逾千条。同时，他也极为重视宗教：一方面，通过整肃教会，以强化教士素养；一方面，通过规范礼拜、校正《圣经》，并强制推行，以强化基督教的传播。查理曼还极为关注教育：建立宫廷学校和寺院学校，延揽欧洲各地的著名学者前来任教，要求官宦贵胄与教会僧侣入校学习，自己带头学习拉丁语、希腊语、天文、算术等。查理曼的文治成就被史家称为"卡洛林文艺复兴"。[1]

英国：艾尔弗雷德极为重视立法，在综合威塞克斯法典、肯特法典和麦西亚法典的基础上，编定并颁行了影响深远的英国第一部法典《艾尔弗雷德法典》。他也极为重视文化：一方面，组织力量把教皇格列高利的《牧师要职手册》和《对话》、比德的《英吉利民族的教会史》、奥罗修斯的《反世俗的历史》、博绪埃的《哲学的安慰》、圣·奥古斯丁的《自述》等神学、哲学和史学著作，从拉丁文翻译为古英文；另一方面，组织编撰《盎格鲁—撒克逊编年史》，强化了英格兰民族意识。[2] 艾尔弗雷德被后人尊为"英国之父"。

注："礼"和"法"都是以维持社会秩序为目的，调整规范人们的社会行

---

[1] 吕一民：《法国通史》，上海社会科学院出版社2002年版，第23—24页。

[2] 同上书，第26—27页。

为的基本规则，但二者对社会行为调整的方式不同："礼"从正面确立分层与分工的资源分配规则及再分配协调规则，"法"则是从反面设置防止刑案作乱的法规条文和审判执行程序。欧洲文明的法治传统自查理曼和艾尔弗雷德奠基，二人分别被后人尊为"欧洲（文明）之父"和"英国（文明）之父"；中华文明的礼治传统自周公奠基，相应的，周公被后人尊为中国礼乐文明之父。

6. 朝政衰乱

中国：周厉王统治时期，王朝陷入内忧外困。外部，四周方国部落交相发动对周朝的进攻和侵扰；内部，厉王将山川林木渔猎之利统归王室，且多暴虐之行，以致"下民胥怨，财力单竭"（《逸周书·芮良夫》），民怨沸腾。"王怒，得卫巫，使监谤者，以告则杀之，国人莫敢言，道路以目。"（《国语·周语》上）有良臣规劝："防民之口，甚于防川；川壅而溃，伤人必多。"（《国语·周语》上）然厉王刚愎自用，一意孤行，终导致"国人暴动"，厉王仓皇出逃。

法国：查理曼之子路易继位后，帝国陷入内忧外困。路易进行国土分封，却招致了贵族叛乱和父子、兄弟之间的多年内战，最终，路易的三个儿子于西元843年缔结《凡尔登条约》，将查理曼帝国分为三个国家（是为近代欧洲德意志、法兰西、意大利三国的基础）。查理曼帝国一分为三，导致防御力量大为削弱，引起外族势力频繁入侵，就连巴黎也数度岌岌可危，卡洛林王朝走向末路。①

英国：西元10世纪末期，韦塞克斯王朝内忧外困。内部，国王埃塞列德年幼软弱，难以服众；外部，维金人频频入侵。英格兰希望通过缴纳丹麦金的方式赎买和平，却未能阻挡侵扰。1012年，丹麦人抢劫坎特伯雷大教堂并杀死大主教。1013年，丹麦人斯韦恩率军舰开进英格兰，被丹法区的老丹麦人接纳为王。之后，整个英格兰都被迫屈服于其统治。西元1014年，斯韦恩暴死，英格兰贵族把避难于诺曼底的埃塞列德国王接回英格兰，两年后埃塞列德亡故，埃塞列德之子埃德蒙被推举为王，但半年之后新国王也暴毙。英

---

① 吕一民：《法国通史》，上海社会科学院出版社2002年版，第23—24、29—31页。

格兰政局陷入混乱。①

7. 重建秩序

中国：厉王出逃后，朝政由卫国诸侯共伯和管理，史称"共和行政"（古本《纪年》载："厉王既亡,有共伯和者摄行天子事。"另,关于"共和",《史记·周本纪》谓："召公、周公二相行政,号曰共和。"）共伯和德高望重，凭借丰富的政治经验，稳定了政局。厉王死后，共伯和还政于周室，奉王子静为宣王，并复归卫国。共伯和既能力挽狂澜，又能谨遵宗法传统，维护了礼制秩序。

法国：卡佩王朝取代卡洛林王朝后，通过重建王位加冕制、王位继承制等，逐步重建王室权威。第六代国王路易六世（西历 1108—1137 在位）登基后，先致力于王室领地治理，平毁了领地内大量封建主的城堡。之后，为在全国平抑大封建领主的势力，改组御前会议。过去，御前会议主要由大封建主组成，改组后吸收了若干忠于国王的中小封建主、教士以及市民，后者在参议国事时更容易服从国王，较少受大封建主势力的支配。②

英国：埃德蒙暴毙之后，征服者斯韦恩之子克努特于西元 1016 年成为第一个真正统一英格兰的国王。克努特注重调和征服者和被征服者间的矛盾，在拥有丹麦人效忠的同时，也赢得了英格兰人的臣服。为与诺曼底公爵结盟以稳定政局，克努特与埃塞列德的未亡人、诺曼底公爵之妹埃玛结婚。他在英格兰原诸国王的法典的基础上制定新法典，发誓遵从法典，维护和平，使英国传统的管理秩序得到了恢复。③

注："历史传承"在中国封建政治秩序的建立与维系中所占权重相对较大，"实力博弈"在欧洲封建政治秩序的建立与维系中所占权重相对较大，故欧洲封建社会历史中政权改朝换姓相对更为频繁。

8. 对外扩张

中国：宣王继位后，任用召穆公、周定公、尹吉甫等大臣，整顿朝政，励精图治，"任贤使能，周室中兴焉"。（《诗经·大雅·烝民》）其主要功业，

---

① 钱承旦、许洁明：《英国通史》，上海社会科学院出版社 2002 年版，第 35—36 页。
② 吕一民：《法国通史》，上海社会科学院出版社 2002 年版，第 31—33 页。
③ 钱乘旦、许洁明：《英国通史》，上海社会科学院出版社 2002 年版，第 36 页。

在于扩张周室领土。往西，征猃狁、战西戎；往南，平淮夷、伐徐戎。战争的胜利，使得周室颇有一番繁荣景象，史称"宣王中兴"。

法国：路易七世继位（1137年）后，在前朝旧臣辅助下，继续强化王权，并谋求扩张。他迎娶阿基坦公国女公爵阿莉埃诺，把阿基坦的领土归入王室领地；之后，对图卢兹伯国进行远征，要求图卢兹伯爵对阿基坦女公爵继续履行臣服礼；1147年，还亲自率军参加第二次十字军东征。①

英国：西历1028年，克努特趁挪威国王奥拉夫二世的政局危机，乘机发兵挪威。奥拉夫逃亡国外，克努特成为挪威国王，同时统治瑞典南部地区。加之此前继承的丹麦领土，克努特建立起包括丹麦、挪威、英格兰、苏格兰大部和瑞典南部的大帝国，被尊为"克努特大帝"，其帝国也被称为"北海帝国"，是历史上唯一一个几乎统一了北海沿岸地区的帝王。②

9. 商贸发展

中国：西周晚期已有较固定的市场作为交易场所，如宣王时期的《兮甲盘》铭文提到淮夷"其贮（贾），毋敢不即次即市"。《考工记》讲都邑之制，言及"左祖右社，面朝后市"。到春秋时期，"人口日增，土地日辟，此疆彼界之封建，已变为壤地相连的几个大国，此皆当时商业都市骤盛之原因也。举其著者，如临淄、邯郸、大梁、郢、陶等。"③

法国：路易七世统治期间（1137—1180），新城市不断出现，老城市更趋繁荣。集市成为专事商品购销者定期聚会的场所。水陆交通蓬勃发展，人员商品交流频繁。资产阶级和商人阶级逐渐形成。领主和官吏纷纷在王宫周围兴建宅第，卡佩王朝的王都初步形成。④

英国：从10世纪起，商人涌入英格兰的市镇（borough）或城镇（town）。到1086年时，皇家市镇（royal borough）的数目达到71个，拥有市场、造币厂、

---

① 吕一民：《法国通史》，上海社会科学院出版社2002年版，第33页。
② 钱乘旦、许洁明：《英国通史》，上海社会科学院出版社2002年版，第36—37页。
③ 钱穆：《国史大纲》（修订本），第90页；另参见许倬云《周代都市的发展与商业的发达》，载《许倬云自选集》，上海教育出版社2002年版，第69—99页。
④ 吕一民：《法国通史》，上海社会科学院出版社2002年版，第34页。

行会、市镇法庭和市镇地产。市镇由国王控制，国王设立造币厂，特许设立市场，任命主掌市镇法庭的市镇官。市镇规模不大，起源各异：一些市镇由皇家领地发展而来，另一些市镇以大教堂或大修道院为中心形成；还有一些市镇则在阿尔弗雷德及其继承者修筑的要塞的基础上建成。无论是哪种市镇，贸易活动及商人人数都在增长。[1]

10. 邦国兼并

中国：周王东迁之后，王命不行，列国内乱，诸侯兼并。春秋初年，城邑的规模一般较小，尚遵循西周以来的等级限制。但随着邦国争夺加剧，各国逐渐打破原有等级制度，竞相筑城。过去国与国之间互不占用的中间地带，出现了一批新兴城邑。邦国相互征伐兼并，至春秋而形成"春秋五霸"的局面。先有齐桓公在黄河流域的首先称霸三十余年；随后是晋、楚之间八十多年争霸中原，晋文公和楚庄王都曾有过辉煌霸业；在晋、楚争霸时，西方的秦国在秦穆公时因东进未果转而称霸西戎。春秋晚期，长江下游崛起的吴、越，也曾先后向黄河流域争夺霸权。

法国：路易七世之子菲利普二世在位期间（1180—1223），与金雀花王朝展开了持久的争夺。为了挫败对手，他挑动和利用金雀花王朝国王亨利二世与其儿子"狮心查理"、"失地约翰"父子兄弟间的矛盾，坐收渔人之利。先是支持"狮心查理"反对亨利二世，之后又支持"失地约翰"反对"狮心查理"，再后又支持"狮心查理"的侄子反对"失地约翰"。先迫使"失地约翰"自认为法王的封臣，并让与大片土地；后又借口"失地约翰"拒绝出席法国王室法庭受审，违犯附庸义务，剥夺其在法国大陆的领地；再后来又出兵占领了诺曼底、曼恩、安茹和布列塔尼等地。决心报复的"失地约翰"联合几个反菲力普二世的王公共同发动进攻，结果大败于布汶。布汶大捷使菲力普二世威名远扬，被誉为"奥古斯都"。[2]

英国：英王忏悔者爱德华（1042—1066年）亡故后，因无子嗣，贤人会

---

[1] 〔美〕克莱顿·罗伯茨等：《英国史（上册：史前—1714年）》，潘兴明等译，商务印书馆2013年版，第64页。

[2] 吕一民：《法国通史》，上海社会科学院出版社2002年版，第34—35页。

议推举其弟哈罗德继位。诺曼底公爵威廉以合法继承人的名义（威廉是爱德华的表兄弟，据说爱德华曾许诺由威廉继承王位，而哈罗德也曾承认威廉的王位继承权），在罗马教皇的支持下，出兵讨伐哈罗德。此前，威廉已平定公国内部的贵族叛乱，之后又征服曼恩。1066年9月，威廉率舰渡海，一举击溃英军，并迫使英格兰贤人会议加冕其为英格兰国王威廉一世。之后，继续挥兵北上，打败了麦西亚和诺森伯里亚，于1070年基本结束对英格兰的军事征服。1072年，入侵苏格兰；1081年，入侵威尔士；1087年，因与法王腓力一世的领土纠纷，卷入与法国的战争。诺曼底征服使英格兰和诺曼底两个原本独立的实体，变成了统一的政治单位，共拥一个王朝。①

11. 制度变革

中国：春秋列国在争霸的过程中，展开了种种制度改革，以齐桓晋文的变法为典型。齐国的改革措施：在政治方面，重新划分和整顿行政区划和机构，实行"叁国伍鄙"制（"叁国"，即把"国人"分为三部分设三官管理，国中士农工商"四民"，各有定居，勿使杂处；"伍鄙"，即把郊外分为五属，设五大夫管理，一属含10县。具体划分为：30家为邑，300家为卒，3000家为乡，9000家为县，90000家为属。分级设官管理，每年考核，惩劣择优）；在军事方面，实行兵民合一组织（"国人"才有当兵的权利，所以规定在"国"中5家为轨，10轨为里，4里为连，10连为乡。由此组织的国人，平时生产，战时出征，既扩充了军队编制，又减少了兵赋负担）；在财税方面，打破井田制，对"鄙野"出现的大量"私田"，变以往的不收税为"相地而衰征"的税制（衰，cuī，是等差的意思，即按土地好坏分等征收实物税），免除关税以鼓励出口，设盐铁官以促进煮盐、冶铁业的发展，另设置"轻重九府"管理货币和物资储运。晋国的改革措施：在政治方面，维护旧贵族地位的同时，按功劳起用庶族，对世卿世禄的贵族政治加以改良；在经济方面，奖励农业，发展商业，增加财政收入；在军事方面，扩充军队，先是把原有的二军扩大为"三军"，二年后又增编"三行"，即增设了三个相当于军的步兵单位；又过三年，改为"作

---

① 钱乘旦、许洁明：《英国通史》，上海社会科学院出版社2002年版，第38—43页。

五军以御狄"。

法国：路易九世统治期间（1252—1270年），大刀阔斧地进行改革。在司法方面，多次颁布敕令，禁止在王室领地内司法决斗；将叛逆、铸伪币、伪造王室法令、非法携带武器等案件均归王室法庭审理。在严禁王室领地内私战的同时，还在王室领地之外实行"国王四十日"，即法国任何诸侯受到侵害后，在40天内不得实施报复，可以向王室法庭上诉，请求仲裁。血亲复仇也在被禁之列。在币制方面，王室开铸新的标准化的金银货币，流通全国，后来还规定王室领地内只准使用王室铸币。当然，在王室领地之外，贵族（须是有铸币权者）的铸币仍可与王室铸币并用。[①]

英国：亨利二世统治期间（1154—1189年），全面进行改革。在政治方面，为削减贵族权利，摧毁了大量贵族非法修建的城堡，还撤换了大批由贵族支配的郡长。在财税方面，向骑士征收"免役税"（又称"盾牌钱"），金额依其领地大小而定，税款用于招募自由民作雇佣军，以代替原来的贵族军队。在司法方面，改革原盎格鲁——撒克逊的"立誓免罪法"（被告召来亲友发誓证明其自辩无罪的誓言是可信的，此后无须列举证据即可判决被告无罪）、"酷刑审判法"（被告若无法宣召亲友作证，则施加酷刑考验，如被告能忍受则判决无罪）与诺曼人的"决斗审判法"（让原被告各执武器格斗，直到一方叫"怕"，判叫"怕"者有罪），设计新的司法制度，包括巡回法庭制度（派法官到王国各地巡视审查案情）、陪审团制度（由当地的自由民选出陪审员，组成陪审团同巡回法官会同审理案件）和司法令状制度。巡回法官判决的依据主要是盎格鲁——撒克逊的习俗（其时并没有成文的法律条文），作出的判决被称为"判例"，其后成为英格兰的"不成文法"。陪审员最开始只作为证人，并不听取证据和作出裁决，因司法令状制度要求根据事实进行判断，强调证据的重要性，陪审团便承担了听取证词进行裁决的职责。新司法制度逐渐取代了旧领主法庭，因为陪审团和令状的存在使自由民可以越过领主法庭直接向王室法庭投

[①] 吕一民：《法国通史》，上海社会科学院出版社2002年版，第35—36页。

诉，于是，由御前会议议定和执行的统一法权出现了。①

注：上述制度变革开启了由城邦封建社会向异域整合社会的转型进程。

12. 争夺加剧

中国：春秋之后的两个多世纪，列强争霸战争规模越来越大。春秋时代北方各国跟楚的对抗，转化为七个大国相互对抗的形势，他们是：秦、楚、齐、魏、赵、韩、燕，即所谓"战国七雄"。在七国争雄的过程中，先是魏霸中原百年之久；而后经过齐、秦与魏的争雄，遂有齐、秦对峙达七十余年。

法国：菲利普四世在位期间（1268—1314年），通过与法国东部香槟伯爵领地和比利牛斯山区那瓦尔王国女继承人结婚，兼并了这两个地区。而后，趁英王爱德华一世忙于平定内乱之际，吞并了英王在法国的加斯贡尼领地。通过联姻和战争双管齐下，菲力普四世使法王领地大为扩展。②

英国：理查一世在位期间（1189-1199年），倾力投入十字军东征。1187年，教皇克雷芒三世遣使在欧洲煽起宗教狂热，组织第三次十字军，理查一世在这次东征中起着组织和领导作用。出征前，理查为筹措军费，征收一般动产什一税，大量卖官鬻爵（包括主教职位在内），甚至出售城堡和村庄。1190年，在西西里岛越冬期间抢掠西西里重要城市墨西拿，强索两万镑黄金作为赎城费，理查因此被称作"狮心"。1191年3月，率军离开墨西拿东进，途中从拜占庭夺取了塞浦路斯岛，大肆劫掠；7月攻下阿克城，大肆屠杀伊斯兰教徒；之后，向雅法海岸进军，曾在阿苏夫重创敌军，并两度进逼耶路撒冷。③

13. 变革深化

中国：战国时期，制度变革日趋深化。以魏国李悝变法为例。政治方面，废除世卿世禄制，确立"食有劳而禄有功"的分配原则，大批出身庶族的士人登上政治舞台；经济方面，推行"尽地力"和"平籴"的重农政策，促进国家迅速富强；司法方面，通过研究总结当时各国法律，集其大成而编订《法经》，成为中国第一部较完整的成文法典。战国时期变法措施最全面、时间最

---

① 钱乘旦、许洁明：《英国通史》，上海社会科学院出版社2002年版，第51—56页。
② 吕一民：《法国通史》，上海社会科学院出版社2002年版，第36—37页。
③ 钱乘旦、许洁明：《英国通史》，上海社会科学院出版社2002年版，第46—47页。

长久、实行最彻底、影响最深远的则是秦国的商鞅变法。变法共有两次，第一次变法的主要内容包括：废除世卿世禄制，实行军功爵制，根据爵位高低相应地可占有土地、住宅、奴婢，以及享用车骑、服饰等，无军功者虽可以富有，但不能尊贵；奖励军功，禁止私斗；编制户籍，实行什伍连坐法；奖励耕织，强调以农业为"本业"，以工商为"末业"；规定凡一户有两个儿子，到成人年龄必须分家。新法实施十年，成效显著，遂有第二次变法，主要内容有：推行县制，合并乡村城镇为县，全国统一划分为31县，县设令和丞，由国君任免；废井田，开阡陌，奖励垦荒，允许买卖土地，依土地多少纳税；统一度量衡，制造标准的度量衡器，全国统一施行；参照李悝《法经》制订秦律。

法国：菲力普四世统治时期，制度变革愈趋深化。"御前会议"所属的某些部门开始分化成独立机构，如御前会议的司法部门就分离出去成为"大理院"，下分大法院、调查院、审理诉状院、成文法听取院等4个院。菲力普四世从不同的地区和阶层选拔官吏，充实到从中央到地方的各类行政机构；还召集顾问，即所谓"王家立法官"，在研究罗马成文法的基础上，编定了通行全国的法律；尝试建立税收制度，首先在王室领地上征收"炉灶税"等直接税和盐税等间接税。为使改革政策能够得到各阶级的支持，菲力普四世还召开了"三级会议"。[①]

英国：约翰一世统治时期（1199—1216年），政治制度发生了更深刻变革。约翰为收复失地和扩军备战，大肆掠夺教会财产，随意加征免役税，加倍征取动产税，对封臣后裔继承领地榨取高额继承税，高价出售封臣后代的财产监护权。上述肆无忌惮的榨取导致了贵族的武装反叛，催生了约束国王的《大宪章》。《大宪章》规定，除封建义务所规定的贡款赋税外，"不可征收任何兵役免除税或捐助，除非得到本王国一致同意"，"为了对某一捐助或免役税的额度进行讨论并取得全国一致，国王应召集大主教、主教、寺院长老、伯爵和大男爵等开会，讨论研究征款事宜"。还有，"若不经同等人的合法裁决和本国法律之审判，不得将任何自由人逮捕囚禁、不得剥夺其财产、不得

---

① 吕一民：《法国通史》，上海社会科学院出版社2002年版，第37页。

宣布其不受法律保护、不得处死、不得施加任何折磨、也不得令我等群起攻之、肆行讨伐"。国王若对以上规定蓄意违反，则贵族可随时造反，国内任何人亦可随贵族造反。《大宪章》原则上包含了后来议会拥有的征税权，国民对国家政务的参与权与监督权，及"国民自由"与"公民法权"等观念，为未来的宪政制度、议会制度奠定了基础。约翰之后继位的亨利三世力图恢复因《大宪章》约束而丧失的权力，而导致国王与贵族的斗争连绵不断。最终，贵族们迫使亨利三世接受了一个比《大宪章》更进一步的《牛津条例》。《牛津条例》规定了由贵族组成的议事会的议政权及其所拥有的决策权，并强调其议政作用及部分成员的"公众选举"性，它表明大议事会从亨利二世时期主要起司法作用且不定期召开的"御前会议"性质，向主要起议政作用并定期举行的"议会"转变。①

注：上述改革奠定了走向异域整合社会的制度基础。

14. 战争升级

中国：在齐、秦对峙时期，各诸侯国已有所谓"合纵"与"连横（衡）"的斗争。"合众弱以攻一强"谓之合纵，"事一强以攻众弱"谓之连横。"合纵"与"连横（衡）"的战局错综复杂，规模也日益扩大。战国末期，秦国以远交近攻的策略，即远交齐、楚，近攻三晋，破坏了东方各国的合纵，又巩固了新占的领地。作为主攻对象的三晋之中，赵国最具抗秦之力，秦、赵长平之战，四十万赵军尽被坑杀，可见战争规模之庞大。

法国：从西元1337年至1453年，法英两国时断时续地进行了119年的战争，史称"百年战争"。战争开始时，两国军队主要是贵族兵源制，由各领主募集军队。这对跨海远征的英格兰不利，于是英国招募了更多来自下层的雇佣兵，并配合以有名的长弓兵战术，标志着贵族军队的衰退。法国借由平民出身的圣女贞德鼓舞士气取得最后胜利，更凸显骑士贵族军队的衰退和民族战争特性的出现。百年战争中双方的武器装备也逐步升级。14世纪开战时，最好的盔甲为锁链甲，与数个世纪之前相比并无明显改进，而15世纪战争中

---

① 钱乘旦、许洁明：《英国通史》，上海社会科学院出版社2002年版，第57—65页。

后期时，新形态的板甲已经成为了贵族骑士们的普遍装备。在连续不断的围攻战中，双方也开始重视攻城武器的设计和应用。在后期，法军大规模使用火药火炮而取得胜利，战争由冷兵器时代进入热兵器时代。①

英国：爱德华一世统治期间（1272—1307年）征战不已。1270—1273年爱德华参加第八次十字军东征。1277年出兵威尔士。1294年，英法爆发战争。1296年出征苏格兰，之后有长达半个多世纪的"苏格兰独立战争"。爱德华一世遗留的英法关系与英苏关系问题则导致了英法百年战争。战争的持续与规模的扩大，导致行政与军费的持续扩张，也就导致国家财税的持续扩张。在12世纪，英王收入的一半来自领主捐助、封建赋税和司法，以及在教会职位空缺时国王代征的收入，只有13%来自以丹麦金为主的对一般公民的征税。这类征收无需举行会议以请求批准，是随诺曼底征服之后的封建分封、及国王在全英格兰的最高司法权而自然存在的。到13世纪末，由于对威尔士、苏格兰和爱尔兰的战争不断。同时为解决英格兰与大陆国家领地之间的矛盾，也使对外战争更加频繁和不断升级，王室入不敷出。亨利三世和爱德华一世时期，向其臣民加征"非常税"。13世纪末14世纪初，爱德华一世收入的大半已来自于税收。税收不仅包括封建赋税，还有全民赋税，最重要的是按收入和动产征收的"非常税"。"非常税"意味着一切自由民都要承担军事义务，这促进了国家公民意识的形成。上述税收必须由英王召集会议，充分陈述征收缘由才能施行。国王岁入得自税收的比例愈高，愈需要通过政治途径来获得同意。13世纪初的《大宪章》已初步确立"无代表权不纳税"的原则；13世纪末的"模范议会"则确立了平民或说是地方代表加入议会的惯例。也就是说，战争升级导致财税扩张，财税扩张促进了平民力量的上升和两院议会制度的形成。②

15. 新国雏形

中国：战国七雄的兼并战争，至长平之战已近尾声。秦王嬴政亲理国政

---

① 吕一民：《法国通史》，上海社会科学院出版社2002年版，第38—39、42—43页。
② 钱乘旦、许洁明：《英国通史》，上海社会科学院出版社2002年版，第65—72页。

后,接受了法家思想,重用李斯、尉缭,定下先灭韩、魏,断山东六国合纵之脊,而后予以各个击灭的统一战略,发动了秦灭六国的战争。之后,秦以十年之功兼并六国,结束了春秋、战国五百余年的分裂割据局面,逐步建立起第一个统一的多民族的中央集权国家。

法国:作为百年战争的最后胜利者,法王查理七世收复了英王室在法国的几乎所有领地(加来港仍被英国占领)。路易十一统治时期(1461—1483年),又收取了勃艮第公爵领地、阿郎松公爵领地、阿曼雅克伯爵领地、普罗旺斯伯爵领地等贵族领地,基本形成了近代法国版图的轮廓。法兰西的民族语言、民族意识也逐渐形成。法国逐渐成为一个民族国家。[①]

英国:百年战争及其后的红白玫瑰战争促进了王国的政府管理:议会既得到了对全体英格兰人的征税权,又是全体英格兰人的最高法院,并在英格兰享有制订新法和修订法律的权力。由于议会常在威斯敏斯特举行,威斯敏斯特宫自然成为英格兰君主国的中心。在中世纪后期,随着政府工作的增加,特别是战争期间要频繁召集议会以支持战争,要发展关税以增加收入,要组织作战和安排防务,要监管王国的治安和秩序,这促使常设的政府机构成为必需。各政府部门开始在威斯敏斯特宫的河岸区设立办公区,此区域便逐渐成为英国行政、商业和文化中心,伦敦也就成为首都。另外,威克里夫的宗教改革和罗拉德派运动催生了一种本土化的价值观念,推动了《圣经》的英译及一批论战性英语著作的出版。英格兰由此逐渐成为一个民族国家。[②]

综上,中国西周时期与欧洲中世纪时期的城邦封建社会都经历了"前王失势→建立新朝→平息战乱→实行封建→确立规范、推行文教→朝政衰乱→重建秩序→对外扩张→商贸发展→邦国兼并→制度变革→争夺加剧→变革深化→战争升级→新国形成"的演化历程,正是在上述演化历程中,中西文明的制度模式和国家形态基本成型:前者是"礼治模式",后者是"法治模式"(详

---

① 吕一民:《法国通史》,上海社会科学院出版社2002年版,第43—44页。
② 钱乘旦、许洁明:《英国通史》,上海社会科学院出版社2002年版,第84—89页。

见第七章第一节·五《治理体系》);前者是"天下一统",后者是"族国分立"(详见第七章第四节·一《历史渊源:天下一统与族国分立》)。

三、绵延存续

(一)中国

前文已述,中国夏商周三代是城邦封建社会,商周时期封建制度成型,春秋战国时期是从封建社会到异域整合社会的转型期,秦代统一中国,中国的城邦封建社会时期基本结束。但是,这并意味着封建社会的完全消亡。历史的演进不会是从简单到复杂的直线发展,而是在"一文一质"中交替演变。具有"封建性质"的士族门阀在汉唐长期存续,影响颇巨。东汉之后的魏晋南北朝时期,中国陷入长期分裂(西晋曾短暂统一),地方武装割据一方,各自为政,士族门阀成为"变相的封建势力"[①],是"准封建"时期(有国外学者,如美国汉学家卜德,也认为魏晋南北朝是"准封建"时期[②])。唐代以后的五代十国,由唐室的世袭藩镇演变而成的"变相的封建势力",导致中国又陷入地方武装割据、各自为政的"准封建"时期。

除了上述"封建社会"重现,"封建社会"在"天下体系"的传统中国的局部区域也长期存续,主要是在实行土司制度的边疆地区。在土司制度下,世袭土司贵族各据其地,统管下辖的土地及其附着的居民,基本同于"封建"。但土司职位的世袭,一般要获得中央朝廷准许。

另外,"封建制度"在秦以后的历朝历代也有"重现",不过这种"封建制度"主要是封爵而不治民,如王通所言,"诸侯王不得治民补吏,而汉置内吏以治其地,则封建之地,悉为郡县矣"。[③] 也就是说,此类"封建"是仅承袭其表。

还要特别指出,中国从封建社会演进到异域整合社会之后,"封建制度"

[①] 钱穆:《国史大纲》(修订本),商务印书馆1996年版,第296—310页。
[②] 〔美〕R.柯尔本:《历史上的封建主义》,普林斯顿1956年版,第49—50页,转引自马克垚《中西封建社会比较研究》(导论)。
[③] 马端临:《文献通考·封建考》十六。

的合理内核在大一统中国的社会基层存留下来,演变成具有鲜活生命力的"宗族自治"或"乡土自治",造就了中华文明生生不息的基层社会自组织(详见第六章、第七章相关论述)。

(二)欧洲

罗马帝国覆灭之后,西欧重回城邦封建社会。11世纪下半期,开始从封建社会向异域整合社会转型,十字军东征乃是标志性事件。第四次东征后,部分意大利城邦国家如威尼斯等,发展成为具有众多殖民地的资本主义性质的国家,其政治体制在13世纪中期业已改革成面向富人阶层的议会选举制。[①]而此时欧洲的大部分地区,仍处于从城邦封建社会到异域整合社会的渐进变革过程中。十字军东征的失败导致西欧国家转头向西,谋求海路扩张,便有了15世纪的大航海。地理大发现后,随着欧洲大规模海外殖民,其环境资源趋于宽裕,西欧逐渐向资本主义社会转型。先有尼德兰独立革命,尼德兰联邦(或称为荷兰共和国)成为资本主义国家。[②]英国革命之后,复杂分层的新的社会形态在英伦三岛确立,封建社会在英国基本结束。而此时的欧洲大陆仍处于从城邦封建社会向资本主义社会转型的过程中。法国大革命后,一个新的资本主义大国建立,而中欧、东欧的绝大部分仍处于从城邦封建社会向资本主义社会的转型过程,如19世纪上半期的德意志地区依然是诸侯割据、邦国林立(根据拿破仑战败后的维也纳决议,德意志被划分为35个君主国和4个自由市)。即使在率先完成转型的英法等国,"封建制度"也并非瞬间销声匿迹,而是"成性存存"地存续了相当长的时间(详见第六章相关论述)。

"现在人们往往认为哥伦布一航行,东西方就连成一片,资本主义在西方就冉冉升起,教科书上也说的尽是资本主义萌芽、文艺复兴、宗教改革之类。其实,西欧的进步远没有那么迅速,直到工业革命以前,西欧主要仍是一个落后的农业社会。资本主义只是在西北一隅有所萌动,但在西班牙、意大利

---

① 黄仁宇:《资本主义与二十一世纪》,生活·读书·新知三联书店2006年版,第43—96页。

② 同上书,第106—148页。

却日渐衰落。17世纪,西欧发生了经济危机,人口减少、疾疫流行、农业停滞甚至倒退,工商业在有的地方也出现危机。在政治方面,更是到处充满了封建的统治。19世纪中期,托克维尔在他所写的《旧制度和大革命》中指出,18世纪的欧洲,各地都充满了封建特权,教会的、贵族的各种土地、人身及司法、行政权力,对人民形成沉重的剥削和压迫,'而且它们在欧洲的大部分地方,比法国沉重得多'。"[①] 法国著名史学家威勒高夫也持类似观点,因而认为西欧中世纪时期应该延长,理由主要有三:其一,文艺复兴不能算是中世纪和近代的分界,从古代到近代中间有多次文艺复兴,如8、9世纪的加洛林文艺复兴,12世纪的文艺复兴,大文艺复兴在意大利为12至14世纪,在欧洲其他地方为15、16世纪,后来还有18、19世纪的文艺复兴。其二,欧洲的基本社会结构,从4世纪到19世纪基本未变。其三,其他社会文化方面的内容还有,如基督教在意识形态中的统治,一直延长到十九世纪;把社会划分为教士、贵族、第三等级的三等级论,也是到法国大革命为止。[②]

[①] 马克垚:《中西封建社会比较研究》(导论),学林出版社1997年版。
[②] 〔法〕雅克·勒·高夫:《中世纪的印象》,芝加哥1988年版,第19—23页,转引自马克垚:《中西封建社会比较研究》(导论)。

第三节　城邦封建社会的"正名"

运用构造整合法，对东西方历史事实求同存异、进行整合（从简单到复杂，与长程历史相关），根据前文所述的"正名"方法［详见第二章第二节·四·（二）·2之《步骤分解》］，可知中国的夏商周三代是城邦封建社会，西方的古代希腊、中世纪欧洲也是城邦封建社会。中国和欧洲适于人类生存发展的地域空间辽阔，环境资源相对优裕，因而"封建制度"在两地域皆得到充分发展。然而，由于"封建"一词的错用、滥用，多数国人至今认为中国自秦到清是封建社会，夏商周三代是所谓奴隶社会，此等"胡说"流行至今（所谓"胡说"，一指其"胡说八道"，二指其"以胡乱华"、"以夷变夏"（详见本章附文《去除"封建"之污名》），影响至深至广，因而必须予以正名。

一、还原"封建"之本义

汉语"封建"一词，本义指中国先秦时期分封建制的一种国家管理制度，《左传》中的"封建亲戚，以藩屏周"、"莫如兄弟,故封建之"，《诗经》中的"命于下国，封建厥福"（《诗·商颂·殷武》）等，皆是如此。秦以后废封建置郡县，中国历史上的"封建社会"基本结束。这在现代以前对于多数学者而言本无疑义。实际上，终先秦之世，"封建"一词还很少使用；秦废封建制以后，因有郡县制比较，"封建"之说才得以凸显。二者孰优孰劣的争论，自秦汉以来断断续续，分封制度也并未绝迹。不过这种"封建"，诚如后来王通所言："至景帝，令诸侯王不得治民补吏，而汉置内吏以治其地，则封建之地，悉为郡县矣。"[①] 后来，"封建"所指略有变化。魏晋以降，封爵而不治民的制度也

---

① 马端临：《文献通考·封建考》十六。

沿用"封建"之名。马端临的《文献通考》设"封建考"十八卷，把秦汉至唐宋封爵而不治民（或曰"封"而不"建"）的制度也囊括其中，可称"准封建"。但无论是先秦的"封建"还是此后的"准封建"，直至清末，"封建"一词的内涵是明晰的、确定的。

鸦片战争后，西学东渐。严复翻译爱德华·詹克斯的《政治制度史》，首次把 feudalism 译为"封建"，并认为中国由唐虞以迄于周的两千余年，皆封建之时代。很显然，严复认为中国的"封建社会"和西方的"feudalism"是同类。西元 20 世纪 20 年代末，陶希圣所著《中国封建社会史》，也主张周代是封建社会。之后，周谷城在《中国社会之结构》中提出从周武灭商到秦统一时期的政治是封建制度，之后变为郡县制。瞿同祖在《中国封建社会》认为"封建社会只是以土地组织为中心而确定权利义务关系的阶级社会而已"，也认同周武灭商后建立了系统的封建组织，秦统一后则结束了封建社会。另外，胡适的《中国哲学史大纲》、钱穆的《国史大纲》、张荫麟的《中国史纲》、侯外庐的《中国思想通史》等，皆认为"封建"是中国周代的特定概念。可见，其时的许多学者，对"封建"一词的使用基本是名实相符的。

再看西语中的"feudalism"。此词中世纪时在西欧也较少使用，至 16 世纪，有法国和英国的法学家开始研究封建法律和制度，因为封建法中的财产权利和罗马法的规定大不相同（正如商周封建与秦汉郡县之不同）。18 世纪西方学者研究深化，如孟德斯鸠，在其《论法的精神》一书中，在"封建法律"题目下，分析了西欧的封建制度，涉及封君封臣关系、采邑制度、农奴制度等。那时正是西欧启蒙思想发扬的时代，feudalism 渐被等同于贵族统治，是剥削和压迫的根源，表现为各种领主特权、农奴制残余、分裂混乱等，所以 1789 年法国大革命有废除封建制度的决定。到 19 世纪，西方学者对封建的各方面，如封君封臣关系、封土制度、庄园农奴、农村公社、封建城市等，从政治、经济、社会、法律等角度进行了更广泛的研究。19 世纪中期，马克思用生产力和生产关系、经济基础和上层建筑等概念划分社会历史发展阶段，由此产生了封建生产方式、封建所有制等概念。20 世纪 30 年代末，马克·布洛赫出版《封建社会》一书，成为西欧封建学说的集大成者。上述西方学者，无论对于封建制度和封建社会的观点如何，使用的"feudalism"皆指存在于中世纪西欧的一种政治法律制度，主要内容包括三方面：其一，封君封臣关系；其二，与封君封臣关系相应的封土制度；其三，领主在领地内有独立的行政和司法权力。①

西方权威词典《简明不列颠百科全书》和《韦伯斯特国际大辞典》对"feudalism"均有详细的释义。《简明不列颠百科全书》强调领主与附庸之间"私人的"和"自愿的"联系，从而接受可以世袭的领地；另一方面是庄园制，在庄园内领主对农奴享有警察、司法、财政等权利；臣民与领主的关系是社会的主要关系；等等。②《韦伯斯特国际大辞典》（第三版）则强调领主与封臣的关系，采邑制度，领主在领地内独立行使政府职能等。③

---

① 马克垚：《中西封建社会比较研究》（导论），上海：学林出版社 1997 年版。

② "一种以土地占有权和人身关系为基础的关于权利和义务的社会制度。在这种制度中，封臣以领地的形式从领主手中获得土地。封臣要为领主尽一定的义务，并且必须向领主效忠。在更广泛的意义上，feudalism 一词指'封建社会'，这是特别盛行于闭锁的农业经济中的一种文明形式。在这样的社会里，那些完成官方任务的人，由于同他们的领主有私人的和自愿的联系，接受以领地形式给予的报酬，这些领地可以世袭。Feudalism 的另外一个方面是采邑制或庄园制，在这种制度中，领主对农奴享有广泛的警察、司法、财政和其他权利……Feudalism 本身在 9 世纪期间有很大发展。国王的权力衰落了，各地的政权实际上成为独立的了，并开始建立起他们自己的地区性的小国家，他们彼此征战不休。从 12 世纪起，Feudalism 受到各种敌对势力的攻击。拥有拿薪俸的官员和雇佣军队的中央集权国家建立了起来。臣民与君主的关系代替了封臣与领主的关系。城镇由于经济发展甚至建立了自己的民兵，能够在很大程度上形成它自己关于社会的概念。这与贵族的概念是不同的。作为贵族阶层物质生存的采邑制度在 12、13 世纪经历了一场深刻的经济危机。尽管 Feudalism 到 14 世纪末已经不再是一种政治的和社会的力量，但它仍然在欧洲社会中留下了自己的烙印。它对现代形式的立宪政府的形成产生了极大影响"。（《简明不列颠百科全书》第三册，中国大百科全书出版社，第 132 页，1985 年版，参照该书 1984 年英文版）。

③ 1.A：Feudalism 从 9 世纪到大约 15 世纪，在欧洲繁荣过的一种政治制度。它建立在领主与封臣的关系之上，所有土地都是以采邑形式持有的（如国王的采邑），作为主要的附属情况，有效忠、佃农在军事和法庭方面的服役、监护权和没收权。B：Feudalism 赖以建立的原则、关系和习惯。2. 大领主或世袭的拂特领主从土地征入岁收，同时在他们的领地内行使政府的任何一种社会权力。3. 少数人为了自身利益实行的控制：社会的、政治的或经济的寡头统（转下页）

可见，汉语"封建"之本义与西语"feudalism"，所指确为同类：在中国是商周时期的社会与制度，在西欧则是中世纪时期的社会与制度。有西方学者进行中西比较研究后认为，西方关于"feudalism"之定义，几乎不用改动就可用于中国周代。①

二、溯源"封建"之滥用

据考证，陈独秀为中国自秦至清皆封建的首倡者②。陈氏于明治末年多次游学日本，适逢日本思想界批判封建遗毒，其深受影响，将清廷比作德川幕府，为保守、落后、愚昧和反动势力的总代表。明治维新推翻幕府，铲除封建制度，陈认为欲使中国现代化，也必须打倒清朝，于是提出"反封建"的口号。陈氏理论中"封建"的内涵，与原本词义实不相符，但其影响还相当有限。真正改变国人"封建观"的是马列主义、共产国际理论和《联共（布）党史简明教程》的影响。在马克思理论的基础上，列宁在《论国家》中将人类社会的发展概括为原始社会、奴隶制社会、农奴制社会和资本主义社会，再加上当时苏联的社会主义社会，共五种社会形态，并强调这五种社会形态的更替在世界历史上具有普遍意义和规律性。此后，斯大林在《联共（布）党史简明教程》中将这一观点进一步明确化，并将五种生产方式看作是依次递进的。《联共（布）党史简明教程》被认为"是一百年来全世界共产主义运动的最高的综合和总结，是理论和实际结合的典型"，成为中国知识分子学习、研究马克思主义理论的中心材料，"人类社会发展五阶段说"遂成为理论界马克思主义者阐述中国乃至世界历史演进规律的基本法则。先有郭沫若论证了中国社会的发展也遵循"五阶段"模式，并认为夏商周是奴隶社会，秦后则是封建社会。后来，毛泽东在《中国革命与中国共产党》一文中明确：

（接上页）治"。（John Critchley.Feudalism, London: George Allen & Unwin Ltd.1978.P.11）。

① 〔美〕顾立雅：《中国政府管理艺术的起源》，芝加哥1970年版，第321页，转引自马克垚《中西封建社会比较研究》（导论）。

② 冯天瑜：《封建考论》，武汉大学出版社2005年版。

"这个封建制度自周秦以来,一直延续了三千多年。……如果说周是诸侯割据称雄的封建国家,那么自秦始皇统一中国之后,就建立了专制主义的中央集权的封建国家。"于是,中国自秦至清皆封建之说影响渐深渐广,后成官方定论。

对于中国自秦至清皆封建之说,钱穆在《国史大纲》中曾明确反驳:"以政制言,中国自秦以下,即为中央统一之局,其下郡、县相递辖,更无世袭之封君,此不足以言'封建'。既无特殊之贵族阶级,是亦不足以言'封建'。……土地既非采邑,即难以'封建'相拟。……中国以往社会,亦尽非封建,非工商,而自成一格。何以必削足适履,谓人类历史演变,万逃不出西方学者此等分类之外?"① 侯外庐在《中国思想通史》更尖锐地指出,中国自秦至清皆封建之说是"语乱天下"。②

中国自秦至清皆封建专制之说,将中华文明的历史污名化,成为推翻传统制度、割裂传统文化的宣传工具,造成民族虚无主义和文化自虐倾向,确实起到了"语乱天下"的效果。中国自秦至清皆封建之说得以广为传播和接受,追根溯源,是西方列强侵入中国后,西方文化解构中国传统文化、西方学术解构中国传统学术造成的恶果。

前文曾述,西方学术的基本方法是分析还原法。具体到社会科学领域,是对社会事实分隔解剖,进行还原,用基本因子或孤立事实返构布局(外延的线性组合),不留余地。比如,将复杂的社会制度还原为"生产方式"(在马克思主义中,指在生产过程中形成的人与自然界以及人与人之间的相互关系的体系;生产方式的物质内容是生产力,其社会形式是生产关系,生产方式是二者在物质资料生产过程中的统一。)用"生产方式"返构布局,得出人类社会发展的线性规律模型,即人类社会随着生产力发展,必然遵循从原始公社的生产方式→奴隶占有制的生产方式→封建主义的生产方式→资本主义的生产方式→社会主义的生产方式,最终走向共产主义社会的直线发展

---

① 钱穆:《国史大纲》(修订本),商务印书馆1996年版,《引论》第21—22页。
② 侯外庐:《中国思想通史》(第2卷)(上册),三联书店1950年版,第374页。

过程。①

马克思建立的模型，必须重设许多新名词，这样才能排出一个直线发展的过程。即使是重设名词，也有确切的内涵，即"定义"。用"封建"的定义去套中国的汉唐宋明清，总是套不准，于是马克思为中国的汉唐宋明清又重设一个新词——"亚细亚生产方式"。这样一来，模型中的发展直线就不直了。有"马克思主义者"认为直不直比套不套得准更重要，苏联科学院编的《政治经济学教科书》，就把马克思的模型又削减为直线模型。按照模型，既然中国清代不是资本主义，同时又不是奴隶占有制，就只能是封建社会。依此类推，一直上溯到战国时期，便得出"在中国，封建制度存在了两千多年"。② 此后，是半封建半殖民地社会，比封建社会进步，因为半殖民地的买办资产阶级属于直线发展的下一阶段，即资本主义；再接下去是资产阶级民主革命，更进步了，资本主义的特征更多了；最后，就来到了十分进步的社会主义。③

建立在重设名词基础上的理论和规律，可以用来预测新的社会现象。如果在预测的时间和空间（地点）确实观察到了一个又一个被预测的社会现象，人们就会承认其中的规律是客观规律。中国知识分子在20世纪初承认这个规律，是因为确实观察到了一个被预测的社会现象：俄国十月革命正是这个规律预测的新现象——社会主义社会。由于当时中国很少有知识分子真读懂了马克思主义，所以很少有人注意，俄国的社会主义根本不是马克思预测的社会现象。马克思预测社会主义在发达的资本主义国家出现，俄国却是个很不发达的资本主义国家。在自然科学中，如此重大的预测失误等于理论失效。遗憾的是，在社会学科中，如此预测却被缺少科学头脑的人认作理论成功。二战后，更多的"成功"被世人观察到：东欧、东亚和拉美相继出现社会主义生产方式。不仅是中国知识分子，就连西欧北美的许多知识分子都承认了"人类社会发展五阶段"的规律。从英国最机密的情报机构内部，最老的贵族世

---

① 苏联科学院经济研究所编：《政治经济学教科书》，人民出版社1955年版，第611—614页；转引自张祥平《制度对话》。

② 同上书，第39页。

③ 同上书，第633—652页。

家子弟，到美国参议员，都有人把这个规律当成新的福音书预言。凡不符合这个规律的现象都被称为例外。然而，到了20世纪90年代，世界大多数知识分子都不再承认这个规律：因为这个规律与它的提出者苏联科学院一起被证伪了。①

中国的许多知识分子也并不认同"人类社会发展五阶段"的规律，可迄今仍有相当一部分却不愿放弃"汉唐宋明清是封建社会"的结论。因为经历"新文化运动"洗礼以后的多数知识分子，"封建社会"已与"中国传统"联结成一体。而否定"汉唐宋明清是封建社会"，"新文化运动"的意义就需要重新检讨：要科学、民主，不就是因为封建社会没有科学、民主吗？如果汉唐宋明清不是封建社会，"新文化运动"又是什么呢？[参见本书第八章第一节·一·（二）《中国的变革历程》]

化解传统中国的"封建"情结，去除中国传统的"封建"污名，中国知识分子才能恢复正常的心态。不然，就会言不及义，行不得果。正如孔子所言："名不正，则言不顺；言不顺，则事不成；事不成，则礼乐不兴；礼乐不兴，则刑罚不中；刑罚不中，则民无所措手足。"[《论语·子路》，译解见第二章第二节·四·（二）·2 之《孔子的方法论》]

参阅

去除"封建"之污名②

鸦片战争以降，中国人从器物到制度，渐渐对传统失去信心。洋务与改良运动的失败，使得一些激进者得出结论，必须根除传统文化，才能拥抱西方先进的科学与制度。这种彻底反传统的潮流，从"打倒孔家店"开始，在"文革"中达到极致。近三十多年，让对传统有温情的人稍感欣慰的是，在精神的空虚与在中国经济复兴下重拾的自信中，传统有了一点点复苏的征兆。

---

① 张祥平：《制度对话》，石油工业出版社 2001 年版，第 41—42 页。
② 编自白彤东：《正面传统，去"封建专制"之污名》，载《南方周末》2014 年 2 月 28 日。

但是，这种复兴传统的努力，常常处于一种里外／左右不是人的状态。有时，互相往死里整的派别，在对待传统上，却出奇地精诚团结。这种同仇敌忾的背后，是扣在传统上的那顶帽子："两千年封建专制的糟粕。"

"糟粕"是个表达情感的词，这里放下不说。"封建专制"这一表述，就"封建"与"专制"的本义来讲，其实自相矛盾。中文的"封建"，无论是望文生义的封土建国，还是有文本出处的"封建亲戚，以藩屏周"，指的是西周开国者发展出来的一套很天才的政治制度。

周的开国者们打败了强大的殷商之后，将殷商原来所控制的广大土地分配给他们的亲信（亲戚、功臣），通过封邦建国、授土授民的方法进行殖民。这里的"国"，其实是有城墙的城。据历史学家研究（比如李峰关于西周政治的两部著作，《西周的灭亡》与《西周的政体》），建这些国的时候，很有战略考虑，往往是三个诸侯国为一组，互为援助。在当时的条件下，周王直接管理的，只是他自己的一片土地与其上的人民；对这些诸侯国，在给了最初的财力与人员以后，诸侯国内部事务，由这些诸侯自己处理（自治）。只有在诸侯这一层级上，比如老诸侯死了立其继承者，或是诸侯在战事中协助周王，周王才可能有有限的干涉权。

每个诸侯国，本来就是一个城。但是，经过几代经营，周边土地被蚕食，新的城建立起来。这些诸侯原样照抄，把这些城的管理继续"外包"出去给他们下面的贵族。因此，封建制度的一个核心，是层级代理制度，上一层只能管到紧挨着的下一层，再往下，上一层就不再有管理的能力和权力。

上面所说的，其实是历史学的常识。

与此相对，"专制"通常是指一个中央政府有权决定其统治下的各级事务，与封建所包含的自治理念恰恰相反。因此，"封建专制"是个自相矛盾、狗屁不通的说法。

西周的封建制度在春秋战国时代土崩瓦解，秦设"郡县制"取而代之，绝非封建。那么，秦以降的两千年政治又怎么能被"封建专制"这么一个自相矛盾、又明显不合基本历史常识的称谓（尤其是"封建"的称谓）所描述？在当代中国人的词汇里（包括港台），"封建"怎么成了"专制"、"落后"的同义词呢？

回答这个问题，我们不得不绕个大弯，看看欧洲的历史。

欧洲历史上，最接近前文所述的那种政治模式的时期是中世纪，其制度通常被称作"feudalism"。"封建"恰恰是后来用来翻译"feudalism"的词。当然，欧洲中世纪的政体与西周的封建不是没有差异。比如欧洲有希腊和罗马的遗产，中国没有。欧洲有教皇（神权）与皇帝、国王之间的分立与争斗，中国没有。中国的"封建"在一个"共主"的统领下，建立起一套稳定和清晰的涵盖整个"天下"的体系，欧洲没有。特别是，中国学界流行的一个说法，是欧洲的feudalism是契约式的，而中国的封建是建立在家族亲属关系上的。但据上面提到的当代历史学家李峰的研究（"Feudalism and Western Zhou China: A Criticism"以及他的两部著作），周王与诸侯的关系是去亲属化的、公共的、去人化的（depersonalized），而欧洲的lord-vassal关系反而仅仅是两个自由人之间的个人关系。但在这些不同之外，无论如何，有一点中世纪的欧洲与西周是很接近的，即它的统治架构也是一个逐级代理的、含有很大自治成分的制度（只是比西周的要错乱得多）。其各级统治者，也是由血缘意义上的贵族承担，也就是说，王侯将相是要有种的，与西周情形相同。因此，求同存异，讲欧洲中世纪是封建，没有问题。

走出了中世纪欧洲，进入了他们的现代（modernity）。这个现代的欧洲，最终打败了传统中国。惊慌失措中，中国的学人就在认定中国落后的共识下，用欧洲的历史来反观中国。他们已经是现代，那我们就是前现代。他们已经走向民主，那我们自然就是专制。他们在现代之前是"feudalism"，那我们在西方来之前必然也是封建。于是，秦以降的两千年的中国政治，就成了封建专制，"封建"的含义被扭曲，成了"专制"与"落后"的同义词，成了个骂人专用词（"你这个老封建"、"这种封建流毒"等等）。

因此，这种说法，是双重意义上的"胡说"：其一，是胡说八道；其二，是用胡人的视角看中国。并且，如果秦以降是封建，而明显周秦之间有一个制度变革，感谢所谓的五阶段论，那么西周自然就是奴隶制，孔子也就成了没落奴隶主贵族阶级思想的代表！这种彻底违反历史常识的历史，通过五阶段论，成了正史；港台地区华人学者，包括很多港台地区新儒家，也有意识无意识地喝着百多年激进的狼奶，用同样的观点看待中国传统政治。

有了这种历史框架，一代代史家、文人就开始专门寻找传统中国政治的种种罪恶，从鲁迅的"吃人"到柏杨的酱缸，欲加之罪，何患无辞？

不是说传统政治中没有肮脏成分，任何政治都有肮脏的成分。但这种全盘打倒的做法，其实与某些"爱国"小将、老将去找出当代他国政治的种种肮脏，从而拒斥"西方流毒"的做法，骨子里没什么两样。

第五章　军国主义社会

　　本章探究人类社会较简单的异域整合形态——军国主义社会。先论军国主义社会的生成（第一节），内容包括生成机制和组织结构；然后探讨军国主义社会的演化（第二节），主要通过对中西两大军事帝国（秦帝国和罗马帝国）相似演化历程的比较研究，揭示军国主义的历史记忆对中西文明的影响截然不同：秦帝国模式是后来中国要竭力避免重蹈覆辙的"前车之鉴"，而罗马帝国的辉煌却一直是西方追求的"国家理想"。

第一节　军国主义社会的生成

一、生成机制

前文已述，由于城邦封建社会的经济发展与人口增加，或者说，由于供养系数自然增长快于临界系数的增长，导致了邦国的武力扩张，从而导致邦国间持续不断的战争。平息邦国间无休止的战争，需要把不同的封建城邦整合为同一个社会系统。

从人类历史来看，从简单分层的城邦封建社会到复杂分层的异域整合社会，主要是通过武力征服完成的。而在武力征服的同时，又必然伴随着在政治制度、经济模式、军事技术、社会组织、思想文化等方面的一系列复杂变革。

在变革前期，发挥主导作用的往往是经济文化发展相对领先的邦国，如中国春秋时期的齐国、晋国，古代希腊的雅典。这些经济文化发展领先的邦国，往往人口更为稠密，也更为注重文化发展与制度建设，因而受养人数相对更多。以经济学视角，即供养系数的自然增长更快于临界系数。这些国家在变革前期因其经济实力相对强大，因而在国际间征战频繁、秩序混乱的情况，往往起着主导国际秩序的作用，如中国的春秋五霸相继主导诸侯会盟、古希腊的雅典主导提洛同盟。

随着国际间战事加剧，上述先"发达"邦国的国力逐渐耗损，而处于发达邦国周边、相对"落后"的邦国此时通过学习"发达"邦国的先进技术与组织管理逐步发展起来，如在古代"中国"西北边缘的秦国、在古代希腊北部边缘的马其顿。这些相对"落后"的邦国有着明显的"后发"优势：其相对"发达"邦国而言，人口增长较慢，土地相对宽松，受养人数相对较少而供养人数相对较多，供养系数的自然增长相对慢于临界系数。同时，因其文化发展与制度建设相对落后,致使"意识形态"与"政治体制"的转轨相对容易,可以在较少内耗的情况下,而全力追求富国强兵。于是,这些"后发展"国家得以轻装上阵,后来居上,征服地域不断扩大。

随着征服者的占领地域达到一定规模,要有效管理庞大地域上的人口,原有的封建性的组织管理方式已无法达成目标。于是,就有"废封建"而"兴郡县";"收军器,堕城郭,决川防,夷险阻,以解消封建时代之武装";"建设首都"而大兴土木;"巡行郡邑,筑弛道";"统整各地制度文化风俗";[①] 统一货币及度量衡等。其中,最关键的是"废封建"而"兴郡县",由此,中央政府对地方的管理不再通过世袭贵族,而是直接派员管理,地方在财税、军事与司法等方面的权力统归中央。于是,社会结构发生跃迁,进入异域整合型社会。

如果周边尚有可拓殖的空间,进入异域整合社会的国家就仍以不断的军事扩张为最高目标,军权与政权高度统一,相关的政治、经济、社会、文教等组织均服务于军事扩张。"军事"成为社会成员升层的主要竞争途径,"军功"成为社会精英升迁的主要考核标准。简言之,国家制度建设以"军事"为核心,社会精英升层以"战功"为根本,可称为"军国主义社会",或"军制战选社会"。"军国主义"强调的是立国基础与决策导向,"军制战选"强调的是政治制度与升层路径,实质无二。

理解上述"军国主义(军制战选)社会"的生成机制,可借助温差液花实验和太极生卦模型。

同域分层的封建城邦(平衡态意义的微观粒子)在政治、经济、军事等方面基本是相互独立与平等的关系(太极状态),在与自然环境互动、维持邦国延续过程中,经济文化发展相对领先(受养人数相对较多而供养人数相对较少、处于文明中心区域)的邦国是受输入(环境)影响较大的部分(阳仪),经济文化发展相对落后(受养人数相对较少而供养人数相对较多、处于文明边缘区域)的邦国是受输出影响较大的部分(阴仪),落后邦国中利用"后发

[①] 钱穆:《国史大纲》(修订本),商务印书馆1996年版,第121—124页。

展"优势而崛起的军事强国成为初始的核心动态,并逐渐成为征服、整合其他邦国的动态核心(四象出现),新的社会形态——军国主义(军制战选)社会形成(非平衡态秩序出现,八卦生成)。

人类历史上的"军国主义(军制战选)社会"皆产生于从城邦封建社会向异域整合社会的转型过程。据已有史料,最先形成于西亚两河流域。西元前24世纪,征服苏美尔、统一两河流域的阿卡德王国建立起历史上第一个军事帝国。之后,有乌尔第三王朝、古巴比伦帝国和亚述帝国等相继出现;再后,相继出现了整合地域更广、横跨亚欧非大陆的波斯帝国、亚历山大帝国和罗马帝国。亚欧大陆东部,中国春秋战国之后出现的秦帝国,是中国历史上唯一由汉族建立的军事帝国。秦后一千四百多年,蒙古异军突起,横扫亚欧大陆,建立了一个迄今为止版图最大的巨型军事帝国。欧洲中世纪之后,从城邦封建社会向异域整合社会的转型过程中,先有西班牙征服南美洲、吞并葡萄牙,后有德意志肆略欧洲,皆可定性为"军国主义社会"。

二、组织结构

理解"军国主义(军制战选)社会"的组织结构与运行机制,可借助五行模型。

军国主义社会的组织秩序体现为军权与政权的高度统一,可称之为"军国政府"(木);国家制度建设以"军事"为核心,政府管理决策以"扩张"为导向,社会精英升层以"战功"为根本(火,动态核心);地理环境以及人们在其中的生产生活是"输入"(土),另外,异域整合过程伴随的制度建设(主要特点是"以法为教"——军法严明、刑罚严峻)、文化吸收、人才引进、商品进口及外敌侵犯也是"输入"(土);而相应的制度文化输出、人才外流、商品出口及对外扩张等则是"输出"(金),生产生活产生的废弃物质当然也属于"输出"(金);社会基层组织耕战一体,兵农合一(如秦国的乡里什伍组织),是平衡态微观粒子(水)。以上构成军国主义社会的五行结构,五行之间相生相克,成一整体。

第二节 军国主义社会的史实序列

一、演化环节

通过对军国主义（军制战选）社会的历史求同存异，进行整合，从整体到局部，可以发现其生成演化的历程，有着数目相对稳定的演化环节（极数）。而且，在序数相同的环节达到相似的序化程度和变异幅度（通变），如表5—1所示（见下页，表中史实序列，因篇幅所限，仅列与本书主旨密切的秦帝国与罗马帝国，其他军事帝国的相关史实序列，下一节将略有提及）。

表中对秦帝国与罗马帝国历史事实的整理，方法基础是复杂第一规律。运用复杂第一规律，需要对人类社会在不同地域、不同时期的历史事实求同存异、进行整合（从简单到复杂，与长程历史相关），从整体（人类永续发展）到局部（局地历史兴衰），适度留余。要在"默识"人类历史整体（演化历程及演化结果）的基础上，借助复杂科学的"道理"或"定律"（包括模型、定义、公理、规律、用表等），从整体到局部地对不同地域、不同时期的历史事实进行定位（即包括从简单到复杂的层次，又包括从整体到局部的位置），然后探究其事件关联、揭示其发展规律。

表 5—1 军国主义社会演化路径表（秦帝国与罗马帝国）

序数	演化环节	秦帝国 事件	秦帝国 时间	罗马帝国 事件	罗马帝国 时间
1	边缘小国	襄公岐西建国	前 770	罗慕路斯罗马建城	前 753
2	先王图治	穆公图治	前 7 世纪中期	图利乌斯改革	前 6 世纪中期
3	初露锋芒	称霸西戎	前 7 世纪下半期	称霸拉丁同盟	前 5 世纪初期
4	遭遇强敌	三晋伐秦	前 4 世纪上半期	高卢攻陷罗马	前 390
5	制度变革	商鞅变法	前 356—前 350	李锡尼—赛克斯法案→霍腾西阿法案	前 367—前 287
6	军事领先	军团优化，武器改良	前 4 世纪	军团优化，武器改良	前 4 世纪
7	征服兼并	三阶段征服、兼并	前 4 世纪—前 3 世纪	三阶段征服、兼并	前 5 世纪—前 2 世纪
8	大局甫定	秦昭襄王扫平劲敌	前 325 年—前 251 年	恺撒大帝扫平劲敌	前 102—前 44
9	建立帝制	秦始皇帝	前 221	奥古斯都	前 27
10	统一治理	调整官制、修订法律、统一币制与度量衡、拓展交通、建设首都等	秦始皇时期	调整官制、修订法律、统一币制与度量衡、拓展交通、建设首都等	奥古斯都时期
11	继续扩张	南征百越，北击匈奴	前 223—前 210	四面扩张	1 世纪
12	扩张受阻	地理限制，无可扩张	秦始皇末期	军事收缩，转向防御	哈德良时期
13	高层争权	君杀臣，臣弑君	前 210—前 207	王位争夺，僭主丛生	2 世纪—4 世纪
14	兵乱四起	先有陈胜、吴广，后有项羽、刘邦	前 209	先有内部起义，后有蛮族入侵	3—5 世纪
15	帝国灭亡	子婴投降	前 207	罗慕卢斯·奥古斯都遭黜	476

二、史实序列

对于上表所列举的史实序列，下文略作陈述（基于"默而识之"的素描）。需重复指出，要深入理解秦帝国与罗马帝国生成演化的自相似，应在概览全局的基础上更深入了解相关的历史细节。唯如此，方能领悟表中所述史实之"同"。一旦深入了解相关历史细节之后，则又能进一步在心中细化"默识"所得的"极数通变"图形。以下史实陈述，不对相应演化环节的历史事件的"相似序化程度和变异幅度"作阐释和说明，而留由读者"默识"和"自明"。

1. 边缘小国

秦：秦在周初为附庸小国，地处西陲。春秋初年，秦襄公因护送平王东迁（见周幽王）有功，被封为诸侯，赐给歧以西地，正式建国。其社会经济发展相较于中原国家远为落后，中原国家一度"不与盟会"。

罗马：罗马帝国发源于意大利第伯河东岸的罗马城（据传说西元，前753年罗慕路斯在罗马建城），其社会经济发展相较于彼时的希腊国家远为落后。

注：军事帝国兴起前几乎都是如此，文明水平相对较低，由于地处先进文明地区之边缘，遂能汲取先进文明之滋养，如阿卡德之于苏美尔，阿摩利人之于苏美尔－阿卡德，亚述之于巴比伦，波斯之于亚述、米底，马其顿之于希腊；中古时期，如蒙古帝国之于金、宋；近代，如纳粹德国之于英、法等。

2. 先王图治

秦：经文、宁、武、德、宣诸公一百多年，到前7世纪中期，穆公继位后，广纳贤士，引进"外国"人才，"西取由余于戎，东得百里奚于宛，迎蹇叔于宋，来邳豹、公孙支于晋"（李斯：《谏逐客书》）。通过内修国政，穆公为秦国的崛起奠定了基础。

罗马：前6世纪中期，国王塞维·图利乌斯进行改革，主要包括：重建行政区划（罗马城内分设四区，代替原有的三个血缘部落，城郊乡村则划分为十多个地区）；划分居民等级（居民按财产多少分为不同等级，对应不同的税赋兵役）；重组罗马军队等。改革为罗马的崛起奠定了基础。

3. 初露锋芒

秦：前627年，秦企图东扩（东部是春秋五霸之一的晋国），与晋战于崤山，结果大败。东进受挫后，秦国改变战略，转而西进，"谋伐戎王，益国十二，开地千里，遂霸西戎"。

罗马：前6世纪末，罗马企图南扩，南部的拉丁人组织同盟对抗罗马。前499年，Regillus湖之战，大胜，前494年，主导拉丁同盟。

4．遭遇强敌

秦：魏国用李悝变法后，国力强盛，侵吞秦之西河，窥视关中。秦简公、惠公屡次攻魏，欲夺回西河之地，皆被吴起所败。吴起乘胜攻入关中，秦不能敌。前389年，秦惠公破釜沉舟，起兵50万与魏军一战，吴起在阴晋一战中，以五万之卒大败秦军，秦国根本无力抵抗三晋的攻势。后因三晋联盟瓦解，魏国结怨于诸侯，秦国局势方得以稳定。

罗马：前390年，高卢人攻陷罗马（详情史不足徵）。

5．制度变革

秦：战国时期，国家兼并战争加剧，列国展开制度改革。其中，秦孝公任用商鞅实施的变法是改革最全面、贯彻最彻底、为期最长久、影响最深远的。变法有两次，第一次在前359年，主要内容包括：①废除世卿世禄制。破除贵族"无功可以得尊显"的"故俗"，实行军功爵制。爵位共分二十等级，按爵位高低相应地可占有土地、住宅、奴婢，以及享用车骑、服饰等。②奖励军功，禁止私斗。对立功者，依功劳大小分别授予爵位、田宅。③编制户籍，实行什伍连坐法。凡境内居民均须登记于户籍，五家为伍，十家为什，互相监督。一家犯法，若别家不告发，则十家同罪连坐；告发人，同杀敌一人受奖，赐爵一级。④奖励耕织。凡使粮食和布帛产量超常的，可免除本人劳役和赋税；以农业为"本业"，以工商为"末业"，凡因弃本求末，或游手好闲而贫穷者，全家罚为官奴。招徕三晋无地农民到秦垦荒，不但给予田宅，而且免除三世劳役。新法实施后，秦国日益富强。前350年，开始第二次变法，主要内容包括：①推行县制。合并乡村城镇为县，全国统一划分为三十一县，县设令和丞，由国君任免，分封采邑制逐渐废除。②废井田，开阡陌。平毁井田中的纵横疆界，国家主持授田，奖励垦荒，根据土地多少来纳税。③统一度量衡。制造标准的度量衡器，要求全国统一施行。④制订秦律，公布于全国实行。商鞅变法，确立了"赏不遗匹夫，刑不避大夫，使天下之利系处于一孔"的基本国策，彻底动员了全国之力，将秦国变成一个完全军事化的社会。

罗马：罗马扩张，夺得了大片土地。无地和少地的平民希望能分得一份，但贵族只拿出少量土地分配。同时，由于战争频繁，平民因连年出征负债严重。债务问题和土地问题成为罗马平民和贵族的矛盾焦点。李锡尼和塞克斯任保民官期间，提出涉及土地、债务和政权的新法案，主要内容包括：①全体公民都可以占有和使用一定数额的公有土地；②平民欠债停止付息，已付利息作本金计算，尚未还清的本金分三年偿还；③在两名执政官中，必须有一名由平民充任。此后，其他政府高级官职也先后向平民敞开，平民先后获得了担任独裁官、监察官和大法官的权利，管理罗马市政的营造官和管理财务的财政官也都有平民任职。前287年，通过的霍腾西阿法案规定，平民会议的决议可以无需元老院批准而对全体公民具有法律效力。由此，平民在政治和法律上争得了与贵族享受平等的权利。

（注：上述制度变革为平民升层打开了通道，为社会动员、打造强力国家军事机器奠定了基础。）

6. 军事领先

秦：在全国动员的基础上，秦国优化军队编制、改良武器装备、创新作战技术，军事力量领先各国。秦军兵种分为步兵（含弩兵）、车兵、骑兵和水兵种。步兵有轻装与重装之分，轻装步兵无甲，持弓、弩远射兵器；重装步兵上体着甲，持戈、矛、戟之类长兵器；着甲持弓、弩者为驾兵，是步兵的主力。车兵装备单辕双轮四马木质车，每车三人，皆着盔甲，御者居中，甲士二人分立两侧，持戈矛类长兵器。步兵与车兵是主要作战力量。作战中，车、骑、步、驾混编列阵，配合作战。秦军的远战武器弓、弩、箭与近战武器戈、矛、戟、刀、剑等，在设计制作方面均较当时技术有所突破，极具杀伤力。

罗马：在社会制度变革的基础上，罗马优化军队编制、改良武器装备、创新作战技术，军事力量领先各国。罗马军队不再按财产等级的百人队编制，而以执行野战任务的军团作单位，每军团四千至六千人，多数为重装步兵，并配以三百骑兵。士兵按年龄分属三十个中队，每中队包括两个百人队，三十个中队按青、中、老排列布阵，青年排在最前列；中年居中，起到稳定全军之作用；老年殿后，在决定胜负的最后阶段发挥其经验丰富的特长。罗马军团是西方最早用短剑而不是长矛作为主要兵器的军队。与马其顿长矛不同，剑是近战格斗武器，一寸短一寸险。因为罗马军团用剑，所以和马其顿方阵的密集队形相比，更适应地形的变化，军团可以在作战中随时调整。士兵除有短剑，还配备两支两米多长的标枪。作战时，先用标枪远投，打乱对方队形，然后冲上展开近战。罗马军团编制的优化极大地提高了罗马军队的战斗力。

7．征服兼并

秦：秦东进统一中国的历程大体可分三阶段：第一阶段，攻魏占领黄河以西地区，之后向西南进攻，灭巴国和蜀国，再向西北扩展，兼并西戎义渠部，彻底解除东进的后顾之忧。第二阶段，消灭东进的强敌韩、魏、赵"三晋"，此间历经激烈的合纵连横战争，之后通过"远交近攻"的策略，灭韩、魏、赵三国。第三阶段，南下灭楚，攻辽东擒燕王，东进灭齐，兼并六国。历经自秦孝公起约一百五十余年的时间，被称为"虎狼之师"的秦军与东方列国大小百余战，累计歼灭六国军队一百五十余万，在"伏尸百万，流血千里"的残酷战场上，奠定了统一帝国的版图。

罗马：罗马对外征服兼并的历程大体可分三阶段：第一阶段，征服厄魁人、伏尔西人和伊特鲁里亚人，占领波河以南、罗马以北地区，之后通过萨莫奈战争征服中部意大利，再向南部意大利发起进攻，征服他林敦，统一意大利。第二阶段，征服西地中海的劲敌迦太基，取得地中海西部的霸权。第三阶段，向东征服希腊马其顿王国、埃及托勒密王国和叙利亚塞琉古王国，并完全摧毁迦太基城。至西元前二世纪下半叶，罗马基本上征服地中海世界，奠定了地跨欧、亚、非三洲的帝国版图。

8．大局甫定

秦：秦之帝国大局在昭襄王时期得以确立。昭襄王巧妙运用外交军事策略，利用各国矛盾，将其各个击破。前293年，秦军大胜韩魏联军于伊阙（河南洛阳南），斩首24万；前283年，秦军联合燕、赵、三晋五国之兵攻齐，陷齐七十余城，齐大势已去；前278年，秦军伐楚，攻入楚国腹地，陷郢都；此后齐、楚俱衰，天下成秦、赵相争之势。昭襄王知不可与赵强争，乃用范雎"远交近攻"之策。前260年，秦赵两军对垒三年后，秦军通过反间计使赵国启用无实战能力的赵括代廉颇为将，于长平坑杀赵军40万，击溃最后强敌，统一天下几成定局。

罗马：罗马的帝国大局在恺撒时期得以确立。前 58 年到前 49 年间，恺撒征服整个高卢地区，以比利牛斯山、阿尔卑斯山、塞文山、莱茵河和罗纳河为界，周长超过 3000 英里的地区（除了部分同盟者的城市），成为高卢行省。之后，恺撒征讨西班牙、希腊，在前 48 年彻底击败庞培，追击到埃及。前 46 年，恺撒攻打逃至北非与努米底亚王犹巴结成同盟的庞培余党，于塔尔索斯会战中获完全胜利。

9. 建立帝制

秦：嬴政统一中国后宣称："天下大定，今名号不更，无以称成功，传后世"，遂将名号由"王"改称"皇帝"，意为"德兼三皇，功包五帝"。在统一后第三年到泰山上筑坛祭天，在山南梁父山上辟基祭地，即"封禅"，以示皇权天授，并树碑立传，文曰："皇帝立国，维初在昔。嗣世称王，讨伐乱逆。威动四极，武义直方。戎臣奉诏，经时不久，灭六暴强。二有六年，上荐高号，孝道显明。既献泰成，乃降专惠，亲巡远方。登于峄山，群臣从者，咸思攸长。追念乱世，分土建邦，以开争理。攻战日作，流血于野，自泰古始。世无万数，陀及五帝，莫能禁止。乃今皇帝，壹家天下，兵不复起。灾害灭除，黔首康定，利泽长久。群臣诵略，刻此乐石，以著经记。"

罗马：屋大维掌权后，采用"元首"称号。在元首制下，共和制的各种政治机构如公民大会、元老院、执政官等依然存在，但形同虚设，实权掌握在屋大维手中。他可以向行省派遣全权代表——地方代理官，以招募军队、征收军税和管理地产。前 27 年，屋大维被元老院授予尊号"奥古斯都"（正如嬴政尊称"皇帝"），元老院会堂中设立一面金盾，镌文"英勇无畏，宽厚仁慈和公正笃敬"（正如秦始皇树碑立传）；此后，连续获得执政官职位。前 23 年，奥古斯都辞去执政官职务，并推荐两名共和派为执政官；元老院则通过法令，授予他享有与执政官同等权力的执政官权。于是，奥古斯都无需担任执政官，却拥有罗马城和意大利的最高管理权。与此同时，他在西元前 36 年获得的终身保民官职得到确认，这意味着明确了他的人身不可侵犯性以及对元老院和人民大会所通过的决议具有的否决权。从此，奥古斯都随时可召开元老院会议，提出对元首有利的法案。前 12 年，其被选为祭司长，成为宗教领袖，权力几乎无以复加。

10. 统一治理

秦：秦统一六国后，面对已征服的广土众民，亟须调整治理结构，完善制度建设，主要内容包括：①行政方面。尽罢诸侯，建立单一的由中央政府直接管辖的郡、县二级地方行政体制。②官僚体系。在中央设置辅佐皇帝处理政务的左右丞相、主管军事的太尉以及掌管重要文件、监督百官和司法审判的御史大夫，另设分管具体事务的其他中央高级官吏，包括奉常、郎中令、卫尉、太仆、廷尉、典客、宗正、治粟内史、少府等；在地方设置郡、县两级行政机构，设郡守全面负责郡的政务，郡尉辅佐郡守掌管郡的军事，郡监掌监郡，是隶属于中央御史大夫的特殊官吏，任务是代表皇帝监察地方官吏等；设县令（长），掌管一县政事，县尉掌军事，县丞掌司法；以上从中央到地方各类官员皆由皇帝任免。③法律方面。修订法律，颁布全国，对六国原有法律，除吸收有用的条文外，皆予废除。④土地方面。颁发"使黔首自实田"的法令，进行全国性土地登记，承认土地的现实占有，保障了赋税收入的基本稳定。⑤统一货币、度量衡和文字。⑥交通体系。拆除战国时期诸侯国之间阻碍交通的关塞、堡垒和长城，决通川防，并修筑以咸阳为中心的四通八达的驰道。⑦建设首都。在渭南上林苑建造规模宏大的朝宫（即阿房宫）；将全国各地豪富十多万户迁往咸阳，一方面防止其"成奸伪之业，遂朋党之权"，一方面促进首都咸阳的经济发展。⑧修筑长城。征调大量人力、物力连接过去秦、赵、燕三国修筑的长城；派大军在长城沿线驻守，并大量移民前往开垦，以保证边防的供应。

罗马：恺撒统治期间，已开始一系列内政改革，内容包括：①使退伍老兵、贫苦公民在各行省分得份地，并且在许多涉及自治市活动的法令中，规定了老兵的应享权利。②扩充元老院名额，增选非元老贵族出身的人士。③把公民权扩大到一些行省。④改革税收制度，由国家征收直接税。⑤颁布新法律。⑥剥夺行省总督的军权，只保有其司法和行政权，行省军队由恺撒的副将以副行政长官的名义掌管。屋大维上位后，进行了一系列制度调整，主要包括：①元老制度。将元老院名额减为六百人，必须有一百万塞斯退斯的财产，才有资格成为元老的候选人；元老可以担任由共和国遗留下来的高级长官，也可以担任军事长官和行省总督。②骑士制度。必须有四十万塞斯退斯的财产，才有资格成为骑士，骑士除保留包税权外，还能担任近卫军长官、埃及总督、军团将校以及各种与财政有关的要职。③选官制度。从骑士中选拔官吏，组成官僚集团，骑士可以候补元老，元老之子在取得元老资格以前，也列为骑士。④军队编制。陆续建立一些殖民地，安置大批退伍军人；到西元前 15 年，只保留了 28 个军团，奥古斯都本人为 28 个军团总司令；军团驻扎边疆，且不断向外扩张，由于边境线很长，兵员常不敷分配，所以军团将领在驻防地可增召辅军。⑤统一货币、度量衡。⑥交通体系。建设全国性的驿道体系，沿途设置驿站，驿站配备马厩、车棚、仓库、饭店等。⑦首都建设。大兴土木，新建了元老院会厅、恺撒神庙、奥古斯都和平坛以及广场等，把一座由砖头砌成的罗马城变成了大理石的罗马。

11. 继续扩张

秦：在改善内部治理的同时，秦国继续对外扩张，南征"百越"，北攻匈奴。越人是华南古老民族，广布于东南沿海和华南地区，各自独立，互不相属，故称"百越"。灭楚后，秦军发兵 50 万，分五路向东南沿海和华南地区的越人进攻。先是迅速攻占了闽越，接下来在南越和西瓯遇到顽强抵抗，遭受重挫。后发 50 万戍卒增援，持续 8 年，方得取胜。之后，秦在越地设置闽中、南海、象、桂林四郡。秦灭六国以后，发兵三十万征伐匈奴，把匈奴势力赶到阴山以北，并从内地移民三万户到占领地区戍守和垦荒。

罗马：在改善内部治理的同时，奥古斯都继续对外扩张。西元前 27 年至 24 年，奥古斯都征服西班牙北部，并建立军事殖民地。前 25 年至 8 年，奥古斯都多次派兵征讨意大利北部阿尔卑斯山附近的一些部落，并将罗马北部边界推至多瑙河流域。克劳狄时期，通过军事征服，先后在不列颠、毛里塔尼亚和色雷斯新设了五省。图密善时期，占领不列颠泰晤士河以北土地，把罗马疆域往北推进至苏格兰边界。图拉真时期，扩张到契亚（今罗马尼亚）、美索不达米亚和西奈半岛，帝国版图达到最大限度：从东方的波斯湾到西方的大西洋沿岸；北方从莱茵河和多瑙河向东伸展，包括达西亚；南方包括全部北非地区。

12. 扩张受阻

秦：秦帝国的扩张面临天然的"极限"。往西、往北是沙漠与高寒地带，往南是热带雨林，以当时技术条件皆不宜开发；往东则是大海。帝国扩张受阻，内部问题凸显。加之秦始皇大兴土木役使人力物力，又实行严刑峻法，以至"囹圄成市"、"赭衣塞路"，民怨沸腾。

罗马：至图拉真时期，帝国的扩张达到最高峰，其后的哈德良开始实施收缩政策，撤回在美索不达米亚的大部分军队，军事重点转为防御，如加强连接莱茵河和多瑙河的防御工事，修造穿越大不列颠岛北部的哈德良长城。即使如此，也难阻挡帝国边疆的外族兵扰。

13. 高层争权

秦：秦始皇死后，第十八子胡亥通过伪诏袭位。秦二世为肃清异己，网织罪名，诛杀了军事将领蒙恬、蒙毅弟兄，以及秦公子、公主20多人，其他宗室大臣相连坐者不可胜数，群臣人人自危，权力集团内部分崩离析。后来，赵高与秦二世勾结，杀掉李斯。不久，赵高又杀掉秦二世，另立二世之侄子婴为秦王。子婴又杀赵高。

罗马：西元二世纪末开始，帝国高层的争权导致了长期的政治混乱。192年，皇帝康茂德被杀，此后六个月近卫军就拥立了两个皇帝，各行省驻军也纷纷自立皇帝。罗马内部爆发了一场长达四年（193—197年）的王位争夺战。潘诺尼亚军团拥立的塞维鲁在王位争夺战中胜出，建立了塞维鲁王朝（193—235）。235年，塞维鲁王朝被推翻，马克西密努斯为帝，三年后，又被士兵所杀。238年，各行省和意大利分别拥立四名皇帝，不久又皆被士兵所杀。以后十五年，罗马换了十个皇帝。253—268年，各地割据称王的先后逾三十人，史称"三十僭主"时代。"三十僭主"时代的政治危机，到三世纪末有所缓解。284年，宫廷近卫军首领戴克里先由军队拥立为帝，他进行的一系列政治与军事改革，使帝国维持了一段时期的稳定。戴氏退位后，几个继承者之间开始了十八年的混战。323年，君士坦丁统一帝国。337年，君士坦丁死后，帝国由他的三个儿子和两个侄儿分治，内部争夺权力的斗争又延续了十六年（337—353年）。353年，君士坦丁的次子君士坦提乌斯二世再次统一帝国，但不久就被君士坦丁的侄儿朱里亚努斯推翻。363年，朱里亚努斯死后，帝国又出现两个奥古斯都。后来，东部帝国的提奥多西（379—395年在位）在一个短时期内再度恢复了统一的局面，死后，他的两个儿子分别掌管东西两部，帝国再次分裂。

14. 兵乱四起

秦：秦帝国权力集团内部分裂，加之"赋敛愈重，戍徭无已"，"法令诛罚，日益深刻"，激发了社会各种矛盾，于是，兵乱四起。先有陈胜、吴广以"伐无道、诛暴秦"为口号起兵，后有项羽、刘邦等举旗相应。

罗马："三十僭主"时代，篡权夺位导致内战，已使帝国处于瘫痪和瓦解的边缘。一方面，各地动乱频繁。238年，北非奴隶、隶农和当地土著居民起义。263年，西西里奴隶起义。273年，罗马造币工人起义。三世纪中叶，高卢地区农牧民、奴隶、隶农起义。同时又有外族入侵。251年，多瑙河外的哥特人横越巴尔干，袭取拜占庭城，攻扰小亚细亚和爱琴海地区。256年，法兰克人侵入莱茵河下游，此后又进入高卢中部和东部，并在西班牙东北获得据点。在东方，新兴的波斯萨珊王朝向西扩张，进攻叙利亚，势力达到卡帕多西亚。戴克里先维持了一段时期的稳定后，继承者之间又开始了十八年的混战。368—369年，不列颠爆发纳税人起义。在高卢，农牧民、奴隶、隶农再次起义。到五世纪时，罗马在不列颠、高卢、西班牙的统治已经瓦解，代之而起的是众多的日耳曼人的小王国。四世纪三十年代至四十年代，北非爆发规模巨大的奴隶、隶农和贫民起义，七十年代又再次爆发。375年，帝国北疆爆发西哥特人起义。395年，罗马帝国分裂后，西哥特人乘机掀起大规模的起义。410年，西哥特人围攻罗马城，被誉为"永恒之城"的罗马陷落。到5世纪中叶，西部帝国的大部分地区已被蛮族占领，帝国四分五裂，濒于灭亡。

15. 帝国灭亡

秦：秦二世三年（西元前207）八月，刘邦率兵攻入武关；九月，进抵蓝田；十月，军至霸上，子婴投降，秦亡。

罗马：476年9月，日耳曼人废黜最后一个罗马皇帝罗慕卢斯·奥古斯都，西罗马帝国灭亡。

秦帝国覆灭之后，西楚霸王主导重新分封天下，结果中国又陷入群雄争霸的战争。直到刘邦设局垓下、项羽自刎乌江，历史才掀开新的一页。西汉王朝建立，中国由此走向大一统德本主义社会。

西罗马帝国覆灭之后，在罗马和日耳曼因素的交互作用下，西欧出现了众多由日耳曼部落建立的城邦，并完整重演了邦国形成——稳定——变革的历史过程（详见第四章）。

（需要指出，人类历史上的军事帝国崩溃后，后续情形大多是：被征服统一的地域群雄纷起、割据称王，重回邦国林立的时代；邦国又往往重陷争夺兼并，武力兼并后又再现军事帝国一统天下。"分久必合，合久必分"，如此往复，演绎了人类社会演进历史中最为血腥悲怆的一幕。西亚的古代历史最为典型。）

三、中西比较

上述的"演化环节"与"史实序列"，勾勒了秦帝国与罗马帝国生成、演进以及灭亡的历程，着眼点在"求同"。下面在"求同"的基础上，对二者的演化历程作更进一步比较，着眼点则在"究异"。

"究异"从两个方向入手：一是纵向的，探究帝国存续时间的差异；一是横向的，探究社会整合程度的差异。

（一）帝国存续

秦帝国与罗马帝国同为威震寰宇的军事帝国，但就存续时间而言，二者反差实在太大。从帝制确立到帝国灭亡，前者仅十五年（前221—前207年），后者却长达四百多年（前27–395年）。究其原因，根本在于资源环境不同。

先秦时期的中华大地已历经三千年的文明发展，社会经济之进步、历代人口之增殖，远超其时罗马的周边地区。加之亚欧大陆东部的地理环境限制，人口几乎无法向外拓殖，才有了五百余年春秋战国的血腥兵争。中国统一战争的时间之长久、范围之广阔、规模之宏大、场面之残酷，皆为举世罕见。在秦惠文王和武王时期，秦已有一战歼敌好几万的纪录；到秦昭襄王时代，战争规模加剧，伊阙之战灭敌 24 万，长平之战更是达到 45 万之巨。长平战役歼敌数目，在人类战争史上，即使以现代战争规模来衡量，也极其惊人。列国战争中仅秦国歼敌人数就达百万以上，若加上秦国自身亡兵，以及其他六国之间战争的亡兵数量，应在 200 万以上。这对当时约 2000 万人口的中国而言，所占人口比例，特别是按男性成年人口比例计算，也是极为惊人的。①

而罗马帝国的版图形成之前，文明发展主要限于西亚两河流域、北非尼罗河流域以及希腊半岛，罗马的西部、北部、南部（地中海北海岸）地区尚有广阔的可拓殖地区。因此，罗马以一蕞尔城邦小国崛起后，仅 200 年就基本扫除了地中海区域的军事劲敌（从击败拉丁诸国到摧毁迦太基、征服马其顿、收获帕加马）；此后，又有持续三百多的年扩张（直至哈德良时期）。罗马的成功扩张，致使社会供养系数大大低于临界系数，因此保障了帝国又再有 300 年的存续。

纵观人类历史，以持续军事扩张为决策导向的军国主义社会，一般的存续时间都不长。因为军事扩张一旦受阻，主导社会整合的要素就会失灵，社会升层途径就会壅塞，社会秩序就会面临崩溃。所以，无论是在西亚两河流域相继兴起的军事帝国，如阿卡德王国（前 2371—约前 2230 年）、乌尔第三王朝（约前 2113—约前 2006 年）、古巴比伦之汉谟拉比帝国（前 1792—前 1750 年）、亚述帝国（前 746—前 605 年），还是之后兴起的横跨欧亚非大陆的波斯帝国（前 550—前 330 年）、亚历山大帝国（前 336—前 323 年），以及亚欧大陆东部后来兴起的蒙古帝国（1206—1259 年），帝国存续的时间，一般都超不过两百年。罗马帝国因其扩张空间（资源环境）、扩张时间与扩张能力的因缘和合，成为人类历史上存续时间最长的军事帝国。

除了资源环境，语言文字也是影响帝国形态存续时间的重要因素。汉字构型的相似使其可以普遍适用于中华大地的不同方言地区，推进了文明的交流与传播。所以秦统一之前列国之间的文明差异程度并不是太大，各国社会

---

① 葛剑雄：《中国人口发展史》，福建人民出版社 1991 年版，第 106—109 页。

动员、组织管理的能力也比较接近。各国之间可以迅速跟进学习，因此才有了春秋五霸、战国七雄的势力此消彼长。这也是导致列国战争时间漫长、范围广阔、规模宏大、惨烈残酷的重要原因。而拼音文字却无法普遍适用于罗马帝国的广阔疆域。语言文字的差异，成为罗马文明传播的隔离墙，使得被征服者难以获取较高文明，特别是提高社会动员和组织管理能力。这成为罗马得以长期维持帝国统治的一个重要原因，也是罗马奴隶制度长期繁荣的一个重要原因。

（二）社会整合

所谓社会整合，是指城邦封建社会到异域整合社会转型过程中的"整合"，主要体现在两个层面：一是社会层面，主要表现为封建贵族权利的削减、平民升层规则的确立；一是国家层面，主要表现为中央对地方的管理、政府官吏的选拔与任用；

秦国在商鞅变法时期，在社会层面，通过废除世卿世禄制度、建立军功奖励制度、国家授田制度等，逐步完成了对封建贵族权利的削减，并基本确立了平民升层规则；在国家层面，通过废除分封、推行县制、中央直接委派地方官吏等，逐步建立了中央对地方管理的制度框架。

在序数相同的演化环节（见上表），罗马平民通过与贵族的斗争，基于一系列法案，"从理论上讲……所有罗马公民在法律上已经完全平等，所有人都可以努力争取当选最高官职"，[1] 平民在政治和法律上争得了与贵族享受平等的权利。但实际上，由于封建贵族权利的保留和平民升层规则的限制，"相互融合的贵族家族和平民家族逐渐形成新的元老院贵族，他们主导了政府"，[2] 并最终导致了西元前二世纪下半期开始的一系列改革、动乱、政变、内战。直到恺撒掌权，实行由国家向退伍老兵和贫苦公民分配份地、中央政府向地方直接征税、中央政府直管行省军权等，才在社会层面与国家层面确立了制度整合的框架。

可见，从城邦封建社会到异域整合社会的转型过程中，秦国的社会整合相对更迅速、更彻底，罗马则相对更迟缓、更表层。究其原因，根本仍在于资

---

[1] 〔美〕斯皮瓦格尔：《西方文明简史》（第四版），董仲瑜译，北京大学出版社 2010 年版，第 111 页。

[2] 同上。

源环境。由于秦国资源环境相对紧迫，使得其欲要在残酷的兼并战争中生存下来，不得不迅速地、彻底地完成制度变革，以动员全国之力，打造一个完全军事化的社会。而罗马帝国资源环境相对优裕，使得其在扩张过程中，无需短时期内动员全国之力，也就缺乏足够的压力使其制度变革迅速、彻底地完成。

另外，语言文字也是影响社会整合的重要因素。构型汉字使得华夏各地文明程度相对接近，使得秦国能够相对容易地推行普适性的升层规则与管理制度；而拼音文字使得罗马帝国各地文明程度差异较大，致使其较难推行普适性的升层规则与管理制度。"拉丁语是西半部分的语言，而希腊语则是东半部分的语言。尽管罗马文化传播到了帝国的各个角落，但罗马化还是有限的，因为当地语言仍然存在，罗马很多居民既不说拉丁语也不说希腊语"，更重要的是，也没有统一文字进行书面沟通。因此，直到帝国晚期（西元212年），罗马帝国才赋予所有自由居民以公民权（这是推行普适性的升层规则与管理制度的基础）。

（三）文明记忆

综上所述，秦帝国社会整合程度高，因此"以区区之地，致万乘之势"，"席卷天下，包举宇内，囊括四海，并吞八荒"（贾谊：《过秦论》），然而存续时间却非常之短；罗马帝国尽管社会整合程度相对较低，然而通过持续扩张，存续时间却非常之长。秦帝国与罗马帝国不同的命运，成为影响中西文明发展路径的重要历史记忆。

秦帝国的速亡，成为其后两千年中国历朝历代治理的警示。中国的环境资源与历史传统不能接受持续扩张的发展模式，社会整合模式也不能长期以军事武力覆盖为主导，国家治理模式更不能长期以严刑峻法为基础。要长治久安，就需要施仁政、行礼乐、隆教化，正如贾谊在《过秦论》中所总结的，秦之速亡乃"仁义不施而攻守之势异也"。秦亡后不到一百年，汉武尊儒，社会整合模式转型为以道德文化覆盖为主导，国家治理模式转型为以礼乐教化为根本，中国社会演进成为"德本主义社会"，而"军国主义（军制战选）社会"形态从此再也难以在中华大地生根。即使是一千多年后狂扫亚欧大陆的蒙古帝国，在中华大地上的存续时间也不到百年。

罗马帝国的辉煌，则成为其后一千多年西方许多国家历史发展的标榜或理想。西元800年，罗马皇帝的桂冠被加在查理曼大帝的头上："查理曼加冕证明了罗马帝国依然延续的力量，尽管发生在帝国灭亡之后的三百多年。更为重要的是，它象征了罗马、基督教和日耳曼因素的融合，它们构成欧洲文明的基础。"[1] 西元962年，罗马皇帝的桂冠又被加在了德意志的萨克森国王奥拓一世的头上。"德意志"尽管获得了"神圣罗马帝国"的名号（1512年的科隆帝国会议后颁布敕令，使用"德意志民族的神圣罗马帝国"，作为官方名称沿用直至1806年），但"既不神圣，也不罗马，更非帝国"（法国启蒙思想家伏尔泰的评价）。"神圣罗马帝国"从来不是一个统一的"帝国"，而是诸侯林立的城邦封建社会。而且，前皇帝去世，还常常造成各选帝侯争夺继位的纷争。并不"神圣"的"神圣罗马帝国"却成为德意志的"神圣"记忆：德意志民族的历史叙述，将其定义为"第一帝国"，后来的"德意志第二帝国"与"德意志第三帝国"则成为"神圣罗马帝国"历史生命的延续。希特勒打造的"德意志第三帝国"确乎曾要重现"罗马帝国"的昔日辉煌，然而彼时的世界已经被老牌资本主义国家瓜分殆尽，没有如其所愿的"生存空间"，因此只能是昙花一现。"第三帝国"的崩溃，并不意味着西方文明中以"罗马帝国"为标榜的理想丧失，相反，它被二战后崛起的两个超级大国所继承。对于俄罗斯人而言，俄罗斯本来就是东罗马帝国的延续：因为君士坦丁堡陷落后，东罗马帝国（即拜占庭帝国）皇帝的权力就传到了莫斯科大公手中，1547年伊凡四世被加冕为沙皇，俄语"沙皇"（Царь）源自拉丁语"恺撒"（Caesar），"沙皇"本也是俄国人尊称东罗马帝国（拜占庭帝国）皇帝的尊号。对于冷战之后的美国人而言，作为全球唯一的超级大国，清醒意识到"美国'帝国'力量的发挥在很大程度上来自占优势的组织程度，来自为军事目的而迅速动员巨大的经济和技术资源的能力"，[2] 这与昔日罗马帝国的"力量"如出一辙。无疑，"罗马帝国"的历史记忆已经成为西方现代文明的"潜意识"。

---

[1]〔美〕斯皮瓦格尔：《西方文明简史》（第四版），董仲瑜译，北京大学出版社2010年版，第193页。

[2]〔美〕布热津斯基：《大棋局：美国的首要地位及其地缘战略》，中国国际间问题研究所译，上海世纪出版集团2007年版，第9页。

第六章　德本主义社会与资本主义社会
——生成演化

　　由于城邦封建社会的经济发展与人口增加，导致邦国的武力扩张兼并，推动城邦封建社会演进为军国主义社会。然而，对于地球而言，扩张地域总是有限的；对于人类而言，扩张能力也是有限的。因此，军国主义社会注定是一种不可持续的社会。纵观人类社会演化史，除了罗马帝国由于种种因缘辐辏存续了五百余年（前27—476年），其他的军国主义社会的存续时间都不到二百年。

　　在军国主义社会之后，历经血与火的洗礼，人类社会演进形成了可持续的异域整合形态。对人类社会发展史求同存异，进行整合，可将军国主义社会之后形成的异域整合社会分为三类：神权主义社会、德本主义社会和资本主义社会。

　　典型的神权主义社会有古埃及王国和伊斯兰国家。最早的神权主义社会形成于古埃及早王朝初期（约西元前3100年），历经古王国时期、第一中间期、中王国时期、第二中间期、新王国时期、第三中间期、后王朝时期，后被波斯帝国征服（前525年），存续期达两千五百多年。在神权主义的古埃及王国，王权与神权系于一体，国王是所有神庙的最高祭司，神赋予其权力帮助诸神维护人类和宇宙的秩序。神学为法老统治提供了一整套理论依据与精神支撑。伊斯兰国家的主权属于真主，制度建设基于以伊斯兰教教义为准则的法律体系——教法，"哈里发"（伊斯兰政教合一的领袖，原意为"代理人"或"继承者"）也必须遵守。① 简而言之，神权主义社会"主权在神"，主导社会整合的要素是宗教信仰，制度建设以"神意"为根本，神权政权合一，社会精英升层以宗教学校培养、教会组织选拔为主流，因而亦可称为"神制教选社会"。历史上，神权主义国家资源环境大多比较严酷，但大多仍能长期存续，可见其社会秩序的维持较少依赖于物质条件，对自然环境的适应力较强。然而，由于神权社会具有贬抑理性发展的倾向，社会上升通道有限，社会组织力量相对较弱，较难应对科学理性发展更高、社会组织力量更强的外来文明的挑战（如资本主义社会的挑战）。

最早的德本主义社会形成于中国西汉时期，在汉武帝废黜百家、独尊儒术之后，历经了唐宋明清近两千年的演化发展，其地域范围除了现代中国疆域，还曾包括朝鲜、韩国、越南等，势力所及，更达东南亚、中亚等。德本主义社会主导社会整合的核心要素是"学养德行"，制度建设以"天道""天德"为根本，"主权在天"，追求天人合一、永续发展，社会精英升层以考场竞争、科举选拔为主流，因而亦可称为"德制学选社会"。② 德本主义社会由于复杂理性的高度发展，因而能够长期保持与环境良性互动：既能维持一定的经济增长，又能保障资源环境可持续。在面对外来文明的挑战时，具有强大的持续学习能力和兼容并蓄潜力，既能在宗教层面学习、兼容（如唐宋明清对印度佛教文化的学习与兼容），也能在科学层面学习、兼容（如近现代对西方简单科学的学习与兼容），及至于在制度层面学习、兼容（近现代对西方工业体系及民主制度的学习与兼容，仍在持续中）。

最早的资本主义社会萌芽于欧洲中世纪时期的威尼斯，地理大发现后，历经葡萄牙、西班牙、荷兰、英国、法国等海外扩张和殖民争霸，在英国光荣革命后基本成型。再历经三百多年的演进至今，地域

---

① 吴云贵：《伊斯兰教法概略》，中国社会科学出版社1993年版，第196—198页。
② 关于"德"之义，见第二章第一节·九《开发内心——价值体系》；另见《礼记·大学》："道得众则得国，失众则失国。是故君子先慎乎德。有德此有人，有人此有土，有土此有财，有财此有用。德者本也，财者末也，外本内末，争民施夺。"

范围除了现代欧洲、北美洲、澳洲，还包括日本、韩国、俄罗斯及拉美、非洲的部分国家，势力所及，几达全球。资本主义社会主导社会整合的核心要素是"金钱财富"，制度建设以"民意"为根本，强调"主权在民"，社会精英的升层以市场竞争、赚取金钱为主流，官员的选举也在很大程度上受到金钱因素的操控，因而亦可称为"法制钱选社会"。资本主义社会由于世俗理性的泛滥和简单科学的发达，在经济领域具有高度的创新活力与扩张能力，然而，由于其社会秩序的维持依赖于经济的持续增长，而经济的持续增长又依赖于对资源的持续开发，在人类的资源环境仅限于一个地球的条件下，资本主义社会秩序的可持续无疑面临巨大的挑战。

无论如何，上述三类异域整合社会形态，与军国主义社会比较，主导社会整合的要素相对更为"人道"，更为"文明"，因而更可持续。纵观人类社会的演化历史，神权主义社会的存续期多达千年以上，德本主义社会的存续期则多达两千年，资本主义社会的存续期迄今已有三百多年，且仍然具有一定的生命力。

因本书主旨和篇幅的限制，以下对异域整合社会的探究，将聚焦于德本主义社会与资本主义社会。此乃本书重心所在，也将占据最大篇幅。这即是过去"中国引领世界"的史实主体，也是未来"中国引领世界"的预测基础。探究方法如前所述，先是对德本主义社会与资本主义社会的形成展开类比研究，通过"述而不作""默而识之"进行梳理，探究两种异域整合社会形态的生成机制；然后运用复杂第一规律，探究二者的历史发展阶段与具体演化环节（即"极数"）；最后，再进一步探究二者的组织机理。简言之，就是生成机制→演化规律→组织机理三段论。

第一节　德本主义社会与资本主义社会的生成

一、生成环节

对德本主义社会与资本主义社会的生成历史求同存异，进行整合，从整体到局部，可以发现其生成历程，有着数目相对稳定的演化环节（极数），而且在序数相同的环节达到相似的序化程度和变异幅度（通变），如表6-1所示（见下页）。

表中对德本主义社会与资本主义社会的生成历史事实的整理，方法基础是复杂第一规律（极数通变规律，自相似规律）。其实，对春秋战国与近代欧洲的历史演进展开多层面比较，已有西方学者"发现了'显而易见的'和'精确得令人难以置信的'类似现象"[①]："春秋战国时期的'中国'或者说'中原诸国'像欧洲国家一样，它们都是领土国家，因为君主们把自己的统治建立在'清晰界定的领土范围内的排他性权威'之上；它们也是主权国家，因为君主们'要求人民承认他们是国家的最终权威，以及不承认其上有更高的司法权力之源'。虽然各诸侯国最初只是沿黄河流域零散分布的城邦，但随着一些强国平定周边地域并吞并弱小邻国，诸侯国变成领土规模越来越大的政治实体。在春秋时期，诸侯国之间的缓冲区被逐渐蚕食殆尽，领土中不相连的部分不时被以和平方式交换。由于诸侯国边界日益连接起来，边境出现了越来越多的检查站，边界因此日趋固定。需要借道去第三国的使节必须得到借道国政府的批准，否则就会被捕甚至有丧命之虞。在战国时期，各国'在边境设立了一连串的观察哨，在战略要地建设要塞，并最终沿边境修起了用于防御

[①]〔美〕许田波：《战争与国家形成：春秋战国与近代早期欧洲之比较》，徐进译，上海人民出版社2009年版，第3页。

表 6-1 德本主义社会与资本主义社会的生成路径表

序号	演化环节	德本主义社会（中国）		资本主义社会（西方）	
		时间	主要事件	时间	主要事件
1.	封建转型	前770—前476	平王东迁，春秋五霸	1096—1291	十字军东征
2.	制度改革	春秋时期	春秋各国相继变法	12—14 世纪	英、法、意大利城邦等相继变革
3.	文化剧变	春秋战国时期	诸子百家	14—16 世纪	文艺复兴－宗教改革
4.	资源争夺	前476—前221	战国七雄纷争	15—16 世纪	葡萄牙西班牙海外殖民
5.	建立帝国	前221	秦并六国	1580	西班牙吞并葡萄牙
6.	治理不善	前3 世纪末期	严刑峻法、强征暴敛	16 世纪末期	迫害异教、战事频繁
7.	帝国失势	前207	兵乱四起、二世而亡	1643	四面树敌、大势已去
8.	新霸崛起	前207	项羽——诸侯上将军	1643	荷兰——海上马车夫
9.	拟定秩序	前206	西楚霸王分封（汉朝纪元开始）	1648	威斯特伐利亚合约
10.	霸主易位	前206—202	楚汉战争	1652—1654	英荷战争（第一次）
11.	平民君王	前202	刘邦成为汉朝的开国皇帝	1654	克伦威尔成为英国的"护国主"
12.	历史惯性	前201—前195	分封同姓王	1660	斯图亚特王朝复辟
13.	导致内乱	前154	七国诸侯举兵反叛	1688	促请威廉入侵英国
14.	平息动乱	前154	平定七国之乱	1688	完成光荣革命
15.	制度成型	前2 世纪上半期	独尊儒术（德本主义宪政基础） 推恩令 行察举、兴太学 董仲舒	17 世纪末期	权利法案（资本主义宪政基础） 叛乱法、宽容法、继承法等 发国债、设央行 洛克 1632—1704.

的大型城墙'，这使主权国家的领土特点变得更加鲜明。在多国体系的最后阶段，出国旅行的人甚至被要求携带证明文件，用现在的话来说就是护照。"① "春秋战国时期不仅在国家间关系上类似于近代早期欧洲，而且两者在国家—社会关系上也很相似。春秋战国时代的主权国家建立了各自的中央政府，拥有官僚化的行政机构，垄断了国内暴力的使用，并在全国范围内征税。一般认

---

① 〔美〕许田波：《战争与国家形成：春秋战国与近代早期欧洲之比较》，徐进译，上海人民出版社2009年版，第5页。

为，中央集权化的官僚机构是近代欧洲国家建立的。但是……'当我们拿两千年前的中国政府机构和近代国家高度中央集权化的官僚机构相比较时，就会发现两者间拥有最令人惊叹且可能是最具有启发性的相似之处'。要论国家与统治者的区别，官职与官员的分离，根据客观和贤能标准来选拔和晋升官员的科层制，公开颁布的法律所具有的普适性和公平性，人口的调查和登记，中央岁入与支出的预算，统计与报告的汇集，直接统治的能力，以及其他行政技术，中国均先于欧洲两千年就发展起来了。国家与社会之间就法律权利、思想自由和福利政策的谈判在中国大地上的出现时间要远早于欧洲。简言之，春秋战国与近代早期欧洲在许多关键的层面上具有显著的相似性。"[1]

当然，由于对历史事实的"整理"方法之不同，对"相似性"探究的结果自然也会有所不同，兹不具论。

二、史实序列

上表所列史实，多为今人熟知，所以下文仅略作勾勒。由于德本主义社会与资本主义毕竟是不同类型的异域整合社会形态，因此下文对相应演化环节历史事件的勾勒，将先对二者之同（即"相似序化程度和变异幅度"）作简略概括，然后直陈事实，而对二者之"异"则将在直陈事实之中（或之后）略作辨析。

1. 封建转型

探究德本主义社会与资本主义社会的生成，要从城邦封建社会转型开始。由于供养系数自然增长快于临界系数的增长，资源环境愈趋紧张，必然导致邦国的扩张。

中国：因为没有向外部拓殖的空间，只能通过内部战争而兼并整合，遂有春秋五霸之演绎。

---

[1] 〔美〕许田波：《战争与国家形成：春秋战国与近代早期欧洲之比较》，徐进译，上海人民出版社2009年版，第5页。

西方：因为可继续向外部空间拓殖，相较于内部战争兼并耗费更少，遂有西欧十字军东征。

2. 制度改革

封建邦国在争霸的过程中，必然要展开一系列的制度改革，以适应军事扩张所需之人力物力财力。

中国：齐国桓公、晋国文公、楚国庄王、郑国子产、吴王阖闾、越王勾践等相继推行变法。

西方：英国在西元12世纪下半期有亨利二世的改革，法国在西元13世纪下半期有路易九世的改革，意大利众城邦在十字军东征后成为新兴商业强国，甚至殖民大国，如威尼斯，更开启资本主义性质变革之先河。

3. 文化剧变

政治、经济、社会的一系列变革必然导致文化思想的剧变。

中国：老子、孔子、墨子等思想巨人涌现，德本主义文明的思想根基得以奠定。

西方：先有十三世纪末在意大利众城邦兴起的文艺复兴，后有遍及西欧各国的宗教改革。资本主义文明的思想根基得以奠定。

中西思想剧变对国家和政治的影响大不相同。中国春秋战国时代虽"百家争鸣"，然各家却都期望"天下"统一，如儒家主张"大一统""定于一"，道家主张"以天下观天下""抱一为天下式"，墨家主张"视人之国若其国""一同天下"，法家主张通过武力齐一中国。各家虽在"统一"的方式和内容上有所不同，但在天下必须"定于一"上则诸家共许。之所以如此，乃因东亚大陆资源环境严酷，只能通过天下一统来完成城邦封建社会的整合，否则邦国间战乱无法平息。因此，"当时人士……周历诸侯，无所私于其国。若以今世欧洲之道德律之，则皆不爱国之尤者，然而吾先民不以为病，彼盖自觉其人为天下之人，非一国之人，其所任者乃天下之事，非一国之事也。"[①] 西方文艺复兴的核心是人文主义，开启了西方社会从以神为中心向以人为中心

[①] 梁启超：《先秦政治思想史》，北京：东方出版社1996年版，第200页。

的世界观的转变。宗教改革强调个人无需任何中介都可以和上帝直接交流，奠定了个人主义的宗教基础。上述以人为中心的世界观反映到国家政治层面，则是将国家政治与宗教道德割裂开来。此前，欧洲中世纪的思想家认为国家政治的目标是实现上帝的旨意，而以马基雅维利为代表的文艺复兴时期的政治思想家则认为国家利益至上，发西方民族国家主义思想之先声；到了宗教改革时期，以布丹为代表的政治思想家则明确了国家主权的绝对性与永恒性，西方民族国家主义思想由此奠基。（详见第七章第四节·二《天下主义与族国主义》）

4. 资源争夺

封建邦国的扩张加剧了各国对环境资源的争夺。

中国：由于没有向外部拓殖的空间，内部兼并战争加剧，遂有战国七雄之演绎。

西方：陆路拓殖（十字军东征）失利后，西欧寻求海路拓殖，遂有所谓"地理大发现"，由此葡萄牙、西班牙大肆展开海外扩张、争夺。

"地理大发现"彻底改善了西欧社会的资源环境，这是导致中国社会和西欧社会异域整合路径不同的根本所在。由此影响以下演化的各个环节，中国重在"内部整合"，西方则重在"外部扩张"。

5. 建立帝国

邦国的争夺战争，导致赢家以武力为基础建立帝国霸权。

中国：西元前221年，秦军历经大小百余战、歼敌逾百万，并六国、去封建、行郡县，在中华大地建立起统一的军事化帝国。

西方：16世纪上半期，西班牙摧毁了阿兹特克、印加帝国和玛雅文明，宣称拥有南北美洲大片领土。凭借强大的海军，西班牙帝国称霸海洋。1580年，西班牙兼并葡萄牙，葡萄牙的东方帝国、非洲殖民地和巴西也同属西班牙国王菲利普二世。加上西班牙原来的欧洲领地，及在亚洲、美洲的殖民地，西班牙成为世界上第一个日不落帝国。

中西建立帝国之不同在于：秦帝国之建立基于内陆之兼并，各国间文明程度与国力相当，战争极其残酷惨烈；西班牙帝国之建立则基于海外殖民扩张,海外国家或地区的文明程度与军事实力与之差距甚远,得以区区几百兵力血腥征服异域文明。

6. 治理不善

以武力为基础建立的霸权难以长治久安,国家治理乏善可陈。

中国:秦始皇推行全面法治,"事皆决于法",颁行了类型完全、结构严密的法律体系,实行连坐法、"赏告奸",即同居、同里、同行政组织内的成员负有连带刑事责任,不告发则负罪。而且轻罪重罚,如一人犯法,罪及三族。严刑峻法导致"囹圄成市""赭衣塞路"。始皇大兴土木、强征暴敛也导致了人力物力财力的巨大超支,激发起社会各种矛盾。

西方:西班牙国王菲利普二世希望维持一个纯正的天主教帝国,试图铲除各种异端,大力支持天主教宗教裁判所对异教人士的审判,并卷入一系列宗教战争与王朝战争。西班牙的人力和财力,在频繁的战事中,逐渐耗尽。

从历史的经验教训来看,秦帝国之治理不善,在于完成军事统一后没能将军事武力覆盖转型为组织文化覆盖,从而提升内部整合能力(分合覆盖度);西班牙帝国之治理不善,在于建立海外殖民霸权后没能将对外的殖民掠夺能力升级为经济扩张能力,因而丧失了进一步对外扩张的优势。

7. 帝国失势

帝国的治理不善导致内忧外患,最终霸权衰落或崩溃。

中国:秦政府的严刑峻法、强征暴敛导致兵乱四起,先有陈胜、吴广率戍卒发动平民暴动,得到各地响应,之后反秦战争席卷全国,秦仅二世而亡。

西方:西班牙内外战事频繁,四面树敌,国力日衰。菲利普四世统治期间(1621—1665年),西班牙虽仍领有广大国土,但帝国霸权不再,尼德兰革命后建立的荷兰共和国大大削弱了西班牙的海上贸易霸权。1623年开始,西班牙独占美洲的局面已被打破;1639年,西班牙舰队在唐斯战役中被尼德兰海军击败;1643年,在尼德兰境内的罗克鲁瓦战役中,代表西班牙最强军力和领导力的佛兰德军被法国波旁王朝路易二世击溃,标志着西班牙帝国的霸权一去不返。

治理不善之下，中国的资源环境严酷导致了秦帝国迅速崩溃，西方的资源环境宽裕则使得西班牙帝国可以将内在风险外移，帝国失势后仍得以长期存续。

8. 新霸崛起

在反对前帝国统治的战争中，新的霸主崛起。

中国：在反秦战争中，项羽凭借神勇武功成为新的霸主，被称为"诸侯上将军"。

西方：在反西班牙的战争中，荷兰凭借海上力量而成为新的海洋霸主，被称为"海上马车夫"。

9. 拟定秩序

新霸主重新划分势力范围、修订双边（或多边）关系。

中国：反秦战争结束后，项羽自立为西楚霸王，并依亲疏远近依次分封反秦各军首领、六国贵族后裔及秦军降将等为各路诸侯王。

西方：西班牙与尼德兰的八十年战争、与欧洲各国进行的三十年战争，以威斯特伐利亚和约的签订为结束标志。1648年签订的西荷和约，确认了威斯特伐利亚的一系列和约，重新划分了欧洲国家的范围，确定了西方国际关系中所谓的"国家主权""国家领土"与"国家独立"等原则。

前者为中国大一统（天下主义）汉朝纪元之始，后者为西方民族主权国家（族国主义）体系之始。（关于"天下主义"与"族国主义"详见第七章第四节）

10. 霸主易位

新的"分封"或"合约"并不能真正地保障秩序与和平，战争随之又起，霸主再次易位。

中国：楚汉战争之后，西汉王朝得以确立。

西方：英荷第一次战争之后，两国签订《威斯敏斯特和约》，英国的海上霸主地位得以确立。

"汉"得天下，主要不能归因于军力（"汉"之军力在很长时期逊于"楚"），而要归因于得人心（内部整合），如刘邦率军入咸阳后，颁布"约法三章"，废除秦朝苛法，而项羽率军入咸阳后，却杀秦降王，烧秦宫室，大肆敛财。"英"成霸主，首先要归功于军力之强盛（"护国公"克伦威尔当政时期制定了控制海洋的战略，极其重视组建海军，专门成立"海军委员会"，负责建造新型战舰，加强海军训练管理。英国海军从1649年的39艘猛增至1651年的80艘，大部分是有二层甲板，以及60至80门炮的巨型战舰。在完成战备后，英国公然挑衅荷兰，议会颁布了著名的《航海条例》），与之密切相关的则是经济实力（其工业生产能迅速供给军力，保障了海军的装备质量、数量、火力乃至战术水平都要优于荷兰）。

11. 平民君王

在一个转型的大时代中，风云际会使得平民得以升至权势顶层。

中国：出生于中产阶层的沛县小吏（泗水亭长）成为汉朝的开国皇帝。

西方：出生于中等乡绅家庭的奥利弗·克伦威尔成为英国的"护国主"。

12. 历史惯性

从城邦封建社会到异域整合社会的演进往复曲折，"封建"的惯性力量深刻地影响着历史的进程。

中国：刘邦将宗族中年幼的子侄分别分封为王（同姓王）。

西方：克伦威尔亡后，斯图亚特王朝复辟，查理一世之子重返英国王位。

上述"分封"与"复辟"并非"封建"的原版复活，即并非完全回到旧的封建制度，只是"成性存存"之回光返照。但"封建"惯性确是历史演进之反动力量，不同在于：中国之"分封建国"是对"天下主义"之"大一统"的反动，西方之"王权复辟"是对"族国主义"之"自由""权利"的反动。

13. 导致内乱

"封建"的回潮引发社会再次动荡。

中国：诸侯王势力膨胀，"出入拟于天子"，甚至"不听天子诏"，想武装夺取皇位。汉景帝采纳晁错"削藩"建议，削夺王国的部分土地，划归中央直接管辖，吴楚等七国遂举兵叛乱。

西方：斯图亚特王朝复辟以后，以查理二世、詹姆斯二世为首的保王势力企图重建不受议会约束的王权，并竭力加强天主教的势力和国王的军事力量。保王势力的政策招致英国各政治党派、宗教派别的联合反对，以伦敦主教为首的"七圣人"致书给詹姆斯二世的女婿、荷兰执政威廉三世，促请其发兵来捍卫英国的自由。威廉三世遂以保护英国的"宗教、自由和财产"为名率军渡海赴英。

14. 平息动乱

此番社会动荡的平息尽管也难免兵戎相见，但相对而言，战争的时间较短、强度较低。

中国：汉景帝派军征讨，经三月平息反叛，史称"七国之乱"。之后，景帝"抑损诸侯，减黜其官"，把王国的行政军事、赋税征收、官吏任免等权力收归中央，"令诸侯王不得复治国"，只能"衣食租税"，王国实际上变成了和中央直接统辖的郡一样的地方政权。

西方：威廉率军登陆英国后，一路缓缓向伦敦迂回推进。詹姆斯二世众叛亲离，最终逃往法国，被定为"自动离位"，新王威廉即位，史称"光荣革命"。

15. 制度成型

社会动荡的历史教训，促使德制学选与法制钱选的制度最终得以成型。

中国：七国之乱后，汉武帝"罢黜百家，独尊儒术"，采用儒家"大一统"思想作为治国纲领，从而确立了德本主义社会的宪政基础；实施"推恩令"，基本消除了"封建"遗留问题；推行察举制度、设立太学，德制学选制度的框架由此基本成型。（详见下文）

西方：光荣革命后，英国上下两院联席特别会议提出"权利宣言"，后来被议会制定为正式法律，即"权利法案"，从而确立了资本主义社会的宪政基础；制订《宽容法》《继承法》等，基本消除"封建王权"遗留问题；推行国债制度、设立央行（英格兰银行），法制钱选制度的框架由此基本成型。（详见下文）

三、结构变化

上述德本主义社会与资本主义社会的生成环节与史实序列，呈现出二者相对稳定的演化环节（极数），以及二者在序数相同的环节达到的相似序化程度和变异幅度（通变），但尚未能揭示从简单的城邦封建社会演进到复杂的异域整合社会过程中，社会结构发生的变迁。要呈现一幅完整的德本主义社会与资本主义社会的生成图景，在进行了纵向的历史勾勒之后（演化环节），还需要进行横向的社会解剖——揭示社会的结构性变化，特别是揭示社会升层通道的确立和社会主导阶层的形成。

（一）中国："士"之崛起

中国的"古代封建社会，到战国已逐步消失。军人、游仕、商人，不断由平民社会中跃起，他们攀登政治舞台，而攫得了古代贵族之特权……秦汉之际虽经历了几次战乱，而战国以来社会变动的趋向，依然照样进行"。[①]

"社会上一般生活，都起了绝大变动，只有农民，还比较呆滞在陈旧的状态下过活。封建时代的农民，对其上层统治者约有如下几种负担：一曰税。二曰役。三曰赋。四曰贡。上四项，一为粟米之征，二、三为力役之征，四为布帛之征。——沿袭到秦汉无变。就汉初情形言，农民对政府负担大体如此：一、田租。二、算赋。三、更戍。此种负担，在当时已为极重。农民在无可聊赖中，首先是出卖耕地，出卖耕地后生活不免更苦。其次只有出卖妻子乃至于出卖自身。此为汉代奴婢盛多之来源。否则亡命。舍匿亡命有罪；而或则冒罪藏匿，是为'任侠'。商贾必盛蓄奴婢，任侠必多匿亡命，二者形成汉初社会之中层"。[②]

[①] 钱穆：《国史大纲》（修订本），商务印书馆1996年版，第131页。
[②] 同上书，第131—136页。

"当时商贾经营事业约可分为采冶、制造、种植、畜牧、运输诸项。这些事业,第一有待于山泽禁地之解放,第二则有赖于大规模之奴隶运用。以钱币买奴力以逐利长产,经营货殖者为商贾。以意气情谊收匿亡命共为奸利,甘触刑辟而市权势者则为任侠。任侠与商贾,正分攫了往者贵族阶级之二势。皆以下收编户之民,而上抗政府之尊严,只要政治上没有一个办法,此等即是变相的贵族"。①

"现在再看上层政府里面的人物。汉高祖得天下,大封同姓及功臣,并明约'非刘姓不得王,非有功不得侯'。所谓有功,大体只指军功而言。此为政府的最上层。其次的官僚,则大半由郎、吏出身。郎官是随从在皇帝近旁的一个侍卫集团,其制度略近于战国时代国君乃至于贵族卿相门下的食客与养士。郎官来历,不出下列数途:一、荫任;二、赀选;三、特殊技能。第一项是变相的贵族世袭,第二项是封建贵族消灭后的新贵族,第三项则是皇帝私人。郎官集团性质之分析,不过如此。然而政治上之出身,却正在此。郎以外有吏,吏的来历,亦无一客观标准,大体仍多为富人所得。如是则当时的政治组织,第一层是宗室,第二层是武人,第三层是富人,第四层是杂途"。②

在思想文化方面,"汉室初尚黄老无为(此乃代表一时民众心里之要求),继主申韩法律(既主黄老无为,则势必因循秦旧,乃至以法为治),学问文章非所重(平民政府不注重学术,为当时历史演进一顿挫),学术尚未到自生自长的地位,于是游仕食客散走于封建诸王间,以辞赋导奖奢侈,以纵横捭阖是非,依然是走的破坏统一的路。文学之与商贾、游侠,同样为统一政府之反动。……在此种不安定不合理之状态下,中央政府觉悟到必须改变其态度,而要一积极勇敢的革新。于是遂有汉武一朝之复古更化……"③

元光元年(前134),汉武帝召各地贤良方正文学之士到长安,亲自策问,寻求长治久安的治国方略。期间,董仲舒上《天人三策》,在国家意识形态与政治制度建设方面提供了系统的可操作性方案。

---

① 钱穆:《国史大纲》(修订本),商务印书馆1996年版,第136—137页。
② 同上书,第137—140页。
③ 同上书,第142—143页。

董仲舒是西汉时期的通才型学者（即"复杂科学的科学家"），他针对西汉时期最迫切的政治制度建设的问题，运用构造整合法，将复杂科学理论（即物性儒学）与天下国家治理（《春秋》）相结合："圣者法天，贤者法圣，此其大数也。得大数而天下治，失大数而天下乱，此治乱之分也。所闻天下无二道，故圣人异治同理也。"（《春秋繁露·楚庄王》）同时力求落实到操作层面："仲尼之作《春秋》也，上探天端……理往事，正是非，见（现）王心……以为见（现）之空言，不如行事博深切明也。"①（《春秋繁露·俞序》）

董仲舒向汉武帝建议："春秋大一统者，天地之常经，古今之通谊也。今师异道，人异论，百家殊方，指意不同，是以上亡以持一统；法制数变，下不知所守。臣愚以为诸不在六艺之科，孔子之术者，皆绝其道，勿使并进。邪僻之说灭息，然后统纪可一而法度可明，民知所从矣。""大一统"的"大"是"尊大""推崇"之意，大一统就是"推崇一统"。"一统"是自下而上的立元正始，而不是自上而下的整齐划一，即"统一"。"一统"是通过道德力量（王化）来维系整个政治社会，"统一"则是通过强制力量（征服）来划一整个政治社会。"一统"的基础在道德，道德是人心所向，百王共奉，故"一统"的根基纯正深厚，可以维持长久；"统一"的基础在暴力，暴力不可久恃，再强大的暴力也会有时而穷，一旦暴力耗尽，通过征服划一的社会就会崩溃，故"统一"的根基不纯正深厚，不可能维持长久。要做到长治久安，必须接受建立在王道德化上的大一统思想，用王道（参通天地人天下归往之道）去一统天下，用仁德去化一政治。②

汉武帝取董仲舒《天人三策》的思想内容颁行一系列诏令，奠定了传统中国德本主义宪政的基础，即所谓"主权在天"（参见本书第七章第一节之二《思想基础：主权在天与主权在民》、之四《政权组织：德政礼制与宪政法制》），是人类社会演化历史中里程碑式的事件。需要指出，"罢

---

① 转引自张祥平：《经典复杂科学》，中国社会科学出版社 2013 年版，第 15 页。
② 蒋庆：《公羊学引论》，辽宁教育出版社 1995 年版，第 350—353 页。

黜百家，独尊儒术"绝非限制学术思想自由，而是强调国家意识形态必须统于"一"。

明确治国思想之后，人才问题首当其冲。改革人才选拔机制，使全社会的优秀人才充实到官员队伍中则是关键。汉初官吏的主要来源如前所述，无一客观标准，多为宗室、武人、富人所得，难于选拔到真正人才。所以，董仲舒建议："使诸列侯、郡守、二千石，各择其吏民之贤者，岁贡各二人，以给宿卫，且以观大臣之能；所贡贤者有赏，所贡不肖者有罚。夫如是，诸侯、吏二千石皆尽心于求贤，天下之士可得而官使也。遍得天下之贤人，则三王之盛易为，而尧舜之名可及也。毋以日月为功，实试贤能为上，量材而授官，录德而定位，则廉耻殊路，贤不肖异处矣。"董仲舒的建议被汉武帝采纳。元光元年（前134），初令郡国每年荐举孝廉各一人。此后郡国每年推举孝廉的察举制度正式确立。察举，即经过考察后荐举。具体方法是：由皇帝下诏指定举荐的科目；由丞相、诸侯王、公卿和郡国守相按科目要求考察和荐举人才；应举者按不同科目进行考试，考试由皇帝出题策问，或由丞相、御史二府及九卿策试，根据对策成绩高下分别授官或为郎官候补。除孝廉一科为察举取士的主要科目外，武帝还不定期设立茂才、贤良方正、文学等科察举取士，以广招人才。后来规定岁举的科目以孝廉、茂才为主。这些被察举到中央的人员，一般都在郎署供职，由郎官再逐渐升迁。察举制是中国科举取士制度发展的初级阶段，为汉政府选拔了大批人才。

国家长远发展必须仰赖人才，储备人才必须重视教育，所以，董仲舒建议："夫不素养士而欲求贤，譬犹不琢玉而求文采也。故养士之大者，莫大乎太学；太学者，贤士之所关也，教化之本原也。今以一郡一国之众，对亡应书者，是王道往往而绝也。臣愿陛下兴太学，置明师，以养天下之士，数考问以尽其材，则英俊宜可得矣。"发展教育的重要方法，是由中央政府建立具有全国示范作用的官立最高学府，即太学，在太学中聘请名师培育人才，以备政府之需。否则，若无人才，国家之治就是一句空话。董仲舒兴太学以养士的动议被汉武帝欣然采纳。元朔五年（前124年），在京师长安设太学，置博士2人，博士弟子50人。博士弟子入选，内由太常负责选择，外由郡国察举。太学生学习儒家经典（即复杂科学经典）为主，一年考试一次，根据成绩高下补郎中、文学掌故。除在长安设太学外，武帝还令各地郡国皆立学官，即郡国学，初步建立了地方教育系统。自此，以太学为首的官学体系确立。太学自汉武帝始设以后，一直是德制学选制度下官学的龙头样板，在人才培养方面成就斐然，功不可没。汉唐宋明清的众多优秀官吏皆太学出身，具有卓越的文化素养和执政水平，是中国两千年相对治平的基础。

察举制度和太学制度的推行，使士人成为维持社会秩序、推动社会发展的主导阶层（参见本书第七章第二节·三《社会分层：士农工商与商士农工》），德制学选的制度框架由此基本成型。

（二）西方："商"之崛起

西欧中世纪的封建制度下，不同等级的土地占有人的社会地位是世袭的，政府与封邑领主的家室不分，长期保持稳定的权利、责任与义务，社会结构相对固化。以十字军东征为标志，西欧的封建邦国开始转型。

先是意大利诸多城邦国家的经济随十字军东征得以扩张。13世纪，英国已开始为佛兰德尔和佛罗伦萨的呢绒业供给原料——羊毛。15世纪地理大发现之后，美洲的金银大量输入西欧，引起消费扩张和呢绒出口需求增加，导致对羊毛的需求不断增长，羊毛的价格也随之上升。15世纪末，英国越来越多的贵族将原来的公地改为牧场，通过饲养羊群、收剪羊毛以赢利，是谓"圈地运动"。被圈占的土地，先是公地和荒地，后来连农民的份地也被圈占。圈地一般是农民与地主订立协议的结果，在17世纪这样的协议曾在大法官庭登记。大批农民丧失土地后四处流浪或靠出卖苦力为生，境遇悲惨。为了维持社会稳定，防止将可耕地变为牧场，政府曾连续颁布了一系列禁止圈地的法令。此时的土地制度，名义上虽仍是封建骑士领地制，土地领有者需要缴纳骑士捐，但实际情形已多有变化，所以禁止圈地的法令难以贯彻执行。

美洲金银大量输入欧洲还导致物价高涨、货币贬值，引发所谓"价格革命"。自 16 世纪中叶到 17 世纪中叶，英国物价上涨了 6 倍。那些收取传统固定货币地租的贵族（包括王室），由于货币贬值，收入愈趋减少。那些采取市场化方式的经营者，收入却愈趋增长。16 世纪末，按市场化价格出租土地的新型地主，每亩租税为 1 先令，到 17 世纪初，每亩租税上涨至 5-6 先令。而按传统封建方式管理的地主，他们从公簿持有农那里收取的传统地租却照旧不变。"价格革命"致使圈地运动加剧。因"价格革命"收入大受影响的中小贵族，逐渐改变土地管理方式，不再是单纯"坐享其成"，而是通过商品化和企业化的经营，谋求提高效率和增加利润。富裕而有魄力的自耕农，也努力设法成为较大的租地农。大农场的兴起促进了农业技术变革：大农场一方面具有技术改革的内在动力，同时又具备技术改革的经济实力，因此几乎所有技术改革的尝试都是在大农场上进行并取得成功的。与此同时，技术改革又为大农牧场的进一步发展奠定了的技术优势。从农场主当中涌现出一批近代企业家，农业对于他们来说"就是投资，就是运用商业精神"。一般的小土地持有者在经营面临困境时，也抛弃传统的观念，卖掉小块地产，租种更大的地产，从而变成租地农。新的经营理念，进一步促进了土地制度与农业技术的变革。英国社会形成重商、务实、敢于冒险、富于进取的社会风气："许多英国人不断地从事实业活动，渴望赚钱，潜心追求利润。这一点给外国观察家留下了深刻的印象。"

封建社会的农业生产除了自给自足，大部分用于维持贵族领主的社会地位，很少用于商业谋利。此时情形已变，英国正逐渐从封建性的农业经济演化为市场化的商品经济。圈地运动更将固有的社会结构打破，凭借新的经营理念与经营方式而获得财富的人可由此跻身为社会上层。

社会经济变革的同时伴随着文化思想的变革。英王亨利八世统治期间（1509—1547 年），与罗马教皇的决裂，推动了新教在英国的传播。新教主张个人能够与上帝直接交流，个人意志具有独立性与神圣性，是自由主义与个人主义精神的基石。伊丽莎白统治期间（1558-1603 年）制定的国教会信仰纲要，即《三十九条信纲》，确立国教会是新教，标榜信仰得救，否认教皇的权力，要求用民族语言举行宗教仪式，同时也对天主教和新教进行调和，保留了主教制和天主教的某些仪式。16世纪中期，源于加尔文宗的清教在英国迅速发展，主张依照加尔文宗来"纯洁教会"，要求清除国教会中残存的天主教教义、教规和礼仪，反对君主的专制权力和贵族的奢侈生活，提倡简朴的生活方式。清教主义赋予商业成功以特别的宗教意义，是推进资本主义精神发展的重要力量，成为17世纪英国资产阶级革命的思想旗帜。

英国资产阶级革命期间，国会颁布和施行的一系列法令，从根本上摧毁了原有的社会结构，主要包括：废除骑士领地制，清除了所有随土地捆绑的对上层领主担负的封建义务，从而摧毁了封建土地制度的根基；没收国教会的全部地产、内战中与国会为敌的贵族的地产和王室的领地，并予卖出，从而进行了一次社会财富的再分配；废止反圈地法；取消王室对市场经济发展的诸多限制性政策，如专卖特许权、优惠购买权等。上述措施为圈地运动与商品经济的发展基本扫除了制度障碍，提供了自由的市场环境。斯图亚特王朝复辟期间，上述制度变革也得以维护，如重申废除骑士领地制，对圈地运动不再发布禁令，而且还颁布和实行一系列促进产业发展的政策。

"光荣革命"后，国会通过《权利法案》十三条，主要包括两方面内容：一、限制国王的权力；二、保障议会的权力，包括立法权、财政权、司法权等。"光荣革命"之后还通过其他几项法律文件，包括《叛变法》（议会由此而控制了军队，国王基本丧失了军权）、《宽容法》（确立了宗教宽容的原则）、《继承法》（规定王位继承顺序，还规定国王所作的任何决定必须由同意该决定的身为枢密院成员的政府大臣签署）等，进一步确立了议会高于王权、司法独立于王权的原则。

上述法案奠定了英国资本主义宪政的基础，即所谓"主权在民"（参见本书第七章第一节之二《思想基础：主权在天与主权在民》、之四《政权组织：德政礼制与宪政法制》），是人类社会演化史里程碑式的文件，正如汉武帝取董仲舒《天人三策》的思想内容颁行的一系列诏令，奠定了德本主义宪政的基础。

光荣革命之后推行的国债制度和央行制度，则确立了资本家对政治的操纵。"过去英国国王以人身对财政负责，公私不分。……一到支出短绌，王室即典卖珍宝，或借债不还，有如查理一世提用商人存于铸钱局待铸的金银，查理二世停付借款的利息，甚至克伦威尔也要向东印度公司强迫借款。这种种作风，使朝代国家的本质难以革新。私人财产权之没有保障，尤其是争论之渊薮。1694年英伦银行（Bank of England）成立，对以上各事有了彻底地解决。此后国家财政数字之短绌，属于国债（national debt），并且预先将国债定为一种制度，开'赤字财政'之门"。① 资本家名正言顺地成为国家的债权人，因而也成为操纵国事的主导力量。正如布罗代尔所说，"资本主义之成功，端在它与国家互为一体，它（本身）即成为了国家"。② 国债制度和央行制度的确立，使商人成为维持社会秩序、推动社会发展的主导阶层（参见本书第七章第二节·三《社会分层：士农工商与商士农工》），法制钱选制度框架由此基本成型。由此，国家进入资本家时代，资本家成为国家之主人，国家一切以他们为本位。③

四、五行结构

借助复杂第三规律（相生相克规律），可以对德本主义社会与资本主义社会的内在结构作简略概括如下（详细论述将在第七章展开）。

在德本主义社会，士人乃维持社会秩序、推动社会发展的主导力量，以其为基础形成了"学选政府"，政治形态可称为"学选政治"或"王道政治"，制度形态是德政礼制（详见第七章第一节），国际政制是贡赐体系（详见第七章第四节），是为"木"（非平衡态秩序）；社会精英多信仰儒教（详见第七章第二节·一·（一）），精英人才的选拔机制（即社会升层机制）以"学养德行"为根本要求（通过学习儒学经典而理解"天道"、"天理"、"天命"），以科举考试为主要方式，科举考试及相关的教育选拔体系成为整个社会运行机制的

---

① 黄仁宇：《资本主义与二十一世纪》，读书·生活·新知三联书店2006年版，第212页。
② 转引自黄仁宇：《资本主义与二十一世纪》，读书·生活·新知三联书店2006年版，第212页。
③ 同上书，第219页。

核心要素，是为"火（动态核心）"；相对紧张的资源环境以及人们在其中讲求"取之以时""用之有节"的生产生活方式（内源发展、适度消费，包括与之相关的种种制度建设，如重农抑商、族有产权等，详见第七章第三节）是"土（输入）"，另外，制度文化引进、商品劳务进口以及外敌侵犯等也都是"土（输入）"；而相应的制度文化输出（天下主义，详见第七章第四节）、商品劳务出口以及抗击外敌侵犯等则是"金（输出）"，生产生活产生的废弃物质当然也属于"金（输出）"，大都能维持生态平衡；社会主要基层组织是基于血缘亲情形成的宗族（详见第七章第二节·四），是为"水（平衡态意义的微观粒子）"，社会治理主要基于宗族的集约化自治（详见第七章第二节·五）。以上，构成德本主义社会的五行结构，五行之间相生相克，成一整体。

在资本主义社会，商人（资本家）乃维持社会秩序、推动社会发展的主导力量，以其为基础形成了"钱选政府"（木），政治形态可称为"钱选政治"或"民主政治"，制度形态是宪政法制（详见第七章第一节），国际政制是条约体系（详见第七章第四节），是为"木（非平衡态秩序）"；社会精英多信仰基督新教（详见第七章第二节·一·（二）），社会精英的升层以在市场竞争中"赚取金钱"（美其名曰"天职"）为主要方式，金融及相关的财税体系成为整个社会运行机制的核心要素，是为"火（动态核心）"；相对优裕的资源环境及人们在其中讲求"效率最大化""享乐最大化"的生产生活方式（外源发展、无度消费，包括与之相关的种种制度建设，如重商贬农、私有产权等，详见第七章第三节）是"土（输入）"，另外，制度文化引进、商品劳务进口及外敌侵犯等也都是"土（输入）"；而相应的制度文化输出（民族国家主义，详见第七章第四节）、商品劳务出口以及抗击外敌侵犯（或实施军事侵犯）等则是"金（输出）"，生产生活产生的废弃物质当然也属于"金（输出）"，很容易导致生态失衡；社会主要基层组织是基于追求利润形成的公司（详见第七章第二节·四），是为"水（平衡态意义的微观粒子）"，社会治理需要政府多方介入而形成耗散性管控（详见第七章第二节·五）。以上构成资本主义社会的五行结构，五行之间相生相克，成一整体。

德本主义社会与资本主义社会的内在结构见表6-2。

表 6-2　德本主义社会与资本主义社会的内在结构（五行）表

社会形态 五行结构	德本主义社会	资本主义社会
木（非平衡态秩序）	德政礼制 贡赐体系	宪政法制 条约体系
火（动态核心）	儒教信仰 科举体系	新教信仰 金融体系
土（输入）	内源发展 适度消费 制度文化引入，商品劳务引进 外敌侵犯	外源发展 无度消费 制度文化引入，商品劳务进口 外敌侵犯
金（输出）	天下主义的制度文化输出 商品劳务出口 抗击外敌侵犯 废弃物质（生态平衡）	族国主义的制度文化输出 商品劳务出口 抗击外敌侵犯、实施军事侵略 废弃物质（生态失衡）
水（平衡态意义的微观粒子）	宗族组织 集约自治	公司组织 耗散管控

五、中西比较

上述德本主义社会与资本主义社会生成路径与内在结构之不同，追根溯源，乃因资源环境之不同：德本主义社会形成于资源环境条件相对严酷的亚欧大陆东部，且无可拓殖的空间；资本主义社会形成于资源环境条件相对优裕的亚欧大陆西部，且有可拓殖的空间。

关于资源环境条件之严酷与优裕可用灾害带理论来解释。该理论认为，地球上存在几个灾害多发区域，这些地区彼此相连呈带状分布，世界上最明显的灾害带为环太平洋灾害带和北纬三十五度灾害带。中国就位于这两大灾害带的交叉地区，因此各种灾害频繁发生。除水灾、旱灾、蝗灾几种主要灾害外，风灾、雹灾、雪灾、霜灾、低温、冻害、一系列的病虫害、水土流失、土壤沙化等灾害种类也时常发生，屡屡危及生命财产安全。直至今天，灾害问题依然是威胁中国农业发展及经济社会稳定的重要因素。在东亚季风环流的控制之下，中国北部地区年降雨量少，是旱灾多发区；而南方地区降雨量大，是水灾多发区。降雨量在年内和年际分配不均，又加剧了旱涝灾害的影响。中国历史上，北方农业是在与干旱灾害不断斗争的过程中发展起来的，南方农业之所以后来居上，也与水灾的防治密切相关。抗旱除涝的社会成本非常之高，需要一个强有力的组织把分散的民众集中起来，进行长期艰苦地努力才能取得成效——主要是通过在遭遇旱涝灾害的年份，以减少损失的方式体现出来。欧洲地形以半岛和岛屿为特征，海岸地带犬牙交错，各地距海平均距离为210英里，其中低于这个距离的占全欧洲面积的62%，因此欧洲各地受海洋的影响比较大，很多地方冬无严寒，夏无酷暑。在南北方向上欧洲也没有中国那样明显的地区差异，冬季南北温差较小。欧洲北部卑尔根的1月平均温度与位于它以南800英里的巴黎的温度几乎相同（分别为华氏34度和37度）。在东西方向上，则是愈往东气候变化愈明显，海洋性气候逐渐为内陆气候所取代，冬季寒冷而夏季酷热。欧洲没有横贯南北的连续性山脉，因而陆海气团交流畅通，旱灾、蝗灾也较少，使得农业生产一般都能够在风调雨顺的条件下顺利进行。西欧的自然灾害主要有海水倒灌以及风灾，但因其地理方面的优越性，灾害发生并非十分频繁，灾荒对社会的影响远不如中国严重。

资源环境的差异导致了不同的环境态度。沃勒斯坦指出："欧洲人浪费空间。甚至在15世纪初人口处于低点时，欧洲仍缺乏空间"，"需求空间始终是基本动机"，并最终导致了向外殖民拓展：缺少土地的贵族"幼子们"和商业资本共同推动了欧洲的"发现产业"。[①] 中国人历史上则极为珍视已有的空间，不惜人力，通过内部挖潜提高土地利用效率，保障了群体延续。

地理大发现后，欧洲"300年的殖民化，本土总共移出1/4人口，号称'日不落帝国'的大英帝国占的殖民地面积最大，移出人口也最多，大约有1/3，其中最贫穷也最善战的苏格兰人口转移出去1/2。其结果是欧洲

---

① ［美］伊曼纽尔·沃勒斯坦：《现代世界体系》（第一卷），罗荣渠译，高等教育出版社1998年版，第43、49页。

人占领了其他的 4 个大洲，人口和资源的紧张关系由此彻底改善，资源环境空前宽松。……如果把欧洲搞殖民地转移出来的人口，都计算回欧洲，亦即把 16-17 世纪以来欧洲大陆向北美、南美、非洲、澳洲这 4 个大洲移出的人口及其繁衍的后代都送回欧洲，那欧洲现在应该有多少人？大概在 10 亿左右。如果再把殖民过程中欧洲人和当地人混血形成的人口，也算欧洲血统的人口计算回去的话，那恐怕就会超过中国现在的人口。在主张个性充分发展、个人利益最大化的资本主义的欧洲，资源和人口之间的关系就会非常紧张，会导致比两次世界大战还激烈的冲突，欧洲大陆的现代化便会是一个遥远的梦想。……这个殖民化过程是伴随着美洲土著、非洲黑人奴隶几亿人口的大量死亡，以及资源环境大规模破坏而形成的工业化资本原始积累。这个事实演进过程……产生一套资本形成、资本扩张的经验"。①

资源环境的不同导致了演化路径的不同：资源环境条件相对严酷且几无可拓殖空间的中国，只能通过邦国之间残酷惨烈的内战兼并完成简单形态的整合（形成军事帝国）后，演进成为以文化覆盖为主的异域社会整合形态；资源环境条件相对优裕且有可拓殖空间的西欧国家，则可避免残酷的内战兼并，②通过积极向外扩张，先是十字军东征、继而是地理大发现、最终凭借外部扩张而完成内部整合，演进成为以经济覆盖为主的异域整合社会形态。前者构建了以考场为主要竞争平台、以学养德行为核心竞争能力的公平公开公正的升层渠道，士人因而成为社会的主导阶层；后者构建了以市场为主要竞争平台、以赚取金钱为核心竞争能力的公平公开公正的升层渠道，商人因而成为社会的主导阶层。

纵观人类社会的发展史，德本主义社会与资本主义社会无疑是演进至今最复杂最高级的社会形态。二者同源、同构、同功：即皆由城邦封建社会转

---

① 温铁军：《解构现代化》，载《管理世界》2005 年 01 期。
② 关于春秋战国与近代欧洲之战争强度比较，参见〔美〕许田波：《战争与国家形成：春秋战国与近代早期欧洲之比较》，徐进译，上海人民出版社 2009 年版，第 137-141 页。

型而成，历经相似的生成演化环节而发展出公正的升层通道和开放的社会结构，从而保障了较大地域（相对城邦封建社会而言）、较长时期的群体延续与发展。可以说，德制学选制度与法制钱选制度是迄今为止人类发展出的最伟大的文明成就。

然而，需要指出，在资本主义社会，上述"群体延续"是指以欧洲白人为主的群体，公正的升层通道也只是面向以欧洲白人为主的国家公民，资本主义国家对外则用强权主义、丛林规则（如对美洲、澳洲土著的侵略、杀戮），内外有别，采用"双重标准"；在德本主义社会，上述"群体延续"是指人类之全体，公正的升层通道面向"天下"，不强调种族或民族之区分，尽管也有"夷夏之辨"，但强调的是"文化"而非"血缘"，其价值标准与行为规范是普遍主义的，"放之天下而皆准"，是地地道道的一重标准。（详见第七章第四节之二《思想基础：天下主义与族国主义》）

参阅

资本主义的历史成因探析[①]

近代资本主义发轫于西方十五世纪的"地理大发现"，但是鲜有人指出以下两个密切结合的"因素"。

第一，殖民扩张背后是欧洲国家对中国的长期贸易逆差。中国自宋、明人口过亿以后，依存于农村且与兼业化小农家庭经济相匹配的工商业长足发展，以丝绸、瓷器与茶叶为主的出口借助海上航路开拓而持续增长，客观上成为欧洲"白银危机"（及其连带发生长期战乱）的重要原因。仅十六世纪中期到十七世纪中期最终流入中国的白银在 7000-10000 吨左右，即中国占有了世界白银产量的四分之一到三分之一；另据欧洲学者研究，到十九世纪中叶列强入侵之前，中国的国民生产总值约占世界的三分之一。如果，作为

---

① 编自温铁军：《生态文明视角下的东西文化之历史成因》，载《西江月》2010 年 09 期。

硬通货的贵金属货币长期短缺且日益严重为"因",那么,被称为"地理大发现"的海外扩张,就是西方国家长期处于支付危机、无法通过欧洲内部化解的情况下诉诸对外暴力的"果"。

第二,国家与资本的直接结合源于资本原始积累过程对人类行使暴力犯罪的需要。由于封建小城邦没有足够的剩余承担海外扩张的巨大成本,所以最先的海外探险和殖民开拓,都是在早期民族君主国家的支持下进行的。正如1493年哥伦布在发现美洲新大陆后的一封信中所说:"我将回报给他们想要的任何数量的黄金,还有香料、棉花、玛蒂脂,以及红木,还有陛下们想要的奴隶。"信中提示的是历史常识:西方资本主义的"第一桶金"与血腥的奴隶制三角贸易密切相关——从非洲"低成本"掠夺土著居民,贩卖到美洲殖民地做奴隶,使金银开采及其后的种植园经营得以形成"规模经济",占有"规模收益"返回欧洲宗主国。殖民者就用这些财富来参与全球贸易,争夺世界霸权。

先期进行海外殖民地扩张的,正是西北欧大西洋沿岸的那些幅员狭窄、国土资源有限的国家,如西班牙和葡萄牙,然后是被长期视为蛮族的荷兰、英国。接下来才是欧洲大陆上德奥专制帝国的兴起和统一,及其兴起之后必然的路径复制——殖民扩张。

探究资本主义制度的形成,不可忽略1648年的《威斯特伐利亚条约》,其以国际公法的地位奠定了现代世界的基本格局,是资本主义原始积累阶段国家犯罪合法化的标志性建制。在欧洲,该条约确定了各国家的主权及其边界,现代意义上的国家至此形成,并成为国际政治的基本行为体。对于非洲、美洲等尚未认同欧洲模式的国家或正处于民族国家形成中的区域,条约规定的形式就是征服、占领和殖民。在那些欧洲人不可能形成完全殖民控制的半殖民地国家,如中国和印度次大陆,则在战争侵略之后继之以毒品(鸦片)和商品倾销。资本主义原始积累进程中,国家犯罪就这样具有了国际合法性,也导致了后续制度变迁的路径依赖。

美国《全球通史》作者斯塔夫里阿诺斯指出:"尽管1763年的世界比1500年的世界富裕,而且这种经济增长一直持续到现在,但是从最初起就是西北欧作为世界的企业主攫取了大部分利益。"代价是全球大部分地区和人口都成为少数欧洲强国资本神坛上的祭品——南北美洲的土著印第安人几近灭绝，数以千万计的非洲黑人成为美洲种植园的奴隶劳动力，世界原生态的多样性的经济和社会结构逐渐被蚕食和改变，单一化的殖民地经济结构至今仍在向外"输血"……

海外殖民扩张的第一个制度收益，是帮助先发的工业化国家完成了资本原始积累。在大规模殖民扩张的基础上，西北欧国家的技术和制度变迁才有可能，欧洲也才能"化危为机"：从巨额贸易逆差导致白银危机而催生海外掠夺，进而"后来居上"迅速上升为世界经济霸主。

海外殖民扩张的第二个制度收益，是被后人乐道的"政治文明"。伴随大量海外财富向欧洲流入，以及欧洲贫困人口（包括经济萧条造成的失业人口和罪犯、没落的封建贵族等相对于新兴资产阶级而言的"弱势群体"）大量向殖民地移出，资本主义形成过程中所引发的各种社会矛盾，比如资产阶级新贵与封建贵族之间的矛盾、资产阶级与工人阶级之间的矛盾才得以缓和，其国内才能"文明"地召开著名的"圆桌会议"。

恩格斯曾在1858年致马克思的信中写道："英国无产阶级实际上日益资产阶级化了，因而这一所有民族中最资产阶级化的民族，看来想把事情最终导致这样的地步，即除了资产阶级，还要有资产阶级化的贵族和资产阶级化的无产阶级。自然，对一个剥削全世界的民族来说，这在某种程度上是有道理的。"事实上英国不仅是早期工业化国家中殖民地面积和人口规模最为可观的国家，同时还是向海外移民最多的国家。1871至1900年的三十年间，英帝国的土地增加了425万平方英里、人口增加了6600万；被称之为"日不落"的大英帝国移出约三分之一人口，相对贫瘠的苏格兰高地约有一半人口移出，这就是信中所说的"道理"。殖民化还使法国土地增加350万平方英里、人口增加2600万；俄国在亚洲增加了500万平方英里土地和650万人口；德国则增加了50万平方英里土地和850万居民。

只不过，这些并非发端于所谓"技术革命"，或得益于所谓"制度先进"的西方资本原始积累时期以国家机器对人类的直接犯罪行为，大都被后来的社会科学理论的各种解释淡化、漂白或者直接忽略了。

对于因早期的工业化刺激而产生但之后异化了的两种重要的理论派别——马克思主义政治经济学和以亚当·斯密为代表的自由主义经济学,今人在汲取这些思想财富时需要注意。

其一,马克思主义政治经济学是在劳资矛盾的尖锐对立中诞生的,之所以转化成现实的工人运动浪潮,客观上是因为产业资本向殖民地的大规模扩张使要素配置发生结构性变化——产业工人相对于产业资本成为愈益稀缺要素,遂使劳工逐步具有了较好的谈判地位和斗争条件。此起彼伏的工人运动急迫需求简单易懂的理论,这又导致马克思主义被简单化为一种有利于开展工人动员的意识形态化的工具;这个时期大量小资产阶级介入形成的各种社会运动也就先后背离了马克思主义的原意,以至于马克思以"播下龙种收获跳蚤"表达愤怒;恩格斯则对那个时期的不同事件和不同人群多次重复马克思本人的揶揄:"如果马克思主义就是如此,我宁可不是一个马克思主义者!"

其二,产业资本阶段"经济自由主义"取代原始积累阶段的"重商主义"成为西方意识形态的主流,反映的是那时资本主义生产还只能"本地化"(localization)的资本家们对于皇权和贵族的反抗。这种在当时欧洲具有进步意义的思想滥觞至今,演化成为各种关于资本主义对于人类生产力促进作用的理论表达(本质上仍然是西方中心主义的),都或多或少地忽略了其源于对殖民地掠夺屠杀的国家犯罪的"合法化"。

在以资源资本化为实质的资本主义经济发展过程中形成的增值收益如何分配,以及发生的"负反馈"如何分摊,是制度变迁的核心问题。因为借由一定的制度安排,某些主体可能更多地占有制度变迁的收益,其他主体却更多地承担了制度变迁的成本。如果现在的发展中国家要以资本主义发达国家作为"赶超"目标和样板,就不得不考虑是否具有"复制"其发展历程的可能,特别是依靠对外转嫁制度成本来实现增长的可能。

第二节 德本主义社会与资本主义社会的演化环节

对德本主义社会与资本主义社会的演化史求同存异，进行整合，从整体到局部，可以发现二者的演化历程，有着数目相对稳定的演化环节（极数），而且在序数相同的环节达到相似的序化程度和变异幅度（通变），如表6-3所示。

表6-3 德本主义社会与资本主义社会的演化路径表

分期	序数	演化环节		德本主义社会	资本主义社会
		大环节	小环节	史实序列	史实序列
形成期	一	国家秩序稳定	平民君王	刘邦称帝	克伦威尔成为"护国主"
			封建惯性	分封同姓王	斯图亚特王朝复辟
			内乱发生	七国之乱	光荣革命
			恢复和平	平定叛乱，收夺诸侯支郡	新王威廉即位
	二	政经制度建设	宪政奠基	独尊儒术	权利法案
			选举制度	察举制度	民选制度
			政权组织	中朝与外朝分立	王室与政府分立
			经济政策	重农抑商政策	重商主义政策
	三	科学技术进步	科学发展	群性儒学复兴——董仲舒《春秋繁露》《春秋决事》司马迁《史记》等 中医科学体系奠基 丹道学基础理论建立——魏伯阳《周易参同契》	经典力学建立——牛顿《自然哲学的数学原理》 西医科学体系奠基 化学基础理论建立——拉瓦锡《化学纲要》
			社科探究	董仲舒《春秋繁露》《春秋决事》郑玄《三礼注》	洛克《政府论》 布莱克斯通《英国法释义》 亚当·斯密《国富论》
			技术革新	农业技术革新 纺织技术革新 冶铁技术革新 造纸术的发明和改进	农业技术革新 纺织技术革新 冶铁技术革新 蒸汽机的发明和改进

（续表）

分期	序数	演化环节		德本主义社会	资本主义社会
		大环节	小环节	史实序列	史实序列
形成期	四	社会组织演化	组织形成	士族门第形成	特许公司形成
			演进推展	宗法活动下移	公司活动下移
	五	国际关系发展	对外战争	汉匈战争（自卫还击）	英法战争（扩张争夺）
			国际体系	贡赐体系的建立	条约体系与殖民体系的建立
	六	问题积累爆发	制度积弊	察举制度之积弊导致地方政治势力坐大 政权组织之积弊导致中央政治势力分裂	民选制度之积弊导致北美政治势力坐大 政权组织之积弊导致英国政治势力分裂
			导致战乱	长期分裂内战——魏晋南北朝	美国独立战争——1775-1783
发展期	七	国家秩序稳定	新兴政权	新朝建立——隋朝建立及统一	新国建立——美国独立1783
			再陷战乱	隋末战争→唐初战争	法国大革命战争→拿破仑战争
			重建秩序	复归一统——唐朝大一统国家	复归制衡——欧洲维也纳体系
	八	政经制度建设	选举制度	科举选官制度+学校教育体系成型 荫任制度	民选代议制度+政党竞选体系成型 上院制度
			政权组织	君相共治+三省六部	君（主）政（府）分离+分权制衡（英国议会内阁两权制衡，美国三权分立）
			经济政策	均平主义政策 均田制与租庸调法→两税法 开元通宝	自由主义政策 自由贸易→政府管制 立法确立金本位 英镑恢复兑换黄金
	九	科学技术进步	科学发展	儒学的发展： 前期：河汾之学、官定经学（《五经正义》）、官修史书、《通典》等 后期:道统论(宏观)、心性论(微观) 中医科学的发展： 生理学发展—运气学说 病理学发展—《诸病源候论》 药物学发展—《千金方》《唐本草》 免疫学发展—防时病、养生方、导引法等	力学的发展： 前期：分析力学、天体力学、电动力学、热力学等 后期:相对论(宏观)、量子论(微观) 西医科学的发展： 生理学发展—生物物理、生物化学 病理学发展—细胞病理学、细菌病理学 药物学发展—化学制药 免疫学发展—疫苗等
			社科探究	儒教、道教、佛教并进	自由主义、保守主义、社会主义并行
			技术革新	雕版印刷术	电动机、内燃机

（续表）

分期	序数	演化环节		德本主义社会	资本主义社会
		大环节	小环节	史实序列	史实序列
发展期	十	社会组织演化	新兴组织	新兴士族发展	新兴公司发展
	十一	国际关系发展	体系扩张	贡赐体系扩张	殖民体系与条约体系扩张
			制度发展	贡赐制度发展	殖民制度发展
			文明输出	新兴德本主义国家形成（朝鲜、渤海、日本）	新兴资本主义国家形成（德、俄、日）
	十二	问题积累爆发	制度积弊	天下主义之积弊导致华夷无防 科举制度之积弊导致人才淤滞 羁縻怀柔之积弊导致地方权重 佛教？	族国主义之积弊导致列强对抗 民选制度之积弊导致纳粹上台 殖民扩张之积弊导致土地争夺 社会主义？
			战乱爆发	安史之乱	第一次世界大战
			问题延续	藩镇割据	凡尔赛-华盛顿体系
			短暂缓和	元和中兴	短暂繁荣
			问题加剧	重陷割据	经济危机
			再陷战乱	五代十国	第二次世界大战
成熟期	十三	国家秩序稳定	重建秩序	重建统一秩序—北宋	重建条约秩序—雅尔塔体系
			形成对峙	澶渊之盟-宋辽对峙	柏林危机-美苏对峙
	十四	政经制度建设	选举制度	科举选官制度的成熟	民选代议制度的成熟
			政权组织	中央集权	中央集权
			经济政策	政府管制与市场调节的结合—促发展 交纸大量发行	政府管制与市场调节的结合—促公平 美元脱离黄金
	十五	科学技术进步	科学发展	理学——宇宙运行模型（宏观） 心学——生命终极关怀（微观）	现代宇宙学—宇宙演化模型（宏观） 粒子物理学—物质终极结构（微观）
				火热论、攻邪论、脾胃论、相火论	分子生物学
				从复杂走向简单	从简单走向复杂
			社科探究	理学→心学	凯恩斯主义→新自由主义 现代主义→后现代主义
			技术革新	火药火器 航海造船 印刷出版	核弹核能 航天造星 电子信息

（续表）

分期	序数	演化环节 大环节	演化环节 小环节	德本主义社会 史实序列	资本主义社会 史实序列
成熟期	十六	社会组织演化	基层组织	宗族制度成熟 治理结构完善（房长会－族事会－宗子－族长－房长－家庭）	公司制度成熟 治理结构完善（股东会－董事会－董事长－总经理－经理－雇员）
			精英组织	民间书院成熟	投资银行成熟
			中间组织	民间会社兴盛	第三部门兴盛
			大众文化繁荣	市民艺术－杂剧、南戏、讲唱、风俗绘画	大众文化－电影电视、流行音乐、商业广告
	十七	国际关系发展	政权对峙	德本主义下的政权对峙（北宋与辽、南宋与金长期对峙）	资本主义下的政权对峙（美苏两大阵营长期对峙）
			经贸发展	贡赐体系下的经贸发展——构建世界贸易体系	条约体系下的经贸发展——构建世界经济体系
	十八	问题积累爆发	前期战争	宋夏战争 1040—1044 双方战平	朝鲜战争 1950—1953 双方战平
			中期战争	宋金战争 1125—1148 宋朝失败	越南战争 1964—1973 美国失败
			后期战争	宋元战争 1235—1279 元朝战乱 1279—1368 蒙古先胜后败	阿富汗战争 1979—1988 苏联先胜后败
繁荣期	十九	国家秩序稳定	政权新立	明朝建立、元朝灭亡	东欧剧变、苏联解体（新国建立）
			天下一统	前蒙元地区纳入德本主义体系	前苏东地区纳入资本主义体系
	二十	政经制度建设	政治制度	"学选"+"学治"制度体系完善—— 学校体系与考试制度融合 科举考试标准化与程式化 学术集团议政干政（翰林院）	"钱选"+"钱治"制度体系完善—— 利益集团与竞选制度融合 公职竞选市场化与金钱化 利益集团议政干政（"第三院"）
			经济政策	混合经济模式之优化	混合经济模式之优化
	二十一	科学技术进步	科学发展	理学和心学的发展 简单现象研究	现代宇宙学和粒子物理学的发展 复杂现象研究
			思想传播	儒学西传推进西学大发展	西学东渐推进儒学大发展
			技术革新	生态工程 生态园林	生物工程 信息网络
	二十二	社会组织演化	规模扩展	宗族组织的规模扩展	公司组织的规模扩展
			上下互动	宗族治理与国家治理一体化	公司扩张与国家扩张一体化

（续表）

分期	序数	演化环节		德本主义社会	资本主义社会
		大环节	小环节	史实序列	史实序列
繁荣期	二十三	国际关系发展	国际体系发展	中国主导的贡赐体系空前繁荣	美国主导的条约体系空前繁荣
			国际经贸发展	白银主导的全球经贸体系发展	美元主导的全球经贸体系发展
			国际盛衰转折	西方文明崛起	中华文明复兴
	二十四	问题积累爆发	制度积弊	皇权膨胀导致政治制度腐化 民族矛盾导致社会整合困境 军事衰败导致国家生存危机	金权操纵导致政治制度衰败 文明冲突导致国际关系困境 资本扩张导致人类生存危机
			战乱爆发	后金反明	恐怖攻击2001年9月11日
			秩序重建	满清归儒	收服阿（富汗）、伊（拉克）
			问题延续	皇权膨胀、民族矛盾、军事衰败	金权操纵、文明冲突、资本扩张
			危机爆发	西方入侵（鸦片战争）	金融危机（生态危机）
			陷入内乱	太平天国	?
			文明解体	由"中体西用"到"西体西用"	?
新时期	二十五	国家秩序稳定	和平局面	中国重新统一	?
	二十六	政经制度建设	意识形态	三个代表→科学发展、和谐世界→生态文明→	?

为方便比较德本主义社会与资本主义社会的异同，上表的构造兼顾历史事件的时序排列与性质分类：表中"形成期→发展期→成熟期→繁荣期"四期之划分当然是依据时序，每期中皆有的"国家秩序稳定→政经制度建设→科学技术进步→社会组织演化→国际关系发展→问题积累爆发"六环节，则是兼顾了时序安排与性质分类（也就并未完全遵循时序）。因为兼顾时序安排与性质分类，所以"六环节"之间不仅具有一定程度的时序因果关联，同时也具有一定程度的复杂生克关联，故需统而观之。

需要再次强调，上表对德本主义社会与资本主义社会演化历史的整理，方法基础是复杂第一规律（极数通变规律，自相似规律）。要在"默识"人类历史整体（演化历程及演化结果）的基础上，借助复杂科学的"道理"或"定律"（包括模型、定义、公理、规律、用表等），从整体到局部对不同地域、不同时期的历史事实进行定位（即包括从简单到复杂的层次，又包括从整体到局部的位置），然后探究其事件关联、揭示其发展规律。不理解上述方法基础，则难免对表中的史实序列对比"莫名其妙"，甚至于"不知所云"。

由于表中所涉史实历史跨度长、内容覆盖广，因而下面对史实序列的阐述，也分"形成期→发展期→成熟期→繁荣期"四期展开，每期一节，再细分为"国家秩序稳定→政经制度建设→科学技术进步→社会组织演化→国际关系发展→问题积累爆发"六环节，依序进行。

第三节　德本主义社会与资本主义社会的形成期

一、国家秩序稳定

中国：秦末战争后，刘邦胜出称帝。由于"封建"惯性力量的影响，而有分封同姓王，并最终导致"七国之乱"。

西方：英国内战后，克伦威尔自任"护国主"。由于"封建"惯性力量的影响，而有斯图亚特王朝复辟，并最终导致"光荣革命"。

汉朝平定"七国之乱"、英国完成"光荣革命"之后，国家秩序得以维持较长时期的稳定，大规模的制度建设随之展开。

二、政经制度建设

社会动荡的历史教训，促使德制学选与法制钱选的制度最终得以成型。

中国：七国之乱后，汉武帝"罢黜百家，独尊儒术"，以儒家大一统思想为治国根本，从而确立了德本主义社会的意识形态与宪政基础；实施"推恩令"，基本消除"封建"遗留问题；推行察举制度、设立太学，德制学选制度框架由此而基本成型。

西方：光荣革命后，英国上下两院联席特别会议提出"权利宣言"，后来被议会制定为正式法律，即"权利法案"，从而确立了资本主义社会的意识形态与宪政基础；制订《宽容法》《继承法》等，基本消除"封建王权"遗留问题；推行国债制度、设立央行（英格兰银行），法制钱选制度框架由此而基本成型。

德本主义社会的"察举制度"与资本主义社会的"民选制度"，都是一种委托代理制度，前者是"主权在天→主权在圣→主权在士"的默示委托方式，后者则是"主权在民"的明示委托方式（见本书第七章第一节之二《思想基础：

主权在天与主权在民》)。二者由于处于制度形成初期，制度的建设尚不完善，因而造成了选举中的腐败行为。同时，委托代理下的政府体制也因处于初级阶段，而表现出王室与政府间的权责不清。在经济制度方面，二者的取向截然相反：前者是重农抑商，后者是重商主义，正反映出两种社会形态的内在特性。以下从选举制度、政权组织、经济政策三方面分述之。

（一）选举制度：察举制度 vs. 民选制度

前文已述考察荐举制度与议会选举制度之成型与意义，因而以下不再赘述，专论因其不完善而导致的制度弊端。

1. 德本主义社会——察举制度

汉代"因学术环境之不普遍，学术授受有限，往往限于少数私家，而有所谓'累世经学'。(其最著者莫如孔子一家之后，自伯鱼、子思以下，再五世孔顺为魏相。顺子鲋，为陈涉博士。鲋弟子襄，汉惠时博士，为长沙太傅。襄孙武及安国。武子延年。安国、延年皆武帝时博士；安国至临淮太守。延年子霸，昭帝时博士，宣帝时为大中大夫。霸子光，历成、哀、平三帝，官至史大夫、丞相。自霸至七世孙昱，卿相牧守五十三人，列侯七人。安国后亦世传古文尚书、毛诗有名。其次西汉大儒伏生，世传经学，历两汉四百年。又次如东汉桓氏，自桓荣以下，一家三代为五帝师。) 经学既为入仕之条件，于是又有所谓'累世公卿'。(累世公卿亦始西汉。如韦、平再世宰相，<韦贤、玄成，父子相宣、元。平当、平晏，亦父子继相。> 于氏为两世三公，<父定国为丞相，其子永为御史大夫。> 时为仅事。东汉则有四世三公者为杨氏，又四世五公者为袁氏。氏族之盛，西汉较之蔑如矣。)'累世经学'与'累世公卿'，便造成士族传袭的势力，积久遂成门第。"[①] 另外，由于"地方察举权任太守，无客观的标准，因此易于营私。一面是权门请托，一面是故旧报恩。两者递为因果，使天下仕途，渐渐走入一个特殊阶级的手里去。"(明帝中元二年诏，已云："选举不实，权门请托。"樊儵上言，则谓："郡国举孝廉，率

---

① 钱穆：《国史大纲》（修订本），商务印书馆1996年版，第184—185页

取年少能报恩者。耆宿大贤，多见弃废。"）①

察举皆凭门第，导致门第逐渐垄断仕途，把持政权。一般士人要做官，必须投靠门第，而门第为了扩充势力，也拉拢士人，由此，出现了一个依靠门第的特殊阶层——门生、故吏。门生，本指师徒授业关系，直接授业的叫弟子，间接授业的称门生。后来，凡是投靠门第的也称门生，门生成为政治关系，实际并不授业，有的为主人服各种杂役，有的用钱贿赂，即可挂名为门生。做门生就有了做官的希望。故吏，指被公卿或郡守辟为属吏的人。他们被举主推荐，要报知遇之恩。主人死后，门生、故吏要服丧三年，主人犯法，门生故吏也随着免官，主人犯罪流放，门生故吏相随而去。门生、故吏与主人的关系，政治上如君臣关系，感情上如父子关系。"门第势力已成，遂变成变相的贵族"。②

2. 资本主义社会——民选制度③

光荣革命后至18世纪中期，英国议会一直沿袭旧的选举制度，导致贵族操控选举。

英国议会分上、下两院。上院是贵族院，由全体贵族组成，贵族世袭，因而不存在"选举"，只有下院才有"选举"。光荣革命后实行的一整套议会选举制度，导致贵族可以稳操胜券，控制议会。

首先，是议席分配制度。当时选区分为农村选区和城镇选区（选邑）两类。英格兰各郡每郡产生两名议员，202个选邑多数也可以选出两名议员。202个选邑中有125个是在爱德华一世时期确定的，其他则由历代国王相继确认。中世纪国王们确定的选邑历经几百年变化，许多已衰败，成为所谓"衰败选邑"。衰败选邑不仅在经济上毫无价值，而且居民稀少，个别甚至已从地图上消失，如老萨勒姆已成为农田，每逢选举"选民"需走到田里去"选举"；还有几个选邑已沉入海底，"选民"需坐船到海上去"选举"。在202个选邑中，

---

① 钱穆：《国史大纲》（修订本），商务印书馆1996年版，第185—186页。
② 同上书，第186页。
③ 本题内容编自钱承旦、许洁明：《英国通史》，上海社会科学院出版社2002年版，第232—234页。

仍称得上是"市镇"的已不多。在 19 世纪初，人口在 100-200 之间的选邑有四五十个，人口在 50-100 之间的选邑有 14 个，人口在 20-50 之间的选邑有 20 个，人口在 10-19 之间的选邑有 4 个，有 1 个选邑只 5 名居民，有两个选邑已无人，"衰败选邑"约有近百个。需要说明的是：人口并不等于选民，如西卢镇有 55 个居民，选民则只有 12 个。所有选邑都可选出两名议员，因此"衰败选邑"平均一两个选民就可选出一名议员。而像伦敦、米德尔塞克斯这些巨大的选区有成千上万选民，也只能选出两名议员。不合理的选区分布造成真实选民人数很少，因而选举也就容易受到操控。

其次，是选举资格制度。在"旧制度"下，农村选举权资格是年收入 40 先令的自由持有农，此规定 1429 年由亨利六世定下。这将农村的大量人口排除在外，因为历经一二百年的圈地运动，自由持有农已大量减少。在 19 世纪初，符合这一规定的只有 18 万人左右，1831 年占农村人口的 4%。而城镇人口中有选举资格的比例则更低，仅 1% 多一点。这一方面是由于"城镇选区"主要由衰败选邑组成，人口众多、经济繁荣旳大城市（如曼彻斯特、伯明翰等）反而归在农村选区内；另一方面，是由于多数选邑对选举资格的严苛限定，如有些市镇的规定选举权限于"自立户"，有些市镇的规定选举权限于"纳税人"，有些市镇规定选举权限于"市镇团成员"等。只有实行所谓"自由民选举权"的选邑才有可能形成较大的选民团，如伦敦、利物浦和诺丁汉。这种选邑与"纳税人"、"自立户"选举权中选民较多的市镇构成所谓"开放选邑"，只有在开放选邑中才可能有真正的竞选，各党派都可以参与竞争。其他选邑则基本是"封闭"的，由于选举权狭小，哪怕一个大城市，也可能只有十几、二十个选民。因此，在"旧制度"下，英国选民在总人口的比例极低，1715 年仅 4.7%，1813 年甚至降到 2.5%。1793 年"人民之友会"发表的一份报告指出：英格兰总共 400 多个议席中，占一半以上的 256 个议席是由 11075 个选民选出的。由于控制了一半议员就等于控制了政权，所以只要操纵这 11075 个选民，就能控制英国议会。而这对于贵族来说，简直易如反掌。

操纵的方法就是贿选。比如，在一个只有 5 个选民的小选邑，只要收买 3 张选票就能买到一个议席；而在一个有 5000 选民的大选区，则要收买 2501

张票才能买到一个议席。选民少，意味着不用花太多钱就能操控选举。这种情况由于当时选民中有大量穷人而变得更加突出。穷人很愿意出售选票，把它当作商品抛售给出价最高的人。因此，英国18世纪贿选风气盛行，几乎每个议员都是贿买的。贿买成为议员后进入议会，又必然指望政府再花钱收买他们。于是，腐败之风盛行政界，政府靠封官晋爵、行贿放账收买议员，进而控制议会多数。光荣革命以后的政治机器就是如此，被称为"腐败的旧制度"。

综上所述，在德本主义社会与资本主义社会的形成期，由于制度建设的不完善，皆导致了选举的"不公"——被贵族势力所操控，主要表现在两个方面：一、选举资格之狭窄，前者被操控于门第贵族，后者被操控于土地贵族；二、选举手段之腐败，前者是"选举不实，权门请托"，后者则是"选举不实，贿赂横行"。但需要指出，人类社会制度的演进绝非一蹴而就，因而制度的完善也就需待以时日。

（二）政权组织：中朝外朝 vs. 王室政府

与选举制度的不完善相关联，此时德本主义社会与资本主义社会的政权组织也都处于初级发展阶段，主要表现为王室权力与政府权力的分立，然权力之划分尚不十分清晰。

1. 德本主义社会——中朝与外朝分立

"西汉初年,王室、政府界限不清……朝廷自皇帝以下,官吏最要者有三公、九卿"。[①] 所谓三公，指丞相、太尉和御史大夫。丞相，"掌丞天子，助理万机"，辅助皇帝处理全国政务；太尉，协助皇帝总领全国军事；御史大夫，掌监察并帮助丞相处理政务。共同辅助皇帝决策，凡国有大造大疑，通而论之，国有过事，通谏诤之。三公即所谓的宰相之职，在名义上分别领导九卿。所谓九卿，即奉常（后改太常），掌宗庙礼仪文教；郎中令（后改光禄勋），掌宫廷警卫；卫尉，掌宫门屯卫；太仆，掌宫廷车马仪仗；廷尉（几度改为大理），掌司法；典客（后改大行令、大鸿胪），掌诸侯、少数民族及外交事务；宗正，

---

① 钱穆：《国史大纲》（修订本），商务印书馆1996年版，第163页。

掌皇族事务；治粟内史（后改大农令、大司农），掌国家财政，少府，掌皇帝私人财政及山海池泽之税。除此之外，还有与九卿地位相当的中尉（后改执金吾），掌京师治安；将作少府（后改将作大匠），掌皇宫、陵寝、道路等工程修建；大长秋，掌皇后的各种事务；太子少傅，掌辅导太子，统领太子官属。这些官员与九卿合在一起称为"列卿"。九卿"论其性质，均近于为王室之家务官，乃皇帝之私臣，而非国家之政务官，非政府正式之官吏"。①三公"其初实亦帝王私臣"。西汉初期的"整个朝廷，初从家庭状态中蜕化而出"。②

"汉初宰相皆列侯为之，此皆相互戮力以争天下者，在当时亦为皇帝之私人也。故御史大夫为副丞相，而御史有中丞，得治王宫之政令。此犹《周礼·天官》冢宰，其属官得统及皇帝内廷。此非古人立法之善，乃系当时'王室'与'政府'公私性质不分明也（此则所谓'朕即国家'，其去封建时代未远也）。"③

"武帝以后，中朝（王室）外朝（政府）始分"。"宰相始由士人特起，渐有其尊严之地位"，"于是宰相为外朝领袖（政府代表），而大司马大将军为内朝辅政（王室代表）"，④"'王室'与'政府'渐次分开（此亦中国政制史上一大进步）"。⑤中朝与外朝之分，奠定了德本主义社会"君相共治"的基本格局。

2. 资本主义社会——王室与政府分立⑥

光荣革命后，英国尽管确立了议会高于王权、司法独立于王权的原则，但行政与立法的关系尚不明确，国王与议会有可能各行其是。国王具有独立行政权，自行遴选大臣，掌控国务大事，大臣们只对国王负责，而且以个人的身份接受国王领导，大臣之间不存在横向联系，也无需协商一致。在复辟时期，枢密院形成了一个被称为"内阁"的核心集团，但只是国王的高级咨询机构，并不是真正的权力机关。

---

① 钱穆：《国史大纲》（修订本），商务印书馆1996年版，第165页。
② 同上。
③ 同上书，第161页。
④ 同上书，第160页。
⑤ 同上书，第162页。
⑥ 本题内容编自钱承旦、许洁明：《英国通史》，上海社会科学院出版社2002年版，第193—196页。

威廉三世登位后，延揽两党人士入阁作谋，由于两党政见不同，内阁常常争吵不休。后来改为从议会的多数党派中遴选阁员，组织行政班底，提供咨询意见，政府工作才相对顺利，意见也容易统一，这是英国走向责任内阁制的重要一步。当时议会尚不能控制政府，尽管议会有权制定法律，国王却可以不加理会，而行使国王特权。大臣不对议会负责，而只以个人身份对国王负责，议会对此毫无办法。威廉当时仍把内阁视为国王的仆从，如同当时欧洲其他的君主一样。因此，一旦政府与议会意见相左，国事就会陷于混乱。行政与立法双方各行其是，缺乏协调配合的机制。

到安妮女王时期，议会把内阁置于控制下，规定出任国王大臣者必须经过竞选成为下议员，政府成员必须同时是议会议员，由此确立了议会与政府的有机联系。同时，安妮认识到政府大臣必须与议会多数党保持一致，否则政府将受到议会抵制，行政事务便无法运作，由此开创了内阁与议会多数党一致的先例，议会换政府也要换。另外，安妮女王时期，大臣们遇事往往先行内部磋商，取得一致意见后再报告女王，由此形成了内阁意见必须统一的惯例，并逐步发展成内阁的集体责任制。作为整体，内阁对议会负责。当内阁向议会负责的原则确立后，政府要么服从议会，要么下台。如果用国王的否决权否定议会的决定，只会使政府与议会严重对抗。

乔治一世和乔治二世期间，国王不出席内阁成为惯例，内阁会后报告，国王也几乎没有否决过议会的议案。由此，议会责任制政府建立起来。内阁会议为了在讨论时取得一致意见并把意见集中起来通知国王，渐渐产生了一个主持内阁会议的领导人物，后来被称之为"首相"（Prime Minister）。

从宪法角度来看，虽然国王在国家政治生活中仍具有重要的作用，但治权从国王向内阁转移的趋势已成定局。

综上所述，在德本主义社会与资本主义社会的形成期，二者的政府体制都经历了"王室权力"（或曰"君权"）与"政府权力"（或曰"治权"）的分立过程：前者是中朝与外朝分立，后者是王室与政府分立。需要指出，二者"君权"与"治权"分立后的发展趋向并不相同：前者是"君权"与"治权"共存互动，传承并发展了原有君主制度，从而将"君主制度"提升为"君相共治"；

后者是将"君权"逐渐驱逐出"治权"领域，基本废除了君主制度，只保留君主制度的形式（如英国的立宪君主制度），甚至彻底根除（如美国、法国等）。（详见第七章第一节·四之《君权：君相共治与君政分离》）。

值得一提的是，此期中国设立"太学"，标志着德本主义社会"学治传统"形成；英国设立"央行"，则标志着资本主义社会"钱治传统"形成。

（三）经济政策：重农抑商 vs. 重商主义

在德本主义与资本主义的制度建设中，二者的经济政策取向相反：前者是重农抑商，后者是重商主义，突出反映了两种社会形态的内在不同。

1. 德本主义社会——重农抑商

汉武尊儒后，大力推行重农抑商的经济政策。重农抑商的思想与政策可溯自春秋战国时期，其发展历程大体可以分为三个阶段。

春秋战国时期为重农抑商思想与政策的形成阶段。《管子·治国》曰："末作文巧禁，则民无所游食，则必事农，民事农则田垦，田垦则粟多，粟多则国富。国富则兵强，兵强者战胜，战胜者地广。"《管子·权修》曰："上不好本事，则末产不禁；末产不禁，则民缓于时事而轻地利，轻地利而求田野之辟，仓廪之实，不可得也。"管仲实施了包括推广铸铁农具、改造盐碱地、分配公田、相地衰征、相壤定籍、与民分货等具体重农措施，还首创"官山海"政策，通过制盐业和冶铁业官府垄断运营，抑制齐国私营资本的膨胀。商鞅在秦国变法，则将"事本""禁末"作为基本国策强力推行："治国能抟民力而壹民务者，强；能事本而禁末者，富"（《商君书·壹言》）；"其农贫而商富，故其食贱而钱重，食贱则农贫，钱重则商富，末事不禁，则技巧之人利。而游食者众之谓也。故农之用力最苦而赢利少，不如富商技巧之人。苟能令商贾技巧之人无繁，则欲国之无富不可得也。故曰：欲农富其国者，境内之食必贵，而不农之征必多，市利之租必重。"（《商君书·内外》）。商鞅重农抑商政策的主要内容包括：（1）制止农民弃农经商，规定不许商贾技巧（奢侈品手工业）之人自发增加，不经批准而从事"末利"者罚做奴隶，并加重商贾家庭的劳役负担，而农民生产好的可免除徭役，以示优待；（2）"重关市之赋"，"不农之征必多，市利之租必重"，以限制商人过分赢利，使商业流通的利润由商人之手转归国家掌握；(3)国家统制山泽之利，实行盐铁专卖；(4)管制粮食贸易，不准商人插足，农民也必须自己生产，解决口粮，不得从集市购粮调剂；(5)提高粮食收购价格，从经济上使商人感到无利可图而放弃经营；但对农民的增产粮食则是一种有力的刺激（据《商君书·外内、垦令》和《史记·商君列传》）。重农抑商政策以及其他一系列改革措施的推行，使得秦国财政收入富裕，军事力量增强，为其统一六国奠定了基础。秦统一全国后，明确"农本工商末"的政策，在全国范围内推行"劝劳本事，上农除末"，甚至多次遣发商人等到边境地区戍守，如迁魏之孔氏于南阳，徙赵之卓氏于临邛。但秦朝的政策并没有有效节制资本的发展，故孔、卓两氏迁徙后仍重操旧业，积聚巨资。到汉初，孔氏已成为南阳首富，而蜀郡卓氏从事冶铁工业，僮仆达千人，为蜀郡大族。

西汉初期为重农抑商思想与政策的发展阶段。西汉初年，经济凋敝，富商大贾乘机囤积居奇，牟取暴利，致使物价飞涨，民不聊生。史载："汉兴，接秦之弊，丈夫从军旅，老弱转粮饷，作业剧而财匮，自天子不能具钧驷，而将相或乘牛车，齐民无藏盖。……而不轨逐利之民，蓄积余业以稽市场，物踊腾粜，米至石万钱，马一匹则百金。"刘邦曾实行较严厉的抑商政策："乃令贾人不得衣丝乘车，重租税以困辱之。"刘邦之后的"孝惠、高后时，为天下初定，复弛商贾之律，然市井之子孙亦不得仕官为吏"。(《史记·平准书》)上述政策对抑制商业扩张影响有限，在全国统一、市场扩大的有利条件下，商业仍获得迅速发展。"汉兴海内为一，开关梁，驰山泽之禁，是以富商大贾周流天下，交易之物莫不通，得其所欲"。(《史记·货殖列传》)结果，"今法律贱商人，商人已富贵矣；尊农夫，农夫已贫贱矣"。(《汉书·食货志》)贾谊和晁错大力主张重农抑商。贾谊向汉文帝进言："今殴民而归之农，皆著于本，使天下各食其力，末技游食之民转而缘南亩，则蓄积足而人乐其所矣。可以为富安天下。"(《汉书·食货志》。)晁错亦说："方今之务，莫若使民务农而已矣。欲民务农，在于贵粟，贵粟之道，在于使民以粟为赏罚。"(《汉书食货志》。)汉文帝多采纳之，推行"孝悌力田""贵粟贱商"，还通过减免田租、入粟拜爵等具体办法劝农。然而,"文帝之时,纵民得铸钱、冶钱、煮盐",把利润最丰厚的产业让与私人资本经营,从而助养了一批富商大贾:"邓通,大夫也,以铸钱财过王者","冶铸煮盐,财或累万金。"(《史记·平准书》)总之,汉初虽然实行重农抑商的政策,但由于强调无为而治,民间工商业发展几无限制,商人社会地位尽管不高,而经济收入却可至巨富。汉初工商发展的自由放任与休养生息的经济政策是一致的,此时期的"重农抑商"实际上却成为"重农达商"。

汉武以后为重农抑商思想与政策的成熟阶段。董仲舒曰:"'不患贫而患不均。'故有所积重,则有所空虚矣。大富则骄,大贫则忧,忧则为盗,骄则为暴,此众人之情也。圣者则于众人之情,见乱之所从生,故其制人道而差上下也,使富者足以示贵而不至于骄,贫者足以养生而不至于忧,以此为度而调均之,是以财不匮而上下相安,故易治也。今世弃其度制,而各从其欲,欲无所穷,而俗得自恣,其势无极,大人病不足于上,而小民羸瘠于下,则富者愈贪利而不肯为义,贫者日犯禁而不可得止,是世之所以难治也。"(《春秋繁露·度制》)汉武帝采取了国有专营、市场调节、税收调节等综合措施,使重农抑商政策得以完善化,主要包括:1.国有专营。把盐、钱、酒的制造和售卖权收归中央,断商人豪强的重要财源,同时亦增加国库收入;2.市场调节。行均输法,下令各地贡品由均输官收集,运到价高之地售卖,减少商人从中取利,同时设平准法,在京师设平准官,监视市场物价,实行贱买贵卖以平抑物价,防商人囤积居奇,又可充实国库;3.税收调节。所有商贾须每年向朝廷呈报财产,按额征税,此为"算缗",车船等也须纳税,并鼓励百姓告发隐瞒财产之商贾,凡举报属实者可得被告发商人财产之半,此为"告缗"。通过"算缗""告缗",政府没收了大量财物充实国库,打击了为富不仁的商人。此后,重农抑商政策成为德本主义社会延续两千年的基本经济政策。

重农抑商的思想与政策,是在中国由城邦封建社会向异域整合社会的转型过程中逐步形成的。中国的资源环境,已无可大规模拓殖的空间,只能在限定地域的资源条件下生存发展。农业乃民生之本,若商业过度发展,必导致对农业与农民的盘剥(此乃资本低买高卖的本性使然)。商人势力的扩张与渗透，也必导致对政府与官吏的腐蚀（此乃商人走向高层的本能使然）。中国的环境资源无法支撑商业与商人的无度扩张（此必导致社会经济与政治结构的失序）。因此，重农抑商成为德本主义社会的基本国策：重农抑商旨在一方面大力扶持农业发展以保障基本民生，一方面抑制过度商业投机与奢侈经济的发展以防治社会过度分化，是德本主义社会维护整体秩序、保障长治久安的必需。

需要指出，重农抑商并非禁商、废商，而是强调不能将"商"作为社会的发展重心，更不能把"商"作为社会升层的主要途径，对于商业资本过度膨胀而影响到社会经济的稳定，甚而影响社会秩序的稳定和谐，则坚决予以限制和打击。

2. 资本主义社会——重商主义

光荣革命后，英国大力推行重商主义的经济政策。重商主义的思想和政策可溯源自西欧中世纪末期，其发展历程大体也可以分为三个阶段。

15至16世纪为重商主义思想和政策的形成阶段，亦称早期重商主义阶段。地理大发现后，葡萄牙、西班牙掠夺的美洲金银大量涌入欧洲，葡萄牙、西班牙也因此成为一等强国，引起西欧各国纷起效仿：一方面，大力扩张殖民地直接攫取财富；一方面，大力发展对外贸易以图赚取金银。早期重商主义力倡汲取国外金银货币到国内，禁止货币输出。国家也通过行政手段管控货币流动，以尽量多的储藏金银。所以早期重商主义又被称为重金主义或货币主义。代表人物在英国有约翰·海尔斯和威廉·斯塔福德，二人所著的《英吉利王国公共福利对话集》中，讲述了保持和增加英国的金银货币，以积累国家财富的主张。他们极力反对从外国输入商品，特别是奢侈品，也反对外国商人用英国原料加工后再输入制成品，因为这都可以使外国商人赚取货币而导致英国的金银流出。此时期英国颁布了一系列禁止贵金属输出的法令，都铎王朝（1485—1603）前期曾再三予以重申，伊丽莎白女王（1558—1603在位）于1559年、1581年又两度颁布禁止贵金属输出的法令。

17世纪为重商主义思想和政策的发展阶段，亦称为晚期重商主义阶段。晚期和早期重商主义的区别，主要在于对获取货币财富的方法认识不同。晚期重商主义力倡把货币投入流通中才能获得更多货币，而把货币贮藏起来不能增加货币，因而国家可以允许货币输出国外，但必须保证把更多的货币运回国内，即保证外贸出超。因此，主张限制或禁止原料出口，对外国货物的购买要少买成品多买原料，强调促进本国的制成品出口。由于强调发展本国商品生产是赢得对外贸易顺差的基础，所以晚期重商主义又称为重工主义。代表人物在英国有托马斯·孟，其所著《英国得自对外贸易的财富》明确提出了贸易差额论的原则，即每年出口的货物价值，必须比进口的多，如此就能使货币不断流入本国；为保障贸易顺差，国家可以采取措施使本国商品在国际市场上排挤外国竞争者，可以要求进出口商品要用本国船只运输。此时期英国实行严格的关税保护制度以限制进口货物。除若干原料外，对几乎所有进口货物都征收重税。禁止印度、波斯和中国的印花织物输入。甚至禁止一切居住英国的居民买卖、穿着或拥有这些织物，如有违犯即科以罚金。航海法与谷物法是最为典型的关税保护法令。《航海法案》于1651年通过，其后经多次补充修订，和其他一系列控制海上商品运输和鼓励出口贸易的法令合称《航海条例》。1660年修订的条例规定：从亚、非、美洲运输货物到英国，只能使用英国船只；由欧洲运到英国的货物，部分（列有名单）也必须使用英国船舶，在名单之外的货物才可以使用货物生产国的船舶，而且必须是由直接生产国运出。对由外国船舶运进英国的货物使用较高的进口关税。伦敦商人柴尔德曾坦率地说：《航海条例》使英国商船数增加了三倍，若没有《航海条例》，即便在英国自己的殖民地，荷兰船与英国船的比例也会是40∶1。《航海条例》成为以后约100年的英国殖民地经济政策的基础。《谷物法》是1660-1689年颁行的一系列限制谷物进口的法令，如规定国内小麦价格低时对进口小麦征高税，国内小麦价格高时进口税相应降低，这样使英国国内小麦市场的价格不因廉价的小麦进口而降低。《谷物法》的税率曾随小麦价格的变动作过大约十次修改。此外，英国对进口的羊毛、木材、生丝、煤及其他共60种商品征收高关税，并禁止机器、图样出口。

18世纪为重商主义思想和政策的成熟阶段。随着产业升级和竞争优势的提升，英国强调国际贸易的互利与市场供需的调节，政策注重推动出口。为奖励工业品输出，国家对可以在海外高价销售的生产部门和行业（如毛纺织业）采用免税出口、退还税款、发放奖金等措施加以特别扶植，如 1780 年和 1782 年颁布法令，对输出的每匹白布都颁发奖励金。仅在 18 世纪 20-30 年代，政府就取消了一百多种商品输出关税。

重商主义的思想与政策，是西欧从封建城邦向异域整合社会转型过程中逐步形成的。地理大发现后，西欧以大规模海外掠夺与殖民拓展为基础，市场迅速扩大，商业迅速发展，商人迅速崛起。在攫取殖民地、竞争势力范围的过程中，在"发动战争、资源汲取和资本积累三者交互作用"[①] 之下，西欧的民族国家纷纷兴起。"在这样的情势下，一个拥护经济民族主义、重视商人地位、为经济和军事扩张提供理论基础的思想就自然而然产生了，这就是重商主义经济思想。建立在经济民族主义之上的重商主义思想是一种利己主义思想，也是一种竞争主义思想，可是这种竞争是零和博弈的，也就是说，一个国家只有在减少其他国家资源的前提下才能增加其自身资源。"[②] 重商主义思想与政策的目的，是借助国家力量以帮助国内商人在国际贸易中争取竞争优势，而商人的优势又能迅速转化为国家的竞争优势。重商主义政策与重农抑商政策的用意相反：即把"商"置于社会发展的重心，"商"成为社会升层的主途径。资本主义的制度框架，正是在重商主义政策的支撑下得以成型。

综上所述，德本主义社会与资本主义社会在形成期的经济政策，皆形成于从封建城邦向异域整合社会转型的过程中，政策取向截然不同：前者是重农抑商，后者是重商主义。前者力图避免把"商"作为社会发展的重心，后者却正是把"商"作为社会发展的重心。二者之不同乃源于资源环境的制约：前者环境相对严酷且无可扩张，只能在限定地域的资源条件下发展，故有内向型的"重农抑商"；后者环境相对宽裕且可大肆扩张，故有扩张型的"重商主义"。内向的"重农抑商"政策推进了"内源发展"经济模式的发展，扩张

---

① 〔美〕查尔斯·梯利：《发动战争缔造国家类似于有组织的犯罪》，载〔美〕埃文斯等编著：《找回国家》，方力维等译，北京：生活·读书·新知三联书店 2009 年版，第 232 页。
② 萧国亮、隋福民：《世界经济史》，北京大学出版社 2007 年版，第 157 页。

的"重商主义"政策则推进了"外源发展"经济模式的发展。(详见第七章第三节·一之《发展路径——内源发展与外源发展》)

三、科学技术进步

德本主义社会与资本主义社会的制度创新促进了科学技术的大发展。在科学领域,德本主义社会表现为复杂科学(主要是群性儒学)的大发展与中医科学体系的建立;资本主义社会则表现为简单科学(主要是经典力学)的大发展与西医科学体系的建立。在技术领域,二者都在农业、纺织、冶金等领域有所发展,但是在民生需求基本得到满足后,因为制度导向不同,二者的技术发展分道扬镳:前者最大的技术革新转向文化传媒领域,发明了造纸术;后者的技术革新发生于动力机械领域,发明了蒸汽机。以下分科学发展、技术革新两方面述之。

(一)科学发展:群性儒学 vs. 经典力学,中国医学 vs. 西方医学,丹道学 vs. 化学

1. 群性儒学和经典力学

复杂科学的大发展首先聚焦于最复杂现象,即社会组织。对于最复杂现象(社会组织)的科学研究,在现代学术体系中属于"社会科学",在中国传统学术体系中则属于"群性儒学"。西汉大儒董仲舒集六艺之大成,将复杂科学的数理模型与天下国家治理结合:"圣者法天,贤者法圣,此其大数也。得大数而天下治,失大数而天下乱,此治乱之分也。所闻天下无二道,故圣人异治同理也。"(《春秋繁露·楚庄王》),阐明、发挥《春秋》奥义:"仲尼之作《春秋》也,上探天端……理往事,正是非,见(现)王心……以为见(现)之空言,不如行事博深切明也。"(《春秋繁露·俞序》)同时力求落实到操作层面,成为最高决策层实施改革与建立"大一统"社会秩序的科学基础(见第七章第一节及第四节)。司马迁则将"群性儒学"的基本理论与历史事实相结合,经史合参,"究天人之际,通古今之变,成一家之言",以"昭明世,继《春秋》"(《史记·太

史公自序》),成为"五经之囊籥,群史之领袖"(崔适《史记探源》卷一)。

简单科学的大发展首先聚焦于最简单现象,即机械运动。对于最简单现象(机械运动)的科学研究,在现代科学体系中属于"经典力学"。英国科学家牛顿集西方科学传统之大成,将数学推理、科学实验、天体观测相结合,构建了万有引力模型。而且,从基本定义、公设、公理出发,逐次推论,建立了严密的经典力学体系,把上至天宇下至地面一切物体的运动皆纳入统一的"牛顿力学"范畴,同时力求落实到应用层面,成为"大工业的真正科学的基础"。[①]

(关于"复杂科学"与"简单科学"详见第二章)

2. 中国医学和西方医学

汉代科学的大发展还特别表现于生命领域。两汉时期,中医科学的四部经典,包括《黄帝内经》《黄帝八十一难经》《神农本草经》《伤寒杂病论》,皆得以成书。《黄帝内经》和《黄帝八十一难经》中总结提出的中医学基本理论有阴阳五行学说,脏腑经络学说,病因病机学说,气、血、津、液、精、神学说。上述理论内容从整体到局部,构成中医科学的医理学、病因学和病理学,用以说明各种生命和疾病问题。在《内经》和《难经》中,对中医的诊法和治法都有了最基本的论述。诊法包括诊查法和辨证法。诊查法《内经》已有完整的望、闻、问、切内容。在病情分析的辨证法方面,《内经》提出了各种辨证方法的原则,论述了阴阳、表里、寒热、虚实八纲辩证的基本内容。对于治法,《内经》和《难经》中提出了养生预防法则,强调因时因地因人制宜,论述了治标与治本、正治和反治等原则性内容,还提出了各种补泻方法。《伤寒杂病论》中已完整体现了汗、吐、下、和、温、清、消、补八法。由此,中国医学的基本理论和诊治法则基本确立,也标志着中医科学体系的建立。[②]

西方科学的大发展同样表现在生命领域。在16世纪中期维萨留斯发表《人

[①] 马克思:《剩余价值理论》(第2册)(1802年1月—1863年7月),载《马克思恩格斯全集》第26卷Ⅱ第116页。

[②] 常存库:《中国医学史》,中国医药出版社2003年版,第39—50页。

体结构》、17 世纪前期哈维发表《心血运动论》之后，西方医学的生理学基础得以建立，分析还原的思维方式和概念体系被引入生命科学。之后，意大利的马尔比基通过显微镜发现了毛细血管，荷兰的列文虎克与英国的胡克通过显微镜分别发现了细菌与细胞，进一步确立了机械论、还原论的"生命科学观"。光荣革命以后，英国医学家布尔哈夫在临床治疗中将理论和实践结合起来，以解剖学、生理学、化学和物理学为基础研究人类健康和疾病，1709 年出版《疾病诊断与治疗箴言》，建立了当时被认为"完美、完整和完备"的理论体系，被时人誉为"医学界的牛顿"。[①] 1761 年意大利医学家莫尔加尼（或译"摩干尼"）发表五卷本《疾病病因和部位》，提出寻找"病灶（focus）"来诊断疾病的方法，是西方医学史上的一个里程碑。"莫尔加尼被视为病理解剖学的先驱，被誉为医学科学新纪元的开创者。……他的研究鼓励着医生用局部病理变化……去认识疾病，并促进形成了特异诊断和外科干预方式。他首次用系统方法揭示了活体疾病症状与专业的病理研究结果之间的关系，他的研究构建了病理学的解剖学基础，并形成了一种新思想，即临床表现能反映活体中不可见的解剖学变化。"[②] "从此，西方医学就由看病人变成了找病灶，之后诊断学上的许多发明，从叩诊、听诊、X 线到 CT、MRI，到肠镜、肛门镜、膀胱镜等，就是一个目的——找病灶。找到病灶了，医生就说你这个人是什么病。如果找不到，就没办法了。比如说头疼，CT、MRI、脑电图都正常，找不到病灶，医生就没辙了，可能会说你是神经血管性头疼，给一点维生素或安眠药回去吃。当时，摩干尼是作大体解剖的，找器官、组织的病灶，后来可以在细胞里找，现在可以在分子上找，找致病基因。直到现在，西方医学的基本原理还在找病灶方面。"[③] 由此，西方医学的基本理论和诊治法则基本确立，也标志着西医科学体系的建立。

3. 丹道学和化学

在德本主义社会与资本主义社会的形成期末年，分别源于炼丹术和炼金

[①] 〔美〕洛伊斯·N.玛格纳：《医学史》（第 2 版），刘学礼译，上海人民出版社 2009 年版，第 299—300 也。

[②] 同上书，第 301—302 页。

[③] 张大庆：《医学史十五讲》，北京大学出版社 2007 年版，第 104 页。

术的"丹道学"和"化学"的基础理论体系也皆得以成型。中国"丹道学"是关于"生命变化"的化学，属于复杂科学；西方"化学"则是关于"物质变化"的化学，属于简单科学。

东汉末年魏伯阳将复杂科学（物性儒学）和老子之学中修命部分相结合[①]，在《周易·系辞》奠定的复杂科学整体框架和《黄帝内经》奠定的生命科学整体框架的基础上，撰《周易参同契》，奠定了中国传统内外丹学的理论基础。《周易参同契》"把表述整体的太极图细化为局部性的坎离匡廓图和三五至精图（三指肺金、心火、肝木，五指三加二：肾水为始，脾土为归）"，[②] "借助《周易》把《黄帝内经》发现的生理过程向着养生方向细化,直到化学实验（炼丹）"。[③]《周易参同契》的主导思想，是以构造整合法为基础的"生理性"的天人合一论[④]（儒学是"社会性"的天人合一论），强调人类的生命应遵循自然界生成与运行的法则。《参同契》的主要内容可分为三部分，一、以易道黄老言外丹炉火的理论部分，为一种理论模型，如以乾坤为鼎炉，以坎离为药物，

[①] 张祥平：《经典复杂科学》，中国社会科学出版社 2013 年版，第 20 页（页下注）。

[②] 同上书，第 8 页。

[③] 同上书，第 15 页。

[④] 丹道学并无丝毫宗教迷信之意味，其根本思想，在使人能借修炼而超凡入圣，超圣入神，超神入化，以达于真人境界，也就是神仙境界；此言其至效。小之可以借修炼而延长其生命，大之则可以至于无限；故切不可方之于当代之"寿命学"，二者小同而大异，相距何止天壤而已。至所谓"真人境界"，也就是"天人合一"的境界，若深究其哲学思想内容，则本体论、宇宙论、人生论均极精深玄妙而整严博大。不可徒执其长生不死之说与皮毛粗浅之见，而妄诋毁非议之也。长生之说，最早见于老子。然老子仅云"长生久视"，未云"长生不死"也。长生久视者，可长其生，久其视也，非永生不死也。故老子又曰："死而不亡者寿。"其所以不亡者，在能"澹然独与神明居"，在能"与天地并"，在能"独与天地精神往来"。丹道学主性命双修，其人生观注重"内养心性"，以"入圣登真"为主旨。"外炼形体"，以"养生延命"为条贯，而以"内养心性"为第一圭旨。……唯有内在之心性修炼，使能充实光辉，方可与日月同光，与天地同流。即人即天，即天即人，其精神修炼与人格升华，达到此一"天人合一"之境界时，方可长生不死而万古长存。——详见萧天石：《道家养生学概要》，华夏出版社 2007 年版，第 12—14 页，第 24—29 页。

以阴阳喻变化，以爻象喻火候，这些都是将炼丹过程加以理论的升华，抽绎为丹道原理……二、外丹理论和实践部分，《参同契》作为最早的炼丹文献之一，已为科技史、化学史家所重视，国内外化学史专家已对《参同契》中有关外丹术的化学实验和化学成就进行了深入的研究……三、道家内修功法及境界部分，论述了人体内修的原理和练功景象"[1]，特别是对修炼中用意的火候法度和精、气、神生发变化的轨迹，做了详尽阐述，后世丹道学逆炼归元的理论模式，及筑基、三关炼化等修炼法则，无不是本于此书的发挥，故《周易参同契》被誉为"万古丹经王"。需要指出，丹道学在实践效果上容易出现偏差，但是这类"试错"是科学探索必不可免的过程。

西元18世纪末期，法国科学家拉瓦锡通过对燃烧现象和气体问题的研究，提出了氧化理论及以其为核心的新燃烧学说，完成了被科学史家称为"延迟了的"化学革命，其标志是其《化学纲要》的出版。该书定义了元素的概念，采取分析还原法，提出化学的任务就是将自然界的物质分解成基本的元素，并对当时常见的化学物质进行分类，总结出三十三种元素（某些实际上是化合物）和常见化合物，使得当时零碎的化学知识得以条理化。书中阐述了化学反应过程中物质质量守恒的思想，根据物质守恒原理，拉瓦锡将化学反应过程表述为代数式，并将很多实验结果通过物质守恒定律进行了系统地理论解释。《化学纲要》一书的出版是化学史上划时代的事件。它对化学的贡献相当于《自然哲学的数学原理》对于物理学的贡献。有人因此称拉瓦锡是化学中的牛顿，也有人称他是近代化学之父。"[2]

综上所述，在德本主义社会与资本主义社会的形成期，制度创新促进了科学的大发展：德本主义社会表现为复杂科学的大发展，包括群性儒学的复兴、中医科学体系的建立以及丹道学的奠基；资本主义社会表现为简单科学的大发展，包括经典力学的建立、西医科学体系的建立与化学的奠基。需要指出，复杂科学的大发展，是在轴心时期已确立的方法论和大框架的基础上

---

[1] 戈国龙：《道教内丹道学溯源》，宗教文化出版社2004年版，第146—147页。
[2] 吴国盛：《科学的历程》（第二版），北京大学出版社2002年版，第303页。

的衍生和细化,"是在构造性整体(北辰模型)所留出的余地中增加新的事实(述比)、层次(默识)、理解(不惑),减小现实中被留出的余地"①;简单科学的大发展,一方面传承了轴心时期已确立的方法论,一方面是对之前"科学理论"的"突破"或"革命"。②

(二)技术革新:农业技术革新,工业技术革新

德本主义社会与资本主义社会的制度创新在促进科学大发展的同时,也促进了技术的大革新:二者的技术大革新首先都出现在农业领域,继而又都扩展到工业领域——主要是纺织业和冶金业。之后,二者的技术发展方向出现分化:前者最重大的技术突破转向文化传媒领域,而有造纸术的出现;后者最重大的技术革新则在动力机械领域,而有蒸汽机的发明。以下分述之。

1. 农业技术革新

中国德本主义制度形成以后,农业技术迅猛发展,主要体现在三个方面。首先,是农业生产工具的革新,诸如铁农具的普及、牛耕和耕犁的发展、旱地耕播农具的系列化、谷物加工工具的创新,有学者称之为"传统农业工具领域发生的革命"③。其次,是"大规模农田灌溉工程的兴建与农区的扩展",包括在关中地区、西北地区、西南地区的水利建设,黄河的治理,屯田的组织等。④第三,是"精耕细作农业技术体系的形成"。⑤在"尽地力"思想指导下,我国古代土地利用率不断提高,突出表现在以种植制度为中心的农作制度的发展。与欧洲一直到十八世纪末仍维持着定期轮流休耕的三圃制不同,我国从战国时代起已由以休闲制为主转变为以连种制为主。至汉代,又发明了代

---

① 张祥平:《经典复杂科学》,中国社会科学出版社2013年版,第477页。
② 同上。
③ 李根蟠:《中国农业史》,台北:文津出版社民86年版,第79—91页。
④ 同上书,第102—107页;另见朱伯康、施正康:《中国经济通史》(上),中国社会科学出版社1995年版,第243—252页。
⑤ 李根蟠:《中国农业史》,台北:文津出版社民86年版,第114—127页。

田法和区田法。同时,注重"不违农时"、"利用人工小气候",而且,发展出深耕、疾耰、熟耰、易耨、熟耘等旱地精耕细作的栽培技术体系和"丰富多彩的育种及其他生物技术措施"[①]。

英国资本主义制度形成以后,农业技术迅猛发展,也主要体现在三个方面。首先是生产工具的改进:先是引进了更轻便的荷兰犁,后又发明了罗宾汉犁、马拉锄等,播种机、打谷机也相继出现。其二是耕作制度的改革,传统的两轮或三轮耕作制发展为"诺福克轮种制",提高了土地利用效率。第三是新作物的引进和畜牧业的改良,一系列新作物如萝卜、三叶草、马铃薯、苜蓿、漂浮水草等被引进英国,还从荷兰引进良种牛,并与本地牛相结合,培育出更优良的牛种。牧草的种植方法也由粗放型转为精耕细作型,农场主注重对草地施肥,包括栏肥、人粪、河泥、石灰和钾碱等。尤其是灌水牧场的发明,使饲养的牲畜数量显著增多。畜牧业与种植业之间形成良性循环。[②]

上述技术革新促进了农业迅速发展:在中国,以提高"生态生产率"为核心的"精耕细作型"的农业体系得以成型;在英国,以提高"劳动生产率"为核心的"节省人力型"的农业体系得以成型。(详见第七章第三节·一·(二)《发展路径:内源发展与外源发展》)

2. 工业技术革新

农业技术的革新和农业经济的发展,为工业技术的革新和工业经济的发展提供了物质基础和劳动力基础。工业技术的革新和工业经济的发展首先主要表现在纺织领域。

两汉时期的纺织技术,包括丝织、麻织、毛织等,迅速发展,其中尤以丝织技术为著。缫丝和丝织技术发展到较高水平,缫车、籰子、络车、罗车等丝织工具的发明和使用,大大加快了缫纺和牵经络纬的速度。但汉代纺织技术发展的方向主要不是追求"生产速度"、"生产数量"(或曰"生产效率"),

---

[①] 李根蟠:《中国农业史》,台北:文津出版社民86年版,第114—127页。
[②] 详见杨杰:《从下往上看:英国农业革命》,中国社会科学出版社2009年版,第八章。

而是追求产品的"工艺质量":通过赋予产品更多的文化艺术价值而提升产品品味。马王堆汉墓出土的保存完好的绢、纱、绮、锦、起毛棉、刺绣、麻布等丝麻织品,用织、绣、绘、印等技术作成各种动物、云纹、卷草及菱形等花纹,是西汉极高水平纺织工艺的实证。汉代高级丝织品的织造采用远较普通织机进步的提花织机,可以织造文采复杂而瑰丽的锦、绮、纹罗,需要特殊的复杂工艺,并花费织工的大量劳力和时间。同时,汉代印染业也发展到很高水平,色彩丰富细腻,颜色耐久不褪。[①]

英国纺织技术的发展方向则主要聚焦于"生产效率"的提升,突出表现为纺织工具的革新。1733年飞梭的发明使得织布效率提高一倍,导致棉纱生产供不应求,继而诱发了棉纱生产工具的创新。1735年自动纺筒和翼形纺锤的卷轴纺车的发明,导致手工纺纱向机器纺纱技术过渡。之后,各种纺纱机在此基础上不断改进。1764年发明的"珍妮"纺纱机,一人手摇纺机,可同时带动8枚纺锭,后经多次改进,纺锭增加到16枚、80枚、130枚。由于珍妮机操作费力,便又催生出水力纺纱机。1769年发明的水力纺纱机能带动几十枚纱锭,可以同时纺出纬线和经线,而且纱线坚韧结实。水力纺纱机结构复杂,体积较大,而且受自然条件限制,必须安装在有水流落差的地方,有一定局限性。1774—1779年,克朗普顿综合"珍妮"纺纱机与水力纺纱机的优点,发明了性能更为优良的"骡机",又称走锭精纺机,一次可以带动300-400枚纱锭,生产效率很高,且棉纱质地优良,使昔日在英国贵如丝绸的棉布成了廉价商品。

在纺织技术大发展的同时,采矿和冶金技术也取得重大进步。

西汉发展了较成熟的铜、金、银、锡、铅等有色金属的开采与冶炼技术[②],而冶铁和铸造技术的进步更是突出。冶铁技术的革新主要表现为原料的加工和精整、竖炉的扩大及其鼓风设备的改进(如水排的使用),这标志着西汉的生铁冶炼技术已达到较高水平。同时,西汉的炼钢技术由于百炼工艺的发

---

① 祝慈寿:《中国工业技术史》,重庆出版社1995年版,第145—146页。

② 同上书,第135—137页。

展而取得重大突破：使用生铁炒出来的熟铁为原料，经过反复渗碳锻打成钢，可有控制地把生铁炒到需要的含碳量，然后加热锻打成钢件，可以使钢的组织更为均匀，杂质大为减少，生产效率也大为提高。在生铁冶铸方面，汉代的铸铁脱碳钢技术得到了类似现代铸钢性能的产品；西汉中后期出现的球墨铸铁，球化率竟达到现代标准的一类八级，且不含有镁、稀土元素或其他碱土金属，是迄今世界冶金史上罕见的技术，对研究现代球墨铸铁的生产工艺仍有现实意义。汉代冶铁技术的发展、冶铸规模的扩大，使得铸铁的工具、农具及车器等得以逐渐普及。[1] 值得一提的是，汉代已有石炭（即煤炭）和石油的开采[2]，然因需求所限，并未得以大力推广。

英国冶金技术的进步，主要表现在冶炼与铸造两方面。在冶铁技术方面，1735年达比父子采用焦煤熔铁，提高了生铁铸品的产量。1760年又加设鼓风设备，高熔点去掉了铁矿中的硫黄和其他杂质，焦煤炼铁获得了成功。这是冶金技术的重大突破，近代大规模的冶铁业从此诞生。1784年科尔特发明"搅炼"和"碾压"的精锻法，用焦煤炼出了熟铁和钢，使得冶炼产量大幅提高。在铸造加工技术方面，为提高铁的产量，扩大了高炉的容量，改进鼓风系统，增加鼓风机的风力。18世纪50年代，离心鼓风机得到广泛应用。同时，还发明了金属拉长、切削加工的机器。在采矿技术方面，特别是煤矿开采方面，也发明了许多机器，诸如蒸汽提水机、钻探机、钻探锤、钻探车、空压机、硬煤粉碎机、通风机等，大大提升了采矿效率，煤也逐渐成为英国家庭和工厂的基本燃料，有学者甚至认为正是煤炭资源的丰富才成就了英国的工业革命。[3]

农业、纺织、采矿、冶金等技术的全面发展，保障了社会多数成员的基本温饱和抗灾需求，也将生产效率提高到一定水准。之后，德本主义社会与资本主义社会的技术发展方向出现明显分化：前者最重大的技术突破转向文

---

[1] 祝慈寿：《中国工业技术史》，重庆出版社1995年版，第138—141页。

[2] 同上书，第137—138页。

[3] 〔美〕彭慕兰：《大分流：欧洲、中国及现代世界经济的发展》，史建云译，江苏人民出版社2003年版，第54—57页。

化传媒领域，而有造纸术的出现；后者最重大的技术革新则在动力机械领域，而有蒸汽机的发明。

西汉以前用作书（刻、铸）写文字的材料，有陶器器壁、龟甲兽骨、青铜器皿以及绢帛、竹木等等。汉代书写使用竹、木比较普遍，称为竹（木）简，但很不方便。汉代确立德制学选制度以后，"文化"成为社会整合的主导要素，更便利的文字书写和传播媒介成为时代亟须。先是有丝絮制成的纸，后来又造出了植物纤维纸。在西安灞桥汉墓、新疆罗布泊和居延的汉代烽燧遗址都发现了麻类纤维制成的纸。但麻类纤维纸质地粗糙，成本较高，还是不易普及。东汉元兴元年（西元105年），时任尚方令的蔡伦改进了造纸术：用树皮、麻头及敝布、渔网等植物原料，经过挫、捣、抄、烘等工艺，造出的植物纤维纸质地细密，便于书写，成为现代纸的渊源。西元二世纪，造纸术在中国各地逐步得到推广。西元三到四世纪，纸已经基本取代了帛、简而成为最主要的文书材料。西元三到六世纪的魏晋南北朝时期，造纸术不断革新。在原料方面，除原有的麻、楮外，又扩展到用桑皮、藤皮造纸。在设备方面，继承了西汉的抄纸技术，出现了更多的活动帘床纸模，用一个活动的竹帘放在框架上，可以反复捞出成千上万张湿纸，提高了工效。在加工制造技术上，通过加强碱液蒸煮和春捣，改进了纸的质量，出现了色纸、涂布纸、填料纸等加工纸。造纸术的发明促进了文化知识的传播与发展，提升了行政体系的效率与质量，推动了中国社会文明化的进程。造纸术由中国逐渐传到朝鲜、日本、越南和中亚各国，再经阿拉伯传往欧洲，对全球文化的交流和发展起了重要的促进作用。[①]

蒸汽机发明以前的机器主要借助水力或风力推动，但水力风力受地理条件和季节变化的影响，遇到枯水季节和无风天气便无法运转，且功率有限。因此，发明一种超越水力和风力的原动机，成为时代的亟须。1698年萨弗里制成世界上第一台实用的蒸汽提水机，取得标名为"矿工之友"的英国专利。他将一个蛋形容器先充满蒸汽，然后关闭进汽阀，在容器外喷淋冷水使容器

---

① 祝慈寿：《中国工业技术史》，重庆出版社1995年版，第142—144、155—158页。

内蒸汽冷凝形成真空。打开进水阀，矿井底的水受大气压力作用经进水管吸入容器中；关闭进水阀，重开进汽阀，靠蒸汽压力将容器中的水经排水阀压出。待容器中的水排空而充满蒸汽时，关闭进气阀和排水阀，重新喷水使蒸汽冷凝。如此反复循环，用两个蛋形容器交替工作，可连续排水。蒸汽提水机依靠真空的吸力汲水，汲水深度不能超过六米。为了从几十米深的矿井汲水，须将提水机装在矿井深处，用较高的蒸汽压力才能将水压到地面上，这在当时无疑是困难而又危险的。1705年纽可门及其助手卡利发明了大气式蒸汽机，用以驱动独立的提水泵。这种蒸汽机先在英国、后来在欧洲大陆迅速推广。大气式蒸汽机的热效率很低，这主要是由于蒸汽进入汽缸时，在刚被水冷却过的汽缸壁上冷凝而损失掉大量热量，只是在煤价低廉的产煤区才得到推广。1765年，瓦特发明了设有与汽缸壁分开的凝汽器的蒸汽机。初期的瓦特蒸汽机仍采用平衡杠杆和拉杆机构来驱动提水泵，为了从凝汽器中抽除凝结水和空气，瓦特装设了抽气泵，还在汽缸外壁加装夹层，用蒸汽加热汽缸壁，以减少冷凝损失。瓦特的改进使蒸汽机的热效率也成倍提高，煤耗大大下降。1782年瓦特制成复动式蒸汽机，与传动机和工作机构成了机器系列。自18世纪晚期起，蒸汽机不仅在采矿业中得到广泛应用，在冶炼、纺织、机器制造等行业中也都获得迅速推广，使得机器体系逐渐成型。机器体系包括工作机、传动机和原动机三部分。工业革命从工具机的革新开始，在水力用作动力的同时，传动装置也发展起来，而蒸汽机的发明，则使三者终于融为一体，提升了工业生产的效率与质量，推动了工业体系的形成和发展。蒸汽机从英国逐渐扩展到欧洲和美洲及至于全球，对全球经济的发展和交流起了重要的促进作用。

综上所述，在德本主义社会与资本主义社会的形成期，制度创新促进了技术的大革新。二者的技术大革新首先都出现在农业领域，继而又都扩展到工业领域，主要是纺织业和冶金业。之后，二者的技术发展方向出现分化：前者最重大的技术突破转向文化传媒领域，而有造纸术的发明和改进；后者最重大的技术革新则在动力机械领域，而有蒸汽机的发明和改进。二者技术发展的路线分化，源于技术革新背后的社会动力（社会需求）机制不同：前者源于"学治""学选"引发的知识传播需求，后者源于"钱治""钱选"引发的产业升级需求。① 造纸术和蒸汽机都是改变了人类历史进程的划时代的技术创新：前者成为德本主义社会建立文书体系并推进分层治理的重要技术，其在全球的传播推进了世界文明化的进程；后者成为资本主义社会建立工业体系并推进军工争强的重要技术，其在全球的传播推进了世界工业化、现代化的进程。

四、社会组织演化

德本主义社会与资本主义社会的发展过程中，上层政治结构的变迁必然导致下层社会组织的演进（生克相关）。在形成期，前者在封建社会的亲缘组织——宗族的基础上，有世族门第的形成与发展；后者则在中世纪商业组织的基础上，有特许公司——一种全新的以资本关系为纽带的新型组织——的形成与发展。

（一）德本主义社会：士族门第

1. 士族形成的历史背景

宗族的发展，可以追溯至原始社会的父系氏族——此为宗族制度的源头。进入城邦封建社会，原来平等的氏族因为分层分工，逐渐演化为贵族与平民，贵族阶层则逐渐发展出一套严密的宗法制度。封建宗法制度在春秋战国时期因社会变革逐渐衰微。由于世卿世禄制逐渐为官僚制所取代，宗族首领失去了在政权机构中世袭的地位和权力，原来用以庇护宗族的主要途径随之丧失。

---

① 同时，也是基于"力学科学使人对机器产生了新的理解，尤其是在18世纪，数学开始经常被运用到机器构造的理论和实践中去。在18世纪，还能看到有关材料强度的实验开始出现，这对于应用力学的发展和性能良好的发动机的设计是很有帮助的。精密测量是科学的重要基础，对于一切复杂机械装置的设计和维护，它都起着越来越重要的作用。……随后的发展涉及的都是规模上而不是原理上的改进。"查尔斯·辛格等主编：《技术史（第四卷：工业革命）》，辛元欧译，上海科技出版社2004年版，第101页。

随着世族制的瓦解，宗族的政治权力和作用大大削弱，以往宗族长的收族作用、宗族的血缘凝聚力，因失去功利意义也大为减弱，族人的宗族观念也越来越淡薄。春秋末叶至战国时期，有越来越多的人脱离自己原来的宗族，流徙他乡。《管子·问篇》中一连串忧心忡忡的问句反映了这种社会现实："问国之弃人何族之子弟也？问乡之良家其所牧养者几何人矣？""问乡之贫人何族之别也？""外人之来从而未有田宅者几何家？国子弟之游于外者几何人？""外人来游在大夫之家者几何人？"宗族的衰微是城邦封建社会转型的结果，同时也成为社会动荡的重要因素。当然，宗族组织的衰微不等于完全瓦解。在宗族中，人们因血缘而依然有着密切的联系，活着聚族而居、死后葬于族地的传统习俗依然保存着，宗族的某些制度和原则也依然延续。①

汉朝建立后，宗族组织有所恢复与发展。一方面，有皇亲国戚、开国功勋等权贵宗族势力的兴起；一方面，有六国旧族、新兴富商、地方豪强等地方宗族势力的扩张。汉初封建与郡县并置，某些地方的豪强宗族势力甚至比封建王侯更胜一筹。高祖一统天下后罢兵归农，却发现大量土地为地方豪强占有，朝廷竟无法安顿有功有爵的军官（班固：《汉书·高祖本纪》五年五月诏），时谓"郡国豪强处处各有"（《汉书·游侠列传》。上述强宗大族或割据地方（如皇亲宗族），或权倾一时（如外戚宗族），甚或"权行州域，力折公侯……以匹夫之细，窃杀生之权"（《汉书·游侠列传》，成为影响国家统一治理、社会持久安定的潜在威胁。）②

2. 士族门第的形成发展

西汉政府采取了一系列办法打击强宗大族，如平抑诸侯、诛杀豪强、迁徙大族等。③汉武尊儒后，随着察举制度的推广，新型的宗族组织形态——士族门第——逐渐形成。

当时，"主要之士大夫，其出身则大抵为地方豪族，或间以小族，然绝大多数则为儒家之信徒也。职是之故，其为学也，则从师受经，或游学京师，

---

① 冯尔康：《中国宗族史》，上海人民出版社2008年版，第88—92页。
② 徐扬杰：《中国家族制度史》，北京：人民出版社1992年版，第171—178页。
③ 同上书，第178—182页。

受业于太学之博士。其为人也，则以孝友礼法见称于宗族乡里。然后州郡牧守京师公卿加以征辟，终致通显"。① 然而，汉代"因学术环境之不普遍，学术授受有限，往往限于少数私家，而有所谓'累世经学'。……经学既为入仕之条件，于是又有所谓'累世公卿'。……'累世经学'与'累世公卿'，便造成士族传袭的势力，积久遂成门第"。同时，由于"地方察举权任太守，无客观标准，因此易于营私。一面是权门请托，一面是故旧报恩。两者递为因果，使天下仕途，渐渐走入一个特殊阶级的手里去"。②

一方面，是豪族越来越儒质化；一方面，是士林的仕宦活动越来越家族化。士林、豪族间这些因素相互渗透，使其集政治地位、文化优势和经济财力于一体，从而形成延绵长久的世家大族。在上述转化过程中，宗族自身凝聚力增强，加之大族间相互通婚，从而形成了以宗族组织为中心的社会结构。士林家族的儒质化、仕宦化与豪族化，养成了其特有的门风和家教，形成了其特有的声望和影响，从而区别于凡庶宗族，成为门第兴起的基础。③

门第士族往往拥有大片土地，用沟堑围圈之后则形成庄园。庄园即是一个聚族而居的单位，族长是庄园主，依附庄园的同宗族人为庄客。庄客，又或称为佃客、庄户、徒附、私附、部曲、人客等。庄客以小家庭为单位从庄园主那里领耕小块土地，许多已脱离国家户籍，而上于族长的户籍，变成了庄园主（即族长）的私有人口。聚居族众少者数十家、数百家，多者达数千家。族众间有无相通，相互赈济（主要是富户赈济贫户）。古代宗法制度的"大功同财"的原则，得以继续遵循。宗族的祖先祭祀、春秋社晏，宗族成员的婚嫁丧葬等，是凝聚族众的重要手段，皆为族众重要的"公共事件"。庄园内可独立进行农业及手工业生产，几乎无需同外界发生经济联系，少量的物品交换也可在庄园内部族众之间进行，即所谓"闭门成市"。汉末，许多庄园甚至发展成耕战结合的武

---

① 陈寅恪：《金明馆丛稿初编》，生活·读书·新知三联书店2001年版，第48页。
② 钱穆：《国史大纲》（修订本），商务印书馆1996年版，第184—186页。
③ 冯尔康：《中国宗族史》，上海人民出版社2008年版，第112—113页；令参见余英时：《士与中国文化》，上海人民出版社1987年版，第220—225页。

装集团，士族门第成为东汉末年豪强并起的潜因。

3. 宗法活动的逐渐下移①

先秦时期，庶民一般没有宗法活动，即所谓"礼不下庶人"。随着士族门第发展，宗法活动（包括祭祖、收族、编撰族谱等）也逐渐下移，特别是祭祖活动逐渐普遍。古人最重祭祖，祭祀是宗法关系在宗庙制度上的反映，其祭法与宗法是完全一致的。先秦大小宗法意义上的"尊祖"，是通过"敬宗"来实现的，因为只有大宗才有主祭始祖的特权，小宗则无此特权，只能通过敬大宗来尊祖，所谓"支子不祭，祭必告于宗子"（《礼记·曲礼（下）》），由此而确定了大宗的正统地位，其具体形式便是严格的庙祭制，有天子七庙、诸侯五庙、大夫三庙、士一庙、庶人无庙而祭于寝之说（《礼记·王制》《礼记·祭法》），它是与分封等级制相联系的，而墓祭则为庶人之祭和庙祭的变通之礼。墓祭不反映宗子的主祭权，无大小宗之别，使得宗法活动能更加普遍化。

墓祭的普遍化，强化了宗族凝聚社会的功能。"生相亲爱，死相哀痛"是宗族的"合聚之道"（班固《白虎通义》）。慎终追远，追认祖先，是墓祭最重要的精神，是最强大的精神感召，并通过"死相哀痛"，成为族人感情联系的纽带。墓前一般有冢舍，可以会聚宗亲，处理宗族事务；祭祖后有族人的会餐，食"餕余"，也是促进"生相亲爱"的重要方法。另外，墓祭还能促进与姻亲、宾客、故人及官吏的交往，覆盖面超越了本宗本族。

（二）资本主义社会：特许公司②

1. 特许公司形成的历史背景

特许公司的发展可追溯至中世纪欧洲。西元10世纪到14世纪，地中海沿岸国家的海上贸易十分发达。由于海上贸易投资大、风险大，单个资本无

---

① 冯尔康：《中国宗族史》，上海人民出版社，第98—105页。
② 蔡立东：《公司制度生长的历史逻辑》，载《当代法学》2004年第6期）；及叶祥松：《公司制度形成的历史考察》，载《经济评论》1996年第1期；〔美〕波斯坦等主编：《剑桥欧洲经济史·第四卷·16世纪、17世纪不断扩张的欧洲经济》第四章，《剑桥欧洲经济史·第五卷·近代早期的欧洲经济组织》第六章，经济科学出版社2003年版。

力承担，于是在意大利的地中海沿岸出现了最早的股份公司组织——康曼达（commenda）和索塞特（societas）。康曼达组织是借贷与合伙公司的结合，一些有资本的人想分得利润而又不愿自己冒险，于是便以资本所有者的身份，以分享利润为条件，将资本预付、委托给船主、独立的商人或其他人，让他们经营，资本的所有者以自己所预付的资本负有限责任。这种组织形式类似于现代股份公司中的两合公司。索塞特组织则是一种更为稳定和持久的合伙形式：每个合伙人都是另外的合伙人的代理人，并以其全部私人财产对企业的债务负责。这是近代无限公司的雏形。此外，商人把自己经营的商号传给其子女、亲属，如果子女、亲属在继承祖业后，既想均分遗产，又不愿单独经营，便共同经营、共享盈利、共担亏损，从而形成了类似于近代无限公司家族企业。

地理大发现后，开辟了东西方海上贸易通道，西欧国家的贸易中心由地中海转移到大西洋。随着贸易规模扩大和商业竞争加剧，西欧各国支持建立了一批特许公司，主要从事"新航路"上的海上贸易。

2. 特许公司的形成发展

英国最早以"公司"命名的组织便是由从事海外贸易的商人组建的。公司通过受领皇家特许状或是经国会法令特准而成为法人社团。早在 14 世纪，皇家特许状就开始授予此种公司以优先权。到 16 世纪，随着海外贸易和海外殖民的拓展，特许公司随之增加。特许公司旨在取得特定地域的贸易独家经营权及相关的行政管理权，以实现一定地域或行业垄断——这是公司寻求国家特许的目的。国家之所以给予"特许"——一种以团体名义受领、行使和持有行业垄断权的资格，目的则是通过推进商业活动，以实现殖民扩张和增强国力。经国家特许而享有垄断权，可以大大降低投资风险。在当时的历史条件下，特许制是保障商业经营收益、并进而刺激商人扩大投资的一种有效举措。它体现了国家对私人商业活动的推动和保护，是国家与私人协力发展的结果。

英国在詹姆士一世时期确认了特许公司的法人地位，即把"公司"同合伙人的个人财产区别开来，承担有限责任，承认公司具有和自然人相同的民事权利能力和民事行为能力，公司因而又称为"法人公司"。

"法人公司"中最著名的当属1600年由英国女王伊丽莎白特许建立的东印度公司。1599年秋，伦敦的胡椒价格由每磅3先令飞涨到8先令，震动了整个英格兰（胡椒是当时的生活必需品，价格甚至可以作为其他商品价格的基准）。伦敦市长召集贵族和商人商议对策，得出的结论是：由于荷兰和葡萄牙垄断了胡椒产地"东印度群岛"到欧洲的贸易航路，因而造成了胡椒涨价。因此，伦敦商人应集资开展赴东印度的贸易，并上书请求伊丽莎白一世女王授予特许状。1600年底女王批准了申请，英国东印度公司宣告成立，名字是 The Governor and Company of Merchants of London Trading into the East Indian，直译是"伦敦赴东印度贸易的商人们的长官及同事"。公司名字确切地反映了其时代背景和组织性质：公司是一个集资从事贩卖的合伙机构，因此，出资人之间是"同事、合伙人"（company）关系，由于有女王的特许状，所以会有长官（governor）名义。"公司"（company）一词来源于"同事"，是因为类似东印度公司这样的特许公司都是从事贸易的，而贸易组织往往由一些参与集资的"同事、合伙人"构成。

得到特许后，公司在殖民地具有行政职能，事实上分享了政府的权力，同时也承担了政府的相应义务，如负担殖民地的防卫、行政开支等。特许公司在西方殖民史上扮演了具体操办人的角色：开拓殖民点，开展贸易，同时兼事海盗，直接抢劫，又兼负一定的行政职能。如1757年，东印度公司在普拉西之战后，逐步蚕食印度领土，使印度沦为东印度公司的殖民地，东印度公司因而兼有了国家职能。而前往新大陆——美洲开展"业务"的公司则更是如此。（正如汉代世族门第之庄园兼具经济、政治甚至军事职能，皆因处于异域整合社会形成初期，社会组织的演进难逸脱封建性质）

特许贸易公司制具有近代公司制的基本特征：靠募集股金建立，具有法人地位，承担有限责任，由董事会领导下的经理人员来经营等。特许公司虽然是靠国家的政治权力建立的，用向政府提供贷款或其他服务换取贸易垄断权，但特许公司的成员是用自己的资产、为自己的利益经营，而且公司成员的债务与其他成员完全分离。

3. 公司活动的逐渐下移

18世纪初特许公司获得的高额利润使商人们企图在没有"特许状"的情况下，模仿特许公司的组织形式，通过发行可转让的股票来吸引投资者，公司活动逐渐下移。这样组建的公司，被称为合股公司。合股公司不同于特许贸易公司，因为没有皇家授予的特许权；也不同于合伙企业，因为其股票可以自由转让，股东只负有限责任，股票持有者对企业的经营活动没有约束力，而是由股东集体授权的经理人员来经营。

1720年，英国发生了一场由"南海特许贸易公司"掀起的股票投机狂潮（史称"南海泡沫"事件）。当时南海公司鼓吹将从加勒比海贸易中取得高额利润，引发了对南海公司股票疯狂投机，股价狂涨，许多人一夜暴富。在南海泡沫的刺激下，形形色色的未经皇家特许的合股公司如雨后春笋般冒出来，由于这些公司股票的发行使南海泡沫的继续膨胀受到威胁，英国议会在南海公司的要求下，通过了取缔投机行为的诈骗团体法，禁止没有特许状的企业发行可转让股票。法案的颁布使众多泡沫公司倒闭，最后南海公司也因泡沫破灭而破产。但是"泡沫法案"的制定并没有阻止合股公司的变相发展，商人们仍然有绕过法律障碍的办法：通过将两个早已存在的合法组织形式——合伙和信托结合在一起，指定合伙人中的某些人作为其他合伙人的财产（股金）托管人，授予他们与其他个人或团体订立合同的权力，将经营权集中到少数人手中，从而使其他投资者都能同自由转让公司股票一样自由转让合伙股权。通过这种方式，合股公司得以存续发展。

综上所述，在德本主义社会与资本主义社会的形成期，伴随着政治结构的变迁，在社会组织层面演化形成了士族门第和特许公司。二者的生成演化与上层政经制度密切相关（即相生相克）：前者密切相关于德本主义政府的文化整合制度（社会成员以学养竞争而升层），后者则密切相关于资本主义国家的经济扩张制度（社会成员以金钱竞争而升层）。二者在组织特性上，亦与国家组织自相似（局部与整体间的结构性自相似）：前者是文化聚合型的自组织，后者是经济扩张型的自组织。由于处于异域整合社会形成期，二者在组织特征上，皆难遽脱封建性质：二者在内部（宗族族地内部或特许领地内部）不仅具有经济权力，也都具有一定的行政乃至军事权力。随着社会演进，宗法活动与公司活动都逐渐下移，成为宗法组织与公司组织普遍化的先声。

五、国际关系发展

德本主义国家与资本主义国家的经济发展与文明进步，使得二者皆得以胜任外来的挑战：在赢得对外战争的基础上，建立起具有主导优势的国际关系模式。

（一）德本主义社会：贡赐体系的建立

1. 汉匈战争——自卫还击

秦末汉初，北方的匈奴征服了广大地区的大小部落和国家，并经常侵入汉朝边境进行掳掠。汉高帝七年（前200），匈奴兵围马邑（今山西朔县），南扰太原（今山西太原西南）；刘邦率三十万大军出击，至平城白登山（今山西大同东北）遇伏被困，不得已遣使往结"和亲"之约，以公主嫁单于，岁奉贡献，并开关市与交易。但和亲并没有从根本上解除匈奴的威胁。匈奴一面和亲，与西汉进行贸易，另一方面却经常出兵骚扰，抢掠财物。汉朝从惠帝、吕后直到文、景，一直延续了对匈奴的和亲政策。

经过"文景之治"的积累，至武帝时国力已经强盛，汉朝遂改变和亲政策，对匈奴由守转攻。大规模战役有三次：第一次是河南战役。元朔二年（前127），汉武帝派卫青率军出击，把匈奴赶出河套地区，并设立朔方、五原两郡。同时修复该地的秦长城，并移民10万在此开发防守。河套地区土地肥沃，宜耕作畜牧，是匈奴南下的根据地。收复河套地区，解除了匈奴从河套地区南下对西汉首都长安的威胁。第二次是河西战役。元狩二年（前121），霍去病率军出陇西击匈奴，西进一千余里，攻克焉支、祁连二山，杀敌四万余人，匈奴遭到重大打击，匈奴浑邪王杀休屠王，率部众四万余人归降汉朝。西汉占领河西走廊，先后设张掖、酒泉、武威、敦煌四郡。自此河西走廊至罗布泊一带无匈奴，匈奴与西羌的联系也因此断绝，从而打通了汉通西域的交通。

第三次战役是漠北战役。元狩四年（前119），卫青、霍去病分两路同时出击，穿过沙漠，进击漠北。卫青率军与匈奴单于大战于单于龙庭附近，单于战败率几百骑兵突围逃遁。汉军斩虏匈奴两万人，前进到寘颜山（今蒙古杭爱山）赵信城。霍去病率军从东路出击，大败匈奴左贤王，杀虏匈奴七万余人，一直前进到狼居胥山（今蒙古乌兰巴托附近）。此役迫使匈奴放弃漠南地区，向西北边远地区迁徙，从而基本解除了匈奴对西汉北疆的威胁。

汉匈战争使匈奴损失惨重，人口、牲畜大量被俘和死亡。在失去河套、河西这两个适于农牧发展的地区后，匈奴族的生活、生存受到威胁。同时，匈奴战败导致原臣属国家和部落纷纷摆脱其控制，匈奴在北方建立的统一帝国四分五裂，其内部又发生了王位之争。宣帝时，匈奴五单于并立，互相混战，几临绝境。呼韩邪单于打败其他对手，后来却又被其兄郅支单于战败，遂与大臣商议归汉。

甘露元年（前53），呼韩邪单于决定"称臣入朝事汉"（《汉书》卷94下，第3797页），随后遣其子至汉朝作质子。三年（前51）正月，呼韩邪单于来朝，汉待以殊礼，"位在诸侯王上，赞谒称臣而不名"。同年，其兄郅支单于亦"遣使奉献，汉遇之甚厚"。至此，汉匈的贡赐关系得以确立：匈奴须朝觐、献贡、纳质，汉朝则给予相应的册封和赏赐。汉匈长期的战争状态结束了，由此实现了长期和平。

2. 贡赐体系——文化感召

除匈奴外，相继纳质于汉朝的还有南越、鲜卑、乌桓，以及车师、龟兹、莎车、大宛、康居、乌孙、鄯善、焉耆、拘弥等西域诸国。对上述国家而言，朝贡其实意味着巨大的商机：他们不仅从汉朝获取大量的赏赐品，而且多借朝贡之名，行贸易之实。《后汉书》有载：西域"自兵威之所肃服，财略之所怀诱，莫不献方奇，纳爱质，露顶肘行，东向而朝天子……驰命走驿，不绝于时月；商胡贩客，日款于塞下"。（《后汉书·西域传论》）

东汉时期，中外贡赐关系又有新的发展。建武二十四年南北匈奴分裂后，南匈奴每年均向汉遣送质子及入贺正旦的使节，单于也时时入朝。西域诸国的朝贡虽受西域三绝三通的影响，但在永元六年班超复击焉耆再定西域之后，

"五十余国悉纳质内属。其条支、安息诸国至于海濒四万里外，皆重译贡献……远国蒙奇、兜勒皆来归服，遣使贡献"。西南夷中夜郎、哀牢夷、白狼、永昌郡徼外蛮夷、掸国王雍由调等都曾至京师洛阳朝贡。另外，与东汉有朝贡关系的还有东夷中倭、韩、鲜卑、乌桓以及日南徼外蛮夷等，如汉章帝元和元年，"日南徼外究不事邑豪献生犀、白雉"（"究不事"为柬埔寨的旧译）。由于前来朝贡的国家增加，东汉王朝对外封赐的范围由匈奴、西域扩至日本、东南亚、南亚等地。上述朝贡国家以中国为"中心"、以"贡赐"为基本交往模式建立的国际体系被称为贡赐体系。汉代的贡赐体系遍及整个中国周边地区。

汉朝建立的贡赐制度，主要包括朝觐、献贡、纳质、册封、赏赐等。朝觐包括单于亲自入朝和派遣使节、质子（亦称侍子）入朝，以贺正旦最为隆重。这一仪式一直为后世所本。贡品主要为土特产，且数量不多。纳质作押，本是先秦时代周边各民族之间、中原各诸侯国之间交往时取信于对方的传统方法，将之纳入贡赐制度，则是汉朝的发明，以此作为维系宗藩从属关系的保证。纳质仅限于特定的历史时期，并不是后世典型的贡赐制度的特征。册封源于先秦时代的封爵制度。汉初对归降的匈奴首领已有封侯之举，及呼韩邪单于降汉，汉"待以不臣之礼，位在诸侯王上"，册封便成为贡赐制度的重要组成部分，内容包括授封号、颁印玺、赐冠带等。物质回赐是吸引和维持朝贡的重要因素。呼韩邪单于在首次朝觐时，汉朝的赏赐物品有"黄金二十斤、钱二十万、衣被七十七袭、锦绣绮縠杂帛八千匹、絮六千斤"。两年后他再次入朝，汉朝"礼赐如初，加衣百一十袭，锦帛九千匹，絮八千斤"（《汉书》卷94下，第3798-9页）。对朝贡国家而言，与汉朝建立贡赐关系意味着巨大的经济效益——不仅可以获取大量赏赐，而且常常通过朝贡来进行贸易。贡赐制度成为汉朝管控边疆、保障和平的得力手段。昭宣之世，西域三十六国皆"修奉朝贡，各以其职"（《汉书》卷100下，第4286页）。[①]

[①] 李云泉：《朝贡制度史论——中国古代对外关系体制研究》，新华出版社2004年版，第17—18页。

需要指出,各国的朝贡行为是自愿的,绝无武力之胁迫。建立贡赐体系的原则是"修文德以来之"(《论语·季氏》),强调通过文明来吸引、感召其他国家。朝贡方之所以自愿朝贡,可归因于三个方面:其一,仰慕中国的先进文明,"慕圣德而率来";其二,寻求中国的军事庇护,抵御外敌;其三,希望通过朝贡贸易获取经济利益。贡赐体系以天下普适的道德文明为核心义理,以厚往薄来的货物交易为交往手段,以庄重严整的礼仪规范为表现形式,融政治、经济与文化交流于一体。在政治方面,贡赐体系是和平主义的;在经济方面,贡赐体系是惠他主义的;在文化方面,贡赐体系是和谐主义的。(详第七章第四节·三·(一)《天下主义的国际体系——贡赐体系》)

(二)资本主义社会:条约体系与殖民体系的建立

1. 英法战争——扩张争夺

英国建立资本主义制度后,迫切需要进一步发展海外贸易与殖民扩张。

"在18世纪,英国民众普遍存在一种战争情绪,比如'詹金斯耳之战'爆发的消息传出后,布里斯托尔和利物浦都出现了民众欢庆的场面。对外战争不仅受到商业集团的支持,而且得到一般民众的欢迎,许多人认为英国的财富来自于海外,英国的商业利益不容损害。在战争时,对外贸易的总额会有所减少;但每次战争结束后,海外贸易就会大大扩展。"[①]

英国对外扩张的地域,包括印度、北美与非洲,都面临法国的竞争。光荣革命后的一百多年,英法由于殖民地争夺导致了长期的战争,主要有奥格斯堡同盟战争1689-1697)、西班牙王位继承战争(1701—1713年)、奥地利王位继承战争(1740-1748)、七年战争(1756—1763)等。上述战争几乎都同时在欧洲和海外展开。欧洲的战争常起因于王朝野心,尤其是法王路易十四和普鲁士腓特烈大帝的野心;海外战争的起因多样,包括在印度的势力均衡、在美洲的领土要求、在西班牙殖民地的贸易条件以及对世界商船航线的控制等等。通过前三次战争,英国获得了新斯科舍、纽芬兰和哈得孙湾地区,

---

① 钱承旦、许洁明:《英国通史》,上海社会科学出版社2002年版,第206页。

但法国仍保有加拿大和密西西比河流域。七年战争成为英法争夺殖民霸权的关键。当时,英国支持普鲁士,法国则与俄、奥结成同盟。普鲁士打败了法、奥军队,俄军则战胜普军,并一度攻占柏林。最后双方在 1763 年议和,普鲁士继续占有西里西亚。这场战争中英、法交战的主战场并不在欧洲大陆,而是在美洲和印度,法国均遭失败。英法两国在 1763 年签订《巴黎和约》,法国将加拿大、密西西比河以东和俄亥俄河流域的广大地区割让给英国。而且,英国在印度的占领地也得以扩张,法国在印度的势力也几乎被排除。七年战争中,欧洲各主要国家相继卷入,战场遍及全球,被温斯顿·丘吉尔称之为真正的第一次世界大战。七年战争后,英国在海上及在殖民地占有上的优势最终得以确立,一个世界范围的大英殖民帝国基本形成。[①]

2. 条约体系——权力制衡,殖民体系——武力胁迫

上述战争后由参战各方签订的条约,成为英国与其他欧洲国家在一定时期划分势力范围、建立外交关系的基本准则。

根据奥格斯堡同盟战争后签订的《里斯维克和约》,法国将自《奈梅根和约》后兼并的绝大部分西班牙属地归还西班牙,并承认威廉三世为英王;荷兰将印度东南部交还法国东印度公司;法国将其在"大同盟"战争中占有的神圣罗马帝国领土归还神圣罗马帝国皇帝,皇帝将斯特拉斯堡割让给法国,阿尔萨斯完全归属法国;法国将洛林归还洛林公爵。《里斯维克和约》使得法国通过战争扩张领土的行动受挫,是法国在欧洲的霸权由盛转衰的转折点,而英国在国际政治中的地位则得到了增强。

根据西班牙王位继承战争后签订的《乌德勒支和约》,英国从西班牙取得了直布罗陀和米诺卡岛,并获得西班牙美洲殖民地黑奴专卖权,还从法国取得纽芬兰、阿卡迪亚和哈德逊湾等北美属地,确立了海上优势,国际地位稳步上升;法国则被迫放弃上述北美属地,海上势力大为削弱;西班牙的欧洲属地被瓜分,并成为后来划定欧洲民族国家疆界的基础。和约确立的"势力

[①] 〔美〕斯塔夫里阿诺斯:《全球通史》(第 7 版修订版),吴象婴译,北京大学出版社 2006 年版,第 435—441 页。

均衡"概念，使得欧洲大陆的均势得以维护，大国受到削弱，小国纷纷崛起，英国则从边缘岛国上升为欧洲强国。

根据七年战争后签订的《巴黎和约》，法国被迫将整个加拿大、密西西比河以东和俄亥俄河流域的广大地区割让给英国，并从印度撤出（只保留5个市镇），英国成为全球性殖民帝国。

上述以"国际条约"为基础构建的国际体系可称为"条约体系"。"条约体系"始于欧洲在"三十年战争"后签订的《威斯特伐利亚和约》。该条约强调主权国家为国际政治中的最高主体，明确了相互承认主权、不干涉他国内政、承认他国追求利益的权利等规范国际关系的基本准则，建立了近代欧洲解决民族国家之间矛盾与冲突的基本模式，也是近代国际法的源头。上述"国际条约"也是以《威斯特伐利亚和约》确立的基本准则而制定的。"条约体系"以主权国家之间的平等外交为形式，以大国主导的权力制衡为实质。条约体系中的大国（如英国），在政治方面是扩张主义的，在经济方面是利己主义的，在文化方面则是霸权主义的。而且，制定条约时所遵循的"相互承认主权、不干涉他国内政、承认他国追求利益的权利"等原则，也基本只适用于欧洲国家之间。对于"列强在非洲、亚洲和太平洋所进行的无数侵略"，"列强各国一般来说是赞同的"。① 那里，另有一套主要依靠军事武力维持的殖民体系。

此阶段英国的殖民体系中，有两种形式和性质不同的殖民地，其一，是由本国居民向不存在所谓"主权实体"的地区迁徙，驱赶或屠杀原住民而建立的殖民地，被视为是母国领土和主权的延伸，其居民在理论上仍旧为母国国民，如北美；其二，是由英国征服和控制另一"主权实体"而形成的异族统治殖民地，是武装侵略的结果，而且需要武力来维持，如印度。

英国政府对殖民地的统治，大多是放手给特许公司。特许公司的管理往往野蛮而残暴，他们开展奴隶贸易、强迫奴隶种植、强制征收重税、强占土地矿山甚至公开抢劫。1680—1783年，有200万非洲人被卖到美洲殖民地。英

---

① 〔美〕斯塔夫里阿诺斯：《全球通史》（第7版修订版），吴象婴译，北京大学出版社2006年版，第282页。

国移民在这些殖民地利用奴隶劳动开办种植园,种植甘蔗、烟草等作物。英国商人把糖、烟草、酒等商品运回国内,再从英国运一些玻璃珠、小刀、大枪等到西非沿海交换奴隶,再把奴隶运到美洲殖民地,形成著名的"三角贸易"。英国从三角贸易和种植园经济中大获其利。殖民地培植了一大批"纳波布"(指在东印度或西印度大发其财者),他们回国后在议会中形成强大的政治力量,往往能影响英国的海外政策。无数黑奴在恶劣条件下劳动,艰苦环境造成大批奴隶死亡,如在巴巴多斯,1712—1768年有20万黑奴输入,但人口总数只增加了2.6万,可见死亡率极高。英国在印度也是大肆掠夺。当时印度的统治权在公司手中,公司每征服一地,最方便的办法莫过于掠夺、敲诈。公司职员派驻在外,不拿工资而靠任意搜刮,只要向公司和土邦君主交一定数量的钱,就可自行收税,因此往往巧取豪夺。高级官员更是敛财无度,如克莱夫在七年战争后曾一度回国从政,竟然可以收买施罗普郡一半的市镇选票,另一个"纳波布"贝克福德竟以一己之财力支持老皮特攫取首相宝座。①

综上,在德本主义社会与资本主义社会的形成期,二者建立了不同的国际关系模式:前者以"齐家治国平天下"为决策导向,军事方面重防御能力,战争是出于自卫反击。在处理国际事务上,主要采用以文化感召为基础的贡赐关系,建立的国际体系是"贡赐体系";后者以"毁家(族)战国霸天下"为决策导向,军事方面重进攻能力,战争多因殖民扩张。在处理国际事务上,主要采用以实力博弈为基础的条约关系,对弱势地区或国家则是直接武装掠夺或殖民占领,建立的国际体系是"条约体系"与"殖民体系"。"贡赐体系"主要依靠"文化感召"和"道德教化"来维持国际秩序,"条约体系"与"殖民体系"则主要依靠权力制衡和武力胁迫来维持国际秩序。两种国际政治秩序的机理不同:前者是"道德至上"的"天下主义",后者则是"利益至上"的"族国主义"。(详见第七章第三节·二《思想基础:天下主义与族国主义》/三《国际体系:贡赐体系与条约体系》)

---

① 钱承旦、许洁明:《英国通史》,上海社会科学出版社2002年版,第206—207页;另参见:培伦《印度通史》,黑龙江人民出版社1990年版,第314—2318页。

六、问题积累爆发

在德本主义社会与资本主义社会形成期的中后期,由于制度建设的缺陷,内政问题日积月累,终至爆发战乱,国家分裂。

(一)德本主义社会

1. 制度积弊

两汉德本主义社会形成期之制度积弊主要体现在以下两方面。

(1)察举制度之积弊造成地方政治势力坐大

两汉的察举制度是面向全体社会成员开放的重要升层通道,也是选拔政府官员的重要途径。然而,由于教育资源有限,导致学术限于少数私家;而由于地方察举权任太守,又导致权门请托、故旧报恩成为风气。此弊积久遂有"累世经学"与"累世公卿"之出现,形成士族门第;[①] 而且,由于"两汉地方行政长官……在郡得自辟属官,得自由主持地方之政事,得自由支配地方财政,得兼治地方军政","郡太守权位既重,并得久任,俨如古代一诸侯,所异者只是不能世袭","除非任职中央,否则地方官吏的心目中,乃至道义上,只有一个地方政权,并没有中央的观念"。于是乎,"当时的士大夫,似乎有两重的君主观念,依然摆不脱封建时代的遗影"[②],地方利益集团遂日渐坐大。

(2)政权组织之积弊导致中央政治势力分裂

两汉有中朝(王室)与外朝(政府)之别,外戚与宦官因而得以"荫附王室,为外朝权法所不及","不仅盘踞内廷,其子弟亲党布散州郡,亦得夤缘察举,进身仕宦。从此递相擎引,根枝缠结,日益繁滋"。而"外朝士人地位不亲接,正议徒招祸殃"。"故士族清流与宦人冲突,不限于中央而遍及州郡",最终酿成"党锢之祸"。[③]

上述两方面原因在东汉末期合流,造成汉朝的大一统帝国瓦解,中国陷

---

① 钱穆:《国史大纲》(修订本),商务印书馆1996年版,第184—185页。

② 同上书,第216—218页。

③ 同上书,第159—168、180—184页。

入长期分裂。

2. 导致战乱

东汉末年，在朝政腐败、政治分裂、国势疲弱的情形下，又有全国大旱，饥荒遍野，"农民结合于宗教与迷信的传播之下，而一致奋起"，遂有黄巾之乱。由于黄巾之乱的"迷信成分太多，宗教质地太差，容易发动，不容易成功。东汉王室并没有为黄巾所倾覆。东方的黄巾，乃至西方的边兵（董卓一系的凉州兵），均已逐次削平。若使当时的士族，有意翊戴王室，未尝不可将已倒的统一政府复兴。然而他们的意兴，并不在此"[①]。

"国家本是精神的产物，把握到时代力量的名士大族，他们不忠心要一个统一的国家，试问统一国家何从成立？当时士族不肯同心协力建设一个统一国家……一则他们已有一个离心的力量，容许他们各自分裂。一则他们中间没有一个更健全、更伟大的观念或理想，可以把他们的离心力团结起来。"[②]

由此，中国陷入分崩离析几达四百年，史称魏晋南北朝时期。"将本期历史与前期（秦、汉）相较，前期以中央统一为常态，以分崩割据为变态；本期则以中央统一为变态，而以分崩割据为常态。"[③] 可以说，中国社会的演化曲折徘徊于一种变态的准封建社会近400年。城邦封建社会的纷争在魏晋南北朝的400年重新上演，成为中国统一后（即进入异域整合社会后）历史最长的一个乱世。大规模的社会动乱有董卓之乱、八王之乱、永嘉之乱、侯景之乱，小规模的动乱更是史不绝书。动乱频繁对社会造成了极严重的破坏：人口锐减、社会凋敝、经济衰退、文化事业几至于毁灭；长安、洛阳两大古都几度在战火中夷为废墟，黄河中下游地区的高度文明一再遭到洗劫，"白骨露于野，千里无鸡鸣"的场景经常可见。如《晋书·食货志》记载："及惠帝之后，政教陵夷，至于永嘉，丧乱弥甚。雍州以东，人多饥乏，更相鬻卖，奔迸流移，不可胜数。幽、并、司、冀、秦、雍六州大蝗，草木及牛马毛皆尽。又大疾疫，兼以饥馑，百姓又为寇所杀，流尸满河，白骨蔽野。"

[①] 钱穆：《国史大纲》（修订本），商务印书馆1996年版，第214页。
[②] 同上书，第215页。
[③] 同上书，第212页。

（二）资本主义社会

1. 制度积弊

英国资本主义社会形成期之制度积弊主要体现在以下两方面。

（1）民选制度之积弊造成北美政治势力坐大

英国在北美的殖民地是通过驱赶或屠杀北美原住民而建立的，被视为是母国的领土和主权的延伸，其居民在理论上为母国国民，其十三个渐次建立的殖民地被视为由英王创设的"永久政治实体和法人团体"。英国政府宣称对其拥有主权和管辖权，因而尽可能地将英国本土的社会结构、政治体制和法律体系移植到殖民地。总督是英王的代表，通常由英国从本土选派；由本地人组成的参事会相当于母国的枢密院和议会贵族院，民众选举的议会下院相当于议会平民院，两者共同掌握立法权，可以制定不违背英国法律的地方法令法规。议会下院在后来的发展中则逐渐掌握了地方财政权和总督薪俸的拨款权，成为殖民地权力结构的核心。总体而言，英国对北美殖民地的政治管理比较宽松，但经济控制出于重商主义考虑则相对严厉。通过比较英、法两国对待殖民地的不同策略可以发现："英国对殖民地贸易施加更严格的限制，在国内各港口征收更重的关税，但她很少干预各殖民地的内部事务，对于人口流动、政府援助及维护等方面的事情也很少关心。"久而久之，美洲殖民地变成"自我依靠、自我治理和自我维持"的群体，各殖民地在政治上逐渐实现了有序管理。随着议会下院的崛起，殖民地居民掌握了很大一部分自治权。特别是，在新教伦理与资本主义精神的熏陶之下，殖民地居民习惯于从自由和权利的角度来审视英国的政策，并形成了"美利坚人"的共同体意识。[1] 以盎格鲁-萨克森为主体的移民，在北美洲这片得天独厚的土地上，承袭着源远流长的自由主义与个人主义的传统价值，因着对自身自由和权利的追求，而与母国渐离渐远。

（2）政权组织之积弊造成英国政治势力分裂

英国光荣革命后，王室与政府分立，治权逐渐从国王向内阁转移，但从宪法角度来看，国王在国家政治生活中虽然仍具有重要的作用。1760年乔治

---

[1] 李剑鸣：《英国的殖民地政策与北美独立运动的兴起》，载《历史研究》，2002年第1期。

三世登位后，由于社会矛盾愈趋深化，强化君权的"反动"势力大涨。18世纪下半期，英国工业革命开始了，资本主义经济迅速发展，资产阶级迫切要求扩大政治权力，与贵族地主之间的矛盾日趋激化。七年战争开拓了广大殖民地市场，使资产阶级大发横财，他们希望继续乘胜扩大战争。与之相反，对贵族地主们而言，扩大战争不仅不能直接从战争中和战后的殖民商贸中获取更多利益，反而需要继续承担大笔军费，得不偿失，因而要求结束战争。上述社会矛盾与反战势力被国王势力利用。乔治三世登位后大肆清除异己，辉格党人及反对"七年战争"停战的官员被排斥，被称为"宫廷革命"。由国王亲信组成的政府被称为"国王之友"政府，由一贯以依附王权为唯一原则而行动的人们"进行统治。18世纪60年代，英国在10年间更替了6届政府。国王势力复兴，内阁名存实亡，政党被视为大逆不道。各派政治力量明争暗斗，相互掣肘，导致政乱频出。①

上述两方面原因在七年战争后合流，成为北美独立战争的动因，"大英第一帝国"遭致分裂。

2. 导致战乱

七年战争后，英国在北美推行一系列"新殖民地政策"。一，宣布建立四个新的行政管理区，将阿巴拉契亚山脉以西的土地保留给印第安人，此举限制了土地投机，也剥夺了殖民地当局对印第安人事务的管理权；二，由于从法国和西班牙在北美的殖民地取得大量土地，扩大了防卫需要，宣布在北美保留1万人常备军，殖民地为驻军提供场所，供应物资，此举增加了当地居民的税收负担，并加深了对母国的不信任；三，相继开征粮食税、蜜糖税、印花税等新税种，此举立即在殖民地引发反抗风潮。英国推行上述政策，是为了：筹措税款以维持北美的防卫开支和减轻本土财政负担；确立固定岁入以解决王家官员的薪俸，使其免受殖民地议会的控制；加强英国法令的权威和执行的力度，以维持对殖民地的有效控制。殖民地提出"没有代表权就不纳税"的口号，向英国的宗主权挑战。殖民地的反抗使英国取消了大部分税

---

① 王觉非：《英国近代史》，南京大学出版社1997年版，第193—206页（电子书）。

目，但仍保留茶税作为宗主国税收的象征。茶税引起1773年的"波士顿茶案"，引发美国独立战争。

战争起先对殖民地不利，但1777年萨拉托加战役美军扭转了战局。此后，法国、西班牙和荷兰加入战争，与殖民地军队结成同盟；俄国联合普鲁士、丹麦、瑞典等国组成"武装中立同盟"，冲破英国对北美的海上封锁，美国独立战争因此也具有国际商业战争的性质。1781年，美法联军在约克敦大败英军，取得决定性胜利，战事基本结束。1783年签订的《凡尔赛和约》规定：美国独立；法国在印度、北美和非洲取得新的立足点；西班牙收回梅诺卡和佛罗里达。美国独立战争后，"大英第一帝国"瓦解了，英国殖民事业受到严重挫折。①

北美战争的失败同时引发英国严重的国内危机，1781年伦敦城向国王乔治三世呈交的抗议书勾勒了危机的形势："许多重要的制造业正在衰退之中，原料供应日益困难，因为陛下的舰队在世界各地都敌不过敌人的力量。全王国的土地财产都贬值到令人可怕的程度。国王陛下的臣民在公债投资中的财产损失已达1/3以上……陛下的舰队丧失了往日的优势，陛下的军队已被击败，（北美）领地已经丢失，而且陛下的臣民一直处在捐税的重压之下。"②

综上所述，在德本主义社会与资本主义社会的形成期，由于制度之积弊，皆造成了社会动荡，以至爆发战乱、国家分裂。前者主要体现为察举制度之积弊造成地方政治势力坐大，政权组织之积弊导致中央政治势力分裂，二者合流导致大一统政府崩溃，致使中国陷入分崩离析几达400年；后者主要体现为民选制度之积弊造成北美本土势力坐大，政权组织之积弊导致英国政治势力分裂，二者合流导致"大英第一帝国"崩溃，美国从母国独立。

需要指出，二者尽管同因制度积弊造成国家分裂社会动荡，但社会付出的代价，前者却远大于后者：前者陷入混乱几达四百年，文明在战火中被夷为废墟，"白骨露于野，千里无鸡鸣"的场景经常可见；后者却在二三十年内

---

① 钱承旦、许洁明：《英国通史》，上海社会科学出版社2002年版，第203页。
② 王觉非：《英国近代史》，南京大学出版社1997年版，第224页（电子书）。

即恢复元气，社会经济迅速复兴。究其原因，前者的社会秩序主要依靠文化覆盖，大一统文化思想崩溃之后的重建艰难而漫长，加之佛教思想的传入更促长了魏晋玄学之风，增加了文化思想重建的难度（中华文明融熔佛教文化的过程长达千年，直至宋代理学复兴才基本完成）；后者的社会秩序则主要依靠经济覆盖，倘能保障经济增长、市场扩张，社会秩序便能迅速重建。因此，英国在失去北美殖民地后，挟其工业革命建立的产业优势和军事优势，在全球大规模地扩张其殖民体系，便迅速迎来了"大英第二帝国"时代。

参阅

美国独立的神话与史实[①]

人们已经习惯于这样一个美国独立的历史叙事：一群在旧大陆受到迫害、走投无路的清教徒，坐船到新大陆上寻找理想中的乐土。他们在北美建立了殖民地并推行"孤立主义"路线，对外部世界并无兴趣。然而宗主国步步紧逼，征收重税却不给政治代表权。最终，他们被迫揭竿而起，宣布独立，战胜了宗主国的军队，获得了自由，并通过协商建构了一个优良的社会秩序。事实上，这个"官逼民反"的叙事版本包含了大量虚构的成分。

有两本书有助于破解上述"虚构"。一是美国新保守派代表人物罗伯特·卡根（Robert Kagan）写的《危险的国家：美国从起源到20世纪初的世界地位》（Dangerous Nation: America's Place in the World, from its Earliest Days to the Dawn of the 20th Century），一是英国史家尼尔·弗格森（Niall Ferguson）写的《帝国：不列颠如何缔造现代世界》（Empire: How Britain Made the Modern World）。这两位作者都是货真价实的"帝国主义者"，卡根试图追溯美国的扩张主义传统，以便论证当下的扩张主义合乎"祖宗成法"；弗格森则试图突破当代反殖民主义的主流共识，赞美大英帝国的历史功绩。两位作者的直接意图并不是要破除美国独立建国的神话，但却产生了"祛魅"的意外后果。

[①] 编自章永乐：《美国独立建国的神话与现实》，载《红旗文稿》2014年13期。

下面略述说这两位作者的"祛魅"效应。

第一,到北美的人都是因为受到宗教迫害,从而希望在新大陆上建立"山巅之城"吗?

卡根指出,一小部分人也许确是如此,但新大陆的发财机会迅速冲淡了清教的宗教乌托邦。更何况,在清教徒抵达新英格兰以前就已经建立的弗吉尼亚和其他沿切萨皮克湾两岸的定居点,殖民的动机一开始就是高度物质主义的——发财。

第二,北美殖民者遵循"孤立主义"路线吗?

卡根指出,北美殖民者一开始就是贪婪的、扩张主义的。无论是弗吉尼亚公司及其"探险家"定居的切萨皮克湾地区,还是马萨诸塞湾殖民地,都是建立不久就向内地扩张,对印第安人进行持续屠杀。殖民者不仅是为了追求安全,而且在意识形态上将自己视为文明先锋,想象自己正在领导人类走向未来。

第三,北美独立真是在英国重压之下的反抗之举吗?

卡根和弗格森都给出了否定的答案。卡根花费大量篇幅描绘了北美独立前的英法七年战争,并指出英国很大程度上是被北美殖民者们"拖入"战争的,原因是殖民地的大财主们一直想借助英军来打垮法国人,从而进占富饶的俄亥俄河谷。早在18世纪40年代末,弗吉尼亚的精英们就开办了两家殖民公司,以获取俄亥俄河谷为目标。华盛顿、杰斐逊、富兰克林等美国国父都参与了在俄亥俄河谷的土地投机。1749年,英王乔治二世将俄亥俄河谷50万英亩的土地授予俄亥俄公司。而当时的俄亥俄河谷并非只有英国殖民者,还有法国定居者及印第安人。在1713年签订的《乌德勒支条约》中,英国同意与法国在北美并存,而且在英法不同的殖民地之间建立了一个印第安人"缓冲区"。但英国的北美殖民者对此不满,不断在缓冲地带挑起与印第安人的冲突,干扰英法两国的和平局面。彼时人口的对比不利于法国人。1754年,在北美地区共有7万法国殖民者,而英国殖民者已达150万人。法国人不得不加强防备,阻止英国人的扩张。在这种形势下,富兰克林和其他北美殖民地领导人频频前往伦敦,游说议会对法国出兵,以夺取法国的北美殖民地。

18世纪40年代末至50年代初，英国公众舆论也变得日益好战，因此来自北美殖民者的游说得到了议会的正面回应。1754年，时任弗吉尼亚民兵上校的华盛顿袭击了一支由法国人和印第安人组成的小部队，打响了英法在北美新的争霸战争的第一枪。英国派出军队，耗费重金，在北美占领了法属加拿大地区。战争费用大部分由英国自己承担。

因为是母国出兵帮助其北美殖民地的子民取得了法国人占据的土地，所以，在大英帝国政府看来，让北美殖民地出点血理所当然。英国对北美殖民地课以若干赋税，然而却遭到北美殖民地的抵制。为了强调抗税的合理性，以富兰克林等为代表的殖民地精英们论证，北美殖民地在英法七年战争中是被动卷入的，全然不顾他们此前对英国的主动游说。他们还宣称"无代表、不纳税"，但实际上对派代表去伦敦议会并没有真的兴趣。美国殖民者的表现只有一个原因，那就是他们在得到大英帝国的好处之后，翅膀长硬了，要单飞了。

经济数据可以揭示出当时北美的实力。在革命前夕，美国人的生活水平高于任何欧洲国家，其经济增长大部分来自生产和销售，全都在殖民地市场内部解决，无需依赖对英国与欧洲的出口。美国人口每25年就增加一倍，其增长率远远超过欧洲任何一个国家。经济实力的增长，让北美殖民地逐渐藐视它们的宗主国。

北美殖民地头上的税负重吗？弗格森否定了这种说法。1763年，英国人均缴税26先令，而马萨诸塞的纳税人只缴纳1先令，同时北美殖民者从总体上比他们的英国本土同胞更富裕。英国政府在税收方面也非一意孤行。1765年英国议会提出《印花税案》，总额不到11万英镑，遭到北美抵制后，次年取消。之后达成的协议是英国只在北美殖民地的对外贸易中征税，内部交易中不征税。两年后，新的财政部长尝试开增一些新的关税，但作为交换，英国政府将茶叶的关税从每磅1先令降到了3便士。1770年，这些新增关税又被废除，而降低了的茶叶关税维持在每磅3便士。令人啼笑皆非的是，主流教科书中津津乐道的"波士顿倾茶事件"却是因为关税降低而非增加而起。这次倾茶事件的发起者不是消费者，而是波士顿富裕的茶叶走私者。他们之所以倾倒茶叶，是因为英国政府将茶税从每磅1先令降到了3便士，导致他们没法从走私中牟利。被倾倒的茶叶也不是英政府的，而是东印度公司的。主流教科书将"波士顿倾茶事件"包装成为对大英帝国过重赋税的抗议，可谓南辕北辙。

由此看来，北美独立革命实际上是"翅膀长硬了"的富人发动的革命，而不是生活不下去的穷人的造反。这个结论其实并不意外。穷人们往往是活不下去才造反，但富人们造反根本用不着到活不下去的地步，他们掌握了许多经济与社会资源来支持自己的行动，有着很高的自我期许，只要期望受挫，就可以引发革命。

既然这是场"富人革命"，那富人们到底要什么呢？他们真的对派出代表去伦敦参加议会有兴趣吗？非也。北美的富人们翅膀已经长硬了，他们希望自己的议会获得与英国议会平起平坐的地位。当然，这不意味着他们要彻底脱离大英帝国。实际上，他们能接受奉英王为共主的邦联式解决方案，就如同今天的苏格兰独立运动的诉求一样。但伦敦显然无法接受这群子民的狂傲，于是战争爆发了。

对于北美独立战争过程中的许多细节，美国主流教科书是不会提及的。比如，法国人在独立战争中所起的关键性作用。教科书突出了北美民兵英勇无畏的精神，却不谈这些民兵战斗力低下。离开法国人的支援，北美独立战争的胜利根本不可想象。此外，美国主流教科书也不会展示当时北美殖民地社会的内部分裂。弗格森指出，北美独立战争可视为大英帝国的一场内战，"最暴力的斗争往往不涉及英国常规军，而是在发起暴动的殖民者与那些依然效忠于王室的同胞之间发生的。"比如说，富兰克林是独立势力的领导者之一，但他的儿子威廉作为新泽西总督，仍效忠于国王，父子由此决裂。英属北美洲的白人中有1/5在独立战争中仍效忠国王，他们甚至组成民兵，协助英军战斗。在英国决定放弃北美殖民地后，有10万保皇派臣民逃离到加拿大等地。弗格森感叹道："竟然那么多人用脚投票，反对美国独立，而选择为了'生命权、自由权和追求幸福的权利'效忠英国国王和大英帝国。"

英国为何放弃北美殖民地呢？弗格森认为有若干因素起作用：首先是由

于英法之间的战争是全球性的，英国在欧洲压力较大，难以将主要兵力放到北美。其次，英国本土有不少人同情他们的北美同胞，不赞成往死里打。最后，北美殖民地当时的经济价值还比不上加勒比海沿岸殖民地。最后一个因素非常重要，对大英帝国来说，丢掉北美当时算不上是严重的经济损失，但为了持续占有它，却需要付出很大的成本。英国人是在比较成本收益之后，才主动放弃北美殖民地的。

弗格森认为这场独立战争的巨大污点是，它一方面高呼人与生俱来、不言自明的自然权利，一方面却保留了奴隶制度。而在失去北美殖民地的10年后，英国人先废除奴隶贸易，后来又在整个大英帝国内废除了奴隶制。实际上，早在1772年，英国的曼斯菲尔德勋爵在萨默赛特案中就判决奴隶制为非法，尽管英国本土的普通法判决在北美殖民地并不是自动生效，但北美殖民地的法官们多会引用英国本土的先例。如果大西洋两岸保持统一，北美或许有可能较快废除奴隶制。北美的独立，导致奴隶制在北美持续到19世纪60年代，并且，奴隶制废除之后的黑人与白人不平等问题一直持续到今天。

简言之，两位作者勾勒了这样一幅美国独立革命图像：这是享受了帝国保护、长硬了翅膀的北美殖民地富人发起的脱离大英帝国的运动，是大英帝国的一场内战，作为内战失败方的保皇派最后"用脚投票"，离开了北美殖民地。革命还延长了奴隶制度。很明显，美国的主流教科书不可能这样写，因为这幅图像的每一个部分都在贬损着这场革命的神圣性。美国需要一个建国神话，从而将国民凝聚起来，所有不利于神话建构的历史细节都被过滤了。对此，或可给予同情地理解。但是中国的学者有必要去刻意维系美国的建国神话吗？中国需要学习人类文明的一切积极成果，前提是必须先搞清楚真正的史实，而不能沉湎于虚构的神话！

第四节　德本主义社会与资本主义社会的发展期

一、国家秩序稳定

前文述及，在德本主义社会与资本主义社会的形成期，由于制度本身的缺陷，问题日积月累，终至爆发战乱、国家分裂。也正是在历经战乱分裂与社会动荡之后，德本主义与资本主义的文明随之扩散、演进，德本主义社会与资本主义社会进入全新的发展时期。

（一）德本主义社会：新朝代，新一统
1. 新兴政权——隋朝建立

历经四百年国家分裂与社会动荡，中华民族的历史终于回归"正道"——恢复以北辰尧舜之道为基础的德制学选制度，重建集礼乐刑政于一体的大一统国家。西元581年，杨坚代周称帝（隋文帝），改国号为"隋"。西元589年，重新统一中国。隋文帝力革前朝弊政，特别是改革魏晋以来的选官制度，推行科举选士，设置三省六部，奠定了此后德本主义国家的基本政治格局。

2. 再陷战乱——隋末战争

隋炀帝骄奢淫逸，好大喜功，激起天下兵乱，重蹈始皇覆辙。

3. 重建秩序——复归统一

李氏父子建立唐朝，完成重新统一中国之大业，德本主义社会进入全新的历史发展时期。

德本主义社会形成期与发展期之国家秩序稳定历程有着相似的演化环节，如下表6-4。

表6-4　德本主义社会形成期与发展期之由乱而治的极数通变表

	演化环节	形成期（秦汉）	发展期（隋唐）
1.	封建割据	春秋战国	魏晋南北朝
2.	完成统一	秦统一六国	隋文帝统一
3.	暴君恶治	秦始皇暴政	隋炀帝暴政
4.	引发兵乱	秦末战争	隋末战争
5.	王朝崩溃	秦朝灭亡	隋朝灭亡
6.	新强争战	楚汉战争	唐灭夏、楚
7.	重建秩序	汉朝建立	唐朝建立
8.	再度统一	灭异姓王	统一全国
9.	分封惯性	分封同姓王	立太子、封王
10.	导致动乱	七国之乱	玄武门之变
11.	采用儒策	汉武尊儒	太宗用儒
12.	天下得治	汉武盛世	贞观之治

（二）资本主义社会：新国家，新制衡

1. 新兴政权——美国成立

美国独立战争结束后，根据1781年的《邦联条例》，美国仍是13个独立国家的松散联盟。尽管邦联议会拥有宣战、媾和、缔约、建立商务关系、任命高级军官和处理洲际争端等权力，但邦联政府无征税权，国库收入要向各州募集，无法形成强有力的中央政府。各州代表于1787年在费城召开的制宪会议，制定出新宪法，美国由此从松散的邦联过渡为联邦国家，13个州联合成为统一国家。宪法体现的三权分立架构，奠定了此后资本主义国家的基本政治格局。

2. 再陷战乱——法国大革命战争

法国在七年战争、美国独立战争期间军费开支巨大，财政濒临破产；加之王室挥霍无度，更是入不敷出；再加之启蒙思想影响民众，特别是美国建立的民主政权的示范，激起法国大革命，路易十六重蹈英王查理一世之覆辙。之后，新建立的法兰西共和国和反法同盟之间爆发了一系列战争（1792—1802年），史称"法国大革命战争"；再后，拿破仑执政（1799—1804年）和拿破仑一世（1804—1814年）时期，法国为了建立政治经济霸权，同英国争

夺贸易和殖民地的领先地位，又爆发了拿破仑战争。

3. 重建秩序——复归制衡

拿破仑战争后各国签署的《维也纳会议最后议定书》及有关条约、宣言和文件，以均势制衡和欧洲协调原则，在拿破仑帝国瓦解后的欧洲建立起新的政治均势和协调机制，在一定时期维持了欧洲列强之间的和平。条约在俄国和法国之间以四分五裂的德意志作为缓冲地带；而在德意志内部又维持普鲁士与奥地利之间的势力均衡。维也纳体系是历史上第一个全欧洲的均势制衡体系（威斯特伐里亚体系没有包括英国和俄国），资本主义社会进入全新的历史发展时期。

综上所述，德本主义社会与资本主义社会在历经战乱分裂后，重构国家秩序经过了相同的历程，即：新立政权→再陷战乱→重建秩序。二者之不同在于：前者从新立政权到重建秩序的过程是大一统政权的更替，后者从新立政权到重建秩序的过程是新兴资本主义国家政权的建立及新的国际条约关系确立。上述国家秩序重建的过程亦是德本主义与资本主义之文明扩散、发展的过程。二者之不同在于：前者体现为文化与民族的融合，并以此为基础重建大一统的天下国家；后者则体现为新的资本主义民族国家成立，并以此为基础重建国际条约关系。

需要指出，美国的建立，重演了资本主义从威尼斯到不列颠演化的路径：海岛从大陆母体中独立出来，形成国家（在威尼斯形成城邦国家，在英格兰形成民族国家，在美利坚形成盎格鲁－萨克森人为主体的多民族国家）。尽管美国处于新大陆，但其国家发展的路径仍是将新大陆作为海岛经营，仍以持续对外殖民扩张为要务。西方历史由此进入全新的发展时期。资本主义制度从一个小岛——威尼斯萌芽，在一个大岛——不列颠生发，而后移植到新大陆（其实质是将新大陆视作"陆岛"）——北美茁壮成长，并继而向欧洲大陆扩散——引发法国大革命，从而在旧大陆生根。然而，资本主义在旧大陆的生长远不如在海岛与新大陆顺畅，法国大革命一波三折，起起伏伏，血染国土内外，文明惨遭扫荡，付出了巨大的生命与财产代价。资本主义制度在旧大陆的成长道路几乎都难免如此曲折，代价高昂。（参见第八章第一

节·一·（三）之《全球主要大国与中国的"现代化"历程比较表》）

二、政经制度建设

唐朝重建大一统政权、欧洲确立维也纳体系后，国家秩序得以维持较长时期的稳定，大规模的政经制度建设随之展开。德本主义社会与资本主义社会在政治制度建设方面都取得重大进展，主要体现为选举制度与政权组织的成型。选举制度方面，前者是科举选官制度的基本成型与学校教育体系的建立，后者是民选代议制度的基本成型与政党竞选体系的建立；政权组织方面，前者是君权（王室）相权（政府）相辅相成治、三省六部联合协调体系的确立，后者则是王室政府分离、责任内阁制度与权力制衡体系的确立。二者在经济政策方面也都有重大发展：前者追求大同理想、承袭重农抑商的基本精神，在特殊的历史条件下推行均田制度；后者追求自由理想、承袭重商主义的基本精神，在特殊的历史条件下推行自由贸易制度。以下从选举制度、政权组织、经济政策三方面分述之。

（一）选举制度：科举选官制度+学校教育体系 vs. 民选代议制度+政党竞选体系

1. 德本主义社会——科举选官制度+学校教育体系的成型

（1）科举选官制度

前文述及，两汉时期的察举制度被操控于门第贵族，导致"选举不实，权门请托"。之后，魏晋南北朝时期曾推行"九品中正制度"：通过选择"贤有识鉴"的官吏担任中正官，负责察访各州、郡、县的士人，综合士人的德才、门第定出"品"和"状"，供吏部选官参考。所谓"品"，指综合士人的德才、门第（家世官位高低）所评定的等级，分为上上、上中、上下、中上、中中、中下、下上、下中、下下九品（其中，又分上品、中品和下品三类：一品为虚设，无人能达到；二品至三品为上品；四品至五品为中品；六至九品为下品）。在德才与门第中，定品时一般依据后者，叫"计资定品"。所谓"状"，指中正官对士人德才的评语。由于魏晋时担任中正者一般是二品，二品又有参与中正推举之权，而获得二品者几乎全是门阀世族，故门阀世族就实际把持了官吏选拔之权。在中正品第的过程中，才德标准被忽视，家世则越来越重要，甚至成为唯一的标准，最终导致选官用人"唯能知其阀阅，非复辨其贤愚"。西晋时期已形成"上品无寒门，下品无士族"的局面。到南朝时期，中正的评议所重视的只是魏晋间远祖的名位，而辨别血统和姓族只需查谱牒，品第反成无足轻重的例行公事。九品中正制度沦为门阀制度的重要组成部分。

隋开皇年间，文帝废除九品中正制度。开皇七年，"制诸州岁贡三人"；十八年，"诏京官五品以上，总管、刺史，以志行修谨、清平斡济二科举人"，逐步走向分科考试取士。开皇年间已有秀才、明经两科，炀帝大业年间，始设进士科。

"进士"一词最早见于《礼记·王制》："命乡论秀士，升之司徒，曰选士。司徒论选士之秀者，而升之学，曰俊士。升之司徒者不征于乡，升于学者不征于司徒，曰造士……大乐正论造士之秀者告于王，而升诸司马，曰进士。司马辨论官材，论进士之贤者告于王，而定其论。论定，然后官之；任官，然后爵之；位定，然后禄之。""进士"是造士中的出类拔萃者，是可以进用任职享受爵禄的士人。

科举选官制度到唐朝日臻完善，主要表现在以下两方面。

其一，在考制方面：分制举和常举。制举是皇帝临时决定举行的特别考试，以待非常之才；常举或曰常科，则基本每年举行一次，为主要的考制。科举考试分解试与省试两级进行。解试是取得解送中央参加省试资格的考试。"每岁仲冬，郡、县、馆、监课试其成者……既钱，而与计偕"。（《通典》卷一五《选举三》）解试又分国子监、学馆试与州县试。国子监、弘文馆、崇文馆及州县学馆的生员称"生徒"。生徒在国子监及学馆考试合格，即可参加省试。不在学馆而自州县应举者，称"乡贡"。贡士须先"怀牒自列于州县"，即持家状到州县报考，经考试合格即可参加省试。省试是尚书省礼部（初为吏部）主持的对生徒、乡贡举人的复考，也是贡举的最高一级考试。省试合格，则赐及第；不合格者，则黜落之。中举士人，如要做官，还需到吏部复试，参加铨选（身、言、书、判），合格才有资格授官。

其次，是科目方面。唐初贡举之科，多因隋旧，太宗之后加以丰富、完善。《新唐书·选举志》载："其科之目，有秀才，有明经，有俊士，有进士，有明法，有明字，有明算，有一史，有三史，有《开元礼》……而明经之别，有五经，有三经，有二经，有学究一经，有三礼，有三传，有史科。"秀才、明经、进士等科，乃因隋旧，其余则为新设。在诸多科目中，主要以六科取士："其常贡之科，有秀才，有明经，有进士，有明法，有书，有算。"（杜佑：《通典》卷十五《选举三》）其中最主要的贡举科目是明经与进士。唐初，明经只是指通两经者，后又增加了五经、三经及学究一经。后又创设了《开元礼》科、三礼科（指《周礼》《礼记》《仪礼》）、三史科（指《史记》《汉书》《后汉书》）、三传科（指《春秋左传》《公羊传》《谷梁传》）。明经科考帖经、经义、时务策，以帖经为重；进士科考帖经、诗赋、时务策，而重在诗赋。帖经主考记忆，经义主考理解，诗赋主考文才，时务策主考方略。录取比例，明经约为1/10-2/10，进士则为1%-2%。每开科场，录取进士约为三十人，而明经则为一百人左右，为其他各科的二至三倍。"大抵众科之目，进士尤为贵，其得人亦最为盛焉。"（《新唐书·选举志》）唐代很多著名的政治家、思想家、文学家，如王勃、王维、刘知几、陆贽、颜真卿、白居易、韩愈、柳宗元等，都由进士出身。

"此制用意，在用一个客观的考试标准（此项标准，一则求其公平，不容舞弊营私。二则求其预备之单纯与统一，减免经济上之限制，使贫民亦有出身。又间接助成国内风俗教化之统整，以辅团结与巩固。），来不断的挑选社会上优秀分子，使之参与国家的政治。此制的另一优点，在使应试者怀牒自举，公开竞选，可以免去汉代察举制必经地方政权之选择"。① "在此制度下，可以根本消融社会阶级之存在（人民优秀分子均有参政机会，新陈代谢，绝无政治上之特权阶级），可以促进社会文化之向上（政治权解放，民间因按年考试之刺激，而文艺、学术普遍发展），可以培植全国人民对政治之兴味而提

---

① 钱穆：《国史大纲》（修订本），商务印书馆1996年版，第405页。

高其爱国心（全国除王室有较永久之地位外，国家政权全部公开于民众），可以团结全国各地域于一个中央统治（各地域按名额获得其进士参政权，而历年全国各地士子群集中央会试，对于传播国家意识，交换地方情感，融铸一体，更为有力）。这一个制度的根本精神，还是沿着两汉的察举制推进，并无差别（这是中国史意味深厚处，汉唐繁盛的花朵，从同一根本上壅培出来），不过是更活泼、更深广的透进了社会的内层"。①

（2）学校教育体系

随着科举选官制度的确立，与其密切相关的学校教育体系也得以全面建立。唐朝学校有三类：一、中央馆、学；二、地方州、县学；三、私学。中央馆、学包括六学二馆：六学为国子监下辖的国子学、太学、四门学、律学、书学、算学，二馆为门下省下辖的弘文馆和太子东宫的崇文馆。此外还有太医署，既是医疗机构，又培养学生，如当今的医学院及附属医院。国子学收高官子孙，太学收中级官员子孙，四门学、律、书、算学，收低级官员子弟及百姓。二馆只收皇亲、贵戚、宰相子孙50人。六学有学生约二千二百一十人，唐太宗时规模扩大，兼收各族及外国留学生，总数达8000人。在地方，各州有州学，各县有县学，州、县学的学生名额由20人至60人不等。唐朝"许百姓任立私学"。在校学生皆要学习儒家经典、律、书、算学，还要学习专业课程。每年10月，各学校将学成学生贡至尚书省参加科举考试。私学学成的学生，也可由州、县荐举参加考试。

隋朝创立、唐朝完善的科举选官制度与学校教育体系，使得德本主义社会的官吏培养与选拔制度基本得以成型。科举制度一直为历代所沿用，直至清末，长达1300年之久。

需要提及，科举选官的对象在隋唐时期仍有一定限制。隋文帝诏令有"工商不得入仕"，隋炀帝诏令有"其见九品以上官者，均不在举送之限"，即禁止工商业者与九品以上官员应试科举。唐初对应举资格的规定"多因隋旧"。中唐时期，规定违犯法律者和州县小吏不得报考进士科。另外，由于唐代社

---

① 钱穆：《国史大纲》（修订本），商务印书馆1996年版，第405—406页。

会有"良人"与"贱民"之分,"贱民"(如官私奴婢、官户、杂户、工乐户、部曲、客女等),皆不许参加科举。

2. 资本主义社会——民选代议制度 + 政党竞选体系的成型

(1) 英国

①民选代议制度

前文述及,光荣革命后形成的英国民选代议制度被土地贵族操控,存在着普遍的贿赂与腐败行为。

18世纪末,英国爆发要求选举改革的民主运动,运动中提出了"平等的权利"和"普选权"的口号。1830年,法国"七月革命"爆发,整个欧洲的民主运动兴起,进一步推动了英国选举改革运动的发展。议会中的改革派和保守派经过反复斗争和较量,在国内民主运动的强大压力下,于1832年通过议会改革法案。改革主要在两方面:一、重新分配下院议席,如取消人口在2000人以下的"衰败选区"的全部议席,30个人口不到4000人的双议席选区各削减一个议席,空出的议席重新分配,使得下院能更公平、有效地代表民意;二、放松选民资格限制,如规定在城镇年收入10英镑以上的房主和年付10英镑以上房租的房客有选举权,在农村年收入10英镑以上的地主,或租期在60年以上、年收入10英镑以上的土地租赁者有选举权。但议员候选人的财产资格限制仍很高:在各郡选区须拥有600英镑不动产年收入,在城市选区须拥有300英镑不动产年收入,才能作为议员候选人参加选举。改革使英格兰的合格选民人数由四十余万增至六十五万左右,达到人口总数的约1/25(当时英格兰人口总数约一千六百万)。

1836年,英国爆发规模浩大的"宪章运动",提出的要求包括:凡21岁男子皆有选举权,废除议员候选人的财产资格限制,废除公开投票、实行秘密投票,当选议员应有薪金、国会要有定期会议,国会每年改选一次,平均划分选区、按选民人数产生代表等。宪章运动后来虽被镇压,但推动选举制度从19世纪60年代开始进行了多次改革。1867年的改革将各郡选民财产资格限制降低到每年缴纳房租12英镑,城市的所有房主和住满一年时间、所付房租不下10英镑的房客都获得投票权,使选民总数由135万增加到325万,小资产阶级和上层工人阶级都获得了选举权。1872年实施秘密投票法，减少了选举的腐败行为（公开选举曾使得贿赂、舞弊、恫吓等选举方式风行）。1883年实施取缔选举舞弊法，详细列举了各种非法行为，规定候选人不得以各种直接或间接的方式收买选民，包括请选民吃喝或给以种种物质报酬，也不得以任何压力或暴力强制选民投票，并严格限制竞选经费。由于对贿赂和舞弊进行打击，竞选方式发生重大变化，竞选事务趋于职业化，政党成为组织竞选的重要力量。1884年颁布的人民代表法，再次扩大公民权，又使得选民人数大增，达到近500万，占成年人口约25%。1918年通过《国民参政法》，让妇女也拥有了选举权。

②政党竞选体系

伴随着选举制度改革，英国的政党竞选体系随之建立起来。

英国政党起源于大革命后复辟时期的政治斗争，主张剥夺詹姆士王位继承权的一派被称为"请愿派"，支持詹姆士王位继承权的一派被称为"嫌恶派"。双方互相攻击，嫌恶派骂对方为"辉格"（whig，苏格兰骂人的语言，意为"强盗"或"盗马贼"），请愿派骂嫌恶派为"托利"（tory，英格兰骂人的语言，意为"爱尔兰歹徒"），由此便有了辉格党和托利党的称呼。二者彼时只是议会的两个派别，并无政党纲领和组织。

1688年的"光荣革命"主要由辉格党人发动，革命后的很长一段时期，辉格党成为事实上的执政党。1760年乔治三世继位后，托利党逐渐成为执政党。19世纪30年代后，随着工业革命的展开，辉格党成为代表改革势力的政党，主张自由主义理论和政策，1839年改名为"自由党"。托利党主要代表土地贵族、金融贵族等保守势力，1833年改名为"保守党"。这个时期，两党在全国各地建立起组织：先是通过俱乐部建立各自的选民协会，后来协会发展成地方党组织，最后发展成全国性组织，专为大选工作，英国的两党政治格局和政党竞选体系由此基本确立。政党组织操控了选举的各个程序，包括提名候选人、组织选举机构、募集选举经费、提供竞选纲领、组织舆论宣传等。英国的两党是最早的现代政党，其政党制度也是资本主义政党制度之源，其后资本主义国家的政党政治或多或少都受其影响。

（2）美国

①民选代议制度

美国独立后，在制定和修正联邦宪法的过程中，其民选代议制度也基本成型。1787年的费城制宪会议，确定把制定和批准宪法的权力从各州议会转交给民选代表。新宪法规定：国会参议员由公民间接选举产生，众议员由公民直接选举产生；选举参议员和众议员的时间、地点和方式，由州议会规定；总统由各州所委派的选举人选举产生，委派方式由各州议会确定。宪法对选举人和被选举人的资格未作规定，将制定选举法的权利留给各州。在相当长时间内，各州都保留着对公民选举权的种种限制，如规定获得投票权的财产额或纳税额，拒绝和限制妇女的投票权，剥夺黑人等少数民族的选举资格，规定文化测验标准等等。南北战争后，美国联邦政府通过宪法修正案来逐步扩大公民的选举权：1865年通过的第13条宪法修正案废除了奴隶制和禁止强迫劳役；1868年的第14条宪法修正案规定所有公民都同样享有法律"正当程序"的保护；1870年的第15条宪法修正案规定不得因种族、肤色及曾身为奴隶而剥夺公民的投票权。合格选民比例由此大增。1919年通过联邦宪法第十九条修正案，并于次年经各州批准生效，规定公民的选举权不得因性别而被加以拒绝和限制，实现了男女平等的选举权。

②政党竞选体系

美国的政党竞选体系也随民选代议制度的成型而建立。在制定宪法和第一届联邦政府时期，逐渐形成了两个对立的政治派别：一派代表北部新英格兰各州金融和商业资产阶级利益，在外交上亲英，内政上主张联邦集权，因而被称作联邦派，以汉密尔顿、约翰·亚当斯为代表，为共和党前身；另一派代表南方大农场主及北方中等资产阶级的利益，在外交上同情法国大革命，内政上主张维护国内民主权利，反对把权力集中在联邦中央政府，因而被称为反联邦派，以杰斐逊为代表，为民主党前身。彼时，美国的开国元勋们深恶痛绝党派现象，把政党看成政府"最险恶的敌人""最可怕的灾难"，把党派精神说成"施政者最严重的堕落"。然而，到1791年，反联邦派别的代表人物杰斐逊与麦迪逊联合组建"民主党"，1792年易名为"民主共和党"，与此同时，联邦派也迅速地向党派转化，两党对峙格局形成。对峙初期，联邦党占明显优势，特别在美国第二任总统约翰·亚当斯当政期间，联邦党人垄断了国会，力促扩大联邦政府的权限。1800年民主共和党领袖杰斐逊当选总统后，联邦党势力逐渐退缩。民主共和党主导的政局并没有维持多久，由于党内派系纷争，在1824年选举时有五派都自命为杰斐逊的传人及共和原则的代表，都推出一名候选人参选。在激烈的角逐中，五派又汇成两端：一端以约翰昆西·亚当斯为核心，属民主共和党中的保守派，主张在不违背民主分权原则的情况下，扩大联邦政府的活动空间；另一端以安德鲁·杰克逊为核心，属民主共和党中的民主派，主张制定更民主的新的政府运作规则，改变以财产衡量投票权的旧规则。这次选举最终以约翰昆西·亚当斯的胜利结束。之后，以其为核心的保守派开始自称"国民共和党"，从而把民主共和党置于一个显性分裂的状态。与之针锋相对，拥护杰克逊的人成立民主党。1834年"国民共和党"改称"辉格党"，从政治立场分析，"辉格党"似乎已经完全跳出"杰斐逊框架"，在一定意义上回归了原联邦党人的主张。此后，民主党与辉格党轮流执政，美国的两党政治格局和政党竞选体系由此基本形成。

综上所述，在德本主义社会与资本主义社会的发展期，国家秩序稳定之后，二者的选举制度较此前有重大进步。贵族不再能够主导选举，平民仕进通道得以敞开，选举体系也由此趋于成型：前者是科举选官＋学校教育体系，后者则是民选代议＋政党竞选体系。前文提及，科举选官与民选代议都是一种委托代理制度：前者是"主权在天→主权在圣→主权在士"的默示委托方式，后者则是"主权在民"的明示委托方式（详见第七章第一节之二《思想基础：主权在天与主权在民》）。两种制度设计的最终目的都是要选出德才兼备的优秀政治人才，但人才标准不同，前者重在体认"天意"、代表"天意"、执行"天意"，后者重在体认"民意"、代表"民意"、执行"民意"。因此，二者的操作体系大相径庭，前者秉承礼治（或德治）传统，通过科举考试来选拔"天意"代理者，故与教人体认天理天意的学校教育联成一体；后者秉承法治传统，通过民众投票来选拔"民意"代理者，故而与动员民众、彰显民意的政党竞争密切结合。（关于礼治与法治，详见第七章第一节·五《治理方法：礼治与法治》）

需要提及，此时期德本主义社会与资本主义社会的贵族在权位竞争中仍有明显优势。唐代，"当时门第仕进，亦较进士等科第为易。建官要职，仍多用世家。大臣恩荫，得至将相。故唐代宰相，尚可以世系列表。……可见唐代政权，尚与门阀有至深之关系"。① 而英国 1832-1903 年的 12 位首相中，有 9 人是贵族或贵族之子。1830-1900 年的外交大臣全部是贵族。其他阁员中具有贵族身份者仍多于非贵族阁员。1875 年陆军高级军官中来自贵族家庭者占 50%；第一次世界大战前夕仍占 40% 以上。1832 年议会改革后，贵族仍然可以操纵下院的选举，大约四十多名贵族继续在各地指定议员候选人，并助其胜选。1833 年下院中贵族亲属仍有 151 人。1872 年《秘密投票法》实施后，上院贵族才无法操纵选民。② 可见，彼时英国政权与贵族依然有着至深之关系，正如"唐代政权，尚与门阀有至深之关系"。

（二）政权组织：君相共治 + 三省六部 vs. 君政分离 + 分权制衡
1. 德本主义社会——君相共治 + 三省六部

"君权、相权本为两汉文治政体相辅为治之两面。魏晋以来，政治意识堕落，政府变成私家权势之争夺场，于是君、相不相辅而相制。……就其时之王室言，则削去相位，似乎便于专制；就其时之士族言，则各成门第，亦复迹近封建。结果则王室亦仅等一私家，政府解体，君权、相权均不存在。直到政治意识再转清明，政府渐上轨道，则君臣相与之意态亦变（其君不敢以私属待其臣，其臣亦不复以私属自居。君不以防制为事，臣不以篡窃为能）。君、相仍为相辅成治，而非相克成敌。其时则魏晋以来的私机关，又一变而成政府正式的首领官……扶翼君权，共同组成一个像样的政府（其内包有王室）。这便是隋、唐统一之复现。"③

唐代中央最高机关是"三省"：中书省、门下省和尚书省。中书省负责定

---

① 钱穆：《国史大纲》（修订本），商务印书馆 1996 年版，第 483—484 页。
② 阎照祥：《英国政治制度史》，人民出版社 1999 年版，第 362—363 页。
③ 钱穆：《国史大纲》（修订本），商务印书馆 1996 年版，第 393—394 页。

旨出命，长官中书令二人。门下省掌封驳审议，长官侍中二人。中书、门下通过的诏敕，经皇帝裁定交尚书省贯彻实施。尚书省负责具体执行，长官尚书令一人，副长官左、右仆射各一人。尚书省下辖吏、户、礼、兵、刑、工六部，长官尚书，六部分理各种行政事务，每部又领四司，计二十四司。

"尚书六官，各有所职，傥无折中，则恐互相推避，互相炫匿，故总摄以宰相。宰相亦虑有未周，见有所偏（或则专且私），乃先之以中舍之杂判，庶得尽群谋而伸公论，又继之以给事之驳正，复得塞违而绳愆。此等制度，可谓宏大又兼精密。以中书、门下较汉代之宰相，以尚书六部较汉代之九卿，在政制上，不可谓非一种绝大之进步。一则尚书六部，乃政府公职，而九卿则是王室私属。从九卿转变到六部，正是政府逐步脱离王室独立之明证。二则汉初封建、郡县杂行，中央直辖部分有限，后虽逐步统一，而郡国守相之权尚大，千里王畿，仅如一省。隋、唐则九州揽于一握，考课、狱讼、兵财诸端，繁不胜记。总以六卿，分以郎署，中央政府之扩大，为事势演进所逼出。于是六卿之上，必有佐天子以总理之者。一相嫌于专擅，且亦事冗不给；多相则互委，不专责，易生同异，以致挠败。尚书置左、右仆射，分判六部，各治三官，可免上述之弊。而尚书惟在政务之推行，至于出命覆夺，尚有中书、门下。故曰三省之于宰相，六部之于九卿，不得不说是政制上之一进步。"①

2. 资本主义社会——君（主）政（府）分离＋分权制衡

（1）英国——君（主）政（府）分离与议会内阁两权制衡

英国"光荣革命"后建立的君主立宪制实际上是"二元"的君主立宪制。君主虽受限制，但仍是权力中心，政府向君主负责，具有浓厚的封建残余色彩。在18世纪大部分时间内，英国的正统政体被普遍认为是由国王、上院和下院组成，彼此制约，而君主是保持上院贵族和下院平民之间平衡的力量，是"立法机构的一部分，是唯一的行政首脑"。

1782年，乔治三世的个人统治结束后，为进一步限制王权，议会和几届政府先后采取了一些重大措施。首先，议会迫使"国王之友"政府下台，使

---

① 钱穆：《国史大纲》（修订本），商务印书馆1996年版，第397—398页。

主张限制王权的辉格党上台，从而剥夺了国王的行政权，巩固了政府向议会负责而不是向国王负责的议会主权原则。其次，议会通过两项法案，剥夺了约占选民 1/6 的政府官吏和政府承包商的选举权。再次，对依赖国王、效能低下而又开支庞大的政府机构实行改革，裁减冗员，裁撤合并许多政府部门。由英格兰银行监督财政开支，废除国王和大臣规定官吏薪俸的"封赏制"。此外，还宣布在下院议决问题时，凡是企图以国王意愿影响表决者被视为犯下重罪，有效制止了君主势力对政府的干涉。①

由此，国家政权中的王权势力基本被清除，对议会负责而不是对国王负责的责任内阁制得以真正确立。议会与内阁的关系则是两权制衡：议会对于不信任的内阁可要求其全体辞职，而内阁在得不到议会信任时亦可要求国王解散议会，并重新举行议会选举。②

18 世纪，英国中央政府部门的设置还比较简单，主要由枢密院（或内阁）下辖的委员会，如财政委员会、海军委员会、贸易和殖民委员会等来管理国务。19 世纪 30 年代以后，英国中央政府的部门设置逐渐完备。除原有的财政、贸易、内务等部门，还设立了教育部、农业部、工程部、铁道部、邮电部、殖民事务部、森林和土地收益部、卫生部和国防委员会、文官事务委员会、所有权和雇地及什一税委员会、关税委员会、宗教事务委员会、移民委员会（委员会相当于部级机构）等。③

1855 年英国政府颁布《关于录用王国政府文官的枢密院令》，确立了通过考试择优录用文官的制度，由文官事务委员会负责国家公务人员的考试和录取。文官不得参与党派活动，不与政府政务官员共进退，不能被轻易免职，是超党派的中立人士。由于文官长期在政府部门任职，熟悉政府部门业务，因此内阁官员和各部门的大臣都要依靠他们，几乎所有重要的议案、法令、文件，都是由高级文官起草。由于文官制度的存在，尽管英国内阁和政府部门大臣频繁地更换，却依然有效地保障了政治的稳定性和延续性。④

---

① 王觉非：《英国近代史》，南京大学出版社 1997 年版，第 226—227 页（电子书）。
② 马啸原：《西方政治制度史》，高等教育出版社 2000 年版，第 119 页。
③ 同上书，第 119—120 页。
④ 同上书，第 121—123 页。

(2) 美国——三权分立

美国 1787 年制定的宪法确立了三权分立的政权组织体系。国家的立法权、行政权、司法权分别授予国会参众两院、总统和联邦法院行使。国家最高行政首脑是总统，拥有行政大权，同时也是武装力量的最高统帅，由选民间接选出。总统及其任命的内阁不对国会负责，但需要定期向国会提出国情报告。最高立法机构是国会，由参、众两院组成。参议院由每州议会选两名代表组成，任期六年，每两年改选 1/3。众议院议员由选民直接选出，任期两年。国会拥有税收、贷款、发行货币、规定度量衡、邮政、宣战、征兵等权力。一切法律经国会通过，总统批准，方可生效。总统任命重要官员和缔结条约，必须得到参议院同意。国会有权弹劾甚至罢免总统，总统则有权否决国会通过的法律，但国会两院重新以 2/3 的多数票通过该法律，则可直接生效。最高司法机关是最高法院。法官由总统任命，但要获得参议院同意，可以终身任职。最高法院有权审查和禁止违宪立法，有权解释一切法律。法官虽经参议院同意由总统委任，但国会也有弹劾权。①

上述政权组织体系的设计，是要"使每一个权力机构拥有一定范围的基本权力，同时又使每一个权力机构在另外的权力部门中起到作用"。其中，"防止把某些权力逐渐集中于同一部门的最可靠办法，就是给予各部门的主管人抵制其他部门侵犯的必要法定手段……在这方面，如同其他各方面一样，防御规定必须与攻击的危险相称。野心必须用野心来对抗"。② 分权制衡成为美国政权组织模式最重要的特征。

综上所述，在德本主义社会与资本主义社会的发展期，国家秩序稳定之后，政权组织较之前有了重大的、突破性的发展。王室与政府的矛盾基本得到解决，政府机构的设置趋于完善。前者是君相共治、良性互动，中央政府设置三省六部，强调联合协调，兼有监督制衡；后者则是君权基本退出行政领域，

---

① 马啸原：《西方政治制度史》，高等教育出版社 2000 年版，第 164—173 页。
② 〔美〕汉密尔顿等：《联邦党人文集》，程逢如译，商务印书馆 1980 年版，第 263 页。

或保留君主制度的形式（英国），或彻底根除（如美国、法国），政权组织强调分权制衡，如英国议会内阁两权制衡，而美国则是三权分立。二者政权组织的基本格局由此基本成型，此后一直延续到成熟期、繁荣期，再无根本变动。

需要提及的是，在选举制度与政权组织的建设方面，法国远不及英美顺利，期间跌宕起伏、历经坎坷。后起的资本主义国家的情形，大抵如此。

（三）经济政策：均平主义政策 vs. 自由主义政策

1. 德本主义社会——均平主义政策

在特定的历史条件下，唐代推行具有"均平主义"性质的经济政策——均田制与租庸调法。

均田制源于北魏。三国两晋时期的动乱，导致民众"困饥流散，豪右多有占夺"。至北魏，"富强者并兼山泽，贫弱者望绝一廛，致令地有遗利，民无余财"。[①] 贫弱者多"荫附"于豪强之家，导致"民多隐冒，五十、三十家方为一户……荫附者皆无官役，豪强征敛，倍于公赋。"[②] 北魏政府欲"绝其荫冒，使租收尽归公上"，[③] 并"与豪强争夺民众"，[④] 遂行均田制，"大概如：诸男夫十五以上，受'露田'四十亩，妇人二十亩，奴婢依良。丁牛一头，受田三十亩，限止四牛。所授之田率倍之，三易之田再倍之，以供耕休及还受之盈缩。民年及课则受田，老免及身没则还田。奴婢、牛随有无以还受。诸'桑田'不在还受之限，但通入'倍田'分。诸受田者，男夫一人给田二十亩。课莳余，种桑五十树，枣五株，榆三根。奴各依良。诸应还之田，不得种桑、榆、枣果。诸'桑田'皆为世业，身终不还。有盈者，无受无还；不足者，受种如法。盈者得卖其盈，不足者得买所不足。不得卖其分，亦不得买过所足"。[⑤] "此制用意并不在求田亩之绝对均给，只求富者稍有一限度，

---

① 钱穆：《国史大纲》（修订本），商务印书馆1996年版，第333页。
② 同上书，第334页。
③ 同上书，第335页。
④ 同上书，第336页。
⑤ 同上书，第334—335页。

贫者亦有一最低之水平"。①

　　唐代大体沿袭了上述授田制度，大体言之：十八岁以上的中男和丁男，每人受口分田八十亩，永业田二十亩；老男、残疾受口分田四十亩，寡妻妾受口分田三十亩，若为户主，则每人受永业田二十亩，口分田三十亩；杂户受田同此；工商业者、官户受田减半；道士、和尚受田三十亩，尼姑、女冠受田二十亩；一般妇女、部曲、奴婢概不受田。有爵位的贵族从亲王到公侯伯子男，受永业田一百顷递降至五顷；职事官从一品到八、九品，受永业田六十顷递降至二顷；散官五品以上受永业田同职事官；各级勋官受永业田从三十顷递降至六十亩；各级官僚领有不等的职分田和公廨田，职分田的地租作为官僚俸禄的补充，公廨田的地租作官署费用。贵族官僚的永业田和赐田，许自由出卖；百姓迁移和无力丧葬者，许卖永业田；迁往人少地多的宽乡以及卖充住宅、邸店的，许卖口分田。买地的数量不得超过本人应占的法定数额。

　　随均田制之推行而有"租庸调法"，大概言之：租即田租，每年纳粟二石；每丁每年需服役二十日，闰加五日，不役者日为绢三尺，谓之"庸"；调是户调，男丁随乡土所产而纳绫、绢、棉、麻等，谓之"调"。国家若需要其另外服役，若加役十五天免调，加役三十天则租调全免。若有水旱等严重自然灾害，农作物损失十分之四以上免租，损失十分之六以上免调，损失十分之七以上赋役全免。

　　推行均田制和租庸调法，农民得以轻徭薄赋，安居乐业。② 其后面，"是一个'为民制产'的精神。及丁则授亩，年老则还官，'为民制产'与'为官收租'两事并举……在租庸调制下之农民生活，其比较宽舒安恬之景象，可以想象而得。农民生活之宽舒安恬，蒸郁而生整个社会之繁荣。盛唐时代之富足太平，自贞观到开元一番蓬勃光昌的气运，绝非偶然"。③ 时人陆贽对此赞曰："其敛财也均，其域人也固，其裁规也简，其备虑也周。有田则有租，有家则有调，有身则有庸。天下为家，法制均一……人无摇心，而事有定制。以之厚生，则不提防而家业可久；以之成务，则不校阅而众寡可知；以之为

---

① 钱穆：《国史大纲》（修订本），商务印书馆1996年版，第335页。

② 同上书，第407—408页。

③ 同上书，第410页。

理，则法不烦而教化行；以之成赋，则下不困而上用足。"(《均节赋税恤百姓六条》)

需要指出，均田制与租庸调法的实行是基于特定的历史时期和资源条件：魏晋南北朝以来的频繁战乱，使得"自燕赵跨于齐韩，江淮入于襄邓，东周洛邑之地，西秦陇山之右……宫观鞠为茂草，乡亭绝其烟火"(《隋书》卷二四《食货志》)，直到贞观年间，仍是"自伊洛以东，暨乎海岱，灌莽巨泽，苍茫千里，人烟断绝，鸡犬不闻，道路萧条"(《旧唐书·魏征传》)。相对于当时人口数量，土地相当宽裕。① 随着唐代社会经济发展，人口逐渐增多，政府掌握的土地资源逐渐减少，土地授受数量逐渐不足。武后乱国后，"民避徭役，逃亡渐多。田移豪户，官不收授"；而"肃宗至德后，天下兵起，人户凋耗，版图空虚。赋敛之司，莫相统摄，纲目大坏。王赋所入无几，科敛凡数百名。废者不削，重者不去。吏因其苛，蚕食于人。富人多丁者，以宦学、释老得免；贫人无所托，则丁存。故课免于上，而赋增于下。是以天下残瘁，荡为浮人。乡居土著者，百不四五"。② 均田制与租庸调制终于无法继续实行，两税取而代之。

2. 资本主义社会——自由主义政策③

在特定的历史条件下，英国此时期推行具有"自由主义"性质的贸易政策。

在实施了多个世纪的重商主义贸易保护政策之后，英国在19世纪上半叶逐步转向自由贸易政策。1813年终止东印度公司的贸易垄断权；1823—1827年间开始降低关税，进口禁令和过高关税被废止，对于制成品进口限定从价税30%为最高税率；1833年禁止英国属地的奴隶制度；1835年取消出口机器的禁令。转向自由贸易的关键步骤在1840年代迈出，1842年废除了制成品出口关税，并且降低海关清单中至少750种商品的进口关税。成品进口税减让至20%，原材料进口税限定于5%以下。此后，1845年，又清除520项海关

---

① 韩国磐：《北朝隋唐的均田制度》，上海人民出版社1984年版，第128—136。
② 钱穆：《国史大纲》(修订本)，商务印书馆1996年版，第416—418页。
③ 梅俊杰：《自由贸易的神话：英美富强之道考辨》第四章《一项别有用心的战略——英国自由贸易政策的原型》，上海三联书店2008年版，第147—197页。

税收，并废止原材料出口税。1841—1846年间，共废除605项关税，并降低了其他1035种关税税率。1846年废除谷物法。1849年废除航海法。1853年，制成品进口税被限定在10%以内，半制成品的大部分进口税被废止，进口水果、奶制品、茶叶、可可的关税降低。到1860年，英国只对48种商品征进口税。英国转向自由贸易是资本主义经济发展划时代的举措，特别是"谷物法"和"航海法"的废止，更具有标志性意义。

英国转向自由贸易的历史背景，是其业已完成工业革命，在经济方面具有世界范围内无可匹敌的强势地位。特别是经由1793—1815年的拿破仑战争，英国与欧洲大陆工业发展水平的距离进一步拉大，战争强化了英国已有相当基础的纺织、钢铁、煤炭等产业的迅速扩张和机械化，而在工业革命尚未启动的欧洲大陆，战争却延误了这些领域的发展。英国决策者在实行贸易自由化政策时，对本国的比较优势十分清楚，也正是以之作为决策依据，意在以自由贸易政策垄断世界工业利益。以机器出口管制为例：从1696年立法禁止织袜机的出口算起，经过长达一百多年的严厉控制，到1842年完全放开。在开放机器出口前，决策者进行了锱铢必较的利害算计。英国议会一特别委员会在其调查报告中得出的结论之一就是，外国难以与英国制造商展开竞争，机器出口禁令已经不再必要。因为外国即使拥有英国的机器和技工，也缺乏英国拥有的矿物、铁路、河流、劳动分工，以及训练有素的工人，况且，"他们无法进口英国的企业精神，终究只能取得失望的结果"。1825年得出的结论是："出口机器是安全的，何况在曼彻斯特，工龄七年的机器就已经要遭淘汰。"同时，英国无法有效禁止技工外流和机器出口，也是一个客观因素。因为综合优势明显胜人一筹，工业和金融部门越来越有能力不靠国家扶持而在海外竞争，所以保护主义政策已不再必要。

英国推行自由贸易政策，还与其通过工业与军事优势建立的全球殖民霸权密切相关。英国在1880年占有的殖民地面积近2000万平方公里，相当于本土面积的82倍。自由贸易成为英国的帝国战略，一种比直接殖民成本更低、获利更大的经营新方式。通过自由贸易，"外国将成为我们有价值的殖民地，而我们则无需承担治理他们的责任"。这一战略被概括为："是贸易而不是统治。"当然，不靠武力统治而仅靠自由贸易的新殖民方式并不是普适性的，武力掠夺的旧殖民方式依然普遍存在。故此，有英国学者后来把该战略修正得更为透彻，那就是"如果可能，是非正式控制下的贸易，如果必要，则是统治下的贸易"，这才是帝国主义"自由贸易"的真正内涵。这种"自由贸易"战略，加上坚船利炮构成的强大军事实力，以及英国历来精于此道的谈判订约传统，促成英国与广大弱势国家订立了一系列以自由贸易为名强加于人的商约。1838年的英国土耳其商务条约、1841年的英国波斯商务条约、1842年的中英南京条约、1855年的英国暹罗条约，以及跟从日本到摩洛哥再到拉美新独立国家等签订的一系列条约，均属此列。

英国转向自由贸易政策与自由贸易学说的发展相辅相成。先有亚当·斯密论述"绝对优势"原理，之后大卫·李嘉图的"比较优势"原理进一步解释了贸易发生的普遍性（比较优势原理构成了自由贸易理论的支柱），继而约翰·穆勒提出"相互需求方程"。这样，不仅涉及贸易可能性与可取性的基本问题得到了阐述，而且，贸易双方交换比值确定以及贸易利益分配等方面的深层问题也得到研究。自由贸易理论的发展与资本主义社会的现实需求"里应外合"、相得益彰，推动了英国贸易自由化的政策实施。

英国高举"自由贸易"的旗帜，通过宣传、外交等多种手段诱导他国开放市场。其用意，是希望借助自由贸易工具，谋求通过自由行销工业制成品和自由输入初级产品，维持或扩大自己与他国间的产业落差，强化一种主导与依附的经济关系。比如，以向欧洲和美国的竞争者开放英国市场为条件，诱使其把生产要素投入到农业中。英国认识到，只有用工业品交换农产品与原料，才能"垄断世界制成品贸易，并就此而垄断财富与力量"。可以说，自由贸易论就是先知先觉者为后知后觉者准备的一个圈套，或者说，自由贸易是强者用以捆绑弱者借以垄断既得优势的一根绳索。所谓比较优势原理，"几乎是一个先进国家的学者规劝一个后进国家加入国际分工体系的学说：即使你们国家一切都落后，你们也能在贸易中获益"。

19世纪70年代欧洲出现经济萧条，使得欧洲大陆的诸多国家（荷兰和丹麦除外）实行贸易与产业保护政策，以此作为追赶英国的策略。英国与新兴工业强国，如德、法、美等国优势缩小，逐渐出现贸易逆差，英国不得不提出"公平贸易"，重新采取保护主义措施。

综上所述，德本主义社会与资本主义社会在发展期的经济政策，皆形成于资源环境相对宽裕的特定历史背景，但二者政策取向有所不同：前者是均平主义，力求固本，使民安居乐业；后者标榜自由主义，力求扩张，实质是经济民族主义。究其原因，前者乃是"内源发展"经济政策的自然延续，后者则是"外源发展"经济政策的自然延续。（详见第七章第三节·一之《发展路径——内源发展与外源发展》）。在发展期后半期，由于资源环境条件渐趋紧张，二者的经济政策都被迫转向调整。

三、科学技术进步

德本主义社会与资本主义社会的制度发展进一步促进了科学技术的发展。在科学方面，前者表现为复杂科学的推进，主要是儒学和中医科学的再发展；后者表现为简单科学的推进，主要是力学和西医科学的再发展。在技术方面，前者突出表现在文化传媒领域创新升级，发明了雕版印刷术；后者突出表现在动力机械领域创新升级，发明了电动机、内燃机。以下分科学发展、技术革新两方面述之。

（一）科学进步：儒学 vs. 力学，中医 vs. 西医

1. 儒学和力学

复杂科学的推进首先仍聚焦于"儒学"。中国历经魏晋南北朝长期的社会分裂动荡，"中原丧乱，五胡交争，经籍道尽"，"将三百年，师说纷纶，无所取正"（《隋书·儒林传》），尤其是佛道思想的泛滥，造成了严重的制度歧出与文化歧出。复兴群性儒学，成为时代的迫切需求。隋朝大儒王通为"服先人之义，稽仲尼之心"，续修六经，讲学传道，创立旨在重建"王道政治"的"河汾之学"，成为唐代儒学发展乃至两宋理学建立的重要基础。"河汾门下"弟子多达千人，英才辈出：门人窦威、贾琼、姚义受《礼》，温彦博、杜如晦、

陈叔达受《乐》，杜淹、房乔、魏征受《书》，李靖、薛方士、裴晞、王珪受《诗》，叔恬受《元经》，董常、仇璋、薛收、程元备闻《六经》之义。其中，房玄龄、杜如晦、魏征"迭为将相"，辅佐唐太宗以王道思想治理天下而有"贞观之治"。"河汾之学"与"河汾门下"弟子成为影响隋唐历史进程的重要力量。在中国历史上，汉武尊儒开盛世，太宗尊儒得贞观，都是将儒学（复杂科学）应用于社会治理的成功典范。唐政府还从多个层面推动儒学的发展，"是时四方儒士，多抱负典籍，云集京师"，"儒学之盛，古昔未之有也"。唐太宗命颜师古考订五经经文，纠正文字讹谬，撰《五经定本》颁行全国；又因"儒学多门，章句繁杂"，命孔颖达等撰五经义疏，汇集汉魏南北朝时期经师的成果，名《五经正义》颁行全国，且定为科举考试的基本教材，促进了意识形态的统一，推动了社会的整合。唐太宗还在禁中设史馆，编修前代和本朝国史。隋唐以前的史书大都为私家著作，此后官修史书成为定制。唐朝编成的正史，在二十四史中占八部，包括:《晋书》《梁书》《陈书》《北齐书》《周书》《隋书》《南史》《北史》。唐代刘知几撰写的《史通》全面总结了史学的发展，对史书的编写体例、史料择取、语言文字、编纂方法、人物评价、史事记述等见解精辟独到，是第一部史学评论著作。杜佑所撰《通典》则为第一部典章制度通史，该书分食货、选举、职官、礼、乐、兵、刑、州郡、边防九门，记载了从上古到唐代宗年间各种典章制度的沿革变迁，对每一种制度都条贯古今、溯源明流，创立了新的史书体例——政书体，后来的"三通""九通""十通"及各种会要、会典的编纂，皆源于此。上述经学和史学的发展成为唐朝国家治理的科学基础。

唐代虽在政治领域以儒教立国，但在生命信仰领域最有影响的是佛教。在中国传统文化中，生命信仰是通过儒教社会的礼乐教化来加以解决的，其与复杂科学义理（儒学）、政治制度建设（科举）以及社会组织自治（宗族）相辅相成，融于一体。但佛教自两晋流行中土却将此解构，导致"以夷变夏"，成为影响社会长治久安的重要因素。唐代中后期，大儒韩愈攘斥佛老，力倡道统，升格孟子，阐明心性，"文起八代之衰，而道济天下之溺"。韩愈、李翱师徒建立的"道统论"和"心性论"，成为宋明儒学展开的基础。

简单科学的推进首先仍聚焦于"力学"。资本主义的扩张推动了经济增长与产业升级，导致了对"能量"的巨大需求，发展、应用"力"学，成为时代的迫切需求。于是，西方物理科学中出现了一大批"力学"，先有分析力学、天体力学，其后有电动力学、热力学。分析力学的建立以1788年拉格朗日《分析力学》的出版为标志，其使用广义坐标和变分法，建立了一套同牛顿的矢量力学（牛顿大量运用几何方法和矢量作为研究工具，因此牛顿力学又被称为矢量力学）等效的力学表述方法，使得任意坐标系下有统一形式的运动方程，可广泛应用于各个学科。[①] 天体力学的建立以拉普拉斯的《宇宙体系论》（1796）及《天体力学》（1799—1825年）的出版为标志。[②] 电动力学方面：1785年，库伦借鉴引力理论，模拟万有引力的大小与物体的质量成正比的关系，推导出库仑定律；1820年，安培提出安培定律（载流导线之间的相互作用力定律），奠定电动力学的基础；1831年，法拉第发现电磁感应定律（只要导线垂直地切割磁力线，导线中就有电流产生，电流的大小与所切割的磁力线数成正比），奠定发电机的理论基础；1864年麦克斯韦提出"电磁场的动力理论"，1873年发表了电磁学发展的集大成之作《电磁通论》，电动力学体系由此建立。[③] 热力学方面：1824年卡诺提出卡诺定理（在相同的高温热源和相同的低温热源之间工作的一切可逆热机，其效率相等，与工作物质无关，与可逆循环的种类也无关；在相同的高温热源和相同的低温热源之间工作的一切不可逆热机，其效率都小于可逆热机的效率）；1840年焦耳测定电流的热效应，得出焦耳定律（电流通过导体产生的热量，跟电流强度的平方、导体电阻和通电时间成正比），后又用多种方式测定了热功当量（每千卡热量 = 460千克米）；1847年，赫尔姆茨发表《论力的守恒》，阐述了热力学第一定律（即能量守恒定律，德文词语的"力"在"能量"的意义上被使用）；1850年和1851年，克劳修斯和开尔文分别提出热力学第二定律的表述。热力学体系由此建立。[④]

---

① 详见吴国盛：《科学的历程》（第二版），北京大学出版社2002年版，第274—277页。
② 同上书，第287—289页。
③ 同上书，第317—326页。
④ 同上书，第333—340页。

上述"力学"的发展，成为西方"第二次工业革命"的科学基础。

19世纪末，德国的伦琴发现了 x 射线，波兰的居里夫人发现了钋、镭及其他一些元素的放射性，英国的汤姆生发现了电子。上述发现用以牛顿力学为代表的经典物理学无法解释，引发了所谓"物理学革命"，"在物理学革命中诞生的相对论和量子论抛弃了古典力学还原论，但建立起了新的力学还原论"。① 1905 年爱因斯坦提出"狭义相对论"，论证了空间和时间的统一性，从而确立了崭新的、相对概念的时空观。牛顿力学只能解释在低速运动状态下的物质，而相对论既能解释低速运动状态下的物质，也能解释在光速或接近光速运动状态下的物质。1915 年爱因斯坦又提出"广义相对论"，揭示了四维时空同物质的统一关系。量子论是物理学革命的另一重要内容，研究的是微观世界粒子的运动规律，是核物理学和粒子物理学的基础。相对论和量子论成为现代物理学的两大支柱。需要指出，"相对论和量子论的'力学'之为力学，在于它们（1）建立了普适方程（2）依然是原子主义的。虽然物理的原子论受到一定程度的冲击，但数学的原子主义突出了。物理现象由从前的向微观粒子还原，变为向几个数学概念还原。相对论把物理学还原成张量方程，量子力学把物理学还原为波函数方程。"②

2. 中医和西医

复杂科学的推进体现于医学领域，主要是生理学、病理学和药物学的发展。生理学成就，主要表现于对《黄帝内经》《伤寒杂病论》等经典的整理注释③（复杂科学从整体到局部的细化探究经常采用注释经典的方式），特别是王冰编次和注释的《重广补注黄帝内经素问》中，编入《天元纪大论》等运气 7 篇，确立了运气学说。运气学说采取构造整合法，从整体到局部，揭示自然界有五运六气的变化，人体也有五脏之气和三阴三阳六经之气的运动，自然界五运六气的变化与人体五脏六经之气的运动过程密切关联，因而自然界的五运六气可以影响人体五脏六经之气的生理、病理。结合每年气候特殊变化，采

---

① 详见吴国盛：《科学的历程》（第二版），北京大学出版社 2002 年版，第 562 页。
② 同上书，第 562—563 页。
③ 详见常存库：《中国医学史》，中国医药出版社 2003 年版，第 53—54 页。

取相应预防和治疗措施,可以有效预防和治疗疫病。病理学成就,主要有隋朝名医巢元方等编撰的《诸病源候论》,是中国医学史上首部系统论述临床各科疾病的病因病机和症状体征的病理学专著,对内、外、妇、儿等临床各科的 67 类疾病的病因病机作了深入阐述,对后世医学影响深远。① 在对病理探究的基础上,全书载录"养生方""导引法"近 300 条、200 余种防病治病的具体方法,分别对治五脏六腑的不同病候,涵盖日常起居、四时摄生、饮食调理、保养精气神等,是中医特色的"免疫学"。② 药物学成就,主要有药物种类的丰富、分类方法的进步、炮制规范的建立、制药化学的发展等③。药物典籍的编撰集成了上述成果,最重要的有孙思邈编撰的《备急千金要方》《千金翼方》(简称《千金方》),该书强调药物配伍和辨证施治,首创复方,提出一方治多病和多方治一病的方法。二书集唐以前医方之大成,收集医方计 6500 余首,载录药物800 余种,详述了药物的采集时节、加工炮制。孙思邈因在药物学领域的巨大贡献被后世尊为"药王"。④ 此外,还有唐朝政府诏令编修的药典《新修本草》(又称《唐本草》),通过对前代药物总结"详采博要","订群言之得失",保障了内容丰富、叙述准确,政府颁布流通全国后,成为医生与药商用药、售药的法律依据,也是世界上第一部由国家颁定的药典。⑤

简单科学的推进体现于医学领域,主要也是生理学、病理学和药物学的发展。生理学成就,突出表现于用物理和化学的方法研究生理现象:穆勒通过实验证明,性质不同的刺激作用于同一器官,可以产生同样的感觉,而同一种刺激作用于不同的器官,则可引起不同的感觉,奠定了感觉生理学的基础;李比希通过实验对生理代谢过程进行严格的化学定量分析,奠定了生物化学的基础;伯尔纳通过实验证明唾液、胃液、肠液、胰液等一系列消化液在食物消化过程中的作用,还研究糖原生成、输送、储存及代谢的全过程,

---

① 常库存:《中国医学史》,中国医药出版社 2003 年版,第 57—59 页。
② 丁光迪:《诸病源候论养生方导引法研究》,人民卫生出版社 2010 年版。
③ 常库存:《中国医学史》,中国医药出版社 2003 年版,第 64—66 页。
④ 同上书,第 61—62 页。
⑤ 同上书,第 66—67 页。

证明了延髓存在血糖调节中枢,开辟了消化生理学的新纪元,他提出的"内环境"及"内环境恒定"成为现代生理学的重要概念。[①] 病理学成就,主要有细胞病理学和细菌学的建立。1858 年微尔啸出版《细胞病理学》,提出所有疾病都是由人体细胞发生自动或被动的紊乱引起;细胞之所以能发挥其机能,是因为其内部发生的物理和化学过程;细胞结构的反常情况包括正常结构的退化、转化和重复。微尔啸将显微技术和细胞学的成果应用于病理形态学研究,使西方医学对机体结构和疾病形态改变的认识由组织水平深入到细胞层次,从而确认了疾病的微细物质基础。[②] 法国科学家巴斯德和德国科学家科赫是细菌学的重要奠基人,前者的主要成就包括:发现发酵和有机物腐败的原理;揭示细菌与传染病的关联; 开创了人工疫苗研制的方法。后者的主要成就包括:细菌学研究手段和方法的创新,如细菌的显微摄影、细菌的标本制作、细菌的培养技术等;发现、分离和鉴定了许多细菌,包括炭疽杆菌、伤寒杆菌、结核杆菌、霍乱弧菌、麻风杆菌、白喉和破伤风杆菌、痢疾杆菌、鼠疫杆菌等病原微生物,并以此为基础对相关传染病的发病原理进行了深入研究;发现结核杆菌,在研究结核病的过程中,提出鉴定引发特定疾病的相关微生物的"科赫三原则"(首先,相关微生物必须恒定地同特定疾病的病理症状有关;其次,必须在病原体中将致病因子完全分离、纯化;最后,必须将在实验室获得的纯培养物在健康的动物身上进行接种实验。如果在实验动物身上出现的疾病症状和病理特点完全和自然患病体相同,才能最终确定该病的致病因子。)[③] 细菌学的建立是西方 19 世纪医学最重要的成就,如果说 18 世纪西方的病理解剖学找到了疾病原因和人体内部器官病理改变的关系,19 世纪的细菌学则找到了外部原因对人体疾病的影响。在细菌学理论的基础上,而有免疫学的发展,主要成就包括:人工减毒疫苗研究;血清学研究和体液免疫理论的建立;吞噬现象研究和细胞免疫理论的建立。[④] 药物学成就,核心是

---

① 详见张大庆:《医学史十五讲》,北京大学出版社 2007 年版,第 114—116 页。
② 同上书,第 116—118 页。
③ 同上书,第 120—123 页。
④ 同上书,第 123—128 页。

利用化学方法提取出传统药物中的有效成分,主要是从植物中萃取。如1806年,从鸦片中提出了吗啡;1817年,从吐根中提出了依米丁;1818年,从马钱子中提取出士的宁;1819年,从金鸡纳树皮中提取出奎宁;1821年,从咖啡中提取出咖啡因;1828年,人工合成了尿素;1831年,人工合成了氯仿。[1] 到19世纪50年代,药理学作为一门实验科学也建立起来。[2]

综上所述,德本主义社会在发展期的科学成就体现在复杂科学领域,主要是儒学与中医科学的推进:儒学的推进可分为前后两期,前期主要有河汾之学、官定经学、官修史书等方面的成就,后期则主要是韩愈、李翱攘斥佛老而重建儒学的"道统论"和"心性论",分别指向复杂科学的宏观与微观,为宋明儒学的展开奠定了基础;中医科学的推进主要有生理学、病理学和药物学等三方面的成就,以及基于生理学(运气学说)和病理学(病因病机学说)的免疫学发展(防时疫、养生方、导引法等)。资本主义社会在发展期的科学成就则体现为简单科学领域,主要是"力学"与西医科学的再发展:"力学"的发展也分为前后两期,前期主要有分析力学、天体力学、电动力学、热力学等方面的成就,后期则主要是"相对论"和"量子论"的建立,分别指向简单科学的宏观与微观,为现代物理学的展开奠定了基础;西医科学的发展也主要是生理学、病理学和药物学等三方面的成就,以及基于生理学(细胞学说)和病理学(细菌学说)的免疫学发展(疫苗等)。

(二)技术革新:文化传媒 vs. 动力机械

德本主义社会与资本主义社会的制度发展不但极大地促进了科学进步,也促进了技术革新。二者的技术发展路线继续分化,前者最重大的技术突破仍然聚焦于文化传媒领域,催生了印刷术;后者的重大技术突破则仍然聚焦于动力机械领域,催生了发电机、电动机、内燃机等一系列新型机器。

---

[1] 详见张大庆:《医学史十五讲》,北京大学出版社2007年版,第118—119页。
[2] 〔美〕罗伊·波特:《剑桥插图医学史》(修订版),张大庆译,山东画报出版社2007年版,第169页。

1. 德本主义社会的技术革新

中国隋唐时期在农业、纺织等领域的技术革新继续推进。在农业领域，技术革新主要表现为传统农具的发展[①]，包括"中国传统犁的完善（如直辕犁改进为曲辕犁，曲辕犁结构完备，装有犁壁便于深耕，可调节犁铧入土的深浅度，操作灵活省力，提高了耕作速度和质量）和水田农具的系列化"、"灌溉农具的巨大发展（如辘轳、桔槔、翻车得到普遍应用，长江流域出现了以水力旋转的筒车，可用以灌溉地势较高的农田）"、"北方农具的局部创新与改进"；水土开发利用技术的发展[②]，包括围湖造田、围海造田、开山造田，兴建渠、塘、堰、湖等水利设施；南方水田精耕细作体系的逐步形成。[③] 上述农业技术的发展，使土地的利用率和产出率大大提高，粮食产量大幅增长。在工业领域，纺织、印染、陶瓷、造纸等技术皆有创新发展。在纺织与印染行业，精工细作的织造技术日新月异，如广东锦（用染花经丝织成，是现在流行的印经织物的前身）、缀锦（用很多小梭子，根据花纹颜色的边界，分块盘织而成，就是现在所说的"缂丝"）、大繝锦（用由深到浅的晕色彩条经丝织成的晕色花纹产品）、经锦（用经丝显花织成）、纬锦（用彩色纬丝显花，并分段变换纬丝的彩色织成）等五彩纷呈，织金工艺风靡一时，印染工艺突飞猛进（夹缬法、蜡缬法、绞缬法等广泛流行），刺绣技术精益求精。[④] 在陶瓷行业，"唐三彩"享誉天下，越州青瓷类冰似玉，邢州白瓷类银似雪，瓷器在民间得到普遍使用，中国陶瓷工业进入"瓷器阶段"。[⑤] 在造纸行业，各地因地制宜创新，益州的麻纸、浙东的藤纸、蒲州的薄白纸、韶州的竹笺、宣州的宣纸、扬州的六合笺、临川的滑薄纸等，皆驰名天下。上述工业技术发展的主导方向不是追求"生产速度"、"生产数量"（或曰"生产效率"），而是追求产品的"工艺质量"，即通过提升产品的品味赋予产品更多的文化艺术价值。

[①] 李根蟠：《中国农业史》，文津出版社民86年版，第184—195页。
[②] 同上书，第198—211页。
[③] 同上书，第216—225页。
[④] 祝慈寿：《中国工业技术史》，重庆出版社1995年版，第164—167页。
[⑤] 同上书，第160—163页。

中国隋唐时期最重大的技术突破仍然指向文化传媒领域——雕版印刷术诞生了。雕版印刷术源于印章和拓石。使用印章的方法是"盖印",即将印章先蘸上墨,再印到纸上去;拓石的方法是"刷印",即将纸铺在刻有文字的石上,再在纸上刷墨。使用阳文印章,所得是白底黑字;拓石的结果,则是黑底白字,称为"拓片"。雕版印刷术则是将文字反刻在一块整木版上(通常使用梨木或枣木版,也可用其他材质的版),刻出凸起的阳文反字或图画,再把油墨涂在文字或图画的线条上,然后在印版上铺纸,用棕刷在纸上刷印,结果就印出白底黑字(或图画)的成品。雕版印刷术可能在唐初已出现,玄奘从天竺取经回国后曾刻板印刷佛像。唐代中期,四川、江淮的民间每年"以板印历日"在市场出售,可见雕版印刷已经普及。雕版印刷术的发展,促进了书籍样式的变化。唐朝的卷轴变成了板印成册,给保管、携带、阅读带来了极大方便。从此以后,典籍均为板本。印刷术的发展,对文化的保存、传播和发展,有重要的促进作用。雕版印刷术最先传入新罗、日本和波斯,后经波斯传到埃及与欧洲,对世界文明的传播和发展作出了伟大贡献。

2. 资本主义社会的技术革新

蒸汽机的广泛应用推动了纺织、交通、农业以及机械制造等领域的技术革新。在纺织行业,1787年英国卡特莱特发明的用马做动力的织布机,两年后改用蒸汽动力,使织布基本实现机械化。此后,英国的纳恩罗普和德国的盖普勒又先后制造出自动织布机。到1813年英国已有2400台自动织布机运转。1825年英国的罗伯特发明可以持续工作的自动纺纱机,后经多人改进,性能渐趋完善。1830—1880年的50年间,英国棉纱产量增加1000倍,实现了纺纱机械化。纺纱机和织布机的发明和运用,引起纺织相关工艺及装备的变革。1783年苏格兰人培尔发明滚筒印花机,革新了布匹印花技术,提高工效100倍。1792年美国人惠特尼发明轧棉机,实现了棉花脱籽工序的机械化,可单人操作每天轧棉1000余磅(此前每人每天只能轧棉5-6磅)。此外,净棉机、梳棉机、卷线机、整染机等一系列机器相继发明。在交通领域,1807年美国的富尔顿制成蒸汽机船。1814英国的史蒂芬森发明蒸汽机车,经过改进,1829年的机车时速达每小时29公里,此后英国开始大规模建设铁路。在农业领域，在 1830 年代前后，农业机械开始迅速发展，播种机、收割机、打谷机、谷物联合收割机等相继出现，农业生产逐渐走向"机械化"。机器的广泛应用导致了对生产机器的需求剧增，催生了机器制造行业。1798 年英国机械师礼莫兹利制造出车床，是机械制造业发展史上的里程碑。1814 年福克斯发明刨床。1842 年惠特次恩发明完全机械化的刨床。19 世纪前半期，英国已经能够制造各种车床、铣床、水平刨床、钻床、旋制外螺纹车床、蒸汽锤等工作母机。同时，还发明了带车刀和导轨的车床，机工可轻便迅速地操作机床，加工所需的各种部件。19 世纪中叶，机器在英国已经能够成批生产，机器制造作为大工业部门业已形成，西方进入了"机器时代"。

开启"机器时代"的蒸汽机作为原动机还有诸多无法克服的缺点：必须配置锅炉，整个设备笨重而庞大；蒸汽压力和温度不能过高，排气压力不能过低，热效率难以提高；作为一种往复式机器，惯性限制了转速提高；工作过程不连续，蒸汽流量受到限制，也限制了功率提高。因此，原动机的革新势在必行。

先有发电机和电动机的出现。1831 年英国物理学家法拉第发现电磁感应现象。1834 年法国的皮克希应用电磁感应原理制成手摇式发电机。1866 年德国的西门子制成世界上第一台工业用发电机。1870 年比利时的格拉姆发明了电动机。电力成为替代蒸汽动力的新能源。随后，电灯、电话、电焊、电钻、电车、电报等，如雨后春笋般涌现出来。各种电动生产资料和生活用品的出现，导致对电的需求剧增。1882 年法国的德普勒发现了远距离送电的方法。同年美国的爱迪生在纽约创建了美国第一个火力发电站，把输电线结成网络，使供电如同供应煤气和水一样方便。电力推动了一系列新兴工业部门的诞生，以发电、输电、配电为主要内容的电力工业和制造发电机、电动机、变压器、电线、电缆等的电气设备工业迅速发展。

内燃机的发明是又一重大技术突破。1876 年德国人奥托制造出以煤气为燃料的四冲程内燃机，成为颇受欢迎的小型动力机。1883 年德国工程师戴姆又制造出以汽油为燃料的内燃机，具有马力大、重量轻、体积小、效率高的特点，可作为交通工具的发动机。1892 年德国工程师狄赛尔发明了一种结构更简单、燃料更便宜的内燃机——柴油机,非常适用于重型运输工具。内燃机的发明导致了交通运输工具的重大变革,1880年代汽车出现,随后以内燃机为发动机的内燃机车、远洋轮船、飞机、拖拉机和军用装甲车、坦克也陆续出现,并带动了相应的新兴工业部门的发展。内燃机的应用导致对石油的需求剧增,又推动了石油开采业的发展,加速了石化工业的产生。

综上所述,在德本主义社会与资本主义社会的发展期,技术革新在各行各业纷纷出现。在德本主义社会,农业的精耕细作体系进一步发展,同时纺织、印染、陶瓷、造纸等技术也日新月异,其技术发展的主导方向不是一味追求"生产效率":在农业领域,是追求"生产效率"和"生态效率"的统一;在工业领域,则是力求通过赋予产品更多的文化价值来平衡单一的经济价值。而在资本主义社会,技术发展的主导方向则是单纯追求"生产效率":无论是纺织、交通、农业等领域的技术革新,还是机器制造行业的迅速发展。二者技术发展路线的差异可溯源于制度导向和社会需求的不同:德本主义社会以"文化"为社会整合的主导要素,以"学选"为社会升层的主要途径,导致了对产品"文化"含量的需求;资本主义社会以"经济"为社会整合的主导要素,以"钱选"为社会升层的主要途径,导致了对商品"生产效率"的需求。(见第七章第三节之二《劳动分工与技术发展:生态中心与效率中心》)。二者制度导向和社会需求的不同还导致了技术创新升级的方向不同:前者技术创新升级的方向指向文化传媒领域,因而有印刷术的发明;后者技术创新升级的方向指向动力机械技术领域,因而有电动机、内燃机的发明。文化传媒技术升级促进了德本主义社会的文化大繁荣及其文明在全球的传播,而有大唐盛世之文化感召、万国来朝;动力机械技术升级促进了资本主义社会的经济大繁荣及其文明在全球的扩张,而有西方列强藉靠坚船利炮全球殖民。(详见下文《国际关系发展》)。

四、社会组织演化

德本主义社会与资本主义社会的政治经济与科学技术发展,推进了社会组织的演化。

（一）德本主义社会：新兴士族发展

前文述及，察举制度导致士族门第垄断仕途，后在魏晋南北朝时期演变为门阀制度。门阀制度以门第（即家世）论定品级，作为选官的主要依据，出身寒门者才学品行再高也只能定在下品，出身豪门者德才平庸之辈亦能位列上品，所谓"上品无寒门，下品无士族"。隋唐科举选官，为社会寒庶敞开入仕之门，新兴士族群体由之崛起。

为促进新生士族发展、摧抑门阀士族势力，唐政府组织官修谱牒。官修谱牒，在门阀制度下本是考订门第家世、严辨士庶之别、决定出仕婚姻的依据。唐政府组织重修谱牒，则是旨在重新确立和规范士族等级，主要依据仕宦本人政治地位，以此扶持寒庶出身的新生士族。官修谱牒共有三次。第一次在太宗时期，通过收集天下士族谱，参考史传，去伪存真，将天下士族分为九等，编成《氏族志》。《氏族志》"止取今日官爵高下作等级"，不考虑原来的家世官品，以此贬抑旧门阀士族，抬升新生士族地位，形成了一个以皇族为首，外戚、功臣其次，包括全国士族在内的新兴士族集团。第二次修谱在高宗、武后时期，修谱依"得五品官者，皆升士流"为原则，以后族（武姓）、国宾（周、隋皇室后人）、三公三师、宰相为第一姓，文武二品及知政事者三品为第二姓，以下各按品位高下分等。新谱定名为《姓氏录》，凡在五品以上之家皆入士流，士族范围又大为扩散。第三次修谱在中宗时期，修谱标准是"取德、功、时望、国籍之家，等而次之；夷蕃酋长冠带者，析着别品"。新谱定名《姓系录》，入谱者除"国籍之家"（即国家旧籍所载五品以上官员之家）外，标准更宽泛，士族队伍更为扩充。①

在组织官修谱牒的同时，唐政府还修订了祭祖制度。开元年间颁布的"开元礼"规定："凡文武官二品以上，祠四庙；五品以上，祠三庙；（二品以上不须兼爵。四品外有始封者，通祠五庙。）……六品以下达于庶人，祭祖祢于寝。"

---

① 冯尔康：《中国宗族史》，上海人民出版社2008年版，第145—147页。

(《大唐开元礼》卷二《序例下》)宗族立庙依照官爵品位的高下而定,与官修谱牒的精神完全一致。另外,关于大夫、士的具体祭仪,如祭期、牺牲、神主等,也皆有修订。①

穆宗以后,有进士及第出身者可以取得"衣冠户"资格,不论官居几品,均可免除徭役和减轻赋税,享受原来士族才有的特权。由此,新贵与旧门之间不论是在仕宦还是免役权利上,已无严格区别。门荫入仕愈趋受到冷落,官场以进士出身为荣。甚至一些旧士族成员宁愿舍弃门资而争功名于科场。唐代以科举仕进者属于旧士族的所占比例不少,他们"或累数世而屡显,或终唐之世不绝",不过,其显赫不是荫靠门资出仕,而是凭借德行学养以科举入仕,与以科举入仕的寒庶并无不同。至唐末,凡进士出身的官员,不论是新门还是旧族,人们往往都视其为"清流",而不再作区分。②

(二)资本主义社会:新兴公司发展

1. 英国

前文述及,英国在1720年"南海泡沫"事件后颁行的《泡沫法案》,规定可转让股权的公司必须通过国家的特许才能合法成立(通常需要以国会法令的形式批准),而商人们则通过合伙和信托相结合的方式规避法律障碍,使得合股公司得以继续发展。合股公司虽能变相转让股权,但在英国习惯上仍

---

① 关于祭期。《新唐书》卷十三《礼乐志》说"天子以四孟,腊享太祖,诸臣避之,祭仲而不腊"。即因为黄帝一岁五祭——用一、四、七、十这四个孟月和腊祭的十一月,所以官员为避僭礼之嫌,改用四仲月,并不祭腊,官员祭祀四次,比皇帝少一次。还说:"祭寝者,春、秋以分,冬夏以至日。若祭春分,则废元日。然元正,岁之始,冬至,阳之复,二节最重。祭不欲数,乃废春分,通为四。"①由于民间重视元旦和冬至日的祭祖,所以以元旦代替春分,一年共祭四次。关于牺牲。《开元礼》卷三《序例下,杂制》条说:"牲皆用少牢,六品以下,达于庶人……用特牲。"其下夹注曰:"纵祖、父官有高下,皆用子孙牲。"将此条资料对比《新唐书》卷十三《礼乐志》有关记载,可知少牢即羊和豕,特牲是特豚。大体可以说,有庙者用少牢,无庙者用特牲。关于神主。《开元礼》规定三品以上官员家庙有神主,四五品无神主,只设八筵,六品以下无几筵,但设神座。

② 冯尔康:《中国宗族史》,上海人民出版社2008年版,第154—155页。

被视为合伙企业,而不是法人实体,不能以法人身份签订有约束力的合同,也不能以法人身份对外以企业的财产独立承担民事责任,企业的财产不够偿还债务时,要靠合伙人的个人财产来偿还。"在英国,关于企业合伙与股权关系的法律,会使每一个合伙者对企业的损失负起完全责任。过去形成的法律规则会将这种完全责任延伸到每个合伙人的私人财产,延伸到'他的最后一个铜板和最后一寸土地'"。①

1825年,议会废止《泡沫法案》,之后政府开始推动公司法的制定,立法的方向是赋予私人企业最大可能程度的自由。1834年,议会授权君主向合股公司发放特许证书,使之具有通过政府官员进行代理诉讼的权利,这在事实上承认了合股公司的法人地位。1844年,议会通过公司法,规定建立公司不必事先获得特许,凡符合法定条件的社团,一经注册登记即可取得法人的资格。公司法要求有25个以上成员并有可转移股份的合伙制企业注册为公司。但是在这种注册合股公司中,股东的债务仍不受其出资数量的限制,即股东要对公司负无限责任。

19世纪中期以后,"情况终于有了变化,最初的推动力来自'一群中产阶级慈善家……他们试图创造一种工具,以帮助中产阶级和劳动阶级的储蓄成为更安全的投资'。也有些人来自伦敦金融界,他们试图为潜在的投资者寻找有利的实业投资去向"。②1856年和1862年通过的《联合股份公司法案》,最终确认了注册公司对债务只负有限责任,原来"特许公司"承担"有限责任"的特权得以完全放开,股份经济形式的道路也得以完全畅通。③

法律对"特许"的放开促进了股份公司在各行业的广泛发展:"工业逐渐变成了股份企业";"商业也是这样。里夫公司、帕森斯公司、摩里公司、英里逊公司、狄龙公司,全部变成了股份公司。现在,甚至零售商店都已如此";

---

① 〔美〕波斯坦等主编:《剑桥欧洲经济史·第七卷·工业经济:资本、劳动力和企业(上)》,徐强等译,经济科学出版社2003年版,第241页。
② 同上书,第242页;崔之元《"看不见的手"—范式的悖论》,经济科学出版社1999年版,第31—36页。
③ 同上书,第242页。

"银行和其他信用机构也是这样。一大批新设的都是股份有限公司";"在农业方面也有同样的情形……";"一切国外投资都已采取股份形式"。①

2. 美国

19世纪上半期,美国逐步取消成立公司所需的立法机关特别授权。1811年,纽约州公司法率先规定通过签订章程协议和申请执照即可成立公司。1837年,康涅狄格州颁布了第一部一般公司法,规定了标准的公司注册程序。接着,其他各州也采用了康州的一般公司法。到1860年,成立公司基本只需依据公司法,而无需任何特别立法授权的特许状。法院更通过判例的形式,确立了公司法的基石,即赋予公司独立人格;允许公司到注册地以外的州营业;确立公司股东的有限责任。美国同期的公司法,也注重维护公司的权利。在审议美国宪法第14条修正案时,把保护人权的措施扩及公司,而对政府权力加以实质性和程序性的限制。②

法律的放开造就了股份公司的蓬勃兴起,"使所有权和管理权之间的关系具有了新的内容,从而为美国经济带来了一种新型的资本主义"③,即以股份公司为经济主体的资本主义。传统的生产与分配过程在股份公司的推动下逐步向"大量生产与大量分配的结合"转型④,美国经济也由此从"农业经济和乡村经济转变为工业经济和城市经济"⑤。

综上所述,在德本主义社会与资本主义社会的发展期,随着政治经济制度变迁,形成了新兴的社会组织,即新兴士族和新兴公司:前者密切相关于德本主义社会的科举选士制度(科举制度激励社会成员追求学养以考场竞争而升层),后者密切相关于资本主义社会的经济扩张和自由企业制度(经济扩

---

① 恩格斯:《资本论》第三卷增补。马克思:《资本论(第三卷)》,《马克思恩格斯全集》第25卷,人民出版社1975年版,第1028—1030页。
② 蔡立东:《公司制度生长的历史逻辑》,载《当代法学》2004年第6期。
③ 〔美〕小艾尔弗雷德·D.钱德勒:《看得见的手——美国企业的管理革命》,重武译,商务印书馆1987年版,第9页。
④ 同上书,第四部分(9—11章)。
⑤ 同上书,第5—6页。

张和自由企业制度激励社会成员兴办企业以市场竞争而升层）。二者都通过修订社会规范来促进新兴社会组织的发展：前者主要是通过重修"礼制"，如官修谱牒、规范祭祖等；后者主要是通过修订"法律"，如取消特许、注册设立等。 新兴士族和新兴公司的发展，是在与原有士族门第和特许公司的冲突互动、此消彼长的过程中实现的，社会组织由此摆脱封建特权的性质，并成为"开放社会"的先声。

五、国际关系发展

此阶段，德本主义社会与资本主义社会在政治、经济、科技、社会等方面的迅速发展，使得二者对于周边国家的优势更为显著，国际体系皆得以进一步拓展：前者是贡赐体系的扩张与贡赐制度的发展，后者是条约体系与殖民体系的扩张与殖民制度的发展。随着国际体系的扩张，德本主义文明与资本主义文明皆得以传播、输出，从而造就了新兴的德本主义国家和资本主义国家。以下先分述二者国际体系之扩张，再论二者文化制度之输出。

（一）国际体系扩张：贡赐体系扩张 vs. 殖民体系扩张

1. 德本主义社会

（1）贡赐体系扩张[①]

隋初，西域诸国因受突厥、吐谷浑掣肘，故朝贡不通。开皇四年（584年），突厥沙钵略可汗率部众南迁，愿为藩属，上表曰："窃以天无二日，土无二主，伏惟大隋皇帝，真皇帝也。岂敢阻兵恃险，偷窃名号。今便感慕淳风，归心有道，屈膝稽颡，永为藩附。"隋炀帝即位后，派人至张掖主管西域互市与贡赐贸易，朝贡之路复通。大业三年（607年），东突厥启民可汗率部献牛羊驼马数千万头，

---

① 李云泉：《贡赐制度史论——中国古代对外关系体制研究》，新华出版社2004年版，第34—36页。

炀帝回赐帛二千万段，可见当时贡赐贸易之盛。至大业十年（614年），突厥、新罗、革末革曷、龟兹、疏勒、于阗、安国、曹国、何国、契丹等二十六国皆遣使朝贡。

入唐，中国国力更加雄厚、经济更加繁荣、文化更加昌盛，成为当时世界最先进、最强大的国家。"大唐贞观以后，声教远被，自古未通者，重译而至，又多于梁、隋焉"。（《通典》卷188）许多国家仰慕中华文明，"殷切希望政治上要有像中国那样统一的国家组织，经济上要过汉人那样灿烂的文化生活"，[①]甚至伊斯兰教创始人穆罕默德都勉励其弟子"学问虽远在中国，亦当求之"。贡赐体系由是得以扩大："四夷大小君长争遣使入献见，道路不绝，每元正朝贺，常数百千人。"（《资治通鉴》卷198）盛唐时期，与中国建立贡赐关系的多达"七十余番"。后有宋人评论："唐之德大矣！际天之所覆，悉臣而属之，薄海内外，无不州县，遂尊天子曰'天可汗'。三王以来，未有以过之。至荒区君长，一为不宾，随辄夷缚，故蛮琛夷宝，踵相逮于廷。"（《新唐书》卷219）

（2）贡赐制度发展

贡赐体系的扩张，伴随着贡赐政策的调整和贡赐制度的发展，主要体现在以下三方面。

其一，确立羁縻政策。

边疆地区少有定居农业，其民多事游牧、游农，因而难以设置郡县、编户齐民，只能"全其部落，顺其土俗"，于是有羁縻政策的形成。唐初，高祖诏令："画野分疆，山川限其内外，遐荒绝域，刑政殊于函夏。是以昔王御宇，怀柔远人，义在羁縻，无取臣属，朕祗应宝图，抚临四极，悦近来远，追革前弊，要荒蕃服，宜与和亲。"（《册府元龟》卷174）羁縻政策的思想初具。后来，"太宗平突厥，破延陀，而回纥兴焉。太宗幸灵武以降之，置州府以安之，以名爵玉帛以恩之。其义何哉？盖以狄不可尽，而以威惠羁縻之。开元中，三纲正，百姓足，四夷八荒，翕然向化，要荒之外，畏威怀惠，不其盛矣"（《旧唐书·回

[①] 〔日〕木宫泰彦：《日中文化交流史》，胡锡年译，商务印书馆1980年版，第18页。

纥传》),羁縻政策得以确立。羁縻政策的核心是"示之以威",同时"道以王化"。如史书所谓:"羁縻之道,服而赦之,示以中国之威,道以王化之法,勿极武穷兵,过深残掠。"(《晋书》卷114,《苻坚载记下》)

其二,完善贡赐制度。

怀柔远人、引导向化,需要完善朝贡服务。唐代朝贡有定期,封赐有常制,对朝贡国的封赏,以至贡使往返沿途的供应等,皆有章可循、无不周备。蕃国朝贡,"中国有报赠、册吊、程粮、传驿之费,东至高丽,南至真腊,西至波斯、吐蕃、坚昆,北至突厥、契丹、靺鞨,谓之'八蕃',其外谓之'绝域',视地远近而给费"(《新唐书》卷221《西域传·赞》)。"报赠"是对朝贡国贡品的酬答与赐赠,且"计价酬答,务从优厚"(《册府元龟》卷168《帝王部·却贡献》),以不失远人"向化"之心。报赠在京由鸿胪寺支给,在地方由府州付给。"册吊"是唐政府对朝贡蕃国君长的册封或吊唁,均有赐物。"程粮"是贡使回国时,按路途远近支付的食粮。"传驿"指贡使往返,由沿途馆驿负责接待,并转运其贡品或朝廷赏赐物品。各国朝贡所走路线为贡道,也有定规:贡道凡七,一曰营州入安东道,二曰登海行入高丽渤海道,三曰夏州塞外通大同云中道,四曰中受降城入回鹘道,五曰安西入西域道,六曰安南入天竺道,七曰广州通海夷道(《新唐书》卷43下《地理志》)。各道沿途皆置馆驿,驿间相距一般为30里,据《唐六典》卷5统计,唐朝共设馆驿1639所。由于四夷"进奉"贡物数额巨大,加之不少蕃商借朝贡之名来华贸易,沿途贡物转运,成为政府一大负担,馆驿往往难堪重负。因此,唐政府不得不限制进京贡使人数,如规定"海外诸蕃朝贺进贡使有下从,留其半于境;繇海路朝者,广州择首领一人、左右二人入朝"(《新唐书》卷48《百官志三》)。

完善的朝贡服务需要高效的分工协调,唐政府为此建立了周密的贡赐事务管理体系。以位列九卿之一的鸿胪寺和尚书主客司为主导,同时中书省、门下省也有机构参与,各部门间职责分明、密切配合。鸿胪寺掌"朝贡之仪,享宴之数,高下之等,往来之命","凡四方夷狄君长朝见者,辨其等位,以宾待之"(《旧唐书》卷43《职官志三》)。除朝贡礼仪之外,鸿胪寺的职掌还包括：接受和清点贡物，估价，按标准拟定回赐物品及数量，上报尚书省礼部主客司；负责贡使的入境验证及其进京员额核定；拟定官位，行册封之命；下设客馆，管理四夷君长、贡使的饮食起居等。上述事务大多由鸿胪寺所属典客署具体承担："凡朝贡、宴享、迎送，皆与焉。辨其等位，供其职事。"（《旧唐书》卷44《职官志三》）主管外交政令的主客司掌"诸蕃朝聘之事"（《旧唐书》卷44《职官志二》），主要职责包括蕃王、贡使来华的审批、朝觐、宴享、贡赐贸易及对外遣使等方面的管理。此外，中书省属官侍郎、通事舍人，门下省属官侍中皆参与贡赐事务的组织管理。中书侍郎的职责是"凡四夷来朝，临轩则受其表疏，生于西阶而奏之；若献贽币则受之，以授于所司"（《旧唐书》卷43《职官志二》）；通事舍人负责受理"四方通表，华夷纳贡"（《唐六典》卷9《中书省》）；而侍中则在蕃王朝觐期间，"承诏而劳问之"（《旧唐书》卷43《职官志二》）。贡赐事务管理分工之细致、严谨，由上可见一斑。

其三，设置羁縻府州。

羁縻府州是地方自治性质的行政机构，由原民族首领任刺史或都督，允许世袭，通常不承担中央赋税，有财政自主权，但必须接受中央设置的最高军政机构都护府监领。唐朝设置的羁縻府州遍布边疆地区，主要分布在关内道（北起贝加尔湖、南到陕西关中）、河北道（北起东北，南至豫北）、陇右道（西起咸海，东到甘肃）、剑南道（北起陕南，南到云南南部）、岭南道（西起云南东部，东到福建，南到越南中南部），涉及的边疆民族包括突厥、回纥、党项、吐谷浑、奚、羌、契丹、靺鞨、室韦、高句丽以及西南诸族、岭南诸族等。见于记载的羁縻府州有856个，主要统辖于单于、安北、安西、北庭、安东、安南六大都护府。都护府一般设置大都护、副大都护等官职，职责是管理辖下的边疆民族，具有抚慰、征讨、叙功、罚过的职权。引导和管理诸蕃朝贡，也是各羁縻府州都护、都督的一项重要任务。如贞观二十一年，唐朝"以铁勒、回纥等十三部内附，置六都督府、七州，并各以其酋帅为都督刺史，给元金鱼，黄金为字，以为符信。于是回纥等请于回纥以南，突厥以北，置邮驿，总六十六所，以通北荒，号为'参天可汗道'，俾通贡焉"。（《唐会要》卷73《安北都护府》）。同年，"于故单于台置燕然都护府统之，以导宾贡"（《旧唐书》

卷 195《回纥传》)。①

2. 资本主义社会

（1）殖民体系与条约体系的扩张

维也纳体系构建的欧洲政治势力制衡的格局，造就了长达百年的欧洲历史上罕见的和平，被史学家称之为"英国治下的和平"（Pax Britannica）。此后，英国在地中海、加勒比海、印度洋等地区得到了新的战略立足点，扼制了世界的海上通道，尤其是好望角和锡兰，是通往东方、拱卫印度的海上门户，重要性更是无与伦比。一个新的殖民帝国正在形成，在英国历史上被称为"第二帝国"。②

19世纪20年代以后，随着工业革命的基本完成，英国以其在工业与军事领域的全球优势，加紧了海外扩张。1819年，取新加坡；1824年，占马六甲；1839年，占亚丁；1842年，占香港；1846年，取纳塔尔（南非）；1846年，占拉布安（北婆罗洲）。与此同时，加紧征服印度，发动对缅甸、阿富汗的侵略战争，用炮舰轰开伊朗、中国、日本的大门，强迫其开放门户。1849年，占领旁遮普，完成对整个印度的征服。1862年，把武装占领的缅甸领土合并为英属缅甸，划为英属印度的一个省。在19世纪30年代，宣布对澳大利亚享有主权（早在1788年澳大利亚已成为英国流放犯人的殖民地）；40年代，宣布对新西兰享有主权。与此同时，加强对非洲的侵略。50—60年代，取得对埃及的一系列特权；1856年强迫摩洛哥签订不平等条约；1861年占领拉各斯（尼日利亚）。到1860年，英国占有的殖民地面积达647.5万平方公里，1880年增至1944.3万平方公里，相当于本土面积的82倍，英帝国的领土遍布全球24个时区，成为名副其实的"日不落帝国"。

在英国大肆海外扩张的同期，后起的资本主义国家法国与美国也紧随其后。1830年法国侵入阿尔及利亚，到40年代中期初步征服阿尔及利亚；40年代，在象牙海岸建立殖民据点；1844年强迫中国签订《黄埔条约》（中法五

---

① 李云泉：《贡赐制度史论——中国古代对外关系体制研究》，新华出版社2004年版，第40页。

② 钱承旦、许洁明：《英国通史》，上海社会科学出版社2002年版，第291页。

口贸易章程）；50年代扩大塞内加尔殖民地；1858年、1860年法英等国强迫中国签订不平等的《天津条约》和《北京条约》；60年代占领加蓬沿海地区，建立几内亚殖民地，并宣布对达荷美沿海实行"保护"；60年代初，法国势力渗入摩洛哥和突尼斯；1862年，强迫越南签订第一个西贡条约，强行占领越南南部；1863年强行宣布柬埔寨为法国的"保护国"。美国则迫使中国签订了《中美望厦条约》（1844年）、《中美天津条约》（1858年）、《中美续增条约》等不平等条约，迫使日本签订《日美亲善条约》（1854年）、《日美条约》（1857年）和《日美修好通商条约》（1858年）。

（2）殖民制度发展

殖民体系的扩张，伴随着殖民政策的调整和殖民制度的发展，主要体现在以下三方面。

其一，调整殖民扩张政策。英国工业革命基本完成后，重商主义政策逐步向自由贸易政策转型，占领殖民地被认为得不偿失，"是一个花费很大的负担"。1858年维多利亚女王颁诏宣称"不愿扩张朕现今所有的领土"。自由贸易并不是不想夺取殖民地，而是主张改变掠夺方法。"对我们来说，外国能成为有价值的殖民地，而不用我们去被迫承担统治他们的责任，通过工业、商业自然的优势地位来支配世界"。这是一种无形的殖民扩张形式，但仍需要以坚船利炮作后盾，因为"一个舰队是最好的谈判者"。英国用炮舰封锁阿根廷的普拉塔河、接二连三发动鸦片战争，便是无形扩张的典型之作。无形扩张政策的成功，在于英国经济发展的领先，成为"调动和开发别国资源的先驱……它的政策不仅针对殖民地，而且主要和越来越针对其他许多国家。因此，它对帝国内部相对的不在意，虽然这种态度绝不是绝对的"。19世纪中期后，随着美、法、德等国的追赶发展，英国的领衔优势逐渐丧失，英国的殖民扩张政策便又从惬意于"无形帝国"到热衷于建立"有形帝国"。从七十年代起，英国侵占了撒哈拉以南非洲的一系列地区，到19世纪末，建立了从北非尼罗河流域到东非高原，以及西非几内亚海湾的广大殖民地；另外，还吞并了马来亚，对阿富汗发动了第二次侵略战争，把伊朗变成实际上的保护国并侵占缅甸和婆罗洲北部。英国的"有形帝国"在1871—1900年迅猛扩张，领土增加了1101万平方英里，人口增加了6600万，把地球四分之一面积的土地囊括在内。①

其二，改善调整殖民统治方法。由于基督教福音派教义及人道思想主义的传播，对于以土著为主体的殖民地，英国政府逐渐改变了残暴掠夺、残酷压迫的政策，而主张为土著人殖民地建立良好的政府，消除暴政、杜绝腐败、发展教育，在一定程度上促进了殖民地经济文化的发展。如1784年通过"印度法案"，将印度置于议会和公司共管之下，减少了东印度公司职员横征暴敛、敲诈勒索、贪污受贿等腐败行为；1813年通过特许状法，取消东印度公司的贸易垄断权，宣称"促进、维护印度人民幸福与利益是英属印度政府的职责"。殖民统治政策的调整，在一定程度上化解了英国与印度殖民地的冲突，从而巩固了英国在印度的统治，对英帝国的发展产生了重要影响。以后英国对于其他土著殖民地的统治体制，大都以印度殖民地的统治模式为典范。②

其三，确立自治领制度，谋求帝国联邦。19世纪上半叶，在"自由帝国主义"思想成为主流的背景下，英国面临加拿大殖民地的动乱。加拿大总督达勒姆提出：如果不想让加拿大变成另外一个美国或干脆落入美国之手，那就必须让加拿大成为一个"民族"，有能力自己管理自己。为此他提出上、下加拿大合并，组成一个国家，并建立自治政府，但在帝国问题上服从英国指导。达勒姆方案确立了一个先例，即殖民地政策可以是自治的，同时又是责任制的，从而为改变英国在殖民地的统治方式奠定了基础。1867年，在加拿大要求下，英国颁布《英属北美洲法》，最终建立起自治、责任制的联邦政府，上、下加拿大各保留其内部治理权，形成"加拿大自治领"。

达勒姆方案的原则后来推广到其他殖民地。在澳洲，新南威尔士于1842年获准组织议会，到1860年，除西澳大利亚之外，所有澳洲殖民地都已建立责任制政府，实行内部自治。紧接着，澳大利亚各殖民地（包括新南威尔士、

---

① 李柠：《十九世纪中后期英国殖民扩张政策的变化及其原因》，载《卷宗》，2013年第10期。

② 郭家宏：《论英国对印度殖民统治体制的形成及影响》，载《史学集刊》，2007年3月第2期。

维多利亚、昆士兰、南澳大利亚、北方领土、塔斯马尼亚等）开始商谈合并问题，到1900年谈判成功，1901年组建联邦政府，成立"澳大利亚自治领"。新西兰在1852年设立议会，1856年实行自治。①

在殖民地自治的基础上，英国着手建立"帝国联邦"，即把帝国中各白人殖民地联合成一个政治实体，设置统一的法律和议会，实行统一的贸易和对外政策。1887年召开了第一次殖民地会议，第一次把各殖民地代表召集到一起。1897年召开的第二次殖民地会议，正式提出了建立帝国议会的主张，并决定定期召开殖民地会议，讨论诸如防务、贸易等共同关心的问题。殖民地会议在1902、1907年相继召开，此后改名为"帝国会议"。帝国会议在第一次世界大战中发挥了很大作用，它把各殖民地的人力物力调动起来，为支持英国做出了巨大贡献（但同时它又使各殖民地政府与英国政府逐渐处于同等地位，造成了殖民地的离心倾向）②。

综上所述，在德本主义社会与资本主义社会的发展期，中心国家主导的国际体系都大为扩张。前者是贡赐体系的扩张，后者是殖民体系与条约体系的扩张。二者的扩张皆是以中心国家的雄厚国力为基础，但扩张方法有所不同。前者主要通过文化感召的方法，"修文德以来远人"，即使被迫动武，也会在自卫还击后进行招抚，一方面"示以中国之威"，一方面"道以王化之法"；后者则主要通过军事侵略和经济剥削的方法，有形扩张与无形扩张二法并用，以"自由贸易"为名、行"经济剥削"之实。前者是惠他主义的，旨在"平天下"；后者是利己主义的，旨在"霸天下"。中心国家主导的国际体系扩张，伴随着相关制度的发展：前者对于自愿前来朝贡的国家，通过完善朝贡服务和规范贡赐制度来怀柔远人、引导"向化"，而对于边疆地区，则以尊重地方特异性、文化多元性为前提，通过设置羁縻州府，加强民族融合、维护长治久安；后者对于纳入殖民体系的国家，通过改善殖民统治和规范殖民制度来化解冲突、巩固"帝国"，而对于以白人移民为主的殖民地，则通过推行自治政策，在尊重

① 钱承旦、许洁明：《英国通史》，上海社会科学出版社2002年版，第293—295页。
② 同上书，第307页。

殖民地权利的基础上建设"帝国联邦",以求加强帝国融合、维护长治久安。需要指出的是,怀柔远人、尊重多元、地方自治的羁縻制度最终却导致了民族融合统一(后来至明清而有"改土归流"),而同族殖民、各立政府、谋求联邦的殖民地制度却最终导致了帝国分裂(后来随着殖民地独立,"大英帝国"解体)。

(二)文化制度输出:新兴德本主义国家形成 vs. 新兴资本主义国家形成

1. 新兴德本主义国家形成

贡赐体系的扩张,伴随着德本主义文化与制度的输出。加入贡赐体系的国家,特别是中国的周边国家,如新罗(今朝鲜)、渤海、日本等,仰慕汉风,积极汲取德本主义文明的成就,主要包括文书体系、复杂科学(儒学)与礼乐制度。

朝鲜原无文字,7世纪中叶,新罗学者薛聪创造"吏读"法,以汉字作为音符标注朝鲜语的助词,用于阅读汉文。贞观十三年(639年)至天宝八年(749年),新罗相继设立医学、天文、漏刻等博士,研究唐朝医学、天文、历法。上元二年(675年),采用唐朝历法。8世纪中叶,仿唐制改革行政组织,中央设执事省,相当于唐之尚书省,地方划为九州岛,州下设郡、县、乡,由国家任免各级官吏。贞元四年(788年),立科举选官制度,以《左传》《礼记》《孝经》为主考科目,仿唐设"读书出身科",还根据唐制改订礼仪和刑律。

渤海文字直接使用汉字,建国后即派遣大批留学生到长安学习。其政治制度也是仿效唐朝,中央设置中台省(相当于唐中书省,负责起草、修订政令)、宣诏省(相当于唐门下省,负责审议中台省提出的政令)、政堂省(相当于唐尚书省,负责执行政令,下设六部)三省和忠(相当于唐吏部,负责文官的采用、考核、封赏等)、仁(相当于唐户部,负责土地、税收等)、义(相当于唐礼部,负责仪礼、祭祀、科举等)、礼(相当于唐刑部,负责司法、刑狱、审复等)、智(相当于唐兵部,负责武官人事、地图绘制、车马武器的管理等)、信(相当于唐工部,负责交通、水利、建筑以及建筑师的人事)等六部;地方上则有诸京、府、州、县等行政区划的建制,最盛时设五京、十五府、六十二州及一百数十县。军事上也仿唐十六卫制,置有左右猛贲、熊卫、罴卫、南左右卫、北左右卫等十卫；后期还有左、右神策军及左、右三军等编制。在五京周围等发达区域，以中国教育为模式，自上而下地建立了较为系统的教育体制，儒家思想成为渤海社会的主导思想。

日本大业三年（607年）即派"遣隋使"来华，上书曰："我闻海西有大隋，礼义之国，故遣朝贡；我夷人僻在海隅，不闻礼义，冀闻大国惟新之化。"（《隋书》卷八一东夷传）往后二百五十年间，遣使不断。至唐，使团组织愈趋庞大，有时多达500人以上，包括大使、副使、判官、录事，还有翻译、医师、阴阳师、画师、史生、射手、船师、音乐长、声音生、玉生、锻生、铸生、细工生、船匠、舵师、水手长、水手，以及留学生、学问僧。留学生、学问僧将中国的典章制度、生产技术、天文、历法、音乐、美术、舞蹈、建筑、雕刻及至于生活习俗传播到日本，推动了日本社会的发展。政治方面：孝德天皇大化元年（645年），日本进行"大化革新"，仿唐朝三省六部制和州县制，改革从中央到地方的官制，在中央设二宫、八省，在地方设国司和郡司；据《唐律》制定《大宝律令》；仿唐均田制和租庸调法，行"班田收授法"和租庸调法。文教方面：于京都设立大学，分明经、纪传、明法、书、算等科，学习内容和学校制度仿唐设置。在典药寮分设医、针、按摩等科。阴阳寮设阴阳、历法、天文等科。各科有博士、助教进行讲授。各科学习内容基本和唐制相仿。唐《大衍历》《宣明历》亦为之所用。8世纪前，汉字一直是日本的书面表达工具。留学生吉备真备回国后，用汉字楷体偏旁创造了"片假名"，学问僧空海用汉字草体偏旁创造了"平假名"。日文词汇、文法也深受汉语影响。

德本主义文明的传播，主要是复杂科学（儒学）、文书体系与礼乐制度的传播，使得新罗、渤海、日本等形成了以道德仁义为核心的价值体系和集礼乐刑政于一体的制度框架，造就出新兴的德本主义国家。

2. 新兴资本主义国家形成

条约体系与殖民体系的扩张，伴随着资本主义文化与制度的输出。后发展国家，如德、俄、日本等，在民族竞争的危机中，积极汲取资本主义文明的先进成果，包括实验科学（简单科学）与工业体系，也包括资本主义制度，从而也转型为资本主义国家。

英国曾希望保持技术垄断，力图阻止技术输出（1825 年之前，英国严禁技工离开英国；1842 年以前，重要的机器和零部件也被禁止出口），但技术的外传无法阻挡。

欧洲大陆最初的技术人员与生产机器大都来自英国。1825 年，欧洲大陆上已有至少 2000 名技术熟练的英国技工，英国设备也以合法或非法手段流入大陆。在学习模仿英国技术的基础上，欧陆国家逐渐建立起自己独立的技术体系。1815 到 1850 年间，工业革命在欧洲大陆上主要围绕三个中心发生——比利时、法国和德意志诸邦国。19 世纪 40 年代，法国和比利时成长的熟练技工开始向欧洲东部和南部传播技术。而且，法国和德意志诸邦国，开始建立技术学校来大量培养工程师和技工。与英美不同，在欧洲大陆国家的工业化过程中，政府作用重大。政府为技术教育提供经费，奖励发明家和外国企业家，免除外国工业设备的进口关税，在某些地方甚至资助工厂，积极修建道路和运河、拓宽挖深河道以及修建铁路等。政府还大力扶持科学研究。大革命后改组的法国科学院，成为名副其实的科学中心，巴黎高等师范学校和巴黎综合工科学校则为法国培养了大批科学人才。德国从欧洲各地重金延聘科学家到柏林科学院，创办了柏林大学（1809 年）、波恩大学（1818 年）等。

18 世纪上半期，西方科学传入俄国，彼得大帝建立了圣彼得堡科学院。1755 年，莫斯科大学成立，并在 1804 年改组、重建。19 世纪上半期，西欧工业革命传入俄国。1804 年，俄国在棉纺业中采用蒸汽机。到 1850 年，棉纺业已基本工厂化。造纸、制糖等部门也相继采用机器生产，机器也是来自英国。19 世纪中期，俄国开始发展自己的机器制造业，到 1860 年，彼得堡已有 15 家机器制造厂。

另外，19 世纪下半期，日本明治维新后，政府主导大力推行殖产兴业政策。1868 至 1870 年间，政府整顿币制，统一汇兑，大力发展运输和通讯事业。1870 年，政府设工部省，主管官营工厂。国家直接投资兴建了许多银行、工矿、企业和商业。1880 年，颁布"官业下放令"，国有企业以廉价被转让给特权商人。在政府的大力扶植和保护下，80 年代中期日本出现了早期工业革命热潮，几乎扩展到一切主要产业部门。

上述国家工业体系的引进发展过程，都伴随着剧烈的社会变革。在德国，有施泰因-哈登堡改革（1807—1812年）→统一与自由运动（1817—1848年）→德意志联盟计划（1850年）→俾斯麦铁血政策（1862—1871年）等；在俄国，有农奴制改革（1861年）→十月革命（1905年）→君主立宪（1906年）→斯托雷平铁腕政策（1906—1911年）等；在日本，有倒幕运动（1858年）→戊辰战争（1867—1869年）→明治维新（1868年）→大久保利通独裁统治（1873—1878年）等［参见第八章第一节·一·（三）之《全球主要大国与中国的"现代化"历程比较表》］。由此，完成了由封建国家形态到民族国家形态、由自然经济形态到商品经济形态的改造，工业体系的发展与资本主义制度的建立相伴而行。

需要指出，上述国家发展工业体系之前，几乎都面临巨大的民族危机、血腥的战争逼迫。如德意志民族解放战争（1812-1814年）、俄国反法战争（1812-1814年）、日本被逼开国（18世纪中期）（参见第八章第一节·一·（三）之《全球主要大国与中国的"现代化"历程比较表》）。而且上述国家的民族危机具有一定的传导机制，如德意志民族解放战争与俄国反法战争源于法国的扩张，日本被逼开国源于俄、英、美等国的扩张——这当然是资本主义国家的扩张本性使然。同样，德、俄、日本等国完成工业体系建立，随之也成为新的军事强国，开始了对外扩张之路，从而导致了对全球土地的残酷争夺。

综上，随着德本主义贡赐体系与资本主义条约体系、殖民体系的扩张，德本主义文明与资本主义文明皆得以传播、输出。前者主要是复杂科学（儒学）、文书体系与德本主义制度的传播，从而造就了新罗、渤海、日本等新兴德本主义国家；后者主要是简单科学、工业体系与资本主义制度的传播，从而造就了德国、俄国、日本等新兴资本主义国家。但二者文明传播的过程不同：前者是在仰慕求教、贡赐互利、礼尚往来的和平和谐的过程中完成的，后者却是在处于民族生存危机、残酷战争逼迫、剧烈社会动荡的过程中完成的。二者文明传播的结果也不同：前者是促进"天下太平"，维持了长期和平的国际秩序；后者却是促进"世界竞争"，加剧了资本主义国家之间的殖民争夺，并最终导致世界大战的爆发。

六、问题积累爆发

在德本主义社会与资本主义社会发展期的中后期,由于制度之积弊,导致内政外交问题日积月累,终至于爆发战乱。分述如下。

(一)德本主义社会
1. 制度积弊
德本主义社会发展期之制度积弊主要体现在以下三方面。
(1)天下主义之积弊导致华夷无防

天下主义主张通过道德的力量(王化)来维系整个人类社会,来召感不同民族,最后达到大小远近若一的王道理想。但是推行天下主义,仍必须有夷夏之防,阻止野蛮民族对中华文明的扰乱(详见第七章第四节·二之《天下主义的思想基础》)。而有着胡人血统的唐朝皇室,对于华夷之防颇不以为然。

唐太宗宣称:"自古皆贵中华贱夷狄,朕独爱之如一,故其种落皆依朕如父母。"贞观四年,突厥颉利率众归附时,太宗诏议安边之策,中书令温彦博议:"请于河南处之。准汉建武时,置降匈奴于五原塞下,全其部落,得为捍蔽,又不离其土俗,因而抚之,一则实空虚之地,二则示无猜之心,是含育之道也。"太宗从之。秘书监魏征曰:"匈奴自古至今,未有如斯之破败,此是上天剿绝,宗庙神武。且其世寇中国,万姓冤仇,陛下以其为降,不能诛灭,即宜遣发河北,居其旧土。匈奴人面兽心,非我族类,强必寇盗,弱则卑伏,不顾恩义,其天性也。秦、汉患之者若是,故时发猛将以击之,收其河南以为郡县。陛下以内地居之,且今降者几至十万,数年之后,滋息过倍,居我肘腋,甫迩王畿,心腹之疾,将为后患,尤不可处以河南也。"温彦博曰:"天子之于万物也,天覆地载,有归我者则必养之。今突厥破除,余落归附,陛下不加怜愍,弃而不纳,非天地之道,阻四夷之意,臣愚甚谓不可,宜处之河南。所谓死而生之,亡而存之,怀我厚恩,终无叛逆。"魏征曰:"晋代有魏时,胡部落分居近郡,江统劝逐出塞外,武帝不用其言,数年之后,遂倾瀍、洛。前代覆车,殷鉴不远。陛下必用彦博言,遣居河南,所谓养兽自遗患也。"彦博又曰："臣闻圣人之道，无所不通。突厥余魂，以命归我，收居内地，教以礼法，选其酋首，遣居宿卫，畏威怀德，何患之有？且光武居河南单于于内郡，以为汉藩翰，终于一代，不有叛逆。"又曰："隋文帝劳兵马，费仓库，树立可汗，令复其国，后孤恩失信，围炀帝于雁门。今陛下仁厚，从其所欲，河南、河北，任情居住，各有酋长，不相统属，力散势分，安能为害？"给事中杜楚客进曰："北狄人面兽心，难以德怀，易以威服。今令其部落散处河南，逼近中华，久必为患。至如雁门之役，虽是突厥背恩，自由隋主无道。中国以之丧乱，岂得云兴复亡国以致此祸？夷不乱华，前哲明训，存亡继绝，列圣通规。臣恐事不师古，难以长久。"太宗嘉其言，方务怀柔，未之从也。卒用彦博策，自幽州至灵州，置顺、钓、化、长四州都督府以处之，其人居长安者近且万家。自颉利后，诸部落首领来降者，皆拜将军中郎将，布列朝廷，五品以上百余人，殆与朝士相半。（《贞观政要》卷八《安边》）

由此，有唐一代中国门户洞开，华夷混同，然"又不能注意于国家民族的文化教育"，[①] 更不能对华夷文化之同异、优劣加以细致甄别而取其精华、去其糟粕，任由各类夷族、夷教、夷乐、夷服、夷风、夷俗大行其道，上至朝廷皇室，下及平民百姓，上行下效，以至于"以夏变夷"，终至于有五代十国之祸。

（2）科举制度之积弊导致人才淤滞

"科举制让人自由应考，即是广泛的开放政权。此制度容易引起士人充斥、官少员多之患。而且唐初入仕之途极广，科举还不过是其间的一项。于是'官员有数，入流无限，以有数供无限，人随岁积'。其势循至于为人择官，而非为官择人。其时则'官倍于古，士十于官，求官者又十于士。于是士无官，官乏禄，而吏扰人'。在此情势下，政府的用人，遂至于徒循资格，推排禄位。然而禄位仍有限，资格仍无穷。在政海角逐中，渐渐分成朋党，而使在上者亦束缚困制，无可展布。以前的弊害，在于社会有特殊阶级（门第）之存在，政权不公开，政治事业只操于少数人之手。现在的弊害，则因特权阶级逐步

[①] 钱穆：《国史大纲》（修订本），商务印书馆1996年版，第448页。

衰落，社会各方面人平流竞进，皆有参政之机会。而政权一解放，政治事业时有不易督责推动之苦。以上所说，其先并不即是科举制之弊病，只是科举制亦在此种政权公开之趋势下存在。此后科举制逐步推进，入仕之途，逐步集中到科举一门之下，则上述种种病痛，亦全由科举制来保留。照理论，国家一面公开政权，一面便应实施教育，好使两者分途并进。此在贞观初年颇有其意，但一到高宗、武后时，此风凌替。(……'高宗嗣位，政教渐衰，薄于儒术，尤重文吏。醇醲日去，华竞日张。则天称制，以权道临下。不吝官爵，取悦当时。生徒不复以经学为意，二十年间学校顿时隳废'。)国家既无教育，而空悬一格以为考试。而考试标准又渐渐趋重于进士科之诗赋。全国上下尚文之风日盛，尚实之意日衰。诗赋日工，吏治日坏。"①

"而且唐代科举，本备仕途之一格，故一切规程并不甚严。其时有所谓'公卷'与'通榜'之制。('公卷'者，进士得先投所为文于京师达者，采名誉，观素学。及临试，可以不问试艺高下，专取知名士，谓之'通榜'。其榜帖可托人为之……)故进士乃称'觅举'，所以求延誉。而其卑躬屈节之态，亦已可怜。(文献通考……曰：风俗之弊，至唐极矣。王公大人，巍然于上，以先达自居。天下之士，什什伍伍，戴破帽，骑蹇驴，未到门百步，辄下马，奉币刺，再拜以谒于典客者，投其所为之文，名之曰'求知己'。如是而不问，则再如前所为，名之曰'温卷'。如是而又不问，则有执贽于马前，自赞曰'某人上谒'者。……)甚至有走门路，通关节，求必得，而既得则肆意轻薄者。"②

科举制度的上述积弊，一方面，"造成冗官坐食，不仅有损国帑，同时还妨碍整个政治效能之推进"；③另一方面，又造成"授官任贤之事，渐变为挨资得官"。④大量社会精英人才因此淤滞而无法从正途升层。到唐末，而有"黄巢、李振等，皆屡举进士不第的人物"，为盗作乱、危害一方，"结果进士清流，

---

① 钱穆：《国史大纲》（修订本），商务印书馆1996年版，第426—432页。
② 同上书，第486—487页。
③ 同上书，第434页。
④ 同上书，第437页。

遂受极祸"。①

（3）羁縻怀柔之积弊导致地方权重

"唐制，州、郡县以上有十道按察使，督察地方行政。开元中，或加采访、观察、处置、黜陟等名目，此皆理民事。至边疆有事出征，则有大总管；无事镇守，则有大都督，主兵事。高宗永徽以后，都督带使持节（犹全权印信），谓'节度使'。然亦止统兵，不侵及民事。边帅皆用忠厚名臣，不久任，不兼统。功名著者，往往入为宰相。开元以来，边将久任，十余年不易。乃至朔方、陇右、河西诸镇皆置节度使，以数州为一镇，节度使即兼统此数州，而州刺史尽属之。故节度使多兼按察、安抚、度支诸使，土地、人民、甲兵、财富皆有之。此为地方政制上一大变化"。②天宝初年设置有安西（治龟兹城，新疆库车）、北庭（治北庭都护府，新疆吉木萨尔北）、河西（治凉州，甘肃武威）、朔方（治灵州，宁夏灵武西南）、河东（治太原府，山西太原）、范阳（治幽州，北京）、平卢（治营州，辽宁锦州西北）、陇右（治鄯州，青海乐都）、剑南（治益州，四川成都）九个节度使和一个岭南五府经略使（治广州）。以上十镇兵力加上其他边地驻军，共49万，当时全国总兵力约五十七万，中央和内地所控制的兵力仅8万人，不及边镇兵力六分之一。而且，各地节度使随着边境频繁用兵，权力不断扩大，终成为威胁中央政权的地方割据势力。

上述三方面原因在唐代中后期合流，先引发安史之乱，终至于唐朝崩溃，中国再次陷入长期分裂。

2. 导致战乱

（1）战乱爆发：安史之乱

"安禄山本营州杂胡，而玄宗授以大权。拥兵至十八万。又以蕃将三十二人尽代其部下之汉将。安禄山的势力，是唐室用中国财富豢养成的胡兵团。此种胡兵团，只吮吸了唐室的膏血，并没有受到唐室的教育。他们一旦羽翼成长，自然要扑到唐室的内地来"。③天宝十四年（755年），身兼范阳、平卢、

---

① 钱穆：《国史大纲》（修订本），商务印书馆1996年版，第491页。
② 同上书，第447页。
③ 同上书，第450—451页。

河东三镇节度使的安禄山见唐朝"武备堕弛,有轻中国之心",伙同平卢兵马使史思明起兵反唐。"安史之乱蔓延大河南北,破两京,延及九年。讨平安、史的诸将,亦几乎尽是胡人。安、史余孽以及讨安、史有功的将领,全部拥兵割地,造成此后藩镇之祸"①。战乱使社会经济遭到严重破坏,户口大减,战斗最激烈的河南地区,"人烟断绝,千里萧条","洛阳四面数百里州县,皆为丘墟","汝、郑等州,比屋荡尽,人悉以纸为衣,或有衣经者"。玄宗天宝末年,全国有户约900万,至肃宗上元元年(760年),仅剩130万。唐朝尽管维持统一,然已大伤元气。

(2)问题延续:藩镇割据

"安史之乱后,武夫战卒,以功起行阵,列为侯王者,皆除节度使。由是方镇相望于内地,大者连州十余,小者犹兼三、四。自国门以外,几乎尽是方镇的势力。而此等武人中,多半又是归化的胡人。此等胡人,大抵全未受到国家好好的教育,而骤付以极大的权任。他们中间好一点的,是傲慢不受命令,坏的便生心反叛。……朝廷遂行姑息之政。"②

(3)短暂缓和:元和中兴

宪宗时,朝廷与藩镇冲突又起,宪宗力矫姑息弊政,有"元和削藩"。之后,形成了短暂的中央朝廷一统的局面,史称"元和中兴"。

(4)问题加剧:恢复割据

但节度使拥兵自重的局面并未根本改观,藩镇割据的威胁依然如故。元和十五年(820年),宪宗被宦官杀死,河北三镇又叛,其他藩镇相继恢复割据,并一直延续到唐亡。

(5)再陷战乱:五代十国

唐末,除了藩镇割据,又有宦官专政、朋党之争、皇帝昏庸、贿赂公行等诸多败行,时人称之"国有九破"(终年聚兵、蛮夷炽兴、权豪奢僭、大将不朝、广造佛寺、贿赂公行、长吏残暴、赋役不等、食禄人多输税人少),民

---

① 钱穆:《国史大纲》(修订本),商务印书馆1996年版,第451页。
② 同上书,第458—461页。

有"八苦"(官吏苛刻、私债征夺、赋税繁多、所由乞敛、替逃人差科、贫不得理屈不得伸、冻无衣饥无食、病不得医死不得葬),"天下百姓,哀号于道路,逃窜于山泽,夫妻不相活,父子不相救"(《资治通鉴》卷250),全国性动乱爆发。大中十二年(859年),裘甫发动浙东农民起兵。咸通九年(868年),庞勋领导桂州戍卒兵变。乾符元年(874年)底,王仙芝聚众于长垣(今属河南)举兵,次年黄巢响应。上述动乱最终虽皆被平息,而唐朝却气数已尽、名存实亡。是时"郡将自擅,常赋殆绝;藩镇废置,不自朝廷"(《资治通鉴》卷259);"王室日卑,号令不出国门"(《资治通鉴》卷262)。"经此十几年的大骚乱,唐代三百年的统一政府,终于倾覆,世袭的节镇,遍及东南,而有所谓五代十国"。

五代十国是藩镇割据势力的延续。唐亡后的中原一带,有后梁、后唐、后晋、后汉、后周五个短命王朝先后更替,53年(907—960年)间更换了8姓14君,史称"五代";而在南方和河东地区,则先后出现10个割据政权,史称"十国"。五代十国期间,无论北方南方,割据势力长期混战,军阀"所至屠老孺,焚屋庐,城府穷为荆莱"(《新唐书》卷二二五下)。彼时西起关中,东至青(山东益都)、齐(山东济南),南及荆(湖北江陵)、郢(湖北钟祥),北达上(河南汲县)、滑(河南滑县东),已是荒乱不堪,人烟稀少,甚至洛阳城里,也是"城邑残破,户不满百"(《新五代史》卷四五《张全义传》)。江淮八州经历连年战争后,也"鞠为荒榛"(《旧五代史》卷一三四《杨行密传》),遭到空前浩劫。"民生其间,直是中国有史以来未有之惨境"。[①]

(二)资本主义社会

1. 制度积弊

资本主义社会发展期之制度积弊主要体现在以下三方面。

(1)族国主义之积弊导致列强对抗

文艺复兴和宗教改革之后,西欧统一的教会势力瓦解,逐渐形成了以民

---

① 钱穆:《国史大纲》(修订本),商务印书馆1996年版,第519页。

族国家为基本单位的政治体系。在主权民族国家的创建过程中，西欧民众的社会意识经历了从宗教信徒到国家公民的角色转换，从效忠教皇利益到追求国家利益的心理转换，形成了从属于同一共同体的强烈意识，有学者称之为"想象的共同体"。① 这个共同体中有着共同的语言、习俗、传统和制度，被称为"民族"。民族主义（应译为"民族国家主义"或"族国主义"，见第七章第四节·二之《族国主义的思想基础》）强调个人的首要政治忠诚应该指向民族（国家）。②

族国主义随着资本主义社会的发展，在 19 世纪成为一种强劲的意识形态。法国大革命期间，欧洲联盟的干涉使"自由、平等、博爱"成为法兰西民族爱国主义的旗帜。"法国民族主义精神使革命时期大规模军队的组建成为可能，也使拿破仑时代成为可能。但拿破仑在法国之外对法国大革命的原则的推广，无意中也使民族主义得到了传播。法国人在两方面掀起了民族主义：一方面，法国人自己变成了被人憎恨的压迫者，结果激起了其他国家人民反对法国民族主义的爱国热情；另一方面，法国人也让欧洲人认识到什么是民族主义，并认识到一个武装起来的民族具有的巨大力量。法国以外的各国人民和统治者很好地学到了这些"。③ "从那时起，民族主义者开始相信每一个民族都应该有自己的政府。一些分散的民族，如德意志民族，就希望在一个有着共同中央政府的民族国家中实现统一。一些被外族统治的民族，如匈牙利民族，就希望能够建立起自治的政府，而不是在一个多民族的帝国中被一个占少数的德意志民族所统治"。④

于是，"民族主义对现存的政治秩序构成威胁，有可能同时颠覆国内和国际的政治秩序。……一个统一的德国或统一的意大利将打破 1815 年建立的均势。同样，一个独立的匈牙利民族国家的建立意味着奥地利帝国的解体。……同时，在 19 世纪前半段，民族主义和自由主义结成坚强联盟。大部分自由主

---

① 〔美〕安德森：《想象的共同体：民族主义的起源与散布》，吴叡人译，上海人民出版社 2003 年版。
② 〔美〕斯皮瓦格尔：《西方文明简史》（第四版），董仲瑜译，北京大学出版社 2010 年版，第 567—570 页。
③ 同上书，第 527 页。
④ 同上书，第 570 页。

义者都坚信自由只有通过各民族的自治才可获得。一位英国自由主义者说道："这是自由制度的一个必要条件，即国家的疆界应该与民族的疆界相符合。"许多民族主义者也相信，一旦每一个民族都建立起自己的国家，所有的民族国家就会联系成为一个全人类的更广大的社群"。①

然而，"他们大错特错了。19世纪后半叶形成于欧洲的民族国家体系并没有导向合作，而是导向竞争。殖民利益和商业利益方面的竞争在疯狂的帝国主义扩张时期进一步加强，而欧洲列强分裂为两个松散的联盟（德国、奥地利和意大利对抗法国、英国和俄国）更加剧了紧张程度"。②

（2）民选制度之积弊导致纳粹上台

"一战"后，德国建立了民选代议制的魏玛共和国。由于《凡尔赛和约》的奇耻大辱，德国社会从上到下弥漫着强烈的民族主义情绪；加之俄国"十月革命"和德国"十一月革命"的推波助澜，中下层群众对社会主义的渴望也十分强烈。希特勒洞察"民意"，高举"民族主义"和"社会主义"两面旗帜，改"德意志工人党"为"民族社会主义德意志工人党"（或译"国家社会主义德意志工人党"），即"纳粹党"。纳粹的党名、党纲中以民族主义和社会主义为主要诉求，以德意志全民族利益的代表者出现，宣扬雅利安民族至高无上。纳粹党向工人许诺将实行社会主义，消除失业；向农民许诺将给予土地，消除饥饿；向军人许诺将实现强军目标，消除外侮。纳粹党制定的《25点纲领》中明确提出："要求参加大企业分红"，"要求实现一种适合我国需要的土地改革，要求废除地租，要求制止土地投机倒把"，"要求建立和维护一个健康的中产阶级"等等，迎合了战后经济危机和社会动荡期间广大民众的愿望。

1929年经济危机爆发后，纳粹组织数千名宣传员和大批学生深入城市和农村，到最基层进行宣传。在1932年的选举中，在大小城市张贴了100万张彩色招贴画，散发了800万本小册子和1200万份党报特刊，一天之内在各地举行3000次大会，而且在选举中充分利用当时的先进科技，包括电影、唱片、

---

① 〔美〕斯皮瓦格尔：《西方文明简史》（第四版），董仲瑜等译，北京大学出版社2010年版，第570页。

② 同上书，第676页。

高音喇叭和宣传车等。希特勒本人还租飞机在全国各地奔波讲演,有时一天讲演竟达 49 次。纳粹党的宣传攻势赢得了最广泛的民意,德国民众似乎看到了民族的"救星",纷纷涌向纳粹,纳粹党由此得以迅速发展。1928 年国会选举中纳粹党仅获选票共 81 万张,占全部选票的 2.6%,获国会席位 12 席;在 1930 年国会选举中,已获选票 640 万张,占全部选票的 18.3%,获国会席位 107 席;1932 年国会选举中,获选票达 1370 万张,占全部选票的 37.3%,国会席位增至 230 席。在 1930 年和 1932 年的两次国会选举中,纳粹党先后成为国会第二大党和第一大党,其势力和影响无可匹敌,登上了国家最高权力的舞台。

(3)殖民扩张之积弊导致土地争夺

从 19 世纪 70 年代起,资本主义国家之间的竞争升级,掀起了争夺殖民地和瓜分世界领土的浪潮,史称"新帝国主义兴起"。[①] 争夺地域遍及非洲、亚洲与拉丁美洲。到 19 世纪末,整个世界基本被瓜分完毕。1900 年时,非洲 90.4% 的领土,亚洲 56.6% 的领土,美洲 27.2% 的领土,及大洋洲的全部,都沦为资本主义列强的殖民地。与此同时,还有许多国家和地区,如拉丁美洲各国和亚洲的中国,伊朗和土耳其等,被纳入"新帝国主义"的势力范围,不同程度地沦为半殖民地和附属国。

新兴资本主义国家的发展导致各国力量对比发生巨大变化,而这与他们对殖民地和势力范围的占有状况极不相称。1900 年英国所占殖民地面积为 3271 万平方公里,人口 3.67 亿,法国占有 1098 万平方公里,人口 5000 多万;甚至连荷兰、比利时、葡萄牙等资本主义小国,也占有 674 万平方公里的殖民地,人口 6500 万,超过了德国、美国和日本三国殖民地的总和。新兴的资本主义强国要求重新瓜分殖民地和势力范围,斗争日趋尖锐。1898 年的美西战争,1899—1902 年的英布战争,1904—1905 年的日俄战争,便是最早的企图重新瓜分殖民地的局部性的战争。随着重新瓜分世界的角逐不断加剧,终于导致了世界大战的爆发。

---

① 〔美〕斯皮瓦格尔:《西方文明简史》(第四版),董仲瑜译,北京大学出版社 2010 年版,第 658—664 页。

2. 导致战乱

（1）战乱爆发：一战爆发

19世纪末德国抛弃"大陆政策"，推行所谓"世界政策"，声称"要为自己要求在日光下的地盘"。德国的主要对手是老牌资本主义国家英国。英德在激烈竞争中，都积极寻求同盟，以壮大自己的力量并压倒对方，欧洲便形成了"三国同盟"（德国、奥匈帝国、意大利）和"三国协约"（英国、法国、俄国）两大军事集团，扩军备战随之展开。战争由巴尔干危机点燃，然后持续4年多。卷入战争的有31个国家的15亿人口，占当时世界人口的3/4。交战双方动员兵力达到7400万人，约有1000万人死亡，2000万人受伤，因战争造成的经济破坏更是无法估量。但一战后，协约国还是维系了对殖民地的统治，英法甚至通过瓜分德国殖民地以及采取委任统治方式攫取中东地区控制权，还扩大了殖民版图。欧洲殖民帝国似乎依然完整无损，然其社会根基与政治自信已遭受破坏，内里已元气大伤。

（2）问题延续：战争伏笔（凡尔赛－华盛顿体系）

一战结束后建立的凡尔赛体系，构筑了战后资本主义国家在欧洲、西非及中东的统治秩序：奥匈帝国解体，奥匈分立；捷克斯洛伐克、南斯拉夫建立；原奥匈帝国领土的一部分割给意大利，一部分归还波兰；德国疆界被重新划分，将阿尔萨斯和洛林归还法国，并向丹麦、波兰及捷克斯洛伐克割让大片领土；奥斯曼帝国只留有欧洲的伊斯坦布尔和亚洲的小亚细亚，成为单一的民族国家。德国的海外殖民地、奥斯曼帝国的属地，由战胜国以"委任统治"的形式加以瓜分。限制德国军备，并确定了德国需缴付的战争赔款。1921—1922年，美、英、法、日、意、荷、比、葡、中等九国在美国华盛顿召开会议，签订《四国条约》《五国条约》《九国公约》，形成华盛顿体系，确立了东亚和太平洋地区的国际秩序。"凡尔赛——华盛顿体系"构筑了一战后的国际新秩序，然并未真正消除资本主义列国间的矛盾，且埋下了更大冲突的种子。时任英国首相劳合·乔治承认："我们起草的文件，将为20年后的战争埋下伏笔！当你们把这样的条件强加在德国人身上，这只能导致德国人要么不遵守条约，要么发动战争！"法军元帅福煦也预言："这不是和平，这是20年的休战。"

（3）短暂缓和：短暂繁荣

新成立的德意志魏玛共和国在1921年支付了第一笔赔款后，由于次年遭遇金融危机，宣布无力支付赔款。法国派兵占领德国主要的工业和矿业中心鲁尔区，通过控制工厂和开掘矿山自行收集赔款。德国采取消极抵抗政策，导致经济几乎彻底崩溃。之后，美国主导的"道威斯计划"和美国支持的《洛迦诺公约》，暂时缓解了欧洲安全问题。道威斯计划使德国得到了美国的大量物质装备和技术帮助，其经济趋于稳定和恢复发展。美国为欧洲提供资本的同时也扩大进口，使欧洲经济整体趋于稳定，同时，自身在1924到1929年间也获得短暂的经济繁荣。

（4）问题加剧：经济危机

资本主义国家土地扩张空间紧缺的局面并未根本改观。在短暂繁荣后，1929年全球经济危机爆发，后起的资本主义列强重新展开对土地的争夺：德国在欧洲谋划军事扩张，日本在亚洲谋划军事扩张。

（5）再陷战乱：二战爆发

德国、日本的军事扩张，导致第二次世界大战爆发。战争席卷亚洲、欧洲和地中海地区，是人类历史上规模空前的战争。卷入战争的国家和人数之多，战争的激烈和残酷的程度，以及战争造成的人员伤亡和物质损失之惨重，都远远超过以往历次战争。

综上所述，在德本主义社会与资本主义社会发展期的中后期，由于制度积弊，导致社会问题积累及至于战乱爆发。制度差异导致了二者在历史演进中的主要问题不同：前者历史演进中的主要问题是在大一统社会的文化整合方面，主要体现在天下主义之积弊导致华夷无防，科举制度之积弊导致人才淤滞，羁縻怀柔之积弊导致地方权重，文化整合不利终引发内部动乱及外部入侵；后者历史演进中的主要问题是在民族国家的经济扩张方面，主要体现在族国主义之积弊导致列强对抗，民选制度之积弊导致纳粹上台，殖民扩张之积弊导致土地争夺，经济扩张不利将导致经济危机，并引发民族国家间的世界性的战争。

二者由问题积累到战乱爆发经历了相似的演化环节，即制度积弊→引发战乱→问题延续→短暂缓和→问题加剧→再陷战乱。其"相似"不仅表现在变乱的节律方面,更体现在深层的社会结构变迁方面。经由上述演化,二者的社会制度将趋于完善,社会形态将趋于成熟,主要体现为选举制度的公平,政权组织的开放,社会升层的畅通,经济政策的灵活,民间社会的蓬勃兴起等(详见下节)。前者(安史之乱→藩镇割据→元和中兴→恢复割据→五代十国)被许多学者认为是传统中国"中世"与"近世"的转折期(有学者专名之曰"唐宋变革期"),后者(一战爆发→战争伏笔＜凡尔赛－华盛顿体系＞→短暂繁荣→经济危机→二战爆发)则被多数学者认为是世界"近代"与"现代"的转折期。

需要提及,历经变乱之后,中国经济文化中心逐渐由北方转往南方,同时契丹灭渤海而崛起,成为影响以后中国政经格局的重要因素;而西方经济文化中心则逐渐由欧洲转往美国,同时苏联崛起,成为影响以后国际政经格局的重要因素。

第五节 德本主义社会与资本主义社会的成熟期

一、国家秩序稳定

德本主义社会与资本主义社会在历史演进中的主要问题不同：前者主要是大一统社会的文化整合问题，后者主要是民族国家的经济扩张问题。而且，二者问题之解决、秩序之重建的方式也不同：前者历经国家分裂、社会动荡的惨烈乱局后，必然重回大一统秩序，新的统一王朝"顺天承命"得以建立；后者则是以战争的输赢结局重新确立以民族国家为单位的权力平衡与博弈体系。

（一）德本主义社会

1. 重建统一秩序：北宋统一南方

五代十国后期，后周改革弊政，惩处贪吏，奖励农耕，训练军队，发起统一战争。北宋代周之后，继续统一事业，结束了南方的割据局面。

2. 形成对峙局面：宋辽对峙

太平兴国四年（979年），宋发动对辽战争，欲收复契丹占据的燕云十六州，结果兵败高梁河。雍熙三年（986年）再度北伐，告败。此后，宋对辽由攻势转为防御。宋景德元年（1004年），辽军南下直抵澶州，威胁都城开封。宋真宗亲征，辽军受挫请和，双方达成"澶渊之盟"。宋辽二强对峙而相对和平的局面形成。

（二）资本主义社会

1. 重建条约秩序：雅尔塔体系

二战后期，盟国就战后世界秩序的安排达成了一系列协议。其中，以1945年苏美英三国首脑在苏联克里米亚的雅尔塔会议通过的公报、协定和密约最为重要，上述协议统称为雅尔塔体系。雅尔塔体系奠定了战后国际秩序的基本框架。

2. 形成对峙局面：美苏对峙

二战结束后，雅尔塔各项协议实施造成了美苏对立。德国投降后，苏、美、英、法四国根据雅尔塔协议分区占领德国。以德国的苏占区和西方三国占领区的分界线为界，将欧洲一分为二，东部地区是苏联的势力范围，西部地区是美国的势力范围。1948年柏林危机后，德国分为联邦德国与民主德国，欧洲也被分为东欧和西欧，美苏二强对峙而相对和平的局面形成。

综上所述，德本主义社会与资本主义社会在历经惨烈的战乱之后，国家秩序得以重建：前者重建了"统一"秩序，后者重建了"条约"秩序。无论是"统一"秩序，还是"条约"秩序，都处于一种势均力敌的对峙局面。

二、政经制度建设

国家秩序稳定后，德本主义社会与资本主义社会的政经制度逐渐臻于成熟，主要体现为选举制度的完善普及、政权组织的中央集权以及经济政策的灵活调节。以下分述之。

（一）选举制度：科举选官制度的成熟 vs. 民选代议制度的成熟

1. 德本主义社会——科举选官制度的成熟①

北宋的科举选官制度在唐代的基础上进一步完善，并臻于成熟。

首先，是在科目设置方面。北宋前期承唐制，主要有进士、明经、诸科。其中诸科包括九经、五经、三礼、三传、三史、学究、开元礼（后改为开宝通礼）、明法等科。与唐制不同有二：其一，增加九经一科。九经科始置于后唐初年，是以《周易》《尚书》《毛诗》《礼记》《周礼》《仪礼》《春秋左传》《公

---

① 张希清：《中国科举考试制度》，新华出版社，1993；王炳照、徐勇：《中国科举制度研究》，河北人民出版社2002年版。

羊传》《谷梁传》等九部儒家经典考试取士的科目，在诸科中科等最高，旨在选拔博学通经之才。其二，明经科之不同。唐代明经包括五经、三经、二经、学究一经及三礼、三传、三史、开元礼等，以试帖经、墨义为主；宋代则将九经、五经、学究、三礼、三传、三史、开元礼（通礼）、明法等科统称之为"诸科"，亦主要试帖经、墨义。明经科则是在诸科之外特设的一种科目，其考试重点由帖经、墨义变为大义。由于经义深奥难通，故明经科取士不多，每榜不过三五人，待遇与进士同。北宋中期王安石变法，改革贡举，罢明经、诸科，专以进士一科取士。进士科罢诗赋、帖经、墨义，专以经义、论、策取士，可见其实是将明经科改称为进士科。这是科举制度的一个重大改革，对于德本主义社会的发展意义重大。原来以诗赋、帖经、墨义等方法考试选才弊病甚多。"诗赋浮靡，不根道德，施于有政，无所用之"（《长编》卷二二〇）。以诗赋取士，导致士人学非所用，用非所学，非但不能选拔人才，反而会"败坏人才"。如王安石所言："不肖者，苟能雕虫篆刻之学，以此进至乎公卿；才之可以为公卿者，困于无补之学，而以此绌死于岩野，盖十八九矣"。（王安石《上仁宗皇帝言事书》）帖经与墨义考试，容易导致生员"专取记诵，不询义理。其弊至于离经析注，务隐争难，多方以误之。是致举人自幼至老，以夜继昼，腐唇烂舌，虚费勤劳，以求应格。"（《温国文正司马公文集》卷五二《起请科场札子》）而以经义、论、策取士，"不须文字尽同，或有意见，即依注疏解释外，任自陈述，可以明其识虑。"（《蔡忠惠公文集》卷二三《论改科场条制疏》）对于国家造就和选择"通经致用"的人才，意义重大。历元祐更化、宋室南迁，及元、明、清朝代之更迭，大义试经术一直成为定制。

其次，是在考试评定方面。宋代废"公荐"，罢"公卷"。在唐代，"每岁知举官将赴贡院，台阁近臣得保荐抱文艺者，号曰'公荐'，然去取不能无所私。"（《长编》卷四干德元年九月丙子）。时人指出："今之得举者，不以亲，则以势；不以贿，则以交，未必能鸣鼓四科，而裹粮三道。其不得举者，无媒无党，有行有才，处卑位之间，仄陋之下，吞声饮气，何足算哉！"（同上书卷六《公荐》）可见，所谓"公荐"，虽然确有真才实学之士通过举荐而科举及第，但同时也为世家子弟大开方便之门。唐代应举人除向达官贵人投献诗赋论等作品，即行卷以求公荐之外，还要向知贡举官投纳"省卷"，亦称"公卷"，以供观其素业。宋代废"公荐"，罢"公卷"，程文成为评定艺业、决定去取的唯一凭据，实现了考试评定的公平公正。同时，评卷实行封弥、誊录制度。封弥，又作弥封，亦称糊名，是将试卷上的举人姓名、年甲、三代、乡贯等密封或去掉，代之以字号，以防考试官评定试卷时徇私作弊。封弥未能完全杜绝试卷考校中的作弊，考试官还可以通过辨认笔迹得知试卷出自何人之手。于是又立誊录制度。封弥、誊录制度防止了评卷作弊。欧阳修曾赞道："窃以国家取士之制，比于前世，最号至公……糊名、誊录而考之，使主司莫知为何方之人，谁人之子，不得有所爱憎薄厚于其间。……其无情如造化，至公如权衡，祖宗以来不可易之制也。"

还有，是在考试分级方面。北宋前期承唐之制，分解试、省试两级考试。至宋太祖创立殿试制度，始成为三级考试。殿试是由皇帝亲自主持的对省试合格奏名举人的复试，又称御试、亲试、廷试等，是三级考试中的最高一级。创立殿试制度，一方面，可以"精辨否臧""克叶至公"；一方面，可以防止知贡举官与及第举人结党营私，"致害孤寒之路"。殿试制度的创立，使分级考试、逐层选拔臻于完备，不但为同时代的辽、金仿效，且为后来的元、明、清所沿袭。

另外，还有应举资格方面。隋唐均有"工商不得入仕"（《通典》卷一四）的规定。宋太宗淳化三年（992）诏令，一方面仍要求"工商杂类"不得应举，另一方面却又强调"工商杂类人内有奇才异行、卓然不群者，亦许解送"。（《宋会要辑稿·选举》一四之一五）实际是放开了限制。因此宋代工商业子弟应举者，比比皆是，如皇佑元年（一〇四九）连中三元的冯京，就是商人之子。

通过上述科目设置、考试评定、考试分级、应举资格等方面的制度改革，科举选官制度在宋代得以成熟，实现了真正的公开、公平、公正。在唐代，旧士族子弟因家族政治、经济与文化的传承，在科举中仍占明显优势。安史之乱后，经由进士上达者268人，名族及公卿子弟就占了205人。到宋代，根据宋理宗宝祐四年《登科录》统计，在601名进士中，平民家庭出身的417人，官僚家庭出身仅84人。苏辙曾说："今世之取人，诵文书，习程课，未有不可为吏者也。若求之不难,而得之甚乐,是以群起而趋之。凡今农工商贾之家,未有不舍其旧而为士者也。"

"以前参预政治活动的,大体上为几个门氏族所传袭,现在渐渐转换得更快,超迁得更速。真真的白衣公卿,成为常事。……社会阶级更消融。以前士庶之分,由于家世,现在渐成为个人的事情。农家子弟可以一跃而为士大夫。士大夫的子弟,亦可失其先业而降为庶民。这一个变动,渐渐地更活泼、更自然。"①

2. 资本主义社会——民选代议制度的成熟

英、美、法等资本主义国家通过选举制度改革,使民选代议制度臻于成熟。

首先,是选民资格的普及。英国1948年通过《选举权法》,实行彻底的一人一票制,消除了过去残存的一人多票现象;1969年,将选民年龄限制从21岁降为18岁;于是,凡年满18岁公民,不分男女,都有权参加议会下院选举(少数情况例外,比如贵族),普选权得以充分实现。美国1964年第二十四条宪法修正案取消了选民人头税及其他税种的限制;1965年的选举法规定取消对选民的文字测验;1971年第二十六条宪法修正案确认18岁公民皆有选举权,普选权得以充分实现。1944年成立的法兰西第四共和国宣布实行"普遍、直接"的选举制度,规定年满21岁的男女公民皆享有平等的选举权,性别歧视被取消;1974年法兰西第五共和国将选民的年龄资格由原来的21岁降至18岁,普选权得以充分实现。

资本主义民选代议制度总的发展趋势是从限制选举到普遍选举、从不平等选举到平等选举、从公开投票选举到秘密投票选举、从强制投票选举到自由投票选举、从间接投票选举到直接投票选举。发展至此阶段,普选制度得以成熟。

其次,在选区划分、议席分配、候选人提名等制度方面,也皆有改善。以美国为例。

关于国会议员的选区划分和议席分配,美国宪法未作统一规定,各州可

---

① 钱穆:《国史大纲》(修订本),商务印书馆1996年版,第786—787页。

自行决定。起初许多州的议员都是在全州范围内选出的，后来有的州开始划分选区，但缺乏规范。1842年国会通过法案，要求国会众议员均须由国会选区选出，一个选区只能选举一名议员，选区由相邻近的地区构成。1872年又进一步规定，各国会选区的人口应基本相等。国会后来多次通过法案强调这一原则，但直到20世纪60年代，许多选区的人口差距仍然很大。如1962年的得克萨斯州有一个选区的人口为100万，而另一个选区仅21万。1962年美国最高法院在"贝克诉卡尔案"中作出裁决：各州不按人口比例划分选区而产生的州议会违宪。两年后，最高法院又在"韦斯伯里诉桑德斯案"中，裁决要在尽量切合实际的情况下，使每一个人在众议员的选举中所投的票与另一人所投的票具有同样的价值，确认了"一人一票"原则。此后，美国选区划分不合理的现象基本得到纠正。①

关于众议员候选人资格，美国宪法曾明确规定：年满25岁，为合众国公民七年以上，选举时是选出州的居民，均可被选为众议院议员。对于如何提名则无明确规定。在美国建国初期，亦无所谓提名制度。候选人可以自荐或由知名人士集会提名。后来，随着政党制度兴起，改由政党提名。起初是由政党核心分子提名，后来则由政党代表大会提名，但提名权始终由少数人所垄断。直到19世纪后半期，才出现美国特有的"预选制度"。二战后，预选提名办法得到各州确认，包括总统、各州参众两院议员、州议会议员和全州性的公共职务及地方公职人员的候选人，几乎都是通过直接预选的方式进行提名。② 直接预选是指候选人在参加正式选举前，首先在政党内部以无记名方式选举本党候选人，主要有"关门预选"（预选投票只限于本党的选民，即所谓党内选举）、"开门预选"（预选投票向任何人开放，不问党籍）以及"一揽子预选"（两党候选人均列于选票上，所有选民在所有候选人中挑选他们喜欢的候选人）等方式。直接预选后，再进行正式选举，从各政党通过预选后提名的候选人中正式选举担任公职者。正式选举既有直接选举也有间接选举，

---

① 马啸原：《西方政治制度史》，高等教育出版社2000年版，第184页。

② 同上书，第182页。

如总统通过选举产生的选举人团间接选举产生，而其他大多数公职则通过选民直接选举产生。直接预选和正式选举的结合，构成了完整的选举过程。

综上所述，在德本主义社会与资本主义社会的成熟期，国家秩序稳定之后，二者的选举制度皆通过一系列的改革而臻于成熟。前文提及，科举选官与民选代议都是一种委托代理制度：前者是"主权在天→主权在圣→主权在士"的默示委托方式，后者是"主权在民"的明示委托方式（详见第七章第一节之二《思想基础：主权在天与主权在民》）。科举选官制度的设计旨在选拔能真正体认"天意"、代表"天意"、执行"天意"的政治人才，而复杂科学（儒学）的经典是传达"天意"的载体，对经典大义的理解与应用则自然是人才选拔最重要的标准，宋朝在科目设置、考试评定、考试分级、应举资格等方面的改革正是以此为核心展开并臻于成熟。民选代议制度的设计旨在选拔能真正体认"民意"、代表"民意"、执行"民意"的政治人才，而"一人一票"则是表达"民意"最显而易见的方式，对"选票"的获取能力自然是人才选拔最重要的标准，英美等在选民资格、选区划分、议席分配、直接预选等方面的改革正是以此为核心展开并臻于成熟。

完成上述改革，德本主义社会与资本主义社会的政治选举皆面向全社会实现了公开、公平、公正，为"开放社会"的形成奠定了基础。

（二）政权组织：德本主义社会的中央集权 vs. 资本主义社会的中央集权

1. 德本主义社会的中央集权

前文述及，唐代中后期，"失其纪纲而藩镇横；及其后也，藩镇复不能自有其威令而士卒骄"，"民困于唐末、五代之久乱"，希望"能使强藩悍将退听而天下安息"（叶适：《水心别集》卷十四《纪纲二》）。宋朝为"惩创五季而矫唐末之失策"，采取了中央集权的措施。

首先，削夺诸镇节度使和大将兵权，军队调动权归枢密院，实际领兵作战的将领则临时委派，"有握兵之重，而无发兵之权"。军队主干为禁军，分为两部分，一部分驻京师，一部分驻地方，"使京师之兵足以制诸道，则无外乱；合诸道之兵足以当京师，则无内变。内外相制，无偏重之患"。禁军实行"更戍法",驻屯地点几年轮换,将领却不随之调动,以保障"兵无常帅,帅无常师"。军队由此完全归属中央控制。

其次,削减地方州郡(府、州、军、监)一级长官的权力,州郡长官由文臣担任,长官之外另设通判,使其互相牵制。太宗至道三年,将全国州郡划分为十五路(以后数目有所增加),并陆续在在各路设转运司(长官为转运使,主管财政兼监察地方官吏,简称"漕臣")、提点刑狱司(长官为提点刑狱,主管司法兼监察,简称"宪臣")、安抚司(长官为安抚使,主管军事,有时也兼管民政,简称"帅臣")、提举常平司(长官为提举常平,熙宁初置,主管常平仓救济、农田水利等,简称"仓臣")四司,除安抚司外,统称"监司"。路、州、县的官员皆由中央官兼任,所谓"以京、朝官权知,三年一替"。地方官员由此完全归属中央控制。

再次,要求主管地方财政的转运使,将地方的财赋收入,除一小部分留作"诸州度支经费"外,要全部送至京师。中央还派京官去地方上监收。

于是,地方的"兵也收了,财也收了,赏罚刑政一切收了"。(《朱熹语类》卷128《法制》)中央集权的格局由此形成:"诸镇皆束手请命,归老宿卫,昔日节度之害尽去,而四方万里之远,奉尊京师,文符朝下,期会夕报,伸缩缓急,皆在朝廷矣。"(叶适《水心别集》卷十四《纪纲二》)

在权力由地方向中央集中的同时,也逐渐从政府向皇帝集中。皇帝握有最大的官员任命权、财权、兵权以及立法权和司法权。高级官员如宰相、枢密使、三司使、翰林学士、御史中丞等,由皇帝亲自选任。一般官员的任命,也要"引对",由皇帝亲自考察他们能否胜任。宋初将地方财权收归中央后,在宫廷中设立封桩库和内藏库,以分割三司的部分财权而直接掌握在皇帝手中。皇帝掌握调兵遣将的最高权力:三衙负责统辖全国禁军,但无调动兵马之权;枢密院有调动兵马之权,但必须"去御前画旨"才能调动。

必须指出,宋朝的皇权仍是有限制的,是按"人主莅权,大臣审权,争臣议权"(《宋史》卷394《林栗传》)的原则建立的。比如,皇帝任命或责降官员不当,负责起草诰词的知制诰和中书舍人可以"封还词头",加以拒绝;皇帝动用内藏库等经费,外廷大府寺或户部也有权进行监督、限制。

2. 资本主义社会的中央集权

（1）英国的中央集权

二战以后，英国中央对地方的控制日渐增强，主要体现在三方面：一、财政控制。由于地方政府开支常入不敷出，中央政府通过对地方财政的拨款补贴（约占地方财政收入的 40% 以上）来控制地方的基建投资、教育发展、政府规模、警力配备等。中央各部有权任命地方审计员，对地方政府的财政报告进行审核，如发现地方预算开支中有不符合中央要求的情况，有权予以制止乃至处以罚款。地方发行公债，亦须经中央批准；二、行政控制。中央有权监督地方官员的履职情况，如认为地方官员有失职行为，有权撤换。地方政府若有对公民的侵权行为，公民可向中央上诉；三、立法控制。地方的立法权限受到中央控制，地方的立法草案，一般都须事前得到中央认可。地方政府能做的事情，大都属于地方城镇建设和管理方面的工作。总之，随着经济发展和社会日趋复杂化，英国中央政府对地方控制大大增强。①

在权力由地方向中央集中的同时，也逐渐从议会向政府倾斜。理论上，政府应该服从议会，执行议会的立法；而实际上，政府可以通过政党控制议会多数，让议会制定符合政府愿望的法律。在其中起关键作用的是政党。二战后的英国政党成为群众性政党，不再是议会内部贵族政治家的不同派别。政党都有地方党组织，有大批普通党员，虽说党领导并不能要求党员随时服从党，但党却可以通过地方组织动员群众参加选举，选出本党议员，再通过议会党团对本党议员实行纪律约束，要求其在一切重大问题的投票表决中与本党保持一致，从而达到控制议会的目的。执政党对党的控制意味着对议会多数的控制，政府控制议会也就以政党为中介工具完成。②

在权力从议会向政府倾斜的同时，政府权力则逐渐向首相倾斜。二战后英国首相集政府首脑、议会领袖和政党领袖三个主要职务于一身，是集行政和立法大权于一体的最高决策者和领导者。拥有的主要权力包括：任免内阁

---

① 马啸原：《西方政治制度史》，高等教育出版社 2000 年版，第 156—157 页。
② 同上书，第 143—144 页。

成员和所有政府人员,改组内阁;决定内政外交一切重大决策;对内阁的绝对控制,掌握内阁一切活动; 决定政府各部门的职权划分,部门的设立、合并、改组或撤销;兼任首席财政大臣,与财政大臣共同决定国家预算;决定何时解散议会,提前大选;以议会多数党领袖角色,通过对本党议员的控制,操纵议会活动;当国家安全和正常生活受到威胁时,有权通过内阁提请英王宣布全国处于紧急状态,有采取紧急行动的广泛权力。可以说,英国议会政治已从内阁政治时代过渡到首相政治时代。①

(2)美国的中央集权

美国是联邦制国家,州是联邦构成的基础。美国联邦制经历了从二元联邦制、合作联邦制到中央集权联邦制的发展过程。建国初期,州政府与联邦政府各有自己明确的权限范围,各州政府有相当的独立性,联邦政府无权干预各州内部事务,被称为"二元联邦制"。19世纪中后期到二战,随着国内统一市场形成和国际贸易迅速发展,关税、所得税等将国家的财税来源逐步转移到联邦政府手中。两次世界大战和期间的经济危机,结束了联邦政府与州政府严格的职权划分,社会福利、公共卫生、公路交通、学校教育、刑事犯罪都成为全国性问题,需要联邦政府和各州政府共同负责、合作解决,于是美国便由二元联邦制进入"合作联邦制"。二战后,随着美国在国际事务中的作用日益提高,且国内全国性问题日益增多,许多问题州政府无力独立处理,如社会公害、福利保险、失业救济、教育卫生、环境污染等等,因此由联邦国会通过立法干预各州权限的情况日益增多,中央权力日益扩展,地方权力日益受到限制,美国的联邦制转变为"中央集权的联邦制"。②

与此同时,总统逐渐取得对立法机构与司法机构的权力优势。美国宪法设计的三权分立体制,随着社会、经济和政治问题的复杂化而出现变化:在保持三权分立基本结构的同时,总统成为了联邦政府的权力中心。由于二战后美国涉及的国际事务更广泛、更重要、更紧迫,许多外交军事问题必须及

---

① 阎照祥:《英国政治制度史》,人民出版社1999年版,第446—447页。
② 马啸原:《西方政治制度史》,高等教育出版社2000年版,第212页;参见〔美〕:约翰·F.沃克、哈罗德·G.瓦特:《美国大政府的兴起》,刘进译,重庆出版社2001年版。

时处理，国会无法对每一外交军事问题进行立案研究，使得作为政府首脑和武装力量最高统帅的总统，在外交和军事方面几乎享有最高权威。同时，由于行政部门增加和行政权力扩张，进一步增大了总统权力。另外，大众传播技术的进步使得总统成为报刊、杂志、广播、电视等所报道的重要对象，其一言一行都引起国民关注，使总统的威信和潜在的权力获得放大。[①]

综上所述，在德本主义社会与资本主义社会的成熟期，国家秩序稳定之后，二者中央政府的集权程度皆大为加强，中央政府的组织管理也皆愈趋复杂。这是二者由简单到复杂演进之必然！

（三）经济政策：政府管制与市场调节的结合（促发展 vs. 促公平）

1. 德本主义社会——政府管制与市场调节的结合（促发展）

宋朝经济政策相对于汉唐有较大变化。汉唐推行重农抑商的经济政策，两宋同样"重农"，但对于工商则"不抑"，甚而鼓励、推进其发展。总的说来，宋朝的经济政策，既有"不抑兼并"、"通商惠工"等自由、宽松的一面，又有"细碎必取，掊克斯甚"、禁榷专卖等政府干预、管制的一面，政府管制与市场调节相结合是此时期经济政策的基本特征。以下分土地、工业、商业、税收、货币、国家专营、政府采购、经济立法等几方面略述之。

土地方面。宋朝为推动土地垦殖，鼓励农户将荒闲田土开垦为自己的恒业，凡新垦土地一律不征税。政府承认并保护土地产权，允许土地买卖，使得土地得以向有投资和经营能力者集中，优化了土地资源配置，提高了土地利用效率。土地所有者可将土地租佃给农户耕种，依照契约与耕种农户进行收益分成。租佃制使土地所有权、使用权与收益权分离，并可以独立进行转移。在佃客中出现了二地主、佃富农，他们可将自己租佃土地的使用权及租佃权进行再次转让，使其有机会通过积蓄财产购置土地而上升为主户，形成了"贫富无定势，田宅无定主，有钱则买，无钱则卖"的市场经济格局（《袁

---

① 马啸原：《西方政治制度史》，高等教育出版社2000年版，第203页；参见刘绪贻：《美国通史》（第六卷），人民出版社2002年版，第613—617页。

氏世范》)。

工业方面。根据行业不同，实施不同的产业政策。对于关乎国家安全的军工、铸钱等部门，控制很严，官营垄断，禁止民营；对属于政府财政支柱的制盐、酿酒、制茶等部门，也严加控制，实行禁榷专卖政策；对于关系官营手工业原料的矿冶业等部门，既鼓励民营又有一定控制；对于关系日常民生的纺织、陶瓷、漆器、建筑、造船、造纸、印刷、粮食加工等部门则基本上是放任民间自由经营。官营工业的用工方面，劳役制逐步减少，多采取雇佣招募制。

商业方面。放松对市场开设、商品定价、经商人员资质等方面的管制，同时推出一系列维护市场良性秩序的政策，如打击市场垄断、规范契约合同、维护商业信用、统一度量衡标准、打击假冒伪劣等，并加强对商业行会、商人、牙人的管理。

税收方面。取消五代十国以来的苛捐杂税收，颁行"商税则例"，将商税分为过境税和营业税，大都"比市价"计征，税率为百分之二和百分之三。政府为保证商税收入，严厉打击偷税漏税。

货币方面。利用在民间信用票据基础上成长起来的交子，收归官办；还以多种形式开展官办的便钱汇兑业务。政府主持的信用事业发达，一定程度上改善了铜铁钱笨重且不足的缺陷，克服了货币流通地域割裂的弊端，促进了区域市场之间的商业往来以及远程贸易的发展，但也导致了通货膨胀。

国家专营方面。禁榷专卖制度是政府干预经济的重要措施，宋朝对多种产品的生产或流通进行管制，如茶、盐、酒、醋、铜、矾、铅、锡、香料等。不同禁榷商品管制办法不同，每种商品的榷法也经常调整，尤以茶法、盐法为多变。在禁榷商品的生产领域，官府直接组织生产的情况较少，且呈越来越少的趋势，民营的比重逐渐增大。在流通流域，不仅不排斥商人，而且为商人资本让出较大的经营空间，通常是由官府和商人分别经营商品流通的某个环节，且官营范围渐趋减少，私营范围渐趋扩大。

政府采购方面。宋朝的政府采购制度，先是以征调赋税和土贡实物为主，后来逐渐变为货币购买为主。宋政府消费性购买的数量之巨、规模之大、时间之长，远超汉唐。政府设立了一系列负责采购的专门机构；明确了采购的预算计划制度；建立了及时迅捷的价格反馈系统；还实行了招标承包的买扑制（扑者，竞争、搏斗之意也。私人以投标竞争的方式承包政府某项物资供应或相关事务，互出价格，以决胜负，仿佛力士相扑，故曰买扑）。政府消费性购买有多种形式，大体可分为"和买（市场采购）"和"科买（政府征购）"两种类型。付款方法也较为灵活，有预付、现付、延期付款等多种类型。不同的购买形式、付款方法，以及数量大小、价格高低，都会对商品的生产流通产生影响，政府由此成为一个举足轻重的市场主体。[①]

经济立法方面。宋代是中国古代经济立法最活跃的时期，尤以土地和房产交易的条令为详。法律规定通过买卖取得的土地和房屋产权，以红契作为合法证书。为使契约制度规范化，政府还推行"官版契纸""标准契约"。这些法律不仅明确了产权归属，而且规范了土地交易与租佃关系。为了防止官员贪腐，政府对土地和房产的买家身份进行限制，如"见任官不得于所任州县典买田宅"、州县亲民官"秩满不得寄寓于部内"、"罢任未及三年若同（见任官之）"、"禁内外群臣市官田宅"（《宋会要辑稿·刑法》）等；为了促进宗族组织的发展，还特别明确了土地和房产交易的宗亲原则，如"应典卖物业，先问房亲，房亲不要问四邻，四邻不要他人并得交易"（《宋会要辑稿》食货六一之五八）。

综上所述，宋代经济政策整体上表现出尊重市场与政府管制的双重特征，或者说是市场调节与政府干预的结合，德本主义社会的经济模式由此变得更加富有弹性与韧劲。

需要指出，宋朝实施政府管制和市场调节相结合的经济政策，是与空前发达的市场经济相辅相成的。在"重农"的基础上，随着农业生产的发展，粮食剩余率的提高，工业生产的扩大，以及运输工具（如漕船、海船）的进步和交通条件（如汴河和沿海海运）的改善，宋代商品经济极其繁荣，主要

[①] 李晓：《宋代工商业经济与政府干预研究》，中国青年出版社2000年版；葛金芳：《中国经济通史》（第五卷），第557—732页，赵德鑫主编，湖南人民出版社2002年版。

体现在以下八个方面。

一、商品性农业的发展。许多经济作物的商品性种植快速扩展，如桑麻、竹子、茶叶、水果、蔬菜、花卉等，特别在太湖流域、成都平原和福建沿海地区，专业茶农、果农、蔗农、菜农大批涌现，成为专门的商品生产者。

二、草市镇的勃兴和地方性市场体系的形成。在经济发达、人烟稠密的乡村地区，以及水陆码头和交通要道沿线，"草市"成批涌现，从而形成"草市——镇市——区域经济中心"三层级的地方性市场体系。

三、城镇化进程的加速。城镇数量大增，城市人口膨胀，特别是区域经济中心城市层出不穷，进而导致传统的政治性城市向经济性商业城市转化。城市商业突破地域和时间限制，改变了原来的坊市建制的城市格局，临街设店的城市风貌逐步形成。

四、商品构成的变化和商业性质的转折。越来越多的生活资料（如粮食、布匹、茶叶等）和生产资料（如土地、耕牛、木材、煤炭、农具等）进入商品流通领域。原来主要为上层服务的、以奢侈品和土特产为主的贩运型商业，开始转变为以民众日常生产生活用品为主的规模型商业。

五、商人群体的崛起和"谋利"观念的盛行。随着商人队伍的扩大、商业资本的累积，商人阶层的实际地位有所提高，商人的社会影响力也因之扩大。与此同时，体现商人意识的谋利观念（所谓"市道"）盛行。

六、国际贸易的拓展。汉唐时期的陆上丝绸之路在宋代已被海上"香料之路""陶瓷之路"所取代，其贸易规模之大、贸易范围之广远超前朝。东南沿海地区在海外贸易的拉动下，以专业分工、规模生产为特征的商品经济尤为发达。刺桐港（即泉州）成为当时世界第一大港。同时，宋代与辽、夏、金、吐蕃、大理等周边地区的贸易规模也不断扩大，榷场贸易、走私贸易、茶马贸易和朝贡贸易等呈多元发展态势。宋代每年所铸数百万贯的铜钱因之流向周边地区，成为国际性货币。

七、货币的发展。在国内外市场同时得到开拓、商业规模远超前代的情况下，铜钱因分量重价值低不适应经济发展，世界上最早的纸币——"交子"在北宋前期的川蜀地区应运而生。后来，以白银为代表的贵金属称量货币亦出现在流通领域，从而形成了铜钱、铁钱、楮币、银两并行的货币体系。遍布汴京、临安城的"金银盐钞引交易铺"是不同货币的兑换处，仅临安城内的金银交易铺就有100多家。①

八、"富民阶层"的形成。"富民"，又称"富室""富户""富家""富姓"，以土地经营者为主（宋代乡村户分一、二、三、四、五等，富民主要为乡村中的上三等户），主要经营方式是土地租佃。时人杨万里记载："某之里中有富人焉，其田之以顷计者万焉，其货以舟计者千焉。其所以富者，不以己为主，而以人为之也。他日或说之曰：子知所以居其富矣，未知所以运其富也。子之田万顷，而田之入者岁五千；子之货千舟，而舟之入者岁五百，则子之利不全于主而分于客也。富人者于是尽取其田与舟，自耕且自商焉，不三年而贫。何昔之分而富，今之全而贫哉？其入昔广而今陿，其出者昔省而今费也。"（《诚斋集》卷63《与虞彬甫右相书》）富人将田"分于客"租佃经营则"居其富"，若自耕则"不三年而贫"，用现代经济学话语解释，就是因为所有权与经营权的分离提高了资源配置效率，导致经营结果迥然不同。②

由上可见，宋代经济的发展，无论是规模还是质量，都进入到一个远超前代的历史时期。

2. 资本主义社会——政府管制与市场调节的结合（促公平）

二战后，所有资本主义国家对于经济发展都已不再采取完全自由放任的政策。政府广泛干预经济决策的混合经济形态，已成为资本主义社会的经济常态。英国的福利国家建设与美国的公平施政，是资本主义国家转向政府管制与市场调节相结合的混合经济政策的代表。

（1）英国——福利国家③

战争之前，建立福利国家的思想就已经形成了。福利国家的本质是国家

---

① 葛金芳：《宋代经济：从传统到现代转变的首次启动》，载《中国经济史研究》2005年第1期。
② 林文勋：《中国古代"富民社会"的形成及其历史地位》，载《中国经济史研究》2006年第2期；另参见程民生：《宋代物价研究》，人民出版社2008年版，第572—577页。
③ 钱承旦、许洁明：《英国通史》，上海社会科学出版社2002年版，第339—342页。

对经济问题进行干预,用国家的力量来调节财富的分配。这是对自由主义的一种修正。自由主义经济学相信,以理性人为基础组织起来的市场社会是人类的自然状态,市场是无限可能的,其发展过程中的危机被归结为"外部因素"的限制或干涉;政府对市场干预被视为市场运行的障碍,如国家垄断、边卡、关税等,都终将被资本的扩张所征服。无论经济繁荣或衰退,政府都不应干预经济活动,"看不见的手"会自动地把经济导向稳定状态。然而,对于1929—1933年发生的资本主义历史上最深刻、最持久、最广泛的经济危机,"看不见的手"却无能为力。此后纳粹兴起与二战爆发,进一步导致自由主义衰退。西方学术界对于市场可以实现完全的自我调节的理论进行了深刻反思。凯恩斯在1936年发表的《就业、利息和货币通论》一书,提出用国家干预的方法刺激消费,促进生产,达到充分就业,从而消灭贫困。《通论》为资本主义政府调控经济提供了理论基础。

二战中,人们对国家干预的重要性有了进一步认识。战争中的几乎一切经济活动都需要国家进行干预,如食品和生活必需品需要定量分配,劳动力和原材料需要进行调度,全国的人力包括妇女在内都需要指定工作或参加某种防卫活动。由于国家干预,战时不仅物价稳定,而且工资还不断上升;尽管物资匮乏,人民的平均营养水平反而提高了,根本就没有出现饥饿现象。战时的经济政策实践为英国战后的经济政策变革创造了条件。

二战后,英国工党执政,宣称要"建立一个社会主义的大不列颠共同体",具体包括两方面内容:一是"福利国家",一是"国有化"。

"福利国家"由两项法律奠定基础:《国民保险法》和《国民医疗服务法》。《国民保险法》规定一切有收入的人要定期交纳保险金,一旦失业,便可以领取失业津贴;《国民医疗服务法》对全民实行免费医疗,一旦生病,便可以就医。此后,所有英国人都不必担心忍饥挨饿,也不必顾虑缺医少药了。国家出面为全体国民提供了保障,让所有国民都能享受最低的生活保障。上述立法是福利国家的奠基石,后来历届政府加以完善,制定了更多的法律,使福利制度涉及方方面面,而国民的生活标准也有很大提高。

英国成为"福利国家"经历了漫长的过程。16世纪伊丽莎白一世时期,英国建立了"济贫制度"。济贫制度以教区为单位实行救济，每个人都要交纳济贫税，结果是穷人交钱养活穷人，是"劫穷济穷"。但济贫制度为社会提供了最低限度的社会保障，由不幸和灾难造成的困境不致导致最糟的后果。工业革命后，自由放任思想盛行，济贫制度受到影响，劳动者处于严重的生存危机中，随时面临生老病死的威胁，由此造成的社会矛盾十分尖锐。1911年，自由党曾制定《国民保险法》，旨在缓解危机，但采取的是互助的方法。尽管国家出面组织了社会保障，具体操作者却是各种社会团体，包括工会、合作社、互助会等等，而且社会保障的覆盖面很小，只包括若干行业的工资劳动者。1946年的《国民保险法》由国家具体操作，承担社会保障的一切责任，并把覆盖面扩大到全体国民。正因此，英国才被称为"福利国家"。

工党旳"国有化"政策也从1946年开始实施。国有化是采取国家所有制形式，对国民经济中某些部门实行国家控制。先是英格兰银行的国有化，后来，煤矿、民航、铁路、公路、运输、煤气、钢铁、电力等部门相继完成国有化。实行国有化的行业主要是公用性质，另一些部门则是长期亏损行业，如煤矿业，不盈利但又不能没有，于是国家接管加以改造。国有化过程中对原有的企业主给予补偿，一般来说，原企业内部管理人员并不改变，工人地位也没变化，工人仍是受雇佣者，国家是雇主。国家成立专门的管理机构（如国家煤炭局），作为国家所有权的体现者。工人可组成工会与"国家"这个老板讲定工资。不过具体的谈判是在工人与经营人员之间进行的，国家仍站在仲裁者的地位上调节冲突，充当中间人。

保守党继工党执政后，其实行的经济政策与工党基本一致，福利国家与国有化政策成为英国的"共识政治"。在这种"混合经济"制度下，国有企业和私有企业同时存在，计划经济和自由竞争也同时起作用。国家不仅通过立法来干预经济，而且下达指标，对经济发展实行"指导"。国家不直接参与生产经营活动，却可以用"计划"来引导经济发展的方向；同时又用税收的手段调节财富分配，用福利制度来保障最低生活标准。这套经济政策在战后约20年时间里成效显著：经济稳定，失业率很低，人民生活水平明显提高，创造了前所未有的繁荣。

(2) 美国——公平施政

战后，美国杜鲁门政府着手推行社会经济改革，宣称："我国居民的每个阶层和每个人都有权期望从我国政府得到公平施政"，"除非对机会进行公平的分配，使我国的工农产品在广泛的范围内消费，否则我们就不能保持繁荣"。"公平施政"是罗斯福"新政"的继续和扩大，只是此时的国家干预已不是应急措施而是美国资本主义制度的常态构成。"公平施政"提出的举措有：扩大社会保险范围，提高最低工资限额；实行国民健康保险；否决 1947 年的"劳资关系法"；建造廉价公共住宅；维护农产品价格支持计划；推动制定保障民权的立法；扩大联邦政府对教育的援助等。上述举措旨在通过立法保障普通民众的经济权利，其中最重要的是 1946 年的"就业法"，规定联邦政府必须负责维持"最大限度的就业、生产和购买力"，以免再次出现 30 年代发生的大规模失业。"就业法"实施之后，美国政府加强了对复员军人的安置，加速了军事工业转为民用工业的步伐，使美国两年内就基本实现了由战时经济向常态经济的顺利过渡。随着"公平施政"的推进，美国的最低工资额从原来的每小时 40 美分提高到了 75 美分，养老金的领取者增加了 1000 万人，在 6 年内为低收入者建造 80 万套住宅的法案也获得通过。[①]

杜鲁门之后的艾森豪威尔政府在社会改良方面继续推进。1954 和 1956 年，艾森豪威尔促使国会两次修改社会保障法，使过去未享受保险待遇的几百万人纳入保险计划，失业保障范围也有所扩大。到 1960 年，得到社会保障立法的人达到 5800 万。1955 年的新的最低工资法将最低工资额由每小时 75 美分增至 1 美元。尽管国会拒绝了总统提出的关于联邦政府参与全国健康保险计划的要求，但是艾森豪威尔政府在公共卫生和医疗项目上的开支依然稳步增加。从 1950 年到 1960 年，美国全国社会福利的开支从 230 亿美元上升到 532 亿美元，即从占国民生产总值的 8.9% 上升到 10.5%。在教育方面，艾森豪威尔政府利用苏联人造卫星上天使美国人痛感科技和教育落后的时机，促使国会通过了国防教育法，对大学生提供长期低息贷款，改善中学的基础教育，

---

① 刘绪贻：《美国通史》（第六卷），人民出版社 2002 年版，第 51—85 页。

特别是扩大自然科学和外语教学的范围和提高教学质量，从而使联邦政府在教育方面承担起更大的责任。1956年制订的洲际《公路法》，联邦政府将为建造州际公路承担90%的费用。在13年中耗资310亿美元，建设了41000英里州际超级公路网，这是美国历史上最大的公共工程，推动了旅游业和郊区的发展，并且使私人汽车取代公共交通设施成为美国主要的交通工具。①

3. 异同比较

综上所述，德本主义社会与资本主义社会在成熟期的经济政策，都是以政府管制与市场调节相结合为基本特征，但二者的政策取向不同：前者是逐渐放开政府对市场的管制，扩大市场的调节作用，通过诸如土地政策、工商政策、财税政策、货币政策、国营政策、政府采购、经济立法等方面的措施，以促进市场经济的发展；后者是逐渐加强政府对市场经济的干预，扩大政府的调控作用，通过诸如对部分经济部门国有化、制定经济计划、推行福利政策、政府直接采购、调整财税政策等方面的措施，以促进社会平等、消减阶级矛盾，同时维持经济增长。

二者的经济政策与之前比较，从表面上看都有极大变化，甚至是"逆转"；从内在看，则是"一以贯之"，即维护社会整体秩序。

德本主义社会之前的经济政策，无论是汉代的重农抑商，还是唐代的均平主义，皆有强烈的政府管制特征，重在倾力扶持农业发展以保障基本民生，同时抑制商业投机以防止社会过度分化，从而保障社会和谐、长治久安。因为商业过度发展，容易导致对农业的盘剥（乃资本低买高卖的本性使然）；商人势力的扩张与渗透，也容易导致对政府与官吏的腐蚀（乃商人走向高层的本能使然）。因此汉唐时期，都有对商人的抑制政策，包括政治贬抑、经济剥夺以及消费限制等，如在汉代，"高祖令贾人不得衣丝乘车，重租税以困辱之。孝惠、高后时……市井之孙亦不得仕官为吏"（《史记·平准书》），武帝则通过"算缗""告缗"施以经济剥夺；唐朝规定"工商杂类不得预于士伍"（《旧唐书·食货志》），有市籍者不得官，父母、大父母为市籍者亦不得为官等。入宋以后，

---

① 刘绪贻：《美国通史》（第六卷），人民出版社2002年版，第51—85页。

由于科举制度完善，社会阶级渐趋消融，白衣公卿成为常事，特权阶层官商勾结的威胁降低，"官吏兼务货殖至巨富者始少，富商大贾在政治、社会各方面活动势力亦渐绌"①。而通过政府的调控，商业的"利润降低，故商人不能进至于大富，而官僚亦无从自商人处一转手而攫多金"②。在此情形下，政府顺应经济发展需求，逐渐放开管制，甚至促进商业的发展，便成为宋朝经济政策的基本取向。

资本主义社会之前实行的自由主义经济政策，前提是资源环境极其优裕（殖民扩张的成果），产业技术遥遥领先（工业革命的成果），国民经济得以高度增长。一旦资源环境受限（殖民扩张受限），产业优势不再，自由经济下商业竞争造成的贫富悬殊和社会分化便难于自然弥合，国民经济也难于维持自然增长。在此情形下，政府不得不逐渐加强经济管制，以促进社会福利与公平，同时谋求维持经济增长与政治稳定。

总而言之，德本主义社会与资本主义社会在成熟期的经济政策都表现为政府管制与市场调节相结合，但二者的政策发展路径不同：前者是由"管制"而趋于"放开"，后者是由"放开"而趋于"管制"。前者由"管制"趋于"放开"的政策取向重在"促发展"，后者由"放开"趋于"管制"的政策取向则重在"促公平"。二者政策的转变皆源于维护社会整体秩序的需求。

需要指出，德本主义社会与资本主义社会在成熟期的经济发展都处于"黄金时期"。

如果把迄今为止的资本主义经济史分为五个不同时期（见表6-5），1950—1973年就是增长表现最好的时期——"黄金时期"。其次是始于1973年，可用"新自由秩序"来表示的时期。第三是1870—1913年间的旧"自由秩序"时期。此后为1913—1950年，由于两次世界大战和大战之间出现的世界贸易和资本市场的崩溃，这一时期的经济增长明显低落。资本主义发展的初始时期（1820—1870年）是经济增长最缓慢的时期，当时经济增长的主要动力几

---

① 钱穆：《国史大纲》（修订本），商务印书馆1996年版，第409页。

② 同上。

乎完全来自欧洲国家和西方衍生国家。①

**表 6-5　世界和主要地区人均 GDP、人口和 GNP 增长率
1000—1998 年（年均复合增长率）**

	1000~1500	1500~1820	1820~1870	1870~1913	1913~1950	1950~1973	1973~1998
人均 GDP							
西欧	0.13	0.15	0.95	1.32	0.76	4.08	1.78
西方衍生国	0.00	0.34	1.42	1.81	1.55	2.44	1.94
日本	0.03	0.09	0.19	1.48	0.89	8.05	2.34
亚洲(不含日本)	0.05	0.00	-0.11	0.38	-0.02	2.92	3.54
拉丁美洲	0.01	0.15	0.10	1.81	1.42	2.52	0.99
东欧和前苏联	0.04	0.10	0.64	1.15	1.50	3.49	-1.10
非洲	-0.01	0.01	0.12	0.64	1.02	2.07	0.01
世界	0.05	0.05	0.53	1.30	0.91	2.93	1.33
人口							
西欧	0.16	0.26	0.69	0.77	0.42	0.70	0.32
西方衍生国	0.07	0.43	2.87	2.07	1.25	1.55	1.02
日本	0.14	0.22	0.21	0.95	1.31	1.15	0.61
亚洲(不含日本)	0.09	0.29	0.15	0.55	0.92	2.19	1.86
拉丁美洲	0.09	0.06	1.27	1.64	1.97	2.73	2.01
东欧和前苏联	0.16	0.34	0.87	1.21	0.34	1.31	0.54
非洲	0.07	0.15	0.40	0.75	1.65	2.33	2.73
世界	0.10	0.27	0.40	0.80	0.93	1.92	1.66
GDP							
西欧	0.30	0.41	1.65	2.10	1.19	4.81	2.11
西方衍生国	0.07	0.78	4.33	3.92	2.81	4.03	2.98
日本	0.18	0.31	0.41	2.44	2.21	9.29	2.97
亚洲(不含日本)	0.13	0.29	0.03	0.94	0.90	5.18	5.46
拉丁美洲	0.09	0.21	1.37	3.48	3.43	5.33	3.02
东欧和前苏联	0.20	0.44	1.52	2.37	1.84	4.84	-0.56
非洲	0.06	0.16	0.52	1.40	2.69	4.45	2.74
世界	0.15	0.32	0.93	2.11	1.85	4.91	3.01

目前尚缺乏类似上表的关于中国经济发展的历史统计数据。但有学者统计，宋朝财政收入好年景高达 16000 万贯，北宋中后期一般年份也可达 8000-9000 万贯，即使是失去了半壁江山的南宋，财政收入也达 10000 万贯。若与明代比较，明朝正常的岁入约有 1500 万两，紧急时期最多达到 2500 万两。以银钱的一般兑换率为 1 两白银 =1 贯铜钱，那么明朝的正常财政收入不到北

---

① 〔英〕安格斯·麦迪森：《世界经济千年史》，伍晓鹰译，北京大学出版社 2003 年版，第 115—116 页。

宋的 1/10。若与清代比较，清朝顺治七年（1650 年）岁入 1485 万两，咸丰年间（1850 年前后）岁入约为 4000 万两，仍然远小于 600 年前的宋朝，而此时中国的人口已经超过 3 亿，约为宋朝人口的 2—3 倍。直到清末，国家财政岁入才达到宋朝的水平。宋朝庞大的财政收入从何而来？唐代中后期两税（农业税）收入约 2000 万贯。宋太宗至道三年（997）收入 3559 万贯，其中两税 2321 万贯，占 65%，工商税 1238 万贯，占 35%。宋天禧五年（1021）收入 5723 万贯，其中两税 2762 万贯，占 48%，工商税 2936 万贯，占 52%。宋熙宁十年（1077）收入 7070 万贯，其中两税 2162 万贯，占 30%，工商税 4911 万贯，占 70%。两税一项从唐至宋没有大的变化，工商税收则突飞猛进。北宋财政收入由开国初与唐朝持平，到中期达到唐朝的两倍以上，主要是由于工商业快速发展，导致工商税收直线上升。[1] 当然，由于兑换率等方面原因，上述计算可能对宋朝的财政收入有所高估，即使如此，宋朝岁入远高于其他历史时期应该是一个确凿的事实。由此可见，宋代经济在中国历史上也处于经济增长的"黄金时期"。

还需提及，金兵南下、朝廷南迁之后，经济濒临崩溃，以至"公家无半年之储，百姓无旬日之积"，遂有政府增税、打击私盐等强化管制的经济改革。[2] 而 20 世纪 70 年代，资本主义国家也遭遇严重经济危机，陷入"滞胀"（高通胀、高失业、低经济增长）困境，凯恩斯主义对此束手无策，遂有新自由主义之改革（如 20 世纪 70 年代末英国撒切尔政府与 1980 年代美国里根政府以新自由主义为纲领展开的改革）。二者经济政策演进之"通变"如是！

三、科学技术进步

德本主义社会与资本主义社会的制度完善促进了科学技术的发展繁荣。在科学领域：前者在道统论与心性论的基础上，再建复杂科学的宏观理论和

---

[1] 严行方：《大国巅峰之路——经济策》，石油工业出版社 2014 年版，第 26 章。
[2] 白晓霞、张其凡：《吕颐浩与南宋初年的经济改革》，载《内蒙古大学学报》（人文社科版）2006 年 3 月（第 38 卷第 2 期）。

微观理论，而有理学和心学的发展；后者在相对论与量子论的基础上，再建简单科学的宏观理论和微观理论，而有现代宇宙学和粒子物理学的建立。在技术领域：前者有火药火器、造船航海、印刷出版等方面的技术突破；后者有核弹核能、航天造星、电子信息等方面的技术突破。以下分科学发展、技术革新两方面述之。

（一）科学发展：儒学 vs. 物理，中医 vs. 西医，从复杂走向简单 vs. 从简单走向复杂

1. 儒学和物理

在德本主义社会的成熟期，以道统论和心性论为基础，建立了理学体系和心学体系。"北宋周敦颐把东汉文献中的坎离匡廓图恢复为两仪图，与东汉文献中的三五至精图及另外三个图合成为'易有太极图'，从整体到局部地表述为《太极图说》"，"把无极（魏晋之后的主流话语）、太极阴阳（《周易·系辞》的记载）、五行（接续《周易·系辞》的《帛书·要》之后发展的复杂科学）整合在一起"，以简约清晰的几何模型揭示了宇宙的生成、演化及其结构，以复杂科学的理性融熔了佛道的玄学思辨。① 张载把周敦颐说的"二气交感"的

---

① 《太极图说》以复杂科学的理性融熔了佛道的玄学思辨：佛学之空，玄学之无，相当于没有用璇玑仪定位的天球北极，儒家的复杂科学正是在这个背景下起步，即用璇玑仪来定位天球北极，也就是"无极而太极"（或"自无极而为太极"，或"无极而生太极"）。"易有太极图"的第一层（一个圆圈）图示"太极动而生阳"（也就是易佑太极，阳表示可以从背景中区分出极星）。图中旁文"阴静"表示"动极而静，静而生阴"。第二层（中心为小圆圈，外环和中环的左半为白，右半为黑，左半的外环和中环之间用黑弧线分开，作为右半两个黑环的根，右半的外环和中环之间用白弧线分开，作为左半两个白环的根）图示"静极复动，一动一静，互为其根，分阴分阳，两仪立焉"（两仪图相当于太极生卦图的两仪阶段）。第三层（左上小圆圈内写火，左下小圆圈内写木，右上小圆圈内写水，右下小圆圈内写金，中央小圆圈内写土，上方中间的椭圆圈内写阳动，下方中间的小圆圈内空白，七圈用线条相连的规则是：五行之间相生则连，相克则不连；阳动只与火、水连；下方中间的小圆只与木、火、水、金连）图示四象阶段（阳动，阳变，动态核心）和成卦阶段（阴合，非平衡态秩序）："阳变阴合而生水、火、木、金、土，五气顺布，四时行焉"，也就是天球生物圈的演化。以上三层图示从下向上来看是："五行，一阴阳也；阴阳，一太极也；太极，本无极也。五行之生也，各（有特质而）一其性（被整合在一起），（转下页）

初态（天球生物圈演化过程中的初态）称为"太和"（可以把太和看作西方哲学框架中的一种"本体"）："太和所谓道，中涵浮沈（沉）、升降、动静、相感之性，是生絪缊、相荡、胜负、屈伸之始……散殊而可象为气，清通而不可象为神……知虚空即气……通一无二（宇宙大爆炸论仿此：质量与时空同在同存）……若谓虚能生气，则虚无穷，气有限，体用殊绝，入老氏……若谓万象为太虚中所见之物，则物与虚不相资，形自形，性自性，天人不相待而有，陷于浮屠（佛陀）……"（张载：《正蒙·太和第一》）周氏二弟子程颢、程颐发展了周敦颐说的"无极而太极"中的数学（几何图形），名之曰"天理"（演化着的天球生物圈的数学结构）："此理，天命也"（《近思录》引程颢）；"理一而分殊"（程颐，《二程文集·卷九，答杨时论西铭书》）。"理一"，是指构造性数学的公理化系统（代数与几何统一处理，"理"的原初词义为地界构成的几何图形），或该系统中的初始公理；分殊，指从公理推出定理（构造性数学的推理），从定理证明更多的命题，不同的条件得到不同的结论。南宋朱熹进一步发挥"天理"："太极只是天地万物之理"，"论万物之一原（初态，平衡态意义的微观粒子），则理同（分不出不同的数学结构）而气异（平衡态意义的微观粒子呈现无序性，呈随机分布）；观万物之异体（经自组织过程而整合为相对有序的复杂现象），则气犹相近（仍是平衡态意义的微观粒子，呈现无序性，呈随机分布），而理绝不相同（非平衡态秩序呈现不同层次的复杂现象，数学结构也不同）。"（《朱子语类·卷一》）张载所说的"太和"，以气（平衡态意义的微观粒子）为阴，以神（可传承的心灵）为阳，成其道；二程、朱熹所说的"天理"，以天（演化着的天球生物圈）为阴，以理（内在的数学结构）为阳，也成其道。关学（张载）和洛闽之学（程朱）只是名词上有所不同，

（接上页）无极之真（没有被定位的天球北极的真实性因定位而被理解），二五（阴阳五行）之精（秩序），妙合而凝（合为非平衡态秩序）"。第四层（一个圆圈）图示 " '乾道成男（左半火→木→男），坤道成女（右半水→金→女）' （从整体到局部，引文见《周易·系辞》），二气（局部的局部，直至最细微的局部，是平衡态意义的微观粒子，即气）交感，化成万物（参见《周易·系辞》：精气为物）"。第五层（一个圆圈）图示"万物生生而变化无穷焉"。《太极图说》最后讨论最复杂的现象（人类社会）："圣人定之以中正仁义而主静，立人极焉（与太极相应）……大哉易（从简单到复杂的变动）也，斯其至矣！"

明辨的清晰度有所不同,互为阴阳(气阴天阳,理阳神阴),合为道。历经濂、洛、关、闽等几代大儒的努力,博大精深的理学体系方才完成。与朱熹同时的陆九渊,进一步阐发儒学的心性部分,宣扬"人心至灵,此理至明;人皆具有心,心皆具是理";"宇宙便是吾心,吾心便是宇宙";"宇宙内事是己分内事,己分内事是宇宙内事",奠定了宋明心学的基础。需要指出,理学和心学密切相关:理学的穷理也需要借助"心(性)"的感悟,而心学的超越也需要以"理(性)"为基础。理学和心学的建立,是复杂科学大框架内宇宙运行模型和生命终极价值的重构,化解了自魏晋以来佛教泛滥导致的文化歧出,同时又融熔佛教思想精华,把中华文明推向一个更高的理性阶段。

在资本主义社会的成熟期,以相对论和量子论为基础,建立了现代宇宙学和粒子物理学体系。爱因斯坦的相对论表明,空间和时间(时空)皆与物质不可分离,宇宙作为演化着的时空整体被确认。1927年曾有比利时人勒梅特从广义相对论场方程出发,预言大尺度宇宙空间随时间膨胀,宇宙来源于"原始原子",是一场大爆炸把它炸开来,上百亿年后成为今日的宇宙。1948年,美国人伽莫夫与阿尔弗及赫尔曼一起提出大爆炸宇宙学说。大爆炸宇宙论认为,极早期的宇宙温度、密度都极高,尺度极小,时间趋向零,即开端。根据成熟的物理理论,可反推到极早期宇宙广 10-44 秒,这时的温度为 1032KK,能量为 1019GeV,也就是普朗克时代。这时宇宙的尺度约为 10-35 米。随着宇宙的膨胀,温度下降,密度减小,各种粒子伴随产生。当温度满足 $m_0c^2 > kT$ 时,质量为 m_0 的粒子大量产生,大量存在。由于粒子互相碰撞,而处于热平衡状态。当温度下降到不满足产生粒子的条件时,这种粒子便大量湮灭。当 $T \sim 10^9 K$ 时,这种能量 $E \sim 0.1 MeV$,各种粒子已不再产生,只剩下 e、p、γ、υ、n 等少数粒子,其余粒子不复存在。这时宇宙已诞生了 3 分钟,He 核开始形成,中子只有在原子核中得以生存。宇宙继续膨胀、降温,到宇宙年龄为 4×10^5 年时,生成中性原子,又逐渐形成星体和星体体系。现在的宇宙年龄已有 150~200 亿年,温度降为 3K。大爆炸宇宙学说得到了三大天文观测的支持:宇宙天体彼此膨胀,高度各向同性的微波背景辐射和构成宇宙万物的原始物质丰度，使之成为所谓的标准宇宙模型。① 在探究宏观宇宙的生成演化的同时，探究比原子核更深层次的微观世界的物质结构和性质，及在高能量下这些物质相互转化及其原因和规律，而有了粒子物理学的长足发展。到 20 世纪 50 年代，取代原子和原子核，成为物理学的前沿，强子结构理论、电弱统一理论、夸克轻子层次等相继提出。其中特别是由温伯格和萨拉姆建立的弱电统一理论，被认为是 20 世纪物理学最完美的理论。从这个模型来看，宇宙同及自然界的万事万物都是由六种夸克（u 夸克、d 夸克、s 夸克、c 夸克、b 夸克和 t 夸克）和六种轻子（电子、Ⅳ子、r 子及电子中微子、Ⅳ子中微子和 r 子中微子）通过四种相互作用（电磁作用、弱作用、强作用和引力作用）铸成。② 需要指出，现代宇宙学与粒子物理学密切相关：现代宇宙学需要借助粒子物理学解释宇宙图像，粒子物理学则需要把宇宙作为"天然实验室"。现代宇宙学和粒子物理学的发展，是简单科学体系内宇宙演化模型和物质基本结构理论的重构。

2．中医和西医

在医学理论方面，中医的发展成就是在《内经》等经典所确立的构造性整体所留出的余地中增加了新的事实（述比）、层次（默识）和理解（不惑），减小余地，细化操作，突出表现为"金元四大家"分别提出的"火热论"、"攻邪论"、"脾胃论"和"相火论"等不同流派、各有侧重的学说③。西医的发展成就则是在原有分析还原的布局之外（如细胞、细菌等）发现了新的事实、因子、公理、原理、定律，突出表现为发现了遗传信息载体 DNA 及其双螺旋结构，从而建立了"分子生物学"。（在西方的生命科学发展过程中，机械还原论一直是一条主线。机械还原论者力图用物理学中比较成熟的研究纲领处理生物学问题。在近代早期，将人体与机械类比极为盛行。达·芬奇用静力学观点解释骨骼的杠杆作用，塞尔维特用水力学的观点解释人体内的血液循环，哈维则在机械论的基础上建立了人体血液循环理论。笛卡尔本人特别对

---

① 刘莜莉、仲扣庄：《物理学史》，南京师范大学出版社 2001 年版，第 386—388 页。

② 同上书，第十章。

③ 详见常存库：《中国医学史》，中国医药出版社 2003 年版，第 99—107 页。

人体的机械构造作了详细描述,以致在唯物主义哲学家阵营,都相信人是机器。法国哲学家拉美特利根更是写了名噪一时的《人是机器》一书。随着西方物理学的发展,生命科学中出现了生理学、生物化学、生物物理学、分子生物学。这些学科都力是图用机械的、力学的、原子主义的还原纲领,将生命现象在微观层次上加以解释。分子生物学建立后,机械还原论更为深入人心。几乎所有的分子生物学家都主张物理基础主义的还原论。DNA双螺旋结构的发现者之一克里克说:"事实上,当代生物学运动的最终目标是根据物理学和有机化学解释所有的生物学。"物理还原纲领被认为是真正有效的生物学研究纲领。他们相信,虽然现在仍有许多生命现象不能由物理化学方法得到说明,但随着生命科学和物理科学的发展,最终都可以得到彻底说明。①)

3. 从复杂走向简单和从简单走向复杂

在德本主义社会的成熟期,宋代面向简单现象的科学探索取得了诸多划时代的重大成就,涵盖数学、天文、物理、地理、地质、生物、农学、医学和工程等诸多学科。② 沈括的《梦溪笔谈》,以很大篇幅记载了北宋时期自然科学的发展,并对于等差级数、天体运动、太阳历法、地磁偏角、光线传播、声学共振、大地测量、地貌侵蚀、矿产开发、石油利用等简单科学问题皆有深入研究,成就斐然,被英国科学史家李约瑟视为"中国科学史上的里程碑"。而在资本主义社会的成熟期,"从研究平衡、可逆和线性现象转向探索非平衡、不可逆和非线性现象是物理学发展的一个重要方面","对远离平衡的宏观体系中自发产生的各种有序时空结构及其演变的研究,引起理论物理、理论化学、理论生物学及社会科学的广泛关注",③ 由此,面向复杂现象的科学探索也取得诸多重要成就,主要包括:比利时的普利高津1969年提出耗散结构理论,德国的哈肯1977年提出协同理论,法国的托姆1972提出突变理论,70—80年代提出混沌理论、分形理论等。④

---

① 吴国盛:《科学的历程》(第二版),北京大学出版社2002年版,第563页。
② 详见杜石然:《中国科学技术史稿》(修订版),北京大学出版社2012年版,第七章。
③ 刘莜莉、仲扣庄:《物理学史》,南京师范大学出版社2001年版,第393页。
④ 参见李士勇:《非线性科学与复杂性科学》,哈尔滨工业大学出版社2006年版。

综上所述，在德本主义社会的成熟期，理学和心学的发展重构了复杂科学的宏观理论和微观理论，同时，科学研究对象逐渐从复杂走向简单，面向简单现象的科学探索取得了诸多重要成就；而在资本主义社会的成熟期，现代宇宙学和粒子物理学的发展，重构了简单科学的宏观理论和微观理论，同时，科学研究对象逐渐从简单走向复杂，面向复杂现象的科学探索取得了诸多重要成就。

（二）技术革新：火药火器＋造船航海＋印刷出版 vs. 核弹核能＋航天造星＋电子信息

德本主义社会与资本主义社会的制度完善，不但促进了科学发展，更促进了技术革新：前者在火药火器、航海造船、印刷出版三方面取得了重大技术突破；后者在核弹核能、航天造星、电子信息三方面取得了重大技术突破。以下分述之。

1. 德本主义社会

（1）火药火器

火药起源于道家炼丹术。炼丹家对硫黄、砒霜等具有猛毒的金石药，在使用前常用烧灼的办法降伏其毒性，称为"伏火"。伏火方子含有碳素，而且伏硫黄要加硝石，伏硝石要加硫黄。硫、硝、碳三种物质混合便组成了一种极易燃烧的药，被称为"火药"。《本草纲目》提到火药能治疮癣、杀虫、辟湿气与瘟疫。火药配方后来被军事所利用，发展成为武器。史载北宋初年已知使用火箭，后来又有火球、火蒺藜的使用。曾公亮所著《武经总要》中记载了火药配方。北宋末年的宋金战争中发明了霹雳炮、震天雷等杀伤力较大的火炮。到南宋发明了管型火器——火枪。[①] 金人、蒙古人后来也学会了制造和使用火药武器。蒙古军队在灭金、灭宋的战争中，大量使用了火炮、火枪。火药与武器制造之法，由阿拉伯传入欧洲，对欧洲历史产生巨大影响。近代以来，随着西方金属铳枪、前膛枪、后膛枪及大炮等新型火器的发明，西方国家携此开始了全球殖民的进程。

---

① 详见祝慈寿：《中国工业技术史》，重庆出版社 1995 年版，第九章。

(2)航海造船

宋代海外贸易兴盛，促进了航海技术的大发展。"中国此时期的航海科技是领先全世界的。"[1] 主要表现在以下三方面。首先是指南针的发明和应用，使得航海可以随时辨认航向——"夜则观星，昼则观日，隐晦观指南针"。其次是航海图的绘制与使用。北宋已有关于航海图的明确记载，宣和五年徐兢所著《宣和奉使高丽图经》中载有"谨列夫神舟所往岛、洲、苫、屿而为之图"。宋末金履祥建议朝廷派兵由海道直趋燕蓟，攻打燕京，详细绘制了一幅海图，备记海船所经岛屿的航路，"难易远近，历历可据以行"。后来元人得到此图，并经实地考察后，据以绘成图本，作为海上漕运海图，元明两代又刻印成书，即《海道经》。再就是造船科技的突飞猛进。在船舶设计方面，创造了多种多样性能优良的新船型和改进船型，新船型有多桨船、铁壁铧觜海鹘战船、马船、飞虎战船、无底船等，改进船型有沙船（平底、不怕搁浅）、福船（尖底、适宜远海）等。在船舶制造方面，采用了水密隔舱、铁锚、平衡舵等改进船舶性能的措施，创造了船模放样技术。宋代造船场遍布全国，所造船舶巨大坚固，船舶在动力、性能、结构、安全、稳定等方面所表现的技术进步，得到广泛国际赞誉。[2] 航海和造船技术的提高，使宋代海外航线覆盖东南亚、阿拉伯以及非洲东海岸的广大地区，到达的地区和国家有五六十处，远超唐代的航线范围。

（3）印刷出版

宋代文教兴盛，刻书成风，促进了造纸和印刷技术的革新。

造纸方面。竹纸技术兴起，南宋竹纸产量已超过其他纸种，成为图书典籍、官府文牍和私家信笺的主要用纸。造纸工艺创新迭出，如用水碓舂捣纸料、添加植物黏液作为造纸悬浮剂、对纸张进行砑光、砑花、涂粉、施胶、加蜡、泥金、染色等。宋代创制了许多为后世称道的名纸，如金粟山藏经纸、温州蠲纸、徽州池纸、苏州粉笺、新安皮纸、四川麻纸、天台玉版等。

---

[1] 〔美〕费正清：《费正清论中国》，薛绚译，正中书局1994年版，第93—94页。
[2] 杜石然：《中国科学技术史稿》（修订版），北京大学出版社2012年版，第七章。

印刷方面。雕版印刷极为繁荣。据估计，宋代雕版刻本有数万部，内容包括经、史、子、集、释、道、天算、医药、类书、丛书等。宋版书多由善书者书写上版，字体常用名家书体，且纸墨精良，装帧版式美观，素被后世藏家视为珍本。由于雕版印刷方法费工费时费地（一套书版只印一种书，保存书版又要占地），创新势在必行。北宋毕昇发明了活字印刷，成为印刷技术的重大突破。沈括在《梦溪笔谈》中记载了完整的活字印刷工序，包括制作活字、排版、印刷、拆版、活字存放、检索、补刻冷僻字等。另外，宋代还发明了铜版印刷和套色印刷。[1]

造纸和印刷技术的革新，极大地促进了图书的生产和流通，成书周期缩短了，书籍成本降低了，书籍数量和质量都得到大幅提高。仅就著作数量而论，宋代远胜唐代："《旧唐书·经籍志》，连前代总计，集部凡八百九十二部，一万二千二十八卷。《宋史·艺文志》，有宋一代，集部凡二千三百六十九部，三万四千九百六十五卷，较之自战国迄唐之集部，增二倍有余。补《辽金元·艺文志》，集部六百六家，七千二百三十一卷。辽、金集部不多，大都皆元代作。《旧唐书》载唐仅一百一十二家，元人较之，尚多五倍。"[2] "书籍刻板既多，流传日广，于是民间藏书家蜂起。"[3] 图书生产与流通的发达，"对于规矩法度之讲求、能入能出之提倡、诗话评点之崛起、文学体式之嬗变、经典研究之复兴、学术风尚之转变"，[4] 都产生了深远影响，推进了德本主义社会的历史进程。

活字印刷术也是人类技术史上的里程碑，对后世历史产生了极其深远的影响。活字印刷术经不同途径传入欧洲后，德国谷腾堡在15世纪中期发明了用铅、锡等合金的金属活字印刷技术。大量印行的书籍在宗教改革运动中发挥了不可估量的作用，推动了欧洲以至于世界的历史进程。

---

[1] 详见祝慈寿：《中国工业技术史》，重庆出版社1995年版，184—189页。

[2] 钱穆：《国史大纲》（修订本），商务印书馆1996年版，第789页。

[3] 同上。

[4] 张高评：《宋代雕版印刷与传媒效应》，载《陕西师范大学学报》（哲学社科版），第40卷第4期，2011年7月。

2. 资本主义社会

（1）核弹核能

二战期间，美国实施了制造原子弹的"曼哈顿工程"，动员人力达50多万（包括15万科研人员），投资22亿美元。1942年第一座原子反应堆建成。1945年第一颗原子弹爆炸成功。苏联1949年也成功试爆原子弹。美国为重新占有核优势，加紧军事武器研发投入，1950—1951年为原子武器的研制拨款达23亿美元，比"曼哈顿计划"的全部费用还多。1952年美国成功试爆氢弹，9个月后苏联氢弹也试爆成功。激烈的军备竞赛还催生出洲际导弹、中子弹、制导导弹等新型武器。

源于军事用途的核能在1950年代开始用于和平事业——核能发电。1954年苏联建成第一座小型原子能发电站，装机容量5千千瓦。不久，英国和美国也相继建成核电站。①

（2）航天造星

航天技术的突破也源于军事需要。二战期间，德国建立了火箭研究中心，由冯·布劳恩主持研制成功的V2远程液体燃料火箭，奠定了航天技术的基础。1950年代，美苏竞相研制中远程和洲际导弹。1957年苏联发射了第一枚SS—6洲际弹道导弹，射程约8000公里；1959年美国研制成功"宇宙神"洲际弹道导弹，射程超过1万公里。洲际导弹的研制推动了火箭技术的快速发展。1957年，苏联研制出速度达到每秒8公里的火箭，具有了摆脱地球引力的速度。同年，苏联将第一颗人造地球卫星送上太空。1958年美国的"探险者1号"人造卫星也成功发射。美苏展开空间竞赛。1961年，苏联发射第一艘载人飞船，并安全返回地面。之后美国为了缩短与苏联的"空间差距"，提出"阿波罗登月计划"。1964年美国成功发射第一颗地球同步静止轨道通讯卫星。1969年阿波罗号宇宙飞船载人登月。二十世纪七八十年代，空间技术大量转向民用，气象卫星、通讯卫星、资源卫星、侦察卫星、导航卫星等相继成功发射，可

---

① 详见吴国盛：《科学的历程》（第二版），北京大学出版社2002年版，第487—502页。

多次往返的航天飞机也研制成功。①

（3）电子信息

二战期间，军事需求推进了电子计算技术的突破，因为进行核裂变的计算和弹道的计算需要更高效率的计算机。1942 年美国的莫克利提出《高速电子管计算装置的使用》报告，是第一台电子计算机的初始方案。1943 年美国陆军导弹研究所投资支持莫克利的计划，1945 年底研制成功。该机重达 30 多吨，占地 170 平方米，耗电高达 150 千瓦，每秒可作 5000 次加法，或 500 次乘法，贮存量小，用"外插型"程序也不够方便。为一次几分钟的计算往往要准备几小时、甚至几天。1947 年美国电话电报公司贝尔实验室制成第一支晶体管。晶体管比电子管功耗小，电压低，体积小，重量轻，成倍地降低了成本，缩小了体积，并将运算速度从每秒几千次提高到几十万次。这种晶体管计算机也先是用于军事。1959 年美国研制成第一台大型通用晶体管计算机，是第二代电子计算机。1964 年美国 IBM 公司制成通用的集成电路计算机，是第三代电子计算机。集成电路将电路中所需的晶体管、二极管、电阻、电容等制作在一小块或几小块半导体片上，再进行互连，封装成一个电子器件，计算机用此组件线路故障率几可降至零。计算机的体积、重量、功耗、成本也都大为缩小或降低，运行速度大为提高，可达每秒 4 万次。第四代大规模集成电路电子计算机产生于 20 世纪 70 年代。大规模集成电路是在几毫米的半导体片上用微米及亚微米级的刻蚀加工技术集成有 1000 个以上的微电子器件。1978 年集成 10 万以上电子组件的超大规模集成电路问世，1985 年集成电路发展到可集成 100 万以上的电子组件。大规模集成电路的应用使得电子计算机得以迅速普及，同时性能迅速提高。信息的传输、接收和处理过程，关乎社会的运行方式和效率。电子信息技术的突破，对人类社会的政治、经济、教育等具有巨大影响，开辟了一个信息化时代，掀起了人类历史上的"第三次浪潮"（美国未来学家托夫勒语）。②

---

① 详见吴国盛：《科学的历程》（第二版），北京大学出版社 2002 年版，第 503—528 页。

② 同上，第 529—543 页。

3. 异同比较

综上所述，在德本主义社会与资本主义社会的成熟期，前者在火药火器、航海造船、印刷出版三方面取得了重大技术突破，后者在核弹核能、航天造星、电子信息三方面取得了重大技术突破。前者的技术突破皆源于和平发展的需求：火药技术源于道教炼丹养生的需求，航海技术源于海外贸易的需求，印刷出版源于文教发展的需求；而后者的技术突破皆源于军事发展的需求：核能技术源于大规模杀伤性武器的需求，航天技术源于远程攻击的需求，电子信息技术源于精确攻击（计算弹道）的需求。二者的技术发明、应用与传播，皆成为改变世界历史进程的巨大力量：前者传播到西方，在推进全球文明化进程的同时，也成为西方海外扩张和宗教改革的基础或凭借（西方的海外扩张基于火药火器、航海造船等技术，宗教改革基于图书印刷技术）；后者传播到东方，在推进全球工业化、现代化进程的同时，也将成为中华文明引领世界的基础或凭借（中华维护世界和平基于核武威慑、航天造星等技术，文明传播基于电子信息技术，待验证）。

需要提及，除了上述火药火器、航海造船、印刷出版等方面的技术突破，宋代在冶金、制瓷、纺织、食品加工等领域都实现了技术飞跃，如采矿的筒井技术，冶金的灌钢技术、胆铜技术，制瓷的覆烧工艺，纺织的缂丝工艺、刺绣工艺、印染技术等，极大地推进了当时的工业经济发展。科技史学家李约瑟认为，中国的科技发展到宋朝已呈巅峰状态，在许多方面超过了18世纪中期工业革命前夕的欧洲科技水平。有西方学者认为，"任何有现代意识的扩张主义者回顾诸如此类的成长和创造力时，可以想象到，宋代中国若自由发展下去，将可能主导航海世界，并且自亚洲发动侵略，移民欧洲，从而改写历史"。[①] 也有中国学者认为，宋代已全方位地启动了工业化进程："在煤铁革命的推动之下，包括冶金、陶瓷、井盐、纺织、造纸、印刷等在内的手工业各部门一度呈现出全面繁荣态势。民营手工业全面崛起，除铸钱、军工等少数行业外，其主导地位已确立无疑，并程度不同地拥有区域市场、区间市场，

---

① 〔美〕费正清：《费正清论中国》，薛绚译，正中书局1994年版，第93—94页。

甚至海外市场；其间带有近代色彩的雇佣关系、包买商惯例亦在顽强生长。这一切使我们相信，宋代手工业进入了一个新的发展时期，一个为近代工业的发生准备条件的时期……如果这个势头能够保持二、三个世纪不被打断的话，必将为其后的工厂（机器）工业化奠定坚实基础。"[1]

上述学者的想象与推理，皆因对德本主义社会发展的环境约束与内在机理缺乏理解。或者说，上述想象与推理，是基于资本主义社会的内在机理（无视环境约束）。技术创新源于社会需求。在德本主义社会，技术发展到一定程度之后，由于人口增长和环境资源约束，对节省人力的技术需求便会降低。宋代之前与宋代之后技术发展路线的不同就是明证。

"到宋朝为止，农业技术发明的主要方向是节省劳力（labor saving）型的。从南宋开始，技术改进几乎完全属于使用劳力（labor using）的性质。""到北宋末年为止，节省劳力的农业技术发明主要是表现在农具的改良，以期省工。实例如赵过的挽犁，崔寔所说的三犁，以及长镵、耧犁、锹、镰、铧犁、镰、耙、耢、水碓、碾、磨等，都是西汉至南北朝这一时期发明或出现，大大改良了农具的效率，充分利用畜力，并利用水力推动农业加工工具。晚唐陆龟蒙的《耒耜经》提到在江东使用的水田犁、反转犁，以利水田耕作。此时也有了龙骨水车。到了北宋则有秧马及风车之发明。王祯的《农书》著于1313年，此书已经是集中国传统农业生产工具之大成。直到民国初年，中国农村使用的农具很难有一两件是王祯《农书》中所未载者。可见从南宋开始，中国农民未再致力农具改良。如果硬要勉强充数的话，可以找出几件明清年间发明或出现的'代耕具'。这些代耕具都是手耕农具，是在人力过剩畜力不足时，以人力操作运用，效率很低。""从南宋开始，中国农业技术的发展完全是改换了一个新的方向。首先，农民尽量开发以前不值得开发的土地。垦山为田已经很普遍。南宋已有梯田的名称，在山区推行稻作。其次与湖泊及河流争田，于是圩田、围田、湖田，到处可见。再其次是尽量提高复种指数，试行双季稻或稻麦两熟制。最后

---

[1] 葛金芳：《宋代经济：从传统到现代转变的首次启动》，载《中国经济史研究》2005年第1期，第78—86页。

是介绍新的作物,如明朝推广的甘薯、玉米等。总之,是以提高土地利用率为指导原则。""实际上,以宋朝为分野的前后两时期技术发展的异同也是全面的,并不仅限于农业生产。"而"工业革命的主要特征就是采用了大量节省人力的机器从事生产。其实,工业革命以后的新发明与科技进步,都是朝这一个方向走——如何发明更新的生产工具来节省人力……英国在 18 世纪中叶……社会很需要节省人力的机器。"(英国之所以有此需求,是由于地理大发现后海外殖民导致的人力相对于土地更为稀缺)"众所周知,英国的工业革命是由 1765 年哈格里沃斯发明的珍妮纺机所引发。这种多锭棉纺机出现以后,大规模的纺纱工厂在英国各地纷纷设立,从此又诱导出棉纺织技术上许多进一步的改善。可是 1313 年的《农书》中已经有了大纺车的记载及绘图说明。它的出现时间应该早于 1300 年。中国的大纺车不但比珍妮纺车要早四百六七十年,而且从工程学的眼光而论,其构造也要高明很多。珍妮纺车最初只有 8 个纺锭,而《农书》上的大纺车有 32 锭。珍妮纺车装置笨拙的水平轮盘,而中国大纺车却装置着运转灵巧的直立式轮盘。珍妮纺车是用手来运转,而中国大纺车却可用水力推动操作。说来难以相信,尽管中国大纺车的条件这样优异,但是从明朝开始,棉纺织完全家庭化,利用他们家中过剩的劳动力从事副业生产,没有人愿意采用这种大纺车。很快它便失传了。"[1]

四、社会组织演化

在德本主义社会与资本主义社会的成熟期,随着政治经济制度趋于完善,社会组织的发展也渐趋成熟,主要体现在以下三方面:一,基层社会自治组织的制度形态渐趋成熟;二,社会精英自治组织的制度形态渐趋成熟;三,社会中间组织的制度形态渐趋成熟。以下分述之。

---

[1] 赵冈、陈钟毅:《中国土地制度史》,新星出版社 2006 年版,第 323—325 页。

（一）基层组织：宗族组织 vs. 公司组织

1. 德本主义社会——宗族制度成熟

（1）历史背景

宗族组织的凝聚力，是基于世系的清晰、祖先的名望、祖先祭祀的组织、聚族而居的形态、族人生活的维持、族众安全的保障等诸多要素。宋代之前，士族凭借出仕权享有优厚的俸禄，有免役权，庄园制也提供了经济基础和聚族而居的条件，加上文化传统从而保证了宗族的凝聚力。历经安史之乱以后的社会动荡，门阀士族趋于衰亡。社会动荡导致大批人民离乡背井，迁徙他方，原有的血缘与地缘结合的社会结构被破坏了，基层社会缺乏稳定的组织秩序。同时，土地租佃制盛行、商品经济发展以及科举选官制的普及，加剧了社会的变迁与流动。族人或因科举平步青云，或以经商爆发致富，如果没有符合时代需求的宗族观念和组织方式维系族众，那么，国家的长治久安、社会的和谐稳定就缺乏坚实的基础。因此，重建宗族组织以优化社会管理、稳定基层秩序，成为宋代国家社会治理的重大问题。

宋朝建立后，政府加强道德教化，注重"以孝治天下"，强调"冠冕百行莫大于孝，范防百为莫大于义"（《宋史》卷四五六《孝义传》）、"厚人伦者莫大予孝慈，正家道者无先于敦睦"（《宋会要辑稿》刑法二之一），同时，出台了一系列相关政策，如通过旌表制度提倡累世义居，通过法律手段制裁父母在而别籍异居者。儒家学者也极其重视基层社会的秩序重建和宗族组织的复兴发展。如北宋大儒张载在《经学理窟》中辟专章论宗法，曰："管摄天下人心，收宗族，厚风俗，使人不忘本，须是明谱系世族与立宗子法。宗法不立，则人不知统系来处……人家不知来处，无百年之家。骨肉无统，虽至亲，恩亦薄。"在上述历史背景和社会氛围下，儒家士大夫们率先编修谱牒，兴置族产，制定族规，创办族学，组织宗族祭祀，身体力行倡导"尊尊""亲亲""敬宗""收族"，如范仲淹创义庄、办义学，欧阳修、苏洵编族谱等，引领一时社会风尚。

（2）治理结构

宗族成员聚族而居，户众人多，事务繁杂，宗族行政需要实施分级管理。因此，宗族逐渐形成了从宗族到房头、从族长到房长的治理体系。

族长是一族的最高首领，统揽全族事务。少数人口众多的大族，还有总族、支族之分。总族、支族各设总族长、支族长。同总族的是同一远祖的子孙。族之下依血缘关系的亲疏远近分为若干房。房有各自的名称，命名的方法，或依房之始祖的排行称为一房、二房、三房，或照本房始祖的派号为某某房、某字房。房设房长、房头，具体掌管族中某支房的事务。族中重大事务，往往需经房长公议后决策。房是宗族治理中重要的一级管理机构，宗族管理中，房长对族长的权力有一定制约。房下有家，是宗族的最小单位。少数人口众多的房，房之下还有一级中间组织，但就多数宗族而言，房直接管理"核心家庭"。

宗族还设有族长的助理人员和各种专门职事，协助族长工作，司掌族中公共事务，如庄正掌族产，监视掌劝惩簿，典事协助家长。另外，还有专事管理祠堂的、管理族田的、协调族众关系的、管理祭祀品的等。人口众多的大宗族，还单独设立宗子，专主祖先祭祀，是全族的精神领袖。宗族设立包括宗子、族长在内的族事会，作为咨询机构，协助管理族中事务，参加者多是族中的年长望高及仕宦富贵者。族长、房长及族事会成员的产生有三种方式：一、任命，由宗族元老或老族长选拔；二、论辈分年齿继承，即由辈分最长、年龄最高者自然升为族长；三、公众推举，此种情形居多。族长如果不称职，可以举行全族会议罢免或者改选。

（3）管理方法

宗族的管理制度与管理方法也愈趋完善，主要体现在族谱、祠堂、族产、族学、族规、经营等方面，以下分述之。

族谱。族谱是收族的具有法律意义的基础文书。"自五季以来，取士不问家世，婚姻不问阀阅"，旧式的官修谱牒制度衰败，"故其书散佚而其学不传"（郑樵：《通志》卷25《氏族略第一·氏族序》）。入宋，以欧阳修编《欧阳氏族谱》和苏洵编《苏氏族谱》为开端，其后，"继之者不一而足"，形成"私谱盛行"的局面。苏洵认为："自秦汉以来，仕者不世，然其贤人君子犹能识其先人，或至百世而不绝，无庙无宗而祖宗不忘，宗族不散，其势宜亡而独存，则有谱之力也。"（苏洵《嘉祐集》卷14《谱例》）因而特别注重谱牒对敬宗收族的重要作用。宋代族谱由私人编修，政府不复过问。以前的官修谱牒以界定门第高低和考证族属血统为最高原则，所以强调祖先世系之考证，而宋代私修族谱则以记载宗族亲疏关系和团聚族人为最高原则，因而重今世而略上世。族谱记述的内容，包括宗族世系、历史、现状、财产、规约等。

祠堂。祭祖是表达祖先信仰的基本活动。宋代以前，家庙祭祖是士大夫的特权，庶人只能祭于寝。入宋，政府多次调整家庙制度，祭祖礼制逐渐放宽，民间祠堂祭祖逐渐兴起。朱熹为祠堂祭祖设计了具体方案："古之庙制不见于经，且今士庶人家亦贱，亦有所不得为者，故特以祠堂名之，而其制度亦多俗礼云。"(《家礼》卷一《通礼·祠堂》)朱熹根据当时士庶祭祀风俗并区别家庙古制而设计祠堂之制。"祠堂"是家庙的别称，具体形制是在正寝之东建立祠堂，为四龛以奉高、曾、祖、祢四世神主，可以根据居住条件灵活安排：有条件，在正寝之东建独立的祠堂三间；"若是家贫地狭，则止为一间……亦可正寝，谓前堂也"；如果"地狭则于厅事之东亦可"。也就是说，祠堂可紧连居室独立设置三间或一间，亦可在正寝或正厅之东为龛。建立祠堂，可以培养族人报本返始之心，尊祖敬宗之意。祠堂不仅是全族祭祀祖先的场所，也是族众讨论重大公共事务的会场（如推选族长、续修家谱、购置族产、制定族规等），还是文化活动中心（如聚集族众读谱，讲述祖宗历史，宣读家法族规，劝诫训勉族人等），甚至还是宗族的法庭（族长执行家法族规，在祠堂审理族内的民刑案件，处罚违反家法族员等）。祠堂成为宋代以后宗族组织的基本制度。

族产。宗族祭祀祖先、编纂族谱、修建祠堂、赡养族人、教育后代等，需要一定的财力支撑。因此，族产成为宗族组织的经济基础，是"收族睦族"的重要手段。族产来源广泛，有族人捐置，也有族众合置，还有祖宗遗产、户绝财产、官府赐给等。族产种类以不动产为主，包括房产和田产。房产按用途，可分为祠堂、义宅、义仓、学舍等；田产按用途，可分为祭田、义田、学田。祭田的收入主要用于祭祖，义田的收入主要用于赡养赈济族人，学田的收入主要用于教育族人。义庄由范仲淹始创，他以官俸所得，购良田十多顷，将每年所得租米赡养宗族，置房屋以收贮和发放租米，号称义庄。义庄后来被推广,并发展出义仓、义谷等赈济形式。

族规。"治家者,治乎众人也。苟不闲之以法度,则人情流放,必至于有悔,失长幼之序,乱男女之别,伤恩义,害伦理,无所不至"。(《周易程氏传》卷三《家人》),因此"善为家者,必立为成法"。宋代有许多流传至今的著名家法:如范仲淹《义庄规矩》、包拯《家训》、司马光《家范》、苏颂《魏公谭训》、叶梦得《石林家训》、吕本中《童蒙训》、赵鼎《家训笔录》、陆九韶《居家正本》、吕祖谦《家范》、真德秀《教子斋规》等。家法族规的内容从宗族行政组织到个人行为规范,从经济生活管理到社会关系处理,可以说无所不包,既有确定的强制作用,又有丰富的教化作用。族员违犯家法族规,"小则祠堂治以家法,大则公庭治以官刑"。(《同治萧山朱家坛朱氏宗谱》卷二《先哲遗训》)如陆象山家族累世同居,"子弟有过,家长会众子弟责而训之。不改则挞之。终不改,度不容,则告于官,屏之远方"。(罗大经:《鹤林玉露》丙编卷5《陆氏义门》)族长在祠堂审判族人,多由族中士绅陪审,允许族人旁听,借以教育族人。判决的实施也在祠堂里实行,如杖责、罚金、罚苦役,甚至处死。族长依据族规家法维护其对宗族的管理,政府承认并保护宗族私法的合理性。

族学。宋代族学随义庄的推广而兴起,因此族学被标榜为"义学"。义田与义学的发展,是基于"教""养"并举的宗族治理理念,即同时为族人提供基本生活保障和基础教育保障。范仲淹创建义庄的同时,也设置了义学,义学是义庄的一部分。宋代大族不仅设有初级的族塾蒙学,还有深造的高级书院,构成了完整的宗族学校体系。如衡山赵氏义学,"子弟六岁以上入小学,十二岁以上入大学,课试中前列者有旌,发荐抉第铨集补入者有贶。学规如岳麓、石鼓,而所以禁切其佻闶,纯纠其逾礼败度者尤严"。(刘克庄:《后村先生大全集》卷92《赵氏义学庄》)

经营。宗族对每年的生产和用度进行周密计划。根据土地占有状况决定哪些土地出租,哪些土地自耕。自耕土地,根据自给自足保障温饱的原则,决定种多少粮食、豆类、菜蔬,饲养多少鸡鸭猪羊,备多少薪柴酒醯等。根据量入为出的原则安排用度,首先保证完纳国赋和祭祀祖先所需,其次留下适量的粮食以防荒歉,还要留下一定数量的钱物以备房屋修缮、接待宾客、请医买药、庆吊馈送，余下的充作一年十二月的衣食之用。用度宁可节俭而有余，不可过奢而超支。禁止家众蓄积私财。家众在外所获钱财物品等均须交给家长缴入公库，不许隐匿不报私自留用，更不准在外私置田业，聚钱放债。

在日常管理方面，家众的起居作息时间甚至都纳入统一管理："子孙黎明闻钟即起，监视置夙兴簿，令各人亲书其名，然后各就听业。"（郑文融：《郑氏规范》）族长往往清晨坐于中堂之上，调派工作，检查督促，听取汇报，答复请示，即如官员坐堂。在公共管理方面，族长代表宗族全体同政府和社会发生关系，法律也规定，宗族犯事，除了要由涉案人负责，也追诉族长，即如现在的法人公司。①

上述宗族治理体系，在宋代"敬宗收族"发展的过程中，逐步产生，渐趋成熟，强化了宗族的凝聚力，提高了宗族在一方乡土中永续发展的能力。宗族作为法人性质的基层自治实体，几乎承担了所有重要的社会管理职能，如宗教信仰（祭祖）、生活保障（族产）、基础教育（族学）、道德教化（族规）、灾害救济（社仓）、环境保护（保护家乡）、社会治安（保甲）等。凭借不断创新的宗族制度，德本主义社会表现出更加旺盛、更加强韧的生命力，得以持续发展，甚至在国家政权遭到严重冲击的情形下，宗族组织还能守护德本主义社会的基本价值和文化传统，并以此为基础重建政权（如宋灭之后的元）或改造政权（如明灭之后的清）。

2. 资本主义社会——公司制度成熟

（1）历史背景

两次世界大战的"战争红利"，使得美国经济和美国公司迅速成长。首先，战争对高新技术产品的迫切需求，促进了科学和技术融合，并加快和推广了科学在美国工业中的系统应用。其次，战时经济动员使得管理和控制方法得到大规模推广。另外，战争带来了大萧条以后的第一次充分就业，而战后通

---

① 徐扬杰：《中国家族制度史》，人民出版社 1992 年版，第 309—343、372—380 页；及冯尔康：《中国宗族史》，上海人民出版社 2009 年版，第 165—221 页。

过的《就业法》要求政府维持最大限度的就业、生产和购买力水平,保障了社会总需求的增长。①

"在联邦政府信守承担义务的有利形势下,总需求量在战后的二十年……稳步成长……这种增长提供了一个历史上空前的庞大市场;地区性市场的规模变得与十九世纪末全国性市场的规模一样大"。② 同时,政府采购又进一步促进了需求增长。"冷战期间,政府需要各种各样的武器装备——从航空母舰、导弹、潜水艇到常规的枪支和坦克,以及美国原子能委员会的核反应堆和美国国家航空及太空总署的宇宙飞船"。③ 另外,海外市场的扩张"具有比战后政府的需求更为重要的意义。……本世纪五十年代和六十年代初,尤其是欧洲共同市场开放之后,海外市场开始大为活跃。美国在欧洲的直接投资从1950年的17亿美元上升至1970年的245亿美元。这项在欧洲的第二次'美国的挑战'是由200家公司充当先锋,它们在美国公司海外的直接投资总额中占了一半以上。这200家公司皆聚集于资本密集、技术先进的工业中,它们都是多样化的结合企业,接着又采用了多分支公司的组织形式"。④

(2) 治理结构

上述"多样化的结合企业"、"多分支公司的组织形式"最主要的特征是公司所有权与经营权分离,由此促进了公司治理结构的完善。

第一次世界大战后,美国大公司的股权逐渐分散,股东人数增加,公司管理逐渐由支薪经理掌控。如美国电报电话公司股东数从1901年的1万人增加到1931年的64.2万余人;宾州铁路公司的股东数从1902年的2.8万余人增加到1931年的24万余人;美国制钢公司的股东数从1901年的1.5万余人增加到1931年的17.4万余人。第二次世界大战后,大公司的股权愈趋分散,如美国电话电报公司的股东人数从1931年的64万多人增加到1984年的324

---

① 〔美〕小艾尔弗雷德·D.钱德勒:《看得见的手——美国企业的管理革命》,重武译,商务印书馆,1987,第562页。
② 同上书,第563页。
③ 同上书,第566页。
④ 同上书,第566页。

万人。①

由于股份的分散化，不占有 50% 以上股份的股东，甚至完全不占股份的经理人员也可能控制公司。根据当时对 200 家美国公司的调查，绝大部分公司不由股东控制，其中占公司数量 44%、占公司财产 58% 的公司由无公司股权的专业经理人员管理。②"股东会——董事会——董事长——总经理——经理——雇员"的公司治理结构逐渐完善成型（正如宋代宗族之房长会——族事会——宗子——族长——房长——家庭的治理结构完善成型）。

股东会由公司全体股东组成，股东认同一个价值趋向，以现金或其他出资方式作为股份权益形成契约而成立有限公司。股东会体现了所有者对公司的最终所有权，是公司最高权力机构和最高决策机构。董事会由公司股东会选举产生，是股东会闭会期间的办事机构，对公司的发展目标和重大经营活动作出决策。监事会是公司的监督机构，对公司的经营管理行为进行监督。总经理由董事会聘任，负责具体的经营管理。股东会、董事会和监事会皆以会议决议的方式履行职能，总经理则通过日常行政的方式履行职能。公司治理结构的完善保障了公司内部的分工明确、运转协调，从而保障了公司的运行效率和股东的投资回报，增强了公司的抗风险能力。

（3）管理方法

随着公司规模的扩大，股东会、董事会、总经理、部门经理之间面临越来越复杂的协调关系。同时，公司产品、市场地域的不断扩散，公司人员、经营规模的不断扩展，使得经理面临越来越复杂的公司组织。公司的管理制度与管理方法由是愈趋完善，体现在战略管理、决策管理、生产管理、质量管理、财务管理、营销管理、人事管理、项目管理、物流管理、信息管理、知识管理、文化管理、危机管理等诸多方面，并形成了专门的企业管理学。（可参阅各类流行的企管教材，此不赘述。）

上述公司治理结构与管理方法的发展，降低了公司经营风险，激励了公

---

① 叶祥松：《现代企业制度形成的历史考察》，载《经济评论》，1996 年第 1 期。
② 同上。

司技术创新，提升了公司运行效率，推动了经济的产业升级。凭借不断进行管理创新的公司制度，资本主义社会表现出更加旺盛、更加强韧的生命力，得以继续发展繁荣，甚至在国家安全遭到严重威胁的情形下，公司组织还能以灵活的经营手段守护资本主义精神和资本主义制度（如通过贷款、贸易、科技等多种经济手段配合政府的"和平演变"），并以此为基础重建国际秩序——所谓"全球自由化"的新秩序。

3. 异同比较

综上所述，德本主义社会与资本主义社会的成熟期，随着政治经济制度变迁，二者基层社会组织的治理结构与管理方法也随之发展、渐趋成熟。前者主要表现为宗族组织的治理结构与管理方法愈趋完善，宗族制度臻于成熟；后者则表现为公司组织的治理结构与管理方法的愈趋完善，公司制度臻于成熟。二者都是在没有国家政权强力干预的情形下，社会组织自治发展的结果。德本主义政府将宗族内部的议礼、制度与考文的权力完全下放，这与此前士族门第与国家政权的密切关系迥然不同，族权与政权分离也正是宗族制度成熟的标志，德本主义社会由是演化成为"宗族社会"；资本主义政府将公司内部的投资、经营及管理的权力完全下放，这与此前有限责任的特权公司与国家政权的密切关系迥然不同，有限责任公司的普及以及由此导致的所有权与经营权的分离，正是公司制度成熟的标志，资本主义社会由是演化成为"公司社会"。宗族与公司同作为"法人"性质的自治社会实体，有其确定的社会地位和社会权力，也承载了基本的社会价值和社会功能。前者承载了德本主义社会的天人合一、永续发展的核心价值，保障了社会成员安居乐业、和谐康宁；后者则承载了资本主义社会的追求自由、天赋权利的核心价值，保障了社会成员竞争财富、扩充福利。

需要指出，推动宗族与公司"制度臻于成熟"的社会需求不同。前者的社会需求主要是长期战乱之后社会内部凝聚整合的需求，后者的社会需求则主要是长期战乱之后国内国际市场扩张的需求。而且，推动宗族与公司"制度臻于成熟"的技术体系也不同。前者是"文书体系"的普及应用（编修族谱、制定族规、兴办族学等皆是基于"文书体系"的普及应用），后者是"工业体系"的普及应用（生产管理、质量管理、营销管理、物流管理、信息管理等皆是基于"工业体系"的普及应用）；再有，推动宗族与公司"制度臻于成熟"的政府作用也不同。前者是文化感召的上行下效，如宋朝政府标榜"以孝治天下"，倡导"尊尊""亲亲"，社会上层与下层一体互动；后者是市场扩张的上行下效，如美国政府标榜"自由贸易"，倡导建立国际自由贸易体系（详见下文），社会上层与下层一体互动；最后，宗族与公司"制度臻于成熟"的社会效果也不同。前者通过敬宗收族，确立了乡土族有产权的无限责任，将人类社会永续发展的目标贯彻落实到基层自治组织（宗族直至家庭）；后者则通过扩散股权、分离所有权与经营权，将公司扩张的风险通过"有限责任"公司的方式转嫁到全社会，及至于全人类。（详见第七章第二节之四《基层组织：宗族组织与公司组织》）

（二）精英组织：民间书院 vs. 投资银行

在德本主义社会与资本主义社会的基层组织发展臻于成熟的同时，精英性质的民间组织发展也与时俱进。前者最具精英特质的社会组织是由儒士组建的"民间书院"，后者最具精英特质的社会组织则是由钱商组建的"投资银行"。二者的发展有着数目相对稳定的演化环节（极数），而且在序数相同的环节达到相似的序化程度和变异幅度（通变），如表 6-6 所示。

表 6-6 民间书院与投资银行的生成演化极数表

序数	演化环节	民间书院		投资银行	
		时间	事件	时间	事件
1	源头	封建社会变革期（春秋时期）	私人讲学	封建社会变革期（中世纪末）	商人银行
2	雏形	德本主义社会形成期	汉代私学	资本主义社会形成期	英国商人银行
3	过渡	德本主义社会发展期（唐代上半期）	唐代官办书院	资本主义社会发展期（20世纪初期）	美国金融寡头
4	成型	德本主义社会发展末期（唐末五代）	纯粹的民间书院出现	资本主义社会发展末期（1929经济危机到二战）	纯粹的投资银行出现
5	兴盛	德本主义社会成熟期前半期（北宋）	民间书院兴盛	资本主义社会成熟期前半期（二十世纪五六十年代）	投资银行兴盛

（续表）

序数	演化环节	民间书院		投资银行	
		时间	事件	时间	事件
6	成熟	德本主义社会成熟期后半期（南宋）	民间书院的业务架构与管理体系成熟	资本主义社会成熟期后半期（20世纪七八十年代）	投资银行的业务架构与管理体系成熟
7	繁荣	德本主义社会繁荣期前半期（明清）	民间书院发展的普遍化	资本主义社会繁荣期前半期（20世纪九十年代以后）	投资银行发展的全球化

以下先分述民间书院与投资银行的发展历程、主要活动与社会功能，然后再略作异同比较。

1. 德本主义社会——民间书院成熟

（1）发展历程[①]

民间书院的源头可追溯到春秋时期孔子创办的私学，其时孔子门下弟子三千，身通六艺者七十二人，"大者为师傅卿相，小者友教士大夫，或隐而不见"。其后，诸子百家率徒讲学，私学大盛，如墨子，"以绳墨自矫而备世之急"，上说下教，广招门徒，"徒属弥众，弟子弥丰，充满天下"，形成了私人讲学的历史传统。

汉代虽建立了官学体系，但私学仍是文教的重要支柱。汉代通一经或数经的经学大师无论在朝或在野，都有众多弟子追随，少则百人、多则数千，其学生总数远多于中央太学和地方官学的人数，其学术影响和经学成就亦超过官学。如大儒马融，"才高博洽，为世通儒，教养诸生，帘有千数"。汉代已出现一些较固定的讲学读书场所，名曰"精庐""精舍"，可说是后来民间书院的雏形。汉末以后，"精舍"之名亦流行于佛道两家。

唐代贞元年间官方设立丽正书院（又名丽正修书院）和集贤书院（又名集贤殿书院），始有"书院"之名。"书院"职责包括收集、整理、校勘、修订图书，兼作皇帝侍读、侍讲的宫廷图书馆。（《唐六典》载："刊辑古今之经籍，以辨明邦国之大典，而备顾问应对，凡天下图书之遗逸，贤才之隐滞，则承旨而征求焉"）同时，民间也出现了由士人书斋演变而成的"书院"，特别是安史之乱后，许多士人为避乱隐居山林，读书论学并聚众授徒，以"书院"命

[①] 王炳照：《中国古代书院》，商务印书馆1998年版，第10—127页。

名读书讲学之地。众多民间书院开始出现。

北宋初期，兴起了一批著名的民间书院，如白鹿洞书院、岳麓书院、嵩阳书院、应天府书院、石鼓书院、茅山书院等。政府通过赐书、赐额、赐田、召见山长等方式给予扶持，上述书院也皆因文教有功获得"御赐"而声明远扬。北宋政府还大力兴办官学，民间书院与官学相得益彰。

南宋时期，民间书院随着理学繁荣而蓬勃发展，不仅数量大增，体制也更加完善。书院融合了官学与私学的经验，而且吸取了佛教禅宗丛林、道教宫观寺庙的长处，组织管理体系臻于成熟，演变为一种集高等教育、学术研究、儒教祭祀于一体的文教组织。

到明清时期，书院的发展更为繁荣，数量远超前代，分布遍及全国，影响直至东亚、南亚，成为中国社会史和文化史上的一大景观。

（2）主要活动[①]

书院继承和发展了孔子开创的私人讲学传统，是儒家学者对官学体系的修正、调整和补充。

书院多由大儒聚徒讲学发展而成，也有由家族、民间出资筹办的。一般都能得到朝廷和地方官府的鼓励和资助，或赐名、赐匾、赐书，或赐银、赐田，成为私办官助、民办公助的教育学术机构。书院不同于一般的私塾、社学、义学。一般的私塾、社学、义学是普通教育机构，而书院则是高等教育机构，同时也是高等学术研究机构。许多书院就是某一学派的治学中心或研究基地。

聚众讲学和学术研究是书院的主要活动。书院生徒多是慕名而来的参学问道者，学习方式是边读书、边听讲、边研究、边修行，读书、听讲、研究与修行融于一体。教学方式通常是由书院主持讲授其学术成果与研究心得，生徒听讲后参究请谒，质疑问难。书院有时也延聘不同学派的名师讲学，书院师生共同听讲，然后展开论辩，如朱熹曾邀陆九渊至白鹿洞书院讲"君子喻于义，小人喻于利"。这种讲学方式，后来发展成一种"会讲"制度，实际是不同学派开展学术论辩的研讨会。如朱熹与张栻在岳麓书院曾有"朱张会

[①] 王炳照：《中国古代书院》，商务印书馆1998年版，第2—8页。

讲"。随着书院讲学的发展，后来又有"讲会"的兴起。"讲会有一定之会场、会期、会籍、会约、会主，所讲论之记录为'会语'。以前讲堂是学者相集从师，讲会则由会中延请讲者，所请不止一人。会每年可举，每举旬日或半月。会所往往借祠堂或寺庙，会毕则主讲者又转至他所。"① 讲会期间，当地官员、士绅、民众皆可前来听讲，有时范围波及数郡县，听讲者达一两千人，对于推进地方文教发展、提升世俗民风有重大作用。

祭祀是书院的另一项重要活动。书院祭祀不同于祖先祭祀，着重于教育功能，除祭祀孔孟等先圣先师之外，还祭祀本学派的创始人物以及中坚人物，同时祭祀对本书院创办和发展做出贡献的人士，宣扬其事功德行，阐发其学术旨趣，为师生树立典范。

搜集、收藏图书也是书院的一项主要职能。许多书院建有藏书楼、藏书阁或书库，藏书既为书院教学和研究准备了充足资料，又为当地士民、乡绅查阅、咨询提供了方便。不少书院还自行刊刻图书，书院主持者或主讲人的讲义和研究成果、书院生徒的听讲笔记、读书日记，经过整理，刊刻成书，既保留了教学科研成果，又扩大了社会影响。现今图书馆收藏的善本书、珍本书中，就有不少是"书院本"。

（3）社会功能

在德本主义社会，由于官学较多地受到科举考试影响，致使许多官学师生务虚文、逐名利，而无"德行道艺之实"，书院则能纠官学之偏、革官学之弊。

书院师生专注学术，隐居山林，情高脱俗，超然观世，高标理想，持志守节。"他们唯恐'己试不信'（朱子语），失却社会后世的信仰，所以他们对政治的态度，宁可牺牲机缘，决不肯降低理论。所以他们对于在野的传播学术，较之在朝的革新政治，兴味还要浓厚，并不是他们无心于政治之革新"。② "他们实在想要拿他们的一套理论与态度，来改革当时的现实……觉悟到要改革现实，更重要的工夫应先从教育上下手"。③ 宋儒吕东莱曾言："尝思时事

---

① 钱穆：《国史大纲》（修订本），商务印书馆1996年版，第805页。
② 同上书，第797—798页。
③ 转引自上书，第796页。

所以艰难,风俗所以浇薄,推其病源,皆由讲学不明之故。若使讲学者多,其达也自上而下,为势固易。虽不幸皆穷,然善类既多,气焰必大,熏蒸上腾,亦自有转移之理"。大儒朱熹也曾说:"天下之事,决非一人之聪明才力所能独运。是以古之君子,虽其德业智谋足以有为,而未尝不博求人才以自裨益。方其未用,而收寘门墙,劝奖成就,已不胜其众。至于当用之日,推挽成就,布之列位,而无事之不成。又所谓时进陈善闭邪之说,以冀上心之悟者,又在反之于身,以其所欲陈于上者先责之于我。使我之身心安静,精神专一,然后博延天下之贤人智士,日夕相与切磋,使于天下之事,皆有以洞见其是非得失之心,而深得其所以区处更革之宜。又有以识其先后缓急之序,皆无毫发之弊。然后并心一力,潜伺默听,俟其间隙有可为者,然后徐起而图之,乃庶几乎其有益。"① "他们热心讲学的目的,固在开发民智,陶育人才。而其最终目的,则仍在改进政治,创造理想的世界"(开发民智、陶育人才为第一步,改进政治为第二步,创造理想的世界为第三步)。② 书院因此成为推动德本主义社会演进的重要力量。③

2. 资本主义社会——投资银行成熟

资本主义社会最具精英特质的社会组织是由钱商组建的"投资银行"。

(1)发展历程④

15世纪,早在商业银行发展之前,意大利商人就通过承兑汇票进行短期债务融资,这是投资银行的源头。由于融资业务是由商人提供的,因而也被称为商人银行。

17世纪到18世纪,随着对外贸易和海外殖民的展开,英国各种贸易公司通过创建股份公司和发行股票的方式筹集大量资金,以分担海外贸易的风险。英国的商人银行也从为国际贸易提供承兑便利的业务中发展起来。后来,

---

① 钱穆:《国史大纲》(修订本),商务印书馆1996年版,第797页。
② 同上书,第807页。
③ 陈谷嘉、邓洪波:《中国书院制度研究》,浙江教育出版社1997年版,第464—476页。
④ 〔美〕查理斯·R.吉斯特:《金融体系中的投资银行》,郭浩译,经济科学出版社1998年版,第15—56页。

随着大量股票、债券的发行和证券交易的日益活跃，英国的商人银行逐步壮大，一些实力雄厚的大银行，如巴林银行，在证券市场发挥着举足轻重的作用，成为"投资银行"的雏形。

一战后，国际经济金融中心逐渐从英国向美国转移，美国的投资银行随之迅速发展。美国的投资银行业务始于19世纪上半期，业务从汇票承兑、贸易融资逐步发展到政府债券、铁路债券的发行和销售，产生了一批具有相当影响力的金融寡头，如19世纪初的摩根财团已经控制美国钢铁公司、美国电报电话公司、纽约中央铁路公司、几家全国最大的保险公司，控制的资产达240亿美元。一战带来的"战争红利"，使得战后美国经济空前发展，资本市场蒸蒸日上，各类金融机构，包括商业银行、保险公司、信托公司，纷纷通过设立证券子公司或投资银行部的方式兴办投资银行。1929年的经济危机促使美国政府对投资银行业务严格管制。1933年通过的证券法和银行法（《格拉斯——斯蒂格尔法》），规定商业银行与投资银行必须分业经营：商业银行除国债和地方债券外，不得从事证券发行承销业务，不得设立投资银行子公司或与投资银行联营；而投资银行则不得兼营存贷业务。美国投资银行遂成为"纯粹意义上的投资银行"。其后，国会先后通过《证券交易法》(1934)、《信托合同法》(1939)、《投资公司法》(1940)、《投资顾问法》(1940)等一系列金融立法来进一步规范投资银行业务。

二战后的五六十年代，美国经济迅速扩张，企业积极展开负债经营，筹资方式与筹资工具日趋多样；同时，政府实行扩张性财政政策，弥补财政支出和财政赤字，联邦、州及地方各级政府发行公债的规模日趋扩大；加之个人对金融资产的投资需求增强，促使大量公众存款从商业银行转入证券市场投资获利，这给投资银行带来了新的业务机会。投资银行设计了一系列新型金融工具，如原本应用于农业领域的期货、期权开始作为新工具用于金融领域。金融产品的不断创新和信息科技的迅速发展，使得投资银行业务欣欣向荣。

上世纪七八十年代，随着金本位货币体系的瓦解，"为洪水般的金融和商品投机打开了闸门,为通向'浮动汇率制'铺平了道路";① 加之自由主义经济政策大行其道,西方出现国企私有化浪潮,为投资银行提供了更广阔的空间。1975年美国证券和交易委员会（SEC）放开对股票交易手续费的限制,佣金标准可自由议价。此举促进了券商利用信息技术降低交易成本,通过电话、传真、电脑等通讯工具为顾客提供廉价而高效的交易服务。同时,佣金收入减少也促使投资银行积极创新业务模式、扩大利润来源,如投资咨询、公司理财、企业并购、项目融资、风险投资、资产管理、基金管理、资产证券化等。随着多元化业务的拓展,投资银行的业务结构、运营模式日趋完善、臻于成熟。投资银行的长袖善舞,一定程度上"导致了八十年代的第三世界债务危机和世界金融市场上巨大的投机泡沫的出现",② 同时推进了资本主义的进一步繁荣。20世纪90年代以后,"随着金融泡沫在全球侵略性的扩张以及所谓的'衍生市场'的兴起,全球金融体系的沉疴进入'晚期'"。③ 投资银行在经历了20世纪末、21世纪初的最后盛宴,直到2008金融危机全面爆发,发展由盛而衰。

（2）主要业务

投资银行源于私人商业银行,但两者的主要业务类型不同。商业银行主要业务是吸收储蓄、发放贷款,以存贷利差作为主要利润来源。投资银行不吸收储蓄,也没有贷款业务,其主要业务是证券发行、交易与公司理财、资产管理等。投资银行是私人银行发展的高级形态,正如书院是私学的高级形态。投资银行的业务,除了证券发行、证券经纪、证券私募等传统项目,还有后起的投资咨询、公司理财、企业并购、项目融资、风险投资、资产管理、基金管理、资产证券化等内容。

二战后的经济扩张时期,是投资银行业务发展最为迅速的阶段。特别是20世纪60年代后,机构投资者兴起,如互惠基金、保险公司和退休基金等,上述基金通常委托投资银行管理,投资银行因此设计了许多新投资工具,新

---

① 〔美〕乔纳森·特尼鲍姆:《世界金融体系崩溃的历史进程》,载《战略与管理》1998年第3期,第20—31页。

② 同上。

③ 同上。

的金融衍生产品层出不穷。而国际货币体系的建立以及国际金融环境的开放，更为投资银行的全球运营提供了条件。早在六十年代，美国投资银行就通过与国外代理行合作的方式，帮助本国公司在海外推销证券或作为投资者中介进入国外市场。七十年代，各大投资银行纷纷在海外建立分支机构。八十年代后，随着全球经济一体化进程加速，业务全球化已成为美国投资银行业务的重要特征。

（3）社会功能

投资银行的核心作用，是作为资金需求者和资金供给者的中介，以最低成本、最高效率实现资本资源的配置。投资银行超越商业银行简单的存贷操作，更多元、更高效、更复杂地构造"借钱生钱"的运作模式，极大提升了"借钱生钱"的效率。如证券市场主要由筹资者、投资者、监管者和投资银行四方组成，投资银行承担着沟通各方的责任，协助筹资人进行融资策划，面向投资人组织营销宣传，负责完成监管部门所需手续，使证券发行得以顺利完成。同时，投资银行还作为经纪商、做市商和自营商，活跃了证券交易。又如，企业重组是市场资源优化配置的重要手段，主要通过资本市场完成。在企业并购过程中，投资银行通过选择并购对象、设计并购过程、确定并购价格及相关财务安排等，以推进企业并购得以顺利完成。企业并购提高了产业集中程度，增强了规模经济效应，促进了产业升级。总之，投资银行一方面为企业获取低成本资金，一方面为闲置资金提供高收益渠道，因此成为推动资本主义社会演进和成熟的重要力量。因为资本主义社会的活力基于"资本"的活力，也即"借钱生钱"的效率。

需要指出，金融及其衍生工具所链接的债务环节越多，诱导股民买单的效率越高；风险本身也可以变成债务，以高利息回报，更高的利息支付给违约债务的风险。花样翻新的衍生工具及其产品用各种数学模型进行复杂包装，诱导股民购买……在借钱生钱和借贷双方共担风险来刺激技术创新和服务业升级的过程中，处于最低端（股民）和最高端（政府）之间的各个环节，都力图把风险向两端转嫁。企业有限责任债券（股票是借据，向股民借债，也称为融资，"有限责任"是指：宣布破产就可以不还债）、协助创业的有限责任债券（风险投资基金公司向创业公司放债，放债也称为投资，风险投资基金公司另向股民借债）、协助扩业（更新，重组，并购等）的有限责任债券（私募基金公司向扩业公司放债，另向股民借债）、协助置业的有限责任债券（房地产投资基金公司向购置房产的个人或集团放债，另向股民借债）、预约（期货，期权）的有限责任债券（对冲基金公司向未来的货物交易权或股票交易权放债，另向小股民借债，"交易权"不是货物本身，也不是股票本身，所以放出较少的债就可以获得较多的"权"，即通过延长债务链条来增大金融衍生工具的效率和诱导股民买单的效率，把"交易权"交易者的风险转嫁给其他交易者，这是风险的空间转嫁）。这样衍生出来的债务链条不但容易断裂，而且断裂之后引发的风险十分巨大。[2007年美国次级住房抵押贷款危机起自协助置业的放债贷出（房地产投资基金），被金融衍生工具放大后，风险扩大；2008年美国财政部出面干预，也就是用国家预算放债，这样的放债即使在未来进行讨债，也与常规的借贷关系不同，所以是政府用纳税人的钱为房地产投资基金公司买单。即：政府成为金融债务链条的最高端。①]

3. 异同比较

综上所述，在德本主义社会与资本主义社会的成熟期，二者精英性质的民间组织——前者是由儒士组建的民间书院，后者是由钱商组建的投资银行——发展也臻于成熟。二者皆以民间组织形式护持着社会主流价值，推动着社会文化和制度演进。前者护持着"天人合一""永续发展"的主流价值，通过道德教化和思想传播的方式，推动了德本主义社会的制度演进与成熟；后者则护持着"自由扩张""追求效率"的主流价值，通过资本运作和产业升级的方式，推动了资本主义社会的制度演进与成熟。二者皆具有上通（国家政权）下达（社会基层）的巨大能量。民间书院以文化势能影响国家与社会，如以学术思想和社会舆论影响国家政策的制定，以学养品德和身体力行影响宗族的组建与管理；投资银行则以经济势能影响国家与社会，如以经济扩张

---

① 张祥平：《经典复杂科学》，中国社会科学出版社2013年版，第494—495页。

需求和产业发展趋势影响国家政策的制定，以资本运作和高超财技影响公司的组建与管理。

需要指出，推动民间书院与投资银行蓬勃发展的社会需求不同。前者的社会需求主要是长期战乱之后的"文化整合"，后者的社会需求主要是长期战乱之后的"经济扩张"；而且，推动民间书院与投资银行蓬勃发展的技术体系也不同。前者是"文书体系"的普及应用，特别是印刷出版技术的普及应用，后者是"工业体系"的普及应用，特别是电子信息技术的普及应用；再有，民间书院与投资银行蓬勃发展的社会效果不同。前者通过思想改造和道德教化，促进人类与环境的良性互动、永续发展（天人合一）；后者通过资本运作和产业升级，在促进服务对象效率提升和利润扩张的同时，将经济风险和环境风险转嫁给其他国家及至于全人类，无法可持续。

（三）中间组织：民间会社 vs. 第三部门

在德本主义社会与资本主义社会的基层组织与精英组织发展臻于成熟的同时，社会中间组织的发展也欣欣向荣。所谓社会"中间组织"，即通常所说的"民间公益组织"，又被称为"公民社会组织（Civil Society Organization）"、"第三部门"（Third Sector）"、"非政府组织（Non-Governmental Organization，缩写 NGO）"、"志愿者组织（Voluntary Organization）"等。以下先略述德本主义社会与资本主义社会的中间组织发展，然后再作异同比较。

1. 德本主义社会——民间会社兴盛

社会中间组织在传统中国一般称为"会社"。两汉时期已经出现，如宗教会社（有太平道、五斗米道等）、经济互助会社（有正弹、宗弹、孝子弹等）；[①]在隋唐时期有所发展，如各类佛教结社、丧葬会社等；到宋代，"以志趣相投而结会的现象更趋普遍……太学生有'茶会'，文人有诗社、文社，士大夫的闲暇生活则有'耆英会'等怡老组织，讼棍有'业觜社'，民间有互助性的合会，也有保防乡里的'弓箭社''马扑'等军事性结社，此外尚有秘密结社，结社

---

① 参见王世刚主编：《中国社团史》，安徽人民出版社1994年版，第29—39页。

遍布社会生活的各个层面并存在于社会各阶层"。① 唐以前会社的种类、规模和数量都极其有限。宋代则各类会社全面滋生和发展，奠定了中国古代会社的格局。宋以后会社继续蓬勃发展，元明清三朝的会社，均可在宋代找到原型。②

2. 资本主义社会——第三部门兴盛

资本主义早期的社会中间组织，主要是"资产阶级寻求独立自主的经济自由和公民自治空间，向国家分权的产物"。③ 如英国于 1769 年成立的"权利法案支持者协会"，旨在"维护和保卫人民合法的自由和支持威尔克斯及其事业"。工业革命后，"财富的集中导致贫富分化的加剧，一方面，推动社会变革的工人组织不断出现；另一方面，出于对贫困者的关怀，或者垄断资本家为缓解社会矛盾，各种致力于慈善事业的基金会以及其他非营利组织纷纷建立；同时，在科技发展背景下，一批致力于社会公益事业的非营利组织也出现在科学、教育、卫生等领域。二战以后，人们对战争的抵触和对人类的关怀意识增强，涌现出大量的权利保护组织和和平维护组织，如人权组织、妇女组织、产业工人组织、农民组织、儿童保护组织等，以及各种反战组织，它们在各国的社会重建和社会变革中发挥了积极作用；在战后经济恢复和社会重组的过程中，一批致力于慈善救助、环境问题等公益事业的非营利组织也应运而生。20 世纪七八十年代以来非营利组织的发展进入繁盛时期。"④ 再后来，"有组织的志愿性活动在全球范围内展开，非营利或非政府的组织在世界各地建立……从北美洲、欧洲和亚洲的发达国家到非洲、拉丁美洲、前苏联集团的发展中国家，人们都在建立社团、基金会和类似的机构以提供各种人类服务，促进基层经济发展，阻止环境退化，保护公民权利和追求其他上千种先前未曾给予关注或留给国家去完成的目标……其结果是出现了一种全

---

① 陈宝良：《中国的社与会》，浙江人民出版社 1996 年版，第 10 页。
② 参见周扬波：《宋代士绅结社研究》，中华书局 2008 年版。
③ 贾西津：《国外非营利组织与公益事业》，国务院法制办主编《事业单位改革与探索》，中国法制出版社 2003 年版，第 321—350 页。
④ 同上。

球性的第三部门……它们并不致力于分配利润给股东或董事，而是在正式的国家机关之外追求公共目标。这些团体的激增改变了国家和公民的关系，影响远远超过了它们所提供的物质服务。例如，几乎美国所有主要的社会运动，无论是民权运动、环境保护运动、消费者运动、妇女运动还是保守派运动，都在非营利部门建立了自己的根基"。①

3. 异同比较

德本主义社会与资本主义社会的中间组织具有多种多样的类型，大体来说，都可分为五类。第一类是政治性的：前者有因政治立场相同或以同门、同道、同乡等为纽带结合而成的"朋党"，后者有以利益为纽带结合而成"院外活动集团"；第二类是经济性的：前者有互助性的"义约""合会"、自律性的行会商会及综合性的会馆等，后者有各种企业协会、企业俱乐部等；第三类是慈善性的：前者有"社仓""义庄""善会""善堂"等，后者有各类慈善基金、公益基金等；第四类是文化性的：前者有文人雅士以诗会友的"诗社"，儒士共同研习经典的"文会""文社"，探究学术思想的"书会"，艺术娱乐性的"剧社""谜社""茶社""酒社"等，后者有各类专业学会、艺术协会等；第五类是宗教性的：前者有法社、佛社、香社、香会等各种法社，后者有各种教会组织。②

上述各种中间组织具有五个共同的特征：非政府性、非营利性、志愿性、自治性和组织性，其中的非政府性和非营利性为最基本特征。上述各种中间组织在社会结构中的功能也基本相同，即与国家政权组织、社会基层组织的社会功能互补，以满足开放社会中的多元需求。中间组织不是按自上而下的政府体系运作，而是生发于社会基层，由各种关注不同、动机不同、兴趣不同、取向不同的人群自由发起，以多元、平等、志愿参与、相互独立的模式运作，因而更具有灵活性、应变性，在提供某些公共物品时比政府成本更低、效率

---

① 〔美〕莱斯特·萨拉蒙：《非营利部门的兴起》，何增科主编：《公民社会与第三部门》，社会科学文献出版社2000年版，第243—244页。
② 关于各类会社的组织与运作，参见陈宝良：《中国的社与会》，浙江人民出版社1996年版；周扬波：《宋代士绅结社研究》，中华书局2008年版。

更高，能及时到达社会生活的方方面面。另一方面，与社会基层组织相比，它又具有强烈的公益特性，为实现公益、互益的目标而存在。

上述各种中间组织在社会治理结构中皆具有以下五个方面的效用：一、社会倡导效用。尽管中间组织不能直接完成制度建设和政策执行，但在制度建设和政策执行的过程中具有倡导、推动作用；二、社会自治效用。中间组织是通过自愿行动、自我管理、自行约束的自治机制提供社会服务、满足社会需求；三、社会中介效用。中间组织可在国家权力部门与社会基层组织之间沟通协调，这在政治和经济领域体现尤为突出，主要体现为政治团体和行业协会的作用；四是社会服务效用。众多中间组织以社会弱势群体或边缘群体为服务对象，能够在政府无暇顾及的领域发挥作用，增进了社会福利；五是社会监督效用。中间组织能有效监督权力部门的运行，有利于制约权力腐败，增进公共利益，并促进制度创新。[①]

德本主义社会与资本主义社会的中间组织发展除了上述之"同"，亦有明显之"异"。

在资本主义社会的形成期和发展期，中间组织是"资产阶级寻求独立自主的经济自由和公民自治空间，向国家分权的产物"，强调"社会"与"国家"的分立。1812年黑格尔的《法哲学》明确了"公民社会"是与"国家政权"相对独立的存在，包括市场经济、自愿团体和独立的司法体系，形成"国家——社会"二分模式；在资本主义社会的成熟期，由于资本主义制度体系缺陷导致的"政府失灵"和"市场失灵"，中间组织强调与"市场"的分立，着重"非营利"的内涵，形成"政治——市场——社会"三分模式。可以说，资本主义社会的中间组织是对国家政治权力和市场经济权力的制衡，也是对民主宪政和自由经济的制度体系的补充。[②] 德本主义社会的发展不曾经历上述"社会"与"政治"、"市场"的分立，没有民主宪政导致的"社会"与"国家"分权，也没有自由经济导致的"市场失灵"，而是以"社会（宗族）"与"政治（政

---

① 编自贾西津：《国外非营利组织与公益事业》，国务院法制办主编《事业单位改革与探索》，中国法制出版社2013年版。

② 同上。

府）"、"经济（市场）"的整合为主线，形成了以"耕（经济内源发展）读（政治科举升层）传家"为显著特色的社会形态。尤为不同的是，资本主义社会面临的人权保护、社会保障、社区管理、环境保护等问题，在宗族制度框架内基本得以覆盖、解决。因此，资本主义社会中的大量旨在争取权益、保障权利的中间组织，如工会、农民协会、妇女协会、消费者协会、退伍军人协会、少数民族协会、环保者协会等，皆为德本主义社会所无。

有学者对于资本主义社会民间公益组织发展的社会意义给予了高度评价："如果说，代议制政府是18世纪的伟大社会发明，而官僚政治是19世纪的伟大发明，那么可以说，那个有组织的私人自愿性活动，也即大量的公民社会组织代表了20世纪最伟大的社会创新。"[①] 用拿来主义的办法，也可以如是评价宋代社会组织的发展："如果说，察举制政府是汉代的伟大社会发明，而科举政治是唐代的伟大发明，那么可以说，有组织的私人自愿性活动，也即宗族组织与民间会社，代表了宋代最伟大的社会创新。"

五、国际关系发展

此阶段，德本主义社会与资本主义社会在国际关系方面的主要特征为：一方面，是先进国家与后起强国之间长期的政权对峙（前者是两宋与辽、金的长期对峙，后者是美、苏两大阵营的长期对峙）；另一方面，是在长期的对峙格局中，先进国家凭借其优越的科学技术、经济实力及制度优势积极发展国际经贸交流，以"软实力"的方式拓展国际关系（前者拓展了贡赐体系，后者则拓展了条约体系）。以下先论述"政权对峙"，着重梳理德本主义社会与资本主义社会"政权对峙"形成的历史机理；然后探讨"经贸发展"。

[①] 〔美〕莱斯特·萨拉蒙，赫尔穆特：《公民社会部门》，何增科主编：《公民社会与第三部门》，社会科学文献出版社2000年版，第257页。

（一）政权对峙：德本主义下的政权对峙 vs. 资本主义下的政权对峙

1. 德本主义下的政权对峙

在宋朝建立前，辽已在中国东北崛起成为一个强国。而追溯辽之历史，则一直与汉文化息息相关。

"中国的东北，在历史上很早便有其地位，殷商箕子即避地朝鲜半岛。战国时，辽河两岸全属燕国版图。秦长城东端，直至乐浪。秦乱，中国人卫满自王其地。汉武既灭卫氏，以其地置真番、玄菟、乐浪、临屯四郡。三国时公孙度王于辽东。五胡慕容氏亦起辽东，而其汉化之程度，较之刘渊匈奴五部久居山西者有过之无不及。可见其时辽河东、西地带之文化，较之内地河北、山西一带，无多逊色。唐安东都护府设治在平壤。其后经安史之乱，中央与东北的关系永为隔绝。然东北汉文化根基已深，故渤海建国十余世，乃有五京、十五府、六十二州之规模。可证其国全是城郭耕稼，用其部族的武力，与汉人的经济、文化相结合，而凝成一个较进步的国家。契丹建国亦和渤海情形略相仿，契丹很早即为一种耕牧兼营的民族。耶律阿保机建国，自始即依仗汉人之归附。及其立皇都，灭渤海，已是一个规模很像样的国家。其后耶律德光又得幽、蓟十六州。其官制分南、北院，北面治宫帐、部族、属国之政，南面治汉人州县、租赋、军马之事。袭用唐制三省六部、台院寺监、诸卫东宫之官，借以招徕中国人。辽廷多用汉人，诸帝皆通汉学，辽族亦多好文学。其后辽国遂备五京之制，境内有州、军、城百五十有六，县二百有九。有兵一百六十四万，部族属国之兵不与焉。要之，辽之立国，与汉初匈奴、唐初突厥均不同，辽国是一个汉族分化的国家。"①

辽国崛起极为迅速，其由立契丹国（916年）至灭渤海国（926年），前后仅10年；再10年（936年），得幽、蓟十六州；再10年（946年），灭后晋。至北宋统一南方，辽之国土面积仍几近两倍于宋。辽国宣称自己是华夏正宗，也尊奉孔子，也推行科举取士，但其文教发展与政治设施，毕竟缺乏历史根基，特别是其社会治理，更是缺乏传统积淀。澶渊之盟（1004年）后，辽国由于

---

① 钱穆：《国史大纲》（修订本），商务印书馆1996年版，第512—517页。

穷兵黩武（东侵高丽历时 10 载），更加之内政不善（西有阻卜叛乱，历时 18 年，北有乌古部及敌烈部叛乱，东有渤海国叛乱），同时宫廷内部乱象丛生，如耶律重元叛乱、耶律乙辛擅权、耶律阿思受贿等），遂由盛转衰。宋辽对峙 120 年后，辽被金、宋夹攻而亡（1025 年）。

继辽兴起的金及其后兴起的元，崛起与衰败轨迹与辽几乎相同，其兴也急，其亡也速。其兴，凭借的是极具战斗力的军政组织，辽有"斡鲁朵"和族军，金有"猛安谋克"，元有千户制和"怯薛"，都实施全民皆兵、兵民合一的制度，在嗜好战争、励精图治的帝王指挥下所向披靡。其亡，是因为在武力开国、仿汉立制之后，其文教发展与政治设施毕竟缺乏历史根基，其原有军事传统"成性存存"，马上得天下而不能马上治天下，于是盛极而衰，倏忽而亡。金立国（1115 年）至灭辽（1125 年），前后仅 10 年；其后两年灭北宋（1127 年）；金与南宋对峙 100 余年后，被元宋夹击而亡（1234 年）。蒙古立国（1206 年）至灭西夏（1227 年），前后 20 余年；再灭金（1234 年），仅 7 年；但其后灭南宋（1279 年），历时 40 多年（以当时蒙古铁蹄肆意纵横欧亚大陆之强劲，可想见彼时南宋实力相对之不菲）。自忽必烈 1271 年建立元朝到元灭（1368 年），前后不到一百年。

辽、夏、金、元等国的迅速崛起，皆以对中华文明组织管理体系的学习和效仿为基础，正如宋神宗所说："自契丹侵取燕、蓟以北，拓跋自得灵夏以西，其间所生豪英，皆为其用。得中国土地，役中国人力，称中国位号，仿中国官属，任中国贤才，读中国书籍，用中国车服，行中国法令，是二敌所为，皆与中国等，而又劲兵骁将长于中国，中国所有，彼尽得之，彼之所长，中国不及。"（《续资治通鉴长编》卷一五〇）辽夏既有本族彪悍善战的军事优势，又兼取中华文明的先进文化与组织管理，才有国力盛极一时。其后，"金用武得国，无以异于辽，而一代制作能自立于唐、宋之间，又非辽世所及，以文而不以武也"（《金史·文艺上》）。而忽必烈建立元朝即推行"汉法"。

由上可见，两宋与辽、金的长期对峙是德本主义体系内的政权对峙。

统观中华文明的发展历史，辽、夏、金、元最终都成为德本主义文明演进的一个组成部分：契丹、党项、女真、蒙古等民族的文化，最终都融入中华文明的大熔炉之中。而中华文明之所以能熔融上述各族文化（以夏变夷），而不是反之（以夷变夏），最重要的因素之一，乃是其社会基层组织（即宗族组织）强劲、坚韧的生命力，这是中国历史长期积淀演化而成，绝非凭借模仿可以一蹴而就。

需要指出，长城防御体系的丧失，对于形成两宋与辽、金的对峙格局有极重要的影响。北方游牧民族长于野战，短于攻城，长城作为人工构筑的地形屏障，可以化其长处为短处，将其阻挡在边境线外。在冷兵器时代，对于增强军事防御能力，作用巨大。所以长城自秦以来即成为中原王朝与周边少数民族政权的基本国防线："自秦筑长城，西起临洮，东至辽碣，延袤万里。襟带相属，烽火相望，其为形势备御之道至矣。"秦汉以至明清历代政府都非常重视长城的修筑和加固。由于后晋石敬瑭将燕云十六州割让契丹，而河西走廊又为西夏所据有，使宋朝立国尽失地缘优势，几乎无险可守，遂成两宋与辽、金对峙的地缘政治格局。

2. 资本主义下的政权对峙

正如辽国，苏俄在资本主义社会进入成熟期之前的二战期间，崛起成为一个工业军事的强国。而追溯苏联之历史，也与西方资本主义社会的发展息息相关。

俄罗斯人是东斯拉夫民族中的一支。西元8-9世纪之交，东斯拉夫人形成两大部落联盟中心——北方的诺夫哥罗德和南方的基辅。西元882年，建立以基辅为中心的古罗斯国家，通称基辅罗斯。基辅罗斯是早期封建国家，只是一些封建小邦的集合体。基辅罗斯多次发动对拜占庭帝国的战争，并从拜占庭引进了较高级的文明，包括宗教（东正教）、文字（经过修改的希腊字母，被称为西里尔字母）以及艺术。13世纪，基辅罗斯被蒙古人征服，处于金帐汗国统治之下。到16世纪，俄罗斯人由莫斯科公国统一，逐渐摆脱蒙古人统治，并开始了持续几百年的开疆扩土。其占领西伯利亚的传奇几乎重演了西班牙殖民南美的历史。16世纪伊凡雷帝的政治改革标志着俄罗斯进入了封建社会变革期；17世纪彼得大帝全盘效仿西欧改革使俄罗斯跨入近代西方文明；18世纪叶卡捷琳娜大帝引进法国启蒙思想是学习和效仿西方文明的继续；19

世纪初期的卫国战争与反法战争将俄罗斯推上工业化道路；19 世纪中期亚历山大二世的农奴制改革将俄罗斯向资本主义社会的演化方向继续推进；19 世纪末经历亚历山大三世及尼古拉二世的独裁后，1905 年十月革命开启了君主立宪时代；一战导致 1917 年俄国革命爆发（二月革命与十月革命）；1918 年俄罗斯苏维埃社会主义联邦共和国成立，1922 年苏维埃社会主义共和国联盟成立（参第八章第一节·一·（三）之《全球主要大国与中国的"现代化"历程比较表》）。

这是一个资本主义"变态"（或变体，非贬义）国家。"十月革命在历史上和非人身关系上的动机旨在将俄国现代化，与各国之维新与所谓进入资本主义之体制无异。这种组织与运动纯靠将低层机构里各种因素，造成一种统统能互相交换的局面，于是农业的生产与分配才能与工商业交流，全国的经济力量才能作最有效的通盘使用。列宁与斯大林并未全违背这些原则，否则他们无从使俄国除旧布新抵抗强敌，获得英美支持"。①

苏联建立后，凭借斯大林统治期间的"计划经济"建设及二战期间的军事积累，以其庞大的经济总量与军事实力，崛起为唯一可以在世界范围与美国抗衡的超级大国。"苏联之五年计划，可谓在字面上符合了'投资全面社会化'，可是苏联政治领导力量与经济管制力量凝合为一，管制的衙门也兼有执行的权力，所有生产和分配纵使不全由政府领辖，也通过税收和强迫购买的办法受其掌握。当然，造成这种制度，俄国人民付出了绝大代价。五年计划实施之日，半数以上农户在五个月内归并于集体农场，有些地方因此而产生饥馑。因此，才造成广大的农场、农业机械化、劳动者领工资、政府全年以低价收买粮食，而以这节省下来的财富和剩余的人力扩展工业。……苏联的体制，由战时处理及战时状态造成。这种经济结构的主要目的在使全民动员，强迫少吃多做，造成投资的全面社会化，使苏联高速地成为一个工业化国家。……溯本归源，当日斯大林建造现有体制的时候，包含着三个重点：一、不惜人民付出代价。二、飞速完成。三、与国防密切联系。所以极力地投资

---

① 黄仁宇：《资本主义与二十一世纪》，生活·读书·新知三联书店 2006 年版，第 507 页。

于能源、钢铁与机床。发电也注重大型水力站，集体农场平均 6 万英亩至 8 万英亩，最大的至 48 万英亩。所以自始就造成一个庞大而粗线条的结构。其重点如是显明，其低层机构必被忽视，更无从使之绵密细致。……迟至 1953 年，一座距莫斯科不到百英里的村庄，无电器、交通工具、道路，邻村才有一家商店，每周开门两次，所售唯糖与盐，所以村民除了以物易物之外，实在是耕田而食，凿井而饮。参加集体农场所得工资不敷劳动力成本（即所得不能糊口），而纯靠私田为生。……可以想见，钢铁厂继续增加其钢铁生产，能源又用以增强其能源，机床又以产生机床，最后则制造大批战车飞弹、火箭太空船，字面上苏联刻下生产量超过 1950 年全世界生产量总和，究其实，俄国人民并未受其实惠。"①

上述计划经济模式，是"以战时动员之作风所定互相交换的方针，以大单位在短期间对国家之贡献为准则，不以个人的私人财产，包括其劳动力之价值为依归，沿用至今（此书发表时苏联尚未解体——引者），工资与价格全由官僚按他们的业务方便决定，无需通过内在的公平。……中央集权，缺乏民主，无适当之鼓励，头重脚轻、积习难移、营私舞弊，虽说变态多端，而其后面的总原因无法脱离由官方指派之交换方式，这种交换方式限制了生产，因为工资抵不过农工所付出的劳力，所以劳动者只有越做越穷，于是索性不做。俄国大量的人力与资源不能作最高度的发挥，肇因于此。以上苏联体制，在学理上无法被承认为实施共产主义，甚至称之为社会主义，也需附带加入保留的条件。历史上的社会主义，无非是对资本主义的一种修正。亦即在私人财产权已在原则上固定之后，针对其原则上的罅隙和不及之处，加以补助和加强。"②

由上可见，苏联之立国与崛起，可说是一个资本主义社会分化的国家，正如辽之立国与崛起可说是一个德本主义社会分化的国家。美苏两大阵营的对峙也是资本主义体系内的政权对峙，正如两宋与辽、金的对峙是德本主义

---

① 黄仁宇：《资本主义与二十一世纪》，生活·读书·新知三联书店 2006 年版，第 504—505 页。
② 同上书，第 507—508 页。

体系内的政权对峙。苏联之崛起与衰败轨迹亦如辽、金,其兴也急,其亡也速。其兴,凭借的是极具全民动员力量的战时性质的军政组织,迅速建立起规模庞大的军工体系;其亡,则是由于其政治制度与经济发展毕竟缺乏历史根基,尤其是缺乏先进资本主义国家所具有的强劲、坚韧、充满活力的基层组织(即公司组织),这是历史长期积淀演化而成,无法一蹴而就。因此,苏联很快盛极而衰,存续时间不到70年即告解体。

需要指出,苏维埃社会主义形态只是俄罗斯作为后起的资本主义民族国家演进历程中的一个过渡阶段。俄罗斯从城邦封建走向异域整合社会的历史演化环节与英、法、德等国类似,尽管由于资源环境与历史传统等多种复杂因素,导致其具体历史情形表现出极大差异。〈参见第八章第一节·一·(三)之《全球主要大国与中国的"现代化"历程比较》〉

还需指出,苏联之所以能在资本主义世界异军突起,与其长期扩张获得的国土优势密切相关。俄罗斯自摆脱蒙古人的统治,持续不停地扩张领土,先后占领了外高加索、中亚、西伯利亚和远东(包括中国的150万平方公里土地)等地,至苏联立国时,国土面积超过2200万平方公里,其扩张规模绝不逊于西班牙、英、法等老牌殖民国家。其扩张行径也如出一辙,如西伯利亚的征服者叶尔马克就是最好的证明。

"21岁时,因盗马被判处死刑,所以他逃到伏尔加河,成为河上一伙强盗的首领。他不加区别地劫掠俄国船只和波斯商队,直到政府军队前来围剿。强盗叶尔马克这时显示出他具有一个庞大帝国缔造者的品质。先前皮萨罗科尔特斯在美洲为西班牙所做的事,他在西伯利亚为俄国做到了。叶尔马克凭着征服者的大胆,决定最好的防御是进攻。1581年9月1日,他率840人深入古楚汗的本土发动进攻。叶尔马克同西班牙征服者一样,享有武器优良的巨大优势。他充分配备了火枪和火炮,并在激烈的战斗之后占据了古楚汗的首都锡比尔。俄罗斯人将这座都城的名字给予乌拉尔山脉东面的整个地区,这一地区开始被称为锡比尔即英语中的西伯利亚……西伯利亚的俄罗斯人同美洲的西班牙人一样,以小得惊人的力量就在短短几年中赢得一个庞大帝国。他们的推进速度令人惊愕……在到1637年的半个世纪里,俄罗斯人已到达太平洋的鄂霍次克海，跨越的距离比美国的太平洋岸至大西洋岸间的距离多一半，英国殖民者在这一期间还没有翻越到阿勒格尼山脉的另一侧。"①

"……16 至 18 世纪的俄国已能制服西伯利亚的部落民族，向东扩张到太平洋。但是，在东南部，俄国人由于强大的中国帝国而停止前进，不得不接受 1689 年签订的把他们限制在阿穆尔河以北地区的《尼布楚条约》。18、19 世纪期间，俄国人重新向东面和南面推进，获得阿拉斯加、阿穆尔河流域和中亚，从而建成了他们的帝国。获得阿拉斯加只不过是较早时期横跨西伯利亚、向较空寂的地区推进的一个继续。但是，在阿穆尔河流域，俄国人战胜了中华帝国。在中亚，他们把自己的统治强加于古老的穆斯林汗国。这些成功所以能取得，是因为俄国在技术上稳步前进。虽然这种进步同西方相比是不充分的——实际上是从西方得到的——但它足以使俄国人在与东亚的中国人和中亚的穆斯林交往时占有决定性的优势。因此，俄国人继续扩展他们的帝国疆界，直至受到那些在技术方面不相上下或占优势的势力的阻挡为止——那些势力也就是在阿拉斯加的美国人、在印度和波斯的英国人以及在满洲的日本人。"②

简言之，苏联之崛起仰赖其持续殖民扩张，这也正是先进资本主义国家"成功"的共同前提。

综上所述，由于德本主义文明与资本主义文明的传播，造就出新兴的德本主义性质的强国和新兴的资本主义性质的强国，导致在德本主义社会与资本主义社会的成熟期，形成了大国对峙的国际格局，且贯穿始终。对峙格局的形成与历史造就的地缘形势密切相关：前者密切相关于两宋丧失长城防御体系的地缘劣势，后者密切相关于苏联占据亚欧"心脏地带"、俯冲"边缘地带"的地缘优势。③ 二者在势均力敌的长期对峙格局中，总体上，皆维持了较

---

① 〔美〕斯塔夫里阿诺斯：《全球通史》（第 7 版修订版），吴象婴译，北京：北京大学出版社 2007 年版，第 448 页。

② 同上书，第 551—552 页。

③ 20 世纪初，英国学者麦金德在其创立的地缘政治理论中，将欧亚大陆中心地带称为（转下页）

长时期的和平。但二者维持和平的主要手段不同,前者主要通过贡赐体系下的一方经济让利(即岁贡),后者主要通过条约体系下的相互军事制衡(确保相互摧毁的核威慑)。(参见第七章第四节之四《国际冲突:有限冲突与全面冲突》)

(二)经贸发展:贡赐体系下的经贸发展 vs. 条约体系下的经贸发展

在长期的对峙格局中,"先进国家"凭借优越的科学技术、经济实力及制度优势,积极发展国际经贸交流,以"软实力"拓展国际关系。

1. 贡赐体系下的经贸发展

在两宋与辽、金的对峙格局中,宋朝通过经济让利争取和平。宋辽澶渊之盟要求宋朝每年向辽进贡二十万匹绢和十万两白银,后来增加到每年三十万匹绢和二十万两白银;宋金绍兴和议要求宋朝每年向金进贡二十五万匹绢和二十五万两白银。对于宋朝而言,"输贡"赢得的和平红利要远大于"投入"。

两宋通过边境榷场的互市贸易所得税收,已经可基本覆盖岁贡。如宋宣和四年(1122年)宋昭上书云:"盖祖宗对赐予之费,皆出于榷场岁得之息,取之于虏而后以予虏,中国初无毫发损也。"(三朝北盟会编:卷8)北宋末年,"议者谓祖宗虽绚契丹,岁输五十万之数,然复置榷场与之为市,以我不急易彼所珍,岁相乘除,所失无几"。(三朝北盟会编:卷14)日本学者斯波义信认为,宋朝通过对辽贸易,年均可获得约八十万贯顺差,其中官方贸易占四十万到五十万贯,此顺差实际已经赚回了对辽岁贡。①

(接上页)枢纽地带,视其为世界政治的枢纽,后将"枢纽地带"的概念修改为"世界岛"的"心脏地带",把欧、亚、非三大陆统称为"世界岛"。他认为:东欧是世界岛的心脏地带,控制了心脏地带就等于控制了世界岛,控制了世界岛就等于控制了世界。二战后,美国地缘政治学者尼古拉斯·斯皮克曼基于麦金德的心脏地带概念,提出了相应的"边缘地带"理论。他认为:两次世界大战都是发生在边缘地带,而且边缘地带在经济上、人口上都超越心脏地带。因此,控制边缘地带是控制欧亚大陆的关键,控制欧亚大陆又是控制世界的关键。

① 〔日〕斯波义信,"Sung Foreign Trade: Its Scope and Organization", in Rossabi, *China Among Equals*, P.98,转引自贾志扬(John Chaffee):《宋代与东亚的多国体系及贸易世界》(转下页)

而且，宋朝通过岁贡赢得的和平，使得西北的西域诸国仍可通过陆路与宋朝维持贡赐关系，"西若天竺、于阗、回鹘、大食、高昌、龟兹、拂林等国虽介辽夏之间，筐篚亦至"。(《宋史》卷四八五《夏国上》)

北方陆路贡赐贸易维持的同时，宋朝大力推动南方海路贡赐贸易发展。政府疏浚海港，增辟口岸，积极鼓励外商来华贸易和华商出海贸易。贸易成绩显著者能得到奖励，甚至授予相应官职。外商还享有优待，有居住权、贸易权，并有入学、入仕的机会。遇难的外商可以得到政府的抚恤和救济。

为了管理海外贸易，政府设立了专门管理机构——市舶司。唐代已设有市舶使，但只是临时派遣到贸易港口、协同地方官管理海舶贸易事宜的中官，尚无专门管理机构。宋朝先后在广南、两浙、福建、京东等路设立市舶司、市舶务及市舶场等专门管理机构，职责是"掌蕃货海舶征榷之事，以来远人，通远物"，具体包括：贡使的接待与蕃商的招徕；蕃舶入港检查；舶货的抽解与博买；抽博货物的送纳与出售；舶货贩易的管理；海禁的执行与私贩的缉防；蕃坊的监督管理；主持祈风祭海；等等。政府还颁布了中国最早的市舶条法——《元丰市舶条法》，条例包括商人出入港手续的办理、抽税和官买的办法、外商的待遇、进口品营销的管理等各方面。政府对进口货物实施抽解和博买政策。抽解是以实物形式征收进口关税，博买（官市）则是政府直接收购。按照宋政府的规定，进口货物抵港后即交存于市舶司，等候抽解博买。若进行走私贸易，"未经抽解，敢私取物货，虽一毫，皆没其余货"。

宋代海上贸易空前繁荣，主要体现在以下三方面。[①]

一、海上运输的发展。汉唐时期从事海上贸易的主力是波斯和阿拉伯的商人，来往于东南亚、印度洋至中国的航线上的主要是波斯、阿拉伯的商船。到宋代，中国商船成为了海上贸易的主力。中国海船体大平稳，中等海船可载重250~300吨，大的可载重600吨，远超波斯和阿拉伯商船。中国海商如要进入波斯湾，需在印度西海岸换乘小船。宋代发明的水密隔舱等新技术，

（接上页），载《北京大学学报》2009年第2期。

① 黄纯艳：《宋代海外贸易》，社会科学文献出版社2003年版。

增加了船只的抗风抗沉能力；指南针运用于航海，导航不再完全依靠观星术和辨别地表特征，可进行全天候深海航行。宋朝出入中国的僧侣、外商、使节都愿意搭乘中国商船。随着造船技术和航海技术的进步，海商的贩运规模、贸易往来的数量都有显著增加。一个海商的一次贩运可达十万斤以上，价值数十万贯。

二、贸易产品的增加。汉唐时期的出口商品以丝绸为最大宗，其他商品有限。6世纪中期，拜占庭偷窃了养蚕织丝技术，赫德逊在《欧洲与中国》中将其称为"使整个欧洲都不再依靠中国供应生丝的那个事件"，称其像普罗米修斯从天上偷到了火一样重要,中国丝绸在欧洲市场发展速度遂减缓。至宋代，丝绸虽仍是大宗出口商品，但地位已逊于瓷器，而且铜钱、书籍、漆器、铜器、铜钱、金银、玩具、乐器、伞、梳、扇、茶、糖、酒、果脯、药材等商品的出口大为增加。瓷器取代丝绸成为最大宗出口品,通常所说的"海上丝绸之路"，到宋代已被改称为"陶瓷之路"。宋朝海船所到之处，以及与宋朝有贸易往来的国家和地区都有宋瓷出口。

三、贸易规模的拓展。宋代进出口贸易总额虽难以精确统计，但据史料可估算大概。高宗时，有官员建议发展海外贸易以补充财政收入。"见广、泉二州市舶司，南商充牣，每州一岁不下三五百万计。"据市舶收入及抽解税率计算（《宋史·食货志》载"大抵海舶至，十先征其一"），则广泉两州的进口贸易额接近千万贯。若计入两浙路的贸易，总额应在千万贯以上。

宋朝海上贸易的繁荣，推动北至东北亚、南到东南亚及整个印度洋沿岸地区，形成了一个以中国为中心的世界贸易体系。"尽管开罗的法蒂玛王朝、印度东南部的注辇国以及苏门答腊的三佛齐在印度洋海域有效地构成了一个贸易系统，但是'世界贸易体系'中占支配地位的无疑是宋代中国"。[①]东北亚第一次被整合到国际贸易网络中。东南亚则进入到"商业时代"，贸易乃至国家的发展都发生了根本性转变。例如，10世纪至13世纪贸易的

---

① 贾志扬（John Chaffee）：《宋代与东亚的多国体系及贸易世界》，载《北京大学学报》2009年第2期。

繁荣对爪哇（阇婆）国内经济产生了深远影响，爪哇群岛贸易网络产生，农业经济、市场模式、货币税收制度，以及消费习惯和产品结构都发生了变化。①

北宋年间的"朝贡诸蕃"有于阗、高昌、吐蕃、沙州、达靼、甘州、夏国、大理国、定安、女真、渤海、高丽、日本、交趾、占城、三佛齐、阇婆、勃泥、注辇、蒲端、丹流眉、坌渤、佛泥、真腊、宾同胧、蒲甘、天竺、层檀、勿巡、大食、大食陁罗离慈、大食俞和户地、西天大食国、波斯、拂菻、陁婆罗、麻罗拔、邈黎、三麻兰、蒲婆罗、古逻摩迦等四十一国，其中海路入宋者三十国，约占七成多。可见，贡赐体系在北方收缩，南方却大为拓展。（唐代朝贡诸国主要是来自西北和北方，《唐六典》卷四所载唐玄宗朝朝贡的七十余国中南海诸国仅狮子、真腊、尸利佛誓、林邑等数国，数量最多的是西北丝路沿线各国。）②

仰慕中华文明、发展经贸关系是海外诸国前往中国朝贡的主要动力。勃泥国国书称，商人蒲卢歇遇风飘至其国，"闻自中国来，国人皆大喜，即造舶船，令蒲卢歇导达入朝贡"，并表示愿"每年修贡。虑风吹至占城界，望皇帝诏占城，令有向打（勃泥国王名）船到，不要留"，请宋朝约束占城，保障航路通畅。朝贡可获得丰厚回赐，更是发展贸易的机会。贡使用回赐物品贸易可免商税，非贡品则需征税，贡赐贸易比市舶贸易更有利可图，而贡赐贸易带来的良好关系也有利于进一步开展商业贸易。③

贡赐体系具有经济和政治双重意义。宋朝除在贸易方面对贡物"估价酬值"外，还对朝贡国国王、贡使进行额外赏赐，亦称"给赐""加赐"，在政治上则予以册封。海外国家遣使来华朝贡，一般都要向宋廷呈递体现君臣主从关系的表章，称"奉表"或"上表"，表文内容多为对宋朝的颂扬景仰之辞。宋皇赐予朝贡国诏书，多以宗主身份进行劝勉、告慰。各国贡使在京期间，需要履

---

① 贾志扬（John Chaffee）：《宋代与东亚的多国体系及贸易世界》，载《北京大学学报》2009年第2期。
② 黄纯艳：《宋代南海贸易体系的形成》，载《国家航海》第三辑，上海古籍出版社2012年版。
③ 同上。

行一系列具有丰富教化内涵的朝贡礼仪，包括呈递本国表章、移交贡物、觐见皇帝、参加庆典活动和宴会、代表本国国王接受宋廷封赏和官方文书等。[①] 贡使队伍中，也有许多以朝贡之名、行贸易之实，使得宋政府每年支出的回赐十分庞大，正如时人苏轼指出："（贡赐往来）馆寺赐予之费不可胜数……朝廷无丝毫之益，而远夷获不赀之财。"后来，宋朝对此强化了管理，规定贡使必须携带表章，方许进京，严防蕃商假冒贡使；同时，对有些国家的贡期、贡使人数、贡物数量、回赐等作了限制；而且，除进京所携贡物估值回赐外，其余部分作为商品，纳入市舶管理予以征税。[②]

宋朝以贡赐关系构建的"世界贸易体系"，遵循厚往薄来、重义轻利的原则，通过文明感召和经济回馈，造就了长时期的"天下太平"。

2．条约体系下的经贸发展

雅尔塔体系的确立导致了美苏两大集团对峙格局的形成，美国成为市场资本主义的领导者，苏联则成为国家资本主义的领导者。

"战后，美国经常保持对欧洲的大量贸易盈余，这一差额通过美国购买欧洲在中东、非洲、亚洲和其他地方殖民地的初级产品来抵消。然后，欧洲国家通过用其生产的制造品交换它们殖民地的原材料和食物，以及通过在殖民地大规模投资的利润返还。这种三角贸易模式就为多边贸易关系提供了基础。"然而，"美国在世界生产与贸易中的霸权地位，对资本主义世界经济重建构成最大威胁，因为欧洲与亚洲的财政崩溃将使美国失掉它的海外市场，进而破坏多边经济一体化的可能性。美国将这些国家视为其出口市场，然而日本和西欧却无足够美元来购买美国的食品、原材料和其他产品，而这些是它们重建所必需的。而且，美苏竞争也威胁到西欧（其后是日本），因为这割断它们在东欧、中国和其他地方的传统联系和供货来源。这就加剧了西欧和日本

---

① 李云泉：《朝贡制度史论——中国古代对外关系体制研究》，新华出版社2004年版，第49—51页。

② 同上书，第51—52页。

对来自美元区供应的依赖,由此加重了美元短缺"。① 美国害怕经济崩溃或混乱会导致苏联集团势力扩张,"如果三角贸易模式——欧洲通过美国购买它们殖民地的原材料而赚得美元,如上所述——不能在全球重建,那么欧洲和日本将在它们各自的区域内,与其他国家包括苏联、东欧及稍后的共产党中国,形成软贸易通货集团。这无疑将既破坏多边贸易关系,又破坏力量的均势,而这两者对资本主义世界经济体和国家间体系的运作都是必不可少的"。②

因此,"美国通过将日本和联邦德国重建为亚欧地区工业中心,并推进两国与它们各自的边缘区重新一体化,作为构建多边经济一体化和在美国领导下的资本主义体系内合作的先决条件。尤其是,美国意在通过恢复欧洲和日本的工业生产国地位,使它们能用制造品与它们的前殖民地交换初级产品而赚得美元,以减轻它们对美国初级产品和其他产品的依赖,而这是造成欧洲和日本美元短缺的一个主要因素。由此而重建三角贸易模式"。"从本质上看,日本与联邦德国是维持有利于美国力量均势的主要支撑。同时,两国恢复作为工业生产中心的地位,也是构建资本主义世界经济体系重新扩张的物质基础的关键"。③

于是,有了"马歇尔计划"的推出。"马歇尔计划"促进了西欧经济的迅速恢复。随着经济的恢复,西欧各国政局稳定下来。美国也从马歇尔计划中受益匪浅。由于提供给欧洲的援助主要是贷款而不是现金,这些贷款又主要用来在美国购买设备、机床以及生活用品,因而极大地刺激了美国的工业生产和产品出口。

与此同时,美国积极推进非殖民化进程。由于"殖民统治愈来愈多地导致革命性的非殖民化运动。因此,美国一般倾向于非殖民化的管理;它对国家间体系的改革,部分是通过建立联合国,部分是通过对殖民强国施加直接

---

① 〔美〕托马斯·瑞弗、杰米·沙德勒:《国家间体系》,载〔美〕特仑斯·K.霍普金斯、伊曼纽尔·沃勒斯坦:《转型时代世界体系的发展轨迹:1945—2025》,高等教育出版社2002年版,第17页。

② 同上书,第18页。

③ 同上。

压力来实现的"。①"但美国也害怕独立的民族主义或共产主义运动会威胁到门户开放政策,这是它支持非殖民化运动的限度。这就是为什么美国有时迎合欧洲政府放慢非殖民化进程愿望的原因;支持葡萄牙维持其在非洲的殖民地,以及支持法国维持其在越南的殖民地,就是两个例证。美国有时会违背其推进非殖民化进程的承诺,而且它的暗中活动,事实上限制了名义上独立国家的主权。从1945年到60年代末,美国肆意推行其门户开放政策,在全球采取军事行动。像在伊朗,1953年美国帮助推翻摩萨德的统治,使伊朗国王复位;在1945年的危地马拉,当该国政府挑战美国公司的特权时美国就把这个政府赶下台"。②

实际上,"美国支持非殖民化只是一种策略的改变,用隐蔽的行动来确保第三世界各国政府持亲美立场。在印度尼西亚,美国成功地推动荷兰承认印度尼西亚独立,然而不久在推翻民族主义领导人苏加诺(可能在美国参与下)后,美国积极推动镇压印度尼西亚共产党及被怀疑为支持印度尼西亚共产党的人,这次镇压被中央情报局称为是最残酷的大屠戮之一,约有一百多万人被杀"。③

总而言之,"美国这一时期在外交上的两个主要突破,是重建了联邦德国和日本作为欧亚的地区生产中心;以及普遍地推进非殖民化进程,并以'全球反革命暴力推进'来进行制衡,以确保第三世界对外贸和投资实施门户开放政策,并由此来维持多边贸易关系和经济一体化所要求的世界经济的中心区——边缘区结构"。④

在选择性地实施经济援助、策略性地推进非殖民化进程的同时,为协调国际经济关系,维持其霸权地位,美国及其盟国主导构建了一系列国际经济

---

① 〔美〕托马斯·瑞弗、杰米·沙德勒:《国家间体系》,载〔美〕特仑斯·K.霍普金斯、伊曼纽尔·沃勒斯坦:《转型时代世界体系的发展轨迹:1945-2025》,高等教育出版社2002年版,第24页。
② 同上书,第25页。
③ 同上书,第27页。
④ 同上书,第29页。

组织，主要包括国际货币基金组织、国际复兴开发银行和关税及贸易总协定。国际货币基金组织和国际复兴开发银行在相当程度上减轻了战后初期的汇率波动和经济动荡，增加了投资，扩大了世界购买力，也促进了世界贸易。关税及贸易总协定降低了国际贸易关税，确立了资本主义国家间资本、人员、劳力、货物自由流通的新格局。上述国际组织对世界经济、特别是对西方国家经济复兴起了积极作用，被认为是调整当代世界经济贸易和金融的三大支柱。美国实际主导着三大国际经济组织的运作，从而构建了以其为中心的"世界经济体系"。

在美国主导构建的"世界经济体系"中，其对国际货币体系的掌控是核心。二战后，美英两国共同主导推出美元与黄金挂钩、其他国家货币与美元挂钩的金汇兑制的全球货币体系，即布雷顿森林体系。通过布雷顿森林体系的制度安排，美国迫使其他国家开放其国内市场，不许它们以关税和货币政策来弥补产业和技术劣势，并确立了与黄金直接挂钩的美元在国际货币中独一无二的地位。① 这种"美国霸权下稳定"的国际机制的形成，不仅靠国际货币基金组织和世界银行的组织设计，也要有美国《国家安全法》、国家安全委员会、中央情报局的制定与设置，还要有马歇尔计划的实施步骤，包括在苏伊士运河事件中美国威胁抛售英国国债的政治权谋，当然也包括在30个国家有100万驻军、与42个国家签有军事协议、为100个国家提供军事与经济援助，以及组织若干全球和地区防御联盟。② 这一切都是在为尚未到来的美元本位制铺垫基础。③

在1945—1970年间，布雷顿森林体系下的资本主义经济表现优异，在全球经济总体稳定的情况下实现了快速增长。从本质上说，实行金汇兑制的布雷顿森林体系也属于金本位，全球基础货币主要由黄金组成，政府对全球

---

① 〔美〕迈克尔·赫德森：《金融帝国——美国金融霸权的来源和基础》，嵇飞译，中央编译出版社2008年版，第128页。

② 〔美〕威廉·内斯特编：《国际关系：21世纪的政治与经济》，姚远译，北京大学出版社2005年版，第240—247页。

③ 王湘穗：《币权：世界政治的当代枢纽》，载《现代国际关系》，2009年第7期，第1—8页。

货币供给不起决定作用。因此，即使美国也无法不受限制地向全球提供货币。黄金锁链与美国全球战略的巨大需求发生了矛盾，在身陷军备竞赛与越南战争后，美国出现财政困难。1970年代，在多种压力下，美元放弃金本位，把国际货币体系引入到信用货币或纸币时代。[①]

美国最初的想法是各盟国货币对美元升值，保证美国每年有130亿美元的顺差，以满足其维持自由世界防务的需要。1971年，尼克松政府宣布关闭黄金兑换窗口。这样做原本是为了防止各国用手中的美元兑换美国黄金的应急之举，却成就了货币史上的一次"破坏性创造"。[②]在1973年中东战争期间，美国与沙特阿拉伯和以色列达成内部协议，以美元对欧佩克出口的石油进行计价与结算。这意味着世界上任何国家要想通过欧佩克国家买进石油就必须拥有美元。由此，"美国凭借在世界政治经济中的优势地位使石油利润全部转换成美元资本，同时使石油美元的流动绕开国际货币基金组织，完全按照美国的利益，以购买美国各种债券等金融资产的方式回流美国，弥补美国的财政和贸易赤字。实现这一目标的关键在于确立石油的美元标价和结算制度，同时说服石油出口带来的巨额顺差用来购买美国国债"。[③]

此后，美国逐步完成了对全球几乎所有重要大宗商品（包括资源品和工业品）的美元计价与结算。于是，美元成为世界经济体系运行必须依赖的储备货币和结算货币。在这样的情况下，为强化本国的政治和经济权势，布雷顿森林体系完全可以弃若敝屣。1976年的牙买加协议，确定实行浮动汇率和黄金非货币化，从国际法的角度确认了基于黄金的货币体制的终结。从字面上看，牙买加体系允许多国货币成为国际储备货币，是多元货币体系，而实际上，却是以美元为本位的信用货币体制。这意味着资本主义世界体系中一种新权力——币权的诞生。可以说，美元本位化的过程就是美元币权建立的过程。在此过程中，金融机构是美国政府互为倚重的伙伴，也是最终成果的共享者。美国政府在20世纪80年代推动的最重要的几项金融立法，为金融

[①] 王湘穗：《币权：世界政治的当代枢纽》，载《现代国际关系》，2009年第7期，第1—8页。
[②] 同上。
[③] 梁亚滨著：《霸权密码：美国霸权的金融逻辑》，新华出版社2012年版，第221页。

业的发展创造了宽松自由的法律环境，而金融机构无尽的金融创造力使得美元资本保持了长期扩张。①

美国在与苏联的冷战中获胜，在一定程度上就是因为拥有币权的美国具有巨量的融资能力。在越战后债台高筑时，美国仍可以发动所谓星球大战的军备竞赛，通过美元本位制及各种金融机构向整个西方世界乃至全世界进行融资或转移负担，而苏联作为世界体系的半边缘国家却只能依赖自己，最终被拖垮。在金融全球化时代，国家需要世界性金融机构为自己的生存与发展提供资本，如果没有金融机构的配合，仅靠政府信用难以实现在世界范围的大规模融资。然而，如果没有国家权力的支持，金融机构也将失去对资本特别是国际资本的影响力。这种国家与金融机构相互依赖关系的长期互动，就形成了与艾森豪威尔所说的"军事——工业联合体"相似的权力中枢，可称之为"金融——政治联合体"。②

美国"金融——政治联合体"主导的资本主义经贸体系与英国在二战前主导的资本主义经贸体系不同。后者被称为"维多利亚循环"，可简略表述为：国内生产——海外贸易——国内生产，也就是通过国内工业化大生产的高效率，生产大量价格相对低廉的商品，向海外市场销售，回购再生产需要的海外资源，整个过程以资源与制成品的价格差获得利润。前者被称为"美利坚循环"，可简略表述为：海外投资——海外生产——海外流入——海外再投资，也就是把美元本位制创造出的资本进行海外投资，将"肮脏的生产"转移到海外；美国作为世界最大的消费和金融市场，一方面进口商品，另一方面吸引海外净储蓄的流入，然后再向海外投资。美国通过海外投资，利用海外的劳动力价格、资源、环境费用等生产要素价差进行的生产，不仅可以创造提供商品廉价、利润丰厚的"沃尔玛现象"，回报产业资本；更重要的是，各国在进出口贸易中获得的贸易顺差，除了维持再生产的全球采购支出外，大多数净储蓄都在资本项下流入美国，购买了美国国债，使金融资本实现增值并

---

① 王湘穗：《币权：世界政治的当代枢纽》，载《现代国际关系》，2009年第7期。

② 同上。

能继续投资海外。如果说，生产流水线创造的是个体或集体劳动的剩余价值，那么美元币权就创造了全球资本环流的增值体系，金融资本通过世界经济分工体系，攫取处于产业链低端所有经济体的剩余价值，实现了巨大的体系增值。①

为了维持"维多利亚循环"，产业资本需要国家权力维持和开拓海外市场和资源，需要使海洋能够像"大马路"一样通行的海权，也需要能够摧毁像大清帝国那样不愿意开放市场的国家的陆权；在国内还要有以"羊吃人"或其他方式创造大量"无产阶级"的政治权力，这是压低生产成本的必要环节。在金融上，英国人是自己有钱去投资，赚了钱再投资，而美国是借别人的钱来消费和投资，所输出的资本主要来自其他国家的净储蓄。这很像赌场上的庄家主要靠赌徒的注金来维持赌场运转，其运行也像赌场，庄家设置规则和赔率，保持抽头的权力，永远当赢家。因此"美利坚循环"也可以叫"赌场循环"。在世界经济体系的赌场中，美元是在赌局中才有意义的筹码，而美国政府和金融机构是赌场的庄家，大量的债券和股票只是第一轮赌局，而花样繁多的金融衍生品才是重叠赌博。美国以输出资本和提供市场来控制世界经济体系的运行，以长期债券高利率吸引石油美元、贸易顺差国家的外汇储备等海外资金进入美国的金融市场，必要时也会采取胁迫的手段。从这个意义上说，所谓币权也就是通过控制资本维持赌场资本主义秩序的权力。而维护这个体系的手段与真正赌场也几乎一样，无外乎暴利和暴力——二者或是交替使用，或是组合应用。②

美国由此得以向全世界提供超量美元和各种债券以及足以淹没全球的金融衍生品。这种摆脱了实物锚定的货币体系，允许金融机构凭空创造具有货币功能的金融产品，使金融资本可以操纵金融市场，从而奠定了金融资本在世界体系中的主导地位。这使美国可以凭借金融创新的方式攫取制造业国家和资源类国家的巨额财富，建立以债务国美国支配所有债权国的反常规的新

---

① 王湘穗：《币权：世界政治的当代枢纽》，载《现代国际关系》，2009年第7期。
② 同上。

型世界秩序体系。①

总之，由于美元本位制的确立，美国成为其主导构建的资本主义世界经济体系的主要受益者，主要表现为：第一，美国通过发行货币向全球收取铸币税（seigniorage，指在发行货币时，货币铸造成本低于其面值而产生的差额）和通胀税（inflation tax，指发行货币的组织或国家在发行货币并吸纳等值黄金等财富后，货币贬值，使持币方财富减少，发行方财富增加的经济现象。财富增加方通常是指政府。财富增加的方法，经常是增发货币，当然也有其他方法），并且通过对全球资源和产品的定价权而得以长期享受低价消费和低通胀；第二，美国利用"特里芬"现象②吸纳全球美元资本回流到美国的资本市场，并以低息借债方式进行全球再投资，即通过国内低通胀条件下的低息美元资本与接受国的高息资本之间的市场利差构成的竞争优势，低成本地控制其战略产业，获取跨国集团的回流资本收益支撑美国资本市场；第三，通过货币与资本价格的传导和重置，美元资本可以向全球转嫁国内金融与经济危机，在这种币权战略内涵的经济与政治的互动上，消除本国对外贸易的长期逆差以及本国社会福利成本不断上升等内生性矛盾。③

综上所述，在德本主义社会与资本主义社会的成熟期，"先进国家"在长期的大国对峙格局中，凭借其优越的科学技术、经济实力及制度优势，积极发展国际经贸交流，运用"软实力"来拓展国际关系。前者在"贡赐体系"

---

① 王湘穗：《币缘政治：世界格局的变化与未来》，载《世界经济与政治》，2011年第4期，第10—24页。

② 美国经济学家罗伯特·特里芬在《黄金与美元危机——自由兑换的未来》一书中指出："由于美元与黄金挂钩，而其他国家的货币与美元挂钩，美元虽然取得了国际核心货币的地位，但是各国为了发展国际贸易，必须用美元作为结算与储备货币，这样就会导致流出美国的货币在海外不断沉淀，对美国来说就会发生长期贸易逆差；而美元作为国际货币核心的前提是必须保持美元币值稳定与坚挺，这又要求美国必须是一个长期贸易顺差国。这两个要求互相矛盾，因此是一个悖论。"参见〔美〕罗伯特·特里芬：《黄金与美元危机——自由兑换的未来》，陈尚霖译，商务印书馆1997年版，第72—73页。

③ 兰永海、贾林州、温铁军：《美元"币权"战略与中国之应对》，载《世界政治与经济》2012年第3期。

的框架内,通过大力发展榷场贸易、贡赐贸易及市舶贸易,形成了以宋朝为中心的德本主义"世界贸易体系";后者在"条约体系"的框架内,通过选择性地实施经济援助、策略性地推进非殖民化进程、主导性地组建国际合作组织(特别是掌控国际货币体系),形成了以美国为中心的资本主义"世界经济体系"。两个"世界体系"的不同在于:前者旨在"平天下",偏重于文明教化,因而在繁荣经济交流的同时,也造就了一方的"天下太平";后者旨在"霸天下",偏重于经济扩张,因而在促进经济增长的同时,也造成了全球的军事化升级,① 还有全球性的生态危机。两个"世界体系"的构建都对人类历史的"全球化"进程产生了重大影响。德本主义的"世界贸易体系"向世界传播了火药火器、航海造船、印刷出版等技术,推进了全球的文明化进程,并为后来西方的海外扩张和宗教改革奠定了技术基础(西方的海外扩张基于火药火器、航海造船等技术,宗教改革基于印刷出版技术);资本主义的"世界经济体系"向世界扩散了蒸汽机、内燃机、电动机、核技术、航空航天技术、电子信息技术等,推进了全球的现代化进程,并为后来(即将到来)的新文明奠定了技术基础。

六、问题积累爆发

在德本主义社会与资本主义社会的成熟期,历史的演进造成了势均力敌的政权对峙格局,导致二者在对峙过程中,在前期、中期和后期,都发生了三次较大规模的战争。前者是宋夏战争(1040—1044年)、宋金战争(1125—1148年)、宋元战争(1235—1279年)及元朝期间的战乱(1279—1368年);后者是朝鲜战争(1950—1953年)、越南战争(1964—1973年)、阿富汗战争(1979—1988年)——这三次战争的背后都有美、苏角力。

德本主义体系的"中心国家"与资本主义体系的"中心国家"在三次战

---

① 〔美〕托马斯·瑞弗、杰米·沙德勒:《国家间体系》,载〔美〕特仑斯·K.霍普金斯、伊曼纽尔·沃勒斯坦:《转型时代世界体系的发展轨迹:1945—2025》,高等教育出版社2002年版,第32—34、35—37、39—41页。

争中的"战果"也基本相似。

在前期战争中,"中心国家"都与对手互有胜负,战争双方都伤亡惨重,最终议和,算是平局。

在中期战争中,"中心国家"都惨遭失败:宋金战争导致北宋灭亡,南宋对金纳贡称臣,同时因为对金和战的问题导致南宋内部纷争不断;越南战争导致美国在美苏冷战格局中由强转弱,国内经济状况急转直下,同时激化了国内的种族矛盾与民权问题,内部也纷争不断。①

在后期战争中,"中心国家"都先败而后胜。

宋元战争历时40多年,以南宋灭亡、蒙古族入主中国建立元朝告终。元朝虽然是中国历史上的一个统一王朝,但却一直没能建立持续稳定的社会秩序,因而在德本主义社会的演进历程中只能视为"乱世"而非"治世",主要表现在:其一,元朝的社会形态并非德本主义社会。"元之诸帝,多不习汉文,甚至所用官吏,有一行省之大而无人通文墨者。因此其政治情态,乃与中国历来传统政治,判然绝异。"②尽管也曾用科举取士,"然此仅有名无实,在实际政治上极少影响。"③"元代入主中国,经历一百余年,中国自秦汉以来传统的文治政权的意识,始终未接受过去。他们的政治,始终不脱古代贵族封建、武装移殖的气味……蒙古人的倒退政治,到底不能成功,因此社会变乱百出。"④其二,元朝统治下的一百余年,中国动乱不断:"至元二十年,崔彧上疏,谓:'江南盗贼,相挺而起,凡二百余所。'又至元二十四年诏:'江南归附十年,盗贼迄今未靖。'世祖至元时如此,其他可知。"⑤其中,至元二十年广东爆发的欧南喜、黎德起义兵众达二十万,至元二十四年爆发的福建钟明亮起义拥众达十万,持续五年。直至元末,起义风起云涌,"蒙

---

① 徐国琦:《越南战争的现代记忆及其影响》,载《二十一世纪》,1995年12月号总第三十二期。
② 钱穆:《国史大纲》(修订本),商务印书馆1996年版,第638页。
③ 同上书,第660页。
④ 同上书,第662页。
⑤ 同上。

古人震烁亚、欧两洲的武力，终于在汉人的蜂起反抗下，退让出他们的统治"。①（在此需要特别指出，德本主义社会的治乱兴衰，其重心在于文明的兴衰，而不在于民族国家的兴衰。元之灭宋，摧残、破坏了德本主义文明，所以为乱、为衰；后来清之灭明，继承、发展了德本主义文明，所以为治、为盛）。

阿富汗战争中苏联推翻了原阿富汗政权，然而与民间抵抗力量旷日持久的战争，造成苏军控制主要城市与交通线、游击队控制广大农村的僵持状态，苏联不堪重负而被迫最终撤离，正如蒙古虽然推翻了宋政权，然而却在与汉人抵抗力量的长期对峙中最后瓦解。

参阅

宋朝积贫积弱？②

宋史界已公认宋朝经济社会空前繁荣，但宋朝"积贫积弱"说却仍颇为流行。面对这种已成定式的结论和观点，有必要作一番认真的查考和研究，看一看此说究竟是从哪里来的，它真的符合事实吗？

一、"积贫积弱"说的由来

本朝人应当最了解本朝的历史，然而细查"积贫积弱"之说，宋代却无一人提出过。即使在宋仁宗、神宗变法之时，范仲淹、王安石等变法派为了说服君主支持改革，尽量罗列各种问题，也没有说"积贫积弱"。

分而言之，"积贫"二字，宋代亦无人说。"积弱"之说，北宋未见，到南宋后期，真德秀、魏了翁等人先后提到过国势"积弱"，但真德秀认为强弱是可以改变的，说绍兴初宋比金弱，经过韩世忠、岳飞等人奋战，变强了。至于单说"弱"者，颇有一些，如南宋叶适说："天下之弱势，历

---

① 钱穆：《国史大纲》（修订本），商务印书馆1996年版，第662页。
② 李裕民：《宋代"积贫积弱"说商榷》，载《陕西师大学报》，2004年2期。

数古人之为国，无甚于本朝者……及元昊始叛……形势大曲，而天下皆悟其为弱证矣。"这"历数古人之为国，无甚于本朝者"的说法，却未免太言过其实了，难道割地建国、十年而亡的石晋也比宋朝强？不过，即使如此，他也没有提"积贫积弱"。

清初，王夫之《宋论》卷6中说："仁宗在位四十一年，解散天下而休息之……国既以是弱矣""仁宗之过于弛而积弱也，实不在贫也。""神宗之误，在急以贫为虑，而不知患不在贫。"他在全书中只有论宋仁宗时说到"积弱"二字，而且断然否定"积贫"之说。

"积贫积弱"说是谁于何时提出的，目前尚难断定，但从影响今人的著作而言，具有代表性的比较早的书，是钱穆1939年出版的《国史大纲》，其第六编两宋之部第31章标题即为"贫弱的新中央"，细目则为"宋代对外之积弱不振""宋室内部之积贫难疗"，对宋代"积贫"和"积弱"，作了相当详细的论述。到1963年，翦伯赞《中国史纲要》第3册云："宋神宗……将……王安石召入政府，用为参知政事，要倚靠他来变法立制，富国强兵，改变积贫积弱的现状。"已将"积贫积弱"作为一个词组提了出来。他们作为权威教科书，影响极大，深深扎根于学生的脑海中。

二、关于"积贫"问题

"贫"指贫困，"积贫"指长期的贫困。钱穆说："宋代……内部又终年闹贫，而且愈闹愈凶，几于穷得不可支持。"宋代真的"积贫"到这等程度吗？从整个国民经济看，宋朝并不贫。先看一下农业状况。唐代耕地为620万顷，宋代524万顷（以上只据国家掌握的税田计算，不计隐匿的土地。）唐代一亩约合今0.783亩，宋代一亩约合今0.974亩，换算成今亩，唐代耕地为485万多顷，宋代为511万多顷（参杜文玉《唐宋经济实力比较研究》。另外一种换算法，得唐代耕地为337万顷，宋代耕地472万余顷，宋比唐多了百分之四十。）宋代疆域虽然比唐朝小得多，耕地却比唐还多。可见，在土地开发的程度上，宋已超越了唐。

最能反映农业发展水平的是单位面积产量。唐代富饶的关中地区亩产稻谷二石，而宋代许多地区亩产米已达到二至三石。陈傅良说："闽浙上田收米三石，次等二石。"宋代"稻子二石，折米一石"。据此将米折合成谷，则亩产达四至六石。范仲淹《答手诏条陈十策》说：苏州一带，"中稔之利，每亩得米二至三石。"朱熹说：浙东"六县为田度二百万亩，每亩出米二石。"最突出的例子是北宋中期明州（今宁波），由于有广德湖灌溉之利，"鄞县七乡民田""每亩收谷六七硕"，开创了古代亩产的新记录。唐代最盛时，每年运往首都粮食300万石，而宋代两淮、江南、两浙六路每年运往汴京粮食多达600万石。

宋代的手工业也非常发达，最典型的例子是，一位外国学者统计，宋代的铁的产量之多超过了英、法两国工业革命时期产量的总和。

商业的繁荣更是有目共睹，城市坊区被打破，商店再不受城坊的限制，大量市镇兴起，开封、杭州成为当时世界上最为繁华的大都市，杭州在马可波罗的笔下简直成了天堂。

海外贸易大发展，指南针的发明和广泛运用，宋钱成了许多国家的通用货币，至今亚洲和非洲的许多国家经常出土宋钱，即是明证。宋代经济发展已达到前所未有的高度，前人论述甚多，这里只能点到为止。一个"积贫"的国家能有这样良好的记录吗？

不少人将"积贫"解释成政府贫，指财政长期出现赤字。首先，政府财政出现赤字，是衡量一个国家贫富的唯一标准吗？美国政府财政经常出现赤字，但是，谁能否认它是超级大国？我国在"文革"前，长期收支平衡，不是依然居于第三世界行列，人民的生活水平相当低吗？现在连年有赤字，但谁能否认现在经济比过去发达、国民收入比过去大有提高？只有国民经济大幅度滑坡，财政赤字无法弥补，这才算"贫"。这样的情况长期持续下去才可称作"积贫"。

其次，看一下宋代政府财政收支的具体状况，是否长期赤字？实际情况并非如此。北宋太祖、太宗、真宗时期，一直是收入超过支出，仁宗初期和中期，仍然如此，到皇祐年间，在《皇祐会计录》中第一次提到"财赋所入，多于景德，而岁之所出，又多于所入。"但同时另一本书说，此录记载当岁之人,"所出无余",是说支出以后,没有剩余,换言之,大体上收支平衡。两者综合起来看,大概有一点儿超支,但并不大。曾巩《议经费扎子》说:"天下岁入,皇佑、治平皆一亿万以上,岁费亦一亿万以上。"还是说的收支基本平衡。明确记载收入大于支出的是治平元年和二年,《文献通考》国用:治平二年,入 116.138.405,出 120.343.674,非常出 11.821.278,诸路积 160.292.093。如果后者可以理解为地方财政收入,那么,单看中央的情况是收入大于支出,但加上地方财政收入,则还是收入大于支出的。正因为国民经济处在不断上升之中,中央虽然短期内出现了财政赤字,但民间和地方财政还是比较好的,所以王安石变法后,财政赤字马上得到解决,说得简单些,变法主要是将民间的和地方财政上的一部分钱,装到了中央政府的腰包里。王安石变法时期,生产工具、生产关系并没有本质变化,生产力不可能有明显的提高,过去,将财政赤字的解决,归功于变法提高了生产力,这显然是不合事实的。元祐推翻变法,中央重新出现财政困难,因而绍圣再度实行新法,中央财政又得到转变,正由于有丰厚的财力作支撑,才有三面包抄西夏的举动,河西的战事节节胜利,使西夏处于被动挨打局面。

再说宋代中央的收入分两大块,除了政府之外,还有皇帝的内藏库,其数量是相当可观的,如神宗的封桩库,可用于收复幽云十六州之用。当国库出现缺口时,往往以内藏库来填补。如庆历二年六月一次就拿出内藏银二百万两、绢二百万匹,以补三司经费的不足。到北宋晚期,皇帝所有的御前钱物更有大幅度的增长,仅大观三年(1109 年)180 万贯茶息中,纳入皇帝口袋的就有 100 万贯。宋徽宗时期所谓"丰亨豫大",其奢侈浪费固然荒唐,但从一个侧面也能反映当时的财政状况绝不是贫穷的。

有一种想当然的看法,以为宋代给辽、夏、金岁币,使得它变穷,不得不拼命搜刮,激化了社会矛盾,最终导致政权的垮台。事实上,岁币数量很有限,在国家财政收入中只占很小的比例,而且,它可以在彼此的贸易中得到补偿,以宋对金的茶叶贸易为例,金方每年要掏出 30 万两银子(一作 70 万两),仅此一项就比绍兴和议中宋方付的岁币 25 万两还要多。

三、关于"积弱"问题

宋代积弱吗?从表面现象看,它疆域远不及汉、唐,先后受辽、金、西夏、蒙古欺负,直至亡国,这能说不弱吗?然而事实并不那么简单,请看下面的分析。

先看北宋,它的对手辽国,确实很强大,宋方几次出兵,想收复幽、云等地,均以失败告终。但随后辽兵屡屡南下,在河东(今山西)没有任何进展,在河北,也只夺走易州,连后周世宗从辽方夺到的瀛、莫二州,也不曾夺回去,后来双方达成澶渊之盟,宋方的代价是每年奉送岁币。这应该会认为是耻辱,要遭谴责。然而宋人并不这么看,如王安石在《澶州》诗中写道:"欢盟从此至今日,丞相莱公功第一。"他不但不认为澶渊之盟是耻辱,反而认为那是寇准的丰功伟绩。这应当怎么解释?和议的达成本身,反映了双方的军事实力相当,论骑兵,辽比宋强,但宋方虽进攻力量不足,防守则有余,且经济实力远胜于辽,比辽更有耐久力。这样打下去,谁也吃不了谁,只能是一场无休止的消耗战,这对双方来说都是灾难,唯有议和对双方都好,可以有一个稳定的环境,生产能正常发展,生活也会有相应的改善。至于和约的内容,对于军力稍逊的一方,总要多做些让步。就经济实力较强的宋方来说,付出一些钱财,也并不是难以胜任的负担,况且,还可以通过边境贸易(互市)得到补偿。

就西夏而言,宋方的实力应当说要强于西夏,但西夏投靠辽,以辽牵制宋,使宋无法全力对付西夏,战争互有胜负,而逐渐往有利于宋的方面转化,到哲宗、徽宗时,宋已形成三面包围西夏之势,而经济实力不足的西夏,禁不起消耗战,宋夏的和议,虽然西夏以辽为后盾,取得宋的岁币,但它还是以承认宋正统地位为代价的。

南宋与金的实力相比,起初金强宋弱,但过了十来年,情况不同了,双方进入战略相持阶段,于是,出现了第一次和议。不久,兀术掌权,撕毁和约,全力南伐,企图灭亡南宋,但在岳飞、刘锜等军的连连打击下,不得不步步后退,宋方开始转入反攻。如果不是高宗与秦桧蓄意破坏,解除大将兵权,甚至不惜杀害名将岳飞,宋方是完全可能收复失地的。双方终于达成和约,宋以岁币了结。后来完颜亮南下,仍以失败告终。总的说来,宋、金双方实力基本相当,宋略弱一些。

南宋与蒙古相比,军力不如蒙古,这是事实。但应该看到,蒙古军在当时是打破天下无敌手的超级大国,被西方目为黄祸,他们往往只用几个月就踏平一个国家,唯独南宋坚持抵抗了好几十年,让蒙古可汗死于钓鱼城下。世界上有哪一个国家能做到呢?以它的实力而言,几乎可以说仅次于蒙古,也是当时世界上的强国,难道世界上只容许有一个强国,其他都得算作"积贫积弱"的国家?

从现在的角度说,衡量国家强弱的标准主要是看综合国力。据此,宋肯定是超过了辽、金的。前面说过,它的经济实力比辽、金强,科学技术则更是远超辽、金。四大发明都是在宋代出现或得到推广的。造纸、印刷术虽发明已久,在宋代大量使用才真正对国民经济和文化发挥重大作用。唐代主要是印佛经和历本,科技文化的书屈指可数,到宋代,各个学科的书大量印刷,靠印刷生活的专业户纷纷出现,印刷事业的大发展还催生了活字印刷术。

宋朝国民素质比以往的王朝和辽、金也要高,这表现在教育事业的大发展上,不仅官学十分发达,私家或官私合办的书院大量兴起,以书院而论,唐、辽、金加起来也不到宋的十分之一。宋代读书人的比例远远超过唐、辽、金。以潮州为例,唐代韩愈去当刺史时,仅有一名秀才,到北宋,增加到好几百名,至南宋初,近两千名,南宋中期四千余,宋末更达到上万人,14万多人中居然有上万人念书,多么可观!而且,它在宋代还不算发达地区!

在宽松的知识分子政策下,学术文化高度发展,学术空气空前活跃,成为战国之后又一个百家争鸣的时代,涌现出许多学派,如理学、新学、蜀学、心学,开拓了许多新的学术领域,出现了金石学、古文字学,创造了年谱、诗话、书目解题等新体裁。随着科举制度的大发展,进士的分布也比以往合理,过去在南方有许多空白点,到宋代都得到了填补,人才的合理分布,对缩小地区差异起了良好的作用。

以上说明,从综合国力角度考虑,宋朝不仅不能说弱,还应该说是相当强的。宋朝"积贫积弱"说应予纠正!

第六节　德本主义社会与资本主义社会的繁荣期

一、国家秩序稳定

对峙格局结束，德本主义社会与资本主义社会皆面临国家秩序之重构，前者体现为重建大一统的天下国家秩序，并以此为基础推进不同民族的文化融合；后者体现为新的资本主义民族国家确立，国家间秩序得以重构，并以此为基础推进资本主义的市场扩张。

（一）德本主义体系的重构——前蒙元地区纳入德本主义体系①

朱元璋建立明朝后，继续推进"北定中原，以一天下"（《明太祖实录》卷二五）的统一大业。在推行军事统一的同时，明太祖亦遵循"远人不服，则修文德以来之"（《论语·季氏》）的古训，认为："蛮夷之人，性习虽殊，然其好生恶死之心未尝不同"，同样"能遵声教"（《明太祖实录》卷三四，洪武元年八月丙子）；"自古帝王之得天下，不在地之大小，而在德之修否。"（《明太祖实录》卷七六，洪武五年十一月庚午）"蛮夷之人……若抚之以安静，待之以诚意，谕之以道理，彼岂有不从化哉？此所谓以不治治之，何事以兵也！"（《明太祖宝训》卷五《怀远人》）反复声明："朕既为天下主，华夷无间，姓氏虽异，抚字如一"（《明太祖实录》卷五三，洪武三年六月丁丑），"圣人之治天下，四海之内，皆为赤子，所以广一视同仁之心。朕君主华夷，抚御之道，远迩无间。"（《明太祖实录》卷一三四，洪武十三年十月丁丑）。

洪武元年（1368年）十月，明军攻下大都后，他宣布前元贵族及其他官

---

① 陈梧桐、彭勇：《明史十讲》之《第七讲——内治外安：明代的民族政策与民族关系》，上海古籍出版社2007年版。

民人等,"果能审识天命,衔璧来降,待以殊礼,作宾吾家……故官及军民人等近因大军克取之际,仓皇失措,生离父母妻子,逃遁他所,果能自拨来归,并无罪责,仍令完聚"(《明太祖实录》卷三五,洪武元年十月戊寅)。此后,又多次重申优待归附故元官军人员。明成祖也反对"穷兵黩武以事夷狄",主张对四夷要"怀之以恩,待之以礼。"(《明太宗实录》卷六八,永乐五年六月癸卯)永乐元年(1403)二月,他致书鞑靼可汗鬼力赤,曰:"今天下大定,薄海内外皆来朝贡,可汗能遣使往来通好,同为一家,使边城万里,烽堠无警,彼此熙然,共享太平之福,岂不美哉!"(《明太宗实录》卷一七,永乐元年二月己未)

对于完成统一之后的边疆地区的治理,明朝针对各民族地区政治、经济发展不平衡的特点,分别采取不同的管理制度。除在紧靠内地、经济发展水平较高的地区,建立府、州、县或都司卫所实行直接统治之外,其他地区则采取"以夷治夷"之策,分别实行土司、羁縻卫所或者贡赐制度。

在西南地区,明朝沿袭元代的土司制度,利用当地土酋管辖属民,但对土司制度作了改造与完善。首先,确定土司的职称与品秩,将元代置于边境的宣慰使、宣抚使、安抚使和长官等职称变为授予武职土司的职称,还在民族地区的卫所选用土人为官,形成卫所土司职称,并将唐宋以来封授少数民族头目为府州县土官的做法变为定制,在民族地区设置土府、土州、土县,形成文职土官的职称。文武职土司皆划定品级,形成一套完备的土司职衔。其次,确定土司的隶属关系。洪武三十年(1397年),规定武职土司归都司管辖,上隶兵部,文职土司归布政司管辖,上隶户部,把土司机构纳入国家机构的组织系统,便于朝廷的控制和差遣。第三,严格土司的承袭、贡赋、征调、升迁和奖惩制度。土司由朝廷颁给诰命、印信和官服,作为朝廷命官之凭信,允许世袭。但其承袭,必须履行严格手续,而且"承袭必奉朝命",中小土司"虽在万里外,皆赴阙受职"(《明史》卷三一0《土司传》序),只有一些大土司是由朝廷下诏就地袭职的。土司必须负起"附辑诸蛮,谨守疆土,修职贡,供征调"(《明史》卷七六《职官志五》)的职责,朝廷则对他们的进贡给予丰厚的赏赐。土司"积有年劳"或"从征有功"者,提升官职,功劳大的还可授予流官职衔，或加授散阶、勋级虚衔。土司犯法，则改元代"罚而不废"（《元典章》三《圣政·霆恩宥》）的做法，严加惩处。第四，在条件具备的地方，实行土流合治。一般在偏远地方，以土官为主，流官为辅；平坝地区和交通要道，则以流官为主，土官为辅。土流合治，以流官监控土官。明朝还在土司周围及其辖区之内设置卫所，驻军屯戍，并从内地迁徙大量汉民，在土司周围垦荒屯田，以加强对土司的监视和牵制。土司如果发动叛乱，明朝可以立即调兵镇压，事平之后甚至实行改土归流。

在西北和东北少数民族地区，明王朝实行羁縻卫所制度。在招抚当地的少数民族之后，"选其酋及族目授以指挥、千百户、镇抚等职，俾仍旧俗，各统其属，以时朝贡"（严从简：《殊域周咨录》卷二四《女直》），陆续建立一批羁縻卫所。在西北，嘉峪关外有安定、阿端、赤斤蒙古、哈密等关西七卫；在东北的西辽河一带，有朵颜、福余、泰宁等兀良哈三卫，在辽东都司边外有建州、兀者、奴尔干等184卫（万历年间发展到384卫、24所），并建立奴尔干都司。羁縻卫所的少数民族首领通过朝廷的任命，接受颁赐的诰命、印信和官服而成为朝廷的命官，"各统其官军及部落，以听征调、守卫、朝贡、保塞之令"（《明史》卷七二《职官志一》）。明廷在这些卫所并不派官，也不驻军，给予高度的自治权力。但朝廷掌握着卫所官员的任命、升降和承袭的决定权力，以及卫所辖地的范围、变动和迁徙的批准权力，就是卫所之间的纠纷，也必须听从朝廷的处理。

在西藏、青海和四川西部藏族聚居的地区，明朝设立乌斯藏、朵甘都司和俺不罗行都司，还有一批宣慰司、宣抚司、元帅府、招讨司、万户府等机构。这些机构，有的属于土司，有的属于羁縻卫所，其官员皆敕封当地的僧俗首领担任，并保留他们之间原有的上下级关系。这些官员皆系世袭，但其品秩和任免升迁，则由朝廷直接掌握，使之服从朝廷的直接管辖。鉴于藏区盛行藏传佛教，教派众多，明廷又"因其俗尚"，沿用元朝赐给僧徒封号的办法，敕封噶举黑帽系、萨迦和格鲁三派首领为三大法王。三个教派的法王自行传袭，无需听候朝廷任命。法王之下，还根据势力的大小，封了五个王和一批大国师、国师、西天佛子，皆给以印诰，许其世袭，"俾转相化导，以共尊中国"。

明廷规定，藏区的各级僧俗官员，不论他们之间有无统属关系，均可入京朝贡，凡入贡者皆给优厚赏赐。藏区僧俗官员，因而争相入贡，"修贡惟谨"，"以故西陲宴然，终明世无番寇之患"（《明史》卷三三一《西域传三》）。

对北方的蒙古族，明朝一直采取比较审慎的政策。蒙古分裂为三部之后，兀良哈部首先归附于明，明廷于其地设置朵颜等三个羁縻卫所。永乐年间，瓦剌部和鞑靼部也先后归明，明廷则对其实行最宽松的贡赐制度，敕封其首领马哈木、太平、把秃孛罗、阿鲁台为顺宁王、贤义王、安乐王和和宁王，允许其入京朝贡，并开放互市与之开展贸易。关于贡赐制度前文已多有述及，藩属国首领接受朝廷的封敕，定期入贡，表示他们对朝廷的臣属关系和应尽的义务；而朝廷施行敕封和赏赐，表示委托他们对其属民进行治理。由于贡赐制度对受封诸王缺少强硬约束，正统末年，瓦剌势力重新崛起后，又南下大举攻明。但由于蒙古的游牧经济毕竟比较脆弱，一旦遇到较大的自然灾害，便陷入困境，加上互市关闭，又无法用马匹和皮货换取中原的粮食、茶叶、布帛和铁锅，更是雪上加霜。到嘉靖年间，俺答汗便主动遣使向明朝求贡。隆庆年间，明朝大力整饬边防，并敕封俺答汗为顺义王，其弟、子侄和部下也分别封授官职，规定贡期、贡额与贡道，重新开放互市。此后数十年间，北方蒙古诸部一直维持与明朝贡赐关系，自此"三陲晏然，一尘不扰，边氓释戈而荷锄，关城熄烽而安枕"（《明穆宗实录》卷五九，隆庆五年七月戊寅）。

通过上述怀柔招抚政策与边疆治理制度，明朝成功地将蒙古、女真、西藏、畏兀儿等民族地区纳入德本主义的天下体系。明朝构建的天下国家秩序的稳定性远超汉唐，清代基本沿袭之，持续五百年，并奠定了今日中国版图的基本格局。

（二）资本主义体系的重构——前苏东地区纳入资本主义体系

冷战后期，美国布什总统提出"超越遏制战略"，与苏共中央总书记戈尔巴乔夫的"改革新思维"遥相呼应，成功推动东欧发生"和平演变"。1989年12月，美苏两国首脑马耳他峰会宣布结束冷战。1990年10月，德国在北约组织下实现统一。1991年7月，华沙条约组织宣布解散。在同月莫斯科美苏首脑峰会上，戈尔巴乔夫与布什宣称建立美苏战略伙伴关系，终结冷战。1991 年 8 月 19 日，苏联发生政变，12 月 25 日戈尔巴乔夫宣布辞职，标志着苏联解体。东欧剧变和苏联解体，使得二战后支配国际关系的两极格局瓦解，资本主义世界的国家间秩序进入重构时期。①

苏联解体后，美国"超越遏制战略"的重点转向将俄罗斯和独联体国家纳入西方市场资本主义体系，谋求建立"世界新秩序"。"世界新秩序"是美国在冷战后设定的全球战略长期目标，旨在建立一个由美国掌控、符合美国理想和美国利益的"稳定和安全的世界"。②在"世界新秩序"的目标下，美国以"全球威慑，应急反应"为核心全面改组军事力量和军力结构，调整以"共同的价值准则和共同的安全利益"为基础的全球军事联盟，确保美国在全球的战略威慑以及军力投送。在外交战略方面，则致力于"建立以美国为领导的'集体参与'的伙伴关系"，巩固在欧洲和亚太地区的"自由国家的联盟"；同时，"把在全球促进民主与人权作为一项基本国策"，致力于按美国的民主模式彻底改造前苏联、东欧以及中国，使之完全纳入市场资本主义体系。③

美国"彻底改造"前苏联，"指导"其和平演变的基本方针是:(1)军事上，销毁和控制前苏联的庞大武库，大幅度地削减俄罗斯核力量，保持低水平的战略平衡和美国的战略优势地位，与此同时，要求独联体核武器拥有国确保核安全，严防核扩散和核人才外流，并大力推动俄罗斯军事工业转向民用;(2)政治上，大力培养民主价值准则，支持俄罗斯"加强民主设施和建立法制国家"，推进其向市场资本主义演变，并公开干涉独联体国家的内部事务，将履行对核安全和防扩散所承担的国际义务、尊重人权和少数民族权利、实行政治民主化并推行市场经济作为与独联体国家发展正常国家关系的条件;(3)经济上，以实行全面的经济改革，建立自由市场经济作为美国及其盟国援助的条件。1992 年，布什政府提出一项 240 亿美元的"多边宏观经济援助"一揽子计划，允诺提供将近 45 亿美元的援助，用于稳定独联体国家的国际收支和调整其经

---

① 参见宫少朋等主编:《冷战后国际关系》，世界知识出版社 1998 年版，第一章。
② 同上书，第 69—71 页。
③ 同上书，第 71—80 页。

济结构。以上方针旨在巩固与消化冷战的成果，掌握对原苏联事务的主导和控制权，促使其接受美国的价值观，按美国制定的国际规则行事，以保障美国的军事安全，促进美国的经济利益。①

布什之后的克林顿为确保美国主导"世界秩序"，推行"参与和扩展战略"，强调美国"必须充当世界领导"，"美国的领导作用必须以预防性外交为主——通过支持民主、提供经济援助、在国外驻军……措施，作为安全的明智投资"。"以符合美国长期国家利益和美国的最大影响为依据，直接利益面临最大危险时采取单方面行动；利益共有时，建立联盟和伙伴关系；利益更普遍，问题得到国际社会关注时，采取多边行动。""美国改造现有的安全和经济结构和建立新结构的特有的外交手段归根结底有赖于美国的实力，发挥美国领导作用需要有可信的武力威胁作为外交后盾。美国军队应继续成为世界最强大，最有效的战斗力量。""参与和扩展战略积极谋求扩大北约组织保护下的'稳定区域'，将北约的防务范围从西欧、南欧扩大到中东欧和独联体国家。"② "参与和扩展战略"落实到经济层面，则是以"战略贸易理论"作为指导思想，实施国家出口战略，通过政府干预，维护和扩张美国的全球商业利益，促进美国出口；通过单方制裁消除国际市场"不公平"的竞争因素，消除阻碍美国商业创新力、积极性和生产率的贸易壁垒，以及通过双边安排、地区安排和多边安排扩大自由贸易和市场渠道，实现美国对世界经济的领导。③

通过推行上述"超越遏制战略"、"参与和扩展战略"及相关政策，美国及其盟国成功地将前苏联、东欧地区纳入市场资本主义的国际体系，奠定了美国"一超"主导的世界政治经济版图的基本格局。

综上所述，对峙格局结束后，德本主义社会与资本主义社会皆得以重构国家秩序：前者是重构大一统的天下国家秩序，前蒙元地区得以纳入明朝主导的德本主义体系；后者则是重构资本主义民族国家间秩序，前苏东地区得以纳入美国主导的资本主义体系。"纳入"的方式皆是主导方以雄厚的军事实

---

① 宫少朋等主编：《冷战后国际关系》，世界知识出版社1998年版，第78页。

② 同上书，第89—90页。

③ 同上书，第96—101页。

力为后盾，通过文化和制度的感召，从而构建了一个具有"中心—边缘"结构、同时得以保障基本和平的"体系"。前者构建的是德本主义的政治经济体系，后者构建的是资本主义的政治经济体系。两个"体系"之不同在于：前者的主导方在政治方面是和平主义的，在经济方面是惠他主义的，在文化方面是和谐主义的；后者的主导方在政治方面是扩张主义的，在经济方面是利己主义的，在文化方面是霸权主义的（详见第七章第四节之三《国际体系：贡赐体系与条约体系》）。

二、政经制度建设

国家秩序重建后，德本主义社会与资本主义社会的政治经济制度进一步得以完善。在政治制度方面，主要体现为官员选举制度和精英参政制度的完善；在经济制度方面，主要体现为混合经济模式的优化，或者说，是政府管制与市场调节相结合之制度体系的深化和细化。以下分"政治制度"与"经济政策"述之。

（一）政治制度：学选＋学治体系完善 vs. 钱选＋钱治体系完善
1. 德本主义社会——学选＋学治的制度体系完善
（1）学校体系与考试制度融合[①]

明代在继承前代科举选官制度的基础上，进一步完善了学校贡举制度。

洪武二年，政府颁令全国设立府、州、县学，此后又令民间开设宗学、社学。地方上府、州、县学的诸生，必须进中央国子学深造才得授官。

洪武八年，颁行学校贡举事宜。生员分二等。一、府州县学舍之生员。（有定额，自四十人以下为差，日给廪饩）二、乡里学舍之生员。（无定额，三十五家置一学，名"社学"）府、州、县学舍生员之资格，以官员子弟，及民俊秀、年十五以上、读过四书者充之。

---

① 钱穆：《国史大纲》（修订本），商务印书馆1996年版，第681—683页。

其学科有经、史、（分九经、四书、三史、通鉴、庄老、韬略等）礼、律、乐、射、算等项（晨习经、史、律，饭后治书、礼、乐、算，晡后习射。余力学为诏诰、笺表、碑版、传记等应用文字）。

其考试分按月考验，及三年大比（贡至行省，拔尤送京师，并妻、子资送）。贡士天子临轩召见（说书一过,试文字、射、算），分科擢用（有经明行修、工习文词、通晓四书、人品俊秀、言有条理、精习算法诸科、以诸科备者为上，以次降，不通一科者不擢）。

其任用有为御史、知州、知县、教官、经历、县丞、部院书吏奏差、五府掾史不等。

其乡里学舍之师资,由守令择有学行者教之（在子弟为师训,在官府称"秀才"。教科自百家姓、千字文以至经、史、律、算）。

考试亦三年一大比，师生皆有升进（行省拔秀才之尤者贡之朝，守令资送其妻、子入京。天子临轩试，加以录用。生员俊秀者入学，补缺食饩。不成材者听各就业）。

学校之盛，为唐宋以来所不及（明府、州、县、卫所皆建儒学，教官四千一百余员，弟子无算。又凡生员入学始得应举，则学校与考试两制度已融合为一，此实唐宋诸儒所有志而未逮者……）。

至国子监有"历事监生"之制（国子学改称"国子监"，监生分赴诸司先习吏事，谓之"历事监生"。亦有谴外任整理田赋、清查黄册、兴修水利等事，学十余年，始拨历出身）。出身优异（洪武二十六年，尽擢国子生六十四人为布政、按察两使，及参议、副使、佥事等官，为四方大吏者尤多。台谏之选，亦出于是。常调亦得为府、州、县六品以上官）。布列中外，一时以大学生为盛。

明代国学，即至后来，亦比唐宋较见精神。学生既得历事，又有优养，而尤重司成之选，特简大学士、尚书、侍郎为之。及至中叶，名儒辈出。……故成材之士，多出其门。

（2）科举考试标准化和程序化

在学校体系与考试制度融合的基础上，还有科举考试的标准化、程序化。明成祖永乐十五年颁行的《五经四书性理大全》，成为科举的"课程标准"，使得科举考试内容高度规范化和标准化。最突出的表现，则是科举试卷采用标准化形式——八股文。

从隋唐至明清，贡举考试的试卷，或曰"程文"，主要有帖经、墨义、大义、八股文、诗、赋、论、策等。

帖经、墨义施行于唐至北宋，以北宋吕夷简墨义试卷为例（《文献通考》卷三十按语引吕夷简应本州解试试卷）：

问：见有礼于其君者，[事之，]如孝子之养父母也。请以下文对。

对：下文曰："见无礼于其君者，[诛之，]如鹰之逐鸟雀也。"谨对。

这道墨义出于《春秋左传》文公十八年。答卷等于背诵默写。

大义又称经义。以北宋苏轼《三传义》为例（《苏轼文集》卷六）：

问：鲁作丘甲成元年

对：先王之为天下也，不求民以其所不为，不强民以其所不能，故其民优游而乐易。周之盛时，其所以赋取于民者，莫不有法，故民不告劳，而上不阙用。及其衰也，诸侯恣行，其所以赋取于民者，唯其所欲，而刑罚随之，故其民至于穷而无告。夫民之为农，而责之以工也，是犹居山者而责之以舟楫也。鲁成公作丘甲，而《春秋》讥焉。《谷梁传》曰："古者农工各有职。甲，非人人之所能为也。丘作甲，非正也。"而杜预以为古者四丘为甸，甸出长毂一乘，戎马四匹，牛十二头，甲士三人，步卒七十二人，而鲁使丘出之也。夫四丘而后为甸，鲁虽重敛，安至于四倍而取之哉！哀公用田赋，曰二吾犹不足。而夫子讥其残民之甚。未有四倍而取者也。且夫变古易常者，《春秋》之所讥也。故书作三军、舍中军、初税亩、作丘甲、用田赋者，皆所以讥政令之所由变也。而《谷梁》、杜氏之说如此之相戾，安得不辨其失而归之正哉！故愚曰：《谷梁》之说是。谨对。

此为北宋中期大义样式，后来又有所变化。据说到南宋末年，经义已形成固定的格式。"至宋季，则其篇甚长，有定格律：首有破题，破题之下有接题（接题第一接，或二、三句，或四句，下反接，亦有正说而不反说者），有小讲（小讲后，有引入题语，有小讲上段；上段毕，有过段语，然后有下段），有缴结。以上谓之'冒子'。然后入官题，官题之有下原题（原题有起语、应语、结语，然后有正段，或又有反段，次有缴结），有大（讲有上段，有过段，有下段），有余意（亦曰从讲），有原经，有结尾。篇篇按此次序。其文多拘于捉对，大抵冗长繁复可厌。"（元·倪士毅《作义要诀》自序）说明南宋后期经义，分为破题、接题、小讲、缴结、官题、原题、大讲、余意、原经、结尾十个部分，而且多用对偶，篇幅较长。这种十段文，应是明清八股文的雏形。①

明宪宗时期，大义演变成为八股文。八股文，又称八比文、制义、制艺、时文等。其主要特点为：言必据"四书""五经"及当时学术共同体公认并由官方指定的注疏；有固定格式，一般是由破题、承题、起讲、入题、起股（起比）、出题、中股（中比）、后股（后比）、束股（束比）、落下（收结）等十部分文字组成，其中起股、中股、后股、束股必须各有两股排比、对偶而相对成文的文字，故称八股文。

八股文开头为"破题"，即将题目字面破释开来，点破题意。破题限用两句，可用对偶，也可散行。破题又有明破、暗破、顺破、倒破、正破、反破之分。二是"承题"，指承接破题，进一步说明题意。一般用三、四句散行文字。承题也有明、暗、正、反、顺、倒之分，且要与破题相反相成。三是"起讲"，又称"小讲""原起"，开始用圣贤的口气进行议论，内容为进一步发挥题意。明代起讲较为简单，一般用三、五句，清代则多用十句左右，可用排偶，也可以散行。以上三部分合称为"帽子"，即题前部分，都只是说明题意，尚未进入正题。四是"入题"，又称"入手""领题"，即用一两句或三四句过渡性的散句，将文章引入正题。五是"起股"，又称"初股""初比""提比"，用四、五句或八、九句对偶排比文字，提起全篇之势，以总论、虚说为主。六是"出题"，即在起股之后，用一、二句或三、四句散句将题目点出。七是"中股"，又称"中比"。中股与后股是八股文的主要部分，要尽量阐发题目的意蕴。文字长短不定，可用四、五句至十几句对偶排比。八是"后股"，又称"后比"，尽量发挥中股所未尽之意。多用十来句到二十几句对偶排比，如中股较长，后股也可短些。九是"束股"，又称"束比"，若起股、中股、后股意犹未尽，可用

---

① 朱瑞熙：《宋元的时文八股文的雏形》，载《历史研究》，1990年第3期第29—43页。

束股加以收束；若意已尽，可照破题、承题、起讲，总括全篇。文字通常较短，一般用二、三句或三、四句对偶排比即可。有的八股文起股、中股、后股已将题意说尽，束股可以略去，即八股文只作六股。有的不作束股，而用两小股插入中股前后，仍为八股。起股、中股、后股、束股为正题部分。十是落下，又称"收结"，即文章结尾。明代八股文常在篇末作大结，可以兼及时事；清初取消大结，而用一、二句散句结束全篇，称为收结或落下。

八股文不但在结构上有严格规定，甚至连每部分开头的虚词也有规定。如清代规定，破题末尾要用虚词；承题开头用"夫""而""盖"等单音虚词，末一字用"耳""焉""矣"等虚词；起讲开头用"且夫""尝谓""若曰"等虚词。另外，对八股文的字数也有具体规定，大体从两三百字到六七百字，如明洪武十七年规定，书义每道二百字以上，经义每道三百字以上。清顺治二年规定，每篇限五百五十字；康熙二十年增为六百五十字；乾隆四十三，又增为七百字，遂成为定制。

乾隆元年方苞编有《钦定四书文》，收录明清时文七百八十三篇，作为八股文典范颁行天下。以下抄录一篇为例（《钦定本朝四书文》卷三）。

子谓颜渊曰："用之则行，舍之则藏，惟我与尔有是夫。"

韩菼

圣人行藏之宜，俟能者而始微示之也。（破题）

盖圣人之行藏，正不易晓，自颜子几之，而始可与言之矣。（承题）

故特谓之曰：毕生阅历，只一二途以听人之分取焉，而求可以不穷于其际者，往往而鲜也。迨于有可以自信之矣，而或独得而无与共，独处而无与言。此意竟托之寤歌自适也耶？而吾今乃有以语尔也。（起讲）

回乎！人有积平生之得力，终不自明，而必俟其人发之者，情相待也。故意气至广，得一人焉，可以不孤矣。人有积一心之静观，初无所试，而不知他人已识之者，神相告也。故学问诚深，有一候焉，不容终秘矣。（起二股）

回乎！尝试与尔仰参天时，俯察人事，而中度吾身，用耶舍耶？行耶藏耶？（出题）

汲于行者蹶，需于行者滞。有如不必于行，而用之则行者乎？此其人非

复功名中人也。一于藏者缓，果于藏者殆。有如不必于藏，则舍之则藏者乎？此其人非复泉石间人也。（两小股）

则尝试拟而求之，意必诗书之内有其人焉，爰是流连以志之，然吾学之谓何？而此诣竟遥遥终古，则长自负矣。窃念自穷本观化以来，屡以身沙用舍之交，而充然有余以自处者，此际亦差堪慰尔。则又尝身为示之，今者辙环之际有微指焉，乃日周旋而忽之，然与人同学之谓何？而此意竟寂寂人间，亦用自叹矣。而独是晤对忘言之顷，曾不与我质行藏之疑，而渊然此中之相发者，此际亦足共慰尔。（中二股）

而吾因念夫我也，念夫我之与尔也。（过接）

惟我与尔揽事物之归，而确有以自主，故一任乎人事之迁，而只自如其性分之素。此时我得其为我，尔亦得其为尔也，用舍何与焉，我两人长抱此至足者共千古已矣。惟我与尔参神明之变，而顺应无方，故虽积乎道德之厚，而不争乎气数之先。此时我不执其为我，尔亦不执其为尔也，行藏又何事焉，我两人长留此不可知者予造物已矣。（后二股）

有是夫，惟我与尔也夫。而斯时之回，亦怡然得、默然解也。（收结）

在规定时间完成一篇优秀的八股文，需要作者在文章辞赋、经义理解、时政观察等多方面的积累。可见，八股文考试确能综合评价作者的综合素质。八股文是程式化的"舞蹈"，高手在程式的规范下，依然能尽情挥洒。一生受困于科场的吴敬梓虽然自己不擅八股文，但对八股文的评价却很中肯："八股文章若做得好，随你做什么东西，要诗就诗，要赋就赋，都是一鞭一条痕，一掴一掌血，若是八股文章欠讲究，任你做出什么来，都是野狐禅，邪魔外道。"（《儒林外史》第十一回）进士出身的蔡元培曾在《我在教育界的经验》一文中回顾了学作八股文的经历："先作破题，止两句，把题目的大意说一说。破题作得合格了，乃试作承题，约四五句。承题作得合格了，乃试作起讲，大约十余句。起讲作得合格了，乃作全篇。全篇的作法，是起讲后，先作领题，其后分作八股（六股亦可），每两股都是相对的。最后作一结论。由简而繁，确是一种学文的方法。"

标准化、程式化的八股文提升了公正阅卷的效率：考官只需根据八股文的每股是否符合音韵要求，义理是否准确，就能很快给出相对客观的评阅结果；不同阅卷者对同一篇程文的评价基本相同，类似于现在标准化考试的客观题，要求考生选择ABCD等字母答案，保障了阅卷的公正和效率。近现代人多认为八股文内容空虚、形式僵化，是对士人的桎梏和摧残。须知，任何制度都是在特定时代背景下利弊权衡的产物。衡量一种制度的优劣，关键是要考其在特定时代背景下能否促进公平、公正与效率。

（3）学术集团议政干政（翰林院）[1]

在完善上述"学选"制度体系的基础上，明代发展的翰林院制度，促进了学术集团议政干政，同时培植领袖人才，中国的"学治"传统得以发扬光大。

翰林院之设始于唐，其先本内廷供奉艺能技术杂居之所（此犹秦汉初年之博士及郎官。旧唐书职官志言："翰林院有合练、僧道、卜祝、术艺、书弈，各别院以廪之。"亦有名儒学士，时时任以草制。乾封以后，始号"北门学士"。玄宗初，置"翰林待诏"，掌中外表疏批答、应和文章。此则犹汉武帝侍中内朝多任文学之士也。嗣乃选文学士号"翰林供奉"，分掌制诰、书勅。此则以内廷渐分外朝之权，正与汉武以侍中诸文士参预国政夺宰相权相似）。

玄宗时，别置学士院（在翰林院之南，始正式与翰林院分而为二，然犹冒翰林院之名。因唐别有弘文馆学士、丽正殿学士故也），自此学士与待诏有别，专掌内命（凡拜免将相，号令征伐，皆用白麻）。

其后选用益重，礼遇益亲，至号为"内相"。

此则相权内移，正如汉代尚书代三公之实权矣（兴元元年，翰林学士陆贽奏："学士私臣，玄宗初待诏内庭，止于应和诗赋文章。诏诰本中书舍人职，军兴之际，促迫应务，权令学士代之。今朝野乂宁，合归职分。"识者是之）。

宋代则翰林学士，亦掌制诰、侍从备顾问，并有侍读、侍讲、说书等经

---

[1] 编自钱穆：《国史大纲》（修订本），商务印书馆1996年版，第684—689页。

筵官，亦与翰苑同为政府中清美的缺分。而馆阁之选，更为士人荣任（凡直昭文馆、直史馆、直集贤院、直秘阁，与集贤殿修撰、史馆修撰、直龙图阁，皆为馆阁高等。其次曰集贤校理，曰秘阁校理。官卑者曰馆阁校勘，曰史馆检讨。均谓之"馆职"。记注官缺，必于馆职取之。非经修注，不除知制诰。元丰以前，馆职非名流不可得。凡状元制科一任还，及大臣论荐，乃得召试，入格乃授，谓之"入馆"。时人语曰："宁登瀛，不为卿。宁抱椠（qiàn），不为监。"其贵如此）。实为当时政府一种储才养望之清职（刘安世谓："祖宗之待馆职，储之英杰之地，以饬其名节。观以古今之书，而开益其聪明。稍优其廪，不责以吏事。所以滋长德器，养成名卿贤相也"）。

至于明代，翰林院规模，益臻崇宏，经筵官、史官均归入翰苑，翰林院更明显的变成一个中央政府里面唯一最高贵的学术集团。这一个集团，与王室保有很紧密的关系。内阁学士，即从翰林院分出（……嘉、隆以前，文移关白，犹称"翰林院"，以后始径称"内阁"）。至詹事府（主辅导太子）官职，亦为翰院旁支，与侍讲、侍读等同为王室导师。

而明代翰林院一个更有意义的创制，则为庶吉士之增设。翰林院有庶吉士，正如国子监有历事生，以诸进士未更事，俾先观政，候熟练然后任用。大率进士第一甲得入翰林，而二甲、三甲则得选为庶吉士（进士径入翰林，始洪武十八年。永乐以后，惟第一甲例得入翰林，二甲、三甲必改庶吉士，乃得诠注）。自有庶吉士而翰林院遂兼带有教育后进之性质。

其先庶吉士命进学于内阁（永乐三年，命学士兼右春坊大学士解缙等，新进士中选材质敏美者，俾就文渊阁进学。其先洪武六年，已有乡贡举人免会试，择年少俊异者肄业文华堂之制。【又洪武十四年六月，诏于国子诸生中选才学优等、聪明俊伟之士，得三十七人，命之博极群书，讲明道德、经济之学，以期大用，称之曰"老秀才"，礼遇甚厚。此皆为后来庶吉士制度之先声。可见明祖未尝不思作育人才，后人谓明祖创为八股文以愚世，非也。】后景帝时，又有东阁进学之事），并时经帝王御试（永乐中，召试庶吉士多在文华殿。宣宗时，又有斋宫考艺。正德后，庶吉士止隶翰林，遂罕御试）。其间有经长时期之教习（远则八、九年，近则四、五年，而后除授。有不堪者,乃改授他职。),学成每得美擢(大抵以授翰林院编修、检讨诸职为常。宣德以前兼授部属、中书等官,正统间始有授科、道者)。

皇帝以及储君,时时与翰林学士接近,既可受到一种学术上之熏陶,又可从他们方面得到很多政治上有价值的献议或忠告(翰林学士除为讲官、史官、修书、视草等规定的职务外,如议礼,审乐,定制度、律令,备顾问,诤得失,论荐人才,指斥奸佞,以常获从幸,尤见亲密,实多有匡救将顺之益也)。而一辈翰林学士,又因并不负有行政上实际的责任(无专掌,无钱谷簿书之烦。明代翰林亦无青词斋文等无聊文字之应酬。当时称之为"玉堂仙"。一甲三人为"天上生仙",庶吉士则"半路修行"也),而望荣地密,从容中秘,得对古今典章沿革,制度得失,恣意探讨,以备一旦之大用。而庶吉士以英俊后起,亦得侍从台阁,受一种最名贵而亲切的教育。实在是国家培植候补领袖人才之一种好办法。

2. 资本主义社会——钱选+钱治的制度体系完善
(1)利益集团与竞选制度融合

资本主义社会历经三百年的发展(自英国光荣革命到冷战结束),基本实现了普遍、平等的选举权,以及直接和秘密的选举权,为民众平等地参与政治、自由地选择"代表"奠定了形式方面的基础。选民平等选举除了要有选举的权利,还要能充分了解"代表"(候选人)、把握选情。因而,资本主义国家的民选代议制度在实现了"一人一票"的普选后,最重要的进展体现在竞选运作体系方面——竞争愈趋充分,信息愈趋透明,效率愈趋提升。这在美国表现得尤为明显。

冷战结束后,随着信息技术迅猛发展,美国两党在竞选中的职能渐趋弱化。两党的主要传统职能,本是组织选举、参与竞选,包括提名公职候选人,筹措竞选经费,组织宣传,动员选民登记和投票,对选民的抉择提供指导,以至组织政府等。此前直接预选制度的广泛采用,已削弱了政党控制候选人提名的职能;而为政治服务的新技术,如电视、计算机、互联网、民意测验等的发展,使候选人在制定竞选策略、筹措竞选经费和组织竞选活动方面,主要依靠各类专家组成的竞选班子,而不是像过去那样依靠政党组织。候选人只是在一个政党的标签下进行竞选，而在竞选取得胜利后，竞选班子的主要人员就留下来参加政府工作，担任新政府要职，这就进一步削弱了政党的作用。候选人要雇用各类专家组成竞选班子，要利用新技术从事竞选（如购买电视时间、进行民意测验等等），就需要筹集大量竞选经费。竞选经费历来主要依靠政党筹措。现在，政党虽然也为候选人提供一些经费（主要是共和党），但不敷日益增长的竞选费用开支。各种利益集团的政治行动委员会应运而生，他们通过向候选人捐款，成为候选人竞选经费的重要来源，更削弱了政党的作用和影响。①

利益集团通常被认为是"政党的补充"，反映了资本主义社会不同阶层和社团特殊的利益要求，其与政党的区别在于：政党的目标是提出本党公职候选人，争取上台执政；利益集团则不在于寻求执政，而是通过其各种活动，影响公职竞选和国家政策来维护本集团的利益。利益集团的政治性组织是政治行动委员会。它拥有合法的、向利益集团成员和股东及雇员募集资金的权力，这种募集建立在自愿的基础上。募集来的资金用于资助它所支持的候选人和政党。政治行动委员会通常会将两种施加影响的重要手段结合应用，即向政治家提供金钱和其他帮助，说服官员在一些问题上采取利益集团希望的行为。这样，政治行动委员会就成了利益集团用以影响选举结果和在任官员行为的工具。②

政治行动委员会参与整个选举过程，但其主要影响来自于它们资助候选人的能力。候选人需要大量金钱来开展竞选活动。政治行动委员会资助越多，它们的影响就越大。当然，重要的不仅仅是政治行动委员会所能资助金钱的数量，还包括它们资助的对象。政治行动委员会所资助的通常是那些最有影响的在任者、委员会主席、政党领袖和组织秘书、众议院议长等。政治行动委员会不仅资助多数党，而且也资助少数党中在任的重要成员，因为今天的

---

① 李道揆：《美国政府和美国政》京：商务印书馆1999年版，第200—201页。
② 〔美〕伯恩斯等：《民治政府：美国政府与政治》（第二十版），吴爱民译，中国人民大学出版社2007年版，第160页。

少数党有可能就是明天的多数党。①

（2）公职竞选市场化与金钱化

美国的利益集团与竞选体系融合，形成了以候选人为中心的公职竞选制度，进而导致了竞选运作的市场化，而有所谓"3P"运作——polling（民意调查），packaging（包装）和 promotion（推销）。"3P"概念源自市场营销，选举成为营销，产品是候选人。首先，候选人要委托专业公司就各种议题不断进行各种民意调查，并依据民意调查结果不断调整候选人的竞选演讲内容和方式，尽量争取把演讲对准特定的选民群体，以争取更多选票。民意调查费用不菲。其次，根据选民偏好，候选人要聘请专业顾问（包括发型顾问、形象顾问、发声教练、撰稿人等）做形象包装。候选人在电视上的一言一行、一举一动几乎都是由专业顾问精心设计，目的是不放弃任何一个可以争取选票的细节。专业顾问也费用不菲，一般每人每个小时酬金 450 美金。最后，候选人要把自己"推销"出去，为此要请专业广告公司制作竞选广告；还要请专业公司用复杂的数学公式计算出向潜在支持者发出海量广告信的最优方案，然后通过邮局投送上百万的广告信函；要购买电视广告时间、报刊广告版面、互联网网页广告版面；要请专业公关公司组织集会造势；要飞往各地参加竞选活动，为赶时间往往要专门包机……所有这一切都是为了赢得尽可能多的选票，所有这一切都必须依靠大量金钱支撑。②

虽然有钱不一定赢，但是没有钱肯定不会赢，这是美国众所周知的竞选游戏规则。金钱在美国选举中的重要性在 20 世纪 90 年代后变得愈发重要。在 1880—1948 年间，美国的竞选经费时增时减，从 1952 年开始，趋势开始变得几乎有增无减。从 1990 年代开始，竞选花费直线上升（见图 6-1）。不仅总统大选花钱，竞选美国国会参、众两院席位同样也花费不菲。③

---

① 〔美〕伯恩斯等：《民治政府：美国政府与政治》（第二十版），吴爱民译，中国人民大学出版社 2007 年版，第 162 页。

② 王绍光：《民主四讲》，生活·读书·新知三联书店 2008 年版，第 220—222 页。

③ 同上书，第 222—225 页。

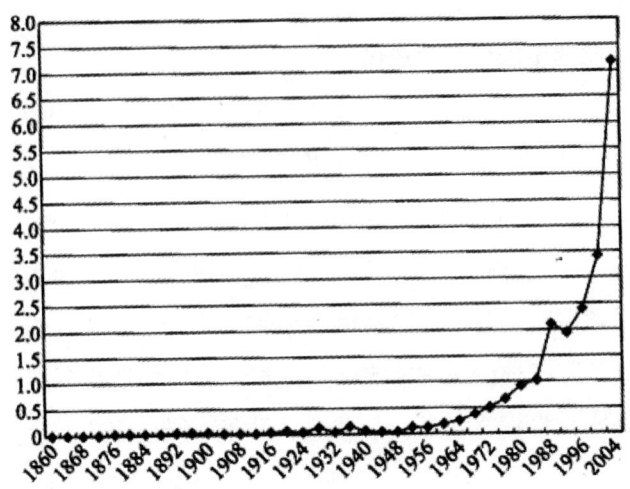

图 6-1　美国总统大选中候选人的总花费（单位：亿美元）

由于竞选是非常费钱的游戏，不是一般人能玩得起，因而选举游戏的博弈者只有两类人：一类自己非常有钱，一类能够募得大量的政治献金，或者二者兼之。2002 年美国国会选举，有 20 个人自费 100 万美元以上参选，其中花钱最多者拿出 779 万；2004 年自费 100 万美元以上的参选者增加到 23 位，其中花钱最多者拿出 2866 万；2006 年自费 100 万美元以上的参选者增加到 28 位，其中花钱最多者拿出 1700 万美元。此外，美国国会中还有大批百万富翁。1992 年，百万富翁占参议院成员的 28%；2000 年国会选举的赢家中至少 1/3 是百万富翁；2002 年国会选举的赢家中至少 47% 是百万富翁。到 2006 年，435 位众议员中至少有 191 位百万富翁（44%），所有众议员财产价值的中位数是 67.5 万美元；在 100 人的参议院里面至少有 58 位百万富翁（58%），所有参议员财产价值的中位数是 170 万美元。在参、众两院共有 6 位亿万富翁，几十位千万富翁。立法部门如此，行政与司法部门也是如此。美国最高法院 9 位法官中，有 7 位百万富翁。而与此同时，美国人口中只有不到 1% 的人拥有百万以上资产。美国最上层的 1% 的家庭占有整个国家 33% 的财富（包括股票、证券、房产等），接下来 4% 的家庭占有另外 26% 的财富，也就是说最富有的 5% 家庭占有整个国家财富的 59%。收入与财富分布的不平等，导致了不同社会群体拿钱参与政治的意愿与能力大不相同。以 2006 年为例，当时美国总人口为 2.96 亿，其中 18 岁以上的成年人为 2.2 亿，政治捐款 200 美元以上者占成年人口的 0.28％，捐 2000 美元以上者占整个人口的 0.06％。总之，有意愿、有能力捐款的很少。由此可见，治理或参与治理美国的是一个非常有钱的群体。"民主"概念强调普选权应该包括平等的选举权与平等的被选举权，然而，高价的竞选体系导致了选举权的实质不平等，而且剥夺了绝大多数人的被选举权。①

金钱在一定程度上改变了代议选举的原则：选举计票从"一人一票"在某种程度上变成"一元一票"。以 2004 年选举为例，总统竞选中，共和党候选人小布什花了 3.67 亿美元，比民主党候选人约翰·克里的竞选经费 3.28 亿美元多 4000 万，前者是赢家；众议员竞选中，435 位胜出者中有 415 位是本选区花钱最多的候选人（95.4％）；而参议院竞选中，34 位胜出者中有 31 位是本选区花钱最多的候选人（91％）。两年后的 2006 年国会选举，情况大致相同：众议员竞选中，93％是花钱多的胜出；参议员候选中，67％是花钱多的胜出。不仅全国性选举如此，地方选举的格局也大同小异，如 2002 到 2004 年的加州选举中，花钱最多者赢得选举的可能性是 95％，而花钱第二高的得票只有 4％，第三高的只有 1％。可见，金钱在选举中起着决定性的作用。②资本主义的"民主"实际是"民选主"，"民选主"在金钱的操纵下变成了"钱选主"。

当然，美国法律对政治献金有所限制，否则，让有钱人无限制地向候选人捐款就会使得"民选主"形同买票。但是，美国对政治献金的限制并不严格，通过"软钱"、政治行动委员会的捆绑捐款等方式，金钱在美国选举体系中依然可以大行其道。③而且，随着竞选"金钱化"加剧，美国法律对金钱的限制愈趋松弛。2010 年 1 月，美国最高法院做出重大裁决：政府不能限制企业与

---

① 王绍光：《民主四讲》，生活·读书·新知三联书店 2008 年版，第 225—227 页。
② 同上书，第 231—232 页。
③ 同上书，第 227—230 页；〔美〕伯恩斯等：《民治政府：美国政府与政治》（第二十版），吴爱民译，中国人民大学出版社 2007 年版，第 161—164 页。

工会出钱购买媒体广告宣传支持或反对特定候选人。赞成此项裁决的五名大法官认为这是基于宪法第一修正案对言论自由的保障，亦即政府不能限制政治意见的表达，而企业和人一样具有被宪法保障的言论自由。上述裁决在某种程度上为"金钱选举"完全打开了大门。①

（3）利益集团议政干政

资本主义国家的利益集团不仅通过"金钱"左右公职选举，还通过"金钱"左右政府政策。

利益集团的议政干政是制度化的。首先，利益集团自身的组织机制是制度化的。利益集团是以合法注册的组织形式出现，一般都有明确的组织目标和固定的组织结构，包括从决策机构到日常执行的部门，大多数利益集团还设有分支机构，有众多的雇员和可观的预算。"在各大利益集团中，主席和理事会成员都是名誉任职的名人，他们一般都是大企业的经理或理事会成员；同时，他们由一个专家型工作人员组成的工作机构来支持"。例如，英国工业联合会设总目标委员会为其常设机构，下设工资、工作条件、经济、就业政策等34个常设委员会和12个地方理事会。其次，利益集团与政府的关系也是制度化的。除各种非正式的联系外，西方国家的利益集团与政府都建立了正式联系。很多国家的宪法或法律都有政府与利益集团关系的规定。法国宪法规定设立经济和社会委员会，其职责根据政府的请求，就法律、法令的草案及法律建议案提出意见，并接受政府就有关经济或社会问题的咨询。经济和社会委员会大约有200名成员，其中70%由利益集团提名，其余由政府提名。德国的联邦议院和联邦政府的议事规则都强调，在起草法律草案或作出决议之前，要听取有关利益集团的意见。虽然英国在这方面没有成文的规定，但英国政府历来有征询利益集团的意见的传统，尤其是在制定经济领域的法律或政策之前，都要同有关的利益集团磋商。不仅如此，一些重要利益集团的代表人士还进入政府设立的种类繁多的各种委员会，就重要的政策问题进行讨论，提出自己的主张。政府把与利益集团磋商看成是一种必须履行的责

---

① 张铁志：《美国的金权政治》，载台湾《中国时报》，2010年2月25日。

任，如果利益集团不愿与相关官员磋商，就意味着对政府或议会的批评，甚至作为拒绝合作的借口。另外，利益集团与政党制度的关系也极为密切。在政治过程中，利益集团和政党往往互有所求。政党有上台执政的机会，因此，利益集团要实现自己的利益，往往要借助政党的力量。而政党在选举过程中和上台执政后，都离不开利益集团的支持，尤其是在选举过程中，利益集团的财政支持和选票支持对政党竞选成功具有至关重要的作用。尽管大部分利益集团都公开声明自己是不带党派偏见的，但实际上不少利益集团有非常明显的党派倾向。在美国，劳工、少数族裔的利益集团是民主党的坚定支持者，而工商业集团、新教团体则比较倾向于共和党。德国工业联合会公开支持基督教民主党，而大多数工会领导人则支持社会民主党。加拿大劳工大会公开支持新民主党。在法国和意大利，"工会会员按照政治路线分裂为社会党工会、共产党工会以及基督教工会"。利益集团与政党关系最为密切的是英国，"英国的利益集团，尤其工会，是与政党政治高度结合的。在工党内，工会提供该党将近百分之九十的党员、党代表大会百分之八十五以上的选票以及百分之八十五的收入。工会占有工党全国执行委员会二十八个席位中的十八个，并包办三分之一以上的工党议员"，乃至工党素有 2/3 的利益集团，1/3 的政党之称。甚至，在一定条件下，利益集团可以发展成为政党，"绿党"就是由以保护生态环境为主要目标的公共利益集团发展而来。如 1996 年美国的公共利益集团"纳德组织"的领导人宣布参加总统选举，该组织发展成为绿党。[①]

下面以美国为例，看看利益集团是如何进行议政干政的。

美国的利益集团经历了长期发展，种类繁多，广泛存在于政治、经济和社会生活各领域，大体可分为四类：一、寻求成员经济利益的集团。旨在维护和促进本集团成员的经济利益，在利益集团中数目最多，影响也最大，此类又可再分为工商业企业、农业、工会和专业人员四类；二、寻求成员政治、社会权益的集团。旨在争取成员的政治权利和改善成员的社会地位，同时也致力于改善成员的经济状况，包括种族集团、民族集团和妇女团体等；

---

① 唐晓等：《当代西方国家政治制度》，世界知识出版社 2006 年版，第 358—360 页。

三、公共利益集团。旨在维护公共利益，如环境保护、消费者利益、水土保持、廉洁政府和世界和平等，其成员一般不从组织活动中追求物质利益；四、寻求其他目的的利益集团。包括许多州和县市在首都华盛顿设立办事处，雇佣专职的游说专家，施加压力，以求得到于它们有利的政府决策和国会立法，特别是得到联邦政府的财政补助。由于这些政府组织的目的和达到目的的活动方式同特殊利益集团相同，又称为"政府利益集团"。另外，还有外国政府和外国民间社团组织的利益集团等。①

利益集团为影响政府政策，展开形式多样的院外活动。院外活动的直接含义是"议院外的活动"，指一些代表利益集团的说客在议会开会中休息的时间，在议会外供议员休息的房间或走廊上游说议员，促使其支持某项法律的通过或反对某项法律，从而对议会的立法活动施加影响。后来随着利益集团影响的不断扩大和实力的不断增强，院外活动的目标和手段都有了很大的发展。在目标上，利益集团的游说对象已不限于国会议员，试图使其立法的立场和态度对本集团更加有利，而是进一步扩大到政府机构和法院，不仅要影响政策的制定，还要对法官的任命等事项施加压力；在手段上，利益集团的活动也不再仅限于在议会休息的间隙对议员开展游说，而是采取了直接游说、发动舆论攻势、插手选举、抗议示威等各种手段，最常见的方式主要有如下几种。

第一，发动舆论宣传。美国作为一个大众传播媒介空前发达的国家，各种利益集团都十分重视利用广播、电视、报纸、传单、广告、电子邮件等形式宣传本集团的存在和宣传自己的主张，特别是一些大的利益集团每年都会投入大量经费在媒体刊登广告、发表谈话和演说、向公众传送本集团的新闻和信息，甚至直接经营和操纵媒介，以便最大限度地使自己的主张为公众所了解和接受，影响公众情绪和政策导向，给政策和立法活动施加无形的公众影响。

第二，开展游说活动。包括直接游说和间接游说两种方式。直接游说是

---

① 李道揆：《美国政府和美国政》，商务印书馆1999年版，第276—301页。

指利益集团通过与政府官员、国会议员进行接触或参加国会举行的各种听证会，阐明和解释自己对所关注问题的看法和态度，并促使政府或国会在决策和立法中采纳自己的主张。为了使游说活动更加有效，利益集团的代表均积极建立与游说对象的良好关系，向他们提供相关的资料和报告，甚至代议员和政府官员起草相关文件，由于利益集团对其关注的事务有较深刻的认识和了解，在进行游说活动前经过了大量前期准备工作，因而议员或政府官员也需要它们的合作，以便对所要解决的问题有更多了解。如果说直接游说是通过对有关决策者施加影响的话，间接游说则主要是通过影响选民来影响政策和立法，这种方式虽然较为间接，有时很难准确地估量它所发挥的作用，但如果成功的引起了社会的广泛重视，它的作用仍然是不可忽视的，特别是对于一些与公众利益相关的立法，由于议员们与政府官员相比更加重视选民的意见，故而也更加容易受到这种间接游说的影响。间接游说常常与发起舆论宣传攻势相结合，以争取选民对自己的支持和理解，甚至推动利益集团的成员向国会议员写信，打电话和上门访问，以此进一步向国会议员施加压力。

第三，提起司法诉讼。鉴于美国最高法院的司法审查权在政治生活中具有的特殊作用，利益集团还常常通过司法诉讼来实现自己的愿望，以此达到通过政府和国会达不到的目的。特别是当某个利益集团认为国会的立法或政府部门的规章损害了自己的利益时，它可以向法院起诉，争取通过法院裁决来改变。

第四，组织请愿示威。这是利益集团影响政府政策的较为激烈的方式，更容易引起当权者和公众对其利益要求的关注和重视。

为使上述手段发挥最大作用，利益集团一般都不是由本集团的领导人或成员来直接从事院外活动，而是花钱雇佣专门从事院外活动的说客来进行，仅在华盛顿从事这一职业的人数即多达数万人，大多数是律师或者与政府和国会关系密切的人士，受聘与政府官员和国会议员保持联系，对政府正在制定的与本利益集团相关的政策和国会法案保持关注，通过信件、电报、传真、请愿书、代表利益集团出席有关听证会，或者直接约见等方式对有关人员施加影响。由于这些专业的院外活动人员具有较高的法律技巧，政治影响艺术和公众劝说技巧，再加之他们与政府部门和国会议员千丝万缕的联系，他们对政策和立法的影响不容低估。政府的许多政策都是在利益集团的建议或帮助下制定的，国会议员的议案也大多经过了利益集团的协助，至于总统候选人要想登上权力顶峰，没有利益集团的支持和赞助更是不可能。前任美国总统小布什就被在公认是在石油公司、烟草商等财力雄厚的大企业集团支持下才赢得选举。

就院外活动的影响力而言，由于利益集团的实力不同，发挥的作用也不一样。拥有庞大的经济实力或社会影响力的利益集团常常能够进行卓有成效的院外活动，促使有关立法或政策有利于自己的利益，而大多数小的利益集团从事的院外活动则影响较弱，很难对政策和法律的制定产生实质性影响。这一点，更加充分了反映了美国社会中"金钱政治"的巨大威力。[①]

利益集团在美国政治中的活动是全方位的，因而对政治的影响也是全方位的，从选举到政策制定、从立法到执法，利益集团的影响无处不在。大致说来，利益集团的政治影响主要体现在以下几方面。

第一，对国家政治倾向和政治氛围的影响。由于许多利益集团并存且相互竞争，通常任何一个利益集团都不可能完全主宰国家的政治倾向。但在一些特定情形下，许多大的利益集团基于共同的政治需要联合则足以影响乃至改变整个国家的政治倾向。如20世纪50年代初期，一些代表大资本利益的保守利益集团大肆鼓吹"共产主义威胁"，在社会中散布"恐共"和"反共"气氛的结果，导致美国社会的右倾化和"麦卡锡主义"猖獗一时。可以说，每一次国家政治倾向和舆论氛围的变化背后都隐藏着利益集团宣传鼓动的影子。

第二，对政府构成和政策制定的影响。影响政府政策是利益集团的重要宗旨之一，实际上，许多政府官员本身就来自于利益集团或者有着深厚的利益集团背景，如美国农业部的许多官员来自美国农场局联合会，教育部的许多官员则来自全国教育协会。而许多政府官员在任期届满离职后，也常常选

---

① 刘杰：《当代美国政治》，社会科学文献出版社2001年版，第276—281页。

择为利益集团服务这一酬劳丰厚的职业。每一届新总统上任后任命高级官员时,大多数情况下都必须与利益集团协商、甚至由他们来推荐人选。如劳工部长一般需要得到劳联——产联的同意,财政部长则需使华尔街金融大亨们满意,而最高法院大法官和其他联邦法院法官的任命则需要得到美国律师协会的认可。政府构成与利益集团之间这种水乳交融的密切关系,使政府在决策过程中也必须考虑利益集团的愿望和要求,特别是由于政府有限的经济权力,它的许多经济政策和措施都受到利益集团的巨大影响,如在制定物价、工资水准、基建投资乃至对外政策的决定都有赖于相关公司的支持,利益集团——政府部门——国会小组委员会在决策过程中被称为决定性的"铁三角"。

第三,对国会立法的影响。立法是利益集团从事院外活动的直接目标。利益集团对立法的影响覆盖从议案提出到最后批准通过的全过程。利益集团首先在很大程度上操纵着议员的选举,大多数国会议员都是被某个或某些利益集团推举出的"代表",议员在国会中提交的议案常常需要利益集团的专业人士在有关事实和技术问题上提供帮助,议案提出后的审议和批准过程中,利益集团不仅有大量的说客游说其他议员,还常发动宣传和舆论攻势对国会与总统的态度施加压力,甚至在一份法案通过后,利益集团也还可以通过司法诉讼来否定或改变法案。

第四,对司法过程的影响。在美国的最高权力体系中,司法部门相对而言是利益集团影响较小的。司法独立原则和法官的非党派色彩和终身任职规定在一定程度上使司法过程较少受到利益集团游说的影响。但是,法官们对案件的审理和判决需要考虑社会和政治影响,这就为利益集团发动社会舆论影响判决结果提供了可能性。利益集团对司法过程的影响还体现在它可以为案件的当事人聘请律师团队提供辩护和咨询服务,这在很大程度上可以影响案件的判决结果。

第五,对外交政策的影响。美国政府制定的几乎所有外交政策都或多或少隐藏着利益集团的背景。如小布什政府之所以不顾包括其欧洲盟国在内的世界各国的强烈反对,拒绝批准减少温室气体排放的《京都议定书》,主要就是为了取悦国内的大石油公司。①

利益集团影响国家的政治过程,是资本主义社会实现公民参政的重要途径,对于资本主义制度的发展具有重要的积极意义。它们直接代表公民意见,是政府与公民之间的桥梁,促使政府的决策更加切合"民意",特别是切合"资本家"的民意,有助于其经济繁荣、政治稳定和社会发展。"第一,它们代表公民的意见。第二,它们履行教育的职能,把政府的情况告诉公众,又把集团及选民的意向告诉政府。第三,它们对政治程序贡献想象力和活力。第四,它们是分析公共政策的专家。第五,它们进入决策程序有助于形成做出决定所需的多数。第六,它们对政府活动的注意,会改善官员们慎重思考其决定的前景。"② 利益集团为实现自身利益介入政治过程,客观上形成了对政府行为和国家权力的监督与制约,"实现社会权利对国家权力的制衡","敦促政府弥补疏漏","督促公职人员遵纪守法,廉洁自律"。③ 鉴于利益集团在美国政治生活中特殊的地位和作用,一些学者把它称为"国会的第三院"、"美国的第四种势力",并把美国政治称之为"利益集团政治"。

综上所述,在德本主义社会与资本主义社会的繁荣期,国家(间)秩序重构之后,二者的官员选举制度和精英参政制度皆得以完善:前者是"学选"+"学治"的制度体系的完善,主要体现为学校体系与考试制度的融合、科举考试的标准化和程序化以及学术集团议政干政的制度化(翰林院制度);后者是"钱选"+"钱治"的制度体系的完善,主要体现为利益集团与竞选制度的融合、公职竞选的市场化与金钱化以及利益集团议政干政的制度化("国会的第三院"制度)。前者是"主权在天→主权在圣→主权在士"的默示委托代理制度体系的完善,后者则是"主权在民"的明示委托代理制度体系的完善。(详见第七章第一节之二《思想基础:主权在天与主权在民》)。

---

① 刘杰:《当代美国政治》,社会科学文献出版社2001年版,第292—297页。
② 〔美〕希尔斯曼:《美国是如何治理的》,第324页,转引自刘杰:《当代美国政治》,社会科学文献出版社2001年版,第289—290页。
③ 唐晓等:《当代西方国家政治制度》,世界知识出版社2006年版,第371—374页。

（二）经济政策：德本主义混合经济模式 vs. 资本主义混合经济模式

1. 德本主义社会——混合经济模式的优化

前文述及，宋代逐渐放松政府对经济的管制，扩大市场的调节作用，通过诸如土地政策、工商政策、财税政策、货币政策、国营政策、政府采购、经济立法等方面的措施，促进了市场经济的发展，形成了混合经济模式。明清的经济政策总体来说是混合经济模式的优化，是政府管制和市场调节相结合的深化和细化，主要体现为在"重农"的基础上，鼓励多种经营，并通过诸如商业管理、赋役改革、匠籍废除、行业准入等方面的政策，在保障民生和社会和谐的同时，推进了市场经济的繁荣发展。

元末战争造成的社会动荡，使得"往年大姓家，存者无八九"，出现了大量无主荒地。明太祖建国伊始便大力推行屯田垦荒的政策。洪武元年诏令："州郡人民先因兵燹遗下田土，他人垦成熟者，听为己业；业主已还，有司于附近荒田如数给与"（《明太祖实录》卷30）；洪武三年又令："北方近城地多不治，召乡民无田者垦辟，人给十五亩、蔬地二亩，免租三年，有余力者不限顷亩。"（同前卷53）对于荒地较多的山东、河南、河北、陕西等地，还特别规定，"额外垦荒，永不起科"（同前卷53），并诏令在全国范围，"凡（洪武）二十年以后新垦田地，不论多寡，俱不起科"（同前卷243）。清朝初期康熙也曾诏令"凡流寓愿垦荒居住者，将地亩永给为业"（《清朝通志》卷81），雍正也曾诏令"凡有可垦之处，听民自垦自报，官吏不得勒索、阻挠"，并"劝谕开垦无力者，官仍给牛种，起科之后给印照永为世业"（同前）。明清政府还鼓励农民从窄乡（人多田少之地）移民到宽乡（地广人稀之地），并规定凡州、县农民开荒及移民开荒，都作为垦荒者的永业田。中央政府责成地方官兴修水利，安排耕牛、种籽，提供农业生产的条件，使移民、流民能定居附籍。经过明清两朝鼓励移民垦荒政策的实施，耕地面积大为增加，从明初到鸦片战争前，耕地面积从3.8亿亩增加到10亿亩左右。

在劝奖垦荒的基础上，明清政府还大力鼓励粮食之外的多种经营。明初，太祖曾令户部移文天下，课百姓种植桑枣，每里百户，种植枣桑秧苗二亩。

栽种讫，具书数目上报，违者谪戍边。规定凡种桑麻"四年始征其税"（《明史·杨思义传》），此后多次颁布类似规定，如"令益种棉花，率蠲其税"（《明太祖实录》卷232），还规定地方官任满赴京考课，"必书农桑学校之绩"，把经济作物种植列为考核官吏政绩的重要内容。清代雍正元年世宗谕曰："在舍旁田畔，以及荒山旷野，度量土宜，种植树木。桑柘可以饲蚕，枣粟可以佐食，柏桐可以资用，即榛楛杂木，亦足以供炊灶。……至孳养牲畜，如北方之羊，南方之彘，牧养如法，乳字以时，于生计咸有裨益。"世宗在《圣谕广训》中曰："朕闻养民之本，在于衣、食。农桑者，衣食所由出也。一夫不耕，或受之饥；一女不织，或受之寒。……树桑养蚕，除江浙、四川、湖北外，余省多不相宜；然植麻种棉，或绩或纺，衣之所出不同，其事与树桑一也。愿吾民尽力农桑"。在鼓励多种经济作物种植的基础上，政府又采取各种措施促进农家纺织手工业的发展。如乾隆初年，河南巡抚尹会一效仿江南富庶的苏、松两郡，令地方官或动用无碍公项，或晓谕有力之家，制造机杼，贷予织户，以使"比户连村，无不各勤纺织"。乾隆七年，黔省令通省"教民纺织"；乾隆九年，甘肃令制造纺车，请女师教织；乾隆十年，奉天拟议推广纺织；乾隆二十年，湖广总督请令雇募江浙工匠到省，设立机局，教以染造纺织；乾隆三十年，四川令各属"广招织工，教习土人，并令妇女学织"。

通过展开多种经营，优化资源配置，形成了集农、林、牧、副、渔生产于一体的集约、高效的生态经济模式。如明嘉靖时期的苏州常熟谭晓，利用水乡"田多洼芜"，将低洼处凿为池，四周围以高塍，"辟而耕之，岁之入视平壤三倍"，开挖的水池"以百计，皆畜鱼"，池上筑舍养猪、鸡，鱼食其粪，"塍之平阜，植果属，其污泽，植菰属，可畦植蔬属，皆以千计"，至于连鸟凫昆虫之属，"悉罗取而售之，亦以千计"，上述出卖鱼、果、蔬菜、鸟凫昆虫等的收入，"视田之入复三倍"。这已成为融合农、林、牧、副、渔等生产于一体的立体化经营的生态农场。（李诩《戒庵老人漫笔》卷四）普通的农户，通过"一年二作""人耕十亩""男耕女织"三者结合，也建立起以家庭为基本生产单位的集约、高效的生产模式，"可达其劳动生产率和收入之最佳水平"。①

---

① 李伯重：《江南农业的发展：1620—1850》，上海古籍出版社2007年版，第147—171页。

展开多种经营、优化资源配置，使得明清时期的土地产出率与劳动生产率皆得以提升，从而推动了市场经济的大发展和大繁荣。以生产粮食为主、纺织原料为辅的自给自足性质的家庭形态被逐渐突破，家庭经济逐渐融入到市场网络之中。明清时期种植较广的经济作物首推棉花和桑树，江南和华北都形成了大面积专业植棉区，蚕桑业则集中在长江三角洲地区。福建、广东等地则利用温暖湿润的气候条件，大力发展甘蔗、荔枝、龙眼等经济作物的专业种植。油料作物及茶树、花卉、果木、蔬菜、药材、烟草等也在各处因地制宜地发展起来。在经济作物种植面积不断扩大和城镇发展导致的非农人口不断增长的趋势下，粮食生产也逐渐融入到市场网络中，并出现了粮食生产中心的变迁。江南原为产粮丰裕地区，宋元以来有"苏湖熟，天下足"之民谚，但到明代中后期由于棉、桑等作物的广泛种植，致使苏湖地区需要从湖广、四川等地输入粮食，民谚也变为"湖广熟，天下足"。

为引导、规范市场经济的健康发展，明清政府建立了系统、严格的商业管理制度。如度量衡管理：规定市场所用度量衡必须符合官定标准，且经官府核定烙印后，方可用于交易，以为买卖双方公平交易提供保障。又如物价管理："凡诸物行人评估物价，或贵或贱，令价不平者，计所增减之价，坐赃论；入己者，准盗窃论，免刺"；"凡买卖诸物，两不和同，而把持行市，专取其利，及贩鬻之徒，通同牙行，共为奸计，卖物以贱为贵，买物以贵为贱者，杖八十"（《大明律集解附例》卷十《户律》市廛）。为掌握平抑物价的主动权，国家建立预备仓，实行收籴、平粜制度等，对于赢利过多的行业，政府则采取限制措施。又如商品质量管理：规定伪劣与不合格商品不得在市场交易，"凡造器用之物，不牢固、真实，及绢布之属纰薄、短狭而卖者，各笞五十，其物入官"（《大明会典》卷三七《课程》时估）。再如牙行管理：牙行是贸易中为买卖双方说合的中介，并协助官府参与街市校勘度量，平抑物价，辨识假银、伪钱，征收商税等市场管理工作，也为卖方提供膳宿、货栈、交通方便等，"所谓牙者，权贵贱，别精粗，衡重轻，革伪妄也"（《士商类要》卷二《买卖机关》），为防止牙商利用对市场信息的了解和政府给予的特权，把持行市，扰乱秩序，政府对其活动进行了严格规范。再如城乡市集的管理：政府规定地点、时间甚至市集规模、经营商品等。再如对商人的管理：无论坐贾、行商，都要进行户籍归类与登记，只有占籍后才能合法贩运经营，并对商贾占籍情况定期清审，对于行商还专门有路引、店历等制度。需要指出，明清政府对商人的管理不再强调"抑商"，而是强调"资商""厚商""恤商""利商"，如明代的张居正就强调："古之为国者，使商通有无，农力本穑。商不得通则无以利农，则农病；农不得力本穑以资商，则商病；故农商之势常若权衡……欲物力不屈，则莫若省征发，以厚农而资商；欲民用不困，则莫若轻关市，以厚商而利农。"清代康熙则提出要"恤商""利商便民"。

因应市场经济的发展，明清赋税制度也有重大改革。明中期，政府清丈全国所有土地，在此基础上实行新税制"一条鞭法"，将丁银税粮等征收简化总编为"一条"，统一按银两征收，役赋合一，简化了征税手续。清代赋税制度基本沿袭明代，实行了两项重要改革：一是实行"滋生人丁，永不加赋"，一是实行"摊丁入亩"，也就是将丁银和地税合一，统一按地亩计征。明清时期推行的赋税改革，基本废除了权贵和缙绅的免役权，有利于社会平等和经济发展。而且，明清政府的赋税政策总体比较宽松[①]，对于促进商品经济的发展具有重要作用。

因应市场经济的发展，明中叶后还废除了工匠轮班服役，改行工匠银制，工匠纳银后可不再服役，从而促进了民间手工业的发展，并逐渐超过官办手工业而占据主要地位。明初设立的哺北织染局、南京供应机房、苏杭织造、陕西织造等官办纺织机构，主要是为满足皇室和政府需要而设，此刻因民间市场需求，早已被民间纺织手工业远远超过。嘉靖万历时期的民间私营纺织业已发展成江南社会经济的重要组成部分。景德镇陶瓷业中也出现"官搭民烧"制度，而且民窑发展很快，一般民窑的窑身和每窑产量要比官窑大3、4倍。明后期景德镇3000多座窑中，官窑仅有几十座。矿冶、采珠、伐木等以往受官府控制较严的行业，也在不同程度上出现私营化倾向。即使受官

---

① 黄仁宇：《万历十五年》，生活·读书·新知三联书店1997年版，自序第2页。

府控制最严的制盐业，万历年间也出现民营化迹象。清前期除军器、铸钱等仍由官府控制，以及在南京、苏杭、景德镇等地保留少量丝织手工场和瓷窑外，其余都改为民营。包括逐渐允许民间开采铜、铁矿，把冶铜和煮盐都改为私营和官督商办。明清时期对民间手工业控制政策的放松，使民营手工业迅速发展。

明中叶以降商品流通迅速扩大，贸易活动空前活跃，导致工商城镇蓬勃兴起。明代如北京、南京及诸王封地开封、武昌、潞安等重镇原本因政治、军事因素形成，此刻因工商业兴盛而格外繁华。另外在运河沿线、东南沿海，特别是江南地区，又兴起一批工商业城镇。这些城镇大多因为拥有特种手工专业以及商业往来频繁而兴盛，成为某种手工产品和原料的集散地，并因此聚集众多牙行、商贾和行会。仅江南苏、松、杭、嘉、湖 5 府地区，以工商业著称的镇市即达 30 多个。而且这批市镇大多于明中后期以降新建或扩充兴盛。盛泽镇明初仅为 50~60 户人家的小村，因丝绸业而发展，成化中至 300~400 家，万历后成为拥有 5 万人口的大镇。吴江县弘治前属有 3 市 4 镇，嘉靖时上升为 7 市 4 镇，万历后发展至 10 市 7 镇。清康乾时期不仅恢复了明后期许多城市的繁华，而且又形成一大批中小城镇，如无锡、芜湖、景德镇、郴州、济宁、宣化、厦门等皆颇具规模，远较明代发达。在西北地区如库伦、乌鲁木齐、呼和浩特、张家口、多伦诺尔、西宁、伊犁、哈密、阿克苏、叶尔羌等商业城镇，纷纷在清代兴起或得以规模发展。大批中小商业城镇的兴起，是明清时期市场经济空前兴盛的重要标志，也推动了市场经济更加繁荣兴旺。

随着商品流通的兴盛，明中后期广泛使用白银，促进了货币经济发展。明初曾实行纸钞，一度禁止民间金银交易。英宗时放松银禁，嘉靖后白银成为国家货币的主要成分，大数用银，小数用铜钱，实行银钱双本位制。推行一条鞭法后，政府征收的赋税中货币比重加大，田税、商税、手工业税、海关税，包括徭役，大部分用银折纳，官吏薪俸、国库开支也用银支付，而市场上的商品也普遍用银计价交易。白银广泛流通导致供不应求，嘉靖、万历年间通过海外贸易流入大量白银，沿海漳州、泉州一带已通行进口的西班牙银元，并逐渐形成全球性的白银货币体系（详见下面《国际关系发展》之2·1《德本主义经贸体系：白银主导的全球货币体系发展》）。

2. 资本主义社会——混合经济模式的优化

资本主义发达国家在二战后形成了国家干预主义的混合经济模式，凯恩斯主义盛行，而20世纪70年代的"滞胀"危机，使得凯恩斯主义陷入困境，又导致了新自由主义的兴起。特别是冷战结束后，经济全球化进程加快，凯恩斯主义的经济政策不能适应资本主义国家全球化扩张的需要。20世纪90年代，以英美为主的资本主义发达国家提出"第三条道路"。

率先提出"第三条道路"主张的是美国总统克林顿。克林顿采用一种灵活、实用的中间派立场，强调"我们必须采取的变革既不是自由主义式的，也不是保守主义式的。它是两者的结合，而且与两者截然不同。生活在城镇乡村的美国人民对左、右派的，自由主义和保守主义的陈腐话语，以及使我们的政治代替了行动的其他言论不感兴趣。政府的责任是创造更多的机会。人民的责任是充分利用这些机会。"克林顿实行中间偏左的内外政策，其主张和行动推动了西欧国家的思想和政策变革。英国学者安东尼·吉登斯1994年出版《超越左和右》一书，对以苏联社会主义为代表的现实社会主义和西欧左翼政党的社会民主主义进行了批判，对保守主义和新自由主义进行了分析和批评，试图摆脱左与右的对立而建构一种既包含左也包含右的思想体系，其思想成为"第三条道路"思潮的理论基础。此后，英国工党主席布莱尔频繁使用"第三条道路"来描述自己的政策主张，表示工党要超越新自由主义和社会民主主义，建构新的思路。1997年，布莱尔竞选首相成功，"第三条道路"成为新政府的执政纲领。1998年，布莱尔出版《第三条道路：新世纪的新政治》，详细阐发了其执政思想。竞选德国总理成功的格哈德·施罗德也打出"新中派政策"的旗号，被世人称为德国"第三条道路"的总设计师。在美、英、德等国影响下，西欧其他社民党执政的国家，也都提出了类似"第三条道路"的主张。

"第三条道路"的经济政策总体来说是混合经济模式的优化，是政府管制和市场调节相结合的深化和细化，强调公平与效率必须得到兼顾，社会需要公平，但目前更需要效率，关键是如何把公平与效率结合起来。为解决效率问题，"第三条道路"的经济政策主张在反思凯恩斯主义和新自由主义的基础上，采取兼顾国家与市场、供给与需求、公平与效率、权利与义务相平衡的原则，塑造新经济，构建新福利，谋求新发展，把经济增长放在首位，建立"有活力的现代经济"。

在政府管制方面，"第三条道路"强调市场秩序需要政府来规范，政府要为经济运行创造一个良好的环境，但政府的作用是有限的，政府职能应主要着眼于宏观经济稳定，重视市场经济规律，充分发挥市场配置社会资源的作用。政府应加大企业私营化力度，调动企业的积极性和竞争力，为经济增长创造条件，但该让市场自由运行的地方政府决不应插手。

在市场运行方面，"第三条道路"认为传统的自由主义恶性竞争导致全社会的共同利益受损，造成经济波动和工人境况恶化，甚至动摇资本主义社会的基础，因此主张在企业与个人之间建立一种风险共担、利益共享的关系，"让雇员们有机会和雇主一道分享成功的回报"。英国首相布莱尔强调："现代经济的利益相关者比以往任何时候都更多的是个体经营者或小企业者。我们应该给予鼓励，提供多样的帮助，向那些愿意独立经营的人提供咨询，利用不断发展的技术的巨大潜能，帮助他们获得成功。他们或者独立经营，或者自成组织，但他们都属于更广阔的经济图卷的一部分。"① 在经济活动中，只有与自己的切身利益密切相关的情况下，才能最大限度地调动各方面的积极性和主动性。这种"利益相关者的经济"，被称为"利权人经济"。"利权人"公司理论是 90 年代西方经济学分析公司治理结构时提出的一个概念，是与"股权人"相对应的，指的是在公司管理中，参与公司运行的各种人员和组织都要成为公司风险的承担者和利益的分享者，各方的利益是紧密联系在一起的。"第三条道路"把这个概念引入自己的理论体系中，不仅提倡建立"利权人"的公司治理结构，而且要建设"利权人经济"。布莱尔曾提出："中派和中间

---

① 〔美〕托尼·布莱尔：《新英国——我对一个年轻国家的展望》，曹振寰译，世界知识出版社 1998 年版，第 341 页。

左派的经济学应该调整到创造利权人经济上来,这种经济把我们所有的人民都包括进来,不只是有特权的少数。"在"利权人经济"中,公司要尊重雇员、顾客和股权人,承担对人力资本培养的责任。政府要利用激励和控制手段来支持公司的发展,创造一种风险共担利益共享的企业文化。"第三条道路"希望能够借此消除资本和劳工之间的对立关系,以此促进公平,提高效率,同时减轻国家福利负担。①

在福利制度方面,"第三条道路"主张变消极福利为积极福利,变福利阶层为工作阶层。长期高达两位数的失业率一直是困扰欧洲国家的重要问题,大规模的失业使传统意义上的福利国家在收支两方面都面临前巨大挑战。与完全市场的自由主义做法和传统"贴钱"的社会民主主义的做法不同,"第三条道路"一方面认为充分发展的福利制度是体面而人道的社会标志,一方面也认为福利制度是企业的敌人,是公民秩序衰退的原因。针对福利制度的弊端,强调"不承担责任就没有权利",其行动准则是尽可能投资于人力资本,而不是给予直接补偿,最终实现变福利国家为社会投资国家,从而在公平和效率之间取得平衡。"第三条道路"强调要把经济增长放在首位,用经济增长来促进社会公平,社会福利政策应以促进经济增长为目标,把福利的削减和增加就业机会结合起来,福利的支出要有针对性,使社会福利发挥最大的效用,避免社会资源的浪费。

在就业政策方面,"第三条道路"强调就业与教育是关乎社会平等的最重要因素。获得工作是关乎社会成员生存与尊严的最重要的"机会",获得教育则是关乎社会成员升层的最重要的"基础"。出于对"胜者通吃"现象的戒心,"第三条道路"对精英统治持批判态度,认为精英统治社会将造成收入上、教育上、机会上的严重不平等,并因此威胁社会凝聚力。所以"第三条道路"强调增加教育培训投资,将高质量的学校教育和终身教育作为解决失业问题和维护社会公正的根本手段,并开拓就业的新思路、新领域,通过减少工时

---

① 杨雪冬:"后冷战时代和全球化时代的'第三条道路'",载陈林等主编:《第三条道路——世纪之交的西方政治变革》,当代世界出版社 2000 年版,第 266 页。

等方法扩大就业，保证公民的工作权利。

在财税政策方面，"第三条道路"强调社会公正，反对"野蛮资本主义"，主张制定再分配的税收政策，即提高以财产为税收计算基础的税率，降低以工资为税收计算基础的税率，以此来减轻中间阶层的税收负担。

在产业政策方面，"第三条道路"主张政府增加对信息产业、知识产业的投入，主导推进产业升级。美国政府大力推进"信息高速公路"的建设，英国政府先是大力推进"人人拥有计算机"的计划，建立一个由计算机学习中心构成的全国网络，后又实施"让整个英国都上网"的计划，欧盟制定了信息社会的远景规划和行动纲领等。信息产业、知识产业迅猛发展，成为资本主义国家新兴龙头产业。

与上述经济政策相"配套"，"第三条道路"在社会政策方面，主张在国家与社会之间形成一种新的政治分工，由社会承担更多的政治责任，特别强调"社群"的建设；在国际政策方面，则大力推进全球经济一体化，倡导所谓"世界主义"，提出"世界民族"和"多元主权"的概念，常常以"捍卫人类普遍的价值观"（认为自由、人权、民主、法治等西方价值观是普适的，西方国家有推广的"权利"和捍卫的"义务"）和"人权高于主权"（认为"人权无国界""主权有限论"）的名义，推行"新干涉主义"，为经济扩张扫清障碍。

"第三条道路"主张的经济政策"在全球推行西方的经济管理（以均衡价格和成本收益分析为理论基础）、放松对经济（投资项目）的控制（减少生产成本，增加物质福利）以及市场开放（允许创新者在贸易中获取垄断利润，即带有租金性质的利润）等观念，同时帮助跨国公司（董事会）接管当地的工业和农业（撬开关税壁垒）"①。资本主义"先进"国家的经济由此实现了创纪录的持续增长，创造出"高增长率、低失业率、低通胀率、低财政赤字"的"新经济模式"，成就了资本主义经济的空前繁荣。

---

① 〔美〕威廉·普法夫：《西方推动全球化的努力证明是一次大失败》，载美国《纽约先驱论坛报》2000年9月29日，转引自张祥平：《制度对话》，石油工业出版社2001年版，第10页（括号中为张祥平先生所加）。

综上所述，德本主义社会与资本主义社会在繁荣期的经济政策，都是对混合经济模式的优化，或者说，都是对政府管制与市场调节相结合的经济政策进行深化与细化，力求兼顾公平与效率，但二者的政策取向与政策效应有所不同：前者放在首位的是民生保障和社会和谐，故首先着眼于劝奖垦荒，强调土地资源的集约利用，因而促进了生态经济的大发展，以此为基础而有德本主义市场经济的空前繁荣；后者放在首位的是资源配置和经济增长，故首先着眼于激发市场活力，强调资源配置的效率，因而促进了信息经济、虚拟经济的大发展，以此为基础而有资本主义市场经济的空前繁荣。

需要指出，理解二者经济政策的差异需本于资源环境与历史文化的不同。前者环境资源有限，因而只能着眼于内部挖潜（如屯田垦荒）以保障民生，集约利用资源（如土地的立体经营）以促进发展，后来即使具备了扩张能力和扩张空间（如郑和下西洋），因历史文化惯性而依然安土重迁、固守一方，如此经济模式和政策保障了天下太平、人类永续；后者环境资源相对宽裕（冷战终结为资本主义"先进"国家提供了新的开拓空间），因而可以着眼于追求资源配置效率与经济持续扩张，经济持续扩张必然导致资源消耗的持续增长，这又导致了资本主义先进国家对资源占有的进一步需求，对资源的需求和争夺常常导致民族国家间的冲突与战争，如此经济模式和政策难保世界和平，而且必然难以可持续（如果承认地球的资源有限）！（详见第七章第三节《经济模式》）

三、科学技术进步

德本主义社会与资本主义社会的科学在成熟期获得超越性的大发展之后，在繁荣期的发展则相对平稳，主要是对前期成果的推进。前者主要是理学和心学再发展，同时，对相对简单现象的探究愈趋细致，在一定程度上接近分析还原；后者主要是现代宇宙学和粒子物理学再发展，同时，对相对复杂现象的探究愈趋广泛，在一定程度上接近构造整合。在技术方面，二者都在生物领域取得进展，且主要都是应用于农业与医药领域。前者是生态技术的发展，后者是生物技术的发展。同时，二者也都在"虚拟空间"技术方面大有突破。前者是园林技术，主要"虚拟"自然造化；后者是网络技术，主要"虚拟"社会交往。以下分科学进步、技术突破与社会人文探究三方面述之。

（一）科学发展：从复杂走向简单 vs. 从简单走向复杂

1. 德本主义社会：从复杂走向简单

在德本主义社会的繁荣期，理学和心学继续发展。一方面，理学因被奉为官学而大行于世；一方面，又有"阳明心学"之推陈出新。"阳明心学"将高深的儒学义理化繁为简，直指人心，发明良知奥义，创立"致良知教"，强调良知"是人类至善之心体性体"，"是历史文化之究竟依止"，"是人类永恒存在之普遍人性"，"是人类行为之准则明师"，"是天地万物一体之生生之仁"，并强调知行合一"是良知本能地当下地直接地贯通地流行发用"[①]，从而将复杂科学的精深义理贯彻到日常生活的一言一行。

在理学和心学发展的同时，复杂科学从整体到局部的"分析"愈趋细致。复杂科学把最复杂的状态作为研究的起点，重设整体模型，即五行相生相克的整体模型，从最复杂的状态到次复杂的状态，再到三级复杂的状态，依次类推，越来越简单，在一定级次上与分析还原法描述的状态重合。（详见第二章）此时期突出表现为儒学发展更注重考据功夫，同时面向简单现象的科学探究也更为广泛和深入。如黄宗羲，对天文、历算（用历算方法推定武王伐纣的确切年代，撰《历代甲子考》，还重新推算了孔子生辰日期，论证了周正建子和周历改月等）、地理（刊校《水经注》）、乐律（注解蔡元定乐律学）等领域的广泛而深入探究；又如顾炎武，对天文、历算、舆地、水利、军旅、考古、金石、音韵、训诂等领域的广泛而深入研究，"凡经义史学、官方吏治、财赋典礼、舆地艺文之属，一一疏通其源流，考正其谬误"（《日知录序》），开清代乾嘉朴学风气之先；再如方以智，"博涉多通，自天文、舆地、礼乐、律数、声音、文字、书画、医药、技勇之属，皆能考其源流，析其旨趣"（《清史稿》），

[①] 蒋庆：《儒学的时代价值》，四川人民出版社2009年版，第132—135页。

强调"通几"与"质测"(寂感之蕴,深究其所自来,是曰"通几";物有其故,实考究之,大而元会,小而草木蠢蠕,类其性情,征其好恶,推其常变,是曰"质测"。《物理小识·自序》),在自然科学领域多有创见。另外,如明仁宗六世孙朱载靖,毕生致力于科学研究,发表了大量科学著作,涉及数学、天文、音律、计量、物理以及音乐、舞蹈、乐器制造等领域,其创建的十二平均律及其计算原理——"新法密律",在历史上第一次解决了实现旋宫转调的理论难题,此外还精确地测定了水银密度、计算出回归年长度值、测量了北京的地理纬度和地磁偏角等,被英国科技史学家李约瑟誉为"文艺复兴时代的人"。宋应星则被李约瑟称为"中国的狄德罗",其著《天工开物》是一部全面系统总结了历代农业和工业技术的巨著,包括各种农业作物和工业原料的分类、产地、生产加工、工艺装备、制造过程及生产经验。书中对金、铜、银比重的描绘和对黄金成色的测定,对生产器具和产品长、宽、高、深、重量、容积、比率等指标的记述,都是运用数理方法"穷究试验"的结果。徐光启则"从西洋人利玛窦学天文历算、火器,尽通其术,遂遍习兵机、屯田、盐策、水利诸书",主持修订历法、编译《崇祯历书》,与利玛窦一起翻译出版《几何原本》,所著《农政全书》更是集古今农学之大成,博采古今且参照、吸收了西方自然科学知识,并以谨严的科学实验加以验证。

上述"从复杂走向简单"的发展趋势,同样表现于医学领域。如温病学说的建立和发展,就运用了分析还原的方法。明末医家吴有性通过分析瘟疫病的致病原因,提出了"戾气学说",揭示了"病原致病的特异性问题";清代医家叶桂通过分析温病发病过程,发现都要经过"卫、气、营、血"四个阶段,遂将卫气营血辨证作为温病辨证论治的纲领,补充了传统的"六经辨证"或"八纲辨证"的内容。[①] 又如药物学的发展,李时珍通过细致分析药物属性,创新了药物分类体系,以物种作为药物条目总纲,如标桑为纲,桑根白皮、皮中白汁、桑椹、桑叶、桑枝、桑柴灰等俱为目,纲目体系贯穿其所著《本

---

① 详见常存库:《中国医学史》,中国医药出版社2003年版,第133—135页。

草纲目》全书。① 再如人体解剖生理学的发展，清代医家王清任通过多年的解剖观察和临床经验，绘制人体内脏图并以文字叙述脏器的生理结构，撰有《医林改错》，指出关于"脾闻声则动"、"尿从粪中渗出"等在解剖生理学方面前人的错误，在中医学史上第一次描述了膈肌，还明确了脑主宰思维记忆的功能等。②

2. 资本主义社会：从简单走向复杂

在资本主义社会的繁荣期，现代宇宙学和粒子物理学继续发展。一方面，通过关于宇宙微波背景和宇宙加速膨胀的观测，推断得出宇宙的组成，包括73%的暗能量，23%暗物质，约4%的不发光物质，及0.4%的发光的可见物质，从而也推进了关于暗物质和暗能量的探究；一方面，通过关于"基本粒子"更深层次地探索，推进了整个科学技术体系的发展，特别是，"基本粒子"的研究成果又直接推进了宇宙演化的研究。

在现代宇宙学和粒子物理学发展的同时，简单科学从孤立事实到关联事实的"整合"研究愈趋丰富。简单科学把最简单的状态作为研究的起点，重设质点模型，从最简单的状态到次简单的状态，再到三级简单的状态，依次类推，越来越复杂，在一定级次上与构造整合法描述的状态相重合（详见第二章）。此时期突出表现为物理科学更注重非线性研究，同时面向复杂现象的科学探究也更广泛、更深入。标志性事件是美国圣塔菲研究所（Santa Fe Institute，简称SFI）的建立和发展。SFI成立于1984年，由许多著名科学家共同发起创建，包括乔治·考温，大卫·潘恩斯，斯特林·科尔盖塔，默里·盖尔曼，尼克·麦特罗博利斯，赫布·安德森，彼得·A.卡拉瑟斯，理查德·斯兰斯基等，其中除潘恩斯与盖尔曼外，都来自美国洛斯阿拉莫斯国家实验室（研制出世界上第一颗原子弹的顶尖科研机构）。SFI聚焦于复杂性研究，领域涵盖生命科学、人类认知、思想文化、技术进步、社会政治等。如SFI发起人之一，粒子物理学家、夸克模型创立者盖尔曼于1994年出版《夸克与美洲豹——

---

① 详见常库存：《中国医学史》，中国医药出版社2003年版，第130—133页。
② 同上书，第137—138页。

简单性与复杂性的奇遇》,探索"复杂适应系统",涉及生物进化、思想文化、社会政治等领域;① SFI 学术指导委员会主席之一、遗传算法的发明人霍兰则提出了关于复杂适应系统的比较完整的理论,于 1994 年出版了《隐秩序:适应性造就复杂性》。② SFI 研究了复杂适应系统一系列新奇性的特点,如突现、集体行为、混沌边缘、自发组织、虚实世界等,认为复杂性、适应性、开放性交互作用,使复杂适应系统在演化的过程中呈现出特定规律。另外,科学界也展开了对于简单科学发展及分析还原方法的反思。约翰·霍根 1996 年出版的《科学的终结》宣称"纯粹的科学,即对有关我们是什么和我们来自哪里的知识的探索,已进入一个报偿递减的时代",认为物理学家对物质性质的探索深度已与实际实验能允许的程度一样深,天文学家已看到的宇宙与他们未来将看到的宇宙一样大,"将来的研究已不会产生多少重大的、或革命性的新发现了,而只有渐增的收益递减"。③ 诺贝尔物理奖得主戴维·格罗斯则在《当前物理学面临的 25 个问题》中提出:"还原论——是否应该怀疑这个物理学的根本逻辑?是否保持一个开放的态度?"④

---

① 〔美〕M. 盖尔曼:《夸克与美洲豹——简单性与复杂性的奇遇》,杨建邺译,湖南科学技术出版社 2002 年版。
② 〔美〕约翰·H. 霍兰:《隐秩序:适应性造就复杂性》,周晓牧译,上海科技教育出版社 2011 年版。
③ 〔美〕约翰·霍根:《科学的终结》,孙雍君译,远方出版社 1997 年版。
④ 当前物理学面临的 25 个问题:1. 宇宙起源:宇宙学观测表明宇宙是膨胀着的。通过对微波背景辐射和宇宙大尺度结构等的观测,宇宙的历史可以追溯到极早期发生的大爆炸。我们所知的基本物理,比如广义相对论和粒子物理标准模型,在那里都不适用。为理解宇宙起源,需要了解大爆炸时期的基本物理。2. 暗物质的本质:现代宇宙学观测表明宇宙中存在暗物质和暗能量。但是它们的起源仍然是个谜。3. 暗能量的本质。4. 恒星、行星的形成:天体的形成是天体物理学中的重要问题。适合生物存在的行星,在银河系中出现的几率到底是多少? 5. 广义相对论:广义相对论在所有尺度上都是正确的吗? 6. 量子力学:量子力学取得了巨大成功,但它描述的是自然的最终理论吗?也许它会在很小的距离上和非常复杂的系统中失效,是否可用来描绘整个宇宙也还值得探讨。7. 标准模型:粒子物理标准模型无疑极为成功,但人们并没有理解夸克和轻子的质量混合的物理起源和中微子的质量等。8. 超对称:存在低能超对称吗?超对称伴子的质量谱是什么? 9. 量子色动力学(QCD):量子色动力学可以完全求解吗? 10. 弦论(转下页)

上述"从简单走向复杂"的发展趋势，同样表现于医学领域。"由于急性传染病、寄生虫病、营养缺乏性疾病的下降，各种慢性病、肿瘤以及与人类的生活和行为方式相关的心身疾病、精神疾病等成为威胁人类健康和生命的主要问题。疾病谱的变化，导致生物医学在治疗急性传染病方面大获成功的'魔弹'的治疗模式，即依靠能杀灭特殊病原体的特效药物治疗的模式，在治疗慢性病方面不再那么灵验。""在自由市场机制下，由医学界、医药企业与媒体形成了利益相关体，也有人称之为医药产业复合体，给病人和社会造成了巨大的压力。……早期发现更多的疾病或疾病征兆……也增加人们对疾病的恐慌。实际上，人们对越来越多的、似是而非的实验室检查结果迷惑不解，甚至认为一些'疾病'是被编造出来的。接下来就是广泛而昂贵的治疗，高

（接上页）：超弦理论是一个有望成功地统一自然相互作用的理论，但它到底是什么？ 11. 时空的观念：时空是什么？超弦理论最终可能会放弃时间和空间这两个概念。12. 物理理论是否与环境相关：物理的基本参数和规律都可以计算，还是仅由历史的或量子的偶然性决定，或者是由人择原理来确定？景观的图像是对的吗？ 13. 新物态：存在常规实验可探查的一般非费米流体行为吗？ 14. 复杂性：对一般的复杂大系统而言，其内在的混沌特性决定了系统的不可预测性。如何运用计算手段来分析这类系统、鉴别哪些特征？ 15. 量子计算机：如何防止量子计算中的"退相干"？如何实际制造量子计算机？ 16. 物理学的应用：如何得到室温甚至室温以上的超导材料？如何用电子材料（如半导体）制造室温铁磁体？ 17. 理论生物学：生物学的理论是什么？理论物理学有助于生物学研究吗？需要新的数学吗？如何描述生物体这样呈现出多时间尺度动力学的体系？ 18. 基因组学：物理学家如何参与基因组的"解密"？可能拥有一个定量的、可预测的进化理论吗？甚至能否直接从基因组出发"计算"有机体的形状？ 19. 意识的研究：记忆和意识后面的自组织原则是什么？有可能在幼儿期测量到意识的发生吗？什么时候？如何发生？如何测量？能否制造一个具有"自由意志"的机器？ 20. 计算物理学：计算机能代替解析计算吗？如果是，那么将来物理学家所受的训练该如何相应改变？ 21. 物理学的分化：物理学自身发展日益分化，如何面对这种状况？ 22. 还原论：是否应该怀疑这个物理学的根本逻辑？是否保持一个开放的态度？ 23. "理论"应该扮演何种角色："理论"是否应仅仅靠实验来判断正误，或者应该是由基本物理原理发展出来的对自然"更高"层次的理解，而可以不顾及是否能在实际中实现？在对复杂系统的细节描述中，如何估价物理学家一贯坚持的"简洁性"和数学"优美性"等原则？ 24. 物理学未来发展中潜在的危险：如何面对越来越大、越来越难以实现的物理学实验计划？在这种形式下，新的研究途径该是怎样的？理论在探索自然方面应该起什么作用？ 25. 物理学是否仍将是最重要的科学？

额的医疗费用使得病人、病人家庭甚至整个社会都不堪重负。""化学药物的毒、副作用造成的危害日益引起人们的关注。在生物医学的语境下，病人被转化为患有疾病的生物体，诊断关注的是器官、组织或细胞、基因的'问题'，治疗就是纠正这些偏差。在这种情况下，医学的目的变成不断提高这种纠偏的精准度，而很少考虑病人的感受和治疗的价值。""面对现代医学显现出来的这些问题，西方国家发现东方的传统医学以及本土原来的一些民间医学，在医治慢性病痛方面是一种很好的选择。他们将这类医学统称为替代医学……有时也称为补充医学、选择医学以及非正统医学。替代医学的出现正如其名称那样，是对现代医学治疗方法的一种替代，是对现代医学存在的不足的一种补充，为病人提供了另一种选择。"

综上所述，在德本主义社会的繁荣期，复杂科学从整体到局部的"分析"研究愈趋细致，面向简单现象的科学探究也更为广泛和深入；在资本主义社会的繁荣期，则是简单科学从孤立事实到关联事实的"整合"研究愈趋丰富，面向复杂现象的科学探究也更为广泛和深入。然而，上述科学发展的"转向"由于"思维方法"的"成性存存"，仍然局限于固有的科学体系而难有"突破性"进展。中国明清时期的简单科学发展，相较于西方明显落后；而西方复杂科学发展至今，则仍未能"登堂入室"，也就无法"窥其堂奥"。所以 SFI 的学者们在长期研究后，竟有"从复杂性走向困惑"之叹。"突破"首先需要方法的突破，需要东西不同科学方法的交流和融合。在戴维·格罗斯提出的"当前物理学面临的 25 个问题"中，"宇宙起源""暗物质""暗能量""恒星、行星的形成""时空观念""复杂性""理论生物学""基因组学""意识研究"等皆关乎复杂现象，要运用构造整合的方法。构造整合法和分析还原法的综合运用，将为人类科学的创新发展掀开新的篇章！

需要特别指出，在德本主义社会的繁荣期，儒学（复杂科学）西传，"东方主义"流行欧洲。彼时，"欧洲知识分子被有关传说中的遥远的中国文明的许多详细的报道所强烈地吸引住。这些报道以耶稣会传教士的报告为根据，引起了对中国和中国事物的巨大热情……西方人得知中国的历史、艺术、哲学和政治后，完全入迷了。中国由于其孔子的伦理体系、为政府部门选拔人才的科举制度、对学问而不是对作战本领的尊重以及精美的手工业艺品如瓷器、丝绸和漆器等,被推举为模范文明"①。"有关中国的知识成为文化界的常识……十八世纪任何一名受教育的士人对中国文化的认识,会远胜于今日一名受过一般教育的知识分子。"② 儒学(复杂科学)之西传,推进了西学乃至西方文明的大发展。③ 而在资本主义社会的繁荣期,随着简单科学的传播和普及,"西方主义"流行中土。源自西方的自由、人权、平等、博爱、民主、法治、理性、进步、发展等价值观念主导了中国的思想潮流,中国各门学术的基本概念、原则方法、义理架构、解释系统、言说体系、评价标准也几乎完全西化,中国的许多知识分子奉西方文明为楷模(详第九章第三节·一·(一)《中国传统学术的解构》)。西学之东传,客观上亦必将推进中学乃至中华文明的大发展(基于复杂第一规律,参见第九章)。

(二)技术革新:生态工程+生态园林 vs. 生物工程+信息网络
1. 德本主义社会的技术革新
(1)生态工程

生态工程是应用生态系统中物种共生与物质循环再生原理,结合系统工程最优化方法,设计的分层多级利用物质的工艺系统。生态工程的目标,是在促进自然界良性循环的前提下,充分发挥物质的生产潜力,防止环境污染,实现经济效益和生态效益同步发展。生态工程着眼于生态系统的整体功能与效率,追求系统的协调与综合调控,而不是单一因子和单一功能的解决;强调资源与环境的有效开发以及外部条件的充分利用,而不是对外部高强度投入的依赖。生态工程主要包括三方面的技术:一、在不同结构的生态系统中能量与物质的多级利用与转化,包括自然资源如光、热、水、肥、土、气等的多层次利用技术,非经济生物产品的多级利用技术;二、资源再生技术,就是通常所谓的"变害为利"技术,即把人类生活与生产活动中产生的有害

---

① 〔美〕斯塔夫里阿诺斯:《全球通史》(第7版修订版),吴象婴译,上海社会科学出版社1999年版,第223页。
② 〔美〕埃德蒙·莱特斯:《哲学家统治者》,载《中国哲学史研究》,1989年第1期,第91—98页。
③ 张西平:《儒学西传欧洲研究导论》,北京大学出版社2016年版。

废物，如污水、废气、垃圾、养殖场的排泄物等污染环境的物质，通过生态工程技术，转化为人类可利用的经济产品或次级利用的原料；三、自然生态系统中生物种群之间共生、互生与抗生关系的利用技术，即利用这些关系达到维持优化人工生态系统、提高系统产出效率的目的。[①]

明清时期生态工程高度发展。在生产领域，特别表现为生态农业的发展；在生活领域，特别表现为生态园林的发展。以下略述明清时期的生态农业技术（生态园林见下文）。

明清时期形成了集农、林、牧、副、渔生产于一体的集约高效的生态经济（或说是循环经济）模式。在江南地区，如明嘉靖时期的苏州常熟谭晓，利用水乡"田多洼芜"，将低洼处凿为池，四周围以高塍，"辟而耕之，岁之入视平壤三倍"，开挖的水池"以百计，皆畜鱼"，池上筑舍养猪、鸡，鱼食其粪，"塍之平阜，植果属，其污泽，植菰属，可畦植蔬属，皆以千计"，至于连鸟凫昆虫之属，"悉罗取而售之，亦以千计"，上述出卖鱼、果、蔬菜、鸟凫昆虫等的收入，"视田之入复三倍"。这已成为融合农、林、牧、副、渔等生产于一体的立体化经营的生态农场。（李诩《戒庵老人漫笔》卷四）在珠江三角洲地区，则创造了果基鱼塘的立体农业：把洼地或水田深挖成鱼塘，用挖出的泥土垫高成"基"，在"基"上种植果树，在池塘里养鱼，使这一河网地区成为香蕉、荔枝、菠萝等亚热带果树的重要产区。上述模式利用了生态系统中生物种群之间共生与互生的关系，实现了生态系统中能量与物质的多级利用与转化。

为保障土地的持续利用，明清农业把积肥作为农家头等大事："田家首务，在于积粪。"（《月令广义》）。至于积肥方法，"自人粪、六畜粪及尘埃粪、杂物浸渍臭泥及各草木叶皆是粪也"。至清代甚至有"酿造十法"之说，"曰人粪、曰牲畜粪、曰草粪、曰火粪、曰泥粪、曰骨蛤灰粪、曰苗粪、曰渣粪、曰黑豆粪、曰皮毛粪"，就农家粪肥而言，几乎无所不包。对不同土壤用不同肥料来加以改良，如用灰和浮沙改良紧土，用河泥改良缓土，用焚草和石

---

① 王百田：《林业生态工程学》（第三版），中国林业出版社 2010 年版，第 21 页。

灰改良寒土,等等。施肥方法因时因地制宜,如"化土则用粪于先,而瘠者以肥;滋苗则用粪于后,徒使苗枝畅茂而实不繁"。施肥量则"多寡量田肥瘠",施肥需与深耕相结合,以避免肥料集中于土表而遭致流失或引起作物徒长。上述肥料技术把人类生活与生产活动中产生的诸多有害废物转化成为可再利用的资源。

施肥以外,还通过生态技术来改良土壤。如盐碱地的改良,方法有"赶盐",在有水利条件的地方,用水冲刷,把盐赶走;又有"压盐",在田里打围埝,蓄存雨水,用来压盐下沉;再有"躲盐",通过耕作,切断土壤毛细管作用,减少蒸发,并施用有机肥来改善土壤结构,设法尽可能避开盐碱之害。又如石砂田的改良,主要在陇中等干旱地区,方法是先将土地深耕,施足底肥,耙平,镦实,然后在土面上铺上粗砂石和卵石或片石的混合体。每铺一次可有效利用三十年左右。以后再重新起砂、铺砂,实行更新。因砂石覆盖具有增温、保墒、保土、压碱的综合性能,所以砂田产量超过一般田地百分之十至五十。

水资源也实现了多级利用。明清时期已从水位、流速、流量以及蓄水、引水和取水的方式、方法等方面综合了各种水源的利用,包括(1)用水之源,即对山泉和地下喷泉的利用;(2)用水之流,即对江、河、塘浦等水流的利用;(3)用水之潴,即对湖、荡、沼、泽等积水的利用;(4)用水之委,即是海滨地区江、河出口处以及海中岛屿、沙洲水源或水流的利用;(5)作源作潴以用水,也就是依靠人力开凿水井或修筑池塘、水库以蓄积泉水或雨水、雪水,加以利用。(《农政全书·旱田用水疏》)。明代甚至已有"滴灌"技术:"结实后不宜缺水,常置瓶其侧,出以细霤,日夜不绝,果大如瓯。"(《群芳谱》)

虫害防治的生态技术也有发展。首先是通过人力防治,如蝗蝻、豆虫、蚜蚄之类用人工加以捕打,或用炬火驱逐:"飞蝗大至……正过时,于田畔积草,炬火以薰之","蝗蝻蠢蠢……必纠合邻村,掘壕数处,并力逐杀","(蚜)蚄初出如豆瓣,一见便宜打之","(豆)虫大,捉之可尽"(《农桑经》),南方用"虫梳"治稻苞虫,"虫当梳者,血肉俱糜梳齿上"(《梭山农谱》)。其次通过耕作栽培防治,除了以前已使用的耕翻冬沤、调节田间温湿度、轮作换茬、合理间作、种子处理、选育抗虫品种、调节播植时间、中耕除草外,

《齐民四术》还认为烤田能减轻稻苞虫的危害："初伏多雨，不能烤田则叶盛，入秋多生结虫。"还有生物防治，如用蚁防治柑橘害虫：广东山林中有黄赤大蚁"其巢如土螽窠，大容数斗"，果农把大蚁连窠采归饲养，果农则向养蚁人买来放养于柑橘、柠檬等果树上；果农们还在树与树之间用藤竹、绳索沟通引渡，以便大蚁在各树之间交通往来的方法。也有用药物防治，灭虫药有砒、烟草水、青鱼头粉、柏油、芥子末等。

明清时期生态农业的发展使得农业生产、经济发展和生态环境治理与保护、生态资源培育与利用融为一体，能够实现生态良性循环，实现了经济效益、生态效益、社会效益的统一。

参阅

明清江南的生态农业[①]

"生态农业"（ecological agriculture）是二十世纪中后期发达国家中出现的一种针对现代农业的弊端而提出的新农业理念。所谓"现代农业"，也称"石油农业"、"化学农业"或"石化农业"，其主要特点是通过资源、技术的大量投入和生产的集约化，获取更多产量和经济收入。由于现代农业片面强调农业生产效率而轻视生态环境保护，因此在实现大幅度增长的同时，也使得环境污染加剧，土壤侵蚀、退化，农产品质量下降，而大量的投入也使农业背上了沉重的包袱。这种人口与环境、资源与生态、经济与社会之间的不平衡，迫使人们重新思考农业与人口、环境、资源之间的关系，使得农业生产与生态环境彼此协调，以求农业的可持续发展，并且保证人类生存环境的改善。于是，自1960年代末以来，许多国家先后提出了有机农业、无公害农业、生物农业、自然农业、持续农业等概念，并将其作为新的农业发展模式付诸实施。由于这些模式都以生态、自然资源保护

---

① 编自李伯重：《江南农业的发展：1620-1850》，上海古籍出版社2007年版，第十章《附论：明清江南的生态农业》。

与农业协调发展为主要内容，所以也统称为生态农业。一般来说，生态农业指的是以生态经济系统原理为指导建立起来的资源、环境、效率、效益兼顾的综合性农业生产体系。在这种生产体系中，运用生态学、生态经济学原理和系统科学方法，把现代科学技术的成就与传统农业技术的精华有机结合,把农业生产、经济发展和生态资源的培育保护与高效利用融为一体，具有生态合理性，能够功能良性循环，实现高产、优质、高效与持续发展目标，达到经济、生态、社会三大效益统一。

生态农业的精髓是"顺应自然"和"自我循环"，而在中国传的统农业中，这两个特点早就存在。首先，"顺应自然"的原则，与中国古代的"天人合一"思想或者"三才"理论颇为一致。在此意义上来说，生态农业理念的核心成分，在中国可以追溯到两三千年以前。其次，小型农业是中国传统农业的主要特征。从现有的材料来看，到十六、十七世纪，生态农业在中国江南地区已经发展到一个较高水平，取得了良好的生态和经济效益，并且逐渐普及开来。

至少是从十六世纪起，江南农业中出现了一种新的经营方式，即经营者企图把农业变成企业来经营。其最出名的代表人物就是常熟的谭晓。谭晓，明嘉靖时因"倭乱时晓献万金城其邑城"，后县令王叔杲"撰谭晓祠议以旌其功"。关于谭晓的经营活动的记载主要见于李翊《戒庵老人漫笔》卷四"谈参"条和《常昭合志稿》卷四十八轶闻，兹将二者胪列于下，然后进行分析。

《戒庵老人漫笔》卷四"谈参"条："谈参者，吴人也，家故起农。参生有心算。居湖乡，田多洼芜。乡之民逃农而渔，田之弃弗辟者以万计，参薄其直收之。佣饥者，给之粟。 凿其最洼者，池焉。周为高塍，可备坊泄，辟而耕之。岁之入，视平壤三倍。池以百汁，皆畜鱼。池之上，为梁，为舍，皆畜豕，谓豕凉处，而鱼食豕下，皆易肥也。塍之平阜植果属；其污泽植菰属，可畦植蔬属，皆以千计。……室中置数十瓯，日以其入分投之，若某瓯鱼入，某瓯果入，乃发之。月发者数焉，视田之入复三倍。"《常昭合志稿》卷四十八轶闻："谭晓，邑东里人也，与兄照俱精心计。居乡湖田多洼芜，乡之民皆逃而渔，于是田之弃弗治者以万计。晓与照薄其值，买佣乡民百余人，给之食，凿其最洼者为池，余则围以高塍，辟而耕，岁入视平壤三倍。池以百计，皆畜鱼，池之上架以梁，为茇舍，畜鸡、豕其中，鱼食其粪又易肥。塍之上植梅桃诸果属，其泽种菇茈菱芡，可畦者以艺四时诸蔬，皆以千计。……室中置数十瓯，日以其入分投之，若某瓯鱼，某瓯果，入盈乃发之。月发者数焉，视田之入又三倍。"

从上述记载可见，谭氏农场的规模很大，实行多种经营，即把种植业、饲养业等不同生产部门都包括了在内，不仅生产粮食、水果、蔬菜、菇茈菱芡等植物性产品，而且也生产猪、鸡、鱼等动物性产品。更重要的是，这些生产彼此促进，从而产生了更高的经济效益。

到明清之际，以谭氏农场为代表的大经营在江南已较少见，农业中盛行的经营形态是以个体农户为单位的小经营。但是上述这种新经营方式却并未随着大经营的减少而消退。正相反，这种新经营方式得到了进一步的发展。以张履祥在《策邬氏生业》一文中所作方案为例。邬行素是张氏友人，在海宁角里堰附近种田为生，有田十亩，池一方。邬氏殁后，母老子幼，无以为生，张氏为之作策划。兹将其所述引录于下："今即其遗业，为经画之如左：瘠田十亩……莫若止种桑三亩（原注：桑下冬可种菜，四旁可种豆、芋，此项行素已种一亩有余，今宜广之，已种者勿令荒芜）。种豆三亩（原注：豆起则种麦；若能种麻更善……）。种竹二亩（原注：竹有大小，笋有迟早，杂植之，俱可易米）。种果二亩（原注：如梅、李、枣、桔之属，皆可易米；成有迟速，量植之。惟有宜肥宜瘠，宜肥者树下仍可种瓜蔬。亦有宜燥宜湿，宜湿者于卑处植之）。池畜鱼（原注：其肥土可上竹地，余可壅桑；鱼，岁终可以易米）。畜羊五六头，以为树桑之本（原注：稚羊亦可易米。喂猪须资本，畜羊饲以草而已）。……竹果之类虽非本务，一劳永逸，五年而享其成利矣（原注：计桑之成，育蚕可二十筐。蚕苟熟，丝绵可得三十斤。虽有不足，补以二蚕，可必也。一家衣食已不苦乏。豆麦登，计可足二人之食。若麻则更赢矣，然资力亦倍费，乏力，不如种麦。竹成，每亩可养一二人；果成，每亩可养二三人；然尚有未尽之利。若鱼登，每亩可养二三人，若杂鱼则半之）"。需要指出，张氏的方案并非纸上谈兵，而是一个精通农事的农学家提出的切实可行的计划。事实上，邬行素生前不仅已经在经营理念上已有类似的考虑，而且采取了一些实际行动。因此张履祥的策划，不过是将类似情况进行优化后作出的总结而已。

对比谭氏和张氏的经营，可以看到二者之间尽管存在一定的差别（后者比前者经营规模小，但资源的利用程度更高，即土地利用率更高），然二者在生态经营的层面是异曲同工的。二者都改造田地，把原有资源的改造作为首要任务。谭氏的农场原为无人愿耕种的"洼芜"之地，而邬氏农场也是"瘠田"。这些土地的生产能力都不高，因此都必须加以人工改造，使之成为具有更高生产能力的农业资源。谭氏将其购买的田地中最低下的部分挖深为池塘，挖起的泥土筑成高塍，围绕田地。结果是把原来相对平整的低洼土地改造为高低有别的池、塍、田，从而形成三种不同种类的农业资源。邬氏农场的耕地"形势俱高，种稻每艰于水"，但如种旱地作物则又嫌高度不够，通过浚池取得淤泥，用来培高原有耕地，便能将这些水田改造为适合桑、豆、麦、果、竹等作物生长的旱地。二者都利用废物。上述经营中，农场的不同生产活动高效衔接，一种生产活动所产生的废物（如猪、鸡、羊、鱼的粪便，或者枯桑叶），可作为另外一种生产活动所需要的资源利用。相对而言，谭氏经营活动的衔接还不十分密切，而张氏规划的经营方案，在资源再利用的范围和水平方面，明显处于更高阶段。二者都因地制宜。上述经营中，谭氏的做法是在池中养鱼，池上架设猪圈鸡舍养猪和鸡。塍上种植各种水果。田地种植水稻。稻田之外的零星地块，特别低洼的种植菰茈菱芡，稍高一些的则种植各种蔬菜。张氏方案则是在改造所得的旱地上，因地制宜种植种桑、菜、芋、豆、麦、麻、竹、果等不同作物，并在池塘中养鱼，以及利用桑业生产的副产品枯桑叶养羊。二者都包含了多种农业生产活动，都是一种因地制宜的立体农业。

从现代生态学的原理来看，生态农业遵循的基本原则包括：①根据"食物链"原理发展起来的良性循环多级利用原则，以最大限度地发挥资源潜力，节省资源且减少环境污染。②根据生物群落演替原理发展起来的时空演替合理配置原则，以充分利用农业资源，使产业结构趋向合理。③在生态经济学原理指导下的系统调节控制原则。在一个生态系统中，生物为了繁衍生息，必须随时随地从环境中摄取物质和能量，同时环境在生物生命活动过程中也得到某些补给，以恢复元气和活力。环境影响生物，生物也影响环境，受到生物影响而改变了的环境又对生物产生出新的影响。所以必须通过合理耕作、种养结合来调节控制生态系统，实现良性循环和可持续发展。

把上述原则运用到农业生产中，就形成了今天生态农业工程的模式设计。这种模式设计常采用三种类型，①时空结构型：采用平面设计、垂直设计和时间设计，在实际应用中多为时空三维结构型，包括种群的平面配置、立体配置及时间的叠加嵌合等。这种时空结构型包含山体生态梯度开发型、林果立体间套型、农田立体间套型、水域立体种养型和庭院立体种养型等；②食物链结构型：模拟生态系统中的食物链结构，在农业生态系统中实行物质和能量的良性循环与多级利用。食物链模式设计通常采用"依源设模，以模定环，以环促流，以流增效"方法，通过链环的衔接，使系统内的能流、物流、价值流和信息流畅通；③时空——食物链结构型：是时空结构型和食物链结构型的有机结合，即将生态系统中生物物质的高效生产和有效利用有机结合，把开源与节流高度统一，以求适投入、高产出、少废物、少污染、高效益。

从上面的分析可以看到：谭氏的经营主要是利用以食物链原理为依据发展起来的良性循环多级利用原则，因此可以说是食物链结构型的生态农业；而张氏的经营策划，所依据的不仅是食物链原则，而且也符合时空演替合理配置原则和系统调节控制原则，属于时空——食物链结构型的生态农业。这一变化意味着江南的生态农业不断发展，逐渐演化出不同的模式，达到了相当高的水平。

（2）生态园林

明清时期的园林营造技术高度发达，"造园活动无论在数量、规模或类型方面都达到了空前的水平。造园艺术及技术日趋精致、完善；文人、画家积极投身于造园活动；同时还出现了一批专业匠师。不仅是人才辈出，还出现了一些造园理论的著作和专书"。① 无论是人工山水园林还是天然山水园林，无论是皇家园林还是私家园林，无论是园林的规划设计还是工程建设，无论是园林的生态环境还是人文意境，明清时期都达到了极高水准。

明清园林营造的基本原则是"虽由人作，宛自天开"，这是明末计成所撰造园名著《园冶》中开篇即予以明示的，强调园林虽是人工创造，但呈现的技艺应如天然造化生成。这就要求园林营造必须遵循"天然造化"的内在规律，或者说，生态系统的演化规律。大概言之，园林整体布局与内在结构必须与周边地形地貌和河湖水系相协调，力求从整体到局部的生态和谐，依据不同环境条件灵活地组景，植物栽培必须遵循"生态位"原则，注重物种多元而互惠共生，即所谓"因地制宜""顺应自然"。这些正是现代所谓"生态园林"孜孜以求的。具体到园林营造的技术，主要包括山水、花木和建筑三方面。

山有脉络走向，水有源头流向，这是自然界的一般规律，也是园林营造必须遵循的一般原理。因此园林规划首先要确定园中的山石脉络走向，疏通内外水系，并使山水错综交融于一体，以造园术语来说，就是"山贵有脉，水贵有源，脉理贯通，全园生动"。如果园林建造在山林之中，就按自然脉理来构山，可以创造出"有高有凹，有曲有深，有峻而悬，有平而坦，自成天然之趣"的景色。如果是平地造园，也要"高处可培，低方宜挖"，尽量使地形顺应自然。用天然石块堆筑假山称为"叠山"，匠师们采用各种造型、纹理、色泽的石材，以不同的堆叠风格而形成许多流派。叠山一般最高不过八九米，无论模拟真山全貌或截取一角，都力求以小尺度而创造峰、峦、岭、岫、洞、谷、悬岩、峭壁等变化丰富的山形。叠山是对天然山形构成规律的抽象、提炼，能在很小的地段上展现咫尺山林幻化千岩万壑的气势。园林内开凿的各种水体也是自然界的河、湖、溪、涧、泉、瀑等的艺术概括，即使再小的水面亦必曲折有致，并利用山石点缀岸、矶。"山因水活，水随山转"，有水的山林

---

① 彭一刚：《中国古典园林分析》，中国建筑工业出版社 1986 年版，第 3—4 页。

景观才更有生气。稍大些的水面则必堆筑岛、堤,架设桥梁,以在有限的空间内尽量展示天然水景的全貌,所谓"一勺则江湖万里"。园中的水要疏通源头,与外界水系相沟通,才有"源头活水来"的生命力。所以造园"立基先究源头,疏源之去由,察水之来历"(《园冶·相地》)。自然山水园林,得到活水较容易,只需接通天然水源。城市园林则要设法疏通水道,引入园外活水。如果实在无法引进流水,也可在园中池溪深处打几口井,将园中之水与地下水沟通,来保证水的供应和自净能力。园中山水相辅相成,相得益彰。模拟自然山水之间多样而复杂的关系,园林中山与水的组合也极为多样,变化万方。

园林植物的栽培以树木为主调,因为林木成荫最能体现自然繁茂的生态。林木配置则力求品种多元而互惠共生,形成结构合理、种群稳定的群落结构。林木基本是任其自然生长,不过分加以人工修剪,一般不会有西式花园中笔直的林荫道、对称的花坛、修剪成几何形体的乔木灌木。树木花草繁荣茂盛,同时,水中的浮萍、石上的青苔、山石缝隙的纤草灌木,也随处可见,野趣盎然。园林中山水林木营造的生态环境会引来野鸟昆虫栖息繁殖,蛙噪虫鸣,鸟语蝶飞,加之驯养的禽畜,水中放养的鱼龟等,更是生机勃勃、野趣盎然。

园林建筑无论多寡,也无论其性质功能如何,都力求与园林的山、水、花、木等融为一体,表现出三个明显的特点。首先是建筑线条的"曲"。自然山水多为柔和的曲线,无论是山石轮廓,池沼湖泊的边界,还是树木花草的形状,几乎都是曲线,少有笔直方正的几何形状。而人工建筑的线条却基本是直的。为了和自然的"曲"协调,园林建筑常以曲代直:如布局不讲轴线,而因需要灵活散布在园林中;路、桥、廊等也都因地制宜地设计成曲廊、曲桥、曲径;踏步、台阶等用有自然曲线外形的山石铺成;屋顶造型,屋角起翘,檐口滴水以及梁架部件,也都呈现出一种优美曲线。由"直"化"曲"的建筑,和谐地融入园林风景中。其次是建筑色彩的"雅"。《园冶》强调建筑格调要"自然雅称","时遵雅朴,古摘端方"。为彰显建筑材料的自然本色,一般园林建筑(皇家园林除外)都不用彩画,也不做雕镂繁复的装饰,直接呈现白墙、灰瓦和栗色的木构件,淡雅的色彩在山石树木中若隐若现,雅朴随宜。简洁淡泊、朴实无华的建筑,更烘托出"曲径通幽处,禅房花木深"的恬静安逸的意境。再有是建筑形式的"透"。为了减轻园林建筑的视觉体量,同时也为增强人与自然的交互作用,园林建筑讲求开敞,如通过空廊、洞门、空窗、漏窗、透空屏风、隔扇等建筑形式,使建筑与景物之间、建筑与建筑之间,相互渗透,融为一体。

上述叠山理水、花木配置和土木建筑组成的园林景观,不仅营造出优良的生态环境,同时也营造出高雅的人文意境,即所谓"诗情画意"。"诗情"不仅是把前人诗文的某些境界、场景在园林中以具体形象复现出来,或运用景名、匾额、楹联等文学手段对园景直接点题,而且还在于借鉴文学手法进行园林创作:"造园如作诗文,必使曲折有法,前后呼应;最忌堆砌,最忌错杂,方称佳构"。游园路径非简单的道路,而是运用各种构景要素在迂迴曲折的空间中形成序列组合。序列的安排一般有前奏、起始、主题、高潮、转折、结尾,形成丰富多彩、和谐统一的流动空间。序列之中往往还穿插一些对比、悬念、欲抑先扬或欲扬先抑的手法,合乎情理之中而又出人意料之外,更加强了韵律起伏的美感。游览园林的感受,便如欣赏诗文般酣畅淋漓。"画意"则是指观赏园林得到如欣赏绘画般的审美体验。中国园林设计与中国山水画息息相关,许多园林设计师本身就是山水画家。中国山水画不同于西方风景画,前者重写意,后者重写形。西方风景画是临景写生,中国山水画则是外师造化中得心源,寄情山水抒发胸臆,所以中国园林呈现出的"画面感"是方寸之间见万里,虚实相济而气象万千。当然,兴造园林比平面绘画要复杂得多。因为园内景物不仅要能"静观",还要能"动观"——能在行进、游动中观赏,因此是画面是立体的、动态的。而且园林的营造还要设法"借景",则是"画外有画"。融入了"诗情画意"的园林,因而超越了仅呈现山水之形的"物境",而成为能藉景生情的"情境"和能托物言志的"意境",成为超越现实空间和时间的艺术天地。人诗意地栖居于园林,或感于"有我之境,以我观物,故物皆著我之色彩",或感于"无我之境,以物观我,故不知何者为我,何者为物"

（王国维：《人间词话》），园林由此成为"天人合一"的媒介和载体。①

2. 资本主义社会的技术革新

(1) 生物工程

生物工程（或称生物技术）是利用生物有机体（包括微生物和动植物）或其组成部分（包括器官、组织、细胞、细胞器等）和组成成分（包括DNA、RNA、蛋白质、多糖、抗体等），发展新产品新工艺的技术体系。现代生物工程的发展，建立在分子生物学基础上，以DNA重组技术的发明为标志。20世纪90年代，人类基因组计划启动，被称作继曼哈顿计划和阿波罗登月计划之后，西方科技史上的又一伟大工程；细胞克隆获得成功，细胞工程开始产业化；DNA芯片、生物计算机出现，使生物材料的应用进入信息产业。到21世纪初，人类基因组测序、酵母基因组测序、水稻基因组测序先后基本完成，生命科学技术不仅在原核生物，而且在真核生物，特别是在农作物上的应用有了重大突破，基因工程的范围扩大到所有生物。

按照操作的对象，生物工程主要包括基因工程、蛋白质工程、酶工程、细胞工程、发酵工程等。其中，基因工程是核心技术。基因工程直接从事基因的加工、改造和创新，通常是将脱氧核糖核酸（DNA）分离出来，在体外进行切割、拼接和重组。然后将重组的DNA导入某种宿主细胞或个体，从而改变其遗传品性；或使新的遗传信息在新的宿主细胞或个体中大量表达，以获得基因产物（多肽或蛋白质），创造出自然界没有的物种。蛋白质工程是在基因工程的基础上，通过蛋白质的结构反向设计、选择或修改相应基因而获得所需的新型蛋白质。蛋白质是基因表达的最终产物，生物工程希望获得的产品主要也是蛋白质。酶工程是利用酶、细胞器或细胞所具有的特异催化功能，或对酶进行修饰改造，并借助生物反应器和工艺过程来生产所需产品，包括酶的固定化技术、细胞的固定化技术、酶的修饰改造技术及酶反应器的设计等。细胞工程是通过细胞（有时也包括器官或组织）的离体培养、繁殖、再生、融合以及细胞核、细胞质乃至染色体与细胞器（如线粒体、叶绿体等）的移

---

① 参见周维权：《中国古典园林史》，清华大学出版社1990年版，第11—16页。

植与改建等操作直接改造生物，包括动植物细胞的体外培养技术、细胞融合（杂交）技术、细胞器移植技术等。发酵工程也称微生物工程，是利用微生物生长速度快、生长条件简单以及代谢过程特殊的特点，在合适条件下，通过现代工程技术手段制造所需的生物产品。微生物发酵工程涉及生命体的生长、繁殖、生产、衰老等过程，是一个十分复杂的自催化过程。发酵工程是生物技术的基础工程，也是生物技术产业化的重要环节，用于产品制造的基因工程、细胞工程和酶工程等的实施，都与发酵工程紧密相连。

生物工程的应用领域包括农业种植、畜牧养殖、食品工业、疾病诊断、疫苗生产、生物制药、清洁能源、精细化工、环境保护、生物芯片等。进入21世纪之后，生物工程迅猛发展，新发明新工艺不断涌现。生物工程对于人类生命以及生态环境的整体性、长期性的影响还有待时间检验。

（2）信息网络

信息网络包括电信网络、广播电视网络和计算机网络。二战以后，资本主义发达国家的电信网络和广电网络逐渐普及。冷战结束后，以因特网（Internet）为代表的计算机互联网络迅猛发展。

Internet技术也源于军事需求，其原型是冷战期间美国国防部远景研究规划局（Advanced Research Projects Agency）为军事实验用而建立的网络，名为ARPANET，其设计目标是当网络中的一部分因战争原因遭到破坏时，其余部分仍能正常运行。80年代初期ARPA和美国国防部通信局研制成功用于异构网络的TCP/IP协议并投入使用。1986年在美国国会科学基金会（National Science Foundation）的支持下，用高速通信线路把分布在各地的一些超级计算机连接起来，以NFSNET接替ARPANET。到1990年，ARPAnet退出历史舞台，NSFnet则成为Internet的重要骨干网之一。1991年欧洲粒子物理实验室的软件工程师发明了一种网上交换文本的新方式，创建了网上软件平台World Wide Web（万维网），将文字、声音、图像等统统视为"文本"，即所谓超文本方式，为Internet实现广域超媒体信息截取和检索奠定了基础。90年代初期，Internet事实上已成为一个"网中网"——各个子网负责自己的架设和运作费用，而这些子网又通过NSFnet互联起来。其应用范围也由最早的军事国防，扩展到美国国内的学术机构，进而迅速覆盖全球各个领域，运营性质也由以科研、教育为主逐渐转向商业化。

  Internet 在全球范围把分散的信息资源互联而成为一个整体，实现了信息资源的即时互通、全面共享和有机协作，为经济资源的全球优化配置、资本主义的全球经济扩张，提供了无与伦比的信息技术支撑，催生出所谓的"新经济体系"。"新经济体系"以"信息化"、"全球化"和"网络化"为主要特征。所谓"信息化"，是指"这种经济体内，单位或作用者（agents，不论是公司、区域或国家）的生产力与竞争力，基本上是看它们能否有效生产、处理及应用以知识为基础的信息而定"。所谓"全球化"，是指"生产、消费与流通等核心活动，以及它们的组成要元素（资本、劳动、原料、管理、信息、技术、市场），是在全球尺度上组织起来，并且若非直接进行，就是通过经济作用者之间连接的网络来达成"。所谓"网络化"，是指"在新的历史条件下，生产力的增进与竞争的持续，都是在企业网络之间互动的全球网络中进行。"[①] "新经济围绕资本、管理与信息的全球网络而组织起来"[②]。同时，"管理与生产朝向网络形式演变……这是历史上第一次资本主义生产方式塑造了整个地球的社会关系。但是这个资本主义品种却深异于其历史先例，有两点独特的特性：它是全球性的，并且相当程度上是围绕着金融流动网络而结构。资本即时地以一个单位而在全球运作，并且主要是在流通领域内实现投资与积累，亦即作为金融资本。……资本积累及价值创造，都逐渐是在全球金融市场里进行，而这个市场则由金融流动之无时间性空间里的信息网络所促动。通过这些网络资本在全球各地投资于各种部门的活动：信息产业、媒体企业、先进服务、农业生产、健康医疗、教育、技术、新旧制造业、运输、贸易、旅游、文化、环境管理、房地产、战争制造与和平、宗教、娱乐及运动。"[③]

  以 Internet 为基础在全球范围构建的网络社会，超越了传统的空间和时

[①] 〔美〕曼纽尔·卡斯特：《网络社会的崛起》（中译本），夏铸九译，社会科学文献出版社 2001 年版，第 91 页。

[②] 同上书，第 571 页。

[③] 同上书，第 571—572 页。

间观念。网络社会营造的是"流动的空间",[①] 并导致了"时空压缩(time-space compression)"。[②] 压缩的时空提升了经济效率和资本回报,促进了个体的"自由"和"解放",同时却解构了历史文化和传统价值,导致"文化表现抽离了历史与地理,变成主要由电子传播网络中介与观众以多样化的符码和价值互动,而最终汇集于数字化的视听超文本(hypertext)之中"。[③] 网络时空中没有传统社会关系的束缚,其构建的虚拟世界似乎可以无拘无束、为所欲为,于是乎,"网络社会的新社会秩序对大部分人来说都越来越像是后设的社会秩序"。[④]

综上所述,在德本主义社会与资本主义社会的繁荣期,前者的技术发展突出体现在生态工程和生态园林领域,后者的技术发展突出体现在生物工程和信息网络领域。生态工程和生物工程皆以生物(或生命)科学为基础。前者以复杂科学体系中的生物科学为基础,从整体到局部,注重生态平衡、追求永续发展;后者以简单科学体系中的生物科学为基础,对生物分析还原后,用基本因子(基因)返构布局,追求精准、高效。生态园林和信息网络皆营造出具有超越意义的空间和时间,分别体现了德本主义社会与资本主义社会的最高价值追求。前者是追求道法自然、天人合一的境界,后者是追求个体解放、自由平等的境界。

四、社会组织演化

此阶段,德本主义社会与资本主义社会的基层组织——宗族与公司,都得以进一步发展壮大,其显著特征是组织规模的扩展,同时社会组织的自治管理与政府的良性互动关系得以深化。

---

① 〔美〕曼纽尔·卡斯特:《网络社会的崛起》(中译本),夏铸九译,社会科学文献出版社2001年版,第466页。
② 同上书,第531页。
③ 同上书,第576页。
④ 同上书,第577页。

(一)德本主义社会：宗族组织的规模扩展 + 宗族治理与国家治理一体化

1. 宗族组织的规模扩展

明清时期的宗族组织在宋代已经建立的族谱、祠堂、族田、族学、族规等制度形态的基础上，规模愈趋扩展。

宋元时期建置宗祠的多为士大夫官僚。明代嘉靖年间诏令允许臣民祭祀始祖，推动了民间纷纷建立宗祠祭祀始祖。清代家庙祭祖制度允许举人、贡生建立家庙，又使士人的家庙祭祖合法化。宗族祠堂的建置者降至平民和士人，是宗族发展史上的一大变化，从而使宗祠祭祀始祖普遍化。[①]"于是宗祠遍天下……而所以收天下之族，使各有所统摄，而不至散漫，而借以济宗法之穷者，实隆古所未有。"[②]

宗祠祭祀始祖的普遍化推动了宗族组织的规模扩展。宗祠祭祀与房族的划分密切相关，包括总祠、宗祠、统宗祠与支祠几种，分别祭祀始祖大宗和支祖小宗。宗族的成长，是一个由始祖为主干不断分枝衍化的过程，始迁祖一人繁衍成一族，族下分房，房又成族，以此递增，生成多层而复杂的房族结构。历经长期的和平环境与人口繁衍，加上制度推动与经济发展，明清时期宗族人口规模持续扩大，宗族由出了五服的同宗族人构成已是普遍现象，拥有上千丁的宗族不在少数。众多的族人纳入多种层次的房支结构中，宗族组织日趋膨胀。族谱的世系表也按照支派、房分制作，标明居地。有的宗族又有宗谱、族谱和支谱、房谱的区分。

明清时期，宗族中明确的父系祖先，一般追至始迁祖，也就是说，始迁祖以下的同姓成员皆可成为宗族。始迁祖往往是宋元时代的人，已出了五服，即便是支派始祖，出五服者也不在少数。族谱的纂修者总是声明修谱要收出了服的族人，宗族概念既包括服内亲属，也包括"无服之属"，通过修谱可联结"疏属"。出了服的族人，实际上是一种族亲关系。这种关系包括袒免亲，即凡同五世祖，族属缌麻服之外者。宗族都要求族人和睦出服族人，有的宗

[①] 冯尔康：《中国宗族史》，上海人民出版社2009年版，第222—230页。

[②] 民国《佛山忠义乡志》卷9《氏族志·祠堂》，转引自冯尔康：《中国宗族史》，上海人民出版社，第226页。

族规定："同族虽服已尽，而尊卑名分百世不移，礼貌称呼自有定序。"①

如福建莆田县国清林氏宗族，以宋代人"睦庵为之宗，睦庵三子，长曰讳锡府君，名鼻头房；次曰讳旃府君，名追远房；次曰讳迁府君，名曰白沙房，至今垂十三世二百人之多者，皆三房之后"（宋濂：《文宪集》卷2《国清林氏重建先祠记》）。文中"至今"指明朝初年，最初三个房分变成三个支派。房分本来的含义是子对父而言，由房分继续产生房分，名称容易混乱，所以始祖之下最初的分支，迁到外地的族人、五世之外的族人，多另立祠堂，在宗族中称为支派。又如江苏武进徐受益于明洪武年间由"陈渡卜居大洪范口，生五子，以贤字列名，嗣后子孙众盛，析为五支"，为贤一公、贤二公、贤三公、贤四公、贤五公五派，"此为徐氏支派之大概"（光绪《徐氏宗谱》卷1，嘉庆时赵翼序文）。支派之下又设房分，清道光湖南《匡氏续修族谱》载该族分金、可、玉三派，派下房分，以可派为例，有洪、社、志、忠四房。"今则凡同姓同宗皆谓族，盖自前清听民间合建宗族，而族之途遂广，然则何以别亲疏与？于是族又分房，如蜂房莲房然，如列室分房然。族既广，房既多，必有以序其尊卑，别其支派，乃如治丝而不棼也"。（民国《湘乡胡氏续修族谱》卷首《旧叙》）②

同宗族人多聚族而居。族之大者，人丁可至万余，其次亦不下数千，少者也有数百。有的大族毗连蝉接，包括聚居于附近的几个、几十个村落，占地数里或数十里。宗族安土重迁，几十代可聚居不散。上述情形，在各地方志中随处可见。清代魏源估计，天下县郡，举族而居的家族参错其中，每个县邑约有数百个（《庐江章氏义庄记》，《魏源集》下册第503页）。直到西元21世纪，这种一个村落就是一姓一族聚族而居的情形，在中国农村依然多见。

2. 宗族治理与国家治理一体化

宗族组织规模扩展的同时，宗族治理与国家治理的良性互动得以深化。

德本主义讲求"齐家治国平天下"，"家（族）"是基础，教化是根

---

① 冯尔康：《中国宗族史》，上海：上海人民出版社2009年版，第231—233页。
② 同上书，第233—234页。

本。明太祖建国之初曾颁布"圣谕六言"："孝顺父母，尊敬长上，和睦乡里，教训子弟，各安生理，勿作非为。"清康熙也曾颁布"上谕十六条"："敦孝弟以重人伦，笃宗族以昭雍睦，和乡党以息争讼，重农桑以足衣食，尚节俭以惜财用，隆学校以端士习，黜异端以崇正学，讲法律以儆愚顽，明礼让以厚风俗，务本业以定民志，训子弟以禁非为，息诬告以全善良，诫匿逃以免株连，完钱粮以省催科，联保甲以弭盗贼，解仇忿以重身命。"雍正更将"上谕十六条"逐条解释成洋洋万言的《圣谕广训》，颁行天下，并通过各种不同渠道在全国广为宣传，以致家喻户晓。明清许多族谱则将上述"圣谕""上谕"载入族规家训，以约束、教化族人。如明万历时所修江苏海安《虎墩崔氏族谱·族约》有"宣圣谕"条，首载六言，然后曰："此六事乃太祖高皇帝曲尽做人的道理，件件当遵守，能遵守的便是好人，有一件不曾遵守，便是恶人。愿我一族长幼会集祠中，敬听宣读，悉心向善，皆作好人。有过即改，共为盛世良民，贻子孙无穷福泽。"并在"立宗会"条规定："族人每月于朔望齐集祠中，宣读圣谕。"家法成为国法的补充，所谓"家之有规，犹国之有律，律不作，无以戢小人之心思，规不立，无以谨子弟之率履，惟是聊述家规"（《中湘下砂陈氏族谱》卷4）。还有族规就是以国家的法规为参照而设置。乾隆时绍兴阮氏"就国法所严人情易犯者，订为二十条，编入家规。后更望严正谆切家、族长，或朝夕训诲，或朔望申明，或遇事指陈，或过犯惩戒，由勉强至自然，使贤者卓然自立，而愚者成知悔的"（《越州阮氏宗谱》卷19《家训》）。载入族谱的国法与族规，是从整体到局部的深化、细化，体现了政府与宗族的良性互动。

明清政府鼓励宗族自定族规家法，并承认族长依据族规家法审判族人的合法性。宗族要充分地行使自治权，也需要政府予以明确地授权支持。如明代湖南长沙县知县批复檀山陈氏宗族家训："万历拾陆年三月十六日，呈验蒙长沙县知县骆批，详观族约，宜家化俗之心，再阅奏疏，崇本重源之念，此乡先生之贤者也。仰户首照依条款，一一举行，如有户丁抗违，许指名具呈，以凭惩究，付照。"（万历《陈氏族谱·家训》）又如安徽歙县县令批复朱氏宗族祠规:"直隶徽州府歙县,为恳申祠规,赐示遵守事。据二十一都五图约正朱文谟同族长朱明景等连名具呈前事,呈称:本家子侄丁多不一,恐有不务生理、横暴乡曲、不孝不悌、忤尊长、违禁、赌博、酗饮、嫖荡、斗打、争讼等情,祠立家规,犯者必戒。恐有刁顽违约,不服家规诫罚,仍肆强暴,不行改正,虑恐成风,后同族长粘连祠规呈叩天台,伏乞垂恩准申祠规赐印、赐示、刻扁张挂,以儆效尤,概族遵守等情,据此,拟合给示严禁。为此示仰朱姓通族人等知悉,务宜遵守家规,敢有违约不遵者,许约正族长等指名呈来,以凭究处,以不孝罪论,决不轻恕,特谕。"①再如合肥杨氏宗族,于乾隆年间建设祠堂,编修宗谱,立有规条,并置祭产,因"习俗移人",该族"间有不孝子弟,将谱所列之规条,竟弁髦视之",甚至以少犯长,以卑犯尊。嘉庆十五年,该族生员数人赴县呈请祠规,知县于同年批复,要求"杨氏户、族人等知悉:嗣后务遵祠规,父训其子,兄戒其弟,如敢不遵,许该族户、祠长人等指名禀县,以凭究治,决不宽贷,各宜禀遵毋违,特示"(《弘农杨氏宗谱》卷首《杨氏宗谱碑序》,《宗谱碑记》)。嘉庆十六年该族将知县条示祠规刻石勒碑,以约束族人。雍正时期,国家甚至承认尊长族人惩戒恶人致死免抵之例(《清世宗实录》卷57,雍正五年五月乙丑)。②

除了道德教化和法律支持,政府还推行了一系列措施为宗族自治创造良好的政策环境:如旌表累世同居共财的义门,为其树碑立传,皇帝亲赐御书匾额,如"世笃仁风""敦睦可风""敦本厚俗";倡导设置族产义田,为族田立册存案,载于志书,给予执帖,勒石保护,禁止盗买盗卖;推动宗族实行乡约化、保甲化等。

宗族治理与国家治理的良性互动,极大降低了社会管理成本。自治的宗族承担了诸多公益事业,如修建运河、堤堰、水坝、道路、桥梁等基础设施,兴办学校、寺庙和圣祠等文化设施,赈济灾荒,维护治安等。③明清时期,中

---

① 《朱氏祠志》,载张海鹏、王廷元主编《明清徽商资料选编》,黄山书社1985年版,第32—33页。
② 冯尔康:《中国宗族史》,上海人民出版社2009年版,第244—246页。
③ 瞿同祖:《清代地方政府》,法律出版社2003年版,第301—314页;张仲礼:《中国绅士:关于其在19世纪中国社会中作用的研究》,上海社会科学出版社1991年版,第54—76页。

央政府的规模很小,清朝全国有品级的官员约二万五千人,却保持了长时期的和平稳定与繁荣发展。有西方学者惊异地发现:"从汉朝到清代中叶的 2000 年间,相继各朝代的地方行政机构并未增加,而中国的人口却增长了 5 倍。在各朝全盛时期,基层单位'县'的数目是:'汉朝 1150,隋朝 1255,唐朝 1235,宋朝 1230,元朝 1115,明朝 1385,清朝 1360。'而帝国的总人口是:'西元 180 年 6000 万,西元 875 年 8000 万,西元 1190 年 1.1 亿,西元 1585 年 2 亿,西元 1850 年 4.25 亿。'因此,在汉朝末年,一个县官管辖 5 万人,而到清末却要管辖 30 万人。当时全国要是有 8500 个县都由北京来管理,那么清朝的行政工作简直就搞不了。中国政府……并不直接进入村庄……官员能够以极大的流动性和表面上不依赖于地方根基的方式经常调动。实际上,皇帝任命的任何县官只有获得当地(宗族)士绅的合作才能进行治理。"[1] 可以说,明清时代中国的国家治理与宗族治理已经融于一体。

参阅

乡约[2]

乡约是乡民基于地缘和血缘的关系,为族群延续而设立的规则与组织,是传统中国社会自治的一种体现。

中国最早的成文乡约,是陕西蓝田吕大钧(1031—1082 年)制定的《吕氏乡约》。"吕氏兄弟皆从学于伊川、横渠两先生,德行道艺萃于一门,为乡人所敬信,故以此为乡人约"。制约的目的,是使乡人能"德业相劝,过失相规,礼俗相交,患难相恤"。乡约采取自愿原则,"其来者亦不拒,去者亦不追"。组织上,每约有"约正一人或二人,众推正直不阿者为之。专主平决赏罚当否。直月一人,同约中不以高下、依长少轮次为之,一月一更,主约中杂事"。同约人,"每月一聚,具食;每季一聚,具酒食"。"遇聚会,则书其善恶,

---

[1] 〔美〕费正清:《美国与中国》(第 4 版),张理京译,世界知识出版社 2002 年版,第 37—38 页。

[2] 张中秋:《乡约的诸属性及其文化原理认识》,载《南京大学学报》(哲学人文社科版),2004 年 05 期第 51—57 页。

行其赏罚"。然而,"若约有不便之事,共议更易"。南宋时,朱熹为之修订,成为《增损吕氏乡约》。由于朱熹的学术名气,加之他对乡约的重视和推广,使《吕氏乡约》声名远播。从有关乡约的文献看,几乎所有的乡约都以它为宗。

到明代,乡约受到朝野重视,乡约逐渐形成了一套完备的制度,把农村生活的方方面面都包括进来,如吃饭问题、教育问题、治安问题、风俗问题等。人们生老病死都由乡约组织,通过自治互助的办法来处理。洪武二十八年(1395年),隋吉上疏说一对农民夫妇受田百亩或四五十亩,在春夏农忙时不幸丈夫生病,妻子要照顾他。农务既废,田亦随荒。待病愈,农时已过,上无以供国赋,下无以养家室,穷困流离。他建议,"职此之由,请命乡里小民,或二十家,或四五十家,团为一社。每遇农急之特有疾病,则一社协力,助其耕耘。庶田不荒芜,民无饥窘,百姓亲睦,而风俗厚矣。"明太祖"善其言。谕户部臣,曰:'古者风俗淳厚,民相亲睦。贫穷患难,亲戚相救。婚姻死丧,邻保相助。近世教化不明,风俗颓敝,乡邻亲戚不相周恤。甚者强凌弱,众暴寡,富吞贫,大失忠厚之道。朕即位以来,恒申明教化,于今未臻其效。岂习俗之固,未易变耶?朕置民百户为里,一里之间有贫有富。凡遇婚姻死丧疾病患难,富者助财,贫者助力。民岂有穷苦急迫之忧。又如春秋耕获之时,一家无力,百家代之。推此,以往百姓宁有不亲睦者乎。尔户部其谕以此意,使民知之'"(《明实录·太祖实录》,卷236)。洪武三十年(1397年),明太祖又"令天下民每乡里各置亩铎一,内选年老或瞽者,每月六次持铎徇于道路,曰:孝顺父母,尊敬长上,和睦乡里,教训子孙,各安生理,毋作非为"。此即"洪武六谕",被乡约、族约、家规等广泛引用。明成祖是最早提倡吕氏乡约的皇帝,"表章家礼及蓝田吕氏乡约,列于性理成书,颁降天下,使诵行焉"。明代名臣大儒致力于推行乡约的也很多,方孝孺、王阳明、吕坤、章潢、刘宗周、陆世仪等都对乡约的制度或实践有很大贡献,有的是用乡约行保甲,有的是融乡约、保甲、社仓、社学、乡礼为一体。清代,官方对乡约的倡导和参与加深,康熙、雍正两帝为此曾专谕广训,围绕乡约的各种活动以空前的规模展开,在陕西关中、河南豫中、南赣及福建龙岩、安徽徽州、广东揭阳、浙中、楚中、湘中和台湾等地区尤为兴盛（乡约尤其兴盛于理学深厚的地区或危机深重的灾区，这些灾害包括盗灾、匪灾、兵灾，以及遭受风气恶劣、伦理退化的社会之灾和某些自然之灾。通过研读中国最著名的乡约和了解它们产生的背景，可以得到这样的认识。如宋代《吕氏乡约》、清代《同里乡约》和明清徽州地区的一些乡约主要着眼于伦理秩序，明代《南赣乡约》和明清时期闽台地区的一些乡约更偏重于治安保甲之类的乡治秩序。当然，两种情况又往往交织在一起）。

乡约是传统中国礼法体系从整体到局部的自然发展和有机构成。传统中国的礼法之治，强调"德礼为政教之本，刑罚为政教之用，犹昏晓阳秋相须而成者也"（《唐律疏议·名例篇》）。乡约不在国家层面的"礼法之治"的范畴内，但由于官办、官督民办或民办官认一类的乡约，获有官方的认可和支持，等于获得了某种合法性的授权，具有准法律的性质，这是乡约约束力的合法性来源和依据。因此，乡约中的一些实体和程序规则以及处罚措施不只类于国法，也有为官方所默认的强制力。如《南赣乡约》的制订和推广就具有强烈的政府色彩，可视为国家法律性的体现。明清时期的乡约，往往以取得地方长官的褒荐为荣，实际也是一种国家权威的认可。如《长乐梅花志》记载知县王履谦为当时《梅花里乡约》撰写的批示："查长邑迩来俗染嚣凌，民多顽梗，孝友睦姻之风不讲，暴戾奸诈之事滋生，本县回任以来，访悉地方情形，深为蹙额。当今恳切晓谕在案，据呈：建设乡约所，举乡族长董事，并议明约束条规，每月之朔望群集公所讲究开导，使子弟族人有所遵循法守，克期明善复初，洵为美举，实堪嘉尚。兹将乡规烟户册一本盖印发领，该乡都衿士等务宜躬率力行，始终实践，弗致日久懈弛，必令乡族中家喻户晓，咸知孝悌为先，礼让是务，行见和气致祥，颓风力挽，化顽为淳矣，本县深有厚望焉。勉之。"这样的批示赋予了乡约约束乡民的法律性。乡约还有类似于国法的制裁措施，并与国法衔接，如《南赣乡约》中多处有"告官惩治""率同约之人鸣之官司""率诸同约呈官诛殄"之类的约规。

在乡民的实际生活中，乡约事实上具有法律效力，它对乡民的言行有着指引、评价、预测、教育、调整、惩罚的规范作用。这是从现代法理学出发对乡约功能的一般概括，这些功能是混合在乡约中的。同时，它的很多条款也具备行为模式与法律后果这一法律规范特有的逻辑结构，如《南赣乡约》有约："会期以月之望，若有疾病事故不及赴者，许先期遣人告知约；无故不赴者，以过恶书，仍罚银一两公用。"这一条款中"以过恶书，仍罚银一两公用"是"无故不赴（会）"行为者的法律后果。有约束力的约规大多是这样的条款，这意味着乡约是实际存在于乡民社会中的活法。如果说国法重在治国、平天下，那么，乡约则重在修身、齐家。如《南赣乡约》中规定在约会时约长应该强调修身、齐家："约长举杯扬言曰：'某能为某善，某能改某过，是能修其身也；某能使某族人为某善，改某过，是能齐其家也；使人人若此，风俗焉有不厚？凡我同约，当取以为法！'"

乡约表达了订约者的价值追求，概括起来，主要是两个方面：一、教化；二、乡治。

《损益蓝田吕氏乡约》就是以教化为纲，纲目是："德业相劝""过失相规""礼俗相交""患难相恤"。它开篇提出："事亲能孝,事君能忠。夫妇以礼，兄弟以恩，朋友以信。能睦乡邻，能敬官长，能为姻亲。与人恭逊，持身清约，容止庄重，辞气安和。衣冠合度，饮食中节。凡此皆谓之德。"这是全约的灵魂，其他约规不过是这个灵魂的要求和体现。这个灵魂恰亦是儒家伦理关于教化的核心。《南赣乡约》的篇首也表达了同样的教化意图："故今特为乡约，以协和尔民。自今凡尔同约之民，皆宜孝尔父母，敬尔兄长，教训尔子孙，和顺尔乡里。死丧相助,患难相恤,善相劝勉,恶相告诫。息讼罢争，讲信修睦，务为善良之民，共成仁厚之俗。"明代成化年间上杭邑人丘弘为梁氏《杭川乡约》所撰的序文明白道出："……今梁氏乡约，切于事理，曲尽人情，大抵以不违国制为先，以敦化厚本为尚……将见人咸便之,服而行之，厚其本而抑其末，财不竭而用之舒，淳厚之风日兴，礼让之俗日作，则梁氏是约其有关呼世教,岂浅鲜哉！""世教"者"礼教"也，这一措辞特别重要，有画龙点睛之效。乡约与国法一样，既是规则体系，又是意义体系。德、礼、仪、俗是教化价值在乡约中向下的渐次所现，而俗、仪、礼、德则是教化价值向上升华的渐远所图。

　　乡约推行教化，需要落实为乡治。乡约一般都要约定实施乡约的组织、场所、主事者、原则、范围、措施、程序和仪式等。如《南赣乡约》，它的组织是约会；场所是约所（寺观）；主事者是约长、约副、约正、约史、知约、约赞等；原则是彰善、纠过；范围是税赋、债息、私复仇、通贼、新移民、田产、嫁娶、丧葬等。有的乡约还专门规定有言行礼俗、耕牛及山林保护等。如《吕氏乡约》《崇雅社约》对礼俗有专门规定。清代《同里乡约》的最后两条是："一、盗牵耕牛于别处私宰者，固当以盗贼论，即买牛屠宰，亦犯禁条，并当送官究治。二、山泽之利，节宣生息，则其利不穷；摧残暴殄，其余有几。乡俗动辄放火焚山，遂至大陵广阿，经冬如赭。林薮无资，樵苏何赖，若乃长溪深潭，一经毒害，微鲵绝种，民俗贫薄，此是一端。以后须立厉禁，察出主名，合乡究治。"护林养山的类似约规在明清徽州地区的乡约中尤多。措施包括登记表彰、劝诫、记过、赔偿、削去庄户、告官惩治、协官诛灭；程序和仪式有缴约费、会期规定、会前准备、会中彰善纠恶的具体过程等。乡治由乡约中的约定和约束来保障。约定是同约之人签名画押或同声起誓，自愿承诺遵守约规。《南赣乡约》有这样的约规："当会日，同约毕至，约赞鸣鼓三，众皆诣香案前序立，北面跪听约正读告谕毕。约长会众扬言曰：'自今以后，凡我同约之人，祗奉戒谕，齐心合德，同归于善；若有二三其心，阳善阴恶者，神明诛殛。'众皆曰：'若有二三其心，阳善阴恶者，神明诛殛。'皆再拜，兴，以次出会所，分东西立，约正读乡约毕，大声曰：'凡我同盟，务遵乡约。'众皆曰：'是。'乃东西交拜。"仪式化的约定是乡约促成乡治的基础，相对于以强制为后盾的国法，也是乡约的优势所在。约束是乡约对同约之人义务的设定和对违犯义务的处罚，有约束力的乡约对此都有明确规定。《南赣乡约》的惩罚措施即如前所述，清康熙时李光地为其家乡撰成的《同里乡约》五条和补充诸条均是这类规定，如前五条之二："伦理风俗所关，奸淫为甚，为士者犯之，尤不齿于人类。以后如有淫荡男女，不顾人伦，大坏风俗者，察知素行，立逐出乡。如有容留，即系约正、邻右之责。其以犯奸闻者，务须发觉送官，不得于约所薄惩塞责。"这是乡约法律性的体现，是乡约实现乡治的最后保障。简言之，约定导民为善，约束纠民之过，乡治因此而成。

乡约同国法一样，承载着教化与控制的双重职能，在推行教化和促进乡治方面实效显著。通过推动宗约、士约、社约、会约等礼教、文教性组织的发展，推广了教化；同时，通过与保甲、社学、社仓等治安、互助组织打成一片，促进了乡治。明代乡约推行，有时人誉之："此为二帝三王之遗制，虽圣人复起，执众齐物，舍是无术矣。"

（二）资本主义社会：公司组织的规模扩展＋公司扩张与国家扩张一体化
1. 公司组织的规模扩展

冷战结束后，以美国为首的资本主义国家大力展开全球化扩张，积极推动"全球经济一体化"。西元 20 世纪"90 年代初以来，大多数国家解除了对外国投资的管制，积极鼓励引进外资。1991—1996 年间，世界各国关于外国直接投资管制规定有 599 项变化，其中 95% 的方向是进一步推进自由化。这种趋势对于与服务业特别是金融服务有关的投资相当重要，而以前外国公司常遇到各种国家限制。……随着外国直接投资扩展到经济转型国家，外国直接投资获得了长足进展，跨国公司实际上涉足到所有国家。旨在推动外国直接投资的双边投资协议模式又加强了这一发展。1997 年，162 个国家签订了 1513 项这样的协议，比 1992 年有了显著增长"。[1]

于是，跨国公司的国际直接投资出现了令人惊讶的超高速增长，1991—1995 年均增长 20%，1996—2000 年增长率达 40.1%，其中在 1998 年、1999 年、2000 年、分别出现 40.8%、56.3%、37.1% 的增长率。2000 年，外国直接投资的流入量达到创纪录的 12710 亿美元。[2] 即使在"新经济"神话破灭以及"9·11"恐怖袭击发生的 2001 年，尽管国际直接投资出现 -50.7% 的负增长，其总量仍然高达 7350 亿美元之巨，是 1982 年的 12 倍。在国际直接投资爆炸性增长

---

[1] 〔英〕戴维·赫尔德等：《全球大变革：全球化时代的政治、经济与文化》，杨雪冬译，社会科学文献出版社 2001 年版，第 336—337 页。

[2] 联合国贸易和发展会议：《2002 年世界投资报告》（概述），第 2 页。

的同时，跨国公司的数量、规模、资产和产出也出现了快速扩张的局面。到2008年金融危机爆发前，全球跨国公司母公司数量从1990年的3.5万家扩张到8.1万家，母公司所控制的外国子公司也从15万家激增至81万家。8万多家跨国公司控制了全世界生产总值的1/3、全球工业生产的4/5、世界贸易的2/3、国际技术转让的70%-80%以及国际直接投资的90%。

"今天大部分的世界制造业出口由跨国公司控制……跨国公司通过公司内贸易创造了全新的全球劳动分工，因为它能在世界范围内组织生产，以充分利用较低的生产成本或特殊的国内竞争条件……虽然相当比重的外国直接投资集中在制造业，但是服务业中的外国直接投资也有长足进展，在国际贸易活动和外国直接投资存量中的比重逐渐增长。这种活动多数仍集中在金融和贸易等传统产业领域，但最近已发展到包括金融、贸易服务、信息处理及旅游在内的其他部门。从一定程度上讲，这是跨国公司为服务业的国际贸易建立基础设施的产物。随着跨国公司在国外开展业务，它们要求享有同"自己国家一样的服务，这就鼓励广会计、律师及公司金融服务业的扩展"。①

"全球生产网络的发展必然涉及通过公司内部或公司集团的跨国行动而不是市场机制来实现战略组织。虽然经济全球化常被理解为仅仅是全球市场扩张，但跨国公司和全球生产网络的增长却代表完全不同的东西：生产和分配的跨国组织的发展是在公司内或公司间而不是通过市场进行的。……国际贸易的限制、运输的成本，促使跨国公司在海外投资生产，而不是向外国市场出口产品。跨国公司可以组织国际生产，以便在生产过程的各阶段充分利用国外的低成本条件。但是，在公司内组织国际生产，而不像从独立的生产商那里进货，具有战略优势有两个原因：第一，它有助于各公司防止自己的技术优势扩散到潜在的竞争者手中；第二，在一定程度上，一个跨国公司的竞争优势不仅仅依靠规范的知识，而且还依靠系统的默示知识和公司内专门技术。利用这些优势的最成功的方式是使公司内生产扩展到海外，而不是特许生产或向海外转让生

---

① 〔英〕戴维·赫尔德等：《全球大变革：全球化时代的政治、经济与文化》，杨雪冬译，社会科学文献出版社2001年版，第353页。

产"。①

由此，资本主义国家的跨国公司无论在数量、规模上，还是在质量、技术上都进入一个更高的层次和水平。在信息革命的推动下，生产世界化、贸易自由化、资本国际化和市场全球化的程度不断加深。作为世界生产的组织者，跨国公司将越来越多的国家和地区纳入其全球产业布局中，把资本、技术和管理优势与发展中国家的资源、劳动力和市场聚合起来，构建了一个以其为主导的、利润最大化的全球产业链。在此过程中，跨国公司不仅主宰了资本、人力和技术等生产要素的全球流动与配置，也主导了经济全球化的红利分配。②

2. 公司扩张与国家扩张一体化

资本主义国家的扩张与公司的扩张相伴而生，相辅相成。

资本主义国家对跨国公司在全球扩张的支持方式，即有政治方面的，也有经济方面的。政治方面主要是指政府通过国际谈判等外交手段帮助本国公司扫除贸易、投资、外汇管制等方面的障碍，签订国际条约保护本国公司国外投资的安全。如美国同一百多个发展中国家订立了投资保护协定。投资保护协定的具体内容因国别而异，其基本内容一般包括：无差别待遇原则；关于政治风险的保证；关于投资项目与内容的规定；关于营业活动的限制；关于外籍人员的雇佣；关于外资纳税的规定；投资争议的解决方式等。母国政府通过外交手段与东道国签订投资协定，在法律上为跨国公司在东道国的投资创造了一个相对安全的环境。另外，母国也可能采取国内立法、外交手段甚至经济制裁等措施对本国投资予以保护。经济方面主要包括：出口信贷和其他形式的财政援助，支持、补贴技术开发和高新技术工业，操纵汇率，政府采购，对向国外投资提供税收优惠等。

---

① 〔英〕戴维·赫尔德等：《全球大变革：全球化时代的政治、经济与文化》，杨雪冬译，社会科学文献出版社2001年版，第360—361页。
② 关雪凌、张猛：《发达国家跨国公司是如何为国家利益服务的——跨国公司的政治经济学分析》，载《政治经济学评论》；参见郎咸平：《产业链阴谋（Ⅰ，Ⅱ，Ⅲ）》，东方出版社2008/2009年版。

跨国公司把持的具有战略意义的资源优势、产品优势和技术优势是其母国的国际地位的经济基础。随同跨国公司的投资、生产和经营活动，其母国的政治、文化和军事影响扩张到全球。同时，母国政治、文化和军事强权又保护和巩固了跨国公司在全球的垄断优势。跨国公司所具有的垄断优势主要有三类：一、来自产品市场的不完全优势，包括产品研发、市场营销等；二、来自要素市场的不完全优势，包括专利技术、专有技术、管理经验等；三、来自企业规模效益的优势。垄断优势是其获得超额垄断利润的来源，是其核心竞争力。跨国公司依靠强大的资本、产品、技术、管理和规模优势，通过对外直接投资对东道国具有比较优势的产业进行渗透和控制后，通过转移价格、合法避税、技术垄断、产业链封锁等复杂方式，造成一个不可逆的不利于东道国的局面，导致东道国在自己具有比较优势的产业中从事经营活动，但却利润微薄，例如菲律宾的种植业、中国内地的加工业，甚至伊拉克的石油采掘业。跨国公司仅需支付要素的价格（如劳动力成本），即可拿走东道国具有比较优势产业的超额利润，使其不能获得应有的利润。[1] 美国的国际霸权正是建立在数以万计的跨国公司所拥有的垄断性优势的基础上。例如，美国跨国公司控制着全球主要的石油生产。同时，美国政府一直运用其政治、外交和军事手段来保证其在中东和其他产油区的主导权，不惜为此多次发动"石油战争"。[2] 美国跨国公司在海外的制造业和服务业的扩展也符合美国国家利益，也是美国影响和支配国际经济政治秩序的手段。跨国公司还成为传播美国生活方式、价值观念和意识形态的重要途径，可口可乐、汉堡包等与美国文化相提并论，被视为美国的软实力。可见，跨国公司从资本、资源、技术和文化全方位地强化了美国在全球的霸权，而美国在全球的霸权又进一步推进了跨国公司在资本、技术、文化等多方面的全球扩张，公司扩张与国家扩张已然融为一体。

跨国公司的行为也表现出强烈的政治化特征，成为国际关系中重要的非

---

[1] 关雪凌、张猛：《发达国家跨国公司是如何为国家利益服务的——跨国公司的政治经济学分析》，载《政治经济学评论》2014年第3期。

[2] 〔美〕威廉·恩道尔：《石油战争：石油政治决定世界新秩序》，赵刚译，知识产权出版社2008年版。

国家行为主体，直接或间接为资本主义国家的对外政策服务，扩大本国的政治经济文化影响。在许多国际条约、国际会议的背后，都不难看到其幕后操纵，是所谓"全球经济治理"的重要力量。同时，跨国公司也直接或间接地介入母国的政治过程，其政治的参与方式多种多样，如作为利益集团通过合法渠道赞助某一党派或个人竞选公职，邀请卸任的政府高官担任公司要职或顾问以协调与政府的关系，通过资助研究、提供咨询等方式影响政府决策等。可见，公司行为与政府行为相互深度介入。

资本主义国家与跨国公司联手进行全球化扩张，鼓吹"国家主权有限论"，宣称国家主权与边界阻碍了全球资源的有效配置和经济发展，因此"民族国家已经过时"，"民族国家正在终结"，经济全球化的过程应该成为"非民族国家化"的过程。其结果却是，经济全球化在强化了发达资本主义国家的政治经济权力的同时，却加深了发展中国家的"边缘化"。尽管越来越多的商品生产随着跨国公司制造中心的转移被迁到发展中国家，但这种转移是以技术垄断和利润控制为前提的，发展中国家总是被置于产品生命周期的后期、技术开放的边缘和产业链条的末端。而跨国公司权力的真正核心，如金融、研发与管理控制权，仍然在母国，其在全球操纵要素价值链攫取的超额利润也大都返回到母国，从而形成了有利于提升资本主义发达国家福利的国际经济格局。[①]

综上所述，在德本主义社会与资本主义社会的繁荣期，随着政治、经济制度的演进，社会基层组织的规模得以扩展。前者是宗族组织的规模扩展，后者是公司组织的规模扩展。同时，随着社会演进愈趋复杂，国家政权与社会组织的互动也愈趋强化、深化，或者说，二者高层组织与基层组织之间的重叠（对称）覆盖也愈趋扩大（详见第二章第四节·三·（三）《社会五公理》之"社会公理 2"）。前者表现为宗族治理与国家治理良性互动，相互倚仗、相得益彰，几成一体；后者表现为公司扩张与国家扩张良性互动，相互倚仗、相得益彰，亦几成一体。二者国家政权与社会组织的良性互动皆促进了社会

---

① 关雪凌、张猛：《发达国家跨国公司是如何为国家利益服务的——跨国公司的政治经济学分析》，载《政治经济学评论》2014 年第 3 期。

的稳定和繁荣，然着眼于长期效果，却又大不相同：宗族治理与国家治理的一体化，旨在促进族群在一方乡土（不可扩张）中与生态环境良性互动，和谐相处，通过低水平的资源耗费与低成本的社会管理，实现永续发展，即"齐家→治国→平天下"；公司扩张与国家扩张的一体化，旨在促进公司开拓市场、扩张利润，无视资源环境约束一味追求效率与增长，生态资源耗费极大，社会管理成本极高，在人类只有一个地球的资源环境限制下，不可持续（详见第七章第二节之四《基层组织：宗族组织与公司组织》、之五《社会管理：集约自治与耗散管控》）。

五、国际关系发展

在结束对峙（冷战）后，此阶段德本主义中心国家与资本主义中心国家在政治、经济、文化与科技方面皆凸显出极大优势，成为世界政治经济秩序的引领者。前者表现为中国主导的贡赐体系空前繁荣，并以其无可匹敌的文化、经济、技术优势主导了世界经济文化交流，在全球贸易中占绝对优势，形成了白银主导的全球经贸体系；后者表现为美国主导的全球条约体系空前繁荣，并以其无可匹敌的军事、经济、技术优势主导了世界政治经济发展，在全球产业链分工中占绝对优势，形成了美元主导的全球经贸体系。以下分作"国际体系发展"与"国际经贸发展"二题述之。

（一）国际体系发展：中国主导的贡赐体系 vs. 美国主导的条约体系

1. 德本主义国际体系：中国主导的贡赐体系空前繁荣

明朝秉承中华文明的"天下主义"传统，太祖主张："自古为天下主者，视天地所覆载，日月所照临，若远若近，生人之类，无不羡其安土而乐主。然必中国治安而后四方外国来附。"（《明太祖实录》卷五十三）开国之初，太祖即遣使诏谕安南、暹罗、爪哇、琉球、日本、西洋、苏门答腊、占城、真腊、朝鲜、满剌加、柯枝等国，宣布由明朝继承中华大统，邀其入贡。在诏谕中，明朝一再宣扬与天下各国和平相处、"共享太平之福"。洪武二年太祖曾特别告诫:"四方诸夷皆限山隔海,僻在一隅,得其地不足以供给,得其民不足以使令。若其不自揣量,来挠我边,则彼为不祥。彼既不为中国患,而我兴兵轻伐,亦不祥也。吾恐后世子孙倚中国富强,贪一时战功,无故兴兵,致伤人命,切记不可。但胡戎与西北边境互相密迩,累世战争,必选将练兵,时谨备之。今将不征诸夷国名,开列于后。东北:朝鲜国;正东偏北:日本国;正南偏东:大琉球国、小琉球国;西南:安南国、真腊国、暹罗国、占城国、苏门答剌、西洋国、爪哇国、雒亨国、白花国、三弗齐国、渤泥国。"(《皇明祖训》首章)

至成祖时期,"四方宾服,受朝命而入贡者殆三十国,幅员之广,远迈汉唐,成功骏烈,卓乎盛矣"。万历年间修订的《明会典》,将所有朝贡国分为东南夷、北狄、东北夷、西戎等类,所列朝贡国的总数为 111 个。从今天的疆域划分来看,北狄、东北夷以及西戎中的不少西域国家,属于位于今新疆境内。除此之外,其数量也超过 100 个。《明史》记载则更多。《明史》卷 320 至 326《外国传》记载的朝贡国为 86 个,包括了明末与中国建立联系的葡萄牙、西班牙、荷兰、意大利等欧洲国家;《明史》卷 332《西域传四》除记载今新疆、西亚、中亚等 33 个朝贡国外,还附 29 部"尝奉贡通名天朝者"的名单。如此算来,朝贡国家和地区的总数多达 148 个,可谓盛况空前。[①]

上述朝贡国家,以"中国"为中心,按照来自中央影响力的强弱顺序,由内往外,形成了一个差等有序的圈层结构,分别是:"土司与土官(西南诸州)的朝贡;羁縻关系下的朝贡(女真及其东北部);关系最近的朝贡国(朝鲜等);两重关系的朝贡国(琉球等);位于外缘部位的朝贡国(暹罗等);可以看成是朝贡国,实际上却属于互市国之一类(如俄罗斯、欧洲诸国等)。"[②] "以中国的中央——地方的关系为中心,这些朝贡国依次位于相邻的同心圆的不同圆环

[①] 李云泉:《朝贡制度史论—中国古代对外关系体制研究》,北京:新华出版社 2004 年版,第 66—68 页。
[②] 〔美〕滨下武志:《近代中国的国际契机—朝贡贸易体系与近代亚洲经济圈》,朱荫贵译,中国社会科学出版社 1999 年版,第 36 页。

上。"[1] 于是乎，形成了这样一种有差等的治理结构："国内的中央——地方关系中以地方统治为核心，在周边通过土司、土官使异族秩序化，以羁縻、朝贡等方式统治其他地区，通过互市关系维持着与他国的交往关系，进而再通过以上这些形态把世界包容进来。"[2] 明朝由此建立了一个空前发达和繁荣的贡赐体系。

贡赐体系的繁荣还体现于贡赐制度更趋完备，主要表现在以下几方面。①贡期制度。大部分东南亚国家都是三年一贡，对日本这样的"奸诈国家"，则规定只能十年一贡，而对琉球这样特别"恭顺"的国家则放宽到可以两年一贡。如果不在规定的贡期内进贡则"却之"，即不许朝贡。②贡道制度。前朝对贡使来华路线，即"贡道"一般并无明确规定，各国贡使以历代相沿的习惯和经验，根据地理远近、交通便利选择登陆或进入地点。明朝在传统路线的基础上，虑及航海规律、国家安全等因素，对各国贡使进京路线进行详细规定，各国贡使必须严格按照划定的贡道进贡，不得擅自更改。一般来说，乘船来华者，朝贡入境港口有三个，即广州、泉州和宁波。其中，广州是东南亚诸国来华的主要入境港口，按照这一传统，明政府规定真腊、占城、暹罗、满剌加等国贡使由广东入境，然后，翻越大庾岭经赣江、长江上运河到达北京。这是中国古代一条最主要的南北交通官道。泉州是琉球的进贡入境港口，宁波主要接待日本的贡使。越南、缅甸等东南亚大陆国家来华进贡则主要从陆路进入中国。③表文勘合制度。向明政府呈递官方文书，即所谓表文，是各国遣使朝贡的必备手续和前提条件。"表"本是大臣上奏皇帝言事陈请的法定文书体裁之一。唐、宋、元时期，许多国家的私商通过民间渠道与中国贸易，不限于贡赐一途。另外，假贡使身份来华行贸易之实的海外商人屡见不鲜，并不受表文的制约。明政府则将海外贸易统一纳入贡赐体系，规定"四夷入贡中国，必奉表文"，意在赋予经济贸易活动以更多的政治和文化价值。由此，"奉表称臣"成为海外国家对华贸易的敲门砖，而不奉表文的非官方贸易活动，则被拒之门外。勘合类似于当今的公文骑缝公章、公文存根，通过

---

[1] 〔日〕滨下武志：《近代中国的国际契机—朝贡贸易体系与近代亚洲经济圈》，朱荫贵译，中国社会科学出版社 1999 年版，第 36—37 页。

[2] 同上书，第 35 页。

对其印识、字号与内容的比较、勘验，以辨别真伪，防止欺诈。朝贡勘合制度是为了防止假冒的外国贡使骗取朝廷赏赐等不法行为。凡贡使至中国，必先验证勘合之真伪，无勘合或使用假勘合者拒绝入贡并捉拿法办。据《明会典》记载，明政府共向十五个国家（地方政权）颁发了朝贡勘合，包括：暹罗、日本、占城、爪哇、满剌加、真腊、苏禄国东王、苏禄国西王、苏禄国峒王、柯支、勃泥、锡兰山、古里、苏门答腊、古麻剌，每国勘合二百道。④回赐封赏制度。明政府在贡物的回赐以及对朝贡国国王、使臣的赏赐等方面遵循"厚往薄来"的原则，建立了一套完备的制度。一般原则是："四夷朝贡到京，有物则偿，有贡则赏。"但正贡体现的是臣下对天子的孝敬之情，不能以钱财衡量，是以正贡"例不给价"。所谓"有物则偿"，指对正贡外的"附进货物"，采用"关给钞锭，酬其价值"，即官方"给价收买"。册封包括实质性的册封和礼仪性的册封两类。前者是对政治附属性较强的朝贡国的册封，如朝鲜、安南、占城、琉球等，每逢新王嗣立，皆要向明朝遣使请封，明朝则按例派遣官员携诏书至其国，致祭前王，册立新王，并赐冠服、金银、锦缎诸物。对附属国的册封，虽是政治从属性的反映，但对其内政明政府一般都不会干预。⑤朝贡规模限制。对朝贡国而言，朝贡可以借机获取明朝政府的赏赐，因而常常组织庞大的使团，携带大批"贡物"前来。明政府出于节约财政支出和边境安全的考虑，不得不对朝贡规模进行限制，如对日本、琉球的贡船数量、人数以及西域诸国贡使入京人数进行限制。⑥贡赐礼仪制度。政府极为重视整个贡赐过程的礼仪规范。外国贡使到京后要到礼部练习一段时间礼节后才能觐见皇帝，觐见时一定要行三跪九拜大礼。接受赐封、宴请等都有一系列规定的仪式。《明会典卷219鸿胪寺》载：各国贡使在京期间，鸿胪寺官员要"辨其等而教其跪拜仪节"，"凡外夷进贡方物，本寺官引至御前，俟礼部官奏过，赞，叩头，毕，举案至东陛，授内官捧进"，"凡赏赐外夷人员衣服、彩段等件，本寺官举案引至御前，俟礼部官奏过，赞，叩头，毕，仍举案引出给散"。贡赐制度本就是"礼制"在外交政策中的表现和延伸，是通过外夷进贡和中国赐封等形式，让蛮夷接受中华文明熏陶，以尊崇共同价值理念，最终达致天下太平。①

2. 资本主义国际体系：美国主导的条约体系空前繁荣

冷战结束后，美国成为世界拥有最强经济和军事力量的超级大国。

"美国全球力量的范围和无所不在的状况是独一无二的。美国不仅控制着世界上所有的洋和海，而且还发展了可以海陆空协同作战控制海岸的十分自信的军事能力。这种能力使美国能够以在政治上有意义的方式把它的力量投送到内陆。美国的军事部队牢固地驻扎在欧亚大陆，还控制着波斯湾。美国的仆从国和附庸国分布在整个欧亚大陆，其中一些还渴望与华盛顿建立更加正式的联系。"②

"美国经济的活力为美国在全球起首要作用提供了必要的先决条件。……冷战结束时，美国在全球国民生产总值中的份额，特别是在世界制造业生产中的份额，固定在大约30%的水平上。"③

"更重要的是，美国保持甚至扩大了它在利用最新科学突破为军事目的服务方面的领先地位，从而建立了一支在技术上无可匹敌的军事部队，这是唯一的一支能够有效地在全球发挥影响的部队。在对经济具有决定性作用的信息技术上，美国也一直保持着强大的竞争优势。"④

"文化统治是美国全球性力量的一个没有受到足够重视的方面。……它的吸引力可能来自它宣扬的生活方式的享乐主义的特性，但是它在全球的吸引力却是不可否认的。美国的电视节目和电影大约占世界市场的四分之三。美国的通俗音乐居于同样的主导地位。同时，美国的时尚、饮食习惯甚至穿着，也越来越在全世界被模仿。……美国已经成为那些寻求高等教育者的圣地，有近五十万的外国学生涌向美国，其中很多卓有才干的学生永不再回故国。在

---

① 李云泉：《朝贡制度史论—中国古代对外关系体制研究》，新华出版社2004年版，第73—108页。

② 〔美〕兹比格纽·布热津斯基：《大棋局——美国的首要地位及其地缘战略》，中国国际问题研究所译，上海人民出版社2007年版，第19页。

③ 同上。

④ 同上。

世界各大洲几乎每一个国家的内阁中都能找到美国大学的毕业生。"①

"民主理想同美国的政治传统结合起来,进一步加强了一些人眼中的美国的'文化帝国主义'。在民主形式的政府非常普及的时代,美国的政治经验似乎正在成为学习的榜样。全世界都日益普遍地强调成文宪法的重要性和法律高于政治的权宜考虑。"②

"伴随着美国民主政治制度的吸引力和影响的,还有美国以企业为中心的经济模式的吸引力的增长。美国的经济模式强调全球自由贸易和不受约束的竞争。"③

"美国强调政治民主和经济发展,这两者结合在一起传达了一个简单的对很多人有吸引力的思想信息:寻求个人成功会产生财富,同时还会促进自由。因此而产生的理想主义与利己主义的结合,是个有力的结合。个人的自我实现据说是上帝赐给的权利,它会树立榜样和产生财富,因而同时也能够有利于别人。这个学说对精力旺盛的人、雄心勃勃的人和竞争力很强的人,都具有吸引力。"④

"当对美国方式的模仿逐渐遍及全世界时,它为美国发挥行使间接的和似乎是经双方同意的霸权创造了一个更加适宜的环境。像美国的国内体系一样,这种霸权要有一个相互交织的机构和程序的复杂结构。创造这种结构的目的,是为了形成一致意见,并使力量和影响的不对称模糊不清。因此,美国在全球至高无上的地位,是由一个的确覆盖全球的同盟和联盟所组成的精细体系支撑的。"⑤

"大西洋联盟在机构上体现为北约,它把欧洲拥有最大生产力和影响的国家与美国连接起来,使美国甚至在欧洲内部事务中也成为一个主要的参与者。美国与日本的双边政治和军事关系,把亚洲最强大的经济同美国捆在一起,使日本实质上仍然(至少目前是这样)是美国的一个保护国。美国还参加了亚太经济合作组织之类新成立的跨太平洋多边组织,使美国成为亚太地区事

---

① 〔美〕兹比格纽·布热津斯基:《大棋局——美国的首要地位及其地缘战略》,中国国际问题研究所译,上海人民出版社2007年版,第22页。
② 同上书,第23页。
③ 同上。
④ 同上。
⑤ 同上。

务的一个主要参与者。西半球总的来说是不受外部影响的,这就使美国能够在现存的西半球多边组织中起主要作用。在波斯湾的特别安全安排,特别是在1991年对伊拉克采取短暂的惩罚性行动之后,已使那个经济上至关重要的地区变成美国的一个军事保护地。甚至前苏联地区也已充斥着美国主持的各种诸如和平伙伴关系之类的同北约更密切合作的安排。"①

"另外,人们还必须把全球性的专门组织网,特别是'国际'金融机构,看作是美国体系的一部分。国际货币基金组织和世界银行,可以说代表着'全球'利益,而且它们的构成成分可以解释为世界性。但实际上它们在很大程度上受美国的左右,而且它们本来就是在美国的倡议下产生的,特别是美国倡议的1944年布雷顿森林会议。"②（详见下文《美元主导的全球经贸体系发展》）

"美国这个巨大复杂的全球体系……不是一个等级制度森严的金字塔。相反,美国处在一个相互交织的宇宙的中心。在这个相互交织的宇宙中,力量是通过不断的讨价还价、对话、沟通和寻求正式的一致意见来行使的,尽管这种力量最终都出自同一个来源——华盛顿,而那里才是必须玩权力游戏的地方,而且是按照美国的国内规则来玩的。也许世界对美国全球霸权中民主程序所处的中心地位的最高赞美,就体现在外国自己被拉进美国国内政治讨价还价的程度上。外国政府尽其所能地去动员那些同它们有某种特别的种族或宗教同一性的美国人。除了有大约一千个外国特殊利益集团在美国首都注册并开展活动之外,大多数外国政府还雇用美国的院外活动分子为它们的利益服务,特别是在国会里。"③

"美国至高无上的地位就这样制造出一个新的国际秩序。这个新的国际秩序不仅在国外重复了美国体系本身的许多特点,而且使这些特点固定了下来。基本的特点包括:一个集体安全体系,包括一体化的指挥机构和部队（北约、美日安全条约等）;地区性经济合作（亚太经济合作组织,北美自由贸易协定）

---

① 〔美〕兹比格纽·布热津斯基:《大棋局——美国的首要地位及其地缘战略》,中国国际问题研究所译,上海人民出版社2007年版,第24页。

② 同上。

③ 同上。

和专门的全球合作机构（世界银行、国际货币基金组织、世界贸易组织）；强调一致作出决定的程序，即使这些程序是由美国主导的；优先考虑让民主国家加入的主要联盟组织；一个初始的全球性立宪和司法结构（从世界法院到审判波黑战争罪犯的特别法庭）。"①

"总之，美国在全球力量四个具有决定性作用的方面居于首屈一指的地位。在军事方面，它有无可匹敌的在全球发挥作用的能力；在经济方面，它仍然是全球经济增长的主要火车头……；在技术方面，美国在开创性的尖端领域保持着全面领先地位；在文化方面，美国文化虽然有些粗俗，却有无比的吸引力，特别是对世界各地的青年而言。所有这些使美国具有一种任何其他国家都望尘莫及的政治影响。这四个方面加在一起，使美国成为一个唯一的、全面的全球性超级大国"②，并以此为基础，主导构建了一个以其为中心的空前发达和繁荣的条约体系。

（二）国际经贸发展：白银主导的全球经贸体系 vs. 美元主导的全球经贸体系

1. 德本主义经贸体系：白银主导的全球经贸体系发展

明清时期，在中国主导的贡赐体系扩张的同时，国际经贸也大为扩展。

明清时期中国的人口、生产、消费和贸易等都出现了大规模增长，是当时"世界经济中最大的生产力"③。从西元 15 世纪直到 19 世纪初，中国经济也一直是世界经济秩序的中心。④ "中国的生产和出口在世界具有领先地位。中国在瓷器生产方面是无与伦比的，在丝绸生产方面也几乎没有对手"。⑤ "中国凭借在丝绸、瓷器等方面无与匹敌的制造业和出口，与任何国家进行贸易都是顺差"。⑥

---

① 〔美〕兹比格纽·布热津斯基：《大棋局——美国的首要地位及其地缘战略》，中国国际问题研究所译，上海人民出版社 2007 年版，第 24—25 页。

② 同上书，第 21 页。

③ 〔德〕贡德·弗兰克：《白银资本：重视经济全球化中的东方》（第 2 版），刘北成译，中央编译出版社 2008 年版，第 119 页。

④ 同上书，第 110 页。

⑤ 同上书，第 104 页。

⑥ 同上书，第 108 页。

当时"西方人要想做生意，几乎别无选择，只能加入早已建立的作为该地区一切关系基础的……朝贡贸易网……在其中（建立）一个切实可行的据点"。① "欧洲人唯一的选择就是把他们的贸易马车挂在亚洲庞大的生产和商业列车上，而这列亚洲火车正行驶在早已修筑好的轨道上（也就是陆上和海上网络上）"。②

明清时期，"中国中心论的观念……实际上是各个朝贡地区的共识。……中国人统治地区的周边藩属朝贡地区本身是一种历史的存在，而且这种历史还在延续。……因此，所有这些国家彼此之间都保持着藩属朝贡关系，这些关系构成了一种连续的链条。值得注意的是，该体系的另一个基本特点是，它的基础是（文化感召和）商业交换。朝贡体系实际上是与商业贸易关系网络并行存在的，或者说它们是一种共生关系。例如，暹罗、日本和中国南方之间的贸易长期以来就是靠朝贡使团所获得的利润来维持的，甚至有时许多非朝贡贸易几乎得不偿失。……中国商人在东南亚的商业渗透以及'海外华人'的迁徙，在历史上与这种贸易网络的形成发展相互交织、难解难分。商业扩张和朝贡贸易网的发展是相辅相成的。东亚和东南亚的贸易关系是随着朝贡关系的扩展而扩展的。应该指出，这种朝贡贸易也是欧洲国家与东亚国家之间的中介贸易。……朝贡关系实际上构成了一个多边的朝贡贸易网，同时从这个贸易网之外吸收着大量的商品。……总而言之，整个朝贡和地区间贸易区是以中国朝贡体系为中心，而且它具有自身的结构规则，通过白银的流通而实行着有条不紊的控制。这个涵盖东亚和东南亚的体系也联结着毗邻的贸易区，如印度、伊斯兰地区和欧洲"。③ "整个复杂的朝贡贸易结构的基础是由中国的价格结构决定的……朝贡贸易区组成了一个统一的'白银'区，即白银成为中国持续贸易顺差的结算手段"。④

---

① 〔德〕贡德·弗兰克：《白银资本：重视经济全球化中的东方》（第2版），刘北成译，中央编译出版社2008年版，第108页。
② 同上。
③ 同上书，第106—107页。
④ 同上书，第107页。

"外国人都不得不为了换取中国认为便宜的出口货物而倾其所有地支付给中国大量的珍贵白银,使白银每年源源不断地运往中国。这些支付并没有改变它们的基本职能,但是在思想观念上被称作'朝贡'。外国人,包括欧洲人,为了与中国人做生意不得不向中国人支付白银,这也确实表现为商业上的'朝贡'。这些朝贡国被按照各自在以中国为中心的同心圆里的位置加以类分,这在我们今天看来是带有过分强烈的意识形态性质,但是这种分类相当准确地反映了一种基本现实:整个多边贸易平衡体系,包括印度和东南亚因逊于中国的产业优势而扮演的辅助角色,起了一种磁石的作用,使中国成为世界白银的终极'秘窖'!直到18世纪,这些商业交易的白银结算(也可以称作'朝贡'),这种中国与朝鲜、日本、东南亚、印度、西亚、欧洲及欧洲的经济殖民地之间以及这些地区之间的中心——边陲关系,在世界经济中起了一种决定性作用。"①

"朝贡贸易"造成的经济和金融后果是,中国成为全球"最重要的白银净进口国"。"美洲白银或者通过欧洲、西亚、印度、东南亚输入中国,或者用从阿卡普尔科出发的马尼拉大帆船直接运往中国。中国也从日本获得大量的银和铜,通过中亚的内陆贸易获得一些银和铜。中国既进口黄金,也出口黄金,这取决于黄金、白银和铜之间比价的变动情况。总体上看,在许多世纪里,白银是向东流动(除了从日本向西流动和从阿卡普尔科通过马尼拉向西流动外),黄金是通过陆上和海上向西流动。有些向东流动的黄金也流向欧洲"②。在"以中国为中心的世界经济背景下",白银成为"全球贸易兴起的一个关键性动力"。③

图6-2"示意性地表现出当时世界各地的白银生产和流动。这幅地图显示,美洲在16世纪生产了17000吨白银,几乎都运到欧洲。……美洲在17世纪和18世纪分别生产了37000吨和75000吨,各有27 000吨和54000吨运到欧洲,两个世纪合计81000吨。在欧洲获得的白银中,大约一半(39000吨)又转手

---

① 〔德〕贡德·弗兰克:《白银资本:重视经济全球化中的东方》(第2版),刘北成译,中央编译出版社2008年版,第107—108页。
② 同上书,第108—109页。
③ 同上书,第110页。

到亚洲,其中 17 世纪为 13000 吨,18 世纪为 26000 吨。这些白银最终主要流入中国。另外,有 3000 吨到 10000 吨,甚至可能高达 25000 吨白银是从美洲直接通过太平洋运到亚洲,而这些白银的绝大多数也最终流入中国。此外,日本至少生产了 9000 吨白银,也被中国所吸收。因此,在 1800 年以前的两个半世纪里,中国最终从欧洲和日本获得了将近 48000 吨白银,可能还通过马尼拉获得了 10000 吨甚至更多的白银,另外还从亚洲大陆上的东南亚和中亚地区以及中国自身获得一些白银。这些加起来,中国获得了大约 60000 吨白银,大概占世界有记录的白银产量(自 1600 年起为 120000 吨,自 1545 年起为 137000 吨)的一半"。①

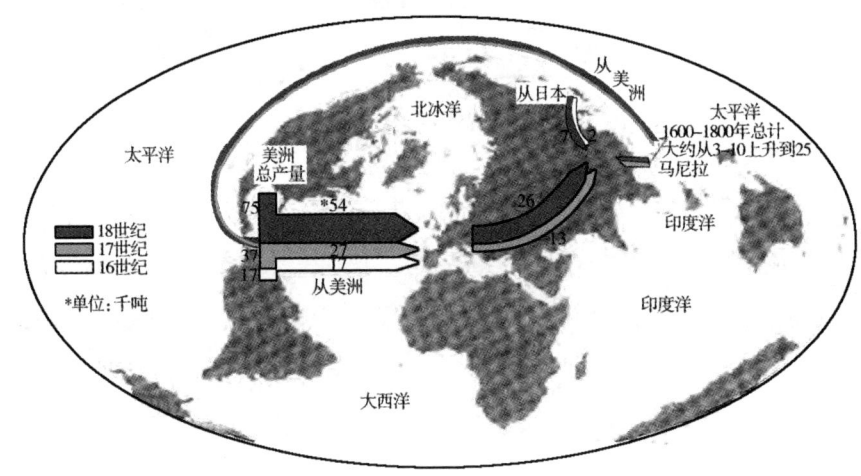

图 6-2　16-18 世纪世界白银的生产、出口和接收

需要指出,"如果没有一种现成有效的供给,中国(或其他国家)对白银的渴望在那时(至今也同样)不可能转化对白银或货币的需求。有了这种供给,那些能够用白银或其他货币支付的人才会有需求。同样甚至更为重要的是,由于中国的制造业在世界市场上具有高产出、低成本的竞争力,因此中国能够有效地提供这种商品供给"。② 正是由于中国有效提供了全球贸易的商

---

①　〔德〕贡德·弗兰克:《白银资本:重视经济全球化中的东方》(第 2 版),刘北成译,中央编译出版社 2008 年版,第 138—139 页。

②　同上书,第 110 页。

品供给，西方在地理大发现之后，通过大量攫取美洲金银，得以"爬上亚洲的肩膀"，开始了所谓"现代化"的进程。①"依托白银本位的国际货币体系，葡萄牙和西班牙换取了香料和殖民财富，荷兰人拥有了东印度公司的利润和银行，而英国从西印度积累的资本促进了新工业革命的投资——支持蒸汽机和纺织技术。同时，这些资本还资助了欧洲国家间的大大小小的战争，从政治上推进着以主权国家为主体、以资本主义核心区控制边缘地带的金字塔式的国际秩序。可以说，正是白银资本推动了全球范围的商品大交换，积累起仰赖于世界贸易的商业资本，进而催生了导致工业革命的产业资本和现代科技体系，方才导致了欧洲的后来居上和现代资本主义世界体系的产生"。②

2. 资本主义经贸体系：美元主导的全球经贸体系发展③

东欧剧变、苏联解体，欧亚大陆这个"核心地带"被切割并拱手将其巨量资产纳入金融资本主义体系，西方过剩的金融资本突然获得巨大的金融化纵深空间，世界也由此进入了全球化、金融化加速度的新阶段。"双寡头"地缘控制突然解体，成为美国构建单极世界霸权的客观条件。美国强化了其以"新帝国论"、"单极稳定论"和"先发制人论"来构建"单极"霸权的全球控制体系的意识形态。由此，美元资本基本完成了对全球范围内的地缘战略纵深的全方位主导。

美国是二战后唯一实现金融资本全球化的国家。金融资本全球化，在本质上是美国以地缘战略纵深为基础的金融资本的全球扩张，派生于国家军事强权推进的金融化"再生产"过程，由此形成了当代金融资本主义世界体

---

① 〔德〕贡德·弗兰克：《白银资本：重视经济全球化中的东方》（第2版），刘北成译，中央编译出版社2008年版，第261—266页。
② 王湘穗：《币缘政治：世界格局的变化与未来》，载《世界经济与政治》2011年04期。
③ 本题内容编自兰永海、贾林州、温铁军：《美元"币权"战略与中国之应对》，载《世界政治与经济》，2012年第3期；另请参阅〔美〕威廉·恩道尔所著"地缘政治系列"丛书（中译本）：《石油战争：石油政治决定世界新秩序》，《粮食战争：运用粮食武器获取世界霸权》，《金融海啸：一场新鸦片战争》，《霸权背后：美国全方位主导战略》，知识产权出版社。

系的新枢纽——美元金融霸权。这标志着在后殖民化时代,金融垄断资本在超强军事力量的支撑下完成了对经济产业链条的全球分工,形成以美元货币为枢纽的、结构性不平等的全球分工与分配体系;同时,也因其隐蔽性和一体性避免了在产业资本阶段因同质性扩张而形成的大国间直接对抗和军事冲突。

金融资本主义阶段形成的美元霸权体系,势必在全球扩张中维护其垄断利益,并在进程中构建出币缘战略体系。它不仅以20世纪90年代以来美国海权对传统地缘战略的主导地位为基础,同时又深刻反映了金融时代的崭新的经济政治脉门:货币权力成为当代金融资本主义分工与分配的核心,进而成为当代国际政治经济关系的金融枢纽,即币缘。不同国家的货币发行主体会因为货币信用背后的主权强弱差异而享受不同的金融化收益。依托国家赋权才能获得信用的货币体系所承载的金融权力,不仅主导了资源、产品、分工、分配、资本的定价,而且随着资源、产品、利率、汇率、债权收益率等的价格调节来影响资本的全球流动和财富的空间转移。

近半个世纪以来,尤其是在21世纪之初,发达国家的制造业不断向追求工业化的发展中国家转移,遂使虚拟资本异化于实体经济、逐渐成为发达经济体"高度现代化"的主导力量,并在客观上形成世界权力和财富的分配体系,即把纽约、伦敦、法兰克福等强势货币的主权国金融中心作为全球经济的枢纽,主导全球产业要素、产品和资本的分工与分配,并据此形成制度以便"合法"地占有收益。这也体现了伊曼纽尔·沃勒斯坦在"世界体系论"中揭示的全球化内涵:围绕着货币枢纽国的依次是位于夹心层的产业链中低端的制造业国家和最外围的资源(能源、原材料)生产国。在这一不平等的以货币金融权力为核心的体系中,越往外围就越处于产业分工末端和收益分配底端,同时也就意味着越处于依附的地位。高端是提供金融服务和各种金融产品的资本国家,中间是主要从事制造业的国家,而底层则是提供各种初级资源的国家。

美国构建的币缘政治的总纲领是："谁控制了石油，谁就控制了所有国家；谁控制了粮食，谁就控制了人类；谁掌握了货币发行权，谁就掌握了世界"。也就是说，依靠在全球超强的政治、军事、科技、经济实力，美国可以控制全球的石油（原料）、粮食（耕地、水）等重要战略资源，进而以石油霸权、粮食霸权、美元霸权的三角结构交融联动，来共同支撑和强化以美元为枢纽的全球货币金融体系。

为维护美元币权，美国不需要进行地缘空间的绝对控制，而只需要保障对全球资源和战略竞争对手的控制或影响能力。因此，美国谋求的是战略遏制、先发打击和控制能力。其主要手段除了以传统军事手段保持战略性威慑之外，还将重点放在控制现代经济"粮食"之称的能源、原材料（石油、铁矿石、铜等）、关乎人类生存命脉的食物（水和耕地）以及作为现代经济核心的货币金融权力之上。也就是说，这等于实际上掌控了他国进入工业化进程或进行主权货币扩张的战略要点。这就不仅为美国的"先发制人""单极稳定论""主权有限论""民主和平论"等四个紧密相关的对外政策提供了强力支撑，也据此构建了由低成本舆论控制而具有"软实力"作用的"新帝国"的意识形态。

经过半个多世纪的美元体系战略扩张，美国已经在一定程度上实现了上述币缘政治的目标，建立起军事强权派生的金融资本对全球产业的全方位垄断。

首先，20世纪70年代以来的制造业转移和同步的金融全球化进程中，美国已经在某种程度上实现了对全球资源、商品投资利润反哺本国虚拟资本市场的全程控制。进入21世纪后，美国虚拟资本占全球虚拟资本的一半，政府的负债占全球政府债务的一半，军事开支也占全球军事开支的一半。同时期，全球外汇储备的币种约有2/3的数额以美元的形式存在。

其次，美国海洋霸权地位和美元货币霸权地位不仅使其能对全球资源（粮食和石油等自然资源）、产品销售（通过跨国企业等手段）和贸易通道（海外驻军）实施有效控制，而且还在此基础上实现了对国际几乎所有重要的大宗资源和贸易商品用美元计价。

再次，由于美元体系的内生性结构不平等，以华尔街金融资本（其核心力量包括美国各大投行、评级机构、银行以及国际货币基金组织和世界银行）主导的美国金融市场客观上支配了全球金融资本，美联储几乎成了全球经济体系的"中央银行"，全球的商业金融机构和金融政策机构都不得不时时刻刻关注美国三大股票市场的指数、芝加哥期货市场和美联储。

最后，在全球资源因发展中国家的工业化和城市化加快而日益稀缺时，能够吸纳和消化过剩金融资本的粮食和能源（石油）市场也超越了美元化地区的"美元池"的作用，与美元一道成为维护币缘战略的武器。

美国币缘战略实践的结果是，石油、粮食和美元三角霸权结构高度复合。美元全球化已将关乎任何一国经济发展和生存保障的石油、粮食等资源都绑定在美元霸权的全球战略之中。

在 2005—2008 年间，石油——粮食价格上演了"双冲击"，在数年时间内，其价格暴涨了 4-5 倍。在粮食危机之后，粮价伴随着暴涨暴跌仍然在持续走高，已经远远突破了蛛网波动模型。这意味着全球经济体持续增加庞大数量的美元造成全球通胀，并导致边缘国家的美元资本向凭借强权维持金融安全的美国流动：其实质仍然是美国对外转移危机代价。

在美元主导的全球货币体系中，虽然任何一个主权国家仍然可以发行自己的货币，但除了世界主要储备货币国家以外，大多数国家无法完全掌控自己国家货币的汇率、利率和发行量。在美元币权体系下，美联储和美国财政部在某种程度上充当了全球中央银行的角色，而其他各国央行的货币政策不得不依附从事——其国内利率调节、货币发行等皆需跟从美国，并因此承受着国际货币市场波动带来的汇兑损失和金融风险。这种不平衡导致了"币权"主导国通过货币金融市场向外传导与转嫁经济危机，尤其是在贸易长期逆差和不断逼高的政府债务等的压力下向他国转嫁危机。

金融全球化以来最主要的工业化国家——包括中国在内的东亚各国，先后陷入输入型经济危机，成为美元资本对世界转嫁危机的主要对象。2008 年金融危机前后发生的石油——粮食价格的双冲击、中东乱局、欧元危机、人民币加速升值等一系列全球性重大政治经济事件，在本质上都是美国向外转嫁危机、维系美元全球地位的表现。

美元币权的支撑是军事实力掌控的地缘政治纵深，而资源（定价权）则是币缘政治竞争的主要内容。资源定价权是掌控全球产业链的关键。资源（广义的资源，不仅包括自然资源，如石油、水、耕地等，还包括核心专利、科研能力等）是现代经济的"粮食"，是货币信用的物质基础。没有依托于地缘战略纵深的资源控制权，各国主权货币也就没有了资源整合和分工分配的安全空间。美元币权由此成为左右全球资源配置与利益分配的杠杆，成为国家利益金融化条件下国际政治的枢纽——除了以国家信用强化主权货币在交易、流通、结算和储备中的战略导向作用之外，更重要的是控制金融资本体系的增值链，即控制全球资本投资、产业分工链和世界经济体系剩余价值的分配。随着美元币权的全球扩张，各国被纳入全球分工体系，并逐渐完成了金融资本对全球产业纵深的空间整合，现代资本主义世界体系俨然成为"世界经济体"。

综上所述，在德本主义社会与资本主义社会的繁荣期，中心国家主导的国际体系皆呈现出鼎盛之局面。前者是中国主导的贡赐体系规模空前，中国以无可匹敌的政治、经济、文化、科技等全方位优势主导了世界经济文化交流，在全球贸易中占绝对优势，形成了白银主导的全球化经贸体系；后者是美国主导的条约体系规模空前，美国以无可匹敌的政治、军事、经济、科技、文化等全方位优势主导了世界政治经济发展，在全球产业链分工中占据绝对优势，形成了美元主导的全球化经贸体系。二者之不同在于：中国主导的贡赐体系是惠他主义的，旨在"平天下"，讲求"厚往薄来"，中国在白银经贸体系中形成的大量顺差，是基于世界对中国产品的真实需求，而中国对世界输出的也是货真价实的产品，在繁荣经济文化交流的同时，也确实促进了世界财富的增长和各国福利水平的提升；而美国主导的条约体系，是利己主义的，旨在"霸天下"，讲求"厚己薄人"，美国在美元经贸体系中形成的大量逆差，是基于"美元霸权"的建立：通过"美元本位制"创造出的巨量资本进行海外投资，利用海外的劳动力、资源和环境从事"肮脏的生产"，使美国得以长期享用充足、廉价的商品；生产国在进出口贸易中获得的贸易顺差，除了维持再生产的全球采购支出外，大多数净储蓄都在"美元霸权"下又不得不流入美国，购买美国国债；美国再通过增发货币、调整汇率等多种手段造成本币贬值以实现对他国利益的侵占。在美元主导的世界经贸体系中，财富既不是亚当·斯密所说的"一个社会中土地和劳动力的年产量"，也不是罗伯特·吉尔平所说的"任何可以带来收益的东西（资本、土地和劳力）"，而是"可买卖的获得满意的手段"。这种抽象的、脱离了泥土气息和流水线喧嚣的财富——金融资产，可以在一瞬间离开一个国家，只留下混乱和贫穷。①

需要提及，此阶段德本主义社会与资本主义社会的高度繁荣与文明传播，助推了新兴文明的迅速崛起，同时亦导致了新旧文明的盛衰转折。继中国的火药火器、航海造船、造纸印刷等技术传播到西方，助推了地理大发现、海外大殖民与宗教改革之后，中国的文化思想、组织管理再次助推西方十八世纪的思想启蒙运动（法国）与十九世纪的文官制度改革（英国）。由此，西方资本主义文明在汲取中华文明成果的基础上，逐渐兴起为主导世界的新兴文明，而中华文明却在其压迫下转入"衰运"；继西方的核能技术、太空技术、信息技术等传播到中国，助推了中国的现代国防体系、现代工业体系建设和国民经济发展之后，西方的科学思想、组织管理将再次助推中国的文化复兴（复杂科学容融简单科学）与制度改革（德本主义容融资本主义），中华文明在汲取西方文明成果的基础上，将再次崛起并引领世界的发展（详见第八章、第九章）。

---

① 王湘穗：《币缘政治：世界格局的变化与未来》，载《世界经济与政治》，2011年第4期，第10—24页。

六、问题积累爆发

在德本主义社会与资本主义社会的繁荣期，社会经济高度繁荣、国际关系空前扩展的同时，由于制度发展过程中的积弊和文明扩展过程中的冲突，导致了内政外交种种问题日积月累，社会由治而乱，德本主义社会与资本主义社会由此进入文明兴衰的大转折时期。

（一）德本主义社会

1. 制度积弊

德本主义社会繁荣期之制度积弊主要体现在以下三方面。

（1）皇权膨胀导致政治制度腐化

首先需要指出，德本主义社会的君主制度，或"皇帝制度"，不是城邦封建社会的"君主专制"，而是汲取君主制的合理内核，传承并创新发展的政治制度。[①] 所谓君主制的合理内核，就是以国家世袭元首的高贵久远血统、崇高尊荣名位以及"奇里斯玛"的神圣魅力人身，而使得"君主"成为历史文化在政治上的人格化体现，体现了国家的历史性与永续性，从而增强了国家的凝聚力与稳定性，对于保障统治效率、传承人类文明，具有高度的合理性与合法性。此乃君主制的根本精神。所谓"君主专制"，即君主排他地、不受制约地、独自占有与行使政治权力，只是君主制在特

[①] 中国自秦汉之后，常规政治都是以政治精英为基础的官僚政治。官僚政治完全可以糟糕，但不大可能，甚至就是没法专制。皇帝通常无论知识和能力都不足以独自有效决策和处理诸多军国大事，必须依赖宰相和其他能臣，必须依赖整个官僚体制。也因此，皇帝就一定会受到官僚政治的限制和官僚体制以各种方式的制衡。即便皇帝有最后的决策权，可以决定官员的荣辱甚至生死，但皇帝仍受制于并遵循先皇制定的宪制常规、儒家教训和天理人情，总会受制于官僚机构的消极抵抗，受制于甚至某些官僚的舍生取义（civil disobedience）甚或沽名钓誉，想想海瑞，想想"文死谏"。有意无意，皇帝妥协都是必须的，也是必然的，有时甚至只能不了了之。这种受制还一定不是规范要求，不是理想，而是君主治理下的常规政治生态。引自苏力：《作为制度的皇帝》，载《法律和社会科学》第12卷（2013）。

定历史条件下权力占有与运作的特殊表现形式。德本主义社会传承并发展的君主制度,或"皇帝制度",将城邦封建社会的"君主专制"提升为"君相共治",在强调"以人随君"的同时,也强调"以君随天",在强调"屈民而伸君"的同时,也强调"屈君而伸天"。通过推行三公制度、廷议制度、宰相制度、太傅制度、规谏制度、郊祀制度、宗庙制度、谥法制度、经筵制度等,改造提升了原来的君主制度。"君主(皇帝)"之名位源自天命所赐,"皇帝"作为"天子",奉天承运,统驭万方,君师宇内,代表着统治合法性,具有世袭永续性(除非"天命"改立)(详见第七章第一节·四·(一)《君权:君相共治与君政分离》)。"皇帝在中国是组织起来的科层化精英官僚政治中的一个构成要件。……在古代中国,若无皇权,不围绕皇帝,精英政治就没法组织,运行就没有保证,甚至政治会高度不稳定。"[1] 事实上,皇帝制度存续的两千多年中,中国在较大地域、较长时期所维持的和平、所创造的文明,就是其历史合理性最重要的明证。

从历史的发展来看,中国在"汉、唐、宋诸代,中央政府的组织,皇权相权是划分的"[2],皇权能得到较好制衡。然发展至明清,世袭皇权逐渐恶性膨胀,导致了"传统政治之恶化"[3]和"政制之相次腐化"[4]。

"传统政治之恶化"首先体现于废除宰相制度:"洪武十三年左丞相胡惟庸诛,遂废宰相。太祖昭:'以后嗣君毋得议置丞相,臣下有奏请设立者,论以极刑。'自秦以来辅佐天子处理国政的相位,至是废去,遂成绝对君主独裁的局面。"[5] 其次,体现于"明代不惜严刑酷罚来对待士大夫。……鞭笞捶楚,成为朝廷士大夫寻常之辱。……终明之世,廷杖逮治不绝书。……其惨酷无理,

---

[1] 苏力:《作为制度的皇帝》,载《法律和社会科学》第12卷(2013)。
[2] 钱穆:《中国历代政治得失》,北京:生活·读书·新知三联书店2005年版,第92页。
[3] 钱穆:《国史大纲》(修订本),商务印书馆1996年版,第665页。
[4] 同上书,第693页。
[5] 同上书,第666页。

殆为有史以来所未见"①。德本主义社会的"传统政治，便是一种士人的政治。明太祖无法将这一种传统政治改变（这是广土众民的中国为客观条件所限的自然趋向），于是一面广事封建，希望将王室的势力扩大（古代封建只如后世一小县，故可以宗法统治。后人封建，连州接郡，依然是一中央政府之缩影。于封建区域内，依然得用士人政治，非一宗一族所能统）。一面废去宰相，正式将政府直辖于王室（秦、汉以来中国政治之长进，即在政府渐渐脱离王室而独立化，王室代表贵族特权之世袭，政府代表平民合理之进退，而宰相为政府领袖，君权、相权，互为节制。……此中国传统政治之精神也。明祖恶宰相弄权，谓可以篡夺王室之统续，故深忌之）。既不能不用士人（宗族同姓不足恃，军人而非宗室更可虑，宦官、外戚则明祖早见其更不可用。而当时士人在社会上之势力，亦更非汉、唐、宋初年可比。除非如蒙古、满州为整个部族之统治——然亦需借用社会士人力量合作——否则一姓一家舍援用士人即无他道），遂不惜时时用一种严刑酷罚，期使士人震慑于王室积威之下，使其只能为吾用而不足为吾患"②。世袭皇权的膨胀，一则源于中央集权的历史发展惯性（自汉、唐至宋、明、清，中央集权逐渐强化），一则源于帝王的私意。然而，"一人的私意，不足以统治一个天下，只有使明代的政治，走上歧途。"③

在废黜宰相、贬抑士人的同时，又用严刑绳下。锦衣卫（锦衣卫狱又称"诏狱"，始太祖时）、东厂（永乐设，掌缉访谋逆妖言、大奸恶等，由宦者领之，与锦衣卫均权）、西厂（宪宗宠汪直设，命同河外事，所领缇骑倍东厂。武宗时，刘谨又设之。神宗时，冯保擅权，又建"内厂"，即西厂之变相。于是名东厂曰"外厂"。魏忠贤秉政，内、外厂备极刑惨），成为皇帝的私法庭，可以不经政府司法机关（刑部、都察院、大理寺，称三法司。刑部受天下刑名，都察院纠察，大理寺驳正），而擅自逮捕拘讯朝臣，乃至于非刑虐杀，其权全

---

① 钱穆：《国史大纲》（修订本），商务印书馆1996年版，第666—667页。
② 同上书，第668—669页。
③ 同上书，第669页。

操于内寺。①

世袭皇权恶性膨胀,导致朝廷逐渐形成阁臣与宦官弄权之局面。"明代废相以后,析中书政归六部。去中书省,特存中书舍人,为七品官,职书翰而已。去门下省,特存给事中,虽七品官,而有封驳之权。尚书省不复设令、仆,升六司尚书分为六部,秩二品。以尚书任天下事,侍郎副之。六部之上,更无领袖,而天子总其成。……另设内阁大学士,为天子襄理文墨。授餐大内,常侍天子殿阁下,故名'内阁'。……并正五品,朝位班次在尚书、侍郎下。洪武时,大学士特侍左右备顾问,奏章批答,皆御前传旨当笔。……成祖以后,始有'内阁'之称。由翰林院侍讲、侍读、编修、检讨等官简用,无定员。使参预机务(不置官署,不得专制诸司)。永乐、洪熙两朝,每召内阁造膝密议,然批答亦出自御笔,不委他人。成祖时,解缙、胡广等既直文渊阁,犹相继署院事。仁宗后,阁权渐重。杨溥、杨士奇、杨荣称'三杨',以东宫师傅旧臣,领部事,兼学士职,地位渐隆,礼绝百僚,始不复属院事。至宣德时,始令内阁用小票墨书,贴各疏面以进,谓之'条旨'。此由君主生长深宫,一两代后,精力智识皆不如前,遂渐渐不亲政事,懒于接见大臣;愈懒愈疏,愈不明白外面事理,遂愈不敢与大臣直接对面办事。'条旨'始宣德,……'至仁宗而后,裁决机宜,悉由票拟'……太祖定制,内侍毋许识字。至宣宗时,始立内书堂,内官始通文墨,掌章奏,照阁票批朱,与外廷交结往来。然遇大事,尚犹命大臣面议。其后始专命内阁条旨。皇帝深居内殿,不复常与大学士相见。甚至宪宗成化以后,迄与熹宗天启,前后一百六十三年,其间延访大臣者,仅孝宗弘治之末数年,而世宗、神宗则并二十余年不见朝。群臣从不见皇帝之颜色。……'上下之交绝而不通,天下之弊由是而积'。"②于是乎,"自然有权臣应运而生。世宗时,夏言、严嵩遂弄大权(严嵩柄政达二十年。世宗初亦威柄自操,用重典以绳下,而弄权者即借以行私。明代君主非重法即怠荒,皆足以败事)。自此以后,内阁学士朝位班次升六部上。然皇帝于内阁不相亲

---

① 钱穆:《国史大纲》(修订本),商务印书馆1996年版,第678页。

② 同上书,第669—674页。

接，其间尚隔着一层太监的传递。阁权最高仅止于票拟。朝廷命令传之太监，太监传之管文书官，管文书官传之内阁。内阁陈说达之管文书官，管文书官达之太监，太监乃述之御前。于是实际相权（或竟称君权）一归寺人。"[1] 宦官逐渐骄横跋扈。……而阁臣中想实际把握政权者，最先便不得不交结内监（时谓："大臣非夤缘内臣不得进，非依凭内臣不得安。"即如张居正，亦交结内侍冯保也）。其次又须倾轧同列。……国家并未正式与阁臣以大权，阁臣之弄权者，皆不免以不光明之手段得之。此乃'权臣'，非'大臣'。权臣不足服众"。[2]

阁臣与宦官弄权导致明朝"政治制度相次腐化"。[3] 继而，"在一种黑暗的权势下面，鼓荡出举世诡媚之风，而同时激起名节之士之反抗，而党祸于此兴……直待全国正人都卷入党祸，而国脉亦遂斩。"[4]

世袭皇权之恶性膨胀至清而沿袭："清代政制，沿明代不设宰相，以大学士理国政，以便君主独裁。"[5] "用人大权，则全出帝王意旨。既不属之宰执，亦无所谓'廷推'。"[6] 而且，"君尊臣卑，一切较明代尤远甚。"[7]

（2）民族矛盾导致社会整合困境

民族矛盾源于民族在与其他民族发生利害关系时所体现的群体化的私性。这种群体化的私性，既是对内凝聚族群的要素，也是对外掠夺征服的动力。在兼并或征服其他民族后，征服者居于统治地位，在权益上优于其他民族，则必然造成民族矛盾，乃至战争。[8] 正是针对这种民族私性及其必然导致的纷争，德本主义（法制钱选）社会推崇"克明俊德，以亲九族，九族既睦，平

---

[1] 钱穆：《国史大纲》（修订本），商务印书馆1996年版，第675页。
[2] 同上书，第676—677页。
[3] 同上书，第693—703页。
[4] 同上书，第679—680页。
[5] 同上书，第833页。
[6] 同上书，第835页。
[7] 同上书，第833页。
[8] 杜家骥：《从古代民族之私性、国家之公性谈清代满汉民族矛盾》，载《清史研究》2010年第2期。

章百姓，百姓昭明，协和万邦黎民"（《尚书·尧典》），推崇"大一统"，同时强调"王者爱及四夷"、"王者无外"，并力求"以夏变夷"而臻至于"夷狄进至于爵，天下远近小大若一"之境。

前文曾述，明朝通过怀柔招抚政策，将蒙古、女真、西藏、畏兀儿等民族地区纳入德本主义的天下体系。在明朝对边疆少数民族地区的几种管辖制度中，对北方归附的蒙古首领封授王号官职，在东北、西北为归降的各族首领设置羁縻卫所，令其享受高度的自治权力。明朝廷只掌握王号官职的承袭批准权和通贡互市的控制权，而不过问其内部事务，既未驻扎军队，也不派官进行督察与管理，这样很难对其实行有效的管理与控制。在开始时，出于分化瓦解敌对营垒的策略需要，这样做未尝不可，但长期如此，势必酿成后患。如蒙古诸部首领在永乐年间按受明成祖的封敕之后，内政完全自主，实际上仍然保持独立地位。他们除定期进贡之外，根本不听明朝约束。不仅彼此攻杀与兼并，且继续南下袭扰明边。待到其中的一部征服了他部而壮大起来，便向明朝大举进攻，企图重"求大元一统天下"。关西七卫在明中期也彼此攻杀不休，后来终于为吐鲁番和蒙古各个击破，彻底丧失了西陲屏藩的作用。其中对明朝后期影响最大的则是东北地区民族形势的变化。

满族形成于明代后期，然历史渊源悠久。西周时的"肃慎"，两汉、三国时的"挹娄"，北朝时的"勿吉"，隋唐时的"靺鞨"，辽宋金元明时的"女真"都是满族先人。明初形成建州女真、海西女真、野人女真三大部，明中叶又迁徙分为建州、长白、东海与扈伦四大部。建州女真是满族的主体，明正统七年设置建州三卫。建州女真首领努尔哈赤是明初建州左卫指挥使猛哥帖木儿的后裔，其祖父和父亲世袭建州左卫指挥使。努尔哈赤曾因"保塞有功""看边效力"，被明朝封为建州左卫都指挥使、都督签事、左都督、龙虎将军。明万历年间，女真"各部蜂起，皆称王争长，互相残杀，甚且骨肉相残，强凌弱，众暴寡"，统一女真各部成为大势所趋。努尔哈赤历经40年征战，女真"诸部始合为一"，宣布脱明独立，称汗建国，国号大金，史称后金。后金政权的组织实行八旗制度。八旗制度实际上是"以旗统人，即以旗统兵","出则为兵，入则为民，耕战二事未尝偏废"的军政合一、兵民一体的制度，兼有军事、行政和生产三方面职能，"凡有杂物收合之用，战斗力役之事"，逐层下达，"令出不少迟缓，绝无呈诉辩理争讼曲直之事"。后金政权成为明朝在辽东的严重威胁，于是明政府在政治、经济上采取措施限制后金政权的发展。万历四十六年，努尔哈赤遂以"七大恨"为名兴兵攻明。由于明朝后期政局混乱、政治腐败，加之"承平日久、武备松弛"，再加之"盈廷纷议"、无有定策，又加之"流寇之内溃"、"汉奸之外附"，满族得以乘机入主中原。①

畿辅地区汉族的田园，被满族圈占。北京内城府第、房屋被满族占有，满族皇室则成了明朝皇宫的主人。满族皇族成员被国家供养。宗室王公、为满族建立统治而立下汗马功劳的大批军功世爵贵族，世代享有爵禄。这种宗禄、爵禄以及皇室开支，主要来自汉族民众的赋税。作为主体统治民族的满族及其皇帝，在诸多权益调配方面，也偏向本民族。如官员职位中的满缺多于汉缺，满人入仕、升迁具有特权，满汉复职制中满人掌印，官职中的"肥缺"大部分划归满人，八旗兵兵饷高于汉人绿营兵，等等。满族统治者对本民族的私惠，造成同一王朝内主体统治民族与其他民族间的不平等。② 这种政权，有史家称之为"狭溢的部族政权"。③ 这种民族不平等，加之汉族官员受到的压抑，社会上旗人对汉人的欺凌，使得满汉民族矛盾长期存在，社会深度整合陷入难以逾越的困境，特别是在国家面临危机之时，难以迅速凝聚全民之力量而同舟共济、齐心协力，反而容易导致内部离心离德、纷争四起。

（满族最终确立对全国的统治后，联合汉族的官绅士人实行满汉复职制，汉官在总体数量上不少于明朝，所实行的治理制度也多沿袭明朝旧制。另外，满族皇帝为明崇祯帝礼葬并缮治陵寝，保护京郊明陵，祭拜

---

① 钱穆：《国史大纲》（修订本），商务印书馆1996年版，第814—822页。
② 杜家骥：《从古代民族之私性、国家之公性谈清代满汉民族矛盾》，载《清史研究》2010年第2期。
③ 钱穆：《国史大纲》（修订本），商务印书馆1996年版，第830—844页。

南京明孝陵；隆重祭孔，尊其为万世师表；开设博学鸿词科，笼络汉族知识分子；积极学习儒家文化，兴办文教事业；标榜敬天法祖，勤政爱民……上述措施，取得了显著效果。满族政权的合理性，基本得到汉族官民的认同。清初与满族政权拒不合作的现象逐渐退却，昔日反清最激烈的江南地区，大批士子源源不断地参加科举，加入官员队伍，而且此后这一地区一直是清代科举入仕最繁盛的地区。① 满汉官员共秉儒家思想联合治理国家，在这种"天下"大义的影响下，民族矛盾在很大程度上得以消减。而这，也正是"清朝"得以维持二百六十八年的基础。）

（3）军事衰败导致国家生存危机

德本主义推崇"王道"，并以此作为确保国家长治久安的根本。孔子论及国家战略时，明确指出"信、食、兵"的重要性排序（子贡问政，子曰："足食,足兵,民信之矣。"子贡曰："必不得已而去,于斯三者何先？"曰："去兵。"子贡曰："必不得已而去, 于斯二者何先？"曰："去食。自古皆有死, 民无信不立"《论语·颜渊》）。孟子强调："域民不以封疆之界，固国不以山溪之险，威天下不以兵革之利。得道者多助，失道者寡助。寡助之至，亲戚畔之；多助之至，天下顺之。以天下之所顺，攻亲戚之所畔；故君子有不战，战必胜矣"（《孟子·公孙丑（下）》）。也就是说，国家安全的根本在于施行"王道"而使"天下顺之"，然后能战无不胜。当然，施行"王道"并不意味着否定军事力量之必要，而是要求军事力量的使用目的是为了推行"王道"。在上述价值观念的影响下，汉唐宋明清历代政府的基本国家战略都是推崇德礼、慎用刑兵。传统"中国军事力量的发展是由外部压力来推动的，是对外部压力的一种被动性反应，而缺乏内部的持续性的发展动力。因此一旦外部压力减弱，也就在很大程度上失去了发展军事力量的需求，由此导致了中国……军事力量的发展呈现出明显的周期性衰败的规律，在明清时期体现得尤为

---

① 杜家骥：《从古代民族之私性、国家之公性谈清代满汉民族矛盾》，载《清史研究》2010年第2期。

明显"。①

明初的军队尚有相当战斗力,随着太平日久、武备松弛,到正统年间,士兵已是"手不习攻伐击刺之法,足不习坐作进退之宜,目不识旗帜之色,耳不闻金鼓之声",如同乌合之众;万历年间,熊廷弼察看辽东军队,发现"每应手而抽一弓,弓辄断;取一箭,箭辄半截;验一刀棍,而刀不能割鸡、棍不能击犬者。皆是物也";到崇祯年间,更是"矢折刀缺,闻炮声掩耳,马未驰辄堕",以至于"举天下之兵,不足以任战守"。清代军队的战斗力随战事减少也同样迅速下降:顺治时期已有八旗"怠于武事,遂至军旅隳敝,不及曩时";康熙年间,八旗的衰败在平定三藩之乱时暴露无遗;乾隆年间,甚至出现在检阅中"射箭箭虚发,驰马人堕地"的可笑场面;八旗衰败后,绿营成为军队主力,然而时间一长,绿营也日趋衰败,嘉庆年间镇压白莲教兵乱,已不得不招募乡勇来帮助作战;道光年间鸦片战争爆发,绿营兵畏战如虎,一望见英国军队船只,即"急发空炮数声,卷包而遁"。②

需要指出,导致传统中国军事力量"周期性衰败"的主因并非技术的落后,事实正相反,中国并非没有军事技术的进步,是中国人最先发明了火药和管状火器,16世纪末赵士祯创制了多种比较先进的火绳枪,17世纪毕懋康介绍了燧发枪,明末科学家薄玉对地雷、火炮都有很深研究,康熙年间戴梓研制出连珠火铳和蟠肠鸟枪,伍连登创制了子母炮,然而这些发明在中国并没有引发所谓的"军事革命"。戴梓仅仅被授予了翰体院侍讲的散职,伍连登则不过多领了一份花爆匠的粮饷,其发明却没有一样得到推广应用。包括明代从西方引进的一些先进的火器技术,如开花弹等,到清代中叶之后却已经失传。到鸦片战争的时候,就连当时主持海防的林则徐和当时的造炮专家黄冕,也都闹出了不知'开花炮弹'为何物的笑话。传统的中国军队始终没有走出冷兵器与旧火器并用的阶段,实际上,康熙以后的清军武器装备,不仅

---

① 宫玉振:《中国战略文化解析》,军事科学出版社2002年版,第127页。
② 同上书,第127—128页。

在性能上没有大的突破，反而在制造质量上明显下降。具备持续发展的内在动力是军事革命的前提条件，中国的军事发展却始终是被动的。[①] 推崇德礼、慎用刑兵的传统中国，一旦面临来自西方的坚船利炮，将面临深重的存亡危机。

2. 由治而乱

皇权膨胀、民族矛盾、军事衰败三方面原因交织一起，且相互作用，造成战乱爆发（后金反明），明朝崩溃，入主中国，重建国家秩序。然朝代更迭并未荡涤上述制度积弊，问题依然延续，到西方列强入侵，并导致内乱爆发，中国陷入文明解体、存亡续绝之大灾难，中华文明面临"三千年未有之大变局"。以下对上述由治而乱的演化环节略作勾勒。

（1）战乱爆发：后金反明

努尔哈赤统一女真各部后，建后金汗国，宣布"告天七大恨"，兴师犯明。由于明朝后期政局混乱、政治腐败，加之"承平日久、武备松弛"，再加之"盈廷纷议"、无有定策，又加之"流寇之内溃""汉奸之外附"，作战连年失利，终于溃灭。

（2）秩序重建：满清归儒

满清基本继承了明朝在政治、经济、文化、外交等方面的制度。满清历代帝王皆积极学习儒家经典，讲求"勤学问以迪君心"，并将之运用于政治实践。皇太极即位后，采纳"渐就中国之制"的政治理念，宣布将"三纲五常"思想作为施政指导，通过"临雍释奠"，公开表达对孔孟之道的崇奉；主张治理天下以文教为先。

（3）问题延续

前述皇权膨胀、民族矛盾、军事衰败三方面的制度积弊在清代依然延续。

（4）危机爆发：西方入侵

西方资本主义国家携坚船利炮全球扩张，中国面临以强权为公理的强盗国家入侵。先是贡赐体系的逐渐解体，原海外朝贡国家逐渐沦为西方列强的

---

① 宫玉振：《中国战略文化解析》，北京：军事科学出版社2002年版，第128—129页。

殖民地，被纳入西方的"条约体系"。其后中国本土也遭到入侵，中国从世界秩序的中心沦为边缘国家，并进一步沦为西方的半殖民地。以西元1840年鸦片战争失败为标志，德本主义文明面临前所未有的存亡危机。

（5）导致内乱：太平天国

制度积弊加之西方入侵，导致内乱爆发。"太平天国"以受激于西方基督教的邪教而"煽惑起事，用流动的骚扰展开"，"前后倡乱十五年，踞金陵十二年，蹂躏及十六省，沦陷六百余城"。[①] 中国自此元气大伤。

（6）文明解体：由"中体西用"到"西体西用"

中国以德本主义社会之君子文明形态，面对资本主义社会之海盗文明冲击，逐渐否定、舍弃其君子道义的价值标准与制度体系，经历了一个由"中体西用"到"西体西用"的"以夷变夏"的过程，中华文明逐渐解体。（详见第八章第一节）

（二）资本主义社会

1. 制度积弊

资本主义社会繁荣期之制度积弊主要体现在以下三方面。

（1）金权操纵导致政治制度衰败

在资本主义社会繁荣期，"钱选"+"钱治"的政治制度体系高度发展，主要表现为利益集团与竞选制度的融合、公职竞选的市场化与金钱化以及利益集团议政干政的制度化。金钱主导的资本主义制度，或曰"金权政治"，在资源环境宽裕、经济持续扩张的情形下，确实能促进资本主义国家各阶层的福利皆有所提高，因而也确实能保障政府的决策切合"民意"，确实能促进政治稳定和社会发展。然而，在金权政治体系下，所谓"人民"，不可能"被平等地代表，例如，代表年轻人和低收入者的利益集团少于代表企业的利益集团；不仅如此，某些利益集团组织完备、资金充足，这使它们与大多数一般

---

① 钱穆：《国史大纲》（修订本），商务印书馆1996年版，第871—877页。

组织相比更具有决定性的优势"。① 这种"决定性的优势",必然会导致政策比较有利于资本利益集团。当然,西方政治人物与资本利益集团之间并不是赤裸裸的一手交钱一手办事的权钱交易模式,而是通过一种特别的利益输出途径实现的,即利益集团影响政治人物,政治人物制定出偏向利益集团的公共政策,最终谋求各自的特殊利益。随着经济自由化、金融化不断发展,金融寡头如日中天,法力无边,日益成为西方经济、政治和社会的主宰。西方主流政党大都与资本寡头同坐一条船,政客"傍大款",政党与"金融大鳄"联姻,利益一体,"生死与共"。美国次贷危机引发的国际金融危机本是华尔街的投机家们惹的祸,但美国政府却运用纳税人的钱,为华尔街巨亏买单。欧洲各主流政党无论信奉什么,无论是主张大市场、还是主张大政府,都不会免俗,纷纷与大资本抱团联姻。各政党的政策主张虽有不同,但大同小异,都不会得罪大资本。原因在于没有资本寡头的支持,他们谁都不可能上台。② 同时,利益集团之间的争执甚至对抗,又"常常导致政策的不连贯、低效和迟滞"。③

在资源环境宽裕、经济持续扩张的情形下,上述金权政治的弊端因社会各阶层的福利皆有所提高而得以掩盖。然而,随着环境资源愈趋紧张、经济扩张难以持续,金权政治制度的弊端必然导致社会贫富分化加剧,社会矛盾愈趋集聚。同时,不同利益集团之间的争执、对抗也愈趋升级,导致政治斗争恶化。2008年金融危机后,政治极化、党派对峙的美国"政治病"愈趋严重。共和党与民主党在治国方略上常针锋相对,许多主张明显对立,原因是金融危机下社会更加分化对立,利益冲突更加尖锐激烈,民众的利益诉求明确,特别关注自己的工作岗位、退休金等现实问题。为得到更多选票和更多献金,共和党和民主党不得不回到保守主义或自由主义的"原教旨"立场,

---

① 〔美〕伯恩斯等:《民治政府:美国政府与政治》(第二十版),吴爱民译,中国人民大学出版社2007年版,第164页。

② 柴尚金:《西方宪政民主是如何陷入制度困境的》,载《光明日报》2013年3月19日11版。

③ 〔美〕伯恩斯等:《民治政府:美国政府与政治》(第二十版),吴爱民译,中国人民大学出版社2007年版,第164页。

倾向于以极端口号迎合选民需求。这就陷入一种制度性困境：竞选中观点越激进，相互斗争越激烈，就越能吸引本党选民和政治献金者的关注。而温和、理性的声音却得不到肯定。媒体与选民阵营相互呼应，形成强大的舆论攻势，使得本已对立的两大阵营形同水火，更缺乏理性沟通和宽容理解，媒体与受众之间的相互影响进一步强化了政治分裂。面对债务和社会危机，欧洲两大政治阵营的政治理念和治理主张渐行渐远，在紧缩与反紧缩问题上斗争激烈，互不相让，政治极化加剧。利益集团之争、政治党派之争引起民众对立，冲突扩大，发展下去，自然容易导致社会分裂。①

在资源环境宽裕、经济持续扩张的情形下，美国两党轮替、三权分立的政治体制曾被视为资本主义的理想制度模式。随着资源环境愈趋紧张、经济扩张难以持续，金权政治操纵下的两党轮替和三权分立开始出现"结构性问题"：第一，美国人一贯信不过政府，导致司法和立法部门（包括两大政党所发挥的作用）在美国政府中的影响力过大，由此就催生了立法部门解决行政问题的局面，这种处理行政需求的方式变得成本极高、且效率低下；第二，利益集团和游说团体的影响力侵蚀了政府有效运作的能力；第三，由于联邦政府管理结构在意识形态上出现两极分化，美国的制衡制度——其设计初衷是防止出现过于强大的行政部门——也就变成了否决制，有太多的利益相关方可由此阻碍政府运作，导致决策困难。而且，上述三个结构性问题盘根错节，直至引发代议制度危机。人们觉得，本应发挥民主作用的政府再也无法代表他们的利益了，政府反去迎合各类神出鬼没的精英。因而有美国学者感叹，美国已经出现了"政治制度的衰败"。②

在美国"政治制度的衰败"中，"军事——工业复合体"的影响尤其值得关注。美国的"军事——工业复合体"形成于两次大战中期间大批量、长时间的军工生产，二战后美苏全球争霸再次刺激并强化了美国军事工业，成为

---

① 柴尚金：《西方宪政民主是如何陷入制度困境的》，载《光明日报》2013年3月19日11版；另见：周琪、王欢：《值得关注的美国政治"极化"趋势》，载《当代世界》2011年第4期第24—27页。
② 〔美〕弗朗西斯·福山：《美国政治制度的衰败》，载《理论导报》2014年06期转载。

影响美国政治过程的一个结构性变化。艾森豪威尔总统意识到这一变化的危险，他卸任时"感到有必要就这些发展的危险性向全国再次发出警告"，他说："庞大的军事编制和巨大的军火工业的这种结合，在美国是前所未有的。它的整个影响——经济的、政治的甚至精神的——在每座城市、每个州政府、每个联邦政府机构里都能感受到。""我们的劳动、资源和生计全都同它有牵连；我们的社会结构本身也是如此。在政府的各种会议上，我们必须防止军事——工业复合体有意无意地施加不正当的影响。促成这种大权旁落的有害现象的潜在势力，目前存在，今后也将继续存在。"艾氏所言"大权旁落的有害现象"是指军火财团支配政府决策。集中于华尔街的军工财团——哪怕在和平时期——需要的不是面包而是军火，而拉动军火工业只能是战争，最好是美国直接发动的战争。①

无论是战争年代还是和平年代，军工景气都是美国经济发展的"秘诀"和原动力之一，也是军事——工业复合体影响政治决策的基本原因。上世纪90年代以来，美国凭借超级大国的影响力和先进的武器技术，雄居世界第一大军火出口国地位，占了全球军火交易的半壁江山。全球10大军火商中美国占7家，前3名为洛克希德·马丁公司、波音公司、雷神公司。2000年全球10大军火商的国防收益为914亿美元，其中美国占70%。美国三分之一的企业与军工生产有着千丝万缕的联系。"9·11"事件让美国军火企业迎来新一轮发展机遇。"9·11"事件后，布什政府对美国军力和安全战略重新评估，强调以更有效、更强硬的手段建立军事霸权，长期保持美国在世界格局中的"一超独霸"地位。尽管美国军费开支已接近全球军费开支的40%，但仍被认为军费投入不足。之后，美国加大购买新型装备的力度、增加新开发项目的投入、积极推动国家导弹防御计划和防务转型等举措，都给军工企业带来巨大商机。军工发展是支撑美国某些地区经济的重要来源。例如80年代末，五角大楼在南卡罗来纳州花费了50亿美元，而该州生产总值

---

① 张文木：《美国政治结构与外交政策——兼谈美国"战略东移"及其后外交走向》，载《国际关系研究》，2013年3期。

大约为 500 亿美元，国防支出支撑着南卡罗来纳州的 8 个军事基地及相关的服务、原料装备和供应。据该州的官员讲："军事基地是南卡罗来纳州经济中相对稳定的因素，是防止衰退的工业，它提供了稳定的就业和高科技的培训。"康涅狄格州的克伦顿、弗吉尼亚州的纽波特纽斯、密苏里州的圣路易斯等地区经济主要是靠建设核潜艇、航空母舰和喷气式战斗机发展起来的。军费增长用于武器的开发、研制、采买、生产，也推动了就业。有资料统计，美国签订 1 亿美元的军贸合同，就会增加 1.5 万人的就业机会。美国近年来一反冷战时期对武器出口方面的限制，采取了更加灵活的政策。通过用发动对外战争和扩大对外军售来刺激国内生产，减缓战略收缩给军工企业带来的消极影响，增加就业机会，降低贸易赤字。1990 年由于海湾战争美国军售总额较 1989 年增加了 410 亿美元，可以为 61.5 万人创造就业机会。而在科索沃战争的促动下，美国失业率在 1999 年第一季度下降到 4.2%，为美国 30 年来的最低点。

在军事——工业复合体的政治影响下，美国的对外政策需要不断的"假想制造军事敌人"："事实显示，这些国家就像先前的越南，对美国并未构成实际的安全威胁。然而这些问题也一样，一经提出后立即遭到排除。然而，甚至提出这些问题的人，往往也没有抓住问题的关键。不管这类军事活动多么不符合实际需要，它却是以一种很重要的方式为军事部门的广泛目的效劳；也就是这些活动本身就是军事部门杰出力量的明显辩解，可以提醒人们军力仍然有存在的必要。"[①] 2007 至 2009 年间，美国国防支出占美国联邦财政总支出的 20% 左右，而同期军费支出却占国防支出 96% 左右，国防支出基本没有"浪费"，都用于军费了。其间的关系是，国家财政依赖华尔街金融，华尔街金融依赖军工和能源扩张；军工和能源扩张又必须以对外战争拉动，战争胜利再反哺财政。战争成了国家财政增长的"推土机"，而成本越来越高的战争又进一步透支了国家财政。如此恶性循环，致使美国发生了迄今尚不见尽头

---

① 〔美〕约翰·肯尼斯·加尔布雷斯：《自满的年代》，杨丽君译，海南出版社 2000 年版，第 162—164 页。

的危机，而危机又恰恰以战争的失败或难以为继为先导。①

（2）文明冲突导致国际关系困境②

冷战结束后资本主义文明在全球的扩张，使得资本主义发达国家"更加相信其民主自由思想取得了全球性胜利，因而它是普遍适用的……非西方国家的人民应当认同西方的民主、自由市场、权力有限的政府、人权、个人主义和法制的价值观念，并将这些价值观念纳入他们的体制。然而，在其他文明中，赞同和提倡这些价值的人只是少数，大部分非西方国家的人民对于它们的占主导地位的态度或是普遍怀疑，或是强烈反对。西方人眼中的普世主义，对非西方来说就是帝国主义"③。资本主义发达国家"试图通过将自己的利益

---

① 张文木：《美国政治结构与外交政策——兼谈美国"战略东移"及其后外交走向》，载《国际关系研究》，2013年3期。

② 本题内容编自美国塞缪尔·亨廷顿的名著《文明的冲突与世界秩序的重建》。需要指出，书中亨氏所谓"儒家——伊斯兰的联合"并不存在，因为至今世界尚未出现亨氏心目中的儒家国家。中国大陆奉行马列主义，台湾地区奉行自由主义，香港地区曾是相当西化的殖民地，三地的政治生活都未体现儒家的价值理念，故儒家思想并未作为中国的立国之本，即中国在性质上并未成为儒家国家。伊斯兰国家在当今世界则确实存在，大多数伊斯兰国家把伊斯兰教作为立国之本，即作为指导国家政治活动的价值源头。既然迄今世界上连儒家国家都不存在，那么"儒家——伊斯兰的联合"自然就是子虚乌有了。诚然，中国历史上是儒教国家，儒家文化在当今中国仍有潜移默化的影响，但儒家的政治理念还并未进入中国的政治生活。亨氏蔽于中国国情，过高估计了儒家文化在当今中国的影响力。亨氏在"西方意识形态冲突消失后国际冲突必然是文明间武装冲突"这一错误论断的推演下，在冷战结束后美国对外政策缺乏打击对象的情况下，欲在世界寻觅新的假想敌作为打击对象，结果千找万找找到了儒家与伊斯兰的联合体，竟置客观事实于不顾！其实，儒家文化从来在国际关系上都主张实行王道，而反对霸道。所谓王道，就是在国与国的交往中以德服人，而非以力服人，将人类共认的普遍道德原则作为国际关系中的基本准则。按照儒家的说法，以一贯三为王，王者参通天地人天下归往之义，故王道即是承担宇宙间的道德责任服近来远这天下人心所向之道。如此之王道尚德不尚力，崇道不崇霸；以仁义为归依，以服心为究竟。如此之儒教国家，在国际关系中必然奉行如此之王道政策，而如此之王道政策必不会以武力争霸世界，即不会为争夺世界霸权挑起与他国的武装冲突。（蒋庆：《评亨廷顿教授的文明传统观》，载其《政治儒学》第444—445页）亨氏论及资本主义新教文明与神本主义伊斯兰文明的冲突是准确而深刻的，故此引用之。而关于资本主义文明与德本主义文明之冲突与世界秩序的重建，则请参阅本书第八、第九章。

③ 〔美〕塞缪尔·亨廷顿：《文明的冲突与世界秩序的重建》，周琪等译，新华出版（转下页）

确定为'世界共同体'的利益来保持其主导地位和维护自己的利益。这个词已成为一个委婉的集合名词（代替了'自由世界'），它赋予美国和其他西方国家为维护其利益而采取的行动以全球合法性"[①]。然而,"非西方人还会毫不犹豫地指出西方的原则与其行为之间的差距"。所谓的"普世主义",实质却是"伪善、实行双重标准和'例外'原则。民主要提倡,但如果这将使伊斯兰原教旨主义者上台执政,就该另当别论；防止核扩散的说教是针对伊朗和伊拉克的,而不是针对以色列的；自由贸易是促进经济增长的灵丹妙药,但不适用于农业；人权对中国是个问题,对沙特阿拉伯则不然；对石油拥有国科威特的入侵被大规模地粉碎,但对没有石油的波斯尼亚的入侵则不予理睬"。资本主义发达国家推行普世主义"实践中的双重标准是……无法避免的"[②]。资本主义发达国家以"普世主义"之名、行"利己主义"之实的全球扩张,必然导致世界范围的"文明冲突"。其中最主要的,则是与其同宗同源的神本主义（神制教选）伊斯兰文明的冲突。

伊斯兰文明与基督教文明的冲突由来已久。自伊斯兰教产生以来的一千多年,"伊斯兰教和基督教（不论是东正教,还是天主教和新教）的关系经常充满风暴,彼此将对方视为外人。……'历史的变化常常使这两个群体处于竞争之中,有时陷于争夺权力、土地和灵魂的殊死搏斗之中'。多少世纪来,两个宗教的命运在一波接一波时而停息、时而高涨、时而反冲过来的浪潮中沉浮"[③]。"从7世纪初到8世纪中叶,阿拉伯——伊斯兰教通过最初的向外扩张,在北非、伊比利亚半岛、中东、波斯和北印度建立了穆斯林的统治。伊斯兰教和基督教的分界线稳定了两个世纪左右。至11世纪末,基督教恢复了对地中海西部地区的控制,征服了西西里,占领了托莱多。1095年,基督教世界发起了十字军东征。在此后的一个半世纪里,基督教徒试图在圣地和近东的毗邻地区建立起基督教的统治,但后来却节节败退,并于1291年失去

（接上页）社1998年版,第199—200页。

① 〔美〕塞缪尔·亨廷顿：《文明的冲突与世界秩序的重建》,周琪等译,新华出版社1998年版,第200页。

② 同上。

③ 同上书,第230-231页。

了他们在那里的最后落脚点阿卡城。与此同时，奥斯曼土耳其人出现在历史舞台上。他们首先削弱了拜占庭，然后征服了巴尔干和北非的大部分地区，并于 1453 年占领了君士坦丁堡，1529 年包围了维也纳。……'在将近一千年的时间里，从摩尔人首次在西班牙登陆到土耳其人第二次围攻维也纳，欧洲不断处于伊斯兰威胁之中'。伊斯兰文明是唯一使西方的存在受到过威胁的文明，而且这种情况至少发生过两次。"① "然而到 15 世纪，潮流开始转向。基督教徒逐步地收复了伊比利亚，于 1492 年在格拉纳达最后完成了这项使命。与此同时，欧洲航海技术的革新使得葡萄牙人和其他人先后绕过了穆斯林的中心地带，深入到印度洋和更远地区。也正是在这个时候，俄罗斯人结束了鞑靼人持续了两个世纪的统治。接着，奥斯曼人作出了最后的努力，于 1683 年再次包围了维也纳。他们在那里的失败标志着一个长时间退却的开端，包括巴尔干东正教徒摆脱奥斯曼统治的斗争、哈布斯堡帝国的扩张，以及俄罗斯人向黑海和高加索的急剧推进。在一个世纪左右的时间里，'带来灾难的伊斯兰教徒'变成了'欧洲病夫'。第一次世界大战结束之时，英国、法国和意大利发动了致命的攻击，在奥斯曼帝国残存的土地上建立起直接和间接的统治，只有土耳其共和国除外。至 1920 年，只有四个伊斯兰国家——土耳其、沙特阿拉伯、伊朗和阿富汗——保持了非穆斯林统治年代下的某种形式的独立。"② "西方殖民主义的退却缓慢地始于本世纪 20 年代和 30 年代，在第二次世界大战之后急剧加速。苏联瓦解使更多的穆斯林社会获得了独立。根据一项统计，在 1757—1919 年间，大约有 92 个穆斯林地区由非穆斯林政府统治；到 1995 年，在这些地区中有 69 个恢复了穆斯林的统治，穆斯林人口在其中 45 个独立国家中占绝对多数。在 1820-1929 年间，50% 涉及不同宗教的国家间战争是在穆斯林和基督教徒之间进行的，这一事实说明了这些变化中的关系的冲突性质。"③

"造成这一发展中的冲突模式的原因，不在于诸如 12 世纪的基督教狂热

---

① 〔美〕塞缪尔·亨廷顿：《文明的冲突与世界秩序的重建》，周琪等译，新华出版社 1998 年版，第 231 页。

② 同上书，第 231—232 页。

③ 同上书，第 232 页。

和20世纪的穆斯林原教旨主义这些暂时的现象,而在于这两种宗教的本性和基于其上的文明。一方面,冲突是差异的产物,特别是穆斯林的伊斯兰教观念作为一种生活方式超越并结合了宗教和政治,而西方基督教则持有政教分离的观念。然而,冲突也产生于它们的相似性。这两种宗教都是一神教,与多神教不同,它们不容易接受其他的神;它们都用二元的、非我即彼的眼光看待世界;它们又都是普世主义的,声称自己是全人类都应追随的唯一真正信仰;它们都是负有使命感的宗教,认为其教徒有义务说服非教徒皈依这唯一的真正信仰。自创始起,伊斯兰教就依靠征服进行扩张,只要有机会,基督教也是如此行事。'圣战'和'十字军东征'这两个类似的概念不仅令它们彼此相像,而且将这两种信仰与世界其他主要宗教区别开来。伊斯兰教、基督教和犹太教还持有一种目的论的历史观,与其他文明普遍持有的轮转或静态观完全不同。"①

"伊斯兰教和基督教之间暴力冲突的程度在历史上受到了人口增减、经济发展、技术变化和宗教义务强度的影响。……一些类似的因素结合在一起加剧了20世纪末伊斯兰教和西方之间的冲突。首先,穆斯林人口的增长造成了大量的失业,使得新近投身伊斯兰事业的年轻人大为不满,给邻近社会造成了压力,并导致向西方移民。其次,当伊斯兰复兴运动使穆斯林将其文明和价值观与西方相比较之时,对它们的独特性与重要性重新建立了信心。第三,西方同时向全世界推广其价值观和体制、维持军事和经济优势的努力,以及对伊斯兰世界内部冲突进行的干预,引起了穆斯林强烈的不满。第四,共产主义的崩溃消除了西方人和穆斯林共同的敌人,使它们彼此将对方视为主要威胁。第五,穆斯林与西方人之间的接触和混居日益扩大,激发了他们各自的新的认同感,并认识到他们的认同有何不同,对各自的民族特性以及不同于他人之处有了新的认识。两者的相互作用和混居还加剧了在这一问题上的分歧,即:一个文明的成员在由另一个文明成员所控制的国家中的权利问题。

---

① 〔美〕塞缪尔·亨廷顿:《文明的冲突与世界秩序的重建》,周琪等译,新华出版社1998年版,第232—233页。

80年代和90年代，穆斯林和基督教社会的相互容忍程度都急剧下降。"① "伊斯兰和西方之间冲突再起的原因，在于权力和文化的根本的问题。谁统治谁？谁是统治者？谁被统治？列宁所界定的政治中心问题，是造成伊斯兰和西方较量的根源。然而，还存在着列宁或许会认为毫无意义的另一种冲突，即由是与非的分歧而导致的孰是孰非的冲突。只要伊斯兰仍是伊斯兰（它肯定是），西方仍是西方（这一点存在较多疑问），这两个文明和生活方式之间的根本冲突在未来将继续决定它们之间的关系，甚至像在过去的1400年中一直决定着那样。"② "两者在大量实质性问题上的立场分歧或冲突，进一步激化了它们的关系……西方和穆斯林之间的冲突将更多地集中于广泛的文明间问题，诸如武器扩散、人权和民主、石油控制、移民、伊斯兰恐怖主义和西方干涉……"③

（3）资本扩张导致人类生存危机④

"资本主义的主要特征是，它是一个自我扩张的价值体系，经济剩余价值的积累由于根植于掠夺性的开发和竞争法则赋予的力量，必然要在越来越大的规模上进行。"⑤ 如果资本不再扩张，利润不再增长，资本主义经济危机就必然爆发。然而，地球生态系统的有限性却决定了人类向自然界的索取必然是有限的，"在有限的环境中实现无限扩张本身是一个矛盾，因而在全球资本主义和全球环境之间形成了潜在的灾难性的冲突。"⑥ 正是资

---

① 〔美〕塞缪尔·亨廷顿：《文明的冲突与世界秩序的重建》，周琪等译，新华出版社1998年版，第233—234页。

② 同上书，第234页。

③ 同上。

④ 本题关于"资本扩张导致全球生态危机"的问题，在20世纪90年代后迅速发展的生态马克思主义理论中有充分论述，如奥康纳的双重危机理论、克沃尔的革命的生态社会主义理论以及福斯特和伯克特发展的马克思主义生态学理论等。（见刘仁胜《生态马克思主义概论》，中央编译出版社，2007）本题内容主要编自福斯特的《生态危机与资本主义》及其《失败的制度：资本主义全球化的世界危机及其影响》。

⑤ 〔美〕约翰·贝拉米·福斯特：《生态危机与资本主义》，耿建新译，上海译文出版社2006年版，第30页。

⑥ 同上书，第2页。

本主义这种毫无节制的经济扩张对生态系统造成了最大的损害,"资本主义经济把追求利润增长作为首要目的,所以要不惜任何代价追求经济增长,包括剥削和牺牲世界上绝大多数人的利益。这种迅猛增长通常意味着迅速消耗能源和材料,同时向环境倾倒越来越多的废物导致环境急剧恶化。"①

对资本短期回报的追求,进一步加剧了对环境的破坏。资本的拥有者在评估其投资前景时,总是期望在短时期内回收投资成本并获得利润回报。由此,在经济发展过程中需要作出长远总体计划的诸如不可再生资源的保护、废物处理等不仅对人类社会具有直接影响,而且关系到人类社会可持续发展的问题势必遭到忽视,因为它们与冷酷的资本需要短期回报的需求格格不入,这样一来,"资本主义投资商在决策中短期行为的痼疾便成为影响环境整体的致命因素"。②

资本主义生产方式严重依赖能源密集型和资本密集型技术,它总是通过投入大量的原材料和能源、用机械代替人力、加快生产流程等方式以获取利润。但是,增加能源的投入和用机械代替人力,意味着自然资源被快速消耗以及向环境倾倒更多的废料,从而进一步强化生态危机。技术进步被认为是解决危机的密钥,然而,在资本主义制度下,需要促进开发的是那些为资本带来巨大利润的技术,而不是那些对人类和地球最有益处的技术。如"'资本主义者'及其追随者从各方面阻止太阳能作为替代能源,虽然有些技术已完全发展到了实用的阶段。公司企业也试图从根本上控制太阳能,目的不是为了促进其发展,而是蓄意扼杀"③。又如,和建立在私人汽车基础上的交通系统相比,公共交通会大大减少二氧化碳的排放量,并且也可以让人们自由和快速地活动。然而,资本对利润的追逐促使资本主义国家最大限度地发展私人汽车,把它作为攫取利润的有效方式。可见,技术的资本主义使用造成的环境问题是不可能通过开发新的技术得到解决的,因为它只是资本追求利润的手段。"在这种体制下,将可持续发展仅局限于我们是否能在现有的生产

---

① 〔美〕约翰·贝拉米·福斯特:《生态危机与资本主义》,耿建新译,上海译文出版社2006年版,第3页。

② 同上书,第3—4页。

③ 同上书,第94页。

框架内开发出更高效的技术是毫无意义的，这就好像把我们的整个生产体制连同非理性、浪费和剥削进行了'升级'而已。……能解决问题的不是技术，而是社会经济制度本身。"①"资本主义发展模式造成了对生态环境的广泛破坏，这是资本主义制度的贪婪性所决定的，在自然资源利用上的任何技术改进，其作用的发挥均将被这种贪婪的发展模式所淹没。"②"'资本主义无法用一种合乎环境要求的可持续方式来协调社会与自然之间的代谢关系。其行为违反了自然和代谢修复的法则。不断进行的资本积累过程加剧了对社会代谢的破坏，把资本的追求强加给自然，而不顾对自然循环所造成的后果'。面对生态危机，资本主义体制没有进行任何尝试去探询社会关系问题的根源，而这个问题正在摧毁马克思所称的'人类生存的重要条件'。相反，资本主义'一次又一次地继续执行着同样的失败战略'，把这个问题转移至别处，结果导致多种生态灾难的发生。"③

20世纪中期，在资本主义发达国家发生了马斯河谷事件、多诺拉烟雾事件、伦敦烟雾事件、水俣病事件、四日市哮喘事件、米糠油事件、痛痛病事件、洛杉矶光化学烟雾事件等"八大公害事件"，成千上万的人被环境污染夺去生命。环境问题由此引起资本主义国家高度重视，各国大力进行国内环境的治理，同时大力组织污染产业的全球转移。冷战结束后，西方国家以"全球经济一体化"之名进行的资本扩张、产业转移与污染转移，使生态问题在全球范围频现，包括："物种灭绝、对热带雨林的破坏（以及对森林生态系统的破坏）、对海洋生态的污染和破坏、珊瑚礁的损失、过度捕捞、淡水资源供给的减少、对湖泊和河流的污染、土地沙漠化、有毒废物的排放、酸雨、临近枯竭的石油资源、拥挤的城市、大型水坝带来的有害影响、世界饥饿、人口过剩等等问题。这些威胁构成了对人类有史以来最

---

① 〔美〕约翰·贝拉米·福斯特：《生态危机与资本主义》，耿建新译，上海译文出版社2006年版，第95页。

② 〔美〕约翰·贝拉米·福斯特：《失败的制度：资本主义全球化的世界危机及其影响》，转载于《马克思主义与现实》2009年第3期。

③ 同上。

大的生存挑战。"①

"全球气候变暖正在快速逼近灾难的临界点。……环境巨变的临界点以及加速气候变化的正向反馈机制使越来越多的气象学家相信,无法挽回的灾难性气候变化将是不可避免的,除非在未来 10 年左右时间里,采取行动大幅度减少温室气体的排放。大气层已接近二氧化碳和其他温室气体排放的最大限度,这将会使全球平均气温上升 2 摄氏度,联合国政府间气候变化委员会一直致力于避免达到这个临界点。……事实上,最新的科学数据表明全球气温上升 2 摄氏度,其本身将是一场灾难,因为气温上升导致海平面升高,气温上升通过反馈机制的强化,使气候变化步伐加速。……当前世界气候环境与全新世时期的差距越来越大,这种趋势似乎是不可逆转的,而全新世时期温和宜人的气候环境被认为是整个人类文明能够延续下去的环境条件。……如果我们想要避免灾难性后果的发生,科学家将告诉我们时间已经不多了,而主流经济学家却宣称我们还有足够的回旋余地。……这违背了对生态环境所进行的所有科学评估,我们知道,这将给人类文明和地球上的生物带来灾难性后果。……曾任联合国开发计划署署长的詹姆斯·古斯塔夫·史伯斯……写道:'我们今天所知道的资本主义是无法维持环境的可持续发展的。'"②

在资本扩张导致全球生态危机的同时,随同资本扩张而持续扩张的"军事——工业复合体"进一步导致了人类的生存危机。军事投入的经济效益使"美国越来越像是在同自己进行军备竞赛。国防部需要用与使用上一代武器装备起来的、通常不大可能出现的潜在敌进行对抗,来证明开发新型武器系统的合理性"③。"全球军备销售还有其他方面的动因。由于工程师们不断设计出更好的杀人武器,他们促使既有武器系统被废弃,从而创造出对替代品的

---

① 〔美〕约翰·贝拉米·福斯特:《失败的制度:资本主义全球化的世界危机及其影响》,转载于《马克思主义与现实》2009 年第 3 期。
② 同上。
③ 〔美〕内斯特:《国际关系:21 世纪的政治与经济》,姚远等译,北京大学出版社 2005 年版,第 304 页。

需求。所以，军备竞赛同时也受到新技术与政治和利润的推动。""武器销售与援助是相互联系的。各国通常会以低于成本的价格销售武器,乃至直接赠送,以谋求在接受国中的影响力,从竞争对手手中争夺市场份额,从而增进本国军事——工业联合体的利益。"① 军工发展在为大国创造巨量经济效益的同时,也加剧了战争的威胁。特别是核武器的扩散,更是成为人类生存的重大威胁。

金权操纵的美国核战略和核政策是国际社会推动核不扩散进展的主要障碍。冷战结束后,美国推行带有强烈意识形态色彩的单边主义,一方面寻求发展新的军事力量的行动自由,另一方面却又极力限制别国发展军事力量,甚至力图寻找新的敌人以武力相威胁,颠覆敢于对抗的国家。美国不但声称将继续保持庞大的核武库,而且还准备必要时发展新型的核武器;公开宣称核武器是其军事力量中不可或缺的组成部分,坚持必要时将首先使用核武器对付无核国家;在已经对其他核国家占据巨大优势的情况下,坚持发展和部署反导系统并发展外空武器,强化其核优势;为了摆脱国际条约对其的约束,它不惜抛弃《限制反导弹系统条约》,拒绝批准《全面禁止核试验条约》,还声称今后美国对以国际条约形式进行军控和推进不扩散不再感兴趣。与此同时,它却千方百计加强针对发展中国家的反扩散措施,特别防止大规模杀伤性武器流入到它认为对其有敌意的国家,如对伊朗和阿拉伯国家无论如何不准其发展核武器和其他大规模杀伤性武器,连和平发展核能的权利也要剥夺(但对已经秘密发展核武器的以色列则听之任之,甚至采取纵容和包庇的态度)。美国的核政策强化了不扩散体制中的双重标准和不公正性,加深了核国家和无核国家之间的矛盾,恶化了进行防扩散努力的国际大背景。上述种种行为使美国从力图以制定国际体系规则来制约其他国家发展军事力量的带头羊的角色,变为反对多边主义和国际合作的最大的阻挠力量。在美国的压力下,其他核国家纷纷推行各自的核武器更新计划。如俄罗斯公开宣称它已经放弃不首先使用核武器的承诺,转而准备在受到别国攻击时将首先使用核武器;

---

① 〔美〕内斯特:《国际关系:21世纪的政治与经济》,姚远等译,北京大学出版社2005年版,第305页。

法国则重申它也将首先使用核武器来保卫其在海外的战略利益，对恐怖主义国家将进行核打击。在国家间核不扩散难以确保的同时，参与武器扩散的主体迅速从过去完全是主权国家扩大到所谓的非国家政治实体，一些私营公司、非政府组织甚至有野心的个人从事非法地输出或获取敏感技术和材料以牟取暴利或达到某种政治目的，这又为大规模杀伤性术的扩散开辟了另一个方便的渠道，而实际上西方许多大型的公司也参与其中。① 可以肯定，在资本主义制度下，全球愈演愈烈的核扩散趋势无法得到有效遏制。

军工技术所具有的垄断性高额经济回报使得高端武器（特别是大规模杀伤性武器）难以控制供给，而军事冲突则产生了对高端武器源源不断的需求，因此高端武器必然会扩散，并推动创新更高端武器，把原来的高端武器变成中端甚至低端。高端武器的扩散使得美国的军事垄断地位不但受到其他军事强国的挑战，而且使得更次级国家及恐怖组织乃至于海盗的军事能力也"水涨船高"。最高端的军备往往是威慑性的，大致类似于金融工具的创新，泡沫越来越多，即俗语所说的"高射炮打苍蝇"；而次级甚至更次级的军备才较多被应用，大致类似于实体经济。"水涨船高"到一定程度，"军工争强"的级差秩序（美国→核大国→更次级国家→恐怖组织→海盗→黑社会）就难以维系：高端武器缺少用武之地，中低端武器（即原来的高中端武器）遍地开花，最后导致"集体闯红灯"，或"集体自杀"。②

参阅

全球环境问题的根源

人类经济活动实质是人类与环境进行物质能量的交流：人类一方面需要从环境中获取物质和能量，一方面也需要向环境排放物质和能量。人类生存于其中的环境是一个巨型生态系统，在这个系统中，植被、大气、水体、土

---

① 潘振强：《试论国际制止大规模杀伤性武器扩散及中国的对策》，载《世界经济与政治》2006 年第 8 期。

② 张祥平：《经典复杂科学》，中国社会科学出版社，2013，第 377 页。

壤和人类活动等要素形成了复杂的稳态结构，具有一定的自我调节和反馈修复的机制（即所谓环境规律），从而能够在一定程度上自动维持其稳态。但生态系统的自动调节和反馈修复能力有一定限度，所以以人类生产活动对环境的影响在规模、强度和速度上都必须"守"在"限"内，否则，就破坏了生态系统的良性循环。所谓"环境问题"，正是由于人类的生产生活行为与资源环境的物质能量交流突破了"限度"，而造成了危害。

人类的生产生活行为对环境造成的危害可分为两大类：一、排放性损害或污染性损害，简称环境污染，即由于人类不适当地向环境排放废弃物（统称排污活动）所造成的环境危害，如工业"三废"污染、农药化肥污染、有毒化学品污染等；二、攫取性损害或开发性损害，简称生态破坏或环境破坏，又称非污染性损害，即由于人类不适当地从环境中攫取或开发出某种物质、能源（统称非排污活动）所造成的环境危害，如滥捕野生动物、滥伐森林、滥垦土地、滥采矿产、滥抽地下水等。

工业革命以后，由于机器可以替代人工劳动，人类对于自然环境的开发能力迅速提高。加之西方宗教改革后人类中心主义泛滥、个人中心主义膨胀，人类似乎可以主宰自然，对环境的开发因而变得肆无忌惮。人类毫无节制的土地垦殖、森林采伐以及采矿等行为使得局部地区的环境受到严重破坏；同时，人类毫无顾忌的排放工业废水、废气、废物，造成了严重的城市和工业区的环境污染。如化学工业尤其是有机合成化学工业生产了大量的化学品，人工制取的化学品的种类与年俱增，而其中不少是有毒、有害及生物难以降解的品种。这些化学品进入环境，在环境中扩散、迁移、累积和转化，污染物质或通过食物链进入人体，或在特定条件下造成危害，直接威胁人类的生存和发展。20世纪30年代至60年代，在西方发达国家发生了所谓"八大公害事件"（马斯河谷事件、多诺拉烟雾事件、伦敦烟雾事件、水俣病事件、四日市哮喘事件、米糠油事件、痛痛病事件、洛杉矶光化学烟雾事件等），成千上万的人被环境污染夺去生命。环境问题由此引起西方国家高度重视，各国一方面大力进行国内环境的治理改善，一方面大力组织污染产业的全球转移。一段时间后，西方国家的环境污染得到控制，环境质量得以改善。然而，西方国家以"全球经济一体化"之名进行的产业转移与污染转移，却使得环境问题在全球范围不断恶化，"局部性的地区问题打破了区域和国家的疆界演变成全球问题；暂时性的问题相互贯通、相互影响演变成长远问题；潜在性的问题进一步恶化蔓延演变成为公开性问题。从70年代末80年代初开始，全球性环境危机出现，更为严重的环境污染和更大范围的生态破坏事件频繁发生"，主要有酸雨，臭氧层破坏，全球性气候变化，生物多样性锐减，有毒化学品的污染及越境转移，土壤退化加速，淡水资源的枯竭与污染，污染导致的海洋生态危机，森林面积急剧减少，突发性环境污染事故及大规模生态破坏等。与此同时，全球范围内的资源危机、能源危机频现。

全球环境问题自20世纪70年代以来引起世界各国广泛关注，政界学界对全球环境问题的根源及治理进行了广泛深入地研究，迄今众说纷纭。大体说来，观点主要有三类。

第一类观点将全球环境问题的根源归结为技术层面的问题，即认为全球环境问题主要是由于对资源的开发利用技术及对废弃物质的排放处理技术不完善造成的，并相信通过人类的科技进步最终可以克服全球环境危机。环境治理的对策，主要是大力发展清洁生产技术，走循环经济发展的道路。所谓"清洁生产"，指对产品、产品的生产过程及服务采取预防污染的策略来减少污染物的产生。其包含两个过程的控制：生产过程和产品的整个生命周期过程。对生产过程而言，清洁生产包括节约原材料与能源，尽可能不用有毒原材料并在生产过程中减少它们的数量和毒性；对产品而言，是从原材料的获取到产品最终处置过程中，尽量将对环境的影响减到最低。力求通过减量化、再利用、再循环，从而在生产流程中尽量避免和减少废物。"减量化"强调从输入端进行控制，减少进入生产和消费流程的物质量，从而在经济活动的源头上节约资源和减少污染物的排放。在生产实践中，"减量化"要求生产厂家通过减少生产产品原材料的使用量、重新设计制造工艺和利用先进科技手段来节约资源和减少废弃物排放，力图使产品体积小型化和重量轻型化。在产品包装追求简单朴实而不是豪华浪费，从而达到减少废物排放的目的。在消费方面，要求人们尽可能少的使用一次性物品，尽可能多地购买和使用耐用性强的可循环使用的物品。"再利用"强调从过程上进行控制，目的是提高产品和服务的利用效率，它力求产品和包装容器能够以初始的形式被多次使用，通过再利用可防止物品过早成为垃圾。在生产中，对许多零配件制定统一标准，生产方以便捷的方式提供零配件，避免产品因个别零件损坏而整体抛弃。此外，任何物品在抛弃时应检查和评价再利用的可能性。"再循环"强调从输出端进行控制，要求生产者的责任应该包括解决报废物品的处理，生产出产品只是完成了一半工作，产品报废后应通过资源的循环使用而减少垃圾的产生。诚然，组织清洁生产、发展循环经济，确实可以在一定程度上减少自然资源的消耗、减轻生态环境的污染，并减缓经济扩张引起的环境恶化。然而，在资本主义市场经济体系下组织清洁生产、发展循环经济，却与效率最大化的原则相抵触，因为在所谓的自由市场体系下，企业必然因此无法争取最大化的效益。没有政府的强力干预，市场这只"看不见的手"在环境问题上失去了灵光。

　　第二类观点则将全球环境问题的根源主要归结于制度层面的问题。这类观点认为，由于传统经济学中无视环境资源"成本"，环境资源被作为共有物品免费使用，于是导致"负外部性问题"，并相信通过经济制度的调整可以克服之。环境治理的对策主要有二，一是"征收环境税"，一是"排污权交易"。征收环境税的主张，按"谁污染，谁付费"原则，一方面使污染企业为减少付费而不断降低排污，一方面也使政府有了税收来源得以治理污染。后来，由于经济学家不断质疑政府征税成本过高而治污效率太低，所以，主流经济学更倾向于通过"排污权交易"来治理。政府可以规定污染排放总量（总量须逐年降低），然后向企业拍卖；企业在拍得排污权后，通过排污权市场进行交易。这使得排污权从治理成本高的污染者流向治理成本低的污染者，也迫使污染者为节约费用而降低治污成本或设法减少污染。有学者把征收环境税认为是政府解决，而把排污权交易认为是市场解决，而其实两种方案都依赖政府执行。排污权交易中，对交易总量的控制及对交易的监管需要政府执行；把排污权的拍卖费用用于治理环境也需要政府执行。"征收环境税"用之于全球环境治理,则成为"碳关税";"排污权交易"用之于应对全球气候变暖,则成为"碳交易"。如同"征收环境税"与"排污权交易"的执行,必须有一个强有力的政府,"碳关税"与"碳交易"的执行,同样需要一个强有力的执行主体。然而,在当前国际关系"无政府状态"下,难以奏效。具体说来,"碳关税"的征收主体是各主权国家政府,各国自然会出于自身利益考量,规定有利于自己的征收范围与额度,因而"碳关税"的推行必然造成新的关税壁垒,冲击现有国际贸易秩序;而全球范围内的"碳交易",在没有达成全球统一减排标准的情况下,在没有统一交易平台与监控体系的情况下,则更难推行。奉"经济增长"为理所当然的世界各国,为追求发展的"公平"与"正义",必然会为减排标准争执不休。从历史来看,自1950年以来,全世界新增温室气体排放量中,有四分之三来自发达国家,而气候变化造成的损失约有75%到80%是由发展中国家承担。基于此,发展中国家有理由要求发达国家支付"碳补偿"的费用;从现实来看,发展中国家生产大量能源密集型商品都是为了满足发达国家的消费需求,也就是说,发展中国家碳排放中有很大一部分是发达国家向发展中国家进行污染产业转移的结果。基于此,发展中国家有理由要求发达国家支付"外部性"成本;从发展来看,发达国家已通过"高碳经济"发展的积累,获得了率先进入"低碳经济"的优先权,所以"碳关税"的最大受害者无疑是那些仍然不得不依赖"高碳经济"的发展中国家。同时,就算建立起全球"碳交易"市场,财力雄厚的发达国家也将能得更多排污权。基于此,发展中国家有理由认为"发展权"受到了限制。可见,在现行的国际政治经济体系下,期望通过"市场化"的经济制度调整来治理全球环境问题,无异于"缘木求鱼"。

上述关于全球环境问题的两类观点,无论是主要归结于技术层面,还是主要归结于制度层面,其逻辑背后都有一个共同的前提,即认为人类追求经济的无限增长、满足对物质的无限欲望是理所当然的。组织清洁生产、发展循环经济,仍然是为了发展经济;征收环境税、进行碳交易,也仍然是为了发展经济。然而,在人类的生存条件局限于一个地球的情况下,追求经济无限增长可能吗？科学研究明确告诉我们，追求经济的无限增长与维护地球的生态平衡，是两个无法共存的命题。因此，世界面临着一系列"发展"与"环境"的悖论。其一，国家赶超战略与全球资源紧缺的悖论。发展中国家多用"赶超战略"，以美国、欧盟和日本等发达国家为目标进行经济追赶。发达国家力图维持现有"生态位"，而发展中国家则力图跃迁到高一级的"生态位"。然而，现实的"马太效应"却继续拉大世界贫富差距。追赶者忽视环境资源有限，被追赶者则坚信科学技术的发展总能开拓出无限资源。在国家赶超战略盛行的情况下，全球资源紧缺和生态危机日愈加剧。其二，"可持续生存"与"可持续发展"的悖论。人类依赖生态系统的能流和物流而存在，生态系统在生产——消费——分解过程中保持动态平衡，一旦这种平衡遭到难以恢复的破坏，人类也将灭亡。人类作为地球生物圈的一部分参与演化，顺天时应地利方可适宜生存。生存是以相对较少的资源消耗维护群体延续，发展是在以相对较多的资源消耗满足个体欲望，人类究竟是需要"可持续生存"还是"可持续发展""鱼和熊掌不可兼得"。其三："人类生存"与"国家生存"的悖论。当代世界，主权国家意志张扬，人类生存却面临挑战。世界上尚有亿万人口饥不果腹，却每年发生着天文数字的军费支出；美欧发达国家欲当世界警察，但又未能秉持全球立场主持公道，所以人心不服、硝烟四起。人类生存亟须全球意识，民族国家意志却导致世界纷争。其四，"文明"与"愚昧"的悖论。文明是有利于较大地域较多人口延续的文化。文明的发展，应该是有利于世界上更多地域更多人口延续的文化发展。然而，当代资本主义的发展却越来越不利于较大地域较多人口的延续。[1]

上述"发展"与"环境"的悖论表明，近现代以来大行其道的"人类中心主义""经济增长主义"观念要受到质疑。于是，有了第三类观点，将全球环境问题的根源归结于文化层面，以当代西方生态主义思潮为代表。

---

[1] 刘宗超：《全球生态问题的根源及其对策》，载《国际生态与安全》2006年10月第1期。

生态主义认为:"我们今天所面临的全球性生态危机,起因不在生态系统自身,而在于我们的文化系统。要渡过这一危机,必须尽可能清楚地理解我们的文化对自然的影响。""整个文化已经走到了尽头。自然的经济体系已经被推向崩溃的极限,而'生态学'将形成万众的呐喊,呼唤一场文化革命。"生态主义认为人类中心主义、唯发展主义和科技至上观是全球生态危机的思想根源,要解决全球环境问题,就必须推动思想文化变革,要以生态整体主义超越人类中心主义、以生态发展观超越唯发展主义、以绿色科技观超越科技至上观。生态整体主义强调要把生态系统的整体利益作为最高价值而不是把人类利益作为最高价值,要把是否有利于维持和保护生态系统的完整、和谐、稳定、平衡和持续存在作为衡量一切事物的根本尺度,作为评判人类生活方式、科技进步、经济增长和社会发展的终极标准。生态整体主义超越了以人类利益为根本尺度的人类中心主义,超越了以人类个体的自由和权利为核心的自由主义和人本主义;它强调要关注生态整体利益而不仅仅是人类自身的利益,自觉地限制超越生态系统承载能力的物质欲求、经济增长和生活消费。生态发展观主张不要把发展局限在物质生活和物质生产领域,要向丰富精神生活和完善人格的方向发展,要向与自然万物和谐共处,因为这是人类永续发展的根本保证。绿色科技观强调要对现代科技的发展进行反思、批判、监督、制约和改造。认为现代科学的发展排除了伦理学的"管辖权","为着认识而认识",与社会和自然责任感分离,导致科学"不能科学地思考它本身,不能确定它在社会中的地位、作用,不能预见它在当代的发展会导致什么——毁灭、奴役还是解放"呼吁"科技的绿化",不仅要用科技治理污染、开发替代能源,更要揭示生态危机的科技思想根源,进而树立生态的科技思想、实现绿色科技。①

上述对全球环境问题的三类观点,由技术到制度再到文化,是由外而内、由表及里,反映了解决全球环境问题的复杂性。在现行资本主义文化

---

① 王诺:《生态危机的思想文化根源—当代西方生态思潮的核心问题》,载《南京大学学报:哲学·人文科学·社会科学》,2006年第4期。

和制度的框架下，通过科技进步来组织清洁生产、发展循环经济，通过调整制度来征收环境税、进行碳交易，全球环境问题都不可能得到全局的、根本的改善，人类的生存环境必将继续恶化，人类的生存将受到日益严重的威胁。要解决全球环境问题，要超越"人类中心主义""经济增长主义"的桎梏，确实需要在"生态整体主义"的视域中定位人类、在"生态发展观"的视角中定义发展。这其实意味着需要重新审视现代文明，推进现代文明全面转型！

2. 由治而乱

金权操纵、文明冲突、资本扩张三方面原因交织一起，且相互作用，造成美国本土遭受恐怖攻击，美国借机发动阿富汗战争、伊拉克战争，重建秩序，强化霸权。然收服阿、伊并未消除上述制度积弊，问题依然延续，直至引爆全球金融危机和经济危机。美国自此将由盛转衰，全球资本主义文明也将逐渐转型，此乃资本主义文明"五百年未有之大变局"。以下对上述由治而乱的演化环节略作勾勒。

（1）战乱爆发：恐怖攻击

2001年9月11日，四架美国民航客机几乎同时被劫持，其中的两架撞向纽约世界贸易中心，一架撞向华盛顿美国国防部五角大楼，第四架在宾夕法尼亚州坠毁（事后袭击目标是国会大厦或白宫）。"9·11"事件是发生在美国本土的最严重的恐怖攻击行动，遇难人数约3000，是历史上继珍珠港事件后第二次对美国造成重大伤亡的袭击，也是人类历史上最严重的恐怖袭击事件，时任美国总统布什称之为"战争行为"。

（2）秩序重建：收服阿、伊

"9·11事件"后，美国以"反恐"为名，组织联军发动阿富汗战争，实现驻军中亚，完成了中亚战略布局，强化了对南亚局势的影响。后又以藏有大规模杀伤性武器并支持恐怖分子为由组织联军发动伊拉克战争（事后无证据显示伊拉克萨达姆政权与信奉宗教激进主义的基地组织之间有任何联系，伊拉克也并未拥有大规模杀伤性武器），实现驻军中东，完成了西亚——中东的战略布局，强化了世界石油供应的主动权。通过收服阿、伊，美国也增强了对俄、欧、中、印等大国的战略牵制。

（3）问题延续

前述金权操纵、文明冲突、资本扩张三方面的制度积弊在收服阿富汗、伊拉克后依然延续。

（4）危机爆发：金融危机

2008 年，由美国住房抵押次级贷款危机引发全球金融危机，并继而引发全球经济危机。而经济危机的背后是生态危机。经济危机的实质是资源配置失衡。资源合理配置源于生态系统资源供给能力的有限性。经济危机总是在经济繁荣顶峰时爆发，说明生态阈不可逾越。生态系统供给能力限制着经济发展的规模与速度。经济危机的真正根源还在于人类不合理经济行为导致地球所无法重负的过度消费。[①] 可以说，此次金融危机是资本主义文明整体危机爆发的标志。[②]

（5）陷入内乱

欧美陷入内乱的标志性事件尚未确认（或尚未发生），但已有迹象：金融危机后，欧洲有多国发生游行、骚乱，以至政局不稳；2011 年美国爆发"占领华尔街"运动，反对美国政治的权钱交易、两党政争以及社会不公正，成为席卷全美的群众性社会运动。根据复杂第一规律可以预测，资本主义社会的内乱将逐渐加剧。

（6）文明解体

根据复杂第一规律可以预测，在未能发现新的可供人类居住的星球的情形下，随着全球生态危机的加剧，资本主义文明将陷入道德危机、经济危机和社会危机，并终将解体。

---

① 林卿：《金融危机、经济危机与生态危机》，载《福建师范大学学报》（哲学社会科学版）2010 年第 1 期。
② 〔美〕纳菲兹·摩萨迪克·艾哈迈德：《文明的危机》，谭春霞译，新华出版社 2012 年版；翟玉忠：《此次金融危机是西方文明范式的整体危机》，载《礼之道：中华礼义之学的重建》，中央编译出版社 2014 年版。

综上所述，在德本主义社会与资本主义社会繁荣期的中后期，由于制度发展过程中的积弊和文明扩展过程中的冲突，导致了内政外交种种问题日积月累。前者主要体现为皇权膨胀导致政治制度腐化、民族矛盾导致社会整合困境、军事衰败导致国家生存危机；后者则主要体现为金权操纵导致政治制度衰败、文明冲突导致国际关系困境、资本扩张导致人类生存危机。上述问题日积月累导致二者社会动荡，并经历了"由治而乱"的相似演化环节：前者经历了"战乱爆发（后金反明）→秩序重建（满清归儒）→问题延续→危机爆发（西方入侵）→陷入内乱（太平天国）→文明解体"共六个演化环节，后者至今经历了"战乱爆发（恐怖袭击）→秩序重建（收服阿、伊）→问题延续→危机爆发（金融危机）"四个演化环节，根据复杂第一规律，可以预测后续环节是"陷入内乱（已有迹象）→文明解体"。

需要指出，由于"皇权膨胀"（德本主义社会）和"金权操纵"（资本主义社会）导致的制度腐败，由于"民族矛盾"（德本主义社会）和"文明冲突"（资本主义社会）导致的整合困境，以及由于"军事衰败"（德本主义社会）和"资本扩张"（资本主义社会）而导致的安全危机，皆是德本主义文明与资本主义文明内生性的问题，在其文明内部难以自我克服，但通过汲取和借鉴其他文明的合理成分，则有可能开出超越自身的新型文明之花！（详见第九章）

参阅

"美国梦"的幻灭[①]

想象一下，假如你今年二十岁，出生于1996年。五岁那年，美国发生了"9·11"事件。打你有记忆起，美国就一直在交战。

---

① 摘编自〔美〕沙拉·肯济奥尔：《为什么美国的年轻人不再相信"新自由主义"》，张成译，http://www.guancha.cn/SarahKendzior/2016_06_30_365882.shtml。

2008年,你十二岁。这一年,全球经济突然崩盘。在经过小布什总统多年的虚张声势后——"9·11"事件后,他还曾鼓吹以"美式消费主义"对抗恐怖——你发现自己国家远比想象得脆弱。但美国很快崩溃,那些照顾你的大人们突然自顾不暇。你的父母可能在金融危机中失去了工作,也许你的家庭因为次贷危机失去了原有的住房。

2009年,政客们声称经济不景气已经过去,但你的苦日子还没结束。工资收入停滞不前,甚至还在下降,而医疗、育儿和教育的开支却呈指数级增长。原本全职岗位变成了合同工,福利待遇大大削减。原本中产阶级的工作职位变成了低收入的服务性工作。你出生时,你父辈对美式生活充满期待,认为经济将长期保持繁荣,而这一期待如今却落了空。

"婴儿潮"的那一代人总说,你最好的出路就是去上个好大学,然后找份好工作。但是这条出路现在行不通了。大学毕业生陷入了学生贷款的泥淖,他们有些人不得不为最低工资而打拼,甚至不得不在无薪实习工作中挣扎。那些体面而高收入的工作机会都集中在大城市中,而这些城市的房租在过去十年间涨了三倍到四倍。你不愿接受这里的低工资,但又无力承担那里的高房价,实在是进退两难。在这些大城市之外,美国处处遍布刚宣布停业的商厦,它们与长期废弃的工厂一起,待在那里就像待在废墟里一样,你什么都得不到。

人们时不时地骚动。你十五岁那年,"占领华尔街"运动抓住了这个国家所有人的眼球,暴露了企业贪婪,让人们注意到错失的机会。不过还不到一年,"占领华尔街"运动就偃旗息鼓,发起运动的人们则开始创立"金牌维权咨询公司"来赚钱。你十七岁的时候,劳工发起了"15美元工资运动",成功使提高最低工资水平——每小时15美元——的提议进入主流话语,但政客们提出的方案十分缓慢。似乎没有人认识到这场危机的紧迫性。奥巴马总统作为民主党的自由派,应该算是理解贫困人士的了,还是声称经济已经复苏。

你想知道,什么时候经济复苏的阳光才能照射到你的家庭。就这个问题,你已经问了自己八年。

2016年，统计数据告诉你，美国的失业率降低到了4.7%，最艰难的日子已经过去了。开始时你以为，是不是统计出了错误，直到你意识到政府把所有兼职工作、打零工或者收入在贫困线以下的人口都算作就业人口。如今，美国的就业现状就是这个样子。工作已不再是个人获取成就感的途径，不再是通往美好生活的道路，它只是一场徒劳无益的无限循环。今天，"活下去"才是美国梦的核心。

这么说来，18至29岁的年轻美国人过半表示，他们不支持"资本主义"也不足为奇了。

根据今年四月哈佛大学进行的一项民意调查，对资本主义的支持率跌到了历史新低。这个年龄段的受访者中，51%的人对资本主义表示了强烈抗拒，只有42%的人支持资本主义。33%的受访者表示他们支持社会主义。哈佛大学的这项调查与2012年美国皮尤研究所进行的一项调查结果不谋而合。在2012年皮尤研究所的调查中，有46%的18-29岁青年人表示支持资本主义，而47%的受访者对资本主义态度负面。而老年的一代对资本主义的态度比青年人稍微正面一些，在65岁以上的受访者中，52%表示了对资本主义的积极态度。相比之下，两代人对社会主义的态度截然不同。49%的青年受访者对社会主义有好感，而老年受访者中只有13%的人对此有好感。

这是不是意味着年轻一代的美国人准备好迎接"社会主义"了呢？显然没有。该调查并未对"社会主义"和"资本主义"给出明确定义。哈佛大学这项调查的主要负责人表示，受访者反对"资本主义"，并非反对这个概念本身，他们反对的是资本主义在当今时代的实践方式。

在年轻人看来，那只"看不见的手"似乎已变成了"死亡之握"，在这样的时代背景下，资本主义愈发失去了它的吸引力。20岁以下美国人从未经历过经济危机前的繁荣。父辈们认为理所应当的东西——比如晋升、工资增长、每周40小时工作制、工会、福利、养老金、雇主和雇员之间的忠诚等等，在社会上已经越来越少见。

其实要了解美国年轻人的困顿现状，根本无需这样一份调查。你只要看看他们空落落的银行账户、看看他们低收入的工作、看看他们父母所失去的工作、看看他们背负的沉重债务，以及他们求而不得的机遇，就能了解他们生活的现状。

20世纪上半叶美国工人运动所争取到的东西，原本已经成为美国工作生活中的基础，而现在被视为是"激进"的。因此，虽然伯尼·桑德斯的政策提议像极了新政时期的民主党政府，他却被认为是"闹革命的社会主义者"，这只说明现在美国的用工环境是如此的糟糕，以至于对基本稳定的追求和愿望，包括居者有其屋、学生不用背负巨额债务就能上学，以及工资收入覆盖支出等，都成为了奢侈的愿望。让包括时薪15美元最低工资政策在内的一揽子政策获得关注的不是桑德斯，而是前几年罢工的快餐业工人。他们的诉求并不过分，而是对工资收入过低的必要矫正。1968年，美国的最低收入标准实际值达到了最高水准。如果按照历年的通货膨胀率计算，2012年美国的最低时薪应该达到21.72美元。对美国生活的基本期望是自给自足，而眼下近半数美国人名下连400美元都没有。政客们在鼓吹"低失业率"和"经济复苏"，但事实似乎不是这个样子。桑德斯描述了现在美国经济的困境，而这一困境或被其他的领袖否认，或被他们认为是合理的。选民们反感的不仅仅是美国经济的现状，而是媒体与政客对现状的渲染——他们给人一种经济强劲复苏、艰辛只是个例的"幻象"。

中国引领世界
文明优势、历史演进与未来方略

CHINA LEADS THE WORLD
Civilization Advantage, Historical Evolution and Future Strategy

戴熙宁 著

（下册）

目 录

第七章 德本主义社会与资本主义社会——组织机理 …………… 861

第一节 政治制度 ………………………………………………… 862

一、形态概述 …………………………………………………… 862

（一）德本主义政治形态概述 …………………………………… 863

（二）资本主义政治形态概述 …………………………………… 864

（三）异同比较 …………………………………………………… 866

二、思想基础 …………………………………………………… 867

（一）王道政治：主权在天 ……………………………………… 867

（二）民主政治：主权在民 ……………………………………… 870

（三）异同比较 …………………………………………………… 874

三、政权组织 …………………………………………………… 875

（一）政体与政制：王道政治 vs. 民主政治，德政礼制 vs. 宪政法制 …… 875

（二）国体与君权：君相共治 vs. 君政分离 …………………… 882

四、选举制度 …………………………………………………… 889

（一）主权委托：默示委托 vs. 明示委托 ……………………… 889

（二）官员选举：科举考试 vs. 民选投票 ……………………… 890

五、治理体系：礼治体系 vs. 法治体系 ……………………… 893

（一）演化历程 …………………………………………………… 894

（二）思想基础 …………………………………………………… 895

（三）实施体系 …………………………………………………… 901

第二节 社会文化 ………………………………………………… 911

一、核心价值：儒教价值 vs. 新教价值 ……………………… 911

（一）德本主义社会的主流信仰与核心价值 …………………… 911

（二）资本主义社会的主流信仰与核心价值 ……………………… 921

（三）核心价值体系的异同比较 …………………………………… 938

二、基本规范 …………………………………………………………… 940

（一）宪法规范 ……………………………………………………… 941

（二）行政法规范 …………………………………………………… 941

（三）刑法规范 ……………………………………………………… 942

（四）民法规范 ……………………………………………………… 943

（五）礼仪规范 ……………………………………………………… 944

三、社会分层：士农工商 vs. 商士农工 ……………………………… 952

（一）分层结构 ……………………………………………………… 953

（二）演进历程 ……………………………………………………… 955

（三）主导阶层 ……………………………………………………… 957

四、基层组织：宗族组织 vs. 公司组织 ……………………………… 959

（一）发展历程 ……………………………………………………… 960

（二）组织特征 ……………………………………………………… 961

（三）生活场景 ……………………………………………………… 963

五、社会治理 …………………………………………………………… 964

（一）信用体系 ……………………………………………………… 964

（二）社会保障 ……………………………………………………… 966

（三）纠纷解决 ……………………………………………………… 972

（四）社会控制 ……………………………………………………… 978

第三节　经济模式 ……………………………………………………… 988

一、经济伦理 …………………………………………………………… 988

（一）德本主义社会的经济伦理：道德主义 ……………………… 988

（二）资本主义社会的经济伦理：功利主义 ……………………… 992

二、发展路径 …………………………………………………………… 997

（一）经济发展的核心指标：生态生产率 vs. 劳动生产率 ……… 997

（二）经济发展的历史路径：内源发展 vs. 外源发展 ………………… 999

三、技术体系 ……………………………………………………………… 1005
（一）德本主义社会的技术体系：生态中心 ………………………… 1005
（二）资本主义社会的技术体系：效率中心 ………………………… 1012

四、产业结构 ……………………………………………………………… 1016
（一）德本主义社会的产业结构：重农抑商 ………………………… 1016
（二）资本主义社会的产业结构：重商贬农 ………………………… 1018

五、城乡格局 ……………………………………………………………… 1025
（一）德本主义社会的城乡格局：城乡一体 ………………………… 1025
（二）资本主义社会的城乡格局：城乡分立 ………………………… 1029

六、产权制度 ……………………………………………………………… 1033
（一）产权概念的内涵外延 …………………………………………… 1034
（二）产权形态的历史演化 …………………………………………… 1037
（三）产权制度的比较分析：族有产权 vs. 私有产权 ……………… 1040

七、消费形态 ……………………………………………………………… 1044
（一）消费政策：适度消费 vs. 无度消费 …………………………… 1044
（二）消费结构：高品位 vs. 高技术 ………………………………… 1048

第四节　国际关系 ……………………………………………………… 1055

一、历史渊源：天下一统 vs. 族国分立 ………………………………… 1055
（一）国家形成的历史过程 …………………………………………… 1055
（二）国家缔造的动力机制 …………………………………………… 1057

二、思想基础：天下主义 vs. 族国主义 ………………………………… 1061
（一）天下主义的思想基础 …………………………………………… 1061
（二）族国主义的思想基础 …………………………………………… 1069

三、国际体系：贡赐体系 vs. 条约体系 ………………………………… 1074
（一）天下主义的国际体系——贡赐体系 …………………………… 1074

（二）族国主义的国际体系——条约体系 …………………………………… 1082

四、国际冲突：有限冲突 vs. 全面冲突 ………………………………… 1098
（一）国际冲突的格局 …………………………………………………… 1098
（二）战争形态的变化 …………………………………………………… 1099
（三）武器技术的发展 …………………………………………………… 1103

五、国防军事：王道战略 vs. 霸道战略 ………………………………… 1105
（一）国防战略思想 ……………………………………………………… 1105
（二）军事建设导向 ……………………………………………………… 1109

下篇　未来方略

第八章　预测 ………………………………………………………………… 1117

第一节　中国近现代史回顾 ……………………………………………… 1118

一、在西方文明扩张的视域下探究中国近现代史 ……………………… 1118
（一）西方的扩张路径 …………………………………………………… 1118
（二）中国的变革历程 …………………………………………………… 1121
（三）现代化进程比较 …………………………………………………… 1130

二、在中华文明岐出的视域下探究中国近现代史 ……………………… 1136
（一）文化歧出的历史追溯 ……………………………………………… 1136
（二）文化歧出的现代重演 ……………………………………………… 1139

第二节　发展预测 ………………………………………………………… 1141

一、运用复杂第一规律预测 ……………………………………………… 1141
（一）预测依据 …………………………………………………………… 1141
（二）现实基础 …………………………………………………………… 1142
（三）发展路径 …………………………………………………………… 1154

二、运用复杂第二规律预测 ··· 1158
　（一）推演过程 ·· 1158
　（二）发展路径 ·· 1161

第九章　国策 ·· 1163

第一节　意识形态 ·· 1164

一、社会理想——论道经邦，法天而治 ······················· 1164
　（一）传统中国的社会理想 ·· 1165
　（二）当代中国的社会理想 ·· 1168
　（三）意识形态的转轨路径 ·· 1172

二、价值体系——道德仁义，伦理纲常 ······················· 1175
　（一）中国传统价值的崩溃 ·· 1175
　（二）中国传统价值的重建 ·· 1177

第二节　政治制度 ·· 1185

一、政道（政体）——王道政治容融并超越民主政治 ···· 1186
　（一）民主政治的弊端 ··· 1186
　（二）王道政治的优越 ··· 1190

二、治道（政制）——德政礼制容融并超越宪政法制 ···· 1194
　（一）政治体制的改易更化 ·· 1194
　（二）德政礼制的重建路径 ·· 1200

第三节　文化教育 ·· 1208

一、学术重建 ·· 1210
　（一）中国传统学术的解构 ·· 1210
　（二）中国传统学术的复兴 ·· 1217

二、教育改革——普及经典，培养通才 ······················· 1227
　（一）普及经典教育 ·· 1227

（二）提升语文教育 ··· 1231
（三）改进数学教育 ··· 1236
（四）发展通才教育 ··· 1243

第四节 经济社会 ··· 1252

一、经济发展 ·· 1252
（一）中国当代经济发展经验 ································· 1252
（二）中国未来经济模式转型 ································· 1267

二、社会治理——敬宗收族，集约自治 ······················ 1292
（一）社会信用体系的重建 ··································· 1292
（二）社会保障体系的优化 ··································· 1297
（三）纠纷解决机制的改善 ··································· 1298
（四）社会治安体系的提升 ··································· 1300

第五节 国际政治 ··· 1303

一、现代困境——从天下主义到族国主义，从天下国家到民族国家 ··· 1303
（一）从贡赐体系到条约体系 ································· 1303
（二）从天下国家到民族国家 ································· 1309
（三）中国民族主义与民族国家模式的困境 ····················· 1315

二、未来方略——以天下主义超越族国主义，以天下体系超越族国体系 ··· 1321
（一）变革国际政治理念 ····································· 1322
（二）转化民族国家模式 ····································· 1327
（三）打造天下体系样板 ····································· 1330

全书结语 ·· 1338
重要图表一览 ·· 1344

第七章　德本主义社会与资本主义社会
——组织机理

前面,从纵向的历史演进的维度对德本主义社会与资本主义社会进行了比类研究;下面,将从横向的组织机理(即复杂现象的五行结构)的维度再对二者展开比类研究。研究将从政治制度、社会文化、经济模式、国际关系四方面次第展开,重点是德本主义社会与资本主义社会的制度与文化差异。这样,就在纵向演化的"经线"上,再织以横向机理的"纬线",力求通过"经纬交织"勾勒出德本主义社会与资本主义社会的"立体"图像。

第一节　政治制度

政治是以合法暴力为后盾的分层秩序的维护和调节（执政者以维护为主，在野者以调节为主）。

"谈政治，首当论秩序，因政治乃管理社会人群以谋社会人群福利之事，秩序乃社会人群最基本之福利，有秩序未必令人满意，无秩序则必无福利矣，何来满意乎！故社会契约论者均言放弃自然状态，进入文明社会，文明社会之最基本特征，有秩序也。然人有理性，有正义心，于秩序又不能不问当否而安然受之，必问秩序合理不合理，正当不正当，合法不合法，然后决定何种秩序可安然受之，何种秩序必奋然反之。政治秩序之建立必依政治权威，政治权威之载体乃政治权力，故政治权力之存在、产生与运作合理不合理，正当不正当，合法不合法，乃政治秩序最核心之问题。不合法之政治权力人群不认同不服从，不认同不服从则政治秩序崩溃矣……是故，政治最根本之问题乃政治权力合法性问题……政治权力合法性，依卢梭之意，是将统治变为权利，将服从变为义务；将权力变为统治权威，将强制变为道德忠诚。夫如是，使被治者心悦诚服服从政治权力，从而使政治秩序稳定和谐，国家社会长治久安。"[①]

本节探究德本主义社会与资本主义社会的政治制度，将先从"政治权力合法性"的角度，概述二者的政治形态；之后，深入探究二者的思想渊源与义理基础；然后，探讨二者的国家政权组织；再后，论述官员选举制度；最后，讨论二者的治理体系。

一、形态概述

德本主义社会与资本主义社会的政治形态，各有其特定的环境背景与历

---

① 蒋庆：《再论政治儒学》，华东师范大学出版社 2011 年版，第 28—29 页。

史渊源，是亚欧大陆东部与西部的人们在与环境互动的长期历史过程中分别演化形成的。

（一）德本主义政治形态概述

在资源环境相对严酷、无法殖民拓展的亚欧大陆东部，形成了以文化覆盖为主的异域整合社会——德本主义社会。德本主义社会以学养德行为社会整合的主导要素，以谙熟复杂科学的士人为社会主导阶层，以天人和谐、群体延续为主要发展目标，以"天下国家"为主权形态（详见本章第四节），以"主权在天""王道通三"为政治制度的法理基础（详见下文）。

德本主义社会的政治形态传承并发展了自尧舜时代以来的"道统"（超越神圣的合法性），特别是传承并发展了对于"天"的信仰，并将人格神性质的"天"提升为兼具神圣人格与理性价值的"天"。"天"是至高无上的本体，因其内涵无限丰富而有多种称谓，宋代大儒程颐曰："夫天，专言之则道也，天且弗违是也。分而言之，则以形体言之谓之天，以主宰言之谓之帝，以功用言之谓之鬼神，以妙用言之谓之神，以性情言之谓之乾"（《程氏遗书》卷二十二上）。"用今天的话来说，此处之'形体'是指'天'涵盖万有，'主宰'是指'天'有神圣意志，'妙用'是指'天'有创造大能，'性情'是指'天'有超验理则（天理天则）"。[①] 所谓"主权在天"，是指"天"是"主权"的终极的至上渊源，因为"天"是宇宙万物之所出，是人类生命与历史文化的根本源头，当然也是作为人类历史文化形态之一的政治的根本源头，因而亦是政治权力的根本源头。[②] 所谓"王道通三"，是指"天"创生人类历史文化，"天意"下贯到政治世界，要求政权同时具有"天地人"三重合法性："天"的合法性是指超越神圣的合法性，"地"的合法性是指历史文化的合法性，"人"的合法性是指人心民意的合法性。[③] 另外，德本主义社会的政治文明也传承并发展

---

① 蒋庆：《再论政治儒学》，华东师范大学出版社2011年版，第130页；另见本章第二节·一·（一）·2《儒教信仰的核心观念：天》。

② 同上书，第128页。

③ 同上书，第131页。

了自尧舜时代以来的"政统"(历史文化的合法性),将"君主制度"提升为"君相共治",在强调"以人随君"的同时也强调"以君随天",在强调"屈民而伸君"的同时也强调"屈君而伸天",[①] 并以三公制度、廷议制度、宰相制度、太傅制度、规谏制度、郊祀制度、宗庙制度、谥法制度、经筵制度等约束君主制度、提升君主制度。

总之,德本主义社会的政治形态是中国上古以来政治文明的自然延续与创新发展,其核心内涵则是政治权力具有"三重合法性",即同时具有神圣超越的天的合法性、历史文化的地的合法性、人心民意的人的合法性,名之为"王道政治"。"王"字的涵义是"取天地与人之才而参之",即所谓"以一贯三为王"("王"字之三画代表天、地、人,连其中者代表通其道)。又"王"字音训为"往",天下归往之义。王道政治是在治世中贯通三才达到天人合一境界、并体现天地生化养育万物精神而得到人心普遍归向认同的政治制度。[②] "王道政治"的"三重合法性"既同时共存,又相互制衡,每一重合法性都受制于其他合法性而不能独大,是一种"政道制衡",即"合法性制衡",体现了"中和"的精神,是一种"中道合法性"。[③]

(二)资本主义政治形态概述

在资源环境相对优裕、可以殖民拓展的亚欧大陆西部,则形成了以经济覆盖为主的异域整合形态——资本主义社会。资本主义社会以财富金钱为社会整合的主导要素,以谙熟市场运作的商人为社会主导阶层,以追求物质福利、经济增长为主要发展目标,以"民族国家"为主权形态(详见本章第四节),以"主权在民""人民同意"为政治制度的法理基础。所谓"主权在民""人民同意",是将人心民意的合法性抬高至独尊地位与绝对地位,政治权力的合法性完全建立在人心民意的基础上。

资本主义社会的政治形态割裂了欧洲中世纪历史中的"神圣超越的合法

---

① 董仲舒:《春秋繁露》,卷第一,玉杯第二。
② 蒋庆:《政治儒学》,生活·读书·新知三联书店2003年版,第368—369页。
③ 蒋庆:《再论政治儒学》,华东师范大学出版社2011年版,第9—11页。

性"。在欧洲中世纪基督教世界,政治权力的合法性来自上帝,上帝是至高无上的本体,是世俗政治权力的最高合法性渊源。资本主义社会的政治与宗教分离,恺撒的归恺撒,上帝的归上帝,政治权力的最高合法性从"上帝"让渡到"人民"。资本主义社会的政治形态也割裂了中世纪以来的"历史文化的合法性"。在欧洲中世纪封建城邦国家,实施的是世袭君主制度与贵族制度。资本主义社会基本废除了君主制度与贵族制度,或是保留君主制度与贵族制度的形式(如英国的立宪君主制度与议会上院制度,虽国家有君主名位,议会有传统贵族与教士席位,然只是历史遗存,不是政治权力合法性之基础,政治权力合法性之基础在民意,故使下院独大,上院作为立法机构最终消亡),或是彻底根除,以普选代议制度取而代之。普选代议制度以现世民意为根本,只顾及选民当下利益,将人类政治与历史、未来割裂。在选举中,以建立在当代人现世利益上之同意僭越代替历史中无数代人之同意与未来尚未出生之无数代人之同意,即使"历史合法性"缺位("历史合法性"理据之一是无数前代人之同意),又使"神圣合法性"缺位("神圣合法性"理据之一是无数后代人之同意),排斥了历史之连续性与天道之永续性。此种政治秩序现世化所体现之"民意合法性"是一短暂断裂之合法性,在此现世合法性中,人成为与过去未来不相联系的朝生暮死之飞蝇,无助而可怜。①

总之,资本主义社会的政治形态是割裂欧洲中世纪政治文明、重新构建的结果,其核心内涵是民意成为政治权力的唯一、绝对、至高、神圣的合法性渊源。"普选成为政治权力合法性之唯一基础,民意成为政治生活之最高主宰。由此,民意即神意,如中古神意一般成为统治秩序之唯一法理根据。夫如是,使不能完全理性化之政治秩序依普选法与议会法而完全理性化(分析还原的简单理性化——引者),政治秩序成为万能理性之建构过程,超越理性之天道天理与历史传统被置于政治秩序与国家制度之外……现代政治一切以人民意志为转移,而人民意志多为人之世俗欲望与现世利益之表达,遂使政治权力合法性建基于人之世俗欲望与现世利益"。② 资本主义社会的政治权力

---

① 蒋庆:《再论政治儒学》,华东师范大学出版社 2011 年版,第 30 页。
② 同上书,第 29—30 页。

合法性中"人心民意的合法性"一重独大，没有神圣超越的合法性与历史文化的合法性与之制衡，名之为"民主政治"。需要指出，民主政治"人心民意的合法性"一重独大，不是完全没有神圣超越的合法性与历史文化的合法性（神圣价值与历史价值可以通过个人信仰与社会诉求进入政治，如通过议员个人、媒体舆论等方式影响政治），而是指神圣超越的合法性与历史文化的合法性丧失了法理基础地位，因而不能通过宪政性的制度安排进入政治，不能获得制度性的力量保障使其在政治中必然地有效地得以实现，因而无法与人心民意的合法性之相制衡，导致"人心民意的合法性"一重独大。

（三）异同比较

综上所述，德本主义社会与资本主义社会的政治形态的历史生成有着不同的环境背景与历史渊源。二者皆从封建社会千年文明的土壤中滋生演化而来，因资源环境不同，二者对待传统之方式迥异。前者全面汲取历史文化的智慧积淀，是中华文明传统的自然延续与创新发展；后者深度割裂历史文化的血脉传承，独尊现世人欲民意，是推翻欧洲中世纪传统文明的重新建构。二者在不同的环境背景、不同的历史时期皆有其充分的合理性。即都在较大地域、较长时间内，以相对公正的方式，维护了人类群体的生存延续。王道政治形态历经汉唐宋明清，延续了近两千年；民主政治形态自光荣革命以来，持续了三个多世纪。

需要指出，民主政治的发展有其特殊的条件。第一，资源环境相对宽松，有较广的殖民空间；第二，法制体系相对健全，有较长的历史积累；第三，道德风气相对良善（基于宗教信仰体系的健全），有较好的信用基础。如果资源环境变得越来越严酷，那么民主政治就难以保证持续稳定的社会秩序。即使历史文化传统（即法制体系与宗教体系）会减缓法制钱选的崩溃（成性存存），但是，如果不能在成性存存的期间发现一个可供移居的新地球，那么民主政治秩序就难以持续（参见前述社会定理5）。

欲要更深入了解"王道政治"与"民主政治"的异同，则需要深入解析"王道政治"与"民主政治"的思想渊源与义理结构。

二、思想基础

"王道政治"的权力合法性源于"天",即"主权在天";"民主政治"的权力合法性源于"民",即"主权在民"。"主权在天"与"主权在民"的政治思想源于不同的历史背景与思维方式,有着不同的思想渊源与义理结构。

(一)王道政治:主权在天

王道政治的思想构建基于构造整合法。在构造整合法的视域中,政治权力的运行一定要秉承"天道"。因为"天"是宇宙万物之所出,人类社会之本原,当然也是政治权力来源的根本。"天道"统摄人类政治权力运行的义理模型便是复杂科学的最高模型——北辰模型。

前文已述,北辰模型揭示了人类社会和宇宙运行的规律,涵盖天地人三才(详见第二章第一节·八·(一)·2《孔子——北辰尧舜之道》和第二节·二·(二)·1·4《模型构建:北辰模型》)。王道政治就是要求政治权力的运行遵循宇宙运行的规律,参通天地人三才之道。具体言之:王道政治要求政治权力的运行必须以保障人类社会和谐有序与永续发展为最高目标(相关于"北辰模型"的"木"),必须接续和弘扬尧舜时期奠定的文明传统(相关于"北辰模型"的"火",历史文化的合法性),必须敬仰和秉承天地生化养育万物的精神,"与天地合其德"(相关于"北辰模型"的"土",神圣超越的合法性),必须保障人类生产生活与自然环境的生态和谐,必须保障子子孙孙绵延存续无有穷期(相关于"北辰模型"的"金",神圣超越的合法性),必须满足人类社会的各种基本需求,得到人心民意的普遍认同(相关于"北辰模型"的"水",人心民意的合法性)。也就是说,根据北辰模型,政治权力的运行必须同时具有三重合法性,即神圣超越的天的合法性、历史文化的地的合法性、人心民意的人的合法性,三重合法性同时共存又相互制衡。

王道政治追求贯通三才、天人合一的理想境界,"既有历史的真实又非完全真实的历史,既有理想的成分又非完全虚构的理想,而是在历史中形成并根据历史建构起来的理想"。① 其中，人心民意的合法性对于政治权力的意义可谓众所周知，而神圣超越的合法性和历史文化的合法性对于政治权力的意义则需再行申述。

神圣超越的信仰是人类由原始社群演化为氏族部落社会的动态核心（图腾），也是不同形态的人类社会的动态核心，是人类社会最高价值之所在，是人类道德与理想之源出。赋予政治权力以神圣超越的合法性，也就是赋予政治权力以道德与理想，使政治成为引导和激励人们追寻崇高道德与高贵理想的引擎，使政治成为引导和激励人们向"善"的制度力量。反之，政治权力缺乏神圣超越的合法性，政治势必缺乏道德与理想，政治将成为人类世俗欲望的工具。② 一旦政治成为人类世俗欲望的工具，当"民意"违背"天道"时，或者说，当"人欲"与"生态"冲突时，民主政治的天平必然倾向于"人欲"而非"天道"，人类的永续发展将面临严重威胁。即使西方民主政治可以技术性地解决某些生态问题，也只是出于更长久更高质量地满足"人欲"实现"民意"，不可能在根本上服从"天道"，在"政道"层面实现"天道的合法性"（这就是为什么西方绿党在民主政治的制度安排中始终不能胜出的根本原因）。③

历史文化的智慧是人类在与环境的长期互动中积累形成的，不是理性简单建构而成的。人类理性面对纷繁复杂的历史演化，其认识必然是有限的，有许多复杂的"相关"不可能被人察觉（莫现乎隐），也有许多复杂的"相关"未能被人察觉（莫显乎微）。人处于天地之间，需要认识到人类理性的有限，不能自以为是，应该"戒慎乎其所不睹，恐惧乎其所不闻"（《礼记·中庸》），从而自觉地接受约束。赋予政治权力以历史文化的合法性，就是将人类与环境长期互动中积累形成的传统智慧赋予了政治权力，使政治权力成为保护和传承人类历史智慧的制度力量。反之，若政治权力缺乏历史文化的合法性，政治势必成为纵容人类现世欲望、肆意割裂文明传承的工具。④

---

① 蒋庆：《再论政治儒学》，华东师范大学出版社 2011 年版，第 12 页。
② 同上书，第 15—16 页。
③ 同上书，第 17 页。
④ 西哲迈斯特曾言："习俗是合法性之母"。"习俗"就是历史文化，此言即谓历史本（转下页）

赋予政治权力以神圣超越的合法性和历史文化的合法性，才能充分调动人类文明演进的道德力量，才能充分汲取人类历史传承的复杂智慧，从而以较低成本、较高效率来推进社会的整合，建立和谐秩序，保障永续发展。

孔子的孙子子思对王道政治的义理曾有详细阐释，载于《礼记·中庸》第二十九章："上焉者虽善无征，无征不信，不信民弗从；下焉者虽善不尊，不尊不信，不信民弗从。故君子之道，本诸身，征诸庶民，考诸三王而不缪（谬），建诸天地而不悖，质诸鬼神而无疑，百世以俟圣人而不惑。质诸鬼神而无疑，知天也；百世以俟圣人而不惑，知人也。是故君子动而世为天下道，行而世为天下法，言而世为天下则。"译为现代汉语是："对上层的管理者来说，虽能赢得人们一时的赞誉而没有神圣超越的依据和历史文化的依据（是不够的），没有神圣超越的依据和历史文化的依据就不能从人们心灵深处建立起信念，没有心灵深处的信念，人们就不会心悦诚服地遵从管理者的决策和管理；对下层的管理者来说，虽能赢得人们一时的赞誉而不能赢得人们发自内心的尊重（是不够的），不能赢得人们发自内心的尊重就不能从人们心灵深处建立起信念，没有心灵深处的信念，人们就不会心悦诚服地遵从管理者的决策和管理。所以，管理者弘扬北辰尧舜之道，要本于自身素养和能力的提升。一方面，要满足人民的基本需求，从而获得民意的合法性；另一方面，要从夏商周三代的社会演进中汲取经验教训，从中获得文化的合法性，不能违背历史发展的规律；还有，要秉承天地生化养育万物的精神，从中获得超越的合法性，不能违背自然演化的规律。管理者建立了上述三重合法性（其决策和管理的正当性就有了坚不可摧的基础），即使超越人类理性认知的鬼神降临，也不会质疑其决策和管理的正当性；即使时代变迁后重新出现圣人，也不会疑惑其决策和管理的正当性。超越人类理性认知的鬼神也不会质疑（其决策和管理的正当性），是因为管理者理解了天球生物圈的演化过程，秉承了天地生化养育万物的精神，获得了超越的合法性；即使时代变迁后重新出现圣人，

（接上页）身就是合法性的来源与评判人类事务的标准。——转引自蒋庆：《广论政治儒学》，东方出版社2014年版，第302—303页。

也不会疑惑（其决策和管理的正当性），是因为管理者洞悉了人类历史发展的规律，从中获得了文化的合法性。因此，成熟的管理者（获得了三重合法性），通过身教言传，可以在各种人类社会弘扬北辰尧舜之道，并建立具有普适意义的社会规范。"①

由上述王道政治的义理可知，王道政治是建基于复杂科学理性因而具有普适意义的政治理想。

（二）民主政治：主权在民

民主政治理论体系的构建方法是分析还原法，基础是自然权利论与社会契约论。霍布斯、洛克、卢梭等的自然权利论与社会契约论虽有不同，其思维方法则一。首先，将存在于具体的复杂社会系统中的人进行抽象还原：如霍布斯将人还原为一切人反对一切人的战争状态，洛克将人还原为人人平等自由的和平状态，卢梭将人还原为仅有肉体欲望（食物、交媾和休息）的野蛮状态。然后，以"自然权利"作为基本因子返构布局，构建"社会契约论"，即人因要保护"自然权利"而必须达成"社会契约"，从而形成国家与政府。如霍布斯认为人们为了摆脱人人自危的困境，为了达到自我保存的目的，而相互约定把他们的自然权利全部转让给一个人或由一些人组成的会议，这种权利的相互转让就是"契约"，于是便形成了一个统一的公共权力，即"国家"；洛克认为自然状态下的人们由于缺乏明确公认的法律，没有公共权力保障人人享有的自由和平等的权利，存在着违法自然法、侵犯别人的自然权利的现象，于是人们便通过协商订立契约，转让部分权利（即维护自然法、惩治犯罪者的权利，生命、财产和自由等则是不可转让的权利），以建立政府来保护人民，国家由此产生；卢梭认为当自然状态的不利情形超过个人生存所能应付的极限时，人类只有集合起来，但要既保存自己又不妨害自身，就必须达成一种契约，这一契约就产生了一个道德的和集体的"共同体"，即国家。最后，西方思想家们以自然权利

---

① 张祥平：《经典复杂科学》，中国社会科学出版社 2013 年版，第 371—372 页。

论与社会契约论为基础，推演得出"人民主权论"，即都强调人之所以要服从政治权力（国家或政府）的理由，是人把自己的权利让渡给了一个主权者（国家、政府、君主或人民），主权者因而获得了统治的权力。如霍布斯认为，人民订约的目的是为了保护自身利益，这是统治者最根本的职责，如果统治者不能尽职，那么臣民就可以解除对原统治者的服从义务，以便寻求新的保护；洛克认为，统治者是参加契约的一方，是从缔约的人们中推选出来的，因此也受契约限制，如果他们不履行契约，不能保障人民的生命、财产和自由的权利，人民就有权反抗甚至推翻他们。如果政府与人民发生冲突，人民则是最高的裁判官，因为政府只是接受人民委托的受托人，其行为是否正当，只有委托人即人民才是最后的裁判官；卢梭认为，人民订立契约成立国家，他们便是国家权力的主人，国家的最高权力属于全体人民，人民主权是集体的统一意志，至高无上，神圣不可侵犯，不受任何其他权力的约束和支配，却可以约束和支配其他权力。总之，"民主政治"的理论体系的构建始于自然权利与社会契约，终于"主权在民"。

　　由上可知，以分析还原法建构的民主政治理论是基于想象虚构的概念体系，而非人类历史的复杂事实，"主权在民"表达的与其说是一种理论学说，不如说是十七、十八世纪西欧社会的一种社会理想。正如英国思想家休谟指出的，社会的政治与法律制度从历史上看没有哪一种是通过有意识的人与人之间的契约形成的，它们实际上无非是一种社会习惯。"没有什么人们共同遵守的契约或者协议是以明明白白的方式达成的，对于野蛮人来说，这是一个远远超出了他们的理解能力的概念。掌权者对于每一方面的权威的第一次运用都应该是特别的，并且出于当时的迫切需要。此后这种新的权威的有效性使其在日常生活中的运用日益频繁，这种频繁地使用使其成为一种习惯；当然如果愿意的话，也可以称之为人们的自愿，并且由此为人们所逐渐默认。"休谟认为的实际情形是，人们不是服从已有的权威便是处于完全无政府的野蛮状态，如政府被推翻，那就将陷入霍布斯所描绘的那种每一个人反对每一个人的战争。休谟进一步指出："说所有的政府都是或者必须是通过人民的普通同意而产生的是毫无意义的。……我认为人类事务根本不可能允许这种同意哪怕是偶然地出现。……实际上它以前没有存在过，而且也永远不会获得它完全的实现。"① 法国思想家路易·鲁吉埃在《民主的玄虚》中也指出：当让—雅克·卢梭宣告"人生而自由，但却到处戴着铁镣"之时，他提出了一个既无经验又无理性根据的命题。经验证明——他也承认并试图解释之，人到处都戴着铁镣，那么人们就不能由此推论出人在出生之时是自由的。如果让理性来进行证明，该命题立即会受到经验的否定，因为经验确实观察到相反的情况。卢梭的命题在措辞上自相矛盾。人们也许将反驳说应当这样理解："人在自然状态，即在任何社会制度之前是自由的。他生来如此，因为在他出生的那一瞬间，他是处于原始人状态。只因为他在社会环境中长大，他放弃了他原生的自由。"从这里，人们可以得出的结论只能是：社会的状态与人的天生自由截然不可并存；如果人要享有社会的好处，他必须放弃天然的自由。于是乎，既然人必须生活在社会之中，又何必宣称人生来即自由呢？而且，被认作是人类原始状态的自然状态，也不过是一个幻想。它从来没有在人类进化过程中得到证明。而所有人种学和人类学的资料却一致表明：因受制于集体的代表组织和社会的强制要求，原始人比文明人要不自由得多。人们还可能这样来理解《社会契约论》作者的思想："人在权利上是自由的，但在事实上是被奴役的。"这个解释并不比前一个解释更令人满意。人是根据什么权利而自由的？——根据自然（天然）权利。但自然权利恰恰是唯一在自然中不存在的权利，就像有人打趣所说的那样。自然权利说并不比自然状态说更多一点历史真实性。相反，历史证明：正是社会在法律上赋予个体以权利，并以整个社会体的力量来确认这些权利。因此，让—雅克（卢梭）提出的事实与权利之对立，是毫无意义的。也许人们会用亚里士多德、斯多葛或笛卡尔式的方法来诠释卢梭的格言："人类本性的本质是理性。而理性要求个人的自主。只是社会生活损害了这种自主。"从这里，人们可能得出的结论又只能是：像亚里士多德和斯多葛主义那样把人定义为一种理性

---

① 唐士其：《西方政治思想史》，北京大学出版社 2002 年版，第 225—226 页。

和社会的动物,乃是把两个部分的互相矛盾、至少是互相限制的形容词并置在一起。因为,以人的理性特征来看,人们可以从理性本身推断出人是自由的;而以人的社会特征来看,人们又可以三段论地推断出人是不自由的。我们又陷入同样的措辞矛盾之中。因此,让—雅克(卢梭)的断言是没有任何实证的、经验的或理性的意义。这仅仅是一个激情的断言。[1]

理解民主政治的理论,应该将其置入十七、十八世纪西欧历史的大背景中。彼时,西欧将源自希腊罗马的殖民扩张精神发扬光大,通过地理大发现攫取了广袤的殖民扩张空间;文艺复兴后,伽利略、牛顿等将源自希腊毕达哥拉斯、德谟克利特与柏拉图等西哲奠定的分析还原法发扬光大;宗教改革后,新教伦理与资本主义精神得以结合,新型民族国家形成……彼时的西欧社会正处在转型到异域整合社会的关键时期。借用复杂现象的生成模型(太极生卦模型)来说明:此时太极生两仪、两仪生四象已成,正处于四象生八卦的阶段。民主政治理论的出现,为八卦的生成,即社会新秩序的最终形成勾画出蓝图。一言以蔽之,民主政治理论是西欧社会特定资源环境、特定历史时机、特定思维方法的产物。只有理解民主政治理论产生的思想源流及其方法、理解民主政治理论产生的历史背景及其动力,才能真切地理解民主政治理论的历史意义及其价值:民主政治理论的意义与价值不在于其科学性(分析还原法面对复杂现象缺乏科学性),而在于其以创造的激情勾画了社会新秩序的蓝图,并最终催生出民主政治制度,正如王道政治模型勾画了德本主义社会的新秩序蓝图,并最终催生出王道政治制度。

需要指出,自由主义民主政治仅仅是实现个人自由或个人目标的手段,所以民主从根本上讲,无法注重社会公共利益。尽管不少自由主义者并不排除公共利益这个概念,但作为基本原则,自由主义民主强调民主是一种程序,个人或集团参与民主,不必追求公共利益,可以而且应该鼓励追求个人或集团的利益。这样,众多的个人与集团都通过民主程序表达一己之私利,最后

---

[1] 〔法〕路易·鲁吉埃:《民族的玄虚——其起源及其幻觉》,河清译,http://www.hswh.org.cn/minxinsuoxiang/dushu/2013-05-02/9625.html

通过民主程序,达成相互之间的妥协。因此,自由主义对民主的参与者没有太高的期望与要求。无论是参与投票的大众还是大唱高调的政治家,参与政治的目的是相同的:为自己或自己的集团、阶级谋求利益。当然,民主并不排斥政治家谋求公共利益,但作为理论,已经预设了参与政治的所有人都以追求自身利益为前提。

(三)异同比较

王道政治与民主政治皆强调人心民意与天下归往,此为二者之同。但王道政治又强调"参通天地人",即人类的政治不光要体现人道,还要体现天道和地道,通过人类活动(王者的政治活动)将人道与天地之道贯穿,达到宇宙的大和谐。由此可见,民主政治蔽于人而不知天,王道政治则天人不遗;民主政治倾向于平面化与形式化,王道政治则上通天道下贯地道,具有道德生命之深度与宇宙生命之高度,并将政治理解为人类生命与宇宙生命永恒之贯通与和谐;民主政治只对人负责,最终导致了生态危机,王道政治综合地对天地人负责,则可避免现代化可能造成的生态危机。故王道政治在理念上比民主政治更可欲。王道政治的核心在于参通天地人、天下归往的精神实质,而不在统治的具体形式。也就是说,王道政治并不局限于某一个人的统治方式或某一权力的运作方式,君主政治可以体现王道政治的精神;民主政治也可以体现王道政治的精神;只要体现了王道政治的精神,君主制下的君主可以成为王者,民主制下的总统也可以成为王者。故王道政治是一种追求实质性的政治,不受时间和地域的限制,在人类政治形态中有其永恒的价值。①

需要指出,德本主义社会与资本主义社会在历史上的政治形态并非"王道政治"与"民主政治"的理想形态。德本主义社会与资本主义社会在历史上的政治形态,具备了"王道政治"与"民主政治"的基本特征,或曰部分地、有限地实现了"王道政治"与"民主政治"的理想。也就是

---

① 蒋庆:《政治儒学》,生活·读书·新知三联书店 2003 年版,第 369 页。

说，汉唐宋明清的政教合一、君相共治、三省分立、科举考试、礼乐教化等，部分地、有限地实现了王道政治的理想，但是并非真正的"天人合一"的"圣王之治";[1] 近代以来欧美国家的政教分离、君政分离、三权分立、民主投票、法制体系等，也是部分地、有限地实现了民主政治的理想，远非真正"人人平等"的"人民做主"[2]（参见第六章第六节·六·（二）·1之《金权操纵导致政治制度衰败》）。

三、政权组织

（一）政体与政制：王道政治 vs. 民主政治，德政礼制 vs. 宪政法制

1. 政体：王道政治 VS. 民主政治

本书所言"政体"，指政治制度的根本性质。[3] 前文已述，政治最根本之问题乃政治权力的合法性问题，因此，"政体"依政治权力合法性，可分为民意合法性政体、文化合法性政体、超越合法性政体、二重合法性政体、三重合法性政体。德本主义社会的政体是具有三重合法性的王道政治，主权在天；而资本主义社会的政体是民意合法性一重独大的民主政治，主权在民。二者

---

[1] 参见蒋庆：《广论政治儒学》，东方出版社2014年版，第309—323页。
[2] 中文"民主"一词源于《尚书》。《尚书·商书·咸有一德》载："后非民罔使；民非后罔事。无自广以狭人，匹夫匹妇，不获自尽，民主罔与成厥功。"意为：君主没有人民就无从做事，人民没有君主就无法做事。不可自大而小视他人，人民如果不尽心尽力，人君就没有人同他建立功业。《尚书·周书·多方》载："天惟时求民主，乃大降显休命于成汤，刑殄有夏……惟成汤克以尔多方简，代夏作民主"。意为：上天于是寻求人民之主，就降下光明美好的使命给成汤，命令成汤消灭夏国……因为成汤能由各国邦君推选，代替夏桀作了人民之主。文中"民主"之意皆为"民之主"，不同于西方民主政治理论中的"民选主"与"民做主"。民选投票号称"民主"，实际是数人头，既不是"人人平等"的"民做主"（民粹导向），选出的也不是真正意义上的"民之主"（伦理导向），仅仅是形式上的"民选主"（立法导向）。——张祥平：《经典复杂科学》，中国社会科学出版社2013年版，第254页。
[3] 学界通常将"政体"的内涵等同于政权组织形式。从语词构成分析，二者所指实不相同：政体侧重于"体"，即根本性质；而政权组织形式侧重于"形"，即组织形态，对应的语词应为"政制"。

之思想基础前文也已论述，此不再赘。

2. 政制：德政礼制 VS. 宪政法制

政体不同决定了政治权力要实现的目的不同。德本主义政权的目的，是要以"主权"实现"天"的价值，包括神圣超越的天道价值、历史文化的地道价值与人心民意的人道价值，一句话，即道德价值；资本主义政权的目的，是要以"主权"实现"民"的价值，要保障现世民众的"自由""人权"，并实现民众的世俗利益。简言之，前者是要以权力实现道德，后者是要以权力保障权利。政权目的的不同，导致了政权的组织形态不同。

资本主义政权要以"主权"实现"民"的价值，以权力保障权利，其政权组织首先强调要"限制"权力滥用。而"要防止滥用权力，必须以权力约束权力"："好像给一种权力添加重量，使它能够和另一种权力相抗衡"。① 西方近代政治思想史上分权学说的主要代表之一，英国思想家洛克提出了政权分散、互相制约、三权分立的"分权"学说，主张立法权、行政权和联盟权（外交权）分由不同的部门掌握。其中立法权是最高权力，根据立法权的所属，可将政府的形式区分为民主制、寡头制和君主制。多数人拥有立法权的政府是民主制，少数人拥有立法权的政府是寡头制，一个人拥有立法权的政府则是君主制。洛克主张一种复合政体形式：议会掌握立法权，行政权归政府内阁，君主名义上行使外交权。英国"光荣革命"之后逐步完善的君主立宪制就是这一理论的实践。法国的孟德斯鸠将洛克的"分权"学说发扬光大之，并修改为立法、司法和行政三权分立说。"每个国家有三种权力：(一) 立法权力；(二) 有关国际法事项的行政权力；(三) 有关民政法规事项的行政权力"。② 立法权具体体现为制定临时或永久的法律，修正或废止已制定的法律等；行政权具体体现为对外宣战或媾和，派遣或接受使节，维护公共安全，防御侵略等；司法权具体体现为惩罚犯罪，裁决私人诉讼等。立法权由民集体享有，人民通过他们的代表来参与立法；行政权由国王一人来执掌政权，

---

① 〔法〕孟德斯鸠：《论法的精神》（中译本），张雁深译，商务印书馆1987年版，第187页。
② 同上书，第155页。

便于迅速处理国务；司法权由法院来行使，法院组成人员每年由人民选举产生。这三种权力需相互独立，分掌于不同的人、不同的机关手中："当立法权和行政权集中在同一个人或同一个机关之手，自由便不复存在了；因为人们将要害怕这个国王或会制定暴虐的法律，并暴虐地执行这些法律"；"如果司法权不同立法权和行政权分立，自由也就不存在了。如果司法权同立法权合而为一，则将对公民的生命和自由实行专制的权力，因为法官就是立法者。如果司法权同行政权合而为一，法官便将握有压迫者的力量。"① 孟氏的三权分立学说成为美国等资本主义国家的政权组织原则。总之，资本主义政权组织的基础是建立一种权力制衡机制，其核心是立法权归"人民"，通过宪法约束政府权力、保障公民权利与自由，将所有政治权力的行使都纳入宪法的轨道，并受宪法的制约，被称为"民主宪政"，或"宪政法制"。

德本主义政权要以"主权"实现"天"的价值，以权力实现道德，其政权组织首先强调要"规范"权力的运行，促使权力遵循"天道""天理"，促使权力实现神圣超越的天道价值、历史文化的地道价值与人心民意的人道价值，促使权力"代天行善"。"规范"与"限制"不同：规范当然要限制，但却不仅是限制，限制重在防止权力作恶，规范更强调引导权利行善，即通过崇高的理想与高尚的道德推进政治向"善"。用道德规范权力，既是用道德来限制权力作恶，也是用道德升华权力行善。落实到制度层面，是用体现"天道性理"（即代"天"立法）的儒学经典（即复杂科学经典）作为一切政治权力运行的宪法基础，或者说作为最高宪法性法典。② 西汉初期汉武帝独尊儒术的政策，是将儒学经典尊为最高宪法性法典的标志。之后，儒学经典一直作为治国典谟具有宪法地位与宪政功能。按儒学经典设计的礼治政制具有宪政意义上的约束力，传统中国所谓"五经垂宪，经义治国"正是此义。正如近儒李源澄所言："经学得汉武帝之表彰，经学与汉武帝之大一统政治同时而起，吾国既有经学以后，经学遂为吾国人之大宪章。经学可以规定私人与天下国家之理想，圣君贤

---

① 〔法〕孟德斯鸠：《论法的精神》（上册），张雁深译，商务印书馆1987年版，第156页。
② 蒋庆：《再论政治儒学》，华东师范大学出版社2011年版，第135—137页。

相经营天下，以经学为模范，私人生活以经学为楷式，故评论政治得失，衡量人物优劣，皆以经学为权衡，无论国家与私人之设施，皆须于经学上有其根据，经学与时王之律令有同等效用，而经学可以产生律令，修正律令。在吾国人心目中，国家之法律不过一时之规定，而经学则如日月经天，江河行地，万古长存。"①宪政意义上的"法"在德本主义社会称为"礼"，是不成文法。许多人囿于成文法的宪法观念，不知不成文法同样具有宪政意义的"法"的属性：如英国就无成文宪法，但数百年来的习俗惯例比成文宪法的效用更高，权威更大，而美国成文宪法则需要修正案来调整，法国成文宪法更是变来变去。就宪政意义上的"法"而言，"法"背后的义理价值是最重要的，中国传统称之为"义法"。"义法"是制定宪法的最基本的思想原则，即所谓宪法性原则，它高于宪法，是宪法的法理渊源和学理依据。孔子作《春秋》为万世"制义法"，就是为后世的宪法制定确立了最基本的思想原则，即确立了王道政治三重合法性并存制衡的宪法性原则，具体包括大一统原则、通三统原则、天子一爵原则，等。②《周礼》也是具有宪法性质与宪政功能的儒学经典，德本主义政权组织的基本架构在《周礼》中得以奠定。儒学经典作为规范政治权力的最高法典，意味着一切具体的政治制度、法律条文、国家仪式乃至于政治人物的行为与生活方式，皆必须合乎经典所定的礼法，涵盖礼制、礼仪、礼乐、礼器、礼服等，浸润了政治生活的方方面面。可见，从对权力的制约而言，德本主义政权的组织架构也是一种"宪政"，是以儒教经典为宪法性法典"限制权力"并"升华权力"的一种"宪政"，可称为"儒教宪政"，或"德政礼制"。

在此，需对"宪法"一词略作辨析。现代汉语"宪法"一词源于日文对西语"Constitution"的翻译。Constitution 源于拉丁文 constitututio，这个名词又源于动词 con-stituere，con 是"一起"（together）的意思，situere 是"设置"（set）的意思。两者合起来，作动词是指用各种部分（部件）或成分组织或组建一个事物；作名词是指事物的"组成""构成方式"，"宪法"可理解为社会

---

① 李源澄：《经学通论》，华东师范大学出版社 2009 年版，第 4 页。
② 蒋庆：《公羊学引论》，辽宁教育出版社 1995 年版。

最基本的"组成"和"构成方式"。由于中西思维模式的差异，导致了对社会的"组成"和"构成方式"的"观法"大相径庭。在中国，构造整合法视域中的"社会"，是最复杂的复杂现象。社会最基本的"组成"是天地人三才，其"构成方式"是"五行"相生相克；在西方，分析还原法视域中的"社会"，是抽象还原后的"个体"为追求"自由"和"权利"而形成的契约组织（详见本节·二《思想基础》）。"宪法"便是由对上述社会"组成"和"构成方式"之认识而形成的规范和遵循。由"三才"、"五行"的认识，导致了"主权在天"的信念，因而形成了"儒教宪政"的规范和遵循；由"自由"、"人权"的认识，导致了"主权在民"的信念，因而形成了"民主宪政"的规范和遵循。

需要指出的是，现代汉语中的"宪政"一词，由于其外来词的背景，其内涵已经被固化为"民主的政治"。[①]尽管在"宪政"概念的引入和传播过程中，其定义有多种，不过其中"自由"、"人权"、"民主"、"法治"的要素是共同的，"其中，民主和法治都服务于相同的价值——保障人权，只是在宪政中角色不同罢了"。[②]

也就是说，"宪政"一词与资本主义的核心价值（详见本章第二节·一·（二）·2《资本主义社会的核心价值》）已融为一体，即使加上定语"儒教"后用来指称德本主义的政治体制也容易产生歧义。因此，本书下文将德本主义的政治体制皆名之为"德政"或"德政礼制"，以区别于资本主义的"宪政"或"宪政法制"。

德本主义社会之"德政"的根本原则是主权在天，具体体现为道德优先原则、礼治主义原则、联合协调原则；资本主义社会之"宪政"的根本原则是主权在民，具体则体现为基本人权原则、法治主义原则、分权制衡原则。

基本人权原则与道德优先原则之不同在于：前者是要以权力实现道德，后者是要以权力保障权利。道德与权利的不同在于：道德是要求当事人自己尽到对他人与社会的善的责任，权利则是要求他人与社会对我自己尽到善的

---

① 《现代汉语词典》，商务印书馆1988年版，第1250页。
② 周叶中：《宪法》（第二版），高等教育出版社/北京大学出版社2011年版，第183页。

责任;用董仲舒的话说,道德是"以义正我",权利是"以义正人"。也就是说,权利本身不是道德,权利只是要求他人与社会对我履行道德,故权利的起点是"自私",是为了保护自我的利益,而保护自我的利益不是道德,只能是一种法律意识或法律诉求。权力所能实现的道德内涵可以涵盖权利所体现的道德内涵,但权力所保障的权利则不能涵盖权力所能实现的道德内涵。如保障生命、自由、财产等权利对权力固然是道德,但这些道德不能涵盖所有的人类道德,特别不能涵盖许多人类重要的道德,如不能涵盖仁、义、忠、孝、诚、信、廉、节、中、和、谦、让等道德。德本主义之"德政"与资本主义之"宪政"在以权力保障权利方面有相同之处。因为用权力保障权利,也是实现道德:对他人与社会而言是保障权利,对政治权力而言则是实现道德。但保障权利只是"德政"的最底线要求,在保障权利之上还有更多的道德价值需要用权力去实现。因此,"德政"在用权力保障权利的同时,更强调用权力促进道德。(其实,"民主宪政"以"权利"超越"道德",是西方近现代进入资本主义社会才出现的现象,西方中世纪的政权也是以实现宗教道德价值为根本目的,如托马斯·阿奎那强调以神的永恒法规范基督教政权,甚至直到十六世纪,法国法学家博丹也认为在国家领域不受法律限制的至高无上的权力——"主权"也必须受到上帝法则的限制并向上帝负责。但是,自霍布斯后,经洛克、卢梭,西方政治思想发生巨大的逆转,通过"社会契约说"把政治权力的目的从道德变成了权利,把政治权力的功能从实现善变为了保障权利。这样,政权就不再以超越神圣的道德之善作为其合法性的基础,而是以乔装成神圣价值的世俗自我法权作为其合法性的基础,"去道德化"因此成为民主宪政的一大特征。这一所谓"把道德变成权利"的"政治现代性",列奥·施特劳斯已经看出,并认为这是近代西方政治思想的巨大裂变。)①

　　法治主义原则与礼治主义原则之不同在于:前者强化人性之恶,提倡"法律至上"与"权利本位",强调一切以法律为准绳,主张只要通过理性算计与功利权衡而不犯法,便可任意追求权益,人因此丧失了羞耻心,降低了社会的

---

① 蒋庆:《再论政治儒学》,华东师范大学出版社2011年版,第135—137页。

道德水准，正所谓"道之以政，齐之以刑，民免而无耻"；后者强化人性之善，提倡"道德至上"与"责任本位"，强调"德主刑辅"，法律只是"明刑弼教"，以此激发人们的自律精神，提升了社会的道德水准，正所谓"道之以德，齐之以礼，有耻且格"。前者强调个体在"法律面前人人平等"，以个人之间的契约关系为社会秩序的基础；后者强调今人与先人及后人之间的传承，以代际间传承的优良习俗为社会秩序的基础，其中尤其强调基于血缘亲情的亲疏秩序，即"五伦"（父母子女、兄弟姐妹、夫妻、君臣、朋友）。前者之推行主要依靠刑罚，后者之推行主要依靠教化，同时也强调"礼乐刑罚"并举，即"兴礼乐，中刑罚"，"礼乐"从正面倡导秩序，"刑罚"从反面惩治作乱。（详见后文《礼治与法治》）

分权制衡原则与联合协调原则之不同在于，前者强调权力的分立制衡，后者更强调权力的联合协调。具有宪法属性的儒家经典《周礼》开篇即有天官大宰"九条"为政之法（"八法""八则""八柄""八统""九职""九赋""九式""九贡""九两"），为治国之总纲，其中首条"八法"言"治官府"，乃是权力设置的基本原则，又可视为纲中之纲，曰："以八法治官府：一曰官属，以举邦治。二曰官职，以辨邦治。三曰官联，以会官治。四曰官常，以听官治。五曰官成，以经邦治。六曰官法，以正邦治。七曰官刑，以纠邦治。八曰官计，以弊邦治。"其在明确权力部门设置应有纵向统属（官属）与横向分工（官职）之后，指出权力部门之间的联合协调（官联），此后才再言权力范围的界定（官常）。可见，"官联"作为权力部门设置的原则，其重要性要高于"官常"。"官联"的具体内容有六个方面，《小宰》职云："以官府之六联合邦治：一曰祭祀之联事；二曰宾客之联事；三曰丧荒之联事；四曰军旅之联事；五曰田役之联事；六曰敛弛之联事。"国事繁杂，牵连甚广，事无大小，皆有联事（《小宰》职云："凡小事皆有联。"），所以需要会同众官联合处理，是谓"官联"，为权力运行的常态。"官联"强调权力运行应为一整体："官常主分，与官联主合，义正相反"（孙诒让：《周礼正义》卷二），强调"分"，势必造成各行其是、各自为政的局面，而强调"联"，则促使权力部门间运作互相贯通、融成一体。《周礼》强调权力应联合协调而非分立制衡，是基于权力之性质旨在"扬善"而非"制恶"，因而权力部门无需通过分立制衡而求以恶制恶。从实际效果言,"官联"也能够有效地制衡权力滥用:一事数官共举,本可以相互牵制而防止徇私舞弊。

需要指出,"德政"的主权在天原则并不排斥民意,而是承认民意、容融民意但又超越了民意,道德优先原则也并不排斥人权,而是承认人权、容融人权又超越了人权,礼治主义原则也并不排斥法制,而是承认法制、容融法制但又超越了法制,联合协调原则也并不排斥权力制衡,而是承认制衡、容融制衡但又超越了制衡。由此,"德政礼制"可以容融并超越"宪政法制"。(详见本节之五《治理体系》)

(二)国体与君权:君相共治 vs. 君政分离

1. 国体:历史性 VS. 民意性[①]

本书所言"国体",是指国家的根本性质。从复杂科学的视角,依中国王道政治,国家的根本特性在于国家的历史性。国家的历史性具有神圣性、神秘性、浑然性、尊严性与永续性。因为国家不是某一时代某一群人凭空创造的物品(如现代国民按契约性质的宪法产生国家),而是在漫长的历史演变过程中天、地、人三方的各种合力自然形成的产物。[②] 从社会契约的视角,依西方民主政治,国家是为保障人民之权利与促进人民之福利而形成的,是现世"人民同意"的产物,国家的"历史性"因此被消解,国家成为现世人民理性的构造与意志的产物。

德本主义国家的"历史性"决定了国家是超越社会结构变化、制度损益存废、政治盛衰兴亡及时代潮流风尚的持续性存在,中国历史上社会不断变化,朝廷(即政府)不断更替,而作为中国的国家却常在。国家与政府不同,政府没有历史性,是因应时代建立的短暂时期的人类组织,处于不断更换中。而国家的历史性,就决定了国家具有"持续性",国家的生命既是过去的存在,又是现在的存在,也是未来的存在,国家的生命贯通于过去、现在与未来。

[①] 蒋庆:《再论政治儒学》,华东师范大学出版社 2011 年版,第 203—212 页。

[②] 同上书,第 165 页。

《春秋》谓国家万世一体，既是时君之国，又是祖宗之国与子孙之国，即是此义。因此，任何特定时代的特定人群，没有权力决定国家的建立与废止，因为其所居之国不是其此一代人的私产，而是与祖宗、子孙共有的公产，故任何特定时代的特定一群人都没有权利私自处分这一属于过去的人、现在的人与未来的人的公产——国家，而只有义务保护作为公产的国家不在自己这一代人的手中断灭消失，即有义务努力维护国家有机生命与精神自我的永久持续。

资本主义国家的"民意性"决定了国家由契约产生，如全民公投，即是把政府产生的原则等同于国家产生的原则，从而使政府吞没了国家，国家在理性与意志的短暂决定中丧失了"历史性"。由于国家"历史性"的消失，国家的"持续性"也随之消失。资本主义国家往往在宪法中规定了所谓民主的"创制权"，动辄通过"全民公投"来决定国家的建立与废止。也就是说，国家的生命不再是过去、现在与未来的持续存在，不是此时代人与先人、后人的共有财产，而成为此时代人可以通过自己的有限理性、短暂意志甚至自私欲望任意处置的私产。

德本主义国家是天命下贯到人类历史形成的，是一种超越人的理性与意志的精神性存在。于是国家成为一种有机生命体，国家同人一样有精神的自我，但国家的精神与人的精神不同，不会随着自然人的死亡而消失或改变存在形态，而是超越于人的自然生命、有限理性与短暂意志在漫长的历史中持续延续并长久存在。也就是说，国家成为一种"宗教性"与"神圣性"的存在（其实无论中外，古代的国家都从神圣天意的角度来看待国家的产生与存续）。在儒教的祭祀系统中，有所谓"社"的信仰。"社"最先是土地神，后来发展为国家神。古代天子祭"太社"，诸侯祭"国社"。在儒教"社"的祭祀中，其宗教意义在于把国家当作永恒的有机精神生命体来敬奉，表示国家万世一系（非帝王与朝代万世一系），国家具有不可割断的历史连续性与精神不变性，即今日之国乃古代之国亦将来之国。不管历史如何改朝换代，中国永永远远是中国，中国因其永恒的精神性不会在历史中断灭。国家因此被赋予了来自天意的统治权利，即获得了神圣合法性。人们能够把政治义务建立在超越的天命基础上，对国家有一种宗教性的敬畏心与崇高的敬仰感，人们服从国家的统治权威即意味着是在服从神圣的天命、超越的天意与绝对的天理。服从世俗的利欲、意志与理性不需要敬畏心，更不需要威严感，需要的只是一种世俗的愉悦心与自我的满足感，而服从神圣超越绝对的天命天意天理则不同，既需要神圣的敬畏心，又需要崇高的威严感，因为天主宰宇宙与人类，如果违背天命天意天理会遭到天的惩罚。国家的"威严性"从而植根于人们心灵深处的信仰与敬畏上的，而不是建立在国家对政治权力的垄断与专制上。

资本主义国家是"人民"凭理性有意识创造的人为物品，而不是一种超越人的理性与意志的精神性存在，即国家只是有限理性与短暂意志的世俗构造物，并无一个持续永存的精神自我。在具体的政制安排中，国家通过人的约定而在其约定的短暂期限内存在，而所谓短暂期限内的约定就是选举。正是这种建立在有限理性与短暂意志上的人为约定的选举，国家纯粹成了人意约定的产物，国家的产生与存在，就如同世俗的商业公司一样，完全取决于当事人之间的同意，即取决于一份世俗之人订立的利益合约。前者形成了民主政治的合法性基础——"人民同意说"，后者则形成了民主宪政的制度性基础——宪法。所以英国保守主义思想家伯克嘲笑"社会契约"把国家变成了买卖胡椒与咖啡的追逐蝇头小利的公司。由于国家成为纯粹世俗人意约定的产物，国家也就不再具有源于天意的神圣性，因而国家的统治权利也就只产生于个人世俗意志的认可，国家的政治权威只产生于个人心理意识的承认。因为国家是从"我"产生的（始于霍布斯），"我"是国家的合法性基础而高于国家，故国家对"我"并不存在任何崇高与威严，当然"我"对国家也就不会产生任何仰慕与敬畏。相反，国家必须仰慕"我"，敬畏"我"，因为"我"才是国家的合法性基础与国家对权利保护的中心。于是，人们服从国家就成了自己服从自己的意志与利益。这样，国家的宗教性就被完全解构，国家的神圣性已不复存在，国家不再具有来自上天的超越的神圣权威，即不再具有超越神圣的合法性。因而国家也不再具有崇高的威严与超越的权威，只是人自己实现自己世俗利欲的人为的工具或机器。

德本主义国家建立在天意产生的神圣性与超越性上，故国家既超越个人的利欲与国民的利益，又超越个体的理性与公共的意志，因而国家具有建立在神圣性与超越性上的价值性。因此，服从国家不是在服从自我的利欲与国民的利益，也不是在服从自己的理性与公共的意志，更不是按照合约与国家做交易，而是在服从源自天意的普遍道德，是在履行神圣的宗教义务。由此，国民对国家自发抱有一种神圣的、专一的、深厚的、持续的、热烈的发乎情而不能已的内心归属感。这种内心归属感不是一般的人类情感，而是一种具有宗教性的道德情感，是政治义务亦即统治权利得以产生的深层心理要素。这种宗教性道德感综合地产生于国家的历史性、持续性、神圣性、威严性与价值性，是国家凝聚力与稳定性的心理情感基础。也就是说，国家的凝聚力与稳定性是建立在国民对国家忠诚的宗教义务、道德情感与心理归属上。

资本主义国家被混同于政府，国家像世俗政府一样建立在自我的利欲、理性与意志上；并且，国家还被混同于公司，国家像商业公司一样建立在利益的等价交换上。正如西方经济学所说，是建立在国民与国家互利的交易行为上：国民通过上税向国家购买公共产品，国家获得税收后向国民支付公共产品。国家存在的基础是利益而不是宗教价值。国家不再具有来自神圣天意的超越的价值性。于是，服从国家只是在服从自我的利欲与国民的利益，只是在服从自我的理性与公共的意志，只是在按照合约与国家做交易，而不是在服从来自天意的普遍道德，不是在履行神圣的宗教义务。国家把国民对国家的利欲要求、权利诉求、理性选择与意志约定作为国家凝聚力与稳定性的基础。国家的存在与维系不再具有宗教道德情感的因素，成为当世之人利欲、理性与意志的产物。于是，国家也就丧失了国民对于国家宗教价值与道德情感的忠诚。"忠诚"是一种属人的时时存在于人心深处的活的道德情感，而不是一种依附于客观法律制度的无生命的理性认知。或许"忠诚"于无生命的客观法律制度能够适应于作为"理性存在"的极少数哲人，如苏格拉底，但决不适应于作为"情感存在"的广大国民。

综上所述，德本主义国家在本性上是历史性的存在、持续性的存在、神圣性的存在、威严性的存在、价值性的存在、忠诚性的存在，总之，是"传统性"的存在。资本主义国家与历史割裂，丧失了历史性、持续性、神圣性、威严性、价值性，总之，丧失了"传统性"，成为"现代性"的存在，国家在本性上混同于政府、混同于公司。

2. 君权：君相共治 VS. 君政分离

德本主义社会与资本主义社会的发展过程中，国家和政府的制度演进经历了相似的环节。在形成期，二者皆经历了"王室权力"（或曰"君权"）与"政府权力"（或曰"治权"）的分立。前者是汉代中朝与外朝分立，后者是英国王室与政府分立（详见第六章第二节·二·（二）·2《政权组织》）；在发展期，二者皆经历了政权组织的重新设置。前者是唐代设置"三省六部"，后者是英国设置"责任内阁"，并明确"三权分立"（详见第六章第二节·三·（二）·2《政权组织》）；在成熟期，二者皆有中央集权的加强。前者是五代十国后，宋代中央集权发展；后者是"二战"后，英国、美国等中央集权发展（详见第六章第二节·四·（二）·2《政权组织》）。然而德本主义社会与资本主义社会"君权"与"治权"分立后的发展不同。前者是"君权"与"治权"共存互动，传承并发展了原有君主制度，将"君主专制"提升为"君相共治"；后者则将"君权"逐出"治权"领域，基本废除了君主制度，或仅保留君主制度的形式，如英国的立宪君主制度，或彻底根除，如美国、法国等。

作为国家的人格化代表，"君主"是国家历史延续性的人格化体现。纵观人类社会异域整合之前的历史，君主制度是在城邦封建社会时期普行于世的一种政治制度，对于保障统治效率、传承人类文明，具有高度的合理性与合法性。"君主制度"是建立在"万世一系"的国家历史理念上，其名位乃"天命"所赐，代表着统治合法性，且具有世袭永续性（除非"天命"改立）。"君主"与国家成为一体，因此有"朕即国家"一说。世袭君主对国家有一种永久性的所有权观念，故君主制度使国家元首自觉到延续国家历史文化的神圣天命（尽管君主制做不到"万世一系"）。"君主"与国家的历史文化融为一体，成为历史文化在政治上的人格化体现。①

德本主义国家承续君主制度，正是承续了国家的历史性、持续性、神圣性、威严性、价值性，因此赢得国民持久而强烈的宗教般的道德忠诚，从而

---

① 蒋庆：《再论政治儒学》，华东师范大学出版社 2011 年版，第 172 页。

较高效率、较低耗能地维护了社会秩序的持续稳定。而资本主义国家废除君主制度，则丧失了国家的历史性、持续性、神圣性、威严性、价值性，因此不再能赢得国民持久而强烈的宗教般的道德忠诚。国家必须把国民对国家的利欲要求、权利诉求、理性选择与意志约定作为国家凝聚力与稳定性的基础，必须推进持续的经济扩张才能维护社会秩序的持续稳定。

其实，对于作为"情感存在"的广大国民而言，对国家的"忠诚"必须通过活生生的人身或人格来体现，最重要的是要通过统治者的神圣人格来体现或者说来凝聚国民对国家的忠诚，即通过韦伯所说的具有"奇里斯玛"特征的国家元首的人身来作为国民忠诚的对象，起到对国家忠诚的作用，以实现国家持续稳定所要求的国民忠诚。然而，在资本主义的所谓宪政制度中，作为统治者的国家元首是通过公民选举产生的。公民通过定期普选在特定时间内将人民的统治权力委托给国家元首，使国家元首按照数年一次的合约（定期选举）成为国家的临时管理者，就像公司股东将公司一段时间的管理权通过合同委托给经理一样。在这种情况下，国家元首是一种纯粹世俗的存在，没有神圣性、历史性、高贵性与永存性，即统治者的人格中或者说人身上缺乏神圣、悠久、高贵、永恒的神秘吸引力与超越凡俗的巨大魅力，不可能获得国民心灵深处持久而强烈的心悦诚服的宗教般的道德忠诚。在资本主义国家生活中，国家元首固然存在，也在法律上向外代表国家，但只是理性的制度安排而已，其人身不再成为国民忠诚的对象，国民对其行为只有短暂的服从而无永久的忠诚。至于国家政治生活中，更难能有下级忠于上级之事了。而在德本主义社会的政治生活中，当国家元首被弑、死国或故亡时，经常发生国民"殉君"的尽忠之事，中国历史上的"国家忠臣"不计其数。如明末清兵入浙，刘蕺山一堂师友"死君"以"死国"（民国后中国政治急剧变迁，未闻有"死统治者"以"死国"者。这是因为"国家忠臣"是通过对国君人身的忠诚来实现对国家的忠诚，而现代建立在理性选举上的国家元首因其人身的契约性、委托性、轮替性、短暂性、世俗性与凡庸性，难以成为国民忠诚的对象）。[1]

---

[1] 蒋庆：《再论政治儒学》，华东师范大学出版社2011年版，第210—211页。

需要指出，德本主义国家承续的君主制度，不是城邦封建社会的"君主专制"，而是汲取君主制度的合理内核，传承并创新发展的君主制度，将"君主专制"提升为"君相共治"。所谓君主制度的合理内核，就是君主制以世袭国家元首的高贵久远血统、崇高尊荣名位及"奇里斯玛"的神圣魅力人身体现了国家的历史性与永续性，从而增强了国家的凝聚力与稳定性。此乃君主制的根本精神。而所谓"君主专制"，即君主排他地不受制约地独自占有与行使政治权力，则只是君主制在特定历史条件下权力占有与运作的特殊形式。德本主义国家传承发展的君主制度，在强调"以人随君"的同时也强调"以君随天"，在强调"屈民而伸君"的同时也强调"屈君而伸天"，通过三公制度、廷议制度、宰相制度、太傅制度、规谏制度、郊祀制度、宗庙制度、谥法制度、经筵制度等改造提升了君主制度。其实，西方民主政治在"政党专政"下的"首相专制""总统专制""党魁专制"并不亚于"君主专制"，以民主政治的名义批判"君主专制"只是一种"民主意识形态"对民主之外的政治形态进行妖魔化而自我尊大的手段。因而，不能依据西方民主政治的标准来彻底否定人类往昔的君主制度，不能一提到君主制度马上就想到暴君专制。暴君专制不是中国历史上君主制度的常态，并一直受到正统政治思想的批评乃至讨伐，北京明清两代修建的"历代帝王庙"中没有秦始皇与隋炀帝的祭祀牌位就是明证。实事求是地看，传统中国君主制正常形态中的君主多是开明仁德的君主，与极少数邪恶凶残的专横暴君不一样。西方在民主政治的名义下，也有混乱与腐败的非正常形态，如雅各宾、希特勒的极权政治就极其残暴专横！可以说，否定了君主制就否定了人类历史，否定了人类历史就否定了人类自身。而近代以来源于自由启蒙的现代性政治意识形态否定了君主制，就意味着否定了人类历史与人类自身。所以，自由启蒙的现代性政治意识形态是一种不折不扣的历史虚无主义，应心怀对历史的敬畏尊重而严肃批判之。当然，在强调君主制正面价值的同时，不能美化君主制，也不能忘记君主制同人类其他所有政治一样都有其负面价值，而应该还君主制以本来面目。[①] 近现代中国流行的关于君主专制残暴的断言，只是为了社会革

---

① 蒋庆：《再论政治儒学》，华东师范大学出版社 2011 年版，第 239—240 页。

命而创造的、并就此而言曾有重大革命意义的意识形态。有意义的意识形态仍然是意识形态，如果始终不予反省，沉溺于其中，特别是当革命对象失去，因此革命力量也丧失之际，那就会只剩下意识形态，并变为当代的专制和愚昧了。①

四、选举制度

（一）主权委托：默示委托 vs. 明示委托

王道政治是"主权在天"，民主政治是"主权在民"。"天"与"民"都需要由从事具体政治实践的人来代表才能体现并实现"主权"。这就存在一个政治中的"主权委托代理"问题。众所周知，民主政治是通过民众选举议员或直选行政首长以实现"主权委托代理"，那么，王道政治是由什么人来代表并体现"主权"呢？

代表"天"行使主权的人，或者说代"天"行政的人，需要透彻圆融地理解"天道"与"天理"，承接"天意"与"天命"，这在中华文化中被称为"圣"。"圣"是天人之间的中介：《说文》解"圣"是"通"，即是说"圣人"通于天人，上知天意并把天意下传到人间；甲骨文"圣"字的字形中耳听天声、口传天意即是此义；《论语》载时人谓"天将以夫子为木铎"亦是此义；《大戴礼记》载"圣人者，知通乎大道（即'天道'）应变无穷者也"亦同。也就是说，圣人参通天地人，具有天人合一、与天合德的生命境界，因而以其王心圣格代表并体现了"天"，是引导众人与生态环境长期良性互动的最伟大的核心人物。在中国历史中，推进部落社会进入封建社会的尧舜二帝以及三代封建王朝的开创者夏禹、商汤、周文，就是当时引领众人与生态环境良性互动的最伟大的核心人物，故被称作"圣"。因其即有"圣"之人格，亦有"王"之地位，故被称作"圣王"。也就是说，二帝三王时代，"天"将"主权"委托给圣，由圣王以其圣格代"天"行政。"圣王合一"意味着"天人合一"，是

---

① 苏力：《作为制度的皇帝》，载《法律和社会科学》2013年第12卷。

中华文化追求的理想社会状态，因此二帝三王时代也就成为中华文化所追求的理想时代。然而，"三代"以后，圣王待兴，圣王留下了治世经典，但政治现实中圣王处于隐遁状态，"主权"因之处于无代表状态，故"主权在圣"必须再一次委托，即将"主权"再次委托给"士"群体，由体现与代表圣王经典价值的"士"群体代理圣王行政。于是，形成了王道政治所特有的"主权"委托形态："天"将"主权"第一次委托给"圣王"，"圣王"又将"主权"第二次委托给"士"群体，即"主权在天"→"主权在圣"→"主权在士"；在终极政理上是"主权在天"，在"三代"是"主权在圣"，"三代"后是"主权在士"。①

可见，王道政治与民主政治一样，也是一种"委托代理政治"，只是二者的政理与形态不同而已。王道政治是受"天"与"圣王"的委托，代理"天"与"圣王"行政；民主政治是受"民"的委托，代理"民"行政。显然，"天"与"圣王"的委托是默示的委托，而"民"的委托则属明示的委托，二者均属"委托代理政治"。②

（二）官员选举：科举考试 vs. 民选投票

默示的委托是心灵信仰的委托与历史道统的委托，心灵信仰的委托需要通过"格物致知诚意正心"来承接，历史道统的委托需要通过"述而不作，信而好古""默而识之"来承接，落实到制度层面是通过"科举考试"来选举代理人；明示的委托是意志表达的委托与法律程序的委托，需要通过争取民意赢得选票承接，落实到制度层面是通过"民主投票"来选举代理人。

科举考试制度与民选投票制度皆成型于由城邦封建社会向异域整合社会的转型之后。前者是汉武帝"独尊儒术"之后，通过各地举贤、策论考试、中央录用等程序选拔组织管理人才，从而形成德本主义社会的干部队伍。后来，"各地举贤"发展为面向整个社会的分科考试，被称为"科举"。③ 后者则

---

① 蒋庆：《再论政治儒学》，华东师范大学出版社 2011 年版，第 132—133 页。
② 同上书，第 134 页。
③ "科举"一词始于隋代，许多学者便以此为据断定"科举考试"制度亦始于隋代。这正如"春节"一词始于民国，便以此断定春节作为民族节日亦始于民国。斯谬矣！早于民（转下页）

是英国"光荣革命"及"独尊"英国国教之后，通过确认所有权、法律保护公平交易、具有一定财力的商人资产者进行投票等程序来选出政府管理人才，从而形成资本主义社会的干部队伍。后来，"资产者投票选举"发展为传媒操纵下的全体公民的普选，被称为"民主"。

科举考试制度包含分级考试制度、应举资格制度、试卷评分制度、学校教育制度、考官选拔制度、释褐授官制度等一系列相关制度。通过科举考试制度，士子的知识学养得以公开、公平、公正的评定。民选投票制度包含选区划分制度、选民登记制度、选民资格制度、选举投票制度、政党竞选制度、政党竞选制度、选举诉讼制度等一系列相关制度。通过民选投票制度，选民的意志趣向得以公开、公平、公正的表达。科举考试制度与民选投票制度具有相似的内部结构，如表7-1：

表7-1 科举考试制度与民选投票制度的内在结构（五行）表

选举方式＼五行结构	水	金	土	火	木
科举考试	士子	榜上名次	考试内容	考试规则	天子+考官
民选投票	选民	选票名次	竞选内容	竞选规则	总统+议员

科举考试制度与民选投票制度经历了相似的发展过程：在形成期，士子与选民（水）的数量都很少，局限在特权阶层；考试内容与竞选内容（土）都不明确，考试规则与竞选规则（火）也都不规范，前者尚以察举为主，后者尚以贿选为主，考试与竞选都被贵族操纵。到发展期，士子与选民（水）

（接上页）国的春节称为"元旦"，正如早于隋代的科举制度称为"察举"。《汉书·卷6》记载："贤良明于古今王事之体，受策察问，咸（皆）以书对，着之于篇，朕亲览焉。于是董仲舒公孙弘等出焉。"当时的考生在一百人以上，第一届"状元"是董仲舒，第二届是公孙弘，不过当时不叫"状元"，而叫"举首"（《汉书·卷56、58》）。评卷程序是先由太常（主管宗庙礼仪的正卿，相当于现在的中宣部长）初评，然后由武帝终评。例如公孙弘，在初评时的名次靠下，而在终评时成为第一（《汉书·卷58》）。汉代已有了若干"科"的"举"，如"贤良""文学""孝廉"等等，甚至也有了基层的"秀才"（《汉书·卷88·儒林传序》）；只不过当时的制度不像后来规范而已。任何一个制度都是由简单到复杂逐渐发展完善的。

的数量都有增加，逐步扩大至特权阶层以外，但特权阶层优势依然明显；考试内容与竞选内容（土）基本明确，前者确立了科举考试制度，后者确立了政党竞选制度；考试规则与竞选规则（火）也渐趋规范，但贵族在选举规则之外，依然影响很大，前者有荫任制度，后者有上院制度。到成熟期，士子与选民（水）的资格基本都已普及至全民；考试内容与竞选内容（土）都得以优化，考试规则与竞选规则（火）也得以规范，特权优势基本被取缔，公正与公平原则基本实现。到繁荣期，则是进一步推进了二者的实施效率。总之，二者都是随着社会的逐步演进而逐步扩大选才范围、贯彻平等精神。所谓"公正"与"公平"，是指面向同一规则的公平竞争，而非谋求"绝对平等"、"消灭差别"。实际上，科举考试与民选投票正是以规范的制度建设，确立了社会级差结构的合理性。二者都以公开、公正、公平为原则，对全社会开放政权，并由此进一步确立了政权的合法性。

　　面向社会全体成员开放的科举考试制度与民选投票制度极大地影响了德本主义社会与资本主义社会的政治生态。科举制度下产生的官员，以熟读、理解圣王经典为前提，以实现神圣天道、正当民意与延续历史文化慧命为责任，以复杂科学为政治实践指南，因而，科举制度能够促使政治人物自觉培养"参通天地人"、具有奇里斯玛（charisma）风范的圣贤人格，能够激发政治人物追求伟大理想与崇高人格的生命激情，同时又能使政治人物洞察现实社会的复杂演化。民主制度产生的官员，以大众民意的认同为前提，以保护选民的权利和增进选民的福利为归依。所谓选民的权利和选民的福利实质是选民的私欲功利，特别是当下的切身利益，因而，民主制度导致政治过程围绕着人的欲望利益与理性算计（即所谓民意）来运作。政治也因而不再有高尚的道德与伟大的理想，只剩下赤裸裸的欲望与利益。政府因此变成了公司，政治领袖变成了董事经理，政治统治变成了合同契约，一切以用金钱利益来衡量,政治中的理想追求与崇高人格几无可能。[①]政治由此走向世俗化、功利化、私欲化、庸众化、商业化、资本化、契约化、娱乐化、非生态化、非历史化

---

① 蒋庆：《再论政治儒学》，华东师范大学出版社2011年版，第16页。

与非道德化。即使民意违背人类道德，只要选民数量上达到法定程序产生政府的人数，所产生的政权仍然合法。当民主国家选民的局部利益与人类的整体利益冲突时，民主国家的制度安排决定民主国家只能选择与人类整体利益冲突的选民局部利益，因为此乃"民意"。如果政府选择的是人类整体的利益，就意味着政府将得不到民意认同，从而丧失合法性，政权就会瘫痪。所以，民主国家的政治选择只能以本国选民的欲望与利益为归依。如美国政府拒不加入保护人类环境的"京都协议书"，正是出于国内的民意压力（其实是钢铁、化工、汽车等工业资本的压力和大部分美国人不愿降低生活水平的压力）。正因于此，民主制度下不可能从根本上解决生态问题。[①] 也因此，民主制度在历史上孕育出了大不列颠的帝国主义、德意志的法西斯主义与美国的霸权主义。而在科举制度下产生的士人政府以"三重合法性"为其法理渊源，任何违背"天道"（生态）的政治行为与社会行为都不合法，任何伤害"地道"（推己及人，包括他族他国的历史文化）的政治行为与社会行为也都不合法，因而较好地解决了生态环境的问题，两千年来未曾出现全局性的生态危机，也较好地解决了国际关系的问题，两千年来不曾出现帝国主义、法西斯主义与霸权主义。（详见本章第四节）

五、治理体系：礼治体系 VS. 法治体系

"礼"和"法"都以维持社会秩序为目的，都是调整规范人们社会行为的基本规则，但二者对社会行为调整的侧重面不同。"礼"着重引人向善，是从正面确立分层与分工的资源分配规则及再分配协调规则；"法"着重制人为恶，是从反面设置防止刑案作乱的法规条文和审判执行程序。"法治"是资本主义国家的主要治理方法，即用法规条文和审判执行来减少刑案作乱、维护社会秩序的具有确定程序的管理行为，包括立法、执法、司法、守法、法律监督各环节各层面，贯穿社会生活各领域，因此资本主义社会通常被称

[①] 蒋庆：《再论政治儒学》，华东师范大学出版社2011年版，第17页。

为"法治社会";"礼治"是德本主义社会的主要治理方法,即用分层分工的资源分配规则和再分配协调规则来增进社会和谐、维护社会秩序的具有确定程序的管理行为,包括"礼乐刑政"各层面,贯穿社会生活各领域,因此德本主义社会通常被称为"礼治社会"。以下从中西比较的角度,对德本主义"礼治体系"与资本主义"法治体系"的演化历程、思想基础和实施体系三个方面分述之。

(一)演化历程

德本主义社会的"礼治"与资本主义社会的"法治"都有着深厚的历史渊源,其生成演化有着相似的演化环节,如下表(仅示以英美法系)。二者都可溯源于氏族部落社会时期的传统习俗,并在城邦封建时期奠定基础。前者在西周初期(西元前12世纪)由周公制礼作乐奠定基础,后者在西元9世纪末由艾尔弗雷德立大帝立法兴教奠定基础(往前可追溯至古罗马甚至古希腊)。二者在封建社会制度变革期间逐渐演进:前者在春秋战国时期,因礼崩乐坏,而有孔子删诗书、订礼乐、著《春秋》,力图"复礼",成为"德政礼制"的源头;后者在西元12世纪下半期到13世纪期间,有亨利二世改革原盎格鲁——撒克逊的司法体系,设置巡回法庭制度、陪审团制度、司法令状制度、判例制度等,订立《大宪章》《牛津条例》,成为"宪政法制"的源头。二者在进入异域整合社会之后基本成型。前者是汉朝建立后,有叔孙通制礼作乐,且礼中寓法,开汉代礼法结合之先河,"为汉儒宗,业垂后嗣"(《汉书·礼乐志》);后者是光荣革命后,由议会制定《权利法案》等宪法性法案,奠定了英国君主立宪政体的法律基础。此后,二者都经历了一段反复时期,治乱交替出现,之后,"礼治体系"与"法治体系"继续发展:前者出现了《隋礼》《贞观礼》等,后者出现了《改革法》《普通法程序法》等。二者都在异域整合社会发展期的盛世中得以成熟。前者以唐代开元盛世纂修的《唐六典》及《开元礼》为标志,集汉晋以降礼制撰作的大成,"由是,唐之五礼之文始备,而后世用之,虽时小有损益,不能过也"。(《新唐书·礼乐志》);后者以英国在"日不落帝国"全盛时期(19世纪后期)颁布的《司法法》为标志,取消普通法院和衡平法院两大法院系统的区别,统一了法院组织体系,基本沿用至今,美国也在同期确立了《联邦宪法》而基本沿用至今。二者都在异域整合社会的成熟期与繁荣期得以完善。前者在宋明清时期推出了大量有关家礼、乡礼方面的礼制,着重于冠、婚、丧、祭等日常生活中的行为规范,礼制体系愈趋细密;后者在"二战"以后,在行政、经济、社会等方面推出了一系列新的立法,包括行政法、公司法、工业法、银行法、保险法、劳动法、消费者保护法等,法制体系愈趋细密。[①]

综上所述,如表 7-2:

表 7-2 德本主义礼治与资本主义法治的演化路径表

序数	演化环节	礼 时间	礼 事件	法 时间	法 事件
1	奠基	西周初期	周公制礼作乐	西元 9 世纪末	阿尔弗雷德大帝立法兴教
2	演进	春秋战国时期	春秋变法 孔子复礼	西元 12 世纪下半期至 13 世纪	亨利二世司法改革 订立大宪章、牛津条例等
3	成型	西汉初期	叔孙通重新制礼作乐	光荣革命	《权利法案》
4	发展	隋至初唐	《隋礼》《贞观礼》《显庆礼》	拿破仑战争之后	《谷物法》《改革法》《普通法程序法》
5	成熟	开元盛世	《唐六典》《开元礼》	第二帝国	英国司法法 美国联邦宪法
6	完善	宋明清	家礼、族规、乡约等	二战之后	行政法、公司法、工业法、银行法、保险法、劳动法、消费者保护法等

(二) 思想基础

礼治的思想基础是"天理",即前文已述的王道政治义理(北辰模型),追求的核心价值是道、德、仁、义;法治的思想基础是资本主义的"法理",即前文已述的民主政治义理,追求的核心价值是自由、人权、平等、民主(详

[①] 关于英国法律的形成与发展,参见何勤华《英国法律史》,法律出版社 1999 年版,第 2—23 页。

见本章第二节·一·《核心价值：儒教价值与新教价值》)。前者基于"二人本位"，强调从首属群体（家庭、宗族）推广到正式组织（国）和各种人类社会（天下），导向于以文化覆盖为主的生命期望（俗语：在家靠父母，出外靠朋友）；后者则是基于"个人本位"，强调保障个体的自由和权利，导向于以经济覆盖为主的生命期望（俗语：一人吃饱，全家不饿）。①

1. 礼治的思想基础②

欲理解"礼治思想"，需要以复杂科学的思维方法（构造整合法）来观照人与社会。

从复杂科学的视野来看，人类社会作为最复杂的复杂现象，其平衡态意义的微观粒子——个体的人，必然呈现出正态分布，即人有智愚贤不肖之分，所谓"物之不齐，物之情也"，人类社会的分层与分工也应该以此为基础。也就是说，人类社会贵贱上下的分层，应基于人的学识才能与道德品行。贤者智者应居上位，以劳心治世为务；庸者愚者不肖者应居下位，以劳力治产为务。国家量能授官，班爵制禄，应该使贤者智者显贵，以养其德行长其才智。乃如荀子所言："论德而定次，量能而授官，皆使人载其事而各得其所宜。"（《荀子·君道篇》)。才德愈高，则应爵位愈尊，俸禄愈厚，"无德不贵，无能不官，无功不赏……朝无幸位，民无幸生，尚贤使能而等位不遗"，乃是"王者之论"（《荀子·王制篇》)。若"德不称位，能不称官，赏不当功"（《荀子·正论篇》)，此为不祥，将导致社会动乱。贤智显贵，庸愚不肖贫贱，并非不平等，而是人类社会分层分工的自然结果。

人类社会之所以如此分层分工，乃因资源有限而人欲无限，即西方经济学所谓"资源稀缺"。荀子曰："天下害生纵欲，欲恶同物，欲多而物寡，寡则必争矣。……杂居不相待则穷，群而无分则争。穷者患也，争者祸也，救患除祸则莫若明分使群矣"（《荀子·富国篇》)，又曰："人生而有欲，欲而不得，则不能无求，求而无度量分界，则不能不争，争则乱，乱则穷。先王

---

① 张祥平：《经典复杂科学》，中国社会科学出版社2013年版，第224页。
② 瞿同祖：《中国法律与中国社会》，中华书局2003年版，第292—309页。

恶其乱也，故制礼义以分之，以养人之欲，给人之求，使欲必不穷乎物，物必不屈于欲，两者相持而长，是礼之所起也。"(《荀子·礼论篇》)也就是说，人类面临资源稀缺，若无明确的分配协调规则，则争乱必起；而按人的才智德行来安排社会地位，使之尽其才智德行服务社会，并据之来分配相关资源，是消解争端、建立公平秩序之必须。所以孟子曰："有大人之事，有小人之事……或劳心，或劳力。劳心者治人，劳力者治于人；治于人者食人，治人者食于人。天下之通义也。"(《孟子·滕文公上》)。荀子阐述得更为详尽,曰："分均则不偏，势齐则不壹，众齐则不使，有天有地而上下有差，明王始立而处国有制。夫两贵之不能相事，两贱之不能相使，是天数也。势位齐，而欲恶同，物不能澹则必争；争则必乱，乱则穷矣。先王恶其乱也，故制礼义以分之，使有贫富贵贱之等,足以相兼临者,是养天下之本也"(《荀子·王制篇》)。又曰："夫贵为天子，富有天下，是人情之所同欲也；然则从人之欲，则势不能容，物不能赡也。故先王案为之制礼义以分之，使有贵贱之等，长幼之差，知愚能不能之分，皆使人载其事，而各得其宜。然后使谷禄多少厚薄之称，是夫群居和一之道也。故仁人在上，则农以力尽田，贾以察尽财，百工以巧尽械器，士大夫以上至于公侯，莫不以仁厚知能尽官职。夫是之谓至平。故或禄天下，而不自以为多，或监门御旅，抱关击柝，而不自以为寡。故曰：'斩而齐，枉而顺，不同而一'。"(《荀子·荣辱篇》)"不同而一"，是在不同的平衡态意义的微观粒子之间建立起一种非平衡态秩序。无贱无贵，维齐非齐，强不齐为齐，乃是违反社会分工，危害社会秩序。

在良善的社会中,应该是论德定次、德位相称,即《孟子》所言"天下有道，小德役大德，小贤役大贤"。(《孟子·离娄上》)因此，在良善的社会，或曰"有道"的社会中，贫贱意味着无德无能，君子耻之，所以孔子曰："邦有道，贫且贱焉，耻也。"(《论语·泰伯》)反之，在"无道"的社会中，奸邪在位、忠贤失志、腐败横行，富贵意味着同流合污，君子亦耻之。所以孔子曰："邦无道，富且贵焉，耻也。"(《论语·泰伯》)由于历史演化的复杂性，"所谓贤人君子者，非必高位厚禄，富贵荣华……此则君子之所宜有，而非其所以为君子者也。所谓小人者，非必贫贱冻馁，困辱阨穷之谓也。此则小人之所宜处，而非其所以为小人者也。……故君子未必富贵，小人未必贫贱，或潜龙未用，或亢龙在天，从古以然"（王符《潜夫论·论荣》）。

决定人类社会分层分工秩序的因素，除了上述"才智德行"（主要是后天性的）之外，还有另一种先天性的因素，即存在于血缘关系中的年龄、辈分、亲疏、性别等。才智德行决定了一个人在社会上的地位和行为，长幼尊卑男女亲疏则决定了一个人在家族内的地位和行为。这种存在于家族中的长幼尊卑男女亲疏的分层分工与社会中的贵贱上下的分层分工同样重要，两种分层分工同为维持社会秩序所不可或缺。前者是维持微观社会秩序（基层组织）的基础，后者是维持宏观社会秩序（政治组织）的基础。此两种秩序又可依人类情感发育的自然顺序分为五类：人类最原初最内在的感情是基于血缘的亲情，首为父（母）子（女）关系，次为兄弟（姊妹）关系，进入青春期萌生男女爱情，阴阳和合而有夫妻关系，成年后进入社会有上下级关系（君臣）与朋友关系。于是，从纷繁复杂的种种社会关系中可提纲挈领地归纳出五种最重要的范畴，即父子、兄弟、夫妇、君臣、朋友，是为"五伦"。人与人的社会关系无外乎五伦而已，政治的、家族的、社会的皆在其中。五伦之中又以君臣、父子、夫妇关系最为重要，所以又有"三纲"之说。五伦有常，则社会有序（关于"三纲五常"，详见第九章第一节·二·（二）·2《基本社会规则的重建》）。

伦常秩序必须由"礼"来维护。君之所以成其为君，臣之所以成其为臣，父子、兄弟、夫妇之所以成其为父子、兄弟、夫妇，便是因为君守君之礼，臣守臣之礼，父子、夫妇、兄弟无不各有其礼，所以才能达到君君、臣臣、父父、子子、兄兄、弟弟、夫夫、妇妇。伦常有"礼"是政治清明、社会和谐的基础，"以奉宗庙则敬，以入朝廷则贵贱有位，以处室家则父子亲兄弟和，以处乡里则长幼有序。孔子曰：'安上治民，莫善于礼。'"（《礼记·经解》）。伦常失"礼"则社会不祥，如荀子曰："人有三不祥，幼而不肯事长，贱而不肯事贵，不肖而不肯事贤，是人之三不祥也。"（《荀子·非相篇》）通过议礼制礼，使贵贱尊卑长幼亲疏各有其相应的行为规范，便成为国家社会治理最为切实紧要的问题，以至成为最高政治领导人亲力亲为的问题，因此有"非天子，不议礼"之说。(《中庸》曰："非天子，不议礼，不制度，不考文。")

有了"礼",资源有限而人欲无限的问题便可得以协调解决。因为"礼",使人的欲望在社会关系的定位中得以节制。《礼记》曰:"人生而静,天之性也。感于物而动,性之欲也。物至知知,然后好恶形焉。好恶无节于内,和诱于外,不能反躬,天理灭矣。夫物之感人无穷,而人之好恶无节,则是物至而人化物也。人化物也者,灭天理而穷人欲者也,于是有悖逆诈伪之心、有淫佚作乱之事。是故强者胁弱,众者暴寡,知者诈愚,勇者苦怯,疾病不养,老幼孤独不得其所,此大乱之道也。是故先王之制礼乐,人为之节。"(《乐记》)又曰:"礼者因人之情而为之节文,以为民坊者也。"(《坊记》)因为"礼节民心"(《乐记》),所以孔子曰:"不以礼节之亦不可行也。"(《论语·学而》)中国传统文化中因此常礼节并称,曰"礼节",曰"礼数"(对应社会等级的资源分配的数量化规定)。礼可以节制人欲,杜绝争乱,又可以使贵贱、尊卑、长幼、亲疏有别,从而建立和谐的社会秩序,而臻于治平。杜绝争乱是维持社会秩序的底线,是建立社会秩序的基础。所以《礼记》曰:"为政先礼,礼为政本"(《礼记·哀公问》),又曰:"礼者君之大柄也……所以治政安君也。"(《礼运》)荀子曰:"礼者,治辨之极也,强国之本也,威行之道也,功名之总也。王公由之所以得天下,不由所以陨社稷也"(《荀子·议兵篇》)。又曰:"礼者政之挽也,为政不以礼,政不行矣。"(《荀子·大略篇》)无礼则社会秩序无法维持,天下国家必陷于乱,所谓"人无礼则不生,事无礼则不成,国家无礼则不宁"(《荀子·修身篇》)。坏国、丧家、亡人,必先去其礼(《礼运》),所谓"礼之所兴,众之所治也;礼之所废,众之所乱也。"(《礼记·仲尼燕居》)一言以蔽之,国之治乱,系于礼之兴废。

需要指出,"礼治"既强调人因社会分层分工而不同(即"异"),也强调人在社会分层分工之中的合作与和谐(即"同"),所谓"礼之用,和为贵"(《论语·学而》)也。促进合作与和谐的重要方法是"乐"(即音乐):"乐者为同,礼者为异。同则相亲,异则相敬。"(《礼记·乐记》)荀子也曰:"乐也者,和之不可变者也;礼也者,理之不可易者也。乐合同,礼别异。"(《荀子·乐论》)。当然,"乐"必须以"礼"来节制、与"礼"相配合才能实现其"同"或"和"的功能:"乐胜则流,礼胜则离。合情饰貌者,礼乐之事也。

礼义立则贵贱等矣，乐文同则上下和矣。"(《礼记·乐记》)礼乐协同施之则能天下大治。"乐由中出，礼自外作。乐由中出故静，礼自外作故文。大乐必易，大礼必简。乐至则无怨，礼至则不争。揖让而治天下者，礼乐之谓也。"

2. 法治的思想基础

欲理解"法治思想"，需要以简单科学的思维方法（分析还原法）来剖析人与社会。其基础是自然权利论与社会契约论。通过将存在于具体的复杂社会系统中的人进行"分割"，将其抽象还原为所谓拥有"自然权利"的"个人"，然后以拥有"自然权利"的"个人"作为基本因子返构布局，构建"社会契约论"，即人因需要保护"人人生而平等"的"自然权利"而必须达成"社会契约"——法律。然而，以分析还原法建构的"平等"概念作为法律的价值基础，是基于想象的虚构，而非人类社会的复杂事实。"人人生而平等"的观念其实是西元十七、十八世纪西欧思想家们，如霍布斯、洛克、卢梭等，提出的一种社会理想，须在其特定的环境背景与文化背景（特别是基督教文化背景）中理解。前文"民主政治的理论体系"中对此已有论述，此不再赘。[①]

"契约原则"本是民法的根本原则，在西方的历史文化中，却成了主导性原则。"'契约'是一个压倒一切并通行于所有领域的概念，是一个扩张性极强的'帝国主义概念'……西方的宗教讲人与上帝……订立契约，通过契约规定'我有什么信仰义务，上帝有什么统治权利'。这是民法的'契约原则'扩张到宗教上……在政治上……西方近代以来的社会契约说认为国家产生于契约，西方政治思想史家普遍认为西方民主政治在解决合法性问题时受到了民法的影响，因为'人民同意说'中的'同意'概念就产生于民法中的'契约原则'，因为'契约'正是平等主体'同意'的产物。这是民法的'契约原则'扩张到政治领域。此外，世界上许多国家的宪法都规定了对私有财产的保护，许多国家的行政法规都规定了对市场交易秩序的维护，这是'公法以私法为基础'，是'私法的公法化'，其核心是把民法的原则贯穿在公法中，把民法的'契约原则'扩张到公法。还有，本该具有神圣性的婚姻关系和本

[①] 唐士其：《西方政治思想史》，北京大学出版社 2002 年版，第 284—292 页。

该体现人类亲情的亲子关系在西方近代以来的历史中也变成了民法的契约关系，民法的'契约原则'扩张到了人类神圣亲密的婚姻家庭领域。至于经济领域就不用说了，它本身就是靠契约来维持的，市场经济就是契约的天下。……契约产生于人的理性在追求自己的利益时冷静而自私的精确计算，这种契约精神如果只存在于市场交易中，问题不大，因为市场交易就是为了精确计算交易者双方的利益。也就是说，如果'契约原则'只是民法原则，'契约原则'就是正当原则。然而……在西方文化的影响下，几乎人类所有的生活都民法化了……契约化了。……'生活世界民法化契约化'后，人类的一切生活都变成了运用理性精确计算私利的场所"。[1]

（三）实施体系[2]

"治"是目标，需要"制"来实现。资本主义社会"法治"之实施，包括立法、执法、司法、守法、法律监督等各环节各层面，构成了"法制体系"。而德本主义社会"礼治"之实施，则是礼与法并用，融"礼乐刑政"于一体，不仅包括上述立法、执法、司法、守法、法律监督等各环节、各层面，还包括立礼、执礼、司礼、守礼、监礼等各环节、各层面，通过"礼制"统摄"法制"（所谓"法出于礼""礼法合一""一准乎礼"），构成"礼制体系"（或曰"礼法体系"）。

德本主义社会"礼制体系"之推行主要依靠教化，同时也强调"礼乐刑罚"并举，即所谓"兴礼乐，中刑罚"，"礼乐"从正面倡导秩序，"刑罚"从反面惩治作乱；资本主义社会"法制体系"之推行则主要依靠刑罚，其实是"宗教"与"法制"并行，宗教从正面强调道德，法制从反面保护权利。"礼乐"与"宗教"的功能相同，都是从正面倡导社会秩序、强调道德责任；"刑罚"与"法制"的功能类似，都是从反面惩治作乱、保护权利。在德本主义社会中，"礼乐"是主体，是阳，"刑罚"是辅助，是阴；在资本主义社会

---

[1] 蒋庆：《儒家文化是建立中国法律制度的道德基础》，中国政法大学"中国民法典论坛"演讲，2004年5月13日。

[2] 瞿同祖：《中国法律与中国社会》，中华书局2003年版，第六章第二、三节。

中,"法制"是主体,是阳,"宗教"是辅助,是阴。"礼制体系"和"法制体系"皆是一阴一阳而成其"道",但"道"(社会导向)有不同。前者强化人性之善,提倡"道德至上"与"责任本位",强调"德主刑辅",即以内心制约为主而以外部制约为辅,法律只是"明刑弼教",以此激发人们的自律精神,提升社会的道德水准,促进人与人之间的情感沟通,倡导"和谐"的人际规则,推行的结果则是"道之以德,齐之以礼,有耻且格";后者强化人性之恶,提倡"法律至上"与"权利本位",强调一切以法律为准绳,即以外部制约为主而疏于内心制约,主张只要不犯法,便可通过理性算计与功利权衡而任意追求权益,人因此丧失了羞耻心,社会因此降低了社会的道德水准,推行的结果则是"道之以政,齐之以刑,民免而无耻"。

资本主义社会"法制体系"的实施是遍及当今世界的现实,已是众所周知;而德本主义社会"礼制体系"的实施却是恍如隔世的历史,需要给予现代诠释。因此,下文将主要阐述"礼制体系"的实施,兼及与"法制体系"比较。

"礼制体系"的实施,主要通过道德教化。孟子曰:"善政,不如善教之得民也。善政,民畏之;善教,民爱之。善政,得民财;善教,得民心。"(《孟子·尽心章句上》)董仲舒曰:"圣人之道,不能独以威势成政,必有教化""教化不立,而万民不正也。"(《前汉书·董仲舒列传》)道德教化是通过潜移默化地改造人的心理,来促使社会人心向善,知耻疾恶而止奸邪之行于未发,即"导之以德,齐之以礼,有耻且格"(《论语·为政》)。"民亲爱则无相害伤之意,动思义则无奸邪之心。夫若此者非法律之所使也,非威刑之所强也,此乃教化之所致也"(王符《潜夫论·德化》)。这是维持社会秩序最积极、最根本、最彻底的办法,非法律刑罚所能至。因为"夫法令者所以诛恶,非所以劝善"(陆贾《新语》卷上,《无为》)。"法能刑人而不能使人廉,能杀人而不能使人仁"(桓宽《盐铁论·申韩》)。法律并无强人为善的力量,只能消极地禁人为恶,以威慑之力使人不敢为恶,至多只能达致"民免而无耻"("导之以政,齐之以刑,民免而无耻"。《论语·为政》)。法网偶疏,法所不察,在这种威慑的力量一旦不存在时,仍将为恶。所以"礼者禁于将然之前,而法者禁于已然之后"(《大戴礼记》卷二《礼察》),一为事前的预防,一为事后的补救。礼教之可贵便在于"绝恶于未萌,而起敬于微眇,使民日徙善远罪而不自知"(《大戴礼记·礼察》)。若能如此,则人们便无恶的动机,因而恶的行为也自无从发生,法律制裁将无存在的必要,犹之无病便无需医药疗理。所以孔子言及法律刑罚,曰:"听讼,吾犹人也,必也使无讼乎。"(《论语·颜渊》)以无讼为法律之最高目标;又曰:"善人为邦百年,亦可以胜残去杀矣。"(《论语·子路》)以无刑(胜残去杀)为刑罚之最高目标。

需要指出,所谓"道德教化",绝非仅是枯燥的道德说教,而是道德教育与艺术感化交融一体,即"礼教"与"乐教"的一体化。"乐教"即通过音乐艺术施之以教化。"音"与"声"不同,"凡音者,生人心者也。情动于中,故形於声。声成文,谓之音。"(《礼记·乐记》)也就是说,只有发自内心而又有节律的声,才能称为"音"。"音"与"乐"也有异,"乐"是契合道德的"音"即"德音之谓乐。""德音"出自圣王的法天而治、制礼作乐:"古者天地顺而四时当,民有德而五谷昌,疾疢不作,而无妖祥,此之谓大当。然后圣人作。为父子君臣,以为纪纲,纪纲既正,天下大定。天下大定,然后正六律、和五声,弦歌诗颂,此之谓德音。"乐教是以"德音"施于"德教","君子反情以和其志,广乐以成其教,乐行而民乡方,可以观德矣。德者,性之端也;乐者,德之华也。"且教化的功效显著,"夫声乐之入人也深,其化人也速。"(《礼记·乐记》)以"德音"促进"德教"之传统悠久,《尚书·尧典》载舜对夔说:"命汝典乐,教胄子,直而温,宽而栗,刚而无虐,简而无傲。诗言志,歌永言,声依永,律和声,八音克谐,无相夺伦,神人以和。"礼教重在规范外在的行为,乐教则重在陶冶内在的情感。"乐以治内而为同,礼以修外而为异。同则和亲,异则畏敬。和亲则无怨,畏敬则不争。揖让而天下治者,礼乐之谓也。二者并行,合为一体。畏敬之意难见,则著之于享献、辞受、登降、跪拜;和亲之说难形,则发之于诗歌、咏言、钟石、管弦。"(《汉书·礼乐志》)因此,"礼乐不可斯须去身。……乐也者,动于内者也;礼也者,动于外者也。乐极和,礼极顺,内和而外顺"。乐教之大用为"和"、为"爱",礼教之大用为"节"、为"序",二者并举则无偏失:"大乐与天地同和,大礼与天地同节。和，故百物不失。节，故祀天祭地。明则有礼乐，幽则有鬼神。如此，则四海之内合敬同爱矣。礼者殊事，合敬者也。乐者异文，合爱者也。礼乐之情同，故明王以相沿也。"（同上）"乐者，天地之和也。礼者，天地之序也。和故百物皆化，序故群物皆别。乐由天作，礼以地制。过制则乱，过作则暴。明于天地，然后能兴礼乐也。"（同上）礼乐偕行教化方可达圣王之治："致礼乐之道，举而错之，天下无难矣。""王者功成作乐，治定制礼。其功大者其乐备，其治辩者其礼具……及夫敦乐而无忧，礼备而不偏者，其唯大圣乎。"（同上）

礼乐教化可以"化民成俗"。究其源，俗先于礼，礼本于俗，所以"君子行礼，不求变俗""礼从宜，使从俗"（《礼记·曲礼》）。但"俗"具有地方性、多样性的特点（《说文解字》"俗"解作"习也"，郑玄《周礼注》释为"土地所生习也"），同时也具有时代性、变易性的特点。如何因地制宜、因时制宜的"化民成俗"，是礼乐教化的关键。所以，通过到民间"采风""观俗"，再以此为基础"制礼作乐"，便成为官员的重要工作："王者功成作乐，治定制礼。其功大者其乐备，其治辩者其礼具。"（《礼记·乐记》）。"礼"一旦成为国家确立的基本规范，就可以节制"俗"、调适"俗"，就可以名正言顺的"正俗"（"道德仁义，非礼不成；教训正俗，非礼不备"《礼记·曲礼》），可以顺理成章的"易俗"（"乐行而伦清……移风易俗，天下皆宁"《礼记·乐记》）。王安石曾有精辟的阐释："礼则上之所以制民也，俗则上之所以因民也。因乎民也无所制乎民，则政废而家殊俗；无所因乎民，则民偷而礼不行也。故驭民而当以礼俗。"（《周官新义》）

通过礼乐教化而推行礼治，需要相当的时日来改造社会人心，变化社会风俗。相比通过刑罚而推行法治，或许不如后者立竿见影，然而一旦教化成之，人心归正，更能保障社会长治久安，而法律刑罚却只能有短暂功效。贾谊曾比较商周行礼义而久治、秦朝行法令而速亡："秦王之欲尊宗庙而安子孙与汤、武同，然而汤、武广大其德行，六百岁袭而弗失，秦王治天下十余岁，则大败，此亡它故矣，汤、武之定取舍审，而秦王之定取舍不审矣。……汤武置天下于仁义礼乐，而德泽洽禽兽，草木广裕，德被蛮貊四夷，累子孙数十世，此天下之所共闻也。秦王置天下于法令刑罚，德泽亡一有，而怨毒盈于世，下憎恶之如仇雠，祸几及身，子孙诛绝，此天下之所共见也……或言仪之不如法令，教化之不如刑罚，人主胡不引殷、周、秦填以观之也。"（《汉书·贾谊传》，上文帝疏。）董仲舒也认为："圣王……教化已明，习俗已成，子孙循之，行五六百岁，尚未败也……秦……弃捐礼谊而恶闻之，其心欲尽灭先圣之道，而颛为自恣苟简之治，故立为天子十四岁而国破亡矣""道者所繇适于治之路也，仁义礼乐皆其具也。故圣王已没而子孙长久安宁数百岁，此皆礼乐教化之功也。"（董仲舒对策，《汉书》本传）"尧、舜之化百世不辍，仁义之风远也。管仲任法，身死则法息，严而寡恩也。"（《孔丛子·记问》）可见，不仅如秦王之暴戾残忍不能长保天下，即使如管仲之贤能理国，也不能长治久安，足以说明法治功效之短暂。

若人民偶有过失，从礼治的角度，也不宜即以法律制裁。法律既不能劝善禁恶于前，习俗已经薄恶之后，若仅以法律补救，则会"法出而奸生，令下而诈起，如以汤止沸，抱薪救火，愈甚亡益也"。（董仲舒对策）民有过失，罪不在民，实因教化未施，或施而未尽，其咎在上而不在下。所以孔子曰"不教而杀谓之虐，不戒视成谓之暴"（《论语·尧曰》），为政必须屏此数恶。刑杀的结果无补于治，那就应当退而更化，如董仲舒所言："譬之琴瑟不调，甚者必解而更张之，乃可鼓也。为政不行，甚者必变而更化之，乃可理也。当更张而不更张，虽有良工，不能善调也。当更化而不更化，虽有大贤，不能善治也。故汉得天下以来，常欲善治，而今不可善治者，失之于当更化而不更化也。古人有言曰：'临渊羡鱼，不如退而结网。'今临朝而愿治七十余岁矣，不如退而更化，更化则可善治。"《荀子》记载了一个孔子任鲁司寇时，教化未施绝不妄诛无辜的故事。有父子讼者，孔子拘之，三月不问。其父请止，孔子舍之。季孙闻之不悦，曰："是老也，欺予，语予曰：'为国家必以孝。'今杀一人以戮不孝，又舍之。"冉子以告，孔子慨然叹曰："呜呼！上失之，下杀之，其可乎？不教其民而听其狱，杀不辜也。三军大败不可斩也，狱犴不治不可刑也。罪不在民故也。嫚令谨诛，贼也；令有时，敛也无时，暴也；不教而责成功，虐也。已此三者，然后刑可即也。"（《荀

子·宥坐》）

中国历史上有许多以德化人、不肯不教而诛的贤吏，如：仇览少为书生，选为亭长，亭人陈元之母告元不孝，览以为教化未至，亲到元家与其母子饮，为陈说人伦孝行，与《孝经》一卷，使诵赞之。元深自痛悔，母子相向泣，元于是改行为孝子（见《后汉书》一〇六《循吏列传》，《仇览传》及注引谢承《后汉书》）。又如：韦景骏为贵乡令。有母子相讼者。景骏谓之曰："吾少孤，每见人养亲，自恨终天无分。汝幸在温清之地，何得如此？锡类不行，令之罪也"。垂泣呜咽，取《孝经》付令习读。于是母子感悟，各请改悔，遂称慈孝（见《旧唐书》一八五《良吏列传》，《韦机传》附《韦景骏传》）。甚至有吏以教化不行为耻，引咎自责，如：吴佑为胶东相，民有争讼者，必先闭阁自责，然后断讼，以道譬之，或身到闾里重相和解，自是争讼省息，吏人怀而不欺（见《后汉书》九四《吴佑传》）。

道德教化的推行，在很大程度上取决于为政者的"身教"。因为为政者的品行人格，对于社会风尚的潜移默化之功不可估量。其人格为全国上下所钦仰，其行为为全国上下所模仿，成为一种风气，为风俗善恶之所系，正所谓"君子之德风，小人之德草，草上之风必偃"（《论语·颜渊》）。所以，"为人君者谨其所好恶而已矣。君好之，则臣为之；上行之，则民从之"（《礼记·乐记》）；"陈之以德义而民兴行，示之以好恶而民知禁"（《孝经》）；"上好礼则民莫敢不敬，上好义则民莫敢不服，上好信则民莫敢不用情"（《论语·子路》）；"上好羞则民闇饰矣，上好富则民死利矣"（《荀子·大略》）；"未有上好仁而下不好义者也"（《礼记·大学》）；"上有好者，下必有甚焉者矣"（《孟子·滕文公上》）。君上之于臣下犹身之于影，源之于流，身正则影正，源清则流清，臣子的行为只是君上行为的反应。荀子曰："君者仪也，民者影也，仪正而影正。君者盘也，民者水也，盘圆而水圆。君者盂也，盂方而水方。君射则臣决。楚庄王好细腰，故朝有饿人。故曰：闻修身，未尝闻为国也。君者民之原也，源清则流清，源浊则流浊。"（《荀子·君道篇》）。

为政者的德行如此重要，所以礼治强调为政者须先正其身。孔子曰："政者，正也，子帅以正，孰敢不正？"（《论语·颜渊》）孟子曰："君仁莫不仁，君义莫不义，君正莫不正，一正君而国定矣。"（《孟子·离娄上》）若己身不正，自不能求人之正。孔子曰："其身正，不令而行；其身不正，虽令不从"（《论语·子路》）；"苟正其身矣，于从政乎何有？不能正其身，如正人何？"（《论语·子路》）。季康子欲杀无道以就有道，孔子曰："子欲善而民善矣，焉用杀"（《论语·颜渊》）。又康子患盗，孔子曰："苟子之不欲，虽赏之不窃"（《论语·颜渊》），便是讥讽季康子己身不正而欲正人。为政者修身是治国平天下的基础，"古之欲明明德于天下者，先治其国。欲治其国者，先齐其家。欲齐其家者，先修其身"（《礼记·大学》）；"为政在人，取人以身，修身以道，修道以仁。"（《礼记·中庸》）为政者修身的政治意义巨大，乃是推行道德教化的根本，所以修身为天下国家九经之首（"凡为天下国家有九经，曰：修身也，尊贤也，亲亲也，敬大臣也，体群臣也，子庶民也，来百工也，柔远人也，怀诸侯也"《礼记·中庸》）。为政者修身齐家直接关系天下国家之安危，"尧、舜帅天下以仁而民从之，桀、纣帅天下以暴而民从之"（《礼记·大学》），"一家仁，一国兴仁，一家让，一国兴让，一人贪戾，一国作乱"（《礼记·大学》）。变化之机，如此微妙，所以为政者必须是仁者："惟仁者宜在高位，不仁而在高位，是播其恶于众也。"（《孟子·离娄上》）使仁者在上位，是图治的基础。不使不仁者在上位，则是不致危乱的前提。国之治乱，皆系于得人失人，"其人存则其政举，其人亡则其政亡。"（《礼记·中庸》）

礼治之推行，强调仁者为政，注重礼乐教化，但并不排斥法律刑罚，而是礼法并行，礼乐刑罚并用。法以礼为本，礼以法为用，法律是礼治推行的保障。礼所容许的，也是法所容许的，是合法的。礼所禁止的，也是法所禁止的，所制裁的。能守礼自不犯法，所以中国传统文化中常礼法并称，曰"礼法"，曰"礼律"。其实，礼与法都是行为规范，其分别不在形式上，也不在强制力之大小。从形式上来看，成文与否并非决定的条件，法律不一定成文，礼亦可为成文。上古时代的《礼记》《仪礼》，近代的《大清通礼》，都是成文的礼书。从另一点来看，强制力的大小，只是程度上的差别，也不能作为划分礼法的客观标准。若从制裁的性质及方式来看，或可得一重要分别。礼藉教化及社会制裁的力量来维持，一个人有非礼行为，他所得的反应不外乎舆论的轻视、嘲笑、谴责或不齿，如《礼记》所谓"在执者去，众以为殃"（《礼记·礼运》），可说是一种消极的制裁。法则藉法律制裁来执行，可说是一种积极的或有组织的制裁。但礼亦未尝不可以法律制裁来维持、来推行，而无损其为礼。同一规范，在利用社会制裁时为礼，附有法律制裁后便成为法。成为法律以后，既无害于礼所期望的目的，也不妨害礼的存在。同一规范，不妨既存于礼，又存于法，可谓"礼法融合"，或曰"礼法合一"。

《四库全书提要》称"唐律一准乎礼"（《四库全书提要》八二，《史部》三八，《政书类》二），宋明清的法律也皆如此。依礼，贵贱有别，于是"八议"[①]入于法，贵贱不同罚，轻重各有异。依礼，因贵贱不同而服饰、宫室、车马、婚姻、丧葬、祭祀之制皆有不同，于是分别规定于律中。依礼，长幼、尊卑、亲疏有别，于是"准五服以治罪"。[②]依礼，子当孝事父母，于是"供养有缺"成为专条。依礼，"父母在不蓄私财"，于是私财有罚。依礼，父母之丧三年，于是释服从吉者有罪，居父母之丧嫁娶者有罪。依礼，父之仇弗与共戴天，于是子报父仇，每得原减。依礼，父为子隐子为父隐，于是律许相隐，"首匿不为罪"，不要求子孙为证，更不容许子孙告父祖。依礼，有"七出三不去"，于是法律明定为离婚的条件。上述行为规范原都详细规定于礼书之中，因而编制法律时便将这些礼的规范引入法典中，礼加以刑罚的制裁便成为法律。古人云"法出于礼"（《管子》四，《枢言》），用现代法学术语，可说礼即是"法理"，是法的渊源。

[①] 魏明帝在制定《魏律》时，根据《周礼》"八辟"的原则，规定对社会尊贵阶层犯罪议请一定的减免处罚，具体分八类，为：议亲（皇帝亲戚）、议故（皇帝故旧）、议贤（有传统德行与影响的人）、议能（有大才能）、议功（有大功勋）、议贵（贵族官僚）、议勤（为朝廷勤劳服务）、议宾（前代皇室宗亲）。"八议"制度为后代刑律所沿袭。

[②] 服制是以丧服为标志，区分亲属的范围和等级的制度。按服制依亲属远近关系分为五等：斩衰、齐衰、大功、小功、缌麻。服制不但确定继承与赡养等权利义务关系，同时也是亲属相犯时确定刑罚轻重的依据。依五服制罪成为德本主义社会刑法制度的重要原则：凡服制越近，以尊犯卑，处罚越轻；以卑犯尊，处罚越重。凡服制越远，以尊犯卑，处罚变重；以卑犯尊，处罚变轻。《晋律》与《北齐律》相继确立了"准五服制罪"的制度，并为后代刑律所沿袭。

礼法的最后保障是刑罚："以善至者待之以礼，以不善至者待之以刑"（《荀子·王制》）；"礼之所去，刑之所取，失礼则入刑，相为表里者也"（《后汉书》七六，《陈宠传》）。不教而诛不可，教而不诛亦不可。荀子言："不教而诛，则邪繁而邪不胜；教而不诛，则奸民不惩；诛而不赏，则勤属之民不劝；诛赏而不类，则下疑俗俭而百姓不一"（《荀子·富国》）。又言："杀人者不死，而伤人者不刑，是谓惠暴而宽贼也，非恶恶也。"（《荀子·正论》）犯罪而不被制裁乃是社会不公，所以礼与刑、教与诛、赏与罚不可偏废。"赏不行则贤者不可得而进也，罚不行则不肖者不可得而退也"（《荀子·富国》），"治之经，礼与刑，君子以修，百姓宁，明德慎罚"（《荀子·成相》）。需要强调的是德教与刑罚的关系是"德主刑辅"，是"明刑弼教"。"明堂，天法也；礼度，德法也，所以御民之嗜欲好恶，以慎天法，以成德法也；刑法者，所以威不行德法者也。"（《大戴礼记·盛德》）孔子言"礼乐不兴则刑罚不中，刑罚不中则民无所措手足"（《论语·子路》），明确只有兴礼乐才能中刑罚，先后不可错置。

由上可见，礼治的推行实际上是道德教化与法律刑罚并行不悖，礼、乐、政、刑相辅相成。正所谓："礼以道其志，乐以和其声，政以一其行，刑以防其奸。礼、乐、政、刑，其极一也""礼节民心，乐和民声，政以行之，刑以防之。礼、乐、政、刑四达而不悖，则王道备矣。"（《礼记·乐记》）

用社会学的术语来说，"礼制体系"是"内在维持模式"（所谓内在维持模式，是指社会成员通过社会化，学习、模仿、理解社会规范，将社会规范内化于自己的社会实践意识当中，从而在广泛的日常社会生活中，自觉地遵照社会规范行事），"法制体系"则是"外在维持模式"（所谓外在维持模式，是指由国家设立的专门机构、部门来监督、调控、约束甚至处罚等来予以维持社会规范）。"内在维持模式"强调通过教化来改善社会风尚，从而增进社会和谐、维护社会秩序，正如中医重视治"未病"。"礼治"政府官员的主要职责是"导扬风化，抚字黎氓，敦四人之业，崇五土之利，养鳏孤，恤孤穷，审察冤屈，躬亲狱讼"（《旧唐书·职官志》），一个县往往只有县长与几名佐吏，便承担了政教、经济、民政、司法等各类事务，大大减少了社会管理成本。"外在维持模式"则强调通过严密的法规条文体系和审判执行程序来禁人为非，从而抑制刑案作乱、维护社会秩序，如西医主要治"已病"。"法治"政府需要配备大量的专业立法、执法与司法人员，社会更是豢养了一大批以法律诉讼为职业的"讼棍"——所谓"专业律师"，人为挑唆诉讼甚而导致"诉讼爆炸"，大大增加了社会管理成本（详见本章第二节·五·（三）《纠纷解决》）。

第二节 社会文化

探究德本主义社会与资本主义社会的社会与文化,首先需探究二者的核心价值观念,即潜移默化于多数人的价值观念。价值观念是人们选择或支配行为指令(行为指令直接影响人类行为)的精神,共同的价值观念是协调社会行为、建立稳定秩序的基础。之后,需探究二者的基本社会规范,即在相对稳态的社会中被多数人习以为常的行为规范,是人们参与社会生活必须共同遵守的程序与规则。价值观念与社会规范属于相对抽象的探究,接下来进行更为具象的探讨。首先,论述二者的社会分层与社会流动;然后,深入到社会的微观层面,论述二者的社会组织;最后,探讨二者的社会治理模式。

一、核心价值:儒教价值 VS. 新教价值

探究德本主义社会与资本主义社会的核心价值观念,需先论述二者的主流信仰及其基本观念(一个社会的核心价值观念必建基于其主流信仰);然后,再探讨其核心价值体系。

(一)德本主义社会的主流信仰与核心价值

德本主义社会的主流信仰是儒教,德本主义社会的核心价值就是儒教的核心价值。以下先论述儒教信仰的基本观念——"天",然后再论述儒教的核心价值体系。

1. 儒教信仰的基本观念:天

"天"用现代语言表述,就是"演化着的天球生物圈"。用哲学术语界定,"天"既不是"形而上"(形而上者谓之道,感觉器官难以识别),也不是"形而下"(形而下者谓之器,感觉器官可以识别),而是"形本身"(感觉器官可

以识别其局部,而无法识别其整体)。"天"在中国文化中是一个极常用的名词(正如"GOD"在西方文化中是一个极常用的名词),兼有形而上和形而下的特征,并不偏执于一端,这在西方或西化的学术体系中(学科分隔)与思维惯性下(二元对立)非常难以理解。用西方哲学语言勉为其难地表述,"天"大致相当于"自为存在"的复杂化:"不过渡到别物的自为存在(天不变)……中立于任何(形而下)规定性的存在……//……绝对概念……是概念的纯形式……它自己本身就是内容……//……自由地外化为自然。"①

"演化着的天球生物圈"如何成了中华民族的信仰?要回答这个问题,需要以人类思维演化的历史为背景,来认识中华文明中"天"的观念发展史。

在中华民族进入文明社会之前,也就是数字文字产生之前,中华先人的思维成就还局限于占有行为——个人观念、图腾神话——社会意识、占卜问事——理智选择等。随着数字和文字的产生,理性思维开始发展。理性思维早期发展最重要的成就之一便是对"天"的科学观测。尧帝时期已完成测日影,定至日,四时成岁,举正月,置闰月(载于《尚书·尧典》);舜帝时期已完成了定位天球北极(载于《尚书·舜典》,详见第二章第二节·一·(三)之《中国的阴阳历》)。此时期中华先人对于"天"的认识,如《尚书·尧典》中的"钦若昊天"、"象恭滔天",《舜典》中的"天下咸服"、"惟时亮天功",基本是自然的、物理的"天"。而到《益稷》时期"溪志以昭受上帝,天其申命用休"、"敕天之命",就有了人格的意味。再到《甘誓》时期"天用剿绝其命"、"予惟恭行天之罚","天"已然具有了明确的"准人格神"的意义。可以说,尧舜禹时期,中华先民对"天"的观念,正经历由自然的、物理的"天"到人格的、神灵的"天"的转变(定位天球北极的天文观测则应该是推动这一转变的重要原因)。"帝"字的甲骨文构型"𐆖"——柴薪堆积捆扎在架子上——也揭示了这一转变。"燔柴为礼……祭天也"。②烟火图腾上达于"天",与"天"合一,也就是"天"与"神"("神"是可传承的心灵)合一。于是,"昊

---

① 〔德〕黑格尔:《小逻辑》;转引自张祥平:《经典复杂科学》,中国社会科学出版社2013年版,前言第31页。

② 张祥平:《人生六境——心智》,辽宁人民出版社1998年版,第55页。

天上帝"（或"天帝""上帝"）出现了。由纯粹自然的、物理的"天"向人格的、神灵的"天"转化与融合，对于中华文明的发展有着极其重要的意义：它意味着中华文明的"动态核心"，从简单的部族性的图腾崇拜转变为更复杂的普适性的"天"的信仰。正是在尧舜禹时期，"天"开始成为中华文明的"动态核心"。显然，科学观测与理性思维的发展推动了这一转变。反过来，对于"天"的信仰，又进一步推动了中华文明对"天"的理性探究。

需要指出，具有准人格神意义的"天"成为中华民族的"动态核心"，并不意味着之前"简单的部族性的图腾崇拜"的消失，相反，二者是兼容而不悖，确切地说，是中华先圣先贤在与环境互动的过程中，以"天"兼容整合了原来的部族图腾信仰。《礼记·表记》载："夏道尊命，事鬼敬神而远之，近人而忠焉，先禄而后威，先赏而后罚，亲而不尊，其民之敝，蠢而愚，乔而野，朴而不文。殷人尊神，率民以事神，先鬼而后礼，先罚而后赏，尊而不亲，其民之敝，荡而不静，胜而无耻。周人尊礼尚施，事鬼敬神而远之，近人而忠焉，其赏罚用爵列，亲而不尊，其民之敝，利而巧，文而不惭，贼而蔽。"夏人、商人、周人在事奉"天"的同时，也分别事奉或相同或不同的"鬼神"，其事奉"鬼神"的程度亦有差别：夏人刚由氏族部落社会演化而来，尚无需以"神道设教"的方式维持社会秩序（事鬼敬神而远之），因为"原始共产主义"还成性存存（忠，先禄而后威，先赏而后罚，亲而不尊），但社会文明程度较低（蠢而愚，乔而野），故"朴而不文"；商人历经夏桀时期的社会动荡，顺"天命"代夏（《尚书·汤誓》："有夏多罪，天命殛之，予畏上帝，不敢不正……致天之罚。"）之后，汲取教训，注重以"神道设教"（率民以事神，先鬼而后礼）与"合法暴力"（先罚而后赏，尊而不亲）双管齐下维持社会秩序，但易导致社会"荡而不静，胜而无耻"；周人经历了商纣时期社会动荡，汲取夏商两代的历史教训，在"神道设教"与"合法暴力"的基础上改善治理，通过"制礼作乐"（尊礼尚施，赏罚用爵列）来维持社会秩序。"制礼作乐"乃"天子"[①]

[①] 天子一词出现于商末周初。首见于《尚书·商书·西伯戡黎》："西伯既戡黎，祖伊恐，奔告于王，曰：'天子，天既讫我殷命'"。可见，殷末祖伊已称纣王为天子。又《周书·洪范》载："天子作民父母，以为天下王"，《康王之诰》载："太保暨芮伯咸进，相揖，（转下页）

依"天命"而行(《礼记·中庸》曰:"非天子不议礼,不制度,不考文。"郑玄注:"言作礼乐者,必圣人在天子之位")。"天子"乃天之子,是禀承天意、接受天命而王的最高统治者,如同世俗的嗣子继承父王的统治权,最高统治者继承的是天的统治权,能够代天施行赏罚,所以最高统治者与天同质。也就是说,周代人已将"天"确立为凝聚社会成员的主导价值观念。由上可见,夏商周三代,随着时间的推移、历史的发展,"天"对社会秩序的整合力度逐步增强。

春秋时期,中华民族的思维发展进入"追寻本体"的形而上学阶段,而本体的"发明"无不与"天"息息相关。老子之道源于对天球北极的观测与冥想,由于春秋时期的极星已偏离北极,老子体悟的宇宙运行之道是"玄而又玄之道"。孔子之道则是基于对天球北极的观测、极星运动的推算并与人类社会的演化相关联、整合,体悟的宇宙运行之道是"北辰尧舜之道"。① (详见

(接上页)皆再拜稽首曰:'敢敬告天子,皇天改大邦殷之命'。"《立政》载:"周公若曰:'告嗣天子王矣'。"可见,周初箕子、召公、芮伯、周公皆称时王为天子。《诗经》中,"天子"一词的使用更为普遍,多达二十一次,可见周时"天子"一词已普遍使用。引自蒋庆:《公羊学引论》,辽宁教育出版社 1995 年版,第 193 页。

① 参悟老子的"玄而又玄之道",需要的修行次第大体是:"致虚极,守静笃。万物并作,吾以观复。夫物芸芸,各复归其根。归根曰静,静曰复命。复命曰常,知常曰明。……知常容,容乃公,公乃王,王乃天,天乃道,道乃久,殁身不殆。"用现代语言表述,大意是通过隔离外界环境刺激,主动地、自觉地屏蔽感官识别与语词对应,从而消解思维,复归于人之演化成为"人"之前的状态(参见第一章第一节),即"复归于婴儿…复归于朴…复归于无极"。

参悟孔子的"北辰尧舜之道",需要的修行次第更为复杂,大体是:在少儿阶段,应该"入则孝,出则悌,谨而信,泛爱众而亲仁。行有余力,则以学文。"进入青春期以后,应该"十有五而志于学,三十而立,四十而不惑,五十而知天命,六十而耳顺,七十而从心所欲,不逾矩"。"从心所欲,不逾矩"的境界是孔子达致"天人合一"的境界,亦是儒教修心修身的最高境界。达此境界的关键环节是"知天命"。"天命"是"天(演化着的天球生物圈)"赋予人的使命,但"天"不会说话,"天何言哉。四时行焉,百物生焉。天何言哉!"《论语·阳货第十七》),人体悟"天命"需要用"穷理"("穷理尽性以至于命"(《周易·系辞》)的功夫。"穷理"是尽可能探究天球生物圈的演化规律(天理)。孔子通过博学审问慎思明辨笃行,认识到人类在天球生物圈从简单到复杂的演化过程中,既具有与动物相似的生物行为(其中,性行为相对于哺乳动物的其他无序行为来说,是仅次于育幼行为的最有序的行为。哺乳动物的其他无序行为如攻击同类、遗弃老病、劣待弱小等,与低等动植物相比则是有序行为),(转下页)

第二章第一节·八《追寻本体——形而上学》）老子与孔子同样追求生命的超越与永恒，或曰追求"天人合一"，但老子的"玄而又玄之道"重在维护个体生命延续，"天人合一"的体认主要通过个体的玄思冥想和生理心理感悟；而孔子的"北辰尧舜之道"重在维护群体延续，"天人合一"的体认主要通过博学、审问、慎思、明辨、笃行的"穷理"（"穷理尽性以至于命"，《周易·系辞》）功夫，而"穷理"功夫的基石则是孔子揭示的天人模型——北辰模型。

（接上页）还具有独特的有序行为，大致可分为十层次（与人类思维演化的环节对应，详见第二章第一节）：占有行为（个体人的起源）、图腾神话（社会人的起源，道统）、社会规则（礼）、文字体系（书）、价值评估（易）、情感升华（诗）、抽象思辨（易象易象）、历史文献和组织管理（尚书和春秋）、科学模型（北辰模型）、汇聚历史中有利于群体延续的光明以弘扬天道（立德立功立言）。在最高层次上，人的心灵（精神）与身体（行为）达致中庸圆融的光明境界。这样的境界就像登山者到达巅峰，可以超越血缘关系传承（出发点），超越方言文字隔阂（不同登山方法）传承，甚至超越异质（教）文化隔阂（不同登山路径）。

老子曾达到类似的光明境界，其他各大宗教的创始人也如是，如佛教的释迦牟尼、基督教的耶稣、伊斯兰教的穆罕默德，但是路径各有不同。儒教的理想是此岸的，孔子以情入世，同体大仁，在此岸中凝聚历史中的光明（含北辰等），再照亮后世的历史。道教的理想也是此岸的，但不是序化生活和历史，而是序化生理和仙史。佛教的理想则是彼岸的，释迦牟尼通过把人类的生物本能及十个独具的有序行为层次皆破除掉，还要破除宇宙大爆炸之后的其他有序，从而破除此岸之苦，并序化彼岸，引导众生自作明灯，"渡出"苦海，去往彼岸。基督教序化末世的天堂（解脱现世人类的原罪），伊斯兰教序化下临诸河的乐园（解脱沙漠游牧民的辛苦）。基督教、伊斯兰教相对于儒教、道佛教而言，借助的理性较少，借助的非理性感悟和生理感受较多，普适性稍差，较易被邪教钻空子。伊斯兰教的功课，理性止于文明萌芽时期，相当于开发部落社会与文明社会之间的动态核心；基督教的原罪，理性止于潜意识，相当于开发人与哺乳动物之间的动态核心；道教的理性也逊于孔子，如丹道的理性止于元神（元意识）或仙人（真人），相当于开发动物与植物之间的动态核心（含辟谷，不眠等）。道教与佛教的有共同点，即都强调"无"，不同点是老子之学重"玄（虚）"，佛学重"空（灭）"。"空无寂灭"需要类似于儒学的正名智慧来追问，来深究，需要诉诸相对严密的逻辑思辨（佛学称之为"因明"，类似于分析还原法）。佛学的基本思想是万物皆无自性，人能经历、思考和悟解的一切都是"缘起"的，"缘灭"即重归于"空无"，即所谓"缘起性空"。从修身修心的复杂性（参见上述"天"的复杂性）来看，儒教大于道教，道教大于佛教，所以近代欧美社会理解和接受佛教与佛学较易，理解和接受道教与老子之学较难，理解和接受儒教与儒学最难。——改编自张祥平：《经典复杂科学》，中国社会科学出版社 2013 年版，第 225—226 页。

北辰模型所昭示的"天"（天道天理）是通过构造整合法所达到的最大整体（详见第二章第二节·二·（二）·1《模型构建》以及第二章第二节·四·（二）·2·（1）《北辰模型》）。

中华文明中"天"的观念由孔子升华而基本定型："天"是通过构造整合法所达到的最大的整体，"天"在自然演化的历史中显示出秩序与光明，人的最高价值与终极意义就是主动自觉地融入"天"的演化历史，即所谓"参赞天地之化育"（《中庸》）。

需要强调的是，孔子在赋予"天"以更多的理性内涵与形上意义的同时，并未摒弃"天"的人格的神灵的意义，孔子所言"天将以夫子为木铎"（《论语·八佾第三》）、"获罪于天无所祷"、"天之将丧斯文"（《论语·子罕第九》）、"天丧予"（《论语·先进第十一》）、"天何言哉。四时行焉，百物生焉。天何言哉"（《论语·阳货第十七》）中的"天"便皆有人格的意义，孔子删述的《尚书》《诗经》中的"天"也多具人格的意义。

综上所述：在尧舜禹时期，中华民族的"动态核心"从简单的部族性的图腾崇拜转变为更为复杂的普适性的"天"的信仰，"天"的观念由自然的、物理的"天"转变为人格的、神灵的"天"；夏商周三代，随着时间的推移、历史的发展，"天"对社会秩序的整合力度逐步增强；进入春秋时期，"天"被赋予了更多的理性内涵与形上意义，成为构造整合法所达到的最大的整体。"天"既可以是具有科学的理性的意义的天，又可以是具有人格的神灵的意义的天（外在超越），还可以是人文的心性的意义的天（内在超越）。三者在儒学传统中并行不悖，和而不同，融为一体。在一定程度上可以说，"天"的观念发展史就是构造整合法思维的发展史，也是中华文化整合范围不断扩大、整合力度不断增强的历史。

2. 儒教的核心价值体系：道——德——仁——义——礼——智——信

儒教是德本主义社会的主流宗教，儒教的核心价值体系即是德本主义社会的核心价值体系。

前文已述，儒教信仰的基本观念是"天"，或曰"天道"、"天理"，人的最高价值与终极意义是"天人合一"，即所谓"参赞天地之化育"（《礼记·中庸》）。欲"参赞天地之化育"，必须秉承"天地之大德"。"天地之大德曰生"（《周易·系辞》），"生"最重要的内涵是人类生生不息，永续发展。[①] 欲维持人类永续发展，最重要的乃是建立良性的社会秩序，秩序乃人类社会之基础，无秩序则社会必然崩溃，更无所谓永续发展。社会秩序之建立有赖于"德"——公开公正的获取收益且仗义疏财。"德"统摄了经济与政治的根本原则：在经济上，"德"要求公开公正地"得"，即发展经济建设，保障基本需求；在政治上，"德"要求社会成员皆有所"得"，即维护社会和谐，保证群体延续。所以，德本主义社会强调人生在世应该"立德立功立言"，"立德"为首（详见第二章第一节·九之《开发内心——价值体系》）。

人之"立德"必须从"二人本位"出发，绝不能是"个人本位"。从"二人本位"出发，则要"己所不欲勿施于人"，要"己欲立而立人，己欲达而达人"，要"忠恕"，要"爱人"，一言以蔽之，则是推己及人、真诚待人——"仁"。所以，德本主义社会强调人要做"仁人君子"，要做"志士仁人"，要有"恻隐之心"，否则便是"麻木不仁"，几同禽兽。

人之为"仁"要求人能有一定的"觉悟"，能自觉提升自己的心性。然而心性无影无形，难能把握，相对容易把握的是人类社会在演化过程中形成的良好习俗——"义"。"义"既表现为外在的传统性社会规范，也表现为内化的制约性精神指令，所以孟子曾驳斥告子的"仁内义外"之说。人若不"义"，则会遭人耻笑，所以孟子有言："恻隐之心，仁之端也；羞恶之心，义之端也。""义"之精神内核与"仁"并无不同，即"二人本位"。但"义"与"仁"有层次高低之分。"仁"源于"恻隐之心"，相对主动；"义"源于"羞恶之心"，相对被动。可以说，"仁"的觉悟层次高于"义"。还可以说，"仁"的情感层次要深于"义"，孟子有言："亲亲仁也，敬长义也"（《孟子·尽心上》），"亲亲"的情感层次要深于"敬长"。但"仁"与"义"同为行"道"与立"德"的基础无异（详见第二章第一节之《开发内心——价值体系》）。

[①] 马王堆帛书的《周易·系辞》此句为"天地之大思曰生"，"思"即"嗣"，即子孙延续。张祥平：《经典复杂科学》，中国社会科学出版社 2013 年版，第 222—223 页。

道德仁义由是成为德本主义社会最核心之价值。《周易·系辞下传》第一章，有"道德仁义"逻辑关系之阐释："天地之道，贞观者也……天地之大德曰生，圣人之大宝曰位。（秩序，生态位，王土、率土、率土之滨，各有其位，即'贵贱位矣'。）何以守位？曰仁（真诚待人）。何以聚人？曰财（财散则人聚，财聚则人散）。理财正辞（公正的分配规则，含脑体差别、自然差别、历史遗留、市场信息不对称等），禁民为非，曰义（好的习俗）。"①

道德仁义、公序良俗仅仅依靠引导人们内心的善意尚不足以护持，还需凭借明文规定的社会规则——"礼"。孔子曰："君子义以为质，礼以行之"（《论语·卫灵公》）。礼义常相提并论，二者乃是表（礼）里（义）关系，如《礼记·礼运》曰"礼也者义之实也，协诸义而协"。又，荀子曰"行义以礼，然后义也"（《荀子·大略》）。义是礼的原理原则，礼则是义的具体表现。无义则礼无所出，无礼则义难表现。由仁而义而礼，价值观念的等级有着明确的次序："仁者人也，亲亲为大；义者宜也，尊贤为大；亲亲之杀，尊贤之等，礼所生焉。"（《礼记·中庸》）孟子也曾言："仁之实事亲是也，义之实从兄是也，礼之实节文斯二者是也。"（《孟子·离娄上》）

人是理性的动物，运用理性探求真理源于人类的演化。无视理性必然无法与环境良性互动，结局必然是无法生存，所以求真是人类普适的价值。道德仁义、优序良俗与社会规则也需要人们理性的理解与内心的认同方能成为人们自觉的义务。《论语》最后一章最后一句便归结于"理性"与"理解"："不知命，无以为君子；不知礼，无以立也；不知言，无以知人也"。意为："不理解人生的使命，就没有内驱力去成为成熟的人；不理解分层分工的资源分配规则和再分配协调规则，就没有足够的知识去成为成功的人；不理解言谈意向，就没有敏锐的洞察力去理解各种人。""理解（知）"不是幻想，理解和落实人生使命要借助复杂科学，特别是复杂三规律：第一规律（极数通变）用来树立心中的楷模，与楷模的背景（社会、家庭、教育，等）差异越小越好；第二规律（成性存存）用来增大实现理想的概率，把握人生机会。其中，最重要的是理解并

---

① 张祥平：《经典复杂科学》，中国社会科学出版社2013年版，第105页。

借助现存的常态社会差异和正常升层规则（协调规则，礼）来实现理想；第三规律（相生相克）用来落实理想，即与人分享自己的理想，首先是倾听对方并且从中获取尽量多的信息（知识，水），然后才能理解对方需要什么（知人，火），最后是相关于自己的理想（木），从而共同创造条件（土）去实现理想（金）。这是复杂科学提供给社会精英的最重要结论：理解人生使命是精英自强不息的主要动力，理解社会规则是精英在社会中被定位为精英的基本素质，理解各种人是以较低的成本来团结人和管理人的前提。所以孔子多次将"智（知）"与"仁"并论："知者不惑，仁者不忧"（《论语·子罕》），"知者乐水，仁者乐山；知者动，仁者静；知者乐，仁者寿"（《论语·雍也》），"不仁者，不可以久处约，不可以长处乐。仁者安仁，知者利仁"（《论语·里仁》）。强调"智""仁""礼"等皆为修身齐家治国平天下之必须："知及之，仁不能守之，虽得之，必失之。知及之，仁能守之，不庄以莅之，则民不敬。知及之，仁能守之，庄以莅之，动之不以礼，未善也。"（《论语·卫灵公》）孟子在论及"仁义礼"之后即论"智"："仁之实事亲是也；义之实从兄是也，礼之实节文斯二者是也，智之实知斯二者弗去是也"，并强调仁义礼智皆是人内在固有的品质："恻隐之心，人皆有之；羞恶之心，人皆有之；恭敬之心，人皆有之；是非之心，人皆有之。恻隐之心，仁也；羞恶之心，义也；恭敬之心，礼也；是非之心，智也。仁义礼智，非由外铄我也，我固有之也，弗思耳矣。"（《孟子·告子上》）欲"智"则需"学"。《论语》开篇即是"学"，强调"学而时习之"、"行有余力则以学文"、"君子不重则不威学则不固"、"君子食无求饱居无求安，敏于事而慎于言，就有道而正焉，可谓好学"（《论语·学而》）。孔子自谓"十有五而志于学"、"十室之邑，必有忠信如丘者焉，不如丘之好学"（《论语·为政》）、"尝终日不食终夜不寝，以思，无益，不如学"（《论语·卫灵公》）。孔子主张"学而不厌,诲人不倦"（《论语·述而》），主张"不怨天不尤人，下学而上达"（《论语·宪问》），主张"博学于文，约之以礼"（《论语·颜渊》）。孔子担忧"德之不修,学之不讲"（《论语·述而》），并详细指出不学的弊病："好仁不好学，其蔽也愚；好知不好学，其蔽也荡；好信不好学，其蔽也贼；好直不好学，其蔽也绞；好勇不好学，其蔽也乱；好刚不好学，其蔽也狂。"（《论语·阳货》）孔子后学则领悟到"博学而笃志，切问而近思,仁在其中"、"君子学以致其道"(《论语·子张》)。也就是说,"学"是达于"仁"进而至于"道"的必需路径。需要特别强调的是,以"学"求"智"达于"仁"而臻至于"道"的过程,绝不是纯粹的理性探究过程,而是思维与情感相互激发、理性与信仰相互鼓荡,最终达致理性与信仰平衡、头脑与心灵和谐的过程。

如果说,上述"道""德""仁""义""礼""智"等价值观念因涉及较高深义理,对普通民众言之尚有距离的话,诚实守信则是对所有社会成员的基本要求。"诚实"是真实地表述亲身经历的事实,既包括亲身经历的往事,也包括亲身确定的要做的事。"不诚实"(俗称"说谎")则是把已经做过的事说成没有做过,或把没有做过的事说成已经做过。"守信"是兑现承诺,"不守信用"则是许诺的事情后来没有做到。"诚实守信"是维持社会秩序最基本的要素:因为人群分工合作的基本前提是信息沟通与行动协调,"不诚实"则无准确的信息沟通,"不守信"则无行动的协调配合,换言之,"不诚实"则导致欺诈,"不守信"则导致违约,后果必然是社会失序以至于崩溃。孔子曰:"民无信不立"(《论语·颜渊》),"人而无信,不知其可也。"(《论语·为政》)。从人类社会的进化历史来看,诚实守信源于原始人群共同抗灾("诚实"以确保准确的信息沟通,"守信"以确保行动的协调配合)和交易互利(如男耕女织交易、扶携携扶交易),之后随人类社会的演化发展,逐渐积淀为社会组织的动态核心(即价值观念)的基础内容,成为维持社会秩序的基本观念。诚实守信的品质,必须在人的社会化过程中予以充分重视。孔子曰:"弟子入则孝,出则悌,谨而信,泛爱众而亲仁,行有余力,则以学文。"(《论语·学而》),孝悌为仁之本,谨信为智之本(谨是逻辑严密,信是事实准确),"信"是泛爱、亲仁与学文的基础功夫,因此成为孔门教育的重要内容(子以四教:文、行、忠、信。《论语·述而》),并强调应该终身修持("日三省乎吾身。为人谋而不忠乎?与朋友交而不信乎?传不习乎?")。"信"是治国平天下最根本的要素,其重要性高于经济(子贡问政,子曰:"足食,足兵,民信之矣。"子贡曰:"必不得已而去,于斯三者何先?"曰:"去食。自古皆有死,民无信不立。"《论语·颜渊》)。良好社会信用的建立,是和谐社会的主要标志("老者安之，朋友信之，少者怀之"《论语·公冶长》）。至西汉，董仲舒在著名的《天人三策》中将"仁""义""礼""智""信"合而说之："夫仁、义、礼、智、信五常之道，王者所当修饬也；五者修饬，故受天之晁，而享鬼神之灵，德施于方外，延及群生也。"此后，仁义礼智信被称为"五常"。

综上所述，德本主义社会的核心价值观念，按高低次序排列为：道——德——仁——义——礼——智——信，用现代汉语可分别表述为：

道——北辰尧舜之道（生发万物且容融万物的东西）。

德——公正公开地获取收益而且仗义疏财。

仁——真诚待人。

义——良好习俗。

礼——分层分工的资源分配规则和再分配协调规则。

智——追求真理。

信——诚实守信。

（二）资本主义社会的主流信仰与核心价值

资本主义社会的主流信仰是基督新教，资本主义社会的核心价值是基于新教信仰的核心价值。以下先论述基督教的基本观念，然后论述基督教的核心价值体系，之后论述基督新教的观念变革，最后论述资本主义社会的核心价值体系。

1. 基督教的基本观念：高德（God）

儒教信仰的本体是"天"，与之相应的基督教的本体则是"高德"（God）[①]。

[①] 在汉语中，基督教的神 YHWH 最先据亚拉姆语音（alaha）译为阿罗诃（《大秦景教流行中国碑颂》："其唯我三一妙身，无元真主阿罗诃欤判。十字以定四方。"）明末，利玛窦来华传教，把 YHWH 译作"天主""天""上帝""天帝"。其《天主实义》曰："天主之称，谓物之原。如谓有所由生，则非天主也。物之有始有终者，鸟兽草木是也；有始无终者，天地鬼神及人之灵魂是也。天主则无始无终，而为万物始焉，为万物根柢焉。无天主则无物矣。物由天主生，天主无所由生也。"其《坤舆万国全图》曰："天主创作万物于寰宇。"其《二十五言》曰："上帝者，生物原始，宰物本主也。"除了"上帝""天主"外，利玛窦还创造了"圣母"（汉语中原为皇太后的尊称）"圣经"（汉语中原指儒家经典）等词。利玛窦试图以"驱（转下页）

"高德"（God）具有鲜明的"人格"属性，具备人所具备的所有美好品质，如智慧、仁慈、信实、公义、圣洁等。"高德"（God）给自己起名为"耶和华"（《出埃及记》），让人借此称呼与他沟通。《创世记》说，人懂得"求告耶和华的名"（《创世记》）。摩西十诫中，上帝要求以色列人要尊敬他的名，不可妄称高德（God）的名（《出埃及记》）。最能表明"高德"（God）的人格属性的，是其"父性"。如基督徒的信仰告白《使徒信经》的开始："我信上帝，全能的父，创造天地的主……"而在《信经》的结尾，"父"再次出现，说复活后的基督"坐在全能父高德（God）的右边"。《信经》里的"父"指的就是耶稣称为"我的父"、并教导信徒称为"我们的父"的"高德"（God）。圣经中经常描绘的救赎图像是"和好"——神人和好，就如两个吵架的人和好一样，体现了人与"高德"（God）的"人格"性交往。"高德"（God）是万物的创造者，有创世末世着意安排，有救赎计划并与人立约。可以说，"高德"（God）就是人的摹拟，所以费尔巴哈人本主义宗教学才把"高德"（God）说成是人的异化，是把人所有的最美好的功能全部集中起来形成了"高德"（God）。

需要指出，由于西方分异型思维的影响，具有鲜明"人格"属性的"高德"（God）对于人类而言，却是绝对的"他者"——即超越人类的存在。所谓"超越（transcendence）"一词，在柏拉图哲学中"涵有外在（beyond）及分离（separt）的意思"，"超越"即同于"外在"。① "高德"（God）与人的关系，是二元对立的关系，不同于儒教中的天人关系。儒教中的"天"与人可以成为一体，即"天人合一"，而"高德"（God）与人是不能合一的，只能是"和好"。而且，超越人类存在的"高德"（God）一定是独一无二的，除此全在全智全能全善的"高德"（God）之外绝不可有其他神，摩西十诫第一条即是"除了我（God）以外你不可有别的神"——"高德"（God）乃是绝对唯一的至上之神。

（接上页）佛补儒"的手段进行传教，企图通过"合儒—补儒—超儒""阳辟佛而阴贬儒""贬佛毁道，援儒攻儒"的路线图超越儒家的上帝观，取而代之，达到以夷变夏的目的。汉语中"上帝"一词源自《尚书》。基督教之"God"在汉语中并无意义可准确对应的词汇，应取音译为"高德"。
① 见冯耀明：《超越内在的迷思：从分析哲学观点看当代新儒学》，香港中文大学出版社2003年版，第七章《当代新儒家的"超越内在"说》。

要理解"高德"(God)之人格化与一神教的特质,需要追溯"高德"(God)信仰的源头——犹太教的唯一至上神"雅赫维"(YHWH)。① 根据相关史料大致可以推断,摩西是犹太民族从氏族部落社会向城邦封建社会转型期的领袖,正如尧舜是华夏民族从氏族部落社会向城邦封建社会转型期的领袖。摩西以前,犹太民族的宗教糅合了部族的原始图腾崇拜与埃及的阿蒙一神信仰,摩西承接"天启"后开启了"雅赫维"的信仰,正如尧舜时期开启了"昊天上帝"的信仰。不同的是,"雅赫维"信仰更多地关联于主观的神秘体验(如摩西蒙召),而"昊天上帝"信仰则更多地关联于客观的天文观测;"雅赫维"信仰有着更多的原始崇拜的遗存,"昊天上帝"信仰则有着更多的科学理性的融入。后来,犹太民族与华夏民族不同的发展历史,进一步加大了"雅赫维"信仰与"昊天上帝"信仰的差异:摩西之后的犹太民族历经"士师时期"、"王国时期"、"分国时期"、"被虏时期",弱势的犹太民族在强族林立的国际环境中饱受磨难,直至"波斯时期"编订犹太教《圣经》,确立"雅赫维"一神信仰,其发展与其坚忍不拔地寻求民族独立的历史过程息息相关;② 尧舜之后的夏、商、周三代,华夏民族不断与周边部族或民族融合发展,"昊天上帝"

---

① 汉译基督教的《圣经》中,神的名字叫"耶和华"(Yehowah,基督新教)"雅威"(Yahweh,天主教)、"耶威"(Yahweh,东正教)。据《出埃及记》,以色列人原不知道神的名字,当神选召摩西带领以色列人出埃及时才晓谕摩西:"摩西对神说,我到以色列人那里,对他们说,你们祖宗的神打发我到你们这里来。他们若问我说,他叫什么名字,我要对他们说什么呢。神对摩西说,我是自有永有的。又说,你要对以色列人这样说,那自有的打发我到你们这里来……耶和华是我的名,直到永远,这也是我的纪念,直到万代。"但有学者发现,"耶和华"此名是后世基督教的误译,犹太教的神名应读作"雅赫维"。在希伯来文中,神的名字以四个希伯来文辅音符号代表,这四个字母相当于英文字母"YHWH",发音应为"雅赫维",英译为"Jahveh"。由于犹太人不敢妄称神的名字,所以遇到"YHWH"这四个代表神名的字母时,不读"雅赫维"而改读"阿东乃"(Adonai),意为"吾主"。西元6-7世纪时,本无元音符号的犹太教《圣经》加注了元音符号,把"阿东乃"的三个元音符号e,o,a标注在"YHWH"四个辅音之间,但拼读时并不与YHWH合念。后来基督教继承犹太教《圣经》作为《旧约》,误将代表神名的四个辅音字母"YHWH"和"阿东乃"的三个元音字母一同拼读,于是出现了"耶和华"(Jehoval)这个名字。详见:周燮藩《犹太教上帝名讳考》,《世界宗教研究》1999年03期。

② 参见邱文平博士论文:《犹太人早期上帝观念的历史演变》,复旦大学,2006年。

信仰也不断与周边部族或民族的信仰融合。也就是说，"雅赫维"一神信仰的形成是与周边部族或民族的宗教不断"分异"发展的过程，"昊天上帝"信仰的形成则是与周边部族或民族的宗教不断"整合"发展的过程。"分异"强调"异"，导致排他，促进了绝对的一神信仰的确立；"整合"强调"同"，导致融合，促进了一神论与多神论的和谐并存。究根溯源，"雅赫维"（YHWH）的绝对一神信仰与犹太民族的语言与思维模式密切关联。希伯来语属于闪语族闪含语系（又称亚-非语系），其语音是辅音组合的发音模式（与印欧语系相同），"语音模式"决定了"句法模式"，并由此发展出以异对异的分异型思维模式（详见第一章）。

"雅赫维"（YHWH）在希腊化时期，被赋予了更多的理性意义，"高德"（God）由犹太哲学家菲洛（西元前25-西元40年）用希腊哲学概念"逻各斯"（logos）进行了哲学阐释。与菲洛同时期的拿撒勒人耶稣被其门徒认为是弥赛亚之后，又有了"道成肉身"的高德（God）："太初有道，道与神同在，道就是神"；"道成肉身，住在我们中间，充充满满的有恩典有真理"；"恩典和真理，都是由耶稣基督来的。从来没有人看见神，只有在父怀里的独生子，将他表明出来"（《约翰福音》）。在耶稣诞生前，高德（God）以光显示自身，"那光是真光，照亮一切生在世上的人"，但"世界却不认识他"，为使人们"见过他的荣光"（《约翰福音》），高德（God）的道便成了基督肉身，通过耶稣基督的人形人格和言行事迹"表明出来"，如耶稣所说："我就是道路、真理、生命，若不借着我，没有人能到父那里去。"（《约翰福音》）"道成肉身"的耶稣基督最终造就了圣父、圣子、圣灵"三位一体"的高德（God）："天上，地下所有的权柄，都赐给我了。所以你们要去，使万民作我的门徒，奉父、子、圣灵的名，给他们施洗。"（《约翰福音》）。由是，犹太图腾的雅赫维（YHWH）、希腊理性的逻各斯（logos）与历史人物的耶稣融于一体，铸就了基督教高德（God）的历史文化内涵。

在此"三位一体"的"高德"（God）信仰中，宇宙与人类的历史被描述为一个完全由其创造并主宰的过程："高德"（God）创造了万物和人，人类因堕落而与"高德"（God）分离，"高德"（God）拯救人类,人类重新与"高德"（God）和好而达到历史的终结。人类因其始祖堕落而负有"原罪"，"罪"的本质是人拒绝服从"高德"（God）的旨意而被欲望所诱惑，"罪"的要素包括知识上的不信与骄傲、感情上的放纵与放任以及意志上有与神同等的欲望等。人要悔罪，要无条件的信奉和遵从"高德"（God）的启示和耶稣的教诲，要确信"高德"（God）普世救赎之意志，确信基督复临和最后审判所迎来的新天新地和信者永生。人类的最高价值与终极意义就是通过悔罪、信神、行义而蒙召、得救、永生。

理解"三位一体"的"高德"（God）对于许多中国人来说是一个问题。推崇西学的胡适、陈独秀等学者就曾疑惑于高德（God）的创世：如果一切都是"高德"（God）创造的，那么"高德"（God）又是谁创造的？这个问题对于中国人而言是那么自然而然、合情合理，因为中国人几乎本能地认为宇宙是"天然"地演化生成。但对于启蒙以前的西方人而言，"三位一体"的"高德"（God）却是不言而喻的：因为创造者（Creator）创造万物（all creatures），在其文化背景中早已预设其自身就不是被造的（created）。只有将高德（God）置入其独特的演化环境与历史进程中，方可识其庐山真相。

2. 基督教的核心价值：高德（God）——蒙恩得救——爱神爱人——称义成义——诫命律法——求真——诚信

基督教信仰的历史观是高德（God）的创世末世计划，认为基督耶稣的第二次再临不仅会终结人类在今世的历史，还将把世界带进一个"新天新地"。历史终结时会有耶稣基督第二次降临世界、全人类的复活与审判、天堂以及地狱。在此历史中，人生的最高价值与终极意义就是得救而永生。在儒教中，"天地"之大德曰"生"；在基督教中，"高德"（God）之大德则曰"救"。"生"之"德"是积极的、主动的、创造的，主张得物得人（"德"之本义）；"救"之"德"是消极的、被动的、压抑的，主张蒙恩悔罪。"生"之"德"（得）是此岸的，是在现实中凝聚人类历史的光明，再照亮后世；"救"之"德"（得）是彼岸的，唯求解脱原罪，得入天堂永生。

要蒙恩得救，必须全心全意地"爱"高德（God）："爱我，守我诫命的，我必向他们发慈爱，直到千代。"（《出埃及记》）"要尽心、尽性、尽意，爱主你的神，这是诫命中的第一，且是最大的。"（《申命记》）人（包括自己和他人）是高德（God）的创造物，因此也必须爱人，包括爱自己和爱他人："就是要爱人如己"（同上），"不可在民中往来搬弄是非，也不可与邻舍为敌……不可心里恨你的弟兄，总要指摘你的邻舍，免得因他担罪。不可报仇，也不可埋怨你本国的子民，却要爱人如己。"（《利未记》）"爱主你的神"和"爱人如己"这两条诫命是律法和先知一切道理的总纲。（《申命记》）上述《旧约》中"爱"的观念在《新约》中被继承并强化："像那不可奸淫，不可杀人，不可偷盗，不可贪婪，或有别的诫命，都包在'爱人如己'这一句话之内了。爱是不加害于人的，所以爱就完全了律法。"（《罗马书》）"全律法都包在'爱人如己'这一句话之内了。"（《加拉太书》）而且还有扩展："你们听见有话说：'以眼还眼，以牙还牙。'只是我告诉你们：不要与恶人作对。有人打你的右脸，连左脸也转过来由他打；有人想要告你，要拿你的里衣，连外衣也由他拿去；有人强逼你走一里路，你就同他走二里；有求你的，就给他；有向你借贷的，不可推辞。你们听见有话说：'当爱你的邻舍，恨你的仇敌。'只是我告诉你们：要爱你们的仇敌，为那逼迫你们的祷告。这样，就可以作你们天父的儿子。因为他叫日头照好人，也照歹人；降雨给义人，也给不义的人。你们若单爱那爱你们的人，有什么赏赐呢？就是税吏不也是这样行吗？你们若单请你弟兄的安，比人有什么长处呢？就是外邦人不也是这样行吗？所以你们要完全，像你们的天父完全一样。"（《马太福音》）基督教价值中的"爱"正如儒教价值中的"仁"，前者是"得救"的基础，后者是"立德"的基础。但二者的内涵大有不同。前者是平等之爱，后者是差等之情。平等之爱源于"上帝面前人人平等"，而差等之情源于人类情感演化的客观事实。人类最内在的感情是基于血缘的亲情，即父母抚育子女、兄弟姐妹共同成长自然生发出的亲情，在亲情的基础上发展，而有男女间的爱情、朋友间的友情及更泛化的人情。此"四情"（亲情、爱情、友情、人情）有明确差等：亲情不同于夫妻之情，亲情和爱情（成人之间的排他之爱）也不同于朋友之情，所以有"五伦"之次序。儒教也倡导"泛爱"，俗称"爱他人"，这是指比亲情和夫妻之情更为疏远的情感，父母不是"他人"，夫妻之间也不能算"他人"，只有朋友之情以及比朋友之情更疏远的人文情怀可以算作"爱他人"。而且，"他人"

不包括"敌人",对于"敌人",儒教反对"以德报怨"而主张"以直报怨"。

"爱"是纯粹精神的,无影无形,难能把握,相对容易把握的则是"义"。"义"在《旧约》中指的是人通过遵守高德(God)的律法来表明他与高德(God)之间的关系。当人的行为操守配得上被称为高德(God)的子民这种关系时,他因此被称为"义"。如:"挪亚是个义人,在当时的世代是个完全人。挪亚与高德(God)同行。"(《创世记》)这表明"义"是在行为上"完全",即人的言行举止符合了高德(God)的道德标准。行为正直的,被高德(God)判定为"义"。因此,"与高德(God)同行"的和谐关系是"义"的一个根本特征。《新约》进一步发挥了"义"的内涵:"律法是我们训蒙的师傅,引我们到基督那里,使我们因信称义……你们既属于基督,就是亚伯拉罕的后裔,是照着应许承受产业的了。"(《加拉太书》)人若作为亚伯拉罕的后裔,他就与高德(God)之间存在着"约"的关系,因为上帝曾与亚伯拉罕立约,并吩咐他说:"你和你的后裔必世世代代遵守我的约。"(《创世记》)因此,亚伯拉罕的子孙都拥有高德(God)立约之民的身份。但《新约》的"义"明显超越了《旧约》,因为在《新约》中人借着"义"达到这种和谐关系的途径不再是通过律法式的正直行为,而是强调只有通过耶稣基督代赎的死的恩典,人藉信才被称为"义"。"义"于是从《旧约》中道德品行的衡量转变为人因着耶稣在十字架的代赎而被宣称为义。保罗宣称:"谁能控告上帝所拣选的人呢。有上帝称他们为义了。谁能定他们的罪呢。有基督耶稣已经死了,而且从死里复活,现今在上帝的右边,也替我们祈求。""人称义是因着信,不在乎遵行律法。"(《罗马书》)保罗还特别指出,"信"是放弃用自己的行为来称义,而完全地依赖与接受基督代替人赎罪这一外在的"称义"条件。"信"高德(God)的恩典与耶稣基督的代赎,解决了人的"罪责"问题,使人得以在高德(God)公义的审判面前被"称义",这是高德(God)外在于人"做工"的救恩;而潜藏于人性中的"罪性"仍待解决,还需要高德(God)内在于人"做工"的救恩,使人从以自我为中心转向以高德(God)为中心,从犯罪的欲念与倾向转向对圣洁生活的向往与渴慕,这才是"成义"。"成义"是一个重生或新生的过程:"高德(God)便救了我们;并不是因我们自己所行的义,乃是照他的怜悯，借着重生的洗和圣灵的更新"（《提多书》）。人得重生的条件是要"从水和圣灵生的"（《约翰福音》）。如果说"称义"的恩典主要是由圣子耶稣基督完成的，"成义"的任务则主要是圣灵在人心中的工作。"称义"和"成义"合一，即是"得义"。

基督教中"义"的观念的演变导致了新教的产生。欧洲文艺复兴以后人文主义盛行，直接影响到人之"称义"的解释。人们会问：虽然高德（God）的救赎恩典借着耶稣道成肉身、死而复活降临到世人，但从个人的角度而言，人是怎样被称为义且与高德（God）建立关系的呢？在这个过程中，人扮演的是什么角色呢？马丁·路德从《罗马书》中找到依据："因为高德（God）的义，正在这福音上显明出来；这义是本于信，以致于信。如经上所记：'义人必因信得生。'"他从这句处着手，重申了保罗的"藉信称义"的教义，并作了进一步的诠释。他强调"称义"完全是高德（God）的恩典，人被称义的一切条件都是来自高德（God），故此使人称义的"信"实际与人的行为无关，而是高德（God）所馈赠的礼物，人所做的仅是接受这份礼物。于是，他将人之"信"与人之"行"对立起来，从而强调"得义"不是靠人们的善行善功，而只能是靠"信"，因此也就无需教会的介入。"因信称义"的教义由此而成为新教的基础。

无论因信称义还是因行成义，基本的社会行为规范——"律法诫命"——是必须遵循的："莫想我来要废掉律法和先知。我来不是要废掉，乃是要成全。我实在告诉你们，就是到天地都废去了，律法的一点一画也不能废去，都要成全。所以，无论何人废掉这诫命中最小的一条，又教训人这样做，他在天国要称为最小的。但无论何人遵行这诫命，又教训人遵行，他在天国要称为大的。"（《马太福音》）基督教的律法诫命正如儒教中的"礼"，都是基本的社会行为规范，不同的是："礼"是基于"性善"而重在扬善，"律法诫命"是基于性恶（原罪）而重在抑恶。"我也知道，在我里头，就是我肉体之中没有良善，因为立志为善由得我，只是行出来由不得我。故此，我所愿意的善，我反不作；我所不愿意的恶，我倒去作"；"因为按着我里面的意思，我是喜欢上帝的律。但我觉得肢体中另有个律……把我掳去，叫我附从那肢体中犯罪的律"。（《罗马书》）基督教中"律"与"爱"的关系正如儒教中"礼"与

"仁"的关系："爱主你的神……爱人如己……是律法和先知一切道理的总纲"，正如"一日克己复礼，天下归仁焉！"（《论语·颜渊》）基督教中"律"与"义"的关系也与儒教中"礼"与"义"的关系类似："律法的总结就是基督，使凡信他的都得着义"（《罗马书》），"律法是我们训蒙的师傅，引我们到基督那里，使我们因信称义"（《加拉太书》）。类似于"礼也者，义之实也，协诸义而协"（《礼记·礼运》）。不同在于，儒教强调"行义以礼，然后义也"（《荀子·大略》），即"义"必须通过"礼"来实现。而基督教的"义"之实现却主要不是依靠律法："……人称义，不是因行律法，乃是因信耶稣基督，连我们也信了基督耶稣，使我们因信基督称义，不因行律法称义，因为凡有血气的，没有一人因行律法称义。"（《加拉太书》）究其原因，乃是《新约》之"义"与《旧约》之"义"的割裂："义若是借着律法得的，基督就是徒然死了。我只要问你们这一件，你们受了圣灵，是因行律法呢，是因听信福音呢。凡以行律法为本的，都是被诅咒的。因为经上记着，凡不常照律法书上所记一切之事去行的，就被诅咒。没有一个人靠着律法在神面前称义，这是明显的。因为经上说，义人必因信得生。律法原不本乎信，只说，行这些事的，就必因此活着。基督既为我们受了诅咒，就赎出我们脱离律法的诅咒。"

人是理性的动物，求真是人类的普适价值，基督信仰也需要理性的支撑。《旧约》中的《智慧书》有许多关于追求智识的记载，如："要使人晓得智慧和训诲。分辨通达的言语。使人处世，领受智慧，仁义，公平，正直的训诲。使愚人灵明，使少年人有知识和谋略。使智慧人听见，增长学问。使聪明人得着智谋。使人明白箴言和譬喻，懂得智慧人的言词和谜语。""你们当受我的教训，不受白银。宁得知识，胜过黄金。因为智慧比珍珠（或作红宝石）更美。一切可喜爱的，都不足与比较。我智慧以灵明为居所，又寻得知识和谋略。""你的灵要以知识为美。"（《箴言》）需要指出，基督教强调知识的根本来源是高德（God）："神喜悦谁，就给谁智慧，知识，和喜乐"（《传道书》），在信仰与理性之间明显偏重前者，故强调"真理都是由耶稣基督来的"（《约翰福音》）；儒教在信仰与理性之间则明显偏重后者，或者说，更注重二者的平衡，故强调"君子学以致其道"。（《论语·子张》）因此，基督教对获取知识常有贬抑："我们晓得我们都有知识。但知识是叫人自高自大，唯有爱心能造就人。"(《哥林多前书》)，甚至认为理性与知识增添了人类的烦忧："多有智慧，就多有愁烦。加增知识的，就加增忧伤。"(《哥林多前书》)儒教则强调理性与知识能够消解烦忧："智者不惑，仁者无忧"，强调知识能够增添快乐，"学而时习之，不亦乐乎"(《论语·学而》);"知者乐水，仁者乐山……知者乐，仁者寿。"(《论语·雍也》)。基督教在信仰与理性之间的失衡成为文艺复兴与启蒙运动的诱因之一（文艺复兴与启蒙运动却又导致了"理性"的独尊，此乃西方文化的分异型、偏执型思维模式导致的必然结果，详见下文）。

"诚实守信"是维持社会秩序最基本的要素。《旧约》《新约》皆告诫："说谎言的嘴，为耶和华所憎恶。行事诚实的，为他所喜悦。"(《箴言》)"我们相爱，不要只在言语和舌头上。总要在行为和诚实上。"(《约翰壹书》)"敞开城门，使守信的义民得以进入。"(《以赛亚书》)"诚实从地而生，公义从天而现。"(《诗篇》)"光明所结的果子，就是一切良善，公义，诚实。"(《以弗所书》)

综上所述，基督教的核心价值依高低次序，可以排列为：高德（God）——蒙恩得救——爱神爱人——称义成义——诫命律法——求真——诚信。

3. 基督新教的观念变革

前文述及，欧洲文艺复兴后人文主义盛行，"因信称义"成为基督新教的基本教义。"因信称义"强调通过个人信仰与基督建立直接关系，无需依靠教会的"权威认证"与繁琐礼仪，相信只凭对上帝的虔诚信仰就可以得到灵魂的拯救——灵魂得救成为完全个人的事情。

个人与上帝直接沟通表面上抬高了上帝的地位，实际上抬高了个人的地位。个人有形，上帝无形，与上帝沟通实际上成为一种个人的冥思与自省。上帝可以成为几乎任何个人意志与观念的认可者。可以想象这样一幅画面：在茫茫的宇宙，一面是高高在上的上帝，一面是内心充满"前所未有的孤独感"的个人。个人得救的唯一渠道是体验上帝的意旨，按照上帝的意旨去努力。任何其他个人或组织都不能对自己有稍许帮助。然而，上帝的意旨是主观的、虚幻的。任何人都可以将自己内心的理解解释为上帝的意旨。于是，个人的任何信仰、任何宗教追求都蒙上了上帝意旨的灵光，都具有了神圣性，其结果是：个人精神获得了空前自由，个人意志具有了空前的独立性与神圣性，个人主义有了哲学的与宗教的基础。西方学术界有一种盛行的说法：自由主义只不过是没有上帝的新教而已。① 自由主义高唱的"自由人权"仍被归为是"高德"（God）赋予的即是明证。美国《独立宣言》开篇即谓："人人生而平等，造物主赋予他们某些不可转让的权利，其中包括生命、自由和追求幸福的权利。"本书正是在此意义上将资本主义社会的主流价值名为"新教价值"。

新教不仅为个人主义与自由主义打开了大门，同时也打开了理性主义的大门。"理性全能"在启蒙运动中得以大肆宣扬，大体经历了三个阶段。"首先，人们论证说，基督教的信念是理性的，因此能够承受对它的批判性考察。这种思路在洛克的《基督教的合理性》（1695年）一书中，以及德国早期沃尔夫学派中，都可以看到。基督教是对自然宗教的合理补充。上帝启示的观念就这样被保留下来。接着，人们认为，因为基督教的基本观念是理性的，因此能够从理性自身中推演出来。没有必要诉诸上帝启示的观念。这种看法被托兰德在《基督教并不神秘》（1696年）中，以及马太·廷德尔在《基督教与创世同样古老》（1730年）中阐述出来，基督教就在本质上成了自然宗教的翻版。它并没有超越自然宗教，而不过是它的一个例证。所有所谓的'启示宗教'实际不过是人们对自然进行理性反思能认识到的东西的确认。'启示'即意味着对已适用于启蒙理性的道德真理的合理确认。最后，理性判断启示的能力得到肯定。由于批判理性是全能的，因此人们论证说，它有一种至上的资格来判断基督教的信念和实践，以消除任何非理性或迷信的成分。这种观点把理性稳固地置于启示之上。在1793年及随后的法国大革命年间，在巴黎圣母院人们把理性女神推上宝座就是一个象征"。②

新教承上（文艺复兴）启下（启蒙运动），成为资本主义社会价值世俗化的强劲推动力。文艺复兴倡导人文主义，它强调人的感官欲望、世俗意志与现世幸福，它把人作为最高目的，而不再是把上帝作为最高目的，从而开启

---

① 李强：《自由主义》，中国社会科学出版社1998年版，第44页以及第161页。
② 〔英〕麦格拉斯：《基督教概论》，马树林译，北京大学出版社2003年版，第325—326页。

了西方社会从以神为中心向以人为中心的世界观的转变。宗教改革主张政教分离,使宗教成为私人领域的事而与国家政治制度的建设无关,从而把神圣性逐出了政治这一与人类生活秩序最密切的领域。启蒙运动宣扬"理性全能",是从根本上推翻神圣世界,最终截断了西方世界神圣超越的价值源头。虽然基督宗教还存在,但由于新教的世俗化,使西方社会普遍缺乏从超越的角度长远考虑问题的长效理性。世界不再有神圣性,一切都是短暂的、变动的、世俗的、以自我为中心的,而且还都是合理的、应该的。人类理性由于没有永恒价值(神圣就是永恒)作为出发点,就会只注重现世利益。于是,无视子孙后代生存而无度耗费环境资源的现世功利主义、理性利己主义成为资本主义社会的主导价值。西方近代以来的思想史,对政治、经济等人类活动皆是从利益机制来解释的。如,西方政治学对国家的性质就是用利益形成的契约来解释:人类原初生活在自然状态,而人与人在一起生活必然会产生冲突,人们觉悟到如果冲突得不到解决,社会就会崩溃,对大家都是灾难,于是为了大家的利益,也是自己的利益,社会共同体中的所有人相互订立契约,同意把自己的自然权利让渡给每个人都必须服从的主权者——国家,国家就由维护共同体利益的契约而产生。这显然是从利益的角度来考虑人类政治问题,虽然这个利益好像是为大家,其实是为每个人自己,是源于人性自私,没有任何神圣超越的价值。西方经济学解释市场和社会也是以个人利益为出发点,个人利益相加成为公利也仍然是利,"看不见的手"只是在各种不同私利中进行调节而已。至于"自由""人权""民主""法制"在本质上都是"人"的产物,是人的理性、人的意志、人的欲望、人的契约,都是以人的利益为核心。[①] 可以说,没有新教,就没有资本主义社会的价值世俗化。

德国思想家马克斯·韦伯深刻揭示了"新教伦理"与"资本主义精神"的密切关系。他指出:路德宗的"天职观"认为功利性的职业活动是"上帝安排的任务"("职业思想引出了所有新教教派的核心教理:上帝应许的唯一生存方式,不是要人们以苦修的禁欲主义超越世俗道德,而是要人完成个人

[①] 蒋庆:《儒学的时代价值》,四川人民出版社2009年版,第75—77页。

在现世里所处地位赋予他的责任和义务"①），于是给功利性的世俗活动提供了道德依据；加尔文宗提出的"预定论"则促使人们把功利性世俗活动的成功当成被上帝拣选的标志。（"在现代经济制度下能挣钱，只要挣得合法，就是长于、精于某种天职的结果和表现"；"如果财富是从事一项职业获得的劳动果实，那么财富的获得便又是上帝祝福的标志了"；"在一项世俗的职业中殚精竭虑，持之不懈，有条不紊地劳动，这样一种宗教观念作为禁欲主义的最高手段，也作为重生与真诚信念的最可靠、最显著的证明，对于我们在此业已称为资本主义精神的那种生活态度的扩张肯定发挥过巨大无比的杠杆作用"。②）韦伯认为，所谓资本主义精神，就是不断追求财富的精神，由此衍生出时间观念、信誉观念、效率观念、节俭观念、平等观念、竞争观念以及计划收支观念等经济理性观念，而"新教徒特别善于发扬经济理性主义倾向"。③

"新教伦理"与"资本主义精神"的结合最终催生出"金教"——把金钱看成可以生发万物且容融万物的东西。对于"金教"的信徒来说，金钱不但是形而下的，而且是形而上的，不但可以满足人们的物质追求，还可以满足人们的精神追求，追求灵魂永生。因为获取金钱的目的不是个人消费，而是要证明上帝的眷顾，可以传递上帝之光，如用之于慈善。灵魂与黄金同在，黄金是不朽的，所以灵魂也是不朽的。"金教"在黄金与美元脱钩（1971年）后成熟，其特征是资本主义精神凌驾于新教伦理之上：以金钱大亨为后盾，以协会或社团的形式筛选"高智商的信徒"或精英（如"共济会"），包括总统候选人，用基于简单科学的分析还原法来设计"天下布局"，"理论联系实际"地把资本主义制度和民族国家模式有机融合在一起，借助广告和媒体促成"钱治""钱选"体制高效运转，帮助金融工商巨头调控政治经济，从而控制政府和总统。金教的最高目标是保证金融体系正常运转，提高金钱自身的繁殖效率，为此而不断刺激需求来鼓励借贷，制造经济泡沫，向外转嫁风险，必要时挑动战争，掩盖社会内部因人工加速通货膨胀引起泡沫破裂从而大规模收

---

① 〔德〕马克斯·韦伯：《新教伦理与资本主义精神》，生活·读书·新知三联书店1987年版，第58—59页。
② 同上书，第38、135页。
③ 同上书，第26页。

贷所带来的不公正和不合法。金教建有独立的情报形态和宣传系统，筛选精英，发现样板，利用正面案例和数据分析来左右舆论，把基于简单科学的"天下布局"推广到其他国家，把动摇这一布局的反面案例归结为偶然，主流媒体在金教的控制下，对反面案例和其他布局实施集体冷处理。金教还网罗杀手来消除无法归结为偶然的漏网精英或叛逆的精英，杀害对象多为总统或财政部长，其他"反面精英"较易归结为偶然或例外。①

4. 资本主义社会的核心价值体系：自由——人权——平等——民主——法治——科学——诚信

资本主义社会的核心价值体系是自由主义的价值体系。

自由主义最高的价值是自由。霍布斯关于自由的定义是"外界障碍不存在的状态"，"意味着对立面的阙如"。洛克在《人类理解论》中表达了相同的观点："自由就在于有能力按照自己的意志，做什么或不做什么；做什么或避免做什么。这一点不容否认。"上述定义的基本内涵就是不受约束。而这种不受约束的状态，都是基于纯粹"个人"立场的言说。也就是说，自由的实质是个人主义。当自由主义论及自由、人权、平等、民主政治与市场经济等观念时，强调的是个人的自由、个人的权利、个人之间的平等、个人的政治参与和个人的经济活动。

"个人自由"具有本体性的意义：个人先于社会而存在，个人是本源，社会是派生的，社会是个人的简单集合体，国家和政府基于个人为了保障自己的权利而组成的。个人主义的思想方法是分析还原法，对社会群体分割解剖，进行还原，用单个的人作为基本因子返构布局，不留余地。"个人主义"是西方政治学与经济学的价值基础，西方政治学以承认个人追求自身权利的合法性为前提，主张国家和政府源于个人之间的契约；西方经济学以承认个人追求经济利益的合法性为前提，主张个人的理性经济行为通过自由市场交换会导致社会的理性经济行为。"个人自由"还具有伦理性的决定意义，道德价值

---

① 张祥平：《经典复杂科学》，中国社会科学出版社2013年版，第277页、386页（页下注）；高鹏程：《共济会核心组织：暗黑矩阵》（东方出版社2014年版），《共济会核心组织2：双鹰争冠》（东方出版社2014年版），《共济会核心组织3：圣地权峰》（东方出版社2015年版）。

本质上是个人的，善与恶完全是个人的主观评价，不存在绝对的道德价值。上述结论源于以"自由"为原点的推理：如果人的任何行为在本质上都具有善或恶的性质，那么，个人自由选择行为的余地就不存在了。如霍布斯认为："任何人的欲望的对象就他本人说来，他都称为善，而憎恶或嫌恶的对象则称为恶；轻视的对象则称之为无价值和无足轻重。因为善、恶和可轻视状况等词语的用法从来就是和使用者相关的，任何事物都不可能单纯地、绝对地是这样。也不可能从对象本身的本质之中得出任何善恶的共同准则……"[①] 霍布斯认为，善、恶、正义等只是一些名词，它们本身"不能用为任何推理的真实的基础"，因为它们的"意义是不固定的"，比如，"一个人所谓的公正，另一个人会称之为残酷；一个人所谓的大方，另一个人会称之为靡费；一个人所谓的愚笨，另一个人会称之为庄重等"。[②] 功利主义哲学家边沁则认为，道德的基础是功利，如果针戏（一种粗俗的游戏）能够像高雅的诗歌一样给一个人带来快乐，那么对这一个人而言，针戏与诗歌具有同等的善。克尔凯郭尔和尼采认为，道德价值的源泉与道德评价的标准源自个人：个人是道德价值的至高无上的仲裁者，在最基本的意义上，个人是最终的道德权威。存在主义哲学家萨特认为："人除了他自己之外别无立法者。"伦理的个人主义源于基督新教：在新教"因信称义"教义中，个人对自己的命运负责，个人有权以他自己的方式并通过自己的努力来直接建立与上帝"和好"。

自由的具象是"权利"，或曰"人权"——不受非义务无合约的他人控制的权利。权利中最重要的是生命权和财产权。关于财产权，洛克认为，高德（God）赋予了每一个人通过劳动从大自然获取财产的权利，而自然资源似乎是无限的："没有任何人的劳动能够开拓一切土地或把一切土地划归私用；他享用的也顶多只能消耗一小部分；所以任何人都不可能在这种方式下侵犯另一个人的权利，或为自己取得一宗财产而损害他的邻人，因为他的邻人（在旁人已取出他的一份之后）仍然剩有同划归私用以前一样好和一样多的财产。"

[①] 〔英〕霍布斯：《利维坦》，黎思复、黎廷弼译，商务印书馆1986年版，第37页。

[②] 同上书，第27页。

洛克的论述是基于西方资源环境优裕（特别是地理大发现后大肆殖民扩张）的时代背景，这是自由主义意识形态发展的物质基础。

God 赋予每"个人"的人权是"平等"的。所有人，都应享有平等的公民自由和人权，任何政府、任何法律都不得给予任何人以特权，不管这些特权是基于出身、性别、年龄、种族、宗教、阶级、财富、知识、道德还是其他原因。在自由主义看来，特权是对自由人权的妨害。不论政府或法律的目的是援助、保护或惩罚，都应对所有人一视同仁。自由主义哲学家从不同角度阐述了平等的价值。早的如霍布斯、洛克等自然法学家，宣扬"人生而平等"，批判封建思想。之后，有功利主义哲学家论证，功利计算的方式是把每一个人当作一个人计算，任何人都不能在计算中占据超过一个人的分量，无论是一个社会的最高统治者还是一文不名的乞丐，他们的痛苦与快乐在道德与立法的考量中都应是等价的。康德哲学则强调所有人都拥有理性的意志，并基于这一前提推导出所有人具有同等的道德价值，任何人都不能将其他人当作实现自己目标的手段。

自由、人权、平等的价值引申是民主，其逻辑推演始于自然权利和社会契约，终于主权在民，前文已述（本章第一节·二·（二）《民主政治——主权在民》），此不再赘。功利主义还有另一套"民主"的逻辑演绎，如密尔的论证：人的本性是自私的，"人通常总是爱自己胜于爱别人，爱和自己接近的人胜于爱较疏远的人"，一个人如果掌握了不受制约的权力，基于自私的本性，就必然会追求自己的利益；即使历史上确有品德高尚、致力于为大众谋利的政治家，也不能假定他一定追求大众的最大利益，因为"对于一个人的福祉，本人是关切最深的人"；一个人即使真诚地希望保护他人的利益，他对他人利益的感觉与理解也只能是间接的，甚至是不准确的；因此，为保障社会大多数人的利益，不使政府堕落为少数人牟取私利的机构，必须引入民主制度，让人民通过选举表达自己的愿望与利益，使政府定期接受人民的评判与选择，从而保证政府对人民负责，追求人民的利益而不是少数人的私利。

为了不使政府堕落、防止权力滥用，则必须限制权力。限制权力需要法治，最根本的是所谓"宪政"。近代西方法治理论的首创者英国的詹姆士·哈林顿，在其《大洋国》中提出了以自由为最高价值准则、以法律为绝对统治体制的法治共和国模式。哈林顿认为，要实现这个目标，必须实行权力制衡，应当由"元老院讨论和提议案；人民决议；行政官员执行；官职由人民投票选举，平衡地轮流执政"。① 洛克以自然法理论为基础，强调法治的核心是保护个人的自由权利，而对个人自由权利的最大危害是政治权力的滥用，因此政治权力必须受到法律的约束，法治社会的政治权力应当是有限的和分立的。孟德斯鸠则认为，自由只在"国家权力不被滥用的时候才存在。但一切有权力的人都容易滥用权力，这是万古不易的经验。有权力的人们使用权力一直到需要有界限的地方才停止"。② 他展开法治的制度化设计，提出了立法权、司法权和行政权三权分立的理论。卢梭据其社会契约论，认为"凡是实行法治的国家……才是公共利益的统治者，公共事物才是作数的"。③ 英国法学家戴西宣称："法律面前一律平等，英国人不分阶级受制于同一法律体系，为同一法院所管辖；对于英国人来说，宪法不是一切法律规范的渊源，而是个人权利与自由的结果。英国人的权利和自由是由宪法根据习惯法予以保障的，任何人的权利受到他人的侵害，都有权通过法定的救济办法获得补救。"④

需要指出，上述自由、人权、平等、民主等诸价值之间，存在着多重矛盾。以"自由"和"平等"为例：人类既享有充分自由又保证充分平等，是不可能的。因为，欲保障每个人都得到充分自由，那么，每个人的智力、能力、知识、经验、阅历等就都能得到充分发挥；然而，由于人们的智力、能力、知识、经验、阅历等是不同的，所以充分自由的结果必导致不平等。另一方面，欲保障人人平等，由于人们的智力、能力、知识、经验、阅历、资源等不同，所以就必须对某些人有所限制、对另一些人有所激励，因而必不能享有充分自由。可见，人类即享有充分自由又保证平等，或者即要保证平等又要求充分自由，是自相矛盾的。

---

① 〔英〕詹姆士·哈林顿：《大洋国》，何新译，商务印书馆1987年版，第37页。
② 〔法〕孟想斯鸠：《论法的精神》，张雁深译，商务印书馆1987年版第154页。
③ 〔法〕卢梭：《论人类不平等的起源和基础》，李常山译，东林校，商务印书馆1962年版，第51页。
④ 〔英〕戴西：《英宪精义》，雷宾南译，中国法制出版社2001年版，第244—245页。

综上所述，资本主义社会的核心价值观念以其高低次序排列为：自由——人权——平等——民主——法治——求真——诚信（求真和诚信作为人类社会最基本的普适价值前文已具，兹不赘述）。

（三）核心价值体系的异同比较

以下对德本主义社会与资本主义社会的核心价值体系略作比较。

德本主义的最高价值是"天道"，源于宇宙最大之整体——天；资本主义的最高价值是"自由"，源于社会最小之个体——原子化的个人。其"最大"与"最小"则分别基于构造整合法与分析还原法。"天道"之下的价值是"德"，"自由"之下的价值是"人权"。"德"是公开公正的获取收益且仗义疏财，强调"以义正我"；人权要求他人与社会对我提供生命、财产保障，强调"以义正人"。"道德"之下的价值是"仁"，"自由人权"之下的价值是"平等"。前者源于自然演化与血缘亲情的群性，基于"二人本位"，注重人伦情谊；后者源于感官欲望与功利算计，基于"个人本位"，注重权利平等。"仁"之下的价值是"义"，"平等"之下的价值是"民主"。前者源于历史传承的公序良俗，后者源于现世意志的理性契约。"义"之下的价值是"礼"，"民主"之下的价值是"法治"。前者注重引人向善，是从正面确立分层与分工的资源分配规则及再分配协调规则，提倡"道德至上"与"责任本位"，以内心制约为主而以外部制约为辅；后者基于止人为恶，是从反面设置防止刑案作乱的法规条文和审判执行程序，提倡"法律至上"与"权利本位"，以外部制约为主而以内部制约为辅。之后，二者在求智求真和求实求信方面的价值追求则是大同小异——这也是保障人类社会生存延续的基本价值。上述内容如表 7-3 所示。

表 7-3　德本主义社会与资本主义社会的核心价值体系表

社会形态 价值排序	德本主义社会	资本主义社会
1	天道 基于构造整合思维，源于宇宙最大之整体——天（演化着的天球生物圈）	自由 基于分析还原思维，源于社会最小之个体——原子化的个人

（续表）

社会形态 价值排序	德本主义社会	资本主义社会
2	德 以义正我	人权 以义正人
3	仁 源于自然演化与血缘亲情	平等 源于个体意志与利益算计
4	义 源于历史传承的公序良俗	民主 源于现世意志的理性契约
5	礼 引人向善，从正面确立分层与分工的资源分配规则及再分配协调规则	法 止人为恶，从反面设置防止刑案作乱的法规条文和审判执行程序
6	智 天人合一的格物致知	科学 主客二元的分科知识
7	信 诚实守信	诚信 诚实守信

上述两类核心价值体系皆是在长期的历史演进过程中形成的，需置于复杂的"天人互动"的动态背景和历史过程中认识和理解。"二人本位"的"道德仁义"是在亚欧大陆东部相对严酷的资源环境中演化形成的，是德本主义社会良性运行机制形成的价值基础。"二人本位"，造就了"文化整合，德政礼制"的政治秩序（见上节），造就了"敬宗收族，集约自治"的社会秩序（见本节下文），造就了"家国天下，贡赐往来"的世界秩序（见本章第四节），造就了中华文明的持续创新和永续发展。"个人本位"的"自由——人权——平等——民主——法治"是在亚欧大陆西部相对优裕的资源环境中演化形成的，是资本主义社会良性运行机制形成的价值基础。"个人本位"造就了"经济整合，宪政法制"的政治秩序（见上节），造就了"企业竞争，耗散管控"的社会秩序（见本节下文），造就了"族国争霸，条约平衡"的世界秩序（见本章第四节），造就了西方文明的经济创新和迅速扩张。

需要指出，尽管德本主义与资本主义的核心价值由于环境资源和历史演化的不同而大不相同，但将其置于更宽阔的人类文明视域中，则有以下会通之处[1]。

其一，二者都推崇理性和科学，只不过前者更多采用构造整合法，后者

---

[1] 张祥平：《经典复杂科学》，中国社会科学出版社2013年版，第26页下注。

更多采用分析还原法（详见第二章第二节）；

其二，二者都注重现世操作性，而不是追求来世的"乌托邦"，只不过前者采用的是"主权在天"的"默示委托"制度，后者采用的是"主权在民"的"明示委托"制度（详见本章第一节）；

其三，二者都主张近取诸身的价值观，只不过前者是"二人本位"的，后者是"个人本位"的；

其四，二者都主张人性意义上的平等，而不是现实意义的平等，只不过前者是"二人本位"的平等，强调通过"礼乐"促进人性之善来实现；后者是"个人本位"的平等，强调通过"法律"限制人性之恶（保障权利）来实现；

其五，二者都尊重社会基层自组织，只不过前者尊重的是集约化的宗族自组织；后者尊重的是耗散性的公司自组织和社区自组织（详见本章第二节之四、之五）。

上述五个方面的大同小异，是德本主义文明与资本主义文明交流和会通的基础。

二、基本规范

社会基本规范是在相对稳态的社会中，被多数人习以为常的行为规则。德本主义社会的基本规范是"礼法规范"，资本主义社会的基本规范是"法律规范"。前文在德本主义社会与资本主义社会的政治制度比较分析中，已从国家社会治理体系的层面分别论述了"礼治"与"法治"（从演化历程、思想基础及实施体系三方面展开）；在德本主义社会与资本主义社会的核心价值探究中，又进一步阐述了"礼"和"法"的价值基础（前者为"道、德、仁、义"，后者为"自由、人权、平等、民主"）。下面则是从社会基本规范的层面阐述"礼法体系"和"法律体系"。

在资本主义国家中，所实行的全部法律规范之整体，构成所谓"法律体系"。"法律体系"可分为不同的法律部门，主要包括宪法、行政法、刑法、民法、军事法、国际法等部门；德本主义国家所实行的礼法规范之整体，则构成"礼法体系"，或曰"礼乐刑政体系"，主要包括政典、刑律、例规、诏敕、令文、礼制、乡约、族规等。资本主义社会的"法律体系"今已为人熟知，所以下面以其为参照，主要论述"礼法体系"。

（一）宪法规范

在德本主义的"礼法体系"中，儒教经典起着资本主义"法律体系"中宪法规范的作用，属不成文宪法，其中尤以《春秋》《周礼》为著。资本主义宪法规范明确了其"法律体系"的基本原则：主权在民原则、基本人权原则、法治主义原则和分权制衡原则。《春秋》《周礼》等规定了"礼法体系"的基本原则：主权在天原则、道德优先原则、礼治主义原则和联合协调原则（见前文《德政礼制与宪政法制》）。同时，《春秋》《周礼》在德本主义社会的立法、执法与司法中也起着宪法规范的作用，如《春秋》决狱（或曰"经义决疑"）、历代以《周礼》为原本议礼制度（详见下文）。

（二）行政法规范

在德本主义的"礼法体系"中，政典起着资本主义"法律体系"中行政法规范的作用。汉唐宋明清历代政典之"原本"为《周礼》。《周礼》共六篇，包括天官治典、地官教典、春官礼典、夏官政典、秋官刑典、冬官事典。第一篇《天官冢宰》是政治制度，主要规范中央机构的组织管理。第二篇《地官司徒》是经济制度，主要规范地方民政财税事务。第三篇《春官宗伯》是文教制度，主要规范各类礼仪事务，包括音乐、占卜等。第四篇《夏官司马》是军事制度。第五篇《秋官司寇》是司法制度。第六篇《冬官考工记》是制造与工程事务等。《周礼》在儒教的基本经典中最为晚出，是西汉刘歆所献，真伪争论了两千年，以《四库全书总目》的结论（纪晓岚）较为可靠：不尽原文（不全是真），非出依托（也不是刘歆及其手下文人的造假）。《周礼》法天设官：设天地春夏秋冬六官，象征天地四方六合；天官统属其他五官，象征唯天为大；六官各辖六十职，共计三百六十职，象征天地三百六十度。汉唐宋明清历代，皆以此为政权机构设置的蓝本。例如，从隋代开始实行的"三省六部制"，其"六部"就是仿照《周礼》"六官"而设置；唐代将六部定名为吏、户、礼、兵、刑、工，作为中央官制的主体，为后世所遵循，一直沿用至清末。历朝修订典制，如唐之《开元六典》、宋之《开宝通礼》《政和五礼新仪》《庆元条法事类》、明之《大明集礼》《明会典》《大明令》、清之《大清会典》等，也都以《周礼》为蓝本，斟酌损益而成。政典大都采取"以官统事，以事律官"的编辑方式，分列各机关的设置、编制及职掌；以事例为细目，按其执掌所关，附属于官吏执掌之后，是官吏行职办事的准则。就范围而言，"明定中外文武大小官制"，用以规范主管行政的六部中枢机关以及行政职能机关的组织与行政活动的法规在律典中都占绝大多数。官员权责分明，各司其职，各守其责。如《唐六典》以国家机关为序，对三省六部、九寺五监、监察等行政管理体制、机构设置、官员编制以及官员的选任、考核、致仕等都加以明文规定。《明会典》以《唐六典》为模式，以六部官制为纲，按宗人府、六部、督察院、六科、各寺、府、监、司的次序，分述各行政机关的职掌和事例，"六部之中吏分司科，司科之下又标种种条目"，并且还充分规定中央各部院和地方府州县各级机关的权、责、职能，从而使国家行政机关的管理系统化、法律化。中国传统的行政法对职官管理尤为完善，在官员选任、编制控制、绩效考核、行政监察等方面建立了一整套详尽的规范。以监察为例：唐代业已形成完备的三大行政监察系统，即对行政决策流程实行监督的封驳系统，对行政执行流程实行监督的御史系统，以及担任行政决策反馈与修正作用的言谏系统。在御史和言谏两个监察机关中，为了保证御史行使监察权，允许"独立弹事"，即不经御史台直接向皇帝奏弹。御史的任免也不受吏部干预，这类似于今天的"垂直管理"。明清时期，中央监察机关为督察院，"主纠察内外百司之官"，并按地方省制增设十三道监察御史，分掌地方监察事宜，同时还建立"巡按御史"制度，"大事奏裁，小事立断"。（《明史·职官志》）从监察对象看，自中央机构官员到地方官吏，直至皇帝本人，其权力均在不同程度上受到监督的牵制。

（三）刑法规范

在德本主义的"礼法体系"中，刑律起着资本主义"法律体系"中刑法规范的作用。中国传统刑律包括律、令、程、式、课、科、比、品、格、编敕、断例、指挥、条格、条例等诸多的法律形式。西汉初期萧何制《九章律》，初步形成了德本主义社会的刑法体系;经魏律、晋律、北齐律直至隋开皇律,篇目与刑制的发展渐趋稳定;《唐律疏议》的编修标志着德本主义刑法体系基本定型;《宋刑统》沿用唐律篇目,体例进一步完善;《大明律》改以六部官制(吏户礼兵刑工)编目,"内容体裁俱极精密,很有科学的律学楷模……实在算得中国法系最成熟时期的难得产物";①《大清律例》则基本承袭明律。

德本主义社会的刑律与资本主义社会的刑法规范不同,主要体现在强调"德主刑辅",注重"明刑弼教",主张"慎刑"、"恤刑",推行"援礼入法"、"礼法合一",而不是简单追求"法律面前人人平等",定刑要"轻重诸罚有权,刑罚世轻世重"(《尚书·吕刑》),应该遵循"原心论罪""为尊亲者讳""君亲无将""亲亲得相首匿""同居相为隐""八议入律""准五服制罪""十恶不赦""矜老怜幼"等原则。

(四)民法规范

在德本主义社会的"礼法体系"中,若以"市民社会、具备形式理性的私法规范体系、独立的民事诉讼程序"这一狭隘的标准来衡量,似乎没有民法。资本主义的"民法",是自中世纪以来,欧洲国家在继受和发展罗马法的基础上形成的,是古罗马国家及欧陆近现代国家共同积累而成的。②然而,若论调整民事财产关系和人身关系的民事法律规范,传统中国则即有律典、刑统、例规、诏敕、令文等国家制定法,亦有传统礼制、乡规民约、家法族规等非国家制定法,只是没有独立的民法专典,其存在形式是"民刑合一"③"民礼合一"④的。与资本主义民法不同,德本主义民法的适用一般带有调处的形式特征,具有教化的功能,而不是以维护权利为中心而展开的诉讼。传统的中国以影响社会治乱为标准来设计诉讼程序,对于关乎人命、税收、贪渎等重大刑案,才由国家机关侦缉、讯断、适用法律;而对于婚姻、田宅、钱债等关乎私人利益的纠纷处理则较为简便,

---

① 杨鸿烈:《中国法律发达史》下,上海书店 1990 年版,第 746 页。
② 张生:《中国"古代民法"三题》,载《法学家》2007 年第 5 期,第 16—19 页。
③ 梅仲协:《民法要义》,中国政法大学出版社 1998 年版,第 15—16 页。
④ 潘维和:《中国近代民法史》,汉林出版社 1982 年版,第 54 页。

尽量由社会自治组织自行调处解决；如果社会组织不能有效解决，就尽量由事发当地的官府审理，凡是处以笞、杖刑的案件，轻微的刑事案件和民事案件都属于州县自理词讼；除非关乎秩序稳定、带有普遍性的问题，中央机构（如刑部和户部）极少受理和裁判。地方官府审理民事纠纷仍带有调处的色彩，其目的是促进当事人恢复和谐关系，明辨是非曲直，并不是积极地进行权利救济。因此，在传统中国律令、例规中的民法规范，凡是为了调处户婚、田宅、钱债等私人关系，多以中立者的立场来进行恢复、矫正，尽管也带有强制性处理规定，但强制程度较低，很少有处以徒刑以上的刑罚。而且，律令、例规中处理户婚、田宅、钱债等私人关系的规范，其总数量较少，占制定法总比例也较低。如光绪年间修订的《大清律例》，其律文 436 条、条例 1892 条，其中涉及户婚、田宅、钱债等私人利益问题的仅有一百余条，占总比例不足二十分之一。即使是清政府处理民政问题的规范汇编——《户部则例》，排除政府单方面的管理性规范以外，单纯涉及私人关系的规范所占比例也不是很高。上述律令、例规中的民法规范，充其量只是规制一些普遍性的问题，更多具体的私人关系，留给基层政府和私人去理顺。在民事案件审理过程中，地方官员在搞清事实真相以后，是以父母官的权威训诫双方如何和好如初；在判决中地方官极少像审理刑事案件那样，严格援引律令，依法裁判，而是阐明情理，息事宁人。中国传统民法在社会消费和交易方面，体现了很大的自由度，和很高程度的私人关系的自治。甚至存在民约违反国家法的情况，但官府不会像办理刑事案件那样去主动纠劾。族群自治、私人自治是德本主义民法规范的基本原则：国家只管理律典、例规中规定的重要事项，除此之外的事项属于自治的领域。①

（五）礼仪规范

德本主义社会的"礼法体系"中最具特色的则是礼仪规范，其最能彰显中华文明的特质。如果说，刑律重在以胁迫性的法规条文和审判执行来抑制犯案作乱，礼仪则重在以感召性的礼节仪式和情感交流来促进社会和谐。礼仪规范

---

① 张生：《中国"古代民法"三题》，载《法学家》2007 年第 5 期，第 16—19 页。

包括吉礼、凶礼、宾礼、军礼、嘉礼等五类，用现代法学术语说，分别具有宪法、社会法、国际法、军事法、民商法的意义。以下略述吉礼、凶礼和嘉礼。

吉礼是祭祀之礼。祭祀是祝祈福祥，故称吉礼。吉礼按祭祀对象不同可分为天神、地示、人鬼三类。《周礼·春官》载："以吉礼事邦国之鬼神示。以禋祀祀昊天上帝，以实柴祀日、月、星、辰，以槱祀司中、司命、飌师、雨师，以血祭祭社稷、五祀、五岳，以貍沈祭山林川泽，以疈辜祭四方百物。以肆献祼享先王，以馈食享先王，以祠春享先王，以禴夏享先王，以尝秋享先王，以烝冬享先王。"在祭祀天神、地示、人鬼的礼仪活动中，王道政体的三重合法性得以彰显：天神之祭彰显了神圣超越的天的合法性，地示（祇）之祭与先王之祭彰显了历史传统的地的合法性，先王之祭普及而形成的平民家祭活动彰显了人心民意的人的合法性。吉礼昭示了政治权力的合法性，是具有宪法意义的社会规范，故历朝历代极为重视。所以说，"礼有五经，莫重于祭。"（《礼记·祭统》）

凶礼是哀悯忧患、救灾济困之礼，包括丧礼、荒礼、吊礼、禬礼、恤礼等。《周礼·春官》载："以凶礼哀邦国之忧，以丧礼哀死亡，以荒礼哀凶札，以吊礼哀祸灾，以禬礼哀围败，以恤礼哀寇乱。"

丧礼居凶礼之首，儒家经典《仪礼》和《礼记》中有许多篇章或专门、或以较多的篇幅论述丧葬之礼，包括《仪礼》中的《丧服》《士丧礼》《既夕礼》《士虞礼》，《礼记》中的《檀弓（上下）》《曾子问》《丧服小记》《杂记（上下）》《丧大记》《奔丧》《问丧》《服问》《间传》《三年问》《丧服四制》等。丧服制度是丧礼的重要组成部分，与宗族制度密切相关，其理据是"称情而立文"（《荀子·礼论》），即按生者与死者的感情深浅来确立丧服的节文，感情深浅则根据彼此关系的亲疏决定。具体言之，"服术有六：一曰亲亲，二曰尊尊，三曰名[①]，四曰

[①] "名"，指异姓女子嫁到本族之后而形成名分关系，如伯母、叔母与自己并没血缘关系，但她们通过婚姻与伯伯、叔叔结为一体，又与自己的母亲平辈，因而有了"母"的名分，所以要为之服丧。对儿子的妻子、弟弟的妻子等也是如此。

出入①，五曰长幼②，六曰从服③"。(《礼记·大传》)。"亲亲"乃丧服制度的首要原则，其操作方法是"以三为五，以五为九"(《礼记·丧服小记》)。父母子女的血缘最近，相处最密，感情最深，父、己、子三代因而成为家族的核心，此为"三"。以此为基点，通过两次往外扩展来划定家族范围。由父亲往上推一代是祖父，由儿子向下推一代就是孙子，亲属关系就由原来的三代扩展为祖、父、己、子、孙五代，此为"以三为五"。接着，再由祖、父、己、子、孙五代分别再向上、向下推两代，亲属关系扩展为高祖、曾祖、祖、父、己、子、孙、曾孙、玄孙九代，此为"以五为九"。人一生中能够见到的直系亲属，向上最多不过到高祖，向下最多到玄孙，已达极限。以此为基础，旁系亲属从兄弟开始，可以有从父兄弟（与自己同祖父的兄弟）、从祖兄弟（与自己同曾祖的兄弟），最远只到族兄弟（与自己同高祖的兄弟）。如此，上至高祖四代，下至玄孙四代，加上自身一代，一共九代，包括从父兄弟、从祖兄弟、族兄弟等在内，构成"九族"，便囊括了本宗家族的全部成员。服丧的范围即限制在"九族"之内（若不论远近，凡沾亲带故的死了都要服丧，则人生大部分时间将都在服丧，不合情理）。九族之内的亲疏关系有很大差别。父、己、子三代最亲，而无论向上、向下还是向旁系，亲情关系都是越来越疏远，彼此的情感自然会递衰，此为"减杀"(shai)("杀"即减少、减损)。根据家族内亲情"减杀"的情形，便有与之相对应的五种丧服：斩衰（cui）、齐（zi）衰、大功、小功、缌（si）麻。直系向上，亲情逐代减杀，丧服的等级也由重到轻地下降，此为"上杀"。例如，为父亲服斩衰，为祖父母服不杖期，为曾祖父母、高祖父母服齐衰三月。直系向下，亲情也逐代减杀，丧服的等级也由重到轻地下降，此为"下杀"。例如，父亲为嫡长子服斩衰，为嫡孙服不杖期，为曾孙、玄孙服缌麻。同样，亲情向旁系亲属的减杀，为"旁杀"，如为亲兄弟服齐衰不杖期，为从父兄弟服大功，为从祖兄弟服小功，为族兄弟服缌麻。上杀、下杀、旁杀的结果，涵盖了人一

---

① "出入"指根据女子是否出嫁、男子是否过继等而决定丧等。
② "长幼"指根据成年或未成年而决定丧等。
③ "从服"指随从亲属或尊者而服丧，如儿随母为外祖父母服丧，妻随夫为夫的亲属服丧，臣为君的某些亲属服丧等。

生中所有的亲属，所以《礼记·丧服小记》曰："上杀、下杀、旁杀而亲毕矣。"五等丧服的范围，包括了高、曾、祖、父四代以内的所有亲属，最轻的丧服是缌麻，所以《礼记·大传》曰："四世而缌，服之穷也。"因此"五服"被用来指代家族关系：是否出了五服是衡量彼此属于同一个家族的标准。五服之内又再细分，共十一种服丧的等级，具体为：斩衰三年，齐衰三年，齐衰杖期，齐衰不杖期，齐衰三月，大功九月、七月，大功殇九月、七月，小功殇五月，小功五月，缌麻三月。"尊尊"亦为丧服制度的重要原则。"尊尊"，即为社会领导阶层的人服丧，以国君为首，次及于公卿、大夫等。根据尊尊的原则，卿、大夫、士、百姓要为国君服丧，诸侯、卿、大夫要为天子服丧。其中，臣为君、诸侯为天子，皆为斩衰三年之服。"亲亲"体现了宗族的内在秩序，"尊尊"则体现了政治的内在秩序。"亲亲""尊尊"息息相关。《礼记·大传》曰："上治祖祢，尊尊也；下治子孙，亲亲也；旁治昆弟，合族以食，序以昭穆，别之以礼义，人道竭矣。"也就是说，"亲亲"之家族血缘情感中本含有尊尊敬长之义，由此扩展延伸，即可生出政治伦理中尊尊贵贵之义。《丧服四制》对此有透彻阐述："门内之治恩揜义，门外之治义断恩。资于事父以事君而敬同。贵贵尊尊，义之大者也。故为君亦斩衰三年，以义制者也……资于事父以事母而爱同。天无二日，土无二王，国无二君，家无二尊，以一治之也。"家族伦理的主导原则是"亲亲"（即"恩揜义"），旨在维护社会微观（宗族）秩序；政治伦理的主导原则是尊尊（即"义断恩"），旨在维护社会宏观（政治）秩序。"父"对内"恩"、"爱"（亲亲）和对外"义"、"敬"（尊尊）二者兼备。因此，可由"亲亲"而达致"尊尊"，亦即可由齐家而治国平天下。"亲亲"和"尊尊"因而成为德本主义社会规范（礼）中的基本原则（即"义"）。故言，礼"重于丧祭"（《礼记·昏义》）。"亲亲"和"尊尊"的具体体现莫过于丧服制度。丧服制度构建了宗族制度的基石，而宗族制度是德本主义社会在信用体系、治安管理、社会保障、就业促进、人口控制乃至妇女儿童权益保障等方面的基础制度（详见下文）。因此，丧服制度在德本主义社会的礼法体系中具有"社会法"的意义和属性。

荒礼指国家因自然灾害导致经济损失和社会饥馑而采取的救荒措施。《周礼·地官·大司徒》系统地提出了救济对策："以荒政十有二聚万民：一曰散利（发放物资赈济灾民），二曰薄征（指蠲免、减少或缓征租赋），三曰缓刑（宽缓执法，以示哀矜），四曰弛力（减免徭役），五曰舍禁（开放国有山泽园囿以供采摘果蔬，捕猎渔樵），六曰去幾（废除关卡征税），七曰省礼（减省礼仪降低消费），八曰杀哀（丧礼节省），九曰蕃乐（禁止娱乐活动），十曰多婚（鼓励婚配），十有一曰索鬼神（祭祀造成凶荒有关的鬼神），十有二曰除盗贼（保障社会治安）。"《礼记·曲礼》也载："岁凶，年谷不登，君膳不祭肺，马不食谷，驰道不除，祭事不悬，大夫不食粱，士饮酒不乐。"凶荒之年常有疫疾流行，礼书常将"大荒、大札"并列，"札礼"即应对疫疠疾病的措施（"札"指疫疠疾病），包括"移民、通财、舍禁、弛力、薄征、缓刑"等（《周礼·地官·大司徒》）。此外，还有应对水火、雷电、地震山崩以及各种怪异灾变的"灾礼"，礼制与荒、札相似，如贬损礼仪规格、减省娱乐膳食等，还有祈禳之礼，冀望感动神灵，消灾去祸。灾难发生后，抚慰与援助之礼为"吊礼"。国家因外来侵略或动乱而蒙受损失，天子或盟国汇合财物予以救助，为"禬（hui）礼"；派遣使者慰问、存恤，为"恤礼"。荒礼对于传统中国有重要意义：由于亚欧大陆东部资源环境严酷、自然灾害频发，赈灾救荒是保障社会秩序的重要方面（中国历史之治乱常与自然灾害密切相关）。荒礼将政治动员、经济资助、社会慈善、宗教慰藉整合于一体，形成了高效的救灾管理制度，对于调动多方力量救济、抚慰受灾人群心灵、保障社会秩序稳定具有巨大作用，是传统中国社会重要的稳定器。随着历史发展，荒礼在汉唐宋明清演化为更复杂、更高效的救灾政策与措施，包括重农、均输、平准、赈济、调粟、养恤、蠲缓、放贷、节约、仓储建设、水利建设等。[①] 而欧美国家自然环境相对优越，自然灾害的频度广度大大低于中国，因此其法律规范较晚时期才得以建立，如美国 1950 年才出台《灾害救助法》。

嘉礼是和合人际关系的礼仪。《周礼》中的嘉礼包括饮食（宗族全体成员聚餐）、昏冠（男女成年结婚典礼）、宾射（体育竞赛活动盛会）、飨燕（宴请

[①] 邓云特：《中国救荒史》，上海书店 1984 年版；以及孟昭华：《中国灾荒史记》，中国社会出版社 1995 年版。

招待四方宾客)、脤膰(分赐社稷宗庙祭肉)、贺庆(赠礼祝贺婚亲甥舅)六种。《周礼·春官·大宗伯》载："以嘉礼亲万民，以饮食之礼，亲宗族兄弟；以婚冠之礼，亲成男女；以宾射之礼，亲故旧朋友；以飨燕之礼，亲四方之宾客；以脤膰之礼，亲兄弟之国；以贺庆之礼，亲异姓之国。"随着历史演化发展，社会行为日趋复杂，嘉礼的内容也日益丰富。政治性质的，包括登极、大朝、常朝、朝贺、册封、视学、经筵、日讲、巡狩、颁诏、接诏、进书等，涵盖了政治行为的方方面面；社会性质的，包括饮食、婚冠、宾射、飨燕、养老、学校乃至于服饰膳食、宫室车马、农商医卜、工艺制作等，涵盖了社会行为的方方面面。以明代官修"嘉礼"为例："行于朝廷者，曰朝会，曰宴飨，曰上尊号、徽号，曰册命，曰经筵，曰表笺。行于辟雍者，曰视学。自天子达于庶人者，曰冠，曰婚。行于天下者，曰巡狩，曰诏赦，曰乡饮酒。举其大者书之。"(《明史礼志七》) 以下略述冠礼与婚礼。

　　冠礼被称为"礼之始"、"嘉事之重"(《礼记·冠义》)。《礼记·内则》论男子的成长教育，曰："六年，教之数与方名。七年，男女不同席，不共食。八年，出入门户及即席饮食，必后长者，始教之让。九年，教之数日。十年，出就外傅，居宿于外，学书计，衣不帛襦裤，礼帅初，朝夕学幼仪，请肄简谅。十有三年，学乐，诵诗，舞勺，成童舞象，学射御。二十而冠，始学礼……"男子二十岁，社会角色发生转折性变化："初级社会化(primary socialization，指人生早期阶段为各种成人生活角色所做的基本准备)已经完成。进入成人期后，正常来讲，人们已经发展起了关于自我的形象，既包括真实的，也包括理想的；遵从社会的规范和价值；达到一定的自我控制的程度；使个人的欲望服从社会的规则。但成人的人格还没有完全定型。……许多新的社会角色(如丈夫、妻子、父亲、母亲)必须在成人期去学习……他们能够按照自己的愿望去选择角色。"[①] 如何使他们学习"新的社会角色"，使其角色定位符合社会需要，冠礼(即成人礼)正由此而作。通过冠礼，郑重宣示受礼者应由几无责任的家中稚子变为承担义务的社会成员。"成人之者，将责成人礼焉也。责成人礼焉者，将责为

[①] 〔美〕戴维·波普诺：《社会学》(第十版)，李强等译，中国人民大学出版社，第164页。

人子、为人弟、为人臣、为人少者之礼行焉。将责四者之行于人,其礼可不重与?"(《礼记·冠义》)可以说,冠礼是人生"初级社会化"的毕业典礼,也是人生"高级社会化"的开学典礼。男子有冠礼,女子则有笄礼。《礼记杂记》曰:"女子十有五年许嫁,笄而字。"若女子迟未许嫁,也可变通处理。

  男女行冠笄礼之后,人生大事莫过于婚姻。在德本主义社会中,男女结合组成家庭绝不仅仅是两个个体之间的"私事",而是关乎家国天下的"公事"。男女婚姻关乎家族的存续繁荣(社会的微观秩序),《礼记·昏义》曰:"昏礼者,将以合二姓之好,上以事宗庙,而下以继后世也,故君子重之。"男女婚姻还关乎国家的政治清明(社会宏观秩序),《礼记·昏义》曰:"男女有别,而后夫妇有义;夫妇有义,而后父子有亲;父子有亲,而后君臣有正。"治民的关键在于教化,而教化的关键首在于最高领导人以身作则,如家中父母之教子女:"天子修男教,父道也;后修女顺,母道也。故曰:'天子之与后,犹父之与母也。'"(《礼记·昏义》)由此上行下效,天下方可得大治:"天子理阳道,后治阴德;天子听外治,后听内职;教顺成俗,外内和顺,国家理治,此之谓盛德。"(《礼记·昏义》)。中国的历史也给予了佐证,如:"夏之兴也以涂山,而桀之放也以妹喜。殷之兴也以有娀,纣之杀也嬖妲己。周之兴也以姜嫄及大任,而幽王之禽也淫于褒姒。"(《史记·外戚世家》)婚姻关系在德本主义社会的秩序构建中具有宪法性的意义,所以《礼记·昏义》曰:"昏礼者,礼之本也。"而在资本主义社会的法律体系中,婚姻法属于民法,即把婚姻视为个人之间的交易。资本主义社会婚姻的主要基础是罗曼蒂克的爱情:"这种作为典型的、实质性的婚姻基础的爱,是一种包括性吸引、激动甚至狂喜的感觉以及把对方理想化的混合体。围绕婚姻的全部复杂观念都与这种罗曼蒂克的爱情理想相联系。许多人甚至相信离婚的原因就是缺少这种爱。……许多人相识、疯狂相爱,在热烈的感情迸发中结为夫妻。他们期待对方常青之爱的激动能在多年的日常家务与经济生活中历久不衰。可是当伴侣罗曼蒂克式的感情消失的时候,他们会觉得受骗了。那种认为激情应该永远持续的观念对双方都是一种压力。失望会引起婚姻中的种种辛酸,导致通奸,还可能会引起离婚。"① 资本主义社会崇尚爱情、强调男女平等，与其"自由、人权、平等"的价值观念一脉相承，极端发展的结果是所谓"性解放""性革命"，由此导致性暴力、性病、堕胎、未婚妈妈、私生子女等诸多社会问题，其给"人类心灵带来的最大冲击则是伦理的混淆"。② 在儒家看来，这正是"婚姻之礼废，则夫妇之道苦，而淫辟之罪多矣"。(《礼记·经解》)③

---

① 〔美〕戴维·波普诺：《社会学》(第十版)，李强等译，中国人民大学出版社，第400页。
② 〔美〕蕾伊·唐娜希尔：《人类性爱史话》，李意马译，中国文联出版公司1988年版，第255页。
③ 用社会学术语来说，家庭是社会的初级群体(人类历史中最早期存在的群体)、首属群体(人生成长中最早期活动的群体)，是其他一切群体的基础。家庭作为最重要的社会化群体，其组成方式对整个社会的整合都有着极其重要的影响。"群体凝聚力的发展表现为三个层次：第一是人际吸引，群体中尚未形成规范压力，或者，成员尚未了解、接受规范；第二是成员对规范的遵从，把个人的目标与群体的目标结合，自觉接受群体规范的约束，并在此基础上与其他成员建立更深的关系；第三是成员把群体的目标自觉地看成自己的目标，并将群体规范内化为自身行为准则。各成员因此对群体有强烈的认同感与归属感，产生高度整合的一致行动。这是群体凝聚力的最高层次"。(郑杭生：《社会学概论新修》，中国人民大学出版社1994年版，第194—195页)德本主义社会的"婚礼"将家庭的凝聚力定位于第三层次，以道德义务为主；而资本主义社会的"婚姻法"将家庭的凝聚力定位于第一层次，以自由人权为主。此处也彰显了"礼"与"法"的根本区别。有社会学家比较了中西家庭模式对社会文化的影响："以情境为中心的中国家庭，培养了中国人一种向心的世界观。这种世界观在人际关系中的基本表现是相互依赖。它使中国人能够轻松自如地在向心的中国宗族结构和'人之间关系完全调和'这一理想的框架内满足其社交、安全和地位的需要。"而"个人中心的美国家庭培养了个人对自我的强烈关心……世界观都是离心性的，因而也是分裂性的和动态性的……世界上不存在他可以依赖而又无损其自尊的人或神。成功是他自己的幸福，失败则成为自己的重负，他能招请整个世界的人来庆祝自己的幸福，但却不能让其家庭和亲友分担他的不幸"。"在这种模式中成长起来的个人会认为依赖别人是不可容忍，因为那会毁掉他的自尊；不过他也同样认为不能让人依赖自己，因为这种情况会招致别人的反感。然而，在他终于摆脱了父辈或其他方面的束缚之后，便发现自己在生活中找不到任何确定的事情或人物可作为追求的目标，从而可能对人生意义感到困惑。他力图通过征服物质世界、富于战斗性地传播自己对上帝或乌托邦的信仰，或者通过开发或积极利用自己的或其他人类伙伴的资源以获得人生的意义。由于他不受自己初始集团的束缚，故认为整个世界可为自己自由利用；但由于除了以自己的努力建立起来的种种纽带之外，他与其人类伙伴没有任何永久的联系，他便容易用片面的绝对观念去看待生活和环境"(许烺光：《宗族种姓俱乐部》，华夏出版社1990年版，第235、237、3—4页)。

据《仪礼·士昏礼》，婚礼的行礼程序有纳采、问名、纳吉、纳徵、请期、亲迎六个主要仪节，称为"六礼"。"六礼"一直延续到唐代，到宋代则被简化为纳采、纳币（相当纳吉）、亲迎三个仪节，然"六礼"依然是婚礼的主导原则，实质并无减省。需要提及，女子在婚礼前三个月要向女师接受有关"妇顺"（妇顺备，而后内和理，而后家可长久也）的教育，科目包括妇德（贞顺）、妇言（辞令）、妇容（容色）、妇功（丝麻）等，为婚后生活做好各方面的准备。教成之后，还要在宗庙举行告祭。

在德本主义的礼法体系中，冠礼、婚礼及前述的丧礼等构建了婚姻家庭关系的基本行为规范。另外，士相见礼、乡饮酒礼、燕礼与射礼等构建了社会交往关系的基本规范。在资本主义社会的法律体系中，与之相应的法律规范则是"民法"。民法与嘉礼的根本差异在于：前者作为市民社会的法，其视域中的人是原子化的个体，强调单个主体的"意思自治"（法学术语，指当事人可以自由订立契约，他者不得非法干预），以权利为中心；后者作为"五伦社会"的礼，其视域中的人是不能脱离整体存在的人，强调单个主体必须以"社会群体"的"意思"（即永续发展的需求）为前提而自我节制（即"克己复礼"），以义务为中心。进一步说，民法强调，当事人的主体意思直接决定他是否参与民事法律关系，以什么样的方式参与，和什么样的人参与，参与的程度如何等，他者（包括政府和其他组织等）均不得强迫。而嘉礼强调，当事人所处社会群体的"意思"已经决定了他必须参与的民事法律关系，以什么样的方式参与，和什么样的人参与，参与的程度如何等，而他者（包括政府和其他组织等）均可促使当事人服"礼"、守"礼"。

三、社会分层：士农工商 VS. 商士农工

分层（stratification）本是地质学概念，指地质构造的不同层面。社会学家借用这一概念来分析社会的纵向结构，指社会成员依照相关标准组成高低不同等级或层次。"人人平等"只是理想化抽象化的玄虚概念，"分层"则是人类社会分工的自然结果，是社会演化的客观事实。在分层社会，处在高层

的社会成员可以用少于低层社会成员的耗能来达到同样的目标，满足自己的需求。或者说，在分层社会，多数社会成员都愿意付出努力来使自己处于高层。社会发展越进步（或说越复杂），社会成员走向高层的途径就越公平公正公开。但"一个完全开放的社会从来没有存在过。假如真有这样的社会，人们就可以取得他们的天资、能力和愿望允许其得到的任何地位。一个开放的社会不会是一个平等的社会，不平等的社会位置将仍然存在，不过这些位置将主要按功绩大小来填补。所以，这样的一个体系可以称为理想的精英管理社会。……相对开放与相对封闭社会之间的主要区别在于社会地位的混合程度。开放社会的特点是依赖自致性身份地位的程度大大超过封闭社会，而封闭社会更依赖于先赋性身份地位"。① 城邦封建社会无疑是"封闭社会"，异域整合社会则是"开放社会"，而异域整合社会形态中的德本主义社会与资本主义社会的开放程度基本相当。

（一）分层结构

从社会升层（即获得"自致性身份地位"）的机制而言，德本主义社会的成员主要通过科举竞争以其学养德行而获得相应的社会地位，资本主义社会的成员主要通过市场竞争以其金钱财富而获得相应的社会地位。不同的社会升层机制决定了社会分层的不同形态，而形成了不同的"精英管理社会"。下面就以德本主义社会与资本主义社会繁荣期的社会分层情形为例具体说明，见表7-4所示。

表7-4 晚清社会分层（1880年代中国官方社会分层）

阶级	职业	百分比	户数
上层阶级	士	2	1,500,000
中层阶级	农	80	56,000,000
下层阶级	工商	18	12,500,000
总数	总数	100	70,000,000

---

① 许烺光：《宗族种姓俱乐部》，华夏出版社1990年版，第253页。

来源：Marsh, 1980, 15.（转引自李毅：《中国社会分层的结构与演变》，美国大学出版社，2005，第6页）原表中直接将"士、农、工商"作为阶级，本表为方便比较，加了与之对应的"上、中、下层"阶级一栏内容。

表 7-5　当代美国社会分层

阶级	职业	百分比	人数？
上层阶级	经理，专家	1%-3%	
上中层阶级	高级公民，军队军官	10%-15%	
下中层阶级	小企业主，农场主，一般技术人员与雇员	30%-35%	
工人阶级	工人	40%-45%	
下层阶级		20%-25%	

来源：丹尼尔·w.罗西兹：《社会分层：比较视野中的美国阶级体系》，1990，406-408页，转引自波普诺：《社会学》（第十版），中国人民大学出版社，1999，第267页。本表进行了简化。

注：《晚清社会分层》表中的"士、农、工商"分别为上层、中层、下层阶级，不完全对应"财富和收入"的等级，而是指综合覆盖度，其中"文化覆盖"的权重最大。而《当代美国社会分层》表中的阶级与"财富和收入"的等级则基本对应。

比较二表可以看出：德本主义社会和资本主义社会在繁荣期都是典型的"橄榄型"结构，即两头小，中间大。而且二者社会阶层的比例结构也高度相似：上层阶级都是2%左右，[①] 构成社会的动态核心，只是前者的动态核心是"士"，后者是"商"（更准确地说，应该是"钱商"，即所谓金融家、银行家）；中层阶级（包括上中层、下中层、中下层）的比例都是80%左右，只是前者以"农"为主，后者以"工商"为主；下层阶级比例也都是20%左右，前者以"工商"

[①] 张仲礼：《中国士绅：关于其在19世纪中国社会中的作用的研究》，上海社会科学出版社1991年版，第二章。

为主，后者原表中未标明，从职业角度而言，应该是无技术工人为主。德本主义社会的分层次序是士——农——工——商；资本主义社会的分层次序则是商——士——农——工。

需要指出，德本主义社会的上层阶级"士"既包括入朝致仕之"士"，也包括乡村士绅之"士"，朝廷官员与乡村士绅紧密互动而凝成一个特殊集团[①]，而且官员退休后往往回归乡里又成为士绅，"士"不离乡是其常态；资本主义社会的上层阶级"经理、专家"既包括入市经商之"商"，也包括入朝当政之"仕"，官商紧密互动而凝成一个特殊集团，而且官员离政后往往回归市场又成为入市经商之"商"，"仕"不离商是其常态（如美国前总统老布什离任后担任多家投资公司以及石油公司的董事，美国相当数量的官员离任后创办咨询公司或者投资基金等）。

（二）演进历程

形成上述社会分层结构，德本主义社会与资本主义社会经历了相似的演进历程。

首先，在城邦封建社会末期，"士"阶层和"商"阶层从较低等级的贵族阶层中发展壮大。

中国封建社会的贵族等级有天子——诸侯——卿大夫——士，士处于这一等级序列的低端。《左传》曰："天子建国，诸侯立家，卿置侧室，大夫有贰宗，士有隶子弟，庶人工商各有分亲，皆有等衰。"（《左传》桓公二年）又曰："人有十等，下所以事上，上所以共神也。故王臣公，公臣大夫，大夫臣士，士臣皂，皂臣舆，舆臣隶，隶臣僚，僚臣仆，仆由台，马有圉，牛有牧，以待百事。"（《左传》昭公七年）《国语》曰："公食贡，大夫食邑，士食田，庶人食力，工商食官，皂隶食职，官宰食加"。（《国语·晋语四》）可见，在政治上，"士"在卿大夫之下——"大夫臣士"，属低等贵族；在经济上，"士食田"，可以不从事体力劳动；在文化上，"士竞于教"（《左传·襄公九年》），

[①] 张仲礼：《中国士绅：关于其在19世纪中国社会中的作用的研究》，上海社会科学出版社1991年版，第一章。

知文习武，享有受教育的权利；在职位上，士则主要充任武士与仆臣。到封建社会变革期（春秋战国时期），世卿世禄制度逐渐废除，封建旧贵族逐渐没落；① 同时，民间学术逐渐兴起②，原庶民阶层中才智优异者可凭学识升迁成为"士"。"士"阶层以其才识学养参与政治、军事、文化、教育等领域的发展，逐步崛起成为新的社会核心阶层。

英国封建社会阶层大致可分为贵族——公民——自耕农——手工业工人——农业工人等。贵族中，又可分为较高等级的"议会贵族"与较低等级的"一般贵族"，如骑士、乡绅（gentry）、绅士（gentelmen）等。随着封建社会的转型与海外市场的开拓，社会阶层的流动性增强，原来的"一般贵族"藉海外贸易、圈地经营等强势崛起，"许多骑士和最好的男爵一样富有，而且并不比许多伯爵差多少。"高等级贵族与低等级贵族的界限逐渐模糊，"被称为'贵族'和'乡绅'的这些社会集团，他们的界限互相溶合于彼此之中……"许多自耕农也因致富而被称为或自称为"绅士"。③ 这些"一般贵族"以其财力为基础，逐步介入政治、军事、文化、教育等领域的发展，崛起成为新的社会核心阶层——"商"阶层，或称之为"资本家"阶层。

转型到异域整合社会之后，随着社会升层机制的开放性逐渐增大，德本主义社会与资本主义社会阶层之间的流动性逐渐增强。

在形成期，"士"阶层和"商"阶层的发展都局限在一定的特权范围之内。前者局限于特权宗族（即世族门第），后者局限于特权公司。（详见第六章第二节·二·（四）《社会组织演化》）在发展期，"士"阶层和"商"阶层都在原特权范围之外有较大扩展。前者因科举制度的推行而使众多庶族突破门第世族的垄断跻身"士林"；后者因市场法制的推行而使众多庶民突破特许垄断投身商海。（详见第六章第二节·三·（四）《社会组织演化》）到成熟期，二者都进入了全面开放社会，社会成员可以各尽其能地在政治、经济与社会领域寻求向上流动的渠道：前者主要体现为科举制度的开放（政治升层）、市场

---

① 钱穆：《国史大纲》（修订本），商务印书馆1996年版，第82—92页。
② 同上书，第93—112页。
③ 王觉非：《英国近代史》，南京大学出版社1997年版，第17—19页（电子书）。

经济的发展（经济升层）、民间会社的兴起（社会升层）以及宗族治理的完善（社会保障）；后者主要体现为民选投票的普及与候选资格的开放（政治升层）、国家福利的发展（社会保障）、第三部门的兴起（社会升层）以及公司治理的完善（经济升层）（详见第六章第二节·四·（四）《社会组织演化》）。

（三）主导阶层

"士"阶层是德本主义社会中综合覆盖度最高的阶层，也是维持德本主义社会良性秩序的主导阶层。他们或在政治层面直接参与政府管理，或在社会层面倾心于家族经营；"商"阶层则是资本主义社会中综合覆盖度最高的阶层，也是维持资本主义社会良性秩序的主导阶层。他们或在政治层面深度介入政府之管理，或在社会层面倾力于公司经营。作为德本主义社会与资本主义社会的主导阶层，"士"和"商"的精神特质与行为规范分别塑造了二者的核心价值观念与基本社会规范。

"士"的基本精神是以道自任："志于道,据于德,依于仁,游于艺"（《论语·述而》），应该"谋道不谋食……忧道不忧贫"（《论语·卫灵公》），以天下为己任。若"士志于道，而耻恶衣恶食"，则"未足与议"（《论语·里仁》）。也就是说，士应该超越个人的利益得失，而将生命的价值寄托于人类永续发展之道，即"北辰尧舜之道"。以道自任、以身行道绝非易事，所以，"士不可以不弘毅,任重而道远,仁以为己任"（《论语·泰伯》），应该"笃信善学,守死善道……有道则见，无道则隐"（《论语·泰伯》），"天下有道，以道殉身；天下无道，以身殉道"（《孟子·尽心上》）。关于"士"之处"事"，孟子曾在与王子垫的讨论中有明确表述："王子垫问曰：'士何事？'孟子曰：'尚志'曰：'何谓尚志？'曰：'仁义而已矣。杀一无罪,非仁也。非其有而取之,非义也。居恶在？仁是也；路恶在？义是也。居仁由义，大人之事备矣。'"（《孟子·尽心上》）又："士穷不失义，达不离道。穷不失义，故士得己焉；达不离道，故民不失望矣。古之人，得志，泽加于民；不得志，修身见于世。穷则独善其身，达则兼善天下。"（《孟子·尽心上》）可见，道德仁义乃是"士"之处"事"的根本原则。关于"士"应该如何行事，孔子曾在与子贡的讨论中有明确表述："子贡问曰：'何如斯可谓之士矣？'子曰：'行己有耻，使于四方，不辱君命，可谓士矣。'曰：'敢问其次。'曰：'宗族称孝焉，乡党称悌焉。'曰：'敢问其次。'曰：'言必信，行必果，硁硁然小人哉，抑亦可以为次矣。'"（《论语·子路》）

"商"的基本精神，即韦伯所谓的"资本主义精神"，是把赚钱本身当作人类天职，当作人生目的，当作美德善行。资本家"认为个人有增加自己的资本的责任，而增加资本本身就是目的……违犯其规范被认为是忘记责任"。① 而"一个人对天职负有责任——乃是资产阶级文化的社会伦理中最具代表性的东西，而且在某种意义上说，它是资产阶级文化的根本基础"。② 需要特别指出，这种资本主义"伦理所宣扬的至善——尽可能地多挣钱，是和那种严格避免任凭本能冲动享受生活结合在一起的，因而首先就是完全没有幸福主义的（更不必说享乐主义的）成分掺在其中。这种至善被如此单纯地认为是目的本身，以致从对于个人的幸福或功利的角度来看，它显得是完全先验的和绝对非理性的。人竟被赚钱动机所左右，把获利作为人生的最终目的。在经济上，获利不再从属于人满足自己物质需要的手段了。这种对我们所认为的自然关系的颠倒，从一种朴素的观点来看是极其非理性的，但它却显然是资本主义的一条首要原则"。③ "在以苦修来世、禁欲主义、宗教虔诚为一方，以身体力行资本主义的获取为另一方的所谓冲突中……双方实际上具有极其密切的关系"。④ 简言之，新教伦理为资本主义商人提供了强大的心理动力和道德能量，从而成为西方理性资本主义发展的精神动力。然而，随着世俗功利主义的泛滥，"大获全胜的资本主义，依赖于机器的基础，已不再需要这种精神的支持了。天职责任的观念，在我们的生活中也像死去的宗教信仰一样，只是幽灵般地徘徊着。当竭尽天职不再与精神的和文化的最高价值发生直接联系的时候，或者，从另一方面说，当天职观念已转化为经济冲动，从而也就不再感受到了的时候，一

---

① 〔德〕马克斯·韦伯：《新教伦理与资本主义精神》，于晓等译，生活·读书·新知三联书店1987年版，第35—36页。
② 同上书，第38页。
③ 同上书，第37页。
④ 同上书，第28页。

般地讲，个人也就根本不会再试图找什么理由为之辩护了。"① 也就是说，资本主义商人的行为，必然将由"价值理性行动"逐渐变成"工具理性行动"，财富的追求将逐渐被剥除"其原有的宗教和伦理涵义，而趋于和纯粹世俗的情欲相关联"②，也"没人知道将来会是谁在铁笼里生活"。③

四、基层组织：宗族组织 VS. 公司组织

人类天生是群性动物，人类生活只能以群体为基础展开。个体的人集合而成群体，但群体绝不仅仅是个体的简单集合，而是显示了人与人之间相对稳定的协调模式（即非平衡态秩序）。社会学中，依据群体成员间关系的亲密程度，一般将群体区分为初级群体与次级群体。所谓初级群体（Primary group），是指由面对面互动所形成的、具有亲密的人际关系和浓厚的感情色彩的社会群体。初级群体反映了人们最简单、最原始的社会关系，即初级社会关系。典型的初级群体如家庭、亲属、邻里等。从人类历史的发展过程来看，初级群体是最早出现的一种群体类型，如远古时期的原始人群、氏族部落时期的氏族大家庭等。就一个人的发育成长过程来看，家庭、邻里、儿童游戏群伙都是个体最早加入，并在其中活动时间最多的群体形式，故初级群体又称为首属群体。次级群体（Secondary group），又称次属群体，是成员为了某种特定的目标集合起来，通过明确的规章制度形成的具有相对稳定的协调关系的群体，又称之为正式社会组织或社会组织。典型的社会组织（次级群体），有军队、教会、学校、公司、宗族、政府等。德本主义社会与资本主义社会初级群体的构成基本相同，如家庭、亲属和邻里等。但二者次级群体的构成却在演化过程中变异、分化，大有不同：社会上层组织，前者是德制学选政府，后者是法制钱选政府；社会中间组织，二者都发展出众多"民间公益组织"，

---

① 〔德〕马克斯·韦伯：《新教伦理与资本主义精神》，于晓等译，生活·读书·新知三联书店1987年版，第142页。
② 同上书，第143页。
③ 同上书，第143页。

前者是民间会社,后者是"第三部门";社会基层组织,前者最主要的是宗族,后者最主要的是公司。德本主义社会与资本主义社会的上层组织(国家和政府)在第一节论述已详,本题专论二者的基层组织——宗族组织与公司组织。

(一)发展历程

从宗族与公司的发展历程来看,二者经历了相似的演化环节。在形成期,二者的发展都具有鲜明的特权垄断性质:前者为世族门第,后者为特权公司。(详见第六章第三节之四《社会组织演化》)在发展期,二者的发展都逐渐摆脱特权垄断色彩:前者因科举制度推行与国家重订礼制而使庶族士族渐趋混同;后者因市场经济发展与政府修订法制而使股份公司大行其道。(详见第六章第四节之四《社会组织演化》)在成熟期,二者都发展出较为完善的治理结构与治理方式:前者确立了房长会—族事会—宗子—族长—房长的治理层级结构,后者确立了股东会—董事会—董事长—总经理—经理的治理层级结构;前者通过族谱制、祠堂制、族产制、族学制、族规制等完善了宗族管理的方法,后者通过计划管理、决策管理、财务管理、生产管理、质量管理、研发管理、营销管理、人事管理、信息管理等完善了公司管理的方法。(详见第六章第五节之四《社会组织演化》)到繁荣期,二者都发展出一定数量规模组织:前者是累世同居共财的巨型宗族,后者是经营遍布全球的跨国公司;二者与政权的相互作用也得到增强:前者成为乡土社会治理的主导力量,后者成为全球经济扩张的主导力量。(详见第六章第六节之四《社会组织演化》)如表7-6。

表7-6 德本主义社会宗族与资本主义社会公司的演化路径表

序数	基层组织 演化环节	宗族	公司
1	特权垄断	世族门第	特权公司
2	权利下移	宗法活动的逐渐下移	公司活动的逐渐下移
3	新兴势力	新兴士族发展	新兴公司发展
4	格局改观	庶族士族渐趋混同	股份公司大行其道

（续表）

序数	基层组织 演化环节	宗族	公司
5	治理完善	确立完善的治理结构： 房长—族事会—宗子—族长—房长	确立完善的治理结构： 股东会—董事会—董事长—总经理—经理
6	制度成熟	宗族制度成熟	公司制度成熟
7	组织扩展	宗族组织的规模扩展	公司组织的规模扩展
8	上下一体	宗族治理与国家治理一体化	公司扩张与国家扩张一体化

从人类社会组织的演化史来看，宗族是历史最久远、积淀最深厚、生命最顽强的自组织形式。氏族部落社会的组织形态就是原始的宗族组织。城邦封建社会的组织形态也是以宗族为基础：上层是贵族，下层是平民宗族。异域整合社会的组织形态中，宗族组织的生命也绵延不绝：德本主义社会的基层组织是"礼下庶人"、制度创新后的宗族，而上层组织中的"天子"（德本主义社会上层组织的合法性代表）历史上也采用宗族形式（即皇族）；即使在资本主义社会的基层组织中，也有很大部分的中小公司依然是家族企业。[①]

（二）组织特征

宗族组织是德本主义社会的"基石"，公司组织是资本主义社会的"基石"。社会性质的不同，导致了二者在组织目标、组织功能、法律责任、组织结构、组织管理等方面的差异。

在组织目标与组织功能方面，宗族追求族群延续，是经济生产组织（给社会提供物品和服务而存在的组织）与模式维持组织（"能够培养和准备将来顺利而有效地进入其他组织的成员的组织"）的复合体，公司追求利润扩张，是单纯的经济生产组织（《社会学概论新修》第247-248页）。进一步说，宗族组织的功能整合了经济生产组织（男耕女织）、基层社区组织（聚族而居）、社会保障组织（族田义庄）、宗教信仰组织（祠堂祭祀）、初等教育组织（私

---

① 据美国季刊《家族企业》杂志统计，美国家族企业在企业总数的占比达到54.5%，英国为76%，澳大利亚为75%，西班牙为71%，意大利和瑞典甚至超过了90%。

塾族学）、地方治安组织（什伍保甲）、环境保护组织（乡土维护）等等组织的功能，更重要的是，其组织目标是长效的，即可持续的；而公司组织的目标相对而言是短效的，不太考虑长期（百年以上）可持续的问题。具体到经济生产方面，宗族组织注重在维护乡土生态环境的条件下因地制宜地发展经济，追求"生态生产率"；公司组织则注重跨地域整合配置资源，一味追求"资本生产率"和"劳动生产率"，无视生态环境的约束（详见本章第三节之二《发展路径》）。在组织的法律责任方面，宗族组织与乡土合而为一，宗族"守土有责"，必须担负"无限责任"；公司组织"无乡无土"，以赚取利润、拓展市场为唯一目的，仅仅担负"有限责任"（详见本章第三节之六《产权制度》）。

在组织结构方面，宗族基于血缘亲情，更多地具有弹性组织的特征，如"弹性时间"、"工作分享"、"紧密合作"以及"民主参与"，当然，也没有"敌对的劳资关系"[①]。公司基于追求效率，则具有更多科层组织的特征，如严格规划的内部分工与职位分等、普遍适用的规章制度与工作流程、排除私人感情的成员关系等，甚至具有"麦当劳化"的倾向，如"极其强调效率"、"定量配餐"、"可预见性（所有麦当劳都有同样的菜单）"、"非人格化（麦当劳机械化程度极高，员工在行为上实际上没有自由支配权）"，并"扩散到了社会的每一方面，从教育、宗教到性爱，甚至西红柿的生产。"[②]

在组织管理方面，从"使组织成员履行组织对他们的期待"而言，宗族更多的是采用"规范型组织"的方法，通过族谱、族规、祠堂等制度，使得宗族成员的目标与宗族组织的目标融为一体（光宗耀祖），宗族组织可以获得宗族成员的最大承诺，组织资源得以最少耗费，成员也感到自己完全地融入了组织之中；公司更多的则是采用"功利型组织"的方法，组织成员主要依靠金钱刺激来获得激励，成员融入公司时总是精打细算个人利益，忠诚度有所欠缺[③]。比较言之，宗族管理偏重于道德的管理（如家礼、乡约等，皆是如此），公司管理则偏重于效率的管理（各类公司管理理论皆是如此，如泰勒之

[①] 〔美〕戴维·波普诺：《社会学》（第十版），李强等译，中国人民大学出版社，第197页。

[②] 同上书，第192页。

[③] 同上书，第196页。

科学管理理论旨在提高体力效率，法约尔之行政管理理论旨在提高组织效率，行为管理理论旨在提高心理效率等）。就具体管理方法而言，宗族主要通过礼乐教化与家法族规来实施管理，公司主要通过金钱激励与公司章程来实施管理。宗族管理与公司管理相比，显然资源耗费更少、管理成本更低。

在基层组织与上层组织的互动方面，宗族成员可以通过科举考试的途径进入上层组织，参与政治，宗族组织因之成为德本主义社会"学选"+"学治"体制的基石；而公司则主要是组成不同的利益集团，通过政治献金影响公职选举和政府决策来参与政治，公司组织因之成为资本主义社会"钱选"+"钱治"体制的基石。（详见第六章第六节之二《政经制度建设》）

（三）生活场景

宗族与公司，作为德本主义社会与资本主义社会最主要的基层组织，构建了社会成员最主要的生活场景，对社会成员的影响至深至巨。

"以情境为中心的中国家庭，培养了中国人一种向心的世界观。这种世界观在人际关系中的基本表现是相互依赖。它使中国人能够轻松自如地在向心的中国宗族结构和'人之间关系完全调和'这一理想的框架内满足其社交、安全和地位的需要。宗族只是家庭的扩大，二者是亲族原则的同一表现。宗族成员资格是自动的、永久的。……中国人有一种把自己的腾达与家庭、宗族的提高看成一回事的倾向。"[①]"中国人总的说来，对于自己在庞大的人际关系体系中的永久位置，以及死去的祖先和未出世的后代对他的态度，几乎没什么疑问。"[②]"宗族具有高度的凝聚力，并且不存在任何有意义的排他性。由于这种凝聚力不是立足于抽象的、观念上的目标，而是立足于出生和婚姻，因此宗族很少受由地位之争以及类似问题引起的分裂所破坏。……每个人都会通过年龄和辈分获得一个体面的位置，因而产生爆发性竞争的力量是微乎其微的。"[③]也就是说，大多数宗族成员的生活，是安心的、有尊严的。

---

① 〔美〕许烺光：《宗族种姓俱乐部》，薛刚译，华夏出版社1990年版，第235页。
② 同上书，第237页。
③ 同上书，第238页。

而公司则"既是凝聚的，又是分离的，在特定的问题上和特定的时间内，它统一行动的能力是巨大的，但迅速导致整个组织瓦解的潜在的内部力量同样也是巨大的。由于任何人在事物体系中都没有不可让渡的位置，也由于任何人都必须以持续的蓬勃精力、通过获取更大的成功来保卫他的自我依赖。因此，那些已身居高位者，也被必须登上更高地位的焦虑以及对低位者可能侵犯自己地位的恐惧所困扰。至于那些处于社会低位的人，他们有着同样或者更大的要上升的焦虑。并且，对于来自地位更低者的威胁，有着与前者一样的或者更大的恐惧。对于自我依赖者来说，赌注是巨大的。前进或后退的问题是个实际问题，因为不进则退"。① 可见，多数公司成员的生活，是不安的、焦虑的，因为成功者才有尊严："自我依赖者的最大恐惧是失败。在他的人生系统中，失败意味着丧失了满足社交、安全和地位需要的途径。"②

五、社会治理

社会治理旨在规范社会行为、协调社会关系、化解社会矛盾、维持社会稳定、促进社会公正、应对社会风险，需要由政府部门与社会组织互动进行。根据社会治理的目标和内容，大体可分为两类：一类是维护社会安全与社会稳定，包括社会控制、灾害救治、环境保护等；一类是促进社会公平与社会和谐，包括社会保障、就业促进、纠纷解决等。而社会治理的基础则是信用体系的建立与维护。

以下探讨德本主义社会与资本主义社会的社会治理，先论信用体系，次论社会保障，再论纠纷解决，最后是社会控制。

（一）信用体系

诚实守信是维持社会秩序最基本的要素：因为人群分工合作的基本前提乃是信息沟通与行动协调，"不诚实"则无准确的信息沟通，"不守信"则无

---

① 〔美〕许烺光：《宗族种姓俱乐部》，薛刚译，华夏出版社 1990 年版，第 238—239 页。
② 同上书，第 240 页。

行动的协调配合，其后果必然是社会失序的崩溃。从人类社会的进化历史来看，诚实守信源于原始人群共同抗灾和交易互利，之后随人类社会的演化发展，逐渐积淀为社会动态核心（即价值观念）的基础内容。

信用体系简单来说，就是促使社会成员诚实守信的社会机制。信用体系良好是社会秩序稳定的标志，是社会长治久安的基础；反之，信用体系恶化必将导致社会失序。信用体系既包括相关的价值体系，也包括相关的制度体系。

先论价值体系。

在德本主义社会，促使社会成员"诚实守信"的价值体系是以"道德仁义"为核心的儒教价值体系。正是通过教化，将道德仁义、知礼守礼等价值观念普及、深入人心，而使诚实守信的观念得到普遍遵循和信守。

在资本主义社会，促使社会成员"诚实守信"的价值体系主要是以"高德上帝、蒙恩得救、爱神爱人、称义成义、诫命律法"等为核心的基督教价值体系。在资本主义社会，诚实守信观念的普遍遵循和信守，有赖于上述基督教价值观念的普及和深入人心。

再论制度体系。

在德本主义社会，促使社会成员"诚实守信"的制度体系是"德政礼制"。大体而言，包括"德政礼制"制约下的国家信用体系与以宗族自治为主体的社会信用体系。"德政礼制"制约下的国家信用体系，是要实现对"天""地""人"的三重承诺，核心目标是群体延续与社会和谐。以宗族自治为主体的社会信用体系，旨在建立保障族群永续发展的机制，核心目标是兑现对祖宗"子孙延续"的承诺。其主要载体为宗族的土地及其荷载的以血缘和亲情凝聚起来的人群。其具体操作是由宗族制定族规家法来自行约束、自行管理，宗族以其资产（主要是土地）及全体人口对本族族人的信用负有连带责任，政府对于信用良好的宗族给予特别鼓励和扶持。

在资本主义社会，促使社会成员"诚实守信"的制度体系是"宪政法制"。大体而言，包括"宪政法制"制约下的国家信用体系与以企业自治为主体的社会信用体系。"宪政法制"制约下的国家信用体系，是要政府实现对"民"的承诺，包括维护与促进"民"的自由、人权、平等、民主的发展，核心目标是经济增长（同时促进就业、稳定物价、平衡国际收支）与社会稳定，不能维持经济增长的政府往往会"失信于民"甚至导致社会动乱（如经济危机时期资本主义社会的政府）。以企业自治为主体的社会信用体系，旨在建立一个促进市场经济持续扩张的交易机制，包括金融信用体系、企业信用体系、个人信用体系等，核心目标是兑现对资本"借钱生钱"（不仅还"本"还要付"息"，所以不是"借钱还钱"而是"借钱生钱"）的承诺，即维持企业的利润扩张。其主要载体为货币。其具体操作则主要由一批专业"信用管理机构"运作，包括以美国为代表的"信用中介机构为主导"的模式（主要由信用中介机构以市场化经营的方式来运作，政府仅负责提供立法支持和监管管理）和以欧洲国家为代表的"政府和中央银行为主导"的模式（主要由政府建立公共征信机构，强制要求企业和个人提供信用数据，并通过立法保证数据的真实）。

综上所述，德本主义社会的信用体系是以儒教的价值观念为基础、"德政礼制"的政府信用为前提、乡土经济与宗族组织的持续发展为内核、土地人口担保为主要形式；资本主义社会的信用体系是以基督宗教的价值观念为基础、"宪政法制"的政府信用为前提、市场经济与企业利润的持续扩张为内核、信用数据管理为主要形式。

当然，完整地理解德本主义社会与资本主义社会之信用体系的建立与维护，需要从整体到局部，将其置于"五行"结构的动态关系中全面观照（见《社会人文现象的复杂结构内涵表》之"五事"，恐繁不赘）。

（二）社会保障

社会保障主要是对老、弱、病、残等人群的救助，以及对贫困、失业、遭（天）灾、遇（人）祸等人群的赈济。社会保障是维持社会安全、促进社会公正的基础。由于价值观念、社会结构与制度模式的不同，导致了德本主义社会与资本主义社会的社会保障机制不同：前者是"二人本位"的，以宗族组织为基础，强调社会保障应由家为基点，再逐步扩大至国、天下，所谓"克明俊德，以亲九族；九族既睦，平章百姓；百姓昭明，协和万邦"是也；后者是"个人本位"的，而"个人"无法自行提供"社会保障"，因此发展出以政府强制保险为基础的社会保障制度。具体言之，前者基础性的社会保障，如温饱、就业、养老、医疗、教育、乡里的内部安全等，多由宗族自行解决，辅之以民间慈善团体的救济。政府在社会保障领域的主要职能，一是鼓励和支持宗族自组织的建立和发展，一是防治和救济较大规模的自然灾害。而后者由于"核心家庭"普遍化，家庭无力自行"保障"，因此只能由政府作为社会保障的责任主体，同时辅之以教会救助和民间的自愿互助。

上述社会保障机制的差异在养老领域尤为显著，而养老又是社会保障的重中之重，因此以下论述就以养老保障为主展开。

人类社会在"现代化"之前的文明史中，家庭一直都是为老年群体提供物质和精神保障的最重要、最安全的社会组织。然而，由于资源环境与价值观念不同，中国与西方的养老文化很早就有了差异。在中国，尊敬老人、孝敬父母在文明社会初期已成为基本价值观念，历史上的舜帝就以高尚的"孝"行而著称。几千年"孝"文化的传承积淀，已深入中国人的文化骨髓。以"孝"为核心的伦理观念，特别是与"孝"相关的"礼"对家庭成员责任与义务的规定，成为德本主义社会养老文化和养老制度的基础：赡养父母、孝敬老人是每个社会成员、每个家庭家族应尽的责任与义务。在德本主义社会中，老人多与子女同居，衣食多由子女们供奉，更重要的是，老人与儿孙共同生活，子孙绕膝的天伦之乐能给予老人以精神上的满足。同时，尊老敬老观念使老年人在社会生活中的地位得到提高，子孙后代在涉及社会组织管理等方面往往也要倚仗老人的经验、阅历及权威。在这种费孝通所说的"长老统治"的乡土社会中，老年人扮演着近乎领导者的角色。

在上述子女赡养的养老模式中，由于大多数人在进入老年期以后，健康条件尚好的并不完全退出生产，仍然从事力所能及的劳动，既可以适当活动调剂生活内容、又可以增加经济收入。因此可以说，中国传统社会的养老模式是"赡养"与"自养"结合。"赡养"与"自养"结合的养老模式，具有高度的社会灵活性和经济合理性，能极大地降低社会的养老成本。正因此，上述养老保障方式在我国传统农村延续至今。从保障效果来说，"赡养"与"自养"的结合，在降低了经济成本的同时，还满足了老人的精神需求，老人的幸福感反而较强。

在资本主义社会的历史发展中,欧美国家对老弱病残等社会弱势群体的保障大致经历了"家庭机制"、"互助机制"、"市场机制"直至"政府机制"的递进演化过程。① 在"政府机制"形成以后,其他机制的作用都变得弱化,尤其是"家庭机制"在社会保障中的作用变得微不足道。这与西方社会的文化传统以及制度模式密切相关。在西方社会,"老年问题是一个源远流长的古老问题,作为一种特有的文化现象,已存在了若干世纪","西方文明曾以一种难以置信的龌龊的态度对待老年人",老年人的"有关问题远在资本主义社会之前便普遍存在,它深深地植根于西方文化传统"。② 西方的养老文化植根于个人主义价值观念,个人的自由、平等及私有产权在深层次上制约着代际间的经济与社会联系,每一代均强调自己的权利。③ "代际间松散的联系是西方社会普遍存在的一种文化现象。西方老年史和家庭史的研究表明,在工业化前,欧洲占统治地位的家庭结构是核心家庭而不是扩展的家庭形式。欧洲社会普遍存在老一代向青年一代转移财产或遗产的习俗。'自中世纪以来,农场主同其子女之间的遗产和退休合同表明,产权与所有权通常用于作为老年经济保障的交换条件'。老年人通过转移私有产权或遗产给子女,换取子女签署的退休合同和有限的退休保障。这类合同通常极为详尽,规定子女应提供的食物数量、其他物品及居住空间。由于西方社会老年人权力逐渐减弱,尤其是伴随着私有产权和遗产的正式转移,使其对年轻人的控制力更是非常微弱,经常出现拒绝赡养老人的现象发生。由于退休合同所提供的老年保障,在很大程度上是取决于经济财产尤其是凭借牧场和羊毛为交换条件来维持而并非年轻一代应尽的社会责任。工业化进程无疑严重摧毁了退休合同这种脆弱家庭保障制度的基础。由于大量农民被剥夺了世代拥有的土地、农场和牧场,难以继续维持产权、遗产交换和退休合同。另一方面,年轻人进入城市寻

---

① 刘燕生:《社会保障的起源、发展和道路选择》,法律出版社 2001 年版。
② Steatns: Old Age in European Society, Holmes and Meier,1976,p22—23,转引自林义:《西方国家养老保险的制度文化根源初探》,载《财经科学》2000 年第 4 期。
③ Cole: The Journey of Life: A Cultural History of Aging in American, Cambridge University Pres,1992,p56,转引自林义上文。

找工作，不再谋求遗产和等待签署退休合同等，均使脆弱的退休合同难以维持。相反，对于那些没有或仅有很少财产或遗产交换的老年人，则更难获得以私有产权交易为基础的退休合同及有限的老年保障。因而，西方特定的家庭结构和退休合同的脆弱联系亦是教会救助及自愿互助机构普遍存在的重要社会基础。不仅如此，这种松散的退休合同和代际间的联系，一方面为通过教会救助和自愿互助组织提供保障奠定了重要的社会基础，同时，为政府强制养老保险计划提供了重要的制度基础"。可见，资本主义社会的"国家养老保险是为解决工业化背景下家庭保障的瓦解而出现的一种制度安排。"然而，"这种制度安排进一步削弱了既定文化设定中家庭的作用。'家庭及经济制度受到政府养老保险计划的严重影响，而对家庭关系的影响是其最危险的后果之一'。著名经济学家弗里德曼在批评福利国家时曾指出，'现行福利制度最大的代价之一在于，它不仅破坏家庭，而且减少私人慈善活动'，'早期的（收入）转移有助于加强家庭联系，而强制性转移则削弱这种联系'。自养老保险制度建立以来，西方国家大多数青年人自孩提时代起便知道，赡养老人是国家社会保险的事情而非家庭成员的责任"。①

资本主义社会"政府强制养老保险制度存在某种隐含的不稳定要素。尤其是在以代际间收入再分配为基础的现收现付养老保险制度中，政府能否组织好代际间收入再分配，是否存在不同代际劳动者普遍的社会认同，乃是养老保险制度运行的极为重要的潜在文化条件。如果赡养老人尚未构成青年一代普遍认同的社会责任，而仅仅靠产权交易的对等性来维持，那么，政府组织的这类计划则会在特定背景下面临相当程度的不确定性。代际接力（侧重于老一代对下一代的单向哺育责任）的模式，试图通过政府强制组织实施的养老保险计划而实现反馈模式（哺育与赡养的双向责任）的内在约束条件和要求，事实上存在着难以逾越的文化障碍，亦是目前西方国家养老保险制度危机背后的深层文化矛盾"。② 而且，以政府作为责任主体的社会养老保障制

---

① 林义：《西方国家养老保险的制度文化根源初探》，载《财经科学》2000年第4期。
② 同上。

度，无论是现收现付制和基金积累制，① 都需要以经济持续增长为基础（经济不能扩张，资本主义社会的基本秩序都难以维持，何况"养老保障"！）。从根本上说，这是不可持续的，这也是资本主义社会养老保障体系背后的深层制度矛盾。"一个毋庸争辩的事实是，在人口老龄化的背景下，养老保险制度已严重威胁到西方社会的个人主义文化传统和文化根基（以及经济运行的模式）……西方有识之士认为，社会保障制度改革将成为21世纪西方的巨大社会演变，也将是西方历史上自工业化革命以来社会的重大转折点"。②

综上所述，在资本主义社会，由于缺乏家庭文化基础，政府企图扮演"家长"的角色，却注定了在社会保障制度安排中会存在难以避免的文化缺陷和难以调和的文化矛盾及经济矛盾；在德本主义社会，政府通过鼓励和支持家庭或家族承担养老责任，在极大地降低了社会养老成本的同时，还很好地满足了老人的精神需求，使老人具有较高幸福感。其实，二者在社会保障的其他领域也大体如此，如在就业保障、基础教育等方面，前者也要依赖政府深度介入、甚至大包大揽，后者则主要通过宗族自组织解决，社会成本远远低于前者。

需要指出，德本主义政府鼓励和支持宗族自组织承担社会保障职能，并不意味着政府忽视社会保障而无所作为。相反，政府极端重视社会保障事业。中国早在周代，就有"保息六政"（一曰慈幼；二曰养老；三曰振穷；四曰恤贫；五曰宽疾；六曰安富）和"荒政十二策"（一曰散利；二曰薄征；三曰缓刑；四曰驰力；五曰舍禁；六曰去几；七曰眚礼；八曰杀哀；九曰蕃乐；十曰多昏；十又一曰索鬼神；十又二曰除盗贼），这些政策和制度基本囊括了社会保障的主要内容，即使以现代眼光衡量，也是比较完备的。秦汉以后的历代中央集权政府实施了完备的荒政政策，汉以后又有仓储备荒制度，唐宋以

---

① 简单地说，现收现付制是在职的一代赡养退休的一代，在职的交费直接用于支付当期退休者的退休金，实行现收现付制不会出现基金积累受经济波动的影响而损失，但由于人口老龄化，它给政府带来的财政压力必然越来越大；基金积累制是国家强制实施的个人养老储蓄制度，通过建立个人账户，企业和个人缴费全部进入个人账户，退休待遇水平取决于账户基金的积累额，这种模式似乎可以避免人口老龄化问题，但养老基金的积累无法避免保值增值的压力。

② 林义：《西方国家养老保险的制度文化根源初探》，摘自《财经科学》2000年第4期。

后又有居养制度等。到了明清时期,各项制度和政策渐趋完善,形成了相对完整的社会保障制度体系,包括灾害救济中的雨雪粮价奏报制度、灾情勘报制度、灾蠲制度、仓储、粥厂等备荒、赈灾制度,以工代赈政策以及对特殊群体的优抚制度、尊老敬老政策、养济制度、育婴制度等。对政府的社会保障职能也有法律明确规定,特别是到了明清晚期,政府在社会保障领域的主要活动基本纳入了法律规范。以对社会脆弱群体的救助为例,明太祖即位之初,不仅宣布了"鳏寡孤独废疾不能自养者,官为存恤"的原则,还将其置于国家法律之中,《大明律》明文规定:"凡鳏寡孤独及笃废之人,贫穷无亲属依倚,不能自存,所在官司应收养而不收养者,杖六十;若应给衣粮官吏刻减者,以监守自盗论。"《大清律》中也有这一条,律文与《大明律》一字不差。除了《大明律》和《大清律》外,明清政府还颁布了大量有关社会保障的"事例",如"尊高年""养幼孤""恤孤贫""收穷羁""安节孝""恤薄官"等。上述明清"事例"皆具有法规的性质,而非单纯的司法判例。据此,若将明清两朝律例中吏、户、礼、兵、刑、工各部有关社会保障的"事例""则例"等汇聚在一起,完全可以编成一部"明清社会保障法规汇典"。[①]

政府提供的社会保障体系与民间组织的社会保障体系相互支撑,相得益彰。当需要救助时,从国家层面看,既有中央政策的蠲赋免漕,亦有国家财政的发帑赈谷,还有邻境的协助和调运;从社会层面看,既有知县的捐廉倡首,亦有士绅的慷慨解囊,还有民间的捐输助赈,最重要的,则是依血缘联结而成的宗族组织、族田义庄,和以地缘联结而成的邻里乡党、义社义仓,它们承担了最主要最普遍的社会保障功能,成为德本主义社会保障体系最根本的"保障线"。赈救活动的各种参与力量在救灾的具体环节中各司其职,各尽所能,取得了良好的救灾效果。[②]

[①] 周荣:《中国传统社会晚期的社会保障体系初探》,载《武汉大学历史学集刊·第二辑》;另参见王子今等著:《中国社会福利史》,中国社会出版社2002年版。

[②] 同上。

(三) 纠纷解决

理想的人类社会是"天下为公",人人"讲信修睦",而现实生活却是"天下为家",人人"货力为己",难免争利产生纠纷。纠纷妥善解决,可以止社会争乱于未然,因而建立适宜的纠纷解决机制是维护社会稳定的重大问题。和解、调解、仲裁、诉讼等是纠纷解决的主要方法,概言之,可分为非诉讼与诉讼两类。用法学术语,非诉讼方式没有动用政府权力,属自力救济;诉讼方式必须动用政府权力,属公力救济。[①] 德本主义社会的纠纷解决机制以非诉讼、尤以调解为主,诉讼为辅;或者说,是以自力救济为主,公力救济为辅。资本主义社会的纠纷解决机制则是以诉讼为主,非诉讼为辅;或者说,是以公力救济为主,自力救济为辅。

在德本主义社会,发生在宗族内部的纠纷多在宗族内部解决。如清代政府就鼓励宗族自行解决民事纠纷,不仅直接授权允许族长处理分家析产、立嗣承继、族产营运等事项,而且地方政府还经常将一些诉讼案件直接转批宗族处理。宗族内部制定的族规家法,内容涉及财产、婚姻、家庭、继承等民事关系的方方面面,族长家长可以依据族规家法裁决族人的纠纷。[②] 发生于宗族之外的或者宗族内部无法解决的纠纷则通常由乡中里老或士绅调停解决。如"明初有里老之制。洪武二十七年命有司择民间高年老人、公正可任事者理其乡之词讼,若户婚、田宅、斗殴者,则会里胥决之,事涉重者始白于官。若不由里老处分而径诉县官谓之越诉。当时邑里皆建立申明、旌善二亭,民有善恶则书之以示劝惩,凡户婚、田土、斗殴常事,里老于此判决"。[③] 即使纠纷发展到需要"公力救济",政府仍然有"抑讼""息讼"的相关限制,如

---

① 有诉讼法学者将纠纷解决机制分为自力救济、社会救济和公力救济三类。纠纷主体依靠自己力量、没有第三者协助或主持解决纠纷为自力救济,俗称"私了",主要包括自决与和解,自决指纠纷主体一方凭借自己的力量使对方服从,和解指双方相互妥协和让步。依靠社会中"第三者"的力量来解决纠纷为社会救济,主要包括调解和仲裁。利用国家公权力(审判权)解决纠纷为公力救济,主要包括民事诉讼和行政裁决。

② 朱勇:《清代宗族法研究》,湖南教育出版社1987年版。

③ 瞿同祖:《法律在中国社会中的作用》,载《瞿同祖法学论著集》,中国政法大学出版社1998年版,第410—411页。

小诉不受（不受理芝麻蒜皮的小案）、官批结案（县长直接批示处理意见、此案就此了结）、官批民调（县长批转乡里或宗族调解）、定期禁讼（规定农忙季节不受理民事纠纷）、州县自理词讼一审终审（民事案件和轻微刑事案件在州县完成终审、不可上诉）。即使政府官员处理诉讼，其主导思路依然是追求"息讼"。"息讼"之法，教化为先（详见本章第一节·五·（三）《实施体系》），次为审判。审判的主导思想不是保障个人权利，而是维护社会整体秩序的和谐，或者说，寻求社会整体秩序与个别利益争执之间的平衡，即所谓"存体救弊"。如明代著名"法官"海瑞所说："凡讼之可疑者，与其屈兄，宁屈其弟；与其屈叔伯，宁屈其侄；与其屈贫民，宁屈富民；与其屈愚直，宁屈刁顽。事在争产业，与其屈小民，宁屈乡宦，以救弊也。（乡宦计夺小民田产债轴，假契侵界威逼，无所不为。为富不仁，比比有之。故曰救弊。）事在争言貌，与其屈乡宦，宁屈小民，以存体也"（乡宦小民有贵贱之别，故曰存体。若乡宦擅作威福，打缚小民，又不可以存体论）[1] 简言之，德本主义社会纠纷解决的主导思想是"抑讼""息讼"以求"息争""无争"，即使"听讼"，处理方法也是追求"无讼"。

在资本主义社会，诉讼作为实现公民权利的重要手段，在理念和制度上具有极高的地位。诉讼作为主要的纠纷解决机制，"占据了近乎排他性的地位，正式的国家和法的权威不容任何自治性或民间性、地域性的组织及其规范分享其权力"。[2] 诉讼在社会中的影响日益扩张，乃至于出现"诉讼爆炸"（详见参阅）。

从成本的角度而言，诉讼机制的运行需要特定职业群体（律师、法官）和特定执业机构（法院）的支持，诉讼的程序也非常复杂，往往要经过几级法院多次审理才能最终得到解决，相比非诉讼机制（无需律师、法官、法院参与，无需法庭受理、举证、审判等过程），需要消耗更多的人力物力资源。而且，诉讼判决是由法官作出的强制性结论，并非当事人协商得出的自愿性

---

[1] 〔明〕海瑞：《海瑞集》，中华书局1962年版，第117页。
[2] 范瑜：《非诉讼纠纷解决机制研究》，中国人民大学出版社2001年版，第328页。

结论，又增加了强制执行的成本。有西方学者也认识到，和解、调解等非诉讼纠纷解决机制的成本要远低于诉讼机制，因为"调和利益的成本比决定谁是谁非的成本要低"。①

从效率的角度而言，诉讼机制的程序复杂，当事人的纠纷往往要经过立案、开庭审理、合议庭评议、判决等严格程序才能得出结果，许多纠纷因一方当事人不服一审判决而进入上诉程序，或因申诉而进入审判监督程序，以至于历经数年得不到最终解决。同时，判决非当事人自愿的结果，履行判决的自愿性也较差，有的甚至故意拖延履行。相比而言，非诉讼机制的程序简单、灵活，当事人可以通过协商或在调解人的协助下较快达成解决方案，其解决方案因系当事人的合意，一般也能够得到及时的履行，因此纠纷解决耗时较少，效率更高。

从社会效果的角度而言，诉讼机制强调通过当事人的对抗来查明事实，即通过当事人的对抗来制造一种竞争机制，使双方各自发掘、阐释涉案信息——包括证据、理由等，当事人之间的争执往往因之加剧，其结局常常是"案虽结，事未了"——当事人的内在矛盾并未得到根本解决，将来很可能会演化成新的纠纷，是社会和谐的潜在破坏因素。非诉讼机制强调通过消解对立、友好协商解决纠纷，尽可能调和双方而不是制造对立，解决方案是当事人的合意，因此既可解决当事人利益上的争执，也能促进消融当事人情感上的对立，从而使因纠纷而破坏的社会关系得以恢复，取得较好的社会效果。

从维护正义的角度而言，资本主义社会的诉讼机制注重的是形式正义与程序正义，即注重当事人的充分参与、机会对等，裁判人的客观中立、审慎理性，以及程序的有条不紊、按部就班，这有利于充分发掘与展示涉案信息、防止错判无辜、维护当事者尊严、彰显司法公信，但是却有可能放纵犯罪和伤及良善，特别是，诉讼程序的高度复杂性与技巧性，为强者通过所谓的"正当程序"进行作恶披上了合法外衣，结果反而损及实质正义与结果正义。比

---

① 〔美〕斯蒂芬·B.戈尔德堡等：《纠纷解决：谈判、调解和其他机制》，蔡彦敏等译，中国政法大学出版社 2004 年版，第 6 页。

较而言，德本主义社会的非诉讼机制更加注重实质正义与结果正义，即注重维护传统道德价值和社会公序良俗，强调"正人心，厚风俗"（顾炎武：《日知录》卷八"法制"）而不是个人权利。

总言之，非诉讼纠纷解决机制相比讼纠纷解决机制，在成本、效率与社会效果方面明显胜出一筹。

事实上，德本主义社会进入成熟期以后（宋明清），随着"开放社会"形成，"市场经济"发展，民事商事的纠纷难免增多。同时，由于诉讼制度向民众开放，所以社会对诉讼的需求也因之增大，甚至形成了"好讼之风"。[①] 到明清时期，讼师活动更是频繁。然而，正是由于德本主义社会传统道德观念与相关礼法制度的平抑（包括上述小诉不受、官批结案、官批民调、定期禁讼、州县自理词讼一审终审制度等，并通过对证据规则的细化、对讼师活动的规制等措施以求抑制滥讼，[②] 这与资本主义社会逐步放松诉讼管制完全相反），才依然维持了政府的低成本运行与社会的长时期稳定。

参阅

美国的诉讼爆炸[③]

最初的美国普通法传统，是把诉讼视为一种恶，最多是一种必需的恶。老一辈的立法者和法官倾向于承认诉讼是一种浪费。诉讼一般是侵犯隐私权和有损体面的。它总是通过使权利处于一种悬而未决的状态而阻止生产和生活的进步。它通过诱导诉讼参加人相互制造麻烦、困扰证人、拖延、隐匿事实而使他们腐败。它是欺凌弱者之徒的竞技场和力量对比不均衡的战场，在这里，信任、谨慎、直言不讳的人不是那些厚颜无耻、冷酷和能说会道者的

---

① 党江舟：《中国讼师文化——古代律师现象解读》，北京大学出版社2005年版。
② 邓建鹏：《清代健讼社会与民事证据规则》，载《中外法学》2006年第5期；及《清代讼师的官方规制》，载《法史研究》2005年03期。
③ 范瑜：《诉讼的价值、运行机制与社会效应——读奥尔森的〈诉讼爆炸〉》，载《北大法律评论》（1998）第1卷第1辑。

对手。虽然有可能把诉讼的恶减少到最低限度，然而社会应在诉讼并非绝对必要时加以最低限度的劝阻。上个世纪中期以前，尽管有法学家论证包括诉讼在内的斗争手段对于权利实现和社会进步的决定性作用，但社会的基本理念并未因此放松对诉讼的限制，更未大张旗鼓地鼓励诉讼。经济法学家明确指出，无论诉讼可能会给当事人带来多大的利益，对社会而言，诉讼永远是一种负价值，诉讼所支出的经济成本和道德成本是必须计量的。

诉讼是一种必需的恶的观念，在制度上体现为规范诉讼的三道传统防线。

第一道防线，就是建立了约束法律职业自身的道德规范。律师被特别禁止"挑唆诉讼"。律师不像普通的商人，他们只能被动地等待委托人上门，必须压抑任何想招徕生意的创业冲动；他们可能是怀疑和争执的工具，但不会是其始作俑者。社会舆论支持这些约束，严肃的法律亦如此。

第二道防线，是法律程序规则，其主旨是把一个纠纷缩小和集中在狭小的界限内。这样，如果针对某人的案件没有提出足够的理由（通过诉答程序提出），就很难将其拖进法院。而且，除非根据法官详察的理由，很难运用法律强制手段来刺探个人文件和私人事务。

第三道防线，是对诉讼当事人可能用以展开对抗的证据和策略加以严格限制。它由一种明白无误的法律规范的表述（书写）和解释的方法构成。法官像立法者一样注意语义表述的清晰和责任界限的确定。法院特别倾向于承认那些使人们形成自己的法定权利、关系和义务的契约的要旨，认为通过遵守明确的、言简意赅的法律规则，正常的交易作为最正常的状态通常应是置身于法院之外的。

上述防线在70年代逐渐瓦解。

一方面，是源于诉讼的价值观念的变化。直到60年代中期，美国律师协会道德准则第28条仍规定反对"挑起诉讼"。到70年代，诉讼逐渐被描述为"权利的主张"，挑起诉讼被认为是鼓励公共事业。"诉讼应该被视为不仅是用于分清两个有争议的私权的界限，而且是为了解放那些权利遭到无理践踏的人们的战斗。事实上，比解放实际的受害者更为重要，是为了防止以后权利再受到践踏。私人争执亦可导致公共利益；你加入的战斗越多，你就为他人而使世界的情况变得更好"。这种观念成为解除对律师的约束和律师"挑唆诉讼"的正当理由。1977年，联邦最高法院以5对4票决定正式承认不再将诉讼视为恶的新观念。于是，为争取权利而诉讼的理念解除了对诉讼的道德观念上的限制，使美国的法律职业不仅放松了传统的道德规范的约束，甚至使诉讼成为一种道德义务。不择手段则完全符合这种道德准则。于是律师做广告、拉客户、挑起诉讼成为其业务的重要内容。诉讼不再是当事人的最后的手段，而成为律师的第一需要。

一方面，是来自诉讼的金钱回报的刺激。胜诉酬金逐渐成为一种公开谋利的产业基础，成为一种在一般情况下热衷实行的首要方式而不是在特殊疑难案件中的最后手段。胜诉酬金使律师受到巨大利益的有力刺激，去谋求最大数额的金钱。通过审判确认的权利和损害赔偿责任的无限扩大刺激了诉讼进一步增长。以权利主张为名而获取利益的诉讼，从人身伤害的损害赔偿诉讼开始，逐步以医疗失当诉讼横扫医疗界；以产品责任诉讼席卷制造业；以性别、年龄歧视等诉讼威胁着劳动市场；直至把整个美国社会都卷入诉讼浪潮。夸大的损害和诉讼请求、空洞的法学理论、焦土政策式的程序战术，以及精心策划的情绪支配理性的控诉、胜诉酬金、教唆当事人——这些被成功地用于离婚和专利争议、劳动诉讼、证券事件、遗嘱之争和债权债务纠纷，一些诉讼甚至沦为敲诈的手段。

一方面，是归因诉讼程序规则的改革。传统的民事诉讼采用复杂的形式主义程序和严格的诉答制度，到60至70年代，进行了一系列简化和改革，可以让律师在没有确信案件事实、没有考虑好法律争点时就直接开始诉讼，使他们可能并鼓励其提出更多的诉讼。对管辖权的严格限制也被逐步取消。选择诉讼地成为律师扩大责任、任意发动诉讼，以及各州利用诉讼增加地方收入的手段，也成为诉讼当事人负担增加和诉讼延迟的原因之一。证据开示制度的设立，特别是1970年的修改，构成对当事人隐私和企业秘密的严重侵害。律师不受制约的强大的介入权不断膨胀。这些强行介入权使他们可以选择当事人，在不确定的法院诉讼中控制当事人，强加以昂贵的费用，通过证据开示制度破坏当事人的隐私，运用专家证人和州际管辖冲突理论等种种策略操纵诉讼过程。上述改革旨在解除对律师业务的种种管制或约束,也就是拆除了抑制诉讼的前两道防线,直接促成了以律师为核心的诉讼产业蓬勃发展。"美国诉讼产业的庞大阵容的繁荣就是建立在这些介入权之上"。

"随着诉讼风险的倍增,美国人开始感到(而且通常是相当准确地),如果没有律师的支持,他们不敢贸然进行任何重要的交易。这样就不可避免地使法律职业在商务和医药界、学术界、公共服务业、娱乐、体育——几乎美国人生活的每一种方式——的运作中起着越来越显著的作用"。诉讼产业的繁荣刺激了对律师的更大需求。丰厚的报酬吸引了源源不断的人才加入律师业,律师人数不断增加,而庞大的律师阵容又必然不断地制造出大量的诉讼。于是便有了"诉讼爆炸"。之所以称为"爆炸",不仅是因为诉讼数量多、能量大,已超过了民事诉讼制度的负荷,还因为诉讼及其运作机制已对社会生活产生了如此深刻的影响,以至于好讼竟成为美国社会的文化象征,它包括鼓励诉讼的社会理念,和由于解除了对律师和诉讼本身的制约而激发了诉讼爆炸的诉讼制度乃至整个法律制度。

(四)社会控制

社会控制是维护社会规范、防止越轨行为。在德本主义社会与资本主义社会中,由于在社会规范、升层机制、基层组织、治安体制等各方面的不同,导致了在社会控制方面大有不同。以下分述之。

1. 社会规范与社会控制

德本主义社会以"道德仁义"为核心的价值规范推崇一统多元、各正性命、相互调适、和谐共存,文化冲突相对较少;资本主义社会以"自由权利"为核心的自由主义价值规范推崇多元分异、价值中立、平等竞争、胜王败寇,文化冲突相对较多。德本主义社会的基本行为规范——"礼"——是从正面确立分层与分工的资源分配规则及再分配协调规则,提倡"道德至上"与"责任本位",强调人的一切行为皆要遵循礼数,"非礼勿视,非礼勿听,非礼勿言,非礼勿动",行为越轨相对较少;资本主义社会的基本行为规范——"法"——是从反面设置防止刑案作乱的法规条文和审判执行程序,提倡"法律至上"

与"权利本位",强调一切以法律为准绳,主张只要通过理性算计与功利权衡而不犯法,便可任意而为,所谓"法不禁即可为",行为越轨相对较多。

可以说,资本主义社会的主流价值规范与基本社会规范在一定程度上就是滋生文化冲突与越轨行为的土壤。如果追求个人权利"天经地义",只要不触犯法律便能自由行事,那么置传统习惯于罔闻(与历史文化的冲突)或弃地方风俗于不顾(与地方文化的冲突)地放纵欲望肆意妄为便有了正当借口(或者说价值支撑),将导致如色情、毒品等被称为"无受害人罪"的行为泛滥①,甚至通过寻找法律漏洞而获取不当利益也理所当然。也就是说,凡不在法律保护之列的传统社会规范都有被逾越的可能。事实上,西方主流思想也认为"越轨"有着积极价值,"有助于澄清并定义社会规范"(许多社会规范在被破坏之前模糊不清,群体对越轨的反应进而澄清了规范)、"能增进群体团结"(对违法者的敌意态度促进共同体的所有成员团结起来以对付破坏行为)、"能带来社会系统所需要的变迁"(某些越轨者的行为结果导致其他群体成员意识到了某条规则不好或与其他更重要的规则相冲突,然后,这条规则就被改变了)、"促使人们更愿意遵从"(一旦越轨者得到惩罚,那些没有犯规的人就得到了"报酬":没有受罚而且感到做了"该做的事"。遵从者守规矩的愿望得以强化)。②然而,上述"越轨"的积极价值都是在社会秩序遭到破坏后"发掘"出来的,或者说,是以一定程度的社会失序为代价"获取"的。而且,"长期或广泛的越轨能从几个途径导致社会功能失调",如"弱化人们遵从(社会规范)的动机","使生活不可预知并充满危险"(所有复杂的社会互动都基于这样一个假定,即人们通常会固守自己的角色定位。如果人们……不能遵守人们期望他们遵守的社会规则,社会生活正常进行就会产生问题并处于危险之中)。③

文化冲突与行为越轨成为资本主义社会犯罪的重要原因。美国社会学家索尔斯坦·塞林认为,文化冲突是西方社会变迁过程的必然结果,社会变迁

---

① 〔美〕波普诺:《社会学》(第十版),李强译,中国人民大学出版社1999年版,第224页。
② 同上书,第221页。
③ 同上书,第221—222页。

导致社会分化，社会分化导致社会裂变为许多文化不同的群体，不同群体有不同的价值规范与行为规范，必然导致文化冲突。他认为，西方社会的文化冲突有基本文化冲突（primary cultural conflic）和从属文化化冲突（secondary cultural conflic）。基本文化冲突是两种不同文化间发生的冲突，通常在"不同文化的地区比邻接壤"、"根据一种文化群体的行为准则制定的法律规范被扩展使用于另一种文化区域"、"一种文化群体的成员移民到另一种文化群体，成为其中的成员"时会发生；从属文化冲突则是主流文化与亚文化之间的冲突。上述文化冲突成为犯罪发生的重要原因。[①] 另一位美国社会学家唐纳德·里德·塔夫特认为，美国社会中的高犯罪率，正是由美国社会中独特的文化因素造成的："犯罪是文化的一种产物"，"在美国社会中，存在着一种文化，这种文化具有动态的、复杂的和注重物质利益的特征，它不考虑在竞争过程中失败的贫民区的那些人。这种文化不考虑种族、少数民族和社会经济方面的差别，缺乏首属群体的控制，允许庞大的诈骗犯罪和白领犯罪逍遥法外而不受惩罚，并且受到充满暴力的'边疆传统'（a frontier tradition of violence）和压制人性的清教徒传统的影响。这种文化有一种混乱的道德标准，给那些最具有剥削性和反社会性质的行为。例如，有强大影响的公司的活动，给予了很高的声望。这种社会文化和社会秩序的存在，加上各类'非社会的活动'，例如赌博、怀疑宗教和家庭权威，就必然会导致大量犯罪的发生。'从这种意义上说，我们得到了我们应该得到的犯罪人。'"[②]

2. 升层机制与社会控制

德本主义社会的主导升层机制是科举考试，社会成员的主流追求目标是学养才识；资本主义社会的主导升层机制是市场竞争，社会成员的主流追求目标是金钱财富。追求学养才识需要长年累月刻苦攻读与修养德行，追求金钱财富却可以冒险为之，容易导致社会越轨甚至犯罪。

社会学的失范理论（theory of anomie）指出："获取财富的合法手段在不

---

① 吴宗宪：《西方犯罪学》，法律出版社1999年版，第478—482页。
② 同上书，第508-509页。

同阶层和地位的人中是不同的。那些几乎没有受过教育和经济条件差的人，没有能力用合法手段获得金钱和其他成功的标志。尽管社会认可的成功目标在整个社会中是一致的，但是达到这种成功目标的合法手段却因阶层和地位的不同而有差别。因此，当下层阶级的人们无法用合法手段实现社会承认的成功目标时，就会产生挫折感、愤怒等紧张情绪，这种紧张情绪在那些缺乏合法机会的人中造成一种失范状态，使他们有可能用犯罪的手段去实现成功目标。"① 大量的犯罪确实是用非法手段去实现"成功"的结果。在资本主义社会中，"最严重的犯罪是财产犯罪"，"是穷人对富人的犯罪"；② 在犯罪类型中，财产犯罪占据绝大比例。③

在德本主义社会，主流的追求是学养才识，经济政策也强调"均平"，因此经济发展到能保障基本需求之后，即能大幅降低财产犯罪（《资治通鉴》卷第一百九十二记载：唐太宗"与群臣论止盗。或请重法以禁之，上哂之曰：'民之所以为盗者，由赋繁役重，官吏贪求，饥寒切身，故不暇顾廉耻耳。朕当去奢省费，轻徭薄赋，选用廉吏，使民衣食有馀，则自不为盗，安用重法邪！'自是数年之后，海内升平，路不拾遗，外户不闭，商旅野宿焉"）。

3. 基层组织与社会控制

德本主义社会最主要的基层组织是宗族，其组织功能涵括经济生产（男耕女织）、基层社区（聚族而居）、社会保障（族田义庄）、宗教信仰（祠堂祭祀）、初等教育（私塾族学）、地方治安（什伍保甲）、环境保护（乡土维护）等等。资本主义社会最主要的基层组织是公司，其组织功能是单一的经济生产。德本主义社会的成员大多生活成长于宗族环境之中，以宗族为中心的生活环境，培养了社会成员"一种向心的世界观，这种世界观在人际关系中的基本表现是相互依赖"，④ 成员之间联系紧密；资本主义社会的成员大多成长生活于核心家庭之中，培养了"个人对自我的强烈关心……世界观是离心性的，

---

① 吴宗宪：《西方犯罪学》，法律出版社1999年版，第458—459页。
② 〔美〕波普诺：《社会学》（第十版），李强译，中国人民大学出版社1999年版，第219页。
③ 同上书，第222页。
④ 〔美〕许烺光：《宗族种姓俱乐部》，薛刚译，华夏出版社1990年版，第235页。

因而也是分裂性的和动态性的，这与向心性的，因而也是包容性的和稳态性的中国人世界观适成对照",① 社会成员之间联系削弱。

根据社会学的控制理论（control theory），或联系破裂理论（broken bond theory）、联系削弱理论（failed-to-bond theory），正是社会联系的破裂或削弱，导致了社会控制乏力，造成了许多社会成员的犯罪，特别是青少年犯罪。② 美国社会学家特拉维斯·赫希认为，"个人与社会的联系可以阻止个人违反社会准则的越轨与犯罪行为，当这种联系薄弱时，个人就会无约束地随意进行犯罪行为。因此，犯罪就是个人与社会的联系薄弱或受到削弱的结果"。③ 社会联系的破裂或削弱，也是越轨群体形成的重要原因，因为越轨群体能使"成员从中获得情感的和社会的支持。在群体内，人们相互理解并相互同情。有时，群体也使越轨行为合理化。例如，群体成员可能宣称，正常的世界里充满了伪善的越轨者……这样的解释代替了外部社会对他们刺耳的指责，这部分地为群体成员减轻了内疚和自我悔恨的心理负担……加入越轨群体使他们更有可能持续越轨的生活方式。恪守常规的压力减小了，越轨者的自我形象加强了"。④ 社会联系的破裂或削弱，还是资本主义社会形成种种"少年犯罪文化""下层阶级文化""暴力文化""帮伙文化"等的重要原因。⑤

4. 治安体系与社会控制

德本主义社会的治安借重借助社会组织力量，以基层自治组织为治安主体；而资本主义社会的治安主要依靠政府公共资源，以国家警察机构为治安主体。这在二者治安体系的历史发展路径中得以彰显。

德本主义社会治安体系的发展路径，是国家力量逐渐淡化而社会力量逐

---

① 〔美〕许烺光：《宗族种姓俱乐部》，薛刚译，华夏出版社1990年版，第237页。
② 吴宗宪：《西方犯罪学》，法律出版社1999年版，第512—527页。
③ 同上书，第519页。
④ 〔美〕波普诺：《社会学》（第十版），李强译，中国人民大学出版社，1999，第221页；并参见吴宗宪：《西方犯罪学》，第527—544页。
⑤ 吴宗宪：《西方犯罪学》，法律出版社1999年版，第483-512页。

渐强化，直至政府几乎完全退出基层治安，宗族、乡约等社会组织成为治安主体。

两汉时期，社会的治安体系主要由三类组织构成。一是乡里行政组织。县之下设有乡、里、什、伍组织，构成了基层行政体系。五家为伍，伍长主之；十家为什，什长主之。什十为里，里正主之；十里为乡。乡设有秩（大乡）、乡啬夫，类似今乡长。二是亭长游徼组织，是县政府派至乡里负责基层治安的官吏，如逐捕盗贼。亭有辖区，类似今派出所辖区，谓之"亭部"。三是宗族、父老组织：负责里内日常安全防范，推行教化，解决纠纷。乡里行政组织和亭长游徼组织是国家治安主体，宗族父老组织是社会治安主体，由于里正就是里父老中的一员，而里内实行什伍连坐，所以乡里行政组织又具有一定的自治性。隋唐时期，国家力量逐渐淡出基层社会治安，亭长游徼组织基本被裁撤，乡里行政组织的地位也渐趋衰微（乡制多有省废，里正趋于职役，即没有俸禄，只是免其劳役和赋税），鼓励基层社会自治的伍保制度（或称邻保制度）得以发展，即四家为邻、五邻为保，有伍伯或保长以相禁约，主要职责是维护基层治安，并逐渐承担催收赋役等职责。入宋以后，乡里行政体制被完全取消，以职役取代乡官，以基层社会组织作为治安主体。此时期社会治安体系主要由三类组织构成：一是政府专司治安的部门，如县府的县尉、巡检，其不是治安实体，只是协助县府管理基层治安；二是保甲、火甲等基层治安组织，其以伍保制度为基础，将聚居民户编制成为两级或三级组织，保甲内各户按一定原则抽调保丁承担治安任务。宋明清各朝保甲组织中民户数量以及组织名、头目名等有所变化，基本内容则基本相似。如宋代保甲初建时以十家为保，保设保长，五保为一大保，设大保长，十大保为一都保，设都保正、都副保正；清代顺治时期则是十户立一牌头，十牌立一甲长，十甲长立一保正。起初，保甲只是维护基层治安，后来逐渐增加了督促农桑、催收赋役、调解纠纷、推行文教、赈灾济民等内容，与宗族、乡约等基层组织重叠。三是宋明清时期逐步发展、普及、壮大的宗族、乡约、会社等社会组织，从治安的角度，与保甲、火甲组织基本重叠。①

资本主义社会治安体系的发展路径，则是国家警察力量愈趋强大，直至渗透社会的方方面面。

以英美警察制度的发展为例。英国革命前，维护社会治安的警务人员由社区付酬、自愿参加，并不是政府委派的官员。②18世纪，由于工业革命造成的巨大社会变化，骚乱时有出现，政府一度动用军队镇压。1829年，英国《大都市警察法》颁行和伦敦大都市警察机构建立，标志着职业警察制度确立："大都市市区分成17个区……每个区由一名警司指挥4名警督和16名警长的工作，每个警长指挥9名警官……这种准军事化的组织官僚体制是当今英国与美国大部分警察机构的特点"。③ "1835年《市自治机关法》要求新设立的城镇和街区设立警察机构，1839年《地方警察法》要求其他56个郡设立警察机构。到19世纪中期，英国共设立了180多个独立的地方警察机构。在随后100多年里通过的一系列国会法令，建立了一种'中央政府和地方政府相互合作提供警察服务'的体制"。④ 在美国，"最初建立警察机构的城市，像纽约、波士顿和费城，都借鉴了伦敦大都市警察模式。随后，小城市则是模仿大城市，随着城镇服务的总体扩大和城市间的信息交流，或快或慢地建立了自己的警察。……警务在美国相对较快地推广普及，是政府职能日益扩大的一般发展趋势的结果。……'制服警察的发展可以看作城市行政官僚机构发展的一部分。'……警察是19世纪后半期城市政府逐步提供的很多'理性'服务之一……因此，美国城市警察史……是制度化的公共行政官僚机构的职能和控制发展演变的历史"。⑤ 简言之，英美警察制度的发展历史正是国家合法暴力愈趋强化的历史。"英美警察发展史表明，正式警察职能和组织的形成，是与资本主

---

① 陈涌清：《中国古代基层乡村治安主体的演变》，《中国人民公安大学学报》（社会科学版），2009年01期。

② 〔美〕罗伯特·兰沃西等：《什么是警察——美国的经验》，尤小文译，群众出版社2004年版，第64页。

③ 同上书，第70页。

④ 同上书，第72页。

⑤ 同上书，第82页。

义社会一般职能分工以及非正式社会控制的削弱紧密相连的。例如，无论在伦敦还是在纽约，建立警察机构都是对传统社会控制无法将犯罪和混乱问题控制在可接受限度内的被动反应。警察出现在人际关系微弱而团体问题普遍存在社会、经济、政治矛盾的城市"。①

关于西方社会合法暴力体系的发展，有许多学者指出其与资本主义"现代国家"成长存在必然联系。黑格尔认为警察体制是市民社会体系的必需；② 马克斯·韦伯指出新教伦理、资本主义与治安体制之间的复杂关联；③ 吉登斯强调"与传统国家相比，监控在现代政治秩序中的扩张……迅速改变了国家权威与所辖人口的关系。行政力量日益进入日常生活的细枝末节，日益渗入私密的个人行动和人际关系"。④ 英国社会学家迈克尔·曼研究"现代国家的兴起"时发现："19 世纪最主要的发展是出现了市政的、地区性的和全国性的警察……常规化警察力量的发展，是一次具有深远意义的弥散性社会变革：通过常规化的警察和'内在化的纪律'，市民社会便获得了自身的'和平'。"⑤ 可以说，资本主义社会控制的发展与合法暴力机制的扩张是一体的。⑥

需要指出，资本主义社会警察制度的最新发展——社区警务，与德本主义社会的基层自治并不相同。"社区警务"的主要措施，如主动出击（强调轻微犯罪者将来可能会参与更严重的犯罪活动，通过找到并拘禁轻罪犯，警方可以有效预防更加后续严重犯罪）、出台新政（如枪支管理、青少年犯罪、毒品交易、家庭暴力、生活质量考查、盗窃、警方腐败、交通问题、职业化、公众互动和追逃等）、车辆检查（有权对非可疑车辆进行抽查）、扫除逃学、录像监

---

① 〔美〕罗伯特·兰沃西等：《什么是警察——美国的经验》，尤小文译，群众出版社 2004 年版，第 79 页。
② 〔德〕黑格尔：《法哲学原理》，范扬、张企泰译，商务印书馆 1995 年版，第 237—248 页。
③ 〔匈牙利〕阿尔帕德·绍科尔采：《反思性历史社会学》，凌鹏等译，上海人民出版社 2008 年版，第 178—179 页。
④ 〔英〕安东尼·吉登斯：《民族国家与暴力》，胡宗泽译，生活·读书·新知三联书店 1995 年版，第 359 页。
⑤ 〔英〕迈克尔·曼：《社会权力的来源》（第二卷），郭忠华译，上海世纪出版集团 2005 年版第 439—440 页。
⑥ 朱旭东：《警察制度的确立与现代国家的成长》，载《中国人民公安大学学报》（社会科学版），2009 年第 2 期。

控、信息集中、利用信息技术指导警务等，①皆是警察力量的进一步渗透与加强，而非自治的扩展。社区警务甚至导致了警力的大幅增加，如"从1994年到2001年末，纽约警察局的正式编制增加了约12000人，占总人数的40%"。

即使动用了大量公共资源、科技手段甚至社会力量，高犯罪率依然是资本主义社会的重大社会问题。美国"1987年的司法统计局的报告利用全国犯罪调查数据，估计了一生中成为犯罪受害的可能性。报告得出的结论是，在所有现年15岁的美国人当中，大约有83%可能在将来的某一时间成为暴力犯罪的受害者，而且，事实上所有15岁的人在其一生的未来某一时刻将成为财产犯罪的受害者……犯罪已导致美国人生活质量的下降。……然而，不只是美国拥有很高的犯罪率，在最近十年，每一个现代社会的犯罪率都有明显上升"。②可见，经济的发展并不必然带来社会的安全。相反，许多国家走向"现代"与"富裕"的进程都伴随着犯罪率的剧升："与西方国家19世纪的情形相似……所有正在实现由农业社会向工商社会转变的发展中国家，都面临着犯罪率大幅度上升，并已构成对于'城市秩序和社会发展进程本身的严重威胁'……在犯罪类型上，所有发展中国家都呈现财产犯罪持续上升，暴力犯罪居高不下，各种原本只有发达国家才有的新形态犯罪陆续出现的状况与西方国家19世纪的经历相似，工业化必将导致人情关系淡漠与金钱崇拜盛行，获取和拥有财产成为占有、享受其他一切的前提与基础……在所有犯罪中，发展中国家财产犯罪的比率增长最快……青少年犯罪尤其突出，并且由城市波及农村，影响到社会生活的各个方面。"③犯罪率剧升由此被称为"现代化的副产品"。值得一提的是，原来中华文化圈的国家或地区，如韩国、日本、新加坡以及台湾地区、香港地区，在走向"现代化"的过程中，犯罪率相对都是较低的（因传统价值规范和行为规范"成性存存"）。

---

① 〔美〕詹姆士·阿尔布雷特：《从国际的视角看美国社区警务的革命》，载《公安学刊（浙江警察学院学报）》，2008年第2期。
② 〔美〕波普诺：《社会学》（第十版），李强译，中国人民大学出版社1999年版，第229页。
③ 许章润：《犯罪学》（第三版），法律出版社2007年版，第89—90页。

综上所述，德本主义社会治理体系是以践行儒教的核心价值（道德仁义）为目标，以"德政礼制"的政府信用为保障，以乡土经济与宗族组织的持续发展为内核，以宗族的土地人口担保为主要信用形式，以发展族内就业、家庭赡养老人、设置族产社仓、族人相互救济等为主要社会保障机制，以教化和调解为解决民事纠纷的主要手段，以家法族规和乡约保甲等自治组织为社会治安的主体；资本主义社会治理体系则是以基督宗教的价值观念为基础，以"宪政法制"的政府信用为保障，以经济总量与企业利润的持续扩张为内核，以个人和企业的信用数据管理为主要信用管理形式，以政府强制养老保险和失业保险构建的福利体系为主要社会保障机制，以法律诉讼为解决民事纠纷的主要手段，以国家警察力量为社会治安的主体。简而言之，德本主义社会治理体系主要依靠宗族组织集约自治，政府的主要任务，则是支持、帮助、保障宗族自行组织起来，从而解决多数国民的温饱、就业、教化、养老、治安等问题；资本主义社会治理体系则需要政府在经济发展、信用体系、养老保障、就业促进、民事纠纷、治安管理等多方面深度介入，甚至大包大揽，造成政府的规模庞大，[①] 相对德本主义社会的集约自治而言，可说是耗散管控，其社会治理成本更高，而社会治理效果却难尽人意。

[①] 〔美〕约翰·F. 沃克、哈罗德·G. 瓦特：《美国大政府的兴起》，刘进译，重庆出版社2001年版；以及朱彩云：《破除美国"小政府大社会"迷思》，载《经略》，2013年9月号（总第31期）。

第三节　经济模式

经济是获取、建设、控制一定形式的物质、能量、信息的群体性人类行为。人类在不同的社会演化阶段有着不同的经济模式。在氏族部落社会，是以采集渔猎（前期）和游耕游牧（后期）为主。在城邦封建社会，是以定居农业为主。在走向异域整合社会的演进过程中，由于亚欧大陆东西部环境资源条件的差异，德本主义社会与资本主义社会形成了不同的经济模式，体现在经济伦理、发展路径、技术体系、产业结构、城乡格局、产权制度、消费形态等诸多方面，以下分述之。

一、经济伦理

（一）德本主义社会的经济伦理：道德主义

德本主义社会的核心价值是"道德仁义"。"道"，或曰"天道"，即"天人合一"，是最高价值，用现代语言来说，就是追求永续发展。追求永续发展，要立足于公开公正地获取收益且仗义疏财。孔子曰："志于道，据于德。"（《论语·述而》）"德"即"得"，是涵括物质生产与分配的内心范畴，是既得财富又得人心。"德"是"为政"的根本所在："为政以德，譬如北辰，居其所而众星拱之。"（《论语·为政》）"德惟善政，政在养民。"（《尚书·大禹谟》）施善政、行德政的基本内容包括三方面："利用，厚生，惟和。"（《尚书·大禹谟》）即合理配置利用资源，提高生产生活水平，保障生态环境和谐、社会秩序和谐。在追求合理配置利用资源、提高生产生活水平的同时，要保障生态环境和谐、社会秩序和谐，人类必须从与环境长期互动的历史传统中汲取智慧——"义"（良好的习俗）。因为人的理性是有限的，天人和谐与社会和谐不能凭借人的简单理性去"建构"，而必须依靠人与环境长期互动形成的智慧积淀。也就是说，经济发展必须合乎"义"，才能"惟和"，才能保持天人和谐与社会和谐。

如果放任人类利欲熏心，肆无忌惮追求物质财富，那么，由于资源稀缺，必然导致纷争、怨愤甚至动乱。所以孔子说："放于利而行，多怨。"(《论语·里仁》)孔子时代的社会升层机会增多，竞争过程中出现了"放于利而行"的人，即西方经济学所谓"理性经济人"。这种人在环境相对严酷的中国，不符合良好习俗，不利于永续发展。为了保障永续发展，需要有一批"义之与比"(《论语·里仁》)的"君子"来约束"放于利而行"的"小人"。"君子"不是完全否定物质利益，而是不把财富的积累作为人生的目标，不让自己的行为被物质收益所主导。相反，是要用"道义"主导财富的获取。孔子说："富与贵，是人之所欲也，不以其道得之，不处也。贫与贱，是人之所恶也，不以其道得之，不去也。"(《论语·里仁》)君子应该"见利思义"(《论语·宪问》)、"见得思义"(《论语·季氏》)，应该"义以生利，利以平民"(《左传·成公二年》)。

孔门后学曾子从国家社会治理的角度对"义利之辩"作了详细阐述："生财有大道（普适规律）：生之者（供养人）众，食之者（受养人）寡，为之者（生产者）疾（高效率，生产周期短），用之者（消费者）舒（低节奏，消费周期长），则财恒足矣。仁者以财发身（使自己的身心变得更健康，向着天人合一的方向努力），不仁者以身发财（牺牲自己的身心健康，不顾人与生态的协调，无止境地积累物质财富）。未有上（级）好（读号）仁（真诚待人）而下（级）不好义（好的习俗）者也，未有好义其事（公益事业）不终者也，未有（进入）府库（的）财非其（不应该进入的）财者也。孟献子曰：'(如果）畜马乘（读胜），（那么）不察于（不值得关注）鸡豚；伐冰（冬天把冰藏入窖中供夏天使用）之家不畜（不值得自家圈养）牛羊；百乘之家（拥有百辆兵车的家族）不畜（不会需要提拔）聚敛（财富）之臣（管家）。与其有聚敛（财富）之臣（管家），宁有盗臣（以偷盗的方式来帮助主人的管家）。'此谓（治）国（平天下）不以利（短效的物质指标）为利（长效的群体延续），以义（好的习俗）为利（长效的群体延续）也。长（读掌）国（与）家而务（全力经营）财用者，必自小人矣：彼为善之（想得到多数人的称赞），小人之使为（不成熟的人称赞全力经营财用）；（结果是）国（与）家灾害并至，虽有善者（值得子孙称赞的人），亦无如之何矣。此谓（治）国（平天下）不以利（短效的物质指标）为利（长效的群体延续），以义（好的习俗）为利（长效的群体延续）也。"①

曾子的后学孟子在见梁惠王，王要求"有以利吾国"时特别指出了"义利不辨"的后果："王曰：'何以利吾国？'大夫曰：'何以利吾家？'士庶人曰：'何以利吾身？'上下交征利而国危矣。万乘之国，弑其君者，必千乘之家；千乘之国，弑其君者，必百乘之家。万取千焉，千取百焉，不为不多矣。苟为后义而先利，不夺不餍。"（《孟子·梁惠王上》）也就是说，不受"义"制约的求"利"，必然导致社会争乱、秩序动荡。荀子也指出："义胜利者为治世，利克义者为乱世。"（《荀子·大略篇》）

那么，如何获"利"（发展经济）才合乎"义"？子曰："……敬事而信，节用而爱人，使民以时。""敬事而信"是强调要从保障社会公益事业和信用体系建设的角度优化配置资源，"节用爱人"是强调要节制奢侈消费和发扬仁爱之心（仗义疏财）以促进社会和谐，"使民以时"是强调遵循生态节律发展生产以保护自然资源。"敬事而信"、"节用而爱人"与"使民以时"是发展经济的基本要义。

关于发展生产与节制消费，孟子有进一步阐释。生产要合乎生态规律，"不违农时"（包括"鸡豚狗彘之畜无失其时""百亩之田勿夺其时"），要适度利用资源，"数罟不入洿池"，不搞竭泽而渔；消费要合乎生命规律，"食之以时"，还要进行协调再分配，"用之以礼"，保障社会和谐（《孟子·尽心上》）。"取之以时，用之有节"（《孟子·尽心上·朱熹注》）是生产伦理和消费伦理的基本原则："取之以时"，是天人和谐的保障（生产伦理的基本原则）；"用之有节"，是社会和谐的保障（消费伦理的基本原则）。

荀子对上述"取用之道"有进一步阐释。关于"取"，荀子曰："养长时，则六畜育；杀生时，则草木殖"；"草木荣华滋硕之时，则斧斤不入山林，不夭其生，不绝其长也。鼋鼍鱼鳖鳅鳝孕别之时，罔罟毒药不入泽，不夭其生，不绝其长也。春耕、夏耘、秋收、冬藏，四者不失时，故五谷不绝，而百姓

---

① 张祥平：《经典复杂科学》，中国社会科学出版社2013年版，第427—428页。

有余食也。污池渊沼川泽，谨其时禁，故鱼鳖优多，而百姓有余用也。斩伐养长不失其时，故山林不童，而百姓有余材也。"(《荀子·王制篇》)关于"用"，荀子曰："节用御欲，收敛蓄藏以继之"(《荀子·荣辱篇》)，"富厚优犹知足，而不得以有余过度。"(《荀子·正论篇》)关于"取用"关系，荀子曰："故田野县鄙者，财之本也；垣窌仓廪者，财之末也。百姓时和，事业得叙者，货之源也；等赋府库者，货之流也。故明主必谨养其和，节其流，开其源，而时斟酌焉。潢然使天下必有余，而上不忧不足。"(《荀子·富国篇》)

关于社会分配，孔子指出："有国有家者，不患寡而患不均，不患贫而患不安，盖均无贫，和无寡，安无倾"(《论语·季氏》)，意为：管理一国的人(有国者)不怕公族(国人)的人口少，而怕国人之间的差别太大(不患寡而患不均)；管理一家的人(有家者)不怕家庭成员(家人)贫穷而怕家人不安居乐业(不患贫而患不安)；如果公族内部差别很小，就没有哪个国人感到贫穷(均无贫)，国人之间和睦相处，就不怕国人的数量不多(和无寡)，各家成员(家人)都能安居乐业，社会就不会失去基本秩序(安无倾)。① "均"(调节贫富差距)"和"(促进和睦相处)与"安"(保障安居乐业)是分配伦理的基本原则。

那么，如何实现"均"、"和"与"安"呢？孟子认为，首先要提供基本的财产保障："无恒产而有恒心者，惟士为能。若民，则无恒产，因无恒心。苟无恒心，放辟邪侈无不为已……是故明君制民之产，必使仰足以事父母，俯足以畜妻子，乐岁终身饱，凶年免于死亡"(《孟子·梁惠王上》)。然后，以此为基础，"老者衣帛食肉，黎民不饥不寒"，再"谨庠序之教，申之以孝悌之义"(《同上》)。荀子认为，要"断长续短，损有余，益不足，达爱敬之文，而滋成行义之美者也。"(《荀子·礼论篇》)简言之，即孔子所谓"庶之"(稳

---

① 张祥平：《经典复杂科学》，中国社会科学出版社2013年版，第361页。董仲舒《春秋繁露》载："孔子曰：'不患贫而患不均。'故有所积重，则有所空虚矣。大富则骄，大贫则忧。忧则为盗，骄则为暴，此众人之情也。圣者则于众人之情，见乱之所从生。故其制人道而差上下也，使富者足以示贵而不至于骄，贫者足以养生而不至于忧。以此为度而调均之，是以财不匮而上下相安，故易治也。今世弃其度制，而各从其欲。欲无所穷，而俗得自恣，其势无极。大人病不足于上，而小民羸瘠于下，则富者愈贪利而不肯为义，贫者日犯禁而不可得止，是世之所以难治也。"

定一定数量的人口）、"富之"（取得一定程度的富足）、"教之"（提高礼乐文化品味，改进组织管理水平）。(《论语·子路》)

综上所述，德本主义社会的经济伦理是道德主义的，以人类永续发展为最高目标，强调经济活动应保障社会和谐、天人和谐，以"取之以时"为生产伦理的基本原则，以"用之有节"为消费伦理的基本原则，以"均"（调节贫富差距）、"和"（促进和睦相处）与"安"（保障安居乐业）为分配伦理的基本原则。

（二）资本主义社会的经济伦理：功利主义

基督新教承上（文艺复兴）启下（启蒙运动），开启了欧美社会个人主义、自由主义、理性主义的大门，孕育出"资本主义精神"。现世功利主义、理性利己主义成为资本主义社会的主导价值，也成为其经济伦理的基础。

欧洲近代启蒙思想家大多具有明显的功利主义倾向，如培根、霍布斯、洛克、孟德威尔、爱尔维修、霍尔巴赫等。他们都将感觉经验作为人性的基础，认为趋乐避苦是人的本性，把感觉上的苦乐视为道德的标准。他们把对公共利益的追求建立在人的本性自私的基础上，个人利益与公共利益的结合最终仍然是为了实现个人利益，从个人的需要和欲望出发，把个人利益视为道德原则。西方经济学正是以"个人利益"为基点展开，专业术语名之为"理性经济人"。

"理性经济人"的思想奠基于西方经济学之父亚当·斯密。亚当·斯密吸收了孟德维尔关于"利己"是人的本性和社会发展动力的思想，以人的"利己"本性来解释社会分工与经济发展。他认为："人类几乎随时随地都需要同胞的协助，要想仅仅依赖他人的恩惠，那是一定不行的。他如果能够刺激他们的利己心，使有利于他，并告诉他们，给他做事，对他们自己有利，他要达到目的就容易得多了……我们每天所需要的食物和饮料，不是出自屠户、酿酒师或烙面师的恩惠，而是出于他们自利的打算，我们不说自己有需要，而说对他们有利。"① 但斯密也认为:"我们自己只是一个人,所以,无论什么地方我们自己的幸福与整体的或者整体中某一重大部分的幸福相一致时,应当——甚至由我们自己来做选择的话也是这样——使个人的幸福服从于如此广泛地为人所看重的整体幸福。正是由于我们自己的根本利益被看成是整体利益的一部分,整体的不仅应当作为一个原则,而且应当是我们所追求的唯一目标。"② 那么,"利己心"与"整体利益"怎么协调呢? 斯密认为市场——看不见的手——可以协调二者的矛盾:"虽然他们(富人)只图自己方便,虽然他们(富人)雇用千百人来为自己劳动的唯一目的是满足自己无聊而又贪得无厌的欲望,但是他们还是同社会穷人一样分享他们所作一切改良的成果。一只看不见的手引导他们对生活必需品作出几乎同土地在平均分配给全体居民的情况下所能作出的一样的分配,从而不知不觉地增进了社会利益,并为不断增多的人口提供生活资料。"③ 可见,"归根结底,斯密相信,那个最能贯彻始终的,最普遍适用的,从而也是最可靠的人类行为动机,是人对自我利益的追求"。④

功利主义在斯密之后,由边沁、穆勒等人进行了更充分地阐释。边沁认为,人类受制于痛苦和快乐这两位主人,正是他们向人类指示应该干什么。人们按照增加或减少快乐的原则来"批准"或"拒绝"每一个行动。寻求快乐和幸福的行动就是"应该"的、"正确"的。边沁并没有证明为什么快乐和幸福是"善"和"正确"的基础,因为他相信这个问题无需证明,功利主义原则本身就是用来证明其他事物的,其他所谓"更高"的伦理都可以还原为功利主义原则或从属于这个原则。边沁认为,在私人和公众的生活中,所有最后的分析都与最大限度的幸福和快乐有关,因此功利原则可说成是"最大幸福

---

① 〔英〕亚当·斯密:《国民财富的性质和原因的研究》(下卷),郭大力等译,商务印书馆1983年版,第13—14页。
② 〔英〕亚当·斯密:《道德情操论》,蒋自强等译,商务印书馆1997年版,第361页。
③ 同上,第230页。
④ 汪丁丁:《经济学理性主义的基础》,载《理性的追问:关于经济学理性主义的对话》,广西师范大学出版社2003年版,第32页。

原则"。① 穆勒对边沁的思想加以修正，强调快乐的"质"的差别，认为精神上的快乐比肉体上的快乐更为重要，还为"最大幸福原则"加上了"利他"的要素。但归根结底，"对于本人自己，对于他自己的身和心，个人乃是最高主权者"。② 西方经济学正是以"个人利益"为基础："经济学说史中最重要的哲学体系是功利主义。"③

功利主义的"最大幸福原则"演化为西方经济学"理性经济人"的"极大化原则"（或称"极小化原则"）："这是马歇尔《经济学原理》所做的贡献，也是奥地利学派发起的'边际革命'的结果；它承接着边沁关于'幸福与痛苦'的功利主义道德哲学，同时引进了实证主义的'行为'概念。个体对最大幸福的追求，或等价地追求最小化'痛苦'，导致形式逻辑上的'极大化原则'。这一原则要求'理性选择'将幸福扩大到'边际'平衡的程度：个体为使'幸福'增进一个边际量所必须付出的努力，相等于这一努力所带来的痛苦。"④

"最大幸福原则"（即"理性经济人"的"极大化原则"）催生出对生产效率最大化（效率＝效益或产出／成本或投入，生产效率即所谓"生产率"）的追求，即追求以最小化的成本投入（或"痛苦"）获取最大化的效益产出（或"幸福"）。在西方经济学中，生产率包括劳动生产率、资本生产率、土地生产率等，但资本、土地等生产率，不过是物化的劳动生产率，也就是说，一切生产率都可归结为劳动生产率。劳动生产率，是劳动量与其所生产的物质财富量的比值：劳动生产率＝产品量／劳动时间。由此可知，生产效率最大化的核心，就是追求以最少劳动时间获取最多的产品成果。所以，经济学家认为："一切经济问题的秘密就在于如何以更少的劳动获得更多的产品，或者说，在于如何使同样的劳动时间生产出更多的产品，也就是如何减少每一单位产品

---

① 章士嵘：《西方思想史》，东方出版中心 2002 年版，第 189—192 页。
② 同上书，第 192—195 页。
③ 〔英〕施蒂格勒：《经济学家和说教者》，贝多广等译，上海三联书店 1990 年版，第 26 页。
④ 汪丁丁：《经济学理性主义的基础》，见《理性的追问：关于经济学理性主义的对话》，广西师范大学出版社 2003 年版，第 32 页。

所需要的劳动量。"①

"效率"不仅指生产效率，在西方经济学中还指资源"配置效率"，有时也称帕累托效率，"其出现的条件是：社会无法进一步组织生产或消费，以增进某个人的满足程度，同时却不会减少其他人的福利。或者说，有效率的情况是：无法在不使别人的境遇变得更糟的情况下让某个人变得更好"。②"在经济是完全竞争、生产者和消费者信息充分且没有外部效应的情况下，一般均衡市场体系就能显示出配置的效率。在这样一个体系中，每种商品的价格等于其边际成本，每种要素的价格等于其边际产品的价值。当每个生产者都最大化其利润，每个消费者都最大化其效用时，经济作为一个整体就是有效率的。没有一个人的境遇可以在不使另外一个人的境遇更糟的情况下得到改善"。③ 不可否认，帕累托效率所达到的一般均衡从数学形式上看近乎完美，然而，"生产者和消费者信息充分"、"没有外部效应"等前提条件需要良好的道德约束、有效的法律体系与优裕的环境资源才可能趋近。更重要的是，帕累托效率中，完全排除了社会分配的考虑，正如美国经济学家阿玛蒂亚·森指出："随着一些人的极度贫困和另一些人的极度奢侈，这种社会状态也可以称之为帕累托最优"，"因为帕累托最优所涉及的仅仅是效用范围内的效率，而不重视效用分配方面的考虑。"④ 根据西方经济学边际效用递减规律，给予穷人一美元的效用要远大于给予富人一美元的效用。但根据帕累托效率原则，不应该补助穷人：因为某些人福利增加的同时，减少了其他人的福利，所以不能认为这是社会福利增加，不符合帕累托效率原则。于是，"由于帕累托最优成为判断的惟一准则，追求自利的行为成为经济选择的惟一基础"。⑤ 然而，一味追求自利与资源配置效率的经济活动有悖于人类的基本道德："在某种根

---

① 孙冶方：《社会主义经济的若干理论问题》，人民出版社1984年版，第65页。
② 〔美〕保罗·萨缪尔森等：《经济学》第18版，萧琛等译，人民邮电出版社2008年版，第246页。
③ 同上书，第250页。
④ 〔印度〕阿玛蒂亚·森：《伦理学与经济学》，王宇等译，商务印书馆2000年版，第35、36页。
⑤ 同上书，第37页。

本意义上，社会是或应当是一种互利的安排……一种在任何意义上都是不互利的社会状态可以是帕累托状态。这并不令人惊奇，因为帕累托状态只注意偏爱的满足：它闭目不看那些人们普遍认为是与道德有关的特点，例如偏爱本身的道德性或不道德性，以及产生帕累托状态的那个过程的道德性或不道德性。所以，由于一种社会体系可以满足帕累托最优原则，而在总体上却不公平或不公正……"[①] "效率"与"公平"由是成为资本主义社会分配伦理中永恒的矛盾。

"最大幸福原则"在催生出效率最大化观念的同时，还催生出享乐最大化的消费观念，即追求个人最大化的欲望满足。正如美国保守主义学者丹尼尔·贝尔指出："在资产阶级社会中，对于社会来说，基本的单位是个人……个人的目的是第一位的……采用经济的术语表达，即每个人根据他自己的目的，替自己工作，替自己积蓄财物。但是，犹如地平线总是在延伸一样，个人的需求意识也会漫无止境。在资产阶级社会里，心理的'需求'取代了生理的'需求'，成为寻求满足的基础。这样，资产阶级社会奉行的哲学是一种从享乐的角度算计快乐与痛苦的功利主义，就不是偶然的；或者说，功利主义创始人边沁创造了那个佶屈聱牙的新词 maximumization（最大限度地获得幸福），就不是偶然的。用亚里士多德的话说，'欲求'已经取代了'需求'——所谓欲求在本质上就是漫无限度和无法满足……推动社会经济系统（无论是苏联共产主义形式的抑或是西方资产阶级形式的）向前迈进的力量却是一种基于个人欲望和无穷无尽的享受之上的追求奢侈的观念。"[②] 其实，"消费"扩张乃是资本主义社会发展的必然：资本主义社会以经济增长作为维持社会秩序的必要条件，必然需要通过刺激消费来拉动经济增长。于是，无所节制的消费享乐获得了道德的合法性，甚至被认作是个人进取、生产发展、经济繁荣、社会进步的动力。资本主义社会因此成为"消费社会"："这种大规模的物的消费，

[①] 〔美〕艾伦·布坎南：《伦理学、效率与市场》，廖申白等译，中国社会科学出版社1991年版，第16页。

[②] 〔美〕丹尼尔·贝尔：《资本主义文化矛盾》，严蓓雯译，生活·读书·新知三联书店1989年版，第280页。

不仅改变了人们的日常生活，改变了人们的衣食住行，而且改变了人们的社会关系和生活方式，改变了人们看待世界和自身的态度。换言之，生活在消费社会中的人们和他们的前辈的根本差异，并不在于物质需要及满足这种需要的方式有了改变，而在于今天人们的生活目的、愿望、抱负和梦想发生了改变，他们的世界观和价值观发生了改变，最终是作为人的本体的存在方式发生了变化。"①

综上所述，资本主义社会的经济伦理是功利主义的，以满足人的欲望为最高目标，以"效率最大化"为生产伦理的基本原则，以"享乐最大化"为消费伦理的基本原则，以资源配置的"效率优先"为分配伦理的基本原则（不可否认，西方经济伦理同时也追求"社会公平"或"社会平等"，经济学术语是追求"社会福利"的最大化，然而对于"社会福利"的内涵却莫衷一是。功利主义认为最大化的个人效用加总即是社会福利的最大化，仍然是"效率优先"，而阿罗不可能定理却证明，如果个人偏好不一致，在此基础上所建立的社会偏好不可能和社会所有成员的偏好一致。因此，所谓"社会福利"最大化，也就不可能使社会每一个成员的效用都达到最大化）。

二、发展路径

（一）经济发展的核心指标：生态生产率 vs. 劳动生产率

德本主义经济以永续发展为最高目标，就必然追求人类与自然环境的良性互动，就必然注重群体在特定生态资源条件下的持续生存、繁衍和发展，用数量化的指标表述，就是必然重视提高"生态生产率"。生态生产率 = 实现效益量 / 资源消耗量。其分子"实现效益量" = 有效生产量 - 无效消耗量 - 有害生产量。实现效益量即通常所说的边际效用；有效生产量是在一定时间内生产的有效产品的产值；无效消耗量指一定时间内的积压消耗、大材小用消耗、非灾害淘汰消耗、灾害淘汰消耗等产品的产值；有害生产量指一定时

---

① 〔法〕波德里亚：《消费社会》，刘成富译，南京大学出版社 2001 年版，第 226 页。

间内生产的有害于个人的（即质劣的）、或有害于社会的（即违法的）、或有害于生态的（即违天的）的产品的产值，相关于社会信用和社会秩序。[①] 分母"资源消耗量"指上述有效生产量、无效消耗量、有害生产量等对自然资源产品（生产原料、土地等）的消耗总和。资本主义经济以满足人的感官欲望为最高目标，就必然追求以最少的劳动投入获取最大的物质产出，用数量化的指标表述，也就必然重视提高"劳动生产率"，即一定劳动时间的产出率。劳动生产率＝产出/劳动时间，其中的"产出"仅指上述的"有效生产量"。

比较"生态生产率"与"劳动生产率"，可以发现，前者是一个整合性概念，统筹兼顾了经济生产中的正供给（有效生产量）、负供给（无效消耗量、有害生产量）以及必然导致的对环境资源的消耗和破坏；后者是一个还原性概念，把复杂的经济生产过程分割开来，无视经济生产仰赖的环境资源及相关的负面效应，只关注"有效生产"及相应的劳动时间。前者是追求群体"永续发展"（即天人合一）的量化体现，后者则是追求满足个体"感官欲望"的量化体现。可以说，德本主义经济的发展模式就是以"生态生产率"的提高为核心的，而资本主义经济的发展模式是则是以"劳动生产率"的提高为核心的。

上述指标反映了德本主义经济与资本主义经济发展模式或发展路径的根本差异：提高"生态生产率"必须尽可能地在节约自然资源的前提下发展有效生产，同时还要尽可能地降低无效消耗、禁止有害生产，从而维持群体与生态环境的可持续良性互动；而提高"劳动生产率"则无需顾忌生态环境资源的消耗，反而需要尽可能的开发自然资源，通过提高能耗而降低人的劳动时间与强度同时提高产出。需要指出，前者强调"生态生产率"，并不是完全排斥和否定提高"劳动生产率"，而是强调提高"劳动生产率"必须兼顾维护自然环境与社会秩序，不能牺牲（而应该是促进）生态和谐与社会和谐。

---

① "实现效益量""有效生产量""无效消耗量""有害生产量"等引自张祥平：《从一阶均衡到二阶均衡——经济分析框架的扩展和若干结论》，载《中国社会科学季刊·夏季卷》，1998年5月，第79—95页。

（二）经济发展的历史路径：内源发展 vs. 外源发展

德本主义经济与资本主义经济发展模式或发展路径的差异，可溯源自城邦封建社会向异域整合社会转型时期的经济变迁。

亚欧大陆东部的中国由于资源环境相对严酷且无法殖民扩张，经济发展只能依靠"内部挖潜"。从战国时期开始，由于人地关系的变化，中国出现了"农业革命"，主要包括：（1）"传统农业工具领域发生的革命"，如冶铁技术的进步与铁农具的普及、牛耕和耕犁的发展、旱地耕播农具的系列化、谷物加工工具的创新；（2）"大规模农田灌溉工程的兴建与农区的扩展"；（3）更重要的是，"精耕细作农业技术体系的形成"。"在'尽地力'思想指导下，我国古代土地利用率不断提高，集中表现在以种植制度为中心的农作制度的发展。与欧洲一直到十八世纪末仍维持着定期轮流休闲的三圃制不同，我国从战国时代起已由以休闲制为主转变为以连种制为主。"同时，注重"不违农时"（合乎天）、"利用小气候"（合乎地）；特别是"通过耕作措施创造良好的土壤环境"，发展了深耕、疾耰、熟耰、易耨、熟耘等精耕细作的农业技术。[①]《吕氏春秋·任地》中载："五耕五耨，必审以尽。其深殖之度，阴土必得，大草不生，又无螟蜮。令兹美禾，来兹美麦"，就是强调通过多次翻耕、除草、防虫、不同品种轮作（如禾与麦）等，就能得到好收成。"施肥是给作物生长创造良好土壤环境的另一主要措施，我国农业土地利用率的不断提高，是以恢复和培肥地力技术的进步为前提的。地力的恢复，撂荒制下，完全依靠自然的过程；在休闲制下，已有人干预的措施，如在休闲地上芟除草木，并用水淹或火烧，使之变成肥料。……施肥受到比较普遍的重视，显然是连种制开始代替休闲制的战国时代。当时的人们要求'积力于田畴，必乱粪溉'（《韩非子·解老》），而'多粪肥田'已被认为是'农夫众庶'的日常任务了（《荀子·富国》）"。可见，"自战国时期始，我国便逐渐形成以土壤耕作与土地利用为中心的，兼及其他各项生产技术措施的精耕细作体系"。[②] "精耕细作"要求在一定面积的

---

① 李根蟠：《中国农业史》，台北：文津出版社民国 86 年版，第 78—130 页；及阎万英、尹英华：《中国农业发展史》，天津科技出版社 1992 年版，第 210—212 页。

② 阎万英、尹英华：《中国农业发展史》，天津科技出版社 1992 年版，第 209 页。

土地上投入更多劳动,在西方经济学看来,并不符合劳动生产率的要求。

与集约经营的"精耕细作"相反,亚欧大陆西边的英国,在由城邦封建社会向异域整合社会转型的时期,却发生了粗放经营的"圈地运动"。"圈地运动"源于地理大发现引起的价格革命与市场扩张,所圈之地大部分不是用于农业,而是用于养羊——为以出口为主的羊毛纺织业提供原料。"一般来说,圈地运动的起因主要是经济方面的:羊毛和肉类的市场价格涨了又涨(源于地理大发现掠夺的美洲金银输入欧洲导致价格革命——笔者),雇主支付给农业工人的工资又居高不下,而几个牧羊人加一只牧羊狗就能管养一大群羊,抵得上雇佣百多个农业工人从事耕作,这种经济上的诱惑是无法抵卸的。"① 通过"圈地运动"发展畜牧业与毛纺织业,是英国"劳动生产率"得以提高的起点:一个劳动力在所圈之地养羊的产出,要远大于其同样劳动时间劳动强度用于耕种的产出。究其原因,乃因其时英国优质土地资源丰裕,不但可以满足自身人口的温饱抗灾,还可用于对外输出赚取外快。圈地运动开始二百多年后,直至18世纪中叶以前,英国在保持羊毛制品出口增长的同时,仍然是粮食的净出口国。随着人口增加(英国人口从1540年的280万上升到1650年的520万,此后到1720年人口基本保持稳定)与市场扩大,英国在18世纪中后期由粮食输出国变为输入国,才有"牧地变回耕地","并且利用新的生产技术来提高粮食产量"。② 也就是说,此前英国"农业产量的提高主要靠耕种面积的扩大,而不是亩产量的增长。1650-1750年东英吉利亚地区农业产量的提高完全是由于耕种面积的扩大。在英格兰和威尔士,耕种面积在1695-1750年从5.375百万英亩扩大为5.732百万英亩,到1750年达到9.5-10.5百万英亩。拿破仑战争结束时,耕地面积达到12百万英亩,到1850年总耕地面积为13.5百万英亩。显然,1750年以前耕种面积的扩大对粮食产量的提高起着关键的作用。"③ 18世纪中叶以后人地关系的变化以及市场关系的变化

---

① 钱乘旦、许洁明:《英国通史》,上海社会科学院出版社2002年版,第120页。
② 杨杰:《英国农业革命与农业生产技术的变革》,载《世界历史》,1996年第5期,第10—20页。
③ 〔英〕豪德尼斯:《价格、生产率和产量》,第126-127页。转引自杨杰上文。

（英国农业面临欧洲大陆国家低劳动力成本的竞争）催生了英国的"农业革命"[①]。于是,"新的农业生产技术开始在全国各地普及,诺福克轮作制被广泛采纳"[②]。"新的农业生产技术",如罗宾汉犁、马拉锄、播种机、脱粒机、收割机、切草机、轧碎机等,多是以"节省人力"为核心的;而"诺福克轮作制"（而类似的连作制中国秦汉时期已在全国范围内普及[③]）"普及到全国的速度非常缓慢"。可见,英国"农业革命"的发展方向不是"精耕细作",而是通过"节省人力"来提高"劳动生产率"。

比较上述经济变迁,可以发现,虽然中英在由城邦封建社会向异域整合社会转型时期都发生了农业革命,但二者农业革命发生的"初始条件"不同:前者源于内在的优质土地的匮乏,故一开始就不得不通过工具革新、水利建设等将质量较差的土地扩展为农田;后者源于外在的商品市场的引发,由于土地资源丰裕,故前期无需技术革新、利用天赋资源即可赢得竞争优势,随着人地关系逐渐变化,后期才有"牧地变回耕地"与生产技术革新。前者在工具革新、水利建设与农田扩展之后,走向精耕细作;后者则在圈地养羊、农田扩展之后走向技术革新。

需要追问:为什么中国战国时期"农业革命"的最终走向是费时费力的"精耕细作",而英国圈地运动之后的"农业革命"却最终走向了省时省力的"技术革新"?简言之,是环境资源的不同。但如此简单的回答显然不能揭示其中的复杂关联（五行结构）,有必要再行申述。

16世纪至18世纪,英国由于土地资源的丰裕,通过圈地运动（输入,土）发展畜牧业与毛纺织业等出口生产（土生金）,工场手工业得以蓬勃发展。"16

[①] 〔英〕钱伯斯和明根:《1750—1880年的农业革命》（J. D. Chambers and G. E. Mingay, The Agricultural Revolution, 1750—1880）,伦敦1966年版。转引自杨杰《英国农业革命与农业生产技术的变革》。

[②] 〔英〕布朗和毕切姆:《农耕业:耕种法》,载明根主编:《英格兰和威尔士农业史》（J. Brown and H.A. Beecham, Arable Farming: Farming Practice, in G. E. Mingay ed., *The Agrarian History of England and Wales*）,第6卷,1750—1850年版,剑桥1989年版,第276—296页。转引自杨杰《英国农业革命与农业生产技术的变革》。

[③] 阎万英、尹英华:《中国农业发展史》,天津科技出版社1992年版,第231页。

世纪英国从事毛纺织业生产的人数几乎占全国居民的 50%，17 世纪有至少五分之一的人口靠毛纺织业过活。据当时的记载，几乎没有一个城镇和乡村不把毛纺织业作为主要的家庭副业。"① 通过圈地运动而发展起来的畜牧业与毛纺织业提高了全民"劳动生产率"（金生水）：首先是圈地养羊促进了劳动生产率的提高，继而是劳动分工进一步推动了生产率的提高，二者皆源于土地资源的丰裕。可见，正是由于土地资源丰裕，才有了圈地运动与劳动分工的发展，从而提高了劳动生产率。期间，英国的宗教（火）、政治（木）等诸多方面展开变革，新的社会升层制度（法制钱选）得以建立。18 世纪中后期，英国国内的人地关系相对前期较为紧张，同时海外殖民拓展相对也较为艰难（面对法国的强烈竞争），英国面临国内外双重压力。然而，英国确立的法制钱选制度可以充分调动社会资源（特别是金融资源）支持对外战争，从而最终通过七年战争取得了海外殖民扩张的全面优势。英国的国内外双重压力由此缓解——可以通过对外殖民解决内部人口增长与经济发展的压力。同时，对外殖民扩张也成为促进经济发展与技术创新的重要动力。七年战争后，产业革命随即轰轰烈烈地展开，工业革命与农业革命几乎同期发生（工业革命的技术突破始于七年战争之后，农业革命中新技术的大规模普及亦如此），"革命"的性质也完全相同：通过创新"节省人力"的技术以提高"劳动生产率"，同时也提高"资本生产率"及"土地生产率"。可见，相对宽松、可以扩张的资源环境是英国产业技术创新的源头动力；而相对严酷、无法扩张的资源环境则成为中国经济"精耕细作"技术创新的源头动力。也就是说，中国相对严酷、无法扩张的资源环境，导致经济发展只能通过内部挖潜进行精耕细作，尽力提高"生态生产率"，政治经济发展的最终走向是文化整合（庶之→富之→教之，即德制学选）；英国相对宽松、可以扩张的资源环境，导致经济发展可以通过对外扩张来带动国内技术升级，尽力提高"劳动生产率"，政治经济发展的最终走向是经济整合（庶之→富之→奢之，即法制钱选）。

需要强调的是，以提高"劳动生产率"为核心的经济发展模式需要源源

---

① 高德步、王钰：《世界经济史》，中国人民大学出版社 2001 年版，第 206 页。

不断地从外界输入资源。让我们全程回溯一次以提高"劳动生产率"为核心的经济发展的历史路径：起源于地理大发现引发的商业革命（输入金属货币和廉价奴隶），形成于英国的圈地运动（输入廉价优质土地资源，是"劳动生产率"提高的起点），发展于英国工业革命与农业革命（往殖民地输出人口、同时输入殖民地的廉价原料，也即变相输入廉价土地资源，同时输入以煤炭为主的地下能源），成熟并繁荣于"二战"后以美国为中心的资本主义体系（输入第三世界的廉价原料、劳力，特别是输入以石油为主的地下能源）。上述每一个阶段的经济发展与生产率的提高，必须以新的土地资源（包括各种的地下资源）的输入作为前提条件；反之，如果新的土地资源输入受阻，经济发展则必然受限，于是产生经济危机以至于政治危机，如两次世界大战即源于殖民空间的缺乏、新兴资本主义国家追求"生存空间"，近期的金融危机也与此相关。① 以提高"生态生产率"为核心的经济发展则无需以外界资源的输入作为前提条件，而可以基于本土的资源，构造一个自给自足、永续发展的生态经济体系。

以提高"劳动生产率"为核心的经济发展因依赖外界的资源输入，可称之为"外源发展"；以提高"生态生产率"为核心的经济发展因凭借本土资源自给自足，可称之为"内源发展"。需要说明的是，此处所用"内源发展"的概念，与现代发展理论中的 endogenous development（有译为"内源发展"、"内发发展"或"内生发展"）有诸多相同之处，如："尊重文化的同一性和各国人民享有自己的文化权利"；"人类恢复了自身的中心地位，人类既是发展的动力，又是发展的目的"；"内源的和以人为中心的发展有两个基本要求：在

---

① 形象地说：第一次世界大战之前的局面可以表述为一块四边形土地已被瓜分，新崛起的工业国要参与瓜分；第二次世界大战之前的局面可以表述为因苏联作为工业国而更缺少可被瓜分的土地，德国利用了英法对新兴工业国家苏联的疑忌；金融危机之前的局面可以表述为第二次世界大战之后从横向（美国式大农场及相关服务业）到纵向（金融及相关泡沫）发展的潜力已尽，即以四边形土地为底的立锥体失去均衡，底面积太小，锥体太高，中间的虚拟成分太多；金融危机之后，虚拟成分锐减，只允许较低高度的锥体（美国降而复苏，欧洲可降余地较少，出现主权债务危机，其他地区的本锥不高，但来自欧美的"滴下效应"锐减）。详见张祥平《经典复杂科学》前言第 19 页页下注，中国社会科学出版社 2013 年版。

形式上,发展是从内部产生的;在目的上,发展应该是为人服务的";① 又如:"发展是'整体的'、'综合的'、'内生的'";② 再如:"内发性发展,是指实现实现人类共通目标的一种途径、模式及其形式多样的社会变化过程。所谓共通目标,是指地球上的人群及其集团创造出能满足衣、食、住以及医疗的基本要求,并能发现人的种种可能的发展条件这一目标";"实现目标的途径、社会形态、生活方式,是不同地区的人群及其集团按其固有的自然生态环境和传统文化的要求,参照外来的知识、技术、制度而自律地创造出来的"。③ 可见,"内源发展"与 endogenous development 的理论视角多有相似,endogenous development 的理论可为中国的内源发展历史提供现代解读,同时,中国的内源发展历史更可为 endogenous development 的理论发展提供丰富的经验资源。但必须指出,"内源发展"中以提高"生态生产率"为核心的内涵乃德本主义中国所独具,进一步说,在"庶之"、"富之"之后,通过"教之"强化文化整合(礼乐刑政,德制学选)也为其他社会所无,这是中国"内源发展"模式的核心所在,此须作特别辨析。而本书所用"外源发展"则与 exogenous development(有译为"外源发展""外发发展"或"外生发展")基本没有关联。

需要指出,"外源发展"不仅需要依赖外界的资源输入,同时还需要能够转嫁发展的"社会风险"(或曰"制度成本")。比如,英国通过圈地运动获取廉价土地资源、提高"劳动生产率"的同时,造成了大量农户流离失所,而海外殖民则是其转嫁"社会风险"或"制度成本"的重要手段(当然,"圈地运动"本身也是制度成本的"内部转嫁")。大体来说,资本主义社会先发达国家,如英美,以殖民扩张为主要转嫁方式;资本主义社会后发达国家,如德国日本,以战争侵夺邻国为主要转嫁方式(日本曾侵夺中国台湾、东北、朝鲜,德国曾侵夺波兰、法国)。后发展的国家,由于既无法殖民扩张、也不

---

① 联合国教科文组织编:《内源发展战略》,社会科学文献出版社1988年版,前言第1—2页。
② 〔法〕弗朗索瓦·佩鲁:《新发展现》,张宁、丰子仪译,华夏出版社1987年版,前言第2—3页。
③ 〔日〕三石善吉:《传统中国的内发性发展》,余项科译,中央编译出版社1998年版,第1—2页。

能侵夺他国，往往通过"内向剥夺"的方式转嫁制度成本，如苏联通过"革命"手段剥夺"阶级敌人"（包括旧贵族、其他白俄、托派等）来转嫁成本以进行内部动员和原始积累。二战以后的第三世界国家追求"外源发展"，也要通过"内向剥夺"的方式转嫁制度成本，特别表现为对自身生态环境的"剥夺"。"自欧洲国家通过战争手段成为所谓'自由市场'中的'强者'以来，资本主义主导国家先后三次全球范围地对外转嫁制度成本，人类社会的极化、不均衡机制持续了数百年。""资本主义主导国通过转嫁成本来占有收益的制度变迁虽然短期有效，但制度成本不断在大多数边缘国家和广大贫困群体中沉淀，造成对包括发达国家和强势集团在内的负反馈，最终还是要由全人类以及人类赖以生存的地球来承担。这种势所必然地、内在地具有几乎不可能自觉限制而必然释放贪婪本性的机制，随着人类进入资本主义文明阶段的后期，核心国家／利益集团主导的产业高度化，带动了人类前所未有地向大自然的无度索取，最终只能驱使人类走向自身毁灭。除非人类愿意收敛贪欲，在新的生态文明历史阶段回归人区别于生猛野兽的本质属性。"①

三、技术体系

（一）德本主义社会的技术体系：生态中心

德本主义经济的内源发展模式，以追求永续发展为最高目标，以本土资源的自给自足为基础，通过提高生态生产率（兼顾土地生产率与劳动生产率），从而提高生产和生活水平。在劳动分工与技术发展方面，形成了以集约利用资源为核心特征、同时促进生态资源良性循环的生产技术体系，可称之为"生态中心"的技术体系。

前文已述，在由城邦封建社会向异域整合社会转型的春秋战国时期，中国由于相对严酷、无法扩张的资源环境，已经初步形成了内部挖潜、精耕细

---

① 董筱丹、温铁军：《致贫的制度经济学研究：制度成本与制度收益的不对称性分析》，载《经济理论与经济管理》2011年第1期57页。

作的农业技术体系。入汉以后,内部挖潜、精耕细作的农业技术体系得到进一步发展,具体表现在以下方面。

一、生产工具。旱地耕种、谷物加工等农具"已配套成龙形成系列,完全能满足北方旱地精耕细作技术的各项要求"。[1]

二、水利建设。汉代掀起了"农田水利建设的高潮",农区也随之得以进一步扩展。[2]

三、耕作制度。"到了汉代,黄河流域连种制已经定型。"[3]

四、耕种技术。"耕—耙—耱—压—锄,这是黄河流域旱地耕作体系的主要环节。在《齐民要术》中有系统的总结。有了这一精细而巧妙的耕作体系,黄河流域春旱的威胁在相当大程度上获得了缓解。"[4] 而牛耕技术(特别是耦犁技术)的发展与普及,又大大促进了劳动生产率的提高。[5]

五、土壤保养。"到了汉代,人们已把施肥和改良土壤联系起来(《论衡·率性》)。肥料的来源主要是人们生产和生中的废弃物。肥料古称'粪',粪的本义是'弃除'(《说文》)。后来,人们把包括人畜粪溺在内的弃除物用作肥料,'粪'就逐渐用作肥料的专称了。粪字字义的这种变化,说明古人很早就懂得农业内部的废物利用,变无用之物为有用之物。"[6]

六、耕作方法。通过"综合运用耕作、施肥、灌溉等项技术,汉代还创造了特殊的高产栽培法——代田法和区田法"[7]。

七、栽培技术。对农业生态系统中各种生物相互依存和相互制约关系巧妙地加以利用,可以总体提高农产生物的生产能力,汉代"创造的丰富多彩的轮作倒茬、间套混作方式,就是建立在对作物种间互抑或互利关系的深刻

---

[1] 李根蟠:《中国农业史》,文津出版社民86年版,第82—91页。
[2] 同上书,第102—107页。
[3] 同上书,第115页。
[4] 同上书,第120—121页。
[5] 同上书,第84—86页。
[6] 同上书,第121—122页。
[7] 同上书,第122—123页。

认识之上……人们认识到许多作物连作会导致病虫害的发生和产量下降,因而提倡轮作换茬。《齐民要术》指出,豆科作物是禾谷类作物的良好前茬;该书称'底',这一术语沿用至今,并把若干作物的前茬分为上、中、下三等。人们可以根据天时、土壤和人力、物力等条件灵活选用。……间套混作是充分利用地力和太阳光能的栽培措施,关键在于各种作物的合理搭配,使之互不相妨以至互相促进。《齐民要术》对此已有明确认识……桑与绿豆、小豆、谷子、芜菁间作,葱和胡荽间作,豆谷混播,麻子地套种芜菁等,可以发挥种间互利作用,达到'不失地利,田又调熟'的目的。"①

八、虫害防治。"对自然界各种生物之间相互制约的现象的认识和利用……产生了我国传统农业中颇有特色的生物防治技术。西晋人嵇含所著《南方草木状》等书中记载,我国南方地区有人饲养并出售黄猄蚁,用以防治柑橘树的害虫,被外国学者誉为世界上最早的生物防治事例。"②

另外,还有"丰富多彩的育种及其他生物技术"的发展。③

统而言之,上述农业生产技术的发展是以集约利用资源为核心特征的:无论是生产工具的改良与水利建设的兴起,还是耕种技术的精细与土壤保养的注重,乃至耕作方法的创新、栽培技术的巧妙等,都不是仅为了节省人力与提高劳动生产率,而是通过加大劳动(如耕种技术的精细、土壤保养的注重)、资本(如生产工具的改良、水利建设的兴起)、技术(如牛耕技术的普及、耕作方法的创新、栽培技术的巧妙)等要素的综合投入,并且通过在时间(如连作制度)与空间(如间套混作)方面优化资源配置,以求尽量开发即有土地资源的生产潜力,提高土地生产率,同时也兼及提高劳动生产率。更确切地说,是在土地生产率与劳动生产率之间权衡兼顾)。特别重要的是,上述要素投入的增加与资源配置的优化,是以遵循自然生态系统的运行规律为基础进行的,如土壤保养、轮作倒茬、间套混作、虫害防治等技术,其关键是维持生态系统良性循环,保障经济发展的可持续。上述农业生产技术发展的基

---

① 李根蟠:《中国农业史》,文津出版社民86年版,第127页。
② 同上书,第127页。
③ 同上书,第123—126页。

本原则，被中国传统农学概括为"天、地、人"三才思想："夫稼，为之者人也，生之者地也，养之者天也。"（《吕氏春秋·审时》）"'稼'指农作物，扩大一些，也不妨理解为农业生物，这是农业生产的对象。'天'和'地'，在这里并非有意志的人格神，而是指自然界的气候和土壤、地形等，属农业生产的环境因素。而人则是农业生产的主体。因此，上述引文是对农业生产中农作物（或农业生物）与自然环境和人类劳动之间关系的朴素概括：它把农业生产当作稼、天、地、人诸内素组成的整体。我们知道，农业是自然再生产和经济再生产的统一。作为自然再生产，农业生物离不开它周围的自然环境；作为经济再生产，农业生产又离不开作为农业生产主导者的人。农业是农业生物、自然环境和人构成的相互依存、相互制约的生态系统和经济系统。"[①] 可以说，德本主义社会的生产技术体系是"天人和合"的，或者说，是"生态中心"的：人类的生产活动（稼）与生产技术只能作为生态系统演化中的一个部分、一个环节，技术不能将人类与自然隔离对立，而必须将环境的利益与人类的权利协调，即"参赞天地之化育"。

"参赞天地之化育"的价值观念与现代生态学的研究结论完全一致：包含人类在内的地球生态系统是一个巨大的物质、能量和信息循环运动系统，在这个系统中，植被、大气、水体、土壤和人类活动等要素形成了复杂的稳态结构，表现出非平衡态秩序，具有一定的自我调节和反馈修复的机制，即"环境规律"，从而能够在一定程度上自动维持其稳态。正是由于生态系统的这种自动调节和反馈修复的能力，才不至于使人类活动对生态系统的有限干扰，对整个生态系统造成破坏。但生态系统的这种自动调节和反馈修复能力有一定限度，所以人类的生产活动对环境的影响在规模、强度和速度上都必须"守"在"限"内，而且应该在生产生活中积极主动促进生态系统的良性循环，如此才能保障人与自然生态环境的和谐相处，人类的活动才能"参赞天地之化育"。

中国"生态中心"的生产技术体系在汉代基本成型，在唐宋明清继续发展、完善。其主要发展脉络，是由北方旱地往南方水田的推广、改进和发展。

[①] 李根蟠：《中国农业史》，文津出版社民86年版，第102-107页。

"南方水田精耕细作技术体系与北方旱地精耕细作技术体系在基本原则上是相通的，但在表现形式上却有自身特点。南方精耕水田农业拥有更高的土地利用率，不但创造了多种充分利用水土资源的形式，与'食稻羹鱼'传统一脉相承，重视大田与水体的综合利用，而且多熟种植有更大发展，复种指数更高。与此相适应，育秧移栽较早出现和获得推广，施肥更加受到重视，整地技术、农田排灌、良种培育等等也有不同的要求"。[1] 也就是说，"生态中心"的技术体系的发展注重因地制宜，而不是标准化、一刀切。笼统言之，在唐代，主要表现为北方旱地农业精耕细作技术体系的完善[2]及其向南方的推广；在宋代，主要表现为南方水田农业精耕细作技术体系的形成[3]以及农业结构的历史性变化；[4] 在明清，主要表现为南方水田农业精耕细作技术体系的完善[5]、新的农业作物的引进普及[6]以及垦殖活动的纵深发展。[7]

　　"生态中心"的生产技术体系的发展，成为德本主义社会经济发展的重要推动力。中国汉唐宋明清历代和平时期的经济发展是显著的，除了上述农业经济的发展，工业、商业以及城市都得到了持续发展（详见下节）。其最重要的标志，是人口的增加：从汉唐时期的5000万到宋明时期突破1亿再到清代更是迅速增长到4亿。许多受"西方中心论"影响的学者认为，中国历史上经济的发展主要是由于人口增加而导致的经济总量增加，而不是由于技术创新而导致的劳动生产率提高，因此只有"数量的增长"而无"质量的增长"。前文已指出，理解中国历史上的经济发展，必须理解其核心是提高"生态生产率"而非提高"劳动生产率"，以"劳动生产率"作为标准评价经济发展乃因未脱"西方中心论"的桎梏。同样，理解中国历史上的技术进步，即上述

---

[1] 李根蟠：《中国农业史》，文津出版社民86年版，第219—220页。
[2] 同上书，第226—227页。
[3] 同上书，第219—226页。
[4] 同上书，第238—251页。
[5] 同上书，第309—321页。
[6] 同上书，第291—308页。
[7] 同上书，第266—290页。

"生态中心"的生产技术的创新与发展,也需理解其标准乃是提高"生态生产率"而非提高"劳动生产率"。"技术进步有不同的形式,原因是技术、资源、人口之间的关系相当错综复杂,耕地和其他自然资源的减少,可促使人们寻求更佳方法来利用有限的资源,或者发现可以替代的材料。也有一些技术方法,在人口稀少时不能使用,而人口的增加却使其成为可能。因此,我们不能只以一个简单的标准看待'技术进步'的问题。"① 要理解中国历史上的技术进步,就要以追求永续发展、促进群体与生态环境良性互动为出发点,而不是以满足个人最大欲望、追求以最少的劳动投入获取最大的物质产出为出发点。

"劳动力"在"生态中心"的技术体系中,需要依据当地气候、水土、生物等生态资源的具体情况进行合理配置,不能一味追求节省人力、提高人均产出。比如:为了追求有限土地资源的产出率,需要加大劳动投入,如精细耕种、保养土壤。但这并不意味着不注重提高"劳动生产率",相反,加强资本投入(如改良生产工具、大兴水利建设)和技术投入(如普及牛耕技术、创新耕作方法和栽培技术),很大程度上就是为了提高"劳动生产率"。"虽然亚洲模式一般都使用劳力较多,但这并不意味着劳动生产率的相应减少,在很多情况下反而提高了,因为在'技艺型'技术中,要取得较高的效率往往靠的不是设备,而更依靠劳动的质量。在某些情况下,劳动质量能在增加产值方面起到关键性的作用。为增加农业劳动生产率,农民们还有别的门路,不是单靠增加农作规模或减少劳动人数。不增加劳动人数,而通过更加精耕细作或是改变作物制度,也能使人均产值增长"。②

事实上,中国历史上在人均资源占有量(特别是人均土地占有量)减少的同时,劳动生产率却依然得到了提高。学者对明代后期至清代中期(这是中国历史上人口迅速增长的时期)经济发展的研究表明,农户的劳动生产率提高了15%以上,而提高的主要途径则是通过劳动时间的合理配置(在清代前中期,水稻与春花作物结合的一年二作制是增加耕地亩产量的最佳途径)、

---

① 李伯重:《江南农业的发展:1620—1850》,上海古籍出版社,第182页,2007。
② 同上书,第184页,2007。

土地资源的合理配置（在上述种植制度下，"一夫十亩"为最佳经营规模）、人力资源的合理配置（蚕桑和纺织业给妇女劳动提供了比大田农作更高的收入）。通过优化配置资源，"农户可达其劳动生产率和收入之最佳水平"。"一年二作"、"人耕十亩"、"男耕女织"三者结合在一起，组成了近代以前江南农民家庭经济的最佳模式。[1] 古代中国的经济正是凭借这种"生态中心"技术体系的改进和创新，在和平时期保持了持续增长，直至鸦片战争之前。

上述"生态中心"的技术体系的发展主要在农业领域，这是德本主义经济以农业为主的产业结构所决定的（详见下节）。从汉唐宋明清历代的工业发展史来看，工业技术发展的"主线"体现为工艺水平的提高，而不是"劳动生产率"的提高。工艺水平的提高，又特别表现为更多赋予产品艺术价值、文化价值，如中国传统工业部门中最具代表性的纺织、陶瓷等部门，历代工艺发展愈趋精湛、艺术内涵愈趋丰富。另外，传统工艺发展还有一个重要特色：就是在处理产品的自然禀赋与人工技艺的关系时，力求突出自然禀赋（谓之"天工"），即使上乘工艺水平，也力求"宛若天成"。上述工艺提高的内在动力依然是提高"生态生产率"——在提高了产品边际效用的同时几乎没有增加自然资源的损耗，或者说，通过赋予产品更多的文化价值来平衡经济价值，从而间接提供了"庶之→富之→教之"的功能，强化了经济产品的文化整合效用。如果工艺仅有技术的精湛而不能体现正统的文化价值，则会被视为"奇技淫巧"，为主流社会所鄙夷、排斥。"奇技"一词出于《礼记·王制》，讲司寇之官遇到"假于鬼神、时日、占筮以疑众"等四种案件时，可不经审讯就处死犯人，而"作淫声、异服、奇技、奇器以疑众"，是其中之一；"淫巧"一词出于《礼记·月令》，述及季春和孟冬时节，"工师"率领百工制造器物，此时"监工日号，毋悖于时，毋或作为淫巧，以荡上心。""奇技淫巧"强调的是技术发展不能妨害价值观念的传承和社会秩序的稳定，绝非排斥先进技术。相反，中国历史上工业技术的发展，也非常注重提高"劳动生产率"，这在采矿、冶炼、造纸、印刷等领域的尤其明显，其中最具革命意义的技术创新，莫过于造纸与

---

[1] 李伯重：《江南农业的发展：1620—1850》，上海古籍出版社，第147—171页，2007。

印刷。造纸与印刷技术极大地提高了书写的"劳动生产率",同时也极大地提高了中国的"生态生产率",是人类技术进步史上不可磨灭的丰碑。

(二)资本主义社会的技术体系:效率中心

资本主义经济的外源发展模式,以满足人的欲望为最高目标,以外界资源的持续输入(西方经济学称之为"优化配置资源")为基础,通过提高资本生产率与劳动生产率,从而提高生产生活水平,维持社会升层秩序。在劳动分工与技术发展方面,形成了以节省劳力和提高效率为核心特征、同时消耗大量自然资源的生产技术体系,可称之为"效率中心"的技术体系。

前文已述,在由城邦封建社会向异域整合社会转型的时期,英国由于资源环境相对宽松,利用丰裕的土地资源,推行圈地运动提高了"劳动生产率"。其后,通过对外扩张拉动国内技术创新与产业升级,开启了资本主义社会的"技术革命"与"工业革命"。资本主义社会的"技术革命"与"工业革命"共有三次,形成工业体系发展的三个阶段。蒸汽机为第一次"技术革命"的标志,机器生产替代手工劳动为第一次"工业革命"的特征,生产进入"机械化阶段",纺织、采煤、钢铁、机械、铁路等工业部门迅速发展;内燃机和电动机为第二次"技术革命"的标志,电动机器和电气化大生产为第二次"工业革命"的特征,生产进入"电气化阶段",电力、石油、化工、通讯、汽车、飞机等工业部门迅速发展;计算机为第三次"技术革命"的标志,全自动化机器生产为第三次"工业革命"的特征,生产进入"自动化阶段",计算机、精密仪器、自控机床、航空航天、合成材料等工业部门迅速发展。在"技术革命"与"工业革命"的推动下,工业部门结构愈趋复杂:原有的工业部门规模不断扩大、领域不断延伸、专业不断细分。例如,机器制造业逐渐分化为普通机械制造业、专用设备制造业、交通运输设备制造业、电子及通信设备制造业、电子机械及器材制造业等。上述"技术革命"与"工业革命"造就了现在工业体系的基本格局。

上述工业技术体系发展的过程是劳动分工不断细化的过程,也是劳动生产率不断提高的过程,更是生产耗能量不断提高的过程:"这个过程就是在生产最终产品的方向上不断地增加资本品生产的内容，使最终产品的生产在更细致、更多层次的产业上，依靠更加专业化的设备进行加工，这使得工业分工越来越细，新的工业行业不断产生，工业尤其是制造业越来越发达，由于分工的专业化优势，生产越来越有效率。"① 生产率的提高，主要在于资本品生产替代了人力做工。当然，技术进步、资本投入、管理创新、知识积累等都是生产率提高的因素，但上述因素归根结底，都是要不断增大能源与资源的利用，要不断开发消耗自然资源。

自然资源分为可再生资源和不可再生资源。可再生资源包括生物资源、土地资源、气候资源等，能被人类长期反复利用。利用可再生资源时，不能超过它的再生能力。不可再生资源是不可能再形成，或相对于人类而言实际上不可能再形成的资源。矿藏和矿物燃料都是不可再生资源。近代以前人类利用的能源主要是可再生能源，工业体系消耗的能源则主要是不可再生能源。对不可再生能源大规模开发利用，导致了人类与自然界关系的变化："从再生能源为基础的能源环境转变为非再生能源为基础的能源环境，使人类从一个体现为循环流通的世界进入了一个数量和贮存的世界，世界观也因此经历了同样剧烈的变化。""有了非再生能源，我们可以随意把太阳打开或关掉。只要我们高兴，就可以把太阳升起的时间延长一倍，因为我们与之打交道的是'贮存起来的太阳'——一个我们可以从地底下挖掘出来任意加以处置的太阳。有了非再生能源，人们深信他们不再依赖自然，可以按自己的意图重新组织世界。"② 于是，"无止境的进步这一观念"与"把世界当作一部机器的观念一起站稳了脚跟"，③ 这导致了"人类中心主义"的膨胀，以征服自然为荣、以驯服自然为傲。以征服自然为荣、驯服自然为傲的技术体系是"效率中心"的。这种"效率中心"的劳动分工与技术体系的发展，是西欧资源环境宽裕条件下的历史产物。④

---

① 金碚：《新编工业经济学》，经济管理出版社 2005 年版，第 20 页。
② 〔美〕杰米里·里夫金等：《熵：一种新的世界观》，吕明译，上海译文出版社 1987 年版，第 85—87 页。
③ 同上书，第 86 页。
④ 陈平：《劳动分工的起源和制约》，载《经济学》（季刊）第一卷第二期（2002 年 1（转下页）

"效率中心"的技术体系的发展,是资本主义经济发展的重要动力。每一次"技术革命"与"工业革命",都促进了劳动生产率的迅速提升与国民生产总值的大幅增长,然而,同时也伴随着能源资源消耗的大幅增长。以美国为例:作为当今生产效率最高、经济最发达的国家,也是资源消耗最大的国家。美国人口占世界人口总数6%,美国资源消耗量占世界总消耗量的百分比是:铝42%,铁28%,石油33%,铅25%,煤22%,铜33%,天然气63%……据美国矿物地质工业局的统计,现在出生的每个美国人一生要消耗350千克锡、300千克锌、700多千克铜、1.5吨铅、15吨铁。按照这种估计,地球上不允许四个美国存在。①

　　"效率中心"的技术体系的发展造就了辉煌的物质财富,同时也对人类的生存造成了严重威胁。今日之世界,气候异常、灾害肆虐、森林减少、草原退化、水土流失、沙漠扩大、水源枯竭、土地贫瘠、人口爆炸、环境污染,生态危机愈演愈烈,资源消耗与环境污染常常是相伴而生的,资源消耗得越多,环境污染得也就越厉害。照此趋势演化下去,自然界为我们提供的有用物质将越来越少,我们在自然界中制造出的有害物质却将越来越多。环境保护主义者皮卡德对此批判道:"我们现在所津津乐道的技术,除了广泛地造成自杀性的污染以外就没有什么其他东西了。它是一种灾害,不仅影响到我们所呼吸的空气和我们所饮用的水,而且也影响到我们所种的土地和我们了解很少的外层空间。但这一切,最悲惨的还是隐伏在人们身体中的化学物品对人类所造成的污染。技术在慢慢地毁灭人类,人类在慢慢地吞食自然,自然选择已经成为过去,最后留下的只有技术。"卡逊在《寂静的春天》中,甚至直接把技术说成是人类创造的"魔鬼",把资源消耗、环境污染的账一股脑地算在科技的头上。②

　　工业技术体系的发展对人类的威胁不仅仅是对生态环境的破坏。"技术"是把"双刃剑":它即能提高生产效率,也能提高破坏效率;它既可以用来行善,

---

（接上页）月),第227—248页

① 　林德宏:《科技哲学十五讲》,北京大学出版社2004年版,第295—296页。
② 　转引自林德宏:《科技哲学十五讲》,北京大学出版社2004年版,第300、274页。

也可以用来作恶。如核技术、航天技术、信息技术、基因技术等用于战争，就大大提高了消灭人类的效率。更重要的，先进技术有可能被极少数恶人利用而导致极大破坏。极恶之人应用传统技术的作恶能力相对有限，一般只能损害较少人，而一旦应用先进技术，其破坏能力则难以估量。然而，在资本主义社会，技术发展较少受到道德约束。弗洛姆指出，"现在的技术系统由两个原则所指导，这两个原则规定与控制了这个系统中的每一个人的行动与思想。第一个原则就是，'凡技术上能够做的事都应该做'。如果能够造出原子弹，我们就应该造出原子弹，即使它可能毁灭我们自己。……第二个原则是'最大效率与产出原则'。"[①] 于是乎，自然资源的约束、传统道德的禁忌都不复存在，人类欲望的至上地位成为技术"创新"（亦或是"作孽"）的不竭源泉。

　　从"效率中心"的技术体系的发展历史来看，第一、二次"技术革命"及"工业革命"的内在动力主要源于市场需求（市场消费需求扩张则源于对外殖民扩张，产生于资本主义社会的形成期、发展期，即殖民扩张的黄金时期，详见第六章相关内容），而第三次"技术革命"与"工业革命"的内在动力则更多源于军工需求（产生于资本主义社会发展末期）：其代表性的技术，如计算技术、核能技术、航天技术等，无一不是源于军事推动。进入繁荣期后的网络革命，也是源于美国军方推动建立的 ARPANet。可见，资本主义依靠市场这只"看不见的手"推动技术创新与经济发展，在发展期末期（20世纪30年代）已经动力不足（市场消费需求乏力源于殖民扩张空间的缺乏），凯恩斯主义正因此而大行其道。至成熟期中期（20世纪70年代），通过财政扩张刺激消费需求的效用也不敷使用，于是有了美元与黄金脱钩的货币体系，通过金融市场与货币政策刺激需求，结果金融泡沫急剧膨胀，终将导致世界金融体系的崩溃。[②] 也就是说，从"效率中心"的技术体系的发展历史来看，其内在的发展动力已愈趋匮乏，而对人类环境威胁的压力却愈趋增大；其对人类福利的增加愈趋递减，而对自然资源的耗费却依然与日俱增。

---

① 转引自高亮华：《人文视野中的技术》，中国社会科学出版社1996年版，第112页。
② 〔美〕乔纳森·特尼鲍姆：《世界金融体系崩溃的历史进程》，载《战略与治理》1998年第3期。

四、产业结构

（一）德本主义社会的产业结构：重农抑商

德本主义经济的内源发展模式，在催生了"生态中心"的技术体系的同时，还造就了"重农抑商"的产业结构。"重农"，是以"三农"（农业、农民、农村）为社会经济发展之本，包括重视农业发展、重视农村建设、重视农民地位，力促农民安土重迁、安居乐业。"抑商"并非禁商、废商，而是抑制"商"影响社会的稳定与和谐（特别是防止富者对贫者的盘剥以及"商"对"官"的腐蚀），抑制"商"成为社会升层的主要途径（特别是防止"商"的价值观念成为社会主导价值观念）。在此前提下，由于"商"对于民生的重要作用，自由发展仍得到保护甚至鼓励（详见下文）。

德本主义社会"重农抑商"的产业结构，在从城邦封建社会向异域整合社会转型的时期已基本形成。

春秋时期，"工商皆世袭食于官，盖为贵族御用，非民间之自由营业。……封建贵族渐渐崩溃，而自由经商者乃渐渐兴起"。[①] 随着自由经商者日众、商品交易日繁，商人积累起巨额财富，兼并小农、武断乡曲、富可敌贵、甚至"拟于人君"（《史记·货殖列传》）。商品经济无节制地发展，导致社会贫富差距愈趋扩大，社会矛盾愈趋加剧，国家实力愈趋空虚。当时的为政者已认识到，"凡为国之急者，必先禁末作文巧。末作文巧禁，则民无所游食。民无所游食，则必农。民事农则田垦，田垦则粟多，粟多则国富。国富者兵强，兵强者战胜，战胜者地广。是以先王知众民、强兵、广地、富国之必生于粟也，故禁末作，止奇巧，而利农事。今为末作奇巧者，一日作而五日食。农夫终岁之作，不足以自食也，然则民舍本事而事末作。舍本事而事末作，则田荒而国贫矣。"（《管子·治国》）

上述认识显然与欧洲早期的重商主义思想大不相同：后者强调商业（主

---

① 钱穆：《国史大纲》（修订本），商务印书馆1996年版，第89—90页。

要是外贸)是增加国家财富重要的手段,如托马斯·曼认为,"使英国变富和增加我们财富的手段",既不是生产也不是资本积累,而是获得进出口盈余。① 思想差异源于环境不同:中国相对严酷、无法扩张的资源环境,无法支撑商品经济的过度扩张。因为商品经济的扩张必然导致社会管理成本的增加,若没有外部资源的输入,则必然"入不敷出"。因此,其时的中国,欲"导其民者,先务于农"(《吕氏春秋·上农》),而且,还要"使刻镂、文采毋敢造于乡",要"工事无刻镂,女事无文章"(《管子·立政》)。也就是说,由于环境严酷,必须抑制奢侈倾向的商业发展,否则将导致资源耗费过度、社会秩序动荡、国家实力虚空。(参见第六章第三节·二·(三)·1《德本主义社会——重农抑商》)

古代中国"重农抑商"的产业结构形成后,历经汉唐宋明清各代,基本沿袭下来。"重农抑商"并没有导致商品经济的发展停滞,相反,中国古代经济的商品化、市场化程度却是持续提高的。汉代的商品经济发展,导致富商巨贾辈出,② 社会消费和都市经济繁荣。③ 尽管汉朝力行"重农抑商"的政策,但"终汉之世,商贾势力不是越来越衰弱,而是越来越强大"。④ "隋、唐商业尤盛,而官吏以经商致巨富亦习见。自两宋以下,此风似不扬。官吏兼务货殖至巨富者始少,富商大贾在政治、社会各方面活动势力亦渐绌……惟其利润降低,故商人不能进至于大富,而官僚亦无从自商人处一转手而攫多金。然论社会商业状况,宋以下若转较唐前为活泼(市坊制度,皆至宋而废弛。于是有夜市、有草市。此盖都市人口增加,财富旺盛,交通便利,生产力发达,故商业交易随时随地而扩大。又如唐以前用钱绢,宋、元以下用银钞,皆可见商货交易之后盛于前也)。盖社会商业情况之盛衰,不必与商人所得利润之高低为正比。故宋以下社会一般商业虽转盛,而资本集中之趋势则日减……

---

① 〔美〕斯坦利·L.布鲁等:《经济思想史》(第七版)(中译本),邸晓燕等译,北京大学出版社2008年版,第18页。
② 朱伯康、施政康:《中国经济通史》(上),中国社会科学出版社1995年版,第267—271页。
③ 同上书,第271—274页。
④ 同上书,第275页。

偶有以货殖见称巨富,往往得罪,祸不旋踵……既无特贵,亦无殊富"。[①] 商人所得利润不多,所以不会全民皆商,其他行业也能敬业。利润不多但仍有利润,所以善于经营的商人仍然乐此不疲,造就了宋朝空前繁荣的海上贸易,支配了当时的"世界贸易体系"[②](见第六章第五节·五·(二)·1《贡赐体系下的经贸发展——构建世界贸易体系》)。士农工商各得其所,社会才能稳定和谐,国家才能长治久安。明清时期,中国的人口、生产、消费和贸易等大规模增长,成为当时"世界经济中最大的生产力"。[③] 从西元15世纪直到19世纪初,中国一直是世界经济秩序的中心[④],以白银货币主导了全球经贸体系。(见第六章第六节·五·(二)·1《德本主义经贸体系:白银主导的全球经贸体系发展》)

(二)资本主义社会的产业结构:重商贬农

资本主义经济的外源发展模式,在催生了"效率中心"的技术体系的同时,造就了"重商贬农"的产业结构。"重商",是以商业发展为富国之本,鼓励商人离乡弃土甚至跨越国界攫取资源或美其名曰"优化配置资源",力求市场扩张、经济增长,包括重视贸易拓展、重视产业升级、重视商人权益;而"贬农"则是贬低"农"相对于"商"的价值(详见下文)。

资本主义社会"重商贬农"的产业结构,在从城邦封建社会向异域整合社会转型的时期已基本形成。

西欧从城邦封建社会向异域整合社会转型的时期,贸易的发展、商人的扩张,并没有导致社会动荡和国力空虚,反而成就了社会繁荣和国家兴盛。先是在十字军东征后,意大利的城邦国家,如威尼斯、热那亚、佛罗伦萨等,

---

① 钱穆:《国史大纲》(修订本),商务印书馆1996年版,第408—409页。

② 贾志扬(John Chaffee):《宋代与东亚的多国体系及贸易世界》,载《北京大学学报》2009年第2期。

③ 〔德〕贡德·弗兰克:《白银资本:重视经济全球化中的东方》(第2版),刘北成译,中央编译出版社2008年版,第119页。

④ 同上书,第110页。

垄断东西方贸易与地中海贸易得以崛起；继而是地理大发现后，葡萄牙、西班牙因开辟新商路和掠夺殖民地而暴富；再后来，是荷兰取代葡萄牙掌控东方贸易而成为"海上马车夫"；最后，是英国在七年战争后，赢得殖民地优势与海上贸易霸权而建立"日不落帝国"。可见，近代西方大国的崛起无不源于商业扩张。为什么在由城邦封建社会向异域整合社会转型的时期，商业扩张在中国导致社会动荡、国家衰弱，在西欧却导致社会繁荣、国家兴盛？答案仍然是：环境资源不同。中国资源环境相对严酷，商业的大规模扩张必然导致资源耗费增大（如奢侈消费）、交易成本增加（如商人囤积）以及社会秩序动荡；而西欧的商业扩张凭借对外部资源的掠夺，因而并没有太多耗费本土资源，同时也没有导致国内交易成本的增加以及社会秩序的动荡。相反，由于资源的输入、人口的输出和贸易的盈余，反而促使国民福利总体增加、国内社会更加繁荣。正因此，"重商主义"成为近代西欧各国的主流国策。"重商主义的基本原则……建立在别国付出的基础上。在重商主义者看来，经济活动是采用和平方式进行的战争行为。……为了鼓励出口，政府应当通过实施贸易垄断刺激和保护出口产业和贸易，通过补贴鼓励投资新兴产业。……殖民地被视作产品的重要原料来源地和成品的重要销售市场。重商主义理论的核心是国家的作用问题，它相信国家对经济某些方面的干预有益于国民经济的健康发展。政府实施的确保优先发展出口产品、建设道路运河以及用补贴发展贸易公司等调控措施全都建立在政府介入经济事务的基础之上"。[①]

"重商主义"直接推动了英国的"圈地运动"。"圈地运动"是为了在国际贸易市场中获得"比较优势"，特别是劳动生产率的比较优势。前文已述，英国通过"圈地运动"取得的劳动生产率优势源于土地资源的优势。圈地养羊的劳动生产率之所以高于农业耕作，是因为"几个牧羊人加一只牧羊狗就能管一大群羊，抵得上百个农业工人从事耕作"。[②]之所以"几个牧羊人"的产

[①]〔美〕斯皮瓦格尔：《西方文明简史》（第四版），董仲瑜等译，北京大学出版社2010年版，第381页；另参：〔美〕斯坦利·L.布鲁等：《经济思想史（第七版）》（中译本），邸晓燕译，北京大学出版社2008年版，第11—13页。

[②] 钱乘旦、许洁明：《英国通史》，上海社会科学院出版社2002年版，第120页。

出抵得上"百多个农业工人"的耕作产出，并不是因为技术进步，而是因为"几个牧羊人"占用了可供"百多个农业工人耕作"的土地。然而，在计算"劳动生产率＝产出／劳动时间"的过程中，"几个牧羊人"使用的可供"百多个农业工人耕作"的土地却没有包括进去。"牧羊人"相对于农民的劳动生产率提高了，反过来说，就是农民的劳动生产率相对于"牧羊人"降低了，或者说，是农民的耕作劳动相对于牧人的养羊劳动贬值了。究其原因，则是原来农民的公地与耕地被无偿剥夺或廉价占有。可见，以"圈地运动"为起点的"劳动生产率"提高的过程，同时也是对农民劳动与农业产品价值的贬抑过程，更是对农地价值的贬抑过程。

西欧"重商贬农"的产业结构形成后，历经五百余年，沿袭至今。以英国的"圈地运动"为源头的"工业化"发展过程，全程都伴随着对农民劳动价值与农业产品价值的贬抑、特别是对农业土地价值的贬抑。在资本主义形成期，通过圈地运动、无偿剥夺或廉价占有农民的公地与耕地，才取得产业升级；在资本主义发展期，通过控制殖民地经济、几乎无偿占有美洲大洋洲的土地，才完成工业革命；在资本主义成熟期，凭借垄断技术与资本控制，推行与不发达国家的贸易（从而贬低发展中国家的天然资源与农业产品的价值），才保持产业级差；在资本主义繁荣期，由于技术优势逐渐减小，通过金融操纵（如资本运作、货币战争等）转嫁危机、掠夺资源，才得以进一步发展。在上述过程中，"贬农"的对象、"贬农"的方式不断变化（大体而言，对象由国内到国外，方式从显性到隐性），"贬农"的本质却无变化。正是以"贬农"为基础（同时也是以外界的资源输入为基础），资本主义经济体系才维持了一个不断演进（提高效率）的过程。

需要特别指出，资本主义社会之"贬农"并非指政府贬抑农业的发展，而是指其经济发展模式贬低了农地、农民与农业创造的价值。正因于此，导致了资本主义发达国家虽号称"自由市场"，政府却全都实施大量农业补贴的"怪异"现象。发达国家之所以给予农业大量补贴，是由于无补贴的农业在"自由市场"中价值太低而无法生存。但是农业生产，特别是粮食生产，关乎国家安危，具有特殊的战略意义，所以发达国家不得不倾力保护。

资本主义国家的农业保护政策因资源环境不同而有所不同，大体而言，可分为三类。一是大农场农业，主要是在前殖民地国家，以美加澳为代表，因土地资源丰裕，有条件实现农业规模化和资本化，政府则相应提出公司化、产业化的农业政策，并积极推进农业全球贸易。二是小农场农业，主要是在前宗主国，以西欧国家为代表，因土地资源趋紧，所以只能推进农业资本化与生态化结合，其60%的农场由兼业化的中产阶级市民兼营，导致农业没有市场体制下的竞争力，因此政府设立了多种贸易壁垒。三是小农户农业，主要是东亚国家，以日韩为代表，因人地关系高度紧张，所以唯有国家强力干预或介入，如通过发展覆盖全部农村人口的普惠性合作社，才能维持"三农"的稳定。上述无论哪种农业类型，各国财政都必须给予巨额补贴。原因很简单，在发达国家的产业格局中，没有补贴的农业因其高昂的劳动力成本与机械化生产成本（需大量使用化肥、农机等）而无法与发展中国家的低成本传统农业（发展中国家的土地、劳动力等要素价格被"贬低"）竞争。[1]

以美国为代表的大农场农业国家，因资源环境优裕，把农业（特别是粮食产业）作为政治经济扩张的重要工具。美国作为主要粮食生产国，在全球范围内低价倾销高额补贴后的粮食，使得发展中国家的粮食生产基本无利可图。于是，在所谓市场机制的作用下，推动发展中国家大规模进行土地兼并和种植结构调整，大量种植发达国家需要的单一品种的经济作物，如咖啡、可可、香蕉、香料等（与此同时，通过所谓的农业现代化，使发展中国家的大量农民被"拽出"土地，成为工业化、城市化的边缘人群）。失去了独立的粮食生产体系的发展中国家，不仅在粮食方面要依赖美国，其食物体系同样因美国建立在廉价粮食基础上的工业化食品体系的强大竞争力，逐渐被美国等国家替代。而美国的工业化食品体系也是建立在贬低农业和压榨农民的基础上：1996年美国农业补贴制度替代粮食储备制度后，政府仅仅支付粮食加

---

[1] 温铁军、董筱丹、石嫣:《中国农业发展方向的转变和政策导向：基于国际比较研究的视角》，《中国农业信息》2011年02期。

工商收购价和农民维持农场经营的价格差。对商品化农产品的补贴，农民只能得到很少的比例，控制上游和下游的食物集团则拿走了绝大部分。大量农业补贴直接贬低了农产品价格，食品工业以此为基础得以扩展。通过兼并、接管、联盟等方式，美国建立了由一些食品联合体组成的产业集团，并通过纵向联合，控制了从基因到超市货架的整个食物体系。这一资本主导型食物利益分配模式，通过农产品贸易的自由化和国际化，扩充到全球每个角落。以规模化种植和产业化经营为主的美国农业是基于人少地多和能源便宜的基本国情，绝大多数发展中国家，并没有模仿美国的条件。然而，随着自由市场经济的扩展，美国的粮食体系和政治外交结合，促使世界各国相对独立的食物体系，被美国为首的少数国家整合为一个单一的、以资本控制的食物体系。最终，产业资本和国家政治相结合，合力营造出一个庞大的食物帝国。这一食物帝国，不仅通过市场扩张，还通过政治谈判和文化渗透，诱使甚至迫使各国模仿美国的农业模式与食物体系。实际上，二战以来，食物帝国通过农业补贴、粮食援助、农产品自由贸易等方式持续扩张，已使世界许多国家因农业生产体系和食物产销体系无法独立生存，沦为这一食物帝国的附庸。国家安全和人民健康，都被这一食物帝国支配。食物帝国远离自然的农业生产方式，以及利益至上的食物产销方式，正在将全人类拖入能源不安全、粮食不安全、食品不安全的恶性循环之中。[①]

参阅

美国农业的弊端[②]

上世纪，美国农业逐步演变成"大规模工业化农业"——田地日趋向万

---

① 周立：《极化的发展》第二章《美国的粮食政治与粮食武器——食物商品化、食物政治化以及食物帝国的形成和扩展》，海南出版社，2010；另参见〔印度〕范达娜·席瓦：《失窃的收成》，唐均译，上海人民出版社出版2006年版。
② 编自薛颖：《美式大农业生产，你知道危害有多大吗？》，http://www.globalview.cn/html/global/info_11803.html；建议与第六章第六节·三·（二）·1·1）之《参阅：明清江南的生态农业》比较阅读。

亩以上的大农场集中，耕种高度依赖机械、化肥和农药，生产出来的食物经常运到几千公里外消费。但如今，大规模工业化农业的弊端日渐显现。由于大规模工业化农业片面追求生产效率而轻视生态环境保护，因此在实现大幅度增长的同时，使得环境污染加剧，土壤侵蚀、退化，农产品质量下降，而大量的投入也使农业背上了沉重的包袱。

"食物里程"已成为来西方环保主义者非常爱用的一个新词。它是指食物从生产者手中到最终消费者手中的距离。在大规模工业化农业生产方式的美国，食物的平均里程是1300至2000英里（约合2080公里至3200公里）。这意味着一种食物从地里收获后，经过加工、包装、运输、储存、批发、零售等种种环节，到消费者手中时已经消耗了大量石化能源，并造成大量温室气体排放。

有统计显示，在美国，为了生产含有1卡路里热量的食物，大约平均需要含有10卡路里能量的石化能源。这显然是不可持续的。越来越多的专家主张，应该逐渐以小型而多样化经营的生态农场替代大规模工业化农场。据美国食品与发展政策研究所的农业经济学家彼得·罗塞特等分析从不同国家获得的数据，小型多样化生态农场的单位面积产出是大型工业化农场的2至10倍，且更有利于保护土壤、地下水、生物多样性和周围社区生活——这样更环保更可持续。

为什么小农场的单位面积产出更高，美国却还在采取大规模工业化农业生产方式呢？美国农业专家约翰·艾克德指出："如果每英亩（约合6亩）田地的净收益为50美元，一个拥有5000亩土地的农场主就可以获得25万美元净收益。扩大经营面积可以使大规模工业化农场降低成本，增加收益。"

农业发展的目标应该是为人类生产食物，而不是为少数人增加财富。大规模工业化农业掠夺土壤中的养分，使少数农业资本家越来越富有，土壤却在退化。与大规模机械化作业伴生的是大面积单一种植现象，其导致的诸多问题包括土壤养分不均衡和特定虫害造成严重损失等。为了在劳动力很少的情况下解决机械无法解决的大田除草和虫害等问题，一些原本生产除草剂、杀虫剂的化学公司转而研发抗除草剂、抗杀虫剂的转基因作物……

在美国，懂得使用可持续的方式生产食物的农民越来越少。美国的农民在总人口中所占的比重从上世纪初的近50%下降到目前的1%，而且正在老龄化，很少有年轻人愿意从事农业工作。为了便于种植和获得更大效益，美国的农场面积不断扩大，目前美国农场的平均面积达500英亩（约3000亩），很多农场的种植面积都在万亩以上。

美国生态农业先驱迪安·弗洛伊登博格认为："我们的资源、环境都不支持这种以掠夺为特征的现代大规模工业化农业，人类必须走可持续的生态农业道路。"

小型多样化生态农场已经在美国初现端倪。64岁的兰迪和他三十多岁的女儿艾米两个人，在南加利福尼亚州的安大略市经营着大约60亩地，养了几十只牛、马、猪、羊等牲畜和一百多只鸡、鸭、鹅等家禽，十几亩菜地里种了几十种果蔬，还种了几十棵桃、李、橘子等果树。创办"艾米的农场"与兰迪的经历有很大关系。兰迪的大学专业是牲畜科学，毕业后在家族养牛场工作。1997年，家族养牛场破产，他家一下陷入困境。在朋友帮助下，他贷款租下现在这个农场，开始主要养家畜，8年前开始种菜。种菜以后，农场进入了一种可持续发展的模式。牲畜粪便可以为肥料还田，土壤越来越肥沃，菜长的比普通农场粗大，连田间杂草都特别肥、虫子个儿都比别处大。用田间杂草喂羊，鸡在地里吃虫子，结果羊长得好、鸡下的蛋多。常年吃有机蔬菜，兰迪一家的身体也越来越好，农场里的一切都健康、兴旺。回顾自己几十年的务农经历，兰迪后悔以前曾用不可持续的方式经营养牛场，如在小牛一出生时就把它与母牛分开，给小牛喂奶粉，好把母牛的奶拿去卖。兰迪认为，不可持续的经营方式是养牛场破产的根本原因。现在，他们的农场主要使用人力，以节约能源；采用滴灌系统，以节约水资源；拒用化肥和农药，以避免破坏土壤里的微生物。兰迪家的农场出售新鲜的沙拉，用每天早上刚从地里采摘的有机西红柿、生菜、黄瓜等拌成，味道非常美，因此很受顾客的欢迎。"新鲜的有机蔬菜有自然的甜味，即使不加任何调味料，也非常好吃，"兰迪说，"可怜很多美国人一辈子都不知道食物真正的味道。"

在以大规模工业化农业为主的欧美发达国家，已有越来越多的人认识到，像"艾米的农场"这样的小规模、精耕细作、多样化经营的农场才是未来农业的理想模式。

五、城乡格局

（一）德本主义社会的城乡格局：城乡一体

德本主义经济的内源发展模式，在造就了"重农抑商"的产业结构的同时，也导致了"城乡一体"的发展格局。所谓"城乡一体"，是指工业与农业、城市与乡村、城镇居民与农村村民成为一个整体，城乡在国家政策上是平等的，在产业发展上是互补的，在国民待遇上是一致的，在人员流动上是自由的。城乡的人口和资源相互融合，互为资源，互为市场，互相服务，协调发展。

欲理解德本主义社会"城乡一体"的发展格局，需简单追溯古代中国城市发展的历史。

前文已述，资源环境条件相对严酷、几无可拓殖空间的中国，在从城邦封建社会向异域整合社会的过程中，是通过邦国之间残酷惨烈的内战兼并后，再演进成为以文化覆盖为主的德本主义社会形态。这导致了中国城市的发展过程与欧洲城市的商业化、工业化发展过程大不相同。中国的城市自古以来就以政治军事为主要功能。先秦城市都是诸侯的都城，是地方政治中心。春秋战国残酷的兼并战争中，社会形态逐渐演变，城市的政治性却遗存下来。当年的侯国都城，在秦一统后改为郡县的治所，也就是地方政府的官署所在，是全国性行政系统的网点，或是重兵驻守的战略要地，都负有政治使命。这些城市之间分为各层级，有上下管辖指挥之关系。而各级政治单位及其治所之城市，都由政府命令设置或取消。一个地区达到一定人口时，政府便设县，并指定县治所在地，集若干县，便设府，再向上，便是省级单位，各有治所。秦制万户为县，秦以后历朝也有定制，但人口标准较高。边区地带，情况特殊，为了军事目的，设县的标准要低一些。设有治所的城市数目，秦以后随着版图的扩大和经济的发展逐渐增加。到西汉时，包括县、邑、道、国四类的县级单位共计 1587 个。东汉时因疆域变更，数目减少了四百多个。大体说来，除了边陲地带，中原地区的县治数目，从宋到清稳定在一千五百左右。宋以后，在县治以下，又有许多市与镇的单位出现，基本上也要由政府明令设立或废除，但没有县级治所。总之，中国历史上的城市主要是政治性的。①

当然，多数城市原本具有多元的功能，包括经济功能、文化功能，如物流、仓储、加工、分配等（人类早期的城市是人们的储粮之所，为了保住粮食，防御不储粮的人们夺粮，储粮的人们不但要聚居，还要筑城。也就是说，城市是用工业保卫农业的成果，这些成果反馈于种粮的农民，伴有物流、仓储和分配等功能②）。有些城市在发展一段时期后，其经济功能有可能超越政治功能，如《史记》中列举的商业都会，又如入宋以后，东南沿海兴起的口岸、国内各地兴起的市镇。不过它们只占中国历史上城市数量的较小比例。总的说来，中国的城市史，是以那一千五六百治所所在地的城市为主体。③

随着社会经济的发展，中国城市人口与城市规模持续增长。从汉到宋，"城市人口不但绝对量上升，而且占总人口之比重也缓慢上升。换言之，城市人口比全国总人口增加得快"，同时，"人口有向大城市集中的趋势，大都市的规模迅速膨胀。战国与两汉的最大都市不过 30 余万人，到了北宋就产生了 140 万人的超级都市，南宋的临安竟达 200 万人以上。这种变化……主要取决于经济因素"。④ "工商业的成长是影响城市发展的因素之一，但尚不是基本因素，最基本的因素是农业生产力。历史上的中国没有从外国输入粮食的可能。一切民食全靠本国农业生产来供应。农民的平均生产力决定全国能有多少城市人口或非农业人口。更确切一点说，如果农民平均的粮食产量有 90% 要自我食用，只有 10% 的余粮或剩余生产力，则全国最多只能供养 10% 的非农业人口。从这个角度来看，在没有粮食进口的条件下，工商业能否发达也

---

① 赵冈：《中国城市发展史论集》，新星出版社 2006 年版，第 16—17 页。
② 张祥平：《制度对话》，石油工业出版社 2001 年版，第 268—270 页。
③ 赵冈：《中国城市发展史论集》，新星出版社 2006 年版，第 17—18 页。
④ 赵冈、陈仲毅：《中国经济制度史》，第 229 页，中国经济出版社 1991 年版。

要取决于农业生产力。在没有余粮的情况下，工商业根本无法生存"。① 南宋之前的城市人口比重缓慢上升，反映了"中国的农业劳动生产力在日渐增进，农业部门能提供的余粮占总产量的比例上升。不但如此，城市人口是否集中，大都市能否形成，也是取决于农业生产力。譬如说，农业生产力低，农民只能提供 5% 的余粮的时候，设立一个 20 万人口的城节，就要向周围 400 万农民采集余粮。在这种条件下，如果要设立一个百万人口的大都市，就要从 2000 万农民手中采集余粮，这样就要远至几千里以外去采集余粮，运输成本会高到惊人的程度。一个合理距离的余粮供应范围是决定城市规模的基本条件"。②

宋代以后，表面上，中国"城市总人口增加得很慢"，"城市人口之比重下降"，"城市人口不再向大都市集中，几个大都市的规模都比两宋时期缩小许多"；实质上，则是"城市化的发展方向向农村靠拢，愈来愈接近农村"。③ "城市人口比重下降，自然表示乡村人口比重上升。也就是说，人口增加的压力全部由乡村承担下来，新增的人口几乎全部由农村吸收了。……农户们不但精耕细作，尽量多用劳动力，而且广泛展开农村家庭手工副业之生产。所以从南宋开始，不但农业生产的方向有所改变，非农业生产的组织与形态也有显著变化。手工业生产是愈来愈家庭化，愈来愈农村化。为了配合这种新发展趋势，商业活动也不得不愈来愈向农村靠拢。于是宋代市镇的发展趋势，在明清之际更加速进行，在各省，尤其是江南一带，农业人口密集的地区都出现了大大小小的商业市镇。商人们从农户手中买进各种各样的农村家庭手工副业的产品，然后转运他处"。④ "许多小市镇上的非农业人口，都未被计算在本文城市人口之内，这种非农业人口分散化的程度到了 19 世纪已达高峰。居民不满 2000 的小市镇，据罗兹曼的算法，1820 年左右能有万个；据史坚雅的统计，可能有 3.5 万多个。这种非农业人口分散化的确是中国近两百年来城

---

① 赵冈、陈仲毅：《中国经济制度史》，中国经济出版社 1991 年版，第 229 页。。
② 同上。
③ 同上。
④ 同上书，第 229—230 页。

镇经济的极大特色"。① 这种特色正是德本主义经济内源发展模式的城市特征：源于资源环境的约束，却有效保障了城乡均衡、一体发展。

"在农村和城镇之间、农民和工人之间，并没有明显的界线。较大的村子往往就是较小的城镇，而较大的城镇也往往由一两个村子发展而来并且继续保留着相当明显的农村特点；农村中有相当多的人口主要并不靠农业为生，而许多城镇居民（特别是地主）的主要生活来源却来自农业；相当多的城镇居民在农村经营业务（例如商人、高利贷者），而城镇手工作坊中的工人则有很大一部分生活在附近的农村；农村居民大多'亦农亦工'，除了农业之外也从事农村工业（特别是纺织业），而许多城镇居民也'亦工亦农'，除了从事纺织或其他手工业外，也种桑养蚕，或者耕种一小块土地，为自己家庭生产食物等。此外，在最主要的工业生产（即纺织业）中，城镇工业往往是农村工业的延续，而最重要的城镇商业（粮食、纺织品和肥料的贸易）也以农业为基础。因此，确实很难在农村与城镇、农民与工人之间划出一条明确的界线"。②

宗族作为德本主义社会的主要基层组织，是城乡均衡发展的重要纽带。许多城市居民，如士大夫、工商业者等，依然与乡村的宗族保持紧密联系。士大夫荣休之后大多衣锦还乡，工商业者常有族商族工的现象（整乡整族的为商为工），如明清徽州商人、福建惠安石工等。乡村的宗族是其根基所在：那里是他们心灵得以安顿之处，是他们生命的终极归宿。因此，城乡关系不易分化，城市资源很容易与乡村土地结合，在一定意义上，城市发展反受乡村势力的影响与制约。如此，城乡关系不是二元分立的，而是一体的，均衡的。"与工业化以前的欧洲相比，中国的城乡是相互开放的，彼此之间没有明显的空间利用方式相互隔绝开来。中国人的生活，在心理、社会和物质方面都有一种城乡延续性。中国的城市明显地把乡间生活和农业活动包含于其中，而很大一部分城市经济活动（例如商业、金融和制造业）分布于城郊。城市的特色延伸并且影响到了城外，而农村的特色在城里也受到欢迎。因此中国

---

① 赵冈、陈仲毅：《中国经济制度史》，中国经济出版社 1991 年版，第 229 页、第 230 页。
② 李伯重：《理论、研究、发展趋势：中国经济史研究新探》，清华大学出版社 2002 年版，第 237 页。

的社会是一个开放的社会。在这样一个开放的社会中的城乡、工农关系，当然很不同于处于相互封闭状态中的欧洲城乡、工农关系。如果以欧洲的标准来研究中国，必然会在确定'谁是农民'和'谁是工人'以及'谁是城市居民'和'谁是农村居民'的问题上遇到很大困难。……西方的历史学家在研究亚洲历史时，往往对诸如'农民'这类概念感到棘手，正是因为西方的有关概念很难准确地符合这里的实情"。[1]

（二）资本主义社会的城乡格局：城乡分立

资本主义经济的外源发展模式，在造就了"重商贬农"的产业结构的同时，也导致了"城乡分立"的发展格局。所谓"城乡分立"，就是马克思和恩格斯在《德意志意识形态》一书中所说的"某一民族内部的分工引起工商业劳动和农业劳动的分离，从而也引起城乡的分离和城乡利益的对立"。[2] 城乡分立，一方面破坏了自然生态，因为它导致人类消费的源于土地的资源不能再重新回到土地；一方面还破坏了社会和谐，因为它导致城市贬抑乡村，乡村沦为附庸，城乡利益对立。

欲理解资本主义社会"城乡分立"的发展格局，需简单追溯欧美城市发展的历史。

前文已述，资源环境条件相对宽裕的西欧，在从城邦封建社会向异域整合社会的过程中，通过向外拓展，得以避免残酷的内战兼并。先是十字军东征，继而是地理大发现，凭借持续对外扩张殖民而完成内部整合，演进为以经济覆盖为主的资本主义社会形态。在对外扩张和商业发展的过程中，欧洲的城市数量、城市规模和城市人口得以持续增长。

11世纪后，十字军东征打开了地中海商道，商业开始复兴，最早的城市在地中海沿岸出现。"海上贸易逐渐发展，范围自然越来越广泛，自12世纪初起，扩展到法兰西和西班牙沿岸。古罗马的马赛港自墨洛温时代陷入长期冬眠状

---

[1] 转引自李伯重：《理论、研究、发展趋势：中国经济史研究新探》，清华大学出版社2002年版，第238页。

[2] 《马克思恩格斯选集》第一卷，人民出版社1995年版，第68页。

态,这时恢复了生气。在加泰罗尼亚,巴塞罗那也从地中海的开放中得到好处。意大利在经济复兴的初期保持领先地位。地中海的商业活动东面通过威尼斯,西面通过热那亚、比萨汇流到伦巴第,所以伦巴第异乎寻常地发展起来。在那个令人神往的平原上,城市像庄稼一样成长"。① 在北方,"斯堪的纳维亚的航海活动激起佛兰德尔海岸的经济觉醒……商业越来越发展,就越来越集中到布鲁日……商业和工业结合起来使得佛兰德尔地区自10世纪起经济越来越活跃。在11世纪时,佛兰德尔取得了惊人的进步……除了布鲁日以外,又出现了另外的商埠:根特、伊普雷、里尔、杜埃、阿腊斯、图尔……在商业的影响下,古代的罗马城镇恢复生气,居民增加;在城堡脚下,在海边、河岸、流的汇合处以及天然道路的交叉点形成了商人聚居地"。②

15世纪后,地理大发现开辟了世界新航路,以西欧为中心的全球性商业网络逐渐形成,引发了欧洲的"商业革命"。在地中海沿岸、波罗的海沿岸、多瑙河与莱茵河沿岸、特别是从直布罗陀海峡延伸到英吉利海峡的大西洋沿岸地区,一批新兴商业城市纷纷崛起。

18世纪后,工业革命引起生产方式的变革,小规模的分散劳动为社会化大规模的集中劳动所替代,城市成为机器大工业生产的中心。"大工业企业需要许多人在一个建筑物里面共同劳动;这些工人必须住在近处,甚至在不大的工厂近旁,他们也会形成一个完整的村镇。他们都有一定的需要,为了满足这些需要,还须有其他的人,于是手工业者、裁缝、鞋匠、面包师、泥瓦匠、木匠都搬到这里来了。这种村镇里的居民,特别是年轻的一代,逐渐习惯于工厂工作,逐渐熟悉这种工作;当第一个工厂很自然地已经不能保证一切希望工作的人都有工作的时候,工资就下降,结果就是新厂主搬到这个地方来。于是村镇就变成小城市,而小城市又变成大城市。城市愈大,搬到里面来就愈有利,因为这里有铁路,有运河,有公路;可以挑选的熟练工人愈来愈多;由于建筑业中和机器制造业中的竞争,在这种一切都方便的地方开办新的企

---

① 〔比〕亨利·皮雷纳:《中世纪的城市》,陈国樑译,商务印书馆1985年版,第57—58页。
② 同上书,第60—65页。

业，比起不仅建筑材料和机器要预先从其他地方运来，而且建筑工人和工厂工人也要预先从其他地方运来的比较遥远的地方，花费比较少的钱就行了；这里有顾客云集的市场和交易所，这里跟原料市场和成品销售市场有直接的联系。这就决定了大工厂城市惊人迅速地成长"。① 随着工业革命从大不列颠扩散到欧洲大陆和北美，欧美城市化的浪潮随之而至。

然而，工业化和城市化的进程却导致了农业与农村的衰落。在工业革命后的英国，"削弱了的英国农民，不久便感觉到很难在相等的条件下和外国粮食竞争，因为国外生产者，享有较优的便利，以生产农业品。同时，农产品在世界市场上的数量，有迅速的增加，五谷价格，到处低落，英国农民的地位，遂一落千丈，不可救药"。② "英国的国产，不仅为外货所补充，而且有一部分被它代替了。价格减低，上文已经讲过，连带将地租也减低了（即农业土地被贬值）"。③ "从（19世纪）70年代起，尤以近代为最甚，由乡村迁出的人口，一方面超过了耕地荒废的比例，另一方面与机械代替人力的比例数也不相称"。④ "经济的主导地位从农村移向城市，城市文明成为农村人口向往和追求的目标，农村变成了城市粮食、资源和工业原料的单纯供应者，并依附于城市的发展。城市物质设施不断改善，使农村相形见绌，差距越来越大。农村与城市的这种不平等关系愈演愈烈，最终如《共产党宣言》中所指出的那样，'使乡村屈服于城市的统治'，并导致城乡之间尖锐的对立"。⑤

工业化和城市化在导致农业与农村衰落的同时，还导致人类生存环境的急剧恶化。工业城市以前所未有的规模生产着废气、废渣、废水、粉尘和噪声，再加上人口密集增大了对于生活用品的摄取和代谢，城市环境在光照、温度、水源、空气、地表、噪声、生物群落及地貌等各生态要素方面都产生了不利于人类生存的变化。

---

① 《马克思恩格斯全集》，中文1版，第2卷，人民出版社1965年版，第300—301页。
② 董之学：《世界农业史》，上海昆仑书店1930年版，第59—60页。
③ 同上书，第61页。
④ 同上书，第62—63页。
⑤ 谢文蕙、邓卫编：《城市经济学》，清华大学出版社1996年版，第18页。

通过产业升级与产业转移，资本主义发达国家逐步将污染型产业转移到发展中国家，城市生态环境得以逐渐恢复；同时，通过产业升级赚取的利润，大量补贴本国农业与农民，城乡差距得以缩小，城乡对立得以弥合。而承接发达国家污染产业的发展中国家，在实现工业化、城市化的过程中，不仅承接了环境污染，还伴随着城乡差距的拉大与城乡对立的形成。无论先行独立的拉美国家（如墨西哥、巴西），还是后起的亚洲国家（如印度、泰国等），皆是如此。① 发展中国家在推进工业化、城市化的过程中，出现大量的农民弃耕撂荒（因为农业是负效益），然后流入城市，但因环境资源与经济条件限制，无法为转移进城的人口提供社会保障，由此在城市周边形成大面积贫民窟，导致社会矛盾尖锐，治安恶化，动荡不安。②

后发展国家注定无法成功复制资本主义发达国家的工业化、城市化的发展模式！因为，发达国家的工业化、城市化进程是以其300多年的殖民扩张过程为基础的："一方面，通过向殖民地转移出过剩的人口，化解了老欧洲人口与资源的紧张关系，为资本原始积累提供了宽松的资源环境；另一方面，通过占有殖民地的丰富资源，西方国家从殖民地大量向本土回流资本收益，使之迅速完成资本原始积累。"③ "300年的殖民化，欧洲本土总共移出1/4人口，号称'日不落帝国'的大英帝国占的殖民地面积最大，移出人口也最多，大约有1/3，其中最贫穷也最善战的苏格兰人口转移出去1/2。其结果是欧洲人占领了其他的4个大洲，人口和资源的紧张关系由此彻底改善，资源环境空前宽松。"④ 也就是说，欧美国家城市发展的进程，实质上"是以殖民化为实现手段的资本形成、资本扩张的过程。"⑤ 先是以海外贸易为基础的商业城市的发展，继而是以殖民扩张为基础的工业城市的发展。资本扩张得到的利润反哺国内的

---

① 俞金尧：《20世纪发展中国家城市化历史反思——以拉丁美洲和印度为中心的分析》，载《世界历史》，2011年第3期。

② 温铁军：《解构现代化》，载《管理世界》，2005年第1期。

③ 同上。

④ 同上。

⑤ 同上。

农业与农村，才弥合了它们城乡的差距与对立。后起的发展中国家，不可能再有欧美国家当年的殖民空间转嫁城市化的制度成本，也不可能像欧美国家那样可以通过产业升级与产业转移转嫁工业化的生态危机。所以，"发展中国家城市化的历程大多是'空间平移贫困'，将国家分散的贫困农民集中到城市贫民窟"。① "墨西哥城有数以百万的人生活在贫民窟，巴西的大城市也有大面积的贫民窟……黄赌毒在贫民窟里面泛滥成灾，黑社会控制极为严重……印度北方的地区贫困问题相当严重。那是看了觉得惨不忍睹的贫困，相当多的农民无地，茅草房比比皆是，农民家徒四壁，贫困农民反抗的激烈程度也是不可想象的。据印度情报部门的判断：从尼泊尔到不丹，到印度西北，再到斯里兰卡，已经形成了一个游击走廊，农民武装控制了相当大的农村地区。类似例子不胜枚举。无论到泰国、菲律宾，还是墨西哥、巴西，只要到发展中国家去看，所到之处几乎都有相对来说比中国更高的收入水平，更高的城市化率，更好的资源条件……而社会的三大差别：收入差别、城乡差别、区域差别……却并没从根本上得到改观"。② "东方国家中，只有早期完成工业化资本积累的日本和纳入美国战略投资范围的韩国（以及我国台湾地区），符合工业化与城市化同步发展的规律，其他发展中国家的城市化几乎都出现了'拉美化'问题。而中国这样的战后才启动工业化的发展中国家，一开始上马的主要是为军事服务的重工业，这种重工业内在的'资本增密，排斥劳动'的机制，就造成了城市化滞后于工业化的结果，形成了对立分割的'城乡二元结构'……仍然是制约我国改革与发展的基本体制矛盾"。③（详见第九章第四节）

六、产权制度

制度经济学认为，产权制度是影响人类经济行为的基础性制度，在一定

---

① 温铁军：《解构现代化》，载《管理世界》，2005 年第 1 期。

② 同上。

③ 温铁军：《我们到底要什么？》，华夏出版社 2004 年版，第 81 页。

程度上决定了经济组织的运行方式和经济资源的配置效率。然而，在经济学中，"产权是一个非常不确定的范畴，这种不确定性来源于现实生活中产权的存在及其运动的复杂性，由于这种复杂性使得人们在认识和考察产权时得以从不同的历史前提出发，从不同的经济生活方面，以不同的研究目的和方法，去概括和解释产权。而每一种解释由于现实生活的复杂性，又总是似乎能找到一系列现实历史的支持，进而使得产权范畴缺乏统一的说明。这种不确定性不仅导致产权研究上的深刻分歧，而且表明产权问题无论是在经济学研究还是在法学研究上的不成熟性"。① 因此，下面比较德本主义社会与资本主义社会的产权制度，将先界定产权概念的内涵与外延；然后，梳理产权形态的历史演化；最后，比较分析中西产权制度的差异，并探究其内在机理。

（一）产权概念的内涵外延

"在西方经济学者中，从亚当·斯密开始直到19世纪末，对于财产权问题，表现出三个基本倾向：一是将财产权的核心归结为对资产的所有权，产权即为所有权；二是将这种所有权进一步理解为'天赋人权'，即平等地获得排他性的财产权利是永恒的自然，因而法权式的私有权而不是特权式的私有权应成为社会的制度基础；三是财产权作为制度前提被作为假定存在条件排除在正统的微观经济学和标准的福利经济学分析之外，正统理论承认私有产权的重要但并不认为经济学应当分析它。……20世纪初，一批制度经济学家尤其是20世纪30年代的罗纳德·科斯的产权理论提出之后，逐渐引起人们对产权问题的重新关注，特别是到20世纪70年代之后，这种关注越来越普遍，对产权的定义也就越来越多样化。"②

如配杰威齐认为，产权即财产所有权，并进而把所有权解释为包括广泛的因财产而发生的人们之间社会关系的权利束，包括四方面的权利：一是使用属于自身资产的权利和在一定条件下使用他人资产的权利，统称使用权；

---

① 刘伟、李凤圣：《产权通论》，北京出版社1998年版，第3页。

② 同上书，第9页。

二是从资产中获得收益的权利,包括从自己所有的资产上取得收益和租用他人资产并从中获得收益的权利,统称收益权;三是变化资产的形式和本质的权利,即处置权;四是全部让渡或部分让渡资产的权利,即交易权。①

又如 P. 阿贝尔认为,产权是一个比所有权具有比所有权更宽泛内容的范畴,包括:"所有权,即排除他人对所有物的控制权;使用权,即区别于管理和收益权的对所有物的享用和收益权;管理权,即决定怎样和由谁来使用所有权的权利;分享残余收益或承担负债的权利,即来自于对所有物的使用或管理所产生的收益和成本分享和分摊的权利;对资本的权利,即对所有物的转让使用、改造和毁坏的权利;安全的权利,即免于被剥夺的权利;转让权,即所有物赠予他人或下一代的权利;重新获得的权利,即重新获得业已失去的资产的可能和制度保障;其他权利,包括不对其他权利和义务的履行加以约束的权利、禁止有害于使用权的权利。"②

又如 P. 施瓦茨认为,产权不仅包括人对物的权利,而是一个更广泛的人的各类权利的综合:"产权不仅是指人们对有形物的所有权,同时还包括人们有权决定行使市场投票方式的权利、行使特许权、履行契约的权利以及专利和著作权。"可以说,权利便是财产。巴塞尔也认为:"在产权与人权之间作出区分是荒诞的。人权只不过是人们产权权利的一部分。"这种观点在当代相当一些有影响的西方经济学者和法经济学者的著述中或多或少地有所表现,如公共选择学派的代表布坎南(Golne M. Buchanan)著述中对此便有鲜明体现。③

再如阿尔奇安认为,产权不仅是一种权利,同时也是一系列旨在保障人们对资产的排他性权威的规则,进而是维持资产有效运行的社会制度。阿尔奇安特别分析了作为形成人们对资产权威方式的产权,考察了这种产权发生的两条基本途径,即一方面产权是在国家强制实施下,保障人们对资产拥有权威的制度形式;另一方面,产权是通过市场竞争形成的人们对资产能够拥

---

① 刘伟、李凤圣:《产权通论》,北京出版社1998年版,第9—10页。

② 同上书,第10—11页。

③ 同上书,第12页。

有权威的社会强制机制。由此来定义产权，可以将产权理解为由政府强制和市场强制所形成的两方面相互统一的权利。"这种把产权解释为市场竞争机制，以产权分析来理解市场竞争，把市场竞争视作产权的本质要求和基本属性的观点，弥补了其他学者分析中只把产权理解为国家权力确定和实施的法权的不足，使政府强制和市场竞争并行不悖地成为产权界定的理论核心。也就是说，这里不仅把产权视为国家强制的法权，而且视为市场经济运行本身固有的权利"。①

上述学者由于各自研究的角度与目的不同，所以各自赋予产权的内涵有所不同。应用构造整合法，通过"论求群言之比"，有助于定位上述学者的合理论述，并揭示产权这一复杂现象的内在五行结构，如图7-1（借用P.阿贝尔的定义作为参照，其他学者的定义亦可类此兼容）：

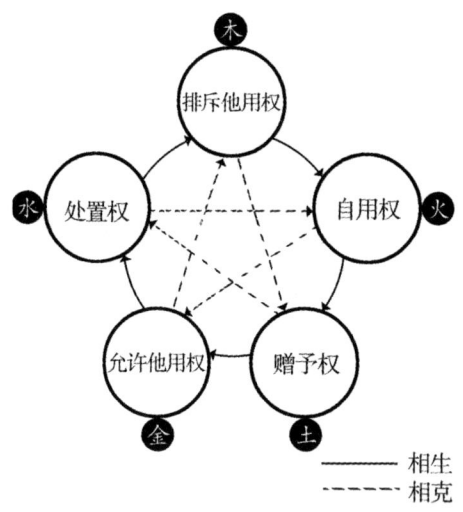

图7-1 产权的内在结构（五行）图

注：处置权（水）：主要指"对所有物的……改造和毁坏的权利"，以及闲置的权力。

排斥他用权（木）：包括"排除他人对所有物的控制权"、"安全的权利，

---

① 刘伟、李凤圣：《产权通论》，北京出版社1998年版，第13—14页。

即免于被剥夺的权利"、"不对其他权利和义务的履行加以约束的权利、禁止有害于使用权的权利"等。

自用权（火）：主要指"区别于管理和收益权的对所有物的享用和收益权"。

赠予权（土）：主要指"所有物赠予他人或下一代的权利"。

允许他用权（金）：包括"管理权，即决定怎样和由谁来使用所有权的权利"，"对资本的权利，即对所有物的转让使用……权利"，"分享残余收益或承担负债的权利，即来自于对所有物的使用或管理所产生的收益和成本分享和分摊的权利"。

并可将"产权"定义为：产权是习俗或礼法认可的对一定形式的物质、能量或信息的控制权，包括处置权（闲置或毁灭权）、允许他用权、赠予权、自用权、排斥他用权。

当然，要全面理解产权的复杂关联，还需要从社会整体到局部的层层相关中把握 [见第二章第四节·三·（五）《五行结构表——从整体到局部的生克制约》]，兹不具论。

（二）产权形态的历史演化

探究产权形态的历史演化，核心是探究土地产权形态的历史演化。因为土地是人类赖以生存的物质基础，是最重要的生产资料和生活资料，也是人类最重要的财产。土地法往往是财产法的基础。古往今来，土地一直是人类社会的经济发展中的根本性问题。社会的治乱兴衰和人民的福祉安康，皆与土地息息相关。所以下面探讨的产权形态，多指涉土地产权。

在氏族部落社会，无私有土地，也无所谓"土地产权"。"部落有其明确的地域，而且其边界也得到了相邻部落的承认，在部落内部，存有划分和进一步划分。最小单位是少数家庭构成地方团体（即氏族——笔者）——在一个部落中，最大的团体有四十个人——此类团体在一定的土地内漫游。团体的地域和部落一样，整体上也是明确界定的。在该地域内，不存在个人财产权。该地域对团体所有成员都是开放的，但团体以外的其他人若未经许可则不得在该地域打猎；其边界习惯上也是受到尊重的。再者，所有权是与该地域的中心部分联系在一起的，该中心沉淀着居住在黄金时代——很久以前——的先祖的灵魂。他们灵魂在该团体现世的成员身上再生。……在该阶段，政治控制——如果我们可以使用该术语的话——和财产权利，尚未有区分"。①可以说，氏族对土地拥有的权利更似"主权"而非"产权"："主权"内涵"超越的合法性"（即上述"先祖的灵魂"）与"历史的合法性"（即上述"其边界习惯上也是受到尊重的"），此非"产权"所能涵摄。

进入城邦封建社会，"主权"的行使者（国王、天子等）通过授民授土而"封立亲戚为诸侯之君"，"诸侯之君"对于下辖的土地便拥有了一定意义的"产权"，即对于下辖的土地拥有处置、允许他用、慷慨赠予、自己使用、排斥他用等权力。然而，封建社会的土地产权与现代意义的"产权"是有区别的：在封建社会，"一个人不能拥有土地本身，而只能拥有土地的财产权。在法律上，所有的土地都直接或间接地属于国王（或天子——笔者）。这个概念来源于……封建制度。……封建概念的主要特征是它承认双重所有权，封建领主的高一级所有权，与土地占有者低一级的财产权或地产权共存……封建不只是一种政治体系，也是一种土地持有制度。领主和封臣的关系有一种不可分割的所有权关系。封臣持有领主的土地，因此他有服役的义务；领主则对土地有重要的权力。土地的完整所有权在封臣与领主间撕裂开来……形成了这样一种体系：顶端是作为所有人的领主的国王，国王以下是他的直接封臣或总佃户，他们又是佃户的领主，后者可能是另一些佃户的领主等，一直到最低一级的土地持有者"。② 封建社会领主土地的产权只是"保有权"而非"所有权"："所有权是一个统一的法制社会的概念。在这个社会中，人们对土地或其他形式财产的权利都取决于国家，而不依赖于其他任何权威。这些权利受规范各种交易并解决法律地位平等的当事人之间争议的一般规则的调整。而保有权则是一个社会范围较小的概念。在这里，各种权利均取决于对其领地具有完

---

① 〔英〕霍布豪斯：《财产权的历史演化：观念的和事实的》，翟小波译，原载 Property: Its Duties and Rights, The Macmillan Company 1922, pp1—33。

② 沈汉：《英国土地制度史》，学林出版社 2005 年版，第 1—2 页。

控制权的领主。佃户受领主支配……他不能通过自己的交易把他享有的任何权利授予他人，他只能将其权利交给可能接纳别人的领主。原则上必须由领主来决定谁是土地的保有人"。[1]进一步说，封建社会的"土地最终只是从上帝（或天子——引者）那里得来的一种托管财产，不能私自加以利用或粗暴地加以使用。在西欧封建主义（其他封建社会亦是如此——引者）的框架下，地主和附庸的关系是一种契约关系……取得土地保有权是有条件的，取得封地的人要承担一定的封建义务，如向领主行臣从宣誓礼和表示忠诚，缴纳特享税、继业税，承认领主的监护权，无继承人的地产将被充公没收。"[2]也就是说，封建社会的"产权"与"政权"密切关联："产权"的最高授予者乃是"主权"的最高行使者；同时，"产权"的主要保有者同时也是"政权"的主要掌管者——贵族。封建社会的土地产权以贵族为主要保有人，在一定程度上赋予了土地产权"超越的合法性"（源于天子或上帝的授予）与"历史的合法性"（源于历史或血缘的传承）。

由上可见，土地"族有"是氏族部落社会（氏族所有）与城邦封建社会（贵族所有）的共性。土地"族有"的权力束中，经济覆盖权与文化政治覆盖权是整合一体、密不可分的：这是在历史发展中，人群与环境良性互动形成的制度积淀。

进入异域整合社会，亚欧大陆东部与西部分别形成了德本主义社会与资本主义社会。二者虽然皆从封建社会千年文明的土壤中滋生演化而来，但因资源环境不同，产权形态的演化大不相同：前者"产权"的主要拥有者仍是"族"——不是"贵族"，而是"礼下庶人"之后的"宗族"，也就是说，产权仍以"族有"为主（另外还有"国有产权"）；后者"产权"的主要拥有者却逐步与"族"分离，分解到"个人"（或核心家庭），最终导致以"私有产权"为主（另外也有"国有产权"）。二者产权形态的演化与社会基层主体组织的演化基本是一体的：前者产权形态的演化与宗族组织的演化成一体，后者产

---

[1] 沈汉：《英国土地制度史》，学林出版社2005年版，第1—2页。

[2] 同上。

权形态的演化与公司组织的演化成一体。前文曾述，宗族与公司的发展经历了相似的演化环节。在形成期，二者的发展都具有鲜明的特权垄断性质（前者为世族门第，后者为特权公司，见第六章第三节之四《社会组织演化》），因此，此阶段二者产权形态也具有相当程度的特权色彩。在发展期，二者产权的特权色彩逐渐淡化（前者因为推行科举选士与重订礼制等政策使庶族士族渐趋混同，后者因为市场发展与修订法制而使股份公司大行其道，见第六章第四节之四《社会组织演化》），具体说，前者产权的主要拥有者由少数特权"世族"转向更多的"庶族"与"士族"，后者产权的主要拥有者由少数特权贵族转向更多的独立个体。在成熟期，二者的治理结构与治理方式渐趋成熟（前者确立了房长会—族事会—宗子—族长—房长的治理层级结构，后者确立了股东会—董事会—董事长—总经理－经理的治理层级结构，见第六章第五节之四《社会组织演化》），开放社会渐趋形成，产权也具有了更好的流动性与开放性。到繁荣期，二者之组织发展更普遍化（前者是宗祠创建的普遍化，后者是公司创建的普遍化，见第六章第六节之四《社会组织演化》），"产权"的流动性与开放性也更为充分。概括言之，前者产权形态的演化主线是产权持有者由少数特权贵族逐步转向多数平民宗族，此过程也正是德本主义开放社会逐步形成的过程，也是宗族组织逐步发展壮大的过程；后者产权形态的演化主线是产权持有者由少数特权贵族逐步转向相互独立的个人（或核心家庭），此过程则正是资本主义开放社会逐步形成的过程，也是公司组织逐步发展壮大的过程（公司是由相互独立的股东用"钱"联系组成）。

（三）产权制度的比较分析：族有产权 vs. 私有产权

德本主义社会的族有产权包括两种形式：一种是属于全族成员的公共资产——"族产"，主要用于族人的宗祖祭祀、养老保险、扶贫济困、基础教育等宗族的公共事业。族产在宗族成员总财产中的比例因为时期不同、地区不同、宗族不同有所不同。一般来说，在宗族组织较发达的地区、内部治理较完善的宗族，族产的比例较高。① 另一种是属于宗族下面的家庭所拥有的"家产"。家庭有大有小，有几代同堂不分家产的大家庭，也有兄弟成年后即分拆家产的小家庭，总体来说，家庭规模大于现在的"核心家庭"。在分家析产之前，家产为家族成员的共有财产，所有家人都享有家产的收益权，在分家或继承时同一世代的男子拥有均分财产的权利，但家产的管理权与处分权统摄于家长（主要是直系尊亲家长）。在宗族内部，家庭对"家产"具有充分的财产权利，包括处置权、允许他用权、赠予权、自用权、排斥他用权；然而，一旦有家庭要将"家产"（主要是土地房产）转卖或转让到宗族之外，则必须经由相关族人同意。也就是说，"家产"是一种具有双重权利结构的族有产权。需要指出，族有产权不是单纯的经济覆盖权，而是与宗族内部的文化政治覆盖权整合一体、密不可分，即族有产权与族谱制度、祭祖制度、祠堂制度、族学制度、族规制度、乡约制度等是整合一体、密不可分的（见本书第六章第五节之四《社会组织演化》）。

资本主义社会的私有产权也有两种形式：一种是属于个人或家庭的"原始产权"，一种是属于企业的"法人产权"。"原始产权"大体可分为两种：一种是英国、澳大利亚等国家实行的夫妻分别财产制，夫妻双方不仅婚前各自的财产归各自所有，而且在婚姻关系存续期间各自所得的财产也归各自所有，这是将"私有"进行到底的产权制度；一种是欧洲大陆多数国家实行的夫妻共有财产制，有些国家所指的共有财产范围只包括夫妻婚姻关系存续期间所得财产，有些国家所指的共有财产不仅包括夫妻婚姻关系存续期间所得财产，还包括婚前所有财产。美国是两种产权形式并存、以夫妻分别财产制为主的国家：有 41 个州、哥伦比亚特区和维尔京群岛实行夫妻分别财产制，另外 9

---

① 有学者统计，在 20 世纪初、中叶，中国北方地区的族产不超过全部耕地的 1%，为纯粹私有化地区；长江流域如湖南、湖北，族产占全部耕地的 15% 左右；在广东、浙江、江苏这些传统宗族组织保持较好的省份，其全部耕地的 30%–80% 为公田。数据参秦晖：《公社之谜——农业集体化的再认识》，载秦晖：《传统十论——本土社会的制度、文化及其变革》，复旦大学出版社 2003 年版，第 312—313 页。另见郑振满：《明清福建家族组织与社会变迁》，湖南教育出版社 1992 年版。

个州、波多黎各和关岛实行夫妻共有财产制。还有一些国家实行夫妻约定财产制，夫妻可任意约定（如日本、韩国等）或在几种模式中选择约定（德国、瑞士等）婚姻财产关系，主要也是夫妻分别财产制与夫妻共有财产制两种形式。无论是夫妻分别财产制还是夫妻共有财产制，产权的买卖转让完全由个人或夫妻二人决定，法律保护其不受任何其他关系的干涉。企业的"法人产权"则是一种受"原始产权"的所有者委托而派生的对他人资产的支配权，最典型的形式如股份有限公司："原始产权"转化为股权由股东持有，股东会选出的董事会掌握整个公司财产的支配权，经营管理的执行权则由经理掌握。"原始产权"的所有者不能支配公司，但可以在市场中任意转让自己的股份，因此"法人产权"归根结底还是"私有产权"。无论"原始产权"，还是"法人产权"，都是单纯的经济覆盖权，在法律形式上与文化政治覆盖权完全分离。（需要指出，在资本主义社会早期，产权与选举权、被选举权等政治权利并未完全脱离）。

　　私有产权与族有产权在产权的主体、性质、收益、时效等方面有所不同。在产权的主体方面，私有产权的主体是平面化、原子化的个体，族有产权的主体则是立体化、结构化的群体——宗族。宗族"群体"不仅包括现在的族人，还包括"先人"（祖祖辈辈）和"后人"（子子孙孙）。需要指出，作为族有产权主体的"群体"，并没有消灭宗族成员"个体"的产权，宗族成员依然可以享有排他性的自用权，只是在处置权、转让权等方面受到宗族组织的一定规制。在产权的性质方面，私有产权是分解后的单纯的经济权利，指向的是"个人权益"；族有产权是融合经济、文化和政治权利于一体的综合性、完整性的权利，一方面体现为宗族组织对财产（特别是土地）的控制和支配权，另一方面也表现为宗族组织对族人的分层与分工、分配与保障、凝聚与协调等方面的权力，主要指向宗族成员的"公共利益"，容融且超越了宗族成员的"个人权益"。在产权的收益方面，私有产权注重个体的短期经济收益，族有产权注重族群的长期综合收益。"长期"不仅指现世，而是"永续"，"族群的长期综合收益"实质是族群的永续发展。在产权的时效方面，私有产权仅存续于"个体"生命的存续期间，族有产权则存续于"族群"生命的存续期间，可以说，前者只是一生一世，后者则是生生世世，永无穷期。

私有产权与族有产权最根本的不同，则是观念基础之不同。私有产权的观念基础是"自由"。西方启蒙思想家构建的"自然权利"体系，宣称人人生来都是自由平等的，都有天赋的不可转让和不可剥夺的权利，包括生命权、自由权、财产权，其核心就是私有财产权。美国的《独立宣言》和法国的《人权宣言》以宪法的形式践行了启蒙思想家的私有产权思想。"绝对的财产权"概念成为西方民法的基础内容，奠定了国家处理私人权利的基本原则："政府只有在从为公共利益角度来看是合理的时候，才能对个人活动进行约束"；"对个人的决策自由所进行的任何限制，都必须由那些拥有财产的人所组成的全体大会来决定"；"每个人都应当采取某种办法，来保证法律对财产规定对他适用时是公正的、不偏不倚的"；"法律给人照管自己和随心所欲地使用其财产的完全自由"。[①]而族有产权的观念基础是"群体延续"，或说是"天人合一"、"永续发展"。族有产权制度，是要促进宗族组织遵循"天道""天理""天则"（即生态法则）来"理财正辞，禁民为非"（《周易·系辞》），从而实现子孙绵延、族群永续的理想，强调财产的配置和利用要遵循"德"（天地之大德曰"生"）和"义"（理财正辞，禁民为非，曰"义"）的原则，以此为前提合理改善物质生活，增进社会稳定和谐，即"正德、利用、厚生、唯和"，绝不可一味追求经济利益，放纵欲望、贪图享乐。惟有如此，方能保障族人在一方乡土的永续发展。

上述私有产权与族有产权的制度形态与价值观念基础之不同，导致了二者在激励、约束以及资源配置等方面的功能表现不同。私有产权的确立，可以有效激励所有者积极追求个人经济利益，并有效约束经济侵权行为，降低市场交易成本，提高资源配置效率，促进劳动生产率的提升。族有产权的确立，则可以有效激励所有者积极追求族群永续发展，并有效促进社会协调行为，降低社会管理成本，优化资源集约利用，促进生态生产率的提升。

综上所述，私有产权制度是影响资本主义社会经济行为和社会治理的基础性制度，源出于资源环境相对优裕（可以扩张）的亚欧大陆西部，能够有效促进劳动生产率的提升和推动经济的外源发展，但同时也是一种较多耗费

---

① 〔英〕彼德·斯坦等：《西方社会的法律价值》，王献平译，中国人民公安大学出版社1990年版，第147页。

环境资源、付出较多社会管理成本的制度安排。族有产权制度是影响德本主义社会经济行为和社会治理的基础性制度，源出于资源环境相对严酷（无可扩张）亚欧大陆东部，能够有效促进生态生产率的提升和推动经济的内源发展，是一种较少耗费生态环境资源、较多节省社会管理成本的制度安排。

七、消费形态

前文述及，德本主义社会消费伦理的基本原则是"用之有节"，资本主义社会消费伦理的基本原则则是"效用最大化"或"享乐最大化"。二者经济伦理和经济模式的不同，导致了二者消费形态的不同。以下分消费政策与消费结构两方面述之。

（一）消费政策：适度消费 vs. 无度消费
1. 德本主义社会的消费政策：适度消费

德本主义社会消费政策的基本精神是"适度"，或曰，"制节谨度"。"节与度即是一水准，制与谨则是慎防其超水准。中国人传统意见，总是不让经济脱离了人生必需而放任其无限发展。此项发展，至少将成为对人生一种无意义之累赘。"因为"人生的欲望，本可无限地扩张提高，但欲望无限提高，并非人生理想所在。若使物质经济常追随于人生欲望之后，而亦求其无限提高，此将使人生永成一无限。无限向前，却是无限的不满足，与无限的无休止。此将是人生之苦痛与祸害，决非人生之幸福与理想。故领导人向前者，应属之于道德与礼义，不应属之于欲望与经济。人之种种欲望与物质经济，须受人生理想与道德之领导"。由是，"一部中国经济史，时常能警惕着到此止步，勒马回头，这是一大特点"。[①]

"制节谨度"的落实，主要体现在以下几方面。

首先，是最高领导者的身体力行。因为，最高领导者"其身正，不令而行；

---

① 钱穆：《中国历史研究法》，生活·读书·新知三联书店2005年版，第51、54页。

其身不正，虽令不从"。(《论语·子路》)中国历史上的许多君王为了限制奢侈行为，常常力求率先垂范。如光武帝建立东汉后，经过励精图治，呈现出繁荣景象。各地争相进贡奇珍异味、名贵礼品，如日行千里的名马、价值百金的宝剑。光武帝意识到上有所好下必有所效，如果大臣与富人们纷纷效仿，社会风气必然崇尚奢侈，皆以宝剑名马山珍海味为时尚，由是必将世风日下，国家不能长治久安。于是光武帝下诏曰："郡国献异味，其令太官勿复受！"光武帝自己也克勤克俭，于是进贡渐绝。光武帝统治时期，百姓休养生息，安居乐业，社会经济全面恢复发展，史称"光武中兴"。又如清朝道光皇帝推崇节俭，常穿打补丁的衣服，大臣们甚至不敢当他的面穿新衣服。或说道光帝此举有作秀之嫌，但作为一国之君，执意倡导俭朴，上行下效的影响却无可辩驳。

其次，是制定"礼法"约束消费，特别是约束社会中高阶层的消费。中国汉唐宋明清历朝，对不同社会阶层的生活消费方面皆有一定规制，涵盖服饰、住所、车马、丧葬等诸多方面。以住所方面为例。《唐会要·舆服志》载："三品以上堂舍不得过五间九架，厅厦两头，门屋不得过五间五架。五品以上堂舍不得过五间七架，厅厦两头，门屋不得过三间两架。勋官各依本品，六品七品以下堂舍，不得过三间五架，门屋不得过一间两架。""又庶人所造堂舍，不得过三间四架，门屋一间两架。"《宋史·舆服志》载："庶人舍屋许五架，门一间两厦而已。"《明史·舆服志》载："洪武二十六年定制公候前厅七间两厦，九架，中堂七间九架，后堂七间七架，门三间 五架。家庙三间五架。廊庑庖库，从屋不得过五间七架。一品二品厅堂五间九架，门三间五架。 三品至五品厅堂五间七架，门三间五架。 六品至九品厅堂三间七架，门一间三架。洪武三十五年申明禁制，一品至三品厅堂各七间。庶民庐舍洪武二十六年定制不过三间五架。 三十年复申禁饰不许造九五间数，房屋虽至十二十所，随其物力，但不许过三间。正统十二年令稍变通之，庶民房屋架多而间少者，不再禁限。"上述消费限制的规定渗透到技术性细节，诸如建筑用材、屋顶墙面色彩、门窗络纹花样、雕刻题材、装饰图案、彩画式样，等等。如果僭奢越礼，则刑罚处置。另外，还有对商人消费的限制。如汉初限制商人衣丝车辇，直到明初，还规定农家许着绸纱、商贾之家只许穿绢布等。

第三,是政府控制某些重要商品的生产和流通,实行禁榷专卖制度。禁榷专卖肇始于春秋时管仲的"官山海"政策——盐铁专卖。商鞅抑商政策的"一山泽"即沿袭自管仲的盐铁专卖。汉代桑弘羊提出的"笼盐铁",是对管仲、商鞅之法的继承。汉以后,铁以征税为常,盐坚持实行专卖。唐后期,茶、酒先后列入专卖范围。宋代除盐、茶、酒、醋为专卖商品外,对香药、犀象等进口奢侈品也实行专卖。明清时期,酒开放私营,茶的专卖也渐趋松弛(仅严于边境易马之茶),铁于在明初已准许民间开矿冶炼出售,盐则一直实行专卖。专卖制度使得商品流通环节的部分利润分流到国库,在抑制商业膨胀和奢侈消费的同时,也利于国家的收入财政和社会再分配。

第四,是政府调节物价,实行平准制度。"此制度在中国历史上不断变通运用。即如粮价一项,遇丰年时,政府以高价收购过剩粮食,以免谷贱伤农。待到荒年季节,政府便以低价大量抛售积谷,寓有赈济贫农之意。此项制度,随后由社会上用自治方式推行,即所谓社仓制度"。① 平准制度和社仓制度,为预防灾荒提供了社会保障,也避免了商人囤积居奇谋取暴利。

上述消费政策,前两条是对人的约束,主旨是黜奢崇俭,力求"俭不伤礼,用不伤义";后两条是对物的调控,旨在优化资源配置,解决"不患寡而患不均,不患贫而患不安"的问题。其总体效果是,抑制了奢侈消费,节约了自然资源,调节了贫富差距,有效地维护了天人和谐与人际和谐,保障了中国汉唐宋明清历朝长时期的稳定和发展。

2. 资本主义社会的消费政策:无度消费

资本主义社会的经济政策旨在保障"经济增长",经济增长是维持社会升层秩序的基础,因而其消费政策的基本精神是"无度消费"。所谓"无度",即是不断刺激消费,无视生态资源限度。之所以不断刺激消费,是为了维系资本主义社会秩序。西方经济学家认为,刺激消费需求的合理性是为了最优配置资源,提高经济效益。然而,人类发展经济的目的并不是为了资源配置,

---

① 钱穆:《中国历史研究法》,生活·读书·新知三联书店2005年版,第30—31页。

而是为满足人类自身需要。为了"物"而去刺激消费需求是不合理的，只有为了"人"而去刺激消费才合理。分层社会的"理性人"最重要的需求是秩序，因为如果失去了秩序，大多数人的基本需求都将得不到满足。为了维系社会秩序而去刺激需求，是资本主义制度运行的内在需要。从资本主义国家的内部秩序来看，消费需求不足，必将导致企业歇业裁员，产生大量失业，引发各种社会问题；从资本主义国际秩序来看，核心国家（二战前是英国，二战后是美国）必须不断推出高附加值的新技术新产品，才能持续积累高于其他国家的金钱，才能维系国际体系的级差秩序，保证相互整合而不是相互开战。因为资本主义社会无产业级差则无整合秩序，刺激消费需求的合理性正是在于维护资本主义社会的整合秩序。

鲍德里亚指出："在二十世纪消费领域完成的事情正是十九世纪发生在生产部门的生产力的理性化过程。将大众融入劳动力大军的社会化完成之后，工业体系为了满足其自身的需要，还必须进一步通过社会化（即通过控制）使他们成为消费大军。"而"消费大军"的培养则需要"进行消费培训、进行面向消费的社会驯化——也就是与新型生产力的出现以及一种生产力高度发达的经济体系的垄断性相适应的一种新的特定社会化模式"。[1] 因此，"激起人们购买越来越多产品的欲望这一步骤势在必行——否则，整个经济将分崩离析。……'我们庞大的生产力经济……要求我们消费自己的生活方式；要求我们将购买和使用商品转变成为仪式；要求我们在消费过程中寻求精神上的满足感和自我满足……我们需要消费产品、将其烧毁、耗尽并日益加快丢弃它的速度。'在过去，贫困家庭通过小额借贷支付生活的必需品，但没有人会举债购入奢侈品。否则会被别人视为精神有问题。通过引入能激发人类欲望的广告，一切也随之改变。现在，奢侈品开始被看成是必需品"。"演员、体育明星和其他'成功'人士身穿时尚类服装并佩戴奢侈品。工人阶级以身效仿，为追求时尚开始更新换代，淘汰掉甚至未穿残的衣服或破损的其他物件。这与一件衣服可穿一生甚至传给下一代的时期存在天壤之别。""经济学家们确

---

[1] Jean Baudrillard, The Consumer Society: Myths and Structures.

实参与说服公众借款是个好主意。信贷公司在美国和英国蓬勃发展,从1920年起,商店为顾客提供签账卡。1950年,银行开始首发借贷卡。由于这些'方便之举'导致大部分人渐渐发现自己债台高筑"。"现在我们处于21世纪……我们会改变吗?或者我们眼睁睁看着社会最终被毁于一旦?这些非自然的生活方式当然不可能持续。即便现在,我们也目睹了昔日呼风唤雨的大国陷入混乱中不能自拔"。①

资本主义社会刺激消费的合理性是有前提的:即资源环境相对宽松,刺激需求不会危及生态环境。一旦危及生态环境,导致人类发展不可持续,刺激需求维系社会秩序的合理性即将不复存在,昔日呼风唤雨的大国也因而必然陷入混乱中不能自拔。

(二)消费结构:高品位 vs. 高技术

1. 德本主义社会的消费结构:高品味

德本主义社会的制度导向使纯粹的物质消费需求受到一定程度的抑制,消费升级的方向是赋予物质消费以较多的文化内涵。将德本主义社会的消费需求分级,大体可以分为九层,类似金字塔:"塔基"是有关衣食住行的初级消费,如粮食、菜蔬瓜果、禽畜蛋奶、棉麻丝绸等基本农产品,房屋、道路、水井等基本设施,陶瓷器皿、家具家居等基本日用品,还有用来生产或建设此类产品的工具设备及其原料如铜铁等,此外还有一类常用的化工产品,即盐,汉代发生的"盐铁(讨)论",主要是关于后两类"塔基"的经营问题;"塔"的第二层是有关基本礼仪的消费,如祭祀、婚丧用品等,包括花轿仪仗类的服务;"塔"的第三层是有关赈济抗灾的消费,如粮食的仓储、运输与分配,水利设施,以及军事用品等;"塔"的第四层是有关教育和健康的消费,如文房四宝、医疗医药、健身器材、武术体育等竞技用品等;"塔"的第五层是礼器、饰物和仪器,这三类常可以互相转化;"塔"的第六层是有关大众文娱的物品,

---

① 〔美〕西蒙娜·里奇:《消费社会:这一切缘何而起?》,http://www.guancha.cn/Ethics/2012_06_10_78305.shtml.

如爆竹风筝、雕塑剪纸、玉石玛瑙、琴棋书画、射骑灯谜、酒令传花、歌舞杂技、曲艺戏剧、诗文词赋、对联牌匾、花鸟鱼虫、插花茶艺、纸牌麻将、犬马鹰猎，甚至蓍草占卜等；"塔"的第七层是有关私家赏玩的物品，如古玩名画、私家园林、游山玩水等；"塔"的第八层是有关高等教育（含宗教）的设施用品，如书院、佛寺、道观等设施及其特别用品；"塔"的第九层是有关皇家御用的物品，如皇家宫殿、祭坛、园林等。上述消费金字塔的上层建立在下层的基础上，具备上层消费实力的一般较易获取所需的下层消费类别。层级越高，文化价值越高。在德本主义社会中，最高两层消费受到"德"与"礼"制约，依然遵循"节用爱人""黜奢崇俭"的原则，反对畸形消费，反对玩物丧志。如此，在"礼制"的大框架下，上行下效，全社会的消费在基本需求（第一、二、三层）得以满足后，被引导至更富有品味、富有文化内涵的领域（第四、五、六层），即使是大富大贵阶层的消费升级（第七、八、九层），也受到"礼"的制约。[①]

2. 资本主义社会的消费结构：高技术

资本主义社会的消费需求分级也有类似的金字塔：第九层基本被废除；第八层为大学与教会的设施用品；第七层有古董收藏相当于古玩名画，私家庄园农场相当于私家园林，私人飞机上天私人游艇航海相当于游山玩水；第六层用电影、电视、网络等传媒将多数人变成了被动的"受体"而不是文娱的"主体"，通过不断制造时尚明星，文化内涵相对较少；第五层多是时装和化妆品；第四层至第一层，日常消费用品相对更为丰裕，公共抗灾用品相对更为强大，特别是军事用品悬殊极大，德本主义社会多为冷兵器，资本主义社会为不断升级的热兵器以至核武器。[②]

将资本主义社会与德本主义社会的消费金字塔对比：前者由于多为工业化、标准化产出，在"产品数量"方面具有相对优势，特别是第四、五、六层消费相对更为普及；后者由于多为生态化、非标准化产出，在"文化品味"方面具有相对优势，特别是第四、五、六层消费相对文化内涵更为丰富。然而，

[①] 张祥平：《制度对话》，石油工业出版社2001年版，第275—276页。

[②] 同上书，第276。

资本主义社会的消费模式要耗费更多的资源,特别是能源,而其资源与能源的获取,却是以对外征服、牺牲环境为前提造就的,其消费模式是不可持续的。

其实,人类跨过温饱阶段之后,应该兼顾经济活力、社会秩序和生态环境。而在资本主义体系内,各国决策者不得不坚持 GNP 指标,结果并没有增加社会成员的人均总福利,反而一步一步地缩减福利:因为标准化的产品或服务带来的边际效用必然越来越少,单位产品或服务引发的生态恶化却越来越大。决策失误的根源在于决策依据的错误:用货币单位表达的 GNP 福利指标,基于社会成员都是理性交易者的假设——在均衡价格的浮动范围内,只要完成了较多的交易量,每个人得到的福利就较多。这样一套有关"价格经济人"的推理并不符合实际:交易量达到一定程度之后,越来越多的人追求高品味,而不是追求简单的交易量和金钱积累。

20 世纪末兴起的新经济,昭示了消费者的品味变化。新经济也称信息经济,或知识经济,包括八个层次:第一层次面向物,即高新技术含量较大的商品;第二层次面向自然人,即面向个人的服务,如医疗保健、法律咨询、文化旅游、因特网购物等;第三层次面向法人,即企业服务,如创意、咨询策划,包括兼并与收购的策划等;第四层次面向金融,如股票、储蓄、外汇买卖、期货期权等;第五层次面向基金,即宏观金融,如社会性的保险基金,全球性的对冲基金,以及非政府组织基金,如全球自然基金(原:野生生物基金)等;第六层次面向基层群体,如运用审美知识炒作明星;第七层次面向升层群体,如运用市场知识炒作教育与学术;第八层次面向高层群体,如运用文化覆盖和生理覆盖的知识炒作政党宗教组织,其经济属性表现在大规模吸引资金。从第一层到第八层,层次越高,每个项目动用资金的平均规模越大。其中,各种知识对于经济的作用并不相同:只有一二三层相关于高技术产品,第六七八层次属于较高或很高的品味。

真实社会中的人都不是价格经济人。即使资源环境比较宽松,价格经济人的假设也不是普适的,只在特定条件和特定时期中有助于决策。跨过温饱的历史越久,价格经济人的推理越不可靠。失效临界点大致可以定在不承担重大使命感的,法制健全的福利社会。英国法国意大利等西欧国家早于美国认识到要用高品味平衡高技术。美国人一度认为，只要能够推进高技术，自然就会有高品味，但是至今，美国社会内部的电视、电影、网络、地方报纸、艺术品等各方面的内容分析显示：高技术不能自动导向高品味，必须在二者之间掌握平衡，才能"发展符合人性的技术，拒绝毒害人性的技术"，否则，"技术让你疲于奔命，技术让你冷漠疏离、抑郁疯狂"；因此，美国的多数居民也开始注意艺术、宗教、另类疗法等高品味的福利。①

参阅

经济增长的限度 ②

资本主义社会追求"经济增长"，因而"国内生产总值（GDP）"理所当然地成为经济决策最重要的指标。"国内生产总值（GDP）是我们给一国在一年内所生产的最终物品和劳务的市场总价值所起的名称。用货币这把尺子去度量一国利用其土地、劳动及资本等资源所生产的各种物品和劳务的总值，你就会得到 GDP"。宏观经济学的所有概念中，最重要的指标是国内生产总值（GDP）。这个指标衡量的是一个国家生产的物品和劳务的总价值。GDP 统计记录于国民收入与产出账户（或国民账户），能帮助政策制定者据此判断经济是紧缩还是扩张，还能据此判断是否会面临严重衰退或通货膨胀的威胁。……GDP 和国民收入账户的其他指标……是 20 世纪最伟大的发明之一"。③

以"国内生产总值"作为经济决策的指标，是基于如下假设：福利需要

---

① 〔美〕约翰·奈斯比特等：《高科技·高思维——科技与人性意义的追寻》，尹萍译，新华出版社 2000 年版。该书中文版把 Tech<技术>"和"Technology <技术>"都错译为"科技"，把"Touch<品味>"错译为"思维"，但是主要内容仍可供参考。"Touch"作动词的原意是触摸，尝尝等，作名词的原意是触觉，格调风味等；"品味"具有"品尝后感知的风味"之意，引申为人们感知的格调高下，雅俗差异，这正是原书中"Touch"的原意。

② 编自张祥平：《园林经济管理》，气象出版社 2001 年版，第 32—35 页。

③ 〔美〕保罗·萨缪尔森等：《经济学》（第18版），萧琛译，人民邮电出版社 2008 年版，第367页。

= 物质需要 = 货币需要。上述假设对于温饱阶段之前的经济系统是正确的，因为人们的基本福利就是满足生理需要（食、衣、息）和起码的文化生活（不是终日劳碌）。

然而，经济发展越过温饱阶段并具备一定的国防实力之后，上述假设就与实际需要出现差异。例如高档美容的需要就不等于物质需要，因为在保证温饱和一定闲暇的前提下，身心是否健康，是否有审美价值，都不是货币多少能决定的。当然，这不是说货币对于高档美容毫无作用，而是说决策指标应该在"国民收入"的基础上加以扩大。对于"交通""通讯""保险"等需要来说，同样如此。保险不只取决于"物质"及"货币"，还取决于"信用""秩序"和"管理"。"交通"在早期主要是因为"走的人多了，便成了路"，在现代虽然对于"物质"和"货币"的依赖较大，但是除了"谋生（温饱）"之外的"交通需要"，则是与异域整合系统中扩大个人覆盖度（威望、地位等）的需求相关，不只取决于"物质"及"货币"，还取决于"教育""知识"和"学养"。"通讯"也是如此。

欧美各国在跨过温饱阶段之后，仍然要利用广告甚至政府干预"刺激需求"，不断推出大附加值的新技术、新产品，甚至包括私人豪车、游艇、飞机等华而不实的产品，其合理性在于：要维护整个市场竞争社会的秩序。过去有经济学家认为，"刺激需求"的合理性是为了"资源最优配置"或"效率"。然而，人类发展经济的目的本来不是为了资源，而是为了满足人类自身的需求。如果为了资源配置而去刺激需求，就背离了发展经济的目的，由此导致扭曲人格、浪费资源和污染环境就是得不偿失。也就是说，为了"物"而去刺激需求，是不合理的；只有为了"人"而去刺激需求才是合理的。资本主义社会"刺激需求"的合理性正在于维护其社会秩序，而不在于"资源最优配置"。因为如果社会失去了秩序，大多数人的基本需求都无法保障。

对于资本主义社会（如欧美）来说，社会的整体秩序主要取决于经济活力。从一国内部来看，需求不足会使商人资产者难图高利，歇业裁员，引起各种社会问题；从国际来看，中心区域（二战前是英国，二战后是美国）必须不断推出大附加值的新技术、新产品，才能积累起高于其他区域的金钱，从而使非中心区域有求于自己,这样才能维系社会整合的级差秩序(无级差则无整合秩序,正如无差别则无秩序,极端状况是"热寂")。由于社会秩序与经济活力密不可分——这是一种"不进则退""不升级就涣散""不扩张就瓦解"的社会,所以"福利需要=货币需要"的假设在200年左右的实践检验中得到了肯定。

市场经济的活力与总需求的增长线性相关,总需求是社会成员和集团的需求总和。个人或集团的需求不但取决于对于产品或服务的需要或边际效用,还取决于支付能力,即可支配的货币。即使一项产品或服务的边际效用很小,如果消费者的可支配货币很多,仍然会去购买这项产品或服务——在市场经济正常运行的条件下,可支配货币本身不但存在边际收益递减规律,而且还会贬值。也就是说,在法制建设和人员素质基本稳定的前提下,只要供给足够数量的货币,再加上一定程度的创新,防止产品和服务的边际效用下降为零,就能保证经济活力不断增长。

供给足够数量的货币,以及一定程度的创新,对于跨过温饱和基本国防阶段之后的资本主义社会来说,是维护秩序的必要条件。对于美国来说,这两个条件到了1971都受到黄金支持美元地位的制约——如果一定要用黄金支持美元,那么当黄金不足的时候,就不能提供足够数量的货币进行较大规模的创新,无法保证美国人所需要的"创新"。所以,1971年,美国决定停止以黄金支持美元的地位。这个财政措施鼓励了洪水般的金融和商品投机,成功地刺激了欧美发达国家的市场需求,却"摧毁有利于第三世界工业发展的力量"。(引自乔纳森·特尼鲍姆:《世界金融体系崩溃的扫历史进程》,载《战略与管理》,1998年第3期第20-31页)

首先刺激金融投机,然后才是商品投机——货币指标高于产品指标——越来越多的商品都是边际效用很小的商品,只是由于一部分人手里的货币多了,这些边际效用很小的商品才有市场需求。如果没有金融创新作后盾,边际效用减小后的商品根本不会有市场需求。例如增加几个辅助功能的轿车给买主增加的福利,远远小于原来的轿车给买主增加的福利——如果不买原来的轿车,买主要骑自行车或乘坐公共汽车,如果不买增加几个辅助功能的轿车，买主不过是开车前多用一次钥匙，开窗时自己动动手……

手里的货币多到愿意购买小边际效用的那部分人，首先是美、德、日、法、英、加、意等国的工商金融巨头，其次是四小龙等新兴工业国家的工商金融巨头，接下去是美、德、日、法、英、加、意等国的中产阶级和白领、四小龙等新兴工业国家的中产阶级和白领、经济转型国家中的贪官污吏和善于行贿拉关系的奸商……美、德、日、法、英、加、意等国能够发行具有国际支付能力的货币，四小龙等新兴工业国家在一定程度上能够随着美、德、日、法、英、加、意等国浮动，经济转型国家只能通过承接下游产业（劳动密集型的产业，或是污染较重的产业）和搜刮民众来获取具有国际支付能力的货币。

"刺激需求"是有限度的，它越来越强烈地受到下述5层次资源环境容度警戒线的制约：1. 后进区域减少到不足以为产业社会提供国外资源；2. 全球值得进行商业性开发的非再生资源储量小于需求量；3. 全球值得进行商业性开发的可再生资源（如森林）的更新周期大于开发周期；4. 酸雨造成的设施每年损失量接近修建量；5. 大气、水和土壤污染造成的人力及生物每年损失率接近更新速率。

各国的决策者已经开始进行反思："只要人们仍然把国民生产总值作为衡量生活福利的指标，社会变革就会遇到极大困难……现行市场经济关注的只是效益，而对于无论是正义还是持续发展，它都视而不见，听而不闻。"

人们必须正视经济增长的限度，选择新的决策指标！

第四节　国际关系

一、历史渊源：天下一统 vs. 族国分立

欲理解德本主义社会与资本主义社会的国际关系，先需追溯二者国际关系模式的历史渊源；欲追溯二者国际关系模式的历史渊源，需先追溯二者"国家"的形成。以下，就先简述二者国家形成的历史过程；然后，再深究二者国家缔造的动力机制。

（一）国家形成的历史过程

在城邦封建社会，亚欧大陆东部和西部皆有各城邦国家尊奉的共主，前者为"天子"（典型时期为西周），后者为"教皇"（典型时期为中世纪）。而无论是"天子"还是"上帝"，其统治的疆域都被认为是普世性的。在中国，"普天之下，莫非王土；率土之滨，莫非王臣"；在西欧，"此种世界秩序归于一统的观念是古罗马帝国及罗马教会传统的混合物体，把世界看作是天国的写照。天国是由唯一的上帝统治，人世也应由一位皇帝统治"。[①] 此时期，二者皆无现代"国家"观念，更无"国民"观念。影响人们社会生活的身份观念主要有二：一是天子或上帝的子民，二是家族的成员。

随着从城邦封建社会向异域整合社会的转型，共主地位逐渐衰微，地方强国逐渐形成：在亚欧大陆东部，有"春秋五霸"、"战国七雄"；在亚欧大陆西部，有葡萄牙、西班牙、荷兰、英国、法国等。然而，由于亚欧大陆东部和西部资源环境的差异，导致了中国和西欧在走向异域整合过程中最终形成的社会形态不同，因而导致了"国家"形态的不同。前者由于资源环境严

---

① 〔德〕亨利·阿尔弗雷德·基辛格：《大外交》，顾淑馨等译，海南出版社1998年版，第38页。

酷且没有殖民空间，遂只能通过内部残酷惨烈的兼并战争统一而消除战乱，并最终以文化整合的方式（德制学选）形成了中华统一国家；后者则由于资源环境宽松且拥有广阔的殖民空间，可以通过外部殖民与攫取资源以满足需求，并最终以经济整合的方式（法制钱选）形成了欧洲民族国家。也就是说，"文化整合"、"德制学选"与"天下一统"相伴而生、相辅而成，而"经济整合"、"法制钱选"则与"族国分立"相伴而生、相辅而成。

从具体的历史过程来看。

中国历经春秋五霸、战国七雄，以秦统一宇内而结束封建，但由于秦帝国统治纯任暴力而迅即崩溃，中国遂又历经多次由分封而再陷入战乱：项羽自立为西楚霸王后，分封反秦的各军首领、六国贵族后裔和秦降将等为诸侯王，很快因分封导致重演诸侯纷争；楚汉战争期间，刘邦意欲通过分封而称霸天下，张良画箸阻封方未得施行[①]；汉朝建立后分封再度引发"七王之乱"，直至"收

[①] 张良画箸阻封，乃因其深刻地洞察了中国社会的资源环境已不能支撑分封而治。故事生动地揭示了中国历史的走向，兹从《史记》全文摘录如下：汉三年，项羽急围汉王荥阳，汉王恐忧，与郦食其谋桡楚权。食其曰："昔汤伐桀，封其后于杞。武王伐纣，封其后于宋。今秦失德弃义，侵伐诸侯社稷，灭六国之后，使无立锥之地。陛下诚能复立六国后世，毕已受印，此其君臣百姓必皆戴陛下之德，莫不乡风慕义，愿为臣妾。德义已行，陛下南乡称霸，楚必敛衽而朝。"汉王曰："善。趣刻印，先生因行佩之矣。"食其未行，张良从外来谒。汉王方食，曰："子房前！客有为我计桡楚权者。"具以郦生语告，曰："于子房何如？"良曰："谁为陛下画此计者？陛下事去矣。"汉王曰："何哉？"张良对曰："臣请藉前箸为大王筹之。"曰："昔者汤伐桀而封其后于杞者，度能制桀之死命也。今陛下能制项籍之死命乎？"曰："未能也。""其不可一也。武王伐纣封其后于宋者，度能得纣之头也。今陛下能得项籍之头乎？"曰："未能也。""其不可二也。武王入殷，表商容之闾，释箕子之拘，封比干之墓。今陛下能封圣人之墓，表贤者之闾，式智者之门乎？"曰："未能也。""其不可三也。发钜桥之粟，散鹿台之钱，以赐贫穷。今陛下能散府库以赐贫穷乎？"曰："未能也。""其不可四矣。殷事已毕，偃革为轩），倒置干戈，覆以虎皮，以示天下不复用兵。今陛下能偃武行文，不复用兵乎？"曰："未能也。""其不可五矣。休马华山之阳，未以无所为。今陛下能休马无所用乎？"曰："未能也。""其不可六矣。放牛桃林之阴，以示不复输积。今陛下能放牛不复输积乎？"曰："未能也。""其不可七矣。且天下游士离其亲戚，弃坟墓，去故旧，从陛下游者，徒欲日夜望咫尺之地。今复六国，立韩、魏、燕、赵、齐、楚之后，天下游士各归事其主，从其亲戚，反其故旧坟墓，陛下与谁取天下乎？其不可八矣。且夫楚唯无强，六国立者复桡而从之，陛下焉得而臣之？诚用（转下页）

夺诸侯支郡"，方才真正奠定了汉代近四百年的统一基业。

欧洲自十字军东征后，先是意大利北部城邦（如威尼斯、热那亚等）重启（接续希腊）海外贸易与殖民拓展的路径，引发文艺复兴及宗教改革，之后葡萄牙、西班牙的地理大发现将海外贸易与殖民拓展的领域拓展至全球范围。葡萄牙、西班牙以及法国、英国等随着殖民、贸易以及商业经济的发展，而逐渐形成民族国家。民族国家为争夺霸权导致了一系列战争，尤以1618-1648年全欧参与的"三十年战争"为惨烈。三十年战争表面上是罗马天主教与新教之间的宗教战争，实质是西欧民族国家追逐自身利益的战争。结束三十年战争的《威斯特伐利亚条约》最终以法律的形式否定了教皇的权威而确立起民族国家的"主权"。

（二）国家缔造的动力机制

中世纪末期的西欧，"小国诸侯和公国君主开始有一种普遍的追求，即逐渐把同一种族的所有人口纳入到单一的民族国家中去。例如，法国要把整个法兰西民族囊括；英格兰想包括全部英格兰人"。[①] 之所以如此，是因为"民族国家"是"天然"的展开殖民经济竞争的利益集团：相同的语言与习俗可以大大降低内部交易成本，同时亦大大增强对外扩张所需的凝聚力。西欧民族国家正是在对外扩张、攫取资源的过程中完成的内部整合。具体说，西欧民族国家是在"发动战争、资源汲取和资本积累三者交互作用"[②] 之下形成的。当然，当时各国"掌权者并不是为了建立民族国家——一种中央集权、职能分化、有自主性并影响范围广的政治组织——而采取这三种影响深远的行动的。他们也根本没有预料到战争、资源汲取以及资本积累会促使民族国家的崛起。相反，那些控制欧洲某国……疆域的人们，借助战争来制衡或者战胜他们的竞争对手，从而得以独享某一稳固的或正在扩张的领土上的权力。为了发动更有效的战争，他们企图寻获更多的资本。短期来看，他们可以通过

（接上页）客之谋，陛下去矣。"汉王辍食吐哺，骂曰："竖儒，几败而公事！"令趣销印。

[①] 王逸舟：《西方国际政治学：历史与理论》，中国社会科学出版社2007年版，第18页。

[②] 〔美〕查尔斯·梯利：《发动战争缔造国家类似与有组织的犯罪》，〔美〕埃文斯等编著：《找回国家》，方力维等译，生活·读书·新知三联书店2009年版，第232页。

征服其他地区,通过出售自身的资产,或者通过威胁或剥夺资产所有者来获得资本。但是从长期来看,为了获取资源,他们不可避免地需要建立一种与那些能够为其提供或找到信贷资源的资本家们相联系的常规渠道;同时还不得不建立起某种形式的常规征税手段,以对其辖区内的人民及其所从事的活动进行征税。随着这一过程的持续,国家的缔造者逐渐发展出了对促进资本积累的持久性兴趣,这有时隐秘地表现为给予其自身企业直接的利润回报。不同的国家在征税的难度、维持特定军备所需之耗费、抵抗竞争对手所要进行的战争数量等方面各不相同,因而导致了欧洲各国在基本形态方面的重要差异"。① 重复一遍,理解攫取资源、积累资本与军事战争三者的交互作用,是理解西方民族国家形成的关键。

具体说来,西欧民族国家的缔造大体可以"划分为三个阶段:(1)某些掌权者在'外部'(资源攫取)斗争中所取得的差异性成功,奠定了力量部署时在地域上的'内外'差别;(2)'外部'(资源攫取)竞争催生了'内部的'国家缔造;(3)国家间的'外部'契约更为有力地影响到特定国家的组织形态和国际地位"。② 随着西欧民族国家往外拓展范围的扩大,"进一步强化了具备这种力量的民族国家相对于所有其他政治实体或其他类型组织的优势地位。而且,在全球权力游戏中竞争的其他国家也发展出了相似的组织形式和相似的耐久力:他们也变成了民族国家——这或者是出于一种防卫性的反应措施,因为它们被迫反对或对抗某一全球性强权国家,如法国之面对西班牙和后来的英国;或者是力图模仿某一强权明显的成功之道和有效措施,如德国仿效世界霸主时期的英国,或者如更早时期的彼得大帝以荷兰为样本重建俄国。因此,不仅葡萄牙、荷兰、英国和美国成了民族国家,西班牙、法国、德国、俄国和日本也一一转型"。③ 而此后,"那些由各个国家所组成的组织,例如国际联盟和联合国,只不过是欧洲范围内的国家缔造进程向整个世界范

---

① 〔美〕查尔斯·梯利:《发动战争缔造国家类似与有组织的犯罪》,〔美〕埃文斯等编著:《找回国家》,方力维等译,生活·读书·新知三联书店2009年版,第232—233页。

② 同上书,第252页。

③ 同上书,第251—252页。

围的扩展"。① 而再后来,发展中国家的去殖民化运动(decolonization),也"只不过是借助由现存国家联合创造新民族国家的方式进一步完成上述进程"。总之,资本主义社会的民族国家体系的构建乃是殖民拓展、分立竞争、武力争霸、仿效抗衡并逐步扩散的结果。

德本主义社会的"天下一统"国家则是内部文化融合、民族差异消减的结果。春秋战国时代的中国先贤都渴望着"天下"的统一,如儒家主张"大一统""定于一",道家主张"以天下观天下""抱一为天下式",墨家主张"视人之国若其国""一同天下",法家主张通过武力齐一中国。各学派虽在统一中国的方式和内容上有不同的看法,但在中国必须"定于一"上则诸家共许。之所以如此,是因为中华先贤们认识到东亚大陆严酷的资源环境条件只能通过"天下一统"来完成封建社会的异域整合,否则封建邦国间的频繁战乱无法平息。于是,"当时人士,异国间互相仕宦,视为固然,不徒纵横家之朝秦暮楚而已。虽以孔墨大圣,亦周历诸侯,无所私于其国。若以今世欧洲之道德律之,则皆不爱国之尤者,然而吾先民不以为病,彼盖自觉其人为天下之人,非一国之人,其所任者乃天下之事,非一国之事也"。② 在战乱频繁的春秋战国五百年,中华"普世的文化却未因交争而削弱。一方面,华夏文化圈不断向四周扩散,甚至将问周鼎轻重的荆楚也卷入了华夏文化圈。另一方面,各国政治体制一步一步摆脱亲属血缘的约束,走向以王权与官僚组织为基本形态的新国家,其普世性格也因此日益加强。孟子所说,'天下乌乎定,定于一',其表现的意识是期待普世秩序的一元化,儒家的意念,由敬天法祖,而变为仁与孝,而发展为仪与礼,也一步一步将普世的天命,推向普世的人文精神"。③ 在这场"统一运动"中,秦终以武力"之手段完成斯业,然而不能守也。汉承其绪,参用前者之精神,而所谓'定于一'者乃终实现焉"。④

---

① 〔美〕查尔斯·梯利:《发动战争缔造国家类似与有组织的犯罪》,〔美〕埃文斯等编著:《找回国家》,方力维等译,生活·读书·新知三联书店 2009 年版,第 252 页。
② 梁启超:《先秦政治思想史》,东方出版社 1996 年版,第 200 页。
③ 许倬云:《中国文化与世界文化》,贵州人民出版社 1991 年版,第 4 页。
④ 同上。

德本主义社会的"定于一",从内在机制来看是文化融合的结果,从外在结果来看则是民族融合的结果。春秋时期的亚欧大陆东部还是多民族林立:东方有夷,南方有蛮,西方有戎,北方有狄。其中,夷人支系繁多,历史上又称"九夷",经过春秋三百年整合,至春秋末年已与中原华夏族融合,称为"东方的华夏族"。南方蛮族,也逐渐融合于楚族。在东南至岭南沿海一带,仍有越族。西方戎族,支系繁杂,有义渠、林胡、山戎等称号。有一部分亦渐与华夏融合。北方狄族有赤狄、白狄、长狄之称,一部分融入晋国,另一部分并入其他诸侯国。战国时期,民族分布有所变化。北方以东胡、匈奴为主体,东胡在今东北地区,为后来乌桓、鲜卑前身,匈奴活动于燕、秦、赵以北地区,分布在蒙古高原至阴山一带。东胡、匈奴经常与赵、燕发生战争。西方以义渠和羌戎为主,与秦国相邻,秦孝公时有羌戎臣服于秦。西南巴蜀为秦所统一后,当地民族与华夏融合。南方以楚、越为主,楚已发展为与华夏发展同步的"冠带之国",越族则分为繁杂的各支,有于越、瓯越等,号称"百越",有的统一于楚国,有的处于与华夏族融合的过程中。至秦统一天下,当今华夏民族的规模则已基本成型。可以说,中华统一国家的形成过程,就是中华文明传播扩散,教化周边民族,以此为基础多民族不断融合的过程。[①]汉唐宋明清延续了这一过程。其文明感召和教化甚至及于现今日本、朝鲜、越南等地,其政治影响更是波及东南亚、中亚、西亚直至欧洲、非洲,其感召和教化的方式完全凭借"修文德以来之"(《论语·季氏第十六》),绝非依靠武力。此与上述资本主义社会的民族国家体系的构建形成鲜明对比。

可以说,德本主义的国家形态是"文化整合型"的,而资本主义的国家形态是"经济——军事整合型"的。"文化整合型"国家的国际关系是以文明感召教化为基础而建立的,思想价值基础是"天下主义",操作模式是"贡赐体系";"经济——军事整合型"国家的国际关系,则是以"经济——军事"竞争为基础依靠武力和条约维持势力均衡而建立的,思想基础是"族国主义",操作模式是"条约体系"。(详见下文)

需要特别指出,在德本主义社会"天下一统"与资本主义社会"族国分立"

---

① 江应樑主编:《中国民族史》(上),民族出版社 1990 年版。

的过程中，二者的文字形态起了极为重要的作用：前者的构型文字可以在不同方言的地区进行普及、畅通无碍，后者的拼音文字随着宗教改革后文化垄断的打破却难以通行，所以西方宗教改革后民族文字随同民族国家共同成长，而文字的异化又进一步地加剧了民族的异化。① 其实，欧洲许多国家民族语言的差异要远小于中国许多方言之间的差异，如同属拉丁语族的法语、意大利语和西班牙语，三者在词汇与语法方面具有高度的相似性，"如果操这三种语言的人在一起用各自的母语交谈，尽管他们都没有学过对方的语言，也可以明白彼此大概的意思"。② 而同属汉语的不同方言之间却往往完全无法以语音媒介交流。由此我们不得不说，二者的文化基因在文字形成时的文明初期就已定型，其后的历史发展路径似乎早已"命中注定"。

二、思想基础：天下主义 vs. 族国主义

德本主义的"天下一统"与资本主义的"族国分立"，其背后皆有着相应的思想渊源：前者是"天下主义"的，后者则是"族国主义"的。以下分述之。

（一）天下主义的思想基础

"天下主义"的思想方法是构造整合法，其思想基础是孔子创立的天人合一的北辰模型。（见第二章第二节之二·（二）·1·（4）《模型构建：北辰模型》）在"天下主义"的视域中，人类社会的秩序构建和永续发展必须遵循"天道"的运行规律，必须从整体到局部地认识和理解天人关系，由"天"到"天下"到"国"再到"家"最后及于"个人"（见第二章第四节·一·（二）之《儒学学理体系的架构》图）。

北辰模型中蕴涵的"天下主义"，在孔子所著《春秋》以及后来儒家学者对《春秋》的阐释中得到进一步弘扬，其核心是"大一统"思想与"夷夏之辩"

---

① 〔美〕本尼迪克特·安德森：《想象的共同体：民族主义的起源与散布》，吴叡人译，上海人民出版社2003年版，第46—58页。
② 申小龙：《语言学纲要》，复旦大学出版社2006年版，第353—354页。

思想。

"大一统"中的"大"乃"尊大""推崇"之意。"一统"不是"统一","一统"是自下而上的立元正始,"统一"是自上而下的整齐划一。"大一统"即"推崇一统",是指必须自下而上地推崇政治社会以及万事万物的形上本体,而不是现代人所认为的自上而下地建立一个地域宽广、民族众多、高度集中、整齐划一的庞大帝国。①

"大一统"最早出现于《春秋公羊传》的传文中。《春秋》开篇首书:"元年春王正月。"公羊子传"王正月"曰:"何言乎王正月,大一统也。"何休解大一统曰:"统者,始也。摠系之辞,天王者始受命改制,布政施教于天下,自公侯至于庶人,自山川至于草木昆虫,莫不一一系于正月,故云政教之始。"孔子修《春秋》,变"一年春王正月"为"元年春王正月",通过变一为元,寓以深意:一是以元统天,一是立元正始。所谓以元统天,是以元来作为宇宙万物的本体,来作为一切存在的基始,用以说明宇宙万物,人类社会,以至山川草木,鸟兽昆虫都是从元所出。以元统天是为宇宙万物确立一超越形上的本体,用此一本体来统系宇宙万物,使宇宙万物成为一合理的存在与有意义的生化过程。以元统天表达了人类在宇宙与历史中的终极关切。所谓立元正始,是指从价值上来讲,宇宙中的万事万物与人类历史中的政治活动和政治制度都必须有一个纯正的开端,有了此一纯正的开端,宇宙中的万事万物与人类历史中的政治活动和政治制度才会纯正,从而才会获得意义与价值(正即意义与价值)。立元正始意味着以人之元为天地立心,为宇宙正位,为人类历史确立一形上的价值基础,使形而下的世界上通于"天元",亦具有纯正的意义和价值。可见,"大一统"建基于超越形上之"元":所谓"一统",就是要统于"元",以元为宇宙万物和历史政治的本体基始。这表达了人类追求形上意义与超越理据的终极关切,体现了人类生命深处对永恒与绝对的渴求。②

---

① 蒋庆:《公羊学引论》,辽宁教育出版社 1995 年版,第 350—353 页。
② 同上书,第 277—283 页。

那么，如何在政治现实中落实"大一统"思想？答曰："尊王。""王，天下所归往也。董仲舒曰：'古之造文者三画而连其中谓之王。三者，天地人也，而参通之者，王也。'孔子曰：'一贯三为王'。"（许慎：《说文解字》）"尊王"即是在天下无王的时代建立王道政治，通过王来统系天下，实现六合同风，九州共贯的一统局面。"王"可以参通天地人，是连接形上世界与形下世界的枢纽；"王"可以通过建立王道政治来统一天下，使天元贯穿到人类历史与政治社会中，或者说使人类历史与政治社会上系于天元，以实现天下一统、天人合一。只有在形下的世界建立了一统的王道政治，结束了因天下无王而造成的世乱纷争，形上的天元才可能在形下的政治社会中体现。[①]

需要再次强调，大一统强调的是"一统"，而不是"统一"。"一统"是通过道德的力量（王化）来维系整个社会的秩序，来感召周边的不同民族，最后达到大小远近若一的王道理想；"统一"则是通过强制的力量（征服）来划一原本多元的社会，来强迫不同的民族同一，将异质的社会硬性地捆在一起。由于"一统"的基础在道德，道德是人心所向，百王共奉，故"一统"的根基纯正深厚，"一统"可以维持长久；而"统一"的基础在暴力，暴力不可久恃，再强大的暴力也会有时而穷，一旦暴力耗尽，通过征服划一的社会就会崩溃，强迫形成的民族同一就会瓦解，社会又会重新陷入混乱分裂，故"统一"的根基不纯正深厚，"统一"即不可能维持长久。可见，"一统"是崇高的王道理想，"统一"则只是最基本的政治价值。天下要真正做到长治久安，社会要真正达到和平统一，必须接受建立在王道德化上的大一统思想，用王道（参通天地人天下归往之道）去一统天下，用仁德去化一政治。[②]

进一步说，大一统思想的实质乃"一统多元"：一方面，强调一统于天元，以确立宇宙万物和历史政治的本体，确立普天之下政治秩序的共同的神圣超越的基础；一方面，又承认天下各方在不同的历史地理条件下形成的"多元"价值，认可多元中的每一元都具有独立存在的意义，不能被他元化约和取代，

[①] 蒋庆：《公羊学引论》，辽宁教育出版社1995年版，第284—289页。

[②] 同上书，第353页。

即承认天下各国政治秩序有着不同的历史文化与人心民意基础。

在"一多"之间,则需要有"夷夏之辩"。所谓夷夏之辩,从文字的表面意义来说,是要辩明夷狄(未开化民族)与诸夏(中国)之间的不同。夷夏之辩源于春秋以前,据《史记·五帝本纪》记载:"流共工于幽陵以变北狄,放驩兜于崇山以变南蛮,迁三苗于三危以变西戎,殛鲧于羽山以变东夷。"文中所言北狄、南蛮、西戎、东夷均是区别于中国的未开化民族,通称夷狄。由于夷狄经常侵扰中国,中国出于现实的需要必须"攘夷",故中国在春秋前只有如周公兼夷狄而无系统的治理思想。孔子作《春秋》,为万世制法,为百代张义,不仅要治京师、治诸夏,而且还要治夷狄,故需有夷夏之辩的治理思想。[1]

夷夏之辩的标准在于文明程度:文明程度低者谓之夷狄,文明程度高者谓之诸夏。文明程度的高低关键在于是否有利于较大地域较多人口的延续:即是否以人类永续发展为最高目标(火),从而能保护人类赖以生存的自然环境(土,火生土),使得人类群体得以繁衍延续生生不息(金,土生金);或曰:能否"用王道去一统天下,用仁德去化一政治"。故在《春秋》中,礼义道德是夷夏之辩的最根本标准:凡是符合礼义道德的,《春秋》即中国之;凡是不符合礼义道德的,《春秋》则夷狄之。如,隐七年冬《春秋》书曰:"戎伐凡伯于楚丘,以归。"《传》曰:"凡伯者何?天子之大夫也。此聘也,其言伐之何?执之也。执之,则其言伐之何?大之也。曷为大之?不与夷狄之执中国也。"何休注曰:"中国者,礼义之国也。执者,治文也。君子不使无礼义治有礼义,故决不言执,正之言伐也。"也就是说,中国乃礼义之国,礼义之国可治无礼义之国,无礼义之国不可治有礼义之国,故《经》变"执"为"伐",不赞同夷狄执中国。

夷夏并无绝对的种族、地域等界限,而是以道德礼义为转移。在《春秋》中,孔子站在道德礼义的立场上采取平等的态度对夷狄与诸夏进行评判:夷狄有德者可进而为中国,诸夏无德者则退而为夷狄。如,庄二十三年《春秋》

---

[1] 蒋庆:《公羊学引论》,辽宁教育出版社1995年版,第221页。

书曰:"荆人来聘。"《公羊传》曰:"荆何以称人? 始能聘也。"何休注曰:"《春秋》王鲁,因其始来聘,明夷狄能慕王化、修聘礼、受正朔者,当进之,故使称人也。"《春秋》夷狄之例,书人为进。进者,进而为中国。楚慕王化、修聘礼、受正朔,能行中国之礼,故进楚称人而为中国。此乃夷狄有德进而为中国者。又如昭二十三年秋《春秋》书曰:"戊辰,吴败顿、胡、沈、蔡、许之师于鸡父。"《公羊传》曰:"此偏战也,曷为以诈战之辞言之? 不与夷狄之主中国也。然则曷为不使中国主之? 中国亦新夷狄也。"何休注曰:"中国所以异乎夷狄者,以其能尊尊也。王室乱,莫肯救,君臣上下败坏,亦新有夷狄之行,故不使主之。"中国不行尊尊之礼,王室乱而莫救,致使君臣关系败坏,其无德无义如此,故《春秋》深恶中国,退中国为新夷狄,不使中国主战,中国不再为礼义之国,而为野蛮无道之国也。此乃中国无德退而为夷狄者。①

"夷夏之辩"分天下为京师、诸夏、夷狄三部分,分别采取不同的方法治理,并有所谓详内略外之说。但此内外只是相对的内外,而非绝对的内外。也就是说,诸夏相对于京师来说是外,但对于夷狄来说则是内。同理,夷狄对诸夏来说是外,但对整个人类来说则是内。根据《春秋》分"三世"而标出的社会演化进程:第一"据乱世":"内其国而外诸夏";第二"升平世":"内诸夏而外夷狄";第三"太平世":"天下远近大小若一,夷狄进至于爵"(哀十四年《公羊传》)。也就是说,国家观念仅为据乱时所宜有,所谓"据乱",即根据乱世的实际情形施之以治,治之目的在平天下。故渐进则由乱而"升"至于平,更进则为"太平"。太平之世,已无复国家之见存,当然亦无京师、诸夏、夷狄之分。可见分别内外而治是就据乱、升平二世立说,并非绝对区别。②

在此,需对"中国"概念的内涵外延稍作辨析。"中"为"中间","国"与"城""邦"相通(详见第四章第一节·一《生成过程》)。"中国"作为二字词,意为"居中的国家"。"中国"一词至迟出现在西周初年。出土的西周"何尊"

---

① 蒋庆:《公羊学引论》,辽宁教育出版社1995年版,第222—226页。
② 同上书,第226—227页;以及梁启超:《先秦政治思想史》,东方出版社1996年版,第197页。

的铭文中载:"惟武王既克大邑商,则廷告于上天曰:'余其宅兹中国……'"(武王攻克商的王都后,举行仪式报告上天:"我已占据中国……")铭文前面有"惟王初(迁),宅于成周,复禀武王礼",也就是说,是周成王时的记录。《尚书·梓材》中也载:"皇天既付中国民越厥疆于先王。"《诗经·大雅》的《民劳》篇有"惠此中国,以绥四方","惠此京师,以绥四国"。可见,其时"中国"即"京师","京师"即"中国"。这与殷周以来的分封制度特别是畿服制度有关。周代称王朝职官为内服,诸侯等为外服(服即服侍于王之意)。王朝直辖地区称畿辅,也称甸服。外服之地按照邦国与王朝关系的亲疏分为不同服,承担轻重不同的职贡义务。① 于是,"普天之下"的"王土"以王都(即京师)为中心,由内而外、由近而远分为不同地区,而不同地区则分布有不同服的邦国,"京师"遂成为"中国"。周文疲弊前,"中国"乃尧舜道统之所在,天下文教之所出,道德礼义之中心。到春秋礼崩乐坏,孔子在《春秋》中,赋予了"中国"以道统的内涵而不再囿于地理方位的意义,因此,"中国"一词的外延(即疆域),随着"中国"文化的传播(即"以夏变夷")而不断扩大。"中国古代的国土观以向心性的文化取向为特征,本土基本不变,外沿则可因边境异族的或主支的'变夏',或被征服,或入侵之后自觉不自觉地'变夏'等诸多原因而扩展;亦可因被异族掠地而夷狄化,有时或因自然变化无法农耕而变成游牧区等。此时则土地外沿又内缩。因此,如果确认'中国'这一实体和概念超乎于各朝代之上的话,若以今日西方要领的领土而言,历史上的'中国'实是一个外沿未严格界定的实体和概念"。②

民族国家、主权、版图、边界等是西方文化特有的概念。中国传统的版图观念则是"天下——国家"。首先,观照整体,是"普天之下,莫非王土",人类同处一个地球生态环境之中;然后,从整体到局部,因地域文化特性而有"万邦林立";"万邦"需要有一个"中心"来协调,否则会"天下大乱",是为"中国"。秦汉大一统社会形成后,能列入郡县制的地区皆为"中国",

---

① 葛志毅:《周代分封制度研究》,黑龙江人民出版社2004年版,第138—163页。
② 罗志田:《先秦的五服制与古代的天下中国观》,载《学人》第10辑,江苏文艺出版社1996年版,第395页。

不能列入郡县制的则为"边疆"。"边疆"包括北方草原的游牧区、南方山林的游农区。游牧区、游农区的人们居无定所，治理不能采取属地原则，只能采取属人原则，因而通常不设郡县，而是"全其部落，顺其土俗"，设置羁縻府州。在"边疆"之外，还有"四夷"，更"不可以中国之治治之"，只能"修文德以来之"。

理解了上述"中国"的"国土"观，则可理解：春秋以前，大大小小的国数以千百计，但只有天子所居的"国"被称为中国；春秋时期，周天子的直属区和诸侯中文明程度较高者被称为中国，其他诸侯则不能算中国；到西汉时期，四川盆地的汉人聚居区对周围的少数民族已经以"中国"自居，可在关中盆地和黄河下游人们的眼中，四川却还不能算中国；今天的江西、湖南，那时已正式设置郡县，是汉朝疆域的一部分，却也没有被当做中国；到明朝，湖南、江西能称中国了，可云南、贵州还被当成非中国。[1]

历史上，凡以"中国"文化正统传承者自居的国家，皆自称"中国"。南北朝时期，南朝自称为"中国"，把北朝称为"魏虏"；北朝也自称为"中国"，把南朝叫做"岛夷"。辽与北宋，金与南宋，都自称"中国"，都不承认对方为"中国"。历史上的日本、朝鲜甚至也曾以"中国"自称。鸦片战争后，中国开始被作为国家的代名词，尤其是在国际交往中。但当时"中国"的概念还比较模糊，如在魏源的著作中，中国一词有时是指整个清朝的领土，有时却只指传统的范围，即内地18省，而不包括蒙古、西藏、新疆、东北和"台湾"在内。到晚清，"中国"一词的使用已经具有了民族国家的概念，但清朝的正式名称还是清、大清或大清国。清朝在外交或者条约中使用的"中国"一词，往往包含一种传统意识，即天下之中心的国家（Central Empire），而西方人的理解却只是一个民族国家，即China。[2] 对此，梁启超曾在《清议报》上撰文指出："吾人所最惭愧者，莫如我国无国名之一事。寻常通称，或曰诸夏，或曰汉人，或曰唐人，皆朝名也。外人所称，或曰震旦，或曰支那，皆非我所自命之名

---

[1] 葛剑雄：《中国历代疆域的变迁》，商务印书馆1997年版，第2—4页。
[2] 同上书，第5页。

也。以夏、汉、唐等名吾史，则戾尊重国民之宗旨；以震旦、支那等名吾史，则失名从主人之公理。曰中国，曰中华，又未免自尊自大，贻讥旁观。虽然，以一姓之朝代而污我国民，不可也。以外人之假定而诬我国民，犹之不可也。於三者俱失之中，万无得已，仍用吾人口头所习惯者，称之曰中国史。虽稍骄泰，然民族之各自尊其国，今世界之通义耳。"中华民国"建立以后，中国作为简称，才正式成为民族国家的代名词。

可见，中国的历史传统中，并无明确的现代"国家"① 观念与"国际"观念。"中国"不是指具有明确疆界领土的民族国家，其内涵乃是负载道德文明传承的"天下国家"。"中国"的国家观念是"普天之下，莫非王土"，视各国同处一个演化着的天球生物圈之中（即"天下"），故应遵循共同的天道天理与道德文明。"中国"乃此天道天理与道德文明的核心守护者。夷夏之辩是要辩明文明与野蛮，强调要以文明转化野蛮，即以夏变夷，而不能以夷变夏；或者说，以夏统夷，而不能以夷统夏。如果夷不能变为夏，或者夷不能为夏所统，那么要提高警惕，防止以夷变夏，或者夷人（侵）扰夏；如果扰夏，则一定要"尊王攘夷"。不如此，则不能保障人类永续发展。因此，"中国"人重视天下兴亡甚于"国"之兴亡，正如顾炎武所言："有亡国，有亡天下。亡国与亡天下奚辨？曰：易姓改号，谓之亡国。仁义充塞，而至于率兽食人，人将相食，谓之亡天下。……知保天下然后知保国。保国者，其君其臣，肉食者谋之；保天下，匹夫之贱与有责焉耳矣。"（《日知录》卷十三）"中国"心系"天下"，由此可见一斑。所以说，"'中国'不是一个主权的单位，而是普世文化的体现"。②

总之，"天下主义"思想，源于"天道""天理"（北辰模型），其核心是"大一统"，处理"国际关系"的基础则是"夷夏之辨"。用现代流行的"主义"视之，"天下主义"兼容了"绿色生态主义"、"文化多元主义"与"民族国家主义"，一统多元保合太和又各正性命。"天下主义"的最高目标是人类的永续发展（天人合一）。

---

① 中国"旧用'国家'两字，并不代表今天这含义，大致是指朝廷或皇室而说。"引自梁漱溟：《中国文化之要义》，《梁漱溟学术论著自选集》，北京师范大学出版社1992年版，第330页。
② 许倬云：《中国文化与世界文化》，贵州人民出版社1991年版，第4页。

(二)族国主义的思想基础

英语"nationalism"通常译为"民族主义"。"nation"的词意包括"国家"和"民族",源自"native",意为"出生的""本土的"。西欧民族国家的生成过程中,"民族"和"国家"合而为一,所以"nation"兼有汉语"国家"和"民族"二义,因此,"nationalism"应是"民族国家主义"。"民族"的汉语词源来自《尚书·尧典》中的"克明俊德,以亲九族;九族既睦,平章百姓;百姓昭明,协和万邦黎民"。如果把顺序颠倒一下,民在前,族在后,就是民族。也就是说:"民族主义"的汉语本义应是齐家(亲九族)、治国(敬百姓)、平天下(协和万邦黎民),实质是"天下主义"。可见,把"nationalism"译作"民族主义"实属南辕北辙。"nationalism"的确切词意乃是"民族国家主义",可简略为"族国主义"(特殊情况下译为"种族主义")。(后续章节中虑及与引文的一致性,有多处仍将袭用"民族主义")

"族国主义"的思想方法是分析还原法,其思想基础则是文艺复兴和宗教改革后替代了"上帝权力"的个人的"自由"和"权利",以及由此构建的自然权利论与社会契约论。(详见第七章第二节之二·(二)《民主政治——主权在民》)

从西方思想发展史来看,西方"族国主义"思想奠基于文艺复兴时期意大利的马基雅维利。马基雅维利被认为是"欧洲中世纪晚期最重要、最有革命性的思想家",其思想被称为"马基雅维利主义",核心主张是将国家政治与宗教道德割裂开来。此前的思想家认为政治的目标是实现上帝的旨意,而马基雅维利则认为政治权力本身就是目的:"在别人那里,上帝是中心,在他那里,君主是中心;在别人那里,上帝创造的自然(nature)高于人类社会,在他那里,自然是人创造的;在别人那里,上帝拯救人,在他那里,人——由世俗的、精明强干的君主集中体现——拯救自己;在别人那里,需要服从的是上帝的宣示,在他那里,唯一可能服从的是人中强者,是自由意志,是理性和铁腕。这是文艺复兴时期……个人主义和自由观念最初的有力提示。"①马基雅维利以人性是普遍利己的论断为基础,在政治生活中将人类道德分为所谓"私德"与"公德",认为"私德"只适应于个人领域而不适应于公共领域、政治领域。公共的政治领域有其独立的道德——"公德"。所谓"私德",实际是指人类的普遍道德,如正直、诚实、公正、信义、谦让、廉洁、仁慈、无私等,而所谓"公德",乃是与之相反的狡诈、欺骗、伪善、偏私、背信弃义、残暴、贪婪等恶行及其所信奉的"目的证明手段正当"、"强权大于公理"、"公共安全是最高法律"、"需要与有用是最高正义"等信条。其核心在两个方面:首先,确立国家利益至上;然后,将以国家利益为目的的种种恶行乔装打扮成一种"政治道德",即所谓"公德",而将人类的普遍道德,即所谓"私德",逐出了政治领域。在国家政治中划分"公德"与"私德",实质就是在国家政治中用利益去驱除道德。② 因此,"为了国家的利益……君主应当做一切可能做的事情,甚至不惜食言和施暴。出尔反尔不一定是坏事,正如信守诺言并非绝对好事一样,关键在于它是有利还是有害于君主的统治和国家政权的巩固。……有美国学者评价说:'这种狡诈所体现的不是别的任何东西,它是现代欧洲民族解放的第一次宣告。'"③ 马基雅维利主义被奉为西方现代政治思想的奠基者:"对于后来的国际政治理论家,尤其是那些以国家利益、权力平衡和'自助'学说为核心的权力政治学者,马基雅维利的哲学——核心特征是重视权力、利益冲突的政治观以及对人性的悲观理解——是他们思想和理论定位的基本坐标。"④ 如美国政治学大师摩根索认为,"用权力界定的利益概念是帮助现实主义找到穿越国际政治领域的道路的主要路标。这个概念把试图理解国际政治的推理与有待于理解的事实联系了起来……没有这样一个概念,无论是国际政治还是国内政治的理论都是根本不可能产生的,因为没有

---

① 王逸舟:《西方国际政治学:历史与理论》,中国社会科学出版社2007年版,第24页。
② 蒋庆:《儒学的时代价值》,四川人民出版社2009年版,第102页。
③ 王逸舟:《西方国际政治学:历史与理论》,中国社会科学出版社2007年版,第23—24页。
④ 同上书,第24页。

它我们就无法将政治的和非政治的事实加以区分"，①"被界定为权力的利益这一关键概念是普遍适用的客观范畴……利益的观念确实是政治的实质，不受时间和空间条件的影响"。②

"从思想内容看，马基雅维利属于旧时代（中世纪）的最终掘墓人"，法国思想家让·布丹"却是新时代（近代）的第一个号手。他的最大贡献是，在欧洲政治已有的主权现象的基础上，从理论上奠定了现代主权的概念"。③ 布丹主张教会无权干涉民族国家的宗教与世俗事务，在理论上详尽论述了国家主权的绝对性与永恒性。他"关于主权的规定是：'被赋予在一个国家之上的绝对的、永久的权力'（the absolute perpetual power vested in a commonwealth）……定义包含三层重要的规定。首先，它意味着主权并不授予个人，而是给予国家；它不是任何个人所能拥有的财产，而是共同体（联邦、共和国或以任何名称出现的国家单元）的属性……其次，它意味着主权是永恒存在的，不依个人的变动而增加或失去。行使主权的个人只代表共同体，这种统治者（ruler）'不可被认为是主权统治者（sovereign ruler），而仅仅是主权统治者的代理人（agents）；一旦君主或民众撤回这种授予，其主权统治者的代理身份便不复存在'。再次，它意味着主权是一种绝对的存在，是无条件的、不可废除的；它是共同体内所有权力和权威之合法性的来源。'主权者（sovereign）最重要的特征是，他不听令于任何其他人的命令，他自己规定、取消或者修订法律。'……自此以后，国际政治学者所说的国家主权（national sovereignty 或 state sovereignty），差不多完全沿袭了他的规定。"④ 需要指出，布丹提出的"主权"概念实质是基督教"上帝"概念的世俗的理性翻版，因为"主权"具有的最高、唯一、排它、不可分割的形而上属性就是基督教"上

---

① 〔美〕汉斯·J. 摩根索等：《国家间政治——寻求权力与和平的斗争》，徐昕等译，中国人民公安大学出版社1990年版，第5—6页。
② 同上书，第13页。
③ 王逸舟：《西方国际政治学：历史与理论》，中国社会科学出版社2007年版，第24页。
④ 同上书，第24—26页。

帝"的属性。① 国家主权下贯到形而下的层面，则包括立法权、宣战与媾和权、官吏任命权、最高裁判权、赦免权、要求国民忠诚与服从的权力、货币铸造权、度量衡选定权、课税权等。

民族国家的主权是最高的，必然没有一个更高的权力组织能够凌驾于国家之上。由是，国际无政府状态成为主权国家关系的必然结果。如果主权国家之间发生利益冲突，往往只能是武力相拼，战乱不止，国家与国家之间便陷入了霍布斯所说的"所有人反对所有人的战争状态"（即"自然状态"）——这也正是欧洲中世纪末期的实情。要解决国与国之间纷争，就必须有一种规则约束各国——国际法思想产生了，奠基者为荷兰思想家格劳秀斯。

格劳秀斯的思想是以自然法为基础。所谓自然法，"是正当的理性准则，它指示任何与我们的理性和社会性相一致的行为就是道义上公正的行为；反之，就是道义上罪恶的行为……行为的是非一经理性断定，如果不是合法的就必然是非法的。"② 自然法的主要原则包括：不得触犯他人的财产；把不属于自己的东西和由此产生的收益归还原主；应当赔偿由于自己的过错而引起的损失；应当履行自己的诺言，执行和遵守契约；违法犯罪应当受到处罚等。简言之，自然法是保护"自然权利"、特别是财产权利之法。以自然法的原则为基础，"一国的法律，目的在于谋取一国的利益，所以国与国之间，也必然有其法律，其所谋取的非任何国家的利益，而是各国共同的利益。这种法，我们称之为国际法，以示区别于自然法。"③ 国际法存在的前提是国家主权。主权是国家存在的基础，也是国家作为国际法主体的条件。国际法不仅存在于和平时期，而且也应该存在于战争期间。即使战争期间各种法律包括民法刑法等都已失效，各国也应该遵守国际法。尽管战争造成了种种罪恶，但"正当的理性和社会的本质，并不禁止一切形态的暴力行为，所禁止的只是那些反社会的暴力行为，即

---

① 蒋庆：《广论政治儒学》，东方出版社，2014，第286页。
② 〔荷〕格劳秀斯：《战争与和平法》，转引自西方法律思想史编写组编：《西方法律思想史资料选编》，北京大学出版社1983年版，第143页。
③ 同上书，第139页。

侵犯别人权利的暴力行为"。①凡是为保护生命和财产等自然权利而进行的战争，如基于自卫、恢复被掠夺的财产、对侵略者实施惩罚而进行的战争，都是正义的战争。战争期间应该遵循的国际法原则包括：守约，反对违誓；宣战，反对偷袭；人道，反对杀害妇女儿童等非参战人员，反对杀害已放下武器者；公海自由通行；保护交战双方外交代表的安全等。格劳秀斯将主权国家作为国际法的平等主体，为处理民族国家之间的关系确立了基本框架，奠定了资本主义国际法的基础。

需要指出，"国家主权"与"国际法"之间存在着难以调和的矛盾：既然国家的主权已经是"最高"的，那么"国际法"的制定与实施便缺乏高于"国家主权"的权力制约，所以，在"国际法的某一规定遭到践踏时，国际法并不一定总能得到实施；当国际社会当真采取行动实施国际法时，国际法又不一定有效"。②而"国际法的存在及其作用的发挥，取决于两个因素：第一是各国利益的一致或互补，第二是国家间的权力分配……没有利益的协调与权力的平衡就没有国际法"。③"要是各大国不能互相制衡，任何国际法的规则均将失去效力，因为一个最强有力的国家自然会试图为所欲为并违反法律。由于没有也绝不可能有一个能够超乎各主权国之上的中央政权机构来执行国际法，那么就需要由一种权力均衡来阻止国际社会中任何成员拥有无限的权力"。④因此，有西方学者认为"国际法所创造的关系是一种'有组织的虚伪'"。⑤

综上所述，"族国主义"的思想，源于"权力政治"，核心是"国家主权"，处理"国际关系"是以大国权力制衡为基础的"国际规范"，具体形式则是所谓的"国际法"。

---

① 〔荷〕格劳秀斯：《战争与和平法》，转引自西方法律思想史编写组编：《西方法律思想史资料选编》，北京大学出版社1983年版，第144页。
② 〔美〕汉斯·J. 摩根索等：《国家间政治-寻求权力与和平的斗争》，徐昕等译，中国人民公安大学出版社1990年版，第347页。
③ 同上书，第347—348页。
④ 同上书，第348页。
⑤ 汪晖：《现代中国思想的兴起》（上），北京生活·读书·新知三联书店2004年版，第697页下注。

以下将"天下主义"与"族国主义"略作比较。"天下主义"与"族国主义"的区别,究其实质,就是"王道政治"与"霸道政治"的区别。"天下主义"与"王道政治"的义理模型是"北辰模型",其义理本原是"道德";"族国主义"与"霸道政治"的理论构建奠基于"权力"与"契约",其义理本原是"利益"。"天下主义"思想的核心"大一统"是将"天元"作为天下政治秩序的最基本原则,"族国主义"思想的核心"国家主权"则是将"民族国家利益"(民族国家是"天然"的大型利益集团)作为国际政治关系的最基本原则。或曰,"天下主义"是"道德至上",而"族国主义"是"利益至上"。"道德至上"的"天下主义"国际政治秩序主要依靠"道德教化"(或"文化感召")维持,具体而言则是以"夷夏之辨"为基础的"以夏变夷";"利益至上"的"族国主义"的国际政治秩序主要依靠利益博弈与权力制衡维持,具体而言则是以大国"权力均衡"为基础的"国际条约"与"国际法"。

三、国际体系:贡赐体系 vs. 条约体系

(一)天下主义的国际体系——贡赐体系

1. 贡赐体系的构建

前文已述,"天下主义"的核心是"大一统","大一统"落实到具体层面,则是以"夷夏之辨"为基础,通过道德教化和文明感召"以夏变夷"。那么,如何实施道德教化和文明感召呢?

首先,要求"中国"能真正负载天道天理的传承,成为"普天之下"道德文明的核心守护者。具体而言,就是要建立"王道政治",即确立具有"三重合法性"的政权,以齐家(族)、治国、平天下为决策导向,通过导之以德、齐之以礼,而兴礼乐、中刑罚,使大多数社会成员信守孝悌忠信礼义廉耻的价值观念与社会规范。以敬宗收族为基础,发展经济技术,保障经济需求,使"老者安之,朋友信之,少者怀之"(《论语·公冶长》),人们安居乐业。特别是,建立公平公开公正的精英人才升层机制,"学而优则仕"。简言之,就是要在政治、经济、社会、文化、生态等方面和谐发展,做好内功,成为

德本主义文明的中心之国（"中国"之本义）。

然后，以"中国文明"的强盛为基础，与其他民族和国家互动。互动的基本原则是"修文德以来之"（《论语·季氏》）、"耀德不观兵"（《国语·周语上》）。也就是说，不搞意识形态输出，也不搞军事扩张，只是通过"榜样的力量"来吸引、感召其他的民族和国家，正所谓"王者不治夷狄……来者不拒，去者不追"（《春秋公羊传》何休注），颇有"无为而治"的风范。对于因感召主动前来学习交流的，以及进而愿意深度合作的，则有一套开放友好、分享文明、共赢互利的制度规范：即朝贡——封赐制度，可简称贡赐制度。以贡赐制度构建的国际体系可称之为贡赐体系。①

贡赐制度源于先秦的分封制度，特别是西周初年分封列国时的"畿服制度"。所谓畿服制度，指京畿（都城周边）及战略要地由天子直接治理，其余根据亲疏尊卑关系、按距离远近册封诸侯。诸侯共事周天子，以其不同爵位，担当不同的职贡义务。《国语·周语上》载："先王之制，邦内甸服，邦外侯服，侯卫宾服，蛮夷要服，戎狄荒服。甸服者祭，侯服者祀，宾服者享，要服者贡，荒服者王。日祭，月祀，时享，岁贡，终王，先王之训也。有不祭则修意，有不祀则修言，有不享则修文，有不贡则修名，有不王则修德，序成而有不至则修刑。于是乎，有刑不祭，伐不祀，征不享，让不贡，告不王。于是乎，有刑罚之辟，有攻伐之兵，有征讨之备，有威让之令，有文告之辞。布令陈辞而又不至，则增修于德而无勤民于远。是以近无不听，远无不服。""服"即"服事天子"之意。甸服和侯服为周王的近亲，需参加周王室例行的祭祀活动，居于邦内的每天参加（日祭），居于邦外的每月一次（月祀），是为"邦内甸服"和"邦外侯服"。周王所封之国，包括侯、甸、男、采、卫五个阶层，封君需每季前来朝贡一次（时享），是为"侯卫宾服"。蛮夷处于中国东南，多为农耕之民，需一年一贡（岁贡），可要约羁縻，是为"要服"。戎狄位于中国西北，多为游牧之族，行踪飘忽不定，荒忽无常，其君主能在嗣位后亲

---

① 学界多称之为"朝贡制度"与"朝贡体系"，但言"朝贡"，则过偏重于单方行为；也有称"封贡体系"，较前者更强调互动，但朝贡——封赐行为是"朝贡"在先、"封赐"在后，所以笔者认为称"贡赐"，能更准确的表达朝贡——封赐制度的行为互动特征。

赴周朝觐见天子一次即可，是为"荒服"。若各服不守职贡，则采取不同对策。甸、侯、宾三服同属华夏，需采用强制手段使其服从，或刑或伐或征；对要、荒二服的蛮夷、戎狄，因教化不可及，仅限于"布令陈辞"而已，要靠文明感召使其归附。① 甸、侯、宾三服后来演化为中国内部的政务管理制度，而要、荒二服则演化为中国对外的"国际关系"管理制度。

要、荒二服的基本精神——"增修于德而无勤民于远"，体现了"中国"对在不同地域环境中形成的历史文化的尊重与包容，此种精神为贡赐制度所传承并得以弘扬光大。《中庸》对此有进一步阐发："凡为天下国家有九经。曰：修身也，尊贤也，亲亲也，敬大臣也，体群臣也，子庶民也，来百工也，柔远人也，怀诸侯也"。"柔远人""怀诸侯"乃儒家治国平天下"九经"之第八、第九经，其功用在于："柔远人则四方归之，怀诸侯则天下畏之。""柔远人"的具体操作内容是"送往迎来，嘉善而矜不能"，"怀诸侯"的具体操作内容则是"继绝世，举废国，治乱持危，朝聘以时，厚往而薄来"。由此可见，"怀柔远人"蕴涵了深厚的人道主义与人文主义精神。

"怀柔远人"的贡赐制度是德本主义"礼制"由国内向国外的自然延伸，或者说，就是"礼制"的组成部分。其目的"在于推动民族之间、区域之间、国家之间、人与大自然之间等层面的秩序的建立。根据'礼治主义'来探索并建立国际社会和自然世界以及宇宙等层面的秩序"。② "礼制"是一种差等秩序，贡赐体系亦是一种具有差等秩序的国际体系。以明朝建立的贡赐体系为例：其以"中国"为中心，由内往外，形成了一个差等有序的圈层结构，依次是"土司与土官（西南诸州）的朝贡；羁縻关系下的朝贡（女真及其东北部）；关系最近的朝贡国（朝鲜等）；两重关系的朝贡国（琉球等）；位于外缘部位的朝贡国（暹罗等）；可以看成是朝贡国，实际上却属于互市国之一类（如俄罗斯、欧洲诸国等）"。③ "以中国的中央——地方的关系为中心，这些朝贡国依次位

---

① 李云泉：《朝贡制度史论——中国古代对外关系体制研究》，新华出版社2004年版，第4—7页。
② 黄枝连：《天朝礼治体系研究》（上卷），中国人民大学出版社1992年版，前言第2页。
③ 〔日〕滨下武志：《近代中国的国际契机——朝贡贸易体系与近代亚洲经济圈》，朱荫贵、欧阳菲译，中国社会科学出版社1999年版，第36页

于相邻的同心圆的不同圆环上"。① 于是,形成了这样一种治理结构:"国内的中央——地方关系中以地方统治为核心,在周边通过土司、土官使异族秩序化,以羁縻、朝贡等方式统治其他地区,通过互市关系维持着与他国的交往关系,进而再通过以上这些形态把世界包容进来。"②

在这个具有差等秩序的结构中,处于"不同圆环"的朝贡方对处于圆心的"中国"承担不同的义务,也享受不同的权利。距离圆心越近,承担的朝贡义务越多,享受的权利也越多;距离圆心越远,承担的朝贡义务越少,享受的权利也越少。根据贡赐双方权利义务的不同,大体可以将贡赐关系分为三种类型(以明朝为例):实质性的、一般性的和名义性的。实质性贡赐关系的主要特征,是朝贡国向中国称臣,定期遣使朝贡,采用中国年号、年历等,中国政府则对其国王予以册封、赏赐,对其贡物进行回赐等。此类型具有较强的政治隶属性,主要指中国与藩属国的关系。藩属国遭受外来入侵时,中国要给予援助,如明万历年间援助朝鲜抗击日本侵略;藩属国遭遇灾荒时,中国要派遣宣慰使和颁布安抚诏令,如明朝与朝鲜、琉球、安南、占城(明前期)等的关系。一般性贡赐关系的主要特征,是朝贡国在一定程度上认同中国文化,并曾接受中国授予的封号,定期或不定期前来朝贡,但不具有政治上的隶属性,朝贡的经济意义更为明显,如明朝与日本、暹罗、爪哇、满剌加、苏门答腊、真腊、渤泥、三佛齐、苏禄等的关系。名义性贡赐关系基本上是纯粹的贸易关系。明代前期的一切对外贸易关系皆以贡赐形式存在,故而许多海外国家遣使来华,是以朝贡之名、行贸易之实。③

无论是哪种类型的贡赐关系,朝贡行为都是自愿的,绝无"中国"的武力胁迫。朝贡方之所以自愿朝贡,主要归因于三个方面:其一,仰慕中国的先进文明,"慕圣德而率来";其二,寻求中国的军事庇护,抵御外敌;其三,希望通过朝贡贸易获取经济利益。这与现代条约体系下国家结盟的原因类似,

---

① 〔日〕滨下武志:《近代中国的国际契机——朝贡贸易体系与近代亚洲经济圈》,朱荫贵、欧阳菲译,中国社会科学出版社1999年版,第36—37页。

② 同上书,第35页。

③ 李云泉:《朝贡制度史论——中国古代对外关系体制研究》,新华出版社2004年版,第71—72页。

结盟也多是基于意识形态与价值观念的认同、军事安全的相互保障以及经济贸易的互惠互利。无论朝贡方出于何种目的,中国一视同仁地怀柔远人,通过导以礼义、变其夷习,以期共享"太平之福"。作为"天下"的文明中心,中国义不容辞地承担了维护国际秩序(主要是藩国间的国际秩序)的职责,制止国家间以强凌弱、以众暴寡,宣扬"天地之间,帝王酋长,因地立国,不可悉数,雄山大川,天造地设,各不相犯"(《明太祖实录卷之九十》)。同时,中国也不会粗暴干涉藩属国的内政。如明朝对朝鲜、安南在王位继立过程中出现的篡逆现象及其不守华夏礼节等问题,仅以发布谕令、遣使责问、"却贡"等方式进行劝诫或惩罚,而非简单粗暴地诉诸武力。因而,在西方学者看来,"朝贡制度既像一个处理贸易外交关系的机构在起作用,又像一种断言儒教秩序之普遍性的宗教仪式在起作用"。①

贡赐体系始于汉匈贡赐关系的确立:匈奴朝觐、献贡、纳质,汉"待以不臣之礼,位在诸侯王上",给予相应的册封和赏赐;之后的昭、宣之世,南越、鲜卑、乌桓,以及西域三十六国等,皆"修奉贡赐,各以其职"。隋唐时期,贡赐体系得以扩张,盛唐时期与中国建立贡赐关系的多达七十余番,贡赐制度也以发展,管理趋于规范,制度趋于严密,贡赐体系的扩张与贡赐制度的发展促进了儒家文化的输出,并导致了新的儒家文化国家的形成(朝鲜、日本)。入宋,贡赐体制趋于成熟,礼仪详备,管理务实,组织完善,贡赐关系与市舶贸易并行发展。至于明清(鸦片战争以前),贡赐体系达致空前规模,甚至形成了遍及全球范围的贡赐文化圈,中国以明显的政治、经济、文化优势主导了世界经济文化交流,在全球贸易中占绝对优势,形成了所谓"全球白银货币体系"。(详见第六章第三节——第六节相关内容)

2. 主导国家的特征

贡赐体系,以天下普适的道德文明为义理基础,以厚往薄来的货物交易为交往手段,以庄重严整的礼仪规范为表现形式,融政治、经济与文化交流于一体。中国作为贡赐体系的主导国家,在政治方面,是和平主义的;在经

---

① 〔加〕保罗·埃文斯:《费正清看中国》,陈同译,上海人民出版社1995年版,第195页。

济方面，是惠他主义的；在文化方面，是和谐主义的。以下分述之。

（1）政治方面的和平主义

前文已述，以天下文明中心自任的中国通过贡赐制度对外交往，怀柔远人是基本原则，藉礼义教化使其自愿归附。贡赐体系中的朝贡完全是一种自愿行为，绝不是受中国武力强弱的影响。以明代为例。明太祖洪武四年定调对外政策："海外蛮夷之国，有为患于中国者，不可不讨；不为中国患者，不可辄自兴兵。古人有言，地广非久安之计，民劳乃动乱之源……得其地不足以供给，得其民不足以使令"（《明太祖实录》卷68，洪武四年九月辛未），后在《皇明祖训中》告诫子孙："四方诸夷皆限山隔海，僻在一隅，得其地不足以供给，得其民不足以使令。若其不自揣量，来挠我边，则彼为不祥。彼既不为中国患，而我兴兵轻伐，亦不祥也。吾恐后世子孙倚中国富强，贪一时战功，无故兴兵，致伤人命，切记不可。但胡戎与西北边境互相密迩，累世战争，必选将练兵，时谨备之。"并"将不征诸夷国名开列于后"。明成祖也曾谕示："太祖高皇帝时，诸番国遣使来朝，一皆遇之以诚，其以土物来市易者，悉听其便。或有不知避忌而误干宪条，皆宽宥之，以怀远人。今四海一家，正当广示无外，诸国有输诚来贡者听。"（《明太祖实录》卷12上，洪武三十五年九月丁亥）成祖期间郑和下西洋，其航海技术之精、船舶吨位之巨、航海里程之长、组织配备之密，在当时世界罕有其匹，然其仅限于宣昭颁赏、厚往薄来，播仁爱于友邦、传文明于世界，此与西方人开辟新航路的目的截然不同。不仅如此，对贡赐国之间的友好交往，中国历代政府积极支持。若贡赐国彼此交恶，中国则往往以宗主身份，承担起"协和万邦"的职责。① 历史上，德本主义的中国不曾侵犯他国，对外用兵多为不得已而为之的"义战"：或是中国分裂后的"统一战争"，如汉征越南、朝鲜（皆为战国秦朝时的故地）；或是抵御侵略的"自卫战争"，如汉伐匈奴、唐伐突厥、明伐鞑靼瓦剌等；或是维护国际秩序的"援助战争"，如唐征高丽百济（因其侵略邻国新罗）、明征安南（因其入侵边境，而且将受明廷保护的前朝嗣

---

① 陈尚胜：《试论明成祖的对外政策》，载《安徽史学》1994年第1期。

位之君截杀于边境）等。以历史上的中越战争为例：北宋以前，越南为中国属地，战争性质为中央与地方之间的统一战争或平叛战争，如东汉平息二征起义、唐代平息杜英翰冯兴起义等；五代十国之后，北宋接受安南丁氏朝贡并给予册封，双方成为宗藩关系，在藩属国发生内乱或遭遇外侵的情况下，如藩属国请求宗主国出兵，宗主国有保护藩属国受封政权安全的义务，北宋初年"复丁除黎"、明初"灭胡扶陈"和清朝"灭阮扶黎"等出兵皆是如此；而如果藩属国之间发生争斗，如安南与占城，中国出兵干涉，因此宋明两朝多次出兵调解；如果藩属国侵扰中国边境，中国则自然要自卫反击，如李朝、陈朝在宋明期间多次出兵袭扰中国南疆，北宋熙宁年间甚至对中国广西钦州、廉州和邕州三地进行大屠杀，中国出兵反击理所当然。一言以蔽之，历代"帝王用兵，皆出于不得已"。① 而如元朝东征西讨乃游牧民族政权恃强逞威，非德本主义中国所为，元世祖征伐日本曾遭儒臣反对，认为其所行非"中国事"。② 中国强调内修德政、外抚边境，驭夷宜宽、用兵宜审，旨在维护人类和平，保障永续发展。

（2）经济方面的惠他主义

贡赐包括朝贡国一方的朝觐、纳贡与宗主国一方的册封、赏赐。一般来说，朝贡方和与赏赐方之间的"贡赐"交易并不平衡：朝贡方从赏赐方所获得的收益要大大高于他们向后者的进贡，朝贡方因此可以获得可观的经济效益。在"贡赐"交易中，双方着眼点有所不同："对于中国的统治者而言，贡赐的道德价值是最重要的；对于蛮夷来说，最重要的是贸易的物质价值。"③ 当然，历史上不乏"慕义"来朝贡的，也确有不少"慕利"而来者。元人马

---

① 《明实录·九六·附录·明太宗宝训》，第217页。
② 黄枝连：《天朝礼治体系研究》（上卷），中国人民大学出版社1992年版，第294—300页。
③ John K. Fairbank（费正清）：Tributary Trade and China's Relation with the West, far Eastern Quarterly, Vol.1（2），p.139,转引自李云泉《朝贡制度史论——中国古代对外关系体制研究》，新华出版社2004年版，第316页。

端临指出："岛夷贡赐，不过利于互市赐予，岂真慕义而来？"① 即便如此，中国在"贡赐"交易中仍坚持"厚往薄来"的惠他主义。因为"君子喻于义，小人喻于利。"(《论语·里仁》，意为：文明的人通过好的习俗就能明白和谐相处群体延续的道理，不文明的人要通过利害得失才能明白）以"礼义之邦"自任的"中国"，冀望于在"贡赐"交易中通过输送"利"而达到明"义"的效果，在"朝贡——赏赐"的互动中进行道德教化，"以夏变夷"。在一定的历史时期，贡赐是贸易合法化的标志：如有明一代，大批海外国家与西域诸国为了取得进入中国贸易的合法身份，主动接受明朝政府的册封，加入到朝贡的行列。通过履行朝觐贡物、遣使册封、颁正朔、赐历书等礼仪，中华文明潜移默化地影响了朝贡的国家和地区。同时，通过与周边民族和邻国建立稳定的贡赐关系，形成"守在四夷"的边防格局，中国也能获得安定和平的周边环境，此"利"莫大焉！

（3）文化方面的和谐主义

中国奉行的"天下主义"，强调一统多元保合太和又各正性命。因此，历史上的中国对于外来文化的态度基本是积极开放的、兼容并蓄的，这尤其体现在对于外来宗教的传播方面。汉唐时期，当时世界上的几种主要宗教都传入中国，包括佛教、景教、祆教、摩尼教等，并在中国形成一定的传播规模，留下程度不等的社会影响，佛教还成为中国文化的重要组成部分；② 宋元时期，伊斯兰教、犹太教等传入中国，并逐渐也成为中国文化的一部分；③ 明清时期，天主教耶稣会士来华在朝野传教。④ 上述宗教传播，只要不妨害中国传统的价值观念和社会秩序，政府一般是任其发展，甚至给予一定的政策支持。同时，对于儒教的对外传播，则是通过"修文德以来之"，采取文化感召的方法。中国历史上，从未有过因宗教偏见而对信教人士施以歧视迫害政策，也从未以宗教名义对外发动战争。中国历史上的少数几次"灭教""禁教"，皆因宗教

---

① 《文献通考》卷331，《四裔考八》。
② 张国刚、吴莉苇：《中西文化关系史》，高等教育出版社2006年版，第153—209页。
③ 同上书，第254—265页。
④ 同上书，第339—359页。

传播泛滥危及国家安全（如唐代武宗灭佛），或破坏社会礼法秩序（如清代康熙禁教①）。

3. 国际关系的基调

中国作为贡赐体系的主导国家，其在政治方面的和平主义、经济方面的惠他主义与文化方面的和谐主义，决定了贡赐体系内的国家间关系的基调是"和谐"。汉唐宋明清历代政府，对于无论是"慕义"还是"慕利"而来的朝贡各国，以天下一家、华夷一家的博大胸怀"怀柔远人"，待之以礼、厚往薄来；对周边部族或国家的侵扰，在采取军事手段予以回击之后，也多以"来则御之、去则勿追"②，"全其部落、顺其土俗"（《旧唐书·地理志》）的政策。对于战败的部族和政权，实行绝非施加屈辱而是表达民族友好的羁縻政策、和亲政策，使其"感恩知畏"。正因于此，在汉唐宋明清历代的大部分时期，贡赐体系内的战事较少，共识合作、和谐共荣成为主流。

（二）族国主义的国际体系——条约体系

1. 条约体系的构建

前文已述，民族国家之间的利益博弈与权力制衡是资本主义国际关系的基础。那么，主权国家之间的利益博弈与权力制衡是如何构建了资本主义的国际秩序呢？大体而言，有两个方面：其一，在形式上，确立主权国家的平等外交关系；其二，在实质上，大国主导的权力竞争关系达致一定时期的均衡。以此为基础，形成了纷繁复杂的"国际条约"。"国际条约"是主权国家间交往的基本规范，也是资本主义社会"国际法"的最主要渊源。③ 以"国际条约"为基础构建的国际体系可称之为"条约体系"。

"条约体系"可溯源于文艺复兴时期的意大利。其时，意大利各城邦国家随着海上贸易的日益扩大，在对外交往中逐渐形成统一的政治实体。如在

---

① 张国刚、吴莉苇：《中西文化关系史》，高等教育出版社2006年版，第153—209、360—408页。
② 〔清〕谷应泰：《明史纪事本末·故元遗兵》，中华书局1977年版。
③ 江国青：《国际法与国际条约的几个问题》，全国人大常委会法制讲座讲稿之十四。

佛罗伦萨、威尼斯和米兰等主要城邦国家,一些雄心勃勃的政治家和思想家,试图创造一种整体的意大利民族性(the Italian nationality)。威尼斯人继承拜占庭帝国的"外交"传统,创造了最早的现代外交模式。典型的国务活动家的行动目标是:首先,争取独立;其次,寻求霸权或主导权;最后,建立主权国家。今天的意大利地区,成为西方现代外交纵横捭阖的最初场所:它不仅最早建立了互派大使并相互承认其为各自国家的全权代表的制度;而且,以威尼斯人为典型的意大利各城邦国家,在发展对外贸易和对外政治交往中,形成了欧洲最早的以权力和利益为中心的外交模式。①

地理大发现后,随着海外殖民与海上贸易竞争的日益扩大,西欧民族国家逐渐形成。国家间的利益争夺导致了频繁惨烈的战争,尤以"三十年战争"为剧。结束三十年战争的《威斯特伐利亚和约》,以条约形式确认了主权国家为国际政治中的最高主体,"对内主权概念逐渐被替换为相互承认的主权概念,它把对主权源泉的追诉从内部统治的合法性转向了外部的承认关系(这一合法性原则本来是以国内权威的合法性为前提的,因此这一主权原则可以发展为主权不受干涉的原则)"。②《威斯特伐利亚和约》确立的相互承认主权、正当行使军事实力、不干涉他国内政、承认他国追求利益的权利等"规范"国际关系的基本准则,标志着主权国家之间的"条约体系"诞生。

在条约体系中,"主权国家在对外方面是自律和独立的主体,对内则在一定范围内具有至高无上的权力。国家对外发挥的作用应该称作一种水平的或者消极的权力,因为在主权国家的外在政治空间并不存在一种能够以主权来进行统治的最高权力;而国家对内发挥的作用则可以称作一种垂直的或者积极的权力,因为在一定政治空间之内并不存在其他具有和主权国家相同的最高权力的政治主体"。③

由于资本主义国家的逐利本性,任何一个国家都必然同其他国家展开权利的争夺,或美其名曰"价值分配"。然而,"在国际社会,并不存在一个像

---

① 王逸舟:《西方国际政治学:历史与理论》,中国社会科学出版社2007年版,第16页。
② 汪晖:《现代中国思想的兴起》(上),北京生活·读书·新知三联书店2004年版,第696页。
③ 〔日〕星野昭吉:《全球化时代的世界政治——世界政治的行为主体与结构》,刘小林、梁云祥译,社会科学文献出版社2004年版,第30页。

国家一样具有领土管辖范围和与国内社会同样内容的政治空间，因此也不存在一个可以统治主权国家及由主权国家构成的国际体系的主权性权威。领土是一个政治空间区别于其他政治空间的界限，正是国家领土范围与作为国家主体的权力机构共同构成了一个国家。因此，主权国家同时也意味着领土国家。在存在主权的范围之内，即国内社会，可以实现和平、秩序、安全和正义；而在没有主权存在的地方，即国际社会，却是一个充满战争、动乱、不安全与非正义的世界"。① "任何国家都拥有确保本国安全、获取和扩大本国利益的主权，因此就有可能通过诉诸战争来实现其目的。为防止受到其他国家的军事攻击和威胁，国家拥有和行使军事实力的权利得到了承认。作为实现国家利益的手段之一，战争被合法化了。在这个意义上说，领土主权国家同时也是军事国家、战争国家、兵营国家。……要形成防止战争和围绕国际社会价值分配做出实质性决策的机制还是可能的。只要主权国家真正支持主权原则和存在形成这一机制的可能性，就可能维持主权国家体系下一定的秩序。这一点已通过近代国家体系形成以来直至今天仍在发挥作用的势力均衡原则、国际法、国际组织、不干涉内政原则及相互承认主权等机制而得到了证明"。② 然而，上述"主权国家体系"中的国家并不是真正平等的展开竞争和进行"价值分配"的："主权国家体系之所以能够形成、维持、发展和变化，是因为国际社会存在一些大国，它们具有强大的国力，特别是具有强大的军事能力，而且可以随时行使这一能力。它们常常引起战争，使国际体系的秩序遭到破坏。因此，国际体系实际上也可以说是具有主权的大国间关系体系。"③ 一言以蔽之，"条约体系"是形式上主权国家平等、实质上大国主导操纵的国际体系。

"条约体系"中大国主导的制衡，往往"并不是两个单个国家之间的平衡，而是一个国家或一个联盟与另一个联盟之间的关系"。④ 也就是说，大国主导的

---

① 〔日〕星野昭吉：《全球化时代的世界政治——世界政治的行为主体与结构》，刘小林、梁云祥译，社会科学文献出版社 2004 年版，第 31 页。
② 同上书，第 32—33 页。
③ 同上书，第 33 页。
④ 〔美〕汉斯·J.摩根索等：《国家间政治—寻求权力与和平的斗争》，徐昕等译，（转下页）

联盟之间的抗衡成为"条约体系"中国家权力达至均衡的重要方式。联盟是以利益为基石构建的，由于国家之间的利益关系的错综复杂，导致了联盟构建的复杂性："标准的联盟试图把各缔约国全部利益中的一小部分转化成共同的政策和措施。在这些利益中，某些利益与联盟的目标无关，有些有助于实现联盟的目标，有些与联盟的目标有所不同，还有些则与联盟的目标相左。因此，标准的联盟总是建立在时常变动、歧见纷呈的利益和目标的基础之上。联盟是否有效，能在多长时间内有效，要看支撑联盟的缔约国的利益与缔约国的其他利益相比孰大孰小。"具体说来，"全面的联盟一般来说为时较短，在战争中最为常见，因为这时压倒一切的共同利益是赢得战争，并且通过战后的处理取得战争为之奋斗的利益。一旦赢得了战争、签订了和约，这种利益必然会让位于各个国家间传统上各不相同的、经常彼此冲突的利益。另一方面，联盟的永久性和它要取得的利益的有限性是相互关联的。因为只有具体的、有限的利益才可能长期存在，为联盟的持久存在提供基础。……历史表明了这样一条普遍性的结论：人们虽然常常假定盟约永久有效，签订时规定的有效期是'永久'或10年、20年，但其实它们的有效时间不可能超过它们所要取得的共同利益的结合所持续的时间，这种结合通常都是很不稳定的、稍纵即逝的。联盟多是短命的，这是一条规律。联盟能否维系取决于基本利益是否一致"。① 因此，"条约体系"中大国操纵下的合纵连横成为常态。如"参加三十年战争的两个联盟中，一个由法国和瑞典领导，一个由奥地利领导，它们的目的都是为了使各国的帝国主义野心得逞，瑞典、奥地利尤是如此，同时又是为了遏止对方的野心。三十年战争结束之后决定欧洲事务的数项条约试图建立的权力均衡服务于后一个目的。从1713年《乌德勒支条约》签订到1772年波兰第一次被瓜分期间的多次联盟战争，目的都是试图维系《乌德勒支条约》建立起来的平衡，这种平衡由于瑞典权力的衰落以及普鲁士、俄国和英国力量的崛起而受到威胁。联盟关系的不时改变，甚至当战争正在进行时也会改变的现象令历史学家吃惊，并

（接上页）中国人民公安大学出版社1990年版，第235页

① 〔美〕汉斯·J.摩根索等：《国家间政治——寻求权力与和平的斗争》，徐昕等译，中国人民公安大学出版社1990年版，第240—241页。

使 18 世纪尤其显得缺乏原则和道德的考虑"。① 总之,"条约体系"中大国主导的国际秩序的构建完全以利益与权力的制衡为基点。

需要指出,"条约体系"建基于欧洲海外殖民扩张的历史传统。前文已述,正是因为具有可以扩张的资源环境,才导致了西欧主权国家的形成(见前文《国家缔造的动力机制》);而在西欧主权国家间形成的利益争夺与权力抗衡的机制,则是因为对外扩张的成本收益率,要远远高于内部争夺兼并的成本收益率。由于对殖民扩张的"成本收益率"有着共同的认识,所以,"欧洲形成了一个政治体系、一个整体……变为某种类型的共和国,共和国的各成员虽然是独立的,却能通过共同利益的沟通联合起来以维护秩序和自由。因此,政治平衡或权力均衡这一闻名于世的格局出现了"②。在这种"政治平衡或权力均衡"中,欧洲的"各共和国赢得了安定和秩序;君主国接受了自由原则,或者至少接受了节制原则;甚至缺陷严重的宪法,也因时代的普遍风尚的影响而注入了尊严和正义的意识。在和平时期,由于如此众多的积极竞争者仿效,加速了认识的进步和工业的发展;战争期间,欧洲也只用适度而非决定性的竞争来运用武力"③。然而,上述"安定""秩序""自由""节制""尊严""正义"等,仅是限于欧洲内部,而对于"列强在非洲、亚洲和太平洋所进行的无数侵略","列强各国一般来说是赞同的"。④

正由于此,"条约体系"与"殖民体系"相伴而生。在资本主义社会的形成期,威斯特伐利亚条约体系的建立,造就了欧洲一定时期的相对均势,也造就了欧洲国家海外殖民体系的基本格局。在发展期,"维也纳"条约体系的建立,造就了欧洲一定时期的相对和平,即所谓"英国治下的和平"(Pax Britannica),英国的殖民体系也由此得以巩固和扩张;同期,由于工业体系输

---

① 〔美〕汉斯·J. 摩根索等:《国家间政治—寻求权力与和平的斗争》,徐昕等译,中国人民公安大学出版社 1990 年版,第 245 页。
② 同上书,第 277 页。
③ 同上书,第 275 页。
④ 同上书,第 282 页。

出，新的工业军事强国形成（美国、法国、德国、俄国、日本），列强在世界范围疯狂争夺殖民地，最终由于土地资源紧张而引爆第一次世界大战，导致"凡尔赛—华盛顿"条约体系的建立。"凡尔赛—华盛顿"并未真正解决列强的"生存空间"（实际是扩张空间）问题，短暂繁荣后，各国重新展开对土地的争夺，导致第二次世界大战的爆发。列强通过战争确认了这个世界再没有"无主土地"的事实，"雅尔塔"条约体系得以建立，资本主义社会由此进入成熟期。随着全球范围内民族主权国家的兴起，资本主义国家"硬"的军事殖民体系基本瓦解，然而"软"的经济殖民体系却以更复杂、更精妙的"技术含量"发展起来：以资本输出、贸易控制、技术垄断、金融操纵等手段进行"经济殖民"，使全球体系中"核心国家"与"边缘国家"之间形成产业级差分工关系。（详见第六章第三节——第六节相关内容）

"条约体系"与"殖民体系"相伴发展的历史，揭示了"主权国家体系与各自不同的边缘区域之间，存在着非对称性的价值分配关系模式。在构成国际体系主要部分的主权国家之间，占主导地位的主权国家间的关系模式是一种对称的权力关系，但是在这一主要部分与非欧洲区域的边缘区域之间，却在价值分配与权力分配上往往存在着非对称性的关系。长期以来，主权国家体系与这一体系同其边缘区域之间形成的'支配——从属'体系同时存在，并且国际社会中这一双重结构不断被延续和强化。主权国家的生存与发展是由边缘区域或处于边缘地位的民族所支撑的。那些拥有主权的大国，虽然具有自律、独立、经济发展和较高的生活水准，但实际上这是它们通过损害和否定边缘区域国家的利益并将这些边缘国家纳入其'支配——从属'体系的结构中而获得的。边缘区域虽然与中心区域形成了一种非对称性的价值和权力分配关系，并且成了后者所统治的对象，但它毕竟构成了'支配——从属'国际体系的一部分。在这一体系内，不存在主权国家体系中所见到的相互依存关系，而且边缘部分的存在常常被中心部分所忽视，以至于人们常常认为国际政治只是围绕中心部分国家而展开的"。①

---

① 〔日〕星野昭吉：《全球化时代的世界政治——世界政治的行为主体与结构》，（转下页）

2．主导国家的特征

条约体系的"中心部分国家"，或曰"主导国家"，在政治方面，是扩张主义的；在经济方面，是利己主义的；在文化方面，是霸权主义。以下分述之。

（1）政治方面的扩张主义

前文已述，利益博弈与权力制衡是构建条约体系的基石，任何一个主权国家都有追求自身最大利益、扩张自身势力的权利，唯一的障碍只是成本利益之间的权衡。美国国际政治学家罗伯特·吉尔平深入剖析了主权国家的扩张主义特征：

"随着一国力量的增长，它必然开始寻求扩大领土的控制权，扩充政治影响，以及扩展对国际经济的控制。相应地，由于该国获得越来越多的资源并从规模经济中获利，这些发展将增强该国的力量。一个国家领土、政治和经济的扩张，增加了控制体系所要求的经济盈余的可得性，占统治地位的国家和帝国的兴衰，大多同产生以及最终耗尽这种经济盈余有关。如果一个国家力量的增长同它对国际体系的控制之间的关系呈直线发展，那么结果将是最终由一个国家建立起全世界的最高权力。这种情况尚未发生，原因是抵消力量在起作用，减缓并最终阻止扩张的冲动。由于这些抵消力量的影响，当一国加强对一种国际体系的控制时，从某一点开始，它既碰到进一步扩张所需成本的增加，又碰到由于进一步扩张所得成果的减少的情况。也就是说，从进一步转变和控制国际体系中获得的纯收益在不断减少。扩张所得结果的这一转变，对一国的进一步扩张设定了强制性限制。一国的扩张及其对体制的控制，可以说大致上是由 V 字形成本曲线决定的。扩张的最初阶段以成本的减少为特征，原因主要在于经济规模。然而，随着国家的规模及其控制范围的扩大，在某点上它开始遇到规模缩小的收益。相对于收益而言，不断增加的扩张成本最终限制了该国的扩张规模及其对体系的控制。在这一点上出现的交叉是一个以经验为根据的问题，取决于技术和其他的因素。在这一点上，扩张以及改变体系的努力已变得无利可图，国际体系可以说已回复到平衡状

（接上页）刘小林、梁云祥译，社会科学文献出版社 2004 年版，第 35 页。

态，因为进一步扩张的边际成本同扩张的边际收益相等或更高。作为这些促进和延缓扩张与发展力量相互作用的结果，一国的扩张及其对国际体系的控制被绝妙地描绘成逻辑曲线或 S 形曲线。由此可见，一个行将扩张的国家，最初是增强它的力量并控制体系；随着增大了的资金流量流入国库，国家力量及其统治的扩张相互强化。最后，抵消力量起作用了，减缓并最终阻止该国的扩张，体系回复到一种平衡状态。"①

条约体系的历史演进就是在这种新兴强国扩张和重建势力平衡的反复中前行的。其间，充满了战争的血腥和惨烈。因为，资本主义国家的扩张主义必然导致军国主义倾向："在这一体系内，各个国家或国家集团在展开国家关系和决定价值分配时的唯一手段（应该是'最后手段'——笔者）就是军事实力。在主权国家体系中，从形式上来看外交发挥的作用非常大，但实际上在外交的背后都有一定军事实力的存在。主权国家体系是一种军事实力呈多元扩散的无政府状态体系，因此可以说这是一个军事实力发挥巨大作用的体系。要制约、管理和控制一个无政府状态的国际社会是非常困难的，因此制约别国行为方式或国家间关系方式的手段只能是军事实力，或者说是被合法化了的战争。军事实力是决定、实施乃至维持和扩大国际价值分配的手段，但是维持与扩大军事实力本身往往就被作为一种价值而变成了目的。因此，围绕权力的争斗就变得极为平常，每一个国家都在追求军事实力的进一步提高，扩充军备成了每一个国家的主要政策，强者胜弱者败的丛林法则成了占据主导地位的原则。据此，战争作为获取本国利益的手段而被合法化，通过使用军事实力与军事实力的对抗来抑制对手的暴力行为的势力均衡原则对于维持和稳定国际体系也发挥了重要作用。相对于支撑主权的法律支柱，军事支柱的作用显得更为重要，成了主权的主要支柱。"②

---

① 〔美〕罗伯特·吉尔平《世界政治中的战争与变革》，武军等译，中国人民大学出版社 1994 年版，第 109—110 页。
② 〔日〕星野昭吉：《全薛化时代的世界政治——世界政治的行为主体与结构》，刘小林、梁云祥译，社会科学文献出版社 2004 年版，第 34—35 页。

（2）经济方面的利己主义

大国主导的利益博弈与权力制衡机制形成了一种"中心——边缘"或"支配——从属"的体系结构。在"中心——边缘"或"支配——从属"的国家之间，前者掌控了世界经济运行规则的制定权，后者只能以中心国家的利益为中心依附发展。

据巴西学者多斯桑托斯研究，"依附"的形式在资本主义体系中大体可分为三类。其一是殖民地商业——出口依附，指中心国家通过在殖民地垄断占有矿山、土地和劳动力（农奴和奴隶）等生产要素来支配殖民地国家的经济。其二是工业——金融依附，指中心国家通过在边缘国家大量投资于原料和农产品生产，发展出口经济，使后者形成单一的经济结构，中心国家的市场消费需求决定了后者的经济发展。其三是工业——技术依附，指中心国家通过跨国公司投资边缘国家的工业部门来控制后者的工业发展，使其受到中心国家资金和技术两方面制约。"这个体系内，一部分国家的发展是以牺牲另外一些国家的发展为代价的。贸易关系的基础是对市场进行垄断性控制，把在依附国生产的盈余转移到统治国。至于金融关系，就统治国而言，表现为放贷和资本输出，这使它们能够获得利息和利润，从而增加它们的国内盈余并加深对依附国经济的控制；就依附国而言，则表现为利润和利息的输出，从而使它们国内生产的部分盈余遭掠夺并使它们丧失了对其生产资源的控制。依附国只有创造大量的盈余才能忍受这种不利的关系，但这并非通过掌握较为先进的技术来实现，而是依靠遭受着超额剥削的劳动力，这就限制了这些国家内部市场的发展，而且也限制了这些国家在技术和文化能力以及人民身心健康方面的发展。……依附性地区的财富向最先进的居统治地位的地区转移……变成世界经济中心必不可少的结构性因素"。[①]

据美国学者伊曼纽尔·沃勒斯坦的研究，现代世界体系具有"中心""半

[①] 〔巴西〕特奥多尼奥·多斯桑托斯：《帝国主义与依附》，毛金里等译，社会科学文献出版社1999年版，第309—310页。

边缘""边缘"三个层次结构,存在着不等价交换机制,"中心区"通过对"边缘区"的不等价交换从"边缘区"聚敛财富,使"边缘区"的财富流向"中心区"。现代世界体系在孕育、发展、成熟的周期运动过程中,中心国家凭借优势和强力将自己的观念、价值制度化,并向边缘区和半边缘区推广,导致体系内中心区与边缘区的贫富差距拉大,区域发展极度不平衡。①

据中国学者温铁军研究,当今世界仍然存在的"中心—半边缘—边缘"结构"已经恶化为'双输'博弈:像中国这样的边缘国家和半边缘国家(亦称'新兴国家'和'发展中国家')仍然不成比例的以各种方式向核心国家作双重输送——既输送实物产品,形成对西方的贸易顺差来推动其货币增发,反过来又以不断累积的贸易盈余购买西方政府增发的国债,输送其贸易盈余回到西方资本市场促使金融资本愈益泡沫化。"②

还有许多学者充分揭示了条约体系中国家之间经济关系的"不平等",如阿根廷的费德南多·卡尔多索、埃及的萨米尔·阿明、美国的甘德·弗兰克、中国的郎咸平等,兹不繁引。

(3)文化方面的霸权主义

条约体系中主导国家的政治扩张与经济控制需要用文化渗透作为支撑。大国往往理所当然地认定其文化价值观念具有"普世性"。在条约体系的历史上,"几乎是某种自然定律,每一世纪似乎总会出现一个有实力、有意志且有知识与道德动力,希图根据其本身的价值观来塑造整个国际体系的国家。十七世纪的法国在黎塞留枢机主教领导下,引进了以民族国家为基础,以追求国家利益为终极目标的近代国际关系的作风。十八世纪的大英帝国将'均势观念'发扬光大,使这个观念主宰了后两个世纪的欧洲外交",而"二十世纪最能左右国际关系的……国家则非美国莫属。再没有其他社会像美国一样,既绝对坚持绝不容许外国干预美国内政,又如此一厢情愿地认定美国的价值观是放诸四海皆准的","美国的价值观使美国人自认为有义

---

① 〔美〕伊曼纽尔·沃勒斯坦《现代世界体系》(共三卷),庞卓恒等译,高等教育出版社1998年版。
② 温铁军等:《八次危机——中国的真实经验1949—2009》,东方出版社2013年版,第6—7页。

务向全世界推广这些价值"。① 伊曼纽尔·沃勒斯坦指出，现代世界体系是以西方文化为主导的体系，中心国家推销的"世界文化"其实是一种基于西方特定社会历史背景的特殊文化，它在"普遍化"的过程中已经异化为一种维护"中心国家"利益的意识形态工具。冷战结束后，美国凭借其在世界体系中的霸权地位，高举"贸易自由化"旗帜，积极进军别国的文化市场，在全世界推行美国的文化价值，进行文化殖民。在"全球化"趋势下，广大边缘区国家的民族文化面临被美国的可口可乐、麦当劳、牛仔服、好莱坞等商业文化所淹没。在文化这一层面上，全球化几乎成了美国化。还有美国学者鼓吹，自由民主是人类思想演进的终点，自由民主制度是人类最后的政府形式，是"历史的终结"。② 如此霸道的文化形态是不折不扣的"文化帝国主义"。（详见参阅）

参阅

美国的文化帝国主义③

美国文化帝国主义有两个主要的目标：一个是经济的，另一个是政治的。经济上是要为其文化商品攫取市场，政治上则是要通过改造大众意识来建立霸权。娱乐商品的出口是资本积累最重要的来源之一，也是替代制造业出口在世界范围内获利的手段。在政治上，文化帝国主义在于将人们从其文化之根和团结传统中离间出来，并代之以新闻媒介制造出来的、随着一场场宣传攻势变幻的"需求"。在政治上的效果则是把人们从其传统的阶级和社会的圈子中分化出来，并使得人和人之间产生隔阂。

文化帝国主义既可以'传统'的形式，又可以现代形式出现。过去几个世纪中，教会、教育系统和公共当局在神或神权原则的名义下对原住民不断

---

① 〔美〕亨利基辛格：《大外交》，顾淑馨等译，海南出版社1998年版，第2页。
② 〔美〕弗朗西斯·福山《历史的终结》，黄胜强译，远方出版社1998年版。
③ 编自〔美〕詹姆斯·佩查斯：《二十世纪后半叶的文化帝国主义》，邱林译，美国《侨报》1993年2月20日。

灌输顺从和效忠思想。当这些传统的文化帝国主义手段仍然有效之际，新的现代化的基于现代体制的工具对帝国主义控制而言日益重要起来。如今，大众媒介、曝光宣传、广告、世俗的表演家和知识分子起着主要作用。在今日的世界，好莱坞、有线新闻电视台和迪斯尼乐园要比梵蒂冈、圣经和政治人物的公众演讲要有影响的多。

　　文化渗透与政治、军事控制和经济剥削紧密相连。美国用来支持中美洲种族灭绝政府以保证自己经济利益的军事干涉，往往是伴随有强烈的文化渗透。美国赞助基督教会侵入印第安人村庄，在印第安农民受害者中灌输归顺思想。赞助国际会议是为了让臣服了的知识分子们讨论"民主与市场"。逃避现实的电视节目呈现"另一个世界"的幻想。文化渗透是镇压起义者的战争机器的非军事手段的外延。

　　现代文化殖民主义在以下几个意义上有别于以前的实践：（一）它要捕获大众，而不是仅仅转换头面人物。（二）大众媒介，尤其是电视，侵入各个家庭。它不仅从"里面"和"下面"起作用，而且从"外面"和"上面"起作用。（三）现代文化殖民主义具有全球规模，它的冲击无所不在。以世界一家的欺骗来为神话帝国主义势力的象征、目的和利益服务。（四）大众媒介作为今日文化帝国主义的工具而言只是在形式的意义上属"民间"组织。失去与政府之间的正式关系恰好给民间媒介披上合法的外衣以便将帝国主义的利益作为"新闻"和"娱乐"来宣传。（五）在现代帝国主义时代，政治利益是通过非帝国主义的主体来表达的。"新闻报道"集中于中美洲的雇佣农民士兵和在海湾战争中面带微笑的来自劳动阶级的美国黑人的个人传记。……西方传媒从来不告诉其听众反共亲美当局在危地马拉屠杀了十万印第安人，在萨尔瓦多屠杀了七万五千劳动人民，在尼加拉瓜杀了五万人。大众传媒掩盖由于引进市场经济，在东欧和前苏联，造成巨大灾难的事实，这些灾难使几亿人遭受贫困。

　　美国为首的文化帝国主义最好是通过那些殖民化了的中间人和文化同谋起作用。典型的文化帝国主义同谋就是那些野心勃勃往上爬的第三世界的专业人员们。他们总是极力模仿其主子的一招一式。这些同谋对西方百般奉承而对自己的国家的人民则总是傲慢无理,具有典型的媚上欺下、媚富欺贫的品性。他们以银行和多国财团为后盾。他们通过国家和地方的大众媒体掌握了巨大的权力。模仿西方,他们坚定地遵从不平等竞争的规则,在自由贸易的名义下,开放他们的国家和人民去遭受残酷剥削。最突出的文化内奸,有些学院派知识分子,他们把市场崇拜为一切是非的绝对主宰,攻击劳动阶级和限制资本运动的国家和国家机构,并将其支持者孤立起来并贬低他们。纵观整个第三世界,西方资助的第三世界的知识分子全盘接受了阶级合作的意识形态,帝国主义被"互相依靠"的概念所偷换。学院派知识分子对真实世界的疏远乃是西方文化帝国主义优势的一个副产品。

眼下时髦的事是引用"全球化"和"国际化"这样的术语对任何或所有形式的团结、社区或是传统社会价值进行攻击。以"国际主义"为借口,欧美已成为使日常生活非政治化和琐碎化的最有效的文化形式的主要输出者。个人主义和"自我中心生活"的强调(有美国大众媒介工业大量生产和分布)现在已经成为统治第三世界的主要工具。新文化形式——个人凌驾于社会之上,感官刺激和暴力凌驾于日常奋斗和社会现实之上,这一切都有助于灌输破坏集体行动的自我中心价值观。

颂扬"暂时性"的媒介文化反映了资本主义的无根基——它雇佣和解雇及不顾社区需要地移动资本的权力。"搬迁自由"的神化正是在资本迅变的需求下人们无力去建立和巩固社区的根基的反映。北美文化赞美短促的,无人格的关系为"自由",事实上,这正好反映出个人对垄断资本权力利的麻木从属。

新的文化专制扎根于无所不在的、不断重复的、市场同质化的消费文化,以及无根基的选举系统的奇谈怪论。新媒介专制正是站在触角遍及上至国际银行作决定的会议室,下至安第斯山脉小村庄的等级国家和经济机构这一边。北美文化能成功地渗透第三世界之秘密在于它的由经济和军事主导产生的、以制造幻想来让人们逃避穷困现实的能力。新文化帝国主义最基本的要素是重商主义——性——保守主义的融合。其中每一样都被展示为私人的需要,个人自我实现的理想化的表达。对沉浸在无望的工作、为生存而挣扎于肮脏和堕落之中的第三世界的人们，媒介制作的幻想就像福音传教士一样，描述"好一点的故事"，一个将来好一点的希望，或至少得到一些观望别人享受好生活的替代性欢乐。

文化帝国主义及它所鼓吹的价值观，在防止被剥夺人民对他们日益恶化的处境进行集体抗争中起着重要作用。在第三世界广泛传播的信条、形象和意识形态是集体行动的基础的主要障碍。帝国主义的重大胜利不仅是在物质利益方面，而且在于它直接地通过大众媒体，间接地通过俘获被压迫民族知识分子和政治阶级（或他们的投降）来征服被压迫者的意识的内部空间。

3. 国际关系的基调

主权国家体系下，"国际社会是无政府社会，国家为了生存和安全只能选择'自助'。国际社会的道德标准与国内的道德标准是不一样的，因此各国为了最大限度地获取利益经常不择手段。在国际社会中，国家利益出现不一致是常态，于是有意识地维护本国利益的行为经常导致国际冲突的发生。国家间的利益矛盾是多种多样的，但国际权力矛盾是引发国际冲突的最主要因素。原因在于，国际权力是国际关系中最为稀缺的利益。……由于国际权力的绝对量是一定的，任何一国权力的增长都意味着某些其他国家权力的下降。……国际冲突经常表现为权力问题。即使冲突发生在政治以外的领域，只要涉及权力的争夺和重新分配，该国际冲突就具有零和性质。"[1] 而条约体系中主导国家在政治方面的扩张主义、经济方面的利己主义与文化方面的霸权主义，决定了条约体系内国际关系的基调是"冲突"。具体表现形式，则是权力冲突与共识合作的交互与重叠：既有时间上冲突与和平的交互发展，也有同一时期冲突与合作关系的重叠。罗伯特·吉尔平清晰地揭示了条约体系中的国家由于大国权力对比变化而必然导致冲突，从而引发体系变化、形成新的共识合作体系，如图7-2[2]。

---

[1] 阎学通：《国际关系分析》，北京大学出版社2008年版，第125—126页。

[2] 同上书，第33页。

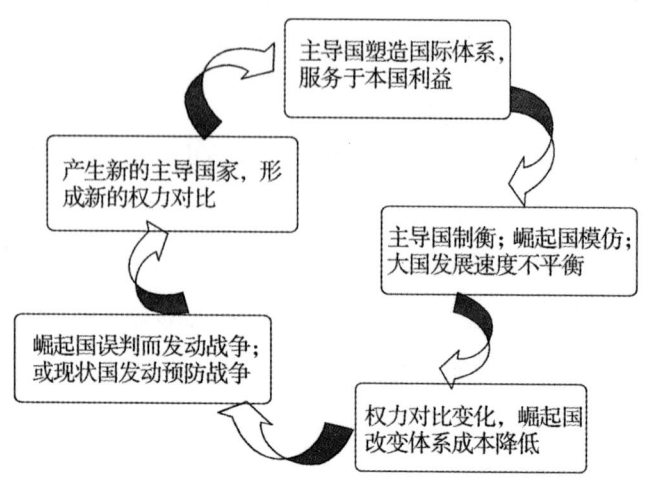

图 7-2 国际体系变化的动力

"从 1648 年（威斯特伐利亚条约体系建立）到拿破仑战争，再从 1815 年（维也纳条约体系建立）到 1914 年（第一次世界大战爆发），这期间的政治竞争……都是有节制的、非决定性的"。① "共识在权力均衡所处时代的智力和道德的氛围中生成，从实际的权力关系中获取力量，它在一般情况下足以粉碎企图推翻权力均衡体系本身的任何行为。同时，这种共识又可以作为一种文化和道德的力量反作用于国际社会的智力和道德氛围以及权力关系，从而加强了缓和与平衡的趋向"。② 然而，一旦大国的权力对比出现较大变化，"这种共识不复存在，或遭到削弱而不再稳定如故，权力均衡便无法继续履行其维持国际社会稳定和各国独立的功能，从波兰被瓜分到拿破仑战争结束的这一时期就是如此"。③ 进一步说，这种"共识"还是以相对宽裕的资源环境为基础的，一旦资源环境不再宽裕，共识也将"不复存在，或遭到削弱而不再稳定如故，权力均衡便无法继续履行其维持国际社会稳定和各国独立的功能"，从一战爆发到二战结束时期就是如此。"事实上，从 1648 年到 1815 年

---

① 〔美〕汉斯·J.摩根索等：《国家间政治－寻求权力与和平的斗争》，徐昕等译，中国人民公安大学出版社 1990 年版，第 281 页。

② 同上书，第 281—282 页。

③ 同上书，第 282 页。

战争烽火绵延不断，20世纪更有两次席卷全球的世界大战。分别开始于1648年和1815年的两段安定时期，也均以大量的弱小国家被消灭为开端，即使在安定时期，也有波兰首当其冲的多边小国被兼并的分散的事例"。[①] 二战以后的相对和平时期，也接连发生了朝鲜战争、越南战争、阿富汗战争、两伊战争、海湾战争等局部战争。因此，西方的国际关系理论认为，"冲突是国际关系的本质，是国际关系的主导现象"。[②]

西方国际关系学的自由主义理论认为，通过创造适当条件（如自由贸易、社会交往、国际制度等），无政府状态下的国际合作是可能的；而且通过超国家和跨国家组织（如联合国等国际组织、非政府组织、跨国公司等）在国际层次发挥积极作用，可以使国家之间在政治、经济、军事、环境和生态等领域展开全面合作。然而，"合作"依然是以有利于大国"扩张"为前提的。历史事实证明，条约体系中"自由主义"大行其道的时期，多是有利于资本大国以"自由"之名行"扩张"之实的时期，如发展期前半期（拿破仑战争后的半个多世纪，英国推行商业自由主义）、成熟期前半期（二战后，美国推行冷战自由主义）、繁荣期前半期（冷战结束后，美国推行新自由主义），而一旦国际环境不利于大国自由"扩张"，"现实主义"便原形毕露，如英国在19世纪70年代经济萧条后，采取贸易保护主义措施；美国在2008金融危机后，同样采取贸易保护主义措施。可见，"自由"与"合作"必须服务于大国的扩张需要，并不能改变扩张的必然后果——"冲突"——这一"国际关系的本质"。

以下将"贡赐体系"与"条约体系"略作比较分析。二者源于不同的资源环境与历史传统：前者源于亚欧大陆东部相对严酷的资源环境与内部凝合的历史传统，后者源于亚欧大陆西部相对宽松的资源环境与对外扩张的历史传统。二者的价值基础不同：前者基于天下主义，以礼义道德为理想；后者基于族国主义，以利益与权力为诉求。二者的结构形态也不同：前者

---

① 〔美〕汉斯·J.摩根索等：《国家间政治－寻求权力与和平的斗争》，徐昕等译，中国人民公安大学出版社1990年版，第260页。

② 阎学通：《国际关系分析》，北京大学出版社2008年版，第126页。

是德本主义社会"礼制"的重要组成部分,是以"中国"为中心形成的具有等差秩序的圈层治理结构;后者与资本主义国家内部的"民主法制"不同,是一种国际无政府状态下的"丛林"秩序,外在形式是主权国家之间的平等外交,实质则是大国主导的权力制衡。二者的主导国家在政治、经济与文化方面的表现特征不同。"贡赐体系"中的"中国"与"外国"的交往遵循"耀德不观兵""修文德以来之""怀柔远人"等原则,表现为政治方面的和平主义、经济方面的惠他主义与文化方面的和谐主义;"条约体系"中的"大国"与"外国"的交往力求扩张自身权势,理性计算成本收益,表现为政治方面的扩张主义、经济方面的利己主义与文化方面的霸权主义。二者国际关系的基调不同:"和谐"是贡赐体系内国家间关系的基调和主流,贡赐体系以和平方式将中华文明传播到世界,为全人类政治(如文官制度)、经济(如全球贸易)、文化(如四大发明)的发展作出了卓越贡献;"冲突"是"条约体系"内国家间关系的基调和主流,在冲突与合作、战争与和平的交替发展中,"条约体系"以战争征服与殖民拓展为主要方式逐步扩展到全球,一方面,其为人类经济发展、特别是提高抵御自然灾害的能力(主要是发达国家)作出了卓越贡献;但另一方面,其对人类历史发展中的其他民族、多元文化以及生态环境造成了极大破坏。

四、国际冲突:有限冲突 vs. 全面冲突

(一)国际冲突的格局

中国作为贡赐体系的主导国家,在政治上的和平主义、经济上的惠他主义与文化上的和谐主义,决定了贡赐体系内的国际关系的基调是共识合作与和谐共荣,极大地化解了可能的国际冲突,也极大地降低了冲突的频度与烈度。贡赐体系内的国际冲突,不涉及政治制度与意识形态的对立,一般也不涉及宗教与民族的对立(夷夏冲突是野蛮与文明的冲突而非民族的冲突,详见前文《天下主义的思想基础》)。从历史上看,贡赐体系中国际冲突的形成,"中国"往往是被动的,主要是周边部族或国家对"中国"侵扰造成的:德本主义社

会形成期的匈奴之于汉，发展期的突厥之于唐，成熟期的契丹女真蒙古之于宋，繁荣期的鞑靼瓦剌女真之于明，沙俄英国日本之于清，无不是如此。即使如宋与辽、金的长期对峙冲突，也主要是对于土地、人口等经济资源的争夺，在政治制度与文化价值方面，则皆是行科举、尊儒学，乃至都号称是华夏正宗；而清代在满族归儒后，满汉民族矛盾也基本得以化解。一言以蔽之，贡赐体系下的国际冲突，是局部的、有限的。

条约体系中的主导国家在政治上的扩张主义、经济上的利己主义与文化上的霸权主义，决定了条约体系内国际关系的基调是"冲突"。造成条约体系下国际冲突的主要原因，无非是国家间的利益争夺，特别是大国间的权力争夺。如《国际体系变化的动力图》所示，大国间"权力对比变化"往往导致"崛起国误判而发动战争或现状国发动预防战争"，而且其中往往交织着种种民族、宗教和意识形态方面的冲突。民族矛盾、宗教矛盾、意识形态矛盾等都被"裹挟"进来，而且相互催发产生化合反应，必然导致国际冲突更为复杂化、全面化、激烈化。如二战时期的经济资源争夺便"裹挟"了民族矛盾（日耳曼民族与"劣等"民族）、宗教矛盾（基督教与犹太教）、意识形态矛盾（纳粹主义与民主主义、共产主义），冷战时期的美苏权力争夺则交织着意识形态冲突（资本主义与共产主义），冷战后的美国霸权扩张则交织着"文明的冲突"。所谓"全球化"进程，使得"国家间的冲突范围不断扩大，几乎人类生活的所有领域都存在着国际冲突，且呈现为增长趋势"。[①] 一言以蔽之，条约体系下的国际冲突是全局的、全面的。

（二）战争形态的变化

贡赐体系下"中国"在国际冲突与国际战争中的被动性，导致了其军事发展的"防御导向"。因为"中国"既然无求扩张于外，自然无需进行对外扩张的军事准备，只求抵御外来侵略即可。条约体系下"大国"在国际冲突与国际战争中的主动性，则导致了军事上的"进攻导向"。因为"大国"力求主

[①] 阎学通：《国际关系分析》，北京大学出版社2008年版，第125页。

导国际权力的分配,而"军事实力是决定、实施乃至维持和扩大国际价值分配的手段",所以,"每一个国家都在追求军事实力的进一步提高,扩充军备成了每一个国家的主要政策"。①

贡赐体系下"中国"在军事方面的"防御导向",与条约体系下"大国"在军事方面的"进攻导向",导致二者战争形态的演化迥然不同:前者由封建变革时期的"全面战争"逐渐变为"有限战争",后者却由封建变革时期的"有限战争"逐渐变为"全面战争"。

中国春秋时期,军事尚"为贵族保持地位之一种事业,平民无力参与"②,"战争由贵族包办,多少具有一些游戏的性质。……每次战争都有各种的繁文缛礼,杀戮并不甚多,战争并不以杀伤为事,也不以灭国为目的,只求维持国际势力的均衡。"③到战国时期,"国际战争渐次扩大剧烈,农民军队之编制,遂成一种新需要。车战渐进而为步战,即为贵族军队与农民军队交替之一种表记"④。各国逐步进入全民武装的时代,"情形特别严重时,甚至连童子也上阵。例如长平之战,秦王亲自到河内'赐民爵各一级,发年十五以上悉诣长平'"⑤。"战争的目的在于攻灭对方,所以各国都极力奖励战杀,对俘虏甚至降卒往往大批的坑杀,以便早日达到消灭对方势力的地步""后代的人对于战国时代斩首数目的宏大,尤其对于坑杀至数十万人的惊人事实往往不肯置信……不能想象历史上会有这种残酷的时代。""这是一个列国拼命的时代,战争的目的是要彻底消灭对方的抵抗力。战争都是灭国的战争,为达到灭国的目的,任何手段都可采择。"⑥无疑,战国时代的战争形态是全民战争,是全面战争。天下一统之后,中国逐步

---

① 〔日〕星野昭吉:《全薛化时代的世界政治——世界政治的行为主体与结构》,刘小林、梁云祥译,社会科学文献出版社2004年版,第34—35页。

② 钱穆:《国史大纲》(修订本),商务印书馆1996年版,第87页。

③ 雷海宗:《中国文化与中国的兵》,商务印书馆2001年版,第10页。

④ 钱穆:《国史大纲》(修订本),商务印书馆1996年版,第88页。

⑤ 雷海宗:《中国文化与中国的兵》,商务印书馆2001年版,第13页。

⑥ 同上书,第11—12页。

进入德本主义社会。以天下文明中心自居的中国，以齐家治国平天下为决策导向，对外推崇"柔远人""怀诸侯"，战争准备仅限于抵御周边国家侵扰，于是强迫性的全民皆兵的征兵制逐渐变为自愿性的军民分离的募兵制。汉唐宋明清历代，和平时期的军队规模大都维持在一个相对总人口较小的比例，即使在国防形势极为严峻的两宋时期（为和平时期军队规模最大的时期），军队规模也只是维持在一百万左右，[①] 约占总人口的1%。[②] 再加之历代政府大力推崇文治，社会精英人才的流向自然趋于"文"而非"武"，甚至导致兵员的招募也难以为继。以中国之广土众民，竟至于国家有事之时而常无兵可用，需借助异族外兵，虽以汉唐之盛，也屡见不鲜，习为常事。所以有学者感叹，"以中国之地大人多，文化高于四邻，而历史上竟每受异族凭陵，或被统治，讵非咄咄怪事"。[③] 甚至有学者不无偏颇地认为："秦以下人民不能当兵，不肯当兵"，"没有真正的兵"，导致了中国的文化是一种"无兵的文化"，是"一个完全消极的文化"[④]。殊不知，中国文化之持久的生命力正在于其内在的道德价值与和平精神。

欧洲中世纪和文艺复兴时期，战争多由雇佣军进行。"雇佣军的利益主要在金钱方面，所以他们不愿战死沙场，或杀死太多的敌人而招致风险。而且，雇佣兵队长——交战双方军队的领袖——也不愿意牺牲他们的士兵，因为士兵构成了他们的流动资本。他们向军队投进了本钱，而且他们想让军队继续成为兴旺的营生。指挥官们也不愿意杀死太多的敌兵，因为敌兵作为俘虏可以赚取赎金或者受雇于自己的军队，而若把他们杀死，在金钱方面便一无所得了。指挥官们对决定性的战斗和歼灭性的战争没有兴趣，因为没有战争又没有敌人，也就没有了生计。结果，这些意大利战争在很大程度上是运用熟

[①] 钱穆：《国史大纲》（修订本），商务印书馆1996年版，第534—539页。
[②] 关于宋代总人口数量参见葛剑雄：《中国人口发展史》，福建人民出版社1991年版，第191—193页。
[③] 梁漱溟：《中国文化之要义》，载《梁漱溟学术论著自选集》，北京师范大学出版社1992年版，第329页。
[④] 雷海宗：《中国文化与中国的兵》，商务印书馆2001年版，第101—102页。

练的策略和战术性的技巧进行的,这些策路和技巧迫使敌人放弃阵地并退却,沦为俘虏而免于伤亡。所以马基雅维利才能够这样记述 15 世纪的许多战役——其中包括一些具有重大历史意义的战役:在这些战役中,或绝无一人或只有一人被杀,而被杀者非敌人所为,而是坠马身亡。"[1] "这种有限战争除去仅有的宗教战争和拿破仑战争这两个重大例外之外,盛行于直到第一次世界大战为止的整个近代历史中。"地理大发现之后,随着海外殖民与海上贸易竞争的日益扩大,西欧民族国家逐渐形成。对"民族国家"的认同以及不同"民族国家"之间的利益争夺,导致战争不再是"为王位继承权、为占有一个省或一个城镇、或为君主的荣耀而进行",[2] 而是为一个"想象的共同体"[3]——民族而进行。国家之间的战争被赋予了特别的"正义"价值:为民族国家而战!"在整个有限战争时期,正义战争与非正义战争之间的区别说到底仍然是含糊不清的,而到 19 世纪……所有国家都有法律上和道德上的权利依照自己的选择来利用战争","主权者可以以原告和法官的双重身份发动战争"。"一个新旳时代开始了,这就是民族战争的时代。民族战争把一国所有的资源均投入斗争。……民族战争必然要激发起每个士兵的兴趣和才华,必然要利用先前从未被视为实力要素的情绪和热诚。……利用被狂热情绪鼓动起来的民众,操纵社会的每一项活动……""拿破仑战争中和 19 世纪德国、意大利民族统一战争中的民族主义,20 世纪两次欧洲大战中的民族主义化的世界主义,都提供了正义原则,随之也培养了热忱和痴狂,使战斗中的群众甘愿为一种思想观念去征战和赴死。"[4] 于是乎,战争的规模不断扩大,军队的人数不断增加,"有限战争"演变为"全面战争",即"全民认同的战争"、"全民进行的战争"

---

[1] 〔美〕汉斯·J. 摩根索等:《国家间政治–寻求权力与和平的斗争》,徐昕等译,中国人民公安大学出版社 1990 年版,第 460—461 页。

[2] 同上书,第 466 页。

[3] 参见〔美〕本尼迪克特·安德森:《想象的共同体:民族主义的起源和散布(中译本)》,吴叡人译,上海人民出版社 2003 年版。

[4] 〔美〕汉斯·J. 摩根索等:《国家间政治—寻求权力与和平的斗争》,徐昕等译,中国人民公安大学出版社 1990 年版,第 464、463、462、464 页。

以及"针对全民的战争"。①

需要指出,中国由封建变革时期的"全面战争"逐渐变为"有限战争",而西方由封建变革时期的"有限战争"逐渐变为"全面战争",源于二者资源环境的不同。在从封建邦国走向异域整合的过程中,中国相对严酷的资源环境导致了"你死我活"的内部兼并统一,西欧相对宽松的资源环境则导致了通过对外扩张以"机会共享"的方式"理性竞争",直白地说,是大家见者有份,不用争个你死我活。然而,随着条约体系扩展到全球,资源环境不再宽松(一战前几无殖民空间可再拓展),最终导致了大国之间"你死我活"的全面战争。而中国通过制度创新(德制学选),早已告别了"全面战争"的时代。

(三)武器技术的发展

西方国家从"有限战争"向"全面战争"的演变,极大地刺激了武器技术的发展。在欧洲中世纪的冷兵器时代,"单独一人所采取的一个军事动作,原则上最多能消灭一个敌人。舞剑一击、挥矛一戳……充其量也只能使一个敌人丧失战斗力"。进入封建社会变革期,即中世纪末期,"朝着武器机械化迈出了第一步,也就是把火药运用于战争"。热兵器最初发展,"并没有使军事动作和伤亡敌人之间的比例一对一地增加。情况恰恰相反,举例来说,早期滑膛枪的装弹和发射,需要多至 60 个不同动作,一般操作的人也不止一个,而准确率之低,使射出的子弹只有很少一部分能击中目标……至于大炮,则需要相当多的人把它安置在炮位上并装进炮弹,而瞄准的不准确则使这种集体努力的大部分白白浪费了……"随着条约体系扩张、战争规模扩大,武器技术出现了加速度的发展:"1850—1913 年进步之巨大,1913—1933 年进步之惊人,与 1550—1850 年进步之缓慢形成了鲜明对比。"例如,在火器的发射速度和射程方面,"1850—1913 年,发射速度增加了 20 倍,射程增加了 16 倍。今天(20 世纪 70 年代)则已拥有每分钟可发射 1000 发子弹、1000 人就射出 100 万发子弹的机关枪,而 1913 年 1000 人只能射出 1

---

① 〔美〕汉斯·J. 摩根索等:《国家间政治—寻求权力与和平的斗争》,徐昕等译,中国人民公安大学出版社 1990 年版,第 460—470 页。

万发子弹";"在16世纪中期,手装炮的射程大约为100码,两分钟发射一发炮弹恐怕是可能达到的最佳发射率。第一次世界大战中,重炮的最大射程不超过75英里,且瞄准极不准确……相比之下,今天的制导导弹,即运用自身动力飞行含有爆炸物的载体,在实际应用中具有无限的射程"。又如,在武器的杀伤力方面:"19世纪后期改进型机关枪的发明……几乎在同一时期开始的大炮改良,以及继之而来的在空战和毒气战领域武器的发展,使一个人或很少几个人在一次动作中可以消灭的敌人数目大大增加了。第一次世界大战中,大炮可以杀伤的敌人仍不过是数以百计,战争中的惊人伤亡情况主要是由于机枪扫射冲锋的士兵造成的。实际上,甚至在整个第二次世界大战期间,一枚重磅炸弹直接杀伤的人数,也很难超过1000人……核战争和潜在的细菌战争在这方面引起了一场革命,这场革命与数十年前所完成的革命相似,但其规模远远超过机关枪的革命。第二次世界大战结束时,几个人投下的一颗原子弹,有效地杀伤了10多万人。由于原子弹威力的增加,再加上目前的防御仍处于软弱无力的状态,一颗投向人口密集区的原子弹可能杀伤的人数,将数以百万计。几颗威力最大的原子弹的破坏力等于第二次世界大战投掷的所有炸弹的破坏力。细菌战固有的大规模破坏的潜力,甚至超过了威力最大的核弹的破坏力……"武器技术的发展,使"地球上的各个角落都有可能轻而易举地被任何拥有现代化技术装备的国家用作军事行动的战场……现代战争已把战争武器全面攻击力的潜在可能性转变成了全面战争的事实"。①

再看中国武器发展的历史。中国最迟在唐代已发明火药,但直到国防形势严峻的宋代,军事需求才催生了"火枪"的发明,元代的军事扩张需求导致了"火炮"的使用,到明初永乐年间,还设立了专用火器的"神机营"。然而,自此以后的几百年,火器因无需求而几无发展。更确切地说,是有技术发明而无推广应用②,甚至反而需要从海外进口火炮。明末战争中西洋火炮受到重

---

① 〔美〕汉斯·J.摩根索等:《国家间政治—寻求权力与和平的斗争》,徐昕等译,中国人民公安大学出版社1990年版,第470—474页。
② 袁庭栋等:《中国古代战争》,四川社会科学出版社1988年版,第260—262页。

视，遂有短时期的模仿性研究制造。战争结束后，"对火器的重视顿时大减，很少制造大炮，军中只有少数鸟枪，主要武器仍是古老的冷兵器。直到鸦片战争爆发时，清军仍以少数鸟枪加上多数刀矛弓矢御敌，军事据点的少许火炮基本是清初遗留旧物。一直到清末训练新军之前，火器都未成为清军的主要装备，很少的一点火器制造业也还停留在旧式的手工业生产阶段"。在西方列强坚船利炮的逼迫之下，中国"几千年来刀矛弓弩的冷兵器时代才逐步结束，而进入以新式火药、炸药为中心的各种枪炮的热兵器时代"。中国作为"世界上最早发明火药的国家，又是最早将火药用于战争的国家，还是最早使用爆炸类火器与管状火器的国家。可是……未能使火药很快在战争中起主导作用，更未使战争的方式发生应有的变革……若干项十分重要的发明竟无一项得到推广，以至被湮没无闻。……这当中，原因是复杂的"①，其中最关键的原因则是缺乏"需求"：中国在政治方面的和平主义、经济方面的惠他主义与文化方面的和谐主义，决定了国际冲突与国际战争的有限性，因而对武器的需求也被约束在有限的范围内了。

五、国防军事：王道战略 vs. 霸道战略

前文述及，德本主义中国在国际冲突与国际战争中的被动性，导致了其在国防军事方面的防御导向；而资本主义大国在国际冲突与国际战争中的主动性，导致了其在国防军事方面的进攻导向。以下，再从国防战略思想与军事建设两方面作进一步的申述。

（一）国防战略思想

德本主义"中国"的国防战略思想是"王道"，王道荡荡天下归往才是确保国家长治久安的根本。"远人不服，则修文德以来之"（《论语·季氏》）。"保民而王，莫之能御也"，"推恩足以保四海，不推恩无以保妻子"（《孟子·梁

---

① 袁庭栋等：《中国古代战争》，四川社会科学出版社1988年版，第262—266页。

惠王（上）》），"行仁政而王，莫之能御也"（《孟子·公孙丑（上）》）。军事力量对于保障国家安全的作用不是最高的。孔子在与子贡讨论国家战略时，明确指出"信、食、兵"的重要性排序（子贡问政，子曰："足食，足兵，民信之矣。"子贡曰："必不得已而去，于斯三者何先？"曰："去兵。"子贡曰："必不得已而去，于斯二者何先？"曰："去食。自古皆有死，民无信不立。"《论语·颜渊》）。孟子指出："域民不以封疆之界，固国不以山溪之险，威天下不以兵革之利。得道者多助，失道者寡助。寡助之至，亲戚畔之；多助之至，天下顺之。以天下之所顺，攻亲戚之所畔；故君子有不战，战必胜矣。"（《孟子·公孙丑（下）》）也就是说，国际安全的根本在于行"王道"而使"天下顺之"，然后能战无不胜。荀子指出："械数者，治之流也，非治之原也"，如果"上好礼义，尚贤使能"，则"城郭不待饰而固，兵刃不待陵而劲，敌国不待服而诎，四海之民不待令而一"。如果"有社稷者而不能爱民，不能利民，而求民之亲爱己，不可得也。民不亲不爱，而求为己用，为己死，不可得也。民不为己用，不为己死，而求兵之劲，城之固，不可得也。兵不劲，城不固，而求敌之不至，不可得也。敌至而求无危削，不灭亡，不可得也"。（《荀子·君道》）当然，强调王道德政并不是否定军事的必要性，而是要以王道规范军事力量。《周礼·夏官·大司马》中明确了需要动用军事力量的情形，即所谓"九伐之法"："以九伐之法正邦国，冯弱犯寡则眚之，贼贤害民则伐之，暴内陵外则坛之。野荒民散则削之，负固不服则侵之，贼杀其亲则正之，放弑其君则残之，犯令陵政则杜之。"兵家"圣经"——《孙子兵法》也指出，对于战争，必须"经之以五事……一曰道，二曰天，三曰地，四曰将，五曰法。道者，令民于上同意，可与之死，可与之生，而不危也……"无"道"的战争，"用之必败"。在上述战略思想的影响下，汉唐宋明清历代政府的基本国策是推崇德礼、慎用刑兵。如前文所述，德本主义中国绝少主动侵犯他国，对外用兵多为特定历史条件下的不得已而为之的"义战"：或是中国分裂后的"统一战争"，或是抵御侵略的"自卫战争"，或是维护国际秩序的"援助战争"。

资本主义"大国"的国防战略思想是"霸道"，强调拥有"权力"才是确保国家安全的根本。霸道战略思想是基于国家间的无政府状态,即英国思想家霍布斯所谓的"自然状态"。"自然状态"是一种"所有人反对所有人的战争状态"。在"自然状态"下,人唯一可以确保安全的是他自身的力量。自我保护和生存成为的首要目标,不存在任何比自我保护和生存更高的道德律,霍布斯谓之"自然权利"。"自然状态"下自我保护和生存的法则是"强者法则",最强者的权力是这一状态下的最高权力。自然状态与强者法则思想的自然延伸是国际冲突与国际战争的必然论。霍布斯说:"在所有时代,拥有主权权威的国王和个人,在其独立性驱动下,陷入了彼此无休止的猜忌之中,就像古罗马的角斗士之间一般。他们的武器对准对方,他们的目光无时无刻不在彼此相对;在他们王国的边界上,布满了堡垒、要塞和大炮;他们派遣密探侦察对方;这正是战争态势。"上述状态正是西欧民族国家形成时代的历史实情。[1] 黑格尔认为,国家的最高职责是成功地实现自我保护和生存——这是国际政治学中一切现实主义理论学派的出发点。"由于国家是作为自治实体彼此进行交往的,这样,国家构成了条约的效力赖以产生的特殊意志。而且,由于一个整体的特殊意志的内容是谋求自身的福利,因而可以断言,谋求福利是一个国家同另一个国家关系中的最高宗旨。"而国家间的不协调只能通过战争获得解决。在他看来,"这种战争不必被看成绝对的恶和纯粹的偶然",相反,它具有建设性、甚至进步的作用,如推动民族统一、刺激国家机器的扩大、引导历史前进;战争还可防止现有国家退化,因为和平使人及其政权变得消极、疲软。[2] 克劳塞维茨也认为:"战争是人的社会存在的一部分。战争是重大利益之间的冲突,它在流血中获得解决——这是唯一有效的方式";"假如血腥杀戮是一种可怕的情景,人们就应当为此而更加恭敬地对待战争,而不应当为此而允许仁慈之情削弱我们的斗志,使手中的兵器日益钝锈,直到有人再次向我们扑来,用锋利的剑把我们手中的武器砍落"。克劳塞维茨还强调,国际冲突不只是军事斗争,也是政治斗争和更大范围的较量。因此,思考处理国际战争,必须研究它们的社会和历史

---

[1] 王逸舟:《西方国际政治学:历史与理论》,中国社会科学出版社2007年版,第26—27页。
[2] 同上书,第34页。

背景、各方军事力量的性质和能力、战斗地点的地理特征、参战国战前的相互关系以及总的国际条件。① 克劳塞维茨被称为西方第一个现代战略理论家。一战后的英国军事思想家利德尔哈特进而提出了所谓"大战略"理论:"大战略的任务是协调和指导国家的全部力量以便达到战争的目的,即国家政策所确定的目标。大战略既要计算又要发展国家的经济力量和人力,以便维持作战部队。对精神力量也应如此,因为培养、加强(国民)取胜和忍耐的意志,同掌握有形的实力一样重要。这还不够,因为作战力量只不过是大战略的手段之一,大战略还要估计和运用财政压力、商业压力以及并非最不重要的道义压力来削弱敌人的意志……"② 总之,西方霸道战略思想的核心是将国家变为一部最为高效的军事机器。在上述战略思想的影响下,资本主义大国都趋向于最大化地扩充权力,并以军事实力为最终保障手段,因为这是获得最大安全的最佳途径。具体决策则根据形势对比而在防御性现实主义与进攻性现实主义之间选择:如果防御优势明显高于进攻,那么大国会趋向于保护已经拥有的权力,即表现出"现状偏好";如果进攻优势明显高于防御,大国则趋向于发动战争攫取更多权力。如前文《国际体系变化的动力图》所示,大国间"权力对比变化"往往导致"崛起国误判而发动战争或现状国发动预防战争"。大国的进攻倾向及其造成的血腥战争博弈,被西方政治学者称之为"大国政治的悲剧"。③

欲在源头上理解德本主义"中国"与资本主义"大国"在国防战略思想方面的不同,依然需要回到"人与环境互动"(天人合一)这一命题:前者相对严酷、无法扩张的资源环境造就了基于内部整合形成的"文化型"国家,不是追求对外扩张而是追求永续发展,国家安全的重心在内而不在外;后者相对宽松、可以扩张的资源环境则造就了西方基于对外扩张形成的"经济型"、"军事型"的民族国家,必须通过持续扩张才能发展,国家安全的重心在外而不在内(详见本节《历史渊源:天下一统与族国分立》)。正如美国学者费正清指出的,西方国家是"商业——军事国家":一方面,商业扩张向军事力量的

---

① 王逸舟:《西方国际政治学:历史与理论》,中国社会科学出版社2007年版,第32—33页。
② 转引自李景治:《国际战略学》,中国人民大学出版社2003年版,第13页。
③ 〔美〕约翰·米尔斯海默:《大国政治的悲剧》,王义桅等译,上海人民出版社2003年版。

发展提出需求，并为军事力量的发展提供了经济基础；另一方面，军事扩张反过来又促进了商业的扩张，从而形成了商业扩张与军事发展互相推动的关系。① 商业与暴力之间的这种关系，是理解西方近代文明的关键。美国学者麦尼尔也指出，由于"军事——商业复合体"的形成，"欧洲开始进行不断自我强化的循环。在这一循环过程中，它的军事组织支持了经济和政治的扩张、它本身也受到了经济和政治扩张的支持"②。 与此形成鲜明对比的是，中国传统的价值观念和"政治管理制度，对工业、商业和军事的扩张一贯进行有计划的约束"，"中国的军事力量缺乏发展的内在驱动力"，"是由外部压力来推动的，是对外部压力的一种被动性反应"③。

（二）军事建设导向

德本主义中国与资本主义大国的国防战略思想不同，导致了二者军事建设导向的不同。前者的导向主要是自卫和防御；后者的导向主要是扩张和进攻。

从历史来看，汉唐宋明清历代政府的军事建设主要集中于边疆防御，如汉代的移民实边、军队屯田、长城建设，唐代的府兵建设、边防设施、屯田营田，宋代的塘泺（根据边境地区——河北地势低湖泊多的特点，将大小湖泊塘泺加以疏浚贯通，湖塘中满布芦苇，从沧州直达海边；此外，还开置屯田，筑堤储水，并种植大量草木，阻塞道路，以限制骑兵冲突南下）、堡寨（在河东与陕西修筑堡寨并开挖壕堑，也是为了防御骑兵进攻）、城池，明清两代的边防建设与海防建设等④，无不是如此。而资本主义大国的军事建设却具有明显的扩张性。例如，早在"17 世纪期间，归因于对常备军的不信任和商业迅速扩展，海权主义的这一早期形态在英国成了一种信条。由于它旨在控制贸

---

① 〔美〕费正清：《剑桥中国晚清史》（中译本），郭沂纹译，中国社会科学出版社 1985 年版，第 21 页，转引自宫玉振：《中国战略文化解析》，军事科学出版社 2002 年版，第 123 页。
② 〔美〕麦尼尔：《竞逐富强》（中译本），倪大昕译，学林出版社 1996 年版，第 146 页，转引自宫玉振：《中国战略文化解析》，军事科学出版社 2002 年版，第 124 页。
③ 宫玉振：《中国战略文化解析》，军事科学出版社 2002 年版，第 126—127 页。
④ 参见高锐主编：《中国军事史略》相关章节，军事科学出版社 1992 年版。

易通道和殖民地,因而确切地说它是一种全球战略,尽管是有限的全球战略。那些持异见者通常也承认有必要拥有一支具备跨洋能力的强大的海军"。① 随着大国的殖民扩张,海外军事扩张成为大国国防建设的重要内容。今天,"美国不仅控制着世界上所有的洋和海,而且还发展了可以海陆空协同作战控制海岸的十分自信的军事能力。这种能力使美国能够以在政治上有意义的方式把它的力量投送到内陆。美国的军事部队牢固地驻扎在欧亚大陆,还控制着波斯湾"②。

资本主义大国在军事建设方面的扩张性、进攻性,导致了大国间的安全困境③,特别是导致了军备竞赛。军备竞赛又导致了战争爆发的可能性与剧烈性增大,如此陷入一种恶性循环。尽管核武器发明后,"确保相互摧毁"的战略威慑作用导致了一定时期的"军备竞赛稳定性"。④ 然而一旦国际形势使大国权力对比发生变化,占有优势的一方又致力于扩充军事力量以攫取更多的权力优势(如美国冷战后发展导弹防御计划),"军备竞赛稳定性"也就随之消失。⑤ "军备竞争反映了权力竞争,它又是权力竞争的一个工具。只要各国在权力竞争中提出相互矛盾的要求,那么,权力竞争的逻辑本身就会迫使它们提出相互矛盾的军备要求。因此,使权力竞争获得共同满意的解决成为裁军的前提条件。一旦有关国家就相互间的权力分配达成了双方满意的协议,那它们就有可能削减和限制它们的军备了"。⑥ 然而,条约体系下大国的扩张本质,致使双方都满意的"权力分配"只是暂时的,所以,"裁军(以及军

---

① 〔英〕威廉·S.迈尔特比:《全球战略的起源:英国(1558 至 1783 年)》,载于威廉斯·莫里等编:《缔造战略:统治者、国家与战争》,时殷弘等译,世界知识出版社 2004 年版,第 160 页。
② 〔美〕兹比格纽·布热津斯基:《大棋局:美国的首要地位及其地缘战略》,中国国际问题研究所译,上海人民出版社 2007 年版,第 19 页。
③ 阎学通:《国际关系分析》,北京大学出版社 2008 年版,第 159 页。
④ 同上书,第 163、181—183 页。
⑤ 同上书,第 184—186 页。
⑥ 〔美〕汉斯·J.摩根索等:《国家间政治-寻求权力与和平的斗争》,徐昕等译,中国人民公安大学出版社 1990 年版,第 515 页。

备控制）努力的历史是一部失败多成功少的历史"。①

德本主义中国在国防军事建设方面的自卫性、防御性，导致了军事投入的自我约束：如果没有明显的国防威胁，军事投入便会自然而然地降低。"盖帝王之武以止杀非行杀也"，"天下无事，惟当休养斯民，修礼乐，兴教化，岂复当言用兵"，②成为和平时期历代政府的基本倾向。中国历史在一段较长时期的和平之后，国防军事建设常常由于缺乏"需求"而过于松弛，甚而导致了"军事力量的发展呈现出明显的周期性衰败"③。明清时期尤为典型。明初军队的战斗力在太平日久后逐渐衰减，以至于"举天下之兵，不足以任战守"。清初军队的战斗力更是在战事减少后迅速下降：顺治时期已有八旗"怠于武事"；康熙年间，八旗的衰败在平定三藩之乱时暴露无遗；八旗衰败后，绿营成为军队主力，然至嘉庆年间已不得不招募乡勇充军作战；道光年间鸦片战争爆发，绿营兵畏战如虎。④中国历史上军事力量的"周期性衰败"，对于当今中国的国家安全是极为重要的历史教训。同时，对于当今世界的军备竞赛与军备控制问题，又是值得借鉴的历史经验。

资本主义大国无休止的军备竞赛耗费了巨量资源。"从1930年开始，军事开支的增速超过了世界人口和经济增速。……1989年，全球军事总预算超过了10350亿美元，占全球GNP的4.9%；其中发达国家支出8670亿美元，占总数的83%，占其GNP的4.3%；发展中国家支出1680亿美元，占总支出的17%，却占其GNP的5%。全球四分之一到三分之一的研发开支与全球750000名最优秀的科学家和工程师都在致力于新型武器的开发，其中，大多数是美国人，从1945年至今，美国每年平均要将占公私研发预算的30%用于国防事业"。⑤大国庞大的军事投入，既是维护政治权力的保

---

① 〔美〕汉斯·J. 摩根索等：《国家间政治－寻求权力与和平的斗争》，徐昕等译，中国人民公安大学出版社1990年版，第491页。

② 《明实录·九六·附录·明太宗宝训》，第330、408、217页。

③ 宫玉振：《中国战略文化解析》，军事科学出版社2002年版，第127页。

④ 同上书，第127—128页。

⑤ 〔美〕内斯特：《国际关系：21世纪的政治与经济》，姚远等译，北京大学出版社（转下页）

障,又是扩张经济利益的工具。"许多武器是用于出口的。1960 至 1991 年间,每年的国际军火贸易额从 24 亿美元增至 450 亿美元。……大约有 75% 的武器销往第三世界。第三世界每年用于国防的支出是其接受国外援助的两倍。全球的士兵有 60% 在第三世界……第三世界所需的武器绝大多数是进口的"。① 军事投入的经济效益使"美国越来越像是在同自己进行军备竞赛。国防部需要使用上一代武器装备起来的、通常不大可能出现的潜在敌进行对抗,来证明开发新型武器系统的合理性"。② "全球军备销售还有其他方面的动因。由于工程师不断设计出更好的杀人武器,他们促使既有武器系统被废弃,从而创造出对替代品的需求。所以,军备竞赛同时也受到新技术与政治和利润的推动。""武器销售与援助是相互联系的。各国有时以低于成本的价格销售武器,乃至直接赠送,以谋求在接受国的影响力,从竞争对手手中争夺市场份额,从而增进本国军事——工业联合体的利益。"③ 军备销售在为大国创造巨大经济效益的同时,加剧了战争的威胁。"一国军队装备越精良,其政府越倾向于使用武力解决冲突。自 1945 年以来,第三世界中已有 250 万人死于战争,国际军火贸易是造成多次战争和大量伤亡的主要因素。"④ "对军事支出的成见使几十个第三世界国家陷入恶性循环,其贫困和发展停滞导致了政治不稳定,促使政府将稀缺资源投入军事装备,结果进一步抑制了发展,导致了更严重的不稳定、更高的军事支出等等"。⑤ 如此耗费资源、制造动乱的军事工业,令前美国总统艾森豪威尔在离任前大声疾呼:"国防开销的问题在于,当你确定将要做出多大投入的时候,你只考虑了那些你试图防卫的东西的价值,而没有考虑……每一支造

(接上页)2005 年版,第 300 页。

① 〔美〕内斯特:《国际关系:21 世纪的政治与经济》,姚远等译,北京大学出版社 2005 年版,第 308 页。

② 同上书,第 304 页。

③ 同上书,第 305 页。

④ 同上书,第 306 页。

⑤ 同上书,第 307 页。

出的枪、每一场发动的战争、每一枚点火升空的火箭的代价;在终极的意义上,国防开销对那些饥肠辘辘、衣不蔽体的人来说是一种偷窃。一个武装的世界不仅仅消耗了金钱。它也消耗了劳动者的汗水、科学家的天才和孩子的希望。"①

---

① 〔美〕内斯特:《国际关系:21世纪的政治与经济》,姚远等译,北京大学出版社 2005 年版,第 308 页。

下篇

未来方略

第八章　预测

　　本章基于前述中西文明演进的史实，对中华文明的未来发展进行预测研究。首先是回顾和"整理"中国近现代史（第一节），揭示了中国近现代社会之变革源于西方文明的扩张，中国的变革历程由"中体西用"而"西体西用"，导致了中华文明的岐变和危机。在与中国历史上经历的两次文化危机比较后发现，三者有着极为相似的演化环节。在此基础上，运用复杂科学规律进行预测（第二节），揭示了中国未来的发展必然要回归中国历史文化的正统之路（或曰"中华文明复位"），这也正是"中国特色社会主义"之路（中国的历史文化和基本国情决定了"中国特色"的内涵），并阐释了中华文明复位的具体路径。

第一节　中国近现代史回顾

前文第六章第二节《德本主义社会与资本主义社会的演化路径表》中，资本主义社会的演化环节已至2008年全球金融危机及其后的经济衰退、内乱迹象（源于生态环境危机），德本主义社会对应的演化环节则是始于1840年的鸦片战争及其后的社会内乱（源于海盗环境危机）。据此表，中国鸦片战争之后的社会演化，复杂程度已超越了欧美社会迄今的发展。中国鸦片战争之后的历史，被史学家称为"中国近现代史"。

一、在西方文明扩张的视域下探究中国近现代史

鸦片战争是西方资本主义扩张过程中，德本主义文明与资本主义文明的第一次碰撞，是中国近现代史的开端，中国由此历经沧桑巨变。

（一）西方的扩张路径

西方国家在16世纪开辟新航路、殖民新大陆时，中华文明在政治、经济、文化等诸方面，毫无疑义地居于世界领先地位。西方国家从城邦封建社会向异域整合社会转型的过程中，汲取了中华文明的成果，包括航海造船技术、火药火器技术、印刷出版技术等，才得以完成新航路的开辟、新大陆的殖民与新教派的创立。直到18世纪80年代，西欧在人文方面仍深受中国文化的影响。对于西欧国家而言，中国是一个遥远、神秘、开明、温和、文质彬彬、道德高尚的"文化中国"。18世纪的法国启蒙思想家伏尔泰、德国哲学家莱布尼兹、法国重农学派创始人魁奈、法国百科全书派主将波维尔等都对中国文明推崇备至。中国以儒学为代表的思想文化和典章制度，对这批思想家影响深远。当时法国宫廷审美趣味的"汉风"（Chinoiseie）及早期耶稣教士的宗教热忱，

更使中国形象被西方理想化了。

从葡萄牙人在澳门建立贸易据点（1557年）到鸦片战争，在近三个世纪的大部分时间中，中国在经济、政治、贸易、文化等方面都可以与任何新兴西方海上势力相抗衡。尽管西方国家千方百计地想对中国进行贸易渗透，都未获得成功。武力入侵也有多次，包括荷兰舰队进攻澳门（1622年）、侵占防守薄弱的澎湖和台湾（1624—1662年），俄罗斯在黑龙江流域发动侵略战争等，最后均遭失败。在此期间西方势力席卷整个南亚和东南亚，却始终未能越过中国的南大门一步。海上西方商人与中国的贸易被限制在广州一地，而且只能通过"行商"进行，外商不许进入广州城。

环视全球，唯有中国如此长久地抵挡了西方海上霸权的挑战。这说明当时中国的国家实力是处在工场手工业发展阶段的西方商业资本主义难以撼动的。到19世纪，英国工业革命成功之后，西方国家携坚船利炮开始了一次新的殖民扩张运动，炮口再次指向中国。

西方国家对中国的侵略蓄谋已久。1793年英国马戛尔尼使团使华，是一个标志性事件。马戛尔尼使华的具体目标是希望中国开放市场以改善英中贸易状况，在北京派驻英国常任使节以建立经常性外交关系，乾隆皇帝以"天朝物产丰盈，无所不有，原不藉外国货物以通有无"拒之。但马戛尔尼的另一项使命，即以正在形成中的"西方标准"，对中国文明程度进行实地"测量"，证明英国才是世界上最强大的国家，却在一番波折中达成了。他们对中国的国力有了"真切"的认识。在马戛尔尼使团看来，原来欧洲人心目中的"理想国"实际上是落后的、野蛮的、腐朽的，几百年来毫无"进步"！欧洲人从马戛尔尼使团的报告中了解到另外一个"中国"，从此欧洲人的"中国观"发生了巨变：曾令人仰慕的"文化中国"一变而成为令人垂涎的"市场中国"，以坚船利炮去瓜分这个"落后腐朽"的老帝国，以西方文明去开化"蒙昧野蛮"的中国人，成为西方列强的"天职"。他们以为，中国文化封闭、保守，毫无革新能力，中国历史是永久停滞的，其政体是"神权专制政体"，除了皇帝，无人能有自由意识，是自外于世界历史潮流的；中国人缺乏正常人的基本感情，举止乖僻，心理变态，唯利是图，诡计多端；中国人脑容量小，因而不能发展出类似西方的较高级文明，甚至连适应西方文明也困难；中国人的文化是该遭天谴、该诅咒的。（其实，"夫一民族对其固有文化抱一种自傲之情，此乃文化民族之常态，彼我易地则皆然。且彼之来也，其先惟教士與商人；彼中教义非我所需，彼挟天算、兴地、博物之学以俱来，我纳其天算、兴地、博物之学而拒其教义，此在我为明不为昧。彼不知我自有教义，乃以天主、天国相强聒，如其入非洲之蛮荒然，则固谁为傲者耶？且传教之与经商，自中国人视之，其性质远不伦。经商唯利是图，为中国所素鄙，奈何以经商营利之族，忽传上帝大义？中国人不之信，此情彼乃不知。抑商人以贩鸦片营不规之奸，教士笼络我愚民以扰挏我之内政，此皆为我所不能忍。而彼则以坚甲利炮压之，又议我为排外，我何能服？且彼中势力所到，亦复使人有不得不排拒之感。与彼中势力相接触而不知所以排拒者，是非洲之黑奴、美洲之红人也。"①）

基于上述对中国的"妖魔化"认识，马戛尔尼在其使华报告中，提出了英国政府应对华采取的政策及步骤。他自信地指出：中华帝国只是一艘破败的旧船，如果其胆敢禁止英国人贸易或给英国造成重大损失，那么只需几艘三桅战舰就能摧毁其海岸舰队，并切断他们从海南岛至北直隶湾的航运；朝鲜人将因此马上获得独立，而外国的稍加干涉就会立即割断台湾与大陆之间脆弱的联系；伶仃和香港适合英国殖民，必将造成"澳门的衰落"；中国对外贸易中心广州的战略要塞虎门炮台只要几门舷侧炮即可摧毁，而因此被窒息了的广州，会导致数百万以外贸为生的中国人"被迫挨饿、抢劫或起义"；"从孟加拉只需稍稍鼓动，在西藏就会引起动乱"，而俄国人因此也"有机会在黑龙江流域建立统治权并攫取蒙古诸省"。由此，中国"将像一个残骸那样到处漂流，然后在海岸上撞得粉碎"。1840年鸦片战争后的历史表明，西方列强正是按照这样一个路径来侵入中国，控制、奴役、瓜分中国的——马戛尔尼的预言像一个巫师的咒语般准确。其实，这正揭示了西方列强对中国的图谋处心积虑、由来已久。

西方列强对中国的图谋通过两次鸦片战争中初步得手后，侵华战略由简

---

① 钱穆：《国史大纲》（修订本），商务印书馆1996年版，第891页。

单的武力侵占转向深层的文化控制：不谋求在政治上完全控制中国，不力图将中国变成一个完全的殖民地，而是要从文化上征服中国，改变中国人的思想、行为与习俗，使中国人逐渐认同西方的价值观念、道德准则及西方的制度与文明，将中国纳入以西方为主导的世界体系中，成为西方的附庸，成为西方列强可靠的原料产地和商品倾销市场。这一时期，西方列强再三强调中西之争最终是文化之争，强调"其船坚炮利不过是文化优越的表征，以期通过军事战胜达到文化征服的目的"。这被西方列强认为是最为经济和有效的方针，故长期实行，一百多年中并无大的更动。[①]

（二）中国的变革历程

1. 变革历程

鸦片战争爆发之时，中国"自卫性、防御性"的军事体系正处于"周期性衰败"之中，而且皇权膨胀导致政治制度腐化、民族矛盾导致社会整合困境（详见第六章第六节·六·（一）·1《制度积弊》），难能与以工业体系为支撑的"扩张性、进攻型"的英国军事体系对抗。加之决策层"昧于外情，因应失宜"[②]，"主和主战，翻覆无定。内则言官哗呶仗虚骄之气，发为不负责任之高论。外则疆吏复遇事粉饰，不以实情报政府"[③]。因此，更无法进行社会动员以克服外患。

"自道光十八年以林则徐为钦差大臣查办鸦片事务，至二十一年与英议和，订南京条约，割香港，许五口通商，是谓'鸦片战争'，为中国对外第一次之失败。此后咸丰七年英法同盟军陷广州，八年至天津，陷大沽炮台。十年，再至天津，陷通州，毁圆明园。咸丰避难热河，为外兵侵入国都之第一次。光绪五年，日本灭琉球。六年，曾纪泽出使俄国，议改收还伊犁条约。八年，与俄定喀什噶尔东北界约。十年，中法战起，十一年议和，失安南。十二

---

① 参见边芹：《谁在导演世界》，中央编译出版社2013年版；《被颠覆的文明》，东方出版社2016年版。
② 钱穆：《国史大纲》（修订本），商务印书馆1996年版，第890页。
③ 同上书，第891页。

年，与英订缅甸条约，失缅甸。十九年，英、法共谋暹罗，废止入贡。二十年，中日战起，二十一年议和，割台湾，失朝鲜。二十三年，德占胶州湾。二十四年，俄借旅顺、大连，英租威海卫。二十五年，法占广州湾。二十六年，八国联军入北京，光绪避难西安。二十七年订辛丑和。二十九年，日俄战起，以我东三省为战场。三十一年与日订满洲协约。宣统二年，外蒙库伦携贰，日本并灭朝鲜。三年，英兵侵据片马。"① 上述外敌侵略，动摇了中国的国家主权，而传统中国主导的国际体系——贡赐体系也渐趋崩溃，南亚、东亚和西亚地区的几乎所有藩属国都陆续脱离了贡赐体系，被纳入殖民体系与条约体系。

中国"当时的政象，绝对抵不住当时的外患，于是遂有当时之所谓'变法自强'"②。然而，由于"清廷以专制积威统治中国，已达二百年，在满洲君臣眼光里，祖法万不可变。(满洲君臣之倾心变法不过求保全满洲部族之地位。令变法而先自削弱其地位，满君臣虽愚不出此。)"③，加之"汉人在此专制积威政体下亦多逐次腐化。当时政府里真读书明理，懂得变法自强之需要与意义者亦少"④。于是乎，在"这一种政治的积习与氛围中，根本说不到变法自强。纵有一二真知灼见之士，他们的意见，亦浮现不到政治的上层来。……一时言富强者知有兵事，不知有民政；知有外交，不知有内治；知有朝廷，不知有国民；知有洋务，不知有国务。即仅就兵事、外交、洋务等而论，亦复反对之声四起。……在此情形下，遂使当时一些所谓关于自强的新事业之创兴，无不迟之又迟而始出现。……外患刻刻侵逼，政事迟迟不进，终于使当时人的目光，转移到较基本的人才和教育问题上去"⑤。

于是便有了"晚清之废科举与兴学校"⑥。废除科举标志着德本主义社会"动态核心"的瓦解，即意味着德本主义社会趋于崩溃。科举制度"是联系中

---

① 钱穆：《国史大纲》（修订本），商务印书馆1996年版，第889—890页。
② 同上书，第893页。
③ 同上书，第894页。
④ 同上。
⑤ 同上书，第894—896页。
⑥ 同上书，第896—900页。

国传统的社会动力和政治动力的纽带，是维护儒家学说在中国的正统地位的有效手段。……它构成了中国社会思想的模式。由于它被废除，整个社会丧失了它特有的制度体系"①。然而，"一个国家，绝非可以一切舍弃其原来历史文化、政教渊源，而空言改革所能济事（况中国历史悠久，文化深厚，已绵历四、五千年，更无从一旦舍弃以为自新之理）"②。

随着"外患之侵逼日紧，内政之腐败依然，一般人心再不能按捺，于是对全部政治彻底改革之要求蓬勃四起"③，遂有戊戌变法。然而，"由於一时政令太骤，主张'速变''全变'，而无一个按部就班切实推行之条理与方案。……从前是只为自强而变法，现在则只就救亡而变法，均是将变法降成一个手段，没有能分清观点，就变法之本源处逐步走上轨道。'若不变法则亡国灭种之祸迫在眉睫'，此等语用以耸人听闻……断不能从容中道，变出一个规模来。正如百孔千疮，内病未去，而遽希富强，其不能走上切实稳健之路。……大抵当时变法，牵一发，动全身。苟求全变，势不能速。若使有统筹全局之君、相，慎思密虑，徐以图之，庶乎有济。而清室诸帝，自咸丰以下皆非其人。……事势推荡，遂使康有为以一局外之人，而来发动整个政局之改革，其事固必失败。……戊戌政变乃成为辛亥革命之前驱"④。

"辛亥革命之爆发，这是告诉我们，当时的中国，由政治领导改进社会之希望已断绝，不得不转由社会领导来改进政治。前者牺牲较少，进趋较易；后者则牺牲大而进趋难。……旧政权解体后紧接着的现象，便是旧的黑暗腐败势力之转见抬头，而新力量无法加以统制。袁世凯误认此种状态之意义而帝制自为，康有为又误认此种状态之意义而参加复辟。政局在此几度动荡中益增其阢陧，而旧的黑暗腐败势力益见猖獗。此种旧的黑暗腐败势力之活动，大率以各省的军权割据为因依。旧中央既倒覆，新中央又摇动，经过帝制、复辟两事变，此辈乃生心割据。各地军阀，纷纷四起。……不断的兵变与内

---

① 〔美〕吉尔伯特·罗兹曼主编：《中国的现代化》，国家社会基金"比较现代化"课题组译，上海人民出版社1995年版，第338—339页。
② 钱穆：《国史大纲》（修订本），商务印书馆1996年版，第900页。
③ 同上。
④ 同上书，第902—903页。

乱，遂为民国以来惟一最常见之事态。……其时则全国无所谓中央，政治无所谓轨道，用人无所谓标准（各省地方官吏皆由各省自派，中央，不能过问。马弁、流氓皆踞民上），财务无所谓公私。专就政治情态之腐败黑暗而论，唐末、五代殆不过是。（所异社会情形较不同）……为扫荡此种军阀（与此种军阀之相互噬搏），而国家民族之元气大伤。"①

"代表旧政权之最后恶态者，为此辈军阀之腐化与恶化。而代表新政权之最先雏形者，则为议会与政党之纷扰。革命后之政治理论，厥为民主共和。于是创设国会，用以代表民意，制定宪法。又组织政党以为议员竞选之准备。然此等皆钞袭欧美成法，于国内实情一情不合，因此不能真实运用。各党党纲，既无大差别（实则当国难严重，变动激剧之际，根本上便不能有两套显然相异的党纲），又各党背后皆无民众为之基础（中国政制，本求政府领导民众，不能遽觊民众操纵政府。清政府以不能尽领导民众之使命而推翻，而民国以来之政治理论，忽变为民众指导政府，于是政府躲卸责任，民意亦无法表现，而变成两头落空）。政党既不能有真实之精神，国会与宪法徒为相聚而哄之题目与场合。当时的政党，似乎误认分党相争为政治上最高的景象。（其时殆不知所谓和衷共济与举国一致）。分党相争的胜负，不能取决于民众（民众无力来操纵他们的胜负），转而各自乞援于军人（如是则新旧两潮流，汇为同趋）。一般党员，则藉党争的美名，公开无忌惮的争权夺利（其时有'党棍''党痞''吃党饭'诸名称。有激而唱为'毁党''造党'之论者，要之仍以分党相争为政治无上境界也），国家民族之元气，又在此种纷扰中损伤了不少。"②

"在此国家社会继续震荡与不断损伤中，过激思想亦逐步成长。康有为的'速变、全变'两语，可算是海通以来中国过激思想之最扼要的标语。同、光之际，所变在船炮器械。戊戌以后，所变在法律政制。民国以来，则又有'文化革命'与'社会革命'之呼号与活动。……一民族政治制度之真革新，在能就其自有问题得新处决，辟新路径。不管自身问题，强效他人创制，冒昧推行，

---

① 钱穆：《国史大纲》（修订本），商务印书馆1996年版，第906—909页。
② 同上书，第909—910页。

此乃一种'假革命',与自己历史文化生命无关,终不可久。中国辛亥革命,颇有一切推翻故常而陷于'假革命'之嫌。(辛亥革命之易于成功,一部分由于以排满为号召,此在我民族自身历史中有生命、有渊源。至于民主共和之新政体,以理论言之,与我先民以往政治理论及政制精神靡不合。然就实际政情言之,一国政制,有其一国之轨道。即以王室而论,如英、日,至今犹有王室。如德、俄,当时王室亦存。中国以满族坚持狭义的部族政权之故而不得不推翻王室。而为推翻王室之故,不免将旧传政制一切推翻。当时似误认为中国自秦以来,即自有王室以来,一切政制习惯多是要不得。于是乃全弃我故常之传统,以追效他邦政制之为我所素不习者,此则当时一大错也。即如考试与铨选,乃中国政制上传袭甚久之一种客观用人标准,民国以来亦弃去不惜。如是则民治未达,官方已坏,政局乌得不乱?)政制既已一切非我之故常,其政制背后支撑政制之理论亦必相随动摇,则一变而俱不能不变(而所有犹谓之'假革命'者,以我之民族所遇之问题,犹是我民族特有之问题,却不能亦随别人之政制与理论俱变也)。故于辛亥革命后继之有文化革命、社会革命之发动,亦势之所必趋也(然而离题愈远,失却解决真问题之症结所在矣)。"①

"文化革命之口号则有'礼教吃人''非孝''打倒孔家店''线装书扔毛厕''废止汉字''全盘西化'等。社会革命则以组织工农无产阶级攘夺政权,创建苏维埃政府为职志。"②

"以上四步骤,最先为武备革命,牵涉范围最狭。进一步则为政治革命,其对象始遍及政治之全部。又进一步则为文化革命,其对象又扩大及于全体社会中层读书识字之智识分子。更进一步为社会革命,则其对象更扩大及于全体社会下层工农大众无产阶级。又武备革命之呼号则曰'自强'。政治革命之呼号则曰'救亡'。文化革命则主推翻以往自己传统文化、历史教训。而社会革命更进而主张推翻经济组织,与相随而有之一切文化制度。其意态愈奋昂,其对象愈广廓。"③ 革命的进程连绵不断,然而,革命进程中的中国,"政治不

---

① 钱穆:《国史大纲》(修订本),商务印书馆1996年版,第911—912页。

② 同上书,第912页。

③ 同上书,第912页。

安定，则社会一切无出路。社会一切无出路，则过激思想愈易传播流行，愈易趋向极端。要对此加以纠正与遏止，又不知费却国家民族多少元气与精力。继续此种国内政治之不安定，社会之无出路，而引起更严重的外患"。[①]

中国在此内忧外患中跌撞前行，以"革命"为历史发展的主流，直至三十多年前"文化大革命"结束，才基本告别"革命"时代，进入新的"洋务变法"时期，现代话语则是"开放改革"。迄今，中国的变革历程仍在路上。

2. 思想流变

纵观中国近现代史，是西方资本主义的扩张，导致了中国接踵而来的军事危机、政治危机、经济危机、社会危机，但最根本的，却是近代以来愈演愈烈的文化危机。正是文化的失守与分裂，才导致了社会精英的分裂与对抗，遂造成政治的混乱、经济的萧条与社会的动荡。

"文化与历史之特征，曰'连绵'，曰'持续'。惟其连绵与持续，故以形成个性而不可移易。惟其有个性而不可移易，故亦谓之有生命，有精神。一民族文化与历史之生命与精神，皆由其民族所处特殊之环境、所遭特殊之问题、所用特殊之努力、所得特殊之成绩、而成一种特殊之机构。一民族所自有之政治制度，亦包融于其民族之全部文化机构中而自有其历史性。所谓'历史性'者，正谓其依事实上问题之继续而演进。问题则依地域、人事种种实际情况而各异。（因此各民族各自有其连绵的努力，与其特殊的创建。）"[②] 然而，在德本主义文明与资本主义文明的碰撞中，中国的主流精英门却未能坚守住自身的传统文化，相反，而是一步一步地向西方文化退让，直至顶礼膜拜，弃自家珍宝则如敝屣，终酿成中国历史上亘古未有的文化危机。这主要体现在中国近现代思想的流变上。

鸦片战争后，为应对西方的野蛮侵略，中国知识分子中首先形成了洋务派。洋务派认为西方追求武力侵略，是不讲道德的文化，而中国追求以德服人，是讲道德的文化，是"圣贤文化""君子文化"。但是，面对西方野蛮入

---

① 钱穆：《国史大纲》（修订本），商务印书馆1996年版，第913页。
② 同上书，第911页。

侵，中国文化讲求"以直报怨"，即讲求一个世间基本的公正，其不同于印度教与基督教的非暴力和平主义，讲求"以德报怨"，所以，中国面对西方入侵要坚决反抗，不会接受诸如托尔斯泰等劝中国人的不要反抗的和平主义思想。魏源最早提出"师夷之长技以制夷"，张之洞则提出了"中体西用"，认为中国文化在道德上高于西方，道德是中国文化的"体"，所以在"体"上不能学西方，只需学西方的"用"——所谓坚船利炮的长技——来反抗西方。

这里需对"中体"略作阐释。所谓"中体"，乃中华文明的根本特性，核心是思维模式及相关的科学体系，和价值观念及相关的制度形态。在思维模式方面，"中体"以构造整合法为主；在科学体系方面，"中体"以复杂科学为主，核心是儒学；在价值观念方面，以道德仁义、五伦八德为主，即尧、舜、禹、汤、文、武、周公、孔子、孟子等一脉相承的古圣人之道，史称"尧舜之道""周孔之道""孔孟之道"；在制度形式方面，是"大一统"的以礼乐刑政为特征的政教礼法制度，史称"圣人之制""王制"。以上四方面的特质是中华文明区别于其他文明最独特最重要的地方，也是中华文明最有价值最值得继承和发扬光大的地方。舍弃了上述四方面，就是舍弃了中华文明的根本内涵，就是背离了中华文明的道统、学统和政统。

彼时中国的知识分子并不心甘情愿学习西方，因为西方是强盗小人，君子学强盗小人在心灵上要承受极大的压力。但是，要救亡图存又必须学习西方的"用"——通过学习西方的声光化电等先进技术用来反抗侵略。但是，洋务派"中体西用"的应对方案却不自觉地侵蚀了中国文化的根基。正如严复指出，中国文化中的"体用"本不可分，"牛体不能马用"，"中体西用"实质是"牛体马用"。"中体西用"不自觉地解构了中国文化的基本义理价值，即把理和势、公德和私法、国家和个人分开了。为了回应西方社会达尔文主义与西方列强入侵，认为个人可以做君子国家不能做君子、个人可以道德国家不能道德，这虽是出于救亡考虑,但在中国传统文化"体用不二"的义理架构中是讲不通的。"中体西用"破坏了中华文明的道德基础，为此后中华文明的崩溃凿开了一个不易察觉的蚁穴。洋务派在解决近代中国危机时使"用"与"体"分离，"用"得不到"体"——中华文明核心价值——的指导与规范，致使中国的现代化进程走向了"无体"的现代化，即没有中华文明核心价值的现代化。

甲午战争后，出现了以康有为为首的维新派。维新派提出"托古改制"，实行君主立宪，实质是打着孔子的旗号效法西方的民主政治制度，减轻政治改革的压力。因此，有时人批评戊戌变法是"以夷变夏"，康有为的维新是"貌孔心夷"。辜鸿铭称戊戌变法是政治激进主义，维新派是"中国的雅各宾派"。维新派借孔子的象征符号改立西制，加剧了中国近现代"西化"的进程。

戊戌变法后，盛行以张謇、梁启超和晚年张之洞为代表的立宪派。立宪派认为只有建立立宪政治才能解决中国面临的危机，他们在维新派的基础上再退了一步——维新派还要打着孔子的旗号进行政治改革，他们则连孔子的旗号都不要了，直接追求西方的宪政。

之后，影响中国至深至巨的是革命派，主要有孙中山的三民主义革命派与"五四运动"之后的新民主主义革命派。三民主义中的民族主义只具有团结民众共御外侮的功能，即"用"，而不是中国政治的价值基础与发展方向，即不再是"体"——三民主义中的"体"是西方的自由、民权和民主——洋务派所尊崇的"体"已降为三民主义的"用"。于是，"体""用"皆已西化。

上述四派可以归结为现代化派，是中国近代思想的主流。另外还有清流派，以晚清以来倭仁、辜鸿铭等学者为代表，其基本思想不是反对改革，而是主张在坚守中华文化本位的前提下学习西方以回应挑战。他们认为，如果不坚守中华文化的根本价值，中国就算效法西方实现了西式的现代化，却还是"以夷变夏"，即中国成为西方文化的殖民地和附庸。但清流派人数少，影响小，不是中国近代思想的主流。

辛亥革命后，又形成了自由主义派、社会主义派和文化保守主义派。自由主义派以胡适等人为代表，主张全盘西化（欧美化）。社会主义派以陈独秀等人为代表，主张学习苏俄（俄化）。文化保守主义派又称新儒家，以梁漱溟、熊十力、唐君毅、牟宗三等人为代表，强调以弘扬中国文化为己任，在具体解决方案上，却仍多以西方文化为中国文化的发展方向，如牟宗三一系主张"儒学开出民主新外王"。近一个世纪以来，这三派尽管互相批评，但在文化方向上却近乎一致：即都以西方文化作为中国文化的发展方向，只不过自由主义派认为中国文化中没有西方民主的成分需要从西方全盘输入，社会主义派则认为西方民主有不同类型中国应选择社会主义民主而不是资本主义民主，文化保守主义派则认为民主可以从中国儒家文化中开出。因此，这三派皆是沿着晚清以来"现代化"的思想解决中国的危机，仍可归为现代化派。

由上可见，中国近代以来的思想流派，一派比一派反传统更激烈更彻底：洋务派还坚持实质性的"体"，只是把"用"分开；维新派已将"中体"改为实行西制的象征符号；立宪派则将"中体"象征符号也舍弃，改制直接诉诸西方文明的象征符号；到了革命派，"中体"已降为"用"而不再是"体"，"体"已是西方的自由民主了。再后，自由主义派和社会主义派皆是公开以西方文化为"体"，而新儒家则是暗将西方文化认作"体"。

综上所述，中国近现代思想的流变可分为现代化派与清流派，现代化派是声势浩大的主流，清流派则是微弱细小的潜流。在现代化派思想的主导下，一百多年过去，中国的"西用"发展了：拥有了坚船利炮以至核弹卫星，建立了相对完整的工业体系，学会了西方的政治制度、军事制度、法律制度、经济制度，"国"保了"种"保了，"开放改革"以后，市场经济也得到了巨大发展，但在此过程中，中华文化的"体"丧失了，中国文化的"魂"丢了，中国的"教"（"教"就是中华文明的"体"）亡了，中国成了一个相当西化的无"体"无"教"的国家！[1]

正是因为无"体"无"教"，中国的主流精英们迄今仍未能在发展目标与发展模式上达成共识，因此国家的治理仍未在意识形态层面奠定长治久安的基础；正是因为无"体"无"教"，外国高层人士也难以理解中国的发展远景与发展模式，以至无法安心坐看中国做大做强，故有种种干扰、遏制甚至打压，中国亦难以申明大义地主动地参与和引领国际社会的治理，因此中国的发展仍未在国际关系层面建立长治久安的环境。

以后，依循固有的"现代化"思想，无"体"无"教"的中国能否修成

---

[1] 上述中国近现代思想流变的内容编自蒋庆《中国文化的危机及其解决之道》，载《广论政治儒学》，东方出版社2014年版，第63—95页。

"现代化"的正果呢？或者说，中国弃守"中体"、奉持"西体"、谋求西式现代化发展，能否真正得到国家的长治久安与社会的繁荣富强呢？我们需要从历史事实中寻求答案！

（三）现代化进程比较

通过与资本主义主要大国的"现代化"历程"述比默识"进行比较，可以发现，中国近现代的变乱历程，或曰"现代化"进程，与其有着诸多类似的演化环节，但相应环节的序化程度和变异幅度却大不相同，如表8-1所示：

表8-1　全球主要大国与中国的"现代化"历程表

序数	演化环节	英美	法国	德国	俄国	日本	中国
1	宗教改革	亨利八世宗教改革	亨利四世宗教改革	马丁·路德宗教改革	彼得一世宗教改革		
2	强势君主	伊丽莎白黄金时代 1558—1603	路易十四"太阳王"时代 1643—1715	普鲁士：腓特烈大帝时代 1740—1786	叶卡捷琳娜大帝专制 1762—1796		
3	军事扩张	伊丽莎白英西战争 1586—1604	路易十四军事扩张 遗产战争 1667—1668 法荷战争 1672—1688 奥格斯堡同盟战争 1688—1697 西班牙王位继承战争 1702—1713	腓特烈二世军事扩张 奥地利王位继承战争 1740—1748 西里西亚战争 1740—1745 七年战争 1756—1764	叶卡捷琳娜军事扩张 三次瓜分波兰 1772—1795 两次对土耳其的战争 1768、1787 对瑞典的战争 1788—1790		
4	文化繁荣	培根、莎士比亚、托马斯·孟、霍布斯、哈林顿	笛卡尔、莫里哀、帕斯卡、孟德斯鸠、伏尔泰、卢梭、狄德罗、	莱辛、席勒、贝多芬、康德、歌德、费希特、黑格尔	普希金、果戈理、屠格涅夫、陀思妥耶夫基		

（续表）

序数	演化环节	英美	法国	德国	俄国	日本	中国
5	社会危机	詹姆斯一世（1603—1625）和查理一世（1625—1649）时期社会矛盾加剧	路易十五（1715—1774）和路易十六（1774—1792）时期社会矛盾加剧	拿破仑战争引发德意志内部危机 18世纪末19世纪初	拿破仑战争引发十二月党人起义（1825）—欧洲革命1848	西方侵略，被迫开国 亲善条约-通商条约 1854-1858	西方列强侵略引发内部危机 太平天国（1851—1864）直至庚子事变
6	现代变革开启	英国内战1642—1646 大抗议书	法国大革命1789 人权宣言	施泰因-哈登堡改革1807—1812 德意志解放战争1813	农奴制改革1861 亚历山大二世（1855—1881）解放法令	尊王攘夷1862	百日维新1898
7	历史惯性	议会与国王勾结1647	君主立宪1791	复辟时代1815	君主独裁 亚历山大三世1881—1894 尼古拉二世1894-1905	幕府政变1863.8.18	戊戌政变1898
8	变革加剧	第二次内战1648	第二次共和运动1792	统一与自由运动→红色革命1817—1848	俄国革命1905 十月宣言	戊辰战争1867—1869	清末新政——辛亥革命1911
9	新制初立	共和国建立1649 处死查理一世	法兰西第一共和国1792 处死路易十六	社会性质变革 关税同盟建立1850年代	君主立宪1906（基本法、成立杜马）	明治维新1868 五条誓文、政体书	中华民国建立1911
10	内部纷争	长老会派、独立派与平等派纷争 政府镇压平等派、掘地派与保王党	吉伦特派、雅各宾派与无套裤汉派纷争 督政府镇压平等派、无套裤汉派与保王党	军事改革争执-宪法争执1860—1862	十月党、立宪民主党、社会革命党、劳动派、布尔什维克与孟什维克	征韩论争1868—1873	政治斗争-二次革命1912—1913
11	强人独裁	克伦威尔独裁统治1653—1660	拿破仑独裁统治1799—1815	俾斯麦铁血政策1862—1871	斯托雷平铁腕政策1906—1911	大久保利通独裁统治1873—1878	袁世凯独裁统治1913—1916

（续表）

序数	演化环节	英美	法国	德国	俄国	日本	中国
12	谋求扩张	征服爱尔兰 1649—1650 第一次英荷战争 1652—1654	拿破仑与第三次反法同盟战争 1803-1814	德丹战争 1864—普奥战争 1866—普法战争 1870	英俄协定（三国协约形成）1907	侵占琉球 1872 侵略朝鲜 1875	？日本《二十一条》1915
13	历史惯性	斯图亚特王朝复辟 1660—1688	波旁王朝复辟 1814—1830	德意志帝国 1871—1918	修改选举法 1907	大日本帝国宪法 1889	袁世凯复辟 1916 张勋复辟 1917
14	谋求扩张	第二、三次英荷战争 1665—1667、1672—1674	入侵阿尔及利亚 1830	第一次世界大战 1914—1918	介入巴尔干战争 1912—1913 第一次世界大战 1914—1917	中日甲午战争 1894—1895 日俄战争 1904—1905	？第一次世界大战 1917 ？约法之争+府院之争 1916—1917
15	发生革命	光荣革命 1688	七月革命 1830	十一月革命 1918	二月革命 1917	第一次护宪运动 1913	护法运动 1917.9
16	再立新制	威廉三世即位 1688	路易-菲利普即位 1830	魏玛共和国 1919	临时政府 1917.3—11	大隈内阁 1914	南北政府并立 1918—1919
17	面临危机	嗣位法（1701）	革命 1848	经济大危机 1929—1933 巴本政变 1932	十月革命 1917	经济危机 1918 第二次护宪运动 1924	北伐战争 1919—1928
18	再立新制	汉诺威王朝-辉格党掌政时期 1714—1760	法兰西第二共和国 1848—1851	纳粹体制建立 1933	苏维埃社会主义共和国联盟 1922	政党内阁 1924—1932	南京国民政府统一中国 1928
19	历史惯性	乔治三世"国王之友"政府 1760—1784	拿破仑三世恢复帝国（第二帝国）1852—1870	希特勒恢复军事独裁	斯大林恢复独裁统治 1924—1953	天皇-军部内阁统治 1932—1945	蒋介石独裁统治 1928—1949

（续表）

序数	演化环节	英美	法国	德国	俄国	日本	中国
20	谋求扩张	英法七年战争 1756—763	普法战争 1870—1871	第二次世界大战 1939—1945	占领波兰东部、爱沙尼亚、拉脱维亚、立陶宛等－二战－冷战	侵华战争－二战 1931—1945	？抗日战争 1931—1945 国共内战 1945—1949
21	政权更迭	美国独立 1789 乔治三世"国王之友"政府结束	"第二帝国"结束→国防政府（镇压巴黎公社）1871	纳粹帝国结束，四国分区管制 1945	苏联结束 1991	美国管制 1945	国民党政府败走台湾 1949
22	重建政府	托利党掌政 1784—1830	法兰西第三共和国 1871	联邦德国建立 1949	俄罗斯联邦＋独立国家联合体	日本国宪法 1947	中华人民共和国建立 1949
23	制度成型	英国议会改革 美国联邦宪法	法兰西第三共和国宪法 1875	基本法	俄罗斯联邦宪法 1993	旧金山体制 1951	中国特色社会主义探索
24	对外扩张	对印度、澳洲、中国、非洲、中亚等扩张	对突尼斯、西非、印度支那等扩张				
25	导致动乱	两次世界大战	两次世界大战				
26	重建秩序	雅尔塔体系	法兰西第四共和国 1946				
27	制度成熟	英美内政改革（福利国家、公平施政）1945	法兰西第五共和国 1958				
28	全球体系	赢得冷战，美国主导建立全球体系	被纳入美英主导的全球体系	被纳入美英主导的全球体系	被纳入美英主导的全球体系	被纳入美英主导的全球体系	

上述演化环节的类似,源于资本主义发展的"协同演化"。然而,中国之"协同"是被动地,过程是艰辛的,代价是惨重的。其关键差异在于,全球主要资本主义大国的"现代化"历程,皆伴随着大规模地对外扩张:对外扩张成功,则带来内部的繁荣发展;对外扩张失败,则导致内部的动荡变乱。而中国在相应的"对外扩张"环节(上表中用"?"标示),却几乎都是遭受掠夺、侵略和内乱——中国既无对外扩张的社会文化基因,亦无对外扩张的资源环境条件,只能是"人为刀俎,我为鱼肉"。与同样是以被动型、外生型、后发型的方式实现"现代化"的国家比较,如德国、俄国、日本等,中国无疑是变乱时间最长、社会损耗最大、民族灾难最重的国家。

然而,中国在上述"现代化"进程中被"协同"的结果又如何呢？事实是,近现代中国追求的"现代化"道路,虽然经历了与上述资本主义大国类似的演化环节,经历了有过之而无不及的种种政治磨难、内外战争、社会动荡等,直至成为一个近乎西化的无"体"无"教"的国家,但并未修成资本主义现代化的"正果",反而却被主要资本主义国家认作"异类":在政治方面,不被承认是"民主政治";在经济方面,不被承认是"市场经济";在社会方面,也不被承认是"公民社会"(民主政治、市场经济、公民社会等被当成"现代化"的"基本配置")。

为什么中国的"现代化"进程会如此艰辛漫长而且似乎还遥遥无期？

前文已有大量篇幅比较论述了德本主义与资本主义两大文明的演进历程与复杂同构(详第七至八章)。当德国、俄罗斯、日本等"后发"国家面临资本主义先发达国家军事力量逼迫的时候,尚处于由城邦封建社会向异域整合社会转型的阶段。德俄两国本有欧洲历史文化传统,且都经历了启蒙思想的"洗礼",对英法主导的资本主义扩张在"文明"层面并无真正的排斥与抗拒。至于日本,因"小邦浅演,内顾无所有,惕然知惧,急起直追,以效法彼之所为"[①],本无需固守之"文明"。而中国,因自身文明积淀之深厚,"则为自己

---

① 钱穆:《国史大纲》(修订本),商务印书馆1996年版,第891页。

传统文化所缚，骤不易舍弃其自信"[①]。更重要的是，德本主义文明与资本主义文明的碰撞，是君子文明与强盗小人文明的碰撞，要君子放下身段学当强盗小人，何其难哉！基本价值的排拒，在延缓了中国现代化进程的同时，亦加剧了中国社会内部的分裂与动荡。

后来，中国历经"文化革命"和"社会革命"，冀望通过"变体"（由君子之"体"变为小人"体"）以求西式"现代化"道路，然此路已绝！

上表显示，英、法、德、日诸国实现"现代化"，皆是以海外殖民扩张为基础的。而且，对外扩张越是成功的国家，"现代化"的进程则越是顺利；反之，"现代化"的进程则越是曲折。英国的海外殖民扩张无疑最为成功，英国的制度变迁与工业革命正是以殖民地遍布全球的"日不落帝国"的建立为基础完成的。法国的海外殖民扩张紧随其后，但毕竟在七年战争中已输人一筹，因此其工业化、现代化的进程只能是紧随"英"后。德国作为后起之秀，在其希望打造大德意志帝国的时候，全球可殖民的空间已难遂其愿，当其妄图挑战原有秩序时，则遭遇了几乎毁灭性地打击，因而其现代化只能被纳入英美法等"先行者"设定的体系中。日本前期的海外殖民扩张无疑也是"成功"的，琉球、台湾落入其掌后，再侵略朝鲜、中国，但其扩张一旦触及英美法的既得利益，下场便与德国一样，在遭遇毁灭性打击后被纳入"先行者"设定的框架中，迄今仍然没有完全的主权。俄罗斯的海外扩张输人一筹，其现代化进程也明显也慢人一步（不仅经济方面的工业化进程慢一步，政治方面的民主化也慢一步），然而因其有表中第三次扩张的成果（包括占领波兰东部、爱沙尼亚、拉脱维亚、立陶宛等地区以及二战后赢得的势力范围），加上原有的陆地扩张的"家底"，因此其完成"现代化"后的实力令人不可小觑。唯有中国，在上述现代化"先行"国家积极扩张的环节，却屡屡被动挨打，人为刀俎、我为鱼肉。

中国几千年历史文明的积淀，致使其内部（包括文化方面和制度方面）根本没有对外扩张的动力，而这却是资本主义发达国家完成现代化的前提，

[①] 钱穆：《国史大纲》（修订本），商务印书馆1996年版，第891页。

也是资本主义发达国家完成现代化的必由路径。退一步讲，即使中国冀望"变体"以求重蹈资本主义发达国家的现代化道路，西欧在近代早期进行殖民扩张的环境也早已不复存在——这也正是继西欧、美、日之后，世界上的大多数国家难以顺利完成现代化的根本原因，何况如中国这般体量的大国！

可以断言，企图复制资本主义发达国家的"现代化"模式，中国绝无成功的可能！可以断言，囿于西化视域的"现代化"或"全球化"史观，不可能认清中国未来的发展道路！

二、在中华文明岐出的视域下探究中国近现代史

（一）文化岐出的历史追溯①

中国近现代由"中体西用"到"西体西用"的"现代化"历程，致使中国成了无"体"无"教"的国家，中华文明面临重大的文化危机。

文化危机，包括文化疲惫、文化岐出和文化变质三个方面。文化疲惫是指文化丧失了生命活力，徒有形式而不能解决现实存在的问题；文化岐出是指文化偏离了本民族文化在历史中形成并定型的精神特质与文明形式，偏离了本民族文化的正统或正轨，向另外的非正统文化或异文化的方向演变发展；文化变质是指某一文化完全脱离了本民族文化在历史中形成并定型的精神特质与文明形式，即完全脱离了本民族文化的正统或正轨，在其他文化的影响下变质异化而成为与本民族文化自性特质不相干的另外的文化，用中国传统的话语就是"以夷变夏"，用现代流行的话语就是"文化殖民"。文化危机的一般规律先是文化疲惫，然后是文化岐出，不能解决文化岐出就会出现严重的后果，即出现文化变质。文化解决的是关于生命信仰、社会道德以及制度建构的根本性问题。如果一个民族、一个国家的文化衰

---

① 蒋庆：《中国的文化危机及其解决之道》，载《广论政治儒学》，东方出版社 2014 年版，第 63—95 页。

弱而丧失了活力，解决不了现实社会中存在的上述根本性问题，就是出现了文化疲惫；如果这一文化疲惫状态继续下去就会使该文化丧失回应非正统文化与异文化挑战的能力，从而走偏方向进入歧途；如果不对进入歧途的文化进行矫正与救治，那这一文化就会丧失"自性"，发生文化的变异，即变成非正统文化或异文化。

中国历史上，曾陷入两次巨大的文化危机，其历时之长久、社会之动荡、灾难之深重，使之成为影响中华文明发展格局的关键时期。这两次文化危机最后都并没有导致文化完全变质，而只是文化歧出。歧出之后的回归使中华文明又获得了更大的发展。

第一次危机出现在春秋战国至西汉初期。由于"周文疲惫"、公权失落，导致礼崩乐坏、诸侯混战、社会动荡。秦始皇通过军事征服在政治上实现了统一，但是在治国方略上采纳法家学说，以吏为师、以法为教，用残暴的严刑峻法治国，结果二世而亡。法家主张以严刑峻法治国背离了中国三代以来以圣王仁义之道治国的文化传统，在此前几千年的中国历史文化中（三代圣王传统中）没有根基，史称法家的治国之道背离了"周孔之教"，即背离了中国文化的正统，是中国文化的歧出。到汉初，采用黄老之术治国，虽然与民休息在一定时期内恢复了社会生机，成就了"文景之治"，但由于道家主张"无为"（具体到当时的历史现实中其实就是因循以前的政治弊病），遂导致"汉承秦弊"。以黄老之术治国违背了中国文化的正统，黄老之术主张无为而治在客观上导致因循法家思想治国的"秦弊"，则更违背了中国文化的正统。所以，汉初以黄老之术治国仍是中国文化的歧出。虽然当时的有识之士认识到问题的严重性（如贾谊），但由于黄老思想主导，无法进行政治改革，加之汉初封建制度"成性存存"，终于导致了巨大的动乱——"七国之乱"。到汉武帝时代，"汉承秦弊"严重影响到政权的合法性——汉政权在统治合法性上遇到了三重危机，即超越的合法性危机、历史的合法性危机与民心的合法性危机。汉武帝颁诏求策，董子应时而出，以《春秋》"天人之学"中的"王道政治"作为汉代国家的立国之本，采用"复古更化"（复古是恢复尧舜周孔等古圣人之道来治理国家，更化是革除暴秦遗留的法家文化影响）

政策，一举奠定了汉王朝的合法性基础，为汉代此后三百多年的稳定提供了基本政治保障。

　　第二次危机出现在东汉末年至魏晋南北朝时期，历唐、宋两代才得以完全解决。东汉末年以后，中国再次陷入长期混乱，最重要的则是文化的混乱，并进而变为文化的歧出。首先，文化的歧出表现为曹操为篡夺政权而又碍于儒家的纲常名教与忠孝大义，故排斥儒家治国思想而重新采用法家思想，即主张治理国家不强调道德名分与君臣大义，只重能力军功而不看人品德行，大量起用鸡鸣狗盗之徒。其次，在魏晋南北朝时期，佛教普遍流行，连政府官员与皇帝也笃信佛教，如梁武帝甚至三次舍身出家。梁武帝作为国家最高领导，不一心一意考虑造福百姓，而是念念不忘自己的生死果报，把统治者的政治责任、道德责任与文化责任置于脑后。朝廷是风教之所出，影响全国道德教化与人伦风俗至深至巨，但在当时，皇帝、大臣、官员在朝廷上不讲儒家入世治国平天下的正统圣人文化，而讲道家佛家出世的非正统文化和异文化。另外，当时许多学者借诗酒玄理消极反抗政治的无道与黑暗，追求个人的解脱和逍遥，出现了所谓"玄学"，即"三玄"（老学、庄学、易学），更加剧了文化歧出。隋朝结束了政治上南北分裂的局面，完成了中国统一，但隋炀帝的暴政使隋朝顷刻覆灭。在此危机时代，大儒王通（史称文中子）在黄河汾水之间讲学传道，创立了以重建王道政治为目标的"河汾之学"。他培养的许多学生因辅佐唐太宗而"迭为将相"，包括房玄龄、杜如晦、魏征等，造就了"贞观之治"的繁荣局面。然而，唐代虽然在政治层面以儒教立国，但并未改变在生命层次上佛教主导的局面。在中国传统上，中国人的生命信仰原本是在儒家孔孟之道的义理系统与儒教民间社会的礼乐教化中来解决的，但是，汉末以后佛教的普遍流行以及对佛教的普遍信仰改变了这一状况。虽然佛教在国家政治的基本原则和制度建构方面无力与儒教竞争，但在生命信仰的层次上却有很大的资源，对以儒教为代表的中国文化造成巨大威胁，同时也成为统一社会精英思想、维持社会长治久安的潜在问题。"安史之乱"以后，有识之士意识到了这一问题的严重性。韩愈指出中国儒家文化不能被印度佛教文化所取代，必须确立儒家的主导文化地位，必须传承尧、舜、禹、汤、文、武、周公、孔子、孟子接续的道统，开启了道学的先河。但有唐一代，未能真正从学理上解决此问题，没有建立起一套完整的学术系统来回应佛教的挑战。入宋以后，大批知识分子自觉地从学术思想的层面来回应佛教的挑战，经过包括"濂洛关闽"等几代大儒的努力，以儒家文化为基础吸收了佛道两家的某些合理成分，终由朱子建立了集大成的理学。宋代理学的建立，最终解决了中国文化在生命层次向印度文化（佛教文化）的歧出，才真正克服了第二次中国文化危机，把歧出到佛教的中国文化又拉回到正轨。此后，理学影响中国达七八百年（直至鸦片战争），是宋明清历代政府的正统意识形态，成为宋代社会繁荣、明清国力强盛的文化基础。

上述中国历史上的两次文化危机，皆伴随着深刻的政治危机与惨痛的社会危机：一方面，是国家长期的分裂与战乱；一方面，是经济长期的凋零与民众万分的困苦。两次危机的解决，皆是先通过军事解决了政治统一，但由于军事统一未能真正建立长治久安所需的文化基础，短期和平发展后遂又陷入动乱，动乱之后才真正有了究根溯源的文化重建，而文化重建则为社会的长治久安奠定了坚实基础，造就了百年以上的和平与繁荣。

（二）文化歧出的现代重演

近现代中国的历史，与上述中国历史上文化危机的历史，有着惊人的相似！

综合上述两次文化危机由乱到治的历程，与中国近现代的历史求同存异进行整合，应用复杂第一规律（极数通变规律），可以发现三者有着极其相似的演化环节，从而得出《中国历史由乱到治三周期图》[1]，见图 8-1：

---

[1] 编自张祥平：《时空整合示例——从三次历史过程预测中华文化崛起》，载《美好的中国人》，华夏出版社 1995 年版，第 119 页图五，略有改动。

图 8-1 中国历史由乱到治三周期图

历史确实有着惊人的相似!

当然,上述第三周期的演进尚未完成,还在过程之中。目前可以明确已经完成演进的是前 6 环节,第 7 环节正在进行中(详见本章第二节),而后面的三个环节还不是事实,只是预测。

综上所述,在西方文明扩张的视域下探究中国的"现代化"历程,我们无法认清中国未来的发展道路,无法进行中国发展的科学预测,但明确了:企图复制西式"现代化",中国绝对没有成功的可能!在中华文明岐出的视域下探究中国的近现代史,或者说,在德本主义社会自身的演进逻辑下探究中国的近现代史,可以发现,近现代中国的危机与中国历史上经历的文化危机,有着惊人的相似,运用复杂第一规律,不但可以认清中国未来的发展方向,而且还可以预测中国的发展进程(详见本章第二节)。

第二节　发展预测

一、运用复杂第一规律预测

（一）预测依据

《中国历史由乱到治三周期图》的预测是基于复杂第一规律（自相似规律，或极数通变规律）：一切同层次复杂现象都呈现自相似规律，即演化环节的数目相对稳定（极数），甲结构第一环节与乙结构第一环节达到相似的序化程度和变异幅度（通变）；甲结构第二环节与乙结构第二环节达到相似的序化程度和变异幅度。据此预测，中国未来的发展，必然要回归"德本主义"之路，也就是回归中国历史文化的正统。

中国回归"德本主义"，回归中国历史文化的正统，是中国生存发展的资源环境所决定的。用复杂科学术语，就是复杂现象的演化路径受制于输入条件。

前文已详述，中国处于环境相对严酷、资源相对紧张的亚欧大陆东部，一方面内部自然灾害频繁，一方面难以对外殖民拓展，因而演化形成了以文化为主导整合要素的德本主义社会；西欧处于环境相对优越、资源相对优裕的亚欧大陆西部，在对外殖民扩张的过程中，演化形成了以经济为主导整合要素的资本主义社会。与资本主义文明碰撞后的中国，借鉴和模仿资本主义的发展模式，由"中体西用"到"西体西用"，谋求走西式现代化的道路，但由于资源环境限制，中国绝不可能成功。那么，"现代化"的世界仍然适宜发展德本主义吗？

由于科技进步，人类可以开发的空间似乎是无所限制的。但是，人类如果只能生存于地球，那么，随着人口的增加，特别是随着资本主义扩张后人类对物质消费需求的增加，地球的资源必然愈趋紧张，地球的环境也必然愈趋严酷。事实上，现在地球的生态环境已难以承载人类无所节制的物质消费。

可以说，就全球范围而言，当代人类的生存发展环境，已然类似于历史上中国的生存发展环境：自然灾害频繁，且难以对外殖民拓展。如果说，当今世界某些局部区域的资源环境依然宽松，如北美、澳洲等，但地球上大多数区域的生态环境都已趋紧张，包括欧洲，何况中国！

"天不变，道亦不变"！所以，中国的发展必然要回归德本主义的老路，回归中国历史文化的正统。同时，由于地球上更多区域的生态环境愈趋紧张，类似于中国的生存发展环境，所以中国传统的发展模式，即德本主义的发展模式，也必将越来越有吸引力和生命力；而中国传统的文明理念，即道德仁义的文明理念，也必将越来越有感染力和辐射力！

（二）现实基础

尽管中国由"中体西用"而"西体西用"导致的文化危机迄今悬而未决，但是，推动历史潮流转向的力量却已经生成且在不断壮大。长期动乱的历史教训与乱后求治的现实压力，逼迫中国社会各阶层的精英开始冲破西方文化的蔽障，重新在中国文化的传统中发掘资源，探求长治久安之道。

1. 高层之变

"文化大革命"结束之后，中国最高领导层已"调整对传统文化的态度，放弃长期以来敌视传统文化的立场，并逐步接受乃至推崇传统文化特别是儒家文化及其代表人物孔子"。"1976年……中国政府随即中止了批孔运动。1977年10月，中央政府拨款重修'三孔'。1978年5月，时任国家副主席……拜访'三孔'。……1982年11月，时任总书记……下令重建曲阜孔庙大成殿孔子塑像。此后……众多国家领导人先后视察曲阜和'三孔'。从2004年开始，政府开始祭祀孔子，而且规格一年比一年高"。这是在形式层面。

在实质层面，政府逐渐放弃西方话语体系，转而用中国的传统话语来描绘自己的未来蓝图。毛泽东时代，中国政府用"共产主义"，"世界革命"来界定自己的理想，这是西方左派的概念。到邓小平时代改为"现代化"。① "现代化"的概念看似中性，但邓小平在其中注入了中国传统的思想："我

---

① 康晓光：《中国归来—当代中国大陆文化民族主义运动研究》，世界科技出版公司（转下页）

们要实现的四个现代化,是中国式的四个现代化。我们的四个现代化的概念,不是像你们那样的现代化的概念,而是'小康之家'。""本世纪末在中国建立一个小康社会。这个小康社会,叫做中国式的现代化。"①

到江泽民时代,将"小康之家"的现代化提升为"全面建设小康社会",同时,进一步提出了"三个代表"和"以德治国"的思想。"三个代表"思想提出后,私有财产权得以入宪、私有企业家可以入党,标志着中国意识形态的转轨。"以德治国"是中国传统政治思想的核心,"以德治国"思想的提出,推动了中国政治向传统回归。江泽民强调:"法律与道德作为上层建筑的组成部分,都是维护社会秩序、规范人们思想和行为的重要手段,它们互相联系、互相补充。法治以其权威性和强制手段规范社会成员的行为。德治以其说服力和劝导力提高社会成员的思想认识和道德觉悟。道德规范和法律规范应该互相结合,统一发挥作用。"(2000年6月《在中央思想政治工作会议上的讲话》)"我们在建设有中国特色社会主义,发展社会主义市场经济的过程中,要坚持不懈地加强社会主义法治建设,依法治国,同时也要坚持不懈地加强社会主义道德建设,以德治国。对一个国家的治理来说,法治和德治,从来都是相辅相成、相互促进的。二者缺一不可,也不可偏废。""我们要把法治建设与道德建设紧密结合起来,把依法治国与以德治国紧密结合起来。"(2001年1月在全国宣传部长会议上的讲话)②

到胡锦涛时代,明确提出了"构建社会主义和谐社会"的思想(2005年2月《在省部级主要领导干部提高构建社会主义和谐社会能力专题研讨班上的讲话》,强调"构建和谐社会是新的长征"(2006年10月在纪念红军长征胜利70周年大会上的讲话)。"和谐"已是中国传统文化价值的核心理念。

到习近平时代,则已明确将"把生态文明建设放在突出地位,融入经济建设、政治建设、文化建设、社会建设各方面和全过程……实现中华民族永

(接上页)(新加坡),2008年版,第282页。

① 《邓小平文选》,人民出版社,第2卷第237页、第3卷第54页。

② 《江泽民文选》,人民出版社2006年版,第3卷第196—202页。

续发展"。习近平提出的实现中华民族伟大复兴的中国梦,实质就是中华文明复兴之梦:"没有文明的继承和发展,没有文化的弘扬和繁荣,就没有中国梦的实现。中华民族的先人们早就向往物质生活充实无忧、道德境界充分升华的大同世界。实现中国梦,是物质文明和精神文明比翼双飞的发展过程。"(2014年3月27日习近平在巴黎联合国教科文组织总部的讲话)他明确指出:"中华文化积淀着中华民族最深沉的精神追求,是中华民族生生不息、发展壮大的丰厚滋养";"中华优秀传统文化是中华民族的突出优势,是我们最深厚的软实力";"中国特色社会主义植根于中华文化沃土、反映中国人民意愿、适应中国和时代发展的进步要求,有着深厚历史渊源和广泛基础。中华民族创造了源远流长的中华文化,中华民族也一定能够创造出中华文化新的辉煌。"(2013年8月习近平在全国宣传思想工作会议上的讲话)

邓小平提出的"小康社会"重心在"经济"层面,江泽民提出的"三个代表"和"以德治国"重心在"政治"层面,胡锦涛提出的"和谐社会"重心在"社会"层面,"生态文明"的重心则跃升到了"文明"层面。"生态文明"在理论上推演到终极必然是"天人合一"——这是中华文明的最高价值。"中国梦"就是中华文明复兴之梦!在上述政治话语的演变过程中,从经济、政治到社会、文化,全面回归中华历史文化正统之路的指向愈趋明显。

参阅

习近平的儒家情怀①

文化危机让物质财富犹如沙上之塔

1949年以来的中国政治家,像习近平这样将中华优秀传统文化置于人类共有精神财富的坐标系中,指出其具有世界普遍文化意义,"智慧光芒穿透历史,思想价值跨越时空,历久弥新,成为人类共有的精神财富",是不多见的。更重要的是,他并未止步于文化态度上的致敬,在其执政实践中更

---

① 编自〔美〕熊玠:《习近平时代》,转载自《学习时报》,2016年6月16日第A3版(略有删减)。

是自觉地把中华历史文化精华与中国特色社会主义紧密对接，在中国梦以及内政外交各个方面，都将中华优秀传统文化当作"根"与"魂"。

习近平也讲"扬弃"，但不同之处在于，传统文化更进一步说儒家文化，对于他而言并不是散发着陈腐气息的沉重包袱，而是可以通过现代化创造，焕发强大能量、推动民族复兴的独特"战略资源"。

事实上，如果没有足够的文化自信和创新能力，选择传统文化作为战略资源，风险并不小。

一个日益强烈的共识是，中国社会正面临文化危机，文化内涵的空洞化，让迅速积累的物质财富犹如沙上之塔，越高越重，越容易崩塌。中华民族正在不知不觉中丧失自己的民族文化身份。而这种危机的根由，远可溯及鸦片战争击碎天朝的自洽幻景，近可论至改革开放后西方价值观对人民信仰的冲击。

一段时间以来，电视剧热播宫廷斗争、尔虞我诈，官场、谍战、职场、家斗也是常演不衰的题材，折射着犬儒主义盛行、人际关系恶化、社会诚信缺失的现实，显规则被弃置一旁，"潜规则"却大行其道；圈子盛行，彼此谋利，参与其中的人都希求在制度之外找到获取资源的渠道；不劳而获、一夜暴富被仰慕推崇，毒奶粉、毒大米、地沟油、瘦肉精频频出现，更可怕的是不少人正逐渐对此见怪不怪、麻木不仁；山寨文化几乎成为"中国标签"，各个领域仿冒成风，这些人非但不以为耻，反而认为能赚快钱就是英雄；盲目从众事件时有发生，理性的思考和表达却少有人倾听。

20世纪90年代兴起的"国学热"，似乎让人们抓住了一根救命稻草，各种"文化明星"名利双收，汉服、唐装招摇过市，大典、仪仗隆重登场。但很快就有人批评这种热潮浅薄片面，只求功利实用。当代中国人对自己民族文化的理解，大多局限于"中国结""功夫""舌尖"等符号化的平面维度上，在信仰的高度上，在求善求美的高度上，却少有耐得住寂寞的关注与追求。

政治学者郑永年曾评论说，今天的中国，很多人"既不了解西方，更不了解中国，就是拿着一些工具性的东西在那叫嚷"。还有学者举出土耳其舍弃伊斯兰文明却又难以被西方文明认可的文化困境，援引亨廷顿的观点警示人们：这种不愿意认同自己原有文明属性，又无法被它想加入的另一文明所接受的自取其辱状态，必然会在全民族形成一种文明上、精神上无所归宿的极端沮丧感。

这就是习近平这一代中国领导者面临的严峻现实。特别是在新世纪之后，面向"民族复兴"的目标，文化重建的呼声更为强烈。

唤醒传统文化之魅，又赋予其现代化之魂

传统文化被视作救世良方，但从另一面看，有"国学热"一地鸡毛的前车之鉴，如何从儒家文化中汲取文化重建的正能量，亦是严峻挑战。

有人说，中国传统文化的圆融、自足，是一个"超循环"机制。资本主义经济全球化的蔓延打破了这种"超循环"，进而使中国传统文化无法抵御帝国主义挟持着达尔文主义和丛林规则的侵略。在这种境况下，传统文化被救亡图存时期的主流知识分子抛弃，而其后的文化封闭又让断裂的传统文化缺乏更新的机会。

著名学者杜维明曾撰文说："过去我们打倒孔家店、批判孔老二，人们把官员贪污腐败、民众贫穷愚钝、新旧极权主义，错过了工业革命、没能建立民主人权法治社会、不完善的市场经济，等等，都归结于传统之恶劣。我们拿几千年积累下的文化污垢同欧美文化中的优质部分作比较，把责任归结到传统文化，尤其是儒家思想与伦理身上，这显然有失公允。"

孔子研究院院长杨朝明也说，在对待孔子与传统文化的问题上，人们的态度形成明显的两极还是近代以来的事情。不少人将中国落后挨打的原因归结为传统文化的腐朽，强化和放大了人们对传统文化负面影响的认识。于是在20世纪的一个时期内，中国形成了一个"反传统的传统"，似乎中华民族要摆脱苦难就必须摒弃传统文化。

习近平面对的难题是，不能使中国成为文化的流浪儿、精神的乞食者，因此必须唤醒中国文化中的优秀传统文化基因，同时又赋予其现代化的灵魂。

2014年9月24日，习近平在纪念孔子诞辰2565周年国际学术研讨会上说，"优秀传统文化是一个国家、一个民族传承和发展的根本，如果丢掉了，就割断了精神命脉"。同时他也强调，要努力实现传统文化的创造性转化、创新性发展，使之与现实文化相融相通。

他在全国宣传思想工作会议上提出，优秀传统文化中包含着中华民族"最深沉的精神追求""最深厚的文化软实力"，可以凝聚和打造强大的中国精神和中国力量。

不仅如此，习近平还将中华优秀传统文化视作解决人类共同难题的思想库。

他举出了可以古为今用的15种优秀古代思想：道法自然、天人合一；天下为公、大同世界；自强不息、厚德载物；以民为本、安民富民乐民；为政以德、政者正也；苟日新日日新又日新、革故鼎新、与时俱进；脚踏实地、实事求是；经世致用、知行合一、躬行实践；集思广益、博施众利、群策群力；仁者爱人、以德立人；以诚待人、讲信修睦；清廉从政、勤勉奉公；俭约自守、力戒奢华；中和、泰和、求同存异、和而不同、和谐相处；安不忘危、存不忘亡、治不忘乱、居安思危。

杜维明认为，21世纪的中国更需要"自我更新的儒学"。他的期待是，儒学要面向整个世界——儒学第一期是从曲阜的地域文化、地方知识发端，经历数百年成为中原文明的核心、中国文化的主流；第二期从中国文化发展到东亚文明；未来儒学的第三期发展，要真正成长为"具有全球意义的地方知识""而这就要看儒学能否对整个西方文明、尤其是从启蒙以来的'启蒙心态'作出回应，并进而能否给人类社会提供有价值的东西"。

这恐怕不仅是一个学术研究者的期待，也是中国成为大国的文化使命与必然路径。

中国梦不是空想，因为"其梦有根"

习近平善于援引中国传统经典的表达特点广为人知，人民日报社编写了26万字的《习近平用典》一书，搜集了过去27年间习近平所有著述及重要讲话中使用频率高、能体现其治国理政理念的135则典故，每一则都以"三条微博"的文字量详细解读。

人民日报社社长杨振武谈及编纂此书的缘起时说，习近平用典，"常常古为今用、推陈出新，不断激活优秀传统文化，赋予鲜活的当代价值与意义"。

不仅是在表述中用典，习近平更是在治国理政的框架构设中，将传统文化精华作为重要思想源泉。"深入挖掘和阐发中华优秀传统文化讲仁爱、重民本、守诚信、崇正义、尚和合、求大同的时代价值"。

他提出的"中国梦"这一重要概念，正是以丰富的中华历史文化精华为基础的。

中国梦首先根植于"中国特色"。从习近平在各个场合一系列阐述可知，外界与其关注"中国特色"的意识形态色彩，不如将之视作中华历史文化精华与当代中国结合的产物。

在全国宣传思想工作会议上，习近平特别强调，宣传阐释中国特色要做到"四个讲清楚"：讲清楚每个国家和民族的历史传统、文化积淀、基本国情不同，其发展道路必然有着自己的特色；讲清楚中华文化积淀着中华民族最深沉的精神追求，是中华民族生生不息、发展壮大的丰厚滋养；讲清楚中华优秀传统文化是中华民族的突出优势，是我们最深厚的文化软实力；讲清楚中国特色社会主义植根于中华文化沃土、反映中国人民意愿、适应中国和时代发展进步要求，有着深厚历史渊源和广泛现实基础。

这种思路，瞬间拉长了"中国特色"的时间之轴，并将之接入深邃的中国文化之池。

不仅如此。2000多年前，孔子在竹简上写下"君子和而不同"。2000多年后，习近平向全世界给出中国梦的解释：顺应时代前进潮流，促进世界和平发展。同时他也延续"和而不同"精神，将中国梦与各国各民族之梦对接。

有学者将中国梦与"美国梦""欧洲梦"相比较，视之为一种"后发的、复兴的、彰显包容精神的新文明模式"。

更有研究者认为，人类正面临"三大矛盾的加剧"：人与人之间越来越不平等；人与自然之间的冲突越来越严重；人的各种功能、需求之间越来越不平衡，人日益成为"单向度"的消费机器。而中国梦将不仅使占整个世界人口1/5的中国人安居乐业、富裕幸福，更重要的是在于它将为人类文明走出困境开辟出一条新路，创造一种新的人类文明形态。

"'中国梦'不会满足于'独善其身'，还要'兼济天下'。'中国梦'不是关门做自己的'小梦'，而是做'开放、包容、共赢、合作'的'大梦'。"

社会主义核心价值观，同样以中华优秀传统文化作为固有根本。2014年5月4日，习近平在与北京大学师生座谈时说，一个民族、一个国家最持久、最深层的力量，就是全社会共同认可的核心价值观。"中华文明绵延数千年，有其独特的价值体系。中华优秀传统文化已经成为中华民族的基因，植根在中国人内心，潜移默化影响着中国人的思想方式和行为方式。今天，我们提倡和弘扬社会主义核心价值观，必须从中汲取丰富营养，否则就不会有生命力和影响力"。

在习近平看来，无论道路自信、理论自信或是制度自信，最根本是文化自信，"要从弘扬优秀传统文化中寻找精气神"。而将中华优秀传统文化的历史渊源、发展脉络、独特创造、价值理念梳理清晰，能够增强民众的文化自信和价值观自信。

他用诗意的语言要求重整民族文化资源，"让收藏在禁宫里的文物、陈列在广阔大地上的遗产、书写在古籍里的文字都活起来"。

首次在党内全面系统地要求领导干部学习传统文化

习近平首次在中共党内全面系统地要求领导干部学习中华优秀传统文化，以此作为加强领导干部队伍建设的重要手段。

2015年6月，国家行政学院编辑出版了首套共11册的领导干部国学教材，包含修身之道、处世之道、用人之道、治兵之道、廉政之道、执法之道、天人之道等，计划在全国行政学院系统对现任各级行政干部进行传统文化轮训。

早在2008年，习近平就任中央党校校长不久，就在春季学期开学典礼上提出："各级领导干部都应当结合时代要求继承和发扬中华民族优秀文化传统……不断提高慎权、慎独、慎微、慎友的自觉性。"

在中央党校2011年秋季学期开学典礼上，他也说到，领导干部不管处在哪个层次和岗位，都应该读点历史。

习近平还特别强调"家风"。2015年春节前，他在春节团拜会上说，家庭是社会的基本细胞，是人生的第一所学校。不论时代发生多大变化，不论生活格局发生多大变化，都要重视家庭建设，注重家庭、注重家教、注重家风。

习近平在这个全球华人最重要的传统佳节前讲这番话，虽言辞温和，但震撼力极强。有媒体评价说,这是"把每个人的'小家'提到和国、天下同等重要的地位",是建立"健康而强大的价值观"的勉励性信号。

2. 基层之变

今天的中国,一场旨在复兴中华文化的"社会运动"已蓬勃展开。

一批认同中国历史文化精神、同时富有时代责任意识的社会精英分子以不同形式、在社会各个层面吹响了传统文化复兴的号角:或通过"传统文化经典的诵读活动,包括教授经典、开设国学课,参加交流会,组织学习等",或"从事与传统文化有关学术研究,发表文章,参加会议,做演讲",或组织"报道、宣传传统文化知识、人物及有关的各种活动、事件等",或"用传统文化的理念进行日常管理",或进行"对传统文化的网络讨论",或组织"祭祀孔子的活动",或组织"传统礼仪(如冠礼、笄礼、射礼等)示范、展示、推广等活动",或组织"传统服装(如汉服、唐装、深衣等)的穿着、制作、购买、展示、宣传等活动",或组织"传统音乐的学习、教授、推广等活动",或"销售与传统文化有关的产品如传统服装、传统文化书籍、音像制品,或提供与传统文化有关的服务,包括传统音乐、传统礼仪等",或建立"书院、精舍等地作为弘扬传统文化的基地",或"以正式注册的组织(如协会、研究会)作为弘扬传统文化的基地",或组织"出版与传统文化有关的书籍、杂志等",或组织"对传统文化,包括服装、礼仪、文字等的呼吁性签名活动"……①

他们参与复兴传统文化活动的动机并不相同,或旨在"使孩子受到传统文化的熏陶,塑造孩子品格,建立健全孩子道德观和价值观",或旨在"树立中国人的信仰,填补中国人的精神真空",或旨在弥补"体制内德育教育和素质教育的缺失",或旨在"改善目前中国社会道德沦丧的状况",或旨在"拯救频临消亡的传统文化",或旨在"为自己寻找人生的意义",或旨在"使中国在成为世界大国时,更具文化魅力",或旨在"响应党的号召,维持社会稳定,

---

① 康晓光:《中国归来—当代中国大陆文化民族主义运动研究》,世界科技出版公司(新加坡)2008年版,第175页。

构建社会主义和谐社会"，或旨在"抵御西方文化入侵"，或旨在"开发智力，增强记忆力，提高潜能"……① 但他们大多相信，通过复兴传统文化，可以推动社会道德沦丧、政府官员腐败、贫富差距悬殊、拜金主义横行、信仰普遍缺乏、西方文化入侵等种种社会转型时期问题的解决。②

这场旨在复兴中华文化的"社会运动"的"特殊之处在于，它的行动方式缺乏'对抗性'、'破坏性'和'激烈色彩'。现代社会运动的'普遍的'行动方式包括请愿、游行、联名签署、公共集会、静坐抗议、阻碍交通、占领公共场所、暴力冲突、罢工、罢课、拒交租金或税金等等。……但是，在这场运动中，游行、罢课、暴力冲突、占领、阻碍交通等带有对抗性、破坏性的行动方式却没有出现。……在西方社会运动理论中，'行动'往往被等同于'抗争'，而采取激烈对抗手段的抗争则被视为社会运动的典型模式"。"换一个视角来看，行动方式缺乏'对抗性'、'破坏性'和'激烈色彩'，体现在运动的'行动逻辑'上，就是参与者没有运用'物质损害逻辑'，而主要运用……'感召力逻辑'。所谓'行动逻辑'是指行动产生预期效果的机制。借助破坏性行动，提高对方维持现状的成本，迫使对方接受自己的要求，这是'物质损害逻辑'。罢工、阻碍交通、恐怖活动背后的逻辑就是如此。……通过行动向公众或政府证明，参与者献身于运动是为了某种崇高的理想，这是'感召力逻辑'。此类行动的影响力来自理想的感召力和参与者真诚无畏的奉献精神"。③

这场旨在复兴中华文化的运动的组织形态特征，从宏观来看，"是'无中心'。没有一个全国性的组织体系，也没有被所有参与者认可的领导者或领导集团。尽管存在许多或松散或紧密的小规模的团体，但是它们之间不存在垂直的隶属关系。虽然已经出现了一些全国性的协同行动，如每年 9 月 28 日在各地同时举行的祭孔，但此类行动不是一个组织统一指挥的结果，而是依靠一些外部信号（如孔子诞辰日）的刺激和协调才得以发起和完成。其次，强

---

① 康晓光：《中国归来—当代中国大陆文化民族主义运动研究》，世界科技出版公司（新加坡）2008 年版，第 179—183 页。

② 同上书，第 170—173 页。

③ 同上书，第 267—268 页。

调自愿和协商。参与者参加活动,不是为了获取经济利益,也不是迫于政治压力,而是为了实现自己的理想。活动中的决策也是参与者共同协商的结果。第三,拥有较强的内部凝聚力。共同的志向把参与者动员并团结起来。在共同奋斗的过程中,他们获得了一种同舟共济的感觉。到目前为止,运动本身还没有积聚起多少物质资源,无法提供足够的物质性激励,在这种情况下,也只有'共同的理想'才能承担起激励和凝聚功能。第四,领导者的权威不是根据谁的任命,也不是凭借政治权力或经济实力,而是来自个人魅力和对运动的贡献"。从微观来看,"非正式组织、松散联合体、紧密联合体,在运动的组织层面,占据重要地位。这是一些结构松散,非常开放的运动组织。它们数量很多,非常活跃,在地方性活动中发挥关键性的动员和组织功能。事先存在的社会网络、运动中产生的社会网络、网上社区是最主要的组织形态。它们在动员参与者、疏通关系、筹集资金和物质资源等方面发挥了举足轻重的作用"。[①]

"这场运动与一般的社会运动相比,最大的差异在于,第一,缺乏对抗性,激烈手段很少见,没有物质性的破坏,没有使用'物质损害逻辑',行动基本上都在现行法律和政府允许的范围之内。第二,对政府的态度和立场提出挑战,但挑战的是原来的东西,现政府已经放弃了,只不过没有公开、明确地宣示。因此运动的目标与现政府的目标基本一致,行动上也比较默契……第三,政府不仅是诉求对象,也是直接的行动者或支持者,甚至是运动的主力军,不仅推波助澜,而且直接行动产生了巨大的效应。实际上,在当今中国大陆,没有政府的支持,至少是默许,大规模的集体行动无法形成,更不用说短期内迅速发展。上述一切暗示我们,这场运动不是纯粹的西方意义下的'社会运动'。""尽管政府积极行动,影响巨大,但是,第一,社会参与者具有自发性,即他们是自发参与的,不是被政府直接动员起来的,特别是不是政府通过组织渠道动员起来的。第二,社会参与者具有自主性,提出什么框架、采取什么行动是他们自己决定的,不是政府决定的,尽管他们要考虑政府的反应,

---

[①] 康晓光:《中国归来——当代中国大陆文化民族主义运动研究》,世界科技出版公司(新加坡)2008年版,第268—269页。

但是政府不是决策者，而是作为外部环境……在发挥影响。第三，政府主体与社会主体之间不存在垂直的隶属或领导关系，彼此是平行的，甚至没有直接的联系，只存在平等的互动。作为参与者，政府是平等的一员。相互关注，心领神会，或是彼此试探。第四，政府不是唯一的指挥中心，唯一的发动者，也没有提供一套占据主导地位的框架，没有利用自己的行政系统对社会进行动员，社会成员的参与也不是外部强制的结果或迫于政治压力的结果。""总的来看，民间与政府是良性互动，相得益彰。民间从政府那里获得支持，但仍然保持自己的独立性。政府从民间获得灵感和支持，亦步亦趋地跟进，既不过分超前，也不落后，积极引导，但不强行推动，也不越俎代庖。这种默契型的合作，使运动获得了迅猛而稳健的发展。"①

"就这场混合型运动的动力学而言，民间和政府是'直接的'动力源，而且民间和政府的行动者及其行动确实有有力地推动了运动的发展……但是，这场运动最主要、最深刻的动力并非来自这些'直接的'动力源，而是来自'间接的'动力源，也就是……那些非人格的结构性力量（即前文所述的中国历史演进的内在的规律性——引者）。其实，正是转型带来的一系列社会问题、政府面对的合法性危机、大国崛起激发的民族自信，以及中华文化的深厚底蕴，这些不以人的主观意志为转移的客观的沉默的力量，激励了民间和政府的行动，并将愈来愈有力地推动他们的行动。……简而言之，对于这场运动的成功发展来说，历史大势和人的努力缺一不可，但是历史大势是更为基本的要素，人的努力则是对这一不可抗拒的大趋势的热情而明智的回应。"②

【补：在对本土文化复兴的后续研究考察（2008—2010年）中，康晓光先生发现中华文化复兴的"社会运动"正走向"社会化"阶段，具体表现为：（1）参与者队伍不断扩大，且参与者的身份也日趋多元，中华文化复兴正逐步演变成一种带有全民性的行动，无论是从推动阵营还是从反对阵营来看都是如此。更为重要的是，政治精英、经济精英、文化精英纷纷加盟文化复兴

---

① 康晓光：《中国归来—当代中国大陆文化民族主义运动研究》，世界科技出版公司（新加坡）2008年版，第363—364页。

② 同上书，第364—365页。

运动。可以说，各类精英已成为中华文化复兴的主力军。（2）尽管参与者的规模和构成发生了很大变化，但是他们感知的问题却没有实质性的变化。他们对本土文化的自信和推崇更加强烈——这得益于中国的国际地位特别是经济地位的持续上升。（3）参与者的活动领域，从社会"边缘""表层"逐步进入"核心""深层"，其行动方式也从"抗议""呼吁"转向扎扎实实地"建设"；从"街头作秀""新闻噱头""网络声明"等，演变为在媒体、学校、社区、职场、社会团体、党政机关等主要社会空间中开展系统地、日常地"教化"活动。简言之，从"非常态"转向"常态"，从"破坏"转向"建设"。（4）参与者使用的资源，也从以个别人提供的零星资源为主，转变为以主流群体和主导性组织提供的"基础性"资源为主。（5）参与者面对的政治机遇结构也越来越好，反对派的势力在衰退，而盟友的阵营却在不断扩大。而且，参与者内部以及参与者与盟友之间的联系变得更加紧密，配合也更加默契。（康晓光：《阵地战——关于中华文化复兴的葛兰西式分析》，社会科学文献出版社，2010）

（三）发展路径

以上论述了预测中国未来发展路径的科学依据与现实基础。以下将简单勾画中国未来发展的路径，分"重建国学→中华复兴（含国学发展）→引领世界"三阶段述之。

第一阶段：重建国学。

前文已述，西方的扩张导致了中国近现代一个半世纪的政治危机、经济危机与社会危机，而最根本的则是文化危机，正是因为文化的失守与分裂，导致了中国社会精英的分裂与对抗，遂造成长期的政治混乱、经济衰退与社会动荡。因此，中华文明复兴，关键在于文化重建。

"文化重建首先需要唤醒知识分子群体的文化危机意识与文化觉悟，努力给已经衰老疲惫的文化输入新鲜血液，使之重新焕发出生机活力。然后，通过知识分子群体的努力把误入歧途的文化拉回正轨，克服文化的歧出与变质，使歧出的文化重新回到本民族文化的正轨，恢复本民族文化的自性特质……

使变质的文化'复性'（恢复自性）'复位'（恢复正位）'还质'（回归文化的精神特质），从而使本民族的文化又重新成为具有本民族文化自性特质的正统文化。"使变质的文化"复性""复位""还质"的关键，则在于建立一套传承和发扬中华道统与学统且容融西学精华的博大精深的学术体系。否则，讲求理性的社会精英群体的分裂难以弥合，对抗难以消解。

其实，自鸦片战争以来，信守中华传统价值的历代学人，为回应西方的挑战，一直不懈地推进着容融西学的探索。起先，有以张之洞为代表的洋务派知识分子群体在器物技术层面学习西方，冀望"中体西用"；之后，有以康有为为代表的维新派知识分子群体在典章制度层面学习西方，冀望"维新变法"；之后，有梁启超、辜鸿铭、梁漱溟、张君劢等知识分子群体在文明本体层面，辨析中西异同，冀望恢复文化自信；之后，有钱穆、陈寅恪、马一浮、熊十力、冯友兰、贺麟、牟宗三、徐复观、唐君毅等知识分子群体通过历史审问和学理明辨，回应西学在价值观、世界观、历史观、人生观等诸方面的挑战，冀望传承发展国学；之后，有刘述先、杜维明等知识分子群体从西学视角发扬中学精神，探究制度的宏观制约（如生态环境）与微观层面（如民间生活）等，冀望超越西学固有之窠臼；之后，有成中英、张立文、司马云杰等知识分子群体以否定之否定（物极必反）式的互动，冀望超越西学回归中学。①

然而，上述学术探索，尚未能在学理上真正应对近代以来中学（或中国文化）面临西学（或西方文化）的最大挑战，即"民主"与"科学"的挑战。而且，上述学术探索，只是这一百多年中国学术史的支流，而"民主"与"科学"（简单科学），自"五四"新文化运动以后，一直是中国学术史的主流。直至21世纪前后，由当代两位大儒蒋庆先生与张祥平先生，分别提出"王道政治"容融"民主政治"、"复杂科学"容融"简单科学"，才奠定国学容融西学的基本框架。

蒋庆先生明确提出要"以中国解释中国"，要用中国儒学的义理结构与解

---

① 张祥平：《经典复杂科学》中国社会科学出版社 2013 年版，第 388 页。

释系统来解释西学、解释中国、解释世界。先生重新诠释《春秋经》，发掘中国传统政治思想资源，提出在当代中国亟须弘扬政治儒学，阐明了王道政治的"三重合法性"，揭示"王道政治是当今中国政治的发展方向"，主张重建"中国政治"，建立"以天统政"的"儒教宪政"。先生倡导重建中国传统的价值观、人生观与历史观，特别是倡导用"王道政治"来容融并超越"民主政治"，从而在学术上化解中国文化面临的西方"民主"的挑战（详见第九章第三节·一·（二）《中国传统学术的复兴》）。

张祥平先生明确提出重建中国学术的科学方法与基本原则，即"正名言行"原则（普适的学术原则），并以此为基础，倡导用三重证据和三纲九目同一律来研究和诠释经典，这为重建中国传统学术在认识论与方法论上奠定了基础。先生重新诠释《易经》，发掘中国传统科学思想，提出在当代中国亟须弘扬物性儒学，阐明儒学经典是复杂科学的"核心教材"，主张从中理解原汁原味的复杂科学和构造整合法（整体公理化），由此融通中西古今学术，推进社会科学研究成为天下公器。先生倡导重建中国传统的宇宙观、认识论和与方法论，特别是倡导用"复杂科学"来容融"简单科学"，从而在学术上化解中国文化面临的西方"科学"（即简单科学）的挑战（详见第九章第三节·一·（二）《中国传统学术的复兴》）。

迄今，蒋张两位大儒的学术成果尚未被中国的主流学界所理解与认同，其讨论、辨析、传播、理解、接受尚需时日。但随着时间的推移，特别是中华文化复兴运动在广度与深度上的发展，其学术思想必将被"非线性放大"：在与知识分子群体的学术争辩与心灵激荡的过程中，不断完善与发展，从而建立起一套传承中华道统与学统且容融西学精华的博大精深的学术体系。

建立上述学术体系只是"重建国学"的基础。"重建国学"大功告成的标志应该是"国学"的复位，即成为国家意识形态的主体，成为国家治理的政教纲领。当然，从学理重建到复位为国家的王官之学，"国学"必然需要有一段较长时期的"非线性放大"式的发展，包括在学术界展开学术辩论、在教育界组织人才培养、在文化界进行宣传普及，等等。

第二阶段：中华复兴。

经过"重建国学"的阶段，中国的知识分子群体将在中国的发展方向与发展道路方面基本达成一致，从而在社会精英内部确立中国长治久安的思想基础。以"国学"复位为标志，意味着中国进入了"中华复兴"阶段。

所谓"中华复兴"，既是"中华民族"的复兴，也是"中华文明"的复兴，是二位一体的复兴。因为中华民族不同于西方"族国"意义下的"民族"，而是"天下"意义下的"民族"（见第七章第四节）。"中华复兴"阶段，中国将在政治、社会、经济、文化等领域展开种种创新。

在政治领域，中国将创造性地重建新的"王道政治"，容融并超越西方的民主政治；创造性地重建新的"德政礼制"，容融并超越西方的"宪政法制"（详见第九章第二节）；创造性地重建新的"天下体系"，容融并超越西方的"族国体系"（详见第九章第五节）。

在社会领域，中国将创造性地重建新的"礼乐社会"，容融并超越西方的契约社会；创造性地重建新的"五伦社会"，容融并超越西方的"市民社会"或"公民社会"；创造性地重建新的"宗族社会"，容融并超越西方的教区社会和公司社会（详见第九章第四节·二《社会治理——敬宗收族，集约自治》。

在经济领域，中国将创造性地重建新的"内源发展"模式，容融并超越西方的外源发展模式；创造性地重建新的"族有产权"制度，容融并超越西方的私有产权制度；创造性地重建新的"生态中心"的技术体系和产业体系，容融并超越西方的效率中心的技术体系和产业体系（详见第九章第四节·一《经济发展——产权族有，重农律商》）。

政治、社会、经济等领域的变革，将使中国的发展从"以经济建设为中心"转向以社会和谐、永续发展为中心，从而在社会文化领域得以大发展、大繁荣，其突出体现将是创造性地重建绚烂的礼乐文化。中国必将作为一个礼乐文明高度发展的国家（而不仅仅是物质文明高度发展的国家）屹立于世界——这也正是中国鸦片战争以前的国际形象。

在中华文明全面复兴的大背景下，国学必将迎来历史上新的一轮大发展。此轮国学的大发展，将是在汲取西学精华基础上的整合与创新，将由复杂科学统领简单科学的发展，将在社会科学、生态科学、生命科学、信息科学等复杂现象研究领域取得重大突破。

简言之,在"中华复兴"阶段,中国将充分发掘历史传承的丰富的制度资源与文化资源,一方面,在核心价值上坚守中华文化的道统,一方面,在学术义理、制度形式、组织管理上进行创造性的现代转化,从而全面复兴中华文明。

第三阶段:引领世界。

未来中国的发展模式,是以较少的环境资源消耗、较低的社会管理成本,获取较高程度的国民幸福、较长时期的社会繁荣。对于环境资源相对紧张的国家和地区,中国的发展模式无疑将具有极大的吸引力和辐射力,中国因而将成为全球最重要的文明中心。中国将积极推进国际社会治理,在全球重建"天下体系":以亚洲为基础,联合欧洲,同时渗透北美,引领世界各国共同追求社会和谐与永续发展,共建太平之世,共享太平之福!

以上勾画的中国未来发展三阶段,第一阶段主要是"学术"的创新发展,第二阶段主要是"制度"的创新发展,第三阶段主要是"文明"的全球传播。前两阶段具有紧密的内在关联:第一阶段"学术"发展的核心是"正名"、"顺言",第二阶段"制度"发展的核心是"成事"、"兴礼乐"、"中刑罚",其逻辑关系正是:"名不正,则言不顺;言不顺,则事不成;事不成,则礼乐不兴;礼乐不兴,则刑罚不中;刑罚不中,则民无所措手足。"(《论语·子路》)前两阶段是做内功、"修文德",第三阶段则是由内而外、内圣外王的自然进展,即"修文德以来之"。(《论语·季氏》)

二、运用复杂第二规律预测

以上勾画的中华文明复兴的图景,尚嫌粗略。欲进一步细化中国未来发展的路径,需要运用复杂第二规律展开探究。

(一)推演过程

复杂第二规律(成性存存规律,对称破缺规律)揭示:一切复杂现象的初始核心动态被非线性放大为动态核心(成性,带动其他粒子)之后,非平衡态秩序将超越对称于成性条件的解体条件而存在（存存）。将之应用于中国近现代史，如图8-2：

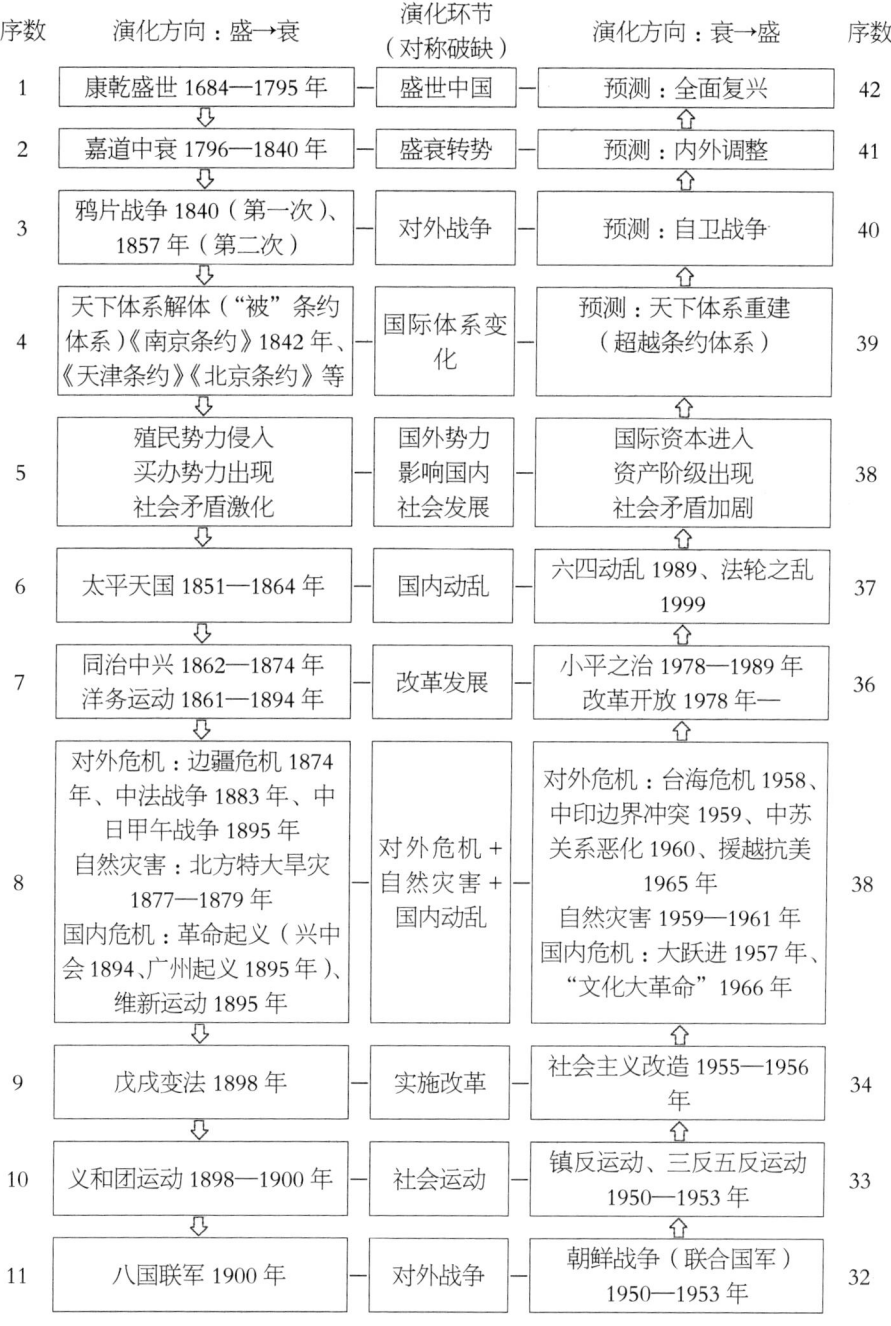

（续表）

图 8-2　中国近现代史对称破缺图

图的左半是西方扩张入侵中国、中国被迫由"中体西用"到"西体西用"植入西方文化而"成性"；图的右半则是"存存"，即尽管植入西方文化导致了政治混乱与社会动荡，但回归中国正统文化却需经历一个漫长的、与"成性"阶段对称破缺的"存存"过程。图中第一到三十八环节都是已经发生的历史事实，第三十九到四十二环节则是根据"成性"过程所作预测：重建天下体系→自卫战争→内外调整→全面复兴。

由于《中国近现代史对称破缺图》左半"成性"的过程肇端于外部势力的入侵，因而对右半"存存"过程的预测密切相关于中国消解外部势力的侵扰。这与《中国历史由乱到治三周期图》中的预测内容显然不同：一主"内"，属于千年性的周期；一主"外"，属于百年性的周期。当然，"内""外"之间有着密切关联——从整体到局部（上图中第39-42环节，即"天下体系重建→自卫战争→内外调整→全面复兴"诸环节是《中国历史由乱到治三周期图》中"中华复兴"阶段的细化）。

（二）发展路径

以下，将简单勾画中国未来"重建天下体系→自卫战争→内外调整→全面复兴"的发展路径。

近三十年，中国经济迅速增长，崛起成为一个全球公认的新兴大国。然而，在民族主权国家体系下的中国，正陷入种种两难的安全困境，如中国宣扬和平发展，却遭到来自内外的质疑；中国内政面临转型，要集中精力攻坚破难，而相对宽松的外交环境却日益收紧，同时内政的焦虑情绪又极易转化成对外的民族主义冲动；中国努力破解新兴大国与守成大国权力冲突的怪圈，积极发展与美国的新型大国关系，但中美之间日益加剧的战略互疑却对双方的战略互信构成严重销蚀；中国将发展与周边国家的睦邻友好关系作为外交的首要目标，但维护国家主权和领土完整又是国家不可让渡的核心利益，周边是核心利益的富集区，两者的矛盾在当前中国边海的权益争端中成为现实的悖论；中国需要建设与国力相适应的军事力量，外界对此极为敏感，周边国家的疑虑和不安上升，加重了他们对美国军事同盟体系的投靠。[①] 上述安全困境，将迫使中国不得不超越民族主权国家体系下的国际政治旧框架，以中国传统的"天下主义"超越"族国主义"，以"天下体系"超越"族国体系"。其中，首先要实现的，是以"天下主义"的智慧和"天下体系"的模式实现两岸和平一统，重建"大一统"中国（不是"大统一"）。"大一统"中国的重建，不仅将解决两岸和平发展的问题，而且将推进中国内部制度的变革，为中华文明的复兴奠定坚实基础。（详见第九章第五节·二·（三）《打造天下体系样板》）

---

① 江凌飞：《中国对外战略的新环境与新作为》，载《当代世界》2012年12期第7—10页。

两岸和平一统势必触及中国周边某些国家的利益。其因历史传统、国民性格、社会性质、经济衰退、外部势力操纵等多因素叠加，势必在两岸和平一统前后对中国进行种种侵扰。中国必然有理有节的组织自卫反击，一举解决近代以来一直存在的边海安全问题。"天下体系"也将由之扩大，中国的国家安全环境将因之得到根本性改善。

需要指出，中国面对周边某些侵略"成性"（成性，存存）的国家，在转型时期必须强化针对性的国防军事建设，未雨绸缪。因为侵略之"成性"在中国转型时期容易被种种因素诱发，转型时期中国的阵痛会被认为是可乘之机。从上表可以逆推，在一定程度上，正是外界的威胁"倒逼"中国重建"天下体系"，解决两岸问题，打破战略困局。

战争结束，势必要对国内国外相关势力、相关资源进行调整和重组，同时进一步推动相关制度变革。期间难免产生相关势力的纠缠和对抗，甚至导致发展中的停滞和波折。但调整期过去后，中华文明必将迎来政治、经济、社会、文化的全面复兴！

第九章　国策

　　本书前八章，在人类文明演进的整体视域中，通过中西文明的比较，追溯了中华文明的起源，辨析了中华文明的基因（语言文字），探究了中华文明的思维模式及科学体系，然后以大量篇幅，梳理了中国传统社会形态的演进历程与组织机理。此后，再回顾了中国近现代史，并应用复杂第一规律和复杂第二规律对中国未来的发展进行预测。总结过去、预测未来，是为了更好地决策于现在。因此，本书末章，便将聚焦于"国策"，基于复杂科学的理路，探究如何充分发掘利用中国的历史文化资源，以推进中国的制度改革与社会转型，促进中华民族与中华文明的伟大复兴！

　　本章的探讨分为意识形态、政治制度、文化教育、经济社会和国际政治五个部分。

第一节　意识形态

前文述及,中国近现代一系列的危机中,最根本的是文化危机。文化危机最重要的表现,则是国家意识形态之争。清末,有洋务派、维新派、立宪派、革命派之间的纷争;进入民国,革命派成为主流,又有民主主义革命派与新民主主义革命派之争,同时还有自由主义派、社会主义派和文化保守主义派之间的纷争。中华人民共和国建立后,国家意识形态之争虽然告一段落(马克思主义被确立为国家意识形态),但建国不久发生的"文革"动乱、改革开放不久发生的六四动乱与法轮之乱等,其背后无不潜藏着意识形态的危机。

从中国历史上治乱兴衰的经验教训来看,重建国家意识形态是由乱到治的关键环节(见《中国历史由乱到治三周期图》)。历史上,独尊儒术后有汉武盛世,重用儒臣后有贞观之治,道学复兴后有宋明繁荣,满清归儒后有康乾盛世。同样,中华文明的复兴也奠基于"国学"(国家的王官之学,也即国家意识形态)的重建。

"国学"重建具体到政策层面,主要包括两方面:一方面,是推进学理的重建,要以国家资源推进建设既传承中华道统与学统又容融西学精华的学术体系,且推动相关学理的交流、传播与普及,类似于汉武帝时期的"尊儒术";一方面,是推进人才的培养,要培养既传承中华道统与学统又融通中西学问的通才,类似于汉武帝时期的"兴太学"。学理的重建,落实到当今中国社会,关键是要重建政治意识形态与伦理意识形态。重建政治意识形态的核心是重新标定"社会理想",重建伦理意识形态的核心则是重新构建"核心价值"。以下分述之。(关于"人才的培养"将在本章第三节《文化教育》展开)

一、社会理想——论道经邦,法天而治

社会理想,是一个社会中大多数成员的共同理想,是凝聚社会成员、特

别是社会精英的核心要素,也即当今政治话语中所谓"旗帜"。"社会理想"是政治意识形态的核心:其既是对现实社会的超越,也是评价现实社会、引导现实社会的标准,还是现实政治秩序合法性的基础。

(一) 传统中国的社会理想

前文已述,传统中国社会的主流信仰是儒教,儒教的核心观念是"天",或"天道",或曰"尧舜孔孟之道"(详见第二章第一节·八《追寻本体——形而上学》、第七章第二节一·(一)·1《儒教信仰的基本观念》)。论"道(天道、尧舜孔孟之道)"经邦、法"天"而治,追求永续发展、天人合一,是传统中国的社会理想。所谓论"道"经邦[①]、法"天"而治,"是建立一个形上、神圣、纯正、本体的天来规范实际的政治秩序,使实际的政治秩序获得一个合理的存在基础与超越的价值源头,从而赋予实际的政治秩序以合法的权威性,达到以天之仁德而不是以暴力来稳定社会的目的"。[②] 这是传统中国的"大一统"理想。

"大一统制……是孔子王心所加的理想制度,而非现实中已存在的制度……尽管汉以后武帝接纳了儒家思想,建立了一统的政治礼法制度,但此一制度只是孔子所改的大一统制在当时具体历史条件下得到了相应的落实,而不是孔子大一统的理想在汉代得到了完全实现。从中国历史来看,治乱相循,常有分裂,但大一统一直都是中国人所追求的政治理想与历史希望"。[③] "从历史上来看……大一统思想对中国政治产生了极其深远的巨大影响。我们甚至可以说,汉以后中国沿用了两千年的一整套礼乐刑政的政治法律制度就是由……大一统思想开出来的。……大一统思想在中国古代的历史条件下建立了适应于当时社会的合法的政治秩序,使中国古代的政治以一种稳定的特

---

① 《书·周官》:"立太师、太傅、太保,兹惟三公,论道经邦,燮理阴阳。"孔传:"此惟三公之任,佐王论道,以经纬国事。"
② 蒋庆:《公羊学引论》,辽宁教育出版社1995年版,第356页。
③ 同上书,第275页。

殊形态存续下来,一直延续到近代"。①

"大一统"理想追求天人合一的王道政治,具体到人类社会的发展过程,形成了"三世说"的历史信仰,即"据乱世→升平世→太平世"的历史演进信仰。② 据《礼记·礼运》,"太平世"为大同之世:"大道之行也,天下为公,选贤举能,讲信修睦。故人不独亲其亲,不独子其子。使老有所终,壮有所用,幼有所长,矜、寡、孤、独、废、疾者,皆有所养。男有分,女有归。货,恶其弃于地也,不必藏于己;力,恶其不出于身也,不必为己。是故谋闭而不兴,盗窃乱贼而不作,故外户而不闭。是谓大同。"而"升平世"为小康之世:"今大道既隐,天下为家,各亲其亲,各子其子,货力为己。大人世及以为礼,城郭沟池以为固,礼义以为纪,以正君臣,以笃父子,以睦兄弟,以和夫妇,以设制度,以立田里,以贤勇智,以功为己,故谋用是作,而兵由此起。禹、汤、文、武、成王、周公,由此其选也。此六君子者,未有不谨于礼者也。以着其义,以考其信,着有过,刑仁讲让,示民有常。如有不由此者,在执者去,众以为殃。是谓小康"。"据乱世"非人类社会常态,故略而不言。

"三世说认为人类历史的演进是有高低之分的,但这种高低之分的标准不在经济,不在政治,更不在强力与人种,而在道德。升平世之高于据乱世,是因为升平世人们的行为始有礼法可依,不再无礼征战杀戮;而太平世又高于升平世,是因为太平世人类的道德普遍提高,能够崇仁义,平等对待一切人类。……太平世是一王道大明、王化普被的社会,但……王道、王化并非一纯粹的政治概念,而包涵着丰富的道德内涵。所谓太平世夷狄进至于爵,远近大小若一,即是谓太平世夷狄道德大进,能行诸夏礼乐,在道德上与诸夏无别;所谓大同世天下为公,讲信修睦,货不藏己,力不为己,谋闭不兴,盗贼不作,亦即是谓大同世人类道德已普遍提高。……这种历史演进的道德观与时下流行的许多历史观都不同,时下流行的历史观或以经济上物质财富的增长为历史发展的标准,或以政治上自由民主的完善为历史发展的标准,

---

① 蒋庆:《公羊学引论》,辽宁教育出版社1995年版,第356页。

② 同上书,第262页。

或以生产上科技的进步与生产力的提高为历史发展的标准,而……(三世说)则以人类道德的提高与完善为历史发展的标准。"①

三世说认为,"在据乱世,治起于衰乱之中,即是谓在人类最黑暗痛苦的时代已孕育着希望的萌芽,只要人类不放弃道德努力,终会达至理想的社会。为了激励被黑暗痛苦煎熬的人们焕发出生活的信心与勇气……三世说中标出太平大同的理想,作为人类在其历史中的最后希望。……太平大同的美好社会非常遥远,很难达到,但太平大同的希望正是人类之能生活于历史中的信心与勇气之源,人类作为一种历史中的存在不可须臾而离此种希望。从春秋至汉七百年的历史来看,儒家人物正是在《春秋》希望学说的激励下,即使在最黑暗的时代亦怀抱信心,不断地为实现儒家的理想努力奋斗,最后终于建立起稳定一统的汉王朝,使中国历史从乱世进入平世。如果儒家人物对现实没有信心,对将来不抱希望,必不会在乱世中一代又一代地去努力实现儒家的理想,秦汉间的历史可能又是另一番景象。由此可见,有希望,才会有追求希望的实践;三世说不仅标出了人类历史中儒家的终极关切,同时也是儒家人物在历史中从事政治实践活动的最高动力"。②

以"大一统"思想为基础而追求主权在天的王道政治、以"三世说"思想为基础而追求太平大同的理想社会,是汉唐宋明清历代精英分子孜孜以求的社会理想。传统中国两千多年的历史,正是在此理想的指引下,不断前行发展的历史。

"大一统说……在贯通天人的基础上建立合法政治秩序……体现了中华民族独特的政治智慧与历史信仰。两千年来,大一统思想维系着中华民族的团结与统一,形成了中国所特有的政治礼法架构。虽然中国历史上亦常出现政治分裂与外族入侵,但最终都在大一统思想的影响下再次走向新的政治统一与新的民族融合。尽管现代社会已向多元发展,但现代社会的根基必须建立在形上超越的基础上已逐渐成为现代人的共识,故大一统说在现代社会仍有

---

① 蒋庆:《公羊学引论》,辽宁教育出版社1995年版,第263—264页。
② 同上书,第264—265页。

其价值。中国两千年的历史已经证明：大一统思想是中华民族非常宝贵的精神财富，是中国人政治理想与历史信仰的追求与寄托。"①

"三世说标出的太平大同理想具有普世性与超时代性。孔子托鲁史著《春秋》，标出的太平大同理想不是为鲁，也不是为中国，而是为整个人类；孔子借《春秋》所寄托的人类希望不是为春秋一代，也不是为汉一代，而是为人类千秋万代。太平世远近大小若一，无国界种界区别，凡有血气莫不尊亲，故知孔子开太平为整个人类；《春秋》托鲁十二世为整个人类历史，公羊家常言孔子为万世立法，为百代张义，故知孔子开太平为人类千秋万代。在公羊家看来，人类不是超越时空独与天地精神往来的真人神人，人类注定是历史中的存在，因此，人类就必须怀抱着理想与希望在历史中生活，并且必须为实现理想和希望在历史中努力奋斗。"②

（二）当代中国的社会理想

近现代中国由"中体西用"到"西体西用"植入西方文化，导致中华文化的"魂"丧失了，中国的"教"亡了，植根于儒教信仰的社会理想也随之崩塌了！（见第八章·第一节·一·（二）·2《思想流变》）洋务派、维新派、立宪派、革命派等各有不同的社会理想与政治诉求，中国社会的精英分子无法在中国的发展目标与发展道路上达成共识，中国社会一度陷入四分五裂。直到中华人民共和国成立后，马克思主义成为国家意识形态，共产主义成为凝聚精英分子的社会理想。

共产主义之所以能成为新中国的社会理想，或者说，马克思主义之所以能成功凝聚社会精英，很大程度上，是因其与中国儒家文化价值的内在相应。"尽管儒家思想和共产主义意识形态之间的分歧很明确——等级观念与平等意识、保守主义与激进主义，但它们之间也有很重要的相似性。例如，儒家传统也强调减少社会不平等现象、限制土地规模和重新分配土地的必要性。……

---

① 蒋庆：《公羊学引论》，辽宁教育出版社1995年版，第268—269页。
② 同上书，第265页。

儒家思想和共产主义的统治模式，都涉及人们与国家之间的隐含契约：如果国家未能履行其义务，那么农民就有孟子所倡导的反叛权利。……儒家思想和共产主义传统之间的连续性还有更深层次的表现"。① 事实上，"推动马克思主义传入中国的先驱、中国共产党人的前辈和近代以来的仁人志士，恰恰是积极入世进取，主张与时偕行、变化日新，是关切国事民瘼、向往大同世界的儒家情结最深的人。他们的思想与行为方式，乃至杀身成仁、舍生取义的献身精神，无一不是儒家式的。我国早期的社会主义者、马克思主义者都是以儒家《礼记·礼运》的大同理想作为引进俄苏社会主义、引进马克思主义的文化铺垫……而且儒家的人格理想、人格操守也激励着中国的马克思主义者、共产党人的先驱和前辈"。②

大体言之，马克思主义与儒家文化有五个方面的"大同小异"：③

其一，马克思主义和儒家都主张社会主义，即以社会为本位的决策导向。马克思主义所主张的社会主义最初是计划社选模式（巴黎公社），后来分化为法制钱选框架内的社会主义模式（即社会民主主义）和计划组选模式的社会主义（即科学社会主义，如苏联：各尽所能，按劳分配）。儒家所主张的社会主义是德制学选，各齐其家，和谐天下，永续发展，是真正本原意义上的社会主义。

其二，马克思主义和儒家都具有入世的理想，而不是追求上天堂。马克思主义追求共产主义社会（从计划析产跃入自觉共产），强调各取所需、各尽所能，这要求每个人都具有非常高的道德觉悟，其实质是把每个人看成是完全相同的、平等的，即每个人都是平衡态意义的微观粒子，因而是一种相对简单的状态。儒家追求太平大同社会（从据乱升平世进入太平世，从和而不同推及小异大同），依然强调社会中的人是有差别的，所以要选贤与能，贤能

---

① 〔美〕马丁·雅克：《当中国统治世界》，张莉等译，中信出版社2010年版，第78—79页。
② 郭齐勇：《儒学与马克思主义中国化及中国现代化》，载《马克思主义与现实》，2009年第6期，第56—62页。
③ 张祥平：《唯物与复杂，辩证与规律——马克思主义哲学与中国传统哲学的五个大同小异和三项对应》。

是和普通民众不一样。

其三，马克思主义和儒家都尊重科学。尊重科学，用当代政治话语讲就是"实践是检验真理的唯一标准"，就是"实事求是"。马克思主义尊重简单科学，采用分析还原法（因子公理化），计划布局，不留余地；儒家尊重复杂科学，采用构造整合法（整体公理化），从整体到局部，适度留余。

其四，马克思主义和儒家都批判资本主义。马克思主义在生产性浪费层面批判资本主义，批判私人占有生产资料导致生产过剩经济危机并向工人阶级转嫁风险，阻碍了生产力发展。儒家则从整体性浪费层面批判资本主义，即强调其社会秩序依赖产业与消费升级，从而过度耗费资源能源、破坏生态环境，向子孙后代转嫁风险。

其五，马克思主义和儒家都提倡非个人本位的价值观。马克思主义倡导的是集体本位，儒家倡导的则是二人本位。集体本位的价值观强调组织性、纪律性。二人本位的价值观强调强调人群关系的伦常性。二人本位的扩展就是集体本位，如老吾老以及人之老，幼吾幼以及人之幼。集体本位是计划组选社会的信用基础：群众，阶级，政党，领袖；以民主集中制来培养纪律性、组织性。二人本位是德本主义社会的信用基础：父母子女，兄弟姐妹，夫妻，朋友，君臣；从二人及小群体推广到大群体。

上述社会主义、入世理想、尊重科学、批判资本主义与社会信用（非个人本位价值观）五个方面，构成了同层次复杂现象的五因素，相生相克，其中，社会主义是非平衡态秩序（木），入世理想是动态核心（火），尊重科学是输入（土），批判资本主义是输出（金），社会信用是平衡态意义的微观粒子（水）。

在中国由"中体西用"到"西体西用"的文化变迁过程中，由于马克思主义与中国传统文化在上述方面的内在相应，因而在一定程度上避免了与中国传统价值的冲突与民族情感的背离，遂共产主义逐渐被非线性放大为众多精英分子的社会理想，直至成为新中国的国家意识形态。①

---

① 当然，马克思主义与中国传统文化在上述层面的内在相应，并不意味着马克思主义与中国传统文化内在相同。相反，马克思主义属于地地道道的西方文化：其背后蕴藏着深厚的犹太——基督教情结（见张宪：《马克思主义与基督宗教的精神价值》，载《现代哲学》2011（转下页）

马克思主义将生产力的发展作为历史演进的标准，其社会理想也是以生产力的提高为前提，所以，以共产主义为社会理想的国家，一旦生产力的提高受阻，其作为国家意识形态的地位便岌岌可危——这正是前苏联东欧国家所曾经历的。共产主义之道与资本主义之道都追求发展生产力，且都以国家行为来维护宏观经济的增长，只是维护增长的方式不同：资本主义之道以金融带动增长，用借钱生钱和借贷双方共担风险的方式刺激技术创新和产业升级，用货币增发和广告诱惑刺激消费；而共产主义之道则以五年计划来规划增长，尽管其强调"各尽所能，按需分配"，但在激发社会成员的创富能力和消费需求方面难免逊色。所以在推动经济增长方面，资本主义之道比共产主义之道更具活力。

冷战结束后，中国一方面坚持共产主义的国家意识形态，一方面着手对计划经济体制进行全面改革："各尽所能，按劳分配"中的"劳"从生产一线（工农）二线（科技）扩展到三线（资本家，银行家），"分配"主体从政府部委和劳资部门扩展为市场，结果，木不能生火（非计划经济体制的社会主义不能生出自觉共产的入世理想），火（原有的自觉共产理想与社会现实脱节）不能克金（不能减少无效批判，因此不能有效批判资本主义，原有批判中的无效成分也称极左成分，自王明博古到文革再到反改革派），金不能生水（对资本主义的批判不能加强纪律性，不能加强党性），结果以共产主义意识形态为基础的社会信用遭到严重侵蚀。而另一方面，土克水（分析还原法把复杂的社会现象还原为个人本位，不利于集体本位），导致社会信用面临雪上加霜。①

中国的国家意识形态建设因此亟须提升！马克思主义中国化的进程因此得以加速！

（接上页）年第1期第32—37页），其追求的仍然是基于西方基督新教的主流价值，特别是"自由""平等""博爱"价值。如恩格斯所言："共产主义社会将是古代氏族社会自由、平等、博爱的精神在更高物质基础上的回归。人类将真正掌握自己的命运，从必然世界走向自由世界。共产主义的本质就是人的自由全面的发展。"

① 张祥平：《经典复杂科学》，中国社会科学出版社2013年版，第388页。

(三)意识形态的转轨路径

当代中国的国家意识形态转轨始于改革开放初期:邓小平提出的"现代化"概念注入了"小康之家"的思想。江泽民将"小康之家"的现代化提升为"全面建设小康社会",并提出"三个代表"和"以德治国"思想,标志着政治意识形态转轨的正式启动。胡锦涛提出了"科学发展"与"和谐社会"。科学发展观第一要义是发展,核心是以人为本,基本要求是全面协调可持续性,根本方法是统筹兼顾。全面协调、可持续性、统筹兼顾等语汇背后,意味着"发展"趋向于复杂科学的方法论与世界观。"和谐"更进一步,趋向于中国文化的正统之道、圣王之道。上述意识形态的转轨被称之为"马克思主义中国化"。

所谓"马克思主义中国化",实质就是马克思主义的儒化。儒家文化是马克思主义"不断中国化的社会文化土壤或背景","当代马克思主义与儒学,合则两美,离则两伤"。①

在社会科学理论层面,马克思主义的中国化,包括上述社会主义、入世理想、尊重科学、批判资本主义和非个人本位价值观等五个方面的中国化。具体言之,就是用复杂状态的理想社会(各齐其家,和谐天下)来容融简单状态的理想社会(各尽所能,按劳分配),用天下大同的社会理想来容融共产主义社会理想,用对复杂科学的尊重容融对简单科学的尊重,用对资本主义整体性浪费的批判来容融对资本主义生产性浪费的批判,用二人本位的价值观来容融集体本位的价值观(从二人及小群体推广到大群体)。②

马克思主义的中国化还包括马克思主义哲学的中国化。马哲的基础是辩证法。马克思主义在形而下层面尊重采用分析还原法的简单科学,但在形而上层面,由于简单科学和分析还原法的缺陷,因而采用了黑格尔的辩证法。辩证法其实是试图不留余地的构造整合法,或者说,是简化的构造整合法。③ 辩证法有三大规律,即对立统一规律、质量互变规律和否定之否定规律,

---

① 郭齐勇:《儒学与马克思主义中国化及中国现代化》,载《马克思主义与现实》,2009年第6期,第56—62页。

② 张祥平:《唯物与复杂,辩证与规律——马克思主义哲学与中国传统哲学的五个大同小异和三项对应》。

③ 《贺麟全集·近代唯心论简释·六,辩证法与辩证观》,上海人民出版社2009年版,(转下页)

中国的复杂科学（物性儒学）也有三规律，即相生相克规律、极数通变规律和成性存存规律，二者具有内在的对应关系。

对立统一规律对应相生相克规律。对立统一规律是指事物之间或事物内部各要素之间的既对立又统一的关系。相生相克规律是指一切复杂现象的结构都具有五个非线性相关的组成部分，即平衡态意义的大量微观粒子（水）、输出（金）、输入（土）、动态核心（非平衡态的吸引子，火）、非平衡态秩序（木）。这五个部分按照木、火、土、金、水、木的顺序正向促进（生）；按照木、土、水、火、金、木的顺序负向制约（克）。任一部分（我）都与其他四部分相关：生我（正向促进）、克我（负向制约）、我生（正向促进）、我克（负向制约）。这两个规律都是阐释事物内部要素之间的关系。其中，对立相当于"相克"，统一相当于"相生"。

质量互变规律对应极数通变规律。质量互变规律是指事物的发展过程是从量变到质变，再到新量变再到新质变，循环往复以至无穷，使事物由低级向高级、由简单向复杂无限演进的过程。极数通变规律是指一切同层次复杂现象的演化都呈现自相似规律，演化环节的数目相对稳定（极数），而且变化的幅度相似。同层次杂复杂现象的演化就是量变，从简单层次跃入相对复杂的层次就是质变（自相似规律同样适用）。这两个规律都是阐释事物从简单到复杂的演化规律。

否定之否定规律对应成性存存规律。否定之否定规律是指任何事物的发展都要经过两次否定三个阶段，即从肯定阶段到否定阶段再到否定之否定阶段，过程可想象为一个"U"型；成性存存规律是指一切复杂现象，在动态核心被非线性放大（成性，吸引其他粒子）之后，非平衡态秩序将超越对称于成性条件的解体条件而存在（存存），过程也是一个"U"型。这两个规

（接上页）第113页引哈特曼："不能否认辩证法中有暧昧不明处（有阴阳而无五行，未分层次）……是一种高远的洞观，能于事物的不同方面（阴、阳）看出其进展的矛盾（两仪，四象）的谐和……联系或统一……勉强说出几条概括的原则（因缺八卦而只是洞观），亦决不会深入完备（如果适度留余，则不追求分析还原法的深入完备）。但每当别的方法（具有分析还原法特点的方法）穷尽时，则辩证法显得有神奇的功用（因为接近于构造整合法）。"转引自张祥平：《经典复杂科学》，中国社会科学出版社2013年版，第474页（括号中文字为张祥平先生所加）。

律都是阐释事物从简单到复杂、从复杂到简单的演化规律。这两个规律都是阐释事物发展过程中的"路径依赖"。

由上可见，复杂三规律可以容融辩证三规律。更重要的是，复杂三规律是科学规律，可以运用数学工具对实际问题进行具体研究，因而是可预测、可检验的，而辩证三规律仅是形而上的理性探究，是不可预测、不可检验的。显然，在指导人们的社会实践方面，复杂科学更具有可操作性。①

另外，中国传统文化中天人合一的自然观、大化流行的宇宙观、尽物之性的物与观、阴阳交合的生成观②等，是辩证唯物主义中国化可资利用的思想资源；中国传统文化中天人互动、自作天命的历史动力观，文致太平、世界大同的历史目的观，生生大业、文质再复的历史规律观，又是历史唯物主义中国化可资利用的思想资源。

马克思主义中国化的最终结果，一方面，是恢复中国自古以来的文明正统，以复杂科学的最高模型——北辰模型——作为治国理政的科学指南，接续"北辰模型"彰显的中华道统，即论"道"经邦；一方面，是革除国家意识形态中西方文化的不良影响，特别是民主政治文化中民意合法性一重独大的不良影响，用"主权在天"的"王道政治"理想来更化"主权在民"的民主政治理想（详见下节之《政体——王道政治容融民主政治》），即法"天"而治。论"道"经邦赋予治国理念超越性与神圣性，法"天"而治则赋予治国理念科学性与永续性。论"道"经邦、法"天"而治，是以王道政治理想发展社会主义、同时容融资本主义。唯有论"道"经邦、法"天"而治，中国的国家意识形态才具有充分的神圣性与正义性，才能让大多数社会精英自觉自愿地信受奉行。论道经邦、法天而治，是中华文明几千年来可大可久的文化根基，是中华民族几千年来历经苦难积淀的历史智慧，也是中华文明将来得以复兴光大的制度基石。

可以确信，中国马克思主义意识形态的全面优化和更化已为期不远。

中国共产党十八大明确提出："把生态文明建设放在突出地位，融入经济建设、政治建设、文化建设、社会建设各方面和全过程……实现中华民族永续

---

① 张祥平：《唯物与复杂，辩证与规律——马克思主义哲学与中国传统哲学的五个大同小异和三项对应》，http://www.yiyuanyi.org/plus/view.php?aid=3579

② 蒋庆：《心性儒学与未来世纪》，载《儒学的时代价值》，四川人民出版社 2009 年版，第 41—48 页。

发展。"建设"生态文明",是中国追求永续发展面临的最根本的问题,也是世界各国在全球化、现代化进程中面临的共同问题。建设"生态文明"的根本保障,在于将人类与生态环境(天)的良性互动(即"天人合一")作为设计政治制度的前提,即"主权在天"。因为唯有秉持"天人合一"(人类与生态环境良性互动)原则,人类才有可能永续发展:"天"之不存,"人"之焉附!

习近平指出:"中国特色社会主义植根于中华文化沃土、反映中国人民意愿、适应中国和时代发展的进步要求,有着深厚历史渊源和广泛基础。中华民族创造了源远流长的中华文化,中华民族也一定能创造出中华文化新的辉煌。独特的文化传统,独特的历史命运,独特的基本国情,注定了我们必然要走适合自己特点的发展道路。"(在2013年全国宣传思想工作会议上的讲话)

这条"适合自己特点的发展道路",必将是回归中国历史文化正统的德本主义道路,亦即"中国特色社会主义道路"!

二、价值体系——道德仁义,伦理纲常

国家意识形态的重建,除了政治意识形态的重建,还包括伦理意识形态的重建,其关键则是核心价值体系和基本社会规则的重建。

(一)中国传统价值的崩溃

近代西风东渐以来,中国传统的儒家价值逐渐被解构与销蚀,导致了大多数中国人生命信仰的失守。

人的生命中没有信仰与希望,不仅人的存在会荒唐,人类历史也会荒唐。荒唐就会产生无意义感、空虚感与恐惧感,人的存在就会痛苦不堪。从儒学的发展来看,儒学追求的正是社会和谐、世界大同与宇宙太和的信仰与希望,儒学把人类的希望寄托在人类的良知上。在漫长的历史中,儒学为国人提供了信仰与希望,使国人的生命存在与历史现实具有了意义,获得了动力。但是,近百年来,由于自己打倒了儒学,儒学不能再给国人提供信仰与希望。

新中国成立后,共产主义因与儒家文化价值的内在相应而成为主流价值

观念，凝聚了社会精英群体。然而，冷战结束后，共产主义思想陷入低潮。伴随中国推行市场经济，西方自由主义的价值观念借"改革开放"之名登堂入室，大行其道。自由、人权、平等、民主等价值被作为"普世价值"来传播。西方自由主义风行，在经济领域演变为物质主义，在伦理领域则演变为利己主义，中国社会由此成为一个利益主导而信仰缺失的社会。改革开放以来，所谓全民经商、全民炒股、全民言利、全民发财就是这一社会现实的写照。民众"一切向钱看"，全国"上下交征利"！① （应该指出，当今中国经济的崛起和国力的提高，也得益于自由主义的正面价值，如自由主义的市场经济理论、私有产权理论和人权法治理论等促进了中国经济的迅速发展。）

自由主义是在西方基督新教的土壤上生发出来的，"上帝"是自由主义背后的保护神。自由主义号称的自由是"外界障碍不存在的状态"，同时，又得承认自由必须以不妨碍他人自由为前提。这种逻辑上自相矛盾的自由状态，在西方要靠宗教维系道德、靠法制维护秩序、同时还要靠扩张维持经济增长才得以保障社会秩序。在没有上帝信仰约束和法制传统积淀的国家推行自由主义，往往导致天下大乱。即使是健全了法制，也需要高昂的社会管理成本来维持。这一切，都是中国所缺乏的，也是大多数发展中国家所缺乏的，更是地球的生态环境资源难以长期支撑的。

自由主义以个人私欲为导向，而私欲实质上是原始的、初级的、局限的、低下的。人类应该有一个神圣超越的绝对价值来提升自己、约束自己，使人类不能只考虑自己极其短暂的现世利益，还应该考虑子孙的长远利益，应该为子孙留下一个美好的世界。人类精神的发展史已经证明，只有神圣性的东西才是长远的、永久的，才不会被现实短暂的目的和利益所动摇。如果从神圣价值来考虑问题，人类就不会是只考虑自己的现世利益，而会按天道天理的要求考虑子孙后代的利益。一切以现世利益为核心来解释社会与维系社会的做法在长时间来看一定会出问题，而问题的根源则在信仰。①

---

① 蒋庆：《心性儒学与未来世纪》，载《儒学的时代价值》，四川人民出版社2009年版，第337页。

① 蒋庆：《超越现代性与自由主义》，载《儒学的时代价值》，四川人民出版社2009年版，第76—77页。

（二）中国传统价值的重建

1. 核心价值体系的重建

前文已述，中国传统的核心价值体系是"道—德—仁—义—礼—智—信"，西方宗教改革后形成的世俗化的核心价值体系是"自由—人权—平等—民主—法治—科学—诚信"。

在最高价值层面，一是"天道"，一是"自由"：前者源于宇宙最大之整体——天，后者源于社会最小之人体——个人，其"最大"与"最小"则分别源于构造整合法与分析还原法。"天道"下的价值是"德"，"自由"下的价值是"人权"。道德与权利的不同在于：道德要求当事人自己尽到对他人与社会的善的责任，权利则要求他人与社会对我自己尽到善的责任；用董仲舒的话说，道德是"以义正我"，权利是"以义正人"。也就是说，权利本身不是道德，权利只是要求他人与社会对我履行道德，故权利的起点是"自私"，是为了保护自我的利益，而保护自我的利益不是道德，只能是一种法律意识或法律诉求。追求"道德"并不排斥个人"权利"，相反，"道德"承认人的基本"权利"的必要性，如保障生命、财产的权利，但"权利"只是"道德"的底线要求，只有超越了自私的"权利"，才是有"道德"的，如仁、义、忠、孝、诚、信、廉、节、谦、让等，皆是超越了自私的"权利"的道德。追求"道德"也不排斥追求"自由"，相反，"道德"修炼的至高境界便是获得了绝大的"自由"，即"从心所欲不逾矩"的自由，这是经由知行合一的"格物致知诚意正心修身齐家治国平天下"的历练而达致的自由，而不是虚拟的"外界障碍不存在的状态"。可见，"道德"容融且超越"自由""人权"价值。

"道德"之下的价值是"仁"，"自由人权"之下的价值是"平等"。前者强调的是源于自然演化与血缘亲情的群性，特别是差等之情；后者强调的是基于现实理性与世俗欲望的个性，特别是平等之利。"源于自然演化与血缘亲情的群性"并不排斥"基于现实理性与世俗欲望的个性"，"差等之情"也并不排斥"平等之利"，而是强调求"利"要顾及人"情"，讲求"个性"也要推己及人，即"己所不欲，勿施于人"，"己欲立而立人，己欲达而达人"。可以说,"己所不欲、勿施于人"和"己欲立而立人、己欲达而达人"追求的是人与人之间的实质性平等关系:一方面,是承认人与人之间现实存在的不平等,一方面,则是强调引导人的善性弥合现实的不平等(可见,仁涵括了"博爱"的价值,即"泛爱众")。无疑,"仁"容融且超越"平等"的价值。

"仁"之下的价值是"义","平等"之下的价值是"民主"。前者强调的是源于历史传承的优良习俗,后者强调的是基于现世意志的交换契约。"源于历史传承的优良习俗"不排斥"基于现世意志的交换契约",而是强调"交换契约"不能仅顾及交易双方的个人利益,还应该顾及更大范围的人群利益。如果仅顾及交易双方个人利益,那么,"放于利而行,多怨"(《论语·里仁》),不利于社会秩序的维护;而"义然后取,人不厌其取"(《论语·宪问》),则是在取利的同时,也不会干扰社会秩序的和谐。更重要的是,"义"强调"交换契约"还应该顾及前人与后人的利益,应该将契约关系扩充到前人(列祖列宗)与后人(子子孙孙),不能"前无古人后无来者",不能搞"唯我独尊"。可见,"义"容融且超越"民主"的价值。

综上所述,"道德仁义"容融且超越西方的"自由""人权""平等""民主"的价值,更具有普适性,是真正的"普世价值"。

2. 基本社会规则的重建

"道德仁义"下贯到普遍的社会行为凭借的是"礼","自由""人权""平等""民主"下贯到普遍的社会行为凭借的是"法","礼"和"法"皆是基本的社会规则。"礼"强化人性之善,提倡"道德至上"与"责任优先",主张"德主刑辅",法律只是"明刑弼教",以此激发人们的自律精神,提升社会的道德水准,正所谓"道之以德,齐之以礼,有耻且格";"法"强化人性之恶,提倡"法律至上"与"权利优先",主张法不禁即可为,甚至可以钻法律漏洞想方设法追求利益,人因此丧失了羞耻心,降低了社会的道德水准,正所谓"道之以政,齐之以刑,民免而无耻"。"礼"通过维持良好的社会风尚以抑制刑案作乱,能极大地降低社会管理成本;"法"通过严密的法规条文体系和审判执行程序以抑制刑案作乱,需要极高的社会管理成本。当然,"礼"并不排斥"法",而是强调礼法并行,礼乐刑罚并用,"礼、乐、政、刑四达而不悖"。(《礼

记·乐记》)(见第七章第一节·五·(二)·1《礼治的思想基础》)

具体言之,"礼"奠基于二人本位,从首属群体(家庭、宗族)推广到正式组织(国)和各种人类社会(天下)。"礼"的细目根据人类情感发育的自然顺序可分为五类:人类最原初的感情是基于血缘的亲情,首为父(母)子(女)关系,次为兄弟(姊妹)关系,进入青春期萌生男女爱情,阴阳和合而有夫妻关系,成年后进入社会则有上下级关系(君臣)与朋友关系,统称五伦,即父子、兄弟、夫妇、君臣、朋友。人与人的社会关系,无外乎五伦而已。"五伦观念认为人伦乃是常道,人与人之间这五种关系,乃是人生正常永久的关系(按:五常有两种意义,一指仁义礼智信之五常德,一指君臣、父子、夫妇、兄弟、朋友之五常伦,此处系取第二种意义)。换言之,以五伦观念为中心的礼教,认为这种人与人的关系,是人所不能逃避、不应逃避的关系,而且规定出种种道德信条教人积极去履践、去调整这种关系,使人'彝伦攸叙'"。[①] 五伦有常,则社会有序。

那么,如何保障五伦有常社会有序呢?关键是整饬"三纲"。所谓"三纲",即管理五伦中最重要的三类关系——君臣、父子、夫妇三类关系——的"纲领"。"五伦观念的最基本意义为三纲说,五伦观念的最高最后发展,也是三纲说。而且五伦观念在中国礼教中权威之大,影响之大大,支配道德生活之普遍与深刻,亦以三纲说为最。三纲说实为五伦观念的核心"。[②]

"纲",是强调"人类的社会秩序中必须有一个立体的在上的主导性的方面起统摄与领导的作用,同时,又有一个立体的在下的非主导性的方面起被统摄与被领导的作用。这样的话,人类的秩序就不会是一个绝对平面化、齐一化而无等差无别异的群龙无首状态。这一个立体的在上的主导性方面作为'纲'起着统摄、领导与管理的作用而拥有与之相应的权力与权利,同时具有因此而必须承担的责任与义务。因为'纲'的一方在人类秩序中具有主导性的作用,因而也负有主要性的责任。具体说到'三纲',就是作为'纲'的

[①] 贺麟:《五伦观念的新检讨》,载《贺麟选集》,吉林人民出版社2005年版,第143页。
[②] 同上书,第146页。

一方,即君、父、夫在人类政治秩序、家庭秩序与婚姻秩序中要起主导作用并承担主要责任,而作为'纲'之下的一方,即臣、子、妻在人类政治秩序、家庭秩序与婚姻秩序中并不要求其起主导作用并承担主要责任,双方的权力与权利以及责任与义务不是平面化齐一同等的,作为'纲'的一方承担责任与义务要比非作为'纲'的一方大得多得多。如果人类的政治秩序、家庭秩序与婚姻秩序出现问题,要责备并承担主要责任是作为'纲'的一方而不是在下的不作为'纲'的一方,比如国家治理不好出现问题、家庭关系不好出现问题、婚姻关系不好出现问题,要责备并承担主要责任的是君、父、夫而非臣、子、妻。所以,'三纲'是一种人类秩序中自然的合理的等级秩序,其最高的理据或者说正当性来自天道立体地化生万物之自然等差之节文性。只要宇宙还必须有秩序,只要人类生活还必须有秩序,'三纲'所体现的天道自然等差之原则就必须存在。如果否定了'三纲'所体现的天道自然等差之原则,即否定了人类秩序的立体性与差异性,亦即否定了人类秩序中起主导作用的自然合理的等级性,那么,一个具有统摄领导作用的高贵的人类秩序将不复存在,而人类将处于低俗的平面化平等状态与机械的齐一化无序状态。这是因为人类秩序没有主导性的一面就不能建立合理的秩序,而有主导性的人类秩序即是高贵的人类秩序"。①

今天,"三纲"中"君臣"转化为"上下"关系,"君为臣纲"转化为"上为下纲"。只要人类的社会政治等秩序还存在,"三纲"中"上为下纲"的关系亦必然存在,即"上"作为人类秩序中起统摄领导管理作用的主导性方面亦必然存在,虽然此"上"作为"纲"不再是君主而是国家领导人或公司、社团等群体关系中的领导人,但此"上"作为"纲"拥有人类秩序统摄管理的权力与权利并承担相应的责任与义务则与古代的"君"实无二致。也就是说,人类秩序中自然合理的"上下"关系必然体现为统治关系中"纲"与"目"的关系,而作为在"上"的"纲"要比作为在"下"的"目"在人类秩序中发

---

① 蒋庆:《"三纲"真的过时了吗?》,载《广论政治儒学》,东方出版社2014年版,第181—188页。

挥更多的主导统摄作用,当然也要承担更多的道德责任和管理义务。这在古代的君主政治中如此,在现在的所谓民主政治中也是如此,而在一个现代企业、公司、工厂以及社团、学校中仍是如此。①

即使在现代性平等价值影响最深的当代婚姻家庭方面,婚姻家庭秩序也不应该是绝对平面化的对等关系或者说纯粹平等化的契约关系。在一个男女作为夫妻组成的家庭中,其合理的秩序也应该是立体的秩序,仍然应该存在着"纲"的主导方面和相应的责任义务。可以设想,婚姻家庭秩序只能有三种关系:"夫为妻纲"的关系,"夫妻互为纲"的关系与"妻为夫纲"的关系。如果否定"夫为妻纲",那么,张显所谓现代性价值的"夫妻互为纲"就更好吗?"夫妻互为纲"其实意味着家庭中有两个主导中心,结果必然是家庭无政府状态,夫妻为维护各自的中心统治地位争来斗去,正如《易经》所说"阴疑于阳必战",结果是两败俱伤,"其血玄黄"。那么,反过来的"妻为夫纲"呢?这取决于妇女愿不愿意来担"纲"。据对现存于云南少数民族"走婚制"家庭的调查,虽然妇女家庭地位很高,起着主导性作用,但家庭重担都压在妇女身上。调查者问她们对现在汉族婚姻家庭的看法,她们很羡慕汉族的婚姻家庭,认为最起码男人要分担一部分责任和义务。看来妇女并不想背负这个沉重的"纲"。如果现代家庭中"妻"要想背负这个沉重的家庭的"纲",即"妻为夫纲",现在的"夫"们可能许多会举双手同意,因为有"妻为夫纲","夫"们在家庭生活中多么轻松惬意啊。看来由于自然的原因,"妻为夫纲"实际上不可能,因为"妻为夫纲"超过了妇女在家庭中的自然承担力。因此,"夫妻互为纲"抹平了人类两性的自然区别,而"妻为夫纲"也同样抹平了人类两性的自然区别;前者把婚姻家庭关系纯粹看成法理型的、契约式的、平面化的关系,否定自然的立体统摄关系;后者把婚姻家庭关系纯粹看成非自然的建立家庭绝对支配权力上的统治关系;二者都违背了自然,都违背了天道等差性地化生万物之大德。既然"夫妻互为纲"与"妻为夫纲"都违背了自然天理而不可能,那么,在人类婚姻家庭中,最自然最合理的家庭秩序只能是"夫

---

① 蒋庆:《"三纲"真的过时了吗?》,载《广论政治儒学》,东方出版社2014年版,第181—188页。

为妻纲"。①

同理，在人类政治秩序中不能"臣为君纲"（即不能"下为上纲"，文革中的"群众专政"即是"下为上纲"），亦不能"君臣互为纲"（即不能"上下互为纲"，平面化无政府主义即是"上下互为纲"）；在家庭秩序中不能"子为父纲"，亦不能"父子互为纲"；在婚姻秩序中不能"妻为夫纲"，亦不能"夫妻互为纲"；那么，剩下的选择只能是"君为臣纲"（"上为下纲"）、"父为子纲"与"夫为妻纲"了。②可见，"三纲"绝不是近现代以来被"妖魔化"的封建的、腐朽的、消极的、落后的观念，反而是建立人类社会的合理秩序的关键所在。正因于此，三纲五常成为传统中国的礼教核心，也同样应该成为当今中国的基本规则！

历史上，"由五伦进展为三纲包含有由五常之伦进展为五常之德的过程。五常伦之说，要想维持人与人之间的长久的关系。但是，人是有生死离合的，人的品行是很不齐的，事实上的长久关系是不易且不能维持的。故人与人之间只能维持理想上的长久关系。而五常之德就是维持理想上的长久关系的规范。不论对方的生死离合，不管对方的智愚贤不肖，我总是应绝对守我自己的位分，履行我自己的常德，尽我自己应尽的单方面的义务。不随环境而改变，不随对方为转移，以奠定维持人伦的基础，稳定社会的纲常。这就是三纲说所提出来的绝对的要求。可以说历史上许多忠臣孝子，苦心孤诣，悲壮义烈的行径，都是以三纲说为指导信念而产生出来的。故自从三纲说兴起后，五常作为五常伦解之意渐渐被取消，作为五常德解之意渐次通行。所谓常德就是行为所止的极限，就是柏拉图的理念或范型，也就是康德所谓人应不顾一切经验中的偶然情况，而加以绝对遵守奉行的道德律或无上命令。这种绝对的纯义务的单方面的常德观，也在汉儒董仲舒那里达到了极峰，所谓'正其谊不谋其利，明其道不计其功'。'谊'和'道'就是纯道德规范，柏拉图式的纯道德理念。换言之，先秦的五伦说注重人对人的关系，而西汉的三纲说

---

① 蒋庆：《"三纲"真的过时了吗？》，载《广论政治儒学》，东方出版社2014年版，第181—188页。

② 同上。

则将人对人的关系转变为人对理、人对位分、人对常德的单方面的绝对的关系。故三纲说当然比五伦说来得深刻而有力量。举实例来说,三纲说认君为臣纲,是说君这个共相,君之理是为臣这个职位的纲纪。说君不仁臣不可以不忠,就是说为臣者或居于臣的职分的人,须尊重君之理,君之名,亦即是忠于事,忠于自己的职分的意思。完全是对名分、对理念尽忠,不是做暴君个人的奴隶。唯有人人都能在其位分内,单方面地尽他自己绝对的义务,才可以维持社会人群的纲常。试再以学校师生的关系为例。假如:教师者都能绝对的单方面的忠于学术,认真教学,不以学生之勤惰、用之大小而改变其态度。又假如为学生者能绝对的单方面的尽其求学职责,不以教师之好坏、分数之多少而改变其求学的态度,则学术的进步自然可以维持。反之,假如师生各不遵守其常道,教师因学生懒惰愚拙而不认真教学,学生因教师不良亦不用功求学,如是则学术的纲常就堕地了。这就是三纲说的真义所在。因为三纲说有如此深刻的意义,所以才能发挥如此大的效果和力量。所以就效果讲来,可以说由五伦到三纲,即是由自然的人世间的道德进展为神圣不可侵犯的有宗教意味的礼教。由一学派的学说,进展为规范全国全民族的共同信条"。①

后来,五常伦与五常德整合而发展出"五伦八德"。② 八德是"孝、悌、忠、信、礼、义、廉、耻"。比较而言,"仁义礼智信"五常德偏重于学理性、逻辑性(是核心价值),"孝悌忠信礼义廉耻"八德则更偏重于实践性、操作性(是基本价值)。因此,"五伦八德"成为中国传统社会最普及最基本的价值观念,成为维持中国传统社会良性秩序的基石。

今天,中国欲要重建社会道德,就必须重新建纲立常,复兴五伦八德。实际上,当今中国的领导层已开始大力倡导"八德",强调"八德"是"中华

---

① 贺麟:《五伦观念的新检讨》,载《贺麟选集》,吉林人民出版社2005年版,第147—148页。
② 五常伦与五常德的整合发展主要得力于儒家思孟学派。子思提出"天下之达道五……曰:君臣也,父子也,夫妇也,昆弟也,朋友之交也",并与孔子提出的"知仁勇"三德("知者不惑,仁者不忧,勇者不惧。"《论语·子罕》)整合:"知,仁,勇,三者天下之达德也"(《礼记·中庸》)。孟子提出"父子有亲,君臣有义,夫妇有别,长幼有序,朋友有信"(《孟子·滕文公上》)。其中除信之外,其他四德经历史筛选的过程,后又回返《中庸》或《论语(转下页)

文化的 DNA，渗透到中华民族每一个子孙的骨髓里。迄今为止，还没有哪个人敢挑战这八个字"。①（详见第二节《参阅》）

（接上页）》时期的价值观念：孝（父子）、忠（君臣）、礼（强调夫妇之间男女有别且相互协调）、悌（兄弟）。三达德后来演化为"义"、"廉"（不利用权力谋取正式组织规定之外的任何利益）、"耻"（因为对不起别人或损害公益而羞愧）。"仁"演化为"义"，是接受了孟子提出的"仁，人之安宅也；义，人之正路也"（《孟子·离娄上 0710》）。"勇"演化为"耻"，是接受了子思提出的"知耻近乎勇"（《中庸》。"知（智）"演化为"廉"，则源于子张的学生们提出的包括"礼义廉耻"的"四维"（"何谓四维？一曰礼，二曰义，三曰廉，四曰耻"。《管子·卷一，牧民第一，经言一》。《管子》成书于战国时期，其中的《经言》九篇是编书时代的学者共识，源于子张之儒）。战国时期的知识分子已能升层为官，甚至为相，最难得的智慧是：有权有势有钱之后仍保持清廉。由是，"孝、悌、忠、信、礼"与"义、廉、耻"整合为八德。——引自张祥平：《经典复杂科学》第 561-563 页、前言第 38 页，中国社会科学出版社 2013 年版。

① 王岐山：《坚持党的领导，依规管党治党，为全面推进依法治国提供根本保证》，《人民日报》2014 年 11 月 3 日 03 版。

第二节　政治制度

中国近现代由"中体西用"到"西体西用"的文化岐出过程中，一方面是"道统"的失守，即上述意识形态的失守；一方面，则是"政统"的失守，即传统"王道政治"形态逐渐崩溃、同时西方"民主政治"形态逐渐兴起。中国"政统"失守的过程，被一些学者认为是"民主化浪潮"不断推进的过程："谋求政体改革的变法维新运动"是"第一次民主化浪潮"，"清末宪政运动"是"第二次民主化浪潮"，"共和国（中华民国）诞生"是"第三次民主化浪潮"，"国民革命运动的高涨与南京国民政府的建立"是"第四次民主化浪潮"，"民主宪政运动的高涨与政党的抗争"是"第五次民主化浪潮"。[1] 然而，上述"民主化浪潮"的推进，并没有给中国带来政治秩序的稳定和经济社会的繁荣，相反，带来的却是政争、党争、战争层出不穷，政治混乱不堪，社会百业凋敝，民不聊生。

"民主化浪潮"最根本的特征，是"不管政治派别如何，都把西方宪政的'高级法背景'所体现的'超验价值'作为自己的宪法理想或者说自明原则，而从未批判反思过这一'高级法背景'所体现的'超验价值'；也就是说，近代以来中国关心宪政的各派知识分子都不加批判地无条件接受了西方宪政的合法性预设，即都接受了'主权在民'与'人民同意'的宪政原则，而把这一原则奉为普世价值，人类共法，并且坚信不疑"。[2] 这一做法，"主导了中国近代的整个宪政史，并形成了中国百年来的宪政传统，这个传统一直延续到现在"！[3] 然而，直至今天，社会稳定和谐、国家长治久安的政治基础仍未确立，政治改革仍是中国最为重大的时代命题！

---

[1]　闫小波：《中国近代政治发展史》，高等教育出版社2003年版。
[2]　蒋庆：《再论政治儒学》，华东师范大学出版社2011年版，第125页。
[3]　同上。

中国的政治改革，首先需要在合法性的"政道"层面对整个西方宪政的思想基础进行批判性反思，要把中国宪政的"高级法背景"所体现的"超验价值"建立在中国政治文化传统的根本义理价值上，即首先要在王道政治的根本义理基础上来解决宪政的合法性问题（或曰"政体问题"，参见第七章第一节），从而把中国百年来宪政建设上的"歧出"拉回到中国文化的轨道上来；然后，在制度性的"治道"层面发掘中国传统的"德政礼制"资源，同时借鉴西方现代的"宪政法制"经验（参见第七章第一节·三·（一）·2《政制：德政礼制与宪政法制》），基于王道政治的义理价值、中国历史的文化传统和现实世界的存在条件有所损益、有所变通、有所综合、有所改造，以"孔子损益四代综合改制"的精神，构建一种富有创造力与生命力的新制度——现代德政礼制——这将是真正意义上的中国特色社会主义政治制度。

一、政道（政体）——王道政治容融并超越民主政治

（一）民主政治的弊端

民主政治生发形成于亚欧大陆西部相对优裕的资源环境，相对特殊的文化背景，是一种"民意合法性一重独大"的政治形态。"民意合法性"有其应有的价值，但是，如果"一重独大"，排斥了其他的合法性，得不到其他合法性的制衡，膨胀而不受约束，则会导致许多政治上的问题。如，"民意合法性一重独大"排斥了"神圣合法性"，使政治权力在"政道"层面上得不到神圣价值的制衡，即使在"治道"层面权力制衡的"三权分离"制度设计精巧，也只是服务于世俗民意与欲望的工具。在民主制度下，由于没有"政道"上的制衡，神圣价值不能通过所谓宪政性制度安排进入政治，只能通过个人的信仰与社会的诉求进入政治。也就是说，在"民主政治"的"治道"安排下，神圣价值进入政治没有制度性的保障，因而没有必然性。这就使民主政治在制度层面得不到超越神圣价值的制约，完全以世俗的民意为中心。[①]

[①] 蒋庆：《再论政治儒学》，华东师范大学出版社 2011 年版，第 15 页页下注。

在民主制度下的所谓"民意",主要由人的欲望与利益构成,由于"民意合法性一重独大",不受神圣合法性的制约,当民主国家选民的利益与人类的利益冲突时(人类的利益就是神圣合法性),民主国家的制度安排决定民主国家只能选择与人类利益冲突的选民利益,因为民主国家的合法性来自选民的民意认同。如果民主国家选择了人类的利益,就意味着民主国家得不到选民民意的认同,从而丧失了合法性。一旦丧失了合法性,民主国家的统治权威就会降低,政治权力就会瘫痪。所以,民主国家的政治选择永远以一国选民的欲望利益为归依。如美国政府拒不加入保护人类环保利益的"京都协议书",就是出于国内民意的压力(其实是石油、钢铁、化工、汽车等工业主的压力和大部分美国人不愿降压生活水平的压力)。道理很简单:美国政府是民意产生的,民意只考虑自己当下的一己利益,而不考虑自己不能享有的人类长远利益。美国的民主制在"政道"上缺乏神圣合法性的制约,在制度安排上又非常精巧地维护美国选民的当下利益,所以美国的民主制永远是非常精妙地维护美国民意(其实是欲望利益)的工具。①

民主政治还有一个严重问题,就是民主政治缺乏道德。在民主的制度安排下,政治权威或者说政府合法性的产生取决于"形式的民意"而非"实质的民意",或者说,取决于民意的数量而非民意的质量,即不取决于民意的道德内容。就算民意违背人类道德,只要在选民数量上达到法定产生政府的人数,所产生的政治权威或政府仍然合法。这就是为什么民主选举会产生法西斯极权政治与霸权政治的原因。不道德的民意可以产生合法的政治权威或政府,其根本原因就是因为在"政道"上(合法性上)民意得不到神圣合法性(人类普遍道德)的制约,从而决定在"治道"上政府的统治权威由"形式的民意"产生。从民主政治产生之日起,人类道德就退出了政治权威产生的过程。究其历史文化的原因,则产生于西方近代以来的政教分离,而在西方文化中"教"就代表着道德,政教分离就意味着"教"(道德)退出了政治领域。②

---

① 蒋庆:《再论政治儒学》,华东师范大学出版社 2011 年版,第 15 页。
② 同上书,第 15—16 页。

"民意合法性一重独大"不仅决定民主政治在政治权威产生过程中无道德，还决定民主政治在运作过程中无理想。这是因为民意是政治权力合法性的唯一渊源，而民意最主要由欲望与利益的诉求构成。对"民"而言，考虑得最多的是自己当下的切身利益，是"普通人的政治"。民主作为"普通人的政治"并无可厚非，因为民众的欲望利益本身就具有正当性，因而建立在欲望利益上的民意自古以来就构成了政治权力合法性的重要内容。但是近代以来，西方历史文化发生了逆变，出现了政教分离，政治权力的合法性由神转向了人，人成了政治权力合法性的唯一渊源，将神圣的价值排斥在政治合法性之外。由于西方的简单理性思维方式不允许多重合法性同时并存，在"政道"上就出现了"民意合法性一重独大"的倾向，从而使整个政治过程都围绕着人的欲望利益（所谓民意）来运作。这样，政治中就没有了伟大的道德与崇高的理想，只剩下赤裸裸的欲望而不再有未来的希望与生命的激情。在这种情况下，政治走向平庸化、人欲化，政府变成了公司，政治领袖变成了董事经理，政治统治变成了合同契约，一切都可用金钱利益来衡量，昔日政治中的理想追求与崇高人格已不再可能。西方有论者认为，法西斯极权政治的兴起与民主政治不能提供道德理想的平庸性格有关，而极权政治恰恰能在政治中提供道德理想。今天看来极权政治提供的只是一种虚幻的道德理想，但民主政治"民意合法性一重独大"带来的政治平庸与无理想则是不争的事实。①

"民意合法性一重独大"，导致在民主制度下不可能从根本上解决生态问题。生态问题涉及"神圣合法性"，用中国儒家的话说是"天道合法性"，"天道"与"民意"有时会冲突，因"民意"产生于"人欲"，要解决"天道"与"民意"的冲突，根本之道就是克制"人欲"。但是在"民意合法性一重独大"的民主制度下，"民意"就是世俗政治中的"神意"，具有唯一、绝对、至高、神圣的合法性，因此，作为"民意"基础的"人欲"也就具有了唯一、绝对、至高、神圣的合法性，只能尽力去满足，哪里可能去克制？如果去克制"人欲"，就意味着违背"民意"，因而在政治上就不合法。当"民意"违背"天道"时，

---

① 蒋庆：《再论政治儒学》，华东师范大学出版社2011年版，第16页。

即当"人欲"与"生态"冲突时,民主政治的制度安排只能是某些层面和某种程度的技术性解决,而不能从根本上解决,民主政治的天平永远倾向于"人欲"一边。这是因为在民主制度下,民意合法性得不到神圣合法性("天道合法性")的制衡与约束,在"政道"上独尊独大,主宰整个政治领域,"天道合法性"(生态价值)只有在"民意"("人欲")的认可下才有价值,因而才能进入政治领域。实际上,西方民主政治之所以在"治道"的层面可以技术性地解决某些生态问题,正是为了更长久地更高质量地满足"人欲"实现"民意",而不是为了服从"天道",更不是在"政道"上实现"天道的合法性"。这就是西方绿党在民主政治的制度安排中始终不能胜出的根本原因。因为绿党代表的是"天道合法性",民主政治代表的是"民意合法性",并且"民意合法性一重独大",在"民意"唯一、绝对、至高、神圣不可侵犯的制度安排中,绿党代表"天道合法性"的命运可想而知。绿党要在政治中完全胜出,只有改变民主政治在"政道"上"民意合法性一重独大"的弊端,用"神圣合法性"("天道合法性")来制衡约束"民意合法性"。但是,这在民主政治的制度安排中根本不可能,因为民主政治自其诞生,就按唯一、最高、绝对、排他、世俗、独大的"民意一重合法性"来进行"治道"的制度安排,因而没有在"治道"的制度安排上为其他合法性留有多少余地。因此,绿党要想在西方的政治中完全实现"生态的价值",在"政道"与"治道"中都体现出"天道的合法性",除非西方民主政治从根本上改弦更张,否则民主宪政的制度安排不能解决问题,因为民主政治建立在人欲基础上的理论基础与制度架构正是导致生态问题最根本的政治原因。①

在近代非西方国家建立民主政治的过程中,"民意合法性一重独大"排斥"历史文化的合法性",在统治渊源上截断了政治与本民族历史文化传统的传承,得不到本民族历史文化传统的认同。虽然民主政治在民意上可以得到本国民众的认可,但在本民族的历史文化传统上没有渊源,因而仍不能完全合法。"民意的合法性"只是一国国民此时此地的民意认同,而"历史文化的合法性"

---

① 蒋庆:《再论政治儒学》,华东师范大学出版社2011年版,第17页。

则是历史上千百年来无数国民民意的认同。国家是一有机体，政治也是一有机体，政治不能与传统割裂，否则就会出现政治上的历史虚无主义。国家是过去的国家，是现在的国家，也是将来的国家，现在国家的使命是将古代国家延续来的生命传至将来的国家。国家不是国民理性选择与民意产生的结果，而是历史延续与传承的结果。国家这一有机体性质决定国家在解决合法性问题时，政治权威必须获得历史文化的认同、必须延续过去国家的生命才能合法。在西方国家的民主政治中，建立民主制度没有"历史文化合法性"的问题，因为民主政治本身就是西方历史文化的产物，在西方历史文化中有其深厚的根基。但在非西方国家，由于民主政治确立的合法性只有民意一重，没有将历史文化作为合法性的一个组成部分，已经建立的民主政治就算民意认同，而历史文化也不认同。这种移植过来的西式民主在非西方国家的合法性上肯定要打许多折扣，其靠民意建立起来的合法性只能是一种非常脆弱的得不到本民族历史文化认同的合法性。[①]

综上所述，民主政治的基本原则存在严重的问题，即民主政治在合法性上存在致命的弊端。正因为民主政治的上述弊端，在民主政治风行全球的今天，当今中国政治乃至人类政治面临的根本问题，就是改变民主的基本原则以重新确立政治合法性的标准——这是人类政治的大根大本问题。具体说来，就是扬弃"民意合法性一重独大"的民主政治，建立多重合法性相互制衡的新型政治。这种多重合法性相互制衡的新型政治就是中华文明所推崇的王道政治。[②]

（二）王道政治的优越[③]

王道政治是"三重合法性"制衡的政治，所谓"制衡"，就是人心民意的合法性、超越神圣的合法性、历史文化的合法性三重相互制约，每一重合法性都不能独大，同时，每一重合法性都有其正当性，都能在制衡中恰当地实现其自性，从而在差异中含摄共存。这是中国文化各正性命保合太和的精神。

[①] 蒋庆：《再论政治儒学》，华东师范大学出版社2011年版，第19—22页。

[②] 同上书，第18页。

[③] 同上书，第19—22页。

从人类政治史来看，每一重合法性独大排斥其他合法性都会有弊端。比如，西方中世纪的政治形态中超越神圣的合法性一重独大，形成神权政治，出现了压抑合理的人性欲望的弊端；西方近代又走到另一极端，民意合法性一重独大，形成民主政治，完全以人为中心，排斥超越神圣的价值，出现了极端世俗化、人欲化的弊端；而某些伊斯兰国家历史文化的合法性一重独大，拒绝任何历史文化的变化与改革，不顺应人心民意，出现了极端顽固保守的弊端。从历史经验来看，三重合法性必须制衡共存，才是完善的政治。而在人类历史中，只有王道政治才是三重合法性制衡共存的政治，才是完善的政治。

"三重合法性"制衡的王道政治可以容融并超越"民意合法性一重独大"的民主政治。王道政治可以容融并超越民主政治，是因为民意合法性在"政道"上有其正当性，王道政治只反对"民意合法性一重独大"，而不反对民意本身，反而将民意作为合法性的组成部分。所以，王道政治虽然否定民主政治的"民意合法性一重独大"，但却吸收了民主政治的根本原则，在"政道"上建构了比民主政治更高级更完善的政治形态。

首先，王道政治在"政道"上包含了"超越神圣的合法性"，可以对治民主政治"民意合法性一重独大"的弊端，即可以用"超越神圣的合法性"去制衡约束"民意的合法性"，使民意在政治上不至于膨胀越界而违背超越神圣的价值，使民意在神圣性的制衡中得到超越的普遍道德的约束。这样，就可以克服民主政治极端世俗化、人欲化的弊端，在人类的政治生活中体现出超越神圣的价值。

其次，王道政治是能够体现道德的政治，因为"超越神圣的合法性"就是"实质性道德"，王道政治不仅要考虑"形式的民意"，更要考虑"实质的民意"，"实质的民意"就是道德。王道政治通过"政道制衡"将"超越神圣的合法性"作为政治权力是否合法的标准，就可以把道德贯穿在政治权力运作的整个过程。就算"形式的民意"在数量上达到了法定选举标准，但如果违背了"超越神圣的合法性"，就意味着违背了道德，依"超越神圣的合法性"即可判违背道德的民意在政治上不合法。因此，王道政治不象民主是形式上多数人的统治，而是实质上符合道德的多数人的统治，即符合道德的民意的统治。在王道政治下，民意必须符合道德才合法，理想的形态是多数人的民意符合道德，如果多数人的民意不符合道德，依王道政治亦仍然不合法。不合法的政治就必须批判反抗，而批判反抗的标准就是"超越神圣的合法性"。因此，只有在王道政治下通过"政道制衡"，人类才可能有道德的政治。

复次，王道政治是能够高标理想的政治，因为王道政治在"政道"上参通天地人，使三重合法性既周遍含摄又各住自位，体现了中国文化（亦是人类文化）在保持自性中追求和谐的"中和"理想。王道政治在合法性中包含了超越神圣的价值，而超越神圣的价值自古就是人类追求的理想。王道政治在"政道"上参通天地人，就要求必须在"治道"上实现此"中和"理想，这不仅需要在制度架构的安排上去实现"中和"理想，还需要在政治人物的人格上去实现"中和"理想，即政治人物不仅负有实现正当民意的责任，还具有实现神圣天道与延续历史文化慧命以至永远的责任。这样，政治就不是如民主政治那样只是实现眼前世俗利益的场所，而是追求"中和"理想、实现神圣天道与延续历史慧命的道场。人是希望的存在，人的生命中激荡着追求理想的激情，人类政治生活若无理想无希望将是人类生命的退化与堕落，将是坠入无明深渊遭受永无休止的迷暗势力支配不得出离。因此，王道政治可以克服民主政治因资产阶级意识形态化而带来的平庸化，重新唤发起当今人类随冷战结束而幻灭的政治激情。同时，王道政治所追求的政治人格不是人人平等教条下的政务官，而是具有奇里斯玛（charisma）风范的参通天地人的圣贤人格，而这种圣贤人格自古就是人类追求的人生理想与人格楷模。也就是说，只有王道政治才能将立体的政治人格带入当代政治，克服当代政治（民主政治）一人一票平等观带来的平面化倾向，激发出人类政治追求伟大理想与崇高人格的生命激情。

王道政治包含了"天道的合法性"（"超越神圣的合法性"），把生态价值提高到"政道"的层面来解决，从而确立了生态价值在合法性上的崇高地位，使其成为"治道"的法理渊源，任何违背"天道"（自然生态）的政治制度与政治行为都将被判为不合法。也就是说，王道政治不仅包含了生态政治，还把生态价值上升为"政道"上的合法性，对民意的合法性进行制衡约束，因而能够从根本上解决生态问题。如果民意不违背生态价值,"天道的合法性"就认可其正当价值;一旦民意违背生态价值,"天道的合法性"即制衡约束之,使其不至膨胀越界而带来严重后果。因此,在民主政治"民意合法性一重独大"下不能从根本上解决的生态问题,在王道政治"政道制衡"的合法性安排中即能够从根本上解决。也就是说,王道政治不只代表人(民众)的利益,也代表天(自然)的利益,民意只有在不违背天道的前提下才具有合法性,任何违背天道的民意都不具有合法性,因而都不能在"治道"的层面变为政治制度与政治行为。这样,就能在政治上保障自然不被违背生态价值的人欲民意所侵害,"民意合法性"就不至独大而不受天道制衡约束。正是在这个意义上,我们可以说王道政治就是生态政治。

王道政治包含"历史文化的合法性",还可以为非西方国家的政治发展提供传统合法性的证明,使非西方国家的政治发展不与自己的历史文化传统断裂。我们知道,在非西方国家的政治发展中,大多数国家都效法西方政制,完全拥抱西方民主,如日本、土耳其等。由于这些国家建立的西式民主承袭了民主政治"民意合法性一重独大"的弊病,在"政道"上排斥"历史文化的合法性",使这些国家的政治发展背离了自己的历史文化传统,在自身的历史文化上不再具有合法性,其建立的政治体制成了一种与自身传统断裂的无根的政治体制。这种无根的体制得不到千百年来传统资源的滋养护持,只依靠民意一重合法性使其统治权威与稳定性要打许多折扣。而王道政治能够提供"历史文化的合法性",使非西方国家的政治发展得到传统资源的滋养护持,从而能使其统治权威更加合法,更加稳固,更加持久。

从以上论述中我们看到,王道政治在"政道"上综合了古代神道政治、近代民主政治与现代生态政治的价值,又能为非西方的政治发展提供"历史文化的合法性"。在当今世界,政治上出现了许多问题,其中一个最主要的问题就是"合法性一重独大":民主政治"民意合法性一重独大"自不用说,伊斯兰原教旨国家则是"超越神圣的合法性一重独大",或"历史文化的合法性一重独大",而王道政治建构的合法性则是"三重合法性"同时并存,并且"三重合法性"相互制衡,每一重合法性都不能独大,只能在相互制衡中实现其自性价值,是人类最完善、最周全的政治形态。这种"政道制衡"是王道政治的根本特色,也是解决当代中国政治及人类政治的合法性问题的不二法门。正是从这个意义上来说,王道政治可以容融并超越民主政治,是当今人类政治发展的理想与希望。

二、治道(政制)——德政礼制容融并超越宪政法制

(一)政治体制的改易更化

从中国的历史经验来看,王道政治的制度安排是通过"德政礼制"来实现的;从中国的现实条件来看,王道政治的制度安排需要通过现行政治体制改易更化、逐渐重建"德政礼制"来实现。

在中国古代社会,历史提供的实现王道政治的机缘只能是"君主制"。在"君主制"下,通过在"治道"层面的设官法天制度、三公论道制度、明堂行政制度、太傅教育制度、经筵讲席制度、史官实录制度、郊祭庙禘制度、采诗封禅制度、选贤举能制度、群臣庭议制度、大臣谏议制度以及以经术治国、以儒教为国教等一系列制度,实现了"三重合法性制衡"。[1] 但是,由于"君主政治"下存在着两个"主权"中心,一以"圣王"为中心,一以"君主"为中心,尽管"德政礼制"强调"道统"高于"政统",但在现实中不能排除两个中心之间经常的紧张冲突,而世俗的"君主"往往力图篡夺"圣王"的"主权"而自圣。在此情形下,"君主政治"难以充分地实现"王道政治"的"精神",不能完全按"王道政治"的义理价值来建立"德政礼制",是理中之事。这是"君主政治"在合法性上"主权在君"的历史局限性所致。[2]

即使如此,中国历朝历代的政治实践和学术探究,还是使中国文化传统中积累了丰富的"治道"方面的资源,经学《三礼》、历代《政书》、一部《十通》、各朝《会典》,二十四史,以及圣贤经训、诸子政论、名臣奏议都是

---

[1] 蒋庆:《再论政治儒学》,华东师范大学出版社 2011 年版,第 22—23 页。
[2] 同上书,第 161 页。

极其丰富的可以古为今用的"治道"宝库,等待我们按照王道政治的"政道"要求因应时代的需要去发掘。

今天,历史条件发生了变化。"君主政治"已经结束,中国已进入了一个法律意义上的"共和政治"时代。"共和政治"与"君主政治"相比,更能接受"王道政治"的义理价值与制度安排,因为"共和政治"不存在力图篡夺"圣王主权"的另一个"主权"中心。所以,"共和政治"时代的到来,为推行"王道政治"提供了一个更好的历史条件。

根据复杂现象的五行模型,王道政治从义理体系上可分为"五统",即:道统(木)、国统(火)、法统(土)、政统(金)、治统(水)。根据王道政治义理体系的"五统"和中国现行政治制度体系,中国未来的"德政礼制"可以设想为:"王党领导制"("王"者"天下所归往也","王党"乃完成"马克思主义中国化"后的、承续中华文明道统、弘扬"王道理想"、推行"天下主义"的执政党,乃是现行"一党领导制"的调适)代表道统;"虚君共和制"(乃是现行国家元首制度——"国家主席制"的调适)代表国统;"议会三院制"(乃是现行"人民代表大会制度"和"政治协商会议制度"的调适)代表政统;"中华礼法制"(乃是现行"社会主义法律制度"的调适)代表法统;"士人政府制"代表治统。具体到权力分配上,"王党"拥有最高领导权力,"虚君"拥有国家权力,议会拥有制礼和立法权力,法院拥有司法权力,政府拥有行政权力,这五种权力相互协调、相互制约(相生相克)而构成一个整体。①

上述"德政礼制"的构想中,"王党"拥有最高领导权力是由"王党"的目标、性质和功能所决定的。前文已述,完成"马克思主义中国化"之后的执政党,将以追求人类永续发展(天人合一)为最高目标,以复杂科学的最高模型——北辰模型——作为治国理政的科学指南,以传承和发扬中华文明的道统为己任,是领导中华民族复兴和中华文明复兴的核心力量,其实质是"中华文明党"。"党"的最高职能是遵循"天道""天理"来规范国家政治权力,

---

① 上述"德政礼制"的构想源于对蒋庆"儒教宪政"构想(参见蒋庆《再论政治儒学》上篇与中篇)的"现实性转化",其前提是充分尊重中国近现代历史进程中形成的现行制度的合理性,"转化"过程应该履行中庸之道,不断权衡微调。

即"论道经邦""法天而治"(详见本章第一节)。按"道统"高于"政统"的原则,"王党"理应享有最高领导权,具体包括最高养士考试权("养士"是培养并储备政治人才,"考试"是确定政治人才的基本从政资格)、最高维持风教权(保障国家意识形态安全,维持社会基本道德风教)、最高监督权(监督立法、行政、司法、军事等国家权力机构的运行遵循"天道""天理"的原则)、最高罢免权、最高仲裁权等。上述最高养士考试权将是在现行"组织部"制度基础上的调适,最高维持风教权是在现行"宣传部"制度基础上的调适,最高监督权是在现行"中纪委"制度基础上的调适,等等。总之,"王党领导制"的确立就是现行"一党领导制"调适优化的结果。

需要强调的是,未来中国重建"德政礼制"必须基于"党"的领导。中国现行的"一党领导制"是在中国近现代历史进程中因应西方列强的入侵和西方文明的挑战而形成的,凝聚着千千万万中华民族儿女的鲜血和英灵,是当时社会动员和国家重建的基础,也是今天引领社会变革和文明复兴的基础。也就是说,中国现行的"一党领导制"是由中国的国情(资源环境)、历史(文化传统)、现代化进程(社会动员)等诸多复杂因素聚合所决定的。绝不能因循西方的"多党竞争制"而否认中国的"一党领导制",否则就会"基础不牢,地动山摇"。相较于西方国家的"多党竞争制",中国的"一党领导制"具有自己独特的历史性和传统性,即中国的"一党"不是西方国家代表不同阶层利益的"局部党",而是代表中国社会整体利益的"整体党"——而这正是中国汉武尊儒后两千多年中儒士集团的性质。

未来中国"德政礼制"的构建,将容融并超越西方的"宪政法制"。[①]

从政道层面看,"德政礼制"具有天道、历史、民意"三重合法性",不仅能代表超越神圣的价值与历史文化的价值,还能代表人心民意的价值,容融西方宪政法制的"民意一重合法性"。"德政礼制"在包含了西方宪政法制合理内核("民意合法性")的基础上再向形上世界提升与再向时间维度深入,具有了西方宪政所缺乏的天道合法性与历史合法性,故完成了"超越"。("超

---

① 以下内容改编自蒋庆:《广论政治儒学》,东方出版社2014年版,第28—38页。

越"意味着具有高度与深度：西方宪政法制是"普通人政治"或"平面化政治"，故无高度；"德政礼制"是"圣贤政治"或"贤能政治"，故有高度。宪政法制是"法理型政治"或"契约型政治"，故无深度；"德政礼制"是"时间型政治"或"道统型政治"，故有深度。所谓"统"者，历史之时间传承也。）

从治道层面看，"德政礼制"吸取了宪政法制"权力分立制衡"的原则，将权力分为各种不同性质的独立权力，由不同的宪政机构分别执掌，即将权力分为监国权力、国家权力、司法权力、议会权力、行政权力。各种权力相互联系又相互分立，各自运作又相互制约，既维系了整个政治制度的整体协调，又体现了不同权力机构的有机平衡。比如，"王党"有领导权力，但无实质性的议会权力与行政权力，与极权政治对权力的绝对垄断不同，极权政治是全控政治，"德政礼制"则是分权政治；"虚君"有国家权力，但无行政权力，与某些西方宪政国家将国家权力与行政权力集于总统一身不同，此类宪政实质上是一种变相的集权政治，即集国家权力与行政权力于总统一身的政治，而"德政礼制"则是分权政治，将国家权力与行政权力分属不同政治机构（虚君与政府）；再有，"德政礼制"的三院制议会中，三院分别代表不同的合法性，体现不同的主权渊源，实现了合法性与主权的分立制衡，而西方的议会制度只代表民意一重合法性与主权的一维，违背了宪政法制主张的"分立制衡"原则。当然，在"分立制衡"原则上，"德政礼制"不只体现了对宪政法制的容融，也体现了对宪政法制的超越，因为"德政礼制"所主张的制衡原则是"立体制衡""复杂制衡"（理据是复杂科学的相生相克），而不是西方宪政所主张的"平面制衡""简单制衡"。

从具体制度层面看，"德政礼制"也容融并超越了"宪政法制"。

首先，"德政礼制"的制度架构中有代表道统与教统的"王党领导制"。"王党领导"体现了中华文化中"道统高于政统"的治国原则，以制度化方式了落实"天道""天理"。而宪政法制则不然，没有代表"天道"价值的宪政性制度架构，导致生态价值在政治制度设计层面缺乏根本性的保障。西方的宪政法制一味强调个人的自由和权利，而把宗教道德（西方文化中的"天道"）价值摒弃在宪政制度的架构之外。德政礼制则通过政治制度的顶层设计来落实"天道"价值，而不是在根本制度的层面建立起保障人欲私利的利欲政治。"德政礼制"中的"王党领导制"正是如此而实现了对西方宪政法制的超越。

其次，"德政礼制"的制度架构中吸纳了西方宪政法制的议会制。"议会主权"是现代化政治中的最大"时制"，"主权"体现于议会制度上是议会拥有政治立法的权力、产生政府的权力与监督政府的权力，因此，要在具体制度中实现"王道政治"，就必须在"德政礼制"中吸纳议会制，因为只有议会拥有的立法权才能制定体现"王道三重合法性"的法律，从而才能按照"王道三重合法性"的法律产生政府与监督政府。但"德政礼制"的"议会三院制"与西方宪政下的议会制不同：在合法性上，"德政礼制"的"议会三院制"代表的是天道、历史、民意"三重合法性"，而西方宪政的议会制代表的只是民意"一重合法性"；在具体制度设计上，"议会三院制"可由通儒院（由具备深厚的复杂科学素养、深切地体认"天道""天理"的通才组成）、国体院（"政协"之调适）、民意院（"人大"之调适）三个议院组成，分别代表不同合法性，而西方议会则多由上议院与下议院（如英国）、众议院与参议院（如美国）、联邦议院与联邦参议院（如德国）、国民议会与参议院（如法国）等两院制议会组成（其他宪政国家的议会制度可依此类推），其中，英国下议院一院独大挟持民意已成取代上议院之势，德国联邦参议院虽不由普选产生但亦代表州的民意，其他议会的两院均由普选产生而代表民意，因此西方的"议会两院制"除英国外实质上皆是"议会一院制"，即议会两院均代表民意。可见，西方议会制不管多少院，在合法性上均相当于"德政礼制"三院制议会中的"民意院"。"德政礼制"吸纳西方的议会制，主要是在"议会主权"的一般性原则上吸纳，而对"人民同意"原则进行了改造优化，克服了"民意合法性一重独大"的弊端，使民意在议会制度中既能够得到正当程序的表达与保障，又能够得到天道与历史的规范与制约，从而使民意在议会制度中调适上遂，成为符合道德的正当善良的制度化民意，也使议会制度具有更高更深更广的代表性（天道高、历史深、三重广）。因此说，"德政礼制"的"议会三院制"容融并超越了宪政法制的议会制度。

复次，"德政礼制"的制度架构中吸纳了宪政法制中的"君主立宪制"。"君主立宪制"也是现代宪政法制中重要的组成部分,在全世界的宪政法制国家中,"君主立宪制"普遍存在,并且运作良好,社会大多稳定,如欧洲有英国、挪威、瑞典、丹麦、荷兰、比利时、卢森堡、西班牙、安道尔、摩纳哥,亚洲有日本、泰国、马来西亚、约旦、卡塔尔、科威特等,另外,加拿大、澳大利亚、新西兰等英联邦成员国也被认为是"君主立宪制"国家。由于"君主立宪制"最能体现"国家历史性"与"国家延续性",即最能代表国家的本质("国体")与国家的精神("国性"),故在宪政法制中受到许多国家的推崇。"君主立宪制"既是宪政法制中非常重要的"时制",还是人类政制中最为稳定的"善制"。康有为与梁启超为了推动适合于中国文化传统的温和宪制改革,并与孙中山推行的激进"美法共和制"相抗衡,曾从共和的角度把"君主立宪制"解释为"虚君共和制"。具体到今天的"德政礼制"设计,由于中国的历史文化异常悠久深厚,决定了中国的"国家历史性"与"国家延续性"应该在国家的制度安排中有架构性的保障,也就是说,代表中国"国体"与"国性"的制度应该成为一个重要且独立的组成部分。因此,"德政礼制"的制度构架中设有与"君主立宪制"异名而同质的"虚君共和制"。由于中国历史文化中最具代表性的人物是"大成至圣先师"——孔子,而且孔子的血统中除"私人性宗亲血统"之外还有"公共性圣王血统",因而"虚君"可由孔子的嫡系后裔担任。所谓"虚君",是以世袭方式通过无实际政治权力的国家代表者永久性地以排除竞争的方式代表中国的"国体"与"国性",即代表中国悠久的"国家历史性"与永久的"国家延续性";而所谓"共和",则是不同权力在整体的制度架构中良性的运行与制衡。因此,"德政礼制"的"虚君共和制"容融并超越了宪政法制的君主立宪制。"虚君"的职能主要包括"外交礼仪性职能"和"文化礼仪性职能",如以国家名义与外国缔约、公布国家法律、派遣大使、接见外国使节、接见外国国家元首、代表国家对外进行文化交流、颁布国家大赦特赦、公布国家紧急状态、授予国家荣誉称号、主持国家重大典礼、主持国家重大慈善活动等,不但可以赋予上述政治活动更丰富的历史文化内涵,同时也能为党和政府领导人的礼仪性工作大量减负。

再次,"德政礼制"容融并超越宪政法制,还体现在"士人政府制"实行责任内阁制,即士人政府由三院议会产生并对三院议会负责,而"士人政府制"中所选官员须通过复杂科学的科举考试,其学养德行则超越了"公务员政府制"中的公务员(参见第七章第一节·四《选举制度》);另外,"中华礼法制"推行"德主刑辅""礼法并用"直至"礼法合一",容融且超越简单的"独立司法制"(参见第七章第一节·五《治理体系》)。

上述构想,是对中国现行政治制度的调适上遂,是希望用"王道政治"的高远理想和"德政礼制"的历史资源,对西方"宪政法制"进行创新性、综合性地改造,即以"王道""王制"为根本理念又功能性地吸取西方宪政法制的合理成分,从而建立起符合中国国情的"中国特色社会主义政治制度"。

无论从历史经验来看,还是从现实需求来看,"德政礼制"相较于"宪政法制",都是一种更优越的政治制度。从历史经验来看,"德政礼制"使得中国创造了在较大地域较长时期保障文明延续和维持和平发展的世界纪录。从现实需求来看,"德政礼制"既可吸纳西方"宪政法制"的合理成分,又可超越"宪政法制"的局限缺失,是一种更完善的具有中国历史文化特色的社会主义制度(此"社会主义"是本原意义上——即以"人类社会的永续发展为最高目标"——的社会主义)。

(二)德政礼制的重建路径

1. 国学重建

建立"德政礼制"的前提,是"国学"的重建,即建立传承中华道统与学统并容融西学的学术体系,在此基础上完成"国学"的复位——确立其为国家的王官之学,为国家治理的政教大纲。从学理体系的重建到复位为国家的王官之学,必然需要一个较长时期的学术探究、理性争辩、宣传普及等过程,由此推进中国知识分子群体在社会理想、核心价值、发展道路等方面达成基本共识。(详见本章第四节·一·(一)《中国传统学术重建》)

2. 科举选士

建立"德政礼制"的基础,是儒士人才的培养。

"德政礼制"的"王道"大业要求从政者具有崇高的理想信念。"德政礼制"

包含超越神圣的合法性、历史文化的合法性与人心民意的合法性，因而要求从政者在自己的政治行为中体现天道天理、历史文化与人心民意，尽量在这"三重合法性"中保持良性平衡。或者说，要求从政者在自己的政治行为中同时对天道天理负责、对历史文化负责、对人心民意负责，自觉承担起燮理"天地人三才之道"的宇宙责任、历史责任与现世责任。这必然要求从政者对超越的宇宙真理、人类的历史文化与人的内在心性有深刻体认与完整把握，即深刻体认、完整把握并坚定信仰"王道政治三重合法性"。同时，"王道"大业还必然要求从政者具有高尚的人格道德品位，要求执政者克己修身以提高修养水平，达到儒家所要求的修身德目，如在生命与行为中达到仁、义、礼、智、信、中、和、诚、正、忠、孝、廉、耻、谦、让、宽、敏、勇、毅等道德。因为政治权力对人的生命与行为具有强大的腐蚀性，如果从政者不通过克己修身提高自己的道德修养水平，即不能达到上述的修身德目，不仅会被权力腐蚀败坏自己的生命，更严重的是不能实现"王道"大业。因此，"德政礼制"要求从政者必须具备崇高的人格道德品位才有资格进入政治、执掌权力，从而具有对权力腐蚀的免疫力，能转化权力而不被权力所转化，能在崇高道德人格的支撑下实现伟大的政治事业。当然，"德政礼制"的推行还要求从政者具有从事政治所必需的学识、技艺与能力。总之，"德政礼制"需要有贤能儒士（有坚定的理想信念与高尚的人格品位谓之"贤"，有从事政治所需的学识、技艺与能力谓之"能"）群体从政才有可能实现。①

　　贤能儒士人才的培养主要基于儒学（复杂科学）经典的教育，贤能儒士的选拔则主要基于儒学经典的考试。儒学经典作为复杂科学的根本经典，昭示了天地万物与人类社会的演化规律，彰显了人类社会永续发展的普适道理。"道理"是道的数学模型，或伴有数学模型的道，涵盖了复杂科学的基本模型、重要定义、社会五公理、复杂三规律、五行结构表等。学习儒学经典，将为从政者今后的从政事业奠定科学的原则（正名言行原则），确立科学的方法（构造整合法），为从政者全面深刻地理解人类社会的历史与现实、高效严谨地进

---

① 蒋庆：《广论政治儒学》，东方出版社2014年版，第5—6页。

行管理与决策，提供科学指南，从而提升执政能力。而且，儒学经典体现了普遍的公义道德，即体现了天道天理的普世价值。通过儒学经典的学习考试，虽然未必一定成为贤能的政治人才，但最起码在学习者心灵中种下了公义道德的种子，知晓了天道天理的价值，为从政者奠定了做人的原则，确立了价值的标准，树立了人格的典范，指出了政治的理想，即为从政者今后的从政事业树立了贤士君子的人格榜样与"王道政治"的远大目标，在从政者的心灵种下了"贤"的种子，将为从政者达到"贤"的人格形态与治理模式打下良好的基础。①

从历史上看，汉武帝尊儒之后最重要的改易更化措施，就是立"五经博士"、兴"太学"、行"察举"②。此后，汉唐宋明清历代皆建立了大规模的儒士教育体系和科举考试体系，且一代比一代更完善。大体说来，科举制度包括分级考试制度、学校教育制度、考官选拔制度、应举资格制度、试卷评分制度、释褐授官制度等一系列相关制度。通过上述制度，人才的"贤"与"能"在公开公平公正的条件下得以评定，能以较大概率保证被选者的"德"与"才"。考试优胜者再由中央人事部门安排实习，以考察其实际从政能力，考察合格者再授予相应官职。许多人被派往地方担任第一把手，任职地区一般要求避开原籍，且地方官员定期流动，退休则荣归故里，如此可以大大减少官员腐败，降低管理成本。

当今中国要重建"德政礼制"，必须复兴儒学经典教育和科举选士制度，方能培养和选拔出胜任的政治人才。这是当前推进政治体制改易更化、逐步实施"德政礼制"的关键。

3. 变通改制

在国学重建、科举选士的基础上，逐步推行"德政礼制"的过程，将是一个漫长而曲折的制度改革过程。

在此过程中，改革应履行中庸之道，不断权衡调节，要把握火候、注意分寸，不能大操大办而引发社会骚动，只能不断微调、不断损益。因为人的

---

① 蒋庆：《广论政治儒学》，东方出版社 2014 年版，第 26 页。
② 钱穆：《国史大纲》（修订本），商务印书馆 1996 年版，第 144—146 页。

理性面对复杂的社会一定是有局限的，条分缕析的理性计划不是大智，因时变通的中庸实践才是大智。不断微调、不断损益，是在现有政治制度基础上进行的微调、损益。这就要充分尊重现有政治制度的合理部分，大力发掘现有政治制度的潜在优势，而绝不是另起炉灶、推倒重来。

中国现有政治制度的形成，尽管是由"中体西用"到"西体西用"的变迁结果，但其中依然保留了一定程度的中国历史文化的传统特性。如政治协商会议制度，又如干部的组织选拔制度等等。因此，有西方学者发现："国家必须对人民负责，是中国的一项古老传统，共产党用一种独特的方式延续了这个传统，在经济和社会安全领域，国家发挥了极其重要的作用。……传统通过科举考试招募一个由高学历、高素质的精英人才组成的管理团队，而共产党人则通过采用发展党员的方法来为国家招募贤才。……新中国是中国历史上的一个重要组成部分，只有在这样的背景下才能更好地理解它。"① "与其说1949年后的共产党政体是中国历史准则的某种异类，不如认为在很多方面，该政体依然没有脱离国家的传统,这种迹象在邓小平时代以后比毛泽东时代更明显。"② 所以,中国"德政礼制"的重建，应该是在现有政治制度的基础上不断微调、不断损益、不断改革的结果。事实上，中国领导层对"德政""礼治"的关注近年已逐渐加强，如对官员家风建设的关注、对乡贤文化的倡导等。(见后附《参阅》)

应该指出，历史中没有纯粹的事，没有韦伯所说的"要就全有要就全无"的事，历史中永远充满着吊诡与曲折。现实中也不会有纯粹的事，现实的改革永远充满着吊诡与曲折甚至是异化。但不能因为是吊诡与曲折就否定人类历史的前行和现实改革的努力。重建"德政礼制"的创新改制过程，必是吊诡与曲折的漫长过程，必须要充分展示经权的智慧、政治的艺术与变通的方略！

4. 礼乐复兴

通过国学重建、科举选士、变通改制，在基本奠定"德政礼制"的制度框架的基础上，当积极推进礼乐文明的复兴。因为"王道政治"强调以教化

---

① 〔英〕马丁·雅克：《当中国统治世界》，张莉等译，中信出版社2010年版，第78页。
② 同上书，第313—314页。

的方式治理天下。孟子曰："善政，不如善教之得民也。善政，民畏之；善教，民爱之。善政，得民财；善教，得民心。"（《孟子·尽心章句上》）董仲舒曰："圣人之道，不能独以威势成政，必有教化"；"教化不立，而万民不正也。"（《前汉书·董仲舒列传》）教化的手段主要是"礼"，或曰"礼乐"。通过礼乐教化，可以变化社会风俗，改造社会人心，在保障社会秩序的效果方面，或许短期不如推行法治立竿见影，然而一旦移风易俗，人心归正，则更能保障社会的稳定和谐和长治久安。

复兴礼乐文明，就要重建"礼法体系"。① 前文述及的"德政礼制"，确立

---

① 近代中国由"中体西用"而"西体西用"的变迁过程导致了传统礼法体系的解体，其发端的标志性事件是清末修律导致的"礼法之争"。清末修律源于西方列强借口中西法律不同而要在中国实行"治外法权"，修律的动机是想消除"治外法权"。当时，以张之洞、劳乃宣等人为代表的礼教派认为，修律应"浑道德与法律于一体"，不能偏离中国数千年相传的"礼教民情"；以沈家本、杨度等人为代表的法理派则认为，修律应大力引进西方近代法律理论与制度，汲取"国家主义"等西方国家的"通行法理"，彻底改革中国传统的礼法体系。1907 年，修律大臣沈家本等人主持编订的仿效西法的《刑事民事诉讼法（草案）》，规定"兄弟析产""夫妇分资""父子异财""命妇到堂供证"等，否定传统族规宗法的法律效用，遭到原本支持修律的张之洞等人的坚决反对，被认为"于中法本原似有乖违""坏中国名教之防，启男女平等之风，悖圣贤修齐之教"。"礼法之争"围绕 1908 年《大清新刑律》的修订而达到高潮。《大清新刑律》的制定虽然强调以"折衷各国大同之良规，兼采近世最新之学说，而仍不戾于我国历世相沿之礼教民情"为指导原则，然而实际却汲取了自由、人权、平等等西方文化的核心价值，解构了中国传统礼法的内在精神，极大地冲击了礼教派所坚持的"出礼而入刑"的传统礼法观念。双方争论的焦点主要集中于：（1）"干名犯义"条的存废；（2）"存留养亲"应否保留；（3）"无夫奸"应否入律定罪；（4）"子孙违反教令"如何制裁；（5）卑幼可否行使防卫权。法理派的基本观点是，伦理纲常属于道德范畴，根本不应该纳于刑律。然而，中国几千年来的基本价值、伦理纲常正是由于有了法律的保障才得以有效维护，失去了法律保障的伦理与纲常必将崩溃。以"干名犯义"条的存废为例。"干名犯义"是指卑小亲属控告尊亲的行为，是中国传统法律中的重要罪名。卑亲属和小辈"告言尊长"，尊长可按自首的规定免罪，而卑亲属和小辈却要"依干犯名义律"被判刑。因为"干名犯义"伤害尊亲，违背了中国传统社会最基本的价值观——孝道。鼓励"干名犯义"，意味着鼓励破坏社会的基础秩序。因此，礼教派认为，应"因伦制礼、准礼制刑"，应坚持历代相传的"明五刑以弼五教"的精神，特别强调以纲常名教作为"立法之本""君为臣纲，父为子纲，夫为妻纲……天不变道亦不变之义本之……此其不可得与民变革者也……圣人之所以为圣人，中国之所以为中国，实在于此。故知君臣之纲，则民（转下页）

了政治礼制的基本框架；前文述及的"伦理纲常"和下文述及的"敬宗收族"（详见下节），则确立了社会礼制的基本框架。在此基础上，需要进一步在继承传统的基础上创造发展因应时代需求的现代"礼制"，包括现代的吉礼、凶礼、宾礼、军礼、嘉礼等，从而实现"以五礼防万民之伪，而教之中"（《周礼·地官·司徒》）。"人无礼则不生，事无礼则不成，国家无礼则不宁"（《荀子·修身》），是中国千古不易的道理。在完善礼制体系的基础上，要逐步改革现行法律体系。法律体系改革的基本目标，应是"无讼""去刑"；法律体系改革的原则，就是"援礼入法"，逐步实现"礼法融合""礼法合一"。"礼"强化人性之善，重在教化，使人的行为由礼的外在约束进一步发展为内在的道德自觉，即由他律成为自律，由此促使社会人心向善，知耻疾恶而止奸邪之行于未发，即"导之以德，齐之以礼，有耻且格"（《论语·为政》）。这是保障社会秩序最积极、最根本、最彻底的办法。"法"强化人性之恶，重在惩罚，通过威慑消极地使人不敢为恶，导致"民免而无耻"，社会的道德水准将因此大大降低，社会管理的成本则将大大提高。可以说，"礼法体系"的重建是保障社会秩序稳定和国家长治久安的根本。

重建"礼法体系"不是一味复古，而是在本于礼义的基础上，对古礼进行因时制宜地损益改造。正如朱熹在当年重新修订礼法时所言："古礼繁缛，后人于礼日益疏略。然居今而欲行古礼，亦恐情文不相称。不若只就今人所行礼中删修，令有节文、制数、等威足矣。"（《朱子语类》卷八十四）操作方法则是在继承"古礼"精神的基础上，"因其大体之不可变者而少加损益于其

（接上页）权之说不可行也，知父子之纲，则父子同罪免丧废祀之说不可行也；知夫妇之纲，则男女平权之说不可行也……近日微闻……有公然创废三纲之议者……怵心骇耳，无过于斯。"在礼教派坚持下，礼教精神在新律中得到了一定折衷保留，特别是在律后所附的《暂行章程》五条中。然而，《大清新刑律》最终废弃了纲常名教的基础——《五服图》，主张尊卑、良贱、男女在法律上平等，取消了比附原则，实行"罪刑法定"。如，伤害尊亲有违孝道，所以传统法律认定是大逆重罪；而取消比附原则实行"罪刑法定"的新刑律，接受"法律面前人人平等"的西方法律原则，认定伤害陌生人与伤害尊亲属同罪。这同样有违孝道，实质是破坏了中国传统礼法体系赖以存在的人伦道德基础。由此，法理派主持推进的立法活动解构了中国传统的礼法体系，开启了法律与礼教分离的序幕，加剧了中国近现代"礼"崩"法"坏的趋势。

间",当然,一定"要理会大本大原"(《御纂朱子全书》卷三十八)。所谓"大本大原"即是"礼义",如"谨名分,崇敬爱"。"损益"不要拘泥于细枝末节:"某尝说使有圣王复兴为今日礼,怕必不能悉如古制,今且要得大纲是,若其小处,亦难尽用";"今若只去零零碎碎理会,些小不济事,如今若考究礼经,须是一一自着考究教定"。(《朱子语类》卷八十四)应该要与时俱进,勇于创新:"礼,时为大。使圣贤有作,必不一切从古之礼。疑只是以古礼减杀,从今世俗之礼"。(《朱子语类》卷八十四)。

重建"礼法体系",需要礼乐并举方无偏失。"礼"重在规范外在的行为,"乐"重在陶冶内在的情感:"乐以治内而为同,礼以修外而为异。同则和亲,异则畏敬。和亲则无怨,畏敬则不争。揖让而天下治者,礼、乐之谓也。二者并行,合为一体。"(《汉书·礼乐志》)"礼"赋予人生命的秩序、节制与条理,"乐"则赋予人生命的和融、欢喜与超越。礼乐偕行教化,可达"王道"之治:"致礼乐之道,举而错之,天下无难矣。""王者功成作乐,治定制礼。其功大者其乐备,其治辩者其礼具……及夫敦乐而无忧,礼备而不偏者,其唯大圣乎。"(《汉书·礼乐志》)

上述"德政礼制"的重建路径,一言以蔽之,就是:"正名顺言"(国学重建)、"成事"(科举选士、变通改制),"兴礼乐、中刑罚"(礼乐复兴)。由此,中国政治将重回历史文化的正统之道,而中华文明也将由此走向伟大的复兴!

参阅

依法治国和以德治国相结合[①]

国家和社会治理需要法律和道德共同发挥作用。要坚持依法治国和以德治国相结合,从中国实际出发,汲取中国传统文化精华,实现法律和道德相辅相成、法治与德治相得益彰。

[①] 编自王岐山:《坚持党的领导 依规管党治党 为全面推进依法治国提供根本保证》,载《人民日报》2014年11月3日03版。

要吸收中华民族修齐治平的文化营养。文化自信是"三个自信"的总源头。中华文明源远流长，是世界上唯一没有中断的文明。"国家"是中华传统文化独有的概念，国与家紧密相连、不可分离。修身齐家治国平天下，修身为首要，治国从治家开始。只有修好身，才能理好家、治好国。中国人讲的家既指家庭，又包括家族，家族内外长幼有序，讲究道德礼仪。中华传统文化是伦理文化、责任文化，为国尽忠、在家尽孝，天经地义。中华传统文化的核心就是"八德"：孝悌忠信礼义廉耻。这些就是中华文化的DNA，渗透到中华民族每一个子孙的骨髓里。迄今为止，还没有哪个人敢挑战这八个字。家国情怀和修齐治平、崇德重礼的德治思想，把社会教化同国家治理结合起来。要尊重自己的历史文化，把握文化根脉，取其精华、去其糟粕，坚守和弘扬优秀传统，让民族文化生命得以延续。

领导干部要知古鉴今、心存敬畏和戒惧。中国古代政治思想强调"民惟邦本""水则载舟、水则覆舟"，告诫为政者必须体察民情、关注民生。中国传统典籍还有许多官德官箴，告诫为官者，官职越高、权力越大，越应战战兢兢、如履薄冰。《论语》中说：君子三年不为礼，礼必坏；三年不为乐，乐必崩。现在，有的领导干部忘记了自己是党的干部，不知不学党规党纪，无视规制、不讲廉耻，根本不把国法党规当回事，没有戒惧之心。古人云："自作孽，不可活。"广大党员干部必须信守宗旨、心存敬畏、慎独慎微，讲规则、守戒律，决不能无法无天、胆大妄为。

让崇德重礼和遵纪守法相辅而行。徒法不足以自行。治理国家不可能只靠法律。法律法规再健全、再完备，最终还是要靠人来执行。如果领导干部在德上出了问题，必然导致纲纪松弛、法令不行。中华历史传统注重德治与法治的统一，历朝历代既有许多成功经验，也有不少深刻教训。要借鉴我国古代为政以德、礼法相依、德主刑辅、管权治吏、正心修身等历史经验和思想。孔子说："道之以政，齐之以刑，民免而无耻；道之以德，齐之以礼，有耻且格。"要发挥礼序家规、乡规民约的教化作用，为全面推进依法治国提供历史智慧和文化营养。法律是他律，道德是自律。实现他律和自律的结合、道德教化和法制手段兼施，让道德和法制内化于心、外化于行，才能实现依法治国。

第三节 文化教育

前文述及,中国近现代的文化危机,导致了中国社会精英的分裂与对抗,并造成政治的混乱、经济的萧条与社会的动荡。文化危机的根本,是学术的危机。梁启超曾言:"学术思想之在一国,犹人之有精神也。而政事、法律、风俗及历史上种种之现象,则其形质也。故欲觇其国文野强弱之程度如何,必于学术思想焉求之。"[1]陈寅恪也说,学术的兴替"实系吾民族精神上生死一大事者"。[2]西方列强侵入中国时,"学术跟着军舰走",西方学术也进入了中国。在中国处于西方列强瓜分侵略的背景下,为了救亡图存,中国的知识分子除学习西方的"坚船利炮"与"声光化电"之学外,也大量学习西方的政治、法律、经济、伦理、宗教、哲学、历史等社会人文学术,学习用西方学术的眼光来理解中国,理解世界。在此过程中,中国传统学术一步一步地受到西方学术的排挤压迫,中国传统学术的基本义理一步一步地被颠覆解构,中国传统学术因此逐步丧失了话语权力进而丧失了话语权利。迄今,中国的知识分子已经不能按照中国文化自身的义理系统来思考问题与言说问题,中国的学术领域已经成了西方学术的殖民地。[3]

西方学术话语的强势,一方面,源于西方百年来在军事、政治、经济、科技等方面的强势,一方面,源于西方学术将其所体现的价值宣扬为普世真理,使得非西方世界的人群在学习和接受西方学术思想时(特别是在西方理性主义与基督教普世论的影响下),认为自己不是在接受西方思想而是在接受人类

---

[1] 梁启超:《论中国学术思想变迁之大势》,载《饮冰室合集》第1册,文集之七,第1页。
[2] 陈寅恪:《吾国学术之现状及清华之职责》,载《金明馆丛稿二编》,上海古籍出版社1960年版,第318页。
[3] 蒋庆:《论"以中国解释中国"》,载《再论政治儒学》,华东师范大学出版社,2011年版。

普遍的真理。于是乎,西方学术便成了普遍化与人类化的,而非西方学术则成了特殊化与民族化的,其结果是西方学术的中心化,非西方学术的边缘化,最后导致非西方学术被西方学术排挤压迫,非西方学术的基本义理被西方学术颠覆解构,非西方学术的解释系统被西方学术驱逐取代。[1]

放眼当今世界,人类非西方文明中的学术几乎都丧失了话语权力并最终丧失了话语权利(除了极少数伊斯兰教国家),人类非西方文明的学术领域都成了西方学术的殖民地。

非西方的人群在西方文化强大的辐射、熏染和压力下,不知不觉甚至是完全自愿地拥抱、效法、接受西方学术中所体现的价值观、世界观、历史观和各种思想。在非西方世界的大学、研究中心、文化机构、学术社团、出版社、学术期刊及各种媒体中,由西方学术衍生出来的价值、思想、观念、规则占据着支配与控制的地位,西方学术的话语权力在当今世界各国的学术研究中一支独霸是不争的事实。即使在非西方国家的现实事务中,其行为背后的最终理据仍源于西方学术。如所谓民主化中的全民公决来源于西方政治理论中的"社会契约说",市场化中的资源最优配置来源于西方古典经济自由主义"看不见的手"的理论,国际关系中大国通过权力平衡维持和平的外交政策来源于西方建立在基督教原罪思想上的"现实主义国际关系理论"等。此外,世界各国国内的许多争论冲突以及国际的许多争论冲突,虽然互不相让,但其背后的理据仍基于西方的各种学术,最典型的是冷战时代社会主义国家与资本主义国家的许多争论冲突都基于西方学术中社会主义与资本主义的争论冲突。冷战结束后,意识形态冲突消失,但西方学术独霸世界的格局并未改变,民主、自由、人权等产生于西方学术的象征符号仍是支配世界的最强音,世界学术研究与讨论的基本规则仍产生于西方学术。总之,我们生活在一个西方学术话语称霸世界的时代,我们每个人不管愿不愿意,都成了按照西方学术价值进行思考与讲话的人。[2]

---

[1] 蒋庆:《论"以中国解释中国"》,载《再论政治儒学》,华东师范大学出版社,2011年版,第262—263页。

[2] 同上书,第261—262页。

中华民族与中华文明的复兴，必然要求以中国文化自身的价值观念和科学方法来观察问题、思考问题与言说问题，这就必然要求复兴中国的传统学术，重建中国特色的学术体系（主要是社会人文学术体系）。因此，以下探讨中国文化教育政策，先论重建中国传统学术体系，再论以此为基础的教育改革。

一、学术重建

（一）中国传统学术的解构[①]

中国传统学术在近代以来被称为"国学"。"国学"是相对于"西学"而言（此名为"依他起"[②]），是近现代中国学人反抗"西学"对中国传统学术解构殖民而争取中国学术话语权利的一种努力，是有学术自尊的中国学人对中国传统学术自性的自我觉醒与学术身份的自我认同。然而，在近代以来中国传统学术被西方学术解构的大背景下，"国学"研究虽欲与"西学"抗衡，却不自觉地也是在援用西学的义理结构与解释系统来研究"国学"，"国学"在近代中国徒有反抗"西学"之名而无解释"中学"之实，只是在形式上标明"国"字这一中国特性与"西"学抗衡而已。究其实质，"国学"是复杂科学，主体是"儒学"，具体来说，就是以"经学"为学术本源、以"理学"为义理核心、以"子""史""集"为辅翼流裔、以"四部"为形式特征的"六艺之学"。按理，中国传统学术中已有"六艺学"之名，不应再另立一"国学"之名（如古代中国有儒学、孔学、经学、圣学、理学、子学、史学之名而无"国学"之名）。由于近现代中国文化出现了有史以来最严重最广泛最深刻的文化歧出与文化变质，表现在学术上是"西学"独霸中国的学术领域，中国的学术领域被西方学术彻底解构而完全殖民。在这种"以夷变夏""学绝道丧"的情况下，保存"国学"一名，有与"西学"抗争维护中国学术自性与学术尊严的作用。

[①] 本题内容编自蒋庆：《论"以中国解释中国"》，载《再论政治儒学》，华东师范大学出版社，2011年版；参见曹锦清：《再造"语词"——当前中国思想言说的根本困境》，载《文化纵横》2012年第2期。

[②] 马一浮：《中国现代学术经典·马一浮卷》，河北教育出版社1996年版，第10页。

所以,"国学"一词在当今中国仍有其积极的正面价值。①

前文已述,国学的思维方法主要是"构造整合法",而西学的思维方法主要是"分析还原法"。西方学术殖民的突出表现,就是用"分析还原法"对复杂科学的"构造整合法"的学术体系进行颠覆和解构,颠覆和解构的主要对象就是儒学。一百多年来,东西方学人不断用流行于西方的哲学、政治学、伦理学、宗教学、历史学等分科学说来理解并解释儒学,其实质是中国儒学被解构殖民。以下分科述之。

在哲学领域。近现代以来的中国知识分子用各种西方流行的哲学理解并解释儒学,可以说有一个什么样的西方哲学流派,就可能有一个什么样的中国儒学流派,儒学逐渐丧失了自我理解与自我解释的能力,一部近现代儒学史可以说就是一部被西方哲学不断解释并且不断丧失自身义理结构与解释系统的历史。如:康有为用自由主义哲学的普遍人类公理理解并解释儒学,梁漱溟用柏格森生命哲学解释儒学,胡适用杜威实用主义哲学解释儒学,冯友兰用新实在论哲学解释儒学,中国的马列主义者如侯外庐等用唯物主义哲学与启蒙哲学解释儒学,牟宗三用黑格尔哲学与康德哲学解释儒学,李泽厚用哲学人类学与唯物主义哲学解释儒学,罗光用托马斯·阿奎那经院哲学解释儒学,现在又有学者用存在哲学与后现代哲学解释儒学,林林总总,不一而足。在这种情形下,中国人解释儒学实际上是在解释西方哲学,是在证明西方哲学义理结构与解释系统的正确性与有效性,儒学在所谓主流的中国哲学界已经被西方哲学解构殖民了。(牟宗三先生说不懂康德就不懂孔子,说康德哲学是支撑儒学的钢骨,这最典型地说明了中国儒学被西方哲学解构并殖民。)②

在政治学领域。近百年来的中国知识分子受西方政治学术思想的影响,不管是认同儒学还是反对儒学,都是按照西方政治学说的义理结构与解释系统来理解儒学并解释儒学。比如,认同儒学的人认为儒学中有自由主义的资源、有民主思想的资源、有人权观念的资源、有社会主义的资源、有反抗专制的

---

① 蒋庆:《论"以中国解释中国"》,载《再论政治儒学》,华东师范大学出版社,2011年版。
② 同上书,第269—270页。

资源，所以要提倡儒学、弘扬儒学，而反对儒学的人则认为儒学中缺乏上述自由主义、民主思想、人权观念等资源，所以要排斥儒学、否定儒学。从近现代中国学术思想界的显学自由民主思潮、社会主义思潮与新儒家思潮来看，虽然三家互相批评攻击，但都是以西方文化作为中国政治的发展方向，即都把民主作为中国政治的必由之路。虽然三家理解的民主各有不同，如有所谓资本主义民主与社会主义民主之分；民主的来源有不同，如认为可由西方输入或由儒学开出，但都是按西方自由民主的义理结构与解释系统来理解解释儒学，儒学在政治思想上不能按自身的义理结构与解释系统来理解解释自己。在这种情况下，儒学"王道政治"思想被民主思想解构了，历来以政治思想见长的儒学在政治思想领域完全成了西方学术的殖民地。（如林毓生先生在解释"传统的创造性转化"时，认为儒学建立在"仁"上的"性善论"可以创造性地转化为人权的基础，因为西方人权的基础产生于基督教人人具有神性的思想，而儒学建立在"礼"上的"王道政治"则不可以创造性地转化为西方的民主政治，因为民主政治植根于现代性而"王道政治"在现代性中没有根基。可见，林先生完全是把西方政治理念作为最基本的义理结构与解释系统来理解儒学与解释儒学，是最典型地在政治思想上用西方学术来解构儒学，对儒学进行殖民化的理解与解释。林氏所谓"传统的创造性转化"，实际上是"传统的现代性转化"，其实质则是"传统的西方性转化"。）①

在伦理学领域。儒学本质上是道德之学，儒学的道德之学用传统术语来说就是"心性之学"，在儒学传统中又叫"身心性命之学"、"安身立命之学"。这种"心性之学"的特征是重个体生命的真修实悟、重具体境况中当下直接的见道证真、重通过"工夫"把握道德的形上本体，所以儒学的道德之学可以说就是体证超越形上价值的生命道德实践之学。但是，近百年来中国的知识分子，都用西方伦理学的方法研究儒学、解释儒学、理解儒学，把重在生命道德实践的"心性之学"变成了一种关于道德概念的知识系统与伦理观念的思辨体系，并且只从世俗形下的领域来研究儒家道德，儒学被西方世俗的

---

① 蒋庆：《论"以中国解释中国"》，载《再论政治儒学》，华东师范大学出版社，2011年版，第270—271页。

概念伦理学解构了。西方伦理学对儒学"心性之学"的解构最突出的是对"心性工夫"的解构。在西方伦理学中没有道德上的"工夫"问题，因为西方伦理学本身的特征就是知识的研究与概念的思辨，而儒家道德之学最重要的则是"工夫"问题。儒学的道德实践性格决定了不经过道德实践的"工夫"就不能达到或者说实现超越的道德本体，但在西方伦理学对儒学的研究解释中，因其没有"工夫"问题而消解了儒学最重要的"工夫"问题，儒学遂变成了西方伦理学的一个类型，即变成了关于儒家道德的知识系统与思辨体系。于是，儒学固有的实践特质在儒学研究与解释中消失了，在儒学所涉及的道德领域中占主导地位的是西方伦理学的义理结构与解释系统，中国现在在儒家道德的研究中存在的都是西方的伦理学。[1]

在历史学领域。中国传统学术中，史学作为儒学的一个重要分支，不只是记载历史事实，而是在记载历史事实中昭示社会演进规律，同时通过褒贬进退的史书笔法来对历史事件与人物进行是非善恶的评判与成败得失的记录，从而将事实评判与道德评判综合起来，对历史进行事实评判与道德评判，为后世的政治统治与社会治理提供事实上与道德上的经验教训，即陈寅恪所说的"明史实，供借鉴"。西方历史学强调发现历史的真实，在历史研究中排斥道德的因素，为历史而历史，反对历史为现实提供道德借鉴；或者是为了在历史研究中发现"客观"的历史理性，为虚无缥缈的乌托邦政治运动提供理性的合法性证明。上述两种西方历史学研究的倾向，都与中国史学"明史实，供借鉴"的精神相背离，而中国近现代以来史学研究的主流如古史辨派与历史唯物主义派就典型地代表了西方历史学研究的上述两种倾向。近现代以来在中国知识分子中占主导地位的就是这两个受西方史学影响的流派。从这个意义上可以说，中国史学已经在整体上被西方史学解构殖民了，以"二十四史"为代表的中国史学传统已不复存在。现在的中国人已经不能按照中国史学的义理结构和解释系统读懂中国自己的历史，而只能按照西方史学的义理结构和解释系统来读中国史，结果读到的是被曲解被丑化的中国史，如中国是亚

---

[1] 蒋庆：《论"以中国解释中国"》，载《再论政治儒学》，华东师范大学出版社 2011 年版，第 271—272 页。

细亚生产方式的社会、中国是长期停滞的封建社会、中国是没有自由人权的专制社会、中国是神权政权合一的极权社会,中国是超稳定结构的社会,中国是经济文化道德落后的社会等,一个按照中国史学所理解的历史上真实的中国现在已无从知晓。①

在宗教学领域。近现代西方的宗教学术思想进入中国后,儒家是不是宗教、儒学是不是宗教学说成为聚讼纷纭的问题,争论者莫衷一是。但不管各方争论多么激烈,各方所依据的标准,即所凭借的义理结构与解释系统都是西方的宗教学术思想,各方都是以西方学术中关于宗教的标准进行争论,中国儒家和儒学只是作为证明西方某一宗教标准正确的材料而已。比如,有人认为儒家是宗教、儒学是宗教学说,是因为儒学中有所谓"终极关怀",而"终极关怀"正是西方存在主义神学解释宗教的标准;又有人认为儒家不是宗教、儒学不是宗教学说,因为儒家的信仰体系中缺乏超越的精神,儒学中没有来自彼岸世界的"终极关怀",评判的标准仍是基督教的神学体系;又如,有人认为儒家是宗教、儒学是宗教学说,是因为儒家的信仰体系中有人格神、有经典、有仪式、有教主、有信众、有教士阶层,这种理解仍是以基督教为标准;又有人认为儒家不是宗教、儒学不是宗教学说,因为儒家的信仰体系中没有完全意义上的人格神和独立于国家的教会组织,评判的标准仍然是基督教;再如,有人从人类学角度认为儒家是宗教,因为儒家重仪式;有人从宗教学的角度认为儒家不是宗教,因为儒家不讲灵魂不死,没有来世追求。总之,不管争论的结论是什么,争论的依据都来自西方学术中的宗教标准,都是按照西方宗教的义理结构与解释系统来理解儒家是不是宗教,儒学是不是宗教学说。于是,在所谓宗教方面,儒学不能自己定位自己,不能自己解释自己,也被西方学术解构殖民了。②

以上为了言说方便,从西方的学术分科上简略分析了西方学术对中国儒学的解构与殖民。然而,西方学术对中国儒学的解构与殖民破坏性最大、后

---

① 蒋庆:《论"以中国解释中国"》,载《再论政治儒学》,华东师范大学出版社,2011年版,第272—273页。

② 同上书,第273—274页。

果最严重的是对中国"经学"的解构与殖民。"经学"是关于儒家经典的学问。从人类的文明史来看,一个民族的文化、历史、精神、价值都存在于该民族的经典中,古今中外概莫能外。比如,英、美、德、法等民族的文化、历史、精神、价值存在于基督教的《圣经》中,犹太民族的文化、历史、精神、价值存在于犹太教的经典中,穆斯林民族的文化、历史、精神、价值存在于伊斯兰教的《可兰经》中,中华民族的文化、历史、精神、价值则存在于儒家的诸经典中。没有了经典就没有了民族的文化、历史、精神与价值,也就没有了民族。中国的一切传统学术都源出于经学。马一浮先生说:诸子源于六艺,四部源于六艺,中国一切学术源于六艺(六艺即六经)。离开儒家六经就没有中国学术与中国文化。①

"经学"与西方的分科学术不同,是一个浑全的整体,囊括了现代的不同学科。六经之本是"史实",六经之体是"道理",六经之用是"政教",六经既衍育了国学,又可统摄西学(详见第二章第四节·二·(四)《六经之大——衍育国学,统摄西学》)。"经学"是荀子所说的"在天地之间者毕也"的博大精深的"圣人之学",是马一浮先生所说的"盈天地之间,聚万物之理,尽自心义理大全"的"六艺之学",是一个在形式上和内容上都不可分割的统一整体。"经学"有一套基于"构造整合法"的独特解释系统或曰解经系统,不通过这套独特的解经系统就无法进入经学的义理结构,也无法读懂经学。可以说,解释系统或解经系统是经学的生命线,解释系统或解经系统的破坏与消亡,即意味着经学的破坏与消亡。②

近代西学侵入中国与经学遭遇后,经学遭到猛烈的冲击与巨大的破坏,突出体现在两个方面:一是作为经学特征的形式和内容完整统一浑全博大的"六艺之学"体系被完全解构,二是作为经学义理结构的解经学系统或者说解释学系统被彻底颠覆。先看第一个方面。经学是一个完整统一的体系,但是,

---

① 蒋庆:《论"以中国解释中国"》,载《再论政治儒学》,华东师范大学出版社,2011年版,第274页。

② 同上书,第275页。

西学侵入经学以后，按照西方学术独立分科的形态对经学进行了分解，把完整浑全的"六艺之学"分属独立不同的所谓现代学科。如，把《诗经》分属文学或民谣学，把《书经》分属历史学或文献学、考古学，把《礼》（"三礼"）分属人类学、民俗学、政治学或行政学，把《易经》分属哲学，把《春秋经》分属历史学中的断代史学，把《论语》分属伦理学等。于是，一个完整浑全的"六艺之学"体系被西方的学术分科割裂解构了，在中国大学的教学系统与人文学术研究中已没有"经学"这一学科设置与研究机构，完整的"经学"体系在中国已经消失。第二个方面更严重。虽然完整的"六艺之学"体系被解构而消失，但作为经学载体的文本还存在，永不会消失，并且近现代也有不少中国学人以"经学"为对象研究"经学"，如顾颉刚、郭沫若、范文澜、周予同等。然而由于儒学的义理结构与解释系统被解构，即独立的儒家解经学系统被解构，就算"经"的文本存在，中国学人已经读不懂"经"了。不但读不懂"经"，在读"经"的过程中还肆意误读或歪曲。如顾颉刚们把《春秋》当作断代史，把《书经》当作历史文献，研究发现尧舜是巫师，大禹是条虫，根本无法了解"春秋新王义法"与"二帝三王心法"；郭沫若们把《诗经》当作古代社会史料，研究发现三代是奴隶社会，根本无法理解孔子删诗的深意与文王周公教化的盛德；闻一多们把《诗经》当作情歌民谣，等孔子为乡村民间搜集民歌俚曲的野叟，根本无法理解孔子"删述六经垂宪万世"的伟大；还有，范文澜为制造革命舆论而研究经学，周予同为揭示经学狰狞的面目而研究经学，顾颉刚为侦破经学的高超骗术而研究经学，胡适为打倒经学的独尊地位而研究经学，凡此种种，不一而足。经学中所体现的"天道天理"和孔子作经的"微言大义"因此湮没不闻。正是在这一意义上，中国经学的解释系统完全被西方学术分科的解释系统改变了，即被西方历史学、政治学、文学、哲学、文献学、民俗学等学科的解释系统侵占了，中国经学解经系统中固有的构造整合法被西方学术的分析还原法取代了，所以说中国近现代以来作为中国经学义理结构的解经学系统或者说解释学系统被西方学术彻底殖民了，经学完全丧失了独立自主的义理结构与解释系统。①

由此，中国儒学不能按照自身的义理结构来解释自己与理解自己，只有按照西方学术的义理结构才能解释自己与理解自己，尽管可能是错误地解释自己与理解自己。这就是所谓的西方学术是"语法"，中国儒学是"词汇"；西方学术是研究方法与规则，中国儒学是研究对象与材料。②

中国的知识分子因此得了"文化失语症"、"文化失思症"。"文化失语症"是丧失了使用自身语言进行言说的能力，"文化失思症"则是丧失了使用自身语言进行思考的能力。中国的知识分子绝大多数已失去了根据中国文化自己的义理架构与解释系统来言说问题、思考问题的能力。中国的知识分子绝大多数已在心灵深处"以夷变夏"。放眼中国学术界，各门学科的基本概念、原则方法、义理架构、解释系统、言说体系、评价标准，几乎完全西化。源自西方的自由、人权、平等、博爱、民主、法治、理性、进步、发展、现代等基本价值观念，已填塞中国学人的大脑。这一问题不解决，中国学术将永远处于边缘化状态，将永远丧失解释与理解自身文明的权利，更谈不上解释与理解自身文明的权力。中国学术不能解释与理解自身的文明，又遑论解释与理解世界。③

（二）中国传统学术的复兴

当今中国学术的最大问题，是要重建被西方学术解构了的、基于中华文明固有的思维方式、科学精神和价值观念的传统学术。而重建中国传统学术就必须首先重建中国传统学术的认识论与方法论，即复杂科学的认识论与方法论，然后以此为基础，重建中国学术的义理结构与解释系统，即用中国学术的义理结构与解释系统去解释中国、解释西方、解释世界。

1. 重建中国传统学术的认识论与方法论

重建中国传统学术的认识论与方法论，首先要确立真正的实事求是的科

---

① 蒋庆：《论"以中国解释中国"》，载《再论政治儒学》，华东师范大学出版社，2011年版，第275—276页。

② 同上书，第263页。

③ 同上。

学精神，要确立真正的普适的理性原则：即准确地鉴定事实（博学），准确地表述事实（审问，前提是正名），慎重地筛选事实（慎思，敏于事），慎重地推理（明辨）和检验（笃行），即"正名言行"原则。这是科学精神（诚意）最基本的内涵，也是复杂科学和简单科学的共同标准。科学精神是最普适的价值，科学精神（诚意）越多，就越可能与环境长久地良性互动，就越可能永续发展。①

重建中国传统学术的认识论与方法论，其次要明确复杂科学思维方法与简单科学思维方法各自的适用范围：研究复杂现象一定要用复杂科学方法（即构造整合法），简单科学方法（即分析还原法）的效用只能限于研究简单现象（详见第二章第二节之三《中西科学思维的适用对象：简单现象 VS. 复杂现象》）。复杂科学思维方法和简单科学思维方法的不同在于：复杂科学的推理是对被筛选的事实进行整合；简单科学的推理是用被筛选的事实进行布局，或对被筛选的事实进行还原，找到基本因子之后再作布局。因此，简单科学把事实区分为布局中的事实和布局外的事实，对布局中的事实精密控制，不留余地，对布局外的事实另行探究，学派林立，对复杂事实隔靴搔痒，自说自话，甚至不承认布局外的事实发生过，斥之为伪科学。伪科学是在源头部分作假，利用伪装（虚有）的或歪曲（假有）的事实进行"科学研究"。简单科学的还原返构反而容易导致伪科学，即：把已有的事实还原为事实中的一个局部或更细小的部分，然后用局部来重新制造一个事实（即歪曲事实），类似于瞎子摸象：摸到象鼻子的瞎子重新制造的大象是一根水管，后者是假有。假有比虚有的欺骗性更大，因为分析还原法（因子公理化）确实得到过一些真有：如果被制造的事实接受预测检验且未被证伪，那么是科学（真有）。此外，在一定的条件下，被还原的部分也接近于真有。如果瞎子说，在一臂长的范围内大象是水管，那么就接近于真有。接近真有的小范围被线性地（不变式地）推广到大范围，就成了假有。正因为在小范围有道理，在推广到大范围时就更容易走入误区：每一个布局都打着科学规律的旗号。复杂科学把事实区分为从整体到局部的事实和适度留余的事实，一层一层地落实到决

---

① 张祥平：《经典复杂科学》，中国社会科学出版社2013年版，第429页。

策（组织管理）、诊治方案（医学）、实验方案（物理化学生物学）和相关行为，对于适度留余的事实，以社会实践、临床效果、实验结果来检验推理过程，把新的事实也作为准确表述和慎重筛选的对象，再推理，再落实，权衡决策之"度"、诊治方案之"度"、实验方案之"度"、相关行为之"度"，等等，履行中庸之道。①

　　学术乃天下公器，不能公说公有理、婆说婆有理，更不能以假乱真。在社会人文学术领域，必须采用构造整合法（整体公理化），再加上预测检验，才能使社会人文的研究成为天下公器。反之，如果采用分析还原法（因子公理化），那么，每一个布局都类似于中世纪的城堡，对内不留余地，对外封建割据，难免公说公有理，婆说婆有理。正如盲人摸象，扇子（耳朵）布局有道理（不被证伪的检验靠碰巧），水管（鼻子）布局也有道理（不被证伪的检验也靠碰巧），可是都不是象（不碰巧而被证伪的情况居多）。结果必然是学术与现实脱节：学术本身常常回避预测检验，成为文字游戏。②只有用构造整合法（整体公理化）探究复杂现象，才能把社会人文的学术探究恢复为天下公器。③

　　在社会人文学术领域推行构造整合法，必须对社会人文学科的每一个术语进行严格地"正名"。由于分析还原法成为主流，当今社会人文学术领域的情形正是荀子所说的"名守慢，奇辞起，名实乱"（名词的应有词意被轻视，花样翻新的行为指令层出不穷，名称和现实的关系混乱不堪）。例如，经济学家试图把经济还原为市场，再把市场还原为交易，用交易遮蔽"经济"的应有词意；社会学家试图把社会还原为调查，再把调查还原为统计数字，用数字遮蔽"社会"的应有词意；人文学者试图把人文还原为终极追求，再把终极追求还原为自由平等博爱，用自由平等博爱遮蔽"人文"的应有词意；哲学家试图把哲学还原为问题，把问题还原为范畴，用范畴遮蔽"哲学"的应有词意……④特别是，由于错译、误译及食洋不化等原因，滥用、错用一些重

---

① 张祥平：《经典复杂科学》，中国社会科学出版社 2013 年版，第 429 页。
② 同上书，前言第 17 页。
③ 同上书，第 469 页。
④ 同上书，第 467—468 页。

设名词，如：滥用"科学"，把近取诸身，远取诸物的实测之学理解为无身有物的分科之学，逆反为有身无物的布局建构之学；滥用"民主"，把"民之主"或"民选主"理解为"民做主"，沦落为民粹主义和无政府主义；滥用"封建"，把中国汉唐宋明清的德本主义社会说成封建专制，沦落为民族虚无主义和文化自虐；[1] 错用"自由主义"（liberal，应译为"利博主义"），致使不受束缚的心理暗示遮蔽了博学深思的理性精神和遵纪守法的规则意识……"名实乱"导致的概念混乱、思维错乱与价值作乱，[2] 乃是中国近现代以来国家社会难以长治久安的根本性原因。

"必也正名乎……名不正，则言不顺；言不顺，则事不成；事不成，则礼乐不兴；礼乐不兴，则刑罚不中；刑罚不中，则民无所措手足。故君子名之必可言也，言之必可行也。君子于其言，无所苟而已矣。"（《论语·子路》）圣人之言不虚也！

2. 重建中国传统学术的义理结构与解释系统

重建中国传统学术的义理结构与解释系统，关键是要重建中华传统文化经典的义理结构与解释系统，因为中华民族的文化、历史、精神、价值皆存在于中华传统的经典之中。从人类历史来看，每一次文化的复兴也都是从经典的复兴开始。比如，中世纪西方文化的源泉——希腊文化在欧洲衰亡，而在阿拉伯人中保存下来，西方"文艺复兴"，就是欧洲人从阿拉伯人手中重新找回失传的经典，重新研究、阐释、弘扬这些经典，最后开出了西方的近代文明。再如中国宋代面临印度佛教文化的严峻挑战，宋儒的回应也是从复兴中国文化经典开始，有周子、程子、张子、朱子重新解释《易经》，孙复、胡瑗、刘敞、胡安国重新解释《春秋经》，吕祖谦、蔡沈重新解释《书经》，朱子遍注群经而特别推崇《论》《孟》《学》《庸》。可以说，为回应佛教挑战，宋代形成了一个持久而浩大的中国文化经典复兴运动，最终成功建立了"理学"，使中国文化发扬光大，重新展现出旺盛的生命力。今天要复兴中国文化，重

---

[1] 蒋庆：《论"以中国解释中国"》，载《再论政治儒学》，华东师范大学出版社2011年版，第467页。

[2] 同上书，第466—467页。

建中国传统学术的义理结构与解释系统，也必然要推陈出新、因应时宜、融汇中西、博采众长地重新诠释中华经典、弘扬中华经典。中华经典即儒学"六经"，也即国学"六艺"。"六艺者，即是诗、书、礼、乐、易、春秋也。此是孔子之教，吾国二千余年来普遍承认。一切学术之原，皆出于此，其余都是六艺之支流"。① 六艺即是六经，"经者常也，以道言，谓之经；艺犹树艺，以教言，谓之艺"。②

重建"六艺之学"（即"经学"）的义理结构与解释系统，必须将"正名言行"原则贯彻到对经典的训诂注疏与义理阐释中，并且应该遵循相较于历史上更严谨的考证标准。因为近代考古发现和遗存部落的调查资料，使得学者可以在更为博学的基础上考订和理解经典文献,应该采用三重证据（地上文献，地下文物，遗存社会③）、四项取舍（取早舍迟，取经史舍子集，取重史学派舍寓言学派，取较易重演舍较难重演）、三纲（文字，文本，文明）、九目（字形，字义，引申义；本句，上下句，同时代其他句；时代，师友，本人）、同一律（文字构型中的同一构型具有同一涵意，无论该构型单独成字，还是作为合成字的一个组成部分，不同构型具有不同涵意）。④ 也就是说，要把若干线索整合为一个结论，延长推理链条，不能各取一个线索去作布局，不能各说各的结论。⑤ 三重证据中的地上文献和地下文物是王国维先生首倡的二重证据。对先秦文献来说，如果文句中的字词在甲骨文（殷商文字）中没有，就根据金文；金文也没有，就据简牍、帛书、籀文（周文）和石文，最后是小篆（秦文）和隶书。遗存社会（中国边远地区和海外新大陆及南亚中非）的生存状态及生存环境与中华先民的社会状态与环境多有相似之处，尤其在甲骨文（地下文物）中，先民造字常常取形于周边环境的自然现象和器物设施，所以三重

---

① 马一浮：《中国现代学术经典·马一浮卷》，河北教育出版社 1996 年版，第 11 页。

② 同上书，第 12 页。

③ 遗存社会证据是人类学中的事实，不包括人类学中的理论，参见叶舒宪：《人类学："三重证据法"与考据学的更新》，载《书城》1994 年第 1 期第 10—12 页。

④ 张祥平：《经典复杂科学》，中国社会科学出版社 2013 年版，前言第 34 页。

⑤ 同上。

证据可在一定程度上弥补二重证据的不足（即使三重证据也难以覆盖全部需要明辨的内容）。即根据近代发现的遗存社会的亚文明状态理解造字时期的亚文明背景（社会生活相当丰富，人与环境互动频繁），根据《尚书》《周易·易经》《诗经》《周易·易传》时期的文明进展理解春秋时期知识分子的文化水平（简单科学相当普及），根据著述者和讨论参与者的文明程度（超出于简单科学，探究复杂科学）和情感倾向（追求真善美）理解文献的语境，根据秦汉之间的文明断代及汉代的文明导向（把复杂科学落实为社会治理）认识汉代后对这些文献中某些句子的变通理解及其对中华文明的积极意义（解释学意义上的合理性）。①

三纲九目继承了战国《尔雅》和东汉《说文解字》的传统，即《尔雅》从文本反观字义的传统以及《说文解字》从字形推测造字本意（字义，引申义）的传统。三纲九目扬弃了《说文解字》的音训，原因是音训的随意性较大（同音字很多，没有标准来确定哪一个该用来注音）。音训的历史合理性是：从秦始皇焚书坑儒之后的汉代，直至77己亥（西历1899）年发现甲骨文的清代，把字形中难以解通的部分归结为注音，可以增加学者对于文字构型所含信息量的信心。甲骨文出现后，甲骨中的字形本身提供了大量的信息，再加上在此前后大量公诸于世的金文，以及遗存社会的生存及生态实况，可以理解字义和引申义，不必借助随意性较大的音训来增加学者的信心。整字与局部的发音相同或相似，是结果，不是原因，即字形表义在先，借用局部发音作为整字发音在后，局部构型确定之后才借用发音，而不是为了注音而采用局部构型。《周易》《论语》《大学》《中庸》都处于金文时代，距甲骨文不过四五百年，距《说文解字》却有五六百年。依据甲骨文和金文，同一律（即同一构型在不同文字中应作同一理解，不同构型应有不同理解）对文字考订也适用，这样，可以减少东汉之后的许多不恰当理解，弥合历代学者的争论。②

以三重证据和三纲九目同一律为研究基础，通过重新诠释经典、弘扬经

---

① 张祥平：《经典复杂科学》，中国社会科学出版社2013年版，前言第34—35页。
② 同上书，前言第35—36页。

典来重建义理结构与解释系统，还必须面对近现代以来中国社会和中国文化最重要的时代命题——"民主"与"科学"的问题。这是中国近代以来、特别是"新文化运动"以来，中国社会和中国文化面临西方社会和西方文化的挑战中最根本的、迄今仍未解决的问题。

"新文化运动"曾经全面美化"民主"，无视与"民主"相伴的"法制钱选"，其中的"法制"需要以基督教为信用底线的长期法制传统才能培育出来，其中的"钱选"需要相对宽松的资源环境条件才能孕化为良性市场。"新文化运动"还无视与"简单科学"相伴的"分析还原法"，不理解"分析还原法"只适用于简单现象与简单科学，不适于复杂现象与复杂科学，不能治国平天下。

今天，中国学术界亟须通过重新诠释经典来重建中国学术的义理结构与解释系统，要用"复杂科学"来容融"简单科学"，要用"王道政治"来容融"民主政治"，要用"德制学选"来容融"法制钱选"，如此，才能彻底解决中国社会面临的西方"民主化"挑战问题，以及中国文化面临的西方"科学化"挑战的问题。

通过重新诠释经典来重建中国学术的义理结构与解释系统，将是中国历史上又一次巨大的文化整合与文化创新，是在吸取西方文明精华成分的基础上，推陈出新、融汇中西创造的具有鲜活生命力的新文化。这正如董仲舒吸取法家、道家、墨家的合理成分，结合物性儒学与群性儒学创立"天人之学"，宋儒吸取佛家、道家的合理成分，结合物性儒学与心性儒学创立理学，汉学宋学都是历史上大创新大发展的新儒学，汉文化宋文化都是历史上大创新大发展的新文化。

今天，"南蒋北张"（蒋庆先生常居深圳，张祥平先生常居北京）两位学贯中西的当代大儒，已经为重建中国学术的义理结构与解释系统指明了方向，奠定了基础。

蒋庆先生明确提出要"以中国解释中国"，要通过重建中国儒学的义理结构与解释系统来解释中国、解释西学、解释世界，为当今世界面临的人类可持续问题提供一种解决方案，为当今人类解决各种危机提供一种文明的更优选择。先生虑及当代多数知识分子对西方社会人文学科的学术理论与表述方式比较熟悉，在价值性地坚持中国文化本身的义理架构与解释系统的同时，亦工具性地汲取西学的解释系统作为助缘与参照，将儒学作为"统摄的义理性架构主体"，将西学作为"零碎的工具性选择借鉴"[①]，开创了博大精深、因应时宜、容融西学正面价值的现代"政治儒学"。先生开创的现代"政治儒学"，是以承前启后、融汇中西地重新诠释《春秋经》为基础（先生于西元1990年代初发表《公羊学引论》），阐明了中国传统政治的"三重合法性"学说，揭示了"王道政治是当今中国政治的发展方向"，并大声疾呼在西学叫嚣"历史终结"的背景下重建"中国王道政治"。先生倡导用"王道政治"理想来容融并超越"民主政治"理想，用"儒教宪政"制度来容融并超越"民主宪政"制度，从而彻底化解中国社会面临的西方"民主化"的挑战。（详第九章第二节）

张祥平先生大力主张在中国学术界重建真正的科学精神，确立普适的科学标准——"正名言行"原则，并以此为基础，倡导用三重证据和三纲九目同一律来研究、诠释、弘扬中华文明的经典。这为重建中国传统学术在认识论与方法论上奠定了坚实基础。先生用三重证据和三纲九目同一律研究诠释经典，尤致力于《周易》之经传（先生于西元1990年代初出版《〈易〉与人类思维》），指出中华民族三千年来既不是无科学，也不是科学落后，从简单科学到复杂科学的迅速提升过程使得中华民族没有深掘简单科学的潜力，但却使中华民族在复杂科学中获得长足发展。儒学经典是传统复杂科学的核心教材，从中可以理解原汁原味的复杂科学和构造整合法（整体公理化）。只有基于复杂科学和构造整合法，才能够推进社会人文的科学研究成为天下公器，并用之于当代，解决国家社会治理问题。复杂科学的史料散存于儒学的根本经典（五经）及后续的经史子集中。先生皓首穷经发掘整理，使得这些史料的演化脉络与逻辑结构清晰呈现出来，并与

[①] 蒋庆：《再论"以中国解释中国"》，载《再论政治儒学》，华东师范大学出版社2011年版，第294-296页。

物理学最前沿部分（非线性物理学）会通，物性儒学得以发扬光大。先生考虑到当代多数知识分子对定律方程的公理化模式比较熟悉，所以对经典"古文今述"：把经典的核心内容表述为模型、公理（及定理、推论）、规律等。具体到社会人文现象的研究，强调要用社会五公理及相关定理和推论整合过去，用复杂三规律预测未来，用五行结构表决策现在。先生倡导用"复杂科学"来容融并超越"简单科学"，从而彻底化解中国文化面临的西方"科学化"的挑战。（详第二章第二节）

就学术素养而言，"南蒋北张"两位大儒皆是学贯中西、博通古今；就学术主攻而言，蒋庆先生尤擅心性儒学和政治儒学，主要对应西方主流学术中的神学（及哲学）与法学；祥平先生尤擅物性儒学和经济儒学，主要对应西方主流学术中的自然科学（及哲学）和经济科学。（参第二章第四节·一·（二）《八条目》）两位大儒在物性儒学（格物致知诚意）、心性儒学（正心修身）、经济儒学（齐家）和政治儒学（治国平天下）四方面的学术建树，为中国学术义理结构与解释系统的重建奠定了坚实基础，构造了主体框架，有利于当代学人理解中国传统学术的义理精蕴，有利于当代学人重建中国学术的义理结构与解释系统，有利于当代学人本于中学来汲取西学精华，本于中国价值来解释中国、解释西方、解释世界。

"南蒋北张"两大儒以高瞻远瞩的学术视野、舍我其谁的学术气魄、穷理尽性的学术追求、厚积薄发的学术功力，以"为天地立心，为生民立命，为往圣继绝学，为万世开太平"的高尚人格和博大胸襟，扭转了"新文化运动"以来近百年国学沉寂僵滞（无法应对民主与科学的挑战）的局面，为中国传统学术的复兴拓展开宏阔的格局。对于两位大儒的学术探究，可以质疑之、审问之、慎思之、明辨之，但他们研究指向的学术问题、旨在破解的学术困境，当代中国学人却绝不能再回避之。这是当今中国知识分子群体最重大的学术使命，也是当今中国学术发展最重要的努力方向。

中国学术的重建之路刚刚开始，仍将"路漫漫其修远兮"，不可能一蹴而就。就如宋代学术的重建，也是通过"濂洛关闽"等几代大儒的艰辛努力方告成功。然而，一旦回到中国文化自身的义理结构与解释系统来解释西学、解释中国、解释世界，就会看到在西学义理结构与解释系统下看不到的历史图景与世界图景，就会在中国学术更广阔的文明视域中重新看到人类的希望。

需要指出，基于复杂科学和构造整合法来重建中国传统学术的义理结构与解释系统，并不意味着对现代分科的社会人文学术的全面否定和摒弃。相反，基于复杂科学和构造整合法重建中国传统学术，将更有利于从整体到局部的统筹规划现代学术分科和学科之间的专业协调；各分科之学也才能各就各位（在各自的研究边界内话事），而不再是凭借孤立事实或基本因子返构的布局满世界忽悠；各专业科研部门之间也因而能展开更多的合作，而不再是各自为阵、分隔孤立。（详本节之二·（四）《发展通才教育》）

用构造整合法"默识"人类社会的发展历史，可以发现人类社会经历了一个从简单到复杂的演化过程。根据社会复杂层次的不同，可分为群内调剂的氏族部落社会形态（通常所说的原始社会）、同域分层的城邦封建社会形态以及异域整合社会形态（包括神本主义社会、军国主义社会、资本主义社会、德本主义社会等）。资本主义社会与德本主义社会是复杂层次相同的社会形态，经历了相似的演化环节，也具有相似的复杂结构，其政治制度、价值观念、经济模式、社会组织等在特定的历史时期与环境条件下都具有高度的合理性。然而，随着生态环境日益恶化，资本主义社会发展的输入要素（土）难以维持，资本主义社会的政治制度、价值观念、经济模式、社会组织形态的合理性已受到约束（局限于局部资源环境条件相对优裕的地区，如北美、澳洲等，然而由于难以扩张，其维持时间也将是有限的）。要维持人类社会的可持续，需要重新认识德本主义社会的政治制度、价值观念、经济模式、社会组织形态的合理性与有效性，需要用德本主义社会的政治制度、价值观念、经济模式、社会组织形态等容融并超越资本主义社会的政治制度、价值观念、经济模式、社会组织形态。（详见第三章——第七章）

上述历史图景与世界图景，不仅在义理结构与解释系统上回到了中国传统学术的自性，更重要的是，解决了因西学义理结构与解释系统而产生的学术弊病，为当今世界因西学造成的永续发展问题提供了可能的解决方案，为当今人类社会解决各种危机提供了更优的文明选择。无疑，这将为中华民族与中华文明的复兴提供真正的理论自信、道路自信与制度自信！

二、教育改革——普及经典，培养通才

前文述及，复兴中国文化关键是要复兴中国文化的经典。复兴中国文化的经典，一方面要在学术层面重建中国文化的义理结构与解释系统，一方面则要在教育层面加强中国文化的教学内容和考试内容。以下从普及经典教育、提升语文教育、改进数学教育、发展通才教育四个角度分述之。

（一）普及经典教育

普及经典教育是重建中国道德信仰的必需。儒家经典中蕴涵了中国文化的"常理""常道"，体现了超越神圣、永恒不变的普遍真理，适应于人类历史的所有阶段与人类生活的所有领域。"经"中所说的道理是"天经地义"的，如日月经天、江河行地一样永远不会改变。如果改变了，就不复有"天理"了，不复有"天理"也就不复有"人理"了；"人理"源于"天理"，天不成其为天，人当然就不成其为人了。普及经典教育，就是普及经典中的"常理""常道"，由此重建中国的道德信仰。其实，"经"字本具有"常理""常道"之义，"典"字也具有"常道""准则"之义，"经典"二字本身就体现了永恒普遍的超越性与神圣性。[1]

普及经典教育是复兴中国民族精神的必需。儒家经典最深刻地体现了中华民族的文明形态与精神气质。比如，《易经》以阴阳爻变的方式说理，为中国所独有之文明形态，其所说之理则体现了中华文明的独特精神（《易》即象说理，通过观察物象的变化来说理，用构造整合法；希腊哲学则离象说理，

---

[1] 蒋庆：《读经与中国文化复兴》，载《儒学的时代价值》，四川人民出版社2009年版，第106—107页。

纯粹从脱离物象的概念来说理,用分析还原法。二者的形态与精神不同如此,以下类推)。《书经》始于《尧典》终于《秦誓》,体现了唐、虞、夏、商、周时期中华民族的精神气质与文明形态;《诗经》始于《周南》终于《商颂》,体现了商周时期中华民族的精神气质与文明形态;《礼经》记录了中国古代社会各种礼仪习俗,体现了中华民族重礼的生活方式与"和为贵"的中庸精神;至于《春秋》《论语》《孟子》《大学》《中庸》等,体现了孔子从中国古代文明中提升出来的历史观法、人生价值与伦理精神。中华民族的精神气质与文明形态就是通过这些历史中逐渐形成的经典体现出来的,离开了这些具体历史文化中的经典,我们就不能了解中国文化中所体现的义理价值与民族精神。① 所以要复兴中国的民族精神,就必须普及经典教育。

普及经典教育是提升中国国民素质的必需。由孔子删《诗》《书》、订《礼》《乐》、赞《易》、作《春秋》而成的"六经",本是中国历史上培养、教育人才最权威的教材。用现代术语来说,经典包含了宗教、哲学、政治、经济、法律、伦理、艺术、文学、音乐、礼仪、博物等方面的内容。比如,《诗经》中的"风"主要由文学与音乐组成,但"雅"、"颂"则包含了丰富的宗教、政治、历史、礼仪、祭乐等内容。《书经》中的《洪范》既包含了哲学、政治、道德的内容,也包含了经济、宗教、天文方面的内容,《吕刑》则涉及宗教和法律方面的内容。《春秋》被司马迁称之为"礼义之大宗",包含了历史、宗教、哲学、政治、法律、经济、伦理、外交、礼仪等方面的内容。《易经》《论》《孟》《学》《庸》,除包含上述诸多内容外,还包含了复杂科学以及宇宙哲理、人生理想方面的内容。孔子整理古代各种文献的目的,是用古代文献中蕴含的宇宙哲理、人生理想、政治智慧、历史教训等(即复杂科学)来教育学生,把学生培养成兼具道德修养和知识才干的可用人才。所以,孔子说:"其为人也,温柔敦厚,《诗》教也;疏通知远,《书》教也;广博易良,《乐》教也;絜静精微,《易》教也;恭俭庄敬,《礼》教也;属辞比事,《春秋》教也"。孔子作为上达天德而立人极的至圣先师,在经典中寓予了"王心圣意"与"微言大义",可以容融人类的所有文化与学问(需

---

① 蒋庆:《读经与中国文化复兴》,载《儒学的时代价值》,四川人民出版社2009年版,第106—107页、第107—108页。

从复杂科学的层面理解）。① 荀子曰："《礼》之敬文也，《乐》之中和也，《诗》《书》之博也，《春秋》之微也，在天地之间者毕也。"（《荀子·劝学篇》）近代大儒马一浮先生曰："'六艺'之道，条理灿然。圣人之知行在是，天下之事理在是；万物之聚散、一心之体用，悉具于是。吾人欲究事物当然之极则，尽自心义理之大全，舍是末由也。圣人用是以为教，吾人依是以为学。教者教此，学者学此。外乎此者，教之所由废，学之所由失也。"经典的教育功能涵盖人生和宇宙，中华民族正是沐浴在经典的文明光泽中生生不息。

中国历史上绝大多数杰出人物，都是在经典的滋养下成长的，无论在政治领域，还是文艺领域，以至科学技术领域，皆是如此。在政治领域，经典教育是成就优秀决策管理者（"帝王之学"）的基础，正如朱熹所说："帝王之学，必先格物致知以极夫事物之变，使义理所存，纤细必照，则自然意诚心正而可以应天下之务。"（决策管理者，必须理解复杂科学，既尊重好的习俗，又坚持一丝不苟的理性，涵养科学精神，且与信仰互补，从而恰到好处地应对各种社会事务② ）。历史上有"半部《论语》治天下"一说。因为《论语》是大智慧的复杂科学，而最复杂的莫过于人类社会的组织管理，《论语》的主要内容是预测社会家庭有序（治）和失序（乱），所以能够用《论语》治天下。③ 中国汉唐宋明清历代以科举考试选拔治国人才，杰出政治人才辈出。其治国的基础就是经典中的复杂科学和构造整合法（整体公理化），面对政治问题，从整体到局部迅速判断问题所处的层次和位置，借助先朝历史（以史为鉴）和本朝档案来运用规律，较全面地进行理解、判断、预测，同时适度留余、掌握分寸。在文学领域，经典教育也是成就一代文豪的基础。唐代诗人杜甫曰："文章憎命达。"（杜甫：《天末怀李白》）"命达"可用下述公式说明：命达＝下决心进行文学创作时的生存状态／青少年的生存状态＋人生志向＋已付出的努力。上述分数中的分子越大，分母越小，则越是"命达"，越难写出大作。

---

① 蒋庆：《读经与中国文化复兴》，载《儒学的时代价值》，四川人民出版社 2009 年版，第 108—110 页。

② 张祥平：《经典复杂科学》，中国社会科学出版社 2013 年版，第 398 页。

③ 同上。

① "文章憎命达"的典型如李白、陶渊明、曹雪芹等。经典教育有助于增大分母，因为经典教育可以提升青少年的生存状态（精神状态），激发青少年志存高远，促使青少年精进勤学。而且，经典的文字优美，意蕴深厚。读经典，背经典，用经典，有助于文学创作者汲取经典原文的节奏、韵律、意境、气象等来提高文化品味，提高创作水平。即使在科学领域，经典教育也是成就一代卓越创新的基础，如丹道学奠基人魏伯阳的《周易参同契》便是基于《周易》。现代中国的顶尖人才，如政治领域的毛泽东、蒋介石，文学领域的周树人、钱钟书，科学领域的杨振宁、李政道等，都有一定的经典教育背景。而当代中国难出"大师级"人才，正与经典教育的缺失息息相关。

总之，当代中国重建道德信仰、复兴民族精神、提升国民素质、培育杰出人才，亟需普及经典教育。

普及经典教育，需要在基础教育、高等教育、干部教育、社会教育四个方面同时合力推进"读经"。"读经"包括诵读和理解两方面，少儿读经以诵读为主，成人读经以理解为主。

在基础教育层面，亟需将"读经"纳入正规教育体制内，即在现行的中小学教育体系中，将"读经"确立为基本教学内容，随年级增长循序渐进，不断丰富、深化。在小学教育阶段，以背诵经典为主；在中学教育阶段，则要背诵经典和理解经典并重。

在高等教育层面，亟需将"读经"确立为"素质教育"或"通识教育"的基本教学内容（公共课），要求背诵和理解并重。同时，应在大学设立"经学"或"国学"院系，培养经典研究和教育的高级人才。

在干部教育层面，亟需将经典教育作为官员培养和选拔的基础性制度，实行"科举选士"（详见本章第二节·二·（三）·2《科举选士》）。

在社会教育层面，亟需倡导和推动家庭读经和社区读经，政府可组织相关活动，将读经作为家庭文化建设和社区文化建设的基础性工作；同时鼓励和支持广播电视网络等媒体筹办读经栏目和经典频道，借助大众传播媒介来推动经典教育，普及经典教育。

---

① 张祥平：《经典复杂科学》，中国社会科学出版社2013年版，第398页。

（二）提升语文教育

　　现行以白话文为主的语文教育源于清末民初的"白话文运动"。"民元前十年左右，白话文颇流行……但那时候作白话文的缘故，是专为通俗易解，可以普及常识，并非取文言而代之"。① 到"新文化运动"时期，许多知识分子主张用白话文取代文言文，为"文学革命"鸣锣开道。"文学革命"的始作俑者胡适曾痛陈文言之弊，曰："汉文乃半死之文字，不当以教活文字之法教之。（活文字者，日用语言之文字，如英、法文是也，如吾国之白话是也。死文字者，如希腊、拉丁，非日用之语言，已陈死矣。半死文字者，以其中尚有日用之分子在也。如犬字是已死之文字，狗字是活字；乘马是死语，骑马是活语。故曰半死之文字也。）旧法不明此义，以为徒事朗诵，可得字义，此其受病之源。教死字之法，与教外国文字略相似，须用翻译之法，译死语为活语，所谓讲书是也。"② 胡适生搬硬套地将文言文比作希腊语、拉丁语，由此认定文言是半死文字、白话是活文字，成为后来改"国文教育"（文言）为"国语教育"（白话）的理论基础。③

　　前文述及，汉语是以"元辅音整合"的语音模式、"语词整合"的语法模式与"形音义整合"的文字模式构建起来的"整合型"语言文字体系（详见第一章）。正是汉字"形音义整合"的构型特质，避免了拼音文字造成的文明断代。因为口头语言必然随时代变迁而变迁，如果拼音文字保持不变，经过一段时间，文字和口语就会完全脱节而"陈死"，上述希腊、拉丁语就是如此。汉字构型确定后，却不随语音变化而变化，它"扬弃"了口头语言的随意性，并对其加以规范，从而一定程度上减缓了语音变化，致使今天的中国人仍能

---

① 蔡元培：《中国新文学大系》（总序），上海良友图书公司，1935年版。
② 胡适：《如何可使吾国文言易于教授》，转引自席云舒：《文学革命的序曲——论胡适的＜如何可使吾国文言易于教授＞》载于《中国现代文学研究丛刊》，2013年第4期193—202页。
③ "新文化运动"后，正式书写语言如公文、应用文、报章文字等绝大部分还是文言。二十年代初，"国语运动"的成功为白话争得初步合法地位，使其成为正式书写语言的候选者；到共和国时代，白话终于依靠政权力量彻底取代了文言。——王风：《文学革命与国语运动之关系》，载《中国现代文学研究丛刊》2001年第3期。

领会两三千年前经典文献的深厚意蕴乃至优美韵律。"文言文"就是基于汉字的构型优势而发展起来的独一无二历久弥新的"文章语言"。它以先秦口语为基础,在轴心文明时期基本成型,其词汇体系与语法体系基本稳定,同时又随时代变迁而不断丰富、完善。历史上,它是官方法定的文书语言,也是法定的教学语言。从先秦散文到两汉辞赋,从唐宋诗词到明清戏曲、八股、对联等,"文言"一脉相承,生生不息。"文言文"是中华文明传承发展(时间整合)的重要载体,也是中华民族融合发展(空间整合)的重要媒介(构型文字可以用"形"而不只是用"音"来与不同地域的语音对应,因而能满足不同方言的记录需求,致使不同地域不同方言的中国人可以共享一种文字,甚至可以为其他民族所用,如朝鲜、越南、日本等)。可以说,"文言文"是中华文明的源头活水,深刻地影响了中华文明的思维形态、知识形态、价值形态以及制度形态,等等。可以断言,"文言文"绝不是文化传播的"半死"的障碍,反而是使文化传播可大可久的智慧设计。而且,由于"文言文"相较于"白话文"行文更简明更精练,有利于提高文化传播与信息沟通的效率。也就是说,文言文可用更短的时间,花更少的精力,以更简的法则,表述更丰富的信息,更深刻的思想,更生动的情感。无疑,"文言"相较于"白话"是更为先进的语言,历经几千年充分发育,已高度成熟,传播信息精准、高效,在信息大爆炸的当今,有着无法估量的经济价值。

然而,"白话文运动"以后,文言与经典几乎同时退出了社会舞台的中心。当文言文从官方文书语言和教育法定语言退出的时候,文明断层便出现了,因为中华文明几千年薪火相传的文化典籍皆以"文言文"为载体。由于文化经典无以传承,国人信仰遂日趋解体,民族素质遂日趋衰退,精英人才遂日趋匮乏,而社会秩序也日趋动荡……

今天,要复兴中国文化、普及经典教育,亟需强化文言文教育。从历史上来看,文言文与白话文绝非水火不容,相反,二者乃是相得益彰。古代文人多是文言、白话兼擅,正式文章多用"文言",游戏文章可用"白话"。文言文得心应手,白话文就游刃有余。众所周知的明清白话小说大家,如罗贯中、曹雪芹、施耐庵等,都是饱读诗书的文言高手。即便如鼓吹"白话文运动"

的胡适之、蔡元培、周树人等，也几乎都有满腹经纶的"文言"根基，否则便断难有所谓"白话"的成就。如果学习得法，掌握文言文并不需要花费太多精力和时间。古代学子经过三五年的私塾教育，阅读古籍、撰写文章便已基本无碍，优秀者则可吟诗作对、出口成章。在初等教育已经普及的今天，如果教学得法，在初中阶段熟练掌握文言文的读写更不应成为问题。

强化"文言文"教育，最直接最有效的方法，就是"读经"。因为经典本身就是最权威最优美的文章，经典的语言文字是中国一切语言文字之祖。如《书经》是一切散文之祖，《诗经》是一切诗歌之祖。经典不仅在义理之学的意义上是经典，在语文和文学的意义上也是经典。《论语》所讲的"文"，既指"六经"又指文学语言。孔门四科中的"文学科"就是读经科，或曰经典教育科。[1]可见，强化文言文教育和强化经典教育是"二位一体"的。

强化经典教育和文言文教育，就必然要求恢复繁体字的教育。

现行简体字是上世纪五十年代由政府组织对汉字进行人为简化并强制推行的结果。简化之前的汉字（所谓"繁体字"，其实是"正体字"）字形，是四千年前汉字起源后，历经两千多年复杂的历史演化，到秦汉时期才基本定型的。汉字演化成型的过程，有"简化"也有"繁化"，其实质都是对汉字"形音义"整合的优化，以求既能精确表意又能简化记忆，以方便识读与书写。（详见第一章第四节·三《汉语构型文字的发展》）在被人为刻意简化之前，汉字字形基本稳定地存续了两千多年。

现行简体字简化的方法主要是通过省略、改形和代替。[2]尽管现行简化字大多有其历史渊源，并非凭空造出，但问题是，古已有之的简化字一直都没有取代"正体字"，仅是在某些特殊场合使用，更没有广泛通行。如今强行废

---

[1] 蒋庆：《读经与中国文化复兴》，载《儒学的时代价值》，四川人民出版社2009年版，第118页。
[2] 省略，有省一边如录錄、号號、云雲、丽麗，有省两边如里裏、术術，有省一角如际際、恳懇，有省内外如开開、粪糞，还有其他省略形式，如汇匯、卤鹵等；改形，有改形声字如硷鹼（改意符）、洁潔（改音符）、惊驚（改意符和音符），有改会意字如体體、灶竈、尘塵，有轮廓化处理如齐齊、龟龜、报報，有符号化处理如区區、赵趙、汉漢、权權、劝勸、仅僅、对對、戏戲、鸡鷄、难難、邓鄧、凤鳳、树樹、师師、归歸、聂聶、轰轟、摄攝；代替，如谷穀、后後、几幾。——苏培成：《现代汉字学纲要》，北京大学出版社1994年版，第92页。

除"正体字"而推行的"简化字",很多不符合汉字内在的构型原则,即六书原则。前文述及,汉字"形音义整合"的构型特质,赋予了字形丰富的信息量。人为刻意地省略、改形和代替,导致汉字简化后的构型丢失了许多不可或缺的文字信息,不能根据字形望文生义,实际上比正字更难识别、更难记忆。作为"字思维"文字,汉字简化之后,"字思维"被破坏了,汉字表意体系被弄得不伦不类,虽然在书写上简便了一些,但意义区分却更复杂了,很多规律被破坏了。[1] 典型的如"愛"字简化后成了无"心"之"爱","親"字简化后成了不"见"之"亲","產"字简化后成了不"生"之"产","麵"字简化后成了无"麦"之"面","運"字简化后成了无"车"之"运",严重破坏了汉字"形音义整合"的构型特质,字形无法完整真确的表达字义。简化后的构型模糊了许多文字的历史演化机理,从而导致许多字义理解的混乱错乱。特别是,简化后的汉字中有一部分是一个简体字对应原来的多个"繁体字(正体字)",如餘(余)、雲(云)、後(后)、里(裏)、松(鬆)、谷(穀)、气(氣)、斗(鬥)、几(幾)、徵(征)、曲(麯)、豐(丰)、表(錶)、衝(沖)、葉(叶)、種(种)、盡(儘)、發(髮)、歷(曆)、鍾(鐘)等,由此给汉字的学习和应用造成了难以克服的歧义和混乱。强制推行简化汉字的结果,导致当今多数国人已难以正确认识和书写正(繁)体汉字,成为阅读典籍文献的巨大障碍,成为当代中国"文明断层"的重要原因。

简体字是为了简便快捷。然而,简繁阅读速度基本无异,只是笔写能略胜一筹。但中国民间早已流行约定俗成的行书字体,实在已有简化之功效。实现汉字电脑输入后,繁简输入速度已趋同:不论是大陆的拼音输入还是台湾的注音字母,不论是大陆的五笔字型还是台湾的仓颉码,皆是如此。电脑输入虽然可以快捷完成简繁转换,但简繁转换却又增加了输入错字率(主要是由于"一简对多繁")。表面上,简化字减少了汉字,实际上,反而增加了汉字(简化字)。现在的图书馆都必须设置两套检索系统,连美国国会图书馆中文部也不例外,人力物力耗费不可估量。

---

[1] 高玉:《汉字简化思想:百年历程及其反省》,载《南国学术》2015年第4期。

今天，要复兴中国文化、普及经典教育，亟需恢复对正（繁）体字的教育。恢复教育正（繁）体字，并不意味着要完全废弃简体字、恢复繁体字，而可以"识正书简"或"识繁写简"为教育目标，从而扫除经典教育、文化传承的一大障碍。而对于较易造成汉字理解和应用混乱的"一简对多繁"的情况，则应当废弃部分简化字的用法，恢复部分正体字的用法。

恢复教育正（繁）体字，并不一定会造成教育普及的难度和汉字学习的负担。台湾香港与大陆几十年的分治，客观上为中国文字政策设置了比较研究的实验分组。香港台湾用简化汉字，实行义务教育制度后，都迅速完成了扫盲，教育普及成就斐然。还有研究认为，学习繁体字可以利用汉字固有的"形音义"整合的特质进行归类学习，由此可以深化对汉字构型与意义的理解，比简体字甚至更为易教、易学。①

恢复教育正（繁）体字，还可以促进对少儿智力的"全脑开发"。因为"每个汉字都有其事物或事理的背景。这个背景决定了汉字可以依托事物和事理的不同属性进行分类，并且以'望文生义'的呈现方式，创造性地根据字形的偏旁部首，明确不同事物的类属关系，构造了现代分类学框架，这是现代科学研究的起步理念。"② 而且，"数学的三个基本范畴——现实世界的数量关系、空间关系和数理逻辑关系，都可以从汉字认知过程中同步获得。"③ 现代脑神经生理学的研究也表明，事件与声音、图像、符号、语义的协调是人类认知的捷径，文字越是有利于这种"协调"，越是有利于提高认知的适切度。④

---

① 彭小明：《破除简化字的两大神话》，http://www.aisixiang.com/data/64926.html.
② 戴汝潜，《汉字决定论》，载《汉字文化》2009年第2期。
③ 同上。
④ 同上；另：有实验证明，汉字用脑与拼音文字用脑在部位上有所不同。人们常说：逻辑左脑，艺文右脑。实验发现，有失误症患者听不懂语言信息，却还能理解汉字传达的图文信息。发出口头命令，患者不懂，出示汉字命令，患者却懂。实验结果证明运用和领会汉字是左右脑同时并用，可以促进全脑开发。而使用拼音文字往往只使用了左脑。日本教育家石井勋的实验也证明，汉字比片假名及拉丁字在表现思想地正确性高，传达速度快。片假名或罗马字在阅读上更加耗费时间，汉字则一目了然。——彭小明：《汉字命运忧思录——读＜（转下页）

另外，恢复教育正（繁）体字，还有利于全球华人的融合，特别是两岸文化的融合；同时，也有利于中华文化的对外传播，因为通过正（繁）体字的学习，可以更生动、更直接地理解中华文明的思维方法（即构造整合法），可以更简单、更迅速地理解中华文明的复杂科学，还可以更确切、更深刻地理解中华文明的价值观念。

（三）改进数学教育[①]

社会人文学科和理工农医学科的共同点是数学：数学是科学之父（科学之母是事实，实践实验），也是哲学之父（哲学之母是思辨，用理性思维分辨）。

欧美国家教育体系的基础部分不分文理，但高等分科教育只能培养专家，不能培养通才，重要原因是：把相当复杂的微积分（复杂性仅次于随机过程，见下文）作为高等数学入门，甚至把不够严谨的实数理论（对有理数和无理数采用不同定义）作为高等数学入门。这样，就把从简单到复杂的数学体系分隔为相互独立的若干内容，相当于设立了一个一个的学术壁垒，隔断了社会人文与自然科学内在的数学关联以及思维方式的关联。

当代中国高中后期实行文理分班，高考文理分卷，高校录取文理分科，主要原因就是发现社会人文与自然科学思维方式有隔断。文理割裂的教育和考试体系，既不利于中国的自然科学研究（高智商低情商的现象在自然科学研究中屡见不鲜），也不利于中国的社会人文研究（概念混乱、价值作乱、思维错乱的现象在社会人文研究中屡见不鲜）。打通文理对于科学创新和文化发展的重要作用，正如架桥修路对于经济发展的重要作用。

从数学知识的连贯性来看，应该把不含微积分的概率论、数理统计和信息论作为高等数学的基础。在初等数学的数字基础上循序渐进地引入常量（极数）、变量（易数）、均值（衍数）、随机变量（变数）、概率（率数）、标准差（通

（接上页）昭雪汉字百年冤案＞》。

[①] 本题内容编自张祥平：《经典复杂科学》，中国社会科学出版社2013年版，第142—149页；参见：本书第二章第三节。

数)、信息量(卦数)、因变量(函数,倚数)、自变量(参数)、微分(探赜)、积分(钩深)、随机过程(生生过程)。①

不含微积分的统计数学只运用四则运算(求区间宽度,求均值)和乘方开方(求方差),但是由于处理比"常量(极数)"更复杂的"变量(易数)",所以是高等数学。

"常量(极数)"用来表述在同类测量中,测量结果总是同一个数的若干被测对象,"同类测量"指:被测对象属于同一类,且选择相同的测量单位来进行测量。如:不同厂家生产的合格的若干尺(被测对象都是尺,测量单位是长度单位),测量结果都是1尺;再如若干升(被测对象都是升,测量单位是体积单位),测量结果都是1升,又如:按照同一标准建造且忽略误差的若干住房的容积(被测对象都是住房,测量单位是体积单位),测量结果都是标准体积。

"变量(易数)"用来表述在同类测量中,测量结果不是同一个数的若干被测对象。如:按照不同的容积标准建造的若干住房的容积。再如:虽然按照同一容积标准建造,但不能忽略误差的若干住房的容积。又如:河洛图形类(或扼多类,参见上节)测量中,以几何方形作为被测对象,以小圆(实心或空心)作为测量单位,对河图的测量结果是55.对洛书的测量结果是45。

变量(易数)的"均值(衍数)"是与常量的"同一个数"相类似的数。"均值"是对于一定数量的同类测量(或集合),把不全相同的测量结果(数)加在一起(大之),然后除以加的次数与1之和(衍之),得到平均数(大衍之数,即衍数)。例如把河图的测量结果55与洛书的测量结果45加在一起,除以2等于50,即"大衍之数五十"(《周易·系辞》)。在不变式数学中,均值(衍数)多用于随机变量(见下),但在日常生活中,均值(衍数)多用于非随机变量,如人均住房面积,人均绿地面积等。

"随机变量(变数)"是难以控制(包括因原因不清而难以控制)测量结

---

① 括号中的用词参见《周易·系辞,说卦》和《九章算术》。

果的变量（易数）。例如上述的虽然按照同一容积标准建造，但不能忽略误差的若干住房的容积。引发误差的原因很多，即使每一种原因都很清楚，也难以控制，容积的大小总是存在差异。

随机变量（变数）的"概率（率数）"是与变量（易数）的"均值（衍数）"及常量（极数）的"同一个数"相类似的数。"概率"是指随机变量（变数）的一个测量结果以相对稳定的次数（率数）被观测到。估算方法是：在一定数量的同类测量（或集合）中，一个测量结果的被观测次数除以全部观测次数（概）所得到的商（率）。

随机变量（变数）的"标准差（通数）"用来描述变量取值的分布幅度，把每个取值与均值（衍数）的差，都取正值（绝对值），合在一起，求差的绝对值的均值。

"信息量（卦数）"是把较多的可能性作为一个总体来进行测量而得到的结果。这个总体是有限的，但可以取得任何一个很大的值。（"信息量"是信息多少的量度。在信息论中，认为信源输出的消息是随机的。在未收到消息之前，不能肯定信源发送的消息到底是什么。通信的目的就是使接收者在接收到消息后，尽可能解除对信源所存在的疑义——不定度，这个被解除的不定度就是在通信中传送的信息量。通常"信息量"被定义为：从 n 个相等可能事件中选出一个事件所需要的信息度量或含量，也就是在辨识 n 个事件中特定的一个事件的过程中所需要提问"是"或"否"的最少次数。）信息量（卦数）不是指实存的多样性，而是要为多样性选择测量单位，以便于开发信息。不变式数学的选择是把信息量定义为连续信号的多样性的对数，即：以 e（≈ 2.7）为底取对数，只开发信息。构造性数学的选择是把信息量（卦数）的发生描述为离散信号的分化与组合，除了开发信息之外，还开发知识。构造性数学的方法大致相当于在不变式数学中，以 2 为底取对数。"以 2 为底"相当于太极生两仪，"取对数"相当于两仪生四象，再加上"一定的信息量中的规范（知识）"，相当于四象生八卦，即四象上的信息分布规律可以表达成许多周期性规律的叠加（参见下文关于傅立叶积分的讨论）。这样的过程可以一层又一层地进行下去，从 8 到 64

到 4096 等，大致相当于近代计算机中存储器的设计。具体来看，知识总体可分为"形而下"与"非形而下"，形而下分为社会科学和自然科学；非形而下分为形而上学和知行学（认知行为学）；形而上学分为数学和哲学，知行学分为实验心理学和发育心理学；实验心理学分为感官知觉和学习过程，发育心理学分为明辨（逻辑）学和伦理学（参见第二章第四节·三·（五）《五行结构表——从整体到局部的生克制约》中的"4d,五意"，其中的"认识论"包括一部分感官知觉、学习过程、明辨学，还包括相关的形而上探究）等。上述的"四象生八卦"之整体落实到个人，大致相当于俗称的"得道""永生""涅槃""功德圆满"等。

"函数（倚数）"是两个以上的相关变量（易数）中的一个变量（易数），这个变量（易数）被称为其他变量（易数）的函数（倚数），也称为因变量（倚参数），其他变量称为函数（倚数）的变量（参数），也称为自变量（非倚参数）。被选为函数的变量（倚数）通常是较难测量的数量，需要通过对自变量（参数）的测定来得到函数（倚数）的取值。例如直角三角形中的两边之比很难测量，需要通过测量角度来计算（根据角度作出直角三角形，测量三边之长，计算两两之比），所以两边之比被选作三角函数（倚数），角度是自变量（参数）。上述的均值（衍数）可以看作是观测次数（参数）和每次观测结果（参数）的函数（倚数），上述的概率（率数）可以看作是观测次数（参数）和某一观测结果出现次数（参数）的函数（倚数）。

自变量（参数）的微调（很小的变化），会引发函数（倚数）的微调（包括维持原数），这是相对连续的函数（倚数），如果引发的函数（倚数）大调或突变，那么就是不连续的函数（倚数）。相对连续的函数（倚数）的微调除以自变量（参数）的微调，是函数（倚数）对自变量（参数）进行"微分（探赜）"。如果把函数的微调乘以自变量的微调，再把一个又一个乘积加在一起，是"积分（钩深）"。在不变式数学中，为了严谨地表述"函数的连续性"，进行了较多环节的定义，成为高等数学的重大壁垒。这个壁垒可以借助九宫探赜以及定义在九宫(作为参数)之上的函数(倚数)来减低（参见后文）。二者的严谨程度相当：借助九宫的严谨性止于操作直观（适度留余),借助多环节定义的严谨性止于"实数连续"(这个结论是人为设定的,已有的证明都是循环论证,即在定义无理数的过程中已经借助于"实数连续"①)。

"随机过程(生生过程)"是选择"状态"作为因变量(函数,倚数),选择"时间"作为比其他自变量(参数)更重要的自变量(参数),也就是说,"随机过程(生生过程)"是因时间延长而趋向稳态的若干随机变量(变数)的各自定位过程或相互关联过程。经过各自定位或相互关联之后所趋向的稳态(相对稳定的状态,相应于复杂现象中的非平衡态秩序)是时间(自变量,参数)和其他参量(也是自变量,参数)的函数(倚数)。"状态"是整体的描述:每个确定时间的状态,可以被视为一个信息源。如果把太极作为信息源,随机过程从相对无序(易佑太极)到相对有序表现为三个阶段:生两仪(马尔科夫过程),生四象(平稳过程),生八卦(自组织过程)。如果把数学描述应用于复杂现象,就表现为生大业(参见第二章第四节·三·(四)《复杂三规律》)。

数字、常量(极数)、变量(易数)、均值(衍数)、随机变量(变数)、概率(率数)、标准差(通数)、信息量(卦数)、因变量(函数,倚数)、自变量(参数)、微分(探赜)、积分(钩深)、随机过程(生生过程),可以看作越来越复杂的数量:最简化的数量是数字本身(去掉测量量纲,成为纯粹的形而上的重设语词);常量(极数)恢复一定的复杂性(同类测量,集合);变量(易数)是结果不同的同类测量,均值(衍数)兼顾不同的测量结果;再复杂一些(难以控制测量结果),是随机变量(变数),概率(率数)用来细考单一的测量结果所出现的频次;标准差(通数)不止于单一的测量结果;把较多的可能性作为测量对象,测量结果是信息量(卦数);不止于均值(衍数)估算和概率(率数)估算的相关变量(易数),普适性地表达为因变量(函数,倚数)和自变量(参数)。因变量(倚数)微调和自变量(参数)微调之间的

---

① 详见张祥平:《数·测量·复连续——兼论刘绍光"一元数理论"的基本假设》,载《大自然探索》1994 第 3 期。

四则运算是微积分（探赜钩深，因变量的小变化除以自变量的小变化，是微分探赜。因变量的小变化乘以自变量的小变化，再作加法，是积分钩深）。"状态"作为因变量，随着时间的延长而趋向稳态，是随机过程（生生过程）。随机过程（生生过程）中的自组织过程所达到的状态（生出八卦），相应于呈现非平衡态秩序，即：自组织（生出八卦）过程可以用作复杂现象（生大业）的数学描述。

数学公式是不变式数学表达这些量的常用方式，易图六帧是构造性数学表达这些量的常用方式，另外还有更直观的方式，如列表的方式，时序的方式等。

在笛卡尔坐标系中运用数学公式，通向构造性数学（几何代数化）。在易图六帧（代数几何化或随机过程几何化）的基础上运用《九章算术》的表述，通向不变式数学。在笛卡尔坐标系中，第一象限的下行横坐标和左列纵坐标，相当于易图六帧中筹算数字图的上行和左列。中国现代之前的地图上为南，欧美地图下为南；相应地，纵列从南向北，分别表现于从上向下（中国），以及从下向上（欧美）。笛卡尔坐标第二至四象限，可以用第一象限的方式进行河洛体系的描述。

数学公式的表达是最不直观的方式，很容易造成文科和理科之间的壁垒，甚至造成数学内部不同复杂层次之间的壁垒（参见上述不变式数学对于信息量的认识，由此还引发对于随机过程的壁垒，本文略），很难造就通才。中国历史上采用易图的方式，不存在复杂性层次之间的壁垒（参见上述构造性数学对卦数与生生过程的认识），由此而打通文理，所以中国学者之中有许多通才。

以不含微积分的统计数学作为高等数学的基础，构造性数学和不变式数学有大同，也有小异。大同是不变式数学和构造性数学都求取均值（衍数）和概率（率数）。小异是进一步的研究方向不同。

不变式数学的方向是在实际应用中把测量对象分隔为组内和组间，进行方差分析。在方差分析中用到差的平方和均方差（标准差，通数）。平方和均方大致相当于上述的取绝对值和求绝对值的均值。

构造性数学的方向是从整体（均值，衍数）到局部（距均值从近到远的取值），即均出现定理：在可允许偏离范围内，成对数值中每一个的出现概率（率数）相同；偏离均值（衍数）越少的"对"，出现的概率越大。例如，如果一个随机变量（变数）的均值（衍数）是 5，可允许的偏离是 2，已经出现的变量（易数）取值是 5、6、3，那么，下一次出现 5 的可能性最大，4 次之，7 又次之。不排除继续出现 3 和 6，但是可能性较小；也不排除出现 2 和 8，甚至出现 1 和 9，但是可能性更小。均出现定理的更复杂表述是公度。翁文波（地球物理学家，中科院院士）用公度算法（对区间量度进行比较和统计）成功地预测了重大的水灾和地震，还预测了大庆油田。[①]

信息论把统计范围内的信息源作为一个整体，从整体到局部，定义每一个信息的信息量。这是构造整合法（整体公理化）。人类知识的基础是被确认为真的完全可判句（实事），都是离散信号，不是连续信号，所以构造性数学的信息论更适于处理复杂现象（参见上述关于信息量和随机过程的讨论）。

统计大衍和信息太极相结合，可以利用小概率（小率数）事件获取知识。观测的次数越多，越有可能观测到小概率（小率数）事件。如果在一次观测中就观测到小概率（小率数）事件，那么其中的随机性减少，必然性增大，可以规范化为某种知识。采用一定的方法可以减少随机性，方法本身处于理性边界（如非人控的随机数发生器），与理性本身有所不同。

不变式数学和构造性数学对微积分（探赜钩深）的认识使用了不同的术语，可以相通：

不变式数学的"极限"，可以表述为"变量的某种动态（易）趋向于相对稳定（极）的数"，也就是把"易佑太极"中的"太"字去掉。

不变式数学的"无穷小"，可以表述为"内部差异可被忽略（接近零）的小范围"，对这样的范围只使用四则运算和乘方开方运算。对于具体的数学问题来说，先微分（探赜）后积分（钩深）的运算过程与下述过程殊途同归：把九宫探赜中的每个宫再分为九宫，以及第三次分为九宫，第四次分为九宫，

---

① 翁文波：《预测论基础》，石油工业出版社 1984 年版，第 28、49—50、126—127、40 页。

依次类推，直至达到一定的精确度，解决相关问题（被留出的不精确部分可以被忽略）。在计算机时代，使用九宫探赜和指掌钩深的方法比使用微积分的方法更直接，更容易上机。

如果不指明精确度，"无穷小"可以表述为"内部差异可被忽略的小范围的量度趋近于零"，也就是说："零是无穷小的极限"；反过来看，不忽略任何内部差异的任何小范围都不能被当作无穷小，除非人为指定一个特定的小范围，也就是"无极而太极"。对数学研究来说，重要的不是"无穷小（无极）"本身,而是与之对应的"函数（倚数）的极限（如太极生卦）"。

积分（钩深）而成的"函数的极限"可以用来描述整体，如二维傅立叶积分（钩深）与信息源分布的整体特性相对应：正余弦函数有的周期长，频率低；有的周期短，频率高，各自的振幅也不一样，可是把这些余弦和正弦函数加在一起，就是原来的信息分布规律。《周易·易经》中的符码"—"对应余弦函数，符码"- -"对应正弦函数，每一卦由三种不同频率的余弦函数和正弦函数叠加，四象上的信息分布规律由八卦二十四种余弦函数和正弦函数叠加。如果取卦数不足八，相当于对四象上的信息分布规律进行了空间滤波。如果超出二十四种整体特征，可以简化，被简化的部分用新的低层次的太极图表述细节。知识本身还要考虑振幅：实事积累越多，振幅越大，复杂性被简化越多，振幅越小。

分割九宫是对正方形进行重复性的操作，很容易理解，与四则运算和代数几何相衔接。另一方面，易图的数学内涵千变万化，妙用无穷，所以不是初等数学，而是高等数学。

极限和无穷小，与四则运算和代数几何风马牛不相及，所以造成学术壁垒。

先教概率论、统计数学（大衍之数）和信息论（太极生卦），后教微积分（九宫探赜、指掌钩深）和随机（生生）过程，可以打通文理分科，还可以培养构造整合法（整体公理化）的思维方式,处理当代的复杂问题。

（四）发展通才教育

在打通文理分科的基础上,亟需培养"通才"。中国传统学术与传统教育,

"尚通不尚专。既贵学之能专，尤贵其人之能通。故学问所尚，在能完成人人之德性，而不尚为学术分门类，使人人获得其部分之智识"。① "苟其专在一门，则其地位即若次一等。"

现行教育体制下，中学过早文理分科，以及高教分科教育过度强调专业技术知识，导致文、法、理、工、农、医等诸科的大学生研究生往往自缚于自己的"专业领地"，知识条块分割严重，造成精英人才的人文素养与科学素养普遍双重贫乏。

现行的分科教育观念与分科教育制度源于近代以来的西学东渐。西学的思维方法与学术体系，决定了西方教育必然要采取分科制度。而西方资本主义体制，不断追求经济发展、不断追求提高效率、不断细化社会分工，为社会输送专业人才成为教育发展的主要目标，则更加导致了教育分科的不断细化。可以说，西方社会的功利性决定了西方教育的功利性，西方教育的功利性导致了分科教育的畸形发展："西方现代教育，最先本亦由教会发动，此刻教会势力亦退出了学校。教育全成为传播知识与训练职业。"② "其大学教育分院分系分班授课，内容狭，为时暂，即获最高学位亦仅为一专家，不为一通人。故其所教育，最低则使为一国民，最高则成为一专家，皆把人生意义地位约束了……要之，为一国民，则仅为其所生一国之用。为一专家，则仅为其向外一事一物之用。教育意义仅为功利。"③ 然而，人生的意义不应仅为功利，教育的意义也不应仅为功利。教育的根本目标应是"育人"，而非"制器"，强于"制器"而弱于"育人"的分科教育必然会导致社会成员的专业隔阂，并进一步造成社会成员的价值隔阂甚至价值分裂："学问上的分工愈细，而从事于学的人，则奔驰日远，隔别日疏，甚至人与人之间不相知。"④

为解决教育分科的弊端，西方教育界提出了所谓"通识教育"（general education），主要内容则是教授西方的人文经典，冀望以"通识教育"平衡

---

① 钱穆：《历史与文化论丛》，东大图书公司 1979 年版，第 199 页。
② 钱穆：《国史新论》，生活·读书·新知三联书店 2001 年版，第 200—201 页。
③ 钱穆：《现代中国学术论衡》，生活·读书·新知三联书店 2001 年版，第 180 页。
④ 钱穆：《历史与文化论丛》，东大图书公司 1979 年版，第 195 页。

"专业教育"。"通识教育"主要关注人的文化素养，旨在培养一个具有社会责任意识的合格公民；"专业教育"则主要关注人的职业素养，旨在培养一个具备专业技能的职业人才。西方教育界还强调，"通识教育"与"专业教育"不应该割裂，且通识教育应该为所有人提供，并在所有教育机构（小学、中学、大学、学校后教育机构）实施。①

然而，"通识教育"并不能从根本上解决分科教育体系的弊端。西方分科教育的源头可上溯至分异型的语言文字，分异型的语言文字决定了西方的科学思维是分析还原法，而分析还原法则决定了西方的学术体系是条块分割而不是整体融合。西方"通识教育"推广的"西方经典"是"分析还原法"的经典，只能是对"条块分割"的西方学术体系与西方教育体系的小修小补。西方推行"通识教育"的主要功能是传承西方文明的核心价值，弥合社会精英的价值分裂。以美国推行"通识教育"的历史为例，"从哥伦比亚到芝加哥、哈佛再到斯坦福的通识教育，其核心都没有变，它让美国重新认识到自己在西方文明中的地位，意识到它与自己的历史文明的关系"。② 可见，西方推行的"通识教育"无法根本上解决知识的整合融通，特别是对社会与人文知识的整合融通。

从根本上解决分科教育体制的弊端，必须要复兴中国传统的复杂科学和以此为基础的通才教育。复兴中国传统的复杂科学和通才教育，要遵循"学术本无界划，智识贵能会通"③的教育理念，要倡导"从事学问，必当先历通途，再入专门，由本达末"④的教育方法。欲达致"无界划""能会通""历通途"者，则需要确立以三纲（明明德、亲民、止于至善）八目（格物、致知、诚意、正心、修身、齐家、治国、平天下）为基本框架的复杂科学的教育体系与知识体系（详见第二章第四节·一《概要》）。唯有凭借三纲八目的教育体系与知识体系，通过博学之、审问之、慎思之、明辨之、笃行之的求学历程与修行路径，方能造就通才。

---

① Harvard University.General Education in A Free Society.Cambridge：Harvard University Press，1945：42—102。
② 甘阳：《通识教育在中国大学是否可能》，http://www.aisixiang.com/data/11145.html。
③ 钱穆：《改革大学制度议》，载《文化与教育》，第 46 页。
④ 钱穆：《择术与辨志》，载《新亚遗铎》，第 153 页。

复杂科学的"通才教育"与上述西方的"通识教育"的大有不同：首先是教育的思维方法不同，前者主要是构造整合法，后者重要是分析还原法；然后是教育的知识内容不同，前者包括天人合一（复杂现象）的自然科学（格物致知诚意，物性儒学）、历史型的修心修身学（正心修身，心性儒学）和通才型的组织管理学（齐家治国平天下，群性儒学），后者主要是西方的人文经典；最重要的则是教育的培养目标不同，前者重在培养德才兼备、知行合一的高级决策管理人才（治国平天下的人才），是真正的精英教育，后者重在培养各种专业人才的人文素养。需要指出，强调发展"通才教育"，并不是要完全否定现行的"专业教育"与"分科教育"，而是强调教育体系、特别是高等教育体系不能局限于"专业教育"与"分科教育"，而忽视了社会长治久安最需要的高端精英人才的培养。而且，通过发展"通才教育"，还能极大改善现行的"专业教育"与"分科教育"，促使各类专业人才具有更崇高的事业理想、更宽广的学术视野、更敏锐的学术洞见与更高雅的生活品味。

发展"通才教育"，要在现行的学校教育体系中，分级引入以复杂科学为基础的国学课程。

小学阶段，应该用河图、洛书、地乘、算盘、算筹等辅助数学（加、减、乘）教育，用经典诵读和吟诗作对辅助语文教育，用阴阳合历辅助自然（科学）教育，用琴棋书画拳剑等辅助音乐、美术、体育教育（博学之）。①

中学阶段，应该介绍包括中国传统复杂科学发展的全景科学史（审问之，参见第二章第二节）及复杂科学对中华文明的整体影响（见第二章第二节·五《中西科学思维的整体影响》）；训练正名言行（慎思之，参见第二章第四节·三·（二）《重要定义——论求群言之比，以名举实》）和公理化表述（明辨之，参见第二章第四节·三·（三）《社会五公理——以辞抒意，以说出故》），包括《墨子·经》中构造性数学的公理化体系（见第二章第二节·五·（二）·2《公理体系》）、列表示出的复杂现象及五行结构（见第二章第四节·三·（五）

---

① 张祥平：《经典复杂科学》，中国社会科学出版社2013年版，第455页。

《五行结构表——从整体到局部的生克制约》);讲授中国传统医学的基础知识;以复杂科学的"观法"学习人类社会发展史(见中篇前言);要求学以致用(笃行之):学习复杂科学是学习"百姓日用而不知"的"君子之道"(《周易·系辞上》),必须把学习内容践行于日常生活才能学有所得,而简单科学只能在实验室或其他实验场合学以致用,这是两者在正规学校教育中的最大不同。①

大学阶段,应该普及温差液花现象等非线性物理知识(与阴阳五行接轨,参见第二章第二节·三《中西科学思维的适用对象——简单现象与复杂现象》),并开设复杂科学的公共课程,促使现有各专业院系的师生,特别是社会人文学科的师生,将复杂科学的知识和方法用于本专业,提升学术水平。还应该建立复杂科学的专业院系(即"经学"或"国学"院系),培养复杂科学研究和教育的高级人才。② 对高校普通教育(非专科教育),要实行构造整合法和分析还原法"两法并重"。构造整合法采用"求同存异"的方式来归纳,相对直接,而演绎过程相对间接(需要适度留余);分析还原法采用"分隔解剖"的方式来归纳,相对间接(假设基本因子、作布局等),而演绎过程相对直接。因此培养归纳习惯以构造整合法为优,而培养演绎习惯则以分析还原法为优。"两法并重"将极大地促进科学思维的严谨性和创新性。③

发展"通才教育",要在现行干部教育体系中,确立以复杂科学为基础的国学教育的主体地位。

干部教育的对象是社会规则的制定者、社会秩序的维护者和社会风气的引领者,领导干部的道德修养、学识才能、行为作风等直接关乎社会的稳定、发展与繁荣。提高干部的道德修养、增进干部的学识才能、改善干部的行为作风,必须开展以复杂科学为基础的国学教育。国学昭示了宇宙与人类社会的演化规律,彰显了人类社会永续发展的普适"道理"。"道理"是道的数学模型,涵盖了复杂科学的基本模型、重要定义、社会五公理、复杂三规

---

① 张祥平:《经典复杂科学》,中国社会科学出版社2013年版,第455—456页。

② 同上书,第456页。

③ 同上书,前言第8—9页下注。

律、五行结构表等,将为从政者的从政事业奠定科学的原则(正名言行原则),确立科学的方法(构造整合法),为从政者全面深刻地理解人类社会的历史与现实、高效严谨地进行管理与决策,提供科学指南,从而提升执政能力。国学教育最重要的功能就是培养德才兼备、知行合一的高级决策管理人才(即治国平天下的人才)。中国历史上的"国学",本就是指国家培养高级决策管理人才的最高学府,如太学、国子学、国子监等。对各级干部进行系统的国学教育,可以促进干部树立以复杂科学为基础的世界观与历史观,以道德仁义为核心的价值观与人生观,以和谐永续为目标的社会观与发展观,一言以蔽之,在干部队伍中真正建立起以复杂科学为内核的"科学发展观"。由此,可以全面提高干部的道德修养,增进干部的学识才能,改善干部的行为作风。亦由此,可以优化政府的决策品质与管理水平,降低社会的管理成本与运行风险。特别是,干部的言传与身教对于民众有巨大的感染力,其言行的改善对社会风气的改善有潜移默化之功,有不治而治之效。所以,以国学为主体内容教育干部,并以国学学养作为选拔、任用和提升干部的重要依据,能有效改进和提高政府的执政能力。历史上,汉唐宋明清历代政府,正是凭借以国学(儒学)经典为核心的学校教育和科举考试这一基础性制度安排,成就了卓越的治理业绩和辉煌的中华文明,汉唐宋明清政府因之可称为"学治政府"。①

---

① "学治传统"是中国历史的重要传统,"学治合一"、"学政合一"是中华文明的理想形态。据蒋庆先生考证:至周,太学乃综合五帝夏殷之学而成"太学五学",或"五学"合存于一建筑中,或"五学"分存于一建筑群中。"太学五学"为:中学(中央之学)辟雍,东学东胶,西学瞽宗,南学成均,北学上庠。五学之功能为:"辟雍"教化天子,使承土道。黄宗羲谓"祭酒南面讲学,天子亦就弟子之列。政有缺失,祭酒直言无讳"。是其立学之义也。"东胶"养国老纠察王事,并传授实际统治经验,此或类罗马元老院监督国政。然太学毕竟是学,必教授政治实践经验也。"瞽宗"颁令告示,黄宗羲所谓"班朝,布令,养老,恤孤,讯馘,大师旅会将士,大祭祀享始祖",即告朔、出征、登基、巡狩等国家大政之布令与国家大事之告成也;此外,于"瞽宗"中研习教授五礼及举行祭祀先圣先师及乐祖之典,故"瞽宗"乃为学礼、习礼、行礼之所也。"成均"研习教授音乐与调正音律以和神人,所谓"声音之道,与政通也"。①"上庠"研习教授圣王经典以养士,为国家培养专门统治(转下页)

发展"通才教育",还要破解现行教育科研体制因学术分科造成的"学科壁垒"或"学术壁垒",用复杂科学统领简单科学,用通才管理专才。

中国现行教育科研体制是因袭西方"分科之学"的体系建立的,社会科学与自然科学分隔,社会科学与自然科学中的具体学科之间又再分隔。学科与学科之间,不仅研究对象不同、研究方法不同,乃至语言符号体系也不同,遂造成学科之间"隔行如隔山",一些学科的专家对另外学科的进展知之甚少甚至一无所知,由此形成所谓"学科壁垒"或"学术壁垒"。"学科壁垒"或"学术壁垒"容易滋生学术利益集团,其典型表现为：在科研院校的学术组织中,科研基层组织(如科学院的研究所、研究中心,大学的院、系)的学术带头人及其属下的学术队伍,往往从自身利益出发,拒绝外学科人员进入本学科的教学研究队伍；且科研基层组织的学术带头人在其主张的利益分配方式不被认同,或其学术地位受到威胁时,往往压制或排挤相关的学术人员。于是,科研基层组织的学术队伍建设,难以遵循真正的学术准则,而是受到种种人际利益的掣肘,在"学科壁垒"或"学术壁垒"的保护下,形成不同的学术利益集团。

由"学术壁垒"造就的不同学术利益集团割据形成的科研体系,对于中国文化教育的发展,特别是对于复杂科学的复兴与发展,无疑将构成巨大的障碍。同时,由不同学术利益集团割据形成的教育科研体系,对于教育科研工作所需的长期规划与全面协调,也构成了难以逾越的障碍(教育科研中的短视跟风、各自为阵,比比皆是)。学术利益集团割据形成的缺乏长期规划与全面协调的科研体系,又极易滋生学术腐败。反过来说,要推动教育科研体系的优化,要保障教育科研工作所需的长期规划与全面协调,要防治学术界腐败,就必须打破教育科研体系中学术利益集团割据的状况。

(接上页)人才,黄宗羲所谓"学校所以养士也"。由此"五学"以观,太学乃"学治合一"即"学政合一"之国家根本制度,每一学既是学又是政,即如"成均",教乐调音亦是政,无正音雅乐则国乱不治矣,而纠察王事可不待言也。是故,太学亦学亦政亦文亦治。后夫子出,学而优则仕即继承此"学政合一"与"学治合一"之"学治传统"也。——蒋庆：《再论政治儒学》,华东师范大学出版社 2011 年版,第 162—163 页。

要破解教育科研体系中学术利益集团割据的难题，根本方法是用复杂科学统领简单科学，用通才管理专才。这是复杂科学与简单科学的内在逻辑所决定的：复杂科学自身的逻辑体系就是从整体到局部。只有用复杂科学统领简单科学，用通才管理专才，才能保障科学技术发展从整体到局部的统筹规划与专业协调，各分科之学也才能各就各位（在各自的研究边界内话事），而不再是凭借孤立事实或基本因子返构的布局满世界忽悠。特别重要的是，用复杂科学统领简单科学，用通才管理专才，将有力促进各专业学科的交叉研究、相辅相成，促进教育科研部门之间展开更多的合作交流、互通互补，而不再是各自为阵、分隔孤立。【见下页图9-1《复杂科学与现代分科之学（部分）互通互补》】

另外，要打破教育科研体系中学术利益集团割据，必须为充分的学术争辩提供制度保障。从历史上看，欧美教授治校的基础是学术共同体（求真理的利益集团），源于与中世纪的教会学术（中世纪的学术水平并非十分低下）所进行的学术争辩，并交由公众裁决。激烈的学术争辩正如激烈的市场竞争，能筛选出素质较高的人才，一代代积累下来，就为良性的教授治校奠定了基础。中国春秋时期孔子问礼于老聃、战国时期的百家争鸣、两汉时期的今古文之争、魏晋六朝及隋唐的儒佛道之辩、宋明的理气心之会、清代对心学理学的挑战和考证等，都是高水平的学术争辩。民国初年蔡元培把中国的学术争辩传统（宽容真才实学）带进了现代，然而后继的历史事变（宽容的校园被用来鼓动青年学子反权威）逐渐淡化了学术争辩，强化了衙门作风。① 建立用复杂科学统领简单科学、用通才管理专才的制度，无疑将为学术争辩提供更好的制度保障：因为通才更容易超越门户之见，更倾向打破"学术衙门"。

综上所述，打破西学分科体系的"学科壁垒"或"学术壁垒"，发展以国学为主体内容的"通才教育"，对于促进当代中国文化教育的大发展大繁荣，对于中华文明的复兴和中华民族的复兴，都有着极其重要的意义。因为唯有如此，才能造就推动制度转型和社会变革的组织管理人才，才能真正建立以文化覆盖平衡经济覆盖的社会升层机制，才能奠定大一统礼乐文明的政治文化基础。

---

① 张祥平：《经典复杂科学》，中国社会科学出版社2013年版，第380页页下注。

图9-1 复杂科学与现代分科之学（部分）的互通互补

内在结构 学科名称	基本事实 (水)	数学表达 (金)	观测记录 (土)	数据整理 (火)	科学规律 (木)	局部整体 (水)	数学布局 (金)	能量驱动 (土)	测不准原理 (火)	非平衡态秩序 (木)
复杂科学 (儒学)	春夏秋冬储粮生存	筹策计算	天文观测记录 尧解治理史录	易图六颅	复杂三规律	乾坤模型 北辰模型 《论语》	《周礼》 《仪礼》 《礼记》	《诗经》 《尚书》	思孟心学	《春秋》
物理学	日月星辰	数字周期	天文观测记录 (开普勒、伽利略等)	四则运算 微积分	牛顿三定律	质点力学	统计力学	电动力学	量子力学	耗散结构
经济学	产品、服务 交易、货币	需求供给效益	经济调查	经济统计	功能效益递减、恩格尔系数下降	规范经济学 (二阶均衡)	均衡价格	实证经济学 (企业、企业等)	制度经济学 (含金融工具)	环境制度经济学 (含生态经济学)
政治学	温饱抗灾 社会分层 组织管理	人口、土地、教序(刑案)作乱率	国土局、民政部调查	国民统计	帕金斯定律 利益集团定律	笃法、笃行 (正名合行)	升层省标 (科举分、民选票数等)	政党、官员 (精英长周期大覆盖)	改良与革命 (含土地、财政、税收等)	史学兴替 (天下体系)
社会学 (人类学)	环境 人群 规范	旅替、阶层 (供养客、奉养等)	人口普查 田野考察 霍桑实验	社会统计	覆盖升层 最大耗能 水涨船高	孔子儒社会学 (永续发展)	董仲舒大样分折、迪尔凯姆统计范例	程朱天理、伯宗社会学 (含中学男女分校)	陆王心学、慈社会心理学	生态社会学 (含多数人爱家乡)
教育学	家长 教师 学生	文育率、识字率、不同学历者的比例	家长识别 教师收统子分数	考试分数统计 升学人数统计 品德健康统计	个体精神成长 重演人类文明演化	家庭教育 正规教育 终生教育	各科比例 (文系等)	文明教养降低 生理学(含中学男女分校)	生理反抗期 青春期命运机遇	教际良性互动
法学	习俗 道德 法规	又士数、作乱案数、作乱率	民政部、司法部调查	民政司法统计	约盟三定律 (伤害、境变法迁、法权)	国家法 (礼、整体平衡秩序规范)	作乱刑案 增减曲线	法律漏洞 依法收益(商法)	流动人群 (私法、国际法)	德主刑辅 去刑无讼
宗教学	创教者、传教者、信教者、教者、异教者	经典数、信徒数、持续时长	仪式互述 修行自述	教区统计	信徒沟通 信众幸福率	五大教 中小教	信教者所占社会比率	通灵 特异功能 悟道	终极关怀	洗心修心学
心理学	实验心理学	测量量纲	实验数据	数据统计	阈值限定	发育心理学	不同心理需求的心理学(包括温饱、休闲、覆盖、精神满足)	教育心理学	神经精神病学	

说明：本图改编自张祥平先生创制的《现代物理科学、经济学、政治学、社会学、教育学、宗教学(心理学)的内在互补图》。

第四节　经济社会

一、经济发展

（一）中国当代经济发展经验
1. 内向开发的模式

中国近现代经济发展的主线，是一个资源禀赋极差的发展中的人口大国，在险恶的周边地缘政治环境压迫下，主要通过政府对本土资源内向开发和积累的方式，追求工业化及现代化的经验过程。① 一百多年来，中国"历经清朝、民国和新中国三类性质不同的政府，这三种不同的政府有一点是共同的：就是都追求西方式的工业化；不过有的被迫，有的主动。清朝以列强为师的工业化失败了；接着是民国以英美为师，大局甫定即开始追求官僚资本主导的工业化也失败了；再后来，新中国以苏联为师，朝鲜战争硝烟未散，就开始国家资本主导的工业化"。②

基于当时险恶的国际政治环境与经济环境，为保障国家安全、实现独立发展，中国政府选择了资本密集的重工业优先发展的战略，有学者称之为"赶超战略"。③ 其主要方式是：在国家高度集中的垄断经济体制下，全额占有城乡各种资源；全环节控制工业、农业和其他各产业的生产、交换、分配、消费等整个经济过程，从而由政府占有城乡劳动者的全部劳动剩余价值，然后通过国家财政的再分配，转化为城市工业资本的原始积累。近30年的原始积

---

① 温铁军：《我们到底要什么？》，华夏出版社2004年版，第4页。
② 同上书，前言第4页。
③ 林毅夫、蔡昉、李周：《中国的奇迹——发展战略与经济改革》，上海三联书店1994年版，第20—46页。

累过程,是中国经济由传统农业向现代工业转型的特殊历史阶段,中国人民为此付出了重大的代价。国家在农村推行"统购统销"的流通制度和"人民公社"的组织制度,这两个制度相辅相成、互为依存,使得国家可以从农民手中获取除基本生存消费外的全部农业剩余,从而保障处于起步阶段的城市工业稳定获得低价原材料供应和工业劳动力简单再生产的食品供给。而在城市,国家则是以非商品交换的计划体制的内部分配,通过低工资和消费品的计划配给方式,获取城市工人劳动的剩余价值,从而转化为国有工业扩大再生产所需要的投入。正是通过这种高度集中垄断的资源经济控制方式,保证了中央政府在不到30年的工业化进程中,多数年份都能形成高达30%的积累率,使中国从50年代初期一个工业产值和城市人口仅占15%的传统农业国家,在既缺乏外部市场又几乎无外来投资的恶劣的国际环境中,发展成为工业产值达70%以上、产业门类齐全、专业分工细化的初步工业化国家。[①]

从世界各国工业化、现代化的历史来看,工业化、现代化的进程往往需要通过转嫁社会风险(或曰制度成本)来进行内部动员和原始积累。资本主义先发达国家,如英法美,以殖民扩张为主要转嫁方式(同时也有如圈地运动的"内部转嫁"方式);资本主义后发达国家,如德日,以战争侵夺邻国为主要转嫁方式(日本曾侵夺中国台湾、东北、朝鲜,德国曾侵夺波兰、法国)。后发展的国家,由于既无法殖民扩张、也不能侵夺他国,就只能通过"内向剥夺"的方式转嫁风险,如俄国中国等通过"革命",剥夺"阶级敌人"(包括旧贵族、地富反坏右、叛徒工贼资本家等)与资源环境来提取剩余、转嫁风险以进行内部动员和原始积累。

"中国的工业化是在二战结束后开展的,是一个既没有西方的条件、却又必须跟从西方工业化道路的'不得不'的选择。……中国不可能再有西方早期工业化国家通过殖民扩张对外占有资源和转移国内矛盾冲突、以改善制度环境的条件。因此,这客观上决定了中国作为一个资源禀赋极差的、农民人口占绝对比重的发展中的人口大国,不得不通过内向型自我剥夺完成资本原

---

① 温铁军:《我们到底要什么?》,华夏出版社2004年版,第4页。

始积累，以便跟得上西方以工业化为主要内容的现代化……"①

2．经济成功的奥秘

所有国家在工业化时期的经济增长都不可能是连续的、平稳的，周期性经济危机是符合工业化一般经验和经典理论规律的历史过程。②危机的解决是维持经济增长从而实现工业化、现代化的关键。中国工业化进程中的"内向剥夺"，不仅体现在上述"赶超战略"中，还特别体现在工业化进程中历次经济危机的解决过程中。

据经济学家温铁军的研究，当代中国的工业化进程，大体可视作"两轮"对外开放引进资金技术从而推动工业化发展的过程：第一轮是在二十世纪五十年代，承接苏联军重工业转移，从而搭建起工业化的基本框架；第二轮是二十世纪七十年代以后，承接欧美日等西方国家的产业转移，从而完成了对以往"偏军重"产业结构的调整。上述"两轮"工业化发展，都得益于发达国家对发展中国家进行产业转移的机遇。③伴随上述两轮对外开放和工业化发展的，则是中国60年间的4次引进外资。每一次引进外资（引进国外的设备和技术），都导致了两次经济危机，共发生八次危机。④

先看前六次经济危机。

中国"第一次引进外资"发生在20世纪50年代。在1950-1960年的10年期间，因苏联连续投资和单方面骤然中止投资而导致经济先高涨后下滑，造成1958—1960年和1968—1970年先后两次爆发赤字和就业危机。

中国"第二次引进外资"发生在20世纪70年代，因引进西方设备技术及服务代价的高昂，造成了1974—1976年、1979—1980年的两次赤字和就业危机。

中国"第三次引进外资"与20世纪80年代的放权让利改革同步，中央政府在承担过大的还债压力的情况下，允许地方扩大对外开放，造成1988-

---

① 温铁军、杨殿闯：《中国工业化资本原始积累的负外部性及化解机制研究》，载《毛泽东邓小平理论研究》，2010年第8期。

② 温铁军：《八次危机——中国的真实经验》，东方出版社2013年版，第6页。

③ 同上书，第15页。

④ 同上书，第154页。

1989 年滞胀型危机和 1993—1994 年与三大赤字同步发生的通胀和失业率高企的经济危机。

改革开放前三次经济危机的解决方法，主要是通过直接向高度组织化的人民公社和国营、集体农场大规模转移城市过剩劳动力（1960、1968、1975 年三次"上山下乡"总计有约 2000 万以城市中学生为主的知青和几乎同样规模的以农村中学生为主的回乡青年），同时通过加大提取农业剩余来转嫁因危机而暴露出来的工业化和城市化代价。亦即，改革开放之前的 30 年，集中于城市的国家产业资本可以借由高度组织化的农村集体向农村转嫁危机，使得城市经济及其政府管理体制得以延续。20 世纪 60—70 年代，在国家资本原始积累的 20 年里，有约 2000 万在城市不能就业的青年，通过 3 次"上山下乡运动"，到约 9 万个人民公社所属的约 80 万个生产大队的 400 万个生产队去"插队"。此外，还有大致相等规模的农村中学生（属于不列入政府就业统计的"回乡青年"）回到 2 亿社员农户家里去"插户"。中国的"三农"不仅承接了当时工业化原始积累的制度成本，而且成为此过程中承受经济危机的主要载体。①

改革开放后到 1997 年间发生的三次危机，不能再如先前那样直接向"三农"转嫁，亦即通过政府动员或强制把数千万城市过剩劳动力分送到高度集体化的农村来缓解城市失业压力。在城市工业多年来过量提取农业资源和农产品剩余导致"三农"衰败之后，在城市经济已成为政府财政收入的主要来源之后，农村集体化已完成了服务于国家资本原始积累的历史任务。因此，改革开放后的危机，不能通过向农村转嫁实现"软着陆"，而只能在城市进行"硬着陆"。即使如此，在危机的解决过程中，"三农"依然背负了巨大的成本。②

1979—1980 年爆发的第四次危机，导致城市许多企业"关停并转"，大批待业青年引发严重的社会治安问题，随之有全国性的"两个严打"运动。为减少政府支农投入、减轻财政赤字压力，政府推行名为"大包干"的家庭联产承包责任制，从已几乎没有剩余的"三农"领域退出，并鼓励以农村工业

---

① 温铁军：《八次危机——中国的真实经验》，载东方出版社 2013 年版，第二章。
② 同上书，第 81—82 页。

化和城镇化为主要形式的"农村资源自我资本化"。危机催生的改革推动了农业生产的发展以及农户经济的活跃,农业增收与"乡村工业化+城镇化"为主的县域经济的发展,极大地促进了以农民为消费主体的内需,推动了全国经济的复苏。然而,政府管制的市场价格和大量增发的货币迅速地把农民的劳动成果淹没在不劳而获的纸币之中。①

1988—1990年爆发的第五次危机,表现为恶性通货膨胀,并引发以企业"连锁负债"为表象的生产停滞,此二者的结合为典型的滞胀危机。经济危机导致长期积累的社会矛盾爆发,随之有"六四动乱"及其后的西方经济封锁。为解决滞胀危机,一方面,国家以"沿海经济发展战略"为名,要求乡镇企业"两头在外",让出国内原材料和产品市场;一方面,减少对地方政府和党政组织、教育和医疗等公共产品的支出和乡村公共投入。这两个方面导致农民的收入和消费连续下降,因为地方政府和基层组织的刚性开支转嫁给农民,又使农民负担大幅增加。从1989年开始,农民人均现金收入增长速度连续3年下降,迫使农村劳动力大量进入城市寻找工作,并最终在九十年代初演化为"民工潮"现象。这次危机的调控措施人为地压抑了处于上升势头的农村经济和占人口绝对多数的农民的消费,遂导致内需不足,带来的经济结构的内在矛盾愈加显著,整个国民经济也由此前的主要靠内需拉动变为越来越依赖外向型经济。②

1993—1994年爆发的第六次危机,表现为财政、金融和外汇三大赤字同步爆发,导致高达24.1%的CPI上涨幅度。为解决危机,国家推出外汇改革(汇率调整一步并轨、本币名义汇率一次性贬值57%)、人民币信用扩张(国债和货币大规模增发)、分税制改革(为缓解中央财政困境,中央与各级地方财政分级承包制变为分税制)、国有企业改革(强行推进以卖为主的国企改革,数千万国企职工"买断工龄,裸体下岗"——大部分没来得及建立社保、医保)、社会公共服务市场化和私有化等一系列措施。上述改革措施导致社会分化加

---

① 温铁军:《八次危机——中国的真实经验》,东方出版社2013年版,第三章。
② 同上。

剧，公共事业和乡村治理愈益劣化。特别是，在危机的解决过程中，许多地方政府"以地生财"，而土地收益却主要被地方政府及结构化的产业资本所分享，因农民土地征占引发的社会矛盾愈益增加。①

20 世纪 90 年代中后期，中国经济改变了以内需和投资为主拉动经济增长的模式，对外依存度显著加大，逐渐被纳入跨国资本主导的全球化——这是"第四次引进外资"。在此过程中，外资对中国经济的影响不断强化，跨国公司几乎控制了中国全部高附加值产业及其出口，成为主要获利者。同时，中国也成为资本主义发达国家对外转嫁风险的载体。1997 年东亚金融危机爆发，导致了 1999—2001 年以通货紧缩为标志的经济萧条，中国遭遇输入型危机。2008 年美国次级住房抵押贷款危机引发全球金融危机，导致 2009 年中国外需下降，进出口同时下滑，沿海大批企业破产和数千万打工者失业。②

前六次危机，虽然都和"引进外资""对外开放"有紧密关联，但危机的主要因素是国内财政、外汇和金融领域的赤字，基本上属于经济系统的"内生性"危机。这两次危机主要源于"输入型"因素。与以往内生性危机爆发之后政府采取紧缩方针完全不同，对于这两次"输入型"危机，政府大规模推行扩张性财政政策来扩大投资、拉动内需，力图维持经济增长。由于财政扩张政策的主要投向是城市基础设施建设，因此需要大量占用农村的土地。地方政府纷纷通过"以地套现"加快城市扩张，带动了暴利的房地产业蒸蒸日上，使其成为政府偿还城市基础设施投资巨额贷款和实现土地出让收入的通道，以及过剩资本争先恐后涌入的安乐窝。在基本建设和房地产带动下，相关的产业投资也如火如荼。加之自 20 世纪 90 年代以来因分配差距不断拉大导致国内消费严重不足，经济增长主要来自于投资和出口。于是，以地方政府"土地套现"为开端，逐渐形成了"高负债＋高投资＝高增长"的发展模式。以城市利益为导向的大规模投资在带来经济增长的同时，依然将制度成本转嫁农村。这种通过加快土地资源资本化而向农村转嫁危机的做法，被

---

① 温铁军：《八次危机——中国的真实经验》，东方出版社 2013 年版，第二章。
② 同上书，第四章。

地方政府肆无忌惮的"亲资本"政策放大,造成名为"群体性事件"的社会冲突大幅增加,"维稳"形势相当严峻。①

综上所述,纵观中国当代经济史,内生于工业化、现代化的经济危机总是爆发于资本积聚的城市,经济危机的解决多是通过向农业、农村、农民转嫁,即依托因城乡差别而形成的城乡二元结构来为弱化经济周期波动。凡是能向农村直接转嫁危机的,产业资本集中的城市工业就可以实现"软着陆",原有体制也就得以维持;凡是不能向农村直接转嫁危机的,就在城市"硬着陆",并导致了国家的财税制度乃至经济体制的重大变革。可见,"三农"对于中国当代经济发展的"化危为机"、对于整体社会秩序的稳定,起了极其重要的作用。②

进一步说,中国当代经济发展取得的成就,也正是基于"三农"奉献的"人口红利"和"土地红利"。"人口红利"实际是中国农民的"负收益"。"农民工"作为中国廉价劳动力的主力军,支撑着中国的产业资本以低成本扩张,向世界大量输出廉价商品。"农民工"的主体是男性青壮年劳力,留在农村的妇女和老人则不计"工资"地从事农业生产,并通过精耕细作节约资本投入,生产出廉价农产品。农业的低投入、农产品的低价格保障了中国经济的高增长没有伴随高通胀。"土地红利"也是中国经济得以低成本扩张的重要因素:土地要素所有者本应得到的收入转化成了其他经济利益集团的收入或再投资的资本,经济增长的成本因而大为降低。如果说改革在整体上是市场化走向,而在土地利用上却是例外。对于城市土地,1950年前后的"土地革命"没收了"敌人"的土地,民族工商业主的地产通过"合作"方式"改造"成了城市的公有土地,而一般的住宅用地产并没有变成公有土地,但1982年的宪法修订宣布城市土地全部归国家所有。对于农村土地,1953年后的合作化运动并没有规定农民不能退出合作社,就是说农村土地充其量是一种"按份共有"的公有土地,但后来也就变成了"共同共有"的公有土地。"三农"奉献的"人

---

① 温铁军:《八次危机——中国的真实经验》,东方出版社2013年版,第二章。
② 同上书,第18页。

口红利"和"土地红利"实质也是"内向自我剥夺",这是中国当代经济成功的基石,也是中国经济成功的奥秘!①

上述城市"危机转嫁"和三农"红利奉献"的最重要成果,是维持了中国的工业化、现代化进程,没有陷入所谓的"发展陷阱"。大多数发展中国家追求工业化,一般都会因国内资本和技术稀缺而陷入"外资依赖",其主权债务多是在追求发展的过程中对发达国家形成的,而这可能是大祸临头的开始。因为其无法如发达国家那样向外转嫁资本原始积累的制度成本,更严重的是,一旦国际地缘格局变化下其外部投资援助中断,国内往往会爆发经济危机,甚至可能蔓延成政治危机和社会动乱,甚至于大规模的人道灾难,亦即陷入各种"发展陷阱"。② 通过"内向剥夺"性质的城市"危机转嫁"和三农"红利奉献",中国完成了工业化初期的资本"原始积累",并通过工业化中期的"产业扩张"和"结构调整",建立健全了独立完整、体系完备、分工完善的工业体系,近年在国内过剩产业资本的推动下进入工业化后期,向金融资本主导的全球化竞争阶段跃升。

3. 持续发展的困境

城市"危机转嫁"和三农"红利奉献",造成中国"城乡二元结构和国家资本部门垄断,迫使后人在市场趋向的经济体制改革中面对区域差别扩大以及资本异化于劳动造成的两极分化等大多数发展中国家追求现代化进程中必然遇到的矛盾。上一代中国人在追求经济增长中产生并且延续下来的问题,命中注定要由 21 世纪的新一代中国人在资源环境更加恶化的国内解决。而且,既然百年来的四次工业化都必须搞资本原始积累,而且其后的工商业与金融资本收益事实都由政府或其部门为主来占有,我们当前面临的也就是'世纪难题'。在这个难题制约下,一方面使得'权=钱'、形成垄断的制度成本极低,因此任何类型的国家资本都趋向于追求垄断、占有超额利润,于是必须在公平竞争条件下才有效的市场经济机制难以产生;另一方面,资

---

① 党国英:《中国农村变革 60 年:"人口红利"与"土地红利"》,载《人民论坛》,2009 年 19 期第 27—29 页。

② 温铁军:《八次危机——中国的真实经验》,东方出版社 2013 年版,第 15 页。

本原始积累的苦难却要由全社会特别是付出几乎全部剩余价值的工农劳动者承受。而其在高度无组织和劳动力绝对过剩条件下根本没有谈判地位,又使被剥夺者的自发反抗越来越趋向于破坏性极大的'流氓无产阶级'。这个长期以来从根本上影响中国安定团结的最大的外部性问题从来没有被认真提出过,更没有通过讨论影响决策,因此才有我们这百年痛苦的波折:要么被动地在外来势力干预下发生革命或分裂,要么不断形而上学地按照西方人放在河里的石头进行体制变革。无论如何,百年来理性的中国人只能寄希望于改良。如果代表资本力量的团体和日益与其对立的劳动者都愿意接受过去的教训,并且都不想最终走向革命或者动乱,那么,在劳动者群体不可能正常释放压力的单极社会里,就只能由愿意维持长治久安的统治者对发展战略和制度安排进行调整"。①

城市"危机转嫁"和三农"红利奉献"还导致了严重的生态环境问题。"环境问题是任何工业化过程中都难以避免的。但纵观整个中国的工业化进程,改革开放之前,中国的环境保护是相对较好的,曾被国外誉为世界环境保护最好的国家。应该说,环境污染问题大面积发生并进而导致全面生态危机则是改革开放之后的事情。从 2006 年 6 月 5 日国务院新闻办公室发表的《中国的环境保护(1996-2005)》提供的数据可见一斑。报告指出我国环境污染带来的经济损失约占 GDP 的 10%。3 亿农民喝不到干净水,4 亿城市人呼吸不到新鲜空气,1/3 的国土被酸雨覆盖,世界上污染最严重的 20 个城市我国占了 16 个。需要指出,除众所周知的工业造成的点源污染外,当前由农业造成的面源污染目前已成为最大的污染源。国研中心的报告指出农业污染量已占到全国总污染量(指工业污染、生活污染及农业污染的总和)的 1/3-1/2。农业对污染的贡献率远远大于农业对 GDP 的贡献率"。②

另外,"向金融资本主导的全球化"开放还导致中国经济"对美国的'再依附'"。"中国对美国作'双重投入',却没有任何身为投资国和债权国的话

---

① 温铁军:《我们到底要什么?》,华夏出版社 2004 年版,第 5—6 页。
② 温铁军、杨殿闯:《中国工业化资本原始积累的负外部性及化解机制研究》,载《毛泽东邓小平理论研究》,2010 年第 8 期。

语权：一方面大量输出廉价商品被批为倾销和抢夺美国劳工就业机会；另一方面，即使老老实实把千辛万苦换得的贸易盈余拿去购买美债，也还是被批为摧毁美国经济的'核武器'，而如果转而去发展中国家投资能源和资源，则又被批为新殖民主义"。①

总之，曾经的"危机转嫁"和"红利奉献"已导致中国的制度风险不断累积，社会矛盾日益深化，生态环境愈趋恶化，国际拓展空间也越来越有限。曾经的中国经济模式，可持续发展难以为继！

参阅

中国经济增长困境[②]

中国经济与中国模式正面临复杂的发展困境。

首先，中国的高速经济增长导致资源大量消耗和环境严重污染，高增长所付出的资源和环境代价过高。

中国经济增长具有明显的粗放型特征，资源消耗量大幅增加，石油、煤炭等能源产品和支柱性矿产品的供需矛盾日益凸显、对外依存度快速提高。2009年，中国已为全球第一大能源消费国；2011年，中国能源消耗总量占全球比重高达21.3%，而GDP总量占全球的比重却只有10.5%。石油方面，国内原油产量早已无法满足需求，石油进口量逐年增加，2014年中国石油对外依存度近乎60%；煤炭方面，2009年中国已变成煤炭净进口国，此后进口量骤增，2012煤炭进口量跃升为全球第一。与对能源的消耗相似，中国对铁矿石、铜、钾等主要矿产资源的消耗量也逐年增加。2001年以来，铁矿石的对外依存度一直保持在50%以上，精炼铝、精炼铜和钾盐的对外依存度则分别达到53%、69%和52%。伴随着高能耗、高污染产业的产能扩张，生态环境迅速恶化，环境承载能力日趋脆弱。环境污染不但影响居民的身心

---

① 温铁军：《八次危机——中国的真实经验》，东方出版社2013年版，第232—234页。
② 陈彦斌等：《中国经济增长困境的形成机理与应对策略》，载《中国人民大学学报》2013年第4期，第27—35页。

健康,而且造成了巨额的环境污染成本。《OECD 中国环境绩效评估》指出,到 2020 年中国因为环境污染而导致的健康损失将达到 GDP 的 13%。

其次,高增长导致日益扩大的贫富差距和严重的社会冲突,政府为维持社会稳定投入巨大,高增长所付出的社会成本太高。

2000 年以来,中国居民收入的基尼系数指标突破国际警戒线,并长期维持在 0.47 以上,远远高于 OECD 国家;如果将"隐性收入"考虑在内,收入差距将会进一步加大。与收入差距类似,中国居民的财产分布状况同样逐渐恶化。世界银行报告指出,中国最富有的 1% 家庭掌握了全国财富总额的 41.4%。中国财富集中度之所以如此之高,很大程度上是由于大量超级富豪的存在所造成的,2013 年中国大陆富豪数量已经达到 1012 人(含隐形富豪),占全世界富豪总数的 25.6%。贫富差距扩大导致各种形式的社会矛盾和冲突日益凸显,社会稳定面临严峻的挑战。无论是非法形式的社会矛盾和冲突(主要有非法群体性事件、违法活动和犯罪活动等),还是合法形式的社会矛盾和冲突(主要有民间纠纷、劳动争议、民事诉讼和行政诉讼等),都呈现出骤增之势,对社会稳定造成了严峻的挑战。1993 年全国非法群体性事件只有 8709 起,而 2009 年和 2010 年则分别达到了 11 万起和 28 万起。在贫富差距和社会矛盾的高压之下,政府维持社会稳定的开支迅速增加。"零指标"和"一票否决"的巨大压力使得各级地方政府不得不把维持社会稳定当做重要任务。政府通过扩大编制和增设"维稳办""综治办"等方式确保社会稳定,投入了大量的人力、物力和财力。中国财政的公共安全支出从 2007 年的 3486.2 亿元增加到 2011 年的 6304.3 亿元,年均增长率高达 16%。维持社会稳定的高额开支给政府造成巨大的财政压力。

其三,中国当前的经济增速放缓具有长期化趋势,过去 30 多年平均接近 10% 的高增长已经难以重现。

当前中国经济增长态势发生了显著变化,经济增速出现明显下滑。2008—2014 年的平均经济增速高达 9.7%,而 2012 年和 2013 年中国经济增速均下滑到了 7.7%,2014 年降至 7.4%,2015 年上半年降至 7%。大多数学者和官员都承认中国经济增速放缓具有长期性,视其为"新常态"。中国经济增速放缓的原因可从总需求和总供给两个视角来解读：就总需求而言，长期以来出口和投资是驱动中国经济高增长的主要动力，然而当前及未来出口增速和投资增速都将显著放缓；就总供给而言，以往的低成本优势将随着人口老龄化加速和储蓄率的高位回落而逐渐消失，全要素生产率（TFP）增速也将由于制度红利的衰减和技术进步放缓而显著下降。

其四，当前中国经济与社会具有明显的"高增长依赖症"，因此"保增长"或"稳增长"事实上成为经济政策的首要目标。

"高增长依赖症"主要表现在以下四个方面。第一，农村剩余劳动力的持续转移和新增高校毕业生的不断增加使得就业形势持续严峻，因此需要高增长来保就业。伴随着人口老龄化的加剧，中国劳动年龄人口绝对数量从2012年开始下降，2012年和2013年分别减少了345万人和244万人。但是，这并不意味着中国的就业压力开始减轻。一方面，产业结构转型和城镇化的快速推进使得每年都有大量农村剩余劳动力转移到城镇。据估算，2011—2015年平均每年有653万劳动力从农村转移出来，2016—2030年平均每年从农村转移出来的劳动力依旧多达540万。另一方面，高校扩招以来，高校毕业生人数年年创新高，2014年毕业生人数已经达到722万，"十三五"期间每年仍将有700多万高校毕业生踏入社会，这进一步加剧了中国所面临的就业压力。相比之下，2000—2008年德国、英国和加拿大等国家平均每年新增就业人口只有30万左右，而日本就业人口每年减少9万人，它们无需中国这样的高增长来保就业。因此，中国需要保持高增长来创造足够的就业岗位。第二，居民部门在国民收入分配格局中处于弱势地位，居民尤其是低收入群体收入的提高依赖于高增长。居民是劳动力、资金和土地等生产要素的提供者，居民尤其是低收入群体的收入主要来自于这些要素收入，2013年城镇居民要素收入占比为76%，农村居民要素收入占比更是高达91%。但是，地方政府却持续严重压低生产要素的价格，导致居民收入大幅萎缩。比如，2010年中国制造业工人小时工资只有美国的5.7%和OECD国家的7%。再比如，调查显示2011年被征地农民得到的补偿款仅为1.7万元/亩，而地方政府出让土地的收益却高达77.8万元/亩。此外，居民之间的贫富差距也非常悬殊,中低收入群体在收入分配格局中的处境更加不利。当前"限高提低"的收入分配改革很难解决中国的贫富差距问题,希望通过加征财产税(房产税、资本利得税和遗产税等)"向高收入群体征税"的做法在短期内并不现实。"分好蛋糕"是在长期里才能实现的目标,中短期里"做大蛋糕"仍然非常重要,所以依旧需要高增长。第三,高增长才能为民生支出提供充裕的财政收入。中国政府目前尚属于增长主义政府,将很大一部分的人力、物力和财力用于经济建设,因此投入到教育、医疗、住房和社会保障等民生领域的财政支出明显不足。不仅如此,民生财政支出在城乡和地区之间严重不平等,农村地区和中西部落后地区的民生财政支出更是匮乏。短期内,政府财政支出构成难以发生大的变动,因此政府要想继续增加民生财政支出,必须要建立在财政收入总体规模不断扩大的基础之上,而经济增长则是政府财政收入的最主要源泉。第四,为避免精英人才移民所导致的物质资本和人力资本"双重流失"现象进一步恶化,需要高速经济增长来保持中国对精英人才的吸引力。当前中国已经出现了以富裕人群和知识精英为主体的社会精英严重流失问题。社会精英的流失意味着物质资本和人力资本的"双重流失",将对国家发展造成严重的不利影响。为挽留住精英人才,中国必须确保经济的高速增长,以便用收入的快速增长来弥补教育、法制和生活环境等方面的缺憾。

总之,中国的高速经济增长不仅导致了资源大量消耗和环境严重污染,还引发了日益扩大的贫富差距和严重的社会冲突,导致"高代价的高增长"已经不可持续。但是,中国的就业形势持续严峻、居民收入偏低、社会建设严重滞后和精英人才大量流失等问题使中国社会患上了严重的"高增长依赖症"。"蛋糕已经不能再继续做大",而中国存在的种种问题又要求"把蛋糕继续做大"。"高代价的高增长不可持续"与"高增长依赖症"之间的强烈冲突,遂造成了中国经济面临的增长困境。

目前看来,中国政府可以动用的经济政策工具已经无法从根本上摆脱增长困境。

首先,目前的宏观调控政策只能在短期实现"稳增长"或者"保增长"

的目标，而无法改变中国未来经济增速放缓的大趋势。

改革开放以来特别是21世纪以来中国经济高速增长的重要原因是，科技革命带动了全球经济繁荣和中国的外部需求旺盛。因此，中国出口规模得以持续增加，并且通过"出口—投资"联动效应带动了投资的增加，最终推动中国经济持续高速增长。据测算，在2008年国际金融危机发生之前的五六年中，如果考虑出口对国内消费和投资的拉动效应，那么，出口对国民收入增长的贡献率高达50%。然而，以IT技术代表的第三次科技革命高潮已过，在可预见的未来将是技术创新的低谷，这势必将降低全球经济增长速度，从而抑制中国的外部需求。显然，中国目前采取的宏观调控政策无助于扭转全世界技术进步放缓的态势，因此也无法改变中国未来经济增速放缓的大趋势。

其次，目前的宏观调控政策空间趋于缩小，短期稳增长能力进一步减弱。

在财政政策方面，当前中国政府债务水平居于历史高位，政府运用积极财政政策的自由度大不如前。1986年，中国政府总债务余额占GDP的比重约为10.2%，此后政府债务水平逐步上升，2011年政府债务占GDP的比重大幅上升至38%左右。据测算，若考虑隐性债务和或有债务，中国政府债务占GDP比重将保持上升态势，在2050年将升至107.7%，年均上升幅度达2.35个百分点。

在货币政策方面，从2007—2012年货币政策工具使用情况来看，数量型货币政策工具使用频率高达66%。随着数量型货币政策工具的频繁使用，当前中国M 2/GDP指标值已居于绝对的历史高位，2007—2012年中国M 2/GDP上升幅度达到0.36。通过国际对比还可以发现，当前中国M 2/GDP也大大高于主要发达国家水平，2012年中国M 2/GDP为美国的2.8倍。可见，当前中国经济体内部的流动性已相当充裕，继续凭借数量型货币政策调控工具刺激经济增长的空间不大。

在产业政策方面，其效力将由于有利的经济、社会环境的消失而逐渐减弱。产业政策要想取得成功，需要依赖以下四个前提条件：①市场机制不完善，需要政府制定产业政策来弥补市场缺陷。②国家尚处于世界产业链的较低位置，在产业升级时，企业所要投资的是处于世界产业链内部的技术成熟的产业，这就决定了政府选错主导产业的可能性会大幅降低，此即"后发优势"。③产业政策所导致的权力寻租在社会可以容忍的范围内。④对未来的科技走向有准确的前瞻性判断。而在未来，由于这四个前提条件都将逐渐消失，产业政策的效力也将逐渐减弱：一是，市场制度将进一步完善，政府干预经济的空间将因此而缩小。二是，产业结构将逐步升级，更加接近世界产业链的前沿，从而使得"后发优势"逐步弱化，政府产业政策决策失误的概率可能将提高。三是，短期内难以有效减轻产业政策所导致的权力寻租，而中国社会当前对其所造成的腐败问题已经非常不满，未来将越来越难以承受产业政策导致的权利寻租。四是，历史经验和国际经验表明，要准确预言未来的科技走向非常困难。

其实，"四万亿"投资计划等经济实践已经证明宏观调控政策无法破解当前的增长困境。

2008年下半年以来，在全球性金融危机的冲击之下，中国出口贸易总量严重下滑，经济迅速进入下行通道。为了确保合意的经济增速，政府出台了"四万亿"投资计划和产业振兴计划等措施来刺激投资扩张，并将货币政策迅速由紧转松以配合财政政策。大力度的宏观调控政策实现了"稳增长"，但中国为此付出了沉重的代价。一方面，通货膨胀逐渐加剧，从2009年年底开始物价水平即迅速反弹。另一方面，经济重新回到"高耗能高污染"的老路，资源环境压力加剧。从"四万亿"投资的资金流向来看，住宅和基础设施建设的投资占到总规模的48%。大规模的住宅和基础设施建设增加了社会对钢铁、有色金属、水泥等产品的需求，而这些产品都来自"高耗能、高污染"行业，阻碍了中国的节能减排计划。中国经济和社会难以承受"稳增长"所引发的"高代价"，宏观调控重心不得不从"稳增长"逐渐转向"控通胀"。而在刺激性宏观调控政策退出的过程中，经济自主增长乏力的问题再次显现，又迫使宏观调控再从"控通胀"转向"稳增长"。不难发现，近年的宏观调控政策在"稳增长"和"控通胀"之间频繁转换，只能争取在短期实现"稳增长"，无法根治增长困境。

总之，由于经济调控政策的本质是通过以调节投资为核心的短期总需求来保障经济平稳、较快发展，这就决定了经济调控政策既无法扭转未来经济增速放缓的大趋势，也很难降低中国的"增长依赖症"，因此无法从根本上摆脱增长困境。

（二）中国未来经济模式转型

"中国人一百年来从跟西方人牙牙学语，进步到'邯郸学步'，再进步到'摸着石头过河'。再前面，是资本经济的汪洋大海。难道，我们除了亦步亦趋就没有自己的路？本来应该有，既不同于西方，也不同于前苏联。但历史不存在假设。现在，如果我们不能清醒地回顾历史，也就没有评价现实问题的依据和……探寻第三条道路的可能"。① 我们需要从中国的历史发展经验与传统制度资源中寻求智慧，探索超越西式现代化的"第三条道路"，创建一种真正的可持续发展的经济模式！

1. 发展观念的改变

要改变现在的经济发展模式，首先要改变现行的经济发展观念，应该以天人合一的永续发展观超越罔顾生态环境的经济增长观。具体来说，就是要重建中华文明的经济伦理体系。要将维护人类永续作为经济发展的最高原则，而绝不能将西方经济学中"追求个人最大满足"的虚拟假设作为真实公理；要求经济活动应保障和促进良性的生态环境与社会秩序，而绝不能将"经济增长"作为社会稳定、政权合法的前提；生产应该"取之以时"、取之有度，而不能一味强调"效率最大化"；消费应该"用之有节"，而不能一味强调"享乐最大化"；社会再分配必须注重"均"（调节贫富差距）、"和"（促进和睦相处）与"安"（保障安居乐业），而不能一味强调"资源配置效率"。（详见第七章第三节·一·（一）《德本主义社会的经济伦理：道德主义》）当然，追求天人合一的永续发展，并不排斥追求正当合理的经济增长，而是强调经济增长不能罔顾人类社会的全面协调发展与真实幸福，不能罔顾社会的长期稳定与和

---

① 温铁军：《我们到底要什么？》，华夏出版社2004年版，第6页。

谐秩序,更不能罔顾生态环境的不可持续。

要实现天人合一的永续发展,中国经济建设必须采取"内源发展"模式而不是"外源发展"模式:即应基于本土资源构造一个尽可能自给自足、内部良性循环的经济体系,而不能依赖外界的资源输入和市场扩张(同时必然对内或对外转嫁经济发展的"制度成本")维持增长。经济建设要注重对环境资源的集约利用,尽量维持自然生态循环,即注重提高"生态生产率",而不能一味注重提高"劳动生产率"。经济发展到一定程度后,即在"庶之""富之"之后,要通过"教之"来强化文化整合,而不能一味推行"富之"的发展策略——这必然导致人类的生存不可持续。当然,采取"内源发展"模式,并不是要排斥正当合理的资源交换与贸易交流,而是强调经济发展不能罔顾环境资源的有限性而无限度扩张,不能竭泽而渔罔顾子孙后代的生存延续。其实,在"内源发展"模式下的资源交换与贸易交流,是一种更加平等、更加互利、更加可持续的经贸交流。

2.产权制度的重建

确立"内源发展"模式,关键是要建立相应的产权制度——即"族有产权"制度。正如"私有产权"制度是"外源发展"模式中促进市场有序竞争、降低市场交易成本、优化资源配置效率的基础性制度,"族有产权"制度则是"内源发展"模式中促进社会和谐稳定、降低社会治理成本、优化资源集约利用、保障人类永续发展的基础性制度(详见第七章第三节·六·(三)《产权制度的比较分析:私有产权与族有产权》)。

族有产权制度的核心是土地的"族有"。推行土地产权"族有",实质是推动重建中国基层社会的主体组织——宗族。一定面积的具有"族有产权"的成片土地是宗族的根基所在:那土地不仅仅是经济资产,更是族人心灵的安顿之所,生命的归宿之地——名之曰"家乡"。为了中华文明的伟大复兴,为了中华民族的永续发展,必须激励多数中国人爱家乡。首先是制度要保障多数中国人有家乡。确立土地的"族有产权",实质就是推行"家天下"的社会治理,即尊重而且保护家乡(决策又执行地管理了一代以上的成片土地)、家族(血缘相关而且相互协调的若干家庭的组合)、家庭(习俗或法律认可的非人体的最小社会单元）的组织管理。

与公司组织比较，宗族组织的核心目标是族群延续，其组织功能整合了经济生产组织、基层社区组织、社会保障组织、宗教信仰组织、初等教育组织、地方治安组织、环境保护组织等社会组织的功能；而公司则是单纯的经济生产组织，核心目标是追求利润扩张。宗族的组织目标是长效的（世世代代）、可持续的；而公司的组织目标相对而言是短效的，往往只考虑中短期的扩张。在组织结构方面，宗族更多地具有弹性组织的特征（公司主要是"科层组织"），在组织管理方面，宗族更多地采用"规范型组织"的方法（公司则主要采用"功利性组织"的方法）。（详见第七章第二节·四《基层组织：宗族组织与公司组织》）概言之，作为内在具有超越合理性（祖先祭祀）、历史合理性（血缘传承）、民意合理性（经济保障）三重合理性的社会组织，宗族的凝聚力远高于民意合理性一重独大的公司组织。因而，在组织运营方面，如果外部条件相同，宗族组织相较于单纯的公司组织往往成本更低、效率更高，也更可持续，海外华人家族在全球范围经济领域的持续成功就是明证。无疑，现代宗族的组织功能可以容融且超越公司，成为既充满经济活力又促进永续发展的现代化社会的主体。

在当代中国推行"族有产权"制度，重建宗族组织，有着深厚的历史文化基础。"如果给当代中国农民一个机会，让他们选择一种符合自己内心需要、最亲切的自治性组织形式，恐怕有相当多的人会选择他们最熟悉的传统形式——宗族（如果当地有这种传统，并有延续这种传统的足够的资源的话）。这……是人们早已发现的一个现实"。[①] 因为宗族的重建，是"汉人对自己历史感、归属感、道德感和责任感的自觉追求，是中国数千年文明的精髓，应该得到全人类的尊重，尤其应该得到汉人子孙们的尊重。近几十年来，我们对这种自觉追求，不但没有给以足够的尊重，反而从蔑视发展到扼杀，其教训是值得认真记取的"。"所谓民族的、国家的'历史感'和'归属感'，归根结底也只有当它包括了而不是排斥了个人的'历史感'和'归属感'，才可亲

---

① 钱杭：《重建宗族的意义》，载（香港）《二十一世纪》双月刊1993年10月号，第151—158页。

可信，才有可能成为一种普遍的和现实的社会要求"。①

在当代中国推行"族有产权"制度，重建宗族组织，有着可行的现实操作条件。中国现行农村土地集体所有制，依然有着"族有产权"制度的"成性存存"。中国的多数自然村，至今仍是几个甚至一个大姓为主，大姓在村庄的权力分配过程中举足轻重。即使在缺少主导大姓的村庄，也常会出现以姻亲为血缘纽带的小姓自然组合。可见，以现行农村土地集体所有制为基础，逐步进行调整，可以重建现代化的"族有产权"制度。当前已经发生的集体土地股份制、物业补偿（产权置换）、农民合作社等，②则基本属于转型期的制度探索：多是在保障基本耕地的前提下，根据农民的意愿来调整集体土地的用途，往往限于短效的经济计算，尚缺少长效的社会治理成本的计算，还远没有"定型为"基层自组织管理。③"族有产权"的推行不限于乡村，还可以推行于城市，可以鼓励聚族而居、社区自治（这是城市管理的一大难题）。对因要求"聚族而居"产生的房产交易减免交易税费，对"族有产权"的房产减免房产税（当然要以房产税的普及征收为前提）。在城市聚族而居的案例，老北京有史家胡同、方家胡同、甘家口等，在当代北京，则可以有史家楼、方家楼、甘家楼，以及他们联合治理的小区。④

推行"族有产权"，重建宗族组织，政府应当积极鼓励、支持和规范民间自行组织编修族谱。族谱制度是以"族"为社会基本单位的户籍登记制度。因为确立"族有产权"的前提就要明确"族"的主体存在，重建宗族组织的前提就要明确"族"的人群存在。有了"族谱"，在明确了宗族成员的血缘亲疏和财产传承关系之后，还必须明确宗族成员的组织管理关系，建立宗族成员的分工分层与分配协调的规则。所以，政府还应当积极鼓励、支持和规范宗族自行协商订立"家法族规"。确立"族谱"和"族规"，就类似于公司筹

---

① 钱杭：《重建宗族的意义》，载（香港）《二十一世纪》双月刊1993年10月号第151—158页。
② 北京天则经济研究所《中国土地问题课题组》：《城市化背景下土地产权的实施和保护》，载《内部文稿》，2007年第2期。
③ 张祥平：《经典复杂科学》，中国社会科学出版社2013年版，第511页。
④ 同上书，第385页。

办明确了"股东"和"公司章程",于是,便可以向政府提出申请,将原本属于本族族人资产的"集体产权"转为"族有产权"。由此,便有了最基本的"族产",类似于公司筹办的股本。有了"族谱""族规"(包括宗族治理的目标、原则、管理架构等)"族产",如同筹办公司明确了股东构成、公司章程、管理架构、本金投入等,从而奠定了宗族组织的基本框架。

具体到立法层面,还要用宗族的"自然人与法人整合"来容融并超越公司的"自然人与法人分隔",用宗族的"无限责任"来超越公司的"有限责任"。现代公司的根本特征是"自然人与法人分隔",仅承担"有限责任",成型于殖民时期的欧美社会,其"责任"可以"有限"的基础是企业风险可以对外转嫁。[①] 在后发展的中国,企业风险无法对外转嫁,往往只能转嫁于国内的弱势阶层和生态环境,所以必须恢复"无限责任"。另外,法律对"财产共有人"的界定,要用"宗族关联(族内各家庭多方)"来容融并超越"婚姻关联(夫妻双方)"。[②] 因为财产不以"个人意思"随意分割,是族有产权的最重要的特征。[③]

推行"族有产权",重建宗族组织,政府还应当积极引导、鼓励和支持宗族自行建设祠堂、义庄、族学等。祠堂相当于西方社会的会堂和教堂:一方面,可以提高宗族自治能力和议事效率,一方面,可以促进社会教化和凝聚人心。义庄相当于现代社会的保险基金,宗族义庄和国家社保相结合,可以大大降低社会保障事业的成本,促进社会保障事业的可持续。而宗族自办族学和国家义务教育相结合,可以有效促进中国的教育公平,提升义务教育的品质。

推行"族有产权"制度,重建宗族组织,是基础性的制度改革。从中国历史的经验来看,上层制度改革(秦、西汉)的潜力用尽之后,一度借助科技创新(东汉,造纸术等)来满足"水涨船高"的需求,此后不得不进行中层制度改革(唐,科举制、府兵制等),直到敬宗收族(宋),德本主义社会才成熟(明清皆取宋制,与东亚环境良性互动)。从中国建立工业体系的历程

---

① 崔之元:《"看不见的手"——范式的悖论》,经济科学出版社1999年版,第31—32页。
② 张祥平:《经典复杂科学》,中国社会科学出版社2013年版,第389—390页。
③ 徐扬杰:《宋明家族制度史论》,中华书局1995年版,第131页。

来看，也要依次经过上层（辛亥革命、阶级革命）、中层（改革开放、先富官与商）、基层（敬宗收族，自组织活力）的发展才能成熟起来（上层与基层联手，约束地方官员和奸商巨贾）。① 从新中国建立发展的历程来看，推行"族有产权"、重建宗族组织，是继第一次农村包围城市完成阶级革命后的第二次农村（包括乡镇）包围城市。② 从改革开放的历程来看，推行"族有产权"、重建宗族组织，是继东部沿海大开发、西部大开发之后的第三次大开发——即基层大开发。正如改革开放初期建立特区，推行"族有产权"、重建宗族组织可以建立特村、特乡，总结经验，树立典型，再推而广之。③

3. 政府职能的调整

政府的首要任务，是支持、保障、帮助一定面积土地上的人口自行组织起来。在中国，就是支持、保障、帮助宗族自行组织起来，从而解决多数国民的温饱、就业、教育、医疗、养老、社区安全等问题。④ 以"族有产权"的确立为基础，政府可以对宗族充分"放权"，让宗族自己做主，依据自身的资源优势和技术优势及乡土需求，对"乡土"进行产业规划、土地规划与村镇规划。当然，政府仍然需要履行土地总体规划、城镇总体规划、公共设施建设以及对宗族发展的监督协调等职能。由于前文述及的城市"危机转嫁"和三农"红利奉献"，导致中国农村衰败、资源外流，智力资源和资金资源皆严重缺乏，政府有必要鼓励退休官员、学者以及民营企业家积极返乡参与、推动甚至领导宗族建设。宗族自行组织在"乡土"上进行投资、建设、经营，并自行组织发展族内公共事业，包括信用管理、纠纷解决、治安管理、灾害救治、环境保护、社会保障、就业管理、基础教育、人口控制等等。对于信誉良好的宗族，政府应给予配套政策鼓励和支持，如：在高校入学、银行信用、税费返还、政府采购、官员任用升迁等方面，给予优先照顾。

宗族组织的目标是族群延续和光宗耀祖，这与公司的目标（不断赢利）

---

① 张祥平：《经典复杂科学》，中国社会科学出版社 2013 年版，第 383 页。
② 同上书，第 512 页。
③ 同上书，第 384—385 页。
④ 同上书，前言第 19—20 页页下注。

有很大不同。良好的宗族自组织有利于国家社会的长治久安和生态维护，良好的公司自组织则迫使政府不断扩大经济规模（否则就因赢利减少而解雇员工导致失业问题），不利于长治久安和生态保护。推行"族有产权"，重建宗族自组织，可以有效减少基层的政权建制，减少巨量财政开支，减少乡村干部吃拿卡要，从而极大地降低了社会治理的成本，由此，中国将建成具有中国特色的"小政府、大社会"，也由此，在长治久安和生态保护方面，中国将远远超越西方资本主义社会的"小政府、大社会"。【其实，西方资本主义国家近年宣扬的"第三条道路"也是类似的探索，即从"社会——个人（法人）"（第一条道路）或"社会——集体"（第二条道路）到"社会——社区——个人（法人）"（第三条道路），然而，由于西方社会缺乏"宗族自治"的历史传统和制度积淀，相对较难形成到"社会——社区（乡里）——宗族（乡企——个人（法人）"的社会治理模式。①】

推行"族有产权"重建宗族自组织，意味着政府在公共领域职能的重大转换。政府应由以"管控"为主转变为以"教化"为主，即通过公共教育和大众传媒，特别是利用现代信息技术，来大力帮助宗族提高组织管理水平（齐家，家族），促成宗族自行组织发展经济建设、文化教育、医疗卫生、环境保护等事业。由此，政府便可以集中人力物力财力，更好地提供较大规模的公共服务（如全国性的文教事业），更好地配置较大规模的国土资源（如南水北调），更好地防治较大规模的自然灾害（如大江大河的整治），更好地发展较大规模的国防力量等。

推行"族有产权"并不意味着要排斥"国有产权"。相反，由于工业体系成为现代社会运行的基础，国有企业的责任与意义尤为重大。社会基础设施建设与运营，如水利、电力、煤炭、石油、天然气、铁路、公路、电信等，要以国有企业为主体承担：一则是要保障社会的基本经济秩序，一则是民营企业也难以承担大规模的投入与运营风险。从中国历史经验来看，国企一般由工部主管（工部主管官员须通晓工科），部分由户部主管；一般属于官办，

---

① 张祥平：《经典复杂科学》，中国社会科学出版社2013年版，第383页。

也有官督民办。官办国企往往是通过对民企甄选、收编后改造形成的,且鼓励世代相传,包括众多的土木世家、冶炼世家、织造世家、印染世家、陶瓷世家、园艺世家等;这些世家多来自乡土民企,但成为国企世家之后,脱离乡土,由国企来保障其世代相传。国有企业与民营企业的社会定位不同,所以管理机制也有所不同。在物质收入方面,国有企业成员一般低于高效益的民企,但在社会地位与长期保障方面,要高于高效益的民企,如:对于合格的国企世家成员,有相应的表彰制度;对于守规的国企世家成员,终身雇佣,并且优先安排子女的教育、就业以至于升迁等。国企领导一般是通过科举选拔,以规避官场熏染;贪赃枉法者要承担无限责任,而优秀的国企领导退归故里后,政府将提升该宗族的信誉等级,给予一定的政策优惠。总之,对国企的经营管理更多相关于社会治理成本,而不仅仅是考虑市场的"资源配置效率"。当代中国,国有企业应该增加水利世家、电力世家、煤炭世家、石油世家、天然气世家、铁路世家、船舶世家、电信世家、网络世家、飞机世家、火箭世家、核工世家等。[①] 另外,重大技术创新也需要由国企发挥引领作用(西方二战以后的重大技术创新几乎都源于国家主导的军工技术突破)。

推行"族有产权"也不意味着要完全否定"私有产权"。推行"族有产权"主要靠政策鼓励和引导,是基于人们自觉自愿地将"私有产权"的部分或全部转为"族有产权",而不是一概否定和剥夺"私有产权"。在宗族内部,属于单个家庭的"家产"仍然可以视为是"私有"的,其"私有"的权利范围可任由宗族内部协商制订。无疑,"族有产权"容融且超越"私有产权"。

推行"族有产权",有必要更好地规范"私有产权"。"族有产权"的基础是土地及其中的人口,而"私有产权"的基础只是金钱财富。以"族有产权"为基础的民营企业可称之为"乡土民企",而以"私有产权"为基础的民营企业则可以称之为"无乡民企"。相较于"乡土民企","无乡民企"由于"无乡无土",在社会信用方面因为较少顾忌而容易导致社会治理成本(含立法成本、监督成本、违法成本等)的增加,在生态环境方面会因为较少顾忌而容易导

[①] 张祥平:《经典复杂科学》,中国社会科学出版社2013年版,第512页页下注。

致环境资源耗费的增加,容易变得"无法(无视公序良俗)无天(无视生态环境)",因此成长为充满泡沫的企业,反过来挤出"乡土民企",甚至把国企也拉入泡沫(国企高管从中渔利,自定高薪)。如没有被拉入泡沫之前的国企生产的自行车轮胎,可以用十年或更多,而泡沫企业生产的自行车轮胎,只能用两年或更少,统计数字上的企业效率增加了五六倍甚至更多,社会总资源的利用效率却不但没有增加,反而减少了。这样的泡沫成为许多新技术的目标,即不是用来保证坚固耐用,反而是用来保证定期更新,结果大幅度增加了环境资源的无效消耗。[①] 因此,在推行"族有产权"、保障"国有产权"的同时,要通过健全法律法规,严格监管"私有产权"的"无乡民企",包括:建立完备的"无乡民企"(及其主要股东、管理人员)的信用追踪体系;建立严格的不良信用惩罚机制;在经营范围、宣传推广、银行信贷、税费缴纳、政府采购等方面给予更严格的要求等。同时,对于外资企业,也要加强监管,政策待遇不应高于"无乡民企"。外资企业在中国境内的经营,往往会增大社会的治理成本。据世界银行的统计数据:2006年之前的十年内,在中国受到调查的50万起腐败案件中,64%与国际贸易和外商有关。[②]

上述推行"族有产权"扶持"乡土民企"、规范"私有产权"严管"无乡民企",其政策精神就是中国历史上的"重农抑商"。推行"族有产权",扶持"乡土民企",就是"重农";规范"私有产权",严管"无乡民企",是"抑商"。"抑商"不是抑制正常的商业活动,更不是禁商、废商,而是抑制"商"成为主导社会升层的主要途径,防止"商"的价值观念成为社会主导价值观念,特别是抑制"商"成为影响社会稳定和谐的因素(如破坏公序良俗、贫富差距过大、贪官奸商勾结等),抑制"商"成为损害生态环境的"祸首"。对于环境相对严酷的稳态社会来说,土地是最稀缺(短缺)的,其次是在有限的土地之中维护可持续的秩序,再其次才是可贸易的劳动力(求职者)和产品(商品)。"重农抑商",体现了土地——秩序——劳动力和产品三者在

---

① 张祥平:《经典复杂科学》,中国社会科学出版社2013年版,第513页。
② 郑良芳:《"洋腐败"滋生新买办和洋垄断是中华民族复兴的最大祸害》,载《开达经济学家论坛·文稿》2007年第五、六期合刊,第143—148页。

中国稳态社会中重要程度的排序。在此前提下，由于"商"对于民生的重要作用，发展仍得到保护。在当前的语境下，言"重农抑商"似乎容易导致误解，可称之为"重农律商"。

推行"族有产权"制度，实施"重农律商"政策，有助于中国的政治制度改革，特别是有利于组织"科举选士"（敬宗收族的社会环境有利于儒士的教育培养，也有助于官员的廉洁奉公），有利于复兴"礼乐文明"（敬宗收族原本是礼乐文明的社会土壤）。推行"族有产权"，实施"重农律商"，组织"科举选士"，复兴"礼乐文明"，也即孔子所言"庶之，富之，教之"，由此，德本主义"内源发展"的模式将基本确立。

4."三农"问题的化解

"三农"问题是当前中国社会经济生活中的一大基本问题。推行"族有产权"，重建宗族组织，是治理中国"三农问题"最根本的方法。

首先，推行"族有产权"，重建宗族组织，是对治当代中国"城乡对立二元结构"问题的根本方法。现行的土地制度在很大程度上固化并强化了土地权利的二元分割：农地被限制用途与流转，特别是对于非农业经营权利的限制；同时，农地转为非农地的决策者和操控者是各级政府机构，而不是农地权属的主体。这使农民的土地权利受到巨大侵害。征地的补偿安置标准由政府规定，农民作为权利主体，却不能参与谈判，只能被强制接受。"据上海市社科院提供的数据，长三角农地……征地补偿费只相当于土地升值收益的1/50。按照土地学会专家计算，每年全国被征地农民相当于放弃的土地财产权至少有30万亿之巨"。① "从1979年到1997年，在18年间，国家从农民拿走了2.7亿亩土地，其差价近10万亿元，而把4000万农民留给农村，他们耕田无地，做工无岗，经商无资本，养老无保障"。② 如果农民没有自己的组织，就很难抵制地方干部的违法征地，也很难对抗土豪地痞的明强暗骗。俗话说：天高皇帝远，县官不如现管，没有组织的农民的生杀大权就操在"现管"的

---

① 张曙光：《城市化背景下土地产权的实施和保护》，载《管理世界》2007年12期。
② 引自何伟《"三农"问题的症结及出路》，载《开达经济学家论坛·文稿》，2007年第五、六期合刊，第77—80页。

手里。"现管"既可能是县乡镇村的干部，也可能是土豪地痞甚至黑社会团体。无论依靠新闻监督媒体宣传，还是依靠上访告状求助维权，都无法真正保障农民的基本权利。只有通过推行"族有产权"制度，重建宗族组织，才能将完整的土地权利下放给农民，打破土地权利的二元分割；而占中国人口多数的农民，才能真正建立起自己的组织，才能提高自己的社会地位，才能真正维护自身的权利。"城乡对立二元结构"导致中国的产业结构难以升级、区域经济难以平衡（即城乡差别与区域差别拉大），均衡的、合理的城镇体系难以建立。"问题关键是资本高度稀缺，而可以向资本转化的经济资源又被垄断部门所控制"。[①] 通过推行"族有产权"，重建宗族组织，然后以优惠政策鼓励城乡联宗，可以强力推动社会资本流向乡土、投资建设家乡。同时，城乡联宗还可以推动知名人士造福乡里，参与管理。正如汉唐宋明清时期，官员和国企雇员退休后主动回到原籍发挥余热，安享天年。现代更有利的条件是：借助信息技术和交通网络，以及在城镇建立本族的居住点（区），可以使农村、乡镇与城市融为一体。[②]

其次，推行"族有产权"，重建宗族组织，是对治当代中国农民就业问题的根本方法。中国的核心问题依然是农民问题，而农民问题的核心则是就业问题。[③] 重建宗族组织，开拓族内就业的潜力，是从根本上解决农民就业问题的有效方法。从现代社会的就业结构来看，"只有中小企业才能吸纳最多的劳动力就业，因为新增就业的80%以上是在中小企业"。[④] 然而中小企业在市场竞争中，风险性较大、稳定性较差。宗族组织在吸纳就业方面不仅具有中小企业的容量优势（而且远远超过，详见下），同时又有很好的稳定性。宗族可以自办企业或宗族联合共同兴办企业，进行农产品的各种初加工，甚至统筹开展从农产品直至终端消费品的全部加工，如粮油加工、乳品加工、罐头腌制、果蔬加工、林木加工、皮革、纺织、服装等等，都可由宗族企业承担。另外，

---

① 温铁军：《我们到底要什么？》，华夏出版社2004年版，第14页。
② 张祥平：《经典复杂科学》，中国社会科学出版社2013年版，第510页。
③ 温铁军：《我们到底要什么？》，华夏出版社2004年版，第12页；及《三农问题与制度变迁》，生活·读书·新知三联书店2005年版，第101—116页。
④ 温铁军：《我们到底要什么？》，华夏出版社2004年版，第16页。

宗族可以通过订单采购零部件，进行部分民用消费品的终端工业品装配。终端装配成本略高于集约生产，但运输成本低于集约生产，被减少的商业库存等环节收益也将归集约厂家和宗族企业所有。需要分装包装的终端产品皆可仿此运营。即使宗族企业规模较小，也会因经营成本较低而获取较高收益。各宗族可依据自身的资源优势和技术优势来选择适合的专业或兼业。同时，宗族的日常管理也可以吸纳大量就业，如：土地耕种、土木工程、沼气工程、机电工程、文化教育、卫生医疗、社区治安、环境保护等；非日常的管理还包括婚丧祭祀（灵魂超越）、纠纷调解、和睦邻里、扩大覆盖（出人头地，金榜题名）、惠及子孙（出将入相，青史留名）等。由上可见，经营土地将只是宗族日常管理和其他生产行为的一小部分。因此，土地不但不会因劳力不足而抛荒，反倒会因人员休闲而园林化，把农村生活维持在略高于普通城市居民（非政府人员，非国营企业人员）的平均水平。[①] 中国当代农民工高达 2 亿多人，但未融入城市，境遇堪忧，通过宗族重建、城乡联宗和族内就业，将一劳永逸地化解"农民工"的问题。

另外，推行"族有产权"，重建宗族组织，将强力推动新型城镇化的建设。新型城镇化是以人为本的城镇化，关键是要能统筹解决农民保障（包括就业、养老、医疗等）、农村发展与农业产业化的问题。上述问题，既不可能完全由国家包办（治理成本太高），也不可能完全交由市场（否则必然是贫富分化加剧、农村破败加剧、粮食安全无法保障）；而通过宗族重建和城乡联宗，政策引导社会资本流向乡土，确立以宗族为主体推进新型城镇化的模式，上述问题就能迎刃而解：由宗族自行组织在"乡土"上进行投资、建设、经营，并自行组织发展族内公共事业，包括信用管理、纠纷解决、治安管理、灾害救治、环境保护、社会保障、就业管理、基础教育、人口控制等，乃是在国家包办与放任市场之间的"中庸之道"（兼取二者之长，且避二者之短），是统筹解决农民保障、农村发展与农业产业化问题的不二之选。

[①] 张祥平：《经典复杂科学》，中国社会科学出版社2013年版，第509—510页；另见《制度对话》第 299—315、286—291 页、248—264 页。

5. 经济结构的优化

当代中国经济发展的"内向剥夺模式",导致了中国经济严重的结构性问题。

首先,是中国经济的外在结构性问题,即在世界经济体系中的"依附性"问题。中国自20世纪70年代恢复对美欧日等西方国家开放、接受西方产业转移后,逐渐被纳入美国主导的金融资本深化的过程。从90年代起,中国加快了推进国内的资本化和货币化进程。此后,中国因为大量贸易顺差而形成资本流入,加上以资本顺差方式流入的美国增发货币,在三个方面导致了中国对美国的"依附"。第一方面,是金融深化的必然结果。中国不仅不能与掌控游戏规则的国际金融资本竞争,而且不得不在政治上承认美国的全球霸权地位。从这个意义上看,中国金融资本能不能合法运作,一定程度上需要占据国际金融资本体系创制地位的美国来赋权。第二方面,是产业资本集团利益对国家主权的"绑架"。中国产业资本粗放扩张对全球资源和能源有巨大需求,按照现在美国梦的发展和消费主义模式,走激进的城市化扩张道路,中国面临着资源、能源、食品等方面的制约,难以摆脱对美国掌控的世界资源和运输通道的深度依赖,导致国家经济安全受制于人。第三方面,是美元增发流入中国,中国则用货币大规模增发来对冲。于是,在这一经济金融化加快的进程中,中国的中央政府对货币化收益的占有和依存度随之愈益增加。如果美国采取以邻为壑的"量化宽松"措施,其造成的中国"输入型通胀"根本不可能被国内单方面采取紧缩政策化解掉。由于美国国债增发主要由中国这样的贸易顺差国承接,中国不得不成为美国政府国债的第一大买家,遂使在坚持主权完整方面,遭遇了让人不敢苟同的困境。没有文化软实力和政治巧实力的中国,似乎尴尬到了动辄得咎的地步——就连亦步亦趋地跟从美国,也不能得到控制着国际政治经济秩序话语权的美国的认可。可以说,中国基本上形成了对美国金融资本及其派生的债务经济的一种"再依附"关系。如同上世纪50年代产业原始积累时期中苏之间的战略接近,现在中美经济上的这种"相辅相成",造就了中美之间相对融洽的经济关系和相对紧张的政治关系二者交织混杂的"战略接近伙伴关系"。如西方新马克思主义的"世界体系论"所指出的,相对于美国核心国家的地位,中国属于"次边缘"国家,对核心国家势必居于依附地位。①

其次,是中国经济的内在结构性问题,主要包括产业结构、区域结构、要素投入结构、排放结构、经济增长动力结构和收入分配结构等六个方面的问题。② 产业结构问题突出表现在低附加值产业、高消耗、高污染、高排放产业的比重偏高,而高附加值的产业、绿色低碳产业、具有国际竞争力产业的比重偏低。区域结构问题突出表现在人口的区域分布不合理,一方面,是人口、资金迅速向一二线城市聚集,三四线城市发展后继动力明显不足甚至人口流出;一方面,我国城镇化率尤其是户籍人口城镇化率仍然偏低,且户籍人口城镇化率大大低于常住人口城镇化率。投入结构问题突出表现为经济发展过度依赖劳动力、土地、资源等一般性生产要素投入,人才、技术、知识、信息等高级要素投入比重偏低,导致中低端产业偏多、资源能源消耗过多。排放结构问题突出表现为废水、废气、废渣、二氧化碳等在排放结构中比重偏高,导致了资源环境的压力巨大。动力结构问题突出表现为中国经济增长过多依赖投资和出口来拉动,特别是过度依赖投资来拉动,随着出口需求减弱和投资拉动的边际效应降低,经济增长动力愈趋不足。分配结构突出表现为中国城乡收入差距、行业收入差距、居民贫富差距都比较大,财富过多地集中在少数地区、少数行业和少数人中。上述六方面的结构性问题相互叠加,成为影响中国经济社会持续发展的痼疾。

当前,中国政府冀望于通过"供给侧改革"解决中国经济的结构性问题,主要政策包括:调整完善人口政策,夯实供给基础;推进土地制度改革,释放供给活力;实施创新驱动战略,开辟供给空间;深化简政放权改革,促进供给质量;构建社会服务体系,推进配套改革等。③ 上述改革政策的有效推行,一定要建立在推行"族有产权"、重建宗族组织的基础上——这才是供给侧改

---

① 温铁军:《八次危机——中国的真实经验》,东方出版社 2013 年版,第 232—235 页。
② 《结构性改革:改什么,怎么改——访国务院发展研究中心资源与环境研究所副所长李佐军》,《经济日报》,2015 年 11 月 23 日。
③ 国家行政学院经济学教研部编著:《中国供给侧结构性改革》第二章,人民出版社 2016 年版。

革的根本。

只有通过推行"族有产权"、重建宗族组织，才能彻底根治中国"城乡对立二元结构"导致的人口政策问题，从而夯实供给的基础（详见上文《三农问题的化解》）；只有通过推行"族有产权"、重建宗族组织，才能从根本上保障中国土地制度的良性改革，并释放供给活力（详见上文《产权制度的重建》）；只有通过推行"族有产权"、重建宗族组织，才能从根本上深化简政放权改革，促进供给的质量（详见上文《政府职能的调整》）；只有通过推行"族有产权"、重建宗族组织，才能构建可持续、高效率的社会服务体系，推进中国社会配套改革（详见上文《政府职能的调整》）；只有通过推行"族有产权"、重建宗族组织，才能别开生面地深度实施创新驱动战略，开辟供给的新空间（详见下文）。

通过推行"族有产权"、重建宗族组织，中国经济将逐步确立"内源发展"模式，经济发展的动力也将转向以内需为主，从而大大降低经济的对外依存。巨量的人力物力财力将回流"乡土"，在"乡土"上进行投资、建设、经营，并自主发展各项公共事业。中国经济由此既可以避免陷入被全球化资本抽血，同时又可以逐步摆脱对国外能源和资源的依赖。更重要的是，将能逐步化解中国六十多年来建设工业体系不断累积的制度成本（前文已述，城市"危机转嫁"和三农"红利奉献"导致中国社会的制度风险不断累积，社会矛盾日益深化，生态环境愈趋恶化），为中国谋求长治久安奠定坚实基础。同时，中国经济模式转型引发的巨大内需，将极大刺激新技术与新产业的发展，特别是生态技术及相关产业的发展。生态技术是较少人工改变生态环境的技术，如相对铁钉来说，木榫就是生态技术，因为从前期准备来看，木榫自然生长的树木，而铁钉是人工开采的矿物和冶炼出的铁块儿，从后期处理来看，木材的自然降解速度则远远大于铁钉；又如：相对于化肥来说，粪肥是生态技术，因为从前期准备来看，粪肥人或动物的自然排泄物，而化肥则是人工开采物，而从后期处理来看，粪肥对土壤与水质的改变则远远小于化肥。在特定土地上追求族群延续的宗族组织和"乡土企业"，当然不希望污染生于斯长于斯的家乡的土地，其追求永续发展必然刺激生态技术及相关产业大发展，包括生态农业、生态建筑、生态园林、资源循环利用、再生能源开发、生态环境治理、中医中药养生等产业领域的发展。在已建立了比较完备的工业体系的中国,更可利用工业技术、信息技术、生物技术等反辅生态技术。如:"收获"蝗虫,转化为饲料,既利用了谷物("饲养"蝗虫),又减少化学药物杀虫。又如:借助弯叉管分离等技术,收集处理城市居民粪便作为农田底肥,既减少城市的用水量,又减少化肥引起的田土板结和土质下降。再如:运用物联网等技术,在大城市中建立交通预订道路系统,对车主来说,预订费用少于堵车引发的衍生费用,对整个城市来说,大大减少了堵车产生的污染。还如:用(微)生物技术改良盐碱地之后,探索特定植被群落,长效适应,减少对微生物技术的依赖。[1] 可以预见,"内源发展"模式的确立,生态技术的发展,特别是通过再生能源技术与互联网络技术的整合并反辅生态技术,使得中国将在未来的"第三次工业革命"中,以其独特的文化优势、制度优势及技术优势领先全球(详见后)。

"内源发展"模式的确立,还使中国可以胜券在握地推进财税金融制度的改革,特别是外汇制度与货币制度的改革。由于以政府为主的社会治理模式(土地国有)对外汇需求较大,而以宗族组织为主的社会治理模式(土地族有)对外汇需求较小,通过确立"族有产权"、重建宗族组织之后,外汇储备就可以减少,同时也就减少了成本很高的资本被动性外流(即外汇储备只能购买外国国债生息,受制于人)。减少外汇依存度后,无论人民币升值还是贬值,主动权都在中国,任凭风浪起,稳坐钓鱼船。[2] 最终,中国将从历史上从良币(银铜金)到劣币再到良币的历史演化过程中汲取经验,[3] 促使金银复位,劣币退位,从而重建全球性的"诚实货币体系"。

通过推行"族有产权"、重建宗族组织,还将优化中国的人口结构。由于长期实行计划生育政策,人口生育率过低,使得中国已然进入老龄化社会,导致一系列社会经济问题。根据人口普查数据及学者预测,目前中国的总和

---

[1] 张祥平:《经典复杂科学》,中国社会科学出版社 2013 年版,第 454—455 页。

[2] 同上书,第 493 页。

[3] 张祥平:《制度对话》,石油工业出版社 2001 年版,第 268—288 页。

生育率低于很多发展中国家，甚至低于英法等低生育率的发达国家。中国社科院发布的《经济蓝皮书：2015年中国经济形势分析与预测》认为，中国目前的总和生育率只有1.4，远低于世代更替水平2.1，已非常接近国际公认的1.3的"低生育陷阱"。加之西方文化的流行使得许多年轻夫妇不愿意多生孩子，这意味着未来中国的人口可能持续下滑、人口结构可能持续恶化。推行敬宗收族、重建宗族组织，中国传统的"延续香火""光宗耀祖"的文化将得以复兴，生养孩子的成本和风险也将大大降低（宗族分担），由此将有效克服西方思想对中国生育文化的侵蚀，将生育率提升至一个合理水平。同时，为防止未来人口过度膨胀，政府可将计划生育权限下放宗族，由宗族根据自身的经济资源状况自行安排"计划生育"，政府只需在宏观层面引导和调节。如此，中国的"计划生育"管理成本将大为降低，而生育率将维持在一个合理水平，人口结构也将得以持续优化。

产权制度的变革，宗族组织的重建，发展模式的转型，人口结构的优化，加上生态技术及相关产业的创新发展，将全面化解中国经济的结构性问题，将有力推进中国把生态文明建设融入经济建设、政治建设、文化建设、社会建设各方面和全过程，将真正建设成生态中国、美丽中国、富强中国、宜居中国、幸福中国，将真正实现中华民族的永续发展！

6. 全球变革的导引

从全球现代化的历史进程来看，大体可分为两个阶段。

现代化第一阶段，是西方地理大发现后，借由洲际海路通商、实验科学、蒸汽机等推动创立了工业体系，主要发生在资本主义社会形成期和发展期。其在经济运行上的主要特征，是欧美国家以殖民扩张为基础，有限责任公司逐渐取代无限责任公司，从而大大降低了对资本的风险约束，鼓励资本扩张、借钱生钱。欧美国家通过"借钱生钱"的模式激发市场需求（海外贸易）和促进供给（催生蒸汽机，加强纺织品的竞争，并减少运输成本；催生火药，减少开矿成本等）。工业体系的建立，使人们可以用较少的重体力劳作来满足温饱（如农林、土建、采矿机械）和增大消闲时间（如电灯延长白昼，自行车公交车减少上班上学的途中时间等）。这个阶段往往需要通过转嫁风险来进行内部动员和原始积累,如英、法、美以殖民扩张来转嫁,德、日以战争侵夺来转嫁,俄、中通过"革命"剥夺"阶级敌人"来转嫁。①

现代化第二阶段,是欧美国家为了保障经济增长、维护社会秩序,不得不在温饱和抗灾的需要基本满足之后,借助金融创新与军功争强来维持经济增长,主要发生在资本主义社会的成熟期和繁荣期(二战后)。金融创新助长了虚拟经济或泡沫经济,支撑虚拟经济或泡沫经济的则是奢侈经济(永远在升级中的房产、轿车、游艇、时装、旅游、电子产品、私人飞机等)以及军工经济。军工经济具有垄断性的高额回报,有助于减缓欧美社会的经济危机。每一次重大经济危机都会削减经济泡沫和实体经济,却不会削弱军工经济,反而会加强军工经济(军工本身可以扩大就业,征兵也变得更容易:失业者自愿当兵)。军工经济在两次世界大战中两露头角,接下来的衍生产品是冷战和恐怖组织。然而,军工的"经济效益"是把双刃剑:经济利益的驱动使得高端武器难以控制供给,而地区冲突甚至国际冲突刺激了对高端武器的需求,因此,高端武器必然会扩散;于是推动创新更高端的武器,以把原来的高端武器变成中端甚至低端。高端武器扩散导致美国的军事垄断地位受到二级强国挑战,而且更次级国家及恐怖组织和海盗的军事能力也在走向"高端"。最高端的军备往往是威慑性的,大致类似于金融工具的创新,泡沫越来越多,即俗语所说的"高射炮打苍蝇";而次级甚至更次级的军备才较多被应用,大致类似于实体经济。走向"高端"到一定程度,"军工争强"的级差秩序(美国→核大国→更次级国家→恐怖组织→海盗→黑社会)就难以维系:高端武器缺少用武之地,中低端武器(原来的高中端武器)遍地开花,结果导致"集体闯红灯",或"集体自杀"。② 可见,"军工争强"的现代化第二阶段不可持续。同时,通过金融创新追求不断提高效率、扩大经济覆盖的结果必然是强势国家、强势行业、强势企业、强势群体向弱势国家、弱势行业、弱势企业、弱势群体转嫁风险,最终是向生态环境转嫁风险,绝对不可持续。目前的实际状况是:

---

① 张祥平:《经典复杂科学》,中国社会科学出版社 2013 年版,第 163 页。

② 同上书,第 163 页,以及 第 377 页页下注。

欧美国家在热战、冷战之后，面临经济增长乏力、国际贫富分化加剧、全球温室效应强化的矛盾；中国在开放、改革之后，面临经济增长乏力、国内贫富分化加剧、国内生态环境恶化的矛盾；在现行经济体制与政治体制下矛盾无解。

矛盾的化解在于政治经济模式全面转型。然而，由于路径依赖，欧美国家、尤其是美国，不仅难以转型，甚至可能会加剧危机恶化（美国退出《京都议定书》就是明证）。中国由于资源环境的限制，加上历史文化资源的积累，将率先转变经济发展的模式，即通过产权制度的变革（产权族有）和社会组织的重建（宗族自治），同时加上意识形态转轨（天人合一，永续发展）和政治制度创新（主权在天，德政礼制），用扩大文化覆盖来平衡经济覆盖（庶之→富之→教之）。唯此，才能引领世界各国在享有现代化文明成果的同时，摆脱军工争强的阴影及和平时期的经济危机。同时，风险转嫁也将大大减少，而且其中的多数被约束在一国、一地之内（强势国家、强势行业、强势企业、强势群体将难以向弱势国家、弱势行业、弱势企业、弱势群体转嫁风险）。

英国历史学家汤因比通过比较研究东西方文明的历史认识到，"罗马帝国解体后，西方的政治传统是民族主义的，而不是世界主义的"。而中华民族"几千年来，比世界任何民族都成功地把几亿民众，从政治文化上团结起来。他们显示出这种在政治、文化上统一的本领，具有无与伦比的成功经验"。"要具有世界主义思想。同时也要有达到最终目的所需的干练才能。世界统一是避免人类集体自杀之路。在这点上，现在各民族中具有最充分准备的，是两千年来培育了独特思维方法（即构造整合法）的中华民族"。[①] 中华文明独具的"构造整合"的科学思维、"天人合一"的价值观念，加上"天下主义"的政治情怀，"先天"地赋予了中国引领世界发展的使命！而独立完整的现代工业体系和源自传统的"内源发展"模式，又将使中国在"第三次工业革命"中赢得领先优势。

美国学者杰里米·里夫金在《第三次工业革命》中指出，人类已经历两

---

① 〔日〕池田大作、〔英〕汤因比：《展望二十一世纪——汤因比与池田大作对话录》，荀春生等译，国际文化出版公司1985年版，第287—295页。

次工业革命：19世纪以蒸汽机为标志的第一次工业革命和20世纪以电气化为基础的第二次工业革命。两次工业革命都是新通信技术与新能源系统的结合：一次是印刷技术与蒸汽动力技术的结合，一次是电信技术与燃油内燃机技术的结合。新能源技术推动工业体系向更复杂的方向发展，而更复杂的工业体系需要先进的通信技术来协调整合。在21世纪，互联网络技术与再生能源技术的结合将催生第三次工业革命。不久的将来，每个建筑都将是小型的再生能源发电厂，人人都是绿色能源的自助生产者。任何一个能源生产者都能将所生产的能源通过外部网格式的智能型电力系统与他人分享。前两次工业革命以化石燃料为主的能源机制塑造了自上而下的社会组织架构，第三次工业革命以再生能源为主的能源机制将重塑社会的组织架构：合作的社会网络将逐渐取代竞争的市场经济（即文化覆盖平衡经济覆盖），生物圈政治将逐渐取代地缘政治（即天下主义取代族国主义）。价值观念与生活方式等也将随之变化。追求个人自由将转向追求合作利益，追求物质利益将转向生活质量。真正的自由并不是对他人免责的孤岛，而是存在于与他人的紧密联系之中。生活质量的实现离不开共同体中每个人的积极参与，要求每个成员都具有高度的责任感。现有的城市及城郊空间将被规划建设成一个个相对独立、自给自足的生态系统，类似中国的"乡土"，第三次工业革命催生的新型能源、通信和运输系统将把这些"乡土"连接成一个覆盖全球的网络，将现有的生活空间、工作空间和娱乐空间同我们所属的生物圈的其他部分融合起来，实现人与自然的和谐相处。第三次工业革命的精神与中国传统"内源发展"模式的内核高度一致。推行族有产权、重建宗族组织、发展乡土企业，进而倡导天下主义，将使中国率先确立第三次工业革命的制度优势和文化优势，并由此进一步赢得第三次工业革命的技术优势（因为制度创新是技术创新的最大动力源）。

中华文明的璀璨之光将在21世纪重新普照世界：在为世界争取更多和平、摆脱更多贫困的同时，切实维护全球生态环境的可持续。中华民族将高举替"天"（全球生态环境）行道的大旗，引领全球现代化的新进程！

参考资料

第三次工业革命[①]

21世纪,互联网信息技术与可再生能源技术的结合将催生出第三次工业革命。第三次工业革命有五个相互关联的支柱:1、向可再生能源转型;2、将每一栋建筑转化为微型发电厂,以就地收集可再生能源;3、在每一栋建筑物及基础设施中使用氢和其他存储技术,以存储间歇式能源;4、利用互联网技术将全球的电力网转化为能源共享网络,这一共享网络的工作原理类似于互联网(成千上万建筑物就地生产的能源,多余的部分将被电网回收,通过联网而共享);5、将运输工具转向插电式以及燃料电池动力车。

第三次工业革命将导致社会组织结构的变化。第一次工业革命和第二次工业革命均采用垂直化的组织模式,倾向于中央集权、自上而下的管理,大权掌握在少数工业巨头手中。第三次工业革命的组织模式是扁平化的,将由遍布全世界的中小型企业组成的网络与国际商业巨头共同发挥作用。第一次工业革命改变了19世纪的世界,第二次工业革命改变了20世纪的世界,第三次工业革命则将改变21世纪的世界。以化石燃料为基础的第二次工业革命塑造了自上而下的社会组织架构,第三次工业革命所带来的新能源机制将使垂直化的管控架构越来越趋向于扁平化的社会网络,将特别体现在以下三方面。

1. 改变做生意的方式:分散生产,合作共赢。

石化燃料(煤炭、石油和天然气)被称为"精英能源",它们只在特定的地域出现,需要政府动用大量的武装力量来占领矿源,还需要中央集权、自上而下的命令与控制体系和大量的资本对其进行开采、加工与运输。这决定了第一次工业革命和第二次工业革命的产业结构特征:金字塔的层级结构,拥有自上而下的权威。处在产业结构金字塔顶的石油工业受益的同时,其产生的剩余财富可以流入处于底层的其他小型产业和工人手中,从而带动整体经济的发展,即所谓的"涓滴理论"。与前两次工业革命不同,日渐兴起的

[①] 编自〔美〕杰里米·里夫金:《第三次工业革命》,张体伟等译,中信出版社2012年版。

第三次工业革命是以分布在世界各地、随处可见的可再生能源为基础，而这些可再生能源大部分是免费的，如水能、风能、太阳能、地热能、生物能、潮汐能等。这些分散的能源由数百万个能源采集点收集，通过智能网络进行整合、分配，最大限度地实现能源的有效利用并维持经济的可持续发展。可再生能源的利用机制将为经济活动提供一种崭新的组织模式——分散生产。每个人都可以成为能源的生产者，资源的占有和财富的分配也更加平均。如果说可再生能源为人人提供了商业机会，那么互联网交易平台则使销售者和购买者之间的对抗关系被供应者和使用者之间的合作关系所取代，利己主义被利益共享所取代。网络的附加值并不会贬低个人的价值，相反，每个人的财富都会通过协同努力得到共同增长，维基百科和社交网络就是典型。第三次工业革命带来的这种网络化、分散式、合作式的组织模式超越了传统的层级化、集中式、自上而下的组织模式。随着分散式、合作式商业模式的推广，同传统的垄断式资本主义相连的产业正在遭受严重的挑战。

2. 生物圈政治将缓慢取代地缘政治（国际关系的转变）

现代民族国家奉行社会达尔文主义，尽其所能地在全球攫取资源，特别是为了获取化石燃料（这也是第一次和第二次工业革命的能源命脉），你争我夺，导致了频繁的战争。能源领域内所发生的由化石燃料到可再生能源的转变将会催生带有生态观念的国际关系模式。可再生能源储量丰富、随处可见且易于共享，但需要对地球生态系统进行合作管理，所以不会为争夺能源大打出手，全球合作的可能性大大增加。生存不是竞争而是合作，不是各自为战而是你我相连。如果说地球是一个由相互依赖的生态关系所组成的生命有机体，那我们的生存则依赖于彼此合作，共同保卫身处其中的全球生态系统。这才是可持续发展的深层含义，也是生物圈政治的本质。

3. 倾覆守旧的经典经济理论大厦。

第三次工业革命将生态学和可持续发展概念引入经济学，将使经典经济学理论的大厦面临倾覆之险，具体表现在以下几方面：（1）财富观的嬗变：从独占到分享。经典经济理论认为，人生来就是利己而贪婪的，人类对自身利益的追求会推动社会总财富的增长，而市场交易则是产生财富最有效的手段。现实世界被分为"我的"和"你的"两个部分。第三次工业革命对人的内驱力假设则截然不同。互联网和新型通信技术使我们进入全球性的社交空间和新的时间领域之中,全球网络的接入成了同19世纪和20世纪私有产权同等重要的概念。现在,数亿年轻人正积极加入互联网上分散式、合作性的社交网络之中,比如维基百科和脸谱网,他们乐于用自己的时间和才智(大部分是不索取任何报酬)来为他人谋福利。他们这么做仅仅是为了享受与志同道合者共同致力于推动社会发展。因此,第三次工业革命对人性驱动的解释是"对社会性的需要和集体性的寻求"(即由"覆盖"替换"价格"——编者)。这种观念转变在人们对财产的看法上得到了更多的体现。在第三次工业革命时代,传统的财富观念——鼓励获取物质财富和独占、排他的权利,被全新的通过社交网络同他人分享经验的财富观所取代。(2)金融资本的价值减弱,利润的概念发生变化。资本主义的基本假设是:积累的财富能以金融资本的形式获取更大的利益。煤炭、石油等能源十分昂贵,因此以化石燃料为基础的工业革命需要巨额的先期投入,金融资本的重要性凸显;这些资源的开发又需要专业的分工和技能,这些因素使前两次工业革命都必须采用集中的管理和生产。与此相反,在第三次工业革命的通信和能源领域,社会资本与金融资本将同等重要。因为随着通信科技成本的越来越低廉,分散式网络的进入成本随之骤降,每个人都可以成为开放性的互联网和能源网中潜在的企业家和合作者。于是乎,金融资本在新型企业的创立方面所发挥的作用竟逊于社会资本,起码在开始阶段是如此。比如谷歌、脸谱,都是由二十多岁的年轻人在宿舍里建立起来的。随之变化的,还有利润的概念。传统的利润产生于交易的差额。第三次工业革命中,不仅信息的生产和分配的成本几乎为零,可再生能源也是如此。在这种情况下,通过差额赢利几乎不可能,赢利的概念发生了根本变化:财产仍然掌握在生产者手中,消费者在一段时间之内可以使用。实际上,时间成了关键的稀缺资源,"使用"超越"所有"成为商业的主要驱动力。这种由买卖关系向使用关系、所有权交换向网络内特定时间服务的获得之间的转换正在改变我们对经济理论的思考(市场交易将更多地被社会交易替代——编者)。(3)时空由工具变为命运共同体。在经典经济理论中,空间被视为一个装满有待开发的资源的容器(储藏室),时间被视为用来加速生产过程、创造经济财富的工具。人类被认为是作用于自然资源之上的外部力量,利用科技将资源尽可能高效地转变为生产效用。这种对空间和时间的工具性观点是经典经济理论的时空观。上述理论和实践注重对自然的开发与利用,而忽视地球化学和生物过程中的反馈机制,使地球的生态系统枯竭,使地球温度和气候产生了重大的变化。人类要想继续生存与繁衍,就必须重新理解生态网络中反馈机制的运行规律,建立新的时空观。在第三次工业革命对应的新范式里,空间应该是由活跃关系所组成的共同体;在时间的安排中,效率也需要让位于可持续性。对于管理模式,也要重新界定,使其同自然界的再生周期相符合,而不是一味地追求生产效率。这种从生产率到传承性、从效率到可持续性的转变将使人类再次同生物圈的节律和周期保持一致。这也是第三次工业革命的本质所在,同时也是现有的经济理论不足以成为指导新经济时代发展、创造生物圈意识的理论框架的原因。

第三次工业革命所产生的协同作用将促使全球经济发生巨大变革,人类的思维方式和生活方式也将发生根本性变化,将特别表现在以下三方面。

1. 集体责任感催生生活质量之花

第三次工业革命将改变我们对个人与他人之间关系和责任的看法,促使我们用"集体观念"来思考。在洲际的合作共同体中分享地球的可再生能源将造就人类共同体的认同,并将催生对生活质量的新梦想,在新一代中尤其如此。美国梦强调对个人利益、自治和独立的追求。然而生活质量的新梦想却将大不相同。我们将逐渐意识到真正的自由并不是对他人免责的孤岛,而是存在于与他人的紧密联系之中。生活质量的实现离不开共同体之中每个人的积极参与,要求每个成员都具有高度的责任感,确保在追求的过程中不让一个人掉队。启蒙经济学家坚信幸福和"美好生活"离不开个人财富的积累。处于第三次工业革命前沿的年青一代却认为在满足基本的经济需求的同时,个人的幸福离不开社会财富的积累。

2. 存在的意义:活着是为了游乐

人们的就业领域通常可分为四类：市场、政府、非正规经济和公民社会。由于智能技术的应用，市场就业机会将持续减少。各国政府也在精简人员，在税收征管、兵役等诸多方面也引进了智能技术。非正规经济包括家庭生产、易货贸易以及黑市交易等，也可能渐渐减少，因为传统经济体正在向高科技社会转变。那么只剩下公民社会这一种就业方式在扩大。公民社会经常被称为第三部门，这表明它没有市场或者政府那么重要，其内部组织也经常被贴上"非营利""非政府组织"等标签，尽管事实并非如此。第三部门实质上是一个共享体，在那里人们相互分享智慧，为了社会联系的纯粹乐趣而聚集在一起。公民社会好像互联网一样，把个人融入到更大的网络团体，不仅会提升团体的整体价值，而且也会提升每一个成员自身的价值。市场化的人际关系是一种相互利用的关系，是实现利益最大化的手段，而在第三部门，人际交往的目的就是其本身，因此体现了人的内在精神，而不仅仅是实用价值。正如19-20世纪工业革命把人们从农奴制度、奴隶身份和契约劳动中解脱出来，第三次工业革命和合作时代也会使人类摆脱机械劳动的桎梏，从事深层游戏——这就是所谓的社交活动。人类将在共同探索普遍性的过程中，通过深层游戏感受对方、超越自我，与更加广泛甚至所有的生命团体建立联系。第三次工业革命将使人类摆脱功利世界的束缚，去享受自由带来的愉悦：活着是为了游乐。

3.改变人类现有的居住方式

第一次工业革命催生了大量垂直的、高耸入云的高楼大厦，而第二次工业革命催生了分散的郊区的发展，这种发展是线性的外延式发展。根据联合国发布的《世界城市状态报告（2008—2009）》提供的信息，地球上的大多数人都生活在城市中，而且很多是生活在人口超过1000万的超级大城市及其郊区。我们已变成了"城市人类"。500年前，地球上的每个人在一生中平均会遇到1000个人。而今天的纽约市居民，在他家或者他在曼哈顿市中心的办公室周围10分钟车程的半径范围之内，可以遇到22万人。城市化进程不断加速的同时，地球上的原生态地区却正在逐渐消失。第三次工业革命将改变这一趋势。在第三次工业革命的总体规划中，现有的城市（包括郊区）

将被改造为自我循环的生态空间，地球上将遍布数以万计的自我循环的生态空间。第三次工业革命造就的能源、通信和运输系统，将把这些生态空间连接成一个网络，覆盖各个大陆。我们生活的空间将与同属地球生物圈的其他部分有机融合起来，实现人与自然的和谐相处。

二、社会治理——敬宗收族，集约自治

（一）社会信用体系的重建

社会治理的基础是信用体系的维护。"信用"，即诚实守信，是维持一切社会秩序最根本的要素：因为人群分工合作的基本前提是信息沟通与行动协调，"不诚实"则无准确的信息沟通，"不守信"则无行动的协调配合，其后果是人群无法适应生存环境，社会失序甚至崩溃。良好的信用体系是社会秩序稳定的标志，更是社会长治久安的基础。信用体系既包括相关的价值体系，也包括相关的制度体系。在传统中国，促使社会成员"诚实守信"的价值体系是"道德仁义"，通过道德教化，而使上述观念得到普遍遵循和信守。促使社会成员"诚实守信"的制度体系是"礼制"，包括"德政礼制"制约下的政府公共信用体系与宗族自治为主体的社会组织信用体系。近代以来，中国传统社会的信用体系土崩瓦解：一方面是传统价值体系的崩溃，一方面是政府公共信用体系与民间社会信用体系的瓦解。特别是开放改革以后，全国以经济建设为中心，全社会从精英到民众都把金钱作为价值目标，中国社会成为利益的博杀场，既不讲道德，也不讲规矩，三十年左右的时间，中国的社会信用就降到了五千年以来的最低点。[①] 当前中国面临着一系列纷繁复杂的制约着社会治理的问题，诸如官员腐败、社会治安、教育公平、就业保障、医疗保障、养老保障、住房保障、生态环境等问题。上述诸多问题的后面，隐含的动态核心（火），就是重建社会信用体系（参见第二章第四节·三·（五）《五行结构表》中的"51 五事"）。所谓"隐含"，就是因为上述问题的发生与

---

① 张祥平：《经典复杂科学》，中国社会科学出版社 2013 年版，第 511 页。

解决或多或少都与"社会信用"相关,在很大程度上被"社会信用"问题所制约。①

因此,重建中国社会的信用体系,是当前中国社会治理的重中之重!

重建中国社会的信用体系,一方面,是意识形态(包括社会理想与价值体系)的重建,一方面,则是相关制度体系的重建,包括政府的公共信用体系与民间的社会信用体系的重建。意识形态的重建与政府的公共信用体系的重建前文已述,以下专述民间的社会信用体系的重建。

社会信用体系的重建,首先是要保障社会多数成员有"恒产"。因为,对于社会中的大多数成员来说,有恒产才会有自尊、有恒心,也才会有信用。孟子曰:"无恒产而有恒心,惟士为能。"(《孟子·梁惠王上》)"士"是社会精英,不可能要求社会大多数成员在无恒产的状态下都有信用:"若民,则无恒产因无恒心。苟无恒心,放(不受制约地逐利)辟(开辟逐利的新路径)邪(新路径中出现邪门歪道,因为资源环境制约,不但正路已满,而且擦边球的命中率也趋于零)侈(歪道潜规则越来越多,集体闯红灯),无不为已;及陷于罪(刑事案件),然后从而刑之,是罔民也(使老百姓劳而无功,泡沫破灭)。焉有仁人在位,罔民而可为也?是故明君制民之产,必使仰足以事父母,俯足以畜妻子,乐岁终身饱,凶年免于死亡;然后驱而之善,故民之从之也轻。"② 要减少"放辟邪侈",就要保障社会多数成员有"恒产",就要"制民之产"。要"制民之产",在当前国情下,既不可能像西方殖民时期那样通过侵略扩张肆意掠夺来"制",也不可能像社会革命时期那样通过剥夺阶级敌人平均分配来"制",更不可能像资本主义社会那样通过私有资本的放任扩张来"制"(这样的结果必然是财富向少数人集中,导致"富者田连阡陌而贫者无立锥之地",中国历史上的经验以及现代大多数发展中国家的经验都是明证)。从历史经验来看,通过推行"族有产权"来保障社会中的大多数成员都有"恒产",是当前中国唯一可行的途径。

---

① 张祥平:《经典复杂科学》,中国社会科学出版社 2013 年版,第 378—380 页。

② 同上书,第 391 页。

也就是说，推行"族有产权"，既是推进经济模式转型的基础性改革，又是推进信用体系重建的基础性改革。经济模式转型与信用体系重建，对于当代中国，实乃一体两面之事。

通过推行"族有产权"来"制民之产"，提供了社会信用体系重建的物质保障。与此同时，政府还要通过鼓励、支持、促进编修族谱（宗谱）、制定族规、建立祠堂等，提供社会信用体系重建的制度保障和精神保障。通过族产、族谱、族规、祠堂等制度凝聚起来宗族组织，其功能整合了经济生产（乡土企业）、基层社区（聚族而居）、宗教信仰（祠堂祭祀）、初等教育（私塾族学）、社会保障（家庭养老、就业促进、扶贫济困）、地方治安（什伍保甲）、环境保护（乡土维护）等组织的功能，既能在经济方面给予族人足够的安全感，更能在精神方面给予族人强烈的归宿感。宗族的组织生活还能熏陶族人的历史感，培养族人的认同感，强化族人的责任感，激发族人的道德感。族人"乡田同井，出入相友，守望相助，疾病相扶，则百姓亲睦"。（《孟子·滕文公上》）如此，则多数宗族成员的生活，是安心的、有尊严的。

在实行上述敬宗收族制度的基础上，宗族组织将负有为每一位成年宗族成员提供信用担保的责任，而每一位成年宗族成员都将负有维护宗族信用的责任。因为宗族在法律层面是"自然人与法人整合"的社会组织，而且是负有"无限责任"的社会组织，"族有产权"是全体宗族成员共享的，所以宗族成员势必将倾力共同维护宗族信用，相互帮助，相互提携，同时也相互监督。

由此，中国将建成具有中国历史文化特色的社会信用体系，其运行与维护成本将大大低于资本主义社会信用体系（基于个人信用体系和企业信用体系）的运行与维护成本，因而将大大提高社会交易（包括市场交易和非市场交易）效率，同时大大优化社会治理结构。

敬宗收族基础上的社会信用体系重建，必将有力促进当前中国一系列社会治理问题的解决，包括官员腐败、社会治安、教育公平、就业保障、医疗保障、养老保障、住房保障、生态环境等问题。（详下）

参阅

信用在中国为什么不值钱？[①]

二十多年前，我第一次去温州做调研。那时的温州因贩卖假冒伪劣产品而臭名昭著，杭州等城市公开焚烧温州皮鞋，北方的一些商店门口甚至贴出告示，"狗与温州货不得入内"。

然而，就在外界看来信用已经全面破产的温州，我却发现了一个十分让人意外的现象，温州民间借贷市场的信用居然非常之好，两个同村人借钱是不用打借条的，几万元的现金，有借有还，仅凭口据。

为什么温州人敢于欺骗天下消费者，却不敢欺骗一个老乡？

道理是在信用成本：他把假货卖给一个杭州人或鞍山人，大不了从此永不再见，反正，中国那么大，一辈子也骗不完，信用违约的成本几乎为零。可是如果失信于一个同村人，那么，他可能此生在温州地区再也借不到一块钱了。

几乎相同的例子，几年前我在法国又遇到过一起。

一位法国汽配商宁愿以较高的价格从德国制造商那里进货，也不愿意跟价廉物美的中国供应商打交道。我问他为什么。

他说，在过去的一百年里，我的爷爷和我的爸爸都跟那家德国商人的爷爷和爸爸做生意，我的儿子也许也会同他的儿子打交道，可是，中国人呐，这笔生意之后，他又会在哪里？

在一个公民社会，信用的效率决定了一切交易运转的效率。

卡尔·波普尔在《开放社会及其敌人》中论证说，一个社会由封闭走向开放的过渡，就是人际关系从具体到抽象的过程，其抽象性建立在交换或合作之中。开放性的效率，就是人际信用关系的成本。

1937年，科斯在他的天才论文《企业的性质》一文中首次提出交易费用的思想，成为新制度经济学最基本的概念，这一费用包括度量、界定和保

[①] 改编自吴晓波：《信用在中国为什么不值钱？》，文末信用重建的思路为笔者所加。

障产权的费用、发现交易对象和交易价格的费用、讨价还价和订立合同的费用以及督促契约条款严格履行的费用。

后来的杨小凯等人又将这一概念区分为两种不同类型的交易费用：外生交易费用和内生交易费用，在内生交易费用中，便包含了道德风险、逆向选择和机会主义等，是需要以概率和期望值来度量的潜在损失可能性。

在内生交易费用的构成中，信用成本最为隐性，也是弹性度最大的一部分。

在科斯等制度经济学家看来，好的经济制度可以有效降低协调成本，不好的经济制度则会提高社会的协调成本。

信用既然有成本，那么成本就会有边界。

在当今中国，信用体系的崩坏，源于功利主义哲学的盛行和信用违约成本的制度性低廉。

今天的国人，大多数信奉"成功至上"，认为"成功是最好的除臭剂"，无论你用何种手段，最终只要能够攀上财富的高峰，便都会受到追捧和尊重，甚至丑闻本身，也可以成为提高知名度的某种台阶。

在极端功利主义的社会共识之下，一方面，道德风险的成本降到了最低，使得商业获利能力大幅提高；另一方面，全社会的信用体系几乎崩溃，交易的潜在风险大大抬升。

与此同时，则是制度安排上的信用违约成本非常低廉。

过去这些年，中国互联网企业之间——尤其是平台级企业之间，互相抹黑、造谣的风气十分猖獗，有的甚至以起诉和反起诉的方式，遏制对手的发展，某几家企业一年打十多场官司，场场落败，却一点不妨碍企业壮大、上市，它的创始人像乔布斯一样地四处布道。

因为在中国，名誉权侵犯的惩罚代价，最高为五十万元。用区区五十万元、或者几个五十万元的代价达到狙击乃至消灭对手的目的，而且不用担心道德风险带来的惩戒，那么，劣币驱逐良币，君子都成"刀俎上的鱼肉"，只有"傻瓜"才会拒绝这样的竞争战略了。

温州人之间的那种原始的信用体系，是在2009年之后崩塌掉的。

因为经历二十余年的发展，温州商人之间的民间借贷规模越来越大，一个人不会为了几万元背信，可是为了几亿乃至数十亿，他可以跑路，可以人间蒸发，可以永远地离开他的宗姓圈子。

中国的信用环境还在崩坏的轨道上继续滑行，人与人之间的不信任，人与企业之间的不信任，人与政府之间的不信任，仍然是一个严重的社会病。

这个社会的疾病，我们每个人都有一份。克服这个疾病，也需要每个人的努力。一方面，是道德（包括社会理想与价值体系）的重建；一方面，则是相关制度体系的重建，包括政府的公共信用体系与民间的社会信用体系的重建。其中尤为重要的是，根据上述温州案例，应充分利用中国传统宗族资源，推行族有产权，重建宗族制度，信用违约成本要由全族承担，由此加大信用违约的成本，促使族人相互帮助同时相互监督。

（二）社会保障体系的优化

社会保障主要是对老、弱、病、残等弱势群体的救助，以及对贫困、失业、遭（天）灾、遇（人）祸等人群的赈济，是维持社会安全、促进社会公正的基础。中国现行的社会保障体系主要包括两部分：一是完全由国家财政支撑的项目，包括对社会弱势群体的救助、对军人及其军烈属的优抚安置、对无依无靠的孤老残幼、残疾人员以及社会大众举办的社会福利和有关的社区服务，属于国民收入再分配范畴；二是由用人单位和个人缴费、国家给予适当补助的三方共同筹资的项目，包括养老保险、医疗保险、失业保险、工伤保险和生育保险等，属于社会保险范畴。无论是国家财政项目，还是社会保险范畴，都是由政府作为最终责任主体负责实施，社会管理成本极高。即使如此，社会保障的覆盖面仍然有限（特别是私营企业、小微企业参加城镇职工各项保险的比率较低），社会保障的公平性仍有较大差距，更重要的是，社会保障基金难以维持保值增值（特别是养老基金），可持续性堪忧！

推行族有产权，重建宗族组织，将优化中国现行的社会保障体系。因为推行族有产权、重建宗族组织，将推动每个宗族组织在族内经济发展公共事业，促进就业（详见前文《三农问题的化解》），赡养老人，扶贫济困。比如，在养老保障方面：宗族社会中赡养父母、孝敬老人是每个族人、每个家庭应尽的义务，老人多与子女同居，衣食多由子女们供奉，更重要的是，老人与儿孙共同生活，子孙绕膝的天伦之乐能够给老人带来精神上的满足。同时，社会普遍的尊老敬老观念又使老年人在社会生活中的地位得到提高。在上述子女赡养的养老模式中，由于大多数人在进入老年期以后，健康条件尚好的并未完全退出经济生产，仍会从事力所能及的劳动，既可以调剂生活内容、又可以增加经济收入。因此确切地说，宗族组织的养老模式是"赡养"与"自养"的结合。"赡养"与"自养"结合的养老模式，具有高度的社会灵活性和经济合理性，能极大地降低社会的养老成本，同时又满足了老人的精神需求，老人的幸福感反而较强。（养老绝不能仅仅是物质的满足，孔子曰："今之孝者是谓能养。至于犬马皆能有养，不敬何以别乎？"）又如，在扶贫济困方面，由于聚族而居的宗族成员对彼此的经济状况容易了解，信息是基本公开透明的，因此，通过在族内建立现代义仓形式的低保机制，在成本、效率、覆盖面和公平性上，将远远超越由政府主导的低保体系。

推动宗族组织自行承担一定的社会保障职能，并不意味着弱化政府的社会保障职能，而是要将宗族的社会保障职能和政府的社会保障职能有机结合，从而提高社会保障的覆盖面和公平性，同时降低社会保障体系的运营成本，维持社会保障体系的可持续。同时，政府也可以集中财力物力人力更好地防治较大规模的灾害，维护社会秩序的稳定。

（三）纠纷解决机制的改善

建立高效的纠纷解决机制是维护社会秩序和稳定的重大问题，因为妥善解决纠纷，可以止社会争乱于未然。中国现行的纠纷解决机制，"在决策理念、立法和制度建构中显示出对司法诉讼的过高期待，对于现实的解纷需求以及对诉讼的局限性缺少敏锐的洞察，不断把纠纷处理向法院集中，对非诉讼程序则缺少支持。法律界对调解并未达成认同……民事诉讼法中不仅没有任何对于诉讼的限制和调节措施，也没有将任何一类纠纷规定为法定前置调解，对诉前、立案阶段和委托调解等缺少明确规定，只要一方当事人拒绝，调解就无法启动"。① 而市场经济"放于利而行多怨",导致民事纠纷直线上升,于是乎,法院系统收案数量持续增长,呈现出"诉讼爆炸"的态势。"诉讼爆炸"不仅使法院系统不堪重负,当事人也深受其害。如果法院为了维持裁判品质而精斟细酌,案件处理必然迟延,当事人只能得到"迟来的正义";如果法院提升办案速度,办案品质必有下降,当事人只能得到"粗糙的正义"。一审裁判质量下降又导致了更多的上诉,致使上诉法院不堪其苦。因此,当前中国法院体系主导的纠纷解决机制,导致大量的民事纠纷案件裁判质量低迷,积案居高不下,即使结案,执行也困难重重。

中共十八届四中全会决定明确提出,要健全社会矛盾纠纷预防化解机制,完善调解、仲裁、行政裁决、行政复议、诉讼等有机衔接相互协调的多元化纠纷解决机制。其中,"健全社会矛盾纠纷预防化解机制"一定要靠道德教化,"完善多元化纠纷解决机制"一定要靠敬宗收族。

推行道德教化和以此为基础的敬宗收族,将有效改善现行的纠纷解决机制。在宗族组织重建的基础上,政府可鼓励、支持宗族自行解决内部民事纠纷,如授权允许宗族自治机构处理宗族内部成员在财产、婚姻、家庭、继承等方面的民事纠纷,地方政府可将一些族内成员间的诉讼案件直接转批宗族处理。发生于宗族之外的或者宗族内部无法解决的纠纷,则可鼓励、支持宗族之间通过发展类似"乡约"的自治性宗族联盟组织解决。即使纠纷发展到需要"诉讼"解决,政府仍然应有"抑讼""息讼"的相关限制,如小诉不受(不受理芝麻蒜皮的小案)、贤士仲裁(当事人双方共同邀请德高望重的贤能人士仲裁)、行政裁决(政府相关部门直接批示处理意见,此案就此了结)、规定某些类型的诉讼一审终审(如某些类型的民事案件和轻微刑事案件在市县完成终审,不可上诉)。由此,法院受理诉讼的压力可大为缓解。而法院受理诉讼的主导原则应是追求"息讼"。"息讼"之法,教化为先(详见第七章第一节·五·(三)《实施体系》),次为审判。审判的主导思想不应是保障个人权利,而是维护社会整体秩序的和谐,或者说,寻求社会整体秩序与个别利益争执之间的平衡,

---

① 范愉:《中国多元化纠纷解决机制的现状及未来》,载《人民法院报》,2015年4月14日。

即所谓"存体救弊"。(详见第七章第二节·五·(三)《纠纷解决》)

通过上述纠纷解决机制的调整,将大大降低社会治理的司法成本,提高社会治理的解纷效率,更重要的是,促进社会秩序的和谐。因为诉讼机制激发当事人对抗,即使法院审理结案,结局也常是"案虽结,事未了"——当事人的内在矛盾并未得到根本解决,甚至还可能会演化成新的纠纷。上述非诉讼机制强调通过道德教化消解对立、友好协商解决纠纷,尽可能调和双方而不是制造对立,解决方案是当事人的合意,因此既可以解决当事人利益上的争执,也能促进消融当事人情感上的对立,促使因纠纷而破坏的社会关系得以恢复,从而取得较好的社会效果。

(四)社会治安体系的提升

转型时期的中国社会治安形势相当严峻,一方面,刑事犯罪率居高不下,另一方面,群体性事件层出不穷,而且,社会治安管理的对抗性愈趋增大。

中国当前的社会治安管理以"党委领导、政府牵头、部门负责、条块结合、齐抓共管"为主导思路,依靠政府力量,将治安功能向社会逐层扩散,具体落实到每一个行政部门、每一个国营企业、每一个社区,甚至每一个个人,从而实现国家权力对社会的全面控制。然而,社会治安综合治理的推进,从根本性质上是一种自上而下的政治动员,社会力量是被动地"配合"政府的行动,而不是政府部门与社会组织之间以平等主体的身份进行合作。因此,社会治安综合管理体系呈现出权力集中、职责分化的特征,即权力集中在各级党政部门,强调自上而下统一指挥,但具体的治安职责则力图分解到各个组织和个人身上,由后者直接负责。国家权力对社会的干预也呈现科层化的特点,即国家部门作为基层组织的"上级"发号施令;国家权力从中央到末梢,其强制特征和程度亦一成不变。在社会综合治理中,社区力量虽有广泛参与,但基本是以隶属于政府的角色出现,并没有成为真正的自治行动,其参与管理的积极性没有得到充分发挥,从而导致社会治安成本居高不下,治理效率难以提高。①

推行敬宗收族和以此为基础的社区治安防控体系，一方面，将有效改善当前的社会治安环境，一方面，又能有效提升现行的社会治安体系。

治安问题的实质是社会问题，而社会问题的核心则是信用问题。推行敬宗收族，重建宗族组织，能在经济方面给予族人较好的安全感，同时在精神方面给予族人较强的归宿感。宗族的组织生活还能培养族人的认同感，强化族人的责任感，族人愿意积极维护宗族的信用与安全，相互帮助，相互提携，同时也相互监督，由此，将形成具有中国历史文化特色的社会信用体系，诸多导致当前社会治安形势险峻的社会问题，（特别是关于农村和涉农群体的社会问题）也将迎刃而解，包括失业问题、流动人口管理问题、社会基本保障问题、纠纷解决机制问题等（详见本节前述《三农问题的化解》《社会信用体系的重建》《社会保障体系的优化》《纠纷解决机制的改善》）。在宗族组织重建的基础上，建设以宗族化的村镇和社区为主要载体的社会治安防控体系，将充分发挥宗族化村镇和社区的自治优势，形成社会治安多元合作机制。由此，社会治安体系的支撑性力量将不再是"自上而下"的行政力量而是"自下而上"的社会力量，是社会力量与国家权力的主动"合作"而不是被动"配合"。"在这种多元合作治理机制中，作为国家暴力机器象征的警察部门，不再高高在上，与社区相隔阂，或者简单粗暴地以强制力的身份莅临社区，而是通过一系列治安合作网络的运作，与社区、社会力量融为一体，在其中发挥国家权力的影响力，而达到对社会秩序的控制"。② 这种"社会控制"的成本将大为降低，效率则将大为提高。

综上所述，推行敬宗收族，重建宗族组织，是当前中国重建社会信用体系、优化社会保障体系、改善纠纷解决机制、提升社会治安体系的共同的基础性制度改革。由此，中国将建成以集约自治为主要特征的具有中国历史文

---

① 陈周旺：《当代中国治安体制与国家政权建设》，载《上海交通大学学报》（哲学社会科学版）2011年第3期。

② 同上。

化特色的社会治理体系。这一社会治理体系,将是以践行儒教的核心价值(道德仁义)为目标,以"德政礼制"的政府信用为保障,以"产权族有"的法律制度为基础,以乡土经济与宗族组织的持续发展为内核,以宗族土地人口担保为主要信用形式,以发展族内就业、设置现代义仓、家庭赡养老人、族内相互救济等为社会基本保障机制,以教化调解为民事纠纷解决的主要手段,以宗族化的村镇和社区为社会治安防控的主体,其运行与维护成本将大大低于现行的政府深度介入甚至大包大揽的治理体制,社会治理结构将因之大为优化,社会治理效率将因之大为提高。进一步说,推行敬宗收族,实施"族有产权",重建宗族组织,也是推进当前经济模式转型的基础性制度改革,是彻底解决"三农"问题、统筹城乡发展、优化经济结构、摆脱对外"依附"的基础,同时,也大大有利于激励技术创新,保护生态环境,促进教育公平,强化国家安全。经济模式转型与社会治理优化,对于当代中国实乃一体两面之事。由此,中华文明的复兴将在经济社会层面奠定坚实的基础,并为政治文教层面的全面发展提供充足的动力和营养。

第五节　国际政治

一、现代困境——从天下主义到族国主义，从天下国家到民族国家

（一）从贡赐体系到条约体系

1. 西方列强利用条约体系扩张殖民体系

前文曾述，资本主义社会的"条约体系"与"殖民体系"相伴而生，相伴发展（见第七章第四节·三·（二）《族国主义的国际体系——条约体系》）。

近代中国"被"纳入西方的条约体系始于两次鸦片战争，是西方列强对外扩张的"成果"。鸦片战争源于英国试图把中国纳入由其操控的国际贸易体系。英国试图用本国工业产品替换白银与中国进行茶叶和生丝贸易，以缓解巨额贸易逆差，但他的们企图在正常贸易条件下没能成功，遂转而利用肮脏的鸦片走私的方法。毒品走私理所当然遭到中国政府的阻挠，英国商人只能通过战争将毒品走私"合法化"。在1839至1840年之后的多次战争和谈判期间，英国力图用"国际公法"将走私贸易以及对于中国领土和主权的侵犯合法化。1842年签署的《南京条约》将鸦片战争的实际目的（迫使中国疆域向英国贸易开放）和长远后果（将中国纳入欧洲国际法规范下的不平等的主权体系之中）揭示得清楚不过。[①]

自《南京条约》后，中外关系出现了根本性的变化：战后签订的条约"揭开了对华事务的新纪元"。[②] 所谓"新纪元"是指："直至1839年为止，使西方国家听从条件方可允许双方关系存在的是中国；自从1860年以后，把和中国共同来往的条件强加于中国的却是西方国家。"这些条约为列强在华的特

[①] 汪晖：《中国现代思想的兴起》（上），生活·读书·新知三联书店2004年版，第703—704页。
[②] 〔英〕菲利浦·约瑟夫：《列强对华外交》，胡滨译，商务印书馆1994年版，第3页。

权提供了制度保障,"即依靠条约、法规使各种权利成为制度"。[1]列强在第一批不平等条约(包括第一次鸦片战争后的《南京条约》与第二次鸦片战争后的《天津条约》和《北京条约》)中所获得的,"包括了商人们所要求的特权",是"整个时期英国和中国外交及商务关系的根本基础。无论是1876年的《烟台条约》或1902年的《马凯条约(中英续议通商行船条约)》都没作出任何基本上的变动"。[2]

"条约"成为近代中国政治、社会制度的一个基本组成部分。"条约"的内容主要包括以下六大类:一,列强在华侨民管理制度,主要包括租界制度和治外法权制度;二,列强在华经济特权制度,主要包括协定关税和协定内地通过税制度,自由雇募制度(基于此又形成了买办制度),内河航行通商制度,陆路边境减免税制度,鸦片贸易(1858年中英《通商章程善后条约》规定"洋药准其进口",鸦片贸易合法化)和苦力贸易制度,自由设厂制度,路矿借款担保制度等;三,列强在华行政特权制度,主要包括海关行政外籍税务司制度,及海关兼管常关的制度(其制始于1854年上海道台与英、美、法三国领事签订的协定。最后在1858年的中英《通商章程善后条约》中确定下来。从此,中国海关的用人行政大权操在列强手中。《辛丑条约》又规定各通商口岸之常关,归海关管理,随后的中英《续议通商行船条约》,又给予总税务司参与监察各省"常关销场税、盐务土药征收事宜"的特权。1896年总税务司还管理中国邮政机构。这些制度使海关成了行使"条约权利"的"最重要机构",保障了列强的经济利益和干预中国内政的特权。);四,列强在华文化特权制度,保障其在华传播西方宗教、设立学校的特权;五,列强在华驻军制度(其制始于《虎门条约》中英国军舰可以在每个通商口岸停泊的规定,《黄浦条约》进而规定可以"往来游奕,保护商船",中法《天津条约》又推及内地各口,至《辛丑条约》,又发展为解除中国在京师至海口沿线的军事防御,由列强派驻军队,以及各国使馆"常留兵队",对京师实施军事控制的制

---

[1] 〔美〕费正清:《剑桥中国晚清史》(上卷),郭沂纹译,中国社会科学出版社2007版,第238页。

[2] 同上。

度。这不仅侵夺了中国的军事管辖权,而且还严格限制了中国的自保权。);六,列强在华的势力范围和租界地制度(前者始于1884年中法《简明条约》,甲午战争后,以《中俄密约》为起端,各主要列强通过与中国订立条约或照会往来,以及相互间订立协定,要求中国向谋订约国保证某地区不割让给他国,同时该订约国在此地区享有"贸易、投资和其他事项的保留权、优先权、独占权或特殊权利。租借地制度始于中德《胶州租界条约》,后列强相继订立类似条约,要求在租约期间,租借地由租约国行使管辖权,可以在租借地派驻军队,修建军事设施;中国军队不得进入租借地等。中国因此在一定时间完全丧失一部分领土主权"。

上述"条约"内容使列强在中国行使的管辖权涵盖了一个主权国家所具有的对内治理权的各方面,并严格限制了中国的自保权。于是乎,中国"仅剩下一个主权国的廖寥几个属性",成了列强共管的国际化半殖民地。

在强迫中国达成一系列不平等条约而建构的条约体系中,号称追求"平等"外交的西方列强,是如何自圆其说的呢?西方的政治家与法学家们展开了以下"论证"。

其一,中国不是完全的国际法主体,因此不能适用国际法的主权原则。十九与二十世纪之交的德国国际法学家奥本海在其所著的《国际法》中说:"国际法是国家之间的法律,以国际社会成员共同的同意为根据。当然不包括任何关于与国际社会以外的国家交往和对于它们的待遇的规则。所谓"国际社会成员",是指"属于文明国家之列的国家"。而"文明",则专属"基督教文明"。他指出:"作为主权的和平等的国家之间的法律,建立在这些国家的共同认可基础上的国际法是现代基督教文明的产物。"因此,非基督教的中国就是一个非文明的国家,中国法律"野蛮",制度"落后",是列强言论中俯拾皆是的调子。时任美国驻华公使劳文罗斯就认为,"中国与其他文明国家根本不是相等的国家;并且在优越者对待低劣者的关系上,必须使用武力来使这个国家开放"。这是列强处理对华关系占主导地位的观念。

其二,主权是可以分割的,通过中国的"让与",列强可以"行使"中国的主权。奥本海就认为,完全主权国家和非完全主权国家的区别是基于主权是可以分割的。这种可分性的依据则是弱肉强食的既成事实。他们是这样"论证"的："在同一领土上只能有一个主权的原则是有一些例外的"，因为它不能忽视这一事实，"即实际上，主权是可以分割的"。而所谓的"事实"就包括中国的租借地和租界等。所谓"分割"，就是将主权本身与主权的使用割裂开来，"分割"的实现是通过被"分割"国家的"让与"，但它"所让与的是主权的行使。而不是主权本身"。"让与"可以名正言顺地通过条约取得，如果你不"让与"，就是"故意敌视本国的一种行动""则必须先令中国人民再罹兵燹之灾"。可见，主权的分割就是暴力掠夺，然后再披上条约的"合法"外衣，使列强一方面心安理得地享受着"行使"中国主权的种种利益，同时又可以大言不惭甚至信誓旦旦地保证"维持中国的完整和独立"。

其三，根裾国际地役规则，中国须开放它的领土为列强服务。国际地役也称国家地役，在传统国际法中指"根据条约对一国属地优越权所加的特殊限制，按着这种限制，一国领土的一部或全部在一定范围内须永久供另一国某种目的或利益之用"。按这种国际地役规则的解释："中国既划分租界，俾外人居住贸易，是弃该地管理司法权，并亦不能行使收税权。"租界作为免厘地区，即基于国际地役规则。列强强制中国开放的内河、陆路边境的免税地区，在势力范围修筑铁路等等，都可以从国际地役规则获得解释。这种所谓"对一个国家的属地优越权所加的特殊限制"的国际地役规则，是列强"造就"半殖民地的利器。对于像中国这样一个无法使之成为殖民地的国家，就要强迫它开放，将它的沿海，内地乃至全部领土沦为"国际地役"来为它们的利益服务。这就列强就不必通过旷日持久的征服战争，而达到经济掠夺和政治、军事控制的目的，当然不失为一种更合算的办法。

显而易见，上述"国际法"理论和规则是以欧洲为中心的。确切地说，这些规则是殖民掠夺规则，而强权则是这些规则中的规则。额尔金曾形象地说：这些条约是"用手枪抵在咽喉上逼勒而成的"。[①]

---

① 李育民：《近代中国的"条约制度"论略》，载《湖南师范大学社会科学学报》，1992年06期。

2．西方列强利用条约体系摧毁贡赐体系

上述不平等条约在肢解了中国主权的同时，也摧毁了以中国为中心的贡赐体系。

1884年中法战争和1894至1895年甲午战争对于晚清士大夫的刺激甚至超过了鸦片战争，因为这两场战争导致中国贡赐体系及其规范的瓦解。据康有为自述，《大同书》的构思始于1884年中法战争的刺激，他涉足政治的第一个文本《上清帝第一书》对中国危机的表述是："琉球灭、安南失、缅甸亡，羽翼尽翦，将及腹心。……日谋高丽……英启藏卫……俄…迫盛京……"可见其重构世界秩序的动力与贡赐体系的危机密切相关。甲午战争及随后签订的《马关条约》标志着贡赐体系的彻底崩溃。中日间的冲突始于日本对朝鲜的侵略。参照明万历二十年至二十六年的援朝御倭（丰臣秀吉为首的军事封建主领导）战争，可以发现清政府援朝抗日遵循着一贯的朝贡模式。中日战争不仅是两个国家之间的战争，战争的结果也不仅是两个国家之间的输赢，它还决定了贡赐体系及其背后的礼治秩序能否维持。康有为在《上清帝第二书》即著名的《公车上书》中描述了《马关条约》公布后的社会震动："窃闻与日本议和，有割奉天沿边及台湾一省，补兵饷两万万两，及通商苏、杭……阅《上海新报》，天下震动；闻举国廷诤，都人惶骇。又闻台湾臣民不敢奉诏，思戴本朝"。他特别警告说："窃以为弃台民之事小，散天下民之事大，割地之事小，亡国之事大……何以谓弃台民即散天下也？天下以为吾戴朝廷，而朝廷可弃台民，即可弃我；一旦有事，次第割弃，终难保为大清之民矣。"割让台湾不仅意味着军事失败，而且还意味着政权合法性的危机。这是一种由外及内的危机，一种体系性崩溃的前兆。[①] 因为"中国的世界图景和礼仪系统建立在中央与边缘、内与外的关系模式之上，从而中国的危机不但表现为一种国家危机，而且表现为一种'系统'危机。如果说鸦片战争可以被视为两个国家之间的战争，那么中法战争和甲午战争却意味着中央与边缘、内与外范畴的彻底动摇，

[①] 汪晖：《中国现代思想的兴起》（上），生活·读书·新知三联书店2004年版，第705—706页。

朝贡体系及其礼仪规范陷入崩溃境地"。①

贡赐体系解体的同时，欧洲的"国际法"预设的形式平等的主权概念一方面为区域内部的朝贡国提供了民族主义的新规范，另一方面又助力列强以形式平等的主权概念与原有的朝贡国缔结不平等条约，进而为它们对亚洲国家的殖民战争和侵略提供根据。"国际法"通过直缔结不平等条约以及鼓励原朝贡国脱离贡赐体系的双重形式将自己确立为普遍的法则，而原有的贡赐关系与普遍规范不再被承认为"普遍规范"。②

欧洲的扩张不仅是军事和贸易的扩张，而且也是一种新型国家体系的扩张，一种调节和控制这一新型国家体系的规范的扩张，一种有关这一体系的合法性知识的扩张。正是在这个意义上，清朝面临的危机不仅是军事实力、经济实力的危机，而且还是一种道德体系和知识体系的危机，一种规模深广的合法性危机。③

这种"合法性危机"的重要标志之一就是以霸权为实质的所谓"国际公法"对传统中国"天下礼义"的解构。解构过程中，"在国际法与《春秋》《周礼》以及清代礼仪和法律之间建立联系是一种重要的策略，它为国际法在中国语境中的合法化提供了传统的前提"。这种"策略"是外国"传教士的创造物，也是中国士大夫自觉努力的结果"。④ 如《万国公法》的翻译者"丁韪良……特别推崇利玛窦的那种'合儒、补儒、超儒'的翻译策略，即把西方思想包装上中国外衣再作为普遍真理传播给中国人。在这个意义上，把《周礼》及其他中国遗产理解为'国际法'不过是为了将'国际法'本身作为一种植根于自然法原理的普遍知识和秩序推广到中国和亚洲地区。发明古代中国的国际公法的目的，旨在让'他们在自己的历史记载中找到了与我们的现代国际法相通的惯例、言辞、观念；由于这一事实，他们更倾向于接受基督教世界的国际法，后者没有那种地球上所有国家最终达致和平与正义的乌托邦观点，

---

① 汪晖：《中国现代思想的兴起》（上），生活·读书·新知三联书店，第726页。
② 同上书，第706页。
③ 同上。
④ 同上书，第723—724页。

从而以古代中国的法律来否定当时中国的法律,以周代、甚至战国的逻辑否定过去两千年的帝国一统的逻辑。在这一逻辑之下,承认中国历史中存在'国际法'既不是要以中国的方式处理中国的事务,也不是要参照中国的法律遗产修订国际关系的一般原则……目的无非是:在把中国纳入欧洲'万民法'秩序之后,通过论证这一欧洲法律与中国古代遗产的'不谋而合',将这一强制过程自然化和合法化"。①

(二)从天下国家到民族国家

1. 从天下主义到族国主义

随着以霸权主义为实质的"国际公法"对传统中国的"天下礼义"的解构,传统中国的国家观念产生了巨大的变化:天下主义日渐萎缩、衰退,族国主义日渐萌生、滋长。由传统天下观念转化为现代意义的民族——国家观念,是一段漫长而痛苦的历程。

此观念之变化首先体现于清末的今文经学,代表者如康有为。康有为以儒家"大同"思想为背景构想新的世界关系、规则和管理,但其"大同"构想同时伴随着对以民族——国家为基本政治形式的世界关系的思考。他以春秋列国比喻民族——国家并列的格局,以战国相争说明礼序的紊乱。"方今列国并争,必千数百年后乃渐入大同之域",中国显然处于"据乱世"的环节之中。正由于此,中国必须以一种区别于大一统的态势进入这一世界格局:"夫中国两千年来,以法治天下,而今国势贫弱,至于危迫者,盖法弊致然也。……窃以为今之为治,当以开创之势治天下,不当以守成之势治天下,当以列国并立之势治天下,不当以一统垂裳之势治天下。"所谓"列国并争"暗示世界正在据乱阶段,必须以严格的内外区分为前提建立法度,以军事化的方式进行社会动员。"列国并争"揭示了民族——国家体系的基本特点:"战国之诸侯,为今之属国,强则服之,弱则叛焉。"在一个以强权的公法作为法理基础的国际关系中,要想获取平等地位,唯一的办法是把中国放置在列国纷争的环境中、

---

① 汪晖:《中国现代思想的兴起》(上),生活·读书·新知三联书店,第717—718页。

以改变原有的"一统之法"来实现变法图强。①康有为说:"祖宗之法,以治祖宗之地也,今祖宗之地不能守,何有于祖宗之法乎?……今为列国并立之时,非复一统之世,今之法律官制,皆一统之法,弱亡中国皆此物也,诚宜尽撤,即一时不能尽去,亦当斟酌改定,新政乃可推行。"康有为明确区分一统之法与列国之制,主张根据"列国并立"的局势进行制度改造,以国家的军事化和经济发展为中心,使"大一统"国家向"民族——国家"转化。康有为几乎接受了所有欧洲国家的价值和制度,尤其是国际公法、国际外交、宪政改革、市场制度等,但他始终坚持的一个基本价值是"大一统"。然而,"大一统"的理想与民族——国家的构造存在着深刻矛盾:民族——国家强调民族中心(及与它者的关系),而"大一统"观念却反对严分内外和民族中心。②

如果说,康有为在中国近代国家观念由"天下主义"向"族国主义"的转型中,还能坚守"大一统"的基本价值,其弟子梁启超则将其完全抛开,因而被学界称为中国"民族主义"传播的第一人。

戊戌变法失败后,梁启超在《国家思想变迁异同论》一文中开出"民族主义"的救国药方:"知他人以帝国主义来侵之可畏,而速养成我所固有之民族主义以抵制之。斯今日我国民所当汲汲者也""民族主义者,世界最光明正大公平之主义也。不使他族侵我之自由,我亦毋侵他族之自由,其在于本国也,人之独立;其在于世界也,国之独立。"在其后的《新民说》一文中,梁启超对民族主义有更确切地表述:"民族主义者何?各地同种族、同言语、同宗教、同习俗之人,相视如同胞,务独立自治,组织完备之政府,以谋公益而御他族是也。"在1902年给康有为的信中,梁写道:"今日民族主义最发达之时代,非有此精神,决不能立国,弟子誓焦舌秃笔以倡之,决不能弃去者也。而所以唤起民族精神者,势不得不攻满洲。日本以讨幕为最适宜之主义,中国以讨满为最适宜之主义。弟子所见,谓无以易此矣。"此时梁氏的民族主义观念中,甚至有强烈的种族主义色彩。后来,梁启超觉悟到其民族主义的狭隘处,

---

① 汪晖:《中国现代思想的兴起》(上),生活·读书·新知三联书店,第729—731页。
② 同上书,第734—735页。

遂提出区分"小民族主义"与"大民族主义"。他认为划分民族应"以语言文字风俗为最要",而满人已汉化,因此满汉已合为一大民族,而且应该"合汉、合满、合蒙、合回、合苗、合藏,组成一大民族",所以,"吾中国言民族者,当于小民族主义之上,更提倡大民族主义。小民族主义者何?汉族对于国内他族是也。大民族主义者何?合国内本部属部之诸族以对于国外之诸族是也"。① 从极力宣扬"讨满为最适宜之主义"到提倡"大民族主义",是因为梁启超认识到:通过讨满唤起的民族主义精神,势必造成中国内部各族的争斗和分裂,从而给帝国主义势力以可乘之机,带来亡国的危险。所以,其后梁启超的民族主义思想转为强调"国家主义":"今日欲救中国,唯有昌国家主义,其他民族主义、社会主义,皆当诎于国家主义之下"。

然而,在排满风潮盛行的情况下与,维新派的梁启超提出的"大民族主义"、"国家主义"已无法与革命派的"小民族主义"抗衡。因为在清末危机重重的时期,通过民族情绪来煽动民众的效果要胜过理性诉求。革命派极力主张进行一场民族革命、种族革命。邹容在《革命军》中宣扬"中国是中国人的中国""不允许异种人对中国有任何干预",推翻由满洲人建立的北京政府,诛杀满洲人拥立的皇帝。"同盟会"的誓词宣称"驱除鞑虏,恢复中华,建立民国,平均地权","中华"与"鞑虏"是对立的,驱逐满族是革命的第一目标。为煽起排满情绪,革命派反复强调"满洲人非中国之人":"所谓中国,就是中国人的中国。谁是中国人,是汉人种。中国的历史是汉人的历史""中国,是汉族的中国""中国是中国人的中国,不是满洲人的中国。"为了证明满族不是"中国人",革命派对"中华"进行重新阐释,强调只有"汉族"才是"中华",才是"中国人"。追溯词源,所谓中华,本是"中国"和"华夏"的复合语,所以它既指地理上的"中国",又指最初诞生于"中原"、流行于"中国"的文化方式。《唐律名例疏议释义》说:"中华者,中国也,亲披王教,自属中国,衣冠威仪,习俗孝悌,居身礼仪,故谓之中华。"如果说"中华"有时也被用于指称民族,那也应当是像梁启超在《历史上中国民族之观察》一文中所说的:"现今之中

---

① 梁启超:《梁启超全集》(1—10册),北京出版社1999年版,第1069页。

华民族自始本非一族,实由多数混合而成",指同享中华文化的多民族集团。然而根据革命派的解释,不仅满族被排除在"中华"之外,"中华"甚至被用于专指"汉族"。为唤起汉族民众同仇敌忾之心,革命派强调只有汉族才是"中华"——"中国人",而满族人不是"中华",也就不是"中国人",因而清朝对中国的统治也就是不正当的。[①] 革命派的"小民族主义"思想,通过报刊杂志的宣传在声势上远远压过了"大民族主义",影响到整个知识分子群体,进而普及到整个社会民众。

2. 从天下国家到民族国家

上文已述,所谓"中华",直到清末受到革命派改造之前,从来就不是一个单纯从血缘上分辨民族的用语,所谓"华夷之辨"或"夷夏之辨"强调的是"文明之辩"。由于革命派在辛亥革命前所面临的最大任务是推翻清政府,为了实现这个目的,遂采用"小民族主义"来动员民众,鼓动民众的反满、排满情绪,甚至提出建立汉民族单一民族国家的革命目标,以促使汉民族形成自己的民族意识,使民众从民族的角度产生对统治当局的仇恨。然而,否定文化内涵、只强调血缘关联的狭隘民族主义,不仅有悖于中国的传统,而且也脱离了当时中国的现实。

当时新生的"中华民国",面临帝国主义势力虎视眈眈地环伺。其在领土和民族的构成上,若不全面继承清朝的"国家遗产",将时刻面临强敌的侵袭。中国的边疆,几乎都是少数民族居住地区。辛亥革命后,如果仍坚持建立汉民族的单一民族国家,将导致刚从清王朝脱胎而来的"中华民国"分裂为几个民族国家,甚至是互相敌对的民族国家,从而使中国领土直接暴露在帝国主义列强的威胁下。正因于此,革命派不得不修正了自己的民族主义路线,提出"五族共和"之说。孙中山在1912年《临时大总统就职宣言》中呼吁:"国家之本,在于人民。合汉、满、蒙、回、藏诸地为一国,如合汉、满、蒙、回、藏为一人,是曰民族之统一。……武汉首义,十数行省先后独立,所谓独立者,

---

[①] 王珂:《民族与国家:中国多民族统一国家思想的系谱》,中国社会科学出版社2001年版,第186—218页。

对于满清为独立，对于各省为联合，蒙古、西藏意亦同此。"若要全面继承清王朝的"国家遗产"，对于新生的"中华民国"来说，就要尽快摆脱以前革命时期的狭隘民族意识，培养中国各民族共同的国民意识，实现超越民族的国家统合。"五族共和"正是应时之需而提出的一种理念和实践。

然而，提倡"五族共和"以求维持国家统一而达到保全国土之目的，在逻辑方面是自相矛盾的。因为"五族共和"的行为主体是"五族"，所以"五族"之间的"共和"能否成立，即"五族"是否能够共同建设"中华民国"，其前提在于五个民族是否能够达成共识。但是，"讲到五族的地位，满洲是处于日本的势力范围之内，蒙古向来是俄国的范围，西藏几乎成了英国的囊中物。"在帝国主义势力的影响下，即使只有其中一个民族中出现要求民族独立的声音，"五族共和"的口号就不仅失去统一中国、保全领土的意义，反而可能会被人用来作为主张独立的根据，因此，孙中山很快摒弃了"五族共和"思想，明确提出汉族要在维护国家统一中起主导作用。"民国"九年十一月在《修改章程之说明》中，他说道："民族主义，当初用以破坏满洲专制。……我们要扩充起来，融化我们中国所有各族，成个中华民族。若单是做到推翻满族的专制，还是未曾完成。"孙中山希望营造一个融合汉族、满族、蒙古族、回族和藏族的民族意识，在很多场合提出过"融化中国所有各族成中华民族"，"把中国所有各民族融成一个中华民族"。

然而，孙中山因袭西方民族主义打造"中华民族"的方法，并不是"民族融合"，而更接近于"民族同化"。他在《修改章程之说明》中说："讲到五族的人数，藏人不过四五百万，蒙古人不到百万，满人只数百万，回教虽众，大多数都是汉人。……汉人向来号称是四万万，或者不止此数。用这样多的民族，还不能够真正独立，组织一个汉族的国家，这实在是我们汉族莫大的羞耻！这就是本党的民族主义还没有彻底的大成功！由此可知本党还要在民族主义上做工夫！必要满、蒙、回、藏，都同化于我们汉族，成一个大民族主义的国家！"后来还说："我们在今日讲中国的民族主义，不能笼统讲五族的民族主义，应该讲汉族的民族主义。……（如果有人说）此时单讲汉族的民族主义不怕满、蒙、回、藏、四族的人不愿意吗？……兄弟现在想得一个调和的方法就是拿汉族来做中心,使满、蒙、回、藏、四族都来同化于我们。并且让那四种民族能够加入我们,有建国的机会……"又说:"三民主义中,第一为民族主义……所谓五族共和,直欺人之语,盖藏、蒙、回、满皆无自卫能力。发扬光大民族主义,使藏、蒙、回、满同化于我汉族,建设一最大之民族国家,是在汉人之自决。"孙中山希望"把汉、满、蒙、回、藏、五族,同化成一个中华民族",具体方法则是"把满、蒙、回、藏同化到汉族中来","任何加入中国的民族都必须同化于汉族中来","组织一个汉族的国家"。可见,中华民族的"融合论"实质成了汉族的"同化论",是明显的"汉族中心主义"。

孙中山回顾其民族主义思想变化,划分出"消极的民族主义"和"积极的民族主义"。他在一九一九年文言本《三民主义》中说:"夫汉族光复,满清倾覆,不过只达到民族主义之一消极目的而已。从此当努力猛进,以达民族主义之积极目的也。积极目的为何?即汉族当牺牲其血统、历史与夫自尊自大之名称,而与满、蒙、回、藏之人民,相见以诚,合为一炉而冶之,以成一中华民族之新主义。"然而,"消极的民族主义"和"积极的民族主义"之分难以自圆其说。因为民族主义的首要视点是"民族",从"民族"角度看,消极的民族主义是"排满",积极的民族主义是"同化",一个是分,一个是合,二者方向完全相反。即使从"国家"的角度来看,消极的民族主义目标是建设一个汉族的"中华民族国家",而积极的民族主义目标是建设一个包括中国各民族在内的"中华民族国家",一个是"小中华民族国家",一个是"大中华民族国家",目的不同,性质也不同。可以说,孙中山的民族主义,实际到最后都没有摆脱种族思想的桎梏。直到"民国"十一年,孙中山仍认为:"第一种主义(即民族主义),为种族革命。谓排出他种民族,发扬自己民族,组织完全独立之民族国家也。"这种种族主义意识与国民国家理论混杂的民族主义思想,不仅从逻辑上造成了解读"中华民族"一词的困难,也给他企求构建的"大中华民族国家",留下了民族对立的隐患。①

---

① 王珂:《民族与国家:中国多民族统一国家思想的系谱》,中国社会科学出版社 2001 年版,第 186—218 页。

中华人民共和国在"民族——国家"的建设层面，基本继承了孙中山提出的"大中华民族国家"的衣钵。由于学习苏联体制，在全国各地建立民族区域自治制度，又强化了各少数群体的"民族意识"和"民族身份"。这一制度潜藏民族对立与民族分裂的隐患，甚至成为国外敌对势力干预中国内政的工具。[①]（需要指出，西方列强征服其他地区的最常用手段就是用民族问题制造内乱和分裂。如英国征服印度，就是通过分化当时印度次大陆上一百多个彼此独立的土邦，联络一个去攻打另一个，通过分而治之逐步把印度次大陆完全吞并。"分而治之"的有效方法，首先是要强化一个地区的"民族识别"，即根据语言、血统和宗教的不同将一个地方的人群划分为不同"民族"，然后再向各"民族"精英灌输"民族——国家主义"的理念。西方列强常资助一些对目标国家的民族生活习俗和语言结构的研究，最终"研究"出许多与其国家共同体相异甚至相斥的种族元素，并由此推论这些种族与他们所处的国家不能兼容，然后进行炒作性的宣传、鼓噪，在必要时不惜鼓动出兵推动其独立倾向。英法美等国在不断整合统一本国的政治形态的同时，却不断从民族问题入手分化世界其他地区，如前苏联、巴尔干、中东及非洲等，由此可以看出源自西方的"民族——国家主义"所具有的干预别国内政的特殊"功能"。）

（三）中国民族主义与民族国家模式的困境
1. 民族主义导致的内政问题

民族主义是在西方民族国家的形成过程中生发的，是一种建立在西方传统文化之上的民族意识。这种民族意识基于"存在着许多可供回忆的丰富传统"，而且"许多人生活在一起，希望发挥这些共同的传统"。[②] 这种传统对内表现为凝聚性、一体性，对外则表现为扩张性、侵略性。实际上西方国家近代以来在国际关系上表现出来的早期民族主义就是帝国主义，如英法，后发民族主义就

[①] 马戎、关凯：《国家建设视角下的中国民族问题——马戎教授访谈》，载《学术月刊》，2015年第8期，第169—176页。

[②] 蒋庆：《政治儒学》，生活·读书·新知三联书店2003年版，第397页。

是种族主义与军国主义，如德日。① 中国的民族主义则是被西方的社会达尔文主义逼出来的，是反侵略反压迫的产物。中国民族主义的发展没有任何传统的背景，相反，由于认为文化传统导致了被侵略被压迫，中国民族主义的发展表现出激烈的反传统性。这在新文化运动中表现得淋漓尽致。

新文化运动，虽以文化改造为首要目标，而促成此一努力的根本动力，依然是救亡图存、追求富强的民族主义关怀。新文化运动时期的知识分子梦寐以求的，就是打造一个自主富强的民族国家。然而，他们却认定中国被侵略被压迫的祸源，完全在于传统文化。唯有将"垢污深积"的传统"伦理、道德、文学、艺术"诸端彻底改造，才能挽救中国于危亡。新文化的提倡者非但不像十八、十九世纪德俄民族主义知识分子那样歌颂本国传统文化，以张扬其民族精神，反而重拾梁启超等人的遗绪，将晚清以来的反传统思想推衍阐发，走上极端激烈的"整体性反传统主义"。为了拯救中国，他们把对中国传统的彻底批判与破坏视为必要之手段，同时大量输入各种西方思想观念，恃之为解决中国问题的万应妙方。胡适说："我们的问题是救国，救这衰病的民族，救这半死的文化。在这件大工作的历程里，无论什么文化，凡可以使我们起死回生、返老还童的，都可以充分采用，都应该充分接受。"鲁迅也对"国粹"下过这样的论断："要我们保存国粹，也须国粹能保存我们。"保存我们，的确是第一义。只要问他有无保存我们的力量，不管他是否国粹。可以说，新文化运动的精神，正是政治上的民族主义与文化上的反传统主义的二位一体。

然而，文化认同乃是民族凝聚一体不可或缺的基础，民族的建构必须"植根于群体共同的历史、记忆、神话与象征之上"。由于中国民族主义的发展否定历史文化，摒弃自身传统，造成中国民族主义成了无根的民族主义，导致中国在现代国家建设和政治发展进程中面临一系列无法解决的内政问题。

首先，无根的民族主义无法解决中国国家认同问题。一个民族国家要获得政治发展，必须先自我认同，确认自己是一个独立的民族国家，因为只有

---

① 蒋庆：《以王道政治超越民族主义》，载《广论政治儒学》，东方出版社2014年版，第384页。

解决了认同危机，才能克服传统与现代的紧张，以及由此紧张带来的不稳定性，使国家沿着成熟健康的稳固方向发展。而自我认同的基础是一个国家的历史文化，以及由此历史文化彰显出来的民族精神。国家的历史文化是国家的生命本源，也是民族精神的根基。只有一个国家的历史文化及其民族精神才能使一个国家认识到我之所以为我而不为彼，从而中有所守，立定足根，稳固地来寻求国家的现代发展。从近现代国家发展的历程来看，凡是比较成功的国家，大都遵循此一道路。由于中国的民族主义缺乏历史文化的根基，因而不能使中国在走向现代国家的过程中完成对自我的认同，结果迟迟不能化解传统与现代的对抗，使国家长期处于动荡不安的状态。①

其次，无根的民族主义无法解决中国政治秩序合法性问题。国家要发展，就必须拥有合法有效的统治权威，得到人们的普遍认同而成为领导政治发展的持续有力的稳定力量。按照韦伯对合法性问题的研究，有三种合法性，即神圣的合法性、传统的合法性和理性的合法性。从现实的政治秩序来看，这三种合法性往往是交织在一起的：国家的合法性一般是通过神圣的合法性与传统的合法性来解决，而政府的合法性则通常是通过理性的合法性来解决。现代西方民主国家的合法性表面上看建立在契约、同意、代议等理性的合法性之上，但其根基则是建立在基督教价值观与罗马政治法律制度所透显出来的神圣的合法性与传统的合法性之上。从发展中国家来看，国家要走向现代，要获得稳定持续的发展，必须同时获得这三个方面的合法性。由于发展中国家自我认同的要求特别强烈，神圣合法性与传统合法性对发展中国家来说就显得特别重要，如果发展中国家只获得理性合法性而未获得神圣合法性与传统合法性，国家的认同危机就不能解决。但是，从中国近现代国家发展的历程来看，中国无根的民族主义以理性主义（科学民主）和反传统主义为基础，不能为中国的现代国家发展提供神圣的合法性和传统的合法性，中国近百年来的政治发展中一直都存在着这种合法性的危机，而这一危机又加剧了国家

---

① 蒋庆：《政治儒学》，生活·读书·新知三联书店 2003 年版，第 401—402 页。

自我认同的危机。①

再有,无根的民族主义无法解决建立中国特色的行为规范问题。现代国家的一大标志就是具有一整套源自本民族历史文化传统又适应于现代社会的行为规范,这套行为规范也就是建立在传统与现代相结合的基础上直接影响现实生活的道德、法律、习惯、礼俗等社会制度。设立这种中国特色的行为规范或说政治礼法制度正是中国走向现代国家的过程中自我认同的需要,也是国家进行合法有效的统治的要求。但是,中国自近代以来传统的行为规范解体后,至今一百多年也没有建立起具有中国特色的行为规范(政治礼法制度)。究其原因,就是因为中国无根的民族主义无建立具有中国特色的行为规范的能力,严重地影响了中国向现代国家发展。②

还有,无根的民族主义无法解决对国家忠诚的问题。要建成现代国家,必须使国民保持对国家的忠诚。因为只有保持对国家的忠诚,才能使国民团结一致,不产生离心倾向。这一问题对发展中国家尤为重要,因发展中国家面临着更多的障碍和困难,需要获得国民的极大忠诚才能凝聚国民的力量去克服之。发展中国家要激励国民保持对国家的忠诚,就必须唤起国民的民族意识去追念国家的历史文化传统,去回顾国家昔日的伟大和光荣,去确定当今之国对先祖之国应承担的责任以及对子孙之国应尽的义务。要做到这些,民族主义就必须建立在本民族的历史文化传统之上。然而由于中国的民族主义不以历史文化传统为根本,故无法解决国民对国家的忠诚问题,致使这一问题至今仍严重存在。③

另外,无根的民族主义无法体现中华民族的民族精神。每个民族都有其民族精神,近代西方民族国家的产生可以说就是西方民族精神的确认与张扬。在现代国家发展的过程中,民族精神是一积极向上的因素,国家的认同问题、政治秩序的合法性问题、建立社会行为规范的问题、对国家忠诚的问题,都要通过民族精神的确认与张扬才能得到解决。民族精神并非一抽象的思想观

---

① 蒋庆:《政治儒学》,生活·读书·新知三联书店2003年版,第402—403页。

② 同上书,第404—405页。

③ 同上书,第405—406页。

念,而是体现在具体的历史文化传统中,通过对历史文化传统的继承与发扬透显出来。发展中国家在现代化的过程中,民族精神是保住发展中国家既向现代发展又不被西化的中流砥柱。由于中国的民族主义不以历史传统为根基,所以中国的现代化进程无法体现民族的精神。①

总之,由于无根的民族主义,导致中国在现代国家建设和政治发展进程中,面临着国家的认同问题、政治秩序合法性的问题、建立社会行为规范的问题、对国家忠诚的问题、民族精神的继承与张扬问题等皆无法得以根本解决,因而不能使中华民族在走向现代国家的过程中凝聚一体、众志成城,迄今也未能奠定国家政治安全、社会安全和文化安全的基础。

应该指出,尽管现代中国的民族主义是无根的民族主义,但并不意味着中国民族主义的发展没有正当的价值。相反,中国学习西方的民族主义以反抗西方的侵略压迫有充分正当的理由和完全正当的价值。对于中国民族主义的评价,应采取"实与文不与"的经权思想,即就中国近代以来受西方列强侵略压迫欲亡国亡种的情况来看,"实与"民族主义,即根据历史的实际情况赞同民族主义,因为民族主义具有反抗列强侵略压迫救国救亡的正当性;同时,根据儒家文化的最高道德理想"文不与"民族主义,即根据王道理想不赞同民族主义,因为王道理想追求"任德不任力"的道德的政治,而民族主义在本质上则是"任力不任德"的不道德的政治。②

2. 族国模式导致的外交困境

民族国家模式形成于欧洲从城邦封建社会向异域整合社会转型的过程中,缔造国家的根基是"民族",动力是"经济扩张",是西欧不同民族在攫取资源、积累资本与发动战争三者交互作用的过程中演化形成的。而传统中国的国家模式则是"天下模式",缔造国家的根基是"文明",动力是"文化整合",追求"一统多元"而又"各正性命""保合太和"的和谐世界。(详见第七章第四节·一《历史渊源:天下一统与族国分立》)现代中国民族国家的形成源于西方的逼迫,

---

① 蒋庆:《政治儒学》,生活·读书·新知三联书店2003年版,第402—404页。
② 蒋庆:《以王道政治超越民族主义》,载《广论政治儒学》,东方出版社2014年版,第384—385页。

是反侵略反压迫的产物。处于民族主权国家体系中的中国,在谋求国家安全和经济社会发展的进程中,一直面临着种种外交困境。

首先,是和平发展的困境。中国希望选择和平发展道路,但却遭致来自内部与外部的质疑。在当今民族国家体系下,和平发展不是一个国别命题,而是一个世界命题,需要国家间相向而行的互动。现在,中国内政面临着转型的巨大挑战,需要排除干扰、集中精力攻坚破难,然而外交相对宽松的环境却日益收紧,海洋主权屡生争端,面临擦枪走火将国家拖入战端的危险。与此同时,内政的焦虑情绪又极易转化成为对外的民族主义冲动。

其次,是大国关系的困境。中国希望破解新兴大国与守成大国间权力冲突的怪圈,积极发展与美国的新型大国关系,但中美之间日益加剧的战略互疑却对双方的战略互信构成严重销蚀。

再次,是边海维权的困境。中国把发展与周边国家的睦邻友好合作关系定为外交的重要目标,然而维护国家主权和领土完整又是国家不可让渡的核心利益,中国周边是核心利益的富集区,二者构成一对矛盾,在当前中国边海的权益争端中导致现实的悖论。

还有,是国防军事的困境。中国的国力增长和利益拓展需要相适应的国防军事实力,而外部世界对此极为敏感,周边国家的疑虑和不安上升,导致他们对美国军事同盟体系的依赖和投靠,而这又加重了中国发展国防军事的迫切性。[1]

另外,是国际话语的困境。在西欧民族国家的形成过程中,民族主义与民主政治息息相关,民族国家本身便是民族主权(national sovereignty)与人民主权(popular sovereignty)互动的产物。在这种"神圣"的民族主义意识形态中,"民族主义的思想和自由思想密不可分……作为一种政治现象,民族主义为两种自由提供了精神泉源,即集体的自由与个人的自由……在民族主义者那里,个人自由被认为是民族自由的先决条件,而民族自由仅仅是个人自由在国际舞台上的表达罢了"。在民族主权国家体系中,"自由""人权""平

---

[1] 江凌飞:《中国对外战略的新环境与新作为》,载《当代世界》2012年12期。

等""民主"等成为了所谓"普世价值"。在西方"普世价值"主导的国际话语体系中，中国成了不合规矩、不合时宜的异类。在政治方面，中国似乎总是专制集权；在经济方面，中国似乎总是自私自利；在文化方面，中国似乎总是阴暗猥琐。没有形成文化软实力和政治巧实力的中国，似乎尴尬到了动辄得咎的地步。面对西方的蛮横指责，却又常常无言以对，陷入了失语的困境。

上述中国在外交领域面临的困境，是中国以"民族国家"模式进入国际体系的必然结果。前文曾述，资本主义社会的"族国主义"，源于"权力政治"，核心是"国家主权"，其处理"国际关系"是通过形式上主权国家平等、实质上大国主导制衡的"条约体系"。"条约体系"的基本特征表现为主导大国在政治方面的扩张主义、经济方面的利己主义和文化方面的霸权主义。中国作为一个巨大体量的后发展国家，要想在大国主导的国际政治经济秩序中取得与自身体量相应的地位，必然要影响原有的国际格局和体系。以西方的历史经验和理论逻辑，必然会推导出：作为国际博弈的后来者，中国将不满现实权力结构，注定要通过扩张政策挑战现有国际秩序，挑战主导国地位；随着国力的发展，中国必然大规模地发展军事力量，走对外扩张争夺霸权的道路。美国著名的国际政治学者约翰·米尔斯海默就认为，无论中美两国领导人相互抱有怎样美好的愿望，付出怎样的努力，美中两国都无法避免大国霸权竞争的悲剧，必将引发冲突和战争。甚嚣尘上的"中国威胁论"、日益加剧的国际关系摩擦都是中国以"民族国家"模式谋求发展的必然遭遇。其实，这从反面启示我们：固守传统的民族主权国家的政治理念和国际行为模式，中国的和平崛起难以实现。

二、未来方略——以天下主义超越族国主义，以天下体系超越族国体系

要破解中国在上述内政外交方面遭遇的困境，要走出西方历史大国政治的悲剧，中国就必须打破所谓"现代世界"以"族国主义"观念和"民族国家"模式发展的旧框架，对现行的国际政治理念和国际体系进行创新和变革。创新和变革的方向，就是要以"天下主义"容融并超越"族国主义"，以"天下

体系"容融并超越"族国体系"。

(一) 变革国际政治理念

"天下主义"与"族国主义"的区别,实质就是"王道政治"与"霸道政治"的区别。"天下主义"与"王道政治"的义理模型是"北辰模型",其义理本原是"天理"与"道德",昭示了自然环境、人类延续、天下各国、尧舜之道与国际秩序之间息息相关、相生相克;而"族国主义"与"霸道政治"的理论思想奠基于"权力"与"契约",其义理基点是"利益",强调"国家"的利益高于一切,漠视他国权益,无视生态约束。"天下主义"是"道德至上","族国主义"则是"利益至上"。(详见第七章第四节·二《思想基础:天下主义与族国主义》)

当前主导国际政治的基本理念是"族国主义"。"族国主义"的核心是"国家主权",将"民族国家利益"(民族国家本是"天然"的大型利益集团)作为国际政治关系最基本的原则。"族国主义"主导的国际关系法则注定只能是弱肉强食的丛林法则,而不可能产生普遍意义的公共"道德"。西方国际政治学的传统现实主义学派认为,在国际政治行为中不存在道德因素的影响。因为国际政治不过是独立的行为者在无政府状态条件下持续地追求权力与财富的斗争,国家的竞争实质上就是国家实力与国家利益的竞争。一个国家的道德标榜和对其他国家的道德毁誉,充其量不过是一个行动的借口。任何一个国家决不会因为道德的原因而放弃国家利益,也决不会为追求国家利益所采取的不道德行为而感到内疚。国际政治行为只有一个评估标准,那就是看它是否符合国家利益。"为什么不能以较高的道德标准要求国家?原因之一是,事实上国家行为经常有违道德,而且,没有一种强迫国家按道德行事的手段"。[①] 从马基雅维利、霍布斯到摩根索都是以无政府状态为前提、以权力追求为中心来描述国际政治的基本面貌的。他们认为,政治家主要不是依据道

---

① 〔美〕斯坦利·霍夫曼:《当代国际关系理论》,林伟成等译,中国社会科学出版社1990年版,第316页。

德而是根据被界定为权力的利益来思考和行动的,"过分追求道德和道德激情对理性考虑利益和平衡是不合适和危险的"。① 新现实主义学派虽然承认国际政治中最基本的价值是秩序与和平,但也认为道德并不具有跨越国界的实质影响力,在国际事务中国家也可以采取制裁和威胁的手段,"当规则和制度不能确保社会控制的时候,国家对内对外都会诉诸威胁使用武力"。② 按现实主义的逻辑,在一个无政府的、自助的国际体系中,强权国家可以按照自己的秩序理念和价值标准采取行动,道义论点也可能被当作宣传语言,用以掩盖见不得人的动机,而且较强大的国家往往更无视道义问题。③ 国际道德不过是强权国家用以保护自己利益的面纱而已。

在冷战结束后的所谓"全球化时代",国家间的相互依存度日趋加强,作为对现实主义的批判和修正,国际政治中的理想主义思潮兴起,宣扬所谓的"普世主义"价值观。理想主义思潮以全人类的利益为标榜,认为人类在文化上正在趋同,全世界各民族正在日益接受着共同的价值、信仰和体制。然而,由于在国际社会中民族国家仍是国际行为的主体,理想主义所描述的世界政府和同一文化、同一价值观只是空中楼阁,就连理想主义的支持者也不得不承认,"在一个民族主义及爱国主义道德的影响力丝毫没有减退的时代,以自我克制目标为先、国家的自我保存为次的情况可能寥寥无几"。④ 国际道德面临的困窘是:一方面在国际社会几乎普遍承认一种关于对国际社会和整个人类的义务感的国际道德,另一方面又几乎同样普遍地不承认在国际社会中局部利益(国家的利益)的重要性小于整体利益。⑤ 尽管理想主义者宣称国家不

---

① 〔英〕贾斯廷·罗森伯格:《市民社会的帝国——现实主义国际关系理论批判》,洪邮生译,江苏人民出版社2002年版,第20页。
② 〔美〕大卫·A.鲍德温:《新现实主义和新自由主义》,肖欢容译,浙江人民出版社2001年版,第159页。
③ 〔美〕小约瑟夫·奈:《理解国际冲突:理论与历史》(第5版),张小明译,上海人民出版社2002年版,第31页。
④ 〔美〕罗伯特·基欧汉:《霸权之后世界政治经济中的合作与纷争》,苏长和等译.上海人民出版社2001年版,第146页。
⑤ 〔美〕斯坦利·霍夫曼:《当代国际关系理论》,林伟成等译,中国社会科学出版社(转下页)

应该只顾国家利益,而应该与其他国家联合起来保护新的世界秩序中的共同利益。但令其尴尬的是,在主要由民族国家构成的近代国际体系中,"共同利益"的措辞往往成为强权国家逃避道德谴责的借口。美国宣称"要采取行动以创造和维护世界秩序",[①] 然而其所标榜的为了人类的共同利益或人权而干涉别国内政的行为显然是虚伪的。摩根索就曾直言不讳地指出:一战后美国对外政策的基础不是捍卫民主而是追求某种支配他人的"生物——心理的原始动力"。从美国在全球扩张的历史来看,自美西战争以来的对外战略中,美国并不像它所声称的那样有道德,无论它使用了多么迷人的道德措辞,在美国国家利益与人类共同体的和平和安全利益的选择上,美国所考虑的永远是国家利益和强权。

只有伸张"天下主义",才能真正建立普天之下的公共"道德"。"天下主义"的核心是"大一统"。"一统"不是"统一","一统"是通过道德的力量(王化)来维系整个政治社会,来召感的不同民族,最后达到大小远近若一的王道理想;"统一"则是通过强制的力量(征服)来划一整个政治社会,来强迫不同的民族同一,将社会硬性地捆在一起。"一统"的基础在普适道德,道德是人心所向,百王共奉,故"一统"的根基纯正深厚,"一统"可以维持长久;而"统一"的基础在暴力,暴力不可久恃,再强大的暴力也会有时而穷,一旦暴力耗尽,通过征服划一的社会就会崩溃,强迫形成的民族同一就会瓦解,整个国家又会重新陷入混乱分裂,故"统一"不可能维持长久。大一统思想强调"一统多元":一方面,强调一统于"天元""天道""天理",以确立宇宙万物和历史政治的本体,确立普世性政治秩序的共同的神圣超越的基础;一方面,又承认天下各方在不同的历史地理条件下形成的"多元"价值,认可多元中的每一元都具有独立存在的意义,不能被他元化约和取代,即承认天下各国政治秩序不同的历史文化基础与人心民意基础。当今世界,要想实现长久和平、长治久安,必须推行建立在王道德化上的大一统思想,用王道(即参通天地

(接上页)1990年版,第320页

[①] 〔美〕肯尼思·华尔兹:《国际政治理论》,信强译,上海人民出版社2003年版,第270页。

人天下归往之道）去"一统"天下，用仁德去化一国际政治，以大一统秩序来构建一多无碍保合太和各正性命的和谐世界（详见第七章第四节·二·（一）《天下主义的思想基础》）。

需要指出，"天下主义"的"道德"并不意味着完全否定"民族利益"的诉求，相反，"天下主义"的"道德"承认"民族"的基本"权利"的必要性，如主张所有民族皆有生存延续的权利（兴灭国继绝世）。但是"民族国家权利"只是"国际道德"的底线要求，只有超越了单个"民族国家"的自私的"权利"，才能确立普天之下的公共的"道德"，才能确立普天之下的通行的"价值标准"（一重价值标准）。无疑，"道德至上"的"天下主义"可以容融并超越"利益至上"的"族国主义"。

要以"天下主义"理念引领国际政治变革，具体落实到制度层面，必须要借鉴、利用"贡赐体系"的历史经验，容融并超越"条约体系"。

"天下主义"的国际政治秩序的建立主要靠"道德教化"（即"文化感召"），具体制度形式是以文明感召和自愿朝贡为基础的"贡赐制度"；"族国主义"的国际政治秩序的建立主要靠利益博弈与权力制衡，具体制度形式是以大国"权力均衡"为基础的"条约制度"。"条约制度"是形式上由主权国家平等协商、而实质上由大国强权主导操纵的国际制度。大国主导的"条约制度"的基本特征是：政治方面的扩张主义，经济方面的利己主义和文化方面的霸权主义，"冲突"成为条约体系内国家间关系的主流（详见第七章第四节·三《国际体系：贡赐体系与条约体系》）。

"条约制度"与"条约体系"容易导致军国主义。因为条约体系内"各个国家或国家集团在展开国家关系和决定价值分配时的最后手段就是军事实力……主权国家体系是一种军事实力呈多元扩散的无政府状态体系……要制约、管理和控制一个无政府状态的国际社会是非常困难的，因此制约别国的行为方式或国家间关系方式的手段只能是军事实力，或者说是被合法化了的战争。军事实力是决定、实施乃至维持和扩大国际价值分配的手段，但是维持与扩大军事实力本身往往就被作为一种价值而变成了目的……每一个国家都在追求军事实力的进一步提高，扩充军备成了每一个国家的主要政策，强者胜弱者败的丛林法成了占据主导地位的原则。据此，战争作为获取本国利益的手段而被合法化，通过使用军事实力与军事实力的对抗来抑制对手的暴力行为以达到力量均衡的势力均衡原则对于维持和稳定国际体系也发挥了重要作用。相对于支撑主权的法律支柱，军事支柱的作用显得更为重要，成了主权的主要支柱"。① "条约制度"无法保障国际社会的长久和平。其实，基于"族国主义"的"条约制度"正是世界近现代史充满战争血腥的罪魁祸首。另外，"族国主义"和"条约制度"还导致地球生态环境持续恶化，人类生存环境已受到严重威胁。

上述关系人类生存的基本问题——安全问题与生存问题，在"族国主义"与"条约制度"的框架下，几乎无解。西方新制度自由主义学派认为通过加强"全球治理"，可以解决问题。然而，全球治理首先要解决谁来治理的问题，即全球治理的主体是谁。"条约体系"下的民族国家是国际体系的最主要行为体，国际组织所做出的一切决议都需要国家来落实。国际社会没有进行全球治理的有效权威机构，联合国只是个协商机构，不可能独立决策，更不可能有效执行。在现有国际行为主体中，如国家、国际组织、非政府组织、跨国公司等，没有任何一类行为主体能承担起全球治理的任务。第一次世界大战结束时，国际社会就有过建立世界政治的设想，谋求解决全球安全问题。然而，在"族国主义"和"条约体系"的框架下，此设想不可能实现。

要保障人类的生存与安全，必须变革"条约体系"的国际旧框架，以"贡赐体系"容融并超越"条约体系"。

"贡赐体系"的内在价值基础是天下主义、道德文明，外在形式是以"中国"为中心形成的具有等差秩序的圈层治理结构。"中国"与"外国"的交往遵循"耀德不观兵""修文德以来之""怀柔远人"等原则，政治方面的和平主义、经济方面的惠他主义及文化方面的和谐主义是"贡赐体系"的基本特征。"和谐"是"贡赐体系"内国家间关系的主流（详见第七章第四节·三·（一）《天

---

① 〔日〕星野昭吉：《全薛化时代的世界政治——世界政治的行为主体与结构》，刘小林、梁云祥译，社会科学文献出版社2004年版，第34—35页。

下主义的国际体系——贡赐体系》)。"贡赐体系"具有内在的和平主义与生态主义特质,这正是对治"条约体系"的"和平癌症"与"生态癌症"的良方。

(二)转化民族国家模式

问题是,"贡赐体系"在历史上的存在与发展,是以中国遥遥领先的国家综合实力与文明发展水平为基础的,在当代中国相对实力远不如昔的状况下,"贡赐体系"的建立何以可能?特别是,在"民族主权国家"成为当代世界普遍认可的"真理性"存在形式的状况下,"贡赐"又何以可能?

要回答上述问题,需将"条约体系"与"贡赐体系"存在的合理性作进一步的辨析。

大体言之,"条约体系"的存在合理性主要体现在两方面:对内,号称是"民族自决""主权独立"的"民族国家"为国家政权的合法性提供了基础;对外,形式上由主权国家平等协商、实质上由大国主导操纵的国际秩序,为国际无政府状态提供了一定时期的秩序保障。与此类似,"贡赐体系"的存在合理性也主要体现在两方面:对内,获得由天下文明中心国家(即"中国"的本义)的册封,为国家政权的合法性提供了基础;对外,由天下文明中心国家主导维持国际秩序,为国际社会的无政府状态提供了相对长期的秩序保障。二者之不同在于:对内赋予"国家政权合法性",前者是基于"族国主义"(对于"条约体系"的"中心国家",还要加上"民主政治")。而后者则是基于"天下主义"(对于"贡赐体系"的"中心国家",还要加上"王道政治");对外维持国际秩序,前者主要依靠大国的权力制衡(对于大国而言,通过"条约"和平剥削带来的效益一般要大过通过战争侵略的效益;对于小国而言,表面上主权地位平等,但要在大国的权力竞争中维持生存,不得不依附大国,在经济上输送,甚至内政被操控,实质上根本无法平等)。后者主要依靠"中国"的道义与实力维持(对于"中国"而言,维持"贡赐"体系需要一定程度的经济付出,但是能获得相对长期的和平收益;对于小国而言,加入"贡赐"体系,除了获得安全保障之外,还通过"贡赐"体系获得了一定的经济效益,"贡赐体系"表面上小国依附"中国",实质上"中国"在给予小国安全保障与经济利益,完全放任其自己管理,在内政自主方面实质上却是平等的)。可见,论"存在的合理性","贡赐体系"相较于"条约体系"要更胜一筹。

而且,"贡赐体系"还可以兼容"民族国家"与"条约体系"。也就是说,"民族国家"在自愿加入"贡赐体系"的同时,可以自由加入"条约体系",并行不悖。可见,论"存在的普适性","贡赐体系"相较于"条约体系",也要更胜一筹。

综上所述,即使在当代"族国主义"主导的国际社会,"贡赐体系"相较于"条约体系",在理论上也仍将受到更多民族国家的欢迎。之所以说是"理论上",是因为"实际上","贡赐体系"要容融并超越"条约体系",取决于天下文明中心国家("中国")的发展。因为没有"天下文明中心国家",就根本不会有"贡赐体系"。

毋庸讳言,当今世界综合国力最强的是美国。从理论上讲,如果美国推行"天下主义"和"王道政治",就可以理所当然地成为"天下文明中心",即美国成为世界的"中国",成为"贡赐体系"的中心。然而,国家的发展,受到种种复杂因素的影响和制约,包括资源环境、历史文化、民心民意等因素的影响和制约。从资源环境、历史文化、民心民意等方面来看,美国在很长的一段时期,都不可能走上"天下主义"之路。美国迄今仍然有着相对优裕(相比世界大多数国家)的资源环境,有着深入骨髓的自由主义传统(对内)和扩张主义倾向(对外),还有着众多"无法"(无视生态规律)"无天"(无视生态环境)的消费主义民众,所以,美国不可能推行"天下主义"。

环顾世界,在综合国力、资源环境、历史文化、民心民意等方面,有可能引领世界走上"天下主义"之路的,惟有中国。

中国的综合国力仅次于美国,但中国的环境资源已经日趋紧张,在政治、经济、社会和文化方面面临着发展困境;中国的历史文化中有着悠久的"天下主义"传统,中国还有着最广大最普遍的深受儒家文化浸润的民众。也就是说,推行"天下主义",是中国谋求持续发展、谋求长治久安的必然选择,亦是唯一选择和最佳选择!

中国要推行"天下主义",首先要能真正负载天道天理的传承,成为"普天之下"道德文明的倡导者和守护者。关键是要练好内功。在意识形态方面，要倡导和推行以天人合一、永续发展为核心的社会理想和以道德仁义为核心的价值体系（详见本章第一节）；在政治制度方面，要倡导和推行以王道理想为核心的政治礼法制度（详见本章第二节）；在文化教育方面，要重建国学体系，复兴复杂科学，普及经典教育，培养博识通才（详见本章第三节）；在经济社会方面，要推行族有产权，鼓励敬宗收族，发展生态经济，并建立良好的社会信用体系和社会治理体系（详见本章第四节）。换言之，就是要以齐家（族）、治国、平天下为导向，通过导之以德、齐之以礼，在正名、顺言的基础上兴礼乐、中刑罚，使人们信守孝悌忠信礼义廉耻的价值观念与社会规范，保障社会成员安居乐业，同时建立以文化覆盖为核心的公平公开公正的社会升层渠道（学而优则仕）。唯如此，中国才能完成民族国家模式的转型，破解"无根"的民族主义与民族国家模式导致的内政外交困境，在政治、经济、社会、文化、科技等方面取得全面和谐的发展，从而真正成为天下文明的中心之国。

在练好内功的基础上，以中华文明的复兴为基础，与其他民族国家发展类似于"贡赐"的国际关系。之所以说是"类似"，是因为在"民族主权国家"已成为当代世界普遍存在的国家形式的情形下，对传统的"贡赐"形式需要进行因时制宜的创新变革，甚至依"天下主义"建立的国际体系的名称也可不再称为"贡赐体系"，而称为"天下体系"。

中国推行"天下体系"的基本原则是"修文德以来之""耀德不观兵"。也就是说，不搞意识形态输出，也不搞军事扩张，只是通过"榜样的力量"来吸引、感召其他的"民族国家"。其他的"民族国家"之所以被吸引、被感召自愿与中国共建"天下体系"（或者说加入"天下体系"），而不是固守原有条约体系，最主要的原因无非是两点：其一，"天下主义"是真正的普世价值（一重标准）；其二，共建（或加入）"天下体系"，能更低成本地维护国家安全，同时能更高效率的发展国家经济（因为可以相对摆脱在"条约体系"中的依附困境），更容易使人民安家乐业，更容易使国家长治久安。

中国推行"天下体系"顺应了国际政治变迁和全球治理发展的趋势。当代全球治理理论指出，现在的国际政治发展同时具有一体化（全球化）和分散化（区域化）两个变革趋势。一方面，随着世界市场经济的发展、信息通信技术的进步、全球公共问题的凸显以及公民政治技能的提高，全球化进展迅速而深入；一方面，随着少数民族自治的增多，宗教和文化次团体的增多，以及各种认知共同体（epistemic community）的增多，区域化趋势也日益凸显。上述变革趋势正在三个领域展开：在经济领域，经济全球化和新的经济民族主义相互交叠；在社会领域，全球公民社会的意识逐渐形成，与此同时，国家权威的散失又使得人们需要归属特定群体才能维护自身利益和获得心理安慰；在政治领域，越来越多的国际议题超越了国家主权界限，致使主权国家在处理政治事务时受到众多国际组织和国际制度的制约。在上述变革趋势的影响下，一方面，超越国家边界的控制机制得到加强，另一方面，邻里间心理安慰和种族归属需要等因素又强化了区域化机制。[①] 中国推行"天下体系"，就是要使"超越国家边界"的全球生态保护机制得到加强，同时要提倡全球范围内的敬宗收族，也即强化"邻里间心理安慰和种族归属"，并提倡全球范围内土地"族有"——因为只有地球人都爱自己的家乡，才能真正保护地球。

中国推行"天下体系"将是一个漫长的、渐进的过程。就全球政治格局而言，要联合西方的绿色政治力量，共倡"生态主义"（即"天下主义"），共建"生态文明"；就地缘政治策略而言，应该首先立足亚洲，然后逐步扩大到整个亚欧大陆，同时帮助非洲与拉美，直至渗透北美与澳洲；就具体制度形式而言，则需要一个较长的探索、磨合过程。

但是，中国建立"天下体系"，今天首先却面临着一个迫在眉睫的任务：解决台湾问题！

（三）打造天下体系样板

"台湾问题"（或曰"两岸问题""台海问题"等），是近代中国国共内战所遗留的政治问题。基于两岸宪法规定的中国主权和领土的一致性，两岸各方均试图在国际上代表中国。自1949年以来，国际上逐渐普遍认同和接受在

---

① 郑安光：《自由主义国际关系理论的源流》，载《历史教学问题》2004年第6期。

中国大陆成立的中华人民共和国是代表中国的唯一合法政府，台湾地区是中国主权和领土的一部分。然而，台湾执政当局以"中华民国"的政治名义，以"偏安政权"的政治形式在台湾地区存续。在当代中国面临的世界格局中，"两岸问题"成为关乎国家安全和国际关系的首要问题。

目前，两岸都明确秉持"一中"立场但对"一中"的定义表述不同。依据两岸目前的宪法，"一中"是实在的：在大陆，"一中"是中华人民共和国；在台湾，一中是"中华民国"。解决两岸问题的思路，大陆讲"一国两制"，台湾讲"一中各表"。台北地区政府在坚持"一中宪法"的同时，又不断强调台湾地区的未来由2300万台湾人共同决定。由此推衍，"台湾人民自己"可以决定"台独"——这是其"宪法"规定"主权在民"的逻辑所致。其实，所谓"一中各表"，就主权国家的逻辑而言根本无法成立：因为当台北地区政府宣称"中华民国主权独立"且又主张其"主权"涵盖全中国时，其实等于否决了北京政府同样宣称的合法性，反之亦然。也就是说，双方对于"一个中国"的"主权重迭"的表达，也意味着对对方"主权"的否认。台湾地区宣称"主权独立""2300万人决定台湾前途"时，其实质是已经放弃了"主权"重迭的主张。可见，在主权国家的逻辑框架下，希望通过共同表达"主权重迭"而维持"一个中国"的意愿，在逻辑上根本无法成立。而在"一国两制"的框架下，如果"一国"指中华人民共和国，"两制"是指中华人民共和国宪法下的"两制"，那实际上完全否定了"中华民国"的身份与地位。近年来，"一个中国"与"一国两制"不断地在台湾被妖魔化，其原因也正在此。①

由此可见，在现代主权国家的逻辑框架下，两岸关系难以合理定位，两岸问题几乎面临无解。超越现代主权国家逻辑框架的局限，则正是解决"两岸问题"的关键所在。

其实，两岸目前共认的"一个中国"，究其内涵，并非共认一个现代意义

---

① 张亚中：《一中三宪：重读邓小平的"和平统一、一国两制"》，载《中国评论》月刊，2009年8月。

上的"主权国家",而是共认一个"历史性的存在"。而历史上存在的"中国",从来就不是一个现代意义上的"主权国家"——历史上存在的"中国",是一个"天下国家"。

现代主权国家的根基是"族国主义",是西欧民族在攫取资源、积累资本与军事战争三者交互作用的过程中演化形成的,国家缔造的动力机制是"经济——军事整合"。随着西欧国家的全球殖民扩张,民族主权国家的组织模式也被仿效而得以遍行世界。传统中国"天下国家"的根基则是"天下主义",国家缔造的动力机制是"文化整合",追求"一统多元"而又"各正性命""保合太和"的和谐世界(详见第七章第四节·一《历史渊源:天下一统与族国分立》)。在"天下主义"的视域中,人类社会的秩序构建和永续发展必须遵循"天道"的运行规律,必须从整体到局部地认识和理解天人关系,由"天"到"天下"到"国"再到"家"最后及于"个人"(见第二章第四节·一·(二)《儒学学理体系架构图》)。"天下主义"的义理模型是"北辰模型",其义理本原是"道德";"族国主义"则奠基于"权力"与"契约",其义理本原是利益。"天下主义"思想的核心是"大一统",将"天元"作为天下政治秩序的最基本原则;"族国主义"思想的核心是"国家主权",将"民族国家利益"作为国际政治关系的最基本原则(详见第七章第四节·二《思想基础:天下主义与族国主义》)。

依中国文化的视角(基于构造整合的复杂科学),国家是在漫长的历史演变过程中形成的,是天人复杂互动的产物,国家的合法性源于"天道""天命",国家的根本性质则是基于"天道""天命"的"历史性"。依西方文化的视角(基于分析还原的简单理性),国家是"契约"的产物,国家的合法性源于"人民同意"。由此,国家的"历史性"被消解,国家成为现世人民理性的构造与意志的产物(详见第七章第一节·三·(二)·1《国体:历史性与民意性》)。

显然,由于中国历史传统的潜移默化,海峡两岸共认的"一个中国",乃是一个"历史性"的中国,而不是一个"契约性"的中国。只有厘清"一个中国"的确切内涵,才能有对"一个中国"的共同理解与共同表述(不是"一中各表"而是"一中同表");然后,才能在获得"概念性"的"一个中国"

的共识的基础上，推动"实体性"的"一个中国"的建设进程。

下面，就将对"概念性"的"一个中国"展开进一步申述，然后，以此为基础，探讨"实体性"的"一个中国"的缔造可能。

如前所言，历史上存在的"中国"，是一个"天下国家"。"天下国家"与"主权国家"的不同在于：前者的产生与存续基于"天命"，后者的产生与存续基于"民意"；前者的合法性源于"天"，即"主权在天"，同时具有神圣超越的合法性、历史文化的合法性、人心民意的合法性；后者的合法性源于"民"，即"主权在民"，民意合法性一重独大（详见第七章第一节·二《思想基础》）。

目前，两岸共认的"一个中国"尽管在"潜意识"上是历史上存在的"天下国家"，而在"显意识"上，双方却又都以西方主权国家理论为依据各自宣称"主权"：大陆提出的"一国两制"框架中的"一国"是"中华人民共和国"，台湾提出的"一中各表"框架中的"一中"是"中华民国"，二者实质上是相互否定，进入了逻辑死结，无法打开政治对话空间。而如果双方抛开现代"主权国家"概念的桎梏，回归到中国传统的"天下国家"的本来意义，就能豁然贯通，解脱逻辑死结，拨开重重迷雾，开启对话新境界。

因为，如果两岸共认的"一个中国"是"天下国家"，由于"天下国家"的合法性源于"天"（即主权在天），那么，两岸便可以探讨共建一个"主权在天"的"中国"。这个"主权在天"的"中国"（天下国家），可以同时包容"主权在民"的"中华民国"与"中华人民共和国"，从而从根本上化解了两岸政治定位和政治对话的"死结"。

"主权在天"的"中国"可以同时包容"中华民国"与"中华人民共和国"的理据，首先是"大一统说"。"大一统说"强调"一统多元"：一方面，强调一统于"天元""天道"，以确立宇宙万物和历史政治的本体，确立政治秩序的共同的神圣超越的基础；一方面，又承认天下各方在不同的历史地理条件下形成的"多元"价值，认可多元中的每一元都具有独立存在的意义，不能被他元化约和取代。因前文多有述及，此不再赘（详见第七章第四节·二《思想基础：天下主义与族国主义》）。其次，是"通三统说"。"通三统是指王者在改制与治理天下时除依自己独有的一统外,还必须参照其他王者之统"。前文述及,"天下主义"的"中国"主张"大一统",但"大一统并非绝对排他的一统,而是多统中的一统。……言大一统,是就王者兴起欲一统天下说;言通三统,是就历史上诸王之统必有其合理性,新王当将其合理者统于其政制说。此外,大一统是讲新王受命,其新统具有维系天下的合法性;通三统则是讲后王天命虽改,其旧统在特定的时空中仍有其存在的理由"。[①] "通三统说是要解决新王改制中新统与旧统的关系问题,其解决的方法是既承认新统的必要性与合法性,又承认旧统的合理性与可取性;新统在三统中有其意义与价值,旧统在三统中亦有其意义和价值。……通三统思想体现的是一种中庸的精神,即既倡导革新,又尊重传统,可谓新旧兼善,古今不遗"。[②] "通三统说既是改制创新之说,又是尊重传统之说,既主张六合同风九州共贯的一统论,又主张存二王后的多统论;既承认新政权有其独立的合法性,又不否认旧政权有其存在的合理性。故在通三统的思想中,世界是多统中的一统世界,世界既丰富多彩,又统一有序;既增加了新内容,又不尽弃旧成分。如此的世界既生动活泼,又秩序井然,充分体现出了孔子所追求的中庸之德"。[③] "通三统说"的宽容精神与政治智慧,对于两岸共建"一个中国"有着特别价值。"在近代中国,社会变迁迅速,政权几经更迭。在政权的更迭中,新政权战胜旧政权获得了胜利,往往看不到旧政权曾是一合法的政权,曾是天之所命、民之所往,在新政权中仍有其存在的价值,仍当保留其统;而是认为新政权有绝对的权威与绝对的合法性,旧政权已被推翻,全无存在的理由,必须彻底铲除其统。这种新政权不通旧政权,新统不存旧统的情况必然造成政治上的仇恨与残酷,把旧政权完全看作敌人而置之于死地。其结果必然是政治生活中未能体现出宽容的精神,从而未能真正做到政通人和,而是隐伏危机,不能合理有效地解决新统旧统之间的冲突。鉴于此,通三统说尊先王存二王后的政治宽容精神可以使新政权通于旧政权,使新统能和谐地容纳旧

[①] 蒋庆:《公羊学引论》,辽宁教育出版社1995年版,第295—296页。

[②] 同上书,第308页。

[③] 同上书,第314—315页。

统，从而能够克服政治生活中的仇恨与残酷，能够合理有效地解决新统与旧统之间的冲突"。①

两岸共建一个共认的"主权在天"的"中国"，则应汲取中国传统政治智慧，重建天下体系，创新"一国两制"。具体可依周代之制，奉中华人民共和国为"正朔"，承认中华人民共和国乃中国近现代遭受西方冲击、经历长期"革命"后"顺乎天而应乎人"造就而成的、"奉天承运"的合法"中国"代表，如《诗经·周颂》之例；"中华民国"则可如《诗经·商颂》之例；依此，则港澳地区如《诗经·鲁颂》之例。②

具体到操作层面，两岸可以协商共同制定一部"主权在天"的宪法，以此容融并超越已有的大陆的"中华人民共和国宪法"和台湾地区的"中华民国宪法"，由此形成"一中三宪"的法律架构。此架构既可维持两岸现状基本不变，又可从中国传统的"天下国家"的本来意义推进两岸融合；既可由此携手共建天下体系，又可兼容和保障双方在现代族国体系中的权益。

由于文化断层，当今两岸民众乃至学者、官员，大多难以理解何为"主权在天"的"中国"。因此，为便于操作，可以借鉴"欧洲联盟"（欧盟）的经验作为过渡，共建"中华文明联盟"。所谓"欧盟"的经验是指：形式上，"欧盟"创造了一种介于"主权国家"与"条约组织"之间的"政治实体"；进程上，其逐步深化、渐进扩张的方式，降低了变革风险（在合作领域深化方面，先成立欧洲煤钢共同体，然后逐步推广到其他经济领域，建立欧洲共同体，后来再建立欧洲经济货币同盟和欧洲政治联盟；在覆盖的国家方面，也是逐步扩大）。"中华文明联盟"借鉴"欧盟"的经验，可以在形式上，创造一种介于"主权国家"与"天下国家"之间的"政治实体"；在进程上，逐步深化、渐进扩张。但需要指出，两个"联盟"的根本性质不同：前者是"经济共同体"，后者是"文明共同体"，即使"联盟"发展的最终目标都是"融合一体"，但前者的核心依然是"经济"，而后者的核心则是"文明"。这也正是"条约

---

① 蒋庆：《公羊学引论》，辽宁教育出版社1995年版，第313页。
② 张祥平：《超越欧美政治思维，构造全球长久和平——自两岸始》，载《政治儒学与两岸长久和平研讨会论文集》（2013年4月27日）。

体系"与"天下体系"的根本区别。

共建"中华文明联盟",旨在将两岸思考、对话与合作的焦点直指"文明",也即"中华文明复兴"(也即中华民族复兴)——这是中华民族自鸦片战争一百多年来的共同夙愿,而不再纠缠于西方主权国家语境下的"权力"的争夺。由此,尽可能化解和避开无谓争执,并尽可能团结一切可以团结的"中华"力量。"中华文明复兴"的远期目标应该是要全面复兴"主权在天"的政治礼法制度,建立"大一统"的中国,并以"天下主义"引领世界的变革;近期目标,则可以先在两岸民众以及全球华人中普及弘扬中华文化,为远期的制度建设进行思想准备、舆论准备与人才储备。

具体而言,包括建立国家级的"中华文明大学"(如中国传统之太学)),系统研究并弘扬国学(复杂科学),集聚精英推动国学在当代世界的创造性转化和创新性发展,培养国学教育与研究的高端人才;在小学、中学、大学、职业学校、干部学院等全面普及国学经典教育;成立专门的报刊、杂志、网站、广播电台、电视频道、出版机构以及国际学术交流中心、海外传播中心等,致力于广泛传播国学知识和中华文明;推行族有产权,鼓励敬宗收族;倡导礼乐教化(包括冠、婚、丧、祭等从生至死的礼制安排),复兴儒教信仰;重建社会信用体系,开展道德振兴运动;改善纠纷解决机制,提升社会治安体系;改善医疗卫生模式,优化社会保障体系等。

在共同复兴中华文化的基础上,两岸可以在制度层面逐步夯实"中华文明联盟":包括共同组建落实"神圣超越的合法性"的"通儒院",共同组建落实"历史文化的合法性"的"国体院",共同组建落实"人心民意的合法性"的"民意院",共同推行科举选士,直至共同推举国家元首落实虚君共和制等。上述"机构"和"制度"的设置,应是一个渐进的过程,而且"机构"被赋予权力也是一个由"虚"到"实"的过程。如此,"中华文明联盟"也就能由"虚"到"实"地建立起来,直至完成"大一统"中国的重建。

"大一统"中国的重建,将根本性地解决"台湾问题",保障两岸和平发展直至融合统一;更重要的是,将根本性地改善中国在国际格局中的处境(两岸分立,导致鹬蚌相争渔翁得利,给大陆和台湾都带来巨大损失:"渔翁"不是一个，而是近两百个——参加联合国的每个国家都能从两岸不和的现状中获利。），极大地提升中国的国家安全保障。而且，它将打造天下体系的样板，开创国际体系的新格局，奠定中华文明复兴的坚实基础。由此，将开启中国引领世界的新时代！

全书结语

本书力求在人类文明比较的整体视域中理解中华文明,在世界历史演进的整体进程中认识中国道路,在全球秩序转型的宏观背景中探究中国方略,虽洋洋百万言,然概而括之,其主要内容仅用数十图表便可统览。

第一章探究语言和文字对中西思维模式的影响,主要内容是:汉语以"元辅音整合"的语音模式、"语词整合"的语法模式及"形音义整合"的文字模式(构型文字),建构起"整合型"的语言体系,其影响到语言中枢的发育和识别模式的建立,发展出整合型思维模式;西语则是以"辅音组合"的语音模式、"词形变异"的语法模式及"形音义分离"的文字模式,其影响到语言中枢的发育和识别模式的建立,从而建构起"分异型"的语言体系,发展出分异型思维模式。上述内容统系于《中西语文思维演化路径表》【第一章·结语】。

第二章探究思维和科学对中西文明发展的影响。

首先通过对中西文明史追根溯源地进行比类研究,揭示了人类思维演化的相似历程:都经历了相似的演化环节,且在相应的环节都达到了相似的文明程度,主要包括:占有行为——个人观念、图腾神话——社会意识、占卜问事——理智选择、数字文字——理性思维、实事求是(价值评估、归类整合、经验比较)——理性发展、诗歌艺术——情感升华、抽象思维——范畴思辨、追寻本体——形而上学、开发内心——价值体系、反省认知——逻辑体系等十环节。其中,形塑中西文明的情感模式、价值观念和思维方法的关键环节皆出现于轴心时期。上述内容统系于《人类思维演化路径表》【第二章第一节·结语】。

在人类思维演化历程的整体探究的基础上,再进一步探究中西科学思维演化的历程:都经历了奠定数学基础(象数整合 vs. 万物皆数)→建立物质运动论(乾坤论 vs. 原子论)→明确认识论与方法论(天人论 vs. 理念论、分析法 vs. 述识法和)→构建数理模型(北辰模型 vs. 同心球面模型)→形成公理体系(《周易·系辞》vs.《几何原本》)等五环节,并由此形塑了中西两大文明的科学体系的不同。上述内容统系于《中西科学思维演化路径表》【第二章第二节·二·(三)·1】。

在阐明了中西科学思维演化历程的基础上，再进一步辨析比较中西科学思维的推理过程，主要包括五个环节：模式识别（天人合一、主客一体 vs. 天人割裂、主客二元）→事实归纳（运用求同存异的方式进行整合 vs. 运用分割解剖的方式进行分析）→模型建构（复杂生克关联的数理模型 vs. 简单因果关联的数理模型）→演绎推理（从整体到局部地一层一层展开推理，力求留余适度，形成预测或实践方案 vs. 用模型或公式进行演绎，力求精确，不留余地，形成预测或实验方案）→检验反馈（预测准确或实践检验"中效"，未被证伪，否则重新建模 vs. 预测准确或实验验证正确，未被证伪，否则重新建模）。上述内容统系于《中西科学思维推理过程表》【第二章第二节·四·（三）】。

中西科学思维的差异不仅导致了中西科学体系的不同（复杂科学 vs. 简单科学），还整体性地影响了中西两大文明的历史进程，造就了中西两大文明的不同传统，包括学统、道统、政统、法统和治统等五方面。上述内容统系于《中西文明传统比较一览表》【第二章第二节·五】。

之后，进一步对中西数学思维进行比较研究。先是梳理了中西数学思维的演化历程，其内容统系于《中西数学思维演化路径表》【第二章第三节·一·（二）·3】；然后着重论述中国传统数学的体系，阐明了中国传统数学的基础框架乃"易图六帧"，包括：《河图》《洛书》《地乘图》《太极生卦图》《九宫探赜图》和《指掌钩深图》【第二章第三节·二·（一）·1——6】。

在阐明了中国科学思维与数学思维的基础上，对中国传统科学（复杂科学）的主体——儒学，进行了整体性论述：从学理体系的架构方面，论述儒学是从整体到局部，即从"天"到"天下"到"国"再到"家"最后及于"个人"，其内容统系于《儒学学理体系架构图》【第二章第四节·一·（二）】；然后，从儒家治学的方法层面，或者说，从学养提升的境界层面，论述格物（博学）、致知（审问）、诚意（慎思）、正心（明辨）、修齐治平（笃行）是一个自本至末、循序渐进且生克相关的功夫修炼过程，其内容统系于《儒家功夫修炼模型图》【第二章第四节·一·（二）】；然后，从儒家经典的解读方面，论述理解经中的"事""情""象""道""理"，五者缺一不可、密切相关，如此才能体察经典"意义"之全体,其内容统系于《六经"意义"的内在结构图》【第二章第四节·二·(二)】；最后，采用现代科学术语和表述方式对儒学的"科学体系"进行了重新诠释，包括基本模型、重要定义、社会五公理、复杂三规律与五行结构表。上述五方面内容相生相克、成为一体，统系于《社会科学体系的内在结构图》【第二章第四节·三·结语】。

  本书《上篇》通过对中西文明之语言与文字、思维与科学的比较探究，一方面，揭示了中华民族的文明根基，彰显了中华文明在普适性（可大）和永续性（可久）方面的固有优势；一方面，明确了本书《中篇》和《下篇》的理论基础——《中篇》《下篇》的论述皆建基于上述复杂科学的方法（构造整合法）和体系（社会科学体系）。

  《中篇》研究人类文明演进的历程，按人类社会从简单到复杂的三类社会形态依次展开。研究以复杂科学的基本规律为基础，先论述该类社会的生成模型，继而探讨该类社会的演化规律，最后研究该类社会的组织结构。

  第三章论述氏族部落社会的生成演化、组织结构和经济分析，然后，探讨了"早期中国"的演进。"早期中国"经历了有起伏分合的发展进程，具有多元一体的文化结构。尧舜时期，在价值观念、科学技术和组织管理等方面的进步，标志着中华文明奠基，中原文化由此作为"早期中国"的核心区崛起，并向周围强力辐射，周边地区的社会发展被逐渐纳入以中原为"天下中心"的轨道。

  第四章论述城邦封建社会的生成机制、组织结构和经济分析，然后，通过对中国周朝与欧洲中世纪的封建社会的历史进行比较研究，发现二者都经历了前王失势→建立新朝→平息战乱→实行封建→确立规范→推行文教→朝政衰乱→重建秩序→对外扩张→商贸发展→邦国兼并→制度变革→争夺加剧→变革深化→战争升级→新国形成等十五个演化环节，其内容统系于《城邦封建社会的演化路径表（中国周朝与欧洲中世纪）》【第四章第二节·二·(一)】。在上述演化历程中，中西文明的制度模式（礼治 vs. 法治）和国家形态（天下一统 vs. 族国分立）基本成型。

  第五章论述军国主义社会的生成机制和组织结构，然后，通过对中西两大军事帝国（秦帝国和罗马帝国）的历史进行比较研究，发现二者都经历了边缘小国→先王图治→初露锋芒→遭遇强敌→制度变革→军事领先→征服兼并→大局甫定→建立帝制→统一治理→继续扩张→扩张受阻→高层争权→兵乱四起→帝国灭亡等十五个演化环节，其内容统系于《军国主义社会的演化路径表（秦帝国与罗马帝国）》【第五章第二节·一】。在上述演化进程中，由于中西环境资源不同，秦帝国的社会整合相对迅速、彻底，而存续时间却非常之短；罗马帝国的社会整合相对迟缓、表层，然而通过持续扩张，存续时间却非常之长。秦帝国与罗马帝国不同的命运，成为影响中西文明发展路径的重要历史记忆：秦帝国是后来中国要竭力避免重蹈覆辙的"前车之鉴"，而罗马帝国的辉煌却一直是西方追求的"理想"。

第六章论述德本主义社会与资本主义社会的生成演化。

德本主义社会与资本主义社会的生成都经历了封建转型→制度改革→文化剧变→资源争夺→建立帝国→治理不善→帝国失势→新霸崛起→拟定秩序→霸主易位→平民君王→历史惯性→导致内乱→平息动乱→制度成型等十五个演化环节，其内容统系于《德本主义社会与资本主义社会的生成路径表》【第六章第一节·一】。在上述演化过程中，"士人"成为德本主义社会的主导阶层，由此形成了上层为"学选政府"、下层为"宗族自治"且上下良性互动的社会结构；"商人"则成为资本主义社会的主导阶层，由此形成了上层为"钱选政府"、下层为"公司自治"且上下良性互动的社会结构。其内容统系于《德本主义社会与资本主义社会的内在结构（五行）表》【第六章第一节·四】。

德本主义社会与资本主义社会的演进都经历了"形成期→发展期→成熟期→繁荣期"四个阶段，每阶段又都经历了"国家秩序稳定→政经制度建设→科学技术进步→社会组织演化→国际关系发展→问题积累爆发"六大环节，其内容统系于《德本主义社会与资本主义社会的演化路径表》【第六章第二节】。德本主义社会与资本主义社会的所有历史重大事件皆在上述二表中得以"精准定位"：一方面，是在社会演进的纵轴中的"历史定位"；一方面，是在中西比较的横轴中的"文明定位"。表中的史实序列凸显出中西两大文明的内在特质与演化规律，为全方位、大纵深、各层面品鉴、比较德本主义文明与资本主义两大文明提供了全面且准确的事实依据（不再如盲人摸象般各执一端）。

在"表明"史实的基础上,第七章从政治制度、社会文化、经济模式、国际关系四方面展开论述德本主义社会与资本主义社会的组织机理与运行机制。

政治制度方面:德本主义社会尊奉"主权在天",推行"德政礼制",政府官员主要通过"科举考试"选拔;资本主义社会尊奉"主权在民",推行"宪政法制",政府官员主要通过"民选投票"产生。

社会文化方面:德本主义社会尊奉"道—德—仁—义"的价值体系,推行"礼主刑辅"的社会规范,信用体系、社会保障、纠纷解决、社会控制等社会治理问题主要凭借宗族自治;资本主义社会尊奉"自由—人权—平等—民主"的价值体系,推行"法律至上"的社会规范,社会治理问题需由政府主导,陷于"耗散管控"。

经济模式方面:德本主义社会是"内源发展",追求生态生产率,重农抑商,城乡一体,推行族有产权,主张适度消费;资本主义社会是"外源发展",追求劳动生产率,重商贬农,城乡分立,推行私有产权,宣扬无度消费。

国际关系方面:德本主义社会尊奉"天下主义",推行"贡赐体系",国际关系的基调是"和谐";资本主义社会尊奉"族国主义",推行"殖民体系"和"条约体系",国际关系的基调是"冲突"。

上述关于德本主义社会与资本主义社会的组织机理与运行机制的论述,实乃《德本主义社会与资本主义社会的内在结构(五行)表》的深化细化。

《中篇》的主要内容是总结过去,《下篇》的主要内容则是谋划未来。

第八章先是梳理中国的近现代史,指出:中国近现代社会之变革源于西方列强的扩张,中国的变革历程由"中体西用"而"西体西用",导致了中华文明的岐出,却并未修成资本主义现代化的"正果",且绝无修成资本主义现代化"正果"之可能!其内容统系于《全球主要大国与中国的"现代化"历程表》【第八章第一节·一·(三)】。之后,回溯中国历史上经历的两次文化危机,并与中国近现代史比较,指出三者相同的演化环节,断定中国未来的发展必然要回归中国历史文化的正统之路——德本主义之路,这正是"中国特色社会主义"之路(中国的历史文化和基本国情决定了"中国特色"的内涵,而"德本主义"则是本原意义上的"社会主义",即真正以"社会"为本位),

上述内容统系于《中国历史由乱到治三周期图》【第八章第一节·二·(二)】。然后,论述中国回归历史正统的现实基础:一方面是高层的政治导向转型,一方面是基层的传统文化复兴。最后,应用复杂第二规律进一步勾画了中国未来"重建天下体系→自卫战争→内外调整→全面复兴"的发展路径,内容统系于《中国近现代史对称破缺图》【第八章第二节·二·(一)】。

第九章在上述"预测"的基础上,聚焦"未来方略":意识形态方面,主张倡导和推行以天人合一、永续发展为核心的社会理想和以道德仁义为核心的价值体系,以此容融且超越西方源于基督新教的"自由""人权""平等""民主"的价值体系;政治制度方面,主张倡导和推行以"主权在天"为核心的德政礼制,以此容融并超越以"主权在民"为核心的宪政法制;在文化教育方面,主张重建国学体系,普及经典教育,复兴复杂科学,用复杂科学统领简单科学;在经济社会方面,主张推行族有产权,鼓励敬宗收族,以此为基础推进政府职能的调整和经济结构的优化,并重建社会信用体系和社会治理体系;在国际关系方面,主张以天下主义超越民族国家主义,以天下体系超越民族国家体系,从而引领世界秩序转型。上述方略,是在"中国必然回归德本主义"的预测的基础上,对中国传统文化和制度资源的创造性转化和创新性发展,其内容总体而言统括于《德本主义社会与资本主义社会的内在结构(五行)表》。

上述图表,皆是运用复杂三规律,"述而不作""默而识之"所得("易图六帧"除外),乃复杂科学的"数理模型"。"模型"的大用,在于"简"与"易"。正如《周易·系辞》所言:"易则易知,简则易从;易知则有亲,易从则有功;有亲则可久,有功则可大;可久则贤人之德,可大则贤人之业。易简而天下之理得矣。天下之理得,而成位乎其中矣。"

上述模型中,中国未来之"成位"显而易见矣!

(全书完)

重要图表一览

序数	图表名称	章节	页数
1.	表1-1 中西语文思维演化路径表	第一章·结语	70
2.	表2-2 人类思维演化路径表	第二章第一节·结语	200
3.	表2-3 北辰模型（五行）内涵表	第二章第二节·二·（二）·1·（4）	232
4.	表2-4 中西科学思维演化路径表	第二章第二节·二·（三）·1	237
5.	表2-5 中西科学思维推理过程表	第二章第二节·四·（三）	273
6.	表2-6 复杂现象列表(按生成时间排序)	第二章第二节·四·（三）	275
7.	表2-7 中西文明传统比较一览表	第二章第二节·五	282
8.	表2-8 中西数学思维演化路径表	第二章第三节·一·（二）·3	292
9.	图2-13 河图	第二章第三节·二·（一）·1	293
10.	图2-14 洛书	第二章第三节·二·（一）·2	294
11.	图2-15 地乘图	第二章第三节·二·（一）·3	295
12.	图2-16 太极生卦图	第二章第三节·二·（一）·4	297
13.	图2-17 九宫探赜图	第二章第三节·二·（一）·5	299
14.	图2-18 指掌钩深图	第二章第三节·二·（一）·6	302
15.	图2-19 儒家功夫修炼模型图	第二章第四节·一·（二）	328
16.	图2-20 儒学学理体系架构图	第二章第四节·一·（二）	329
17.	图2-21 六经"意义"的内在结构图	第二章第四节·二·（二）	335
18.	表2-9 社会人文现象的复杂结构（五行）内涵表	第二章第四节·三·（五）	362
19.	图2-23 社会科学体系的内在结构图	第二章第四节·三·结语	369
20.	表2-10 人体生理病理复杂结构（五行）内涵表	第二章附一	389
21.	表2-11 复杂视界表（从整体到局部排序）	第二章附二	392
22.	表4-2 城邦封建社会的演化路径表（中国周朝与欧洲中世纪）	第四章第二节·二·（一）	459
23.	表5-1 军国主义社会的演化路径表（秦帝国与罗马帝国）	第五章第二节·一	495
24.	表6-1 德本主义社会与资本主义社会的生成路径表	第六章第一节·一	514
25.	表6-2 德本主义社会与资本主义社会的内在结构（五行）表	第六章第一节·四	531
26.	表6-3 德本主义社会与资本主义社会的演化路径表	第六章第二节	538

序数	图表名称	章节	页数
27.	表7-1 科举考试制度与民选投票制度的内在结构（五行）表	第七章第一节·四·（二）	891
28.	表7-2 德本主义礼治与资本主义法治的演化路径表	第七章第一节·五·（一）	895
29.	表7-3 德本主义社会与资本主义社会的核心价值体系表	第七章第二节·一·（三）	938
30.	表7-6 德本主义社会宗族与资本主义社会公司的演化路径表	第七章第二节·四·（一）	960
31.	表8-1 全球主要大国与中国的"现代化"历程表	第八章第一节·一·（三）	1130
32.	图8-1 中国历史由乱到治三周期图	第八章第一节·二·（二）	1140
33.	图8-2 中国近现代史对称破缺图	第八章第二节·二·（一）	1159